― 돈이 되는 법 ―

변호사만 모르는
재개발·재건축 ①

정비구역지정 추진위원회 창립총회

돈이 되는 법

**변호사만 모르는
재개발·재건축 1**

초판 1쇄	2023 년 6 월 23 일

지은이	오승철
펴낸곳	도서출판 리얼굿북
인쇄	예림인쇄·바인딩

출판사 신고	2023년 3월 30일
전화	070-4715-5236 010-9103-5056 (구입문의)
이메일	realgood.book@gmail.com
독자지원	최경화

ISBN: 979-11-982310-1-7

* 책값은 뒤표지에 있습니다.
* 잘못 만들어진 책은 구입하신 서점이나 본사에서 즉시 교환해 드립니다.

♠ 법무법인 리얼굿 웹사이트: http://ohrealgood.com

돈이 되는 법
변호사만 모르는 재개발·재건축 ①

정비구역지정
추진위원회
창립총회

오승철 지음

A Claire

추천사

「돈이 되는 법, 변호사만 모르는 재개발·재건축」시리즈는 35년차 베테랑 변호사가 마치 엄마가 어린 아이의 손을 잡고 세상구경을 시켜주는 것처럼 재개발·재건축의 기초부터 최심층부까지 자상하게 설명하고 안내해 주는 책이다. 저자는 전문가들조차 어려워하는 재개발·재건축의 원리와 실무를 일반인들도 이해할 수 있는 쉬운 말로 친절하게 설명해 주고 있다. 수십년 동안 재개발·재건축과 부동산의 여러 분야에서 전문변호사로 왕성한 활동을 해 온 저자로서는 지식자랑, 경험자랑을 할 만도 하건만, 저자는 오직 독자에게 도움이 될 내용만을 찾아 그 핵심을 짚어서 저자 특유의 명확하고 직설적 문체로 설명해 준다. 이는 수많은 가치가 있지만 이해하기 어려운 재개발·재건축의 법률지식·실무경험·세무지식·투자경험의 고급정보들을 독자들이 쉽게 체득하여 활용할 수 있게 한다. 많은 분들이 재개발·재건축을 깊이 있게 이해하여 성공적으로 추진하는데 큰 도움이 될 것으로 확신하며 이 책을 추천한다.

오 갑 수

오갑수 박사는 금융감독원 부원장, 한국블록체인협회 회장, 글로벌 금융그룹 스탠다드차타드 등 은행에서 최고위직을 역임하고 현재 글로벌금융학회 회장으로 있다.

프롤로그

재개발·재건축은 부동산의 칠층산이다. 재개발·재건축에는 수많은 법령과 법리들이 마인처럼 숨겨져 있다. 그래서 도시정비법 조문들만 보아서는 재개발·재건축사업의 원리를 파악할 수 없다. 국토계획과 도시계획의 체계, 건축행정법, 법인과 비법인사단의 설립·운영에 관한 법리, 건설과 도급계약의 법리와 관행, 공개입찰의 법률관계, 공익사업과 수용보상의 법리, 구분소유와 집합건물의 법리, 주택건설과 분양의 법률관계, 부동산신탁 및 대리사무·자금관리의 원리와 실무, 감정평가실무, 도시개발사업과 환지·체비지·보류지에 관한 법리, 부동산세금, 정비사업등기실무, 민사소송과 행정소송의 제원리, 헌법의 재산권보장 등 모두 열거할 수 없을 정도로 많은 분야의 법령·법리 및 실무관행이 재개발·재건축을 거미줄처럼 에워싸고 있다. 또한 이 각 분야들은 그 누구도 통달했다고 쉽사리 말할 수 없는 어렵고 복잡한 분야들이다. 이 사실을 모르고 아무 생각 없이 재개발·재건축의 문을 열면 재개발·재건축은 하늘을 날아다니는 판도라의 상자가 되고 만다. "재개발·재건축은 부동산 Pokémon의 최종진화"라는 말 속에는 이런 깊은 의미가 담겨져 있다.

하지만 걱정하지 마시라. 「돈이되는법, 변호사만 모르는 재개발·재건축」 시리즈는 수십년 간 재개발·재건축과 부동산의 여러 분야에서 수많은 실무경험과 연구를 축적해온 저자가 그 어려운 재개발·재건축을 일반인들도 이해할 수 있는 쉬운 말로 명쾌하게 풀어 설명한 책이다. 그냥 이 책만 보고 따라가기만 하면 당신은 몇 달 안에 재개발·재건축 전문가가 될 수 있다.

이 책은 재개발·재건축의 기초부터 시작하고 있지만, 재개발·재건축의 가장 복잡하고 어려운 문제까지 모든 논점을 다루고 있다. 지하층 바닥부터 칠층산까지 재개발·재건축의 모든 문제를 다루고 있는 것이다. 그래서 「돈.되.법」 1 ~ 5를 완독하면, 재개발·재건축에 대해 아무것도 몰랐던 사람도 재개발·재건축 전문가가 되는 기적이 일어난다.

나는 알량한 지식자랑, 어쭙잖은 경험자랑, 얍삽한 사건피싱 하지 않고 꼭 필요한 말만 했다. 엇돌리지 않고 모든 문제에 대해 곧바로 정답을 말했다. 아무 판례나 복·붙하지 않고, 꼭 알아야 할 중요판례들만 엄선하여 필요한 부분만 발췌하고 편집하고 누구나 이해할 수 있는 쉬운 말로 정리하고 요약하고 분명하게 풀어 설명했다. 수년에 걸친 고심과 피와 눈물이 서린 노력의 산물이다. 이 책을 보고 있으면 암호문 같은 대법원 판례가 소설처럼 읽히는 기적이 일어난다.

법무법인 리얼굿의 수석변호사인 박주성 변호사님은 매일 바쁜 업무 중에도 이 책의 구석구석을 세밀하게 검토하여 「변호사만 모르는 재개발·재건축」을 두 단계 레벨업 시켜주셨고, 세무사이기도 한 김현지 변호사님은 사업단계별 각종 세무팁의 전수와 함께 꼼꼼하고 세세한 교정을 해주셨고, 박엄지 변호사님은 황금같은 조언으로 책의 구성과 디자인을 향상시켜 주셨고, 도서출판 리얼굿북의 최경화 이사님은 "돈.되.법" 출판 프로젝트의 전과정을 빈틈없이 도맡아 진행해 완성해 주셨고, 박준우 과장님은 그 과정에서 모든 일들을 완벽하게 처리해 주셨습니다. 이분들의 도움이 아니었으면 "돈.되.법"은 세상에 나올 수 없었을 것입니다.

"돈.되.법"을 선택하신 당신은 지금 이곳에서 재개발·재건축의 최고 전문가가 될 것입니다.

차례

Smart Reading Tips ... xviii

제1장
재개발·재건축 입문 ... 25

    I. 재개발·재건축 조감도 ... 27
    II. 관련사업과의 비교 ... 31
    III. 재개발·재건축사업의 역사 ... 40

제2장
정비계획수립 및 정비구역지정 ... 47

제1절   기본계획과 정비계획 ... 49
    I. 개요 - 「2040 서울도시기본계획」 ... 49
    II. 정비기본계획의 수립 ... 54

제2절   정비계획의 수립 ... 62
    I. 정비계획 개요 ... 62
    II. 정비계획의 입안 및 입안제안 ... 71
    III. 정비계획 수립 절차 ... 75

  IV. 신속통합기획의 도입 – 「2025 서울시 정비기본계획」 ······ 79
  V. 도시계획위원회 심의 등 ······ 81
  VI. 정비계획결정·정비구역지정 절차의 하자 (판례) ······ 88

제3절 사업유형별 정비구역 지정요건 ······ 91
  I. 재개발·재건축사업을 위한 정비구역 지정요건 ······ 91
  II. 소규모주택정비사업의 대상지역 ······ 104
  III. "노후·불량건축물"의 개념 ······ 112
  IV. 구법상 "노후·불량건축물"의 범위와 판정기준 ······ 117
  V. 안전진단 (재건축) ······ 123
  VI. 시장정비사업의 특례 ······ 142

제4절 정비계획 결정 및 정비구역 지정과 그 효과 ······ 150
  I. 정비계획 결정 및 정비구역 지정 ······ 150
  II. 지구단위계획구역 및 지구단위계획 결정·고시 의제 ······ 153
  III. 행위 제한 ······ 156
  IV. 구 재개발·재건축사업에 대한 경과규정 ······ 163

제3장
정비사업의 시행방법·시행자 ······ 169

제1절 정비사업의 종류와 시행방법 ······ 171
  I. 정비사업의 종류 ······ 171
  II. 정비사업 종류별 시행방법 ······ 175

제2절 정비사업의 시행자 ······ 181
  I. [원칙] 조합에 의한 시행 (법 §25①i 전, 법 §25②전) ······ 181
  II. [예외 1] 토지등소유자 방식 (법 §25①ii) ······ 182
  III. [예외 2] 공동시행 방식 (법 §25①i 후단, 법 §25②후단) ······ 186

Ⅳ. [예외 3] 공공시행 방식(직접 시행 또는 지정 시행) – 법 §26① ········· 190
　　　Ⅴ. [예외 4] 지정개발자(신탁업자 등)에 의한 시행 – 법 §27① ··········· 195
　　　Ⅵ. [예외 5] 사업대행자 방식 - 법 §28① ······································ 202
　　　Ⅶ. 소규모주택정비사업의 시행자 ·· 207
　　　Ⅷ. 사업시행자의 변동 ·· 216

제 3 절　공공재개발과 공공재건축 ··· 217
　　　Ⅰ. 공공재개발·공공재건축 사업의 요건 ······································· 217
　　　Ⅱ. 공공재개발·공공재건축 사업의 특례 ······································· 222

제 4 절　도시재정비법 ('뉴타운사업법') ··· 232
　　　Ⅰ. 「도시재정비 촉진을 위한 특별법」('도시재정비법') ···················· 232
　　　Ⅱ. 판례 ·· 244

제 4 장
공공의 지원·개입·감독·벌칙　249

제 1 절　정비사업에 대한 공공의 지원 ·· 251
　　　Ⅰ. 정비사업의 공공지원 ·· 251
　　　Ⅱ. 정비사업에 대한 그 밖의 지원 ·· 258

제 2 절　공공의 개입·조정·감독 및 벌칙 ··· 264
　　　Ⅰ. 토지등소유자와 공인중개사의 설명·고지의무 ·························· 264
　　　Ⅱ. 공공의 개입과 감독 ··· 267
　　　Ⅲ. 도시분쟁조정위원회 ··· 269
　　　Ⅳ. 벌칙 ·· 271

제 3 절　정비사업 자료의 공개와 보존 ·· 277
　　　Ⅰ. 정비사업의 정보공개 ·· 277

II. 조합원, 토지등소유자의 열람·복사 요청권 ········· **282**
III. 열람·복사요청에 대한 정보공개의 구체적 범위 ········· **288**
IV. 관련자료의 보관 및 인계 ········· **294**

제5장
조합설립추진위원회 ········· **299**

제1절 추진위원회의 구성·승인 ········· **301**
I. 추진위원회 제도 ········· **301**
II. 추진위원회 운영규정 ········· **311**
III. 운영규정에 관한 판례 ········· **315**
IV. 토지등소유자의 동의 ········· **323**
V. 서울 공공지원 정비사업에서의 추진위원회 구성 절차 ········· **330**
VI. 추진위원회 구성을 생략하는 경우 공공지원자의 조합설립 지원 ········· **338**

제2절 추진위원회 구성승인의 하자 ········· **344**
I. 개요 ········· **344**
II. 정비예정구역 지정·고시 전에 한 추진위원회 설립승인 (당연무효) ········· **346**
III. '정비예정구역 지정·고시 후 정비구역 지정·고시 전'에 한 설립승인 ········· **350**
IV. 추진위원회 구성승인 후 정비예정구역이 축소 또는 확대된 경우 ········· **352**

제3절 추진위원의 선임·해임 ········· **357**
I. 추진위원회의 선거관리규정 ········· **358**
II. 추진위원(추진위원장·감사 포함)의 선임 ········· **363**
III. 추진위원장의 해임 ········· **369**

제4절 주민총회 ········· **381**
I. 주민총회의 법적 지위 ········· **381**
II. 주민총회의 소집 ········· **385**

III. '토지등소유자 동의'와 '주민총회 의결'은 전혀 별개임 ········· 390

제5절 추진위원회의 기능·업무·운영·의결 392
I. 추진위원회의 기능과 운영 ·· 392
II. 추진위원회의 개최와 의결 ·· 397

제6절 정비사업전문관리업자·설계자 등 용역업체 선정 407
I. 추진위원장·사업시행자의 계약체결 원칙 ······················ 407
II. 정비사업전문관리업자 선정절차 ··································· 416
III. 정비사업전문관리업의 등록 ··· 422
IV. 정비업자 선정절차에 관한 판례 ··································· 429
V. "확인의 이익"에 관한 판례 로 변경 ······························· 434
VI. 「서울시 공공지원 정비사업전문관리업자 선정기준」 ··· 435
VII. 공공지원 설계자 선정기준 ·· 443

제7절 창립총회 448
I. 창립총회의 소집 및 진행 ··· 448
II. 임원과 대의원의 선출 ··· 453

제8절 조합설립에 따른 추진위원회 해산 457
I. 조합에의 포괄승계 ·· 457
II. 조합설립인가 후에는 추진위원회 승인처분의 효력을 다툴 이익 없음 ······· 463
III. 추진위원회와 계약한 용역업자의 조합에 대한 관계 ··· 465
IV. 조합설립인가의 무효·취소로 인한 추진위원회의 부활 ··· 469

제9절 정비구역·정비예정구역의 해제 470
I. 개요 ··· 470
II. 정비구역등 해제의 효력과 비용보조 ···························· 481
III. 추진위원회승인·조합설립인가의 무효·취소와 매몰비용 부담 문제 ········· 484

제6장
토지등소유자의 동의 ... 491

제1절 총설 ... 493
    I. 재건축·재개발사업의 동의요건/정족수 총정리 ... 493
    II. 토지등소유자의 범위 ... 495
    III. 재건축사업에서 '토지등소유자'와 '토지 또는 건축물의 소유자'의 구별 ... 499
    IV. 신탁재산의 경우 ... 503

제2절 토지등소유자 동의자 수 산정기준 ... 512
    I. 산정기준 개요 ... 512
    II. 구분소유권 문제 ... 516
    III. [재개발사업] 토지에 지상권이 설정된 경우(영 §33①i) 나) ... 521
    IV. 국유지·공유지의 토지등소유자 수 ... 526
    V. 무허가건축물 소유자 (제외) ... 528
    VI. 소재불명자 (제외) ... 531
    VII. 다물건 소유자 (물건 수에 관계 없이 1 명으로 봄) ... 534
    VIII. 토지등소유자 시행방식의 특례 (토지등소유자 20명 미만 재개발사업) ... 535

제3절 공유자 문제 ... 539
    I. 대표자에 의한 동의 ... 539
    II. 공유자의 분열 ... 545
    III. 수인이 '여러 필지 토지' 또는 '토지와 그 지상건물'을 공유하는 경우 ... 546
    IV. 공유자 중 일부가 소재불명인 경우 ... 554
    V. 【정리표】 공유의 여러 모습으로 본 토지등소유자의 수 ... 556

제4절 동의의 방법 ... 556
    I. 동의서 양식의 진화 (표준동의서 → 법정동의서 → 검인동의서) ... 556
    II. 동의서의 작성 ... 559
    III. 조합설립동의서 기재사항의 사후보충 문제 ... 568
    IV. 동의서의 첨부서류 ... 572

V. 동의서의 재사용 ··· 577
　　　VI. 국가/지방자치단체의 동의 ··· 579
　　　VII. 교회·종중 등 총유재산의 동의방법 ···························· 581

제 5 절   동의서의 심사 　　　　　　　　　　　　　　　　　　　584
　　　I. 동의서 심사의 기준과 방법 ·· 584
　　　II. 인감증명서의 하자 ·· 588
　　　III. 유효한 동의서로 본 사례 ··· 591
　　　IV. 동의서가 무효인 경우 ·· 596

제 6 절   동의의 철회 　　　　　　　　　　　　　　　　　　　　600
　　　I. 개요 ··· 600
　　　II. 판례 ·· 604
　　　III. 2012. 8. 2. 전 시행령을 적용한 판례 ······················ 607

제 7 장
집합건물법에 따른 재건축　　　　　　　615

제 1 절   집합건물법과 구 주촉법에 따른 재건축 　　　　　　617
　　　I. 집합건물법에 따른 재건축 개요 ·································· 617
　　　II. 구 주촉법에 따른 재건축 ·· 626

제 2 절   재건축결의의 주요논점 　　　　　　　　　　　　　　629
　　　I. 재건축결의의 방법과 정족수 ······································ 630
　　　II. 하자있는 재건축결의 후 서면에 의한 '새로운 재건축결의'의 성립 ··· 632
　　　III. 재건축비용 분담에 관한 결의 ·································· 638
　　　IV. '비용분담에 관한 결의'의 하자로 재건축결의가 무효로 된 사례 ··· 641
　　　V. 재건축비용 분담에 관한 결의내용이 적법하다고 본 사례 ··· 645
　　　VI. 새 건물의 구분소유권 귀속에 관한 결의 ·················· 651

  VII. 재건축결의 내용의 변경 (재건축결의의 유추적용) ········· 656
  VIII. 집합건물법 §47① 단서 (단지 내 다른 건물 구분소유자의 승낙) ······ 662

제3절 구 주촉법에 따른 재건축주택조합 ························ 663
  I. 도시정비법 전 재개발·재건축사업의 시행자 ················· 664
  II. '재건축결의'와 '재건축조합 설립행위'는 별개 행위 ············ 670
  III. 재건축조합 창립총회에는 관리단집회에 관한 규정이 적용되지 않음 ··· 675
  IV. 조합총회 ··· 678
  V. 비법인사단의 총유물 관리·처분·보존행위는 총회결의를 요함 ···· 680
  VI. 정관에 의한 채무부담행위의 제한은 '대표권 제한'에 해당함 ···· 682
  VII. 조합원의 권리와 의무 ····································· 688
  VIII. 조합원 임의탈퇴 문제 ····································· 689

부록 ·· 693
  I. 「신탁업자 지정 동의서」 ···································· 693
  II. 「정비사업 조합설립추진위원회 구성동의서」 ················· 693
  III. 「조합설립동의서」 ·· 693

도표목차

표 1 [법령명 약칭표]	xix
표 2 [법령조항 인용례]	xx
표 3 [2030 높이기준 vs. 2040 높이기준]	69
표 4 [전부개정법과 구법의 정비사업 종류 비교표]	203
표 5 [공공시행과 사업대행 비교표]	205
표 6 [신탁시행방식 – 신탁대행방식 비교표]	206
표 7 [공공시행과 사업대행 비교표]	206
표 8 [재건축·재개발 동의요건/정족수 총정리 표]	493
표 9 [공유의 여러 모습에 따른 토지등소유자 수]	565

Smart reading tips

I. 【법령】【해설】【판례】 3단계 구성

이 책의 내용은 크게 【법령】【해설】【판례】 3부분으로 구성되어 있다. 【해설】과 【법령】은 테두리를 두르고 배경색을 사용해 한눈에 구분할 수 있도록 했다. 【해설】은 연노랑,【법령】은 회색을 사용했다. 【판례】는 테두리도 없고 배경색도 없다. ☞ 아래 기재례 참조

1. 【해설】 '건축법에 따른 리모델링'과 '주택법에 따른 리모델링'

> 리모델링은 건축물의 노후화 억제 또는 기능 향상 등을 위한 대수선·증축·개축 등의 행위를 말하는데, '건축법상의 리모델링'과 '주택법상의 리모델링' 사이에 상당한 차이가 있다.
> 도시정비법에서 "리모델링"은 위 둘을 모두 포함하는 개념이다(도시정비법 제58조 제1항).

2. 【법령】 전부개정 도시정비법 제4조(도시·주거환경정비기본계획의 수립)

> ① 특별시장·광역시장·특별자치시장·특별자치도지사 또는 시장은 관할 구역에 대하여 도시·주거환경정비기본계획(이하 "기본계획"이라 한다)을 10년 단위로 수립하여야 한다.

【법령】에 참조법령(하위법령, 조례·고시 등)을 추가할 때는 「☞」 표시와 함께 흰색 배경을 사용했고, 【해설】을 덧붙일 때는 연노랑 배경색을 사용했다. 또한 법조문 중간중간에 독자의 이해를 돕기 위해 ☞ 1만㎡. 서울시조례 §6④ 와 같이 위해 필자의 도움말을 삽입한 경우가 있다. ☞ 아래 기재례 참조

3. 【법령】전부개정 도시정비법 제15조(정비계획 입안을 위한 주민의견청취 등)

> ③ 제1항 및 제2항에도 불구하고 대통령령으로 정하는 경미한 사항을 변경하는 경우에는 주민에 대한 서면통보, 주민설명회, 주민공람 및 지방의회의 의견청취 절차를 거치지 아니할 수 있다.
>
> ☞ 전부개정법 시행령 제13조 제4항
> ④ 법 제15조제3항에서 "대통령령으로 정하는 경미한 사항을 변경하는 경우"란 다음 각 호의 어느 하나에 해당하는 경우를 말한다.
>   1. 정비구역의 면적을 10퍼센트 미만의 범위에서 변경하는 경우(법 제18조에 따라 정비구역을 분할, 통합 또는 결합하는 경우를 제외한다)

4. **[시행령 별표 1]정비계획의 입안대상지역 [전부개정법 시행령 제 7 조 제 1 항 관련]**

> 라. a) 셋 이상의 「건축법 시행령」 별표 1 제2호 가목에 따른 아파트 또는 같은 호 나목에 따른 연립주택이 밀집되어 있는 지역으로서 b) 법 제12조에 따른 안전진단 실시 결과 전체 주택의 3분의 2 이상이 재건축이 필요하다는 판정을 받은 지역으로서 c) 시·도조례로 정하는 면적[☞ 1만㎡, 서울시조례 §6④] 이상인 지역
>
> ☞ 라목에 따라 안전진단 결과 전체 주택의 3 분의 2 이상이 재건축이 필요하다는 판정을 받은 주택단지는 잔여건축물에 대하여 안전진단을 할 필요 없이 곧바로 정비계획을 입안할 수 있다(법 제 12 조 제 3 항 단서, 영 제 10 조 제 3 항 제 3 호).

II. 판례

판례는 "판례"라고 별도의 표시를 하지 않고, 언제나 알파벳 대문자(A, B, C, D, E)로 번호를 매기고 판례번호를 붙여 구분했다. ☞ 아래 기재례 참조

A. 도시정비법상 '하나의 주택단지'에 해당하는지 여부는 '하나의 사업계획으로 승인'을 받아 주택이 건설되거나 대지가 조성되었는지 여부에 의해 결정돼 ─대법원 2010.04.08. 선고 2009다10881 판결[소유권이전등기등]

【당사자】

> 【원고, 피상고인】 파동강촌주택재건축정비사업조합
>
> 【피고, 상고인】 피고 1 외 6 인

III. 법령·조례·정관 등 인용례

1. 법령명

법령명은 법제처 제정 약칭을 사용했다.

표 1 [법령명 약칭표]

기재례(약칭)	법령명
도시정비법	「도시 및 주거환경정비법」
소규모주택정비법	「빈집 및 소규모주택 정비에 관한 특례법」
도시재정비법	「도시재정비 촉진을 위한 특별법」
국토계획법	「국토의 계획 및 이용에 관한 법률」

집합건물법	「집합건물의 소유 및 관리에 관한 법률」
토지보상법	「공익사업을 위한 토지 등의 취득 및 보상에 관한 법률」
구 주촉법	「구 주택건설촉진법」
계약업무기준	「정비사업 계약업무 처리기준」 [국토교통부 고시]
시공자선정기준	「정비사업의 시공자 선정기준」 [국토교통부 고시(폐지)]
추진위원회 운영규정	「정비사업 조합설립추진위원회 운영규정」 [국토교통부고시]

2. 조항 인용례

조항 표시는 아래와 같이 두 가지 방식을 사용했다.

표 2 [법령조항 인용례]

정식 인용례	약식 인용례
도시정비법 제 35 조	법 제 35 조
도시정비법 제 81 조 제 1 항 단서 제 2 호	법 §81①단 ii
도시정비법 시행령 제 35 조	영 제 35 조 제 1 항 제 1 호 (영 §37①i)
도시정비법 시행규칙 제 5 조	규칙 제 5 조
전부개정 도시정비법 (2017. 2. 7. 전부개정되어 2018. 2. 8.부터 시행된 도시정비법)	전부개정법

3. 구법령 표시례

개정일과 시행일이 다른 구법령은 시행일을 기준으로 표기했다. ☞ 아래 기재례 참조

> ☞ 제 1 호는 도시정비법 제정 당시부터 존재했으나, 제 2 호는 <u>2016. 7. 28. 개정법</u>(2016. 1. 27. 개정 법률 제 13912 호)에서 신설되었다.

4. 조례·자치법규 표시례

기재례(약칭)	조례·자치법규명
서울시 도시정비조례	「서울특별시 도시 및 주거환경정비 조례」
서울시조례	
조례	
(서울시) 표준선거관리규정	「서울특별시 정비사업 표준선거관리규정」 [서울특별시 고시]
정비사업전문관리업자 선정기준	「공공지원 정비사업전문관리업자 선정기준」 [서울특별시 고시]
설계자 선정기준	공공지원 설계자 선정기준

5. 종합정보관리시스템

서울시는 기존에 '클린업시스템', '분담금 추정 프로그램', '정비사업 e-조합 시스템'으로 구분하여 운영하던 정비사업관리시스템을 2021. 9.부터 "종합정보관리시스템"(https://cleanup.seoul.go.kr)으로 통합하여 "서울특별시 정비사업 정보몽땅"이라 명명했다. 따라서 구 조례/자치법규에서 "e-조합시스템", "클린업시스템"은 "서울특별시 정비사업 정보몽땅"을 지칭하는 것으로 이해하면 된다.

6. 정관·자치규정 표시례

전부개정법에 따른 표준정관은 부산을 제외하고는 아직 보급되지 않았다. 그래서 표준정관은 전부개정법 시행 전 국토교통부장관이 작성·보급한 「주택재개발정비사업조합 표준정관」과 「주택재건축정비사업조합 표준정관」을 사용하였다.

기재례(약칭)	조례·자치법규명
(추진위원회) 운영규정안	「정비사업 조합설립추진위원회 운영규정」에 별표로 첨부된 '추진위원회 운영규정안'
(추진위원회) 운영규정	(추진위원회) 운영규정안'을 토대로 개별 추진위원회에서 작성한 운영규정
선거관리규정(안)	「서울특별시 정비사업 표준선거관리규정」에 별표로 첨부된 「정비사업조합(조합설립추진위원회) 선거관리규정(안)」
재건축 표준정관	주택재건축정비사업조합 표준정관(국토교통부)
재개발 표준정관	주택재개발정비사업조합 표준정관(국토교통부)
정관	주택재건축정비사업조합 표준정관

정관의 배경색은 무색(흰색)을 사용했다. ☞ 아래 기재례 참조

【정관】재건축 표준정관 제 8 조(정관의 변경)

> ① 정관을 변경하고자 할 때에는 a) 조합원 5 분의 1 이상, b) 대의원 과반수 또는 c) 조합장의 발의가 있어야 한다.

IV. 기타 Tips

1. 심리불속행, 상고기각, 파기환송, 파기자판

> 대법원의 재판은 ① 심리불속행 기각, ② 상고기각, ③ 파기환송, ④ 파기자판 등 4가지로 구분된다. ① '심리불속행기각'은 구체적 이유 제시 없이 "이유없음이 명백하다"는 부동不動문자로 상고를 기각하는 것이고(대부분의 상고사건은 심리불속행 기각으로 종결되며, 선고도 하지 않고 판결문만 보내준다), ② '상고기각'은

항소심재판이 정당하다고 구체적 이유를 붙여 상고를 기각하는 것이고, ③ '파기환송'은 항소심재판이 위법하다고 구체적 이유를 붙여 파기破棄하여 원심법원으로 하여금 다시 재판하라고 되돌려 보내는 것이고, ④ '파기자판'은 대법원이 항소심재판을 파기하면서 직접 최종 재판을 하는 경우이다.

2. "중대·명백한 하자는 아니다", "무효사유는 아니다" 라는 말의 의미

판례를 보다 보면 "중대·명백한 하자는 아니다", "무효사유는 아니다" 라는 말이 종종 나온다.

행정처분의 하자(위법사유)는 '취소사유'와 '무효사유'로 구분되는데, '중대하고 명백한 하자'만이 무효사유에 해당하고, 그 밖의 하자는 단순히 취소사유에 불과하다는 것이 판례이다. 행정처분에 대한 무효확인소송은 기간 제한 없이 제기할 수 있으나, 취소소송은 제소기간의 제한이 있다. 제소기간을 지나서 제기된 취소소송은 부적법한 소송으로서 각하된다.

따라서 소송당사자가 무효사유라고 주장하여 제소기간을 지나 '무효확인소송'을 제기했는데, 법원이 "중대·명백한 하자가 아니다" 또는 "무효사유가 아니다"라고 판단하면, 그 소송은 제소 기간을 위반한 것이 되어 각하된다.

"중대·명백한 하자는 아니다", "무효사유는 아니다"는 이런 의미가 담겨 있는 말이다.

3. 행정소송의 제소기간

재개발·재건축사업과 관련해서 제기되는 소송 중 시장·군수등을 상대로 한 것은 전부 행정소송이고, 조합(사업시행자)을 상대로 한 것도 대부분 행정소송이다. 행정소송 중 특히 항고소송에 해당한다.

항고소송에는 취소소송과 무효확인소송이 있는데, 취소소송에는 제소기간의 제한이 있다. 취소소송의 제소기간은 처분이 있은 날부터 1년, 처분이 있음을 안 날부터 90 일이다. 제소기간을 지나서 제기된 취소소송은 부적법한 소송이므로, 본안심리도 받지 못하고 각하된다. 무효확인소송은 제소기간의 제한을 받지 않고 언제든 제기할 수 있다.

(이상 행정소송법 제 3, 4, 20 조 참조.)

4. 법령 시행일 계산

<법률 제 16383 호, 2019. 4. 23.> 부칙 제 1 조

"이 법은 공포 후 6 개월이 경과한 날부터 시행한다. 다만, 제 19 조제 2 항, 제 35 조제 4 항 및 제 69 조의 개정규정은 공포한 날부터 시행한다."

☞ 시행일을 계산할 때도 초일불산입 원칙이 적용되므로(따라서 공포일은 기간에 산입하지 않음) 위 개정법은 2019. 10. 24. 0 시부터 시행된다. 다만, 단서조항에 의해 제 19 조 제 2 항, 제 35 조 제 4 항 및 제 69 조의 개정규정은 2019. 4. 23.부터 시행된다.

5. '이후'와 '후'; '이전'과 '전'

(1) 개념: "이후"와 "후", "이전"과 "전"은 의미가 다르다. ① "이전"은 "기준이 되는 때를 포함하여 그보다 앞"을 말하고, "전"은 기준이 되는 때를 포함하지 않는다. ② 마찬가지로 "이후"는 "기준이 되는 때를 포함하여 그보다 뒤"를 말하고, "후"는 기준이 되는 때를 포함하지 않는다. 도시정비법령에는 경과규정이 무척 많으므로 이는 매우 중요한 의미가 있는 차이이다.

(2) 예(1): 시행일이 2021. 3. 16.인 개정법률의 부칙에서 "제 85 조제 4 항 및 제 5 항의 개정규정은 <u>이 법 시행 이후 협의를 요청하는 경우부터 적용한다</u>"고 규정되어 있으면, 이 개정규정은 <u>2021. 3. 16.을 포함하여 그보다 뒤에 협의를 요청하는 경우부터 적용</u>된다. 법률은 시행일 0 시부터 시행된다.

(3) 예(2): 시행일이 2019. 10. 24.인 법률에서,
"이 법 시행 후" = 2019. 10. 24. 0 시부터 그 이후 = 2019. 10. 24. 이후(2019. 10. 24. 포함)
"이 법 시행 전" = 2019. 10. 24. 전 = 2019. 10. 23.까지 = 2019. 10. 23. 이전 = 2019. 10. 24. 0 시가 되기 전까지 (2019. 10. 24. 미포함)

6. '/'는 '또는(or)'을 의미함

"조합설립행위의 하자를 이유로 (민사소송으로 그 기본행위의 취소/무효확인을 구함은 별론으로 하고) 곧바로 인가처분의 <u>취소/무효확인</u>을 구할 수는 없다."

"집합건물법에 따른 재건축은 <u>사업계획승인/건축허가</u>와 공사완료 후 <u>사용검사/사용승인</u>을 받는 것 외에 달리 공법적 규제를 받지 않는다."

7. 문장 밖에 있는 (참조표시)의 의미

괄호 속 참조표시가 문장 밖에 있으면, 해당 참조표시가 그 앞의 모든 문장에 관계된다는 의미이다.

[예] "조합설립동의요건과 별도로, 일부 건축물을 존치 또는 리모델링하는 내용이 포함된 사업시행계획인가를 신청하기 위해서는 해당 건축물 소유자의 동의를 받아야 한다. 해당 건축물이 집합건물인 경우에는 a) 구분소유자의 3분의 2 이상의 동의와 b) 해당 건축물 연면적의 3분의 2 이상의 구분소유자의 동의를 받아야 한다. (법 제58조 제3항.)"

8. "재건축(주택)조합"과 "재건축정비사업조합"

이 책은 독자의 이해를 돕기 위해 거의 모든 판례에 당사자표시를 포함시켰는데, 조합 명칭이 "○○재건축(주택)조합"이면 구 주택건설촉진법에 따라 설립된 주택조합(비법인사단)이고, "○○재건축정비사업조합"이면 도시정비법에 따라 설립된 조합(법인)이다. 이 사실을 알고 있으면 판례를 좀더 쉽게 이해할 수 있다. 다만, 재건축(주택)조합이라고 해서 항상 구 주촉법이 적용되는 것은 아니니 착오 없으시기 바란다.

제 1 장

재개발·재건축 입문

I. 재개발·재건축 조감도
II. 관련사업과의 비교
III. 재개발·재건축사업의 역사

"조합이 사업시행자가 되는 정비사업은 ① 토지 등 소유자가 조합원이 되어 자신의 종전자산을 출자하고 공사비 등을 투입하여 구 주택을 철거한 후 신 주택을 건축한 다음, ② 신 주택 중 일부는 조합원에게 배분하고 나머지는 일반분양을 하여 수입을 얻으며, ③ 정비사업을 시행하여 얻은 총수입과 총비용을 정산하여 그 손익을 조합원의 종전자산 출자비율대로 분배하기 위하여 조합과 조합원 사이에서 종전자산과 종후자산의 차액을 청산금으로 수수하여 정산하는 것을 그 주요 내용으로 한다."—대법원 2020. 7. 29. 선고 2016 다 51170 판결

I. 재개발·재건축 조감도

A. 개요

1. 【해설】 정비사업의 개념과 셈법

"정비사업"은 정비구역에서 도시정비법이 정한 절차에 따라 시행하는 재개발사업, 재건축사업 및 주거환경정비사업을 말한다(도시정비법 제2조 제2호). 이것이 "정비사업"의 공법적 정의이다.

이것을 사업에 참여하는 토지등소유자들 사이의 사법私法적 법률관계를 중심으로 재정의하면, 정비사업이란 「① 토지등소유자(조합이 설립된 경우는 조합원)가 자신의 종전자산(사업구역 내에 있는 토지·건축물 등을 말한다)을 출자하고 사업비와 공사비를 투입하여 ② 구건물을 철거하고 신건물을 건축한 다음, ③ 신건물 중 일부는 토지등소유자에게 배분하고 나머지는 일반인에게 분양하여 수입을 얻으며, ④ 사업시행을 통해 얻은 총수입과 총비용을 정산하여 그 손익을 토지등소유자의 종전자산 출자비율대로 분배하기 위하여 종전자산과 종후자산(정비사업으로 새로 조성·건축된 토지·건축물 등을 말한다)의 차액을 청산금으로 주고받아 정산하는 것을 주요 내용으로 하는 사업」이라고 말할 수 있다(대법원 2020. 7. 29. 선고 2016다51170 판결 참조).

2. 【해설】 정비사업 ≒ 재개발·재건축

도시정비법에 규정된 정비사업의 종류와 내용은 아래와 같다.

(1) 재개발사업은 정비기반시설이 열악하고 노후·불량건축물이 밀집한 지역에서 주거환경을 개선하거나 상업지역·공업지역 등에서 도시기능의 회복 및 상권활성화 등을 위하여 도시환경을 개선하기 위한 사업이다(법 제2조 제2호 나목).

(2) 재건축사업은 정비기반시설은 양호하나 노후·불량건축물에 해당하는 공동주택이 밀집한 지역에서 주거환경을 개선하기 위한 사업이다(같은 호 다목).

☞ 재개발과 재건축의 차이: 재개발사업과 재건축사업은 모두 노후·불량건축물이 밀집한 지역에서 주거환경을 개선하기 위한 사업이라는 점에서 동일하나(재개발사업은 도시환경의 개선을 포함함), ① 재건축사업은 도로·상하수도·공원 등 정비기반시설이 양호한 지역에서 노후·불량한 주거건물을 철거하고 새 건물을 신축하는 것에 초점이 맞추어져 있는 반면, ② 재개발사업은 정비기반시설이 열악한 지역에서 건물의 재건축뿐 아니라 정비기반시설의 정비를 전반적으로 포함한다는 점에서 차이가 있다. 따라서 재개발사업이 재건축사업보다 훨씬 공공성이 강한 사업이다.

> (3) 주거환경개선사업은 도시저소득 주민이 집단거주하는 지역으로서 정비기반시설이 극히 열악하고 노후·불량건축물이 과도하게 밀집한 지역의 주거환경을 개선하려는 사업으로서(같은 호 가목) 시장·군수등이 직접 시행하거나 토지주택공사등을 사업시행자로 지정하는 등으로 관官이 주도하는 사업이다(법 제24조 참조).
>
> 이 책은 재개발사업과 재건축사업만을 다루며, 주거환경개선사업은 재개발·재건축사업을 이해하는 데 필요한 범위 내에서만 언급한다.

3. 【해설】 개발사업 체계에서 정비사업의 위치

> 개발사업은 ① 새로운 단지나 시가지를 조성하는 '신개발사업'과 ② 기존의 단지나 시가지를 재정비하는 '재개발사업(광의)'으로 구분해 볼 수 있다. 그 중 몇 가지 중요 사업들의 내용과 적용법률을 살펴보면 아래와 같다.
>
> (1) 신개발 사업
>
> ① 신도시 개발사업: 국토계획법, 택지개발촉진법(택지개발업무처리지침), 개발제한구역법, 수도권정비계획법("대규모개발사업"), 토지보상법, 공공주택특별법, 주택법, 건축법. 예: 1기 신도시, 2기 신도시, 3기 신도시 등.
>
> ☞ 국토계획법은 모든 개발사업의 기본법이자 일반법이며, 다른 적용법률들은 모두 국토계획법의 특별법이다.
>
> ② 도시개발사업: 도시개발법에 따라 시·도지사가 지정하는 도시개발구역에서 주거·상업·산업·유통·정보통신·생태·문화·보건·복지 등의 기능이 있는 단지 또는 시가지를 조성하는 사업. 환지換地가 전형적인 시행방법이다.
>
> ③ 공장설립: 산업집적법에 따른 공장, 지식산업센터(구 '아파트형 공장') 등의 설립.
>
> ④ 산업단지개발사업: 산업입지법에 따른 국가산업단지, 일반산업단지, 도시첨단산업단지, 농공단지 등 개발사업.
>
> ⑤ 민간주택사업: 주택법에 따른 주택건설사업, 주택조합사업, 도시형생활주택 건설사업[소형주택(원룸·투룸·쓰리룸), 단지형 연립주택, 단지형 다세대주택] 등.
>
> ⑥ 기타 민간개발(신축·분양)사업: 건축법(신탁법)에 따른 주상복합, 오피스텔, 근린생활시설, 판매시설(상가), 생활형숙박시설(호텔과 오피스텔을 결합한 형태. 취사 가능) 등의 건축.
>
> (2) 재개발사업(광의)
>
> ① 정비사업: 도시정비법[주거환경개선사업, 재개발사업(협의), 재건축사업]
>
> ② 재정비촉진사업('뉴타운사업'): 도시재정비법

I. 재개발·재건축 조감도

> ③ 도시재생사업: 도시재생법
>
> ④ 소규모주택정비사업: 소규모주택정비법. 자율주택정비사업·가로주택정비사업·소규모재건축사업·소규모재개발사업 등.
>
> ⑤ 시장정비사업: 전통시장법
>
> ⑥ 빈집정비사업: 소규모주택정비법
>
> ⑦ 집합건물 재건축: 집합건물법의 재건축조항(동법 제 47 조 ~ 제 50 조)과 건축법/주택법에 따라 시행하는 일반 집합건물 재건축.
>
> ⑧ 리모델링사업: 건축법 또는 주택법에 따라 시행하는 대수선·증축·개축 등 행위.

B. 재개발·재건축사업의 흐름도

재건축·재개발 사업은 아래와 같은 흐름으로 진행된다.

1. 정비구역 지정 → 추진위원회 구성 → 창립총회 ==> "돈.되.법 1"

> ① 기본계획 수립 → [안전진단(재건축사업)] → ② 정비계획 입안 및 정비구역 지정신청 → ③ 정비계획 수립 및 정비구역 지정·고시 → ④ 추진위원회구성동의서 징구 → ⑤ 추진위원회 구성·승인 → [추진위원회가 하는 일: 정관(안)·선거관리규정(안) 작성, 조합설립동의서 징구, 정비업자·설계자 등 선정, 선거관리위원회 구성, 조합임원 입후보등록, 창립총회 준비·개최] → ⑥ 조합설립 동의율 충족 후 창립총회 소집·개최(조합정관·규정 확정, 임원선출).
>
> ☞ 정비구역지정과 정비계획수립은 시·도지사가 하는 일이므로 소요시간을 예측하기가 어렵다. 그래서 구역지정 전은 모든 것이 불확실하며, 구역지정이 될지 여부도 불확실하다.

2. 조합설립인가 ==> "돈.되.법 2"

> ① 조합설립인가신청(추진위원회) → ② 시장·군수등의 조합설립인가
>
> 조합설립인가는 정비구역지정 후 첫번째로 넘어야 할 큰 산이다. 토지등소유자의 75% 동의를 받는 것은 생각보다 어려운 일이다. 빨라야 2 ~ 3 년이고, 20 년 이상이 걸릴 수도 있다. 정비사업은 조합이 시행하는 것이 원칙이므로, 조합설립인가를 받아야 사업을 시작할 수 있다.
>
> ☞ 전체 흐름도상 조합설립인가의 진행도는 30% 정도에 불과하나 조합설립인가가 나면 5 부 능선을 넘었다고 보아도 무방하다(시작이 반).

3. 시공자선정 및 사업시행계획인가 ==> "돈.되.법 3"

① 시공자선정(서울시 공공지원 정비사업에서는 사업시행계획인가 후) → ② 건축심의 등 각종 심의 → ③ 사업시행계획서 작성(사업시행자) → ④ 사업시행계획인가(시장·군수 등)

☞ 조합설립인가 후 사업시행계획인가까지는 보통 2 ~ 3 년이 걸린다.

4. 정비사업의 8부 능선 관리처분계획 수립·인가 ==> "돈.되.법 4"

① 매도청구 시작(재건축. 구법에서는 조합설립인가 이후) → ② 감정평가·분양통지·분양공고 → ③ 분양신청 → ④ 분양설계 → ⑤ 관리처분계획(안) 수립 → ⑥ 관리처분총회 (총회 1개월 전 문서통지) → ⑦ 사업시행자의 주민공람(30일 이상) 및 개별통지 → ⑧ 관리처분계획 인가신청 → (시기 조정; 타당성 검증) → ⑨ 관리처분계획 인가 → ⑩ 관리처분계획인가의 고시(분양신청조합원에게 개별통지)

☞ 사업시행계획 인가 후 관리처분계획인가까지도 보통 2 ~ 3 년 걸린다.

5. 손실보상, 이주·철거, 착공, 분양, 공사진행 및 완료 ==> "돈.되.법 5"

① 손실보상(현금청산)협의 → ② 매도청구(재건축) 또는·수용재결신청(재개발) → ③ 이주 시작 → [조합원 동·호수 추첨; 조합원 분양계약(공급계약) 체결] → ④ 이주완료 및 철거 → ⑤ 착공 → ⑥ 입주자모집승인 후 일반분양 → ⑦ 공사진행 → ⑧ 준공인가·고시 → ⑨ 입주 → ⑩ 토지분할 및 확정 측량 → [관리처분계획 최종 변경] → ⑪ 이전고시 → ⑫ 등기 → ⑬ 청산금 징수/지급 → ⑭ 해산 및 청산

☞ 관리처분계획인가 후 이주·철거까지는 보통 1 ~ 2 년 걸리고, 착공 후 준공까지는 보통 2년 반에서 3년 정도가 걸린다.

C. 재개발·재건축 투자요령

1. 【해설】재개발·재건축에 투자하려면 사업기간에 대해 알고 있어야 한다

재개발·재건축사업은 단 몇년에 끝나는 사업이 아니다. 첫단추인 정비구역 지정을 받는 것은 기약없는 기다림이고, 75% 동의율을 달성하여 조합설립인가를 받을 때까지 몇 년이 걸릴지 알 수 없다. 조합설립인가를 받은 후부터 사업이 본격적으로 시작되는데, 조합 내부 또는 조합원들간 분쟁·소송 등으로 사업이 지연되는 경우가 비일비재하며, 그 경우 사업기간은 더 길어진다. 주택시장 침체, 재건축부담금 등 외부 원인으로 사업이 장기간 멈추어 서기도 한다.

모든 것이 큰문제 없이 진행되어도 구역지정부터 준공시까지 약 10 년이 소요된다. 이렇게 진행되는 총 사업기간은 보통 15 년에서 20 년 정도이며, 빠르면 10 년, 길면 30 년 이상 걸리기도 한다.

사업진행 속도의 가장 큰 변수는 조합과 조합원 사이의(특히 조합장의 직무수행을 둘러싼) 법적 분쟁 및 조합과 시공사 사이의 갈등 여부이다.

2. ★ 투자 Tip – 예산 범위 내에서 최상의 사업지에 집중 투자한다!

(1) 부동산(아파트) 투자의 기본은 내가 '동원할 수 있는 자금의 범위 내'에서 '가장 좋은 입지의 가장 좋은 아파트'를 매수하는 것이다. 그 아파트가 가장 빨리 그리고 가장 많이 오르기 때문이다. 이 원칙은 재개발·재건축 투자에서도 그대로 적용된다. 가장 좋은 사업지에서 가장 큰 투자효과를 볼 수 있다.

(2) 따라서 재개발 또는 재건축사업에 투자할 때에는 (돈이 남아 도는 투자자가 아니라면) 여기저기 분산투자 하지 말고 내가 현재 '동원할 수 있는 자금의 범위 내'에서 최고 좋은 재개발 또는 재건축 사업지에 집중 투자해야 한다. 다만, 재개발·재건축투자에서는 입지만이 아니라 사업진행속도 등 사업성을 결정하는 다른 변수들도 함께 보아야 한다.

II. 관련사업과의 비교

A. 소규모주택정비사업

(1) 「소규모주택정비법」은 2017. 2. 8. 제정되어 2018. 2. 9.부터 시행된 법률이다. 개정일·시행일이 모두 「전부개정 도시정비법」과 같다.

(2) "소규모주택정비사업"은 자율주택정비사업, 가로주택정비사업, 소규모재건축사업, 소규모재개발사업을 말한다. ① "자율주택정비사업"은 단독주택 및 다세대주택을 토지등소유자가 스스로 개량/건설하는 사업이고, ② "가로주택정비사업"은 '가로구역'에서 종전의 가로를 유지하면서 소규모로 진행하는 정비사업이고, ③ "소규모재건축사업"은 200 세대 미만의 공동주택 재건축사업이고, ④ "소규모재개발사업"은 역세권 또는 준공업지역에서 소규모로 주거환경 또는 도시환경을 개선하는 사업이다(소규모주택정비법 제 2 조 제 1 항 제 3 호).

(3) ① '가로주택정비사업'과 '소규모재건축사업'은 구 도시정비법에 의해 각각 '가로주택정비사업' 및 '주택재건축사업'으로 시행되어 오던 것을 2018. 2. 9.부터 '소규모주택정비사업'으로 재분류하여 규정하였고, ② '소규모재개발사업'은 2021. 7. 20. 개정법(법률 제 18314 호)에서 신설되어 2021. 9. 21.부터 소규모주택정비사업의 하나로 시행되었다.

(4) 소규모주택정비사업의 준비 단계에서 가장 큰 차이는 ① 정비계획의 입안·결정이나 정비구역 지정 단계가 없고 ② 추진위원회 단계도 없다는 것이다. 그래서 소규모재건축사업에는 안전진단 절차가 없다(안전진단은 '정비계획 입안' 단계에서 하는 것이므로).

B. 도시재정비법에 따른 재정비촉진사업

☞ 재정비촉진사업에 관한 자세한 내용은 제3장 제4절 참조.

1. 【해설】광역적 개발사업

"재정비촉진사업"은 각 개별법령을 근거로 분산적으로 시행되는 정비사업, 도시개발사업, 시장정비사업, 도시·군계획시설사업 등의 사업을 광역적으로 계획하여 체계적으로 총괄 관리·추진함으로써 개발구역들 사이의 낙후공간(사각지대)을 없앤 '광역타운'(이른바 '뉴타운')을 조성하는 사업이다.

2. 【해설】광역적으로 계획·추진되는 재개발사업

재정비촉진사업으로 시행될 수 있는 사업은 주거환경개선사업·재개발·재건축사업(도시정비법), 가로주택정비사업·소규모주택정비사업(소규모주택정비법), 도시개발사업, 시장정비사업, 도시·군계획시설사업(국토계획법) 등이다(도시재정비법 제2조 제2호).

뉴타운사업은 "도시의 낙후된 지역에 대한 주거환경개선과 기반시설의 확충 및 도시기능의 회복을 위한 사업"이므로(법 제1조) 대부분 재개발사업으로 진행된다. 따라서 뉴타운사업은 광역적으로(대단위로) 계획하여 추진하는 재개발사업이라고 볼 수 있다.

3. 【해설】'뉴타운사업'의 연혁

도시재정비법(일명 '뉴타운사업법')은 이명박 전 서울특별시장이 2002년경부터 조례로 추진해오던 뉴타운사업을 입법화한 것이다. 2003년 서울시는 법률의 근거 없이 「서울특별시지역균형발전지원에관한조례」를 제정하여 뉴타운사업을 시작했다. 당시 조례는 "뉴타운사업"을 "균형발전사업"의 하나로 규정하면서 "동일생활권의 도시기능을 종합적으로 증진시키기 위하여 시행하는 제반사업을 말하며, 신시가지형뉴타운사업, 도심형뉴타운사업, 주거중심형뉴타운사업으로 구분한다"고 정의했다.

그 후 2005. 12. 30. 도시재정비법이 제정되어 2006. 7. 1.부터 시행됨에 따라 「균형발전지원조례」의 뉴타운사업 관련 조항들은 모두 삭제되었다. 도시재정비법에서는 '뉴타운사업'이라는 말 대신 "재정비촉진사업"이라는 명칭을 사용하였다.

II. 관련사업과의 비교

C. 리모델링사업

1. 【해설】 '건축법에 따른 리모델링'과 '주택법에 따른 리모델링'

> (1) 리모델링은 건축물의 노후화 억제 또는 기능향상 등을 위한 대수선·증축·개축 등을 이르는 말인데, '건축법상의 리모델링'과 '주택법상의 리모델링' 사이에 상당한 차이가 있다.
>
> (2) 도시정비법에서 "리모델링"은 위 둘을 모두 포함하는 말이나(도시정비법 제58조 제1항), 정비사업과 비교대상이 되는 '리모델링사업'은 '주택법상 리모델링'이다. 리모델링사업은 「(조합설립)→권리변동계획→사업계획승인 또는 행위허가→이주·착공→준공→청산, 해산」의 순으로 진행된다.

2. 【법령】 건축법 제2조(정의)

> ① 이 법에서 사용하는 용어의 뜻은 다음과 같다. <개정 2020. 4. 7.>
>
>   9. "대수선"이란 건축물의 기둥, 보, 내력벽, 주계단 등의 구조나 외부 형태를 수선·변경하거나 증설하는 것으로서 대통령령으로 정하는 것을 말한다.
>
>   10. "리모델링"이란 건축물의 노후화를 억제하거나 기능 향상 등을 위하여 대수선하거나 건축물의 일부를 증축 또는 개축하는 행위를 말한다.

3. 【법령】 건축법 시행령 제2조(정의)

> 1. "신축"이란 a) 건축물이 없는 대지(기존 건축물이 해체되거나 멸실된 대지를 포함한다)에 b) 새로 건축물을 축조(築造)하는 것[부속건축물만 있는 대지에 새로 주된 건축물을 축조하는 것을 포함하되, 개축(改築) 또는 재축(再築)하는 것은 제외한다]을 말한다.
>
> 2. "증축"이란 a) 기존 건축물이 있는 대지에서 b) 건축물의 건축면적, 연면적, 층수 또는 높이를 늘리는 것을 말한다.
>
> 3. "개축"이란 a) 기존 건축물의 전부 또는 일부[내력벽·기둥·보·지붕틀(제16호에 따른 한옥의 경우에는 지붕틀의 범위에서 서까래는 제외한다) 중 셋 이상이 포함되는 경우를 말한다]를 해체하고 b) 그 대지에 종전과 같은 규모의 범위에서 건축물을 다시 축조하는 것을 말한다.

4. 【법령】 주택법 제2조(정의)

> 25. "리모델링"이란 제66조제1항 및 제2항에 따라 건축물의 노후화 억제 또는 기능 향상 등을 위한 다음 각 목의 어느 하나에 해당하는 행위를 말한다.

가. 대수선(大修繕)

나. 제49조에 따른 사용검사일(주택단지 안의 공동주택 전부에 대하여 임시사용승인을 받은 경우에는 그 임시사용승인일을 말한다) 또는 건축법 제22조에 따른 사용승인일부터 15년[15년 이상 20년 미만의 연수 중 특별시·광역시·특별자치시·도 또는 특별자치도(이하 "시·도"라 한다)의 조례로 정하는 경우에는 그 연수로 한다]이 지난 공동주택을 각 세대의 주거전용면적(건축법 제38조에 따른 건축물대장 중 집합건축물대장의 전유부분의 면적을 말한다)의 30퍼센트 이내(세대의 주거전용면적이 85 제곱미터 미만인 경우에는 40퍼센트 이내)에서 증축하는 행위. 이 경우 공동주택의 기능 향상 등을 위하여 공용부분에 대하여도 별도로 증축할 수 있다.

☞ "대수선", "증축"의 개념은 건축법상 개념과 같다.

다. 나목에 따른 각 세대의 증축 가능 면적을 합산한 면적의 범위에서 기존 세대수의 15퍼센트 이내에서 세대수를 증가하는 증축 행위(이하 "세대수 증가형 리모델링"이라 한다).

다만, 수직으로 증축하는 행위(이하 "수직증축형 리모델링"이라 한다)는 다음 요건을 모두 충족하는 경우로 한정한다.

  1) 최대 3개층 이하로서 대통령령으로 정하는 범위에서 증축할 것

  ☞ 주택법 시행령 제13조(수직증축형 리모델링의 허용 요건)

  ① 법 제2조제25호다목 1)에서 "대통령령으로 정하는 범위"란 다음 각 호의 구분에 따른 범위를 말한다.

    1. 수직으로 증축하는 행위(이하 "수직증축형 리모델링"이라 한다)의 대상이 되는 기존 건축물의 층수가 15층 이상인 경우: 3개층

    2. 수직증축형 리모델링의 대상이 되는 기존 건축물의 층수가 14층 이하인 경우: 2개층

  2) 리모델링 대상 건축물의 구조도 보유 등 대통령령으로 정하는 요건을 갖출 것

  ☞ 주택법 시행령 제13조(수직증축형 리모델링의 허용 요건)

  ② 법 제2조제25호다목 2)에서 "리모델링 대상 건축물의 구조도 보유 등 대통령령으로 정하는 요건"이란 수직증축형 리모델링의 대상이 되는 기존 건축물의 신축 당시 구조도를 보유하고 있는 것을 말한다.

II. 관련사업과의 비교

D. 그 밖의 관련 개발사업

1. 【해설】 도시재생사업과 재개발사업

「도시재생 활성화 및 지원에 관한 특별법」('도시재생법')은 박원순 전 서울시장이 추진하여 2013. 6. 4. 제정된 법률이다(시행일: 2013. 12. 4.).

"도시재생사업"은 인구감소, 산업구조 변화, 주거환경 노후화 등으로 쇠퇴하는 도시를 경제적·사회적·물리적·환경적으로 재활성화(revitalize)시키고자 하는 사업으로서 단순히 기반시설정비나 건축물개량·건설에 그치지 않고 물리적 환경개선과 주민들의 역량강화를 동시에 추진하는 '종합 도시재생사업'으로 고안된 사업이다. 도시정비법에 따른 정비사업만이 아니라 '광의의 재개발사업' 모두가 도시재생사업으로 시행될 수 있으며, 그 외에도 "도시재생에 필요한 사업으로서 대통령령으로 정하는 사업"은 무엇이든 도시재생사업으로 시행될 수 있다[도시재생법 제2조 제7호 가목 14)].

2020년 박 전시장 사망 이후 서울시는 도시재생활성화지역을 더이상 지정하지 않고 있으며 장안평중고차매매센터(도시정비형 재개발사업) 등 기존의 일부 지역에서만 재생사업이 진행되고 있다. 「서울특별시 도시재생지원센터」 업무는 2022. 12. 31. 자로 종료되었고 홈페이지 운영도 종료되었다.

2. 【해설】 역세권개발사업

(1) "역세권개발사업"은 「역세권의 개발 및 이용에 관한 법률」('역세권법')에 따라 시행되는 공익사업이다. 역세권개발사업은 역세권개발구역에서 철도역 등 철도시설 및 주거·교육·보건·복지·관광·문화·상업·체육 등의 기능을 가지는 단지조성 및 시설설치를 위하여 시행하는 사업으로서 정비사업과 무관하게 진행되는 사업이다. (서울시에서 시행하는 '역세권 활성화사업'과 혼동하지 말 것!)

(2) 역세권개발구역의 지정은 특별시장·광역시장 또는 도지사(일정규모 이상은 국토교통부장관)가 하며, 사업시행자에게는 토지보상법에 따른 수용·사용권이 부여된다(역세권법 제17조). 다만, 민간 사업시행자가 수용권을 행사하기 위해서는 A) 토지면적의 2/3 이상을 소유하고, B) 토지소유자 1/2 이상의 동의를 받아야 한다.

3. 【법령】 역세권법 제17조(토지 등의 수용·사용)

① 사업시행자는 역세권개발사업의 시행을 위하여 필요한 경우 「공익사업을 위한 토지 등의 취득 및 보상에 관한 법률」 제3조에 따른 토지·물건 또는 권리를 수용 또는 사용(이하 "수용등"이라 한다)할 수 있다.

다만, 다음 각 호의 어느 하나에 해당하는 사업시행자는 A) 토지면적의 3분의 2 이상에 해당하는 토지를 소유하고(「철도의 건설 및 철도시설 유지관리에 관한 법률」에 따른 철도시설의 부지 또는 「도시철도법」에 따른 도시철도시설의 부지에 해당하는 경우에는 해당 토지 소유자의 동의로 대신할 수 있다) B) 토지 소유자 총수의 2분의 1 이상에 해당하는 자의 동의를 받아야 한다. <개정 2012. 6. 1., 2018. 3. 13., 2020. 6. 9.>

  1. 제12조 제1항 제2호 및 제3호에 해당하는 사업시행자 중 국가철도공단 및 한국철도공사가 100분의 50 미만으로 출자한 법인

  2. 제12조 제1항 제6호부터 제11호까지의 규정에 해당하는 사업시행자(국가, 지방자치단체, 공공기관 및 「지방공기업법」에 따른 지방공기업이 100분의 50 이상 출자한 경우는 제외한다)

☞ 역세권법 제12조(사업시행자의 지정 등)

① 지정권자는 다음 각 호의 자 중에서 역세권개발사업의 사업시행자(이하 "사업시행자"라 한다)를 지정하여야 한다. <개정 2012. 6. 1., 2018. 3. 13., 2020. 6. 9.>

  1. ~ 5. 생략 (공공 사업시행자)

  6. 「철도사업법」 제5조에 따른 철도사업의 면허를 받은 자로서 대통령령으로 정하는 요건을 갖춘 자

  7. 「철도의 건설 및 철도시설 유지관리에 관한 법률」 제8조에 따른 철도건설사업 시행자로서 대통령령으로 정하는 요건을 갖춘 자

  8. 「도시철도법」에 따른 도시철도사업의 면허를 받은 자 또는 도시철도건설자로서 대통령령으로 정하는 요건을 갖춘 자

  9. 법인 중 다음 각 목의 어느 하나에 해당하는 자

    가. 「건설산업기본법」에 따른 토목공사업 또는 토목건축공사업의 등록을 하는 등 사업계획에 맞게 역세권개발사업을 시행할 능력이 있다고 인정되는 자로서 대통령령으로 정하는 요건에 해당하는 자

    나. 「부동산투자회사법」에 따라 설립된 자기관리 부동산투자회사 또는 위탁관리 부동산투자회사로서 대통령령으로 정하는 요건에 해당하는 자(제1호부터 제8호까지의 규정에 해당하는 자와 공동으로 시행하는 경우에만 해당한다)

  10. 제1호부터 제9호까지의 규정에 해당하는 자 둘 이상이 역세권개발사업을 시행할 목적으로 출자하여 설립한 법인

  11. 그 밖에 재무건전성 등에 관하여 대통령령으로 정하는 기준에 적합한 「민법」에 따라 설립된 재단법인 또는 「상법」에 따라 설립된 법인

4. 【해설】 '역세권 활성화사업'(서울)과 재개발사업

(1) 역세권활성화사업은 「서울특별시 역세권 활성화사업 운영 및 지원에 관한 조례」에 따라 시행되는 서울시사업으로, 역세권에서 용도지역을 조정(종상향)해주고, 증가된 용적률의 1/2 에 해당하는 면적에 공공임대주택 등 공공기여시설을 설치, 제공하도록 하는 사업이다.

(2) 역세권활성화사업은 ①건축법에 따른 건축, ②주택법에 따른 주택건설사업 및 ③ 도시정비법에 따른 정비사업 중 도시정비형 재개발사업(구 '도시환경정비사업') 등 3 가지 유형으로 진행된다. 다만, 이미 지정·고시된 정비구역·정비예정구역·재정비촉진지구는 사업대상지에서 제외된다.

(3) "역세권"이란 지하철, 국철 및 경전철 등의 역(사업계획 또는 실시계획 승인받아 개통이 예정된 역을 포함)의 승강장 경계로부터 반경 250 미터 이내 지역을 중심으로 한 가로구역(도로로 둘러싸인 일단의 지역)을 말한다.

5. 【해설】 시장정비사업

(1) "시장정비사업"이란 시장의 현대화를 촉진하기 위하여 상업기반시설 및 정비기반시설을 정비하고, 대규모점포가 포함된 건축물을 건설하기 위하여 전통시장법과 도시정비법 등에서 정하는 바에 따라 시장을 정비하는 모든 행위를 말한다(전통시장법 제 2 조 제 6 호).

(2) 전통시장법은 도시정비법의 특별법이다. 시장정비사업과 관련하여 전통시장법에서 정하지 않은 사항은 도시정비법 중 재개발사업에 관한 규정을 준용하고, 그 밖의 사항에 관하여는 도시정비법의 여타 규정 및 집합건물법의 관련 규정을 준용한다(전통시장법 제 4 조 제 1 항).

6. 【해설】 전통시장법의 입법연혁

시장정비사업의 근거법률인 전통시장법은 아래와 같은 변천과정을 겪어왔다.

① 1996. 3. 1.~2002. 3. 31.「중소기업의 구조개선 및 경영안정지원을 위한 특별조치법」

② 2002. 4. 1.~2005. 2. 28.「중소기업의 구조개선과 재래시장활성화를 위한 특별조치법」(구법 폐지 후 신법 제정). 이때까지 시장정비사업은 "시장재개발사업"과 "시장재건축사업"으로 구분되었다.

③ 2005. 3. 1.~2006. 10. 28.「재래시장육성을 위한 특별법」(구법 폐지 후 신법 제정). 이때부터 '시장재개발'과 '시장재건축'의 구분이 없어졌다.

④ 2006. 10. 29.~2010. 6. 30.「재래시장 및 상점가 육성을 위한 특별법」(명칭변경)

⑤ 2010. 7. 1.~현재. 「전통시장 및 상점가 육성을 위한 특별법」 ('전통시장법'. 명칭변경)

E. 집합건물법에 따른 재건축

☞ 집합건물 재건축에 관하여는 제7장에서 자세히 다룬다.

1. 【해설】 '도시정비법의 재건축조항'과 '집합건물법의 재건축조항'의 관계

(1) ① 집합건물법의 재건축조항은 집합건물 재건축에 관한 일반법이고, ② 도시정비법의 재건축조항은 "정비기반시설은 양호하나 노후·불량건축물에 해당하는 공동주택이 밀집한 지역에서 주거환경을 개선하기 위한 사업"으로 정의되고(도시정비법 제2조 제2호 다목) "정비구역에서 관리처분계획에 따라 주택, 부대·복리시설 및 오피스텔을 건설하여 공급하는 방법"으로 시행되는(도시정비법 제23조 제3항) "재건축사업"에만 적용되는 특별법이다.

(2) 따라서 도시정비법에 따른 재건축사업에는 도시정비법이 우선적으로 적용되며, 집합건물법은 도시정비법에서 집합건물법을 준용하는 범위 내에서만 적용된다.

전부개정 전 도시정비법에는 집합건물법을 준용하는 규정이 있었으나, 2018. 2. 9.부터 시행된 전부개정 도시정비법에는 집합건물법을 준용하는 규정이 없으므로, 전부개정법 시행 이후 재건축사업에는 도시정비법만 적용되고 집합건물법의 재건축조항은 적용되지 않는다.

(3) 집합건물법에 따른 재건축의 법률관계는 매도청구를 제외하고는 기본적으로 사법私法관계이다. 반면 도시정비법에 따른 재건축사업은 공익사업으로 시행되며, 조합(사업시행자)와 토지등소유자의 관계는 기본적으로 공법관계(행정청과 사인의 관계)이다.

2. 【해설】 '도시정비법에 따른 재건축사업' vs. '집합건물법에 따른 재건축'

(1) 사업의 시작

① 도시정비법에 따른 재건축사업은 시·도지사 등의 정비구역 지정과 정비계획 수립으로 시작되고, 조합을 설립(또는 사업시행자를 지정)함으로써 본격적으로 진행되기 시작한다.

② 집합건물법에 따른 재건축은 관리단의 재건축결의를 통해 시작된다. 재건축결의를 할 수 있는 경우는 A) 건물 건축 후 '상당한 기간'이 지나 건물이 훼손되거나 일부 멸실되거나 그 밖의 사정으로 건물 가격에 비하여 지나치게 많은 수리비·복구비나 관리비용이 드는 경우 또는 B) 부근 토지의 이용 상황의 변화나 그 밖의 사정으로 건물을 재건축하면 재건축에 드는 비용에 비하여 현저하게 효용이 증가하게 되는 경우이다(집합건

물법 제 47 조 제 1 항). 위 A)는 도시정비법에 따른 재건사업을 위한 정비구역 지정요건과 대동소이하나, B)는 집합건물법에만 있는 재건축사유이다.

(2) 정족수의 차이

① 집합건물법에 따른 재건축결의는 a) 구분소유자의 4/5 이상 및 b) 의결권의 4/5 이상의 찬성을 받아야 한다. 이 정족수는 각 동별로(= 모든 동에서) 충족해야 한다(집합건물법 제 47 조 제 1, 2 항). 또한 재건축의 내용이 단지 내 다른 건물의 구분소유자에게 특별한 영향을 미칠 때에는 그 구분소유자의 승낙을 추가로 받아야 한다(제 1 항 단서).

② 도시정비법에 따른 재건축사업은 주거환경을 개선하기 위한 공익사업으로 시행되는 만큼 a) 각 동별 구분소유자의 과반수 동의(구분소유자가 5 명 이하인 동은 제외)와 b) 주택단지 전체 구분소유자 3/4 이상 및 토지면적 3/4 이상에 해당하는 토지소유자의 동의만으로 조합을 설립할 수 있도록 함으로써 사업개시를 위한 동의요건을 대폭 완화하였다(전부개정 도시정비법 제 35 조 제 3 항). '구분소유자 3/4 이상 및 토지면적 3/4 이상 동의' 요건은 전체 주택단지에서만 충족하면 되고, 각 동별로는 '구분소유자 과반수 동의'만 얻으면 되며, 구분소유자가 5 명 이하인 동은 과반수 동의도 필요 없다.

(3) 재건축결의 내용의 차이(신축건물의 용도 문제)

① 도시정비법에 의한 재건축사업은 주택, 부대·복리시설 및 오피스텔을 건설, 공급하는 방법으로만 시행할 수 있는 반면(도시정비법 제 23 조 제 3 항),

② 집합건물법에 의한 재건축에서는 a) 건물의 용도를 변경하는 내용의 재건축결의(예: 주거용 집합건물을 철거하고 상가용 집합건물을 신축하는 것)도 다른 법령에 특별한 제한이 없는 한 허용되며, b) 구건물을 철거한 뒤 그 대지와 인접한 단독주택 등을 철거한 다음 그 대지와 인접 대지를 묶어 그 위에 상가인 집합건물을 건축하기로 하는 내용의 재건축결의도 허용된다(대법원 2008.02.01. 선고 2006 다 32217 판결). 또한 집합건물법에 따른 재건축은 100% 상업용건물을 신축하는 방법으로도 할 수 있다.

(4) 사업시행자의 차이

① 도시정비법에 따른 재건축사업은 재건축에 동의한 토지등소유자로 구성된 조합이 시행하는 것이 원칙이고(법 제 25 조 제 2 항 전단), 그 밖에 법이 정한 요건에 따른 특례가 허용될 뿐이다(법 제 25 ~ 28 조).

② 그러나 집합건물법에 따른 재건축은 사업시행자에 관한 제한이 없으며('사업시행자'라는 말 자체가 없음), 재건축에 동의한 구분소유자들의 합의에 의하여 재건축결의의 내용에 따라 자유롭게 재건축을 진행할 수 있다. 현장에서는 재건축결의시 매도청구권을 행사할 자금력(또는 자금조달능력)을 가진 자를 법 제 48 조 제 3 항에 따른 '매수지정자'로 지정하여 사업을 진행하게 하는 것이 일반적이다.

(5) 시행방법 및 절차의 차이

　① 도시정비법에 의한 재건축사업은 정비계획의 수립 및 정비구역지정, 조합설립인가, 사업시행계획인가, 관리처분계획인가, 이전고시 등의 행정처분을 단계적으로 거쳐야 하나,

　② 집합건물법에 따른 재건축은 건축허가(건축법) 또는 사업계획승인(주택법)을 제외하고는 순수 사법私法관계로 진행된다.

III. 재개발·재건축사업의 역사

A. 재개발사업의 역사 (도시재개발법에 따른 재개발사업)

1. 【해설】 도시정비법 시행 전 도시재개발법에 따른 재개발사업

도시정비법 시행 이전 재개발사업은 2003. 7. 1. 도시정비법의 시행과 함께 폐지된 도시재개발법에 따라 '도심재개발사업', '주택재개발사업', '공장재개발사업'으로 구분하여 시행되었다.

도시재개발법에 따른 재개발사업은 공익사업으로 시행되었으며, 그 절차는 도시정비법에 따른 정비사업 절차와 매우 흡사했다. ① 사업시행 초기부터 특별시·광역시·시 또는 군의 장이 재개발기본계획을 수립하여 국토교통부장관의 승인을 얻도록 하는 등 공법적 규제가 가해졌고, ② 시행자인 조합은 공법상 법인으로서 행정청이었고, ③ 사업시행방식도 관리처분계획 및 분양처분에 의한 '공용환권'(종전 토지등에 대한 권리를 권리자의 의사와 관계없이 신축 건축물등에 관한 권리로 강제로 교환·변경하는 것)의 방법이 사용되었으며, ④ 사업완료 후 종후자산에 대한 등기도 일반 등기절차와 다르게 도시재개발법 제40조 및 「도시재개발등기처리규칙」(폐지)에 따라 이루어졌다.

2. 【해설】 도시정비법 시행 후 '도시재개발법에 따른 재개발사업'의 계속

(1) 도시정비법 시행 전 도시재개발법에 따라 지정된 재개발구역은 도시정비법에 따라 지정된 주택재개발구역 또는 도시환경정비구역으로 보고, 도시정비법에 따라 그 이후의 절차를 계속 진행하여 사업을 완료할 수 있다(구 도시정비법 부칙 제5조).

(2) 도시정비법 시행 전 도시재개발법에 따라 사업시행인가를 받아 시행중이던 주택재개발사업은 도시정비법에 따른 주택재개발사업으로 보고 도시재개발법에 따라 그 이후의 절차를 계속 진행하여 사업을 완료한다(구법 부칙 제6조, 제7조).

☞ 사업시행방식 별 구체적 경과조치는 각 해당 부분 참조.

III. 재개발·재건축사업의 역사

3. 【경과규정】 구 도시정비법 부칙

<법률 제 6852 호, 2002.12.30.>

제 5 조 (주거환경개선지구 등에 관한 경과조치)

② 이 법 시행전에 도시재개발법에 의하여 지정된 재개발구역은 이 법의 규정에 의하여 지정된 주택재개발구역 또는 도시환경정비구역으로 본다.

제 6 조 (주거환경개선사업 등에 관한 경과조치)

종전법률에 의하여 사업계획승인이나 사업시행인가를 받아 시행중인 주거환경개선사업·주택재개발사업·재건축사업·도심재개발사업·공장재개발사업은 각각 이 법에 의한 주거환경개선사업·주택재개발사업·주택재건축사업·도시환경정비사업으로 본다.

제 7 조 (사업시행방식에 관한 경과조치)

① 종전법률에 의하여 사업계획의 승인이나 사업시행인가를 받아 시행중인 것은 종전의 규정에 의한다.

B. 재건축사업의 역사 (주택건설촉진법에 따른 재건축사업)

1. 【해설】 주택건설촉진법에 따른 민간 주택건설사업

도시정비법 시행 전 재건축사업은 구 주택건설촉진법('주촉법')과 집합건물법의 재건축조항에 따라 진행되었다. 주요내용은 아래와 같다.

(1) 사업의 주체: 1987. 12. 4. 개정된 구 주택건설촉진법(법률 제 3998 호. 시행일: 1988. 1. 1.)은 제 3 조(정의조항) 제 9 호의 "주택조합"에 재건축조합을 새로 추가함으로써 기존의 주택조합 제도를 이용하여 재건축사업을 진행할 수 있도록 하였다. 그러나 재건축주택조합을 설립하지 않고 구분소유자들이 직접 재건축을 진행할 수도 있었다(실제로는 재건축조합을 설립하여 진행하는 것이 일반적이었음).

(2) 민간사업에 공법적 규제를 가미함: 주촉법에 따른 재건축사업은 공익사업이 아닌 민간사업으로서 정비구역 지정이나 정비계획 수립 없이 관리단의 자율적인 재건축결의에 의하여 개시되었다. 재건축결의 후에는 관할시장등의 조합설립인가 및 사업계획승인을 받아 공사에 착공하며, 그 이후에는 별다른 공법적 규제를 받지 않고 일반 건축행위로 진행되었다. 다만, ① 1994. 3. 1. 개정법 제 44 조 제 9 항으로 안전진단 조항을 신설하고, ② 1998. 3. 14. 개정법에서 제 44 조의 3(재건축조합의 주택건설)을 신설해 안전진단 요건을 강화하고 '1 세대 1 주택 공급' 원칙을 규정하는 등 공법적 규제를 추가했다.

(3) 등기절차: 주촉법에 따른 재건축사업은 법률의 근거 없이 관행적으로 시행자인 조합을 수탁자로 하는 신탁등기를 하여 진행되었고, 준공 후 신축건물의 소유권보존등기 및

> 토지의 분필·합필등기에서는 부동산등기법에 따른 일반 등기절차가 이용되었다. 소유권보존등기는 건축물대장에 조합원이 소유자로 등재되어 있는 경우에는 조합원 명의로, 재건축조합이 소유자로 등재되어 있는 경우에는 재건축조합 명의로 하였다(등기선례 제 3-386 호 참조).

2. 【구법령】 주택건설촉진법 제 3 조(용어의 정의) [도시정비법 시행 직전의 것]

> 이 법에서 사용하는 용어의 정의는 다음 각호와 같다.
>
> 9. "주택조합"이라 함은 동일 또는 인접한 시(특별시 및 광역시를 포함한다)·군에 거주하는 주택이 없는 주민이 주택을 마련하기 위하여 설립한 조합(이하 "지역조합"이라 한다), 동일한 직장에 근무하는 주택이 없는 근로자가 주택을 마련하기 위하여 설립한 조합(이하 "직장조합"이라 한다) 및 대통령령이 정하는 노후·불량한 주택을 철거하고 그 철거한 대지위에 주택을 건설하기 위하여 기존주택의 소유자가 설립한 조합(이하 "재건축조합"이라 한다)을 말한다. [☞ 재건축조합 부분은 1988. 1. 1. 개정법에서 처음 규정되었음]
>
> ☞ 주택건설촉진법에서 노후·불량 주택의 기준연한은 20 년이었다(동법 제 4 조의 2 제 1 항).

3. 【구법령】 주택건설촉진법 제 44 조 (주택조합의 설립등)

> [시행 1994. 3. 1.] [법률 제 4723 호, 1994. 1. 7., 일부개정]
>
> ⑨ 시장등은 재건축조합이 노후·불량한 주택을 철거하고 그 철거한 대지위에 주택을 재건축하고자 하는 경우에는 당해 노후·불량주택에 대한 안전진단을 실시하게 할 수 있다. 이 경우 안전진단의 대상·기준·실시기관·수수료 기타 필요한 사항은 건설부령으로 정한다.<신설 1994·1·7>

4. 【구법령】 주택건설촉진법 제 44 조의 3 (재건축조합의 주택건설)

> [시행 1998. 3. 14.] [법률 제 5451 호, 1997. 12. 13., 일부개정]
>
> ① 재건축조합이 노후·불량주택을 철거하고 그 철거한 대지위에 주택을 건설하고자 하는 경우에는 시장등에게 안전진단을 신청하여야 한다.
>
> ⑤ 재건축대상인 노후·불량주택이나 그 대지에 설정된 저당권·가등기담보권·가압류·전세권·지상권등 등기된 권리는 제 33 조의 규정에 의한 주택건설사업계획승인이후에는 새로이 건설되는 주택이나 그 대지에 설정된 것으로 본다. 이 경우 도시재개발법 제 33 조 내지 제 45 조의 규정[☞ 관리처분계획 및 그에 따른 분양처분 고시 등에 관한 규정]을 준용한다.

III. 재개발·재건축사업의 역사

⑥ 재건축조합원중 1세대가 2주택 이상을 소유하거나 1주택을 2인 이상이 공유지분으로 소유하는 경우에는 이를 1조합원으로 보며 1주택만 공급한다. 다만, 소속근로자의 숙소등으로 사용하기 위한 주택을 소유하고 있는 법인등 대통령령이 정하는 경우에는 그러하지 아니한다.

[본조신설 1997. 12. 13.] (1998. 3. 14. 시행)

5. 【해설】 집합건물법에 따른 매도청구

주택건설촉진법에는 매도청구조항이 없었으므로, 재건축조합은 일반법인 집합건물법의 매도청구조항에 의하여 매도청구권을 행사하였다. 집합건물법 제48조 제4항은 재건축에 참여하는 구분소유자 또는 구분소유자 전원의 합의로 지정한 '매수지정자'가 매도청구권을 행사하도록 하였으므로, 재건축조합이 구분소유자 전원의 합의로 매수지정자로 지정받아 매도청구권을 행사하였다.

6. 【해설】 주택건설촉진법 – 집합건물법(재건축조항) – 도시정비법 – 주택법의 관계

(1) 주택건설촉진법은 집합건물법(재건축조항)의 특별법, 도시정비법은 주촉법의 신법

① 주촉법의 재건축조항은 집합건물법 재건축조항의 특별법이었고, ② 도시정비법은 주촉법의 신법으로 2002. 12. 30. 제정되어 2003. 7. 1.부터 시행되었으며, ③ 주촉법 재건축조항들은 도시정비법 시행과 동시에 모두 삭제되었다.

다만, 도시정비법 시행 전에 사업계획승인을 받은 재건축사업에는 도시정비법의 경과규정에 따라 주택건설촉진법이 계속 적용된다(구도시정비법 부칙 제7조 제1항; 대법원 2010. 1. 28. 선고 2008다90347 판결 참조).

(2) 주택건설촉진법의 재건축 외 조항들은 주택법으로 명칭 변경 후 현재까지 존속함

도시정비법이 시행됨에 따라 주택건설촉진법의 재건축관련 규정들은 (도시정비법 부칙의 경과규정에 의하여 계속 적용되는 경우를 제외하고는) 모두 폐지되었으나, 재건축을 제외한 일반 주택건설에 관한 규정들은 도시정비법 시행 후에도 계속 존속해 오다가, 2003. 5. 29. 주택법으로 명칭변경되고 전문 개정되어(시행일: 2003. 11. 30.) 현재에 이르고 있다. 현행 주택법은 주택의 건설·공급에 관한 일반법으로서 광범위한 영역에 걸쳐 적용되고 있다.

C. 「도시 및 주거환경정비법」의 탄생과 2018. 2. 9. 전부개정

1. 【해설】「도시 및 주거환경정비법」의 제정과 시행 (2003. 7. 1. 시행)

(1) 도시정비법은 「도시재개발법」, 「주택건설촉진법」 및 「도시 저소득주민의 주거환경 개선을 위한 임시조치법」의 통합법률로서 2002. 12. 30. 법률 제6852호로 제정되어 2003. 7. 1.부터 시행되었다.

도시정비법은 구 도시재개발법을 근간으로 하여 주택건설촉진법의 재건축 조항들을 편입시키는 방식으로 재개발·재건축사업을 통합 규정하고 그 절차를 일원화하였다. 이로써 그동안 민간사업으로 진행되어 오던 재건축사업이 정식으로 공익사업으로 편입되었으며, 재개발사업과 재건축사업이 기본적으로 동일한 절차로 진행되게 되었다.

(2) 도시정비법에서, ①「도시재개발법」이 규정하고 있던 주택재개발사업은 주택재개발사업이 되었고, ②「도시재개발법」의 도심재개발·공장재개발사업은 도시환경정비사업이 되었고, ③「주택건설촉진법」에 따른 재건축사업은 주택재건축사업이 되었고, ④「도시 저소득주민의 주거환경 개선을 위한 임시조치법」에 의한 주거환경개선사업은 '주거환경개선사업'이 되었다.

(3) 「도시재개발법」과 「도시 저소득주민의 주거환경 개선을 위한 임시조치법」은 도시정비법 시행으로 모두 폐지되었으나, 「주택건설촉진법」은 2003. 5. 29. 주택법으로 명칭 변경되어 현재까지 존속하고 있다(단, 주촉법의 재건축조항은 도시정비법의 시행과 동시에 모두 삭제되었음).

2. 【해설】도시정비법 시행 후 '주촉법에 따른 재건축사업'의 계속

도시정비법 시행 전에 구 주택건설촉진법에 따라 사업계획승인을 받아 시행중이던 재건축사업은 도시정비법에 따른 주택재건축사업으로 보고 구 주택건설촉진법에 따라 그 이후의 절차를 계속 진행하여 사업을 완료할 수 있다(구법 부칙 제6조, 제7조).

☞ 경과조치의 구체적 내용은 각 해당 부분 참조.

3. 【해설】전부개정 도시정비법 (2018. 2. 9. 시행)

도시정비법은 2017. 2. 8. 법률 제14567호로 전문 개정되어 2018. 2. 9.부터 시행되었다(공포 후 1년이 경과한 날).

이 책에서는 이 법률을 "전부개정 도시정비법"이라 부르고, 전부개정 전에 시행되던 구 법률을 "구 도시정비법"이라 부르기로 한다. 각 개정법은 시행일(개정일이 아님)로 특정하되, 가급적 개정일자와 개정법률번호 및 시행일을 모두 표시하였다.

돈.되.법

제 2 장

정비계획수립 및 정비구역지정

제1절 기본계획과 정비계획
제2절 정비계획의 수립
제3절 사업유형별 정비구역 지정요건
제4절 정비계획결정 및 정비구역 지정과 그 효과

"정비구역 지정과 정비계획 결정은 절차가 동시에 진행되고 처분도 동시에 된다. 정비구역 지정은 정비계획의 가장 중요한 내용이며, 정비계획이 없는 정비구역 지정은 속빈 강정이다. 정비계획 결정과 정비구역지정이 결합하여 '하나의 구속적 행정계획'이 되고, 일체로서 국토계획법 제 2 조 제 4 호 라목에 따른 도시·군관리계획에 해당한다. 정비구역 지정이 빠진 정비계획은 그 자체로 위법하다."

제1절 기본계획과 정비계획

I. 개요 - 「2040 서울도시기본계획」

정비사업계획은 '도시·주거환경정비기본계획'('기본계획')과 '정비계획' 두 단계로 수립된다. '기본계획'은 정비사업의 기본원칙과 개발지침을 제시하는 상위 정비사업계획이고, '정비계획'은 '기본계획'의 범위 내에서 기본계획을 구체화한 실행계획이다. 정비사업계획은 국토계획법이 규정하는 '도시·군계획'의 일종이며, '도시·군계획'은 국토기본법에 따른 '국토계획' 중 시·군종합계획에 해당한다. 아래에서 도시계획과 정비사업계획의 체계에 대하여 자세히 알아본다.

☞ https://www.aurum.re.kr: 전국의 법정계획을 한곳에 모아 놓은 건축도시정책정보센터(건축공간연구원) 웹사이트

A. 도시계획의 체계: 국토계획 – 도시계획(기본계획·관리계획) – 정비사업계획(기본계획·정비계획)

1. 【해설】국토기본법에 따른 국토계획 (국토종합계획, 도종합계획, 시·군종합계획)

> (1) "국토계획"은 국토를 이용·개발 및 보전할 때 미래의 경제적·사회적 변동에 대응하여 국토가 지향하여야 할 발전 방향을 설정하고 이를 달성하기 위한 계획으로서 헌법(제120조 제2항)과 국토기본법에 근거하여 수립되는 최상위 국가공간계획이다.
>
> 국토계획은 ① 국토종합계획, ② 초광역권계획, ③ 도종합계획, ④ 시·군종합계획, ⑤ 지역계획 및 ⑥ 부문별계획(국토 전역을 대상으로 하여 특정 부문에 대한 장기적인 발전 방향을 제시하는 계획) 등으로 구분된다(국토기본법 제6조 제2항).
>
> 국토종합계획은 다른 법령에 따라 수립되는 국토에 관한 계획에 우선하며 그 기본이 된다(예외: 군사에 관한 계획. 같은 법 제8조).
>
> (2) 국토계획은 기본적으로 「국토종합계획 – 도종합계획 – 시·군종합계획」 3단계로 수립된다.
>
> ① 국토종합계획: 국토교통부장관이 20년 주기로 공청회·국토정책위원회·국무회의의 심의를 차례로 거친 후 대통령의 승인을 받아 수립한다(국토기본법 제7, 9, 11, 12조).
>
> ② 도종합계획: 도지사가 공청회와 도시계획위원회의 심의를 거쳐 국토교통부장관의 승인을 받아 수립한다(국토기본법 제13, 14, 15조).

③ 시·군종합계획: 시·군 종합계획은 국토계획법에 따라 수립되는 '도시·군계획'을 말한다(국토기본법 제6조 제2항 제3호). 도시·군계획은 '도시·군기본계획'과 '도시·군관리계획'으로 구분된다(국토계획법 제2조 제2호).

2. 【해설】 도시·군기본계획과 도시·군관리계획 (국토계획법에 따른 도시·군계획)

(1) 우리나라의 도시·군계획은 ① 도시전체의 장기발전방향을 제시하는 종합계획으로서 도시·군기본계획(국토계획법 제2조 제3호)과 ② 도시·군기본계획을 지침으로 하여 개별 필지단위로 수립되는 구체적인 계획인 도시·군관리계획으로(같은 조 제4호) 구분된다(같은 조 제2호). ① 도시·군기본계획은 시·군 단위에서 수립되는 최상위 법정계획으로서 국토계획 중 시·군종합계획에 해당하며, ② 도시·군관리계획은 도시·군기본계획을 필지별로 구체화한 실행계획이다.

전국의 도시·군기본계획은 토지 e 음 웹사이트에서 가장 빨리 볼 수 있다.
https://www.eum.go.kr

(2) 도시·군계획의 명칭: 행정구역 명칭이 '특별시·광역시·특별자치시·특별자치도·시'인 경우는 「도시계획·도시기본계획·도시관리계획」, 군인 경우는 「군계획·군기본계획·군관리계획」이라 하고, 이 둘을 합하여 '도시·군계획 등'이라고 부른다(같은 법 제5조).

(3) '도시·군관리계획'의 예로 a) 용도지역·용도지구의 지정·변경에 관한 계획, b) 개발제한구역·도시자연공원구역 등의 지정·변경에 관한 계획, c) 기반시설의 설치·정비·개량에 관한 계획, d) 도시개발사업계획, e) 정비사업계획, f) 지구단위계획구역의 지정·변경에 관한 계획과 지구단위계획 등이 있다(국토계획법 제2조 제4호).

(4) 결국 우리나라의 도시계획은 국토종합계획과 도종합계획을 토대로 수립되는 '도시·군관리계획'에 의하여 구체적 실행계획이 된다.

3. 【해설】 도시계획 체계에서 정비사업계획의 위치

도시정비법은 도시·군계획 체계에서 정비사업계획의 위치를 명확하게 규정하지 않았다. 특히 「도시·주거환경정비기본계획 수립 지침」(이하 '정보기본계획 수립지침'이라 함)은 도시·주거환경정비기본계획(이하 '정비기본계획'이라 함)과 도시기본계획의 관계를 매우 모호하게 규정하였다.

(1) 정비계획과 도시·군계획의 관계: 「도시·주거환경 정비계획 수립지침」(이하 '정비계획 수립지침')은 "정비계획은 도시·군기본계획과 기본계획의 범위 안에서 수립되어야 하고, 도시·군관리계획과 서로 연계되도록 수립되어야 한다"고 규정하고 있다(동 지침 2-1-1). 이 규정으로 보나 정비계획이 구체적 실행계획이라는 점에서 보나, 정비계획은 도시·군관리계획의 하나임이 분명하다.

I. 개요 - 「2040 서울도시기본계획」

> **(2) 정비기본계획과 도시계획의 관계:** 도시·주거환경정비기본계획은 도시기본계획의 하위계획이다(정비기본계획수립지침 1-3-1). 여기서 '하위계획'이라는 의미는 정비기본계획이 도시계획 체계상 도시기본계획의 하위에 있는 계획이라는 의미가 아니고, 「정비기본계획은 도시기본계획의 범위 내에서 도시기본계획 중 "도심 및 주거환경의 정비·보전에 관한 사항"(국토계획법 제 19 조 제 1 항 제 10 호; 동 시행령 제 15 조 제 1 호)을 구체화한 '특수분야의 도시기본계획'」이라는 의미이다. 도시계획의 체계상 정비기본계획도 도시기본계획에 해당한다. 도시계획의 체계상 도시기본계획의 하위계획은 도시관리계획이며, 정비기본계획은 도시관리계획의 상위계획이다. 서울의 정비기본계획도 「서울도시기본계획」의 부문별 전략계획 중 하나("주택·정비 부문")로 포함되어 있다(「2040 서울도시기본계획」 제 3 장 제 2 절).
>
> 정비기본계획은 시 단위로 수립되므로(도시정비법 제 4 조 제 1 항) 군기본계획과의 관계는 문제되지 않는다.

B. 생활권계획 - 「2040 서울도시기본계획」

1. 【해설】 생활권계획

> (1) 국토계획법은 대도시를 계획하고 관리하기 위해서는 '도시·군기본계획'의 비전과 발전방향을 '도시·군관리계획'으로 원활하게 전달하여 실현하기 위한 중간단계 계획이 필요하다고 보고, 도시·군기본계획에 반드시 "공간구조, 생활권의 설정 및 인구의 배분에 관한 사항"을 포함하도록 하였다(국토계획법 제 19 조 제 1 항). 이것을 생활권계획이라고 한다.
>
> (2) 생활권계획은 도시기본계획의 '부문별 계획'이자 '후속계획'으로서, 생활권역을 대상으로 지역 특성을 고려하고 주민의 다양한 의견을 파악하여 지역의 발전방향과 정책목표, 추진전략 등을 제시하는 생활밀착형 도시계획이다(「2030 서울도시기본계획」 제 5 장 제 1 절).

2. 【해설】 「2030 서울도시기본계획」의 '2030 서울생활권계획'

> 서울시는 2014 년 4 월 「2030 서울도시기본계획(2030 서울플랜)」을 수립하면서 도시·군기본계획과 도시·군관리계획과의 간극을 해소하고 주민이 직접 지역발전과 삶의 질 개선에 주체적 역할을 할 수 있는 「2030 서울생활권계획」을 포함시켰다.
>
> 2030 서울생활권플랜은 서울시를 도심생활권, 동북생활권, 서북생활권, 서남생활권, 동남생활권 등 5 개 권역(대생활권)으로 구분한 후, 다시 중생활권, 소생활권으로 세분하였다. '소생활권'은 통근·통학·쇼핑·여가 등 주민들의 일상적인 생활 활동이 이루어지는 '지역생활권'을 말하며 자치구 경계를 넘지 않는 범위에서 설정·운영된다.

제 2 장 정비계획수립 및 정비구역지정 / 제 1 절 기본계획과 정비계획

3. 【해설】「2040 서울도시기본계획」의 생활권계획

2023년 1월에 수립된 「2040 서울도시기본계획」의 생활권계획은 ① 서울도시기본계획의 계획내용을 권역별로 제시하는 권역별 구상과 ② 그 후속계획인 a) 권역생활권계획 및 b) 지역생활권계획으로 구성된다.

권역별 구상은 도심권·동북권·동남권·서북권·서남권 등 5개 권역(대생활권) 별로 지역특화 및 균형발전을 위한 발전방향과 부문별 계획과제로 제시되며, 이후 생활권계획 재정비 시 기본방향으로 활용될 수 있다(아래 그림 참조).

[서울특별시 '권역생활권' – 2040 서울도시기본계획]

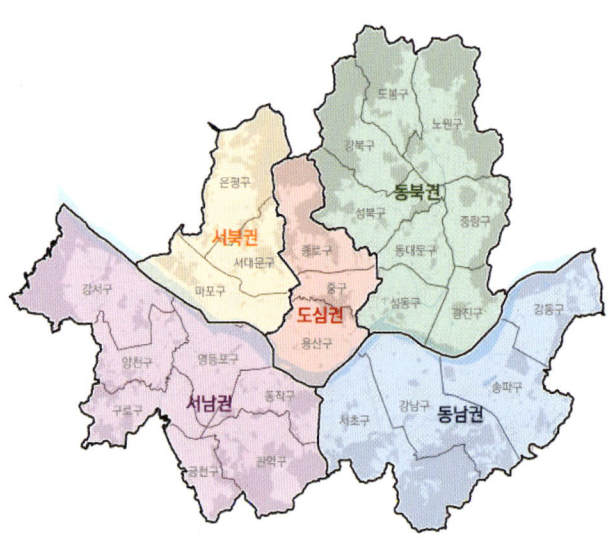

C. 정비사업 계획의 체계

1. 【해설】 정비기본계획과 정비계획

(1) 도시·주거환경정비기본계획('기본계획')은 정비계획의 상위계획으로서, 유형별 정비구역 지정대상과 정비방향을 설정하고, 정비기반시설 기준, 개발밀도 기준, 정비방법 등 정비사업의 기본원칙 및 개발지침을 제시한다(정비기본계획 수립지침 1-3-1; 1-3-3).

정비기본계획은 시 단위로(여기서 "시"는 "특별시·광역시·특별자치시·특별자치도 및 시"를 말한다) 10년 단위로 수립하며(법 제4조 제1항; 지침 1-3-2), 5년마다 그 타당성 여부를 검토하여 그 결과를 반영한다(법 제4조 제2항; 지침 1-5-2).

> ☞ 도시정비법령에서는 도시·주거환경정비기본계획을 '기본계획'이라 약칭하나, 여기서는 국토계획법 제2조 제4호에 따른 '도시·군기본계획'과 혼동하지 않기 위해 '정비기본계획'이라 부르기로 한다
>
> (2) 도시·주거환경 정비계획('정비계획')은 도시·군기본계획 및 정비기본계획 등 상위계획의 범위 안에서 정비구역의 토지이용 및 기반시설의 설치, 개발밀도 설정 등에 관한 사항을 구체화하는 법정계획이다(지침 1-3-1). 정비계획은 도시·군관리계획과 서로 연계되도록 수립되어야 한다(지침 2-1-1).

2. 【해설】 정비예정구역 지정기준 = 정비구역 지정요건

> 정비기본계획은 정비구역으로 지정될 예정인 구역('정비예정구역')과 그 인근 지역에 대해서 개발이후의 세대규모와 인구유입 등을 총량적으로 고려하여 광역적으로 수립하는 바(정비기본계획 수립지침 2-4-1), 정비예정구역의 지정기준은 정비계획 입안대상지역(영 제7조 제1항 별표 1)과 동일하므로(지침 4-2-3) 정비예정구역 지정기준은 정비구역 지정요건과 같다.
>
> 그래서 불가피한 사유로 긴급하게 정비사업을 시행할 필요가 있는 때에는 기본계획을 수립 또는 변경하지 않고 바로 정비구역을 지정할 수 있다(법 제8조 제2항).

3. 【해설】 정비기본계획에서 정비예정구역 지정은 생활권계획으로 대체됨

> (1) 정비기본계획에 생활권계획을 포함시키는 경우에는 정비예정구역을 지정하지 않고, 단계별 정비사업 추진계획도 수립하지 않는다(도시정비법 제5조 제2항). 즉, 생활권계획을 수립할 경우 정비예정구역 지정은 생활권계획 수립으로 대체된다. [2012. 2. 1. 제11293호 개정 법률 제3조 제9항 신설, 2012. 8. 2. 시행]
>
> 생활권계획에는 '생활권의 설정, 생활권별 기반시설 설치계획 및 주택수급계획'(같은 항 제1호) 및 '생활권별 주거지의 정비·보전·관리의 방향'(같은 항 제2호)이 포함되어야 한다.
>
> (2) 「2025 서울특별시 도시·주거환경정비기본계획(주거환경정비사업 부문)」(2015. 9. 수립, 2021. 9. 23. 개정)은 생활권계획을 포함하고 있어 정비예정구역을 지정하지 않았다. 다만, 기존의 2020 정비기본계획에 지정된 정비예정구역은 계속 유효하다. 따라서 서울의 정비예정구역에 투자하려는 사람은 「2020 정비기본계획」도 보아야 한다.
>
> 「2030 부산광역시 정비기본계획」도 생활권계획을 포함시키고 있다.

제 2 장 정비계획수립 및 정비구역지정 / 제 1 절 기본계획과 정비계획

4. 【해설】 정비계획 결정과 정비구역 지정

(1) 정비계획은 정비구역을 대상으로 한 행정계획이므로 정비구역 지정과 정비계획의 결정은 동시에 이루어지고(법 제 8 조 제 1 항), 이 둘이 결합하여 하나의 구속적 행정계획이 되며, 이는 국토계획법 제 2 조 제 4 호 라목에 따른 '도시·군관리계획'에 해당한다.

(2) 정비구역 지정권자는 정비계획을 포함한 정비구역 지정 내용을 해당 지방자치단체의 공보에 고시하여야 한다(도시정비법 제 16 조 제 2 항).

5. 【해설】 재정비촉진사업의 특례

재정비촉진계획이 결정·고시되었을 때에는 그 고시일에 도시·주거환경정비기본계획의 수립/변경, 정비구역의 지정/변경 및 정비계획의 수립/변경이 있은 것으로 간주된다(도시재정비법 제 13 조 제 1 항).

따라서 재정비촉진사업으로 정비사업을 진행하는 경우에는 재정비촉진계획 결정 외에 정비기본계획과 정비계획의 수립/변경을 별도로 하지 않는다.

II. 정비기본계획의 수립

A. 정비기본계획 수립의 절차

1. 【해설】 정비기본계획의 수립권자

도시·주거환경정비기본계획('정비기본계획')은 특별시장·광역시장·특별자치시장·특별자치도지사 및 시장이 10년 단위로 수립하고, 5년마다 타당성을 검토하여 그 결과를 반영한다(법 제 4 조 제 1 항).

대도시(인구 50 만 이상)가 아닌 시의 시장도 수립권자이나, 대도시가 아닌 시의 시장이 기본계획을 수립하려면 도지사의 승인을 받아야 하며, 도지사가 이를 승인하려면 관계 행정기관의 장과 협의한 후 지방도시계획위원회의 심의를 거쳐야 한다(법 제 7 조 제 2 항).

2. 【해설】 정비기본계획의 수립 절차

정비기본계획은 다음과 같은 절차를 거쳐 수립된다: ① 기초조사 및 정비기본계획(안) 작성 → ② 14 일 이상 주민공람 및 의견청취·반영(법 §6①③) → ③ 지방의회의견 청취 (60 일 이내 의견 제시. 법 §6②③) → ④ 관계행정기관장과 협의(법 §7①. 대도시 아닌 시장은 제외) → ⑤ 지방도시계획위원회 심의(법 §7①. 대도시 아닌 시장은 제외) → 대도시 외 시장은 도지사의 승인을 받아야 하고, 도지사가 승인하려면 관계 행정기관장과

II. 정비기본계획의 수립

협의 후 지방도시계획위원회 심의를 거쳐야 함. 법 §7②) → ⑥ 기본계획의 확정, 지방자치단체 공보 고시 및 일반 열람(법 §7③).

☞ 서울도시계획포털 웹사이트(https://urban.seoul.go.kr)에서 주민공람을 확인하고 의견 제출까지 할 수 있다.

3. 【해설】 도시·주거환경정비기본계획의 변경절차 및 예외(경미한 사항의 변경)

(1) 기본계획을 변경하는 경우에도 기본계획 수립시와 동일한 절차를 밟는 것이 원칙이다. 정비구역 지정 및 정비계획 수립 시 기본계획 변경을 수반하는 경우에는 기본계획변경·정비구역지정·정비계획수립을 위한 공람공고 등을 동시에 진행한다.

(2) 그러나 대통령령으로 정하는 '경미한 사항'을 변경하는 경우에는 주민공람과 지방의회의 의견청취 절차를 거치지 않을 수 있다(법 제6조 제3항). 경미한 사항의 변경에 해당하는 경우로서 '정비기반시설의 규모를 확대하거나 그 면적을 10% 미만의 범위에서 축소하는 경우', '정비예정구역의 면적을 20% 미만의 범위에서 변경하는 경우' 등이 있다 (영 제6조 제4항).

(3) 기본계획의 수립권자(대도시 아닌 시장은 제외)는 기본계획을 변경하려면 관계 행정기관의 장과 협의한 후 지방도시계획위원회의 심의를 거쳐야 한다. 다만, '경미한 사항'을 변경하는 경우에는 그렇지 않다. (법 제7조 제1항.)

(3) 대도시의 시장이 아닌 시장이 기본계획을 변경하려면 도지사의 승인을 받아야 하나, 경미한 사항을 변경하는 경우는 도지사의 승인을 받지 않아도 된다(법 제7조 제2항),

4. 【해설】 정비기본계획은 전략환경영향평가 대상임

도시·주거환경정비기본계획은 전략환경영향평가 대상계획이므로(환경영향평가법 시행령 별표 3), 기본계획 수립 전에 전략환경영향평가를 실시하여야 한다.

☞ 전략환경영향평가에 관한 자세한 내용은 제2장 제2절 IV. 참조.

B. 관련규정 (기본계획 수립)

1. 【법령】 전부개정 도시정비법 제4조(도시·주거환경정비기본계획의 수립)

① 특별시장·광역시장·특별자치시장·특별자치도지사 또는 시장은 관할 구역에 대하여 도시·주거환경정비기본계획(이하 "기본계획"이라 한다)을 10년 단위로 수립하여야 한다.

다만, 도지사가 대도시가 아닌 시로서 기본계획을 수립할 필요가 없다고 인정하는 시에 대하여는 기본계획을 수립하지 아니할 수 있다.

제2장 정비계획수립 및 정비구역지정 / 제1절 기본계획과 정비계획

② 특별시장·광역시장·특별자치시장·특별자치도지사 또는 시장(이하 "기본계획의 수립권자"라 한다)은 기본계획에 대하여 5년마다 타당성을 검토하여 그 결과를 기본계획에 반영하여야 한다. <개정 2020. 6. 9. 자구수정>

☞ 국토교통부장관은 10년마다 도시·주거환경정비기본계획의 수립 방향 등을 포함한 기본방침을 정하고, 5년마다 타당성을 검토하여 그 결과를 기본방침에 반영하여야 한다(법 제3조).

2. 【법령】전부개정 도시정비법 제6조(기본계획 수립을 위한 주민의견청취 등)

① 기본계획의 수립권자는 기본계획을 수립하거나 변경하려는 경우에는 14일 이상 주민에게 공람하여 의견을 들어야 하며, 제시된 의견이 타당하다고 인정되면 이를 기본계획에 반영하여야 한다.

② 기본계획의 수립권자는 제1항에 따른 공람과 함께 지방의회의 의견을 들어야 한다. 이 경우 지방의회는 기본계획의 수립권자가 기본계획을 통지한 날부터 60일 이내에 의견을 제시하여야 하며, 의견제시 없이 60일이 지난 경우 이의가 없는 것으로 본다.

③ 제1항 및 제2항에도 불구하고 대통령령으로 정하는 경미한 사항을 변경하는 경우에는 주민공람과 지방의회의 의견청취 절차를 거치지 아니할 수 있다.

☞ 영 제6조 제4항

④ 법 제6조제3항 및 제7조제1항 단서에서 "대통령령으로 정하는 경미한 사항을 변경하는 경우"란 각각 다음 각 호의 경우를 말한다.

  1. 정비기반시설(제3조제9호에 해당하는 시설은 제외한다. 이하 제8조제3항·제13조제4항·제38조 및 제76조제3항에서 같다)의 규모를 확대하거나 그 면적을 10퍼센트 미만의 범위에서 축소하는 경우

  2. 정비사업의 계획기간을 단축하는 경우

  3. 공동이용시설에 대한 설치계획을 변경하는 경우

  4. 사회복지시설 및 주민문화시설 등에 대한 설치계획을 변경하는 경우

  5. 구체적으로 면적이 명시된 법 제5조제1항제9호에 따른 정비예정구역(이하 "정비예정구역"이라 한다)의 면적을 20퍼센트 미만의 범위에서 변경하는 경우

  6. 법 제5조제1항제10호에 따른 단계별 정비사업 추진계획(이하 "단계별 정비사업 추진계획"이라 한다)을 변경하는 경우

> 7. 건폐율(건축법 제 55 조에 따른 건폐율을 말한다. 이하 같다) 및 용적률(건축법 제 56 조에 따른 용적률을 말한다. 이하 같다)을 각 20 퍼센트 미만의 범위에서 변경하는 경우
> 8. 정비사업의 시행을 위하여 필요한 재원조달에 관한 사항을 변경하는 경우
> 9. 「국토의 계획 및 이용에 관한 법률」 제 2 조제 3 호에 따른 도시·군기본계획의 변경에 따라 기본계획을 변경하는 경우

3. 【법령】 전부개정법 시행령 제 6 조(기본계획의 수립을 위한 공람 등)

> ① 특별시장·광역시장·특별자치시장·특별자치도지사 또는 시장은 법 제 6 조제 1 항에 따라 도시·주거환경정비기본계획(이하 "기본계획"이라 한다)을 주민에게 공람하려는 때에는 미리 공람의 요지 및 장소를 해당 지방자치단체의 공보 및 인터넷(이하 "공보등"이라 한다)에 공고하고, 공람장소에 관계 서류를 갖추어 두어야 한다.
>
> ② 주민은 법 제 6 조제 1 항에 따른 공람기간 이내에 특별시장·광역시장·특별자치시장·특별자치도지사 또는 시장에게 서면(전자문서를 포함한다)으로 의견을 제출할 수 있다. <개정 2020. 6. 23.>
>
> ③ 특별시장·광역시장·특별자치시장·특별자치도지사 또는 시장은 제 2 항에 따라 제출된 의견을 심사하여 법 제 6 조제 1 항에 따라 채택할 필요가 있다고 인정하는 때에는 이를 채택하고, 채택하지 아니한 경우에는 의견을 제출한 주민에게 그 사유를 알려주어야 한다.

4. 【법령】 전부개정 도시정비법 제 7 조(기본계획의 확정·고시 등)

> ① 기본계획의 수립권자(대도시의 시장이 아닌 시장은 제외한다)는 기본계획을 수립하거나 변경하려면 a) 관계 행정기관의 장과 협의한 후 b) 「국토의 계획 및 이용에 관한 법률」 제 113 조 제 1 항 및 제 2 항에 따른 지방도시계획위원회(이하 "지방도시계획위원회"라 한다)의 심의를 거쳐야 한다. 다만, 대통령령으로 정하는 경미한 사항을 변경하는 경우에는 관계 행정기관의 장과의 협의 및 지방도시계획위원회의 심의를 거치지 아니한다.
>
> ② 대도시의 시장이 아닌 시장은 기본계획을 수립하거나 변경하려면 도지사의 승인을 받아야 하며, 도지사가 이를 승인하려면 관계 행정기관의 장과 협의한 후 지방도시계획위원회의 심의를 거쳐야 한다. 다만, 제 1 항 단서에 해당하는 변경의 경우에는 도지사의 승인을 받지 아니할 수 있다.
>
> ③ 기본계획의 수립권자는 기본계획을 수립하거나 변경한 때에는 지체 없이 이를 해당 지방자치단체의 공보에 고시하고 일반인이 열람할 수 있도록 하여야 한다.

제 2 장 정비계획수립 및 정비구역지정 / 제 1 절 기본계획과 정비계획

> ④ 기본계획의 수립권자는 제 3 항에 따라 기본계획을 고시한 때에는 국토교통부령으로 정하는 방법 및 절차에 따라 국토교통부장관에게 보고하여야 한다.

5. 【법령】 「도시·주거환경정비기본계획 수립 지침」

> [시행 2018. 2. 9.] [국토교통부훈령 제 977 호, 2018. 2. 9., 타법개정]
> 국토교통부(주택정비과), 044-201-3393
>
> **제 1 절 지침의 목적**
>
> 1-1-1. 이 지침은 「도시 및 주거환경정비법」(이하 "법"이라 한다) 제 5 조제 3 항에 따라 도시·주거환경정비기본계획(이하 "기본계획"이라 한다)의 작성에 관한 세부 작성기준 등을 정하는 데 그 목적이 있다.
>
> **제 2 절 기본계획의 의의**
>
> 1-2-1. 기본계획은 「국토의 계획 및 이용에 관한 법률」(이하 "국토계획법"이라 한다) 제 2 조제 3 호에 따른 도시·군기본계획(이하 "도시·군기본계획"이라 한다) 등 상위계획의 이념과 내용이 법 제 2 조제 2 호에 따른 정비사업(이하 "정비사업"이라 한다)을 통해 실현될 수 있도록 도시정비의 미래상과 목표를 명확히 설정하고 실천 전략을 구체적으로 제시한다.
>
> **제 5 절 기준연도 및 목표연도**
>
> 1-5-1. 계획의 기준연도는 계획의 수립에 착수하여 인구현황 등 기초조사를 시작하는 시점으로 하고, 목표연도는 기준연도로부터 10 년을 기준으로 한다. 다만, 법 시행 후 최초로 수립하는 기본계획의 목표연도는 2010 년으로 한다.
>
> 1-5-2. 기본계획은 5 년마다 그 타당성 여부를 검토하여 그 결과를 반영한다.

6. 【경과규정】 구 도시정비법 부칙 제 4 조

> <법률 제 6852 호, 2002. 12. 30.> (기본계획의 수립 및 정비구역 지정에 관한 경과조치)
>
> ② 이 법 시행전에 도시재개발법 제 3 조의 규정에 의하여 수립된 재개발기본계획은 이 법 제 3 조의 규정에 의한 기본계획(주택재개발사업 및 도시환경정비사업에 한한다)으로 본다.
>
> ☞ 도시정비법 시행 전 주촉법에 따른 재건축사업은 민간사업으로 진행되어 기본계획이 없었으므로, 도시정비법 시행 후 주촉법에 따라 추진중이던 재건축사업을 계속 진행하기 위해서는 도시정비법에 따라 기본계획을 수립하여야 한다. 다만, 구 주촉법에 따라 사업계획승인을 받아 시행중이던 재건축사업은 도시정비법에 따른 주택재건축사업으로 보고

구 주택건설촉진법에 따라 그 이후의 절차를 계속 진행하여 사업을 완료할 수 있다(구 법 부칙 제6조, 제7조).

C. 기본계획의 내용과 기본계획 수립의 법적 효과

1. 【법령】 전부개정 도시정비법 제5조(기본계획의 내용)

① 기본계획에는 다음 각 호의 사항이 포함되어야 한다.

1. 정비사업의 기본방향
2. 정비사업의 계획기간
3. 인구·건축물·토지이용·정비기반시설·지형 및 환경 등의 현황
4. 주거지 관리계획
5. 토지이용계획·정비기반시설계획·공동이용시설설치계획 및 교통계획
6. 녹지·조경·에너지공급·폐기물처리 등에 관한 환경계획
7. 사회복지시설 및 주민문화시설 등의 설치계획
8. 도시의 광역적 재정비를 위한 기본방향
9. 제16조에 따라 정비구역으로 지정할 예정인 구역(이하 "정비예정구역"이라 한다)의 개략적 범위
10. 단계별 정비사업 추진계획(정비예정구역별 정비계획의 수립시기가 포함되어야 한다)
11. 건폐율·용적률 등에 관한 건축물의 밀도계획
12. 세입자에 대한 주거안정대책
13. 그 밖에 주거환경 등을 개선하기 위하여 필요한 사항으로서 대통령령으로 정하는 사항

② 기본계획의 수립권자는 기본계획에 다음 각 호의 사항을 포함하는 경우에는 제1항 제9호 및 제10호의 사항을 생략할 수 있다.

1. 생활권의 설정, 생활권별 기반시설 설치계획 및 주택수급계획
2. 생활권별 주거지의 정비·보전·관리의 방향

③ 기본계획의 작성기준 및 작성방법은 국토교통부장관이 정하여 고시한다.

2. 【해설】 도시·주거환경정비기본계획의 법적 성격

정비기본계획은 정비계획 입안의 지침이 되는 것에 불과하여 일반 국민에 대한 직접적인 구속력을 갖지 않는다. 따라서 기본계획은 항고소송의 대상이 되는 행정처분이 아니다. (대법원 2002. 10. 11. 선고 2000 두 8226 판결; 대법원 2002. 5. 17. 선고 2001 두 10578 판결 참조.)

3. 【해설】 정비기본계획 수립의 법적 효과

(1) 행위제한이 가능해짐: 국토교통부장관, 시·도지사, 시장, 군수 또는 구청장(자치구)은 비경제적인 건축행위 및 투기 수요의 유입을 막기 위하여 기본계획을 공람 중인 정비예정구역(제 6 조 제 1 항) 또는 정비계획을 수립 중인 지역에 대하여 3 년 이내의 기간(1 년의 범위에서 한 차례만 연장할 수 있음)을 정하여 건축행위와 토지분할행위를 제한할 수 있다(도시정비법 제 19 조 제 7 항).

(2) 주택조합의 조합원 모집 금지: 정비예정구역 또는 정비구역('정비구역등')에서는 지역주택조합(주택법 제 2 조 제 11 호 가목)의 조합원을 모집할 수 없다(도시정비법 제 19 조 제 8 항. 2018.6.12. 신설).

(3) 권리산정기준일의 시작: 1 필지의 토지가 여러 개의 필지로 분할되는 경우, 단독주택 또는 다가구주택이 다세대주택으로 전환되는 경우 등 일정한 경우 분양신청권의 산정기준이 되는 날(= 권리산정기준일)은 "기본계획 수립 후 정비구역 지정·고시 전" 사이로 정해진다(도시정비법 제 77 조 제 1 항).

(4) 정비기금의 설치: 기본계획을 수립하거나 승인하는 특별시장·광역시장·특별자치시장·도지사·특별자치도지사 또는 시장은 도시·주거환경정비기금을 설치하여야 한다(법 제 126 조 제 1 항).

4. 【법령】 전부개정 도시정비법 제 11 조(기본계획 및 정비계획 수립 시 용적률 완화)

① 기본계획의 수립권자 또는 정비계획의 입안권자는 정비사업의 원활한 시행을 위하여 기본계획을 수립하거나 정비계획을 입안하려는 경우에는(기본계획 또는 정비계획을 변경하려는 경우에도 또한 같다) 「국토의 계획 및 이용에 관한 법률」 제 36 조에 따른 주거지역에 대하여는 같은 법 제 78 조에 따라 조례로 정한 용적률에도 불구하고 같은 조 및 관계 법률에 따른 용적률의 상한까지 용적률을 정할 수 있다.

☞ 용도지역 중 '주거지역'에서 기본계획 또는 정비계획을 수립·변경하는 경우 조례에서 정한 용적률과 관계없이 국토계획법 및 관계 법률에 따른 법적 상한('법적상한용적률')까지 용적률을 완화할 수 있도록 한 규정이다. 이 규정은 2014. 1. 14. 개정법(법률 제 12249 호)에서 신설된 제 4 조의 4 를 거의 그대로 가져온 것인바, 동 개정규정은 2014.

II. 정비기본계획의 수립

> 1. 14. 이후 최초로 사업시행인가를 신청하는 분부터 적용되었다(동 개정법 부칙 제 2 조 및 전부개정법 부칙 제 3 조).
>
> ☞ 그러나 도시정비법은 정비계획에서 정한 용적률을 초과하여 법적상한용적률까지 건축할 수 있도록 허용하는 것을 국민주택규모 주택(2021. 7. 14. 전에는 주거전용면적 60 ㎡ 이하의 소형주택)을 건설하도록 하게 하기 위한 용적률 인센티브로 규정하고 있으므로[즉, 초과용적률(= 법적상한용적률 – 정비계획에서 정한 용적률)의 일정비율에 해당하는 면적에 국민주택규모 주택(2021. 7. 14. 전에는 60 ㎡ 이하의 소형주택)을 건설하도록 함. 법 제 54 조 제 4 항; 구법 제 30 조의 3 제 2 항], 실제로 기본계획 수립권자나 정비계획 입안권자가 법 제 11 조 제 1 항에 따라 정비계획에서 법적상한용적률까지 용적률을 완화해서 정하는 경우는 없다.
>
> 결국 법 제 11 조 제 1 항과 법 제 54 조는 서로 조화되지 않는 조항이므로(법 제 54 조로 인하여 법 제 11 조 제 1 항이 사실상 사문화됨), 두 규정의 조정 내지 변경이 필요하다.
>
> ☞ 용적률에 관한 상세 내용은 돈.되.법 3 의 「사업시행계획인가」 부분을 참조하세요.

D. ① 도시기본계획은 도시계획 입안의 지침이 되는 것에 불과하여 일반 국민에 대하여 직접적인 구속력 없어; ② 따라서 도시기본계획에서 정한 대상면적이 실제 면적보다 크다 하더라도, 그것만으로 도시기본계획의 효력이 좌우되는 것 아니야 ―대법원 2002. 10. 11. 선고 2000 두 8226 판결[민영주택사업계획승인신청반려처분취소]

【당사자】

> 【원고,상고인】 주식회사 보성주택
>
> 【피고,피상고인】 통영시장

도시계획법(1999. 2. 8. 법률 제 5898 호로 개정되기 전의 것, 이하 '법'이라 한다) 제 10 조의 2, 제 16 조의 2, 법시행령(1999. 6. 16 대통령령 제 16403 호로 개정되기 전의 것) 제 7 조, 제 14 조의 2 의 각 규정을 종합하면, <u>도시기본계획</u>은 도시의 기본적인 공간구조와 장기발전방향을 제시하는 종합계획으로서 그 계획에는 토지이용계획, 환경계획, 공원녹지계획 등 장래의 도시개발의 일반적인 방향이 제시되지만, 그 계획은 <u>도시계획입안의 지침이 되는 것에 불과하여 일반 국민에 대한 직접적인 구속력은 없는 것</u>이므로, 도시기본계획을 입안함에 있어 토지이용계획에는 세부적인 내용을 기재하지 아니하고 다소 포괄적으로 기재하였다 하더라도 기본구상도상에 분명하게 그 내용을 표시한 이상 도시기본계획으로서 입안된 것이라고 봄이 상당하고, 또 공청회 등 절차에서 다른 자료에 의하여 그 내용이 제시된 다음 관계 법령이 정하는 절차에 따라 건설교통부장관의 승인을 받아 공람공고까지 되었다면 도시기본계획으로서 적법한 효력이 있는 것이다 (대법원 1998. 11. 27. 선고 96 누 13927 판결 참조)...

제 2 장 정비계획수립 및 정비구역지정 / 제 2 절 정비계획의 수립

도시기본계획제도의 입법 취지와 법적 성격, 내용, 입안 및 승인절차 등에 비추어 보면, 도시기본계획에서의 대상면적이 실제 면적보다 크다고 하더라도 그것만으로 도시기본계획의 효력이 좌우되는 것은 아니라 할 것이다.

E. 하수도정비기본계획은 항고소송의 대상이 되는 행정처분 아니야 —대법원 2002. 5. 17. 선고 2001 두 10578 판결[처분무효확인등]

【당사자】

> 【원고,상고인】 ○○○○ ○○○ 외 14 인
> 【피고,피상고인】 남제주군수

항고소송의 대상이 되는 행정처분은 행정청의 공법상 행위로서 특정사항에 대하여 법규에 의한 권리의 설정 또는 의무의 부담을 명하거나, 기타 법률상 효과를 발생하게 하는 등 국민의 권리 의무에 직접 관계가 있는 행위를 가리키는 것이고, 상대방 또는 기타 관계자들의 법률상 지위에 직접적인 법률적 변동을 일으키지 아니하는 행위는 항고소송의 대상이 되는 행정처분이 아니다(대법원 1999. 10. 22. 선고 98 두 18435 판결 등 참조).

원심이 같은 취지에서, 피고가 1996. 2. 23.경 구 하수도법(1997. 3. 7. 법률 제 5300 호로 개정되기 전의 것) 제 5 조의 2 의 규정에 따라 기존의 하수도정비기본계획을 변경하여, 제주 남제주군 (주소 생략) 일대에 광역하수종말처리시설을 설치하는 등의 내용으로 새로이 하수도정비기본계획을 수립하였으나(1996. 7. 11. 이에 관하여 환경부장관의 승인을 받았다), 위 하수도정비기본계획은 항고소송의 대상이 되는 행정처분에 해당하지 아니한다고 판단한 것은 옳고, 거기에 상고이유로 주장하는 바와 같은 항고소송의 대상이 되는 행정계획의 법률적 성질이나 하수도법 등에 관한 법리오해 등의 위법이 없다.

제2절 정비계획의 수립

I. 정비계획 개요

A. 정비계획의 결정권자 = 정비구역 지정권자

1. **【법령】** 전부개정 도시정비법 제 8 조(정비구역의 지정)

> ① 특별시장·광역시장·특별자치시장·특별자치도지사·시장 또는 군수(광역시의 군수는 제외하며, 이하 "정비구역의 지정권자"라 한다)는 a) 기본계획에 적합한 범위에서 b)

I. 정비계획 개요

노후·불량건축물이 밀집하는 등 대통령령으로 정하는 요건[☞ 시행령 제 7 조(정비계획의 입안대상지역)]에 해당하는 구역에 대하여 c) 제 16 조에 따라 정비계획을 결정하여 정비구역을 지정(변경지정을 포함한다)할 수 있다.

② 제 1 항에도 불구하고 제 26 조 제 1 항 제 1 호 및 제 27 조 제 1 항 제 1 호[☞ 천재지변 등의 경우]에 따라 정비사업을 시행하려는 경우에는 기본계획을 수립하거나 변경하지 아니하고 정비구역을 지정할 수 있다.

④ 정비구역의 지정권자는 정비구역 지정을 위하여 직접 제 9 조에 따른 정비계획을 입안할 수 있다.

⑤ 자치구의 구청장 또는 광역시의 군수(이하 제 9 조, 제 11 조 및 제 20 조에서 "구청장등"이라 한다)는 제 9 조에 따른 정비계획을 입안하여 특별시장·광역시장에게 정비구역 지정을 신청하여야 한다. 이 경우 제 15 조제 2 항에 따른 지방의회의 의견을 첨부하여야 한다.

2. 【해설】정비계획의 결정권자와 입안권자

(1) 정비계획 결정권자(= 정비구역 지정권자): 특별시장·광역시장·특별자치시장·특별자치도지사·시장 또는 군수(광역시의 군수는 제외한 '도에 속한 군수'만을 말함. 법 제 8 조 제 1 항)이다. 기본계획 수립권자에 '도에 속한 군수'가 추가된 것이다. 대도시가 아닌 시의 시장도 정비구역 지정권자이다.

정비구역의 지정권자는 정비계획을 결정하여 정비구역을 지정하므로(법 제 8 조 제 1 항), 정비구역 지정권자는 곧 정비계획 결정권자이다(법 제 8 조 제 1 항).

(2) 정비계획 입안권자: 특별자치시장·특별자치도지사·시장·군수 또는 구청장등이다 (법 제 8 조 제 4, 5 항, 법 제 9 조 제 3 항). 정비계획 결정권자에서 구청장등이 추가된 것이다(정비계획 입안권자 = 정비구역 지정권자 + 구청장등). "구청장등"은 '자치구의 구청장'과 '광역시의 군수'를 말한다(법 제 8 조 제 5 항).

3. 【해설】도시정비법에서 "대도시", "시장", "구청장", "시장·군수등"의 개념

(1) "대도시"란 「지방자치법」 제 175 조에 따른 서울특별시·광역시 및 특별자치시를 제외한 인구 50 만 이상 대도시를 말한다(도시정비법 제 2 조 제 3 호 다목). 따라서 "대도시의 시장이 아닌 시장"은 인구 50 만 미만인 도시의 시장을 말한다.

(2) "시장": 도시정비법에서 아무 수식어 없이 "시장"이라 하면 '대도시(인구 50 만 이상)의 시장'과 '대도시의 시장이 아닌 시장'을 모두 포함하며, 특별시장·광역시장·특별자치시장은 제외된다.

(3) "구청장"은 자치구의 구청장을 말한다(도시정비법 제 2 조 제 2 호 나목 2), 제 19 조 제 7 항).

(4) "구청장등"은 '자치구의 구청장'과 '광역시의 군수'를 말한다(도시정비법 제 8 조 제 5 항).

(5) "시장·군수등"은 a) 특별자치시장[※ 특별시장이 아님], b) 특별자치도지사, c) 시장, d) 군수, e) 자치구의 구청장을 말한다(도시정비법 제 2 조 제 2 호 나목 2)).

4. 【해설】 정비계획의 입안제안권자 → 입안권자 → 결정권자

① 정비계획 입안제안권자 = 토지등소유자(동의율 충족 필요)

② 정비계획 입안권자 = 정비구역 지정권자 + 구청장등('자치구의 구청장'과 '광역시의 군수').

☞ 구청장등은 정비계획을 입안할 수는 있으나, 정비계획의 결정이나 정비구역 지정을 할 수 없으며, 특별시장·광역시장에게 정비구역 지정을 신청하여야 한다(법 제 8 조 제 5 항).

☞ ① '도에 속한 군수'는 정비계획 입안과 정비계획 결정 및 정비구역 지정을 모두 할 수 있으나, ② '광역시에 속한 군수'는 정비계획 입안만 할 수 있고, 정비계획 결정이나 정비구역 지정은 할 수 없다.

③ 정비계획 결정권자 = 정비구역 지정권자 = 기본계획 수립권자 + 군수(광역시의 군수는 제외한 '도에 속한 군수'만을 말함)

☞ 기본계획 수립권자 = 특별시장·광역시장·특별자치시장·특별자치도지사·시장(대도시가 아닌 시의 시장 포함. 법 제 4 조 제 1 항).

5. 【해설】 기본계획이 없는 상태에서 정비계획을 입안·결정할 수 있는 경우

(1) 도에 속한 군수는 독자적으로 정비구역을 지정할 수 있으므로, 기본계획이 수립되지 않은 지역에서도 곧바로 정비계획을 입안·결정하고 정비구역을 지정할 수 있다.

(2) 도지사가 대도시가 아닌 시로서 기본계획을 수립할 필요가 없다고 인정하는 시에 대하여는 기본계획을 수립하지 아니할 수 있으므로(법 제 4 조 제 1 항 단서), 이 경우 대도시가 아닌 시장은 기본계획이 없는 상태에서 곧바로 정비계획을 입안·결정하고 정비구역을 지정할 수 있다.

I. 정비계획 개요

B. 정비계획의 내용

1. 【법령】 전부개정 도시정비법 제 9 조(정비계획의 내용)

> ① 정비계획에는 다음 각 호의 사항이 포함되어야 한다. <개정 2018.1.16, 2021.4.13, 2022.6.10>
>
> 1. 정비사업의 명칭
>
> 2. 정비구역 및 그 면적
>
> 2의2. 토지등소유자별 분담금 추산액 및 산출근거
>
> ☞ 제 9 조 제 1 항 제 2 호의 2 의 개정규정은 이 법 시행(2022. 12. 11.) 이후 정비계획을 결정하는 경우부터 적용한다(법률 제 18941 호 부칙 제 2 조). 즉, 2022. 12. 11. 이후 결정되는 정비계획은 토지등소유자별 분담금 추산액 및 산출근거를 포함하여야 한다.
>
> 3. 도시·군계획시설의 설치에 관한 계획
>
> 4. 공동이용시설 설치계획
>
> 5. 건축물의 주용도·건폐율·용적률·높이에 관한 계획
>
> 6. 환경보전 및 재난방지에 관한 계획
>
> 7. 정비구역 주변의 교육환경 보호에 관한 계획
>
> 8. 세입자 주거대책
>
> 9. 정비사업시행 예정시기
>
> 10. 정비사업을 통하여 공공지원민간임대주택을 공급하거나 같은 조 제 11 호에 따른 주택임대관리업자(이하 "주택임대관리업자"라 한다)에게 임대할 목적으로 주택을 위탁하려는 경우에는 다음 각 목의 사항.
>
> 다만, 나목과 다목의 사항은 건설하는 주택 전체 세대수에서 공공지원민간임대주택 또는 임대할 목적으로 주택임대관리업자에게 위탁하려는 주택(이하 "임대관리 위탁주택"이라 한다)이 차지하는 비율이 100 분의 20 이상, 임대기간이 8 년 이상의 범위 등에서 대통령령으로 정하는 요건에 해당하는 경우로 한정한다.
>
> 가. 공공지원민간임대주택 또는 임대관리 위탁주택에 관한 획지별 토지이용 계획
>
> 나. 주거·상업·업무 등의 기능을 결합하는 등 복합적인 토지이용을 증진시키기 위하여 필요한 건축물의 용도에 관한 계획
>
> 다. 「국토의 계획 및 이용에 관한 법률」 제 36 조제 1 항제 1 호가목에 따른 주거지역을 세분 또는 변경하는 계획과 용적률에 관한 사항

제 2 장 정비계획수립 및 정비구역지정 / 제 2 절 정비계획의 수립

> 라. 그 밖에 공공지원민간임대주택 또는 임대관리 위탁주택의 원활한 공급 등을 위하여 대통령령으로 정하는 사항
>
> ☞ 영 제 8 조(정비계획의 내용) ① 법 제 9 조제 1 항제 10 호 각 목 외의 부분 단서에서 "대통령령으로 정하는 요건에 해당하는 경우"란 건설하는 주택 전체 세대수에서 다음 각 호의 주택으로서 임대기간이 8 년 이상인 주택이 차지하는 비율의 합계가 100 분의 20 이상인 경우를 말한다. <개정 2018. 7. 16.>
>
> 1. 「민간임대주택에 관한 특별법」 제 2 조제 4 호에 따른 공공지원민간임대주택(이하 "공공지원민간임대주택"이라 한다)
>
> 2. 「민간임대주택에 관한 특별법」 제 2 조제 11 호에 따른 주택임대관리업자에게 관리를 위탁하려는 주택(이하 "임대관리 위탁주택"이라 한다)
>
> 11. 「국토의 계획 및 이용에 관한 법률」 제 52 조제 1 항 각 호의 사항에 관한 계획(필요한 경우로 한정한다)
>
> 12. 그 밖에 정비사업의 시행을 위하여 필요한 사항으로서 대통령령으로 정하는 사항

2. 【해설】 국토계획법의 지구단위계획 조항 준용에 의한 건폐율·용적률 완화

> 용도지역별 건폐율과 용적률은 각각 국토계획법 제 77 조(용도지역의 건폐율)과 같은 법 제 78 조(용도지역에서의 용적률)에 의해서 결정된다.
>
> 그런데 정비구역의 지정·고시가 있으면 국토계획법에 따른 지구단위계획구역 및 지구단위계획으로 결정·고시된 것으로 간주되고(도시정비법 제 17 조 제 1 항), 지구단위계획에 의한 건폐율·용적률 완화규정(국토계획법 제 52 조 제 3 항)이 정비계획에 준용되므로(도시정비법 제 17 조 제 3 항), 「지구단위계획수립지침」(국토계획법 제 49 조 제 2 항에 따라 제정된 국토교통부 훈령)의 건폐율·용적률 완화에 관한 규정이 정비계획의 수립에 준용된다.
>
> ☞ "건폐율"은 대지면적에 대한 건축면적(대지에 건축물이 둘 이상 있는 경우에는 이들 건축면적의 합계로 한다)의 비율을 말한다(건축법 제 55 조). 건폐율 = 건축면적 합계 / 대지면적
>
> ☞ "용적률"은 대지면적에 대한 연면적(대지에 건축물이 둘 이상 있는 경우에는 연면적의 합계를 말함)의 비율을 말한다(건축법 제 56 조). 용적률 = 연면적 합계 / 대지면적
>
> ☞ 「정비구역 지정·고시에 의한 지구단위계획구역 및 지구단위계획 결정·고시 의제」에 관하여는 제 2 장 제 4 절 I. 참조.

3. 【해설】 건축물의 높이 제한

(1) 용도지역별 건축물의 용도·종류 및 규모 등의 제한은 국토계획법 시행령 별표 2 ~ 22 에 규정되어 있다(예: 제 1 종일반주거지역은 별표 4, 제 2 종일반주거지역은 별표 5, 제 3 종일반주거지역은 별표 6. 국토계획법 시행령 제 71 조 제 1 항).

(2) 정비구역에서 가장 많이 등장하는 제 2 종일반주거지역의 경우를 보면, 제 2 종일반주거지역 안에 건축할 수 있는 건축물은 2011. 6. 30.까지 18 층 이하로 제한되어 있었으나, 2011. 7. 1. 개정령(대통령령 제 23009 호)에서 층수제한이 삭제되었다(별표 5 제 1 호).

(3) 그러나 그와 동시에 "(경관관리 등을 위하여 도시계획조례로 건축물의 층수를 제한하는 경우에는 그 층수 이하의 건축물로 한정한다)"는 단서를 추가함으로써 결국 제 2 종일반주거지역에서의 층수제한은 도시·군계획조례에 맡겨지게 되었다(예: 서울시 도시계획조례 제 28 조).

(4) 건축물의 높이 제한도 지구단위계획 조항에 의하여 완화될 수 있다(도시정비법 제 17 조 제 1 항; 국토계획법 제 62 조 제 3 항, 제 76 조). ☞ 정비구역 지정에 의한 지구단위계획구역 및 지구단위계획 의제에 관하여는 제 2 장 제 4 절 II. 참조.

4. 【해설】 서울시 도시계획조례에 의한 층수 제한 (제 2 종일반주거지역)

제 2 종일반주거지역에서 서울시 조시계획조례에 의한 층수 제한의 중요내용은 아래와 같다(조례 제 28 조 제 1 항).

(1) 5 층 이하의 건축물이 밀집한 지역으로서 시장이 지정·고시한 구역은 7 층 이하로 하되, 아파트를 건축하는 경우에는 도시계획 관련 위원회의 심의를 거쳐 평균층수 13 층 이하까지 완화할 수 있다(제 1 호).

(2) 그외 지역에서 아파트를 건축하는 경우에는 도시계획 관련 위원회 심의를 거쳐 층수를 따로 정할 수 있다(제 2 호).

5. [별표 5] 제 2 종일반주거지역 안에서 건축할 수 있는 건축물

국토계획법 시행령 제 71 조 제 1 항 제 4 호 관련 <개정 2023. 5. 15.>

1. 건축할 수 있는 건축물(경관관리 등을 위하여 도시·군계획조례로 건축물의 층수를 제한하는 경우에는 그 층수 이하의 건축물로 한정한다)

(가. ~ 바. 생략)

6. 【조례】 서울시 도시계획조례 제28조(제2종일반주거지역안에서 건축할 수 있는 건축물)

① 영 별표 5 제1호 및 제2호에 따라 제2종일반주거지역안에서 건축할 수 있는 건축물의 층수는 다음 각 호와 같다. <개정 2006. 3. 16., 2006. 10. 4., 2007. 10. 1., 2008. 7. 30., 2011. 7. 23., 2012. 5. 22., 2015. 1. 2, 2020. 10. 5., 2021.12.30>

1. 5층 이하의 건축물이 밀집한 지역으로서 스카이라인의 급격한 변화로 인한 도시경관의 훼손을 방지하기 위하여 시 도시계획위원회의 심의를 거쳐 시장이 지정·고시한 구역안에서의 건축물의 층수는 7층 이하로 한다.

다만, 다음 각 목의 어느 하나에 해당하는 경우에는 시도시계획위원회, 시공동위원회, 시도시재정비위원회, 시도시재생위원회 또는 시시장정비사업 심의위원회 등 시도시계획 관련 위원회의 심의를 거쳐 그 층수를 완화할 수 있다.

    가. 「전통시장 및 상점가 육성을 위한 특별법」 제37조에 따른 시장정비사업 추진계획 승인대상 전통시장 : 15층 이하

    나. 균형발전사업지구·산업개발진흥지구 또는 「재난 및 안전관리기본법」 제27조에 따른 특정관리대상시설중 「건축법 시행령」 별표 1 제2호가목에 따른 아파트(이하 "특정관리대상 아파트"라 한다) : 10층 이하

    다. 「건축법 시행령」 별표 1 제2호가목에 따른 아파트를 건축하는 경우 : 평균 층수 13층 이하

2. 제1호 이외의 지역에서 「건축법 시행령」 별표 1 제2호 가목에 따른 아파트를 건축하는 경우 경관관리 또는 주거환경 보호를 위해 시도시계획위원회, 시공동위원회, 시도시재정비위원회, 시도시재생위원회 또는 시시장정비사업 심의위원회 등 시도시계획 관련 위원회 심의를 거쳐 층수를 따로 정할 수 있다.

7. 【해설】 서울도시기본계획의 높이기준

서울의 경우 2030 도시기본계획에서는 서울 전역의 건물 높이를 일률적·획일적으로 최고 35층(한강변 첫 주동은 15층)으로 제한하는 정량적 높이기준을 사용하였으나, 2023년 1월에 수립된 「2040 서울도시기본계획」에서는 '35층 높이기준'을 삭제하고 '지역적 특성에 따른 정성적·감성적 높이기준'으로 전환하였다(2040 서울도시기본계획 제6장 제4절). 신속통합기획과 함께 도입된 기준이다.

따라서 향후 정비계획 수립시에는 법령과 조례에 의한 층수 제한 외에 '일률적·정량적 행정규제로서 35층 층수 제한'은 받지 않는다.

☞ 신속통합기획에 관한 자세한 내용은 제2장 제2절 II. E. 참조

I. 정비계획 개요

표 3 [2030 높이기준 vs. 2040 높이기준]

구분	2030 서울도시기본계획	2040 서울도시기본계획
높이기준 개념	정량적 높이기준	정성적 높이기준
높이기준 특성	획일적 높이기준	지역적 특성에 따른 감성적 높이기준
스카이라인	7부 능선	주변여건에 순응한 스카이라인
아파트 최고 높이	최고 35층	35층±α
한강변 첫 주동	15층	15층±α

C. 정비계획의 법적 성격

1. 【해설】 정비계획과 정비구역지정은 '하나의 행정계획'으로서 도시·군관리계획에 해당함

> 정비구역 지정과 정비계획 결정은 절차도 동시에 진행되고, 처분도 동시에 이루어진다(법 제8조 제1항). 정비구역 지정은 정비계획의 가장 중요한 내용이며, 정비계획이 없는 정비구역 지정은 속빈 강정이다. 따라서 정비구역 지정이 빠진 정비계획은 그 자체로 위법하다. (이상 법 제9조 제1항 제2호 참조.)
>
> 정비계획결정과 정비구역지정은 서로 결합하여 하나의 구속적 행정계획이 되며, 일체로서 국토계획법 제2조 제4호 라목에 따른 도시·군관리계획이 된다. 따라서 정비구역 지정과 정비계획은 일반 국민에게 직접 구속력을 가지는 행정처분으로서 항고소송의 대상이 된다.

2. 【해설】 「정비계획 – 정비기본계획 – 도시계획」의 관계

> (1) 정비계획은 도시·군기본계획과 정비기본계획에 적합한 범위 안에서 도시·군관리계획과 서로 연계되도록 수립되어야 한다(법 제8조 제1항; 도시주거환경 정비계획 수립지침 2-1-1). 따라서 도시·군기본계획이나 정비기본계획과 다른 내용의 정비계획을 수립하기 위해서는 먼저 도시·군기본계획 또는 기본계획을 변경하는 것이 원칙이다.
>
> (2) 그러나 정비기본계획은 정비계획 입안의 지침이 되는 것에 불과하고 일반 국민에 대한 직접적인 구속력을 갖지 않으므로(대법원 2002. 10. 11. 선고 2000두8226 판결), 정비계획의 내용이 기본계획과 다르더라도 (정비계획 수립절차 위반 등 다른 하자가 없다면) 그 사유만으로 위법한 것은 아니다.

제2장 정비계획수립 및 정비구역지정 / 제2절 정비계획의 수립

> 한편 위에서 본 것처럼 기본계획이 없는 상태에서 정비계획을 수립할 수 있는 경우도 있다.
>
> (3) 한편 천재지변 기타 불가피한 사유로 긴급하게 정비사업을 시행할 필요가 있는 때에는 기본계획을 수립/변경하지 않고 정비구역을 지정할 수 있다(법 제8조 제2항, 제26조 제1항 제1호 및 제27조 제1항 제1호). 이 경우에는 사업유형별 정비계획 입안요건(시행령 별표 1 제1~4호)을 충족하지 못한 경우에도 정비구역을 지정할 수 있다(별표 1 제5호).
>
> (4) '정비계획' 및 '정비구역'은 국토계획법에 따른 '지구단위계획' 및 '지구단위계획구역'과 동일한 효력을 갖는다(법 제17조제1항; 정비계획 수립지침 1-3-3).

3. 【법령】「도시·주거환경 정비계획 수립 지침」

> [시행 2018. 2. 9.] [국토교통부훈령 제977호, 2018. 2. 9., 타법개정]
>
> 국토교통부(주택정비과), 044-201-3393
>
> **제1장 총칙**
>
> **제1절 지침의 목적**
>
> 1-1-1. 이 지침은 「도시 및 주거환경정비법」 제9조제4항에 따라 도시·주거환경 정비계획의 수립에 관한 세부 작성기준 등을 정하는 데 그 목적이 있다.
>
> **제3절 정비계획의 지위와 성격**
>
> 1-3-1. 정비계획은 「국토의 계획 및 이용에 관한 법률」 제2조제3호에 따른 도시·군기본계획(이하 "도시·군기본계획"이라 한다) 및 도시·주거환경정비 기본계획(이하 "기본계획"이라 한다) 등 상위계획의 범위 안에서 해당 구역과 주변지역이 상호 유기적이며 효율적으로 정비될 수 있는 체계를 확립하고, 정비구역의 토지이용 및 기반시설의 설치, 개발밀도 설정 등에 관한 사항을 구체화하는 법정계획이다.
>
> 1-3-2. 정비계획은 미래지향적이고 친환경적으로 수립하여 도시의 지속가능한 발전에 기여할 수 있도록 하기 위한 실천계획이다.
>
> 1-3-3. 정비계획 및 정비구역은 법 제17조제1항에 따라 「국토의 계획 및 이용에 관한 법률」(이하 "국토계획법"이라 한다)에 따른 지구단위계획 및 지구단위계획구역과 동일한 효력을 갖는다.
>
> **제2장 정비계획수립 일반원칙**
>
> **제1절 기본원칙**

II. 정비계획의 입안 및 입안제안

> 2-1-1. 정비계획은 도시·군기본계획과 기본계획의 범위 안에서 수립되어야 하고, 국토계획법 제 2 조제 4 호에 따른 도시·군관리계획(이하 "도시·군관리계획"이라 한다)과 서로 연계되도록 수립되어야 한다.

II. 정비계획의 입안 및 입안제안

A. 정비계획 입안과 기초조사

1. 【해설】정비구역 지정권자와 정비계획 입안권자

> 정비계획 입안권자는 특별자치시장·특별자치도지사·시장·군수 또는 구청장등이다(법 제 8 조 제 4, 5 항, 법 제 9 조 제 3 항). "구청장등"은 '자치구의 구청장'과 '광역시의 군수'를 말한다(법 제 8 조 제 5 항).

2. 【법령】전부개정법 시행령 제 7 조(정비계획의 입안대상지역)

> ② 특별시장·광역시장·특별자치시장·특별자치도지사·시장·군수 또는 자치구의 구청장은 A) 제 1 항에 따라 정비계획을 입안하는 경우에는 다음 각 호의 사항을 조사하여 별표 1 의 요건에 적합한지 여부를 확인하여야 하며, B) 정비계획의 입안 내용을 변경하려는 경우에는 변경내용에 해당하는 사항을 조사·확인하여야 한다.
>
>   1. 주민 또는 산업의 현황
>   2. 토지 및 건축물의 이용과 소유현황
>   3. 도시·군계획시설 및 정비기반시설의 설치현황
>   4. 정비구역 및 주변지역의 교통상황
>   5. 토지 및 건축물의 가격과 임대차 현황
>   6. 정비사업의 시행계획 및 시행방법 등에 대한 주민의 의견
>   7. 그 밖에 시·도조례로 정하는 사항
>
> ☞ 기초조사의 구체적 내용과 방법은 「도시·주거환경정비계획 수립지침」 제 3 장 참조.
>
> ③ 특별시장·광역시장·특별자치시장·특별자치도지사·시장·군수 또는 자치구의 구청장은 사업시행자(사업시행자가 둘 이상인 경우에는 그 대표자를 말한다. 이하 같다)에게 제 2 항에 따른 조사를 하게 할 수 있다.

제 2 장 정비계획수립 및 정비구역지정 / 제 2 절 정비계획의 수립

> 소정절차를 적법하게 거치지 아니한 하자가 있었다고 하더라도 그러한 절차상의 하자는 그 도시계획결정의 취소사유는 될지언정 당연무효의 사유라고는 보여지지 아니하므로 (대법원 1990. 6. 12. 선고 90누2178 판결)

B. 정비계획의 입안제안

1. 【해설】 토지등소유자의 '정비계획 입안제안' 동의요건

> **(1) 토지등소유자의 정비계획 입안제안:** 법 제 14 조 제 1 항 각호의 하나에 해당하는 경우 토지등소유자는 토지등소유자의 60 퍼센트 이상 및 토지면적의 2 분의 1 이상의 동의를 얻어(서울 기준) 정비계획 입안권자에게 정비계획의 입안을 제안할 수 있다(법 제 14 조 제 1 항 제 3, 7 호; 영 제 12 조 제 1 항; 서울시 도시정비조례 제 10 조 제 1 항). 토지등소유자가 공공재개발·공공재건축사업을 추진하려는 경우에는 동의요건이 없었으나, 2023. 5. 22. 개정조례에서 동일한 동의요건이 규정되었다.
>
> 위 동의요건은 서울시조례 기준이다. 도시정비법은 정비계획 입안제안을 위한 토지등소유자 동의요건을 시행령에 위임하였고(법 제 14 조 제 2 항), 시행령 제 12 조 제 1 항은 "토지등소유자의 3 분의 2 이하 및 토지면적 3 분의 2 이하의 범위에서 시·도조례로 정하는 비율 이상의 동의"를 요건으로 규정하고 있으므로, 정비계획 입안제안을 위한 토지등소유자 동의요건은 해당 시·도조례를 보아야 알 수 있다.
>
> **(2) 정비계획 변경요청의 동의요건:** 정비계획의 변경을 요청하는 입안제안을 하는 경우에는 토지등소유자(조합이 설립된 경우는 조합원) 3 분의 2 이상의 동의를 받아야 한다 (경미한 사항의 변경은 동의 필요 없음. 법 제 14 조 제 1 항 제 6 호). 토지등소유자의 동의에 의한 정비계획 변경요청은 전부개정법에서 신설되었다.
>
> **(3) 동의의 방법:** 정비계획 입안제안이나 정비계획변경요청을 위한 동의에는 법 제 36 조 (토지등소유자의 동의방법 등)가 적용되지 않는다. 따라서 법 제 36 조가 규정하는 요건 (성명 자필기재 + 지장날인 + 신분증 사본 첨부)을 모두 갖추지 않았다고 해서(예: 기명날인한 동의서) 그 이유만으로 동의서가 무효로 되지는 않는다.

2. 【법령】 전부개정 도시정비법 제 8 조(정비구역의 지정)

> ④ 정비구역의 지정권자는 정비구역 지정을 위하여 직접 제 9 조에 따른 정비계획을 입안할 수 있다.
>
> ⑤ 자치구의 구청장 또는 광역시의 군수(이하 제 9 조, 제 11 조 및 제 20 조에서 "구청장 등"이라 한다)는 제 9 조에 따른 정비계획을 입안하여 특별시장·광역시장에게 정비구역 지정을 신청하여야 한다. 이 경우 제 15 조제 2 항에 따른 지방의회의 의견을 첨부하여야 한다.

II. 정비계획의 입안 및 입안제안

3. 【법령】 전부개정 도시정비법 제14조(정비계획의 입안 제안)

① 토지등소유자(제5호의 경우에는 제26조 제1항 제1호 및 제27조 제1항 제1호에 따라 사업시행자가 되려는 자를 말한다)는 다음 각 호의 어느 하나에 해당하는 경우에는 정비계획의 입안권자에게 정비계획의 입안을 제안할 수 있다. <개정 2018. 1. 16., 2021. 4. 13.>

　1. 제5조 제1항 제10호에 따른 단계별 정비사업 추진계획상 정비예정구역별 정비계획의 입안시기가 지났음에도 불구하고 정비계획이 입안되지 아니하거나 같은 호에 따른 정비예정구역별 정비계획의 수립시기를 정하고 있지 아니한 경우

　2. 토지등소유자가 제26조제1항제7호 및 제8호에 따라 토지주택공사등을 사업시행자로 지정 요청하려는 경우

　3. 대도시가 아닌 시 또는 군으로서 시·도조례로 정하는 경우

　4. 정비사업을 통하여 공공지원민간임대주택을 공급하거나 임대할 목적으로 주택을 주택임대관리업자에게 위탁하려는 경우로서 제9조제1항제10호 각 목을 포함하는 정비계획의 입안을 요청하려는 경우

　5. 제26조 제1항 제1호(☞ 천재지변 등의 경우 공공시행) 및 제27조 제1항 제1호(☞ 천재지변 등의 경우 지정개발자에 의한 시행)에 따라 정비사업을 시행하려는 경우

　6. 토지등소유자(조합이 설립된 경우에는 조합원을 말한다. 이하 이 호에서 같다)가 3분의 2 이상의 동의로 정비계획의 변경을 요청하는 경우. 다만, 제15조제3항에 따른 경미한 사항을 변경하는 경우에는 토지등소유자의 동의절차를 거치지 아니한다.

　7. 토지등소유자가 공공재개발사업 또는 공공재건축사업을 추진하려는 경우

② 정비계획 입안의 제안을 위한 토지등소유자의 동의, 제안서의 처리 등에 필요한 사항은 대통령령으로 정한다.

☞ 영 제12조(정비계획의 입안 제안)

① 토지등소유자가 법 제14조 제1항에 따라 정비계획의 입안권자에게 정비계획의 입안을 제안하려는 경우 토지등소유자의 3분의 2 이하 및 토지면적 3분의 2 이하의 범위에서 시·도조례로 정하는 비율 이상의 동의를 받은 후 시·도조례로 정하는 제안서 서식에 정비계획도서, 계획설명서, 그 밖의 필요한 서류를 첨부하여 정비계획의 입안권자에게 제출하여야 한다.

② 정비계획의 입안권자는 제1항의 제안이 있는 경우에는 제안일부터 60일 이내에 정비계획에의 반영여부를 제안자에게 통보하여야 한다. 다만, 부득이한 사정이 있는 경우에는 한 차례만 30일을 연장할 수 있다. (이하 생략)

제 2 장 정비계획수립 및 정비구역지정 / 제 2 절 정비계획의 수립

C. 【조례】 서울시 도시정비조례   제 10 조(정비계획의 입안 제안)

> [시행 2021. 7. 20.] [서울특별시조례 제 8105 호]
>
> ☞ 도시정비법은 정비계획의 입안제안을 위한 토지등소유자의 동의비율을 대통령령에 위임했고(법 제 14 조 제 2 항), 시행령은 '토지등소유자의 3 분의 2 이하 및 토지면적 3 분의 2 이하의 범위'에서 시·도조례에 위임하였으며(영 제 12 조 제 1 항), 서울시 도시정비조례 는 아래와 같이 토지등소유자의 60 퍼센트 이상 및 토지면적의 2 분의 1 이상의 동의를 받도록 규정하고 있다.
>
> ① 법 제 14 조 제 1 항 제 1 호부터 제 5 호까지에 해당하여 영 제 12 조제 1 항에 따라 구청장에게 정비계획의 입안을 제안하는 경우에는 해당 지역 토지등소유자의 60 퍼센트 이상 및 토지면적의 2 분의 1 이상의 동의를 받아야 한다.
>
> ② 관리형 주거환경개선사업의 경우에는 제 1 항에도 불구하고 해당 지역 토지등소유자의 과반수 동의를 받아 구청장에게 정비계획의 입안을 제안할 수 있다.
>
> ④ 법 제 14 조 제 1 항 제 6 호에 따라 정비계획의 변경을 요청하는 경우 직접 동의서를 받는 방법 외에 총회(주민총회를 포함한다)에서 토지등소유자(조합이 설립된 경우에는 조합원을 말한다)의 3 분의 2 이상 찬성으로 의결될 경우에도 토지등소유자의 3 분의 2 이상 동의를 받은 것으로 본다.
>
> ⑤ 정비계획의 입안에 따른 토지등소유자의 동의자 수의 산정방법 등은 영 제 33 조(토지등소유자의 동의자 수 산정 방법 등)에 따른다.

D. ① 도시계획구역 내 토지등을 소유하고 있는 주민은 입안권자에게 도시계획입안을 요구할 수 있는 법규상/조리상 신청권이 있어; ② 따라서 행정청이 이 신청을 거부한 행위는 항고소송의 대상이 되는 행정처분에 해당함 —대법원 2004. 4. 28. 선고 2003 두 1806 판결[도시계획시설변경입안의제안거부처분취소]

【당사자】

> 【원고,피상고인】 주식회사 소촌개발
> 【피고,상고인】 광주광역시 북구청장

도시계획법(2000. 1. 28. 법률 제 6243 호로 개정되어 2002. 2. 4. 법률 제 6655 호 국토의계획및이용에관한법률 부칙 제 2 조로 폐지되기 전의 것)은... 도시계획입안제안과 관련하여서는 주민이 입안권자에게 '1. 도시계획시설의 설치·정비 또는 개량에 관한 사항 2. 지구단위계획구역의 지정 및 변경과 지구단위계획의 수립 및 변경에 관한 사항'에 관하여 '도시계획도서와 계획설명서를 첨부'하여 도시계획의 입안을 제안할 수 있고, 위 입안제안을 받은 입안권자는 그 처

리결과를 제안자에게 통보하도록 규정하고 있는 점(제 20 조 제 1 항, 제 2 항) 등과 헌법상 개인의 재산권 보장의 취지에 비추어 보면, <u>도시계획구역 내 토지 등을 소유하고 있는 주민으로서는 입안권자에게 도시계획입안을 요구할 수 있는 법규상 또는 조리상의 신청권이 있다고 할 것이고</u>, <u>이러한 신청에 대한 거부행위는 항고소송의 대상이 되는 행정처분에 해당한다고 할 것이다</u>.

III. 정비계획 수립 절차

A. 개요

1. 【해설】 정비계획 입안자에 따른 정비구역 지정절차의 차이

> 정비구역 지정 절차는 정비계획 입안자가 정비구역 지정권을 가지는지 여부에 따라 아래와 같이 달라진다.
>
> (1) 정비구역 지정권자가 직접 정비계획을 입안한 경우: 특별시장·광역시장·특별자치시장·특별자치도지사·시장 또는 군수(광역시의 군수는 제외)는 정비구역 지정권자이므로 자신이 직접 정비계획을 입안하여 정비계획결정 및 정비구역 지정결정을 할 수 있다(법 제 8 조 제 1, 4 항).
>
> (2) 정비구역 지정권한이 없는 구청장등이 정비계획을 입안한 경우: 구청장등(자치구의 구청장 또는 광역시의 군수)은 정비계획 입안권만 있고 정비구역 지정권이 없기 때문에 정비계획을 입안한 후 지방의회 의견을 첨부해 특별시장/광역시장에게 정비구역의 지정을 신청하여야 한다(법 제 8 조 제 5 항).

2. 【해설】 정비계획 수립·변경의 절차

> (1) 정비계획 입안권자가 정비계획을 입안하거나 변경하려는 경우에는 A) 주민에게 서면으로 통보한 후 B) 주민설명회 및 C) 30 일 이상 주민에게 공람하여 의견을 들어야 하며, 제시된 의견이 타당하다고 인정되면 이를 정비계획에 반영하여야 한다(경미한 사항 변경시는 제외. 법 제 15 조 제 1, 3 항).
>
> (2) 정비계획 입안권자는 주민공람과 함께 지방의회의 의견도 들어야 한다. 지방의회는 정비계획 입안권자가 정비계획을 통지한 날부터 60 일 이내에 의견을 제시하여야 하며, 의견제시 없이 60 일이 지난 경우에는 이의가 없는 것으로 간주된다(경미한 사항 변경시는 자방의회 의견청취 절차 없음. 같은 조 제 2, 3 항). 지방의회의 안건처리 결과는 각 지방의회(구의회) 홈페이지에서 검색해 볼 수 있다.

제 2 장 정비계획수립 및 정비구역지정 / 제 2 절 정비계획의 수립

(3) 정비계획 입안권자가 정비기반시설 및 국유·공유재산의 귀속 및 처분에 관한 사항이 포함된 정비계획을 입안하는 경우에는 미리 해당 정비기반시설 및 국유·공유재산의 관리청의 의견을 들어야 한다(법 제 15 조 제 4 항).

(4) 한편 정비계획 결정과 정비구역 지정은 동시에 이루어지고, 정비구역 지정·고시에는 정비계획의 결정·고시가 포함되고(법 제 8 조 제 1 항, 제 16 조 제 3 항) 또한 정비계획에는 정비구역 및 그 면적이 포함되어야 하므로(법 제 9 조 제 1 항 제 2 호), 정비계획의 수립은 정비구역 지정 절차가 모두 완료되어야 완성된다.

(5) 정비구역을 지정하거나 변경지정하려면 지방도시계획위원회의 심의를 거쳐야 한다 (경미한 사항 변경 제외. 법 제 16 조 제 1 항). 정비구역 지정권자는 시·도지사이므로 시·도도시계획위원회(예: 서울특별시 도시계획위원회)의 심의를 거쳐야 한다. 정비계획 수립도 도시계획위원회 심의를 통과해야 완료된다.

3. 【해설】 정비계획 수립 및 정비구역지정 절차 정리 (기본계획 수립 ~ 정비구역 지정)

정비계획 수립과 정비구역 지정은 아래와 같은 절차를 거쳐 동시에 이루어진다.

① 도시·주거환경정비기본계획 수립(법 §4) → ② 정비계획 입안을 위한 기초조사(영 §7②) → ③ 주민 서면통보, 주민설명회, 주민공람(30 일 이상) 및 의견청취, 지방의회 의견 청취(이상 정비계획 입안을 위한 사전절차. 법 §15①②) → ④ 정비계획 입안(법 §8④⑤) → ⑤ 시·도도시계획위원회 심의(법 §16①. 정비구역 지정/변경을 위한 사전절차. 경미한 사항 변경시 제외) → ⑥ 정비계획 결정 및 정비구역 지정 → ⑦ 정비구역지정의 내용(정비계획 포함) 및 지형도면 고시(법 §16②; 토지이용규제법 §8) → ⑧ 국토교통부장관에게 보고(법 §16③) → ⑨ 일반 열람(같은 항).

4. 【해설】 정비계획 수립과정에서 토지등소유자의 대응

토지등소유자는 정비계획 입안 단계에서 하는 주민공람, 지방의회 의견청취 등 절차에 적극 참여하여 자신의 입장이 정비계획에 반영될 수 있도록 적극적인 의견개진을 하여야 한다. 특히 종교시설 등 특수시설 소유자는 존치 또는 대토방안이 정비계획에 포함될 수 있도록 초기단계에서부터 적극적으로 의견을 개진하여야 한다.

B. 관련규정 (정비계획 수립 절차)

1. 【법령】 전부개정 도시정비법 제 15 조(정비계획 입안을 위한 주민의견청취 등)

① 정비계획의 입안권자는 정비계획을 입안하거나 변경하려면 a) 주민에게 서면으로 통보한 후 b) 주민설명회 및 c) 30 일 이상 주민에게 공람하여 의견을 들어야 하며, 제시된 의견이 타당하다고 인정되면 이를 정비계획에 반영하여야 한다.

☞ 영 제 13 조(정비구역의 지정을 위한 주민공람 등)

① 정비계획의 입안권자는 법 제 15 조 제 1 항에 따라 정비계획을 주민에게 공람하려는 때에는 미리 공람의 요지 및 장소를 해당 지방자치단체의 공보등에 공고하고, 공람장소에 관계 서류를 갖추어 두어야 한다.

② 주민은 법 제 15 조제 1 항에 따른 공람기간 이내에 정비계획의 입안권자에게 서면(전자문서를 포함한다)으로 의견을 제출할 수 있다. <개정 2020. 6. 23.>

③ 정비계획의 입안권자는 제 2 항에 따라 제출된 의견을 심사하여 법 제 15 조제 1 항에 따라 채택할 필요가 있다고 인정하는 때에는 이를 채택하고, 채택하지 아니한 경우에는 의견을 제출한 주민에게 그 사유를 알려주어야 한다.

② 정비계획의 입안권자는 제 1 항에 따른 주민공람과 함께 지방의회의 의견을 들어야 한다. 이 경우 지방의회는 정비계획의 입안권자가 정비계획을 통지한 날부터 60 일 이내에 의견을 제시하여야 하며, 의견제시 없이 60 일이 지난 경우 이의가 없는 것으로 본다.

③ 제 1 항 및 제 2 항에도 불구하고 대통령령으로 정하는 경미한 사항을 변경하는 경우에는 주민에 대한 서면통보, 주민설명회, 주민공람 및 지방의회의 의견청취 절차를 거치지 아니할 수 있다.

☞ 영 제 13 조 제 4 항

④ 법 제 15 조제 3 항에서 "대통령령으로 정하는 경미한 사항을 변경하는 경우"란 다음 각 호의 어느 하나에 해당하는 경우를 말한다.

   1. 정비구역의 면적을 10 퍼센트 미만의 범위에서 변경하는 경우(법 제 18 조에 따라 정비구역을 분할, 통합 또는 결합하는 경우를 제외한다)

☞ 하나의 정비구역을 둘 이상의 정비구역으로 분할하거나, 둘 이상의 정비구역을 하나의 정비구역으로 통합 또는 결합하는 경우(법 제 18 조 제 1 항)는 정비구역 면적을 10% 미만의 범위에서 변경하는 경우에도 경미한 사항의 변경이 아니다.

   2. 정비기반시설의 위치를 변경하는 경우와 정비기반시설 규모를 10 퍼센트 미만의 범위에서 변경하는 경우

   3. 공동이용시설 설치계획을 변경하는 경우

   4. 재난방지에 관한 계획을 변경하는 경우

   5. 정비사업시행 예정시기를 3 년의 범위에서 조정하는 경우

   6. 「건축법 시행령」 별표 1 각 호의 용도범위에서 건축물의 주용도(해당 건축물의 가장 넓은 바닥면적을 차지하는 용도를 말한다. 이하 같다)를 변경하는 경우

제2장 정비계획수립 및 정비구역지정 / 제2절 정비계획의 수립

> 7. 건축물의 건폐율 또는 용적률을 축소하거나 10 퍼센트 미만의 범위에서 확대하는 경우
>
> 8. 건축물의 최고 높이를 변경하는 경우
>
> 9. 법 제66조[☞ 세입자에 대해 추가 손실보상을 하는 경우 시·도·군 조례에 따른 용적률 완화]에 따라 용적률을 완화하여 변경하는 경우
>
> 10. 「국토의 계획 및 이용에 관한 법률」 제2조제3호에 따른 도시·군기본계획, 같은 조 제4호에 따른 도시·군관리계획 또는 기본계획의 변경에 따라 정비계획을 변경하는 경우
>
> 11. 「도시교통정비 촉진법」에 따른 교통영향평가 등 관계법령에 의한 심의결과에 따른 변경인 경우
>
> 12. 그 밖에 제1호부터 제8호까지, 제10호 및 제11호와 유사한 사항으로서 시·도조례로 정하는 사항을 변경하는 경우
>
> ④ 정비계획의 입안권자는 제97조, 제98조, 제101조 등에 따라 정비기반시설 및 국유·공유재산의 귀속 및 처분에 관한 사항이 포함된 정비계획을 입안하려면 미리 해당 정비기반시설 및 국유·공유재산의 관리청의 의견을 들어야 한다.

2. 【조례】 서울시 도시정비조례 제11조(정비계획의 경미한 변경)

> ① 영 제13조 제4항 제12호에서 "시·도조례로 정하는 사항을 변경하는 경우"란 다음 각 호의 어느 하나에 해당하는 경우를 말한다.
>
> 1. 정비구역 명칭의 변경
>
> 2. 「도시·군계획시설의 결정·구조 및 설치기준에 관한 규칙」 제14조에 따라 도로모퉁이를 잘라내기 위한 정비구역 결정사항의 변경
>
> 3. 영 제8조 제3항 제5호에 따른 기존건축물의 정비·개량에 관한 계획의 변경
>
> 4. 정비구역이 접하여 있는 경우(동일 도시정비형 재개발구역 안에서 시행지구를 분할하여 시행하는 경우의 지구를 포함한다) 상호경계조정을 위한 정비구역 또는 지구 범위의 변경
>
> 5. 정비구역 또는 지구 범위의 변경이 없는 단순한 착오에 따른 면적 등의 정정을 위한 변경
>
> 6. 법 제9조 제1항 제5호에 따른 건축물의 주용도·건폐율·용적률 및 높이에 관한 계획의 변경을 수반하지 않는 획지의 변경 또는 도시정비형 재개발구역 안에서 사업시행지구 분할계획

7. 법 제 10 조에 따라 국토교통부장관이 고시하는 임대주택 건설비율 범위에서의 세대수 변경

8. 정비계획에서 정한 건축계획의 범위에서 주택건립 세대수를 30 퍼센트 이내로 증가하는 변경 또는 10 퍼센트 이내로 축소하는 변경

9. 건축법 등 관계 법령의 개정으로 인한 정비계획 변경 또는 건축법 제 4 조에 따라 구성된 건축위원회 심의결과에 따른 건축계획의 변경

② 구청장이 처리할 수 있는 정비계획의 경미한 변경사항은 다음 각 호의 어느 하나에 해당하는 경우를 말한다.

1. 영 제 13 조 제 4 항 제 1 호의 경우 중 정비구역 면적 5 퍼센트 미만의 변경

2. 영 제 13 조 제 4 항 제 2 호의 경우 중 정비기반시설 규모 5 퍼센트 미만의 변경

3. 영 제 13 조 제 4 항 제 3 호부터 제 6 호까지, 제 10 호 및 제 11 호의 경우

4. 영 제 13 조 제 4 항 제 7 호의 경우 중 건축물의 건폐율 또는 용적률을 축소하거나 5 퍼센트 미만의 범위에서 확대하는 변경

5. 영 제 13 조 제 4 항 제 8 호의 경우 중 건축물의 최고 높이를 낮게 변경하는 경우

6. 제 1 항 각 호에 해당하는 경우

IV. 신속통합기획의 도입 - 「2025 서울시 정비기본계획」

1. 【해설】 '신속통합기획' 개요 - 2021. 9. 23. 변경된 「2025 서울시 정비기본계획」

서울시는 새로운 정비사업지원계획(신속통합기획. 처음에는 '공공기획'이라는 말을 사용함)에 따라 2021. 9. 23. 서울시 고시 제 2021-530 호로 「2025 서울특별시 도시·주거환경정비기본계획)」 중 주거환경정비사업부문을 일부 변경했다.

'신속통합기획'은 서울시가 정비계획 수립 초기 단계를 주도해 정비구역 지정의 절차 및 기간을 단축하려는 것으로서 그 주요내용은 아래와 같다(2025 기본계획 변경의 주요내용).

(1) 대상지 선정기준 중 「노후도: 연면적 60% 이상」 폐지

(2) '주거정비지수제'를 폐지하고 향후 이를 '정비구역 우선순위 평가지표'로 활용함

재개발 구역지정을 위한 '법적 요건'은 ① 필수항목(노후도 2/3 이상 및 구역면적 1 만㎡ 이상)을 충족하고, ② 선택항목(주택접도율 40%, 과소필지 40%, 호수밀도 60 세대/ha) 중 1 개 이상을 충족하는 것이다.

그런데 과거에는 위와 같은 법정요건 외에 주거정비지수제를 부가해 법정요건과 주거정비지수를 모두 충족해야 재개발구역 지정을 받을 수 있게 함으로써 주거정비지수제가 재개발구역 지정의 진입장벽이 되었다. 주거정비지수제가 폐지됨에 따라 앞으로는 법정요건만 충족하면 재개발구역으로 지정될 수 있게 되었다.

그러나 앞으로도 필요한 경우에는 주거정비지수를 '정비구역 우선순위 평가지표'로 활용한다.

(3) 정비구역 지정절차 간소화

① 사전타당성조사 및 사전타당성조사에서 실시하는 주민의견조사 폐지

② 자치구의 기초생활권계획 수립절차를 생략하고, 신속통합기획시 검토하는 약식 기초생활권계획으로 대체함

③ 정비계획(안) 수립 후 실시하는 시·구 합동보고회 폐지

(4) 사전검토 요청 주민동의율을 '10% 이상'에서 '30% 이상'으로 높임

사업 초기에 주민갈등을 최소화하고 사업의 실현가능성을 높이기 위해 재개발구역 지정을 위한 사전검토 요청시 주민동의율을 '10% 이상'에서 '30% 이상'으로 높였다.

(5) 기부채납, 임대주택 문제: 기부채납과 임대주택은 일반 재개발·재건축사업과 동일한 기준을 적용받는다(즉 신속통합기획을 한다고 해서 기부채납과 임대주택이 늘어나는 것이 아님).

2. 【해설】 주거정비지수제 및 사전타당성검토 폐지

서울시는 2021년 신속통합기획을 도입함에 따라 '주거정비지수제'와 '사전타당성조사' 및 사전타당성조사에서 실시하는 '주민의견조사'를 모두 폐지하고, 향후 주거정비지수는 '정비구역 우선순위 평가지표'로만 활용하도록 하였다.

☞ 「2025 서울시정비기본계획」(2020 기본계획의 변경. 서울특별시고시 제 2015-376호)은 기본계획에 생활권계획을 포함시키고 정비예정구역을 지정하지 않는 대신, 정비구역 지정 전에 향후 정비사업이 순조롭게 진행될 수 있는 지역인지 여부를 판정하는 기준으로서 '주거정비지수제' 및 '사전타당성검토'를 도입하였다.

즉 서울시는 「2025 서울시정비기본계획」에서 생활권계획의 수립과 함께 정비예정구역 제도를 폐지하면서 이를 대체하는 새로운 정비구역 지정기준으로 주거정비지수제와 사전타당성검토제(주민의견조사 포함)를 도입하였다. 사전타당성검토에는 주민의견조사가 포함된다('동의 50% 이상 및 반대 25% 미만'을 동시 충족하여야 한다).

그래서 2025 기본계획 고시에서 정비예정구역으로 지정되지 않은 구역을 정비구역으로 지정(= 정비계획 수립)하기 위해서는 먼저 '주거정비지수'에 의한 사전타당성검토를 통과

하여야 했다. 정비예정구역이 해제된 곳도 마찬가지이다. 다만, 종전에 이미 지정된 정비예정구역은 「2025 서울시정비기본계획」 이후에도 여전히 유효하므로 사전타당성검토 없이 정비계획을 입안·수립할 수 있었다.

3. 【해설】 주거정비지수제란?

주거정비지수제는 정비구역 지정을 위한 심사항목을 ① 정비구역 지정의 법적 최소요건인 대상지 선정기준, ② 각 평가항목의 점수화, ③ 심의제출 자료로 구분하여 단계적으로 심사하여 정비구역 지정의 타당성 여부를 결정하는 방식이다.

① 대상지 선정기준 충족 후 ② 평가항목의 합산점수가 기준점수를 충족하면 도시계획위원회 심의를 진행하며, ③ 심의 시에는 거주자 및 세입자 현황, 지역특성 관련 자료 등 심의제출 자료를 참고하여 정비구역 지정의 타당성 여부를 최종 판정한다.

[주거정비지수의 구성]

심사 단계	주거정비지수 적용항목
① 대상지 선정기준	주민동의율, 구역면적, 노후도 등의 법적 정비구역지정요건
② 평가항목	주민동의율, 노후도율, 세대밀도, 6m 도로연장률 등의 항목들을 객관적 수치화
③ 심의제출자료	거주자 현황 및 의향, 지역 특성, 신축건축물 비율, 자가 평가자료 등

V. 도시계획위원회 심의 등

A. 지방도시계획위원회 심의

1. 【해설】 도시계획위원회 심의

정비구역 지정과 정비계획 결정은 하나의 구속적 행정계획으로서 도시·군관리계획에 해당하므로, 정비구역 지정권자가 정비구역을 지정하거나 변경지정(경미한 사항 변경은 제외)하려면 지방도시계획위원회의 심의를 거쳐야 한다(법 제16조 제1항 및 국토계획법 제30조 제3항 본문 후단 참조).

2009. 2. 6. 개정 전에는 대통령령이 정하는 바에 따라 지방도시계획위원회와 건축위원회의 공동심의 받도록 되어 있었으나(개정전 법 제4조 제3항), 2009. 2. 6. 개정법(법률 제9444호. 공포 즉시 시행)에서 도시계획위원회의 심의만 받도록 개정되었다(동 개정법 제4조 제4항). 2009. 2. 6. 개정 전의 시행령은 지방도시계획위원회와 건축위원회의 공동심의에 관하여 구 국토계획법 제25조 제2항을 준용한다고 규정하고 있었다.

제 2 장 정비계획수립 및 정비구역지정 / 제 2 절 정비계획의 수립

> ☞ 서울시도시계획위원회의 상정안건과 심의결과는 서울도시계획포털에서 볼 수 있다. https://urban.seoul.go.kr

2. 【법령】 전부개정 도시정비법 제 16 조(정비계획의 결정 및 정비구역의 지정·고시)

> ① 정비구역의 지정권자는 정비구역을 지정하거나 변경지정하려면 <u>지방도시계획위원회의 심의를 거쳐야</u> 한다. 다만, 제 15 조 제 3 항에 따른 <u>경미한 사항</u>을 변경하는 경우에는 지방도시계획위원회의 <u>심의를 거치지 아니할 수 있다</u>. <개정 2018. 6. 12.>

B. 전략환경영향평가

1. 【해설】 개요

> **(1) 전략환경영향평가 대상계획**
>
> "전략환경영향평가"는 행정기관이 환경에 영향을 미치는 행정계획을 수립할 때 환경적 측면에서 해당 계획의 적정성 및 입지타당성 등을 검토하는 것을 말한다.
>
> <u>정비기본계획 수립과 정비구역 지정이 모두 전략환경영향평가 대상계획</u>이나, <u>정비구역 지정은 사업면적이 30 만㎡ 이상인 경우에만 대상계획에 포함</u>된다. 그런데 30 만㎡ 이상인 정비구역 지정은 거의 없으므로, 전략환경영향평가는 사실상 기본계획 수립시에만 이루어진다. 한편 <u>정비기본계획 수립은 '약식전략환경영향평가'</u> 대상이다(환경영향평가법 제 11 조의 2; 동 시행령 별표 2 의 2).
>
> **(2) 협의요청 시기**
>
> 전략환경영향평가 대상계획을 수립하려는 행정기관은 <u>해당 계획을 확정하기 전에 전략환경영향평가서를 작성하여 환경부장관에게 협의를 요청하여야 한다.</u> 협의요청의 구체적 시기는 대상계획 별로 다르며, ① 기본계획은 법 제 7 조 제 1, 2 항에 따라 시·도지사 또는 관계 행정기관의 장과 협의할 때, ② 정비구역 지정은 법 제 16 조 제 1 항에 따라 정비구역 지정권자가 지방도시계획위원회의 심의를 요청하기 전이다. (환경영향평가법 제 16 조 제 1, 2, 4 항; 동 시행령 제 7 조 제 2 항 별표 2.)
>
> **(3) 주민 및 관계 행정기관의 의견수렴**
>
> 개발기본계획을 수립하려는 행정기관은 전략환경영향평가서 초안을 공고·공람하고 설명회, 공청회 또는 이에 준하는 방법으로 주민의 의견을 들어야 하며(환경영향평가법 제 13 조, 제 16 조 제 3 항), 전략환경영향평가서 초안을 환경부장관, 승인기관의 장 기타 관계 행정기관(대통령령)에게 제출하여 의견을 들어야 한다(같은 법 제 12 조 제 2 항).

V. 도시계획위원회 심의 등

(4) 재협의

기존 협의 규모보다 30% 이상 증가하고 그 증가면적이 6만㎡(비도시지역은 1만㎡) 이상인 경우에는 전략환경영향평가를 다시('재협의') 하여야 한다(환경영향평가법 제20조 제1항; 동 시행령 제28조).

2. 【별표 2】 전략환경영향평가 대상계획 및 협의 요청시기

환경영향평가법 시행령 제7조 제2항 및 제22조 제2항 관련 <개정 2022. 12. 20.>

2. 개발기본계획

구분	개발기본계획의 종류	협의 요청시기
가. 도시의 개발	5) 「도시재정비 촉진을 위한 특별법」 제5조에 따른 재정비촉진지구의 지정(대상지역이 「국토의 계획 및 이용에 관한 법률」 제36조 제1항 제1호에 따른 도시지역 외의 지역인 경우로 한정한다)	「도시재정비 촉진을 위한 특별법」 제5조제1항에 따라 특별시장·광역시장 또는 도지사가 관계 행정기관의 장과 협의하는 때
	6) 「도시재정비 촉진을 위한 특별법」 제9조에 따른 재정비촉진계획(대상지역이 「국토의 계획 및 이용에 관한 법률」 제36조 제1항제1호에 따른 도시지역 외의 지역인 경우로 한정한다)	계획의 확정 전
	7) 「도시 및 주거환경정비법」 제4조 제1항에 따른 도시·주거환경정비기본계획	「도시 및 주거환경정비법」 제7조 제1항 및 제2항에 따라 시·도지사 또는 대도시의 시장이 관계 행정기관의 장과 협의할 때
	8) 「도시 및 주거환경정비법」 제8조에 따른 정비구역의 지정(별표 3 제1호나목에 따른 환경영향평가 대상사업 규모 이상인 경우로 한정한다) ☞ 사업면적이 30만㎡ 이상인 사업을 말함(별표 3 제1호나목)	「도시 및 주거환경정비법」 제16조 제1항 본문에 따라 정비구역의 지정권자가 지방도시계획위원회의 심의를 요청하기 전

3. 【법령】 환경영향평가법 제11조의 2(약식전략환경영향평가)

① 전략환경영향평가 대상계획을 수립하려는 행정기관의 장은 해당 계획이 a) 입지 등 구체적인 사항을 정하고 있지 않거나 b) 정량적인 평가가 불가능한 경우 등에는 제11조제1항제4호의 사항을 간략하게 하는 약식전략환경영향평가 실시를 결정할 수 있다.

제 2 장 정비계획수립 및 정비구역지정 / 제 2 절 정비계획의 수립

② 평가대상, 평가항목, 평가절차 등 약식전략환경영향평가를 실시하기 위하여 필요한 구체적인 사항은 대통령령으로 정한다.

[본조신설 2016. 5. 29.]

4. 【법령】 환경영향평가법 시행령 제10조의2(약식전략환경영향평가)

① 법 제11조의2 제1항에 따른 약식전략환경영향평가(이하 "약식전략환경영향평가"라 한다) 대상계획의 구체적인 종류는 별표 2의2 와 같다.

② 전략환경영향평가 대상계획을 수립하려는 행정기관의 장은 약식전략환경영향평가를 실시하는 경우에는 다음 각 호의 구분에 따라 별표 1 에 따른 전략환경영향평가의 분야별 세부 평가항목 중 일부 항목의 평가를 생략하거나 정성평가를 실시할 수 있다.

 1. 구체적인 입지가 정해지지 아니한 계획: 별표 1 나목 2)의 입지의 타당성 항목의 평가 생략

 2. 정량적인 평가가 불가능한 계획: 정성적인 평가를 하거나 평가가 곤란한 항목의 평가 생략

③ 약식전략환경영향평가의 평가절차에 관하여는 법 제11조, 제12조부터 제15조까지, 제15조의2 및 제16조부터 제21조까지의 규정을 준용하되, 법 제13조 또는 제15조의2에 따른 의견 수렴과 법 제16조에 따른 협의 요청을 동시에 할 수 있다. 이 경우 "전략환경영향평가"는 "약식전략환경영향평가"로 본다.

[본조신설 2016. 11. 29.]

5. 【별표 2의2】 약식전략환경영향평가 대상계획 및 협의요청 시기

환경영향평가법 시행령 제10조의2 제1항 관련 <개정 2018. 6. 8.>

2. 개발기본계획

구분	개발기본계획의 종류	협의 요청시기
가. 도시의 개발	「도시 및 주거환경정비법」 제4조 제1항에 따른 도시·주거환경정비 기본계획	「도시 및 주거환경정비법」 제7조제1항 및 제2항에 따라 시·도지사 또는 대도시의 시장이 관계 행정기관의 장과 협의할 때

V. 도시계획위원회 심의 등

C. 경관심의

1. 【해설】경관심의의 대상

"경관(景觀)"이란 자연, 인공 요소 및 주민의 생활상 등으로 이루어진 일단의 지역환경적 특징을 나타내는 것을 말한다(경관법 제 2 조 제 1 호). 면적 3 만㎡ 이상(비도시지역은 30 만㎡ 이상)의 정비구역을 지정하기 위해서는 (도시계획위원회 심의 외에) 그 전에 경관위원회의 경관심의를 받아야 한다(주거환경개선사업은 제외. 경관법 시행령 제 19 조 제 1 항).

경관심의는 스카이라인(층수)과 통경축(동간거리)에 초점이 맞추어지므로, 정비사업의 사업성과 직결되는 문제이다(층수와 동간거리는 일반분양 세대수를 결정하는 중요 변수이므로).

2. 【해설】경관심의의 시점

정비사업의 경관심의는 정비구역 지정을 위한 도시계획심의를 신청하기 전에 마쳐야 한다(경관법 시행령 제 19 조 제 4 항; 도시정비법 제 16 조 제 1 항).

경관심의를 받은 후 정비구역 면적이 30% 이상 증감하거나, 광장·공원·녹지·유원지·공공공지 등 공간시설 면적이 10% 이상 감소하는 경우에는 다시 경관심의를 거쳐야 한다(같은 조 제 2 항).

또한 정비계획 변경을 수반하는 설계변경을 하는 경우에는 다시 도시계획심의를 신청해야 하므로(법 제 16 조 제 1 항) 경관심의를 다시 받아야 한다. 따라서 사업시행계획이 최종 확정될 때까지 경관심의는 언제든 다시 이슈가 될 수 있다.

3. 【법령】경관법 제 27 조(개발사업의 경관 심의)

① 「도시개발법」 제 2 조 제 1 항 제 2 호에 따른 도시개발사업 등 대통령령으로 정하는 개발사업을 시행하려는 자는 개발사업에 따른 지구의 지정이나 사업계획의 승인 등을 받기 전에 대통령령으로 정하는 바에 따라 경관위원회의 심의를 거쳐야 한다.

② 제 1 항에 따른 경관위원회의 심의기준은 환경 관계 법률에 따른 환경성평가와 중복되지 아니하도록 국토교통부장관이 환경부장관과 협의하여 고시한다.

☞ 「경관 심의 운영 지침」

[시행 2020. 9. 21.] [국토교통부고시 제 2020-657 호, 2020. 9. 21., 일부개정]

> 1-2-4. 이 지침에 따른 경관 심의를 거친 사업의 계획은 경관 심의 이후 단계에서 이루어지는 도시계획위원회 심의, 건축위원회 심의, 환경영향평가 등을 통해 조정될 수 있다.
>
> ③ 제1항의 개발사업 중 대통령령으로 정하는 규모 이상의 개발사업을 시행하려는 자는 다음 각 호의 사항을 포함하여 대통령령으로 정하는 바에 따라 사전경관계획을 수립하여 경관위원회의 심의를 거쳐야 한다. 다만, 개발사업의 계획에 다음 각 호의 사항이 포함되어 있는 경우에는 사전경관계획을 수립한 것으로 본다.
>
> 1. 경관계획의 기본방향 및 목표에 관한 사항
>
> 2. 주변 지역의 경관 현황에 관한 사항
>
> 3. 경관 구조의 설정에 관한 사항
>
> 4. 건축물, 가로, 공원 및 녹지 등 주요 경관 요소를 통한 도시공간구조의 입체적 기본구상에 관한 사항
>
> ④ 제3항에 따라 사전경관계획을 수립(같은 항 각 호 외의 부분 단서에 따라 사전경관계획을 수립한 것으로 보는 경우를 포함한다)하여 경관위원회의 심의를 받으려는 자는 우수한 경관을 창출하기 위하여 필요한 경우 시·도지사 또는 시장·군수·구청장에게 건축법 제71조제1항에 따른 특별건축구역 지정 신청을 요청할 수 있다. 이 경우 특별건축구역 지정 신청을 요청받은 시·도지사 또는 시장·군수·구청장은 특별한 사유가 없으면 요청에 따라야 한다.

4. **【법령】경관법 시행령 제19조(개발사업의 경관 심의 대상 등)**

> ① 법 제27조제1항에서 "도시개발사업 등 대통령령으로 정하는 개발사업"이란 별표의 사업으로서 다음 각 호의 어느 하나에 해당하는 개발사업을 말한다.
>
> 1. 「국토의 계획 및 이용에 관한 법률」 제6조제1호에 따른 도시지역(이하 이 항에서 "도시지역"이라 한다)에서 시행하는 개발사업 대상지역 면적이 3만제곱미터 이상인 개발사업
>
> 2. 도시지역 외의 지역에서 시행하는 개발사업 대상지역 면적이 30만제곱미터 이상인 개발사업
>
> 3. 제1호 및 제2호에도 불구하고 별표 제3호다목에 해당하는 개발사업의 경우에는 개발사업 대상지역 면적이 20만제곱미터 이상인 개발사업
>
> ② 법 제27조제1항에 따라 경관위원회의 심의를 받은 개발사업의 시행자는 해당 개발사업에 대하여 다음 각 호의 어느 하나에 해당하는 변경을 하려는 경우에는 그 변경에 따른 지구의 지정이나 사업계획의 승인 등을 받기 전에 경관위원회의 심의를 다시 거쳐

야 한다. 이 경우 하나의 경관심의를 받은 개발사업을 두 개 이상의 지구 등으로 분할하여 시행하는 경우에는 분할된 사업 각각을 별개의 개발사업으로 보아 다음 각 호를 적용한다. <신설 2017. 2. 28.>

1. 개발사업 대상지역 면적이 100분의 30 이상 증감하는 경우(면적 감소로 제1항 각 호의 어느 하나에도 해당하지 아니하게 되는 경우는 제외한다)

2. 「국토의 계획 및 이용에 관한 법률 시행령」 제2조제1항제2호에 따른 공간시설의 면적이 100분의 10 이상 감소하는 경우(면적 감소로 제1항 각 호의 어느 하나에도 해당하지 아니하게 되는 경우는 제외한다)

☞ "공간시설"은 광장·공원·녹지·유원지·공공공지를 말한다(국토계획법 시행령 제2조 제1항 제2호).

3. 건축물의 최고높이가 상향되거나 용적률이 증가하는 경우

④ 법 제27조제1항에 따라 개발사업에 대하여 경관위원회의 심의를 거치는 경우 그 심의 시기는 별표와 같다. <개정 2017. 2. 28.>

☞ 정비사업에서 경관심의를 거치는 시기는 '정비구역 지정 전'이다(별표 1. 라).

⑤ 제1항부터 제4항까지에서 규정한 사항 외에 개발사업에 대하여 경관위원회의 심의를 거치는 경우의 심의절차, 제출서류 등에 관하여 필요한 사항은 국토교통부장관이 정하여 고시한다. <개정 2017. 2. 28.>

☞ 「경관 심의 운영 지침」(2020. 9. 21. 국토교통부고시 제2020-657호)

5. 【별표】 경관 심의 대상 개발사업의 종류 및 심의 시기

경관법 시행령 제19조 제1항 및 제4항 관련 <개정 2020. 7. 28.>

구분	경관심의 대상 개발사업	심의 시기
1. 도시의 개발	라. 「도시 및 주거환경정비법」 제2조 제2호에 따른 정비사업 (주거환경개선사업은 제외한다)	「도시 및 주거환경정비법」 제8조에 따른 정비구역의 지정 전
	마. 「도시재정비 촉진을 위한 특별법」 제2조 제2호에 따른 재정비촉진사업	「도시재정비 촉진을 위한 특별법」 제12조에 따른 재정비촉진계획의 결정 전

제 2 장 정비계획수립 및 정비구역지정 / 제 2 절 정비계획의 수립

VI. 정비계획결정·정비구역지정 절차의 하자 (판례)

A. 도시계획 입안을 위한 기초조사(도시계획예정구역안의 인구, 산업의 현황, 토지의 이용상황 등)를 거치지 않은 하자는 도시계획결정의 취소사유는 될지언정 무효사유는 아니야 ―대법원 1990. 6. 12. 선고 90누2178 판결[도시근린공원결정처분취소]

【당사자】

【원고, 상고인】 최○○

【피고, 피상고인】 건설부장관

원심이 채택한 증거를 모두 살펴 보아도 피고가 도시계획법 제 15 조 소정의 기초조사, 즉 도시계획예정구역안의 인구, 산업의 현황, 토지의 이용상황 등 기초조사를 거쳤다고 인정할 자료가 보이지 아니함에도 원심이 위와 같이 인정하였음은 증거에 의하지 아니하고 사실을 인정한 잘못이 있다고 할 것이므로 이 점을 지적하는 논지는 이유있다.

그러나 도시계획법 제 15 조 제 1 항 소정절차를 적법하게 거치지 아니한 하자가 있었다고 하더라도 그러한 절차상의 하자는 그 도시계획결정의 취소사유는 될지언정 당연무효의 사유라고는 보여지지 아니하므로, 원심이 원고의 무효주장을 배척한 조치는 결국 정당하고 논지는 이유없다.

B. [고등법원판례] 정비구역 지정의 제안을 추진위원회가 하였다고 하여 그 지정처분에 하자가 있다고 할 수 없어 ―부산고등법원 2012. 10. 24. 선고 2012누447, 2012누461(병합) 판결[관리처분계획취소 등, 정비구역지정무효 등]

【당사자】

원고, 항소인	P 외 16 명
피고, 피항소인	1. A 구역주택재개발정비사업조합
	2. 부산광역시 해운대구청장
	3. 부산광역시장

1. 원고의 주장

이 사건 정비구역 지정처분 당시의 도시정비법 제 4 조 제 1 항에 의하면 정비구역의 지정신청은 구청장만이 할 수 있는데, 이 사건의 경우 추진위원회가 부산시 조례 제 5 조의 2 제 1 항에 기하여 피고 구청장에게 정비구역 지정을 제안하였고 피고 구청장은 이를 그대로 받아들여

피고 시장에게 정비구역의 지정을 신청하였다. 추진위원회가 구청장에게 정비구역 지정을 제안할 수 있다고 규정한 위 조례 조항은 도시정비법 제4조 제1항, 법 시행령 제10조 제1항의 위임 범위를 벗어난 것으로서 무효이다.

2. 판단

이 사건 정비구역 지정처분은 당시 도시정비법 등 관계 법령에 따라 신청 권한이 있는 피고 구청장이 신청을 하고, 지정 권한이 있는 피고 시장이 지정을 한 것인바, 그 정비구역 지정의 제안을 추진위원회가 하였다고 하여 그 지정처분에 하자가 있다고 할 수는 없다. 또한 부산시 조례 제5조의2 제1항은 주민의 권리를 제한하거나 의무를 부과하고 벌칙을 정한 규정이 아니라 추진위원회가 정비구역 지정을 제안할 수 있다는 규정에 불과하여 도시정비법령의 위임을 요하지 않는 것이라 할 것이다.

C. 행정청이 도시관리계획 결정에 따른 지형도면을 작성하여 일정한 장소에 비치한 사실을 관보·공보에 고시하고 그와 동시에 지형도면을 그 장소에 비치하여 일반인이 직접 열람할 수 있는 상태에 놓아두었다면, 이로써 지형도면 고시가 적법하게 이루어진 것이야 —대법원 2018. 3. 29. 선고 2017다218246 판결[소유권이전등기]

[당사자]

> 【원고, 피상고인】 주식회사 하나자산신탁
>
> 【피고, 상고인】 피고

1. 법리

구 국토의 계획 및 이용에 관한 법률(2009. 2. 6. 법률 제9442호로 개정되기 전의 것, 이하 '구 국토계획법'이라고 한다) 제32조 제1항, 제4항, 제5항의 각 규정에 의하면, 대통령령이 정하는 축척 이상의 지형도를 사용하여 도시관리계획결정을 고시한 경우가 아닌 한, 도시관리계획의 결정의 고시가 있은 때에는 대통령령이 정하는 바에 따라 지적이 표시된 지형도에 도시관리계획사항을 명시한 지형도면을 작성하여야 하고 이를 고시하여 관계 서류를 일반이 열람할 수 있도록 하여야 한다. 그 위임에 따른 구 국토의 계획 및 이용에 관한 법률 시행령(2009. 8. 5. 대통령령 제21669호로 개정되기 전의 것) 제27조 제1항, 제8항의 각 규정에 의하면, 지형도면은 축척 500분의 1 내지 1천 500분의 1(녹지지역의 임야, 관리지역, 농림지역 및 자연환경보전지역은 축척 3천분의 1 내지 6천분의 1로 할 수 있다)로 작성하여야 하고, 지형도면의 고시는 관보나 공보에 게재하는 방법에 의한다.

이와 같이 구 국토계획법이 도시관리계획 결정 후 지형도면을 작성하여 고시하도록 규정한 취지는 도시관리계획으로 토지이용제한을 받게 되는 토지와 그 이용제한의 내용을 명확히 공시하여 토지이용의 편의를 도모하고 행정의 예측가능성과 투명성을 확보하려는 데 있다(대법원 2017. 4. 7. 선고 2014두37122 판결 참조).

여기에 ① 국토교통부 「지역·지구등의 지형도면 작성에 관한 지침」 제10조 제5항에 의하면, 도시관리계획 지형도면은 일반인이 지형도면을 열람하는 경우 개별 지번의 위치와 지번별 계획제한사항을 알 수 있도록 A1(594mm × 841mm) 규격의 용지에 작성·출력하도록 되어 있는 점, ② 한편 관보나 공보는 B5(182mm × 257mm) 또는 A4(210mm × 297mm) 규격으로 제작되어 지형도면을 그대로 수록하기가 어렵고, ③ 만일 이를 축소하여 관보·공보에 수록하게 한다면 지형도면의 축척을 일정 비율로 규정한 취지가 무의미해지는 점 및 ④ 2013. 7. 16. 법률 제11922호로 개정된 국토계획법 제32조 제5항이 토지이용규제 기본법 제8조 제9항에 따라 지형도면 고시 내용을 국토이용정보체계 등 인터넷에 등재하도록 규정함으로써 일반인이 지형도면에 더욱 쉽게 접근할 수 있도록 제도를 보완한 점 등을 아울러 감안하여 보면,

구 국토계획법 제32조 제1항, 제4항, 제5항에 따라 행정청이 도시관리계획 결정에 따른 지형도면을 작성하여 일정한 장소에 비치한 사실을 관보·공보에 고시하고 그와 동시에 지형도면을 그 장소에 비치하여 일반인이 직접 열람할 수 있는 상태에 놓아두었다면 이로써 지형도면 고시가 적법하게 이루어진 것이라고 보는 것이 옳다.

2. 원심판결의 정당함

원심은, 경기도지사가 지형도면을 작성하여 2008. 9. 5. 이 사건 지구단위계획결정을 경기도 고시 제2008-283호로 고시하면서, 그 고시문에 지형도면 자체를 수록하지는 않았으나 '지형도면을 광주시청 도시계획과에 비치하여 두었으니 일반인이 열람할 수 있다'는 점을 기재하였고, 그 무렵 광주시청 도시계획과에 위 지형도면 등 관계 도서를 비치하여 일반인이 이를 열람할 수 있는 상태에 둔 사실을 인정한 다음, 이 사건 지구단위계획결정에 따른 지형도면 고시에 절차상 잘못이 없다고 판단하였다.

위 법리에 비추어 살펴보면, 원심판결은 정당한 것으로 수긍이 되고, 여기에 도시관리계획 결정의 지형도면 고시에 관한 법리 등을 오해하여 판결에 영향을 미친 잘못이 없다.

I. 재개발·재건축사업을 위한 정비구역 지정요건

제3절 사업유형별 정비구역 지정요건

I. 재개발·재건축사업을 위한 정비구역 지정요건

A. 해설과 법령

1. 【해설】 사업유형별 정비계획 입안대상지역 [영 제 7 조 제 1 항 별표 1]

> (1) 도시정비법령은 '정비계획 입안대상지역의 요건'만을 규정하고 '정비구역 지정요건'에 대해서는 따로 규정하지 않았다. 그러나 정비구역 지정과 정비계획의 입안·결정은 하나의 처분으로 이루어지므로(법 제 8 조 제 1, 4, 5 항), 정비계획의 입안대상지역 요건이 곧 정비구역 지정요건이다.
>
> 정비계획 입안대상지역은 무허가건축물의 수, 노후·불량건축물의 수, 호수밀도, 토지의 형상 또는 주민의 소득 수준 등에 따라서 정해진다(영 제 7 조 제 1 항 별표 1 제 4 호 참조).
>
> (2) 사업유형별 정비계획 입안대상지역은 도시정비법 시행령 제 7 조 제 1 항 별표 1 에 상세히 규정되어 있다(별표 1 의 1~5 호). 그 주요내용은 아래와 같다.
>
> A) 재개발사업을 위한 정비계획 입안대상지역(제 2 호)은 a) 노후·불량건축물의 수가 전체 건축물의 수의 3 분의 2 이상(≥66.7%)인 지역으로서 b) 영 별표 1 제 2 호 가~사목의 어느 하나에 해당하는 지역이다. ☞ 제 2 호 가~사목의 내용은 아래【시행령 별표 1】참조
>
> 그런데 시행령 별표 1 제 2 호 나목에서 "노후·불량건축물의 연면적 합계가 전체 건축물 연면적 합계의 3 분의 2 이상"을 규정하므로, 시행령에 따르면 a) 노후·불량건축물의 수가 전체 건축물 수의 2/3 이상이고 b) 노후·불량건축물의 연면적 합계가 전체 연면적 합계의 2/3 이상이면 재개발구역으로 지정될 수 있다.
>
> 다만, 정비구역 지정요건은 각 시·도의 조례에 의하여 구체화 및 변경될 수 있고, 시행령 별표에서 정한 지정요건은 시·도조례의 기준에 불과하므로, 정비계획 입안대상지역 여부의 최종 판단은 해당 시·도의 조례를 보고 하여야 한다. 또한 노후·불량건축물의 '수'와 '연면적 합계'의 요건도 시·도조례로 10 퍼센트포인트(10%가 아님)의 범위(56.7% 이상~77.7% 이상)에서 증감할 수 있다(영 별표 1 제 2 호).
>
> ☞ 이에 관한 상세 내용은 아래 부분 참조.
>
> B) 재건축사업을 위한 정비계획 입안대상지역(제 3 호)은 a) 주거환경개선사업 및 재개발사업을 위한 정비계획 입안대상지역에 해당하지 않는 지역으로서 b) 영 별표 1 제 3 호 가~라목의 어느 하나에 해당하는 지역이다.

> ☞ 재개발사업 또는 주거환경개선사업의 정비계획 입안대상 요건에 해당하는 지역에서는 재건축사업을 위한 정비계획을 입안할 수 없다.
>
> 재건축사업에서 노후도(노후·불량건축물의 수가 3 분의 2 이상일 것)는 요건이 아니나, '주택단지의 건축물'에 대하여는 안전진단을 통과해야 정비계획을 입안할 수 있다(법 제 12 조). 즉 '주택단지의 건축물'에 대하여는 안전진단 통과가 재건축사업을 위한 정비계획 입안의 추가적 요건이다.
>
> C) 시·도조례에 의한 조정(제 4 호): ① 정비계획의 입안대상지역 요건은 필요한 경우 위 범위에서 시·도조례로 따로 정할 수 있으며, ② 지방도시계획위원회의 심의를 거쳐 입안대상지역 면적의 100 분의 110 이하의 범위에서 시·도조례로 정하는 바에 따라 제 1 호부터 제 3 호까지의 규정에 해당하지 않는 지역을 포함하여 정비계획을 입안할 수 있다.
>
> D) 예외(제 5 호): 건축물의 붕괴, 안전사고의 우려, 재해가 생길 우려가 있는 지역은 위 요건에 해당하지 않더라도 정비계획을 입안할 수 있다.

2. 【해설】 노후·불량건축물 수의 계산 (공동주택은 세대수와 관계없이 1 개 동으로 계산함)

> 노후·불량건축물의 수를 계산할 때 공동주택은 구분소유권의 수(세대수)와 관계없이 1 개 동으로 산정한다(「단독주택지 재건축 업무처리기준」 2-3-2).
>
> 2014. 8. 2.까지 정비기본계획이 수립된 지역에서는 현재도 단독주택 재건축사업을 계속 시행할 수 있는바(2014. 8. 3. 개정시행령 부칙 제 6 조), 단독주택 재건축사업에서 노후·불량건축물의 수를 계산할 때도 공동주택은 구분소유권의 수와 관계없이 1 개 동으로 산정한다. 단독주택 재건축사업에서는 정비구역 지정요건에 노후도가 포함된다(동 개정 전 시행령 별표 1 제 3 호나목(2)).

3. 【법령】 전부개정 도시정비법 제 8 조(정비구역의 지정)

> ① 특별시장·광역시장·특별자치시장·특별자치도지사·시장 또는 군수(광역시의 군수는 제외하며, 이하 "정비구역의 지정권자"라 한다)는 a) 기본계획에 적합한 범위에서 b) 노후·불량건축물이 밀집하는 등 대통령령으로 정하는 요건[☞ 시행령 제 7 조(정비계획의 입안대상지역)]에 해당하는 구역에 대하여 c) 제 16 조에 따라 정비계획을 결정하여 정비구역을 지정(변경지정을 포함한다)할 수 있다.

4. 【법령】 전부개정법 시행령 제 7 조(정비계획의 입안대상지역)

> ① 특별시장·광역시장·특별자치시장·특별자치도지사·시장·군수 또는 자치구의 구청장은 법 제 8 조제 4 항 및 제 5 항에 따라 별표 1 의 요건에 해당하는 지역에 대하여

I. 재개발·재건축사업을 위한 정비구역 지정요건

법 제8조제1항 및 제5항에 따른 정비계획(이하 "정비계획"이라 한다)을 입안할 수 있다.

5. **【시행령 별표1】 정비계획의 입안대상지역 [전부개정법 시행령 제7조 제1항 관련]**

1. 주거환경개선사업을 위한 정비계획은 다음 각 목의 어느 하나에 해당하는 지역에 대하여 입안한다. (각목 생략)

2. 재개발사업을 위한 정비계획은 A) 노후·불량건축물의 수가 전체 건축물의 수의 3분의 2(시·도조례로 비율의 10 퍼센트포인트 범위에서 증감할 수 있다) 이상인 지역으로서 B) 다음 각 목의 어느 하나에 해당하는 지역에 대하여 입안한다. 이 경우 순환용주택을 건설하기 위하여 필요한 지역을 포함할 수 있다.

가. 정비기반시설의 정비에 따라 토지가 대지로서의 효용을 다할 수 없게 되거나 과소토지로 되어 도시의 환경이 현저히 불량하게 될 우려가 있는 지역

나. A) 노후·불량건축물의 연면적의 합계가 전체 건축물의 연면적의 합계의 3분의 2(시·도조례로 비율의 10 퍼센트포인트 범위에서 증감할 수 있다) 이상이거나 B) 건축물이 과도하게 밀집되어 있어 그 구역 안의 토지의 합리적인 이용과 가치의 증진을 도모하기 곤란한 지역

다. 인구·산업 등이 과도하게 집중되어 있어 도시기능의 회복을 위하여 토지의 합리적인 이용이 요청되는 지역

라. 해당 지역의 최저고도지구의 토지(정비기반시설용지를 제외한다)면적이 전체 토지면적의 50 퍼센트를 초과하고, 그 최저고도에 미달하는 건축물이 해당 지역 건축물의 바닥면적합계의 3분의 2 이상인 지역

마. 공장의 매연·소음 등으로 인접지역에 보건위생상 위해를 초래할 우려가 있는 공업지역 또는 「산업집적활성화 및 공장설립에 관한 법률」에 따른 도시형공장이나 공해발생정도가 낮은 업종으로 전환하려는 공업지역

바. 역세권 등 양호한 기반시설을 갖추고 있어 대중교통 이용이 용이한 지역으로서 주택법 제20조(주택건설사업 등에 의한 임대주택의 건설 등)에 따라 토지의 고도이용과 건축물의 복합개발을 통한 주택 건설·공급이 필요한 지역

사. 제1호[☞주거환경개선사업 입안대상지역] 라목 또는 마목에 해당하는 지역

☞ 다 ~ 바목은 구법에서 도시환경정비사업의 정비계획 입안 요건으로 규정되었던 지역이다(구 시행령 별표1 제4호 나 ~ 마목).

3. 재건축사업을 위한 정비계획은 A) 제1호 및 제2호에 해당하지 않는 지역으로서 B) 다음 각 목의 어느 하나에 해당하는 지역에 대하여 입안한다.

가. 건축물의 일부가 멸실되어 붕괴나 그 밖의 안전사고의 우려가 있는 지역

나. 재해 등이 발생할 경우 위해의 우려가 있어 신속히 정비사업을 추진할 필요가 있는 지역

다. 노후·불량건축물로서 기존 세대수가 200세대 이상이거나 그 부지면적이 1만 제곱미터 이상인 지역

☞ 다목에 해당하더라도, 주택단지인 경우에는 안전진단을 통과해야 정비계획을 입안할 수 있다(법 제12조 제3항).

☞ 기존 세대수가 200세대 미만이고 부지면적이 1만㎡ 미만이면 소규모주택정비법에 따른 '소규모재건축사업' 대상지역이 된다. 소규모재건축사업에는 정비계획의 입안이나 정비구역지정 절차가 없으므로 안전진단도 받을 필요가 없다(안전진단은 정비계획 입안 단계에서 받는 것임).

라. a) 셋 이상의 「건축법 시행령」 별표 1 제2호 가목에 따른 아파트 또는 같은 호 나목에 따른 연립주택이 밀집되어 있는 지역으로서 b) 법 제12조에 따른 안전진단 실시 결과 전체 주택의 3분의 2 이상이 재건축이 필요하다는 판정을 받은 지역으로서 c) 시·도조례로 정하는 면적[= 1만㎡. 서울시조례 §6④] 이상인 지역

☞ 별표 1 제3호 라목에 따라 안전진단 결과 전체 주택의 2/3 이상이 재건축이 필요하다는 판정을 받은 주택단지는 잔여건축물에 대하여 안전진단을 받을 필요 없이 곧바로 정비계획을 입안할 수 있다(법 제12조 제3항 단서 및 영 제10조 제3항 제3호).

☞ 이에 관하여는 제2장 제3절 Ⅴ.A. 참조.

4. 무허가건축물의 수, 노후·불량건축물의 수, 호수밀도, 토지의 형상 또는 주민의 소득 수준 등 정비계획의 입안대상지역 요건은 필요한 경우 제1호부터 제3호까지에서 규정한 범위에서 시·도조례로 이를 따로 정할 수 있으며, 부지의 정형화, 효율적인 기반시설의 확보 등을 위하여 필요하다고 인정되는 경우에는 지방도시계획위원회의 심의를 거쳐 제1호부터 제3호까지의 규정에 해당하는 정비구역의 입안대상지역 면적의 100분의 110 이하의 범위에서 시·도조례로 정하는 바에 따라 제1호부터 제3호까지의 규정에 해당하지 않는 지역을 포함하여 정비계획을 입안할 수 있다.

5. 건축물의 상당수가 붕괴나 그 밖의 안전사고의 우려가 있거나 상습 침수, 홍수, 산사태, 해일, 토사 또는 제방 붕괴 등으로 재해가 생길 우려가 있는 지역에 대해서는 정비계획을 입안할 수 있다.

B. 시·도조례

1. 【해설】 시·도조례에 의한 조정 및 구체화

> 도시정비법은 정비계획 입안대상지역 요건을 「노후·불량건축물의 수가 전체 건축물의 수의 2/3 이상일 것」을 제외하고는 법령에서 확정적으로 규정하지 않고, 시·도조례에 의하여 구체화하고 조정할 수 있도록 위임하였다. 위의 '2/3 이상' 요건도 시·도조례로 10퍼센트포인트의 범위에서 증감할 수 있도록 하였다.
>
> 즉, ① 정비계획의 입안대상지역 요건은 필요한 경우 시행령 별표 1 에서 정한 범위에서 시·도조례로 따로 정할 수 있으며, ② 필요한 경우에는 지방도시계획위원회의 심의를 거쳐 정비구역의 입안대상지역 면적의 110% 이하의 범위에서 시·도조례로 정하는 바에 따라 위 입안대상에 해당하지 않는 지역을 포함하여 정비계획을 입안할 수 있다(별표 1 제 4 호).
>
> 따라서 정비계획 입안대상지역의 요건은 해당 시·도의 조례를 보아야 정확히 알 수 있다.

2. 【해설】 "호수밀도", "과소필지", "주택접도율"의 의미

> 시·도조례에서는 "호수밀도", "과소필지", "주택접도율"의 개념을 사용하여 정비구역 지정요건을 정하고 있는바, 이 용어들의 의미는 아래와 같다.
>
> (1) "호수밀도"는 면적 1 헥타르당 건축되어 있는 건축물의 동수를 말한다(1hectare = 10,000 ㎡ ≒ 3025 평). 공동주택은 전체 층수 및 세대수와 관계없이 세대수가 가장 많은 층의 세대수를 동수로 본다. 예를 들어, 세대수가 가장 많은 층의 세대수가 3 세대인 4 층 빌라는 3 개 동으로 계산한다. (이상 서울시조례 제 2 조 제 5 호.)
>
> <비교> 노후·불량건축물의 수를 계산할 때는 공동주택은 세대수와 관계없이 1 개 동으로 산정함(「단독주택지 재건축 업무처리기준」 2-3-2).
>
> (2) "과소필지"는 90 ㎡ 미만인 토지를 말한다(같은 조 제 9 호).
>
> (3) "주택접도율"은 정비기반시설의 부족여부를 판단하기 위한 지표로서 「폭 4m 이상 도로에 길이 4m 이상 접한 대지의 건축물의 총수」를 「정비구역 내 건축물 총수」로 나눈 비율을 말한다(35 미터 이상의 막다른 도로에 접한 경우는 '폭 6m 이상 도로에 길이 4m 이상 접한 대지'를 말함. 같은 조 제 10 호).

3. 【해설】 각 시·도조례의 재개발구역 지정 요건

시·도조례는 재개발구역 지정요건 중 「노후·불량건축물의 수가 전체 건축물의 수의 3분의 2 이상인 지역일 것」(영 별표 1 제 2 호) 외의 요건을 아래와 같이 조정하여 구체화하고 있다. (경기·인천·부산 외의 지방은 해당 시·도조례를 참조할 것.)

(1) 서울시조례(제 6 조 제 1 항 제 2, 3 호)

A) 주택정비형 재개발구역은 ① 면적이 1 만㎡ 이상(도시계획위원회 심의를 받은 경우는 5,000 ㎡ 이상)일 것과 ② 다음 중 하나에 해당할 것이 요건이다(서울시 도시정비조례 제 6 조 제 1 항 제 2 호).

    a) 과소필지 비율이 40% 이상인 지역

    b) 주택접도율이 40% 이하인 지역

    c) 호수밀도가 60 이상인 지역

노후·불량건축물의 수에 관한 요건은 그대로이다(전체 건축물 수의 2/3 이상).

B) 도시정비형 재개발구역(구 도시환경정비구역)은 a) 철도역의 승강장 경계로부터 반경 500m 이내일 것과 b) 노후·불량건축물의 수가 건축물 총수의 60% 이상일 것을 요건으로 한다(조례 제 6 조 제 1 항 제 3 호). 도시정비형 재개발구역 지정요건에서는 노후·불량건축물의 수에 관한 요건이 '60% 이상'으로 감소되었다.

☞ 도시정비형 재개발사업에 관하여는 제 3 장 제 1 절 I. 참조

C) 재건축구역에 대하여는 별도의 요건을 규정하지 않았다.

(2) 경기도조례(제 6 조 제 1 항 제 2 호)

재개발구역은 ① 노후·불량건축물의 수가 전체 건축물 수의 60% 이상인 지역으로서 ② 다음 각 목의 어느 하나에 해당하는 지역을 말한다[2021. 7. 14. 개정].

    가. 건축법 제 57 조에 따른 분할제한면적 이하인 과소필지, 부정형 또는 세장형의 필지수가 30% 이상이 되는 지역

    나. 노후·불량건축물의 연면적 합계가 전체 건축물의 연면적 합계의 60% 이상인 지역

    다. 호수밀도가 Hectare 당 60 호 이상인 지역. 다만, 도시재정비법에 따른 존치지역의 경우는 56 호 이상인 지역

    라. 주택접도율이 30% 이하인 지역

경기도조례에서는 노후·불량건축물의 '수'와 '연면적 합계' 기준이 모두 60% 이상으로 감소되었다.

I. 재개발·재건축사업을 위한 정비구역 지정요건

(3) 인천광역시조례(제 5 조 제 1 항 제 2 호)

재개발구역은 ① 면적이 1 만㎡ 이상으로서 ② 노후·불량건축물의 수가 전체 건축물 수의 2/3 이상인 ③ 다음 각 목의 어느 하나에 해당하는 지역이다[2021. 6. 4. 개정].

　가. 주택접도율이 50% 이하인 지역

　나. 구역의 전체 필지 중 과소필지가 30% 이상인 지역

　다. 호수밀도가 50 이상인 지역

☞ 2021. 6. 4. 개정 전은 ① 1 만㎡ 이상으로서 ② 노후·불량건축물의 수가 대상구역 안 건축물 총수의 70% 이상인 ③ 다음 각 목의 어느 하나에 해당하는 지역이었다.

　가. 접도율이 40 퍼센트 이하인 지역

　나. 구역의 전체 필지 중 과소필지·부정형 또는 세장형 필지가 40 퍼센트 이상인 지역

　다. 호수밀도가 70 이상인 지역

(4) 부산광역시 조례(제 5 조 제 2 항 제 2 호)

주택정비형 재개발사업구역은 ① 면적이 1 만㎡ 이상이고 ② 노후·불량건축물의 수가 전체 건축물의 수의 2/3 이상인 지역으로서 ③ 다음 각 목의 어느 하나에 해당하는 지역이다.

　가. 노후·불량건축물의 연면적의 합계가 전체 건축물의 연면적의 합계의 2/3 이상인 지역

　나. 호수밀도가 50 이상인 지역

　다. 대상구역안에 폭 4m 미만 도로의 길이가 총 도로길이의 30% 이상이거나 주택접도율이 40% 이하인 지역

　라. 건축대지로서 효용을 다할 수 없는 과소필지, 부정형 또는 세장형 필지의 수가 40% 이상인 지역

　마. 법 제 59 조 제 2 항에 따른 순환용주택을 건설하기 위하여 필요한 지역

　바. 제 1 호 바목부터 아목까지의 규정에 해당하는 지역

☞ 도시정비형 재개발구역에 대하여는 별도의 규정이 없다.

4. 【조례】 서울시 도시정비조례 제 6 조(정비계획 입안대상지역 요건)

① 영 제 7 조 제 1 항 별표 1 제 4 호에 따른 정비계획 입안대상지역 요건은 다음 각 호와 같다. <개정 2021.7.20>

☞ 서울시조례는 주거환경개선구역과 재개발구역에 대하여만 입안대상지역 요건을 따로 정하고 있으며, 재건축구역에 대하여는 별도의 요건을 정하지 않고 있다.

1. 주거환경개선구역(주거환경개선사업을 시행하는 정비구역을 말한다. 이하 같다)은 호수밀도가 80 이상인 지역으로서 다음 각 목의 어느 하나에 해당하는 지역을 말한다. 다만, 법 제23조제1항제1호에 따른 방법(이하 "관리형 주거환경개선사업"이라 한다)으로 시행하는 경우에는 제외한다.

    가. 노후·불량건축물의 수가 대상구역 안의 건축물 총수의 60퍼센트 이상인 지역

    나. 주택접도율이 20퍼센트 이하인 지역

    다. 구역의 전체 필지 중 과소필지가 50퍼센트 이상인 지역

2. 주택정비형 재개발구역(주택정비형 재개발사업을 시행하는 구역을 말한다. 이하 같다)은 면적이 1만제곱미터[법 제16조제1항에 따라 서울특별시 도시계획위원회 또는 「도시재정비 촉진을 위한 특별법」(이하 "도시재정비법"이라 한다) 제5조에 따른 재정비촉진지구에서는 같은 법 제34조에 따른 도시재정비위원회가 심의하여 인정하는 경우에는 5천제곱미터] 이상으로서 다음 각 목의 어느 하나에 해당하는 지역

    가. 구역의 전체 필지 중 과소필지가 40퍼센트 이상인 지역

    나. 주택접도율이 40퍼센트 이하인 지역

    다. 호수밀도가 60 이상인 지역

3. 영 [별표 1] 제2호 바목에 따른 역세권에 대하여 입안하는 도시정비형 재개발구역(도시정비형 재개발사업을 시행하는 구역을 말한다. 이하 같다)은 다음 각 목에 해당하는 지역에 수립한다.

    가. 역세권은 철도역의 승강장 경계로부터 반경 500미터 이내의 지역을 말한다.

    나. 가목에도 불구하고 다음 각 목의 어느 하나에 해당하는 지역은 역세권에서 제외한다. 다만, 서울특별시 도시계획위원회 심의를 거쳐 부득이하다고 인정하는 경우에는 예외로 한다.

        1) 전용주거지역·도시자연공원·근린공원·자연경관지구 및 최고고도지구(김포공항주변 최고고도지구는 제외한다)와 접한 지역

        2) 「경관법」 제7조에 따른 경관계획상 중점경관관리구역, 구릉지 및 한강축 경관형성기준 적용구역

    다. 노후·불량건축물의 수가 대상지역 건축물 총수의 60퍼센트 이상인 지역

② 정비구역 지정은 제1항에서 정한 정비계획 입안대상지역 요건 이외에 법 제4조에 따른 도시·주거환경정비기본계획에 따른다.

I. 재개발·재건축사업을 위한 정비구역 지정요건

③ 영 [별표 1] 제 4 호에 따라 부지의 정형화, 효율적인 기반시설의 확보 등을 위하여 필요하다고 인정되는 경우에는 서울특별시 도시계획위원회의 심의를 거쳐 정비구역 입안대상지역 면적의 100 분의 110 이하까지 정비계획을 입안할 수 있다.

5. 【조례】 서울시 도시정비조례 제 2 조(정의)

이 조례에서 사용하는 용어의 뜻은 다음과 같다.<개정 2021.9.30, 2022.12.30>

5. "호수밀도"란 건축물이 밀집되어 있는 정도를 나타내는 지표로서 정비구역 면적 1 헥타르당 건축되어 있는 건축물의 동수를 말하고 다음 각 목의 기준에 따라 산정한다.

　가. 공동주택은 독립된 주거생활을 할 수 있는 구조로서 세대수가 가장 많은 층의 소유권이 구분된 1 세대를 1 동으로 보며, 나머지 층의 세대수는 계상하지 않는다.

　나. 신발생무허가건축물은 건축물 동수 산정에서 제외한다.

　다. 정비구역의 면적 중 존치되는 공원 또는 사업이 완료된 공원 및 존치되는 학교 면적을 제외한다.

　라. 단독 또는 다가구주택을 건축물 준공 후 다세대주택으로 전환한 경우에는 구분소유등기에도 불구하고 전환 전의 건축물 동수에 따라 산정한다.

　마. 준공업지역에서 정비사업으로 기존 공장의 재배치가 필요한 경우에는 정비구역 면적 중 공장용지 및 공장 건축물은 제외하고 산정한다.

　바. 비주거용건축물은 건축면적당 90 제곱미터를 1 동으로 보며, 소수점 이하는 절사하여 산정한다.

9. "과소필지"란 토지면적이 90 제곱미터 미만인 토지를 말한다.

10. "주택접도율"이란 「도시 및 주거환경정비법 시행령」(이하 "영"이라 한다) 제 7 조 제 1 항 관련 별표 1 제 1 호 마목에 따른 정비기반시설의 부족여부를 판단하기 위한 지표로서 폭 4 미터 이상 도로에 길이 4 미터 이상 접한 대지의 건축물의 총수를 정비구역 내 건축물 총수로 나눈 비율을 말한다. 다만, 연장 35 미터 이상의 막다른 도로의 경우에는 폭 6 미터로 한다.

6. 【조례】 경기도 도시정비조례 제 6 조(정비계획의 입안대상지역)

① 영 별표 1 제 4 호에 따라 조례로 정하는 정비계획의 입안대상지역 요건은 다음 각 호의 어느 하나에 해당하는 경우를 말한다.

　2. 재개발사업은 a) 노후·불량건축물의 수가 전체 건축물 수의 60 퍼센트 이상인 지역으로서 b) 다음 각 목의 어느 하나에 해당하는 지역을 말한다.

제 2 장 정비계획수립 및 정비구역지정 / 제 3 절 사업유형별 정비구역 지정요건

　　　가. 건축법 제 57 조에 따른 분할제한면적 이하인 과소필지, 부정형 또는 세장형의 필지수가 30 퍼센트 이상이 되는 지역

　　　나. 노후·불량건축물의 연면적 합계가 전체 건축물의 연면적 합계의 60 퍼센트 이상인 지역

　　　다. 호수밀도가 헥타르 당 60 호 이상인 지역. 다만, 「도시재정비 촉진을 위한 특별법」 제 2 조제 6 호에 따른 존치지역의 경우에는 56 호 이상인 지역 [전문개정 2021.7.14.]

　　　라. 주택접도율이 30 퍼센트 이하인 지역

② 영 별표 1 제 3 호라목에서 "시·도조례로 정하는 면적"이란 1 만제곱미터의 면적을 말한다.

③ 영 별표 1 제 4 호에 따라 해당 시·군 도시계획조례로 설치된 시·군 도시계획위원회의 심의를 거쳐 부지의 정형화, 효율적인 기반시설의 확보 등을 위하여 필요하다고 인정되는 경우 정비구역 수립대상 면적의 100 분의 110 이하의 범위에서 해당지역을 정비구역에 포함하여 입안할 수 있다. <개정 2020. 07. 15.>

7. 【조례】 인천광역시 도시정비조례 제 5 조(정비계획 입안대상지역의 정비구역 지정 요건)

① 영 별표 1 제 4 호에 따른 정비계획 입안대상지역 요건은 다음 각 호와 같다. <개정 2021.6.4.>

　2. 재개발구역은 a) 면적이 1 만제곱미터 이상으로서 b) 노후·불량건축물의 수가 전체 건축물의 수의 3 분의 2 이상인 c) 다음 각 목의 어느 하나에 해당하는 지역

　　　가. 주택접도율이 50 퍼센트 이하인 지역

　　　나. 구역의 전체 필지 중 과소필지가 30 퍼센트 이상인 지역

　　　다. 호수밀도가 50 이상인 지역

② 영 별표 1 제 3 호라목에서 "시·도조례로 정하는 면적 이상"이란 1 만제곱미터 이상을 말한다.

③ 제 1 항에도 불구하고 영 별표 1 제 4 호 후단에 따라 인천광역시 도시계획위원회의 심의를 통해 부지의 정형화, 효율적인 기반시설의 확보 등을 위하여 필요하다고 인정되는 경우 정비구역 입안대상지역 면적의 100 분의 110 이하의 범위까지 정비구역을 확장하여 지정할 수 있다.

Ⅰ. 재개발·재건축사업을 위한 정비구역 지정요건

C. '주택재개발구역 지정 요건'을 규정한 서울시 구조례 제4조 제2호 (가)목은 도시정비법령의 위임범위를 위반하지 않았음 ―대법원 2012.11.29 선고 2011두28837 판결[재정비촉진지구변경지정및재정비촉진계획결정처분취소]

원심판결 이유를 위 법리 및 이 사건 조례 제4조 제2호 (가)목을 비롯한 관계 법령의 내용 등에 비추어 살펴보면, 이 사건 조례 제4조(☞ 정비계획 수립대상 정비구역 지정 요건) 제2호 (가)목이 구 도시 및 주거환경정비법(2009. 5. 27. 법률 제9729호로 개정된 것, 이하 '구 도시정비법'이라 한다) 및 구 도시 및 주거환경정비법 시행령(2009. 11. 27. 대통령령 제21856호로 개정된 것, 이하 '구 도시정비법 시행령'이라 한다)의 위임범위를 벗어나 이를 완화하여 독자적인 주택재개발구역 지정요건을 마련한 것이라고 볼 수 없다는 등의 이유로 이를 무효로 볼 수 없다고 판단한 원심판결에, 상고이유로 주장하는 바와 같이 위임의 한계에 관한 법리 등을 오해한 위법이 없다(대법원 2012. 10. 25. 선고 2011두10355 판결 참조).

D. [고등법원판례] ① 전체 건축물 수가 119동인데 111동으로 잘못 산정한 것, ② 준공 후 20년 미만인 17개 동에 대하여 외관만 보고 노후·불량주택으로 판정한 것, ② 지목이 도로·구거인 토지와 국공유지를 과소필지 또는 부정형·세장형 필지에 포함시킨 것은 중대·명백한 하자 아니야 (따라서 정비구역 지정처분은 무효가 아님) ―부산고등법원 2012. 10. 24. 선고 2012누447, 2012누461(병합) 판결[관리처분계획취소 등, 정비구역지정무효 등]

【당사자】

원고, 항소인	P 외 16명
피고, 피항소인	1. A구역주택재개발정비사업조합
	2. 부산광역시 해운대구청장
	3. 부산광역시장

1. 사실관계

(1) 추진위원회는 2006년 3월경 주식회사 정인기술단(이하 '정인기술단'이라 한다)에 이 사건 정비구역의 노후·불량건축물, 과소필지 등의 현황조사를 의뢰하였고, 정인 기술단의 G, 도시계획기사 I 등은 2006년 4월경 이 사건 정비구역 현장조사를 하였다.

(2) 정인기술단은 이 사건 정비구역의 건축물 총수는 110동이고 그 중 준공된 후 20년이 지난 건축물은 40동, 그 외의 외관상·기능상 불량을 이유로 한 불량건축물은 20동(허가 17동, 무허가 3동)으로 조사하였는데 조사 당시 준공된 지 20년 미만이던 17동의 건축물(허가)에 대하여는 그 내부에 출입하여 경관, 기능상 철거가 불가피한 건축물인지의 현황을 조사한 바 없이 외벽의 균열, 미관 등 건축물 외관만을 기준으로 평가하였고, 당시의 조사실무에 따라 지

제2장 정비계획수립 및 정비구역지정 / 제3절 사업유형별 정비구역 지정요건

목이 도로, 구인 토지나 국공유지도 과소필지 등의 산정에 포함하여 조사하였다.

(3) 추진위원회는 정인기술단의 조사결과를 토대로 피고 구청장에게 제출할 제안서를 작성하면서 준공 후 20년이 지난 건축물 40동과 불량건축물 20동 합계 60동 모두를 준공된 후 20년이 경과한 건축물란에 기재하였고, 이 사건 정비구역 안의 191필지 중 분할제한면적 60㎡ 이하인 과소필지가 40필지, 부정형 또는 세장형 토지가 39필지로 합계 79필지가 과소필지 등에 해당한다고 기재하였다.

(4) 추진위원회는 2006. 4. 21. 피고 구청장에게 정비구역지정을 위한 제안서와 함께 각 건축물의 준공연도가 기재된 건축물조서와 이 사건 정비구역 안의 191필지의 지번, 지목, 소유자, 현재 용도 등을 기재한 토지조서를 첨부·제출하였다.

(5) 이 사건 정비구역지정 신청업무를 담당한 해운대구청 직원 H는 정비구역 지정도서와 건축물대장 등을 비교한 결과 준공된 지 20년 이상 지난 건축물 수가 잘못 기재되어 있는 것을 발견하였지만, 정인기술단의 담당자로부터 표가 잘못된 부분이 있기는 하나 외관상, 경제적 요인으로 노후·불량건축물에 해당한다는 답변을 듣고 별도로 그에 대한 수정 보고서나 근거자료를 요구하지 않았고 그 현장을 조사하지도 않았다.

(6) 2007. 5. 29.자 2007년 제5회 부산광역시 도시·건축공동위원회에서 정비구역에 J 등을 추가로 포함시킬 것을 조건으로 이 사건 정비구역지정안을 가결함에 따라 건축물 수는 111동으로 늘어났다.

(7) 피고 시장은 이 사건 정비구역의 노후·불량건축물 비율이 54%(=60/111), 과소필지 등 비율이 41.36%(=79/191)로 정비구역 지정 요건에 충족한다고 보아 이 사건 정비구역 지정처분을 하였고, 호수밀도와 접도율은 정비구역 지정 요건에 미달된다고 보았다.

(8) 그 뒤 이 사건 소 제기 전후 무렵인 2011년 5월경 피고들 측의 전수조사와 원고 측의 조사 결과 이 사건 정비구역 지정 당시 건축물 8개동(무허가 5개, 노인정을 포함하여 허가 3개동)이 더 존재하고 있었던 것으로 밝혀졌고, 실제 이 사건 정비구역 안의 60㎡ 미만의 과소필지는 지목이나 소유관계를 고려하지 않는 경우 39필지이고, 부정형 또는 세장형 토지는 39필지이나 위 과소필지 등에는 국공유지 수십 필지가 포함되어 있다.

2. 판단 (중대·명백한 하자 아님)

위 인정사실에 의하면, 피고 시장이 지정요건을 충족한다고 본 준공 후 20년 미만인 17동의 건축물은 노후·불량건축물이라고 단정하기 어렵고, 이 사건 정비구역 안의 건축물이 실제 119동(노인정을 포함하지 않을 경우 118동)임에도 111동으로 보아 판단한 이상 정비구역 지정처분에 하자가 있다고 할 것이다. 또한 정비구역 지정처분시 도로 등의 지목이나 소유관계

I. 재개발·재건축사업을 위한 정비구역 지정요건

등에 비추어 그것이 건축대지의 효용을 다할 수 없는 과소필지 등에 해당하지 않는다고 볼 수도 있는 점을 고려하지 아니한 채 지목이 도로 등인 토지와 국공유지를 과소필지 등에 해당한다고 판단한 것은 위법하다고 볼 여지가 있다...

위와 같은 법리에 비추어 보건대, 노후·불량건축물에 대한 개념 정의와 범위에 대한 규정이 복잡다기한 점, 과소필지 등의 개념 정의나 그 범위(지목이나 소유관계의 관련성) 등에 대하여는 명확한 규정이 없는 점, 정비구역 지정에서는 정책적 판단이나 행정청의 재량 여지가 있는 점, 이 사건 정비구역 지정처분에 앞서 이 사건 정비구역 안의 토지 등 소유자들 다수의 동의를 얻어 설립된 추진위원회와 그로부터 위임받은 정인기술단 측의 현황조사와 분류를 거쳐 건축물조서, 토지조서 등이 첨부된 정비구역 지정도서가 해운대구청에 제출된 후 피고 구청장이 관련 법령이 요구하는 주민공람, 의회의 의견청취 등을 거쳐 신청을 하고, 재차 피고 시장이 건축 공동위원회의 심의 등을 거친 점 등을 종합하여 보면, 위와 같은 정비구역 지정요건인 노후·불량건축물의 비율과 과소필지 등 비율 충족 여부와 관련한 하자가 법규의 중요한 부분을 위반한 중대한 것이라거나 객관적으로 명백한 것이라고 보기 어렵다. 따라서 이 사건 정비구역 지정처분이 무효라는 원고들의 주장은 이유 없다.

【해설】

> 위 판결에 대한 상고심 계속 중 이전고시가 이루어짐에 따라 대법원에서 소각하 판결이 선고되었으나, 대법원은 위 판시 부분은 정당한 것으로 보았다(대법원 2015. 10. 15. 선고 2012두26197, 2012두26203(병합) 판결).

E. 빌라촌 투자 Tip

1. ★ 투자 Tip(1): 신축빌라가 많은 지역을 피하라

> (1) 시행령 별표 1 제2호가 정하는 노후도(노후·불량건축물의 수가 3분의 2 이상일 것)를 충족하면 같은 호 가 ~ 사목의 요건을 갖추는 것은 어렵지 않다. 따라서 재개발구역 지정 여부의 관건은 결국 노후도 충족 여부에 있다. 즉, 노후·불량건축물의 수가 전체 건축물의 3분의 2 이상인지 여부가 재개발구역 지정 여부의 관건이다.
>
> 2021. 9. 23. 발표한 서울시 민간재개발사업 후보지 공모 공고에서도 후보지 선정기준으로 기본점수 100점 중 40점을 '노후 동수'에 배정하였고, 신축현황 10% 이하를 가점사유(5% 이하 5점, 10% 이하 1점)로 정하였다.
>
> (2) 따라서 구역지정 전 재개발예정지에 투자하는 경우 가장 먼저 눈여겨 보아야 할 것은 신축빌라 비율이다. 설령 재개발구역으로 지정된다 하더라도 신축빌라 비율이 높은 지역은 재개발구역지정에서 제척될 수 있으므로, 신축빌라가 많은 지역은 절대로 피해야 한다.

> 신축빌라가 많은 지역의 주변 지역도 같이 제척될 수 있으므로 <u>신축빌라가 많은 지역에 연접한 지역도 피해야</u> 한다. 일반적으로 재개발·재건축 반대자들이 많은 상가 주변 빌라, 교회 인근 지역도 피해야 한다.

2. ★ 투자 Tip(2): 신축빌라가 많지 않은 지역의 '새 빌라'는 좋은 투자대상

> 신축빌라가 많지 않은 지역에서도 신축 중인 빌라를 분양받기보다는 「이미 사용승인이 나고 소유권보존등기가 마쳐진 새 빌라」를 매수해야 한다. 신축중인 빌라를 분양받을 경우, 신축공사 완료 후 구분등기를 마치기 전에 권리산정기준일(또는 정비구역 지정·고시일)이 도래하면 분양신청권을 갖지 못하고 현금청산대상이 되므로 주의해야 한다
>
> 새 빌라를 매수하면 전세금을 많이 받을 수 있어 초기투자금이 적게 들어가는 이점도 있다.
>
> ☞ 권리산정기준일에 관하여는 <u>돈</u>.<u>되</u>.<u>법</u> 4「분양의 기준」부분을 참조하세요.

3. ★ 투자 Tip(3): '신축중인 빌라'를 분양받을 때 주의할 점 (특약사항)

> 재개발 예정지에서 신축중인 빌라를 분양받을 때에는 다음과 같은 특약사항을 반드시 넣어야 한다: "본 계약은 재개발사업에 따른 신축 아파트 입주권을 취득하기 위한 것이며, 소유권보존등기 전에 정비구역 지정, 권리산정일 도래, 기타 사유로 분양대상 자격이 없게 되는 경우 매수인은 본 계약을 해제할 수 있다."

II. 소규모주택정비사업의 대상지역

소규모주택정비사업에는 정비구역지정 단계가 없다. 그 대신 소규모주택정비법은 각 사업유형별로 그 대상지역을 상세히 규정하고 있다. 아래에서 그 내용을 하나씩 살펴본다.

A. 가로주택정비사업

1. 【법령】소규모주택정비법 제 2 조(정의)

> ① 이 법에서 사용하는 용어의 뜻은 다음과 같다. <개정 2019. 4. 23.>
>
> 　나. 가로주택정비사업: <u>가로구역에서 종전의 가로를 유지</u>하면서 소규모로 주거환경을 개선하기 위한 사업

II. 소규모주택정비사업의 대상지역

2. 【해설】 가로주택정비사업의 시행 요건 (영 제 3 조 제 1 항 제 2 호)

(1) 가로주택정비사업은 <u>가로구역에서 종전의 가로를 유지하면서</u> 소규모로 주거환경을 개선하기 위한 사업이다(소규모주택정비법 제 2 조 제 1 항 제 3 호 나목). 가로주택정비사업은 ① 가로구역의 '전부 또는 일부'로서 ② <u>사업시행구역 면적이 1 만㎡ 미만</u>이면서 ③ <u>노후·불량건축물 수가 전체 건축물 수의 2/3 이상</u>이고, ④ 기존주택의 호수 또는 세대수가 일정수 이상인 지역에서 시행할 수 있다.

기준 호수/세대수는 a) <u>단독주택은 10 호 이상</u>, b) <u>공동주택은 20 세대 이상</u>(단독주택·공동주택 혼합지역은 합계 20 채 이상)이다. (이상 소규모주택정비법 제 2 조 제 2 호; 영 제 3 조 제 1 항 제 2 호.)

(2) 2020. 3. 17. 개정 시행령에서 a) 소규모주택정비관리계획이 승인·고시된 지역이거나 b) 일정한 공공성 요건을 갖춘 경우에는 사업시행구역 면적을 2 만㎡ 미만으로 확장할 수 있는 특례규정을 신설했다(영 제 3 조 제 1 항 제 2 호 가목 단서).

이 특례규정에 따라 1 만㎡를 초과하는 가로구역에서 가로주택정비사업을 시행하려고 하는 토지등소유자는 시장·군수등에게 <u>주민합의서를 신고하거나 조합설립인가를 신청하기 전에</u> 사업시행구역의 규모와 정비기반시설 및 공동이용시설의 적정성 여부에 관한 사전결정을 신청할 수 있다(영 제 24 조 제 2 항).

(3) 가로주택정비사업에서는 "<u>주택 등</u>"을 건설·공급하는 방법으로 시행할 수 있으므로 주택만이 아니라 <u>상가와 오피스텔도 건설·공급할 수 있다</u>.

3. 【해설】 "가로구역"의 개념 (영 제 3 조 제 2 항)

"가로구역"은 다음의 요건을 모두 갖춘 구역을 말한다(영 제 3 조 제 2 항):

A) 「국토교통부령으로 정하는 도로 및 시설」(아래 법령 참조)로 둘러싸인 일단의 지역일 것(소규모주택정비 관리계획이 승인·고시된 지역은 예외)

B) 1 만㎡ 미만일 것. 다만, a) <u>시·도조례로 1 만 3 천㎡ 미만으로 정할 수 있고</u>(서울시 소규모주택정비조례 제 3 조 제 4 항), b) 사업시행계획서 작성 전에 <u>지방도시계획위원회의 심의</u>(법 제 26 조가 규정하는 건축위원회 심의가 아님)를 거친 경우는 2 만㎡ 미만으로 할 수 있고, c) <u>소규모주택정비 관리계획이 승인·고시된 지역은 2 만㎡ 미만으로 할 수 있다</u>(영 제 3 조 제 2 항 제 2 호 가 ~ 다목). 가로구역의 면적 완화는 2019. 10. 24. 개정령(2019. 10. 22. 대통령령 제 30151 호)에서 신설되었다.

C) 도시·군계획시설인 도로로서 폭이 4m(6m 로 보는 예외 있음)를 초과하는 도로가 해당 가로구역을 통과하지 않을 것

제 2 장 정비계획수립 및 정비구역지정 / 제 3 절 사업유형별 정비구역 지정요건

4. 【해설】 가로주택정비사업의 '시행요건'과 '가로구역의 개념 요건'은 별개임

> 앞서 본 특례규정에 따라 "가로주택정비사업의 사업시행구역" 면적을 2만㎡ 미만까지 확장할 수 있는 것(영 제3조 제1항 제2호 가목 단서)과 "가로구역" 면적을 2만㎡ 미만으로 확장할 수 있는 것(영 제3조 제2항 제2호)은 별개이다.
>
> 영 제3조 제2항 제2호는 "가로구역"의 요건으로서 면적에 관한 규정이며, 해당 가로구역 내에서 실제 사업시행구역 면적이 1만㎡ 이상이 되기 위해서는 별도로 영 제3조 제1항 제2호 가목 단서가 규정하는 공공성 요건을 갖추어야 한다.
>
> 따라서 영 제3조 제2항 제2호에 따라 가로구역의 요건이 2만㎡ 미만으로 확대되어도, 영 제3조 제1항 제2호 가목 단서가 규정하는 공공성 요건을 별도로 충족하지 못하면 사업시행면적은 1만㎡ 미만으로 제한된다.

5. 【해설】 가로주택정비사업 개념도 (가로구역 vs. 시행구역)

[가로구역 개념도] (출처: 한국토지주택공사)

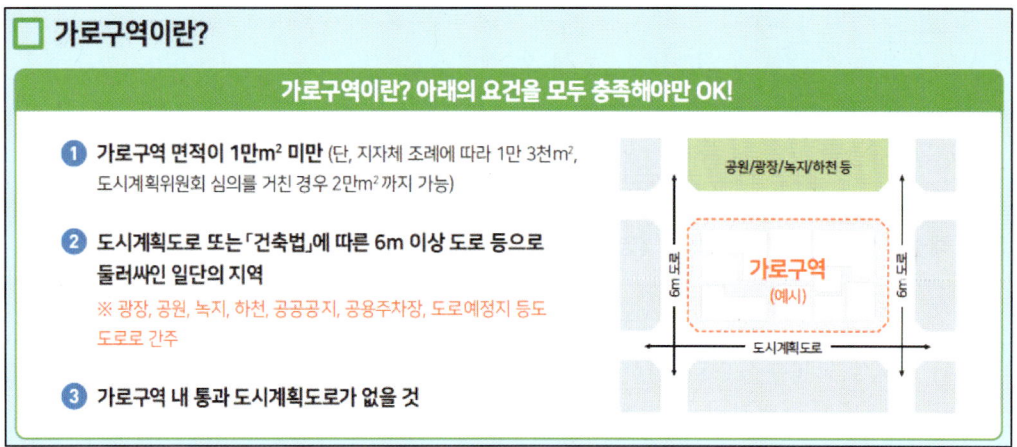

[시행구역 설명도(가로구역의 전부 또는 일부)] (출처: 한국토지주택공사)

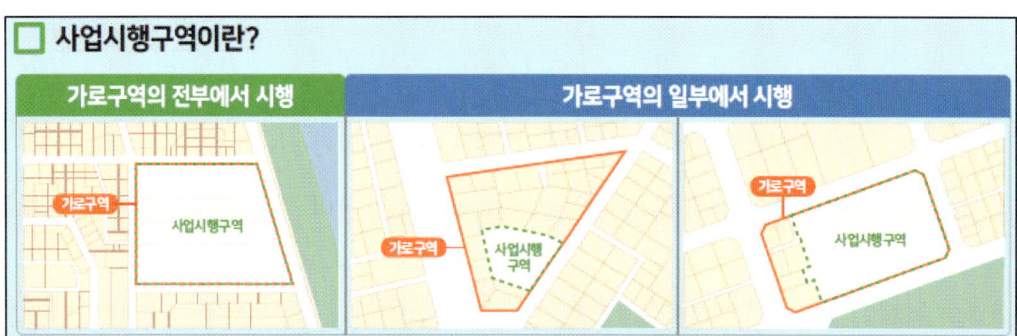

II. 소규모주택정비사업의 대상지역

6. 【법령】 소규모주택정비법 시행령 제 3 조 제 2 항

② 제 1 항제 2 호 각 목 외의 부분에 따른 가로구역은 다음 각 호의 요건을 모두 갖추어야 한다. <신설 2019.10.22, 2020.3.17, 2021.9.17, 2022.1.18>

1. 해당 가로구역은 국토교통부령으로 정하는 도로 및 시설로 둘러싸인 일단의 지역일 것. 다만, 법 제 43 조의 2 에 따라 소규모주택정비관리계획이 승인·고시된 지역인 경우는 제외한다.

2. 해당 가로구역의 면적은 1 만제곱미터 미만일 것. 다만, 다음 각 목의 어느 하나에 해당하는 경우에는 다음 각 목의 구분에 따른 면적 미만으로 할 수 있다.

　　가. 지역여건 등을 고려하여 시·도조례로 기준 면적을 달리 정하는 경우: 1 만 3 천제곱미터

　　나. 사업시행자가 법 제 30 조에 따른 사업시행계획서(법 제 29 조제 1 항 본문에 따라 사업시행계획서를 변경하는 경우를 포함한다)를 작성하기 전에 사업시행에 따른 정비기반시설 및 공동이용시설의 적정성 여부에 대하여 지방도시계획위원회의 심의를 거친 경우: 2 만제곱미터

　　다. 법 제 43 조의 2 에 따라 소규모주택정비관리계획이 승인·고시된 지역인 경우: 2 만제곱미터

3. 「국토의 계획 및 이용에 관한 법률」에 따른 도시·군계획시설인 도로(같은 법 제 32 조제 4 항에 따라 신설·변경에 관한 지형도면의 고시가 된 도로를 포함한다)로서 폭이 4 미터[제 1 항제 2 호가목 1)부터 3)까지 외의 부분 단서에 해당하는 지역으로서 사업시행구역의 면적이 1 만제곱미터 이상 2 만제곱미터 미만인 지역의 경우에는 6 미터]를 초과하는 도로가 해당 가로구역을 통과하지 않을 것

☞ [괄호] 부분은 [대통령령 제 32345 호, 2022. 1. 18, 일부개정]에서 추가되었음

7. 【법령】 소규모주택정비법 시행규칙 제 2 조(가로구역의 범위 등)

③ 영 제 3 조 제 2 항 제 1 호 본문에서 "국토교통부령으로 정하는 도로 및 시설"이란 다음 각 호의 도로 및 시설을 말한다. <개정 2021. 9. 17.>

1. 다음 각 목의 도로 및 예정도로

　　가. 제 1 항 제 1 호의 도로

　　☞ 규칙 제 2 조 제 1 항 제 1 호

> 1. 「국토의 계획 및 이용에 관한 법률」 제2조 제7호에 따른 <u>도시·군계획시설인 도로</u> 및 같은 법 제32조제4항에 따라 신설·변경에 관한 <u>지형도면의 고시가 된 도로</u>
>
> 나. 건축법 제2조제1항제11호에 따른 도로로서 너비 6미터 이상의 도로. 이 경우 「사도법」에 따라 개설되었거나 신설·변경에 관한 고시가 된 도로는 「국토의 계획 및 이용에 관한 법률」 제36조 제1항제1호가목부터 다목까지의 규정에 따른 주거지역·상업지역 또는 공업지역에서의 도로로 한정한다.
>
> 다. 제1항제3호의 도로로서 너비 6미터 이상인 도로
>
> ☞ 규칙 제2조 제1항 제3호
>
> 3. 다음 각 목의 지정을 받거나 신고·신청을 하기 위하여 「국토의 계획 및 이용에 관한 법률」, 「사도법」 또는 그 밖의 관계 법령에 따라 도로를 신설·변경할 수 있는 계획을 제출한 경우 그 계획에 따른 예정도로
>
> 가. 법 제18조 및 제19조에 따른 <u>사업시행자 지정</u>
>
> 나. 법 제22조에 따른 <u>주민합의체 구성 신고</u>
>
> 다. 법 제23조에 따른 <u>조합설립인가 신청</u>
>
> 2. 다음 각 목의 기반시설
>
> 가. 공용주차장
>
> 나. 광장, 공원, 녹지, 공공공지
>
> 다. 하천
>
> 라. 철도
>
> 마. 학교
>
> [전문개정 2019. 10. 24.][제목개정 2021. 9. 17.]

8. 【법령】 소규모주택정비법 시행령 제24조(건축심의 등)

> ② <u>토지등소유자는 시장·군수등에게</u> 법 제22조 제5항에 따라 주민합의서를 신고하거나 법 제23조 제1항[☞ 가로주택정비사업] 및 제2항[☞ 소규모재건축사업]에 따라 <u>조합설립인가를 신청하기 전에</u> 다음 각 호의 구분에 따른 사항에 관한 <u>사전결정을 신청할 수 있다</u>. 이 경우 신청 절차, 신청 서류, 통지 등에 관하여는 건축법 제10조 제5항을 준용한다. <개정 2019.10.22, 2021.9.17>

II. 소규모주택정비사업의 대상지역

2. 제3조 제2항 제2호 가목 및 나목에 따라 같은 호 각 목 외의 부분 본문에서 정한 기준[= 1만㎡]을 초과하는 가로구역에서 가로주택정비사업을 시행하려는 경우: 사업시행구역의 규모와 정비기반시설 및 공동이용시설의 적정성 여부

B. 소규모재건축사업

1. 【해설】 소규모재건축사업의 대상지역과 시행방법

(1) 대상지역: 소규모재건축사업은 ① 면적이 1만㎡ 미만이고 ② 노후·불량건축물의 수가 전체 건축물 수의 2/3 이상이고, ③ 기존주택의 세대수가 200세대 미만이고 ④ 정비기반시설이 양호한 주택단지에서 시행한다(법 제2조 제3호 다목; 영 제3조 제1항 제3호).

다만, 사업시행상 불가피한 경우에는 주택단지에 위치하지 않은 토지 또는 건축물을 주택단지 면적의 20% 미만의 범위에서 사업구역에 포함시킬 수 있다(법 제16조 제3항 단서; 영 제15조의3).

(2) 시행방법: 주택, 부대·복리시설 및 오피스텔을 건설·공급하는 방법으로 시행한다(법 제16조 제3항).

2. 【법령】 소규모재건축사업 대상지역: 소규모주택정비법 시행령 제3조 제1항 제3호

① (본문 생략) <개정 2018.6.12, 2019.10.22, 2020.3.17, 2021.9.17, 2021.12.16, 2022.8.2>

3. 소규모재건축사업: 「도시 및 주거환경정비법」 제2조 제7호의 주택단지로서 다음 각 목의 요건을 모두 충족한 지역

　가. 해당 사업시행구역의 면적이 1만제곱미터 미만일 것

　나. 노후·불량건축물의 수가 해당 사업시행구역 전체 건축물 수의 3분의 2 이상일 것

　다. 기존주택의 세대수가 200세대 미만일 것

3. 【법령】 소규모주택정비법 제16조(소규모주택정비사업의 시행방법)

③ 소규모재건축사업은 제29조에 따라 인가받은 사업시행계획에 따라 주택, 부대시설·복리시설 및 오피스텔(건축법 제2조제2항에 따른 업무시설 중 오피스텔을 말한다)을 건설하여 공급하는 방법으로 시행한다.

다만, a) 주택단지에 위치하지 아니한 토지 또는 건축물이 다음 각 호의 어느 하나에 해당하는 경우로서 b) 사업시행상 불가피한 경우에는 c) 대통령령으로 정하는 편입 면적

내에서 해당 토지 또는 건축물을 포함하여 사업을 시행할 수 있다. <개정 2018.3.13, 2021.10.19>

   1. 진입도로 등 정비기반시설 및 공동이용시설의 설치에 필요한 토지 또는 건축물

   2. 건축행위가 불가능한 토지 또는 건축물

   3. 시·도지사가 제27조에 따른 통합심의를 거쳐 부지의 정형화 등을 위하여 필요하다고 인정하는 토지 또는 건축물

[본조신설 2018. 6. 12.]

☞ "대통령령으로 정하는 편입 면적 내"는 "주택단지 면적의 100분의 20 미만"을 말한다(영 제15조의3).

C. 소규모재개발사업

1. 【해설】 소규모재개발사업의 대상지역

"소규모재개발사업"은 역세권 또는 준공업지역 중 다음 기준을 모두 충족하는 지역에서 소규모로 주거환경 또는 도시환경을 개선하기 위한 사업을 말한다: ① 5천㎡ 이상일 것, ② 노후·불량건축물의 수가 2/3 이상일 것(시·도조례로 25% 범위에서 증감할 수 있음), ③ 해당 사업시행구역이 국토교통부령으로 정하는 도로에 접할 것.

"역세권"이란 「구역 면적의 과반이 철도역 승강장 경계로부터 반경 350m 이내인 지역」을 말하며, 지역 여건을 고려해 30% 범위(245m ~ 455m)에서 시·도조례로 증감할 수 있다.

2. 【법령】 소규모주택정비법 제2조(정의) 제2조(정의)

① 이 법에서 사용하는 용어의 뜻은 다음과 같다. <개정 2019. 4. 23., 2021. 7. 20., 2021. 10. 19.>

   라. 소규모재개발사업: 역세권 또는 준공업지역에서 소규모로 주거환경 또는 도시환경을 개선하기 위한 사업

3. 【법령】 소규모주택정비법 시행령 제3조(소규모주택정비사업 대상 지역)

4. 소규모재개발사업: 다음 각 목의 지역

   가. 소규모재개발사업을 시행하려는 지역의 면적 과반이 「철도의 건설 및 철도시설 유지관리에 관한 법률」, 「철도산업발전기본법」 또는 「도시철도법」에 따라 건설·운영되는 철도역(개통 예정인 역을 포함한다)의 승강장 경계로부터 반경 350미터 이내인

II. 소규모주택정비사업의 대상지역

지역으로서 다음의 기준을 모두 충족하는 지역. 다만, 승강장 경계로부터의 반경은 지역 여건을 고려해 100 분의 30 범위에서 시·도조례로 정하는 비율로 증감할 수 있다.

   1) 해당 사업시행구역의 면적이 5천제곱미터 미만일 것

   2) 노후·불량건축물의 수가 해당 사업시행구역의 전체 건축물 수의 3 분의 2 이상일 것. 다만, 지역 여건 등을 고려해 100 분의 25 범위에서 시·도조례로 정하는 비율로 증감할 수 있다.

   3) 해당 사업시행구역이 국토교통부령으로 정하는 도로에 접할 것

  나. 「국토의 계획 및 이용에 관한 법률 시행령」 제 30 조 제 1 항 제 3 호 다목의 준공업지역으로서 가목 1)부터 3)까지에서 규정한 기준을 모두 충족하는 지역

4. 【법령】 소규모주택정비법 시행규칙 제 2 조(가로구역의 범위 등)

① 「빈집 및 소규모주택 정비에 관한 특례법 시행령」(이하 "영"이라 한다) 제 3 조 제 1 항 제 4 호 가목 3)에서 "국토교통부령으로 정하는 도로"란 다음 각 호의 도로 및 예정도로를 말한다. 다만, 해당 사업시행구역에 이러한 도로 또는 예정도로가 둘 이상 접한 경우로 한정한다. <신설 2021. 9. 17.>

  1. 「국토의 계획 및 이용에 관한 법률」 제 2 조 제 7 호에 따른 도시·군계획시설인 도로 및 같은 법 제 32 조제 4 항에 따라 신설·변경에 관한 지형도면의 고시가 된 도로

  2. 건축법 제 2 조 제 1 항 제 11 호에 따른 도로 [☞ 건축법상 도로]

  3. 다음 각 목의 지정을 받거나 신고·신청을 하기 위하여 「국토의 계획 및 이용에 관한 법률」, 「사도법」 또는 그 밖의 관계 법령에 따라 도로를 신설·변경할 수 있는 계획을 제출한 경우 그 계획에 따른 예정도로

    가. 법 제 18 조 및 제 19 조에 따른 사업시행자 지정

    나. 법 제 22 조에 따른 주민합의체 구성 신고

    다. 법 제 23 조에 따른 조합설립인가 신청

② 제 1 항에 따른 도로의 너비는 각각 4 미터 이상이어야 하며, 둘 이상의 도로 중 하나는 6 미터[지역 여건을 고려하여 40 퍼센트의 범위에서 특별시·광역시·특별자치시·도·특별자치도 또는 「지방자치법」 제 198 조제 1 항에 따른 서울특별시·광역시 및 특별자치시를 제외한 인구 50 만 이상 대도시의 조례(이하 "시·도조례"라 한다)로 넓게 정하는 경우에는 그 너비로 한다] 이상이어야 한다. <신설 2021. 9. 17., 2022. 8. 2.>

III. "노후·불량건축물"의 개념

A. 개요

1. 【해설】 재개발구역 지정의 관건은 '30년 이상 지난 건축물이 2/3 이상인지' 여부

> (1) "노후·불량건축물"은 도시정비법 제 2 조 제 3 호 가 ~ 라목의 어느 하나에 해당하는 건축물을 말하는데, 그 중 충족하기 가장 수월한 항목은 라목 "도시미관을 저해하거나 노후화된 건축물로서 대통령령으로 정하는 바에 따라 시·도조례로 정하는 건축물"이다.
>
> (2) 서울시 도시정비조례 제 4 조 제 1 항 별표 1 은 "도시미관을 저해하거나 노후화된 건축물"로 보기 위한 건축물별 경과연수를 준공년도와 층수에 따라 자세히 규정하고 있는데, 현재 기준으로는 준공년도나 층수와 무관하게 '준공 후 30년 이상 경과한 건축물'이 노후·불량건축물이라고 보면 된다.
>
> (3) 그런데 재개발구역 지정 여부의 관건은 노후·불량건축물의 수가 전체 건축물의 2/3 이상인지 여부이므로, 결국 재개발구역의 지정 여부는 30년 이상 경과한 건축물의 수가 전체 건축물의 2/3 이상인지 여부에 달려 있다고 할 수 있다.

2. 【법령】 전부개정 도시정비법 제 2 조(정의) 제 3 호

> 이 법에서 사용하는 용어의 뜻은 다음과 같다. <개정 2017. 8. 9.>
>
> 3. "노후·불량건축물"이란 다음 각 목의 어느 하나에 해당하는 건축물을 말한다.
>
> 　가. 건축물이 훼손되거나 일부가 멸실되어 붕괴, 그 밖의 안전사고의 우려가 있는 건축물
>
> 　나. 내진성능이 확보되지 아니한 건축물 중 중대한 기능적 결함 또는 부실 설계·시공으로 구조적 결함 등이 있는 건축물로서 대통령령으로 정하는 건축물

> ☞ 시행령 제 2 조(노후·불량건축물의 범위) 제 1 항
>
> ① 「도시 및 주거환경정비법」(이하 "법"이라 한다) 제 2 조 제 3 호 나목에서 "대통령령으로 정하는 건축물"이란 건축물을 건축하거나 대수선할 당시 건축법령에 따른 지진에 대한 안전 여부 확인 대상이 아닌 건축물로서 다음 각 호의 어느 하나에 해당하는 건축물을 말한다.
>
> 　1. 급수·배수·오수 설비 등의 설비 또는 지붕·외벽 등 마감의 노후화나 손상으로 그 기능을 유지하기 곤란할 것으로 우려되는 건축물

III. "노후 불량건축물"의 개념

    2. 법 제12조제4항에 따른 안전진단기관이 실시한 안전진단 결과 건축물의 내구성·내하력(耐荷力) 등이 같은 조 제5항에 따라 국토교통부장관이 정하여 고시하는 기준에 미치지 못할 것으로 예상되어 구조 안전의 확보가 곤란할 것으로 우려되는 건축물

다. 다음의 요건을 모두 충족하는 건축물로서 대통령령으로 정하는 바에 따라 특별시·광역시·특별자치시·도·특별자치도 또는 「지방자치법」 제175조에 따른 서울특별시·광역시 및 특별자치시를 제외한 인구 50만 이상 대도시(이하 "대도시"라 한다)의 조례(이하 "시·도조례"라 한다)로 정하는 건축물

    1) 주변 토지의 이용 상황 등에 비추어 주거환경이 불량한 곳에 위치할 것

    2) 건축물을 철거하고 새로운 건축물을 건설하는 경우 건설에 드는 비용과 비교하여 효용의 현저한 증가가 예상될 것

☞ 영 제2조(노후·불량건축물의 범위) 제2항

② 법 제2조 제3호 다목에 따라 특별시·광역시·특별자치시·도·특별자치도 또는 「지방자치법」 제175조에 따른 서울특별시·광역시 및 특별자치시를 제외한 인구 50만 이상 대도시의 조례(이하 "시·도조례"라 한다)로 정할 수 있는 건축물은 다음 각 호의 어느 하나에 해당하는 건축물을 말한다.

  1. 건축법 제57조제1항에 따라 해당 지방자치단체의 조례[☞ 예: 서울시 건축조례 제29조(건축물이 있는 대지의 분할제한)] 로 정하는 면적에 미치지 못하거나 「국토의 계획 및 이용에 관한 법률」 제2조 제7호에 따른 도시·군계획시설(이하 "도시·군계획시설"이라 한다) 등의 설치로 인하여 효용을 다할 수 없게 된 대지에 있는 건축물

  2. 공장의 매연·소음 등으로 인하여 위해를 초래할 우려가 있는 지역에 있는 건축물

  3. 해당 건축물을 준공일 기준으로 40년까지 사용하기 위하여 보수·보강하는 데 드는 비용이 철거 후 새로운 건축물을 건설하는 데 드는 비용보다 클 것으로 예상되는 건축물

라. a) 도시미관을 저해하거나 노후화된 건축물로서 b) 대통령령으로 정하는 바에 따라 시·도조례로 정하는 건축물

☞ 영 제2조(노후·불량건축물의 범위)

③ 법 제2조 제3호 라목에 따라 시·도조례로 정할 수 있는 건축물은 다음 각 호의 어느 하나에 해당하는 건축물을 말한다.

  1. 준공된 후 20년 이상 30년 이하의 범위에서 시·도조례로 정하는 기간이 지난 건축물 [☞ 라목 중 '노후화된 건축물'에 관한 기준. 이에 관한 서울시조례는 아래 참조 (서울시 도시정비조례 제4조 제1항).]

제 2 장 정비계획수립 및 정비구역지정 / 제 3 절 사업유형별 정비구역 지정요건

2. 「국토의 계획 및 이용에 관한 법률」 제 19 조제 1 항제 8 호에 따른 도시·군기본계획의 경관에 관한 사항에 어긋나는 건축물 [☞ 라목 중 도시미관을 저해하는 건축물에 관한 기준. 이에 관한 서울시조례는 없음.]

3. 【해설】종전 규정과 비교 – '라목'에서 '구조적 결함 등' 요건이 삭제됨

법 제 2 조 제 3 호 라목은 종전 규정에 있었던 "구조적 결함 등" 요건이 삭제된 것인데, 이 규정은 전부개정법 개정 후인 2017. 8. 9. 법률 제 14857 호 개정되어 전부개정법 시행일(2018. 2. 9.)에 맞추어 시행되었다(동 개정법 부칙 제 1 조). 따라서 2018. 2. 9.부터는 라목 소정의 "노후·불량건축물"에 해당하는지 여부를 심사할 때 노후화된 건축물인지 여부만 보면 되며 '구조적 결함 등'이 있는지 여부는 따질 필요가 없다.

< 비교 1 > 위 개정 전 전부개정법 제 2 조 제 3 호 라목은 다음과 같이 규정하고 있었다: "라. 도시미관을 저해하거나 노후화로 구조적 결함 등이 있는 건축물로서 대통령령으로 정하는 바에 따라 시·도조례로 정하는 건축물" [법률 제 14567 호, 2017. 2. 8. 전부개정]

< 비교 2 > 전부개정전 도시정비법 제 2 조 제 3 호 라목도 다음과 같이 규정하고 있었다: "라. 도시미관을 저해하거나 노후화로 인하여 구조적 결함 등이 있는 건축물로서 대통령령으로 정하는 바에 따라 시·도조례로 정하는 건축물"

< 비교 3 > 구 도시정비법 제 2 조 제 3 항 다목(2012. 2. 1. 법률 제 11293 호 일부개정되어 2012. 8. 2.부터 시행되기 전의 것)은 다음과 같이 규정하고 있었다: "도시미관의 저해, 건축물의 기능적 결함, 부실시공 또는 노후화로 인한 구조적 결함 등으로 인하여 철거가 불가피한 건축물로서 대통령령으로 정하는 바에 따라 시·도 조례로 정하는 건축물" [☞ 구조적 결함 등으로 인하여 철거가 불가피한 건축물만을 노후·불량건축물로 규정함]

4. 【조례】서울특별시 건축조례 제 29 조(건축물이 있는 대지의 분할제한)

법 제 57 조 제 1 항 및 영 제 80 조에 따라 건축물이 있는 대지의 분할은 다음 각 호의 어느 하나에 해당하는 규모 이상으로 한다. <개정 2018. 7. 19.>

1. 주거지역 : 90 제곱미터

2. 상업지역 : 150 제곱미터

3. 공업지역 : 200 제곱미터

4. 녹지지역 : 200 제곱미터

5. 제 1 호부터 제 4 호까지에 해당하지 아니한 지역 : 90 제곱미터

[전문개정 2009. 11. 11.]

III. "노후 불량건축물"의 개념

5. 【조례】 서울시 도시정비조례   제 4 조(노후·불량건축물)

[시행 2018. 10. 4.] [서울특별시조례 제 6916 호]

① 영 제 2 조 제 3 항 제 1 호에 따라 노후·불량건축물로 보는 기준은 다음 각 호와 같다.

   1. 공동주택

      가. 철근콘크리트·철골콘크리트·철골철근콘크리트 및 강구조인 공동주택: 별표 1 에 따른 기간

         ☞ 아래 도표 참조. 현재 기준으로 30 년으로 보면 됨.

      나. 가목 이외의 공동주택: 20 년

   2. 공동주택 이외의 건축물

      가. 철근콘크리트·철골콘크리트·철골철근콘크리트 및 강구조 건축물(「건축법 시행령」 별표 1 제 1 호에 따른 단독주택을 제외한다): 30 년

      나. 가목 이외의 건축물: 20 년

② 영 제 2 조 제 2 항 제 1 호에 따른 노후·불량건축물은 a) 건축대지로서 효용을 다할 수 없는 과소필지 안의 건축물로서 b) 2009 년 8 월 11 일 전에 건축된 건축물을 말한다.

③ 미사용승인건축물의 용도별 분류 및 구조는 건축허가 내용에 따르며, 준공 연도는 재산세 및 수도요금·전기요금 등의 부과가 개시된 날이 속하는 연도로 한다.

6. [서울시조례 별표 1] 철근콘크리트 · 철골콘크리트 · 철골철근콘크리트 및 강구조 공동주택의 노후 · 불량건축물 기준 (제 4 조 제 1 항 제 1 호 관련)

준공년도	5 층 이상 건축물	4 층 이하 건축물
1981. 12. 31. 이전	20 년	20 년
1982	22 년	21 년
1983	24 년	22 년
1984	26 년	23 년
1985	28 년	24 년
1986	30 년	25 년
1987		26 년
1988		27 년
1989		28 년
1990		29 년

제2장 정비계획수립 및 정비구역지정 / 제3절 사업유형별 정비구역 지정요건

| 1991. 1. 1. 이후 | | 30 년 |

B. [하급심판례: 경과년도 기산일을 준공일이 아닌 증·개축일로 본 사례] 준공 이후 안전성 검사 등 적법한 허가 절차에 따라 증·개축이 이루어졌고 건물 구조도 목조 건물에서 벽돌조 및 조적조 건물로 바뀐 건물에 대하여는 증·개축시부터 내구연한을 기산함이 상당해 ―서울행정법원 2009. 6. 4. 선고 2007 구합 48049 판결[A 주택재개발정비구역지정처분등취소]

【당사자】

원고	별지 원고들 목록 기재와 같다.
피고	서울특별시장
보조참가인	A 구역주택재개발정비사업조합설립추진위원회

1. M 지상 목조 건물

<u>1951 년경에 준공되었지만 그 후 적법한 허가를 받고 증·개축을 하여 2001. 9.경 2 층 벽돌조 및 조적조 건물 105 ㎡</u>(대지 면적 119.3 ㎡)로 조성되었으므로 건축물 내구연한은 <u>2001. 9. 부터 기산함이 상당하다</u>. 따라서 위 건물은 준공된 후 20 년이 지난 건축물에 해당하지 않으므로 이를 노후·불량 건축물 산정에서 제외하여야 한다는 취지로 한 원고들의 이 부분 주장은 이유 있다.

이에 대하여 피고는, 위 건물의 내구연한 산정 시점은 건물 준공시를 기준으로 하여야 한다고 주장한다. 그러나 법 시행령 제 2 조 제 2 항 제 1 호 및 서울특별시조례 제 3 조 제 2 호 가목 등이 건물 구조 및 강도에 따라 일정한 내구연한이 경과한 건축물을 노후·불량 건축물로 규정한 취지에 비추어 보면 <u>건물 준공 이후 안전성 검사 등 적법한 허가 절차에 따라 증·개축이 이루어졌고 건물 구조도 목조 건물에서 벽돌조 및 조적조 건물로 바뀐 위 건물에 대하여는 증·개축시부터 내구연한을 기산함이 상당하다</u>.

2. N 지상 목조 및 연와조 주택, O 지상 목조 주택 29.75 ㎡, P 지상 연와조 2 층 주택

순차로 <u>1945 년경, 1947 년경, 1968 년경 준공되었다가 2003. 1.경 건물 일부가 철거되면서 적법한 허가도 없이 임의로 증·개축 등의 보수작업이 이루어진 것이므로 이로써 건축물의 구조 및 강도가 새롭게 내구연한을 기산할 정도로 바뀌었다고 보기 부족하다</u>. 따라서 위 각 건물들도 노후·불량 건축물 산정에서 제외해야 한다는 원고들의 주장은 받아들이지 않는다.

IV. 구법상 "노후·불량건축물"의 범위와 판정기준

> 여기 소개하는 판례들은 전부개정법 시행(2018. 2. 9.) 전 구 도시정비법에 따라 정비구역을 지정한 경우에 관한 것들이다. 따라서 2018. 2. 9. 이후 전부개정법에 따라 정비구역을 지정하는 사안에서는 이 판례들을 원용할 수 없다(2018. 2. 9. 전부개정 전 법률에 근거하여 이루어진 정비구역지정처분의 무효확인을 구하는 소송에서는 지금도 이 판례들을 원용할 수 있음).

A. 구법령과 해설

1. 【해설】 "노후·불량건축물"에 관한 구법의 규정과 판례

> (1) 앞서 본 것처럼 2018. 2. 9. 전부개정 전의 구 도시정비법은 '노후·불량 건축물'을 "노후화로 구조적 결함 등이 있는 건축물"이라고 규정하고 있었으므로(법 제2조 제3호 라목), 2018. 2. 9. 전 구 도시정비법에서 '노후·불량 건축물'로 인정되기 위해서는 조례에서 정한 '경과년수'만 충족해서는 안 되고, 그와 별도로 '구조적 결함 등'이 있다는 것이 인정되어야 했다.
>
> (2) 따라서 준공 후 경과연수 기준을 충족했다고 해서 현장조사 등을 통하여 개개 건축물이 철거가 불가피한 건축물인지 여부에 대한 검토 없이 한 주택재건축사업 정비구역 지정 처분은 위법한 처분이다(대법원 2012. 6. 18. 선고 2010두16592 전원합의체 판결).

2. 【해설】 무효사유('중대하고 명백한 하자') 여부

> (1) 구조적 결함 등이 있는지 여부를 심사하지 않고 단순히 준공 후 경과연수만 보고 노후·불량건축물에 해당한다고 판단한 것이 정비구역지정처분을 무효로 볼 정도로 '중대하고 명백한 하자'인지가 문제되나, 대법원판례는 이를 부정했다.
>
> "피고가 이 사건 처분을 한 2009. 8. 26.경에는 구 도시정비법령에 따른 노후·불량건축물의 범위나 판정기준에 관한 법리가 명백히 밝혀져 해석에 다툼의 여지가 없는 상태에 있었다고 볼 수 없으므로, 그 하자가 정비구역 지정처분을 당연무효로 할 정도로 명백하다고 볼 수 없다"고 본 판례가 있다(대법원 2013. 10. 24. 선고 2011두28455 판결).
>
> (2) "시행령에서 정한 20년 경과 기준은 노후·불량건축물을 판단하는 일응의 기준을 제시한 것"이라는 법리를 처음 판시한 대법원판례는 대법원 2010. 7. 15. 선고 2008두9270 판결이나, 동 판례에서는 이 문제가 핵심 쟁점이 아니었으므로, 구법에서 노후·불량건축물의 범위나 판정기준에 관한 법리는 대법원 2012. 6. 18. 선고 2010두16592 전원합의체 판결에서 비로소 명확하게 확립되었다고 볼 수 있다.

> 그러나 위 전원합의체 판결 이후에도 위와 같은 하자를 정비구역 지정처분의 무효사유로 본 판례는 없다.

3. 【구법령】 전부개정 직전 도시정비법 제2조(정의)

> 3. "노후·불량건축물"이란 다음 각 목의 어느 하나에 해당하는 건축물을 말한다.
> 　가. 건축물이 훼손되거나 일부가 멸실되어 붕괴 그 밖의 안전사고의 우려가 있는 건축물
> 　나. 내진성능이 확보되지 아니한 건축물 중 중대한 기능적 결함 또는 부실 설계·시공으로 인한 구조적 결함 등이 있는 건축물로서 대통령령으로 정하는 건축물
> 　다. 다음의 요건에 해당하는 건축물로서 대통령령으로 정하는 바에 따라 특별시·광역시·특별자치시·도·특별자치도 또는 「지방자치법」 제175조에 따른 서울특별시·광역시 및 특별자치시를 제외한 인구 50만 이상 대도시(이하 "대도시"라 한다)의 조례(이하 "시·도조례"라 한다)로 정하는 건축물
> 　　(1) 주변 토지의 이용상황 등에 비추어 주거환경이 불량한 곳에 소재할 것
> 　　(2) 건축물을 철거하고 새로운 건축물을 건설하는 경우 그에 소요되는 비용에 비하여 앞서 효용의 현저한 증가가 예상될 것
> 　라. 도시미관을 저해하거나 노후화로 인하여 구조적 결함 등이 있는 건축물로서 대통령령으로 정하는 바에 따라 시·도조례로 정하는 건축물

4. 【구법령】 전부개정 직전 도시정비법 시행령 제2조(노후·불량건축물의 범위)

> ③ 법 제2조제3호 라목에 따라 시·도 조례로 정할 수 있는 건축물은 다음 각 호의 어느 하나에 해당하는 건축물을 말한다.<개정 2005. 5. 18., 2009. 8. 11., 2012. 4. 10., 2013. 9. 17., 2015. 1. 28.>
> 　1. 준공된 후 20년 이상 30년 이하의 범위에서 조례로 정하는 기간이 지난 건축물
> 　2. 「국토의 계획 및 이용에 관한 법률」 제19조제1항제8호의 규정에 의한 도시·군기본계획의 경관에 관한 사항에 저촉되는 건축물

B. 【구조례】 전부개정전 서울시 도시정비조례 제3조(노후·불량건축물)

> ① 영 제2조제3항제1호에 따라 노후·불량건축물로 보는 기준은 다음과 같다<개정 2012.1.5, 2012.12.31, 2015.1.2, 2016.3.24>
> 　1. 공동주택

IV. 구법상 "노후 불량건축물"의 범위와 판정기준

> 가. 철근콘크리트·철골콘크리트·철골철근콘크리트 및 강구조인 공동주택은 별표 1 에 따른다.(☞ 현행 조례 [별표 1]과 같음)
>
> 나. 가목 이외의 공동주택은 20 년
>
> 2. 공동주택 이외의 건축물
>
> 가. 철근콘크리트·철골콘크리트·철골철근콘크리트 및 강구조 건축물은 30 년(「건축법 시행령」별표 1 제 1 호에 따른 단독주택을 제외한다)
>
> 나. 가목 이외의 건축물은 20 년
>
> ② 삭제 <2015.1.2>
>
> ③ 영 제 2 조제 2 항제 1 호 전단의 규정에 따른 노후·불량건축물은 a) 건축대지로서 효용을 다할 수 없는 과소필지안의 건축물로서 b) 2009 년 8 월 11 일 전에 건축된 건축물을 말한다. <신설 2011.3.17, 2012.1.5, 2015.1.2>
>
> ④ 미사용승인건축물의 용도별 분류 및 구조는 건축허가 내용에 따르며, 준공년도는 재산세 및 수도요금·전기요금 등 부과 개시년도로 한다. <개정 2011.3.17>
>
> [전문개정 2009.7.30]

C. [구법 판례] ① '준공 후 20 년'과 같은 일정기간의 경과는 노후·불량화의 징표가 되는 여러 기준의 하나에 불과하고; ② 20 년 등의 기간이 경과하기만 하면 곧 '노후화로 인하여 철거가 불가피한 건축물'에 해당하게 되는 것 아니야; ③ 따라서, 경과연수 기준을 충족했다고 해서 현장조사 등을 통하여 개개 건축물이 철거가 불가피한 건축물인지 여부에 대한 검토 없이 한 주택재건축사업 정비구역지정처분은 위법함 —대법원 2012. 6. 18. 선고 2010 두 16592 전원합의체 판결[주택재건축사업정비구역지정처분취소]

【당사자】

> 【원고, 피상고인】 원고 1 외 5 인
>
> 【피고, 상고인】 대전광역시장
>
> 【피고보조참가인】 삼성동 3 구역 주택재건축정비사업조합 설립추진위원회

1. 법리

가. 관련규정

도시 및 주거환경정비법(이하 '도시정비법'이라 한다) 제 1 조는 "이 법은 도시기능의 회복이 필요하거나 주거환경이 불량한 지역을 계획적으로 정비하고 노후·불량건축물을 효율적으로 개

량하기 위하여 필요한 사항을 규정함으로써 도시환경을 개선하고 주거생활의 질을 높이는 데 이바지함을 목적으로 한다."고 규정하고, 그 제2조 제3호는 "노후·불량건축물이라 함은 다음 각목의 1 에 해당하는 건축물을 말한다."고 정의한 다음, 그 (다)목에서 '도시미관의 저해, 건축물의 기능적 결함, 부실시공 또는 노후화로 인한 구조적 결함 등으로 인하여 철거가 불가피한 건축물로서 대통령령으로 정하는 바에 따라 시·도 조례로 정하는 건축물'이라고 규정하고 있다.

이러한 위임에 따라 구 도시 및 주거환경정비법 시행령(2009. 8. 11. 대통령령 제 21679 호로 개정되기 전의 것, 이하 구 도시정비법 시행령이라 한다) 제2조 제2항은 " 법 제2조 제3호 (다)목에서 '대통령령이 정하는 건축물'이라 함은 다음 각호의 1 에 해당하는 건축물을 말한다."고 하여, 그 제1호로서 '준공된 후 20년(시·도 조례가 그 이상의 연수로 정하는 경우에는 그 연수로 한다)이 지난 건축물'을 들고 있다.

나. 구시행령 제2조 제2항의 해석

이와 같이 도시정비법과 그 시행령이 '준공된 후 20년(시·도 조례가 그 이상의 연수로 정하는 경우에는 그 연수로 한다, 이하 '20년 등'이라 한다)이 지난 건축물을 '노후화로 인한 구조적 결함 등으로 인하여 철거가 불가피한 건축물'의 하나로 규정하고 있는 취지는 준공된 후 일정기간이 경과하면 건축물이 그에 비례하여 노후화하고 그에 따라 구조적 결함 등이 발생할 가능성도 크다는 데에 있다고 할 것이므로, 구 도시정비법 시행령 제2조 제2항 제1호가 규정하고 있는 '준공된 후 20년 등'과 같은 일정기간의 경과는 도시정비법 제2조 제3호 (다)목이 정한 철거가 불가피한 노후·불량건축물에 해당하는지 여부를 판단함에 있어 그 노후·불량화의 징표가 되는 여러 기준의 하나로서 제시된 것이라고 보아야 하고, 이와 달리 준공된 후 20년 등의 기간이 경과하기만 하면 그로써 곧 도시정비법과 그 시행령이 정한 '노후화로 인하여 철거가 불가피한 건축물'에 해당하게 되는 것은 아니라고 할 것이다 (대법원 2010. 7. 15. 선고 2008두9270 판결 참조).

또한 도시정비법 제12조가 일정한 경우에 필수적으로 주택단지 내의 건축물을 대상으로 안전진단을 실시한 다음 그 결과 등을 종합적으로 검토하여 정비계획의 수립 또는 주택재건축사업의 시행 여부를 결정하도록 규정하고 있는 점에 비추어 보더라도, 준공된 후 20년 등의 기간이 경과하였다는 것이 노후·불량건축물에 해당하는지 여부의 유일한 판단 기준이 된다고 할 수 없다.

나아가 정비사업에는 토지 또는 건축물의 수용이나 매도청구 등과 같이 재산권의 제한에 관한 절차가 필수적으로 수반됨을 고려할 때, 토지 또는 건축물 소유자 등의 이해관계도 충분히 고려되어야 한다.

이러한 점과 규정의 형식 및 취지 등을 종합해 보면, 도시정비법 제2조 제3호 (다)목 및 그 시행령 제2조 제2항 제1호가 규정한 '건축물의 노후화로 인한 구조적 결함 등으로 인하여 철거가 불가피한 건축물로서 대통령령으로 정하는 바에 따라 시·도 조례로 정하는 건축물' 이라 함은, 준공된 후 20년 등이 지난 건축물로서 그로 인하여 건축물이 노후화되고 구조적 결함 등이 발생하여 철거가 불가피한 건축물을 말한다고 해석함이 타당하다.

2. 원심판결의 정당함

원심판결 및 원심이 인용한 제1심판결 이유에 의하면, 원심은 구 도시정비법 시행령 제2조 제2항 제1호에 규정된 준공된 후 20년 등의 기간 경과 기준을 충족하더라도 현장조사 등을 통하여 개개 건축물이 철거가 불가피한 건축물인지 여부에 대한 검토 등이 선행된 다음에야 도시정비법 제2조 제3호 (다)목에 규정된 노후·불량건축물에 해당하는지 여부를 가려볼 수가 있는데, 피고가 제출한 증거만으로는 이를 인정하기에 부족하다고 보아 피고의 이 사건 주택재건축사업 정비구역지정처분이 위법하다고 판단하였다.

원심의 이러한 판단은 위 법리에 따른 것으로서 정당하고, 거기에 상고이유에서 주장하는 바와 같이 노후·불량건축물의 판단 기준에 관한 법리를 오해한 위법은 없다.

D. [구법 판례] 단순히 준공 후 20년 이상이 경과했다는 이유로 노후·불량건축물에 해당한다고 본 것은 위법하나, 피고가 이 사건 처분을 한 2009. 8. 26.경에는 구 도시정비법령에 따른 노후·불량건축물의 범위나 판정기준에 관한 법리가 명백히 밝혀져 해석에 다툼의 여지가 없는 상태에 있었다고 볼 수 없으므로, 그 하자가 정비구역 지정처분을 당연무효로 할 정도로 명백하다고 볼 수 없어 ―대법원 2013. 10. 24. 선고 2011두28455 판결[조합설립추진위원회승인무효확인등]

【당사자】

| 【원고, 피상고인 겸 상고인】 별지 원고 명단 기재와 같다.
【피고, 피상고인】 부산광역시장
【피고, 상고인】 부산광역시 동구청장
【피고 부산광역시 동구청장의 보조참가인】 범일 2 구역 도시환경정비사업 조합설립추진위원회 |
|---|

1. 법리

가. 관련규정

구 도시정비법 제2조 제3호는 (다)목에서 '노후·불량건축물'의 하나로 '도시미관의 저해, 건축물의 기능적 결함, 부실시공 또는 노후화로 인한 구조적 결함 등으로 인하여 철거가 불가피한 건축물로서 대통령령으로 정하는 바에 따라 시·도 조례로 정하는 건축물'을 들고 있고, 그 위임에 따라 구 도시정비법 시행령 제2조 제2항은 "법 제2조 제3호 (다)목에서 '대통령령이 정하는 건축물'이라 함은 다음 각 호의 1에 해당하는 건축물을 말한다."고 하면서 그 제1호로 '준공된 후 20년 이상의 범위에서 조례로 정하는 기간이 지난 건축물'을 들고 있다.

나. 관련규정에 따른 "노후·불량건축물"의 해석

이러한 각 규정의 내용, 형식 및 취지 등을 종합하면, 구 도시정비법 제2조 제3호 (다)목 및 그 시행령 제2조 제2항 제1호가 규정한 노후건축물은 준공된 후 20년 등이 지난 건축물로서 그로 인하여 건축물이 노후화되고 구조적 결함 등이 발생하여 철거가 불가피한 건축물을 말한다고 해석함이 타당하다(대법원 2012. 6. 18. 선고 2010두16592 전원합의체 판결 등 참조).

2. 원심이 인정한 사실

원심판결 이유와 원심이 적법하게 채택하여 조사한 증거에 의하면, 참가인은 주식회사 거원엔지니어링에 이 사건 정비구역에 대한 노후·불량건축물, 접도율, 과소필지 현황 등 정비구역 지정에 필요한 사항의 조사용역을 의뢰하였는데,

위 회사는 ① 준공 후 20년 이상 경과한 건축물 401개 동에 대하여는 건물의 노후화 정도나 구조적 결함의 유무 등을 따로 가리지 않고 그 전부를 노후·불량건축물로 파악함과 동시에, ② 준공 후 20년 미만의 건축물 중 7개 동을 구조에 따라 노후·불량건축물에 추가하여 전체 건축물 444개 동 중 91.9%인 408개 동의 건축물이 구 도시정비법령에 따른 노후·불량건축물에 해당한다고 판정하였으며, ③ 피고 부산광역시장은 이러한 판정 결과에 기초하여 이 사건 정비구역 지정처분을 한 사실을 알 수 있다.

3. 대법원의 판단 (노후·불량건축물의 판정은 위법하나 당연무효는 아님)

이러한 사실을 위 법리에 비추어 보면, 피고 부산광역시장이 이 사건 정비구역을 지정하면서 그 구역 내에 위치한 건축물의 노후화 정도나 구조적 결함의 유무, 그로 인한 철거 필요성 등을 실질적으로 조사하지 아니하고 단순히 준공 후 20년 이상이 경과하였다는 이유로 해당 건축물 전부를 구 도시정비법 제2조 제3호 (다)목에서 정한 노후·불량건축물에 해당한다고 본 것은 잘못이나,

피고 부산광역시장이 이 사건 정비구역 지정처분을 한 2009. 8. 26.경에는 구 도시정비법령에 따른 노후·불량건축물의 범위나 판정기준에 관한 법리가 명백히 밝혀져 해석에 다툼의 여지가 없는 상태에 있었다고 볼 수 없으므로, 비록 이 사건 정비구역 지정처분에 구 도시정비법령에 따른 노후·불량건축물의 판정에 관한 법리를 오해한 위법이 있다고 하더라도 그 하자가

V. 안전진단 (재건축)

이 사건 정비구역 지정처분을 당연무효로 할 정도로 명백하였다고 볼 수 없다.

그렇다면 원심의 이 부분 이유 설시에 적절하지 아니한 점이 있으나 그 결론은 정당하고, 거기에 상고이유의 주장과 같이 논리와 경험의 법칙에 반하여 자유심증주의의 한계를 벗어나거나 노후·불량건축물의 판단 기준 등에 관한 법리를 오해하여 판결에 영향을 미친 위법이 없다.

V. 안전진단 (재건축)

A. 재건축 안전진단 개요

1. 【해설】재건축사업의 진입장벽 '안전진단'

> (1) 정비구역 지정단계에서 주거정비지수제와 사전타당성검토제가 재개발사업의 진입장벽이었다면, 재건축사업의 진입장벽으로는 안전진단이 있다.
>
> 재건축사업을 위한 정비계획을 입안하기 위해서는 안전진단 실시 결과 전체 주택의 3분의 2 이상이 재건축이 필요하다는 판정을 받아야 한다(법 제12조 제1항; 영 제7조 제1항 별표 1 제3호 라목). 재건축사업은 재개발사업과 달리 기반시설이 양호한 지역에서 진행되는 사업이므로, 정말로 건물이 노후되고 불량해서 공익사업으로서(재건축의 사업시행자에게는 재건축에 동의하지 않는 토지등소유자의 소유권을 강제로 취득할 수 있는 매도청구권이 부여된다) 재건축사업을 시행할 필요가 있는지를 검사하기 위하여 정비계획 입안 전에 안전진단을 실시하도록 한 것이다. 안전진단 통과는 정비계획 입안의 선결조건이다.
>
> (2) 주거정비지수제와 사전타당성검토제는 「2025 서울시정비기본계획」으로 도입되었다가 2021. 9. 23. 기본계획의 수정으로 폐지되었지만, 안전진단은 법령에 근거를 둔 제도이므로 지방자치단체에서 임의로 폐지하거나 변경할 수 없다. 다만, 윤석열 정부는 2023. 1. 5. 「안전진단기준」을 대폭 완화하는 개정을 단행해 재건축사업의 진입장벽을 낮추었다.
>
> (3) 안전진단을 통과하면, ① 주민공람을 거쳐 정비계획을 입안하여 결정하고(법 제15조 제1항), ② 지방도시계획위원회의 심의를 거쳐 정비구역을 지정·고시한다(법 제16조).

2. 【해설】안전진단은 「주택단지 내 주택」에 대해서만 한다

> 안전진단은 주택단지 내의 건축물만을 대상으로 한다(법 제12조 제3항, 제2조 제7호). "주택단지"란 ① 주택법 제15조에 따른 사업계획승인을 받아 주택 및 부대시설·

복리 시설을 건설한 일단의 토지 또는 ② 건축법에 따른 건축허가를 받아 아파트 또는 연립주택을 건설한 일단의 토지를 말한다(법 제 2 조 제 7 호).

"주택재건축사업의 안전진단은 주택단지 내의 건축물을 대상으로 한다"는 규정은 2009. 2. 26. 개정법(법률 제 9444 호)에서 제 12 조 제 2 항으로 신설되어 2009. 8. 27.부터 시행되었다. 그 전에는 시행령에서 "안전진단은 공동주택을 대상으로 한다"는 규정을 두고 있었을 뿐이다(구령 제 20 조 제 1 항 본문).

3. 【법령】 전부개정 도시정비법 제 2 조(정의) 제 7 호 "주택단지"

이 법에서 사용하는 용어의 뜻은 다음과 같다. <개정 2017. 8. 9.>

7. "주택단지"란 주택 및 부대시설·복리시설을 건설하거나 대지로 조성되는 일단의 토지로서 다음 각 목의 어느 하나에 해당하는 일단의 토지를 말한다.

　가. 주택법 제 15 조에 따른 사업계획승인을 받아 주택 및 부대시설·복리시설을 건설한 일단의 토지

　나. ~ 라. (생략) [☞나목 ~ 라목은 주택단지의 단위(1 개의 주택단지가 둘 이상의 주택단지로 분할되거나, 둘 이상의 주택단지가 하나의 주택단지로 되는 경우 등)에 관한 규정이다. 이에 관하여는 돈.되.법 3 의 「건축심의」 부분을 참조하세요.]

　마. 건축법 제 11 조에 따라 건축허가를 받아 아파트 또는 연립주택을 건설한 일단의 토지

　☞ "아파트"는 '주택으로 쓰는 층수가 5 개 층 이상인 주택'을 말하고, "연립주택"은 '주택으로 쓰는 1 개 동의 바닥면적 합계가 660 ㎡(약 200 평)를 초과하고 층수가 4 개 층 이하인 주택'을 말한다(건축법 시행령 제 3 조의 5 별표 1, 2.의 가 및 나 항).

4. 【해설】 안전진단의 실시시기와 비용부담

(1) 정비계획 입안권자는 다음의 어느 하나에 해당하면 안전진단을 실시하여야 한다(법 제 12 조 제 1, 2 항).

　i) 정비예정구역별 정비계획의 수립시기가 도래한 때.

　ii) 토지등소유자가 정비계획의 입안을 제안하기 전에 해당 정비예정구역에 위치한 건축물 및 그 부속토지의 소유자 10 분의 1 이상의 동의를 받아 안전진단의 실시를 요청하는 경우

　iii) 기본계획에 생활권계획이 포함되어 있어 정비예정구역을 지정하지 않은 지역에서 재건축사업을 하려는 자가 사업예정구역에 있는 건축물 및 그 부속토지의 소유자 10 분의 1 이상의 동의를 받아 안전진단의 실시를 요청하는 경우

V. 안전진단 (재건축)

> iv) 중대한 기능적 결함 등이 있는 건축물(법 제 2 조 제 3 호 나목)의 소유자로서 재건축사업을 시행하려는 자가 해당 사업예정구역에 위치한 건축물 및 그 부속토지의 소유자 10 분의 1 이상의 동의를 받아 안전진단의 실시를 요청하는 경우
>
> (2) 정비계획 수립시기가 도래하여 안전진단을 실시하는 경우에는 그 비용을 당연히 정비계획 입안권자가 부담하여야 하나, 위 ii), iii), iv)의 경우 정비계획 입안권자는 해당 요청자에게 안전진단 비용을 부담시킬 수 있다(법 제 12 조 제 2 항 후단). 서울시 조례는 위 ii), iii), iv)의 경우 안전진단 비용의 전부를 안전진단 요청자가 부담하도록 하고, 구청장이 안전진단의 실시 여부를 결정하여 통보하면 안전진단 비용을 예치하도록 규정하고 있다(서울시 조례 제 9 조 제 2 항 후단 및 제 3 항).

5. 【해설】 안전진단 요청에 대한 '동의' 및 '동의 철회'의 방법

> 안전진단 요청을 위한 토지등소유자의 동의 및 동의철회의 방법은 추진위원회 구성동의 및 조합설립동의와 완전히 동일하다(영 제 33 조 제 1, 2 항).
>
> 따라서 안전진단 동의의 철회 또는 반대의사 표시는 안전진단의 실시를 요청하기 전까지만 할 수 있다(제 2 항 제 1 호).
>
> ☞ 토지등소유자의 동의에 관한 자세한 내용은 제 6 장[특히 제 4 절(동의의 방법)] 참조.

6. 【해설】 안전진단의 방법, 절차, 판정

> 안전진단은 「주택재건축 판정을 위한 안전진단 기준」(국토교통부고시 제 2023-9 호, 2023. 1. 5. 시행. 이하 '안전진단기준')에 따라 실시하며(법 제 12 조 제 5 항), 구체적 실시요령은 국토안전관리원이 정하는 「재건축사업의 안전진단 매뉴얼」(이하 '매뉴얼')에 따른다(안전진단기준 1-2-1). 매뉴얼은 안전진단의 판정을 A ~ E 등급의 5 단계로 구분하여 하도록 하고 각 평가항목 별 평가기준을 상세히 제시하고 있다.
>
> ☞ 국토안전관리원 웹사이트에서 「재건축사업의 안전진단 매뉴얼」을 다운받아 볼 수 있다. http://dysafety.com

7. 【해설】 전체 주택의 2/3 이상이 재건축 판정을 받으면 잔여건축물은 안전진단 대상에서 제외됨

> 시행령 별표 1[정비구역 지정요건] 제 3 호 라목은 재건축사업을 위한 정비계획 입안대상지역의 하나로 "a) 셋 이상의 아파트 또는 연립주택이 밀집되어 있는 지역으로서 b) 안전진단 실시 결과 전체 주택의 3 분의 2 이상이 재건축이 필요하다는 판정을 받은 지역으로서 c) 시·도조례로 정하는 면적[= 1 만㎡. 서울시조례 §6④] 이상인 지역"을 규정하

고 있는바, 이 기준을 충족한 경우에는 잔여 건축물에 대하여는 안전진단 대상에서 제외할 수 있다(영 제10조 제3항 단서 및 영 제10조 제3항 제3호).

따라서 주택단지 내 주택에 대하여 안전진단을 실시한 결과 전체 주택의 3분의 2 이상이 재건축이 필요하다는 판정을 받은 경우에는 잔여건축물에 대하여 안전진단을 할 필요 없이 곧바로 정비계획을 입안할 수 있다. 여기서 '전체 주택'은 주택단지 내 아파트와 연립주택의 합을 말한다. (이상 국토교통부 2015. 3. 25. 질의회신.)

8. 【법령】 전부개정 도시정비법 제12조(재건축사업 정비계획 입안을 위한 안전진단)

① 정비계획의 입안권자는 재건축사업 정비계획의 입안을 위하여 제5조 제1항 제10호에 따른 정비예정구역별 정비계획의 수립시기가 도래한 때에 안전진단을 실시하여야 한다.

② 정비계획의 입안권자는 제1항에도 불구하고 다음 각 호의 어느 하나에 해당하는 경우에는 안전진단을 실시하여야 한다. 이 경우 정비계획의 입안권자는 안전진단에 드는 비용을 해당 안전진단의 실시를 요청하는 자에게 부담하게 할 수 있다.

1. 제14조에 따라 정비계획의 입안을 제안하려는 자가 입안을 제안하기 전에 해당 정비예정구역에 위치한 건축물 및 그 부속토지의 소유자 10분의 1 이상의 동의를 받아 안전진단의 실시를 요청하는 경우

☞ < 영 제10조(재건축사업의 안전진단대상 등) 제1항 >

① 특별자치시장, 특별자치도지사, 시장, 군수 또는 자치구의 구청장(이하 "정비계획의 입안권자"라 한다)은 법 제12조 제2항 제1호에 따른 안전진단의 요청이 있는 때에는 같은 조 제4항에 따라 요청일부터 30일 이내에 국토교통부장관이 정하는 바에 따라 안전진단의 실시여부를 결정하여 요청인에게 통보하여야 한다.

이 경우 정비계획의 입안권자는 안전진단 실시 여부를 결정하기 전에 단계별 정비사업 추진계획 등의 사유로 재건축사업의 시기를 조정할 필요가 있다고 인정하는 경우에는 안전진단의 실시 시기를 조정할 수 있다.

2. 제5조 제2항에 따라 정비예정구역을 지정하지 아니한 지역에서 재건축사업을 하려는 자가 사업예정구역에 있는 건축물 및 그 부속토지의 소유자 10분의 1 이상의 동의를 받아 안전진단의 실시를 요청하는 경우

3. 제2조 제3호 나목에 해당하는 건축물[☞ 중대한 기능적 결함 등이 있는 건축물]의 소유자로서 재건축사업을 시행하려는 자가 해당 사업예정구역에 위치한 건축물 및 그 부속토지의 소유자 10분의 1 이상의 동의를 받아 안전진단의 실시를 요청하는 경우

③ 제1항에 따른 재건축사업의 안전진단은 주택단지의 건축물을 대상으로 한다. 다만, 대통령령으로 정하는 주택단지의 건축물인 경우에는 안전진단 대상에서 제외할 수 있다.

☞ < 영 제 10 조(재건축사업의 안전진단대상 등) 제 3 항 >

③ 법 제 12 조 제 3 항 단서에서 "대통령령으로 정하는 주택단지의 건축물"이란 다음 각 호의 어느 하나를 말한다. <개정 2018.5.8> [안전진단 대상에서 제외할 수 있는 건축물]

　1. 정비계획의 입안권자가 천재지변 등으로 주택이 붕괴되어 신속히 재건축을 추진할 필요가 있다고 인정하는 것

　2. 주택의 구조안전상 사용금지가 필요하다고 정비계획의 입안권자가 인정하는 것

　3. 별표 1 제 3 호 라목에 따른 노후·불량건축물 수에 관한 기준을 충족한 경우 잔여 건축물

　　☞ 별표 1[정비계획의 입안대상지역] 제 3 호 라목에 관하여는 제 2 장 제 3 절 I. A. 참조.

　4. 정비계획의 입안권자가 진입도로 등 기반시설 설치를 위하여 불가피하게 정비구역에 포함된 것으로 인정하는 건축물

　5. 「시설물의 안전 및 유지관리에 관한 특별법」 제 2 조 제 1 호의 시설물로서 같은 법 제 16 조에 따라 지정받은 안전등급이 D (미흡) 또는 E (불량)인 건축물

④ (아래 별도 항목 참조)

⑤ 제 4 항에 따라 안전진단을 의뢰받은 안전진단기관은 국토교통부장관이 정하여 고시하는 기준(건축물의 내진성능 확보를 위한 비용을 포함한다)에 따라 안전진단을 실시하여야 하며, 국토교통부령으로 정하는 방법 및 절차에 따라 안전진단 결과보고서를 작성하여 정비계획의 입안권자 및 제 2 항에 따라 안전진단의 실시를 요청한 자에게 제출하여야 한다.

9. 【조례】 서울시 도시정비조례 제 9 조(안전진단 절차 및 비용부담 등)

① 영 제 10 조제 7 항에 따른 "안전진단의 요청절차 및 그 처리에 관하여 필요한 세부사항"은 다음 각 호와 같다.

　1. 영 제 10 조제 1 항 후단 규정에 따라 구청장은 재건축사업의 시기를 조정할 필요가 있다고 인정하는 경우 안전진단 실시 시기를 조정할 수 있다.

제 2 장 정비계획수립 및 정비구역지정 / 제 3 절 사업유형별 정비구역 지정요건

> 2. 안전진단 시기조정사유, 조정대상구역, 시기조정자료, 시기조정 절차 및 방법 등에 대해서는 제 49 조부터 제 51 조까지[☞ 사업시행계획인가, 관리처분계획인가의 시기조정에 관한 조항]를 준용한다. 이 경우 "정비구역"은 "정비예정구역(정비예정구역이 아닌 경우 사업예정구역을 말한다)"으로, "사업시행계획인가 또는 관리처분계획인가"는 "안전진단"으로 본다.
>
> 3. 서울특별시장(이하 "시장"이라 한다)은 관계 법령 및 이 조례에서 정하지 아니한 시기조정에 필요한 세부기준을 별도로 정할 수 있다.
>
> ② 법 제 12 조제 2 항 각 호에 해당하는 자가 안전진단의 실시를 요청하는 경우 「도시 및 주거환경정비법 시행규칙」(이하 "시행규칙"이라 한다) 제 3 조에서 정한 안전진단 요청서와 규칙에서 정한 서식을 첨부하여 구청장에게 제출하여야 하고, 이 경우 안전진단의 실시를 요청하는 자가 안전진단에 드는 비용의 전부를 부담해야 한다.
>
> ③ 안전진단의 실시를 요청한 자는 영 제 10 조제 1 항에 따라 구청장이 안전진단의 실시 여부를 결정하여 통보한 경우 안전진단에 필요한 비용을 예치하여야 한다.
>
> ④ 구청장은 법 제 13 조제 1 항에 따라 안전진단 결과보고서가 제출된 경우 예치된 금액에서 비용을 직접 지급한 후 나머지 비용은 안전진단의 실시를 요청한 자와 정산하여야 한다.
>
> ⑤ 제 2 항에 따른 비용 산정에 관한 사항은 「시설물의 안전 및 유지관리에 관한 특별법」 제 37 조를 준용한다.

B. [고등법원판례] ① 법령에서 안전진단을 "공동주택을 대상으로 한다"고 규정하고 있더라도, 정비구역 지정권자인 피고는 '단독주택'이 노후·불량건축물에 해당하는지 여부를 판단함에 있어서도 안전진단 결과를 참작할 수 있으나; ② 노후·불량건축물 요건 충족 여부를 구체적으로 판단하지 않은 채 단순히 안전진단을 거쳤다는 것만으로 노후·불량건축물에 해당한다고 간주하여 이루어진 이 사건 처분은 위법해 —서울고등법원 2017. 5. 26. 선고 2016 누 63660 판결 [주택재건축사업 정비구역지정처분 무효확인청구]

【당사자】

원고, 항소인	별지 1 원고들 목록 기재와 같다.
원고들보조참가인	A
피고, 피항소인	서울특별시장
피고보조참가인	방배 6 구역주택재건축정비사업조합

V. 안전진단 (재건축)

1. 피고는 '단독주택'이 노후·불량건축물에 해당하는지 여부를 판단함에 있어서도 안전진단 결과를 참작할 수 있음

1) 기술연구원이 진단대상 건축물을 대상으로 안전진단을 실시한 기간(2008. 9. 1.부터 2008. 10. 31.까지) 동안 시행되던 ... 구 도시 및 주거환경정비법 시행령(2008. 12. 17. 대통령령 제21171 호로 개정되기 전의 것) 제 12 조 제 1 항은 제 12 조 제 1 항은 "법 제 12 조의 규정에 의한 <u>주택재건축사업을 위한 안전진단은</u> 공동주택을 대상으로 한다."라고 규정하여 안전진단의 대상 건축물이 공동주택임을 명시하고 있다.

2) 위 규정의 취지는 공동주택의 노후·불량 정도가 낮음에도 불구하고 무분별하게 주택재건축사업이 진행되는 경우에 발생할 사회경제적 손실을 방지하고, 주택재건축사업에 필수적으로 수반되는 매도청구 등과 같은 재산권 제한을 최소화하여 주택재건축정비구역에 편입될 공동주택 소유자의 재산권을 보호하기 위하여 공동주택을 대상으로 한 주택재건축사업의 경우 일정한 요건 하에 당해 공동주택에 대한 안전진단을 거치게 함으로써 주택재건축사업의 시행 여부의 결정이 신중하고 적정하게 이루어질 수 있도록 함에 있다.

3) 그러나 위 규정은 공동주택에 대한 안전진단에 관련된 규정으로 이 사건과 같이 단독주택의 경우에는 원고들의 주장과 같이 안전진단에 관련된 명시적인 규정을 두고 있지는 않다. 따라서 <u>공동주택을 대상으로 한 주택재건축사업의 경우 일정한 요건 하에서 안전진단을 거치게 하여 더 엄격한 절차를 따르도록 하였다고 하였다고 하여, 이 사건과 같은 공동주택 이외의 건축물에 대하여는 안전진단을 실시할 수 없다고 해석할 수는 없다.</u>

4) 결국 피고는 진단대상 건축물이 구 도시정비법 제 2 조 제 3 호, 구 도시정비법 시행령 제 2 조 제 1 항, 제 2 항, 이 사건 도시정비조례 제 3 조 제 1 항, 제 2 항이 정하는 요건을 갖추기만 하면 이를 노후·불량건축물로 판단할 권한이 있는데, 위 법령 어디에도 그 요건을 충족하는지 여부를 조사하는 방법에 관하여 제한을 두고 있지 아니하므로, <u>피고로서는 노후·불량건축물에 해당하는지 여부를 판단함에 있어 얼마든지 안전진단기관의 안전진단 결과를 참작할 수 있다</u>고 보아야 한다.

5) 따라서 진단대상 건축물에 대한 안전진단을 실시하는 것 자체에는 특별한 법령의 근거나 위임이 필요하다고 보이지 아니하므로, <u>법령의 근거나 위임 없이 이루어진 기술연구원의 안전진단 및 그 안전진단 결과에 따라 이루어진 이 사건 처분이 위법하다는 취지의 원고들의 주장은 이유 없다.</u>

2. 진단대상 건축물에 대한 안전진단 결과만으로 노후판정 건축물 40 동이 노후·불량건축물에 해당한다고 본 것이 적법한지 여부

가) 노후판정 건축물 40 동이 노후·불량건축물에 해당한다고 보려면 피고가 처분의 근거법

령으로 주장하는 구 도시정비법 제2조 제3호, 구 도시정비법 시행령 제2조 제1항 제3호, 제2조 제2항 제3호 등이 정하는 노후·불량건축물의 요건을 갖추어야 한다. 따라서 안전진단의 내용에 그 요건의 충족 여부에 관한 조사 및 판단이 포함되어 있지 않다면 단순히 기술연구원의 안전진단을 거쳤다는 것만으로 노후판정 건축물 40동이 노후·불량건축물에 해당한다고 간주할 수는 없다...

마) 따라서 피고가 법령이 정하는 노후·불량건축물의 요건 충족 여부에 관하여 구체적으로 판단하지도 아니한 채 기술연구원의 안전진단 결과만을 기초로 노후판정 건축물 40동을 노후·불량건축물로 보아 이루어진 이 사건 처분은 위법하다.

C. 안전진단의 세부 절차·방법

1. 【해설】 현지조사(예비안전진단)와 안전진단(정밀안전진단)

> (1) 재건축사업을 위한 안전진단은 '현지조사'와 '안전진단'으로 이루어진다.
>
> ① '현지조사'는 정비계획 입안권자가 현장을 방문하여 안전진단 실시 여부를 결정하기 위한 절차이다. 정비계획 입안권자는 현지조사를 통해 노후·불량건축물에 해당하지 않음이 명백하다고 인정하는 경우에는 안전진단의 실시가 필요하지 않다고 결정할 수 있다(영 제10조 제2항). ② 현지조사에서 '안전진단 실시'로 결정한 경우 정비계획 입안권자는 '안전진단전문기관'에 의뢰하여 안전진단을 실시한다(법 제12조 제4항; 안전진단기준 1-3-2).
>
> 현장에서는 '현지조사'를 '예비안전진단'이라 부르고, '안전진단'을 '정밀안전진단'이라 부른다.
>
> (2) 정비계획 입안권자는 (국토안전관리원 또는 한국건설기술연구원은 물론) 시설물안전법 제28조에 따라 등록된 일반 민간 안전진단전문기관에게 정밀안전진단을 의뢰할 수 있다(영 제10조 제4항 제2호).
>
> (3) 정비계획 입안권자는 안전진단 결과와 도시계획 및 지역여건 등을 종합적으로 검토하여 정비계획의 입안 여부를 결정한다(법 제12조 제6항).

2. 【해설】 '1차 정밀안전진단'과 '2차 정밀안전진단'(적정성 검토)

> A) 정비계획 입안권자는 정비계획의 입안 여부를 결정한 경우에는 지체 없이 시·도지사에게 결정내용과 해당 안전진단 결과보고서를 제출하여야 하며(법 제13조 제1항), B) 시·도지사는 필요한 경우 국토안전관리원 또는 한국건설기술연구원에 안전진단 결과의 적정성에 대한 검토를 의뢰할 수 있다(법 제13조 제2항). 적정성 검토는 안전진

V. 안전진단 (재건축)

단기관이 작성한 안전진단 결과보고서가 평가절차, 방법, 등급결정 등에 있어 적합하게 작성되었는지를 검토한다(「재건축사업의 안전진단 매뉴얼」 5-1).

적정성 검토를 "2차 정밀안전진단"이라고 하며, 그 전에 정비계획 입안권자가 실시한 안전진단을 "1차 정밀안전진단"이라 부른다.

결국 안전진단은 「① 현지조사→ ② 정비계획 입안권자의 안전진단(= 민간 안전진단전문기관에 의한 "1차 정밀안전진단") → ③ 시·도지사의 적정성 검토(= 국토안전관리원 또는 한국건설기술연구원에 의한 "2차 정밀안전진단")」의 순서로 진행된다.

3. 【법령】 전부개정 도시정비법 제12조(재건축사업 정비계획 입안을 위한 안전진단)

④ 정비계획의 입안권자는 A) 현지조사 등을 통하여 해당 건축물의 구조안전성, 건축마감, 설비노후도 및 주거환경 적합성 등을 심사하여 안전진단의 실시 여부를 결정하여야 하며, B) 안전진단의 실시가 필요하다고 결정한 경우에는 대통령령으로 정하는 안전진단기관에 안전진단을 의뢰하여야 한다.

☞ < 영 제10조(재건축사업의 안전진단대상 등) 제2항, 제4항 및 제5항 >

② 정비계획의 입안권자는 법 제12조 제4항에 따른 현지조사(이하 "현지조사"라 한다) 등을 통하여 같은 조 제2항 제1호에 따른 안전진단의 요청이 있는 공동주택이 노후·불량건축물에 해당하지 아니함이 명백하다고 인정하는 경우에는 안전진단의 실시가 필요하지 아니하다고 결정할 수 있다. <개정 2018.5.8>

④ 법 제12조 제4항에서 "대통령령으로 정하는 안전진단기관"이란 다음 각 호의 기관을 말한다. <개정 2020.12.1>

   1. 「과학기술분야 정부출연연구기관 등의 설립·운영 및 육성에 관한 법률」 제8조에 따른 한국건설기술연구원

   2. 「시설물의 안전 및 유지관리에 관한 특별법」 제28조에 따른 안전진단전문기관
      [☞ 일반 사설 안전진단기관을 말한다]

   3. 「국토안전관리원법」에 따른 국토안전관리원

⑤ 정비계획의 입안권자는 현지조사의 전문성 확보를 위하여 제4항 제1호 또는 제3호의 기관에 현지조사를 의뢰할 수 있다. 이 경우 현지조사를 의뢰받은 기관은 의뢰를 받은 날부터 20일 이내에 조사결과를 정비계획의 입안권자에게 제출하여야 한다. <신설 2018.5.8>

⑤ (제5항은 아래 별도 항목 참조)

⑥ 정비계획의 입안권자는 제5항에 따른 안전진단의 결과와 도시계획 및 지역여건 등을 종합적으로 검토하여 정비계획의 입안 여부를 결정하여야 한다.

⑦ 제1항부터 제6항까지의 규정에 따른 안전진단의 대상·기준·실시기관·지정절차 및 수수료 등에 필요한 사항은 대통령령으로 정한다.

< 영 제10조(재건축사업의 안전진단대상 등) 제7항 >

⑦ 제1항부터 제6항까지에서 규정한 사항 외에 법 제12조 제2항에 따른 안전진단의 요청 절차 및 그 처리에 관하여 필요한 세부사항은 시·도조례로 정할 수 있다. <개정 2018.5.8>

4. 【법령】 시설물안전법 제28조(안전진단전문기관의 등록 등)

① 시설물의 안전점검등 또는 성능평가를 대행하려는 자는 기술인력 및 장비 등 대통령령으로 정하는 분야별 등록기준을 갖추어 시·도지사에게 안전진단전문기관으로 등록을 하여야 한다.

5. 【법령】 2차 정밀안전진단 전부개정 도시정비법 제13조(안전진단 결과의 적정성 검토)

① 정비계획의 입안권자(특별자치시장 및 특별자치도지사는 제외한다. 이하 이 조에서 같다)는 제12조 제6항에 따라 정비계획의 입안 여부를 결정한 경우에는 지체 없이 특별시장·광역시장·도지사에게 결정내용과 해당 안전진단 결과보고서를 제출하여야 한다.

② 특별시장·광역시장·특별자치시장·도지사·특별자치도지사(이하 "시·도지사"라 한다)는 필요한 경우 「국토안전관리원법」에 따른 국토안전관리원 또는 「과학기술분야 정부출연연구기관 등의 설립·운영 및 육성에 관한 법률」에 따른 한국건설기술연구원에 안전진단 결과의 적정성에 대한 검토를 의뢰할 수 있다. <개정 2020. 6. 9.>

③ 국토교통부장관은 시·도지사에게 안전진단 결과보고서의 제출을 요청할 수 있으며, 필요한 경우 시·도지사에게 안전진단 결과의 적정성에 대한 검토를 요청할 수 있다. <개정 2020. 6. 9.>

④ 시·도지사는 제2항 및 제3항에 따른 검토결과에 따라 정비계획의 입안권자에게 정비계획 입안결정의 취소 등 필요한 조치를 요청할 수 있으며, 정비계획의 입안권자는 특별한 사유가 없으면 그 요청에 따라야 한다. 다만, 특별자치시장 및 특별자치도지사는 직접 정비계획의 입안결정의 취소 등 필요한 조치를 할 수 있다.

⑤ 제1항부터 제4항까지의 규정에 따른 안전진단 결과의 평가 등에 필요한 사항은 대통령령으로 정한다.

V. 안전진단 (재건축)

6. 【해설】 '구조안전성 평가 안전진단'과 '주거환경중심 평가 안전진단'

(1) **안전진단기준:** 안전진단은 「주택재건축 판정을 위한 안전진단 기준」(국토교통부고시. 이하 '안전진단기준')에 따라 실시한다(법 제 12 조 제 5 항). 시설물안전법에 따라 등록된 일반 민간 안전진단전문기관도 마찬가지이다.

(2) '구조안전성 평가 안전진단'과 '주거환경중심 평가 안전진단'

재건축사업의 안전진단은 구조안전성 평가 안전진단과 주거환경중심 평가 안전진단으로 구분하여 실시한다(영 제 10 조 제 6 항; 안전진단기준 1-3-1).

(3) 안전진단 대상건물

① 구조안전성 평가 안전진단은 재건축연한 도래와 관계없이 '내진성능이 확보되지 않은 건축물 중 구조적 결함 또는 기능적 결함이 있는 노후·불량건축물'을 대상으로 하는 안전진단이다(안전진단기준 1-4-1).

이는 "노후·불량건축물"을 정의한 법 제 2 조 제 3 호 중 나목("내진성능이 확보되지 아니한 건축물 중 중대한 기능적 결함 또는 부실 설계·시공으로 구조적 결함 등이 있는 건축물")에 해당하는 건축물이며, 구체적으로는 「건축 또는 대수선 당시 지진에 대한 안전 여부 확인 대상이 아닌 건축물로서 다음 각 호의 어느 하나에 해당하는 건축물」을 말한다(영 제 2 조 제 1 항).

　　1. 급수·배수·오수 설비 등의 설비 또는 지붕·외벽 등 마감의 노후화나 손상으로 그 기능을 유지하기 곤란할 것으로 우려되는 건축물

　　2. 안전진단 결과 건축물의 내구성·내하력(耐荷力) 등이 「안전진단기준」(국토교통부 고시)에 미치지 못할 것으로 예상되어 구조안전의 확보가 곤란할 것으로 우려되는 건축물

② 주거환경 중심 평가 안전진단은 그 외의 노후·불량건축물(= 법 제 2 조 제 3 호 가, 다, 라목)을 대상으로 주거생활의 편리성과 거주의 쾌적성 등의 주거환경을 중심으로 평가한다(1-4-2.).

(4) 안전진단의 내용

① 구조안전성 평가 안전진단은 구조안전성 분야만을 평가하여 재건축 여부를 판정하고, ② 주거환경중심 평가 안전진단은 '주거환경', '건축 마감 및 설비노후도', '구조안전성', '비용분석' 분야를 평가하여 재건축 여부를 판정한다(안전진단기준 3-1-2). 다만, 주거환경중심 평가 안전진단의 경우 주거환경 또는 구조안전성 분야의 성능점수가 20 점 이하이면 그 밖의 분야에 대한 평가를 하지 않고 '재건축 실시'로 판정한다(안전진단기중 3-1-3).

제 2 장 정비계획수립 및 정비구역지정 / 제 3 절 사업유형별 정비구역 지정요건

7. 【법령】 전부개정법 시행령 제 10 조(재건축사업의 안전진단대상 등) 제 6 항

> ⑥ 법 제 12 조 제 5 항에 따른 재건축사업의 안전진단은 다음 각 호의 구분에 따른다. <개정 2018.5.8>
>
> 1. 구조안전성 평가: 제 2 조 제 1 항 각 호에 따른 노후·불량건축물을 대상으로 구조적 또는 기능적 결함 등을 평가하는 안전진단
>
> 2. 구조안전성 및 주거환경 중심 평가: 제 1 호 외의 노후·불량건축물을 대상으로 구조적·기능적 결함 등 구조안전성과 주거생활의 편리성 및 거주의 쾌적성 등 주거환경을 종합적으로 평가하는 안전진단

D. 「주택재건축 판정을 위한 안전진단 기준」

1. 【해설】 2023. 1. 5. 개정 전 안전진단기준

> (1) 정부는 2023. 1. 5. 「주택재건축 판정을 위한 안전진단 기준」을 개정하여 안전진단 기준을 대폭 완화하였는바, 동 개정이 있기 전 안전진단은 아래와 같이 진행되었다.
>
> 일반 민간 안전진단전문기관에서 하는 안전진단('1 차 정밀안전진단')에서 ① A ~ C 등급을 받으면 재건축이 불가하고(유지보수), ② E 등급(재건축)을 받으면 바로 재건축사업 시행을 위한 정비계획을 입안할 수 있고, ③ D 등급(조건부 재건축)을 받으면 정부산하 안전진단기관인 한국건설기술연구원 또는 국토안전관리원에서 2 차 정밀안전진단(1 차 안전진단 결과의 적정성 검토)을 받아야 했다(법 제 13 조 제 2 항; 안전진단기준 1-3-4.). 1 차 안전진단에서 E 등급을 받는 경우는 거의 없기 때문에 대부분의 경우 2 차 정밀안전진단이 실시된다. 2 차 안전진단을 통과하지 못한 주택단지에서 재건축사업을 시행하기 위해서는 예비안전진단부터 다시 시작해야 한다.
>
> 다만, 한국시설안전공단 등이 안전진단을 실시한 경우에는 1 차 정밀안전진단에서 "조건부 재건축" 판정을 받았어도 적정성 검토 없이 바로 재건축을 실시할 수 있었다.
>
> ☞ 종전 조항(1-4-4): "조건부 재건축: 붕괴 우려 등 구조적 결함은 없어 재건축 필요성이 명확하지 않은 경우로서, 1-3-4. 규정에 따라 안전진단 결과보고서의 적정성 검토를 통해 재건축 여부를 판정하는 것을 말한다(한국시설안전공단등이 안전진단을 실시한 경우에는 적정성 검토 없이 재건축을 실시할 수 있다). 이 경우 정비계획 입안권자는 주택시장지역여건 등을 고려하여 재건축 시기를 조정할 수 있다."
>
> (3) 2 차 정밀안전진단은 한국건설기술연구원과 국토안전관리원에서만 할 수 있다. 그런데 이 두 기관은 정부산하기관으로서 더욱 엄격하게 안전진단을 실시하므로, 안전진단을 통과하기가 훨씬 더 어려우며, 시간도 1 차 안전진단보다 더 많이 소요된다.

V. 안전진단 (재건축)

> 2차 정밀안전진단에서도 「조건부 재건축」 판정을 받으면 정비계획을 입안할 수 있었다.

2. 【해설】 2023. 1. 5. 개정 내용

> 2023. 1. 5. 개정된 안전진단기준에서 변경된 내용은 아래와 같다.
>
> **(1) 평가항목 가중치 조정:** '주거환경중심 평가 안전진단'의 경우 구조안전성 비중을 50%에서 30%로 하향하고, 주거환경 항목의 가중치를 2배로 늘렸다(15%→30%). 건축마감 및 설비노후도 항목도 25%에서 30%로 상향하였다.
>
> **(2) 조건부 재건축범위 조정:** 2013. 1. 5. 개정에서 '재건축' 판정기준 평가점수를 대폭 높였다(30→45). 즉, 종전에는 평가점수가 '30점 초과 55점 이하'이면 조건부재건축 판정을 받았으나, 조건부재건축 판정기준을 '45점 초과 55점 이하'로 조정하여 45점 이하는 곧바로 '재건축' 판정을 받을 수 있도록 했다
>
> **(3) 적정성검토 절차의 변경:** ① 개정 전에는 민간안전진단기관이 안전진단을 실시하여 「조건부재건축」 판정을 받으면 공공기관 적정성 검토(2차 정밀안전진단)을 받아야 했다. ② 그러나 개정기준에서는 정비계획 입안권자가 안전진단결과보고서를 제출받고 소명이나 자료보완을 요청한 후 자료보완이 지연되거나 소명이 충분하지 않은 경우로서 판정결과에 중대한 영향을 미칠 수 있다고 판단되는 경우에 한하여 한국건설기술연구원 또는 국토안전관리원에 안전진단결과의 적정 여부에 대한 검토를 의뢰할 수 있도록 하였다(안전진단기준 3-6). 이로써 정부산하기관에 의한 '2차 정밀안전진단'은 사실상 폐지된 것이나 다름없다.
>
> 다만, 법률에는 ① 정비계획 입안권자로 하여금 시·도지사에게 안전진단결과보고서를 제출하도록 하고, 시·도지사가 국토안전관리원 또는 한국건설기술연구원에 안전진단 결과의 적정성 검토를 의뢰할 수 있도록 한 규정(법 제13조 제1, 2항)과 ② 국토교통부장관이 시·도지사에게 안전진단결과보고서의 제출을 요청하고, 필요한 경우 시·도지사에게 안전진단 결과의 적정성 검토를 요청할 수 있도록 규정(같은 조 제3항)이 아직 그대로 남아 있다.
>
> **(4) 경과조치:** 위 개정규정은 2023. 1. 5. 당시 이미 제출된 안전진단 결과보고서에 따라 조건부재건축에 해당하여 적정성 검토 대상이었으나 아직 적정성 검토가 완료되지 않은 단지에도 적용한다(부칙 제2조).

3. ★ 투자 Tip – 개정 안전진단기준에 따른 재건축투자 준비

> 2023. 1. 5. 개정안전진단기준의 개정으로 일반인도 안전진단 통과 여부를 어렵지 않게 예측할 수 있게 되었다.

제 2 장 정비계획수립 및 정비구역지정 / 제 3 절 사업유형별 정비구역 지정요건

> **첫째**, 1 차 안전진단에서 「조건부 재건축」 판정을 받아도 정비계획 입안권자(시장·군수·구청장)가 적정성검토를 의뢰하지 않을 수 있으므로 최종 성능점수 55 이하만 되면 정비구역 지정이 가능해졌다. 다만, 안전진단결과보고서에 대한 적정성검토 의뢰 여부가 시장·군수·구청장의 재량에 좌우될 여지가 남이 있으므로(안전진단기준 1-3-4) 관할 기초지방자치단체장의 정치경제적 성향에도 신경을 써야 한다.
>
> **둘째**, 「주거환경」 항목과 「건축마감 및 설비노후도」 항목의 가중치가 각각 30%(합 60%)로 대폭 상향되었고 주거환경 평가는 도시미관, 세대당 주차대수, 일조환경·사생활 침해, 실내생활공간의 적정성 등 9 개의 항목에 대하여 조사·평가하므로(안전진단기준 3-3-2), 구조안전성에 큰 문제가 없어도 1 차 안전진단에서 어렵지 않게 「조건부 재건축」 판정을 받을 수 있게 되었다. 그런데 위 9 개 평가항목에 관한 정보는 부동산중개업자를 통해서도 수집할 수 있으므로, 안전진단 통과 여부를 일반 투자자들도 어렵지 않게 예측할 수 있게 되었다.
>
> **셋째**, 우리나라는 <u>1988 년부터 6 층 이상 또는 연면적 10 만㎡ 이상의 건축물에 대해 내진설계가</u> 적용되었으며 그 후 대상건물이 점차 확대되었다. 내진성능이 구조안전성 항목에서 차지하는 비중은 점점 높아질 것이므로 내진설계 미적용 단지는 적용단지보다 안전진단을 통과할 가능성이 높다고 보아도 무방하다.
>
> 내진설계가 적용되지 않은 단지로서 서울 송파구 올림픽선수촌아파트, 강남구 압구정현대아파트, 여의도 시범아파트, 목동·상계동 대규모 택지개발지구단지 등이 있다. 이들 중 상당 부분이 2023. 1. 안전진단기준 개정 후 한두 달 사이에 정밀안전진단을 통과했다.

E. 개정 「안전진단기준」의 주요 내용 (2023. 1. 5. 국토교통부고시 제 2023-9 호)

제 1 장 총칙

1-1. 목적

> **1-1-1.** 이 기준은 「도시 및 주거환경정비법」 제 12 조 제 5 항에 따른 재건축사업의 안전진단의 실시방법 및 절차 등을 정함을 목적으로 한다.

1-2. 적용 범위 및 방법

> **1-2-1.** 현지조사 및 재건축사업의 안전진단(이하 "재건축 안전진단"이라 한다)은 이 기준에 따라 실시하되, <u>구체적인 실시요령은</u> 「시설물의 안전 및 유지관리에 관한 특별법」 제 45 조에 따른 한국시설안전공단(이하 "한국시설안전공단" 이라 한다)이 정하는 「재건축사업의 안전진단 매뉴얼」 (이하 "매뉴얼"이라 한다)이 정하는 바에 따른다.

V. 안전진단 (재건축)

☞ 한국시설안전공단은 국토안전관리원법에 따른 국토안전관리원으로 명칭 변경되었다 (이하 같음).

1-2-2. 이 기준은 철근콘크리트 구조, 프리캐스트 콘크리트 조립식 구조(이하 "PC 조"라 한다) 및 조적식 구조(이하 "조적조"라 한다)의 공동주택에 적용한다.

동 기준에서 규정하지 않은 구조의 공동주택에 대한 재건축 안전진단의 실시방법은 특별자치시장, 특별자치도지사, 시장, 군수 또는 자치구의 구청장(이하 "정비계획의 입안권자"라 한다)이 한국시설안전공단 또는 「과학기술분야 정부출연연구기관 등의 설립·운영 및 육성에 관한 법률」 제8조에 따른 한국건설기술연구원(이하 "한국시설안전공단등"이라 한다)에 자문하여 정한다.

1-3. 재건축 안전진단의 성격 및 종류

1-3-1. 재건축 안전진단은 '현지조사'와 '안전진단'으로 구분하며, '안전진단'은 구조안전성 평가 안전진단과 주거환경중심 평가 안전진단으로 구분한다.

1-3-2. 현지조사는 정비계획의 입안권자가 「도시 및 주거환경정비법」(이하 "법"이라 한다) 제12조 제4항 및 같은 법 시행규칙 제3조에 따라 해당 건축물의 구조안전성, 건축마감·설비노후도, 주거환경 적합성을 심사하여 안전진단 실시여부 등을 결정하기 위하여 실시한다.

1-3-3. 안전진단은 정비계획의 입안권자가 현지조사를 거쳐 '안전진단 실시'로 결정한 경우에 안전진단기관에 의뢰하여 실시하는 것으로 A) 구조안전성 평가 안전진단의 경우 '구조안전성'을 평가하여 '유지보수', '조건부 재건축', '재건축'으로 판정하고, B) 주거환경중심 평가 안전진단의 경우 '주거환경', '건축 마감 및 설비노후도', '구조안전성', 및 '비용분석'으로 구분하여 평가하여, '유지보수', '조건부 재건축', '재건축'으로 판정한다.

1-3-4. 정비계획의 입안권자는 법 제12조 제5항에 따라 같은 법 시행령 제10조 제4항 제2호에 따른 안전진단전문기관이 제출한 안전진단 결과보고서를 받은 경우에는 같은 항 제1호 또는 제3호에 따른 안전진단기관[☞ 한국건설기술연구원 또는 한국시설안전공단]에 안전진단결과보고서의 적정 여부에 대한 검토를 의뢰할 수 있다.

☞ "정비계획의 입안권자로부터 안전진단 결과보고서를 제출받은 시·도지사는 필요한 경우 국토안전관리원등에 안전진단결과의 적정성 여부에 대한 검토를 의뢰할 수 있다"는 종전 조항(종전 1-3-5)은 2023. 1. 5. 개정에서 삭제되었다.

그러나, 같은 내용의 도시정비법 제13조 제2항 및 국토교통부장관이 시·도지사에게 안전진단 결과보고서의 제출 및 안전진단 결과의 적정성에 대한 검토를 요청할 수 있도록 한 같은 조 제3항은 아직 그대로 있다.

제 2 장 정비계획수립 및 정비구역지정 / 제 3 절 사업유형별 정비구역 지정요건

1-3-5. 정비계획의 입안권자는 안전진단결과 재건축 판정에서 제외되어 주택법 제 68 조에 따른 증축형 리모델링을 위한 안전진단을 실시하는 경우에는 해당 안전진단결과를 주택법에 따른 증축형 리모델링을 위한 안전진단에 활용할 수 있다.

1-4. 용어의 정의

1-4-1. 구조안전성 평가 안전진단: 재건축연한 도래와 관계없이 내진성능이 확보되지 않은 구조적 결함 또는 기능적 결함이 있는 노후·불량건축물을 대상으로 구조안전성을 평가하여 재건축여부를 판정하는 안전진단을 말한다.

1-4-2. 주거환경 중심 평가 안전진단: 1-4-1. 외의 노후·불량건축물을 대상으로 주거생활의 편리성과 거주의 쾌적성 등의 주거환경을 중심으로 평가하여 재건축여부를 판정하는 안전진단을 말한다.

1-4-3. 비용분석: 건축물 구조체의 보수·보강비용 및 성능회복비용과 재건축 비용을 LCC(Life Cycle Cost) 관점에서 비교·분석하는 것을 말한다. 이 경우 편익과 재건축사업 시행으로 인한 재산증식효과는 고려하지 않는다.

1-4-4. 조건부 재건축: 노후·불량건축물에 해당하여 재건축이 가능하나, 붕괴·도괴의 우려 등 치명적인 구조적 결함은 없는 것으로서, 정비계획의 입안권자가 주택시장·지역 여건 등을 고려하여 재건축시기를 조정할 수 있는 것을 말한다.

☞ 2023. 1. 5. 개정된 내용이다. 따라서 1 차 안전진단에서 '조건부 재건축'으로 판정된 경우 정비계획 입안권자는 곧바로 정비계획을 입안할 수 있다.

제 2 장 현지조사

2-1. 안전진단 실시여부의 결정 절차

2-1-1. 정비계획의 입안권자는 법 제 12 조제 4 항에 따라 현지조사 등을 통하여 해당 건축물의 구조 안전성, 건축마감, 설비노후도 및 주거환경 적합성 등을 심사하여 안전진단 실시여부를 결정하여야 한다. 다만, 구조안전성 평가 안전진단의 경우 '구조안전성'만 심사하여 안전진단 실시여부를 결정할 수도 있다.

2-1-2. 안전진단의 실시가 필요하다고 결정한 경우에는 「도시 및 주거환경정비법 시행령」(이하 "영"이라 한다) 제 10 조제 4 항에서 정하고 있는 안전진단기관에 안전진단을 의뢰하여야 한다. 다만, 단계별 정비사업추진계획 등의 사유로 재건축사업의 시기를 조정할 필요가 있다고 인정되어 안전진단의 실시 시기를 조정하는 경우는 그러하지 아니하다.

V. 안전진단 (재건축)

2-2. 현지조사 표본의 선정

2-2-1. 현지조사의 표본은 단지배치, 동별 준공일자·규모·형태 및 세대 유형 등을 고려하여 골고루 분포되게 선정하되, 최소한으로 조사해야 할 표본 동 수의 선정 기준은 다음 표와 같다.

규모(동수)	산식	최소 조사동수	비고
10동 이하	전체 동수의 20%	1 ~ 2동	
11 ~ 30	2 + (전체 동수 - 10) × 10%	3 ~ 4동	
31 ~ 70	4 + (전체 동수 - 30) × 5%	5 ~ 6동	
71동 이상	-	7동	

* 동 수 선정시 소수점 이하는 올림으로 계산함.

2-2-2. 현지조사에서 최소한으로 조사해야 할 세대수는 조사 동당 1세대를 기본으로 하되, 단지당 최소 3세대 이상으로 한다.

2-2-3. 현지조사 결과 '안전진단 실시'로 판정하는 경우, 안전진단시 반드시 포함되어야 할 동, 세대 및 조사부위 등을 지정하여야 하며, 이 경우 표본 선정의 기본 목적인 대표성 및 객관성을 확보하기 위해 지나치게 문제가 있는 표본 또는 전혀 문제가 없는 표본은 선정하지 않도록 유의한다.

2-3. 현지조사 항목

2-3-1. 현지조사의 조사항목은 다음과 같다. (도표 생략)

2-4. 현지조사 결과의 판정

2-4-1. 현지조사는 정밀한 계측을 하지 않고, 매뉴얼에 따라 설계도서 검토와 육안조사를 실시한 후 조사자의 의견을 서식 1 부터 서식 4 까지의 현지조사표에 기술한다.

2-4-2. 현지조사는 조사항목별 조사결과를 토대로 구조안전성 분야, 건축 마감 및 설비 노후도 분야, 주거환경 분야의 3개 분야별로 실시한 후 안전진단의 실시여부를 판단한다.

제 3 장 안전진단

3-1. 평가절차

3-1-2. 구조안전성 평가 안전진단은 구조안전성 분야만을 평가하고, 주거환경중심 평가 안전진단은 '주거환경', '건축 마감 및 설비노후도', '구조안전성', '비용분석' 분야를 평가한다.

3-1-3. 주거환경중심 평가 안전진단의 경우 주거환경 또는 구조안전성 분야의 성능점수가 20점 이하의 경우에는 그 밖의 분야에 대한 평가를 하지 않고 '재건축 실시'로 판정한다.

3-1-4. 구조안전성, 주거환경, 건축마감 및 설비 노후도 분야의 평가등급 및 성능점수의 산정은 다음 표에 따른다. (표 생략)

3-2. 구조안전성 평가

3-2-1. 구조안전성 평가는 표본을 선정하여 조사하고, 조사결과에 요소별(항목별·부재별·층별) 중요도를 고려하여 성능점수를 산정한 후, A ~ E등급의 5단계로 구분하여 평가한다.

3-2-2. 구조안전성 평가는 기울기 및 침하, 내하력, 내구성의 세 부문으로 나누어 표본동에 대하여 표본동 전체 또는 부재 단위로 조사한다. 각 부문별 평가항목은 다음과 같다. (중략)

3-3. 주거환경 평가

3-3-2. 주거환경 평가는 도시미관, 소방활동의 용이성, 침수피해 가능성, 세대당 주차대수, 일조환경·사생활침해, 에너지효율성, 노약자와 어린이 생활환경, 실내생활공간의 적정성 등에 대하여 조사·평가한다.

3-3-3. 주거환경 분야의 표본은 단지 및 동(棟) 배치를 고려하여 선정하며, 최소 조사동 수는 3-2-3을 따르고, 최소 조사 세대수는 3-4-4를 따른다.

3-3-4. 성능점수 산정

(1) 주거환경 평가 성능점수는 도시미관, 소방활동의 용이성, 침수피해 가능성, 세대당 주차대수, 일조환경, 사생활침해, 에너지효율성, 노약자와 어린이 생활환경, 실내생활공간의 적정성에 대한 성능평가 점수와 해당 항목의 가중치를 고려하여 산정한다. (중략)

3-4. 건축 마감 및 설비노후도 평가

3-4-1. 건축 마감 및 설비노후도 평가는 표본을 선정하여 조사하고, 조사결과에 요소별(부문별·항목별) 중요도를 고려하여 성능점수를 산정한 후, A~E 등급의 5단계로 구분하여 평가한다. (중략)

3-5. 비용분석

3-5-1. 비용분석 분야의 평가 절차와 방법은 다음과 같다.

V. 안전진단 (재건축)

(1) 비용분석 분야는 개·보수를 하는 경우의 총비용과 재건축을 하는 경우의 총비용을 LCC(생애주기 비용)적인 관점에서 비교·분석하여 평가값(a)을 산출한 후, A~E 등급의 5단계로 구분하여 평가한다. (중략)

3-6 입안권자 등의 검토 (2023. 1. 5. 신설된 부분)

3-6-1. 정비계획의 입안권자는 법 제12조제5항에 따라 같은 법 시행령 제10조제4항제2호에 따른 안전진단전문기관이 제출한 결과보고서를 받은 경우(판정결과가 조건부 재건축인 경우로 한정한다)에는 표본수량, 필수 검사·시험, 증빙자료를 확인하고, 오류나 자료 부족에 대하여 안전진단전문기관에 소명이나 자료 보완을 요청할 수 있다. 이 경우 정비계획의 입안권자는 전문가로 구성된 자문회의를 구성하여 의견을 구할 수 있다.

3-6-2. 정비계획의 입안권자는 3-6-1에 따른 자료보완이 지연되거나 소명이 충분하지 아니한 경우로서 판정결과에 중대한 영향을 미칠 수 있다고 판단되는 경우에는 시행령 제10조제4항제1호 또는 제3호에 따른 안전진단기관[☞ 한국건설기술연구원 또는 국토안전관리원]에 안전진단 결과보고서의 적정 여부에 대한 검토를 의뢰할 수 있다. 이 경우 적정 여부에 대한 검토 의뢰사항은 정비계획의 입안권자가 추가 검토가 필요하다고 판단한 부분에 한정한다.

3-6-3. 국토교통부장관이나 시·도지사는 법 제13조에 따라 안전진단 결과보고서를 제출 받아 확인하거나 법 111조에 따른 점검 등에 따라 필요한 경우에는 정비계획의 입안권자에게 판정결과 확인 절차에 관하여 필요한 권고 등을 할 수 있다.

3-7. 종합판정

3-7-1. A) 주거환경중심 평가 안전진단의 경우 주거환경, 건축마감 및 설비노후도, 구조안전성, 비용분석 점수에 다음 표의 가중치를 곱하여 최종 성능점수를 구하고, B) 구조안전성 평가 안전진단의 경우는 [서식 5]에 따른 구조안전성 평가결과 성능점수를 최종 성능점수로 한다.

구분	가중치(2023. 1. 5. 개정)	2018. 3. 5. ~ 2013. 1. 4.	2015. 5. 29. ~ 2018. 3. 4.
주거환경	0.3	0.15	0.40
건축마감 및 설비노후도	0.3	0.25	0.30
구조안전성	0.3	0.50	0.20
비용분석	0.10	0.10	0.10

제2장 정비계획수립 및 정비구역지정 / 제3절 사업유형별 정비구역 지정요건

> ☞ 2013. 1. 5. 개정에서 구조안전성 항목의 비중을 대폭 줄이고(50%→30%), 주거환경 항목의 가중치를 2배로 늘렸다(15%→30%)

3-7-2. 최종 성능점수에 따라 다음 표와 같이 '유지보수', '조건부 재건축', '재건축'으로 구분하여 판정한다.

최종 성능점수(2023. 1. 5. 개정)	판정	개정전 기준
55 초과	유지보수	55 초과
45 초과 55 이하	조건부 재건축	30 초과 55 이하
45 이하 7	재건축	30 이하

> ☞ 2013. 1. 5. 개정에서 '재건축'과 '조건부 재건축'의 판정기준 점수를 대폭 높여 (30→45) 재건축 정비계획의 입안을 쉽게 했다.

부칙 〈제 2023-9호, 2023.01.05〉

> 제1조(시행일) 이 고시는 발령한 날부터 시행한다.
>
> 제2조(적정성 검토에 관한 적용례) ① 1-4-4(☞ 조건부 재건축), 3-6 및 3-7(☞ 종합판정)의 개정규정은 이 고시 시행 당시 이미 제출된 안전진단 결과보고서에 따라 조건부재건축에 해당하여 적정성 검토 대상이었으나 적정성 검토를 완료하지 아니한 경우에도 적용한다.
>
> ② 정비계획의 입안권자는 제1항을 적용하기 위하여 필요한 안전진단 결과보고서 확인 절차를 이 고시 시행 이후 즉시 착수·시행하여야 한다.

VI. 시장정비사업의 특례

A. "전통시장"의 인정 및 시장정비사업의 대상

1. 【해설】 시장정비사업의 시행 요건

> 시장정비사업을 시행하기 위해서는 먼저 A) i) 전통시장법이 정하는 일정한 요건을 갖추고 ii) 일정 수 이상의 상인 및 토지등소유자의 동의를 받아 시장·군수·구청장에게 신청하여 iii) '전통시장'으로 인정받아야 하고(동법 제2조 제1호, 영 제2조), B) 시장정비사업 대상 시장의 요건을 갖추어야 한다(동법 제31조).

VI. 시장정비사업의 특례

2. 【법령】 전통시장법 제2조(정의)

이 법에서 사용하는 용어의 뜻은 다음과 같다. <개정 2012. 12. 11., 2013. 5. 28., 2015. 11. 20., 2017. 2. 8., 2017. 7. 26., 2018. 6. 12.>

1. "전통시장"이란 자연발생적으로 또는 사회적·경제적 필요에 의하여 조성되고, 상품이나 용역의 거래가 상호신뢰에 기초하여 주로 전통적 방식으로 이루어지는 장소로서 다음 각 목의 요건을 모두 충족한다고 특별자치시장·특별자치도지사·시장·군수·구청장(구청장은 자치구의 구청장을 말한다. 이하 "시장·군수·구청장"이라 한다)이 인정하는 곳을 말한다.

가. 해당 구역 및 건물에 대통령령으로 정하는 수 이상의 점포가 밀집한 곳일 것

☞ 전통시장법 시행령 제2조(전통시장의 기준)

① 「전통시장 및 상점가 육성을 위한 특별법」(이하 "법"이라 한다) 제2조제1호가목에서 "대통령령으로 정하는 수"란 도매업·소매업 또는 용역업을 영위하는 점포 50개를 말한다. <개정 2013. 6. 11.>

나. 「유통산업발전법 시행령」 제2조에 따른 용역제공장소의 범위에 해당하는 점포수가 전체 점포수의 2분의 1 미만일 것

다. 그 밖에 대통령령으로 정하는 기준에 맞을 것

☞ 전통시장법 시행령 제2조(전통시장의 기준)

② 법 제2조 제1호 다목에서 "대통령령으로 정하는 기준"이란 다음 각 호의 어느 하나에 해당하는 곳을 말한다. <신설 2013. 6. 11.>

1. 도매업·소매업 또는 용역업을 영위하는 점포에 제공되는 건축물과 편의시설(주차장·화장실 및 물류시설 등을 포함하며, 도로를 제외한다. 이하 같다)이 점유하는 토지면적의 합계가 1천 제곱미터 이상인 곳

2. 상가건물 또는 복합형 상가건물 형태의 시장인 경우에는 판매·영업시설과 편의시설을 합한 건축물의 연면적이 1천 제곱미터 이상인 곳

3. 【법령】 전통시장법 시행령 제2조(전통시장의 기준)

③ 법 제2조 제1호에 따라 자신이 영업하는 점포가 속한 구역을 전통시장(이하 "시장"이라 한다)으로 인정을 받으려는 상인은 다음 각 호의 동의를 얻어 관할 특별자치시장·특별자치도지사·시장·군수·구청장(구청장은 자치구의 구청장을 말하며, 이하 "시장·군수·구청장"이라 한다)에게 그 인정을 신청하여야 한다. 다만, 제2호 또는 제3호에 따른 토지나 건축물의 소유자가 국가나 지방자치단체인 경우에는 제2호 또는 제3호의 동의를 적용하지 아니한다. <개정 2010. 6. 28., 2013. 6. 11., 2019. 2. 12.>

제2장 정비계획수립 및 정비구역지정 / 제3절 사업유형별 정비구역 지정요건

> 1. 해당구역 안에서 상시 영업을 하는 상인의 2분의 1 이상의 동의
>
> 2. 해당구역 안의 토지 소유자의 2분의 1 이상(동의를 얻은 토지 소유자의 토지면적의 합계가 전체 토지면적의 2분의 1 이상이어야 한다)의 동의
>
> 3. 해당구역 안의 건축물 소유자의 2분의 1 이상의 동의
>
> ④ 제3항에 따라 시장의 신청을 받은 시장·군수·구청장은 해당구역이 제1항·제2항 및 법 제2조 제1호 나목의 기준 및 다음 각 호의 모든 요건에 적합하다고 인정하는 경우에는 그 신청을 받은 날부터 14일 이내에 인정서를 발급하여야 한다. <개정 2010. 6. 28., 2012. 4. 10., 2013. 6. 11.>
>
> 1. 신청일 당시부터 과거 10년 이상 시장의 기능을 행하였다고 인정되는 곳
>
> 2. 삭제 <2013. 6. 11.>
>
> 3. 특별시·광역시·도 및 특별자치도(이하 "시·도"라 한다) 또는 시·군·구(자치구를 말한다. 이하 같다)의 도시·군계획에 따라 앞으로 10년 이상 시장의 기능을 수행할 것이라고 인정되는 곳

4. 【법령】 전통시장법 제31조(시장정비사업 대상 시장)

> ① 시장정비사업은 다음 각 호에 해당하는 곳을 대상으로 한다. <개정 2016. 3. 29.>
>
> 1. 시장(☞ 전통시장을 말함. 법 제2조 제3호)
>
> 2. 제2항 각 호 외의 부분 단서에도 불구하고 종전의 「시장법」(법률 제3896호에 따라 폐지된 것을 말한다) 제6조, 「도·소매업진흥법」(법률 제5327호에 따라 폐지된 것을 말한다) 제6조에 따라 허가된 시장으로서 5년 이상 시장기능을 유지하고 허가가 취소되거나 폐업한 곳
>
> 3. 종전의 「중소기업의구조개선및경영안정지원을위한특별조치법」(법률 제6639호에 따라 폐지된 것을 말한다) 제6조, 종전의 「중소기업의구조개선과재래시장활성화를위한특별조치법」(법률 제7235호에 따라 폐지된 것을 말한다) 제12조 또는 종전의 「재래시장육성을위한특별법」(법률 제7945호에 따라 전부개정되기 전의 것을 말한다) 제18조에 따라 시장재개발·재건축사업시행구역 또는 시장정비사업시행구역으로 선정된 후 그 효력이 상실된 곳
>
> ② 제1항에 따라 시장정비사업의 대상이 될 수 있는 시장은 다음 각 호의 어느 하나에 해당하는 곳이어야 한다. 다만, 시장정비구역의 국·공유지 면적(「도로법」 제2조제1호에 따른 도로, 「하천법」 제2조에 따른 하천 및 「공유수면 관리 및 매립에 관한 법률」 제2조에 따른 공유수면은 제외한다. 이하 제41조와 제47조에서 같다)이 전체 토지면적의 2분의 1 이상이어야 한다. <개정 2012. 12. 11., 2014. 1. 14., 2017. 11. 28.>

VI. 시장정비사업의 특례

> 1. 상업기반시설이 매우 오래되고 낡아 시설물의 안전에 결함이 있거나 경쟁력이 없어진 시장
>
> 2. 화재나 홍수, 태풍, 폭설 등 자연재해로 인하여 상업기반시설 등이 훼손되어 시장의 기능을 정상적으로 수행할 수 없거나 수리하는 것만으로는 그 기능을 회복할 수 없는 시장
>
> 3. 그 밖에 시장·군수·구청장이 상권활성화와 도시개발을 위하여 필요하다고 인정하는 시장
>
> ③ 제 2 항에도 불구하고 「도시재정비 촉진을 위한 특별법」 제 5 조에 따라 지정된 재정비촉진지구에 속하는 시장으로서 시장·군수·구청장이 시장정비사업을 추진하기 어렵다고 인정하는 곳과 그 밖에 시장정비사업을 제한할 필요가 있다고 대통령령으로 정한 시장은 시장정비사업 대상에서 제외한다.

☞ 전통시장법 시행령 제 11 조(시장정비사업의 제외 대상)

> 법 제 31 조제 3 항에서 "대통령령으로 정한 시장"이란 다음 각 호의 시장을 말한다. <개정 2008. 10. 29., 2009. 10. 7., 2010. 6. 28., 2016. 8. 11., 2018. 2. 9.>
>
> 1. 「도시 및 주거환경정비법」 제 50 조에 따른 사업시행계획인가를 받은 시장
>
> 2. 건축법 제 11 조에 따른 건축허가를 받은 시장 또는 주택법 제 15 조에 따른 주택건설사업계획의 승인을 얻은 시장
>
> 3. 「도시개발법」 제 3 조에 따라 도시개발구역으로 지정된 구역 내에 위치한 시장으로서 시장·군수·구청장이 주변지역과의 조화 등을 고려하여 제한이 필요하다고 인정하는 시장

B. 시장정비사업추진계획의 수립, 추천 및 승인

1. 【해설】 시장정비사업추진계획의 승인

> 시장정비사업에서 정비계획 결정에 해당하는 처분은 시장정비사업추진계획 승인이다. 시장정비구역의 지정도 시·도지사의 사업추진계획승인에 의해서 한다(제 2 조 제 8 호; 제 37 조 제 3 항 제 1 호).
>
> 시장정비사업을 추진하기 위해서는 ① 전통시장법 제 33 조제 2 항 각 호의 어느 하나에 해당하는 자가 ② a) 시장정비구역 토지면적의 5 분의 3 이상에 해당하는 토지의 소유자의 동의 및 b) 토지등 소유자 총수의 5 분의 3 이상의 동의를 받아(법 제 34 조 제 1 항) ③ "시장정비사업추진계획"을 수립하여(법 제 2 조 제 7 호) ④ 시장·군수·구청장에게 시장정비사업추진계획의 승인에 대한 추천을 신청하여야 한다(법 제 33 조 제 1 항). 여기서 '승인에 대한 추천 신청'은 '승인신청의 제안'과 같은 행위이다.

시장·군수·구청장은 시·도지사에게 사업추진계획의 승인을 신청하고(법 제 35 조 제 1 항), 시·도지사는 시장정비사업 심의위원회의 심의를 거쳐 승인 여부를 결정한다(법 제 36 조, 제 37 조 제 1 항).

2. 【법령】 전통시장법 제 2 조(정의)

이 법에서 사용하는 용어의 뜻은 다음과 같다. <개정 2012. 12. 11., 2013. 5. 28., 2015. 11. 20., 2017. 2. 8., 2017. 7. 26., 2018. 6. 12.>

8. "시장정비구역"이란 시장정비사업을 추진하기 위하여 제 37 조(☞ 사업추진계획의 승인)에 따라 특별시장·광역시장·도지사 또는 특별자치도지사(이하 "시·도지사"라 한다)가 승인·고시한 구역을 말한다.

3. 【법령】 전통시장법 제 33 조(시장정비사업추진계획의 수립)

① 시장정비사업추진계획을 승인받으려는 자는 다음 각 호의 사항을 포함한 시장정비사업추진계획(이하 "사업추진계획"이라 한다)을 수립하여 시장·군수·구청장에게 사업추진계획 승인에 대한 추천을 신청하여야 한다. <개정 2011. 4. 14.>

  1. 시장정비구역의 범위

  2. 시장정비사업의 필요성

  3. 다음 각 목의 내용에 대하여 필요한 조치사항

    가. 「국토의 계획 및 이용에 관한 법률」 제 2 조제 4 호에 따른 도시·군관리계획 중 도시·군계획시설의 결정 또는 변경결정

    나. 「국토의 계획 및 이용에 관한 법률」 제 2 조제 5 호에 따른 지구단위계획의 결정 또는 변경결정

    다. 「국토의 계획 및 이용에 관한 법률」 제 36 조제 1 항제 1 호가목 및 다목에 따른 주거지역 및 공업지역의 용도지역에서 대통령령으로 정하는 지역으로의 용도지역 변경

  4. 제 49 조 제 1 항 및 제 6 항에 따른 입점상인 보호대책

  5. 그 밖에 사업추진계획의 검토를 위하여 필요하다고 대통령령으로 정하는 사항

② 제 1 항에 따라 사업추진계획 승인에 대한 추천을 신청할 수 있는 자는 다음 각 호의 어느 하나에 해당하는 자로 한다.

  1. 토지등 소유자(개인이나 법인이 단독으로 소유한 경우만 해당한다)

  2. 추진위원회

VI. 시장정비사업의 특례

> 3. 토지등 소유자가 시장정비사업을 추진하기 위하여 설립한 법인(이하 "시장정비사업법인"이라 한다)
>
> 4. 시장・군수・구청장(제 41 조 제 3 항 및 제 47 조 제 1 항에 따라 시장・군수・구청장이 직접 시행하는 경우만 해당한다)
>
> 5. 「한국토지주택공사법」 제 2 조에 따라 설립한 한국토지주택공사(이하 "한국토지주택공사"라 한다) 또는 「지방공기업법」 제 49 조에 따라 설립한 지방공사(이하 "지방공사"라 한다). 다만, 제 41 조 제 3 항에 해당하는 경우만을 말한다.

4. 【법령】 전통시장법 제 34 조(동의에 관한 특례)

> ① 사업추진계획을 수립하여 시장・군수・구청장에게 제출하려는 자는 다른 법률의 규정에도 불구하고 A) 시장정비구역 토지면적의 5 분의 3 이상에 해당하는 토지의 소유자의 동의 및 B) 토지등 소유자 총수의 5 분의 3 이상의 동의를 받아야 한다.
>
> ② 제 1 항은 다른 법률의 규정에도 불구하고 시장정비사업조합의 설립인가 및 제 39 조에 따른 시장정비사업시행계획의 내용에 대한 동의를 받는 경우에도 각각 적용한다.
>
> ③ 제 2 항의 규정에도 불구하고 제 41 조에 따른 사업시행자가 시장정비사업조합인 경우에는 총회를 개최하여 조합원 과반수의 동의를 받으면 제 39 조에 따른 시장정비사업시행계획의 내용에 대한 동의를 받은 것으로 본다.
>
> ④ 제 1 항에 따른 토지등 소유자의 동의자 수 산정방법과 그 밖에 필요한 사항은 대통령령으로 정한다.

5. 【법령】 전통시장법 제 35 조(사업추진계획의 승인 신청)

> ① 시장・군수・구청장은 사업추진계획에 대하여 다음 각 호의 사항을 검토하여 시・도지사에게 사업추진계획의 승인을 신청하여야 한다.
>
> 1. 시장정비구역의 적정성
>
> 2. 제 33 조제 1 항제 3 호 각 목의 내용에 대하여 필요한 조치사항
>
> 3. 건축법 제 18 조제 2 항에 따른 건축허가 등의 제한 규정의 적용 배제 필요성
>
> 4. 입점상인을 위한 보호대책의 타당성 및 실현 가능성
>
> ② 시장・군수・구청장이 제 1 항에 따른 사업추진계획을 검토할 때 「국토의 계획 및 이용에 관한 법률」 제 113 조제 2 항에 따른 시・군・구도시계획위원회의 심의 절차는 적용하지 아니한다.

제2장 정비계획수립 및 정비구역지정 / 제3절 사업유형별 정비구역 지정요건

6. 【법령】 전통시장법 제36조(시장정비사업 심의위원회)

① 시장정비사업에 관한 다음 각 호의 사항을 심의하기 위하여 시·도에 시장정비사업 심의위원회(이하 "심의위원회"라 한다)를 둔다.

1. 사업추진계획
2. 제35조 제1항 각 호의 사항
3. 그 밖에 심의위원회의 심의가 필요하다고 대통령령으로 정한 사항

7. 【법령】 전통시장법 제37조(사업추진계획의 승인)

① 시·도지사는 시장·군수·구청장이 제35조에 따라 승인을 신청한 사업추진계획에 대하여 심의위원회의 심의를 거쳐 승인 여부를 결정하여야 한다.

② 제1항에 따라 심의위원회가 심의한 사항에 대하여는 「국토의 계획 및 이용에 관한 법률」 제113조에도 불구하고 시·도도시계획위원회의 심의 절차를 적용하지 아니한다. 다만, 시장정비구역이 「국토의 계획 및 이용에 관한 법률」 제8조·제9조 및 제59조에 해당하는 경우에는 그러하지 아니하다.

③ 시·도지사가 사업추진계획을 승인할 때에는 다음 각 호의 사항을 포함하여야 한다.

1. 시장정비구역의 범위
2. 제33조제1항제3호 각 목의 사항
3. 건축법 제18조제2항에 따른 건축허가의 제한 필요성

④ 제1항에 따라 시·도지사가 사업추진계획을 승인할 때에는 시장정비구역과 사업추진계획의 개요를 관보나 공보에 고시하여야 한다. 이 경우 시·도지사가 승인·고시한 시장정비구역은 「도시 및 주거환경정비법」 제2조제1호에 따른 정비구역으로 지정된 것으로 본다. (이하 생략)

C. 인접지역을 포함한 시장정비사업

1. 【해설】

시장에 상점가 등이 인접하여 이를 포함하지 않고는 시장정비사업을 효율적으로 추진하기 어렵다고 인정되는 경우 시·도지사는 그 인접지역을 포함하여 사업추진계획을 승인할 수 있다. 이 경우 a) 인접지역 토지등소유자 3/4 이상의 동의 및 b) 토지면적의 2/3 이상에 해당하는 토지소유자 동의와 c) 시장·군수·구청장의 추천을 받아야 한다. (법 제45조 제1항.)

VI. 시장정비사업의 특례

2. 【법령】 전통시장법 제 45 조(인접지역을 포함한 시장정비사업에 관한 특례)

① 시·도지사는 시장에 상점가 등이 인접하여 이를 포함하지 아니하고는 시장정비사업을 효율적으로 추진하기가 어렵다고 인정되는 경우에만 그 인접지역을 포함하여 사업추진계획을 승인할 수 있다.

이 경우 A) 사업시행자가 인접지역 토지등 소유자의 4 분의 3 이상 및 토지면적의 3 분의 2 이상에 해당하는 토지의 소유자의 동의와 B) 시장·군수·구청장의 추천을 받아야 한다. <개정 2012. 12. 11.>

② 시·도지사는 제 1 항에 따라 인접지역을 포함하여 사업추진계획을 승인하였을 때에는 사업시행자가 인접지역의 입점상인에 대하여도 제 49 조에 따른 입점상인 보호대책을 수립·시행하도록 하여야 한다.

③ 제 1 항에 따른 인접지역의 범위와 요건에 관하여는 대통령령으로 정한다.

3. 【법령】 전통시장법 시행령 제 27 조(인접지역)

법 제 45 조에 따른 인접지역은 다음 각 호의 어느 하나에 해당하는 지역으로 한다.

 1. 시장과 연접하여 노점 또는 상가건물이 형성되어 이를 포함하지 아니하고는 시장정비사업의 추진이 곤란한 지역

 2. 시장에 속하는 건물과 맞벽으로 건축된 건물로서 시장정비사업을 추진하는 경우 진동 또는 붕괴 등의 위험으로 인하여 안전이 위험한 건물 지역

 3. 시장정비사업 완료 후 건물의 진·출입을 위한 도로 확보가 그 지역을 통하지 아니하고는 곤란한 지역

 4. 시장·군수·구청장이 도시미관, 교통체계 또는 토지활용 등을 고려하여 시장과 인접지역을 하나의 구역으로 묶어 사업을 추진하는 것이 필요하다고 인정하는 지역

제4절 정비계획 결정 및 정비구역 지정과 그 효과

I. 정비계획 결정 및 정비구역 지정

A. 도시재개발구역의 지정·변경은 재량에 의한 행정처분이야 —대법원 1993. 10. 8. 선고 93누10569 판결[도시계획변경결정무효확인등]

【당사자】

> 【원고, 상고인】 원고 1 외 7인
>
> 【피고, 피상고인】 서울특별시장 외 1인

　도시재개발법에 의한 <u>도시재개발구역의 지정 및 변경은 관계 행정청이 법령의 범위 내에서 도시의 건전한 발전과 공공복리의 증진을 위한 도시정책상의 전문적, 기술적 판단을 기초로 하여 그 재량에 의하여 이루어지는 것이라고 할 것이므로 그 재량권의 일탈 또는 남용이 없는 한 그 처분을 위법하다고 할 수는 없는 것</u>이고, 재개발사업에 있어 주민의 동의는 재개발구역 내의 토지 등 소유자 또는 그들이 설립하는 재개발조합이 재개발사업시행인가를 신청할 때에 필요한 것이지 건설부장관이 재개발구역을 지정고시하거나 변경결정을 할 때에 필요한 것은 아니라 할 것이다(당원 1991.4.23. 선고 90누2994 판결 참조).

B. 정비구역의 제척·분할·통합·결합

1. 【해설】 정비예정구역과 정비구역의 일부 제척

> (1) 정비예정구역의 일부 제척: 정비계획 수립 과정에서 정비예정구역의 일부가 제척되는 경우가 있다. 따라서 토지등소유자는 정비계획 공람 시 자신이 소유한 토지등이 정비구역에 포함되었는지 확인해야 한다. 정비계획과 정비구역은 그 후 도시계획위원회 심의 과정에서도 변경될 수 있으므로(법 제16조 제1항), 정비계획 수립 및 정비구역 지정 공고 후에 다시 한번 확인해야 한다.
>
> (2) 정비계획 입안제안에 의한 정비예정구역 일부 제척: 정비예정구역의 일부 제척은 토지등소유자의 입안제안을 통해서도 이루어질 수 있다. 다만, 토지등소유자가 입안제안을 하기 위해서는 토지등소유자의 60퍼센트 이상 및 토지면적의 2분의 1 이상의 동의를 받아야 한다(서울시 도시정비조례 제10조 제1항. 토지등소유자가 공공재개발·공공재건축사업을 추진하려는 경우에는 동의요건이 없었으나, 2023. 5. 22. 개정조례에서 동일한 동의요건이 규정되었다). 이 동의요건은 서울시조례 기준이다.

I. 정비계획 결정 및 정비구역 지정

> ☞ 정비계획의 입안제안을 위한 토지등소유자 동의요건에 관하여는 제 2 장 제 2 절 II. 참조.
>
> (3) 정비구역의 일부 제척: '정비구역'의 일부 제척은 정비계획의 변경에 해당하므로 토지등소유자의 정비계획 입안제안을 통해서 이루어질 수 있다. 토지등소유자가 정비계획의 변경을 요청하는 입안제안을 하기 위해서는 토지등소유자(조합이 설립된 경우는 조합원) 2/3 이상의 동의를 받아야 한다(법 제 14 조 제 1 항 제 6 호).

2. 【법령과 해설】 정비구역의 분할·통합·결합

> 정비구역의 일부를 제외시키는 '제척'만이 아니라 정비구역을 분할·통합 또는 결합하는 것도 가능하다. 서로 연접하지 않은 둘 이상의 구역을 하나의 정비구역으로 통합 또는 결합하는 것도 가능하다. 이에 관하여는 법률에 명시적 규정이 있다.
>
> 분할 외에 통합/결합까지 가능하게 된 것은 2009. 2. 6. 개정법(법률 제 9444 호)에서이다 (구법 제 34 조 제 1 항).

3. 【법령】 전부개정 도시정비법 제 18 조(정비구역의 분할, 통합 및 결합)

> ① 정비구역의 지정권자는 정비사업의 효율적인 추진 또는 도시의 경관보호를 위하여 필요하다고 인정하는 경우에는 다음 각 호의 방법에 따라 정비구역을 지정할 수 있다.
>
>   1. 하나의 정비구역을 둘 이상의 정비구역으로 분할
>
>   2. 서로 연접한 정비구역을 하나의 정비구역으로 통합
>
>   3. 서로 연접하지 아니한 둘 이상의 구역(제 8 조제 1 항에 따라 대통령령으로 정하는 요건에 해당하는 구역으로 한정한다) 또는 정비구역을 하나의 정비구역으로 결합
>
> ② 제 1 항에 따라 정비구역을 분할·통합하거나 서로 떨어진 구역을 하나의 정비구역으로 결합하여 지정하려는 경우 시행 방법과 절차에 관한 세부사항은 시·도조례로 정한다.

4. 【법령】 전부개정 도시정비법 제 16 조(정비계획의 결정 및 정비구역의 지정·고시)

> ② 정비구역의 지정권자는 정비구역을 지정(변경지정을 포함한다. 이하 같다)하거나 정비계획을 결정(변경결정을 포함한다. 이하 같다)한 때에는 정비계획을 포함한 정비구역 지정의 내용을 해당 지방자치단체의 공보에 고시하여야 한다. 이 경우 지형도면 고시 등에 있어서는 「토지이용규제 기본법」 제 8 조에 따른다. <개정 2018. 6. 12.>
>
> ☞ "지형도면"은 지적이 표시된 지형도에 지역·지구 등을 명시한 도면을 말한다(토지이용규제법 제 8 조 제 2 항).

제 2 장 정비계획수립 및 정비구역지정 / 제 4 절 정비계획 결정 및 정비구역 지정과 그 효과

> ③ 정비구역의 <u>지정권자</u>는 제 2 항에 따라 정비계획을 포함한 정비구역을 지정·고시한 때에는 국토교통부령으로 정하는 방법 및 절차에 따라 <u>국토교통부장관에게 그 지정의 내용을 보고</u>하여야 하며, 관계 서류를 일반인이 열람할 수 있도록 하여야 한다.

C. 【해설】 권리산정기준일의 고시

> 시·도지사는 토지분할, 단독·다가구주택의 다세대주택 전환(이른바 '지분쪼개기'), 건축물의 신축('신축쪼개기'), 토지와 건축물의 분리취득 등의 경우 분양신청권의 산정기준이 되는 날(= 권리산정기준일)을 따로 정한 경우에는 해당 지방자치단체의 <u>공보에 고시하여야</u> 한다(도시정비법 제 77 조 제 2 항).
>
> 권리산정기준일은 "<u>기본계획 수립 후 정비구역 지정·고시 전</u>" 사이로 정해지며, 기준일을 별도로 정하지 않으면 정비구역 지정의 고시가 있은 날이 기준일이 된다(같은 조 제 1 항).
>
> ☞ 권리산정기준일에 관하여는 <u>돈</u>.<u>되</u>.<u>법</u> 4 의 「분양의 기준」 부분을 참조하세요.

D. 【해설】 토지등소유자의 확정

> 전부개정법 시행 이후 모든 정비사업은 정비구역 안에서만 이루어지므로(법 제 2 조 제 2 호 각목 외 부분) 정비구역이 지정·고시되면 그와 동시에 토지등소유자의 범위가 확정된다.

E. 【구법】 정비구역이 아닌 구역에서의 주택재건축사업

> **(1) 개요**
>
> 전부개정 전 도시정비법에서는 일정한 요건에 해당하는 경우 정비구역을 지정하지 않고도 주택재건축사업을 할 수 있었다(구 도시정비법 제 2 조 제 9 호 나목 (2) 및 제 6 조 제 3 항; 구 시행령 제 6 조 참조).
>
> **(2) 정비구역 밖에서의 주택재건축 시행 요건**(구법 제 2 조 제 9 호 나목(2); 구령 제 6 조)
>
> ① <u>주택단지 안에 있을 것</u>: 정비구역이 아닌 구역에서의 주택재건축사업은 주택단지 안에서만 할 수 있는 것이 원칙이고, 주택단지 안에 있지 않은 건축물은 지형여건·주변의 환경으로 보아 사업시행상 불가피한 경우에만 주택재건축사업을 할 수 있다(즉, 그런 불가피한 사정이 없는 경우 주택단지 안에 있지 않은 건축물은 정비구역으로 지정된 경우에만 주택재건축사업을 진행할 수 있다. 구법 제 6 조 제 3 항 단서).
>
> ② 아파트(주상복합은 제외)와 연립주택일 것

③ 기존 세대수가 20 세대 이상이거나 20 세대 이상으로 재건축하고자 하는 경우일 것.

(3) 정비구역 밖에서의 주택재건축 절차

정비구역 지정을 하지 않고 주택재건축사업을 시행하는 경우에는 ① 구법 제 12 조 제 5 항[☞ 안전진단 결과에 따른 시장·군수의 시행여부 결정]에 따른 주택재건축사업의 시행 결정이 있은 후 ② 조합설립을 위한 추진위원회를 구성하여 시장·군수의 승인을 받아야 한다(구법 제 13 조 제 2 항).

II. 지구단위계획구역 및 지구단위계획 결정·고시 의제

A. 【법령】전부개정 도시정비법 제 17 조(정비구역 지정·고시의 효력 등)

① 제 16 조 제 2 항 전단에 따라 정비구역의 지정·고시가 있는 경우 해당 정비구역 및 정비계획 중 「국토의 계획 및 이용에 관한 법률」 제 52 조 제 1 항 각 호의 어느 하나에 해당하는 사항은 같은 법 제 50 조에 따라 지구단위계획구역 및 지구단위계획으로 결정·고시된 것으로 본다. <개정 2018. 6. 12.>

② 「국토의 계획 및 이용에 관한 법률」에 따른 지구단위계획구역에 대하여 제 9 조 제 1 항 각 호의 사항을 모두 포함한 지구단위계획을 결정·고시(변경 결정·고시하는 경우를 포함한다)하는 경우 해당 지구단위계획구역은 정비구역으로 지정·고시된 것으로 본다.

③ 정비계획을 통한 토지의 효율적 활용을 위하여 「국토의 계획 및 이용에 관한 법률」 제 52 조 제 3 항에 따른 건폐율·용적률 등의 완화규정은 제 9 조 제 1 항에 따른 정비계획에 준용한다. 이 경우 "지구단위계획구역"은 "정비구역"으로, "지구단위계획"은 "정비계획"으로 본다.

☞ 국토계획법 제 52 조 제 3 항은 지구단위계획에 의한 건폐율·용적률 완화규정이다(아래 참조).

④ 제 3 항에도 불구하고 용적률이 완화되는 경우로서 사업시행자가 정비구역에 있는 대지의 가액 일부에 해당하는 금액을 현금으로 납부한 경우에는 대통령령으로 정하는 공공시설 또는 기반시설(이하 이 항에서 "공공시설등"이라 한다)의 부지를 제공하거나 공공시설등을 설치하여 제공한 것으로 본다.

⑤ 제 4 항에 따른 현금납부 및 부과 방법 등에 필요한 사항은 대통령령으로 정한다.

B. 【법령】 국토계획법 제52조(지구단위계획의 내용)

> ① 지구단위계획구역의 지정목적을 이루기 위하여 지구단위계획에는 다음 각 호의 사항 중 제2호와 제4호의 사항을 포함한 둘 이상의 사항이 포함되어야 한다. 다만, 제1호의 2를 내용으로 하는 지구단위계획의 경우에는 그러하지 아니하다. <개정 2011.4.14>
>
>   1. 용도지역이나 용도지구를 대통령령으로 정하는 범위에서 세분하거나 변경하는 사항
>
>   1의 2. 기존의 용도지구를 폐지하고 그 용도지구에서의 건축물이나 그 밖의 시설의 용도·종류 및 규모 등의 제한을 대체하는 사항
>
>   2. 대통령령으로 정하는 기반시설의 배치와 규모
>
>   3. 도로로 둘러싸인 일단의 지역 또는 계획적인 개발·정비를 위하여 구획된 일단의 토지의 규모와 조성계획
>
>   4. 건축물의 용도제한, 건축물의 건폐율 또는 용적률, 건축물 높이의 최고한도 또는 최저한도
>
>   5. 건축물의 배치·형태·색채 또는 건축선에 관한 계획
>
>   6. 환경관리계획 또는 경관계획
>
>   7. 보행안전 등을 고려한 교통처리계획
>
>   8. 그 밖에 토지 이용의 합리화, 도시나 농·산·어촌의 기능 증진 등에 필요한 사항으로서 대통령령으로 정하는 사항
>
> ③ 지구단위계획구역에서는 제76조부터 제78조까지의 규정과 건축법 제42조·제43조·제44조·제60조 및 제61조, 「주차장법」 제19조 및 제19조의 2를 대통령령으로 정하는 범위에서 지구단위계획으로 정하는 바에 따라 완화하여 적용할 수 있다.
>
> ☞ 국토계획법 제76조(용도지역 및 용도지구에서의 건축물의 건축 제한 등)
>
> ☞ 국토계획법 제77조(용도지역의 건폐율)
>
> ☞ 국토계획법 제78조(용도지역에서의 용적률)

C. 【법령】 「지구단위계획수립지침」

> [시행 2018. 12. 21.] [국토교통부훈령 제1131호, 2018. 12. 21., 일부개정]
>
> 국토교통부(도시정책과), 044-201-3714

제 1 장 총 칙

제 1 절 지침의 의의

1-1-1. 이 지침은 「국토의 계획 및 이용에 관한 법률」(이하 "법"이라 한다) 제 4 장 제 4 절 제 49 조부터 제 52 조까지의 규정에 따른 지구단위계획구역의 지정, 지구단위계획의 입안 및 결정, 지구단위계획의 내용 등에 관한 사항을 제시하여 지구단위계획제도의 원활한 운영을 도모하고자 하는데 있다.

1-1-2. 지구단위계획과 관련하여 법, 「국토의 계획 및 이용에 관한 법률 시행령」(이하 "영"이라 한다), 「국토의 계획 및 이용에 관한 법률 시행규칙」(이하 "규칙"이라 한다) 및 이 지침에서 정하지 아니한 사항에 대하여는 특별시·광역시·특별자치시·특별자치도(이하 "시·도"라 한다)·시 또는 군의 지역여건에 따라 별도의 지침을 마련하여 운영할 수 있다.

1-1-3. 이 지침은 지구단위계획구역의 지정 및 지구단위계획을 수립함에 있어서 필요한 사항을 정한 것으로서 지침의 내용을 종합적으로 고려하여 적용하도록 하고, 지역실정 또는 당해 구역여건 등으로 인하여 지침의 세부내용 중 일부에 대하여 이를 그대로 적용하는 것이 불합리한 경우에는 법령의 범위안에서 그 사유를 명백히 밝히고 다르게 적용할 수 있다.

제 2 절 지구단위계획의 성격

1-2-1. 지구단위계획은 당해 지구단위계획구역의 토지이용을 합리화하고 그 기능을 증진시키며 경관·미관을 개선하고 양호한 환경을 확보하며, 당해 구역을 체계적·계획적으로 개발·관리하기 위하여 건축물 그 밖의 시설의 용도·종류 및 규모 등에 대한 제한을 완화하거나 건폐율 또는 용적률을 완화하여 수립하는 계획이다.

1-2-2. 지구단위계획구역 및 지구단위계획은 도시·군관리계획으로 결정한다.

1-2-3. ① 도시·군관리계획은 그 범위가 특별시·광역시·특별자치시·특별자치도·시 또는 군(이하 "시·군"이라 한다) 전체에 미치고 용도지역·용도지구 등 토지이용계획과 기반시설의 정비 등에 중점을 두며, ② 건축계획은 그 범위가 특정필지에 미치고 건축물 등 입체적 시설계획에 중점을 둔다. ③ 지구단위계획은 관할 행정구역내의 일부지역을 대상으로 토지이용계획과 건축물계획이 서로 환류되도록 함으로써 평면적 토지이용계획과 입체적 시설계획이 서로 조화를 이루도록 하는데 중점을 둔다. (중략)

3-2-2. 도시지역내 지구단위계획구역에서 대지(이 경우 사업부지 및 이와 인접한 공공시설 부지를 포함한다) 면적의 일부가 공공시설 또는 기반시설 중 학교와 해당 시·도 또는 대도시의 도시·군계획조례로 정하는 기반시설(이하 공공시설등 이라 한다)의 부지로 제공(기부채납하거나 공공시설로 귀속되는 경우에 한한다)되는 것으로 계획되는 경우에는

> 당해 대지의 건축물의 건폐율·용적률·높이를 각각 완화하여 지구단위계획을 수립할 수 있다.
>
> 다만, 제1종일반주거지역에서 제2종일반주거지역으로 변경되는 것과 같이 토지이용도를 높이는 방향으로 용도지역이 변경되는 경우로서 기존의 용도지역 또는 용도지구의 용적률을 적용하지 아니하는 경우 다음 제2항을 적용하지 아니한다.
>
> (1) 건폐율=(해당 용도지역에 적용되는 건폐율)×[1+(공공시설등의 부지로 제공하는 면적)/(당초의 대지면적)]이내
>
> (2) 용적률=(해당 용도지역에 적용되는 용적률)×[1+1.5×가중치×(공공시설등의 부지로 제공하는 면적)/(공공시설등의 부지 제공후 대지면적)]이내
>
> (3) 높이=(건축법 제60조에 따라 제한된 높이)×[1+(공공시설등의 부지로 제공하는 면적)/(원래의 대지면적)] 이내
>
> (4) 건폐율·용적률은 당초의 대지면적에서 제공대지면적을 공제한 나머지 대지면적을 기준으로 하여 계산한다. (이하 생략)

III. 행위 제한

A. 정비구역에서의 행위제한

1. 【해설】 정비구역에서의 행위제한

> (1) 정비구역에서 다음의 행위를 하려는 자는 시장·군수등의 허가를 받아야 한다(허가사항의 변경도 같음): ① 건축물의 건축(가설건축물 포함), 용도변경, ② 공작물의 설치, ③ 토지의 형질변경(절토·성토·정지·포장 등, 토지 굴착, 공유수면 매립, ④ 토석 채취, ⑤ 토지분할, ⑥ 이동이 쉽지 아니한 물건을 1개월 이상 쌓아놓는 행위, ⑦ 죽목의 벌채 및 식재 등. (법 제19조 제1항; 영 제15조 제1항.)
>
> (2) 정비구역에서의 행위제한은 별도로 고시를 요하지 않으며, 정비구역 지정·고시의 효력 발생과 동시에 당연히 행위제한이 시작된다.
>
> (3) 법 제19조 제1항을 위반하여 허가 또는 변경허가를 받지 아니하거나, 거짓, 그 밖의 부정한 방법으로 허가 또는 변경허가를 받아 행위를 한 자는 2년 이하의 징역 또는 2천만원 이하의 벌금에 처한다(법 제137조 제2호).

III. 행위 제한

2. 【해설】 국유·공유재산의 매각/양도 금지

> 정비구역이 지정되면 해당 정비구역 내에 있는 국유재산과 공유재산을 정비사업 외의 목적으로 매각하거나 양도할 수 없다(법 제 98 조 제 3 항).

3. 【법령】 전부개정 도시정비법 제 19 조(행위제한 등)

> ① 정비구역에서 다음 각 호의 어느 하나에 해당하는 행위를 하려는 자는 시장·군수등의 허가를 받아야 한다. 허가받은 사항을 변경하려는 때에도 또한 같다.
>
>   1. 건축물의 건축
>
>   2. 공작물의 설치
>
>   3. 토지의 형질변경
>
>   4. 토석의 채취
>
>   5. 토지분할
>
>   6. 물건을 쌓아 놓는 행위
>
>   7. 그 밖에 대통령령으로 정하는 행위
>
> 정비구역에서 건축행위, 공작물 설치, 토지 형질변경, 토석채취, 토지분할, 물건적치행위,
>
> ☞ 시행령 제 15 조(행위허가의 대상 등) 제 1, 2 항
>
> ① 법 제 19 조 제 1 항에 따라 시장·군수등의 허가를 받아야 하는 행위는 다음 각 호와 같다. <개정 2021. 1. 5.>
>
>   1. 건축물의 건축 등: 건축법 제 2 조제 1 항제 2 호에 따른 건축물(가설건축물을 포함한다)의 건축, 용도변경
>
>   2. 공작물의 설치: 인공을 가하여 제작한 시설물(건축법 제 2 조제 1 항제 2 호에 따른 건축물을 제외한다)의 설치
>
>   3. 토지의 형질변경: 절토(땅깎기)·성토(흙쌓기)·정지(땅고르기)·포장 등의 방법으로 토지의 형상을 변경하는 행위, 토지의 굴착 또는 공유수면의 매립
>
>   4. 토석의 채취: 흙·모래·자갈·바위 등의 토석을 채취하는 행위. 다만, 토지의 형질변경을 목적으로 하는 것은 제 3 호에 따른다.
>
>   5. 토지분할
>
>   6. 물건을 쌓아놓는 행위: 이동이 쉽지 아니한 물건을 1 개월 이상 쌓아놓는 행위
>
>   7. 죽목의 벌채 및 식재

② 시장·군수등은 법 제19조제1항에 따라 제1항 각 호의 행위에 대한 허가를 하려는 경우로서 사업시행자가 있는 경우에는 <u>미리 그 사업시행자의 의견을 들어야</u> 한다.

② 다음 각 호의 어느 하나에 해당하는 행위는 제1항에도 불구하고 <u>허가를 받지 아니하고 할 수 있다</u>. <개정 2019.4.23>

　1. 재해복구 또는 재난수습에 필요한 응급조치를 위한 행위

　2. 기존 건축물의 붕괴 등 안전사고의 우려가 있는 경우 해당 건축물에 대한 안전조치를 위한 행위

　3. <u>그 밖에 대통령령으로 정하는 행위</u>

☞ 시행령 제15조(행위허가의 대상 등) 제3항

③ 법 제19조제2항제3호에서 "대통령령으로 정하는 행위"란 다음 각 호의 어느 하나에 해당하는 행위로서 「국토의 계획 및 이용에 관한 법률」 제56조에 따른 개발행위허가의 대상이 아닌 것을 말한다.

　1. 농림수산물의 생산에 직접 이용되는 것으로서 국토교통부령으로 정하는 간이공작물의 설치

　2. 경작을 위한 토지의 형질변경

　3. 정비구역의 개발에 지장을 주지 아니하고 자연경관을 손상하지 아니하는 범위에서의 토석의 채취

　4. 정비구역에 존치하기로 결정된 대지에 물건을 쌓아놓는 행위

　5. 관상용 죽목의 임시식재(경작지에서의 임시식재는 제외한다)

③ 제1항에 따라 허가를 받아야 하는 행위로서 A) 정비구역의 지정 및 고시 당시 이미 관계 법령에 따라 행위허가를 받았거나 B) 허가를 받을 필요가 없는 행위에 관하여 그 공사 또는 사업에 착수한 자는 대통령령으로 정하는 바에 따라 시장·군수등에게 신고한 후 이를 계속 시행할 수 있다.

☞ 시행령 제15조(행위허가의 대상 등) 제4항

④ 법 제19조제3항에 따라 신고하여야 하는 자는 정비구역이 지정·고시된 날부터 30일 이내에 그 공사 또는 사업의 진행상황과 시행계획을 첨부하여 관할 시장·군수등에게 신고하여야 한다.

☞ 따라서 정비구역 지정 전에 이미 건축허가를 받았거나 건축신고를 마치고 이미 착공한 사람은 정비구역 지정·고시일부터 30일 이내에 시장·군수등에게 신고하고 건축행위를 계속할 수 있다.

> ④ 시장·군수등은 제1항을 위반한 자에게 <u>원상회복을 명할 수 있다</u>. 이 경우 명령을 받은 자가 그 의무를 이행하지 아니하는 때에는 시장·군수등은 「행정대집행법」에 따라 대집행할 수 있다.
>
> ⑤ 제1항에 따른 허가에 관하여 이 법에 규정된 사항을 제외하고는 「국토의 계획 및 이용에 관한 법률」 제57조부터 제60조까지 및 제62조[☞ 개발행위허가 관련 규정들]를 준용한다.
>
> ⑥ 제1항에 따라 허가를 받은 경우에는 「국토의 계획 및 이용에 관한 법률」 제56조 [☞ 개발행위의 허가]에 따라 허가를 받은 것으로 본다.
>
> ⑦ 국토교통부장관, 시·도지사, 시장, 군수 또는 구청장(자치구의 구청장을 말한다. 이하 같다)은 비경제적인 건축행위 및 투기 수요의 유입을 막기 위하여 제6조제1항에 따라 기본계획을 공람 중인 정비예정구역 또는 정비계획을 수립 중인 지역에 대하여 3년 이내의 기간(1년의 범위에서 한 차례만 연장할 수 있다)을 정하여 대통령령으로 정하는 방법과 절차에 따라 다음 각 호의 행위를 제한할 수 있다.
>
> 1. 건축물의 건축
>
> 2. 토지의 분할

4. **【법령】 전부개정 도시정비법 제98조(국유·공유재산의 처분 등)**

> ③ 정비구역의 국유·공유재산은 정비사업 외의 목적으로 매각되거나 양도될 수 없다.

B. 정비구역 지정 전의 행위제한

1. **【법령】 전부개정 도시정비법 제19조(행위제한 등) 제7항**

> ⑦ 국토교통부장관, 시·도지사, 시장, 군수 또는 구청장(자치구의 구청장을 말한다. 이하 같다)은 비경제적인 건축행위 및 투기 수요의 유입을 막기 위하여 제6조제1항에 따라 기본계획을 공람 중인 정비예정구역 또는 정비계획을 수립 중인 지역에 대하여 3년 이내의 기간(1년의 범위에서 한 차례만 연장할 수 있다)을 정하여 대통령령으로 정하는 방법과 절차에 따라 다음 각 호의 행위를 제한할 수 있다.
>
> 1. 건축물의 건축
>
> 2. 토지의 분할

2. 【해설】 '정비구역 지정 전'의 행위제한

(1) 정비기본계획을 공람 중인 정비예정구역 또는 정비계획을 수립 중인 지역에서는 법 제19조 제7항에 따라 3년 동안 건축행위와 토지분할행위를 제한할 수 있다(1년 범위에서 한 차례 연장 가능). 이 경우 제한된 행위를 하려는 자는 시장·군수등의 허가를 받아야 한다(영 제16조 제5항).

정비구역이 지정되면 건축행위와 토지분할이 기간 제한 없이 당연히 금지되므로(법 제19조 제1항), 제7항은 결국 '정비구역 지정 전 행위제한'을 위한 규정이다.

(2) 법 제19조 제7항에 따른 행위제한은 1회 연장을 포함해서 최장 4년 동안만 할 수 있으므로, 4년이 지나도록 정비구역 지정이 되지 않으면 행위제한을 해제하고 이를 고시하여야 한다.

(3) 제7항에 의한 행위제한을 위반하여 건축행위·토지분할을 하더라도 처벌규정은 없다(처벌규정은 법 제19조 제1항 및 제9항 위반행위에 대하여만 있음).

구역지정 전 행위제한은 구역지정에 대한 기대감을 높여 토지등의 가격 상승요인으로 작용할 수 있다.

3. 【해설】 정비구역 지정 전 행위제한을 위한 주민의견 청취 및 고시

법 제19조 제7항에 따라 행위를 제한하려는 때에는 제한지역·제한대상행위·제한기간 등을 미리 고시하여야 한다(영 제16조 제1항).

도시정비법령은 주민의견 청취절차를 따로 규정하지 않았으나, 시장·군수등은 토지이용규제법 제8조 및 동 시행령 6조에 따라 주민의견 청취 절차를 진행한다.

4. 【잡론】 "정비기본계획을 공람 중인 정비예정구역"은 부적절한 용어

도시정비법 제19조 제7항이 행위제한 대상 구역을 "정비기본계획을 공람 중인 정비예정구역"이라고 한 것은 기본계획 수립절차에 부합하지 않는 부정확한 말이다.

'정비예정구역'의 지정은 정비기본계획이 확정·고시될 때 이루어지며, 정비기본계획은 14일 이상 주민공람, 지방의회의견 청취, 관계행정기관장과 협의, 지방도시계획위원회 심의 등의 절차를 모두 거친 뒤에 확정, 고시되고 일반인에게 열람된다(법 §4 ~ §7③). 또한 기본계획에 생활권계획을 포함하는 경우에는 정비예정구역을 포함시키지 않을 수 있으며, 실제로 서울시에서는 2025 기본계획 이후 정비예정구역 지정을 하지 않고 있다.

법 제19조 제7항은 정비기본계획 공람(법 제6조 제1항) 이후 정비구역 지정 전까지 사이에 '사실상 정비구역으로 지정할 예정인 구역'에서 행위제한을 할 수 있도록 한 규정이다. 그 대상구역은 서울의 경우 2025 기본계획 이전에 지정된 '정비예정구역'일 수도

III. 행위 제한

있고, 기본계획안을 공람중인 구역일 수도 있고, 기본계획 확정 후 사전타당성검토가 진행중인 구역일 수도 있고(사전타당성검토는 폐지됨), 사전타당성검토를 통과하여 정비계획을 수립 중인 지역일 수도 있다(법 제 19 조 제 7 항)

따라서 행위제한 대상구역을 "정비기본계획을 공람 중인 ~~정비예정~~구역"이라고 하는 것이 맞다. '정비예정구역'과 '사실상 정비구역으로 지정할 예정인 구역'은 다른 말이다. 실제로 서울시에서는 '정비예정구역'이 아닌 곳에서 행위제한 고시를 하고 있으며, 이 경우 고시문에서는 '사실상 정비예정구역'이라는 말을 쓰고 있다.

C. 권리산정기준일 문제

1. 【해설】 권리산정기준일: '정비구역 지정·고시일' 또는 '시·도지사가 따로 정하는 날'

> (1) 1 필지의 토지가 여러 개의 필지로 분할되거나, 단독주택 또는 다가구주택이 다세대주택으로 전환되는 등으로 토지등소유자 수가 증가하는 경우, 분양신청권 유무는 「정비구역 지정·고시일」 또는 「시·도지사가 따로 정하는 날」('기준일')의 다음 날을 기준으로 산정한다.
>
> (2) 이 경우 '기준일'은 「기본계획 수립 후 정비구역 지정·고시 전」 사이로 정해지며, 기준일을 별도로 정하지 않으면 정비구역 지정의 고시가 있은 날이 기준일이 된다(도시정비법 제 77 조 제 1 항).

2. 【해설】 행위제한과 권리산정기준은 별개

> 법 제 19 조 제 7 항에 의한 행위제한과 '권리산정기준일'의 지정은 별개이다. 고시도 별도로 이루어진다. 시·도지사가 기준일을 따로 정하는 경우에는 지방자치단체 공보에 별도로 고시하므로(법 제 77 조 제 2 항), 권리산정기준일은 행위제한과 별도로 확인해야 한다.
>
> 행위제한은 국토교통부장관, 시·도지사, 시장, 군수 또는 구청장이 할 수 있고(법 제 19 조 제 7 항) 권리산정기준일의 지정은 시·도지사가 하는바(법 제 77 조 제 1 항), 행위제한 고시일과 권리산정기준일이 서로 다른 경우에는 분양신청권 유무를 둘러싸고 분쟁이 발생할 수 있다. 이 둘을 일치시키는 법령 정비가 필요하다.

D. 정비예정구역/정비구역에서의 지역주택조합원 모집 금지

1. 【법령】 전부개정 도시정비법 제 19 조(행위제한 등) 제 8 항

> ⑧ 정비예정구역 또는 정비구역(이하 "정비구역등"이라 한다)에서는 주택법 제 2 조제 11 호가목에 따른 지역주택조합의 조합원을 모집해서는 아니 된다. <신설 2018.6.12>

제2장 정비계획수립 및 정비구역지정 / 제4절 정비계획 결정 및 정비구역 지정과 그 효과

2. 【해설】 지역주택조합의 조합원 모집 금지

> 정비예정구역 또는 정비구역에서는 지역주택조합(주택법 제2조 제11호 가목)의 조합원을 모집할 수 없다(도시정비법 제19조 제8항. 2018.6.12. 신설). 이를 위반하여 지역주택조합의 조합원을 모집한 자는 1년 이하의 징역 또는 1천만원 이하의 벌금에 처한다(법 제138조 제1호).
>
> 정비예정구역·정비구역이 해제된 곳에서는 조합원을 모집할 수 있다. 또한 지역주택조합 외에 일반 주택건설사업(민영주택사업)에 대하여는 별도의 제한규정이 없다.

E. 도시재정비법에 따른 행위제한

1. 【법령 및 해설】 도시재정비법 제8조(행위 등의 제한)

> ① 특별시장·광역시장·특별자치시장·특별자치도지사·시장 또는 군수(광역시의 관할 구역에 있는 군의 군수는 제외한다. 이하 이 항에서 같다)는 제5조에 따라 재정비촉진지구의 지정을 고시한 날부터 제12조에 따라 재정비촉진계획의 결정을 고시한 날까지 재정비촉진지구에서 「국토의 계획 및 이용에 관한 법률」 제56조에 따른 개발행위의 허가를 할 수 없다.
>
> 다만, 특별시장·광역시장·특별자치시장·특별자치도지사·시장 또는 군수가 재정비촉진계획의 수립에 지장이 없다고 판단하여 허가하는 경우에는 그러하지 아니하다. <개정 2013. 7. 16.>
>
> ② 제12조에 따라 재정비촉진계획이 결정·고시된 날부터 해당 재정비촉진지구에서는 재정비촉진계획의 내용에 적합하지 아니한 건축물의 건축 또는 공작물의 설치를 할 수 없다. 다만, 특별자치시장, 특별자치도지사, 시장·군수·구청장이 재정비촉진사업의 시행에 지장이 없다고 판단하여 허가하는 경우에는 그러하지 아니하다. <개정 2013. 7. 16.>
>
> ☞ 도시재정비법에는 별도의 처벌규정이 없다. 그러나 재정비촉진계획이 결정·고시되었을 때에는 그 고시일에 '정비구역의 지정/변경' 및 '정비계획의 수립/변경'이 있은 것으로 간주되어 도시정비법에 따른 행위제한이 적용되므로(따라서 도시정비법 위반으로 처벌될 수 있음) 주의를 요한다.

IV. 구 재개발·재건축사업에 대한 경과규정

A. 개요

1. 【해설】 도시재개발법에 따라 지정된 재개발구역에 대한 경과규정

> 도시재개발법에 따른 재개발사업에서 재개발계획은 재개발구역 지정처분의 일부 내용으로 포함되어 있었다. 다만 필요한 경우에는 이 둘을 따로 결정할 수 있었다. (이상 구 도시재개발법 제 4 조 제 3, 6 항.)
>
> 그래서 도시정비법 부칙 제 5 조 제 2 항은 "도시재개발법에 의하여 지정된 재개발구역을 주택재개발구역 또는 도시환경정비사업으로 본다"고 규정하여 '재개발구역'에 관하여만 경과규정만 두고 '재개발계획'에 대하여는 별도의 경과규정을 두지 않았다. 이 경과규정에 의하여 구 도시재개발법에 따라 지정된 종전의 재개발구역에서 도시정비법에 따른 주택재개발사업 또는 도시환경정비사업을 시행할 수 있었다.

2. 【해설】 주택재건축사업에 대한 경과조치: 기존의 아파트지구는 정비구역으로, 아파트지구 개발기본계획은 정비계획으로 간주함

> 도시재개발법에 따른 재개발사업과 달리, 주택건설촉진법에 따른 재건축사업에서는 '아파트지구 지정'과 '아파트지구개발기본계획 수립'이 별도로 이루어졌다. 그래서 도시정비법의 경과규정도 이 둘을 별도로 규정하고 있다.
>
> **(1) 정비구역 간주:** 도시계획법에 따라 아파트지구로 지정하고 국토계획법에 따라 지구단위계획으로 결정된 구역은 도시정비법에 따른 주택재건축구역으로 본다(구 도시정비법 부칙 제 5 조 제 3 항 전단).
>
> **(2) 정비계획 간주:** 아파트지구의 지정이 있은 때에는 아파트지구개발기본계획을 수립하여야 하는바(주택건설촉진법 제 20 조 제 1 항), 아파트지구개발기본계획과 지구단위계획은 도시정비법에 따른 정비계획으로 간주된다(구 도시정비법 부칙 제 5 조 제 3 항 후단).
>
> **(3)** 위와 같이 구 도시정비법 부칙에 의하여 기존의 아파트지구는 정비구역으로 간주되고, 기존의 아파트지구개발기본계획은 정비계획으로 간주되므로, 지구개발기본계획이 수립·승인된 기존의 아파트 지구에서 도시정비법에 따른 재건축사업을 시행하는 경우에는 별도로 정비구역을 지정고시하거나 정비계획을 수립하지 않아도 된다(대법원 2019. 3. 14. 선고 2018 두 56787 판결).

3. 【해설】 아파트지구로 지정되었으나 아파트지구개발기본계획이 수립되지 않은 경우

> 이와 같이 주택건설촉진법에 따른 재건축사업에서는 '정비구역 간주'와 '정비계획 간주'가 별도로 이루어지므로, 아파트지구로 지정되기는 하였으나 아직 아파트지구개발기본계획이 수립되지 않은 구역은 주택재건축구역으로 간주되기는 하나(부칙 제5조 제3항 전단) 정비계획이 수립된 것으로 간주되지는 않으므로(같은 항 후단), 이런 경우에는 별도로 도시정비법에 따라 정비계획을 수립하여야 재건축사업을 시행할 수 있다.

4. 【경과규정】 구 도시정비법 부칙 제5조 (주거환경개선지구 등에 관한 경과조치)

> <법률 제6852호, 2002. 12. 30.>
>
> ② 이 법 시행전에 도시재개발법에 의하여 지정된 재개발구역은 이 법의 규정에 의하여 지정된 주택재개발구역 또는 도시환경정비구역으로 본다.
>
> ③ 국토의계획및이용에관한법률에 의한 용도지구중 대통령령이 정하는 용도지구 및 주택건설촉진법의 종전 규정에 의하여 재건축을 추진하고자 하는 구역으로서 국토의계획및이용에관한법률에 의하여 지구단위계획으로 결정된 구역은 이 법에 의한 주택재건축구역으로 보며,
>
> 주택건설촉진법 제20조의 규정에 의하여 수립된 아파트지구개발기본계획과 지구단위계획은 본칙 제4조의 규정에 의하여 수립된 정비계획으로 본다.
>
> ☞ 구 시행령 제9조(주택재건축사업을 위한 정비구역에 관한 경과조치)
>
> ① 법 부칙 제5조제3항에서 "대통령령이 정하는 용도지구"라 함은 국토의계획및이용에관한법률에 의한 아파트지구를 말한다.

5. 【구법령】 도시재개발법(폐지) 제4조(재개발구역의 지정)

> ③ 시·도지사는 제1항의 규정에 의하여 재개발구역을 지정 또는 변경하고자 할 때에는 지방도시계획위원회의 심의를 거쳐 다음 각호의 사항을 결정하여야 한다. 다만, 제2항 단서의 규정에 해당하는 경미한 사항의 변경은 그러하지 아니하다. <개정 2002. 2. 4.>
>
> 1. 재개발사업의 명칭
>
> 2. 재개발사업구역 및 그 면적
>
> 3. 공공시설과 국토의계획및이용에관한법률에 의한 도시계획시설의 설치 및 정비에 관한 계획

IV. 구 재개발·재건축사업에 대한 경과규정

> 4. 건폐율, 용적률, 건축시설의 주된 용도·높이 및 층수, 연면적 또는 주택의 규모별 비율에 관한 계획
>
> 5. 사업시행예정시기(주택재개발사업에 한한다)
>
> 6. 기타 대통령령이 정하는 사항
>
> ☞ 제 1, 2 호는 구역지정에 관한 사항이고, 제 3, 4, 5 호는 재개발계획에 관한 사항이다.
>
> ⑥ 시·도지사는 재개발사업을 효율적으로 추진하기 위하여 필요하다고 인정하는 경우에는 제 3 항 제3호 내지 제6호의 사항을 동항 제1호 및 제2호의 사항과 따로 결정할 수 있다. 이 경우 제 2 항 내지 제 5 항의 규정을 준용한다.

6. 【구법령】구 주택건설촉진법 제 20 조 (아파트지구개발기본계획의 수립)

> ① 시장(특별시장 및 광역시장을 포함한다)·군수는 도시계획법에 의한 아파트지구의 지정이 있은 때에는 대통령령이 정하는 바에 따라 아파트지구개발에 관한 기본계획(이하 "지구개발계획"이라 한다)을 수립하여 도지사의 승인을 얻어야 한다.<개정 1987·12·4, 1992·12·8, 1997·12·13, 1999.2.8>

B. 2003. 7. 1. 구 도시정비법이 시행됨으로써 부칙 제 5 조 제 3 항에 따라 기존의 지구단위계획구역은 주택재건축구역으로 보고, 아파트지구개발기본계획과 지구단위계획은 정비계획으로 보므로, 법 시행 당시 지구개발기본계획이 수립·승인된 기존의 아파트 지구에서 재건축사업을 하는 경우에는 별도로 정비구역을 지정·고시하거나 정비계획을 수립하지 않아도 돼 ―대법원 2019. 3. 14. 선고 2018 두 56787 판결[조합설립인가처분무효확인의소]

【당사자】

> 【원고, 상고인】 원고 1 외 2 인
>
> 【피고, 피상고인】 서울특별시 강남구청장
>
> 【피고보조참가인】 ○○○○아파트주택재건축정비사업조합

1. 법리

 2002. 12. 30. 법률 제 6852 호로 제정되어 2003. 7. 1. 시행된 도시 및 주거환경정비법(이하 '구 도시정비법'이라고 한다) 부칙(2002. 12. 30., 이하 '이 사건 부칙'이라고 한다) 제 5 조 제 3 항은, '국토의 계획 및 이용에 관한 법률에 의한 용도지구 중 대통령령이 정하는 용도지구는 이 법에 의한 주택재건축구역으로 보며, 주택건설촉진법 제 20 조의 규정에 의하여 수립된 아파트지구개발기본계획은 본칙 제 4 조의 규정에 의하여 수립된 정비계획으로 본다'는 취지로 규정하고 있다.

그 위임에 따라, 2003. 6. 30. 대통령령 제18044호로 제정되어 2003. 7. 1. 시행된 같은 법 시행령(이하 '구 도시정비법 시행령'이라고 한다) 부칙(2003. 6. 30.) 제9조 제1항은 '대통령령이 정하는 용도지구'로서 아파트 지구를 규정하고 있다.

위와 같은 규정 내용과 취지를 종합하면, 구 도시정비법이 제정·시행됨으로써, 이 사건 부칙 제5조 제3항에 의하여 기존의 아파트 지구는 정비구역으로, 기존의 아파트 지구개발기본계획은 정비계획으로 간주되므로, 기존의 아파트 지구에서 구 도시정비법상 재건축사업을 하는 경우에는 별도로 정비구역을 지정고시하거나 정비계획을 수립하지 않더라도 그 사업을 진행할 수 있다고 보아야 한다.

2. 원심판결의 정당함

원심판결 이유 및 기록에 의하면, 이 사건 사업구역이 포함된 청담·도곡아파트 지구는 1977. 3. 29. 청담·도곡아파트 지구개발기본계획이 수립·승인된 아파트 지구로서 1983. 7. 5. 서울특별시고시 제337호로 위 개발기본계획 전반에 관하여 고시가 이루어진 사실을 알 수 있다.

이러한 사정을 앞서 본 규정 및 법리에 비추어 보면, 청담·도곡아파트 지구개발기본계획이 당초 적법하게 수립·승인 및 고시된 이후, 구 도시정비법의 시행에 따라 청담·도곡아파트 지구는 정비구역으로, 청담·도곡아파트 지구개발기본계획은 정비계획으로 간주되므로, 피고보조참가인은 별도의 정비구역 지정고시가 없더라도 적법하게 재건축사업을 진행할 수 있다.

같은 취지에서, 재건축사업을 하기 위하여 별도의 정비구역 지정고시가 필요하다는 원고들의 주장을 배척한 원심판단은 정당하고, 거기에 이 사건 부칙 제5조 제3항의 해석·적용에 관한 법리를 오해하는 등의 잘못이 없다.

돈.되.법

제 3 장

정비사업의 시행방법·시행자

제1절 정비사업의 종류와 시행방법
제2절 정비사업의 시행자
제3절 공공재개발과 공공재건축
제4절 도시재정비법 ('뉴타운사업법')

"전부개정법에서는 주택재개발사업과 도시환경정비사업을 '재개발사업'으로 통합하면서 새로 건설·공급하는 건축물의 용도제한을 없애고(오피스텔 외의 상업용 건물도 공급할 수 있음), 오피스텔의 연면적 제한도 없앴다. 다만 정비계획에서 건축물의 용도를 제한한 경우에는 정비계획에서 정한 제한을 받는다."

제1절 정비사업의 종류와 시행방법

I. 정비사업의 종류

A. 전부개정법상 정비사업의 종류(주거환경정비사업, 재개발사업, 재건축사업)

1. 【해설】재개발사업: 구법의 주택재개발사업과 도시환경정비사업을 통합함

> 전부개정법은 구법의 주택재개발사업과 도시환경경정비사업을 재개발사업 으로 통합하였다.
>
> 그 후 ① 2021. 7. 14. 개정법(2021. 4. 13. 개정 법률 제 18046 호)에서, 시장·군수등 또는 토지주택공사등이 공동시행자·공공시행자 또는 사업대행자로서 주택건설·공급에 관하여 법이 정한 일정기준을 충족하여 시행하는 경우를 공공재개발사업 으로 분류하여 용적률 완화, 통합심의 등 각종 특례를 규정하였고, ② 2021. 7. 20.에는 소규모주택정비법을 개정하여(법률 제 18314 호. 시행일: 2021. 9. 21.) 역세권 또는 준공업지역에서 소규모로 진행하는 재개발사업을 '소규모재개발사업'으로 분류하여 소규모주택정비법에 따라 시행하도록 하였다.

2. 【해설】「주택정비형 재개발사업」 vs. 「도시정비형 재개발사업」

> 서울시조례는 재개발사업을 「주택정비형 재개발사업」과 「도시정비형 재개발사업」으로 구분하여, ① 종전의 '주택재개발구역'과 '도시환경정비구역'을 각각 주택정비형 재개발구역 과 도시정비형 재개발구역 으로 보고(부칙 제 17 조), ② 구 도시정비법에 따라 시행중인 주택재개발사업·도환경정비사업을 각각 주택정비형 재개발사업 도시정비형 재개발사업 으로 봄(부칙 제 18 조)으로써 구법에서의 사업 구분을 계속 이어나가고 있다.
>
> 조례 부칙 제 2 조에서 「위와 같은 구분 운영은 2030 서울특별시 도시·주거환경정비기본계획」을 수립하여 고시하는 때까지 그 효력을 가진다」고 규정하였으나, 서울시는 그 후에도 '주택정비형 재개발사업'과 '도시정비형 재개발사업'의 구분운영을 계속 이어가고 있다.

3. 【해설】재건축사업: 구법상 '주택재건축사업'의 명칭 변경

> (1) 전부개정법은 구법의 주택재건축사업을 재건축사업 으로 명칭 변경하고, 일정 요건을 갖추어 소규모로 시행하는 경우를 "소규모재건축사업"으로 분류하여 「소규모주택정비법」의 적용을 받도록 하였다.

제 3 장 정비사업의 시행방법·시행자 / 제 1 절 정비사업의 종류와 시행방법

> (2) 소규모재건축사업은 다음 3가지 요건을 모두 갖춘 주택단지에서 시행하는 재건축사업을 말한다: ① 면적이 <u>1만㎡</u> 미만일 것, ② <u>노후·불량건축물의 수가</u> 전체 건축물 수의 <u>2/3 이상</u>일 것, ③ 기존주택의 세대수가 <u>200세대 미만</u>일 것(법 제 2 조 제 3 호 다목; 영 제 3 조 제 1 항 제 3 호).
>
> (3) 그 후 2021. 7. 14. 개정법(2021. 4. 13. 개정 법률 제 18046 호)에서, 시장·군수등 또는 토지주택공사등이 공동시행자·공공시행자 또는 사업대행자로서 주택건설·공급에 관하여 법이 정한 일정기준을 충족하여 시행하는 경우를 "공공재건축사업"으로 분류하여 용적률 완화, 통합심의 등 각종 특례를 규정하였다.

4. 【법령】 전부개정 도시정비법 제 2 조(정의) 제 2 호

> 이 법에서 사용하는 용어의 뜻은 다음과 같다. <개정 2017.8.9, 2021.1.5, 2021.1.12, 2021.4.13>
>
> 2. "정비사업"이란 이 법에서 정한 절차에 따라 도시기능을 회복하기 위하여 정비구역에서 정비기반시설을 정비하거나 주택 등 건축물을 개량 또는 건설하는 <u>다음 각 목의 사업</u>을 말한다.
>
>   가. "주거환경개선사업": 도시저소득 주민이 집단거주하는 지역으로서 정비기반시설이 극히 열악하고 노후·불량건축물이 과도하게 밀집한 지역의 주거환경을 개선하거나 단독주택 및 다세대주택이 밀집한 지역에서 정비기반시설과 공동이용시설 확충을 통하여 주거환경을 보전·정비·개량하기 위한 사업 [☞ 종전 주거환경개선사업 + 주거환경관리사업]
>
>   나. "재개발사업": 정비기반시설이 열악하고 노후·불량건축물이 밀집한 지역에서 주거환경을 개선하거나 상업지역·공업지역 등에서 도시기능의 회복 및 상권활성화 등을 위하여 도시환경을 개선하기 위한 사업. [☞ 종전 주택재개발사업 + 도시환경정비사업]
>
>   이 경우 다음 요건을 모두 갖추어 시행하는 재개발사업을 "공공재개발사업"이라 한다.
>
>   (중략. ☞ 아래 공공재개발 부분 참조)
>
>   다. "재건축사업": 정비기반시설은 양호하나 <u>노후·불량건축물에 해당하는 공동주택</u>이 밀집한 지역에서 주거환경을 개선하기 위한 사업. [☞ 종전 주택재건축사업]
>
>   이 경우 다음 요건을 모두 갖추어 시행하는 재건축사업을 "공공재건축사업"이라 한다.
>
>   (이하 생략)

5. 【조례】 서울시 도시정비조례 제 3 조(재개발사업의 구분)

> 법 제 2 조 제 2 호 나목에 따른 재개발사업은 다음 각 호에 따라 구분한다.

I. 정비사업의 종류

> 1. 주택정비형 재개발사업: 정비기반시설이 열악하고 노후·불량건축물이 밀집한 지역에서 주거환경을 개선하기 위하여 시행하는 재개발사업
> 2. 도시정비형 재개발사업: 상업지역·공업지역 등에서 도시 기능의 회복 및 상권 활성화 등 도시환경을 개선하기 위하여 시행하는 재개발사업

6. 【경과규정】 서울시 조례 부칙 <제 6899 호,2018.7.19>

> 제 17 조(주거환경관리사업의 시행을 위한 정비구역 등에 관한 경과조치)
>
> ② 이 조례 시행 당시 종전의 「도시 및 주거환경정비법」(법률 제 14567 호로 개정되기 전의 것을 말한다)에 따라 주택재개발사업·도시환경정비사업을 시행하기 위하여 지정·고시된 정비구역은 각각 이 조례에 따라 지정·고시된 주택정비형 재개발구역·도시정비형 재개발구역으로 본다.
>
> 제 18 조(주거환경관리사업 등에 관한 경과조치) 이 조례 시행 당시 종전의 「도시 및 주거환경정비법」(법률 제 14567 호로 개정되기 전의 것을 말한다)에 따라 시행 중인 주거환경관리사업·주택재개발사업·도시환경정비사업은 각각 이 조례에 따른 관리형 주거환경개선사업·주택정비형 재개발사업·도시정비형 재개발사업으로 본다.

B. 구법상 정비사업의 종류

1. 【구법령】 전부개정전 도시정비법 제 2 조(정의)

> 이 법에서 사용하는 용어의 뜻은 다음과 같다. <개정 2006. 5. 24., 2009. 2. 6., 2011. 4. 14., 2012. 2. 1., 2012. 12. 18., 2013. 12. 24., 2015. 9. 1., 2016. 1. 19.>
>
> 2. "정비사업"이라 함은 이 법에서 정한 절차에 따라 도시기능을 회복하기 위하여 정비구역 또는 가로구역(街路區域: 정비구역이 아닌 대통령령으로 정하는 구역을 말하며, 바목의 사업으로 한정한다)에서 정비기반시설을 정비하거나 주택 등 건축물을 개량하거나 건설하는 다음 각목의 사업을 말한다. 다만, 다목의 경우에는 정비구역이 아닌 구역에서 시행하는 주택재건축 사업을 포함한다.
>
> 가. 주거환경개선사업: 도시저소득주민이 집단으로 거주하는 지역으로서 정비기반시설이 극히 열악하고 노후·불량건축물이 과도하게 밀집한 지역에서 주거환경을 개선하기 위하여 시행하는 사업 [☞ 전부개정법에서 '주거환경관리사업'을 통합하여 그대로 존속함]
>
> 나. 주택재개발사업: 정비기반시설이 열악하고 노후·불량건축물이 밀집한 지역에서 주거환경을 개선하기 위하여 시행하는 사업 [☞ 전부개정법에서 '도시환경정비사업'과 함께 '재개발사업'으로 통합됨]

다. 주택재건축사업: 정비기반시설은 양호하나 노후·불량건축물이 밀집한 지역에서 주거환경을 개선하기 위하여 시행하는 사업 [☞ 전부개정법에서 '재건축사업'으로 개명하고, 소규모재건축사업은 소규모주택정비법에 따른 소규모주택정비사업으로 분리해 나감]

라. 도시환경정비사업: 상업지역·공업지역 등으로서 토지의 효율적 이용과 도심 또는 부도심 등 도시기능의 회복이나 상권활성화 등이 필요한 지역에서 도시환경을 개선하기 위하여 시행하는 사업 [☞ 전부개정법에서 '재개발사업'으로 통합됨]

마. 주거환경관리사업: 단독주택 및 다세대주택 등이 밀집한 지역에서 정비기반시설과 공동이용시설의 확충을 통하여 주거환경을 보전·정비·개량하기 위하여 시행하는 사업 [☞ '주거환경개선사업'으로 통합됨]

바. 가로주택정비사업: 노후·불량건축물이 밀집한 가로구역에서 종전의 가로를 유지하면서 소규모로 주거환경을 개선하기 위하여 시행하는 사업 [☞ 소규모주택정비사업으로 분리해 나감]

2. 【경과규정】 전부개정 도시정비법 부칙 제 27 조(주거환경관리사업 등에 관한 경과조치)

<법률 제 14567 호, 2017. 2. 8.>

이 법 시행 당시 종전의 「도시 및 주거환경정비법」에 따라 사업시행인가를 받아 시행 중인 주거환경관리사업, 주택재개발사업·도시환경정비사업 및 주택재건축사업은 각각 이 법에 따른 주거환경개선사업, 재개발사업 및 재건축사업으로 본다.

C. 【비교표】 구법과 신법의 정비사업 종류 비교

표 4 [전부개정법과 구법의 정비사업 종류 비교표]

2018. 2. 8. 이전 (구 도시정비법)	2018. 2. 9. 이후	
	전부개정법	소규모주택정비법
주거환경개선사업	주거환경개선사업	-
주거환경관리사업		-
주택재개발사업	재개발사업 ※ 재개발사업 중 일정한 요건을 갖추어 시행하는 경우를 '공공재개발사업'이라 함	2021. 9. 21. 소규모주택정비법 개정으로 소규모재개발이 소규모주택정비사업으로 편입됨
도시환경정비사업		
주택재건축사업 (2012. 8. 3.부터 단독주택 재건축이 주택재건축사업에서 제외됨)	재건축사업 ※ 재건축사업 중 일정한 요건을 갖추어 시행하는 경우를 '공공재건축사업'이라 함	'정비구역이 아닌 지역에서 시행하는 공동주택재건축사업'은 소규모재건축사업으로 편입됨 ※ 따라서 2018. 2. 9. 이후에는 소규모재건축의 요건을 갖추지

2018. 2. 8. 이전	2018. 2. 9. 이후	
(구 도시정비법)	전부개정법	소규모주택정비법
		못하면 정비구역이 아닌 지역에서는 재건축사업을 시행할 수 없음
가로주택정비사업	–	소규모주택정비사업으로 편입됨

II. 정비사업의 종류별 시행방법

A. 개요

1. 【해설】재개발·재건축사업의 시행방법

> (1) 재개발사업은 사업시행자가 정비구역에서 관리처분계획에 따라 건축물을 건설하여 공급하거나 환지로 공급하는 방법으로 한다(관리처분방식 또는 환지방식. 법 제 23 조 제 3 항).
>
> (2) 재건축사업은 정비구역에서 관리처분계획에 따라 주택, 부대시설·복리시설 및 오피스텔을 건설하여 공급하는 방법으로 한다(법 제 23 조 제 3 항). 재건축사업은 관리처분방식으로만 시행할 수 있다.
>
> (3) 재개발·재건축사업 모두 정비구역에서만 시행할 수 있다(법 제 23 조 제 2, 3 항).

2. 【해설】전부개정법상 재건축사업 = 정비구역에서 하는 공동주택 재건축

> 재건축사업은 공동주택이 밀집한 지역을 정비구역으로 지정하여 시행한다(법 제 2 조 제 2 호 다목). 재건축사업은 원칙적으로 주택단지에 있는 공동주택을 대상으로 하며, 주택단지에 있지 않은 건축물은 지형여건·주변의 환경으로 보아 사업시행상 불가피한 경우에만 재건축사업을 위한 정비구역에 포함시킬 수 있다(법 제 23 조 제 3 항).
>
> 주택단지에 있지 않은 건축물에 대하여는 안전진단 절차가 생략되고(법 제 12 조 제 3 항) 조합설립을 위한 동의요건이 완화되는 특례가 인정된다(법 제 35 조 제 4 항).
>
> 요컨대 전부개정 도시정비법에서 "재건축사업"은 원칙적으로 「정비구역에서 하는 공동주택 재건축」을 의미한다(법 제 2 조 제 2 호 다목).

3. 【해설】재건축사업 변천사 (도시정비법 시행 이후)

> 2003. 7. 1. 도시정비법이 시행된 이후 재건축사업의 내용은 아래와 같은 변천과정을 겪었다.

제3장 정비사업의 시행방법·시행자 / 제1절 정비사업의 종류와 시행방법

(1) 2003. 7. 1. 최초 시행된 도시정비법에서는 정비구역만이 아니라 '정비구역이 아닌 구역'에서도 주택재건축사업을 시행할 수 있었다. '단독주택 재건축사업'도 있었다.

(2) 2012. 7. 31. 도시정비법 시행령 개정 시 별표1[☞ 정비계획 입안대상구역] 제3호에서 단독주택 재건축에 관한 내용(나목)을 삭제함(시행일: 2012. 8. 3.)으로써 <u>2014. 8. 3.부터 더이상 단독주택 재건축사업을 시행할 수 없게 되었다</u>. 다만, 2014. 8. 2.까지 정비기본계획이 수립된 지역에서는 현재도 단독주택 재건축 정비계획을 입안하여 단독주택 재건축사업을 시행할 수 있다(동 시행령 부칙 제6조 참조).

2014. 8. 3. 이후에도 '정비구역이 아닌 지역에서의 공동주택재건축사업'은 계속 시행되었다.

(3) 2018. 2. 9. 시행된 전부개정법에서 재건축사업은 원칙적으로 정비구역에서만 시행할 수 있고, 정비구역이 아닌 구역에서는 소규모주택정비법이 정한 요건을 갖추어 소규모주택정비사업(소규모재개발·재건축사업, 가로주택정비사업 등)만을 시행할 수 있게 되었다. 결국 전부개정법 시행 이후 '재건축사업'은 원칙적으로 '정비구역에서 시행하는 공동주택 재건축사업'만을 의미하게 되었다.

4. 【해설】 신축건물의 용도

(1) 재개발사업은 신축건물의 용도제한이 없음

전부개정법은 재개발사업으로 건설·공급하는 건물의 용도제한을 없앴다(법 제23조 제2항: "건축물을 건설하여 공급하거나…"). 따라서 전부개정법에 따라 시행하는 재개발사업에서는 오피스텔을 면적 제한 없이 건설·공급할 수 있고, 오피스텔 외의 상업용 건물도 공급할 수 있다. 다만 정비계획에서 건축물의 용도를 제한한 경우에는 정비계획에서 정한 제한을 받는다.

이 개정규정은 전부개정법 시행(2018. 2. 9.) 후 최초로 관리처분계획인가를 신청하는 경우부터 적용한다(부칙 제6조).

요컨대 2018. 2. 9. 이후 최초로 관리처분계획인가를 신청하는 재개발사업에서는 오피스텔이나 상업용 건물을 연면적 제한 없이 건설·공급할 수 있다.

☞ 전부개정전 법률에서 "주택재개발사업"은 주택 및 부대·복리시설을 건축하는 것이 원칙이었다(구법 제6조 제2항). 다만 준주거지역 및 상업지역에서는 오피스텔을 건설·공급할 수 있었지만, 전체 연면적의 30% 이하이어야 한다는 제한이 있었다(구법 제6조 제7항).

II. 정비사업의 종류별 시행방법

(2) 재건축사업은 용도제한 있음

재건축사업의 경우는 신축건물의 용도가 여전히 주택, 부대시설·복리시설 및 오피스텔로 제한된다. 또한 오피스텔의 공급은 a) 준주거지역 및 상업지역에서만 허용되고 b) 그 연면적도 전체 연면적의 30% 이하로 제한된다. (법 제 23 조 제 3, 4 항.)

(3) 2016. 7. 28. 개정법

구법상 주택재개발·재건축사업으로 건설·공급할 수 있는 건축물에 오피스텔이 포함된 것 (제 6 조 제 2, 3 항)은 2016. 7. 28. 개정법에서이다(2016. 1. 27. 개정 법률 제 13912 호). 그 전에는 재개발·재건축 사업 모두 '주택 및 부대·복리시설'만 건설·공급할 수 있었다. 이 개정법 시행(2016. 7. 28.) 전에 관리처분계획 인가(변경인가 포함)를 받았거나 신청한 주택재개발사업 및 주택재건축사업은 종전의 규정에 따르므로(법률 제 13912 호 부칙 제 9 조) 오피스텔을 공급할 수 없다.

5. 【법령】 전부개정 도시정비법 제 23 조(정비사업의 시행방법)

① 주거환경개선사업은 다음 각 호의 어느 하나에 해당하는 방법 또는 이를 혼용하는 방법으로 한다.

   1. 제 24 조에 따른 사업시행자가 정비구역에서 정비기반시설 및 공동이용시설을 새로 설치하거나 확대하고 토지등소유자가 스스로 주택을 보전·정비하거나 개량하는 방법 [☞ 현지개량방식]

☞ 현지개량방식으로 시행되는 주거환경개선사업을 서울시조례에서는 "관리형 주거환경개선사업"이라고 부른다(서울시 도시환경정비조례 제 6 조 제 1 항 제 1 호 단서).

   2. 제 24 조에 따른 사업시행자가 제 63 조에 따라 정비구역의 전부 또는 일부를 수용하여 주택을 건설한 후 토지등소유자에게 우선 공급하거나 대지를 토지등소유자 또는 토지등소유자 외의 자에게 공급하는 방법 [☞ 수용방식]

   3. 제 24 조에 따른 사업시행자가 제 69 조 제 2 항에 따라 환지로 공급하는 방법 [☞ 환지방식]

   4. 제 24 조[주거환경개선사업의 시행자]에 따른 사업시행자가 정비구역에서 제 74 조에 따라 인가받은 관리처분계획에 따라 주택 및 부대시설·복리시설을 건설하여 공급하는 방법 [☞ 관리처분방식]

② 재개발사업은 정비구역에서 a) 제 74 조에 따라 인가받은 관리처분계획에 따라 건축물을 건설하여 공급하거나 b) 제 69 조 제 2 항에 따라 환지로 공급하는 방법으로 한다. [☞ 관리처분 또는 환지방식]

☞ 전부개정법의 '재개발사업'에는 신축건축물의 용도제한이 없다, 이 규정은 2018. 2. 9. 후 최초로 관리처분계획인가를 신청하는 경우부터 적용한다(부칙 제6조).

③ 재건축사업은 정비구역에서 제74조에 따라 인가받은 관리처분계획에 따라 주택, 부대시설·복리시설 및 오피스텔(건축법 제2조 제2항에 따른 오피스텔을 말한다. 이하 같다)을 건설하여 공급하는 방법으로 한다[☞ 관리처분방식].

다만, 주택단지에 있지 아니하는 건축물의 경우에는 지형여건·주변의 환경으로 보아 사업 시행상 불가피한 경우로서 정비구역으로 보는 사업에 한정한다.

④ 제3항에 따라 오피스텔을 건설하여 공급하는 경우에는 「국토의 계획 및 이용에 관한 법률」에 따른 준주거지역 및 상업지역에서만 건설할 수 있다. 이 경우 오피스텔의 연면적은 전체 건축물 연면적의 100분의 30 이하이어야 한다.

B. 【해설 및 법령】사업시행방식에 관한 경과조치

2003. 7. 1. 도시정비법이 제정·시행된 후에도 종전법률(구 도시재개발법·주촉법)에 따라 사업계획승인이나 사업시행인가를 받아 시행중인 사업은 구 도시재개발법·주촉법의 종전 규정에 따라 계속 사업을 시행할 수 있다.

☞ **구 도시정비법 부칙 제7조 (사업시행방식에 관한 경과조치)**

① 종전법률에 의하여 사업계획의 승인이나 사업시행인가를 받아 시행중인 것은 종전의 규정에 의한다.

C. ① 구 도시정비법 부칙에서 종전의 규정에 의하도록 한 '사업시행방식'에는 재건축조합의 경우는 구 도시정비법 '제3장 정비사업의 시행'에서 규정하고 있는 방식과 절차가 모두 포함돼; ② 따라서 구 도시정비법 시행전 구 주촉법에 의하여 사업계획승인/인가를 받은 재건축사업에 대하여는 구 도시정비법 제3장 전부가 적용되지 않음 —대법원 2009.06.25. 선고 2006다64559 판결[조합총회결의무효확인]

구 도시 및 주거환경정비법(2003. 5. 29. 법률 제6893호로 개정되기 전의 것, 이하 '구 도시정비법'이라고 한다) 부칙 제7조 제1항은 '사업시행방식에 관한 경과조치'라는 표제로 "종전법률에 의하여 사업계획의 승인이나 사업시행인가를 받아 시행중인 것은 종전의 규정에 의한다."고 규정하고 있는바,

구 도시정비법이 시행되기 전의 재건축 사업에 대하여 사업계획의 승인을 얻으면 원칙적으로 행정청의 관여는 종료되고 조합원은 이로써 분양받을 권리(입주자로 선정된 지위)를 취득하게 되며 (대법원 2007. 6. 15. 선고 2005두5369 판결 참조), 원래 재건축조합의 운영과 조합원 사이의 권리분배 및 신축된 건물 또는 대지의 소유권 이전 방식 등은 일반 민법 등에 의하여 자율적으로 이루어질 것이 예정되었던 것이어서, 이미 사업계획의 승인을 얻은 재건축조합에

II. 정비사업의 종류별 시행방법

대하여 구 도시정비법에 의한 절차나 방식에 따라 잔존 사업을 시행할 필요성이나 합리성이 있다고 볼 수 없다…

따라서 재건축조합의 경우 구 도시정비법 부칙 제 7 조 제 1 항에서 종전의 규정에 의하도록 한 '사업시행방식'은 특별한 사정이 없는 한 구 도시정비법 제 3 장 '정비사업의 시행'에서 규정하고 있는 방식이나 절차를 모두 포함한다고 할 것이므로 이러한 방식이나 절차에 관한 사항은 종전의 규정에 의하여 규율되어야 할 것이다.

D. [같은 판례] ① 구 도시정비법 시행 전인 2002. 11. 29.에 재건축 사업계획승인을 받은 경우에는, 정관변경을 위한 동의서에 조합원의 인감도장을 찍고 인감증명서를 첨부하도록 한 도시정비법 규정이 적용되지 않아(그것도 '사업시행방식'에 관한 규정이므로); ② 따라서 정관변경 결의서에 인감도장 날인 및 인감증명서의 첨부가 없더라도 유효함 —대법원 2009.06.25. 선고 2006 다 64559 판결[조합총회결의무효확인]

1. 정관변경 절차에 관한 규정의 소급적용 배제

구 도시정비법 시행 이후 일부 개정된 도시 및 주거환경 정비법(2005. 1. 14. 법률 제 7335 호로 개정되기 전의 것, 이하 '개정 도시정비법'이라고 한다) 제 20 조 제 4 항, 제 17 조, 같은 법 시행령(2004. 12. 3. 대통령령 제 18594 호로 개정되기 전의 것, 이하 '같은 법 시행령'이라고 한다) 제 28 조 제 4 항 본문에 의하면, 정관의 변경에는 조합원 3 분의 2 이상의 동의를 얻어 시장·군수의 인가를 받아야 하고, 그 동의는 인감도장을 사용한 서면동의의 방법에 의하며 이 경우 인감증명서를 첨부하도록 규정되어 있는바,

이러한 서면동의의 방법은 재건축조합의 정관변경에 필요한 절차나 방식에 관한 것이어서 앞에서 본 법리에 비추어 보면 이는 구 도시정비법 부칙 제 7 조 제 1 항에서 정한 '사업시행방식'에 포함된다고 봄이 상당하므로, 이러한 사항에 대하여는 구 도시정비법의 적용이 배제된다고 할 것이다.

2. 원심판결의 정당함

따라서 구 도시정비법 시행일 전인 2002. 11. 29. 송파구청장으로부터 이 사건 재건축에 관한 사업계획승인을 받은 피고 조합의 조합원들이 이 사건 2004. 5. 29.자 정관개정에 관한 서면결의를 함에 있어서 개정 도시정비법 제 20 조 제 4 항, 제 17 조, 같은 법 시행령 제 28 조 제 4 항 본문에서 정한 인감도장의 날인 및 인감증명서의 첨부 등의 방법에 의하지 아니하였다고 하여 그 서면결의가 무효라고 볼 수는 없고, 위와 같이 개정 도시정비법의 관련 조항들이 적용되지 아니하는 이상 조합원들의 진정한 의사에 의하여 성립되었다는 점에 관하여 확인이 불가능하다는 등의 특별한 사정이 없는 한 피고 조합의 조합원들이 작성한 서면결의서에 반드시 인감도장이 날인되고 인감증명서가 첨부되어야만 유효하다고 볼 근거는 없다.

제 3 장 정비사업의 시행방법·시행자 / 제 1 절 정비사업의 종류와 시행방법

같은 취지의 원심의 판단은 정당한 것으로 수긍할 수 있고, 거기에 상고이유에서 주장하는 바와 같은 구 도시정비법 부칙 제 7 조 제 1 항의 해석·적용과 서면결의의 방식에 관한 법리오해 등의 위법이 없다.

E. [같은 판례] ① 총회의결사항 중 일부에 대하여 대의원회의 대행을 금지한 구 도시정비법 제 24 조, 제 25 조 제 2 항 등도 '사업시행방식'에 관한 규정이므로 구 사업에 적용되지 않음; ② 따라서 「조합원의 의무/부담금이 중대하게 수반되지 않는 관리처분계획 변경에 관한 사항」을 대의원회에 위임하기로 하는 총회결의는 위 규정이 적용되지 않아 유효함 ―대법원 2009.06.25. 선고 2006 다 64559 판결[조합총회결의무효확인]

1. 일정한 총회의결사항의 대의원회 대행 금지 조항의 소급적용 배제

개정 도시정비법 제 25 조 제 2 항의 위임에 따라 같은 법 시행령 제 35 조는 총회의 의결사항 중 대의원회가 대행할 수 없는 사항을 규정하면서 그 중 하나로 개정 도시정비법 제 24 조 제 3 항 제 10 호의 사항을 규정하고 있는 한편 사업시행계획의 작성 및 변경에 관하여는 이를 규정하고 있지 아니한바, 일정한 총회의 의결사항에 관하여 대의원회의 대행을 금지하는 개정 도시정비법 제 24 조, 제 25 조 제 2 항, 제 28 조 제 4 항 및 같은 법 시행령 제 35 조는 관리처분계획이나 사업시행계획의 수립 및 변경에 관한 사항을 어떠한 주체가 어떠한 방법으로 결정할 것인지에 관한 절차적 규정으로서 이는 구 도시정비법 부칙 제 7 조 제 1 항에서 정한 '사업시행방식'에 포함된다고 봄이 상당하므로, 이러한 사항에 대하여는 구 도시정비법의 적용이 배제된다고 할 것이다.

2. 원심판결의 내용

원심판결 이유와 기록에 의하면,

① 피고 조합은 2004. 5. 29.자 임시총회에서 제 4 호 안건으로 피고 조합의 조합원의 의무나 부담금이 중대하게 수반되지 아니하는 관리처분계획 변경에 관한 사항, 기타 사업추진상 긴급을 요하거나 경미한 사업계획변경에 관한 사항 등을 대의원회에 위임하기로 하는 안건을 상정하고 그 안건을 가결시킨 사실,

② 피고 조합은 그 안건의 상정 배경에 관하여 "사업진행에 있어 경미한 사항에 대하여 대의원회에 위임함으로써 사업지연으로 인한 사업비의 증가 등을 최소화함으로써 성공적인 재건축사업을 성공적인 재건축정비사업을 진행하고자 합니다."라고 밝히면서 "관리처분계획(안) 인준 이후 일반분양 아파트의 분양가 증감 등으로 총수입금 변동비율 2% 이내와 경미한 사업시행 변경은 별도의 총회를 개최하는 대신 대의원회에서 의결한 후 사업을 시행하도록 하며 조합원에게는 서면으로 보고한다. 단, 증감에 대한 정산은 조합청산시 지급 또는 징수하기로 한다."고 설명한 사실 등을 알 수 있다.

3. 대법원의 판단 (상고기각)

앞에서 본 법리에 비추어 보면, 피고 조합의 조합원들의 위와 같은 대의원회에의 위임결의에 대하여는 개정 도시정비법 제24조, 제25조 제2항 및 같은 법 시행령 제35조 등이 적용되지 아니하므로 위 규정들에 저촉되는 위임결의를 하였다고 하여 그 결의가 무효로 될 수는 없다고 할 것이고, 나아가 위와 같은 안건 상정의 동기 및 경위, 대위원회에의 위임 필요성 및 그 위임의 범위 등에 비추어 보면, 위와 같은 위임결의가 피고 조합의 총회의 권한을 박탈하거나 형해화하는 무효의 결의라고 보기는 어렵다고 할 것이다.

같은 취지의 원심의 판단은 정당하고, 거기에 상고이유에서 주장하는 바와 같은 구 도시정비법 부칙 제7조 제1항의 해석과 총회의결사항의 대의원회에 대한 위임 범위에 관한 법리오해 등의 위법이 없다.

제2절 정비사업의 시행자

I. [원칙] 조합에 의한 시행 (법 §25①i 전, 법 §25②전)

A. 【해설】 재건축사업과 재개발사업의 시행자 (조합)

> (1) 재개발사업은 토지등소유자가 조합을 설립하여 시행하는 것이 원칙이다(법 제25조 제1항 제1호).
>
> 재개발조합을 설립하려면 ① 토지등소유자의 4분의 3 이상 및 ② 토지면적의 2분의 1 이상에 해당하는 토지소유자의 동의를 받아야 한다(법 제35조 제2항. 종전과 동일함).
>
> (2) 재건축사업도 토지등소유자가 설립한 조합이 시행하는 것이 원칙이다(법 제25조 제2항). 다만, 토지등소유자의 범위가 재개발사업의 경우와 다를 뿐이다(법 제9조 제9호 나목).
>
> 재건축조합을 설립하려면 ① 주택단지의 공동주택의 각 동별 구분소유자의 과반수 동의(공동주택의 각 동별 구분소유자가 5 이하인 경우는 제외)와 ② 주택단지의 '전체 구분소유자의 4분의 3 이상' 및 '토지면적의 4분의 3 이상'의 토지소유자의 동의를 받아야 한다(법 제35조 제3항. 종전과 동일함).

B. 【해설】 주거환경개선사업의 시행자

(1) 현지개량방식에 의한 주거환경개선사업은 ① 시장·군수등이 직접 시행하거나, ② 공람공고일 현재 토지등소유자의 과반수 동의를 받아 토지주택공사등을 사업시행자로 지정하여 시행하게 할 수 있다(법 제24조 제1항).

종전 '주거환경관리사업'을 '주거환경개선사업'으로 편입하면서 '현지개량방식에 의한 주거환경개선사업'의 동의요건을 종전 '주거환경관리사업'과 동일하게 규정함으로써 '주거환경개선사업'의 시행요건을 완화한 것이다(구법 제8조 제6항 및 아래 참조).

(2) 그 밖의 방식(수용·환지 또는 관리처분 방식)에 의한 주거환경개선사업은 ① 시장·군수등이 직접 시행하거나, ② 토지주택공사등을 사업시행자로 지정하여 시행하게 하거나, ③ 토지주택공사와 건설업자 또는 등록업자를 공동시행자로 지정하여 시행하게 할 수 있다(법 제24조 제2항). 다만 그 밖의 방식에 의한 주거환경개선사업을 시행하기 위해서는 공람공고일 현재 해당 정비예정구역의 토지 또는 건축물의 ① 소유자 또는 지상권자의 3분의 2 이상 동의와 ② 세입자(공람공고일 3개월 전부터 3개월 이상 거주하고 있는 자를 말함) 세대수의 과반수 동의를 각각 받아야 한다(법 제24조 제3항). 이는 종전 주거환경개선사업의 시행요건과 동일한 요건이다.

II. [예외 1] 토지등소유자 방식 (법 §25①ii)

A. 개요

1. 【해설】 토지등소유자가 20명 미만인 재개발사업: 토지등소유자의 직접 시행

토지등소유자가 20명 미만인 재개발사업은 토지등소유자가 직접 시행할 수 있다. 이것은 종전의 '도시환경정비사업'이 재개발사업으로 통합됨에 따라 추가된 조항이다.

☞ 20명은 주택법상 주택조합의 최소 조합원수이다(주택법 시행령 제20조 제5항 참조).

2. 【해설】 경과조치

토지등소유자가 20인 미만인 경우 토지등소유자가 단독으로 시행할 수 있도록 한 개정규정(법 제25조 제1항 제2호)은 전부개정법 시행(2018. 2. 9.) 후 최초로 정비계획의 입안을 위한 공람을 실시하는 경우부터 적용한다(부칙 제7조).

II. [예외 1] 토지등소유자 방식 (법 §25①ii)

3. 【해설】 구법에 의한 도시환경정비사업의 시행자

(1) 종전의 도시환경정비사업은 ① 토지등소유자가 단독으로 시행하거나(토지등소유자 1인이라도 단독 시행자가 될 수 있다. 아래 판례 참조), ② 토지등소유자가 조합을 설립하여 시행하거나, ③ 토지등소유자가 조합원 또는 토지등소유자의 과반수 동의를 얻어 건설업자 등과 공동으로 시행할 수 있었다(전부개정전 도시정비법 제8조 제3항, 제13조 제1항 단서, 제2조 제9호 가목).

(2) 토지등소유자는 위 3가지 방법 중 하나를 자유롭게 선택할 수 있었는바, 절차가 가장 단순하고 각종 규제로부터 자유로운 ①의 방법(= 토지등소유자 단독으로 시행하는 방법)이 가장 선호되었다.

2018. 2. 9. 이전에 이미 도시환경정비사업을 내용으로 하는 정비계획의 입안을 위한 공람을 실시한 경우에는 위 경과규정에 따라 개정규정이 적용되지 않으나, 구 도시정비법의 규정에 따라 토지등소유자가 단독으로 시행할 수 있다.

4. 【해설】 '자치규약'에 따른 시행

토지등소유자가 직접 재개발사업을 시행하는 경우에는 사업시행자인 토지등소유자가 자치적으로 정한 규약, 즉 자치규약이 정관을 대체하는 자치규정이 된다(법 제2조 제11호 나목). 토지등소유자가 사업시행계획인가를 받기 위해서는 사업시행계획서에 자치규약을 첨부하여 제출하여야 한다(법 제50조 제1항).

그런데 도시정비법은 자치규약의 작성방법이나 토지등소유자 동의요건에 관하여 아무런 규정도 하지 않고 있는바, 토지등소유자 중 어느 '한 사람'이라도 사업시행자가 될 수 있다는 대법원판례와 관련하여 자치규약의 작성방법과 그 효력근거를 둘러싼 여러 가지 논의가 있다(이에 관하여는 이우재·박치범, 조해 도시 및 주거환경정비법(상) 219 이하 참조).

B. ① 도시환경정비사업을 시행하고자 하는 토지등소유자는 사업구역 내에 토지 등을 소유하고 있기만 하면 1인이 단독으로 또는 수인이 공동하여 그 수에 관계없이 도시환경정비사업을 시행할 수 있어; ② 반드시 사업구역 내 토지등소유자 전원이 공동으로 도시환경정비사업을 시행하여야 하는 것 아님 —대법원 2011. 6. 30. 선고 2010두1347 판결[도시환경정비사업시행인가처분취소]

【당사자】

원고, 상고인	미진통상 주식회사
원고보조참가인, 상고인	A, B, C

제3장 정비사업의 시행방법·시행자 / 제2절 정비사업의 시행자

피고,피상고인	서울특별시 종로구청장
피고보조참가인	인크레스코 주식회사

구 도시 및 주거환경정비법(2008. 2. 29. 법률 제8852호로 개정되기 전의 것, 이하 '도시정비법'이라 한다) 제2조 제9호 가.목, 제8조 제3항에 의하면 '토지등소유자'(정비구역 안에 소재한 토지 또는 건축물의 소유자 또는 그 지상권자)도 도시환경정비사업의 사업시행자가 될 수 있는바, <u>도시환경정비사업을 시행하고자 하는 토지등소유자는 사업구역 내에 토지 등을 소유하고 있기만 하면 1인이 단독으로 또는 수인이 공동하여 그 수에 관계없이 도시환경정비사업을 시행할 수 있고, 반드시 사업구역 내의 토지등 소유자 전원이 공동으로 도시환경정비사업을 시행하여야 하는 것은 아니다.</u>

☞ 같은 취지: 헌재 2011. 8. 30. 선고 2009헌바128 등 결정

C. 도시환경정비사업을 토지등소유자가 시행하는 경우에도 토지보상법에 따라 토지등을 수용 또는 사용할 수 있도록 한 구 도시정비법 제38조는 헌법에 위반되지 않아 —헌재 2011. 11. 24. 2010헌가95 등

1. 사건의 개요

(1) 서울특별시장은 '도시 및 주거환경정비법'(이하 '도시정비법'이라 한다.)에 따라 도시환경정비구역으로 지정된 서울 종로구 청진동 일대 3,571㎡에 대하여 2007. 7. 12. 서울특별시 고시 제2007-235호로 면적을 3,567.8㎡(이와 같이 변경된 도시환경정비사업구역을 '이 사건 정비구역'이라 한다.)로 변경 지정함과 동시에 도시환경정비계획을 수립하여 고시하였다.

(2) 제청신청인들과 주식회사 ○○도시개발(이하 '○○도시개발'이라 한다)은 이 사건 정비구역 내에 토지 등을 소유하고 있는 토지등소유자인바, <u>○○도시개발은</u> 2007. 12. 21. 이 사건 정비구역에서 도시환경정비사업(이하 '이 사건 사업'이라 한다)을 시행할 목적으로 이 사건 정비구역 내의 토지등소유자를 대상으로 임시총회를 개최하고, <u>토지등소유자 중 일부의 동의를 얻어 이 사건 사업 시행에 관한 규약을 제정함과 동시에 사업시행계획의 확정 및 사업시행인가 신청에 관한 동의를 얻은 후, 2007. 12.경 서울특별시 종로구청장에게 사업시행인가를 신청하였다.</u>

(3) <u>서울특별시 종로구청장은 2008. 4. 10. ○○도시개발을 사업시행자로 하는 이 사건 사업의 시행인가처분</u>(이하 '이 사건 인가처분'이라 한다.)을 하고, 2008. 4. 11. 서울특별시 종로구 고시 제2008-7호로 이를 고시하였다.

(4) 제청신청인들과 ○○도시개발 사이에 제청신청인들 소유의 토지 등에 관하여 보상협의가 이루어지지 않자 ○○도시개발은 서울특별시 지방토지수용위원회에 수용재결을 신청하였고,

II. [예외 1] 토지등소유자 방식 (법 §25①ii)

위 토지수용위원회는 2008. 12. 29. 제청신청인들 소유의 토지등을 수용하는 내용의 수용재결을 하였다.

(5) 제청신청인들은 이 사건 인가처분과 수용재결이 위법하다고 주장하면서 서울행정법원 2009 구합 19946 호, 2009 구합 20267 호로 각 이 사건 수용재결의 취소 등을 구하는 소를 제기하는 한편, 도시정비법 제 38 조에 대하여 위헌법률심판제청신청(2009 아 2415, 2009 아 2442)을 하였고, 제청법원은 이를 받아들여 2010. 11. 8. 위헌법률심판제청을 하였다.

2. 판단 (합헌)

헌법 제 23 조 제 3 항은 정당한 보상을 전제로 하여 재산권의 수용 등에 관한 가능성을 규정하고 있지만, 재산권 수용의 주체를 한정하지 않고 있다. 이는 재산의 수용과 관련하여 그 수용의 주체가 국가 등에 한정되어야 하는지, 아니면 사인에게도 허용될 수 있는지 여부에 대하여 헌법이라는 규범적 층위에서는 구체적으로 결정된 내용이 없다는 점을 의미한다. 위 헌법조항의 핵심은 당해 수용이 공공필요에 부합하는가, 정당한 보상이 지급되고 있는가 여부 등에 있는 것이지, 그 수용의 주체가 국가인지 사인인지 여부에 있는 것은 아니다. 공공필요가 있는 사업으로 인정되어 국가가 토지를 수용하는 것이 문제되지 않는 경우라면, 같은 사업에서 사인이 수용권을 갖는다 하여 그 사업에서의 공공필요에 대한 판단이 본질적으로 달라진다고 할 수는 없기 때문이다(헌재 2009. 9. 24. 2007 헌바 114, 판례집 21-2 상, 562, 571-572 참조).

또한 도시환경정비사업에 있어서 토지등소유자가 수용의 주체가 된다 하더라도 그에게 수용권을 부여하는 것은 사업시행인가를 행하는 시장·군수인바(도시정비법 제 28 조 제 1 항), 이는 궁극적으로 수용에 요구되는 공공의 필요성 등에 대한 최종적인 판단권한이 국가 등과 같은 공적 기관에게 유보되어 있음을 의미한다.

해당 사업의 공공필요성을 판단하고 수용의 가부를 검토하는 전반적인 절차 속에서 국가 등의 공적 기관이 주도적인 역할과 최종적인 결정권한을 보유하는 한, 비록 사인이 수용의 주체가 된다 할지라도 이는 위와 같은 국가 등의 결정에 대한 구체적인 실행에 불과한 까닭이다 (헌재 2009. 9. 24. 2007 헌바 114, 판례집 21-2 상, 562, 572 참조).

... 도시정비법은 도시환경정비사업의 시행자인 사인이 자신의 이윤추구에 치우친 나머지 애초 도시환경정비사업으로 달성하고자 하는 공익목적이 훼손되지 않도록 하기 위한 제도적 규율을 마련하고 있다. 따라서 이 사건 법률조항은 헌법 제 23 조 제 3 항이 요구하는 '공공필요성'을 갖추고 있다고 할 것이다.

III. [예외 2] 공동시행 방식 (법 §25①i 후단, 법 §25②후단)

A. 개요

1. 【해설】 재개발사업의 공동시행

(1) 재개발사업은 조합원 과반수의 동의를 받아 시장·군수등, 토지주택공사등, 건설업자, 등록사업자 또는 대통령령으로 정한 요건을 갖춘자(신탁업자)가 조합과 공동으로 시행할 수 있다(법 제25조 제1항 제1호 후단; 영 제19조 전단).

(2) 토지등소유자가 20명 미만인 재개발사업은 토지등소유자의 과반수의 동의를 받아 시장·군수등, 토지주택공사등, 건설업자, 등록사업자 또는 대통령령으로 정한 요건을 갖춘자(한국부동산원)와 토지등소유자가 공동으로 시행할 수 있다(법 제25조 제1항 제2호 후단; 영 제19조 후단).

(3) 위 두 경우 모두 공동사업시행자가 될 수 있는 자는 시장·군수등, 토지주택공사등, 건설업자, 등록사업자 또는 '대통령령으로 정한 요건을 갖춘자' 등이다.

① "시장·군수등"은 특별자치시장, 특별자치도지사, 시장, 군수, 자치구의 구청장을 말한다(법 제2조 제2호 나목 1)).

② "토지주택공사등"은 한국토지주택공사(LH 공사) 및 주택사업을 위하여 지방공기업법에 따라 설립된 지방공사(예: SH 서울주택도시공사)를 말한다(법 제2조 제10호).

③ "건설업자"는 건설업법 제9조에 따라 등록한 건설업자를 말한다(법 제24조 제2항 제2호 가목).

④ "등록사업자"는 주택법 제4조에 따라 국토교통부장관에게 주택건설사업의 등록을 한 등록사업자 중 주택법 제7조 제1항에 따라 건설업자로 보는 등록사업자를 말한다(법 제24조 제2항 제2호 나목).

⑤ "대통령령으로 정한 요건을 갖춘자"는 a) 일반 재개발사업에서는 (법 제25조 제1항 제1호 후단)에서는 신탁업자를 말하고, b) 토지등소유자가 20명 미만 재개발사업에서는 한국부동산원을 말한다(영 제19조). "신탁업자"는 금융투자업자 중 신탁업을 영위하는 자를 말한다(자본시장법 제8조 제7항, 제6조 제9항; 신탁법 제2조).

(4) 공동시행방식은 공공재개발 시행방식의 하나: "공공재개발사업"이란 재개발사업 중 a) 시장·군수등 또는 토지주택공사등이 공동시행자(법 제25조 제1항), 공공시행자 또는 지정시행자(법 제26조 제1항), 사업대행자(법 제28조 제1항) 중 하나가 되어, b) 조합원분양분을 제외한 나머지 주택의 50% 이상을 지분형주택·공공임대주택·공공지원민간임대주택으로 건설·공급하는 경우를 말하므로(법 제2조 제2호 나목 후단), 공동시행

III. [예외 2] 공동시행 방식 (법 §25①i 후단, 법 §25②후단)

방식은 공공재개발 시행방식의 하나이다. ☞ 공공재개발에 관한 상세 내용은 제 3 장 제 3 절 참조.

☞ **주택법 제 4 조 (주택건설사업 등의 등록)**

① 연간 대통령령으로 정하는 호수(戶數) 이상의 주택건설사업을 시행하려는 자 또는 연간 대통령령으로 정하는 면적 이상의 대지조성사업을 시행하려는 자는 국토교통부장관에게 등록하여야 한다.

☞ **주택법 제 7 조(등록사업자의 시공)**

① 등록사업자가 제 15 조에 따른 사업계획승인(건축법에 따른 공동주택건축허가를 포함한다)을 받아 분양 또는 임대를 목적으로 주택을 건설하는 경우로서 그 기술능력, 주택건설 실적 및 주택규모 등이 대통령령으로 정하는 기준에 해당하는 경우에는 그 등록사업자를 「건설산업기본법」 제 9 조에 따른 건설사업자 로 보며 주택건설공사를 시공할 수 있다. <개정 2019. 4. 30.>

2. 【해설】 재건축사업의 공동시행 (신탁업자·한국부동산원은 공동시행 불가)

(1) 재건축사업은 조합원 과반수의 동의 를 받아 조합과 시장·군수등, 토지주택공사등, 건설업자 또는 등록사업자가 공동으로 시행할 수 있다(법 제 25 조 제 2 항 후단).

(2) 재건축사업에서는 신탁업자 또는 한국부동산원은 공동사업시행자가 될 수 없다.

(3) 공동시행방식은 공공재건축 시행방식의 하나 : "공공재건축사업"이란 재건축사업 중 a) 시장·군수등 또는 토지주택공사등이 공동시행자 (법 제 25 조 제 2 항), 공공시행자 또는 지정시행자 (법 제 26 조 제 1 항), 사업대행자 (법 제 28 조 제 1 항) 중 하나가 되어, b) 일정 세대수(종전 세대수의 160% 이상)를 건설·공급하는 경우를 말하므로(법 제 2 조 제 2 호 다목 후단; 영 제 1 조의 3), 공동시행방식은 공공재건축 시행방식의 하나이다.

☞ 공공재건축에 관한 상세 내용은 제 3 장 제 3 절 참조.

3. 【해설】 조합의 존속

재개발·재건축사업을 시장·군수등, 토지주택공사등, 건설업자, 등록사업자 또는 신탁업자/한국부동산원과 조합과 공동으로 시행하는 경우에는 조합이 계속 존재한다.

따라서 공동시행의 경우는 조합원 자격, 투기과열지구에서의 조합원 지위승계 제한 등에 관한 규정이 똑같이 적용된다.

4. 【법령 및 해설】 전부개정 도시정비법 제 25 조(재개발사업·재건축사업의 시행자)

① 재개발사업 은 다음 각 호의 어느 하나에 해당하는 방법으로 시행할 수 있다.

> 1. A) 조합이 시행하거나 B) 조합이 조합원의 과반수의 동의를 받아 시장·군수등, 토지주택공사등, 건설업자, 등록사업자 또는 대통령으로 정하는 요건을 갖춘 자[☞ 신탁업자]와 공동으로 시행하는 방법
>
> ☞ "대통령으로 정하는 요건을 갖춘 자"는 신탁업자(자본시장법 제 8 조 제 7 항)를 말한다(영 제 19 조 전단).
>
> 2. 토지등소유자가 20 인 미만인 경우에는 A) 토지등소유자가 시행하거나 B) 토지등소유자가 토지등소유자의 과반수의 동의를 받아 시장·군수등, 토지주택공사등, 건설업자, 등록사업자 또는 대통령으로 정하는 요건을 갖춘 자[☞ 한국부동산원]와 공동으로 시행하는 방법 법 제 25 조
>
> ☞ 토지등소유자가 20 인 미만인 경우의 공동시행에 관한 규정도 전부개정법 시행 (2018. 2. 9.) 후 최초로 정비계획의 입안을 위한 공람을 실시하는 경우부터 적용한다(부칙 제 7 조). ☞ "대통령으로 정하는 요건을 갖춘 자"는 한국부동산원을 말한다(영 제 19 조 후단).
>
> ② 재건축사업은 A) 조합이 시행하거나 B) 조합이 조합원의 과반수의 동의를 받아 시장·군수등, 토지주택공사등, 건설업자 또는 등록사업자와 공동으로 시행할 수 있다.

B. [구 주촉법에 따른 재건축 하급심판례] ① 재건축조합(참가인)이 공동시행자인 시공자와 분쟁이 발생하여 시공자와의 사업약정을 해지하고 새로운 시공자를 선정하여 사업주체 변경을 내용으로 하는 사업계획변경 승인신청을 하는 경우, 그 신청은 재건축조합과 새로운 시공자가 공동으로 하면 돼; ② 사업계획변경 승인신청서 말미에는 신청인으로 참가인만이 기명날인 하였으나, 시공자란에 새로운 시공자의 명칭·등록번호·주소·대표자성명이 기재되어 있고 대표자의 직인이 날인되어 있으므로, 조합과 새로운 시공자가 공동으로 사업계획변경 승인신청을 하였다고 본 사례 —서울행정법원 2005. 1. 26. 선고 2004 구합 23322 판결[민영주택건설사업계획변경승인처분취소] (항소기각, 심리불속행기각 대법원 2006. 12. 8. 자 2005 두 16659 판결)

【당사자】

> 원고 주식회사 A (구 시공자 겸 종전 공동사업주체)
>
> 피고 서울특별시 성동구청장
>
> 참가인 B 연립재건축조합

1. 처분의 경위

가. 원고는 주택공사업, 건축공사업 등을 목적으로 2002. 12. 13. 설립된 법인이고, 참가인은 서울 성동구 C 대 3,294.3 ㎡에 있는 기존의 B 연립을 철거하고 위 대지에 95 세대의 아파트를

III. [예외 2] 공동시행 방식 (법 §25①i 후단, 법 §25②후단)

신축하기 위하여 52명의 조합원으로 구성된 재건축조합이다.

나. 참가인은 2003. 5. 19. 창립총회를 개최하고 원고를 시공자로 선정하였다.

다. 참가인은 2003. 6. 10. 피고로부터 주택조합설립인가를 받았다. 참가인은 참가인 및 원고의 명칭과 대표자 등이 변경됨에 따라 2003. 6. 11. 원고가 가칭 주식회사 D 명의로 2002. 10. 14. B연립 재건축 추진위원회와 체결한 공동사업약정을 추인하였다.

라. 참가인은 2003. 6.경 피고에게 위 재건축사업에 관한 사업계획 승인신청을 하였고, 피고는 2003. 6. 27. 위 신청을 받아들여 주택건설 사업계획을 승인하였다.

마. 그런데 참가인은 2004. 4. 28. 피고에게 위 재건축사업의 시공자를 원고에서 E 주식회사로 변경하는 사업계획변경 승인신청을 하였고, 피고는 2004. 7. 19. 위 신청을 받아들여 공동사업주체(시공자)를 원고에서 E 주식회사로 변경하는 사업계획변경을 승인하는 이 사건 처분을 하였다.

2. 이 사건 처분의 적법 여부

가. 원고의 주장

(2) 원고와 참가인은 피고로부터 재건축사업의 공동사업주체로 승인 받았으므로 사업계획변경의 경우에도 원고와 참가인이 공동으로 승인신청을 하여야 함에도 참가인이 단독으로 승인신청을 하였으므로 위 승인신청은 형식적 요건을 구비하지 못하였다.

나. 원고의 둘째 주장에 대한 판단

... 점 등의 여러 사정을 종합하여 보면, 재건축조합과 시공자 사이에 분쟁이 발생하여 재건축조합이 종전의 시공자와의 사업약정을 해지하고 새로운 시공자를 선정하여 관할관청에 사업주체의 변경을 내용으로 하는 사업계획변경 승인신청을 하는 경우에는 재건축조합과 종전의 시공자가 공동으로 신청하여야 한다고 볼 것은 아니고, 단지 재건축조합과 새로운 시공자가 공동으로 신청하면 된다고 할 것이다.

이 사건으로 돌아와 살피건대, 을나 1 호증의 기재에 의하면, 참가인이 2004. 4. 28. 피고에게 제출한 주택건설사업 계획변경 승인신청서 말미에는 신청인으로 참가인의 명칭이 기재되어 있고 그 옆에 대표자의 직인이 찍혀 있을 뿐이지만, 위 신청서 중 시공자란에 E 주식회사의 명칭과 등록번호, 사무소 소재지, 대표자의 성명이 각 기재되어 있고, E 주식회사의 대표자의 직인이 날인되어 있는 사실을 인정할 수 있고, 반증이 없는바, 위 인정사실에 의하면, 참가인과 새로운 시공자인 E 주식회사가 공동으로 사업계획변경 승인신청을 한 것으로 볼 수 있다.

따라서 위 사업계획변경 승인신청은 적법하고, 참가인이 사업계획변경 승인신청을 함에 있어서 종전 시공자인 원고와 공동으로 승인신청을 하여야 함을 전제로 한 원고의 위 주장은 이유 없다.

IV. [예외 3] 공공시행 방식(직접 시행 또는 지정 시행) – 법 §26①

A. 개요

1. 【해설】 ① 시장·군수등이 직접 시행 또는 ② 토지주택공사등을 사업시행자로 지정 시행

(1) 시장·군수등은 토지면적 2 분의 1 이상의 토지소유자와 토지등소유자의 3 분의 2 이상에 해당하는 자가 요청하는 때 등 일정한 요건에 해당하는 경우에는 재개발·재건축사업을 A) 직접 시행하거나, B) 토지주택공사등을 사업시행자로 지정하여 시행하게 할 수 있다(법 제 26 조 제 1 항 제 1~8 호).

(2) 시장·군수등 또는 토지주택공사등이 단독으로 정비사업을 시행하는 경우에는 토지등소유자의 권리·의무, 비용부담 및 회계 등에 관한 사항을 포함하는 시행규정을 작성하여야 한다(법 제 53 조).

2. 【해설】 지정동의 방법은 조합설립동의와 동일함

'공공시행 또는 지정개발자 지정'에 대한 동의 및 그에 대한 반대의사표시의 방법은 조합설립동의의 경우와 동일하다(법 제 36 조 제 1 항 제 5 호). 즉 공공시행자 또는 지정개발자 지정에 대한 동의 및 그에 대한 반대의사표시는 i) 서면동의서에 토지등소유자가 성명을 적고[☞ 자필기재를 말함] ii) 지장(指章)을 날인하는 방법으로 하며, iii) 주민등록증, 여권 등 신원을 확인할 수 있는 신분증명서의 사본을 첨부하여야 한다.

3. 【해설】 정비계획 입안제안동의자와 주민대표회의 구성동의자의 사업시행자 지정동의 간주

(1) **'정비계획 입안제안동의자'의 동의 간주:** 토지등소유자는 토지등소유자의 3 분의 2 이하 및 토지면적 3 분의 2 이하의 범위에서 시·도조례로 정하는 비율 이상의 동의를 받아 토지주택공사등을 사업시행자로 지정하는 내용의 정비계획 입안을 제안할 수 있는바(법 제 14 조 제 1 항 제 2 호; 영 제 12 조 제 1 항), 이때 입안제안에 동의한 토지등소유자는 사업시행자 지정에 동의한 것으로 본다(법 제 26 조 제 1 항 제 8호 제 2 문).

(2) **'주민대표회의 구성 동의자'의 동의 간주:** 아래에서 볼 주민대표회의 구성에 동의한 자도 사업시행자 지정에 동의한 것으로 본다(법 제 47 조 제 4 항).

IV. [예외 3] 공공시행 방식(직접 시행 또는 지정 시행) – 법 §26①

(3) 동의자의 반대 의사표시: 위 두 경우 모두 사업시행자 지정 요청 전에 사업시행자 지정에 대한 반대의 의사표시를 한 경우에는 사업시행자 지정에 동의한 것으로 간주되지 않는다. 이 경우 반대의 의사표시는 a) 시장·군수등 및 b) 주민대표회의 둘 모두에게 하여야 한다. (이상 법 제26조 제1항 제8호 단서; 법 제47조 제4항 단서.)

4. **【법령】** 전부개정 도시정비법 제26조(재개발사업·재건축사업의 공공시행자)

① 시장·군수등은 재개발사업 및 재건축사업이 다음 각 호의 어느 하나에 해당하는 때에는 제25조에도 불구하고 A) 직접 정비사업을 시행하거나 B) 토지주택공사등(토지주택공사등이 건설업자 또는 등록사업자와 공동으로 시행하는 경우를 포함한다)을 사업시행자로 지정하여 정비사업을 시행하게 할 수 있다. <개정 2018. 6. 12.>

1. 천재지변, 「재난 및 안전관리 기본법」 제27조 또는 「시설물의 안전 및 유지관리에 관한 특별법」 제23조에 따른 사용제한·사용금지, 그 밖의 불가피한 사유로 긴급하게 정비사업을 시행할 필요가 있다고 인정하는 때

2. 제16조제2항 전단에 따라 고시된 정비계획에서 정한 정비사업시행 예정일부터 2년 이내에 사업시행계획인가를 신청하지 아니하거나 사업시행계획인가를 신청한 내용이 위법 또는 부당하다고 인정하는 때(재건축사업의 경우는 제외한다)

3. a) 추진위원회가 시장·군수등의 구성승인을 받은 날부터 3년 이내에 조합설립인가를 신청하지 아니하거나 b) 조합이 조합설립인가를 받은 날부터 3년 이내에 사업시행계획인가를 신청하지 아니한 때

4. 지방자치단체의 장이 시행하는 「국토의 계획 및 이용에 관한 법률」 제2조 제11호에 따른 도시·군계획사업과 병행하여 정비사업을 시행할 필요가 있다고 인정하는 때

5. 제59조 제1항에 따른 순환정비방식으로 정비사업을 시행할 필요가 있다고 인정하는 때

6. 제113조에 따라 사업시행계획인가가 취소된 때

7. 해당 정비구역의 A) 국·공유지 면적 또는 국·공유지와 토지주택공사등이 소유한 토지를 합한 면적이 전체 토지면적의 2분의 1 이상으로서 B) 토지등소유자의 과반수가 시장·군수등 또는 토지주택공사등을 사업시행자로 지정하는 것에 동의하는 때

8. 해당 정비구역의 토지면적 2분의 1 이상의 토지소유자와 토지등소유자의 3분의 2 이상에 해당하는 자가 시장·군수등 또는 토지주택공사등을 사업시행자로 지정할 것을 요청하는 때. 이 경우 제14조 제1항 제2호에 따라 토지등소유자가 정비계획의 입안을 제안한 경우 입안제안에 동의한 토지등소유자는 토지주택공사등의 사업시행자 지정에 동의한 것으로 본다.

제 3 장 정비사업의 시행방법·시행자 / 제 2 절 정비사업의 시행자

> 다만, 사업시행자의 지정 요청 전에 시장·군수등 및 제 47 조에 따른 <u>주민대표회의에 사업시행자의 지정에 대한 반대의 의사표시를 한 토지등소유자의 경우에는</u> 그러하지 아니하다.
>
> ② 시장·군수등은 제 1 항에 따라 직접 정비사업을 시행하거나 토지주택공사등을 사업시행자로 지정하는 때에는 정비사업 시행구역 등 토지등소유자에게 알릴 필요가 있는 사항으로서 대통령령으로 정하는 사항을 <u>해당 지방자치단체의 공보에 고시하여야 한다.</u> 다만, 제 1 항제 1 호의 경우에는 토지등소유자에게 지체 없이 정비사업의 시행 사유·시기 및 방법 등을 통보하여야 한다.
>
> ③ 제 2 항에 따라 시장·군수등이 직접 정비사업을 시행하거나 토지주택공사등을 사업시행자로 지정·고시한 때에는 <u>그 고시일 다음 날에 추진위원회의 구성승인 또는 조합설립인가가 취소된 것으로 본다.</u> 이 경우 시장·군수등은 해당 지방자치단체의 공보에 해당 내용을 고시하여야 한다.

5. **【법령】 전부개정 도시정비법 제 53 조(시행규정의 작성)**

> 시장·군수등, 토지주택공사등 또는 신탁업자가 단독으로 정비사업을 시행하는 경우 다음 각 호의 사항을 포함하는 시행규정을 작성하여야 한다.
>
> 1. 정비사업의 종류 및 명칭
> 2. 정비사업의 시행연도 및 시행방법
> 3. 비용부담 및 회계
> 4. 토지등소유자의 권리·의무
> 5. 정비기반시설 및 공동이용시설의 부담
> 6. 공고·공람 및 통지의 방법
> 7. 토지 및 건축물에 관한 권리의 평가방법
> 8. 관리처분계획 및 청산(분할징수 또는 납입에 관한 사항을 포함한다). 다만, 수용의 방법으로 시행하는 경우는 제외한다.
> 9. 시행규정의 변경
> 10. 사업시행계획서의 변경
> 11. 토지등소유자 전체회의(신탁업자가 사업시행자인 경우로 한정한다)
> 12. 그 밖에 시·도조례로 정하는 사항

IV. [예외 3] 공공시행 방식(직접 시행 또는 지정 시행) – 법 §26①

B. 주민대표회의

1. 【해설】 주민대표회의의 구성

(1) 토지등소유자가 시장·군수등 또는 토지주택공사등의 사업시행을 원하는 경우에는 정비구역 지정·고시 후 미리 주민대표회의를 구성하여야 한다(법 제 47 조 제 1 항). 주민대표회의는 5명 이상 25명 이하(위원장 포함)로 구성한다(법 제 47 조 제 2 항).

(2) 주민대표회의는 토지등소유자의 과반수의 동의를 받아 구성하며 시장·군수등의 승인을 받아야 한다(법 제 47 조 제 3 항). 주민대표회의 구성에 동의한 자는 사업시행자 지정에 동의한 것으로 본다(위 참조).

(3) 주민대표회의 구성에 대한 동의 및 그에 대한 반대의사표시의 방법도 조합설립동의의 경우와 동일하다(법 제 36 조 제 1 항 제 9 호).

(4) 주민대표회의는 시공자를 추천할 수 있으며, 이 경우 사업시행자는 추천받은 자를 시공자로 선정하여야 한다(법 제 29 조 제 7, 8 항).

2. 【해설】 '정비계획 입안제안동의자'와 '주민대표회의 구성동의자'의 사업시행자 지정동의 간주

(1) '정비계획 입안제안동의자'의 동의 간주: 토지등소유자는 토지등소유자의 3 분의 2 이하 및 토지면적 3 분의 2 이하의 범위에서 시·도조례로 정하는 비율 이상의 동의를 받아 토지주택공사등을 사업시행자로 지정하는 내용의 정비계획 입안을 제안할 수 있는바(법 제 14 조 제 1 항 제 2 호; 영 제 12 조 제 1 항), 이때 입안제안에 동의한 토지등소유자는 사업시행자 지정에 동의한 것으로 본다(법 제 26 조 제 1 항 제 8 호 제 2 문).

(2) '주민대표회의 구성 동의자'의 동의 간주: 주민대표회의 구성에 동의한 자도 사업시행자 지정에 동의한 것으로 본다(법 제 47 조 제 4 항).

(3) 동의자의 반대 의사표시: 위 두 경우 모두 사업시행자 지정 요청 전에 사업시행자 지정에 대한 반대의 의사표시를 한 경우에는 사업시행자 지정에 동의한 것으로 간주되지 않는다. 이 경우 반대의 의사표시는 a) 시장·군수등 및 b) 주민대표회의 둘 모두에게 하여야 한다. (이상 법 제 26 조 제 1 항 제 8 호 단서; 법 제 47 조 제 4 항 단서.)

3. 【법령】 전부개정 도시정비법 제 47 조(주민대표회의)

① 토지등소유자가 시장·군수등 또는 토지주택공사등의 사업시행을 원하는 경우에는 정비구역 지정·고시 후 주민대표기구(이하 "주민대표회의"라 한다)를 구성하여야 한다.

② 주민대표회의는 위원장을 포함하여 5명 이상 25명 이하로 구성한다.

③ 주민대표회의는 토지등소유자의 과반수의 동의를 받아 구성하며, 국토교통부령으로 정하는 방법 및 절차에 따라 시장·군수등의 승인을 받아야 한다.

④ 제3항에 따라 주민대표회의의 구성에 동의한 자는 제26조제1항제8호 후단에 따른 사업시행자의 지정에 동의한 것으로 본다. 다만, 사업시행자의 지정 요청 전에 시장·군수등 및 주민대표회의에 사업시행자의 지정에 대한 반대의 의사표시를 한 토지등소유자의 경우에는 그러하지 아니하다.

⑤ 주민대표회의 또는 세입자(상가세입자를 포함한다. 이하 같다)는 사업시행자가 다음 각 호의 사항에 관하여 제53조에 따른 시행규정을 정하는 때에 의견을 제시할 수 있다. 이 경우 사업시행자는 주민대표회의 또는 세입자의 의견을 반영하기 위하여 노력하여야 한다.

1. 건축물의 철거

2. 주민의 이주(세입자의 퇴거에 관한 사항을 포함한다)

3. 토지 및 건축물의 보상(세입자에 대한 주거이전비 등 보상에 관한 사항을 포함한다)

4. 정비사업비의 부담

5. 세입자에 대한 임대주택의 공급 및 입주자격

6. 그 밖에 정비사업의 시행을 위하여 필요한 사항으로서 대통령령으로 정하는 사항

☞ 영 제45조(주민대표회의)

② 법 제47조 제5항 세6호에서 "대통령령으로 정하는 사항"이란 다음 각 호의 사항을 말한다.

1. 법 제29조제4항에 따른 시공자의 추천

2. 다음 각 목의 변경에 관한 사항

　가. 법 제47조제5항제1호에 따른 건축물의 철거

　나. 법 제47조제5항제2호에 따른 주민의 이주(세입자의 퇴거에 관한 사항을 포함한다)

　다. 법 제47조제5항제3호에 따른 토지 및 건축물의 보상(세입자에 대한 주거이전비 등 보상에 관한 사항을 포함한다)

　라. 법 제47조제5항제4호에 따른 정비사업비의 부담

3. 관리처분계획 및 청산에 관한 사항(법 제23조제1항제1호부터 제3호까지의 방법으로 시행하는 주거환경개선사업은 제외한다)

> 4. 제3호에 따른 사항의 변경에 관한 사항

4. 【법령】 전부개정법 시행령 제45조(주민대표회의)

> ① 법 제47조 제1항에 따른 주민대표회의(이하 "주민대표회의"라 한다)에는 <u>위원장과 부위원장 각 1명</u>과 <u>1명 이상 3명 이하의 감사</u>를 둔다
>
> ③ 시장·군수등 또는 토지주택공사등은 <u>주민대표회의의 운영에 필요한 경비의 일부</u>를 해당 정비사업비에서 <u>지원할 수 있다</u>.
>
> ④ 주민대표회의 위원의 선출·교체 및 해임, 운영방법, 운영비용의 조달 그 밖에 <u>주민대표회의의 운영에 필요한 사항은 주민대표회의가 정한다</u>.

5. 【법령】 전부개정 도시정비법 제29조(계약의 방법 및 시공자 선정 등)

> ⑦ 제6항에 따라 시공자를 선정하거나 제23조제1항제4호의 방법으로 시행하는 주거환경개선사업의 사업시행자가 <u>시공자를 선정하는 경우</u> 제47조에 따른 주민대표회의 또는 제48조에 따른 토지등소유자 전체회의는 대통령령으로 정하는 경쟁입찰 또는 수의계약(2회 이상 경쟁입찰이 유찰된 경우로 한정한다)의 방법으로 시공자를 추천할 수 있다. <개정 2017. 8. 9.>
>
> ⑧ 제7항에 따라 주민대표회의 또는 토지등소유자 전체회의가 시공자를 추천한 경우 사업시행자는 추천받은 자를 시공자로 선정하여야 한다. 이 경우 시공자와의 계약에 관해서는 「지방자치단체를 당사자로 하는 계약에 관한 법률」 제9조 또는 「공공기관의 운영에 관한 법률」 제39조를 적용하지 아니한다. <개정 2017. 8. 9.>

V. [예외 4] 지정개발자(신탁업자 등)에 의한 시행 – 법 §27①

A. 지정 사유

1. 【해설】 지정개발자 지정사유(법 제27조 제1항)

> (1) 시장·군수등은 일정한 요건에 해당하는 경우 신탁업자 등을 사업시행자로 지정하여 재개발·재건축사업을 시행하게 할 수 있다. 이는 앞서 본 <u>공공시행자의 지정시행</u>(법 제26조 제1항)<u>과는 다른 것</u>이다.
>
> (2) 지정개발자를 사업시행자로 지정하여 재개발·재건축사업을 시행하게 할 수 있는 경우는 다음 중 하나이다(법 제27조 제1항).
>
> ① 천재지변 등 긴급한 필요가 있을 때(제1호)

제3장 정비사업의 시행방법·시행자 / 제2절 정비사업의 시행자

② 정비계획에서 정한 사업시행 예정일부터 2년 내에 사업시행계획인가를 신청하지 않은 때 등(재건축사업은 제외. 제2호)

③ 재개발·재건축사업의 조합설립 동의요건 이상에 해당하는 자가 신탁업자를 사업시행자로 지정하는 것에 동의하는 때 등(제3호)

2. 【법령】전부개정 도시정비법 제27조(재개발사업·재건축사업의 지정개발자)

① 시장·군수등은 재개발사업 및 재건축사업이 다음 각 호의 어느 하나에 해당하는 때에는 A) 토지등소유자, B) 「사회기반시설에 대한 민간투자법」제2조 제12호에 따른 민관합동법인 또는 C) 신탁업자로서 D) 대통령령으로 정하는 요건을 갖춘 자(이하 "지정개발자"라 한다)를 사업시행자로 지정하여 정비사업을 시행하게 할 수 있다. <개정 2018. 6. 12.>

☞ 【법령】전부개정법 시행령 제21조(지정개발자의 요건)

법 제27조 제1항 각 호 외의 부분에서 "대통령령으로 정하는 요건을 갖춘 자"란 다음 각 호의 어느 하나에 해당하는 자를 말한다. <개정 2022.12.9>

1. 정비구역의 토지 중 정비구역 전체 면적 대비 50퍼센트 이상의 토지를 소유한 자로서 토지등소유자의 50퍼센트 이상의 추천을 받은 자

2. 「사회기반시설에 대한 민간투자법」제2조 제12호에 따른 민관합동법인(민간투자사업의 부대사업으로 시행하는 경우에만 해당한다)으로서 토지등소유자의 50퍼센트 이상의 추천을 받은 자

3. 신탁업자로서 정비구역의 토지 중 정비구역 전체 면적 대비 3분의 1 이상의 토지를 신탁받은 자. 이 경우 정비구역 전체 면적에서 국·공유지는 제외한다.

1. 천재지변, 「재난 및 안전관리 기본법」제27조 또는 「시설물의 안전 및 유지관리에 관한 특별법」제23조에 따른 사용제한·사용금지, 그 밖의 불가피한 사유로 긴급하게 정비사업을 시행할 필요가 있다고 인정하는 때

2. 제16조 제2항 전단에 따라 고시된 정비계획에서 정한 정비사업시행 예정일부터 2년 이내에 사업시행계획인가를 신청하지 아니하거나 사업시행계획인가를 신청한 내용이 위법 또는 부당하다고 인정하는 때(재건축사업의 경우는 제외한다)

3. 제35조에 따른 재개발사업 및 재건축사업의 조합설립을 위한 동의요건 이상에 해당하는 자가 신탁업자를 사업시행자로 지정하는 것에 동의하는 때

V. [예외 4] 지정개발자(신탁업자 등)에 의한 시행 - 법 §27①

3. 【해설】 동의에 의한 신탁업자의 지정개발자 지정은 2016. 3. 2.부터 가능해짐

> 지정개발 자격자에 신탁업자와 민관합동법인이 추가된 것은 2009. 2. 6. 개정법[법률 제 9444 호]에서이나, 그때는 천재지변 등의 경우에만 지정할 수 있었다. "조합설립을 위한 동의요건 이상에 해당하는 자의 동의"에 의하여 신탁업자를 지정개발자로 지정할 수 있게 된 것은 2016. 3. 2. 개정법(2015. 9. 1. 개정 법률 제 13508 호)에서이다.
>
> 즉, 2016. 3. 2.(시행일) 개정법은 신탁업자의 지정개발자 지정사유에 "조합설립을 위한 동의요건 이상에 해당하는 자가 신탁업자를 주택재개발사업 또는 주택재건축사업의 사업시행자로 지정하는 것에 동의하는 때"(구법 제 8 조 제 4 항 제 8 호 = 전부개정법 제 27 조 제 1 항 제 3 호)를 추가하였으며, 이로써 토지등소유자의 동의에 의하여 신탁업자를 지정개발자인 사업시행자로 지정할 수 있게 되었다(경과규정 없음).

B. 지정개발자 (신탁업자, 토지등소유자, 민관합동법인)

1. 【해설】 지정개발자의 자격 요건

> 지정개발자가 될 수 있는 자는 다음 중 하나이다(법 제 27 조 제 1 항; 영 제 21 조).
> ① 토지등소유자: 정비구역의 토지 중 정비구역 전체 면적 대비 50 퍼센트 이상의 토지를 소유한 자로서 토지등소유자의 50 퍼센트 이상의 추천을 받은 자(영 제 21 조 제 1 호)
> ② 민관합동법인(이른바 'SOC 법인'): 「사회기반시설에 대한 민간투자법」 제 2 조 제 12 호에 따른 민관합동법인(민간투자사업의 부대사업으로 시행하는 경우만 해당)으로서 토지등소유자의 50 퍼센트 이상의 추천을 받은 자(영 제 21 조 제 2 호)
> ③ 신탁업자: 정비구역의 토지 중 정비구역 전체 면적 대비 3 분의 1 이상의 토지를 신탁받은 신탁업자. 이 경우 정비구역 전체 면적에서 국·공유지는 제외한다. (영 제 21 조 제 3 호)

2. 【해설】 신탁비율 산정시 전체면적에서 국·공유지가 제외됨 (시행일: 2022. 12. 11.)

> 신탁업자가 지정개발자가 되기 위한 신탁비율을 계산함에 있어 과거에는 국·공유지를 제외하지 않았기 때문에 국·공유지가 많은 정비구역에서는 전체면적 대비 1/3 이상의 토지를 신탁받기가 쉽지 않았다(국·공유지 비율이 높은 정비구역에서 국·공유지를 포함한 전체면적 대비 1/3 이상 토지를 신탁받으려면 해당 정비구역 내 토지의 대부분을 신탁받아야 했기 때문임).

제3장 정비사업의 시행방법·시행자 / 제2절 정비사업의 시행자

그런데 제3호 후단에 "정비구역 전체 면적에서 국·공유지는 제외한다"는 조항이 추가됨으로써 신탁업자가 지정개발자로 지정받기가 한결 수월해졌다. 이 개정규정은 2022. 12. 9. 대통령령 제33046호로 개정되어 2022년 12월 11일부터 시행되었다.

☞ 정부는 2022년 8·16 대책에서 "정비사업 전문성·투명성 강화"를 모토로 내걸고 신탁사의 정비사업 참여 활성화 방안으로 ① 사업시행자 지정 요건 완화(전체 토지 1/3 이상 신탁 → 국공유지 제외한 토지의 1/3 이상 신탁), ② 표준계약서 도입(주민 해지권 보장 등), ③ 정비계획과 사업시행계획의 통합 처리 등을 제시했는바, 위 개정입법은 8·16 대책에 따른 입법이다.

3. 【해설】 조합설립 동의요건의 충족 (동의서 작성 방법)

신탁업자를 사업시행자로 지정하기 위해서는 조합설립을 위한 동의요건 이상에 해당하는 토지등소유자의 동의를 받아야 한다(법 제27조 제1항 제3호).

토지등소유자의 동의는 시행규칙 별지 제2호 서식[신탁업자 지정동의서]에 의한 서면동의서로 받아야 하며(법 제27조 제4항; 규칙 제6조), 동의의 방법은 조합설립과 동일하다. 즉, i) 서면동의서에 토지등소유자가 성명을 적고[☞ 자필기재를 말함] ii) 지장(指章)을 날인하는 방법으로 하며, iii) 주민등록증, 여권 등 신원을 확인할 수 있는 신분증명서의 사본을 첨부하여야 한다(법 제36조 제1항 제5호).

4. 【법령】 전부개정 도시정비법 제27조(재개발사업·재건축사업의 지정개발자)

④ 제1항 제3호에 따른 토지등소유자의 동의는 국토교통부령으로 정하는 동의서에 동의를 받는 방법으로 한다. 이 경우 동의서에는 다음 각 호의 사항이 모두 포함되어야 한다.

☞ "국토교통부령으로 정하는 동의서"란 별지 제2호 서식의 「신탁업자 지정 동의서」를 말한다(규칙 제6조). 이 책 부록1 참조.

 1. 건설되는 건축물의 설계의 개요

 2. 건축물의 철거 및 새 건축물의 건설에 드는 공사비 등 정비사업에 드는 비용(이하 "정비사업비"라 한다)

 3. 정비사업비의 분담기준(신탁업자에게 지급하는 신탁보수 등의 부담에 관한 사항을 포함한다)

 4. 사업 완료 후 소유권의 귀속

 5. 정비사업의 시행방법 등에 필요한 시행규정

 6. 신탁계약의 내용

V. [예외 4] 지정개발자(신탁업자 등)에 의한 시행 - 법 §27①

5. 【해설】 신탁업자가 사업시행자인 경우에는 위탁자를 토지등소유자로 봄

> 신탁업자가 법 제27조 제1항에 따라 사업시행자로 지정된 경우 토지등소유자가 <u>정비사업을 목적으로 신탁업자에게 신탁한 토지 또는 건축물에 대하여는 위탁자를 토지등소유자로 본다</u>(법 제2조 제9호 단서).
>
> 해당 정비사업을 목적으로 신탁한 경우에만 위탁자를 토지등소유자로 보며, 그 정비사업과 무관하게 신탁(예: 대출을 위한 부동산담보신탁)된 토지등에 관하여는 그 소유자인 수탁자가 토지등소유자가 된다.

6. 【법령】 전부개정 도시정비법 제60조(지정개발자의 정비사업비의 예치 등)

> ① 시장·군수등은 재개발사업의 사업시행계획인가를 하는 경우 해당 정비사업의 사업시행자가 지정개발자(지정개발자가 토지등소유자인 경우로 한정한다)인 때에는 정비사업비의 100분의 20의 범위에서 시·도조례로 정하는 금액을 예치하게 할 수 있다.
>
> ② 제1항에 따른 예치금은 제89조제1항 및 제2항에 따른 청산금의 지급이 완료된 때에 반환한다.
>
> ③ 제1항 및 제2항에 따른 예치 및 반환 등에 필요한 사항은 시·도조례로 정한다.

C. 토지등소유자 전체회의 및 시행규정

1. 【해설】 토지등소유자 전체회의 구성 및 시행규정 작성

> **(1) 토지등소유자 전체회의 구성**: 법 제27조 제1항 제3호(토지등소유자 동의)에 따라 사업시행자(지정개발자)로 지정된 신탁업자는 토지등소유자(재건축사업에서는 신탁업자를 사업시행자로 지정하는 것에 <u>동의한 토지등소유자를 말함</u>) 전원으로 구성되는 "토지등소유자 전체회의"를 구성하고, 중요업무에 관하여 토지등소유자 전체회의의 의결을 거쳐야 한다(법 제48조 제1항).
>
> **(2) 시행규정 작성**: 신탁업자가 사업시행자로 지정된 경우에는 「토지등소유자 전체회의」의 의결을 거쳐 시행규정을 작성하여야 한다(법 제53조; 제48조 제1항 제1호).

2. 【해설】 신탁회사가 사업시행자인 경우 의사결정기구는 '토지등소유자 전체회의'임

> (1) 신탁회사를 사업시행자로 지정하여 정비사업을 시행하는 경우에는 조합을 설립하지 않는다(따라서 추진위원회도 구성하지 않음). 따라서 추진위원회 구성 또는 조합설립 이후에 지정개발자를 사업시행자로 지정·고시한 때에는 그 고시일 다음 날에 추진위원회의 구성승인 또는 조합설립인가가 취소된 것으로 본다(법 제27조 제5항).

제3장 정비사업의 시행방법·시행자 / 제2절 정비사업의 시행자

(2) 신탁회사가 사업시행자인 경우 정비사업의 시행에 관한 중요 의사결정은 "토지등소유자 전체회의"에서 한다. 법 제48조 제1항 각호에서 '토지등소유자 전체회의'의 의결사항을 열거하고 있는데, 이는 조합총회 의결사항과 대동소이하다.

3. 【법령】 전부개정 도시정비법 제48조(토지등소유자 전체회의)

① 제27조 제1항 제3호에 따라 사업시행자로 지정된 신탁업자는 다음 각 호의 사항에 관하여 해당 정비사업의 토지등소유자(재건축사업의 경우에는 신탁업자를 사업시행자로 지정하는 것에 동의한 토지등소유자를 말한다. 이하 이 조에서 같다) 전원으로 구성되는 회의(이하 "토지등소유자 전체회의"라 한다)의 의결을 거쳐야 한다.

1. 시행규정의 확정 및 변경
2. 정비사업비의 사용 및 변경
3. 정비사업전문관리업자와의 계약 등 토지등소유자의 부담이 될 계약
4. 시공자의 선정 및 변경
5. 정비사업비의 토지등소유자별 분담내역
6. 자금의 차입과 그 방법·이자율 및 상환방법
7. 제52조에 따른 사업시행계획서의 작성 및 변경(제50조 제1항 본문에 따른 정비사업의 중지 또는 폐지에 관한 사항을 포함하며, 같은 항 단서에 따른 경미한 변경은 제외한다)
8. 제74조에 따른 관리처분계획의 수립 및 변경(제74조 세1항 각 호 외의 부분 단서에 따른 경미한 변경은 제외한다)
9. 제89조에 따른 청산금의 징수·지급(분할징수·분할지급을 포함한다)과 조합 해산 시의 회계보고
10. 제93조에 따른 비용의 금액 및 징수방법
11. 그 밖에 토지등소유자에게 부담이 되는 것으로 시행규정으로 정하는 사항

② 토지등소유자 전체회의는 a) 사업시행자가 직권으로 소집하거나 b) 토지등소유자 5분의 1 이상의 요구로 사업시행자가 소집한다.

4. 【법령 및 해설】 「토지등소유자 전체회의」에는 총회에 관한 규정이 준용됨

전부개정 도시정비법 제48조(토지등소유자 전체회의)

V. [예외 4] 지정개발자(신탁업자 등)에 의한 시행 – 법 §27①

③ 토지등소유자 전체회의의 소집 절차·시기 및 의결방법 등에 관하여는 제44조 제5항(☞ 소집절차·시기 등 정관 위임), 제45조 제3항(☞ 일반정족수)·제4항(☞ 특별정족수)·제7항(☞ 직접 출석 요건) 및 제9항(☞ 의결방법·서면의결권 등 정관 위임)을 준용한다. 이 경우 "총회"는 "토지등소유자 전체회의"로, "정관"은 "시행규정"으로, "조합원"은 "토지등소유자"로 본다. <개정 2021. 8. 10.>

토지등소유자 전체회의의 소집절차, 소집시기, 의결방법 등에 관하여는 총회에 관한 규정이 대부분 준용된다(법 제48조 제3항). 그 내용은 아래와 같다.

(1) 토지등소유자 전체회의(이하 '전체회의')의 소집 절차·시기 등에 필요한 사항은 시행규정으로 정한다(법 제44조 제5항의 준용).

(2) 전체회의의 의결은 법 또는 시행규정에 다른 규정이 없으면 「토지등소유자 과반수의 출석과 출석 토지등소유자의 과반수 찬성」으로 한다(법 제45조 제3항의 준용).

(3) 사업시행계획서를 작성·변경하는 경우 및 관리처분계획을 수립·변경하는 경우는 토지등소유자 과반수의 찬성으로 의결한다. 다만, 정비사업비가 100분의 10(생산자물가상승률분, 제73조에 따른 손실보상 금액 제외) 이상 늘어나는 경우에는 토지등소유자 3분의 2 이상의 찬성으로 의결하여야 한다. (이상 법 제45조 제4항의 준용.)

(5) 전체회의의 의결은 토지등소유자의 100분의 10 이상이 직접 출석하여야 한다. 다만, 창립 전체회의, 사업시행계획서의 작성 및 변경을 위한 전체회의, 관리처분계획의 수립 및 변경을 위한 전체회의, 정비사업비의 사용 및 변경을 위한 전체회의는 토지등소유자의 100분의 20 이상이 직접 출석하여야 한다(법 제45조 제7항의 준용).

(6) 전체회의의 의결방법, 서면의결권 행사 및 본인확인방법 등에 필요한 사항은 시행규정으로 정한다(법 제45조 제9항의 준용). 법 제45조 제5, 6항(총회에서의 서면에 의한 의결권 행사, 대리인을 통한 의결권 행사)은 준용되지 않으나, 법 제45조 제9항의 준용에 의하여 시행규정에서 그에 관한 규정을 둘 수 있다.

5. 【해설】위탁자를 조합원으로 보고 법 제39조를 적용함

사업시행자가 신탁업자인 경우에는 위탁자를 조합원으로 의제하여 조합원 자격에 관한 법 제39조를 적용하고(법 제39조 제1항 첫째 괄호 부분), 이 경우 조합설립인가 전에 법 제27조 제1항에 따라 신탁업자를 사업시행자로 지정한 때에는 해당 신탁업자를 사업시행자로 지정한 날을 조합설립인가일로 보고 법 제39조 제1항 제3호를 적용한다(같은 호 괄호 부분 참조). 이것은 법 제2조 제9호 단서에 따라 정비사업을 목적으로 신탁업자에게 신탁한 토지등에 대하여 위탁자를 토지등소유자로 보는 것과 별개의 것이다.

☞ 이에 관한 자세한 내용은 돈.되.법 2의 "조합원지위 승계" 부분을 참조하세요.

VI. [예외 5] 사업대행자 방식 - 법 §28①

A. 사업대행자 방식의 요건 및 절차

1. 【해설】사업대행자 방식 개요

> (1) 사업대행자 방식은 일정한 요건에 해당하는 경우에 원래의 사업시행자(조합 또는 토지등소유자. 법 제 25 조 제 1, 2 항)를 그대로 둔 채 그를 대신하여 a) 시장·군수등이 직접 정비사업을 대행하거나, b) '토지주택공사등'이나 '지정개발자'로 하여금 대행하게 하는 방식이다.
>
> (2) 사업대행의 요건: ① 장기간 정비사업이 지연되는 등으로 조합 또는 토지등소유자가 정비사업을 계속 추진하기 어렵다고 인정하는 경우 또는 ② 토지등소유자(조합을 설립한 경우는 조합원)의 과반수 동의로 요청하는 경우 에 한다.
>
> 사업대행은 기존의 사업시행자를 대신해서 하는 것이므로, 토지등소유자 과반수동의에 의한 대행 요청은 조합설립인가 후에 하여야 한다. 토지등소유자가 직접 시행하는 경우(토지등소유자가 20 인 미만인 재개발사업 또는 구법에 의한 도시환경정비사업)에는 사업시행계획인가를 받은 때에 사업시행자 지정이 있는 것으로 보므로 사업시행계획인가 고시 후에 사업대행을 요청할 수 있다.
>
> (3) 사업대행자는 '자기(사업대행자)의 이름' 및 '사업시행자의 계산'으로 사업시행자의 업무를 집행하고 재산을 관리한다(법 제 22 조 제 3 항).

2. 【해설】신탁업자의 사업대행자 지정

> (1) 사업대행자가 될 수 있는 자는 시장·군수등, '토지주택공사등' 또는 '지정개발자'이다. '지정개발자'는 위 [예외 4]에서 본 것과 같다(법 제 27 조 제 1 항; 영 제 21 조).
>
> (2) 지정개발자 중 가장 중요한 것은 신탁업자인데, 토지등소유자 과반수 동의에 의한 요청으로 신탁업자를 사업대행자로 지정할 수 있게 된 것은 2016. 7. 28. 개정법(2016. 1. 27. 개정 법률 제 13912 호)에서 제 9 조 제 1 항을 개정하면서부터이다. 흑석 11 재정비촉진구역(2017. 10.)과 신림 1 재정비촉진구역(2021. 2.)에서 ㈜한국토지신탁이 사업대행자로 지정된 예가 있다.
>
> (3) 신탁대행은 지정개발자인 신탁사를 사업대행자로 지정하는 방식이므로, 신탁업자가 사업대행자로 지정되기 위해서는 정비구역 토지 중 전체 면적 대비 1/3 이상의 토지를 신탁받아야 한다(법 제 27 조 제 1 항; 영 제 21 조 제 3 호).

VI. [예외 5] 사업대행자 방식 - 법 §28①

3. 【해설】 동의의 방법

사업대행자 지정을 위한 토지등소유자의 동의의 방법에 관하여는 아무런 규정이 없다. 따라서 사업대행자 지정을 위한 토지등소유자 동의는 적당한 방법으로 받으면 된다. 조합을 설립한 경우에는 조합원 과반수 동의에 의한 총회의결로써 갈음할 수 있다.

[☞ 비교] 신탁업자를 사업시행자로 지정하기 위한 토지등소유자의 동의는 앞에서 본 것처럼 시행규칙 별지 제 2 호 서식[신탁업자 지정 동의서]에 법 제 36 조 제 1 항이 규정하는 엄격한 방법(조합설립동의와 동일한 방법)으로 받아야 한다.

4. 【법령】 전부개정 도시정비법 제 28 조(재개발사업 · 재건축사업의 사업대행자)

① 시장·군수등은 다음 각 호의 어느 하나에 해당하는 경우에는 A) 해당 조합 또는 토지등소유자를 대신하여 직접 정비사업을 시행하거나 B) 토지주택공사등 또는 지정개발자에게 해당 조합 또는 토지등소유자를 대신하여 정비사업을 시행하게 할 수 있다.

  1. 장기간 정비사업이 지연되거나 권리관계에 관한 분쟁 등으로 해당 조합 또는 토지등소유자가 시행하는 정비사업을 계속 추진하기 어렵다고 인정하는 경우

  2. 토지등소유자(조합을 설립한 경우에는 조합원을 말한다)의 과반수 동의로 요청하는 경우

☞ 제 1 호는 도시정비법 제정 당시부터 존재했으나, 제 2 호는 2016. 7. 28. 개정법(2016. 1. 27. 개정 법률 제 13912 호)에서 신설되었다.

② 제 1 항에 따라 정비사업을 대행하는 시장·군수등, 토지주택공사등 또는 지정개발자(이하 "사업대행자"라 한다)는 사업시행자에게 청구할 수 있는 보수 또는 비용의 상환에 대한 권리로써 사업시행자에게 귀속될 대지 또는 건축물을 압류할 수 있다.

③ 제 1 항에 따라 정비사업을 대행하는 경우 사업대행의 개시결정, 그 결정의 고시 및 효과, 사업대행자의 업무집행, 사업대행의 완료와 그 고시 등에 필요한 사항은 대통령령으로 정한다.

5. 【해설】 사업대행의 요건과 사유 ('공공시행'과 '사업대행'의 비교)

표 5 [공공시행과 사업대행 비교표]

구분	공공시행(직접시행 / 지정시행) (법 제 26 조)	사업대행 (법 제 28 조)
지정 시기	정비구역 지정 후	조합설립인가 후
공공시행자/ 사업대행자	A) 시장·군수등이 직접 시행하거나(직접시행), B) 토지주택공사등을 사업시행자로 지정(지정시행)	조합 또는 토지등소유자를 대신하여, A) 시장·군수등이 직접 대행하거나 B) 토

제3장 정비사업의 시행방법·시행자 / 제2절 정비사업의 시행자

구분	공공시행(직접시행 / 지정시행) (법 제26조)	사업대행 (법 제28조)
		지주택공사등 또는 지정개발자에게 대행하게 함
시행/대행의 사유 및 요건	① 천재지변 등 불가피한 사유 ② 정비계획에서 정한 정비사업시행 예정일부터 2년 이내에 사업시행계획인가를 신청하지 않는 경우 등(재건축사업 제외) ③ a) 추진위원회 구성승인일부터 3년 이내에 조합설립인가를 신청하지 않거나 b) 조합설립인가일부터 3년 이내에 사업시행계획인가를 신청하지 않은 때 ④ 도시·군계획사업과 병행하여 정비사업을 시행할 필요가 있을 때 ⑤ 순환정비방식으로 정비사업을 시행할 필요가 있는 때 ⑥ 사업시행계획인가가 취소된 때 ⑦ 해당 정비구역의 A) 국·공유지 면적 또는 국·공유지와 토지주택공사등이 소유한 토지를 합한 면적이 전체 토지면적의 1/2 이상으로서 B) 토지등소유자의 과반수가 시장·군수등 또는 토지주택공사등을 사업시행자로 지정하는 것에 동의하는 때 ⑧ 토지면적 1/2 이상 및 토지등소유자의 2/3 이상이 요청하는 때	① 장기간 정비사업이 지연되는 등으로 조합 또는 토지등소유자가 정비사업을 계속 추진하기 어렵다고 인정하는 경우 ② 토지등소유자(조합을 설립한 경우는 조합원)의 과반수 동의로 요청하는 경우 ☞ < 지정개발자란? > A) 정비구역 전체 면적 50% 이상의 토지를 소유하고, 토지등소유자 50% 이상의 추천을 받은 토지등소유자 B) 토지등소유자 50% 이상의 추천을 받은 민관합동법인(민간투자법 §2 xii) C) 정비구역 전체 면적 1/3 이상의 토지를 신탁받은 신탁업자 (이상 법 §27①; 영 §21)

6. 【법령】 전부개정 도시정비법 제22조(사업대행개시결정 및 효과 등)

③ 사업대행자는 법 제28조제1항에 따라 정비사업을 대행하는 경우 제1항에 따른 고시를 한 날의 다음 날부터 제23조에 따라 사업대행완료를 고시하는 날까지 자기의 이름 및 사업시행자의 계산으로 사업시행자의 업무를 집행하고 재산을 관리한다. 이 경우 법 또는 법에 따른 명령이나 정관등으로 정하는 바에 따라 사업시행자가 행하거나 사업시행자에 대하여 행하여진 처분·절차 그 밖의 행위는 사업대행자가 행하거나 사업대행자에 대하여 행하여진 것으로 본다.

④ 시장·군수등이 아닌 사업대행자는 재산의 처분, 자금의 차입 그 밖에 사업시행자에게 재산상 부담을 주는 행위를 하려는 때에는 미리 시장·군수등의 승인을 받아야 한다.

VI. [예외 5] 사업대행자 방식 - 법 §28①

> ⑤ 사업대행자는 제 3 항 및 제 4 항에 따른 업무를 하는 경우 선량한 관리자로서의 주의의무를 다하여야 하며, 필요한 때에는 사업시행자에게 협조를 요청할 수 있고, 사업시행자는 특별한 사유가 없는 한 이에 응하여야 한다.

7. 【법령】 전부개정 도시정비법 제 23 조(사업대행의 완료)

> ③ 사업대행자는 제 2 항에 따른 사업대행완료의 고시가 있은 때에는 지체없이 사업시행자에게 업무를 인계하여야 하며, 사업시행자는 정당한 사유가 없는 한 이를 인수하여야 한다.
> ④ 제 3 항에 따른 인계·인수가 완료된 때에는 사업대행자가 정비사업을 대행할 때 취득하거나 부담한 권리와 의무는 사업시행자에게 승계된다.
> ⑤ 사업대행자는 제 1 항에 따른 사업대행의 완료 후 사업시행자에게 보수 또는 비용의 상환을 청구할 때에 그 보수 또는 비용을 지출한 날 이후의 이자를 청구할 수 있다.

B. 신탁업자의 사업대행 (사업시행 방식 vs. 신탁대행 방식 비교)

1. 【해설】 신탁시행 방식 vs. 신탁대행방식

> (1) 신탁사 단독시행 방식(사업시행자 방식): 조합 설립 없이 신탁사가 직접 사업시행자로 지정되어("지정개발자") 정비사업을 시행하는 경우이다(법 제 27 조). 신탁사가 조합을 대신하여 사업시행자가 된다.
> (2) 신탁대행 방식(사업대행자 방식): 조합이 조합원 과반수 동의에 의한 요청으로 지정개발자인 신탁사를 사업대행자로 지정하여 시행하는 경우이다(법 제 28 조 제 1 항 제 2 호). 조합은 별도로 있고 신탁사가 조합의 역할을 대행한다(이른바 '신탁대행 방식'. 예: 북가좌제 6 구역 주택재건축사업).

2. 【해설】 신탁시행 방식 - 신탁대행 방식 비교표

표 6 [신탁시행방식 - 신탁대행방식 비교표]

구분	신탁시행 방식 (법 §27①iii)	신탁대행 방식 (법 §28①ii)
지정시기	정비구역 지정 후	조합설립인가 후
지정요건	재개발·재건축사업의 조합설립 동의요건 이상에 해당하는 자가 신탁업자를 사업시행자로 지정하는 것에 동의할 것(법 §	토지등소유자(조합을 설립한 경우는 조합원) 과반수 동의로 요청할 것

제 3 장 정비사업의 시행방법·시행자 / 제 2 절 정비사업의 시행자

구분	신탁시행 방식 (법 §27①iii)	신탁대행 방식 (법 §28①ii)
	27①iii)	
자격요건	정비구역 1/3 이상의 토지를 신탁받을 것(법 §27①; 영 §21 iii)	같음
사업시행자	신탁업자	조합
의사결정기관	토지등소유자 전체회의	조합
시공자 선정시기	사업시행자 지정 이후(법 §29⑥)	조합설립인가 후(법 §118⑦ii)

3. 【해설】 신탁방식에서 시공자 선정시기 (조합설립 인가 후)

(1) 신탁시행 방식: 신탁사가 지정개발자로 정비사업을 시행하는 경우에는 <u>사업시행자 지정·고시 후</u>에 시공자를 선정할 수 있다(법 제 29 조 제 6 항).

(2) 신탁대행 방식: 신탁대행 방식은 조합이 사업시행자이므로, 시공자 선정시기도 조합이 사업시행자인 경우와 같다. 즉, 조합설립인가 후에 시공자를 선정한다(법 제 29 조 제 4 항). 다만, 서울시 공공지원 정비사업의 시공자 선정시기는 '사업시행계획 인가 후'이나(법 제 118 조 제 6 항; 서울시 도시정비조례 제 77 조 제 1 항), <u>신탁사가 사업대행자로 지정된 경우</u>에는 공공지원을 받는 경우에도 조합원 과반수 동의를 받아 <u>조합설립인가 후</u>에 시공자를 선정할 수 있다(법 제 118 조 제 7 항 제 2 호).

4. 【해설】 '신탁시행 방식'과 '조합시행 방식'의 비교

표 7 [공공시행과 사업대행 비교표]

구분	신탁시행 방식 (법 §27①iii)	조합시행 방식 (법 §25①i)
사업시행자	신탁업자	조합
자치규정	시행규정(법 §53)	정관
의결기구	토지등소유자 전체회의(법 §48①)	조합원총회
운영기관·기구	정비사업위원회(= 토지등소유자전체회의의 집행기구)	조합장·이사회·대의원회
사업비 조달(차주)	신탁업자(토지등소유자의 종전자산이 사업비조달을 위한 물적담보로 제공될 수 있음)	조합(조합원의 종전자산은 조합원의 이주비대출을 위한 물적담보가 됨)
초기사업비 조달	신탁업자 ☞ 신탁업자가 사업시행자지정/조합설립인가 후 바로 진행되는 시공자입찰에	추진위원회·조합이 시공자·정비업자·설계자 등 용역업자로부터 대여받음

구분	신탁시행 방식 (법 §27①iii)	조합시행 방식 (법 §25①i)
	서 받은 입찰보증금을 사업비 대여금으로 전환해 초기사업비로 사용하는 경우가 있어 신탁시행방식을 도입한 의미가 무색해졌다는 비판이 있음.	
시공자 선정시기	사업시행자 지정 후 [cf. 신탁대행 방식은 조합설립인가 후]	조합설립인가 후 (단, 서울시 공공지원 정비사업은 사업시행계획인가 이후)
시공계약 조건	기성불(분양대금 입금과 무관하게 신탁사가 공사비 지급)	분양불(분양대금에서 공사비 지급)
중요계약	신탁계약과 공사도급계약	시공계약(공사도급계약)

VII. 소규모주택정비사업의 시행자

A. 원칙

1. 【해설】 가로주택정비사업·소규모재건축사업·소규모재개발사업의 시행자

> 가로주택정비사업·소규모재건축사업 및 소규모재개발사업의 시행자는 원칙적으로 다음과 같다.
>
> (1) 토지등소유자가 20명 이상인 경우
>
> ① 토지등소유자가 조합을 설립하여 조합이 직접 시행하거나(소규모주택정비법 제17조 제3항 제2호 전단, 제23조),
>
> ② 조합이 시장·군수등, 토지주택공사등, 건설업자, 등록사업자, 신탁업자, 부동산투자회사 등과 공동으로 시행한다. 단 이 경우에는 조합원 과반수의 동의를 받아야 한다(같은 호 후단). ☞ '관악 중앙하이츠 포레아파트'는 조합이 서울주택도시공사(SH 공사)와 공동시행한 가로주택정비사업에서 신축된 아파트이다.
>
> (2) 토지등소유자가 20명 미만인 경우
>
> ① 토지등소유자 직접 시행하거나(소규모주택정비법 제17조 제3항 제1호 전단),
>
> ② 토지등소유자가 시장·군수등, 토지주택공사등, 건설업자, 등록사업자, 신탁업자, 부동산투자회사 등과 공동으로 시행한다(같은 호 후단).

2. 【해설】 자율주택정비사업의 시행자

> 자율주택정비사업은 ① 2명 이상의 토지등소유자가 직접 시행하거나 ② 시장·군수등, 토지주택공사등, 건설업자, 등록사업자, 신탁업자, 부동산투자회사 등과 공동으로 시행한다(소규모주택정비법 제17조 제1항).
>
> 다만, 공공임대주택의 비율이 50퍼센트 이상이 되도록 건설하는 경우에는 토지등소유자 1명이 사업을 시행할 수 있다(소규모주택정비법 제17조 제2항).

3. 【법령】 소규모주택정비법 제17조(소규모주택정비사업의 시행자)

> ① 자율주택정비사업은 2명 이상의 토지등소유자가 직접 시행하거나 다음 각 호의 어느 하나에 해당하는 자와 공동으로 시행할 수 있다.
>
> 1. 시장·군수등
>
> 2. 토지주택공사등
>
> 3. 건설업자
>
> 4. 등록사업자
>
> 5. 신탁업자
>
> 6. 부동산투자회사
>
> ② 자율주택정비사업의 시행으로 「공공주택 특별법」 제2조제1호가목에 따른 공공임대주택(이하 "공공임대주택"이라 한다)의 비율(건축물의 전체 연면적 대비 공공임대주택의 연면적의 비율 또는 전체 세대수 대비 공공임대주택의 세대수의 비율을 말한다)이 50퍼센트 이상이 되도록 건설하는 경우에는 제1항에도 불구하고 토지등소유자 1명이 사업을 시행할 수 있으며, 제2조제1항제3호에 따른 지역 외에서도 사업을 시행할 수 있다. <개정 2019. 8. 20., 2021. 7. 20.>
>
> ③ 가로주택정비사업, 소규모재건축사업 또는 소규모재개발사업은 다음 각 호의 어느 하나에 해당하는 방법으로 시행할 수 있다. <개정 2021.7.20>
>
> 1. 토지등소유자가 20명 미만인 경우에는 A) 토지등소유자가 직접 시행하거나 B) 해당 토지등소유자가 제1항 각 호의 어느 하나에 해당하는 자[☞ 시장·군수등, 토지주택공사등, 건설업자, 등록사업자, 신탁업자, 부동산투자회사 등]와 공동으로 시행하는 방법
>
> 2. 제23조에 따른 A) 조합이 직접 시행하거나 B) 해당 조합이 조합원의 과반수 동의를 받아 제1항 각 호의 어느 하나에 해당하는 자와 공동으로 시행하는 방법

B. 토지등소유자가 20 명 미만인 경우에는 주민합의체를 구성해야 함

1. 【해설】 주민합의체 구성의무

(1) 토지등소유자가 20 명 미만인 경우로서 법 제 17 조 제 3 항 제 1 호에 따라 가로주택정비사업·소규모재건축사업·소규모재개발사업을 시행하는 경우에는 주민합의체를 구성하여야 한다(소규모주택정비법 제 22 조 제 1 항 제 2 호). 토지등소유자가 직접 시행하는 경우는 물론 토지등소유자가 시장·군수등과 공동으로 시행하는 경우에도 주민합의체를 구성해야 한다.

(2) 토지등소유자가 2 명 이상인 자율주택정비사업을 시행하는 경우에도 주민합의체를 구성해야 한다(소규모주택정비법 제 22 조 제 1 항 제 1 호).

그런데 자율주택정비사업은 기존주택이 20 세대 미만(단독주택은 10 호 미만)인 구역에서만 시행할 수 있는 것이 원칙이므로(시행령 제 3 조 제 1 항 제 1 호 나목), 결국 주민합의체는 토지등소유자가 20 명 미만인 경우에만 구성된다.

2. 【해설】 주민합의체 구성의 동의요건

주민합의체 구성을 위한 동의요건은 사업종류 별로 아래와 같이 다르다.

(1) 가로주택정비사업과·소규모재건축사업·자율주택정비사업의 경우는 토지등소유자 전원의 합의를 받아야 한다(소규모주택정비법 제 22 조 제 1 항 제 2 호). 따라서 토지등소유자가 20 명 미만인 경우에는 한 사람이라도 사업에 반대하면 가로주택정비사업과 소규모주택정비사업의 시행은 불가능하다. 다만, 소규모주택정비관리지역에서 시행하는 자율주택정비사업에서는 토지등소유자 8/10 이상 및 토지면적 2/3 이상의 토지소유자 동의를 받아 주민합의체를 구성할 수 있다(같은 조 제 3 항).

(2) 소규모재개발사업의 경우는 토지등소유자의 8/10 이상 및 토지면적의 2/3 이상의 토지소유자 동의를 받아야 한다. 이 경우 주민합의체의 구성에 동의하지 않은 토지등소유자도 주민합의체 구성원으로 포함하여야 한다. (소규모주택정비법 제 22 조 제 2 항.)

이와 별도로, A) 공동주택에 대하여는 각 동(복리시설의 경우에는 주택단지의 복리시설 전체를 하나의 동으로 본다)별로 구분소유자 과반수 동의(구분소유자가 5 명 이하인 동은 제외)를 받아야 하고, B) 공동주택 외의 부분은 전체 토지면적의 1/2 이상의 토지소유자 동의를 받아야 한다(소규모주택정비법 제 22 조 제 4 항).

3. 【해설】 대표자 선임, 주민합의서 작성, 시장·군수등에의 신고

(1) 토지등소유자는 전원의 합의로 주민합의체 대표자를 선임하고 주민합의서(시행규칙 별지 제 9 호 서식)를 작성하여 시장·군수등에게 신고하여야 한다. 다만, 소규모재개발

제 3 장 정비사업의 시행방법·시행자 / 제 2 절 정비사업의 시행자

> 사업의 경우는 토지등소유자의 8/10 이상 및 토지면적의 2/3 이상의 토지소유자 동의를 받으면 된다. (소규모주택정비법 제 22 조 제 5 항.)
>
> (2) 주민합의서에는 주민합의체의 명칭, 시공자 또는 정비사업전문관리업자의 선정에 관한 사항, 주민합의체의 의결사항 및 의결방법 기타 법령·조례가 정하는 사항이 포함되어 있어야 한다(법 제 22 조 제 6 항).
>
> (3) 위와 같은 요건을 갖추어 결성된 주민합의체는 민법상 비법인사단에 해당한다.

4. 【해설】 사업의 전환

> 주민합의체는 사업시행계획인가를 신청하기 전까지 시장·군수등에게 변경신고를 거쳐 다른 종류의 소규모주택정비사업으로 전환하여 시행할 수 있다. 다만, 전환하려는 사업에 관하여 제 2 조 제 1 항 제 3 호에서 정하는 요건과 주민합의체 구성 동의요건을 모두 충족하여야 한다(소규모주택정비법 제 22 조 제 8 항).
>
> 이 규정은 2023. 4. 18. 개정 법률 제 19385 호로 신설되어 2023. 10. 19.부터 시행되었다.

5. 【법령】 소규모주택정비법 제 22 조(주민합의체의 구성 등)

> ① 토지등소유자는 다음 각 호에 따라 소규모주택정비사업을 시행하는 경우 토지등소유자 전원의 합의를 거쳐 주민합의체를 구성하여야 한다.
>
>   1. 제 17 조 제 1 항에 따라 자율주택정비사업을 시행하는 경우로서 토지등소유자가 2 명 이상인 경우
>
>   2. 제 17 조 제 3 항 제 1 호에 따라 가로주택정비사업 또는 소규모재건축사업을 시행하는 경우로서 토지등소유자가 20 명 미만인 경우
>
> ② 제 17 조 제 3 항 제 1 호에 따라 소규모재개발사업을 시행하는 경우에는 토지등소유자의 10 분의 8 이상 및 토지면적의 3 분의 2 이상의 토지소유자 동의(국유지·공유지가 포함된 경우에는 해당 토지의 관리청이 해당 토지를 사업시행자에게 매각하거나 양여할 것을 확인한 서류를 시장·군수등에게 제출하는 경우에는 동의한 것으로 본다. 이하 제 3 항에서 같다)를 받아 주민합의체를 구성하여야 한다. 이 경우 주민합의체의 구성에 동의하지 아니한 토지등소유자도 주민합의체 구성원으로 포함하여야 한다. <신설 2021. 7. 20.>
>
> ③ 제 1 항 제 1 호에도 불구하고 관리지역에서 시행하는 자율주택정비사업의 경우에는 토지등소유자의 10 분의 8 이상 및 토지면적의 3 분의 2 이상의 토지소유자 동의를 받아 주민합의체를 구성할 수 있다. 이 경우 주민합의체의 구성에 동의하지 아니한 토지등소유자도 주민합의체 구성원으로 포함하여야 한다. <신설 2021. 7. 20.>

④ 사업시행구역의 A) 공동주택은 각 동(복리시설의 경우에는 주택단지의 복리시설 전체를 하나의 동으로 본다)별 구분소유자의 과반수 동의(공동주택의 각 동별 구분소유자가 5명 이하인 경우는 제외한다)를, B) 그 외의 토지 또는 건축물은 해당 토지 또는 건축물이 소재하는 전체 토지면적의 2분의 1 이상의 토지소유자 동의를 받아야 한다. <신설 2021. 7. 20.>

⑤ 토지등소유자는 주민합의체를 구성하는 경우 토지등소유자 전원의 합의(제2항 및 제3항에 따라 주민합의체를 구성하는 경우에는 토지등소유자의 10분의 8 이상 및 토지면적의 3분의 2 이상의 토지소유자 동의를 말한다)로 주민합의체 대표자를 선임하고 국토교통부령으로 정하는 바에 따라 주민합의서를 작성하여 시장·군수등에게 신고하여야 한다. <개정 2021. 7. 20.>

⑥ 제5항에 따른 주민합의서는 다음 각 호의 사항을 포함하여야 한다. <개정 2021. 7. 20.> (각호 생략)

⑦ 주민합의체 대표자는 제5항에 따라 신고한 사항을 변경하는 경우에는 국토교통부령으로 정하는 바에 따라 변경신고를 하여야 한다. 다만, 대통령령으로 정하는 경미한 사항을 변경하는 경우에는 그러하지 아니하다. <개정 2021. 7. 20.>

⑧ 제1항부터 제3항까지에 따라 구성된 주민합의체는 다음 각 호의 요건을 모두 갖춘 때에는 국토교통부령으로 정하는 바에 따라 시장·군수등에게 변경신고를 거쳐 이 법에 따른 소규모주택정비사업으로 전환하여 시행할 수 있다. <신설 2023. 4. 18.>

 1. 제29조에 따른 사업시행계획인가를 신청하기 전일 것

 2. 시행 중인 사업이 전환하려는 사업에 관하여 제2조제1항제3호에서 정하는 요건을 모두 충족할 것

 3. 전환하려는 사업에 관하여 제1항부터 제3항까지에서 정하고 있는 주민합의체 구성을 위한 동의 요건을 충족할 것

☞ 제22조 제8항의 시행일: 2023. 10. 19. (부칙 제1조 본문)

⑨ 주민합의체 대표자는 주민합의체를 해산하는 경우에는 주민합의체를 구성하는 자의 과반수 동의를 받아 국토교통부령으로 정하는 바에 따라 해산신고를 시장·군수등에게 하여야 한다. <개정 2021. 7. 20., 2023. 4. 18.>

⑩ 시장·군수등은 제5항에 따라 주민합의체 구성의 신고(제7항 또는 제8항에 따라 신고한 사항을 변경하는 경우를 포함한다)가 있거나 제9항에 따라 해산신고가 있는 때에는 14일 이상 주민 공람을 거쳐 의견을 수렴하고 해당 지방자치단체의 공보에 해당 내용을 고시하여야 한다. 이 경우 사업시행구역에 관한 지형도면 고시 등에 대하여는 「토지이용규제 기본법」 제8조에 따른다. <신설 2022. 2. 3., 2023. 4. 18.>

제 3 장 정비사업의 시행방법·시행자 / 제 2 절 정비사업의 시행자

⑪ 토지등소유자의 자격 등에 관하여는 제 24 조[☞ 조합원의 자격 등]를 준용한다. 이 경우 "조합설립인가"는 "주민합의체 구성의 신고"로 본다. <신설 2021. 7. 20., 2022. 2. 3., 2023. 4. 18.>

☞ 제 22 조 제 11 항은 「투기과열지구 내 조합원지위 승계 제한」의 준용에 관한 내용인바, 이에 관하여는 돈.되.법 2 제 3 장 제 3 절을 참조하세요.

C. 소규모주택정비사업의 공공시행

1. 【해설】 소규모주택정비사업의 공공시행과 주민대표회의 구성

(1) 가로주택정비사업, 소규모재건축사업 또는 소규모재개발사업이 천재지변 기타 법이 정하는 일정한 사유에 해당하는 경우에는 시장·군수등이 직접 사업을 시행하거나 토지주택공사등을 사업시행자로 지정하여 시행하게 할 수 있다(소규모주택정비법 제 18 조 제 1 항).

(2) 시장·군수등이 직접 사업을 시행하거나 토지주택공사등을 사업시행자로 지정하는 때에는 ① 14 일 이상 주민 공람을 거쳐 의견을 수렴하고, ② 공보에 고시하여야 하며, ③ 그 고시일 다음 날에 주민합의체의 신고 또는 조합설립인가가 취소된 것으로 본다(소규모주택정비법 제 18 조 제 2, 4 항).

(3) 시장·군수등 또는 토지주택공사등을 사업시행자로 지정하는 경우에는 주민대표기구로서 주민대표회의를 구성하여야 한다(소규모주택정비법 제 25 조 제 2 항). 주민대표회의에 관하여는 도시정비법 제 47 조(주민대표회의)를 준용한다(소규모주택정비법 제 56 조 제 1 항).

2. 【법령】 소규모주택정비법 제 18 조 (소규모주택정비사업의 공공시행자 지정)

① 시장·군수등은 가로주택정비사업, 소규모재건축사업 또는 소규모재개발사업이 다음 각 호의 어느 하나에 해당하는 경우에는 제 17 조 제 3 항에도 불구하고 A) 직접 해당 사업을 시행하거나 B) 토지주택공사등(토지주택공사등이 건설업자 또는 등록사업자와 공동으로 시행하는 경우를 포함한다. 이하 이 조 및 제 20 조에서 같다)을 사업시행자로 지정하여 해당 사업을 시행하게 할 수 있다. <개정 2021.7.20, 2022.2.3>

  1. 천재지변, 「재난 및 안전관리 기본법」 제 27 조 또는 「시설물의 안전 및 유지관리에 관한 특별법」 제 23 조에 따른 사용제한·사용금지, 그 밖의 불가피한 사유로 긴급하게 사업을 시행할 필요가 있는 경우

  2. 토지등소유자가 제 22 조에 따른 주민합의체를 신고한 날 또는 조합이 제 23 조에 따른 조합설립인가를 받은 날부터 3 년 이내에 제 29 조에 따른 사업시행계획인가를 신청하지 아니한 경우

VII. 소규모주택정비사업의 시행자

> 3. 사업이 장기간 지연되거나 권리관계에 대한 분쟁 등으로 해당 <u>조합 또는 토지등소유자가 시행하는 사업을 계속 추진하기 어려운 경우</u>
>
> 4. 제54조제4항에 따라 사업시행계획인가가 취소된 경우
>
> 5. 사업시행구역의 국유지·공유지 면적 또는 국유지·공유지와 토지주택공사등이 소유한 토지를 합한 면적이 전체 토지면적의 2분의 1 이상으로서 토지등소유자 과반수가 시장·군수등 또는 토지주택공사등을 사업시행자로 지정하는 것에 동의하는 경우
>
> 6. 사업시행구역의 토지면적의 2분의 1 이상 의 토지소유자와 토지등소유자의 3분의 2 이상 에 해당하는 자가 시장·군수등 또는 토지주택공사등을 사업시행자로 지정할 것을 <u>요청한 경우</u>
>
> ② 시장·군수등은 제1항에 따라 직접 가로주택정비사업, 소규모재건축사업 또는 소규모재개발사업을 시행하거나 토지주택공사등을 사업시행자로 지정하는 때에는 <u>14일 이상 주민 공람을 거쳐 의견을 수렴</u>하고 사업시행구역 등 대통령령으로 정하는 사항을 해당 지방자치단체의 <u>공보에 고시하여야</u> 한다. 다만, 제1항제1호의 경우에는 토지등소유자에게 지체 없이 사업의 시행 사유·시기 및 방법 등을 통보하여야 한다. <개정 2021.7.20, 2022.2.3>
>
> ③ 제2항에 따른 사업시행구역에 관한 지형도면 고시 등에 대하여는 「토지이용규제기본법」 제8조에 따른다. <신설 2023.4.18>
>
> ④ 제2항에 따라 <u>사업시행자의 지정·고시가 있은 때에는 그 고시일 다음 날에 주민합의체의 신고 또는 조합설립인가가 취소된 것으로 본다.</u> <개정 2023.4.18>

3. **【법령】 소규모주택정비법 제25조(토지등소유자의 동의방법 등)**

> ② 가로주택정비사업, 소규모재건축사업 또는 소규모재개발사업의 토지등소유자는 시장·군수등 또는 토지주택공사등을 사업시행자로 지정하는 경우 <u>주민대표기구</u>(이하 " 주민대표회의 "라 한다)를 구성하여야 한다. <개정 2021.7.20>

4. **【법령】 소규모주택정비법 제56조(「도시 및 주거환경정비법」의 준용)**

> ① ... 주민대표회의...에 관하여는 같은 법 제47조(주민대표회의)...를 ... 준용한다.

D. 소규모주택정비사업의 지정개발자 및 사업대행자

1. **【해설】 지정개발자 지정과 '토지등소유자 전체회의' 구성**

> **(1) 지정개발자(신탁업자)에 의한 시행**

① 가로주택정비사업, 소규모재건축사업 또는 소규모재개발사업에서 조합설립 동의요건 이상에 해당하는 자가 '사업시행구역 면적의 3 분의 1 이상의 토지를 신탁받은 신탁업자'(지정개발자)를 사업시행자로 지정하는 것에 동의하는 때에는 시장·군수등은 그 신탁업자를 사업시행자로 지정하여 사업을 시행하게 할 수 있다(소규모주택정비법 제 19 조 제 1 항; 시행령 제 17 조).

② 지정개발자를 사업시행자로 지정하는 때에는 14 일 이상 주민 공람을 거쳐 의견을 수렴하고, 공보에 고시하여야 하며, 그 고시일 다음 날에 주민합의체의 신고 또는 조합설립인가가 취소된 것으로 본다(소규모주택정비법 제 19 조 제 2, 4 항).

③ 지정개발자가 사업을 시행하는 경우 토지등소유자 전원으로 구성되는 "토지등소유자 전체회의"를 구성하여야 하며, 지정개발자는 중요사항에 관하여 토지등소유자 전체회의의 의결을 거쳐야 한다(법 제 25 조 제 3 항). 토지등소유자 전체회의 등에 관하여는 같은 법(「도시 및 주거환경정비법」) … 제 48 조(토지등소유자 전체회의)를 … 준용한다.

(2) 사업대행: 소규모주택정비사업의 사업대행자 지정에 관하여는 도시정비법 제 28 조가 준용된다(소규모주택정비법 제 56 조 제 1 항).

2. 【법령】 소규모주택정비법 제 19 조(소규모주택정비사업의 지정개발자 지정)

① 시장·군수등은 가로주택정비사업, 소규모재건축사업 또는 소규모재개발사업의 조합설립을 위하여 제 23 조에 따른 조합설립 동의요건 이상에 해당하는 자가 대통령령으로 정하는 요건을 갖춘 신탁업자(이하 "지정개발자"라 한다)를 사업시행자로 지정하는 것에 동의하는 때에는 지정개발자를 사업시행자로 지정하여 해당 사업을 시행하게 할 수 있다. <개정 2021.7.20>

② 시장·군수등은 제 1 항에 따라 지정개발자를 사업시행자로 지정하는 때에는 14 일 이상 주민 공람을 거쳐 의견을 수렴하고 사업시행구역 등 대통령령으로 정하는 사항을 해당 지방자치단체의 공보에 고시하여야 한다. 이 경우 사업시행구역에 관한 지형도면 고시 등에 대하여는 「토지이용규제 기본법」 제 8 조에 따른다. <개정 2022.2.3, 2023.4.18>

③ 지정개발자는 제 1 항에 따른 사업시행자 지정에 필요한 동의를 받기 전에 다음 각 호에 관한 사항을 토지등소유자에게 제공하여야 한다.

1. 토지등소유자별 분담금 추산액 및 산출근거

2. 그 밖에 추정분담금의 산출 등과 관련하여 시·도조례로 정하는 사항

④ 제 2 항에 따른 사업시행자의 지정·고시가 있은 때에는 그 고시일 다음 날에 주민합의체의 신고 또는 조합설립인가가 취소된 것으로 본다.

VIII. 사업시행자의 변동

3. 【법령】 소규모주택정비법 시행령 제 17 조(지정개발자의 요건)

> 법 제 19 조제 1 항에서 "대통령령으로 정하는 요건을 갖춘 신탁업자"란 사업시행구역 면적의 3 분의 1 이상의 토지를 신탁받은 신탁업자를 말한다.

4. 【법령】 소규모주택정비법 제 25 조 제 3 항(토지등소유자 전체회의)

> ③ 소규모주택정비사업의 토지등소유자는 제 19 조에 따른 지정개발자가 사업을 시행하는 경우 토지등소유자 전원으로 구성되는 회의(이하 "토지등소유자 전체회의"라 한다)를 구성하여야 한다.
>
> 이 경우 지정개발자는 「도시 및 주거환경정비법」 제 48 조(토지등소유자 전체회의) 제 1 항 각 호의 사항에 관하여 토지등소유자 전체회의의 의결을 거쳐야 한다.

5. 【법령】 소규모주택정비법 제 56 조(「도시 및 주거환경정비법」의 준용)

> ① ... 토지등소유자 전체회의 등에 관하여는 같은 법(「도시 및 주거환경정비법」) ... 제 48 조(토지등소유자 전체회의)를 ... 준용한다.

6. 【법령】 소규모주택정비법 제 56 조(「도시 및 주거환경정비법」의 준용)

> ① ... 가로주택정비사업, 소규모재건축사업 및 소규모재개발사업의 사업대행자 지정에 관하여는 같은 법 제 28 조(재개발사업·재건축사업의 사업대행자)를 ... 준용한다.
>
> 이 경우 "재개발사업"은 "자율주택정비사업, 가로주택정비사업 또는 소규모재개발사업"으로,, "재건축사업"은 "소규모재건축사업"으로 본다. <개정 2019. 4. 23., 2019. 8. 20., 2021. 7. 20., 2022. 2. 3.>

VIII. 사업시행자의 변동

A. 개요

1. 【해설】 사업시행자 변동과 권리·의무 승계

> (1) 정비사업 시행자의 지위는 공법상 지위로서 사법상 계약에 의한 양도대상의 대상이 될 수 없다(따라서 권리양도계약에 기한 사업시행자 명의변경처분은 당연무효임). 따라서 사업시행자를 변경하기 위해서는 기존 사업시행자에 대하여 조합설립인가 등의 사업시행지지정 처분을 취소하고 새로운 사업시행자지정 처분을 해야 한다.

제 3 장 정비사업의 시행방법·시행자 / 제 2 절 정비사업의 시행자

> (2) 사업시행자가 변동된 경우, 종전의 사업시행자와 '정비사업과 관련하여 권리를 갖는 자'("권리자") 사이의 권리·의무는 새로운 사업시행자가 전부 승계한다. 권리자의 변동이 있은 때에도 마찬가지이다.

2. 【법령】 전부개정 도시정비법 제 129 조(사업시행자 등의 권리·의무의 승계)

> 사업시행자와 정비사업과 관련하여 권리를 갖는 자(이하 "권리자"라 한다)의 변동이 있은 때에는 <u>종전의 사업시행자와 권리자의 권리·의무는 새로 사업시행자와 권리자로 된 자가 승계한다.</u>

B. ① 도시재개발사업의 시행자 지위는 공법상 권리·의무를 내용으로 하는 것이어서 사법상 계약에 의한 양도대상이 될 수 없어; ② 따라서 <u>사법상의 권리양도 계약에 기한 도시재개발사업법 시행자 명의변경인가처분은 무효임</u> —대법원 1982. 3. 9. 선고 81 누 318 판결[행정처분취소]

【당사자】

> 【원고, 피상고인】 박○○
> 【피고, 상고인】 부산시장

원심판결 이유에 의하면 원심은, 피고가 1979.1.30 도시재개발법제 12 조 제 1 항의 규정에 의하여 재개발사업의 시행을 인가하였다가 원고 명의의 소외 윤중권, 서완철에 대한 사업시행권 양도계약서와 명의변경 신청서를 제출받고 1980.7.10 재개발사업시행자를 위 소외인들로 변경하는 내용의 시행자명의 변경 인가처분을 한 사실을 인정한 다음,

재개발사업 시행자의 지위는 공법상의 권리 의무를 내용으로 하는 것이어서 사법상의 계약에 의한 양도의 대상이 될 수 없을 뿐 아니라 피고가 본건 시행자 명의변경인가처분의 근거규정으로 주장하는 도시재개발 제 7 조 제 2 항이나 제 12 조 제 1 항은 사법상의 계약에 의하여 권리가 양도된 경우에 명의변경 인가처분을 할 수 있다는 취지의 규정이 아니고, <u>사법상의 권리양도 계약에 기한 본건 시행자 명의변경 인가처분은 도시재개발법에 규정된 시행자 변경의 어느 유형에도 해당되지 않으므로 본건 시행자 명의변경 인가처분은 법률상의 근거없이 이루어진 무효의 처분</u>이라고 판시하고 있는바, 기록과 도시재개발법의 관계규정을 살펴보면 원심의 이와 같은 판단은 정당하고…

제3절 공공재개발과 공공재건축

I. 공공재개발·공공재건축 사업의 요건

A. 【해설】 공공재개발·공공재건축이 무엇인가?

> (1) 공공재개발 및 공공재건축 사업은 문재인 정부가 2020년 5·6 대책, 2020년 8·4 대책, 2021년 2·4 대책 등 일련의 부동산대책을 통해 도입한 것이다. 이에 따른 도시개정법 개정은 2021. 4. 13. 법률 제 18046 호로 이루어졌고 2021. 7. 14.부터 시행되었다.
>
> (2) 공공재개발 및 공공재건축 사업은 아래 두 가지 요건을 갖추어야 한다(법 제 2 조 제 2 호 나목 및 다목)
>
>   A) 사업시행자에 관한 요건: 시장·군수등 또는 토지주택공사등 이 a) 공동시행자(법 제 25 조 제 1 항) 또는 b) 공공시행자(직접시행 또는 지정시행. 법 제 26 조 제 1 항)로서 직접 재개발·재건축사업을 시행하거나 c) 사업대행자(법 제 28 조)가 되어 조합 또는 토지 등소유자를 대신하여 재개발·재건축사업을 시행할 것(재개발·재건축 공통).
>
>   B) 주택건설·공급에 관한 요건: a) 전체 세대수 또는 연면적의 50% 이상을 지분형주택·공공임대주택 또는 공공지원민간임대주택으로 건설·공급하거나(공공재개발사업), 또는 b) 일정 세대수 이상(종전 세대수의 160% 이상)을 건설·공급할 것(공공재건축사업). 공공재개발은 a)만 충족하면 되고, 공공재건축은 b)만 충족하면 된다.
>
> (3) 공공재개발·공공재건축사업의 특례: 공공재개발·공공재건축사업에 대하여는 ① 공원녹지법에 따른 도시공원 또는 녹지 확보 기준을 완화하여 적용할 수 있도록 하고(공공재건축사업에 한함. 제 68 조 제 4 항), ② 공공재개발사업을 추진하려는 구역을 '공공재개발사업 예정구역'으로 별도 지정할 수 있도록 하고(공공재개발사업에 한함. 제 101 조의 2), ③ 완화된 용적률을 적용할 수 있도록 하고(제 101 조의 5 및 제 101 조의 6 신설), ④ 정비구역의 지정권자는 사업시행계획인가에 관한 사항을 통합심의할 수 있도록 하는(제 101 조의 7 신설) 등 여러 가지 특례조항이 적용된다.

B. 공공재개발·재건축의 사업시행자

1. 【해설】 시장·군수 등 또는 토지주택공사등

> (1) 공공재개발·공공재건축사업의 시행자는 시장·군수등 또는 토지주택공사등 이다.
>
>   ① "시장·군수등"은 특별자치시장, 특별자치도지사, 시장, 군수, 자치구의 구청장을 말한다(법 제 2 조 제 2 호 나목 1)).

제3장 정비사업의 시행방법·시행자 / 제3절 공공재개발과 공공재건축

② "토지주택공사등"은 한국토지주택공사(LH 공사) 및 주택사업을 위하여 지방공기업법에 따라 설립된 지방공사(예: SH 서울주택도시공사)를 말한다(법 제2조 제10호).

(2) 다만, 시장·군수등 또는 토지주택공사등이 단독시행하는 경우뿐 아니라, 공동시행 또는 사업대행의 방식으로도 시행할 수 있다. 이는 모두 사업시행자에 관한 기존규정을 이용한 것인바, 자세한 내용은 아래와 같다.

2. 【해설】기존 규정을 활용하여 공동시행, 공공시행, 사업대행 방식으로 시행됨

① 공동시행 방식: 시장·군수등 또는 토지주택공사등이 조합원 과반수의 동의를 받아 조합과 공동으로 시행할 수 있다(법 제25조 제1항).

② 공공시행 방식: 토지면적 2분의 1 이상의 토지소유자와 토지등소유자의 3분의 2 이상의 요청에 따라 시장·군수등이 직접 시행하거나(법 제26조 제1항 전단 및 같은 항 제8호), 토지주택공사등을 사업시행자로 지정하여 시행할 수 있다(법 제26조 제1항 후단 및 같은 항 제8호). 법 제26조 제1항 제1~7호에 해당하는 경우에도 공공시행 방식으로 공공재개발·공공재건축을 시행할 수 있다.

이미 조합이 설립되어 있는 경우에는 공공시행 방식을 사용할 수 없으며, 공동시행 또는 사업대행 방식을 사용해야 한다.

③ 사업대행 방식: 토지등소유자(조합을 설립한 경우는 조합원)의 과반수 동의에 의한 요청에 따라 시장·군수등 또는 토지주택공사등이 사업대행자가 되어 공공재개발·공공재건축을 시행할 수 있다(법 제28조 제1항).

C. 주택건설·공급에 관한 요건

1. 【해설】공공재개발사업의 공공지원민간임대주택 등 건설비율

(1) 공공재개발사업을 시행하는 경우에는 건설·공급되는 주택의 전체 세대수/연면적 중 토지등소유자 분양분(지분형주택은 제외)을 제외한 나머지 주택의 세대수/연면적의 50% 이상을 지분형주택, 공공임대주택 또는 공공지원민간임대주택으로 건설·공급하여야 한다(법 제2조 제2호 나목 2)).

(2) 공공임대주택의 건설비율은 건설·공급되는 전체 세대수의 20% 이하에서 국토교통부장관이 고시하는 비율 이상으로 한다(영 제1조의2 제1항). 다만, 정비구역지정권자는 지방도시계획위원회의 심의를 거쳐 공공임대주택 건설비율을 국토교통부장관이 고시하는 비율보다 완화할 수 있다(영 제1조의2 제2항).

국토교통부장관이 고시한 비율은 아래와 같다(자세한 내용은 아래 참조).

① 서울특별시: 전체 세대수의 20%

② 수도권(서울 제외): 전체 세대수의 10%

③ 그 외 지역: 전체 세대수의 10%

2. 【해설】 공공재건축사업의 공급 세대수

공공재건축사업에서는 원칙적으로 종전 세대수의 160%에 해당하는 세대를 공급하여야 한다(영 제1조의3 제1항). 공공임대주택 등 공급주택의 종류에 관한 제한은 없다.

3. 【법령】 공공재개발 – 전부개정 도시정비법 제2조(정의) 제2호 나목

<개정 2017.8.9, 2021.1.5, 2021.1.12, 2021.4.13>

나. 재개발사업: 정비기반시설이 열악하고 노후·불량건축물이 밀집한 지역에서 주거환경을 개선하거나 상업지역·공업지역 등에서 도시기능의 회복 및 상권활성화 등을 위하여 도시환경을 개선하기 위한 사업.

이 경우 다음 요건을 모두 갖추어 시행하는 재개발사업을 "공공재개발사업"이라 한다.

1) 특별자치시장, 특별자치도지사, 시장, 군수, 자치구의 구청장(이하 "시장·군수등"이라 한다) 또는 제10호에 따른 토지주택공사등(조합과 공동으로 시행하는 경우를 포함한다)이 A) 제24조에 따른 주거환경개선사업의 시행자, B) 제25조 제1항[☞ 공동시행자] 또는 제26조 제1항[☞ 공공시행자의 직접시행 또는 지정시행]에 따른 재개발사업의 시행자나 C) 제28조에 따른 재개발사업의 대행자(이하 "공공재개발사업 시행자"라 한다)일 것

2) 건설·공급되는 주택의 전체 세대수 또는 전체 연면적 중 토지등소유자 대상 분양분(제80조에 따른 지분형주택은 제외한다)을 제외한 나머지 주택의 세대수 또는 연면적의 100분의 50 이상을 제80조에 따른 지분형주택, 「공공주택 특별법」에 따른 공공임대주택(이하 "공공임대주택"이라 한다) 또는 「민간임대주택에 관한 특별법」 제2조 제4호에 따른 공공지원민간임대주택(이하 "공공지원민간임대주택"이라 한다)으로 건설·공급할 것.

이 경우 주택 수 산정방법 및 주택 유형별 건설비율은 대통령령으로 정한다.

4. 【법령 및 해설】 도시정비법 시행령 제1조의2(공공재개발사업의 공공임대주택 건설비율)

① 「도시 및 주거환경정비법」(이하 "법"이라 한다) 제2조제2호나목 2)에 따라 건설·공급해야 하는 공공임대주택(「공공주택 특별법」에 따른 공공임대주택을 말한다. 이하 같다) 건설비율은 건설·공급되는 주택의 전체 세대수의 100분의 20 이하에서 국토교통부장관이 정하여 고시하는 비율 이상으로 한다.

☞ 「정비사업의 임대주택 및 주택규모별 건설비율」 제 6 조(공공재개발사업에서의 공공임대주택 건설비율)

「도시 및 주거환경정비법 시행령」(이하 "시행령"이라 한다) 제 1 조의 2 제 1 항에서 "국토교통부장관"이 고시한 비율은 다음 각 호를 의미한다. 다만, 시·도지사는 「국토의 계획 및 이용에 관한 법률 시행령」 제 30 조제 1 항제 2 호부터 제 4 호까지의 지역에서는 시·도지사가 공보에 고시한 바에 따라 임대주택 세대 수를 50 퍼센트 범위 내에서 차감하여 조정할 수 있다.

  1. 「수도권정비계획법」 제 2 조제 1 호에 따른 수도권 중 서울특별시 : 전체 세대 수의 20 퍼센트

  2. 「수도권정비계획법」 제 2 조제 1 호에 따른 수도권 중 서울특별시 외의 지역 : 전체 세대 수의 10 퍼센트

  3. 제 1 호 및 제 2 호 외의 지역 : 전체 세대 수의 10 퍼센트

② 특별시장·광역시장·특별자치시장·특별자치도지사·시장 또는 군수(광역시의 군수는 제외하며, 이하 "정비구역지정권자"라 한다)는 제 1 항에도 불구하고 다음 각 호의 어느 하나에 해당하는 경우에는 「국토의 계획 및 이용에 관한 법률」 제 113 조에 따라 해당 지방자치단체에 설치된 지방도시계획위원회[이하 "지방도시계획위원회"라 하며, 정비구역이 「도시재정비 촉진을 위한 특별법」 제 5 조에 따른 재정비촉진지구 내에 있는 경우로서 같은 법 제 34 조에 따른 도시재정비위원회(이하 "도시재정비위원회"라 한다)가 설치된 지역의 경우 도시재정비위원회를 말한다. 이하 같다]의 심의를 거쳐 공공임대주택 건설비율을 제 1 항의 비율보다 완화할 수 있다.

  1. 건설하는 주택의 전체 세대수가 200 세대 미만인 경우

  2. 정비구역의 입지, 정비사업의 규모, 토지등소유자의 수 등을 고려할 때 토지등소유자의 부담이 지나치게 높아 제 1 항에 따른 공공임대주택 건설비율을 확보하기 어렵다고 인정하는 경우

[본조신설 2021. 7. 13.]

5. 【법령】 공공재건축 – 전부개정 도시정비법 제 2 조(정의) 제 2 호 다목

<개정 2017.8.9, 2021.1.5, 2021.1.12, 2021.4.13>

다. 재건축사업: 정비기반시설은 양호하나 노후·불량건축물에 해당하는 공동주택이 밀집한 지역에서 주거환경을 개선하기 위한 사업. 이 경우 다음 요건을 모두 갖추어 시행하는 재건축사업을 "공공재건축사업"이라 한다.

II. 공공재개발·공공재건축 사업의 특례

> ① 시장·군수등 또는 토지주택공사등(조합과 공동으로 시행하는 경우를 포함한다)이 A) 제 25 조 제 2 항[☞ 공동시행자] 또는 B) 제 26 조 제 1 항[☞ 공공시행자의 직접시행 또는 지정시행]에 따른 재건축사업의 시행자나 C) 제 28 조 제 1 항에 따른 재건축사업의 대행자(이하 "공공재건축사업 시행자"라 한다)일 것
>
> ② 종전의 용적률, 토지면적, 기반시설 현황 등을 고려하여 대통령령으로 정하는 세대수 이상을 건설·공급할 것. 다만, 제 8 조제 1 항에 따른 정비구역의 지정권자가 「국토의 계획 및 이용에 관한 법률」 제 18 조에 따른 도시·군기본계획, 토지이용 현황 등 대통령령으로 정하는 불가피한 사유로 해당하는 세대수를 충족할 수 없다고 인정하는 경우에는 그러하지 아니하다.

☞ 도시정비법 시행령 제 1 조의 3(공공재건축사업의 세대수 기준)

① 법 제 2 조제 2 호다목 2) 본문에서 "대통령령으로 정하는 세대수"란 공공재건축사업을 추진하는 단지의 종전 세대수의 100 분의 160 에 해당하는 세대를 말한다.

② 법 제 2 조제 2 호다목 2) 단서에서 "「국토의 계획 및 이용에 관한 법률」 제 18 조에 따른 도시·군기본계획, 토지이용 현황 등 대통령령으로 정하는 불가피한 사유"란 다음 각 호의 어느 하나에 해당하는 사유를 말한다. 이 경우 정비구역지정권자는 각 호의 사유로 제 1 항에 따른 세대수를 충족할 수 없는지를 판단할 때에는 지방도시계획위원회의 심의를 거쳐야 한다.

1. 제 1 항에 따른 세대수를 건설·공급하는 경우 「국토의 계획 및 이용에 관한 법률」 제 18 조에 따른 도시·군기본계획에 부합하지 않게 되는 경우

2. 해당 토지 및 인근 토지의 이용 현황을 고려할 때 제 1 항에 따른 세대수를 건설·공급하기 어려운 부득이한 사정이 있는 경우

[본조신설 2021. 7. 13.]

II. 공공재개발·공공재건축 사업의 특례

A. 공공재개발사업의 예정구역 지정; 공공재개발·공공재건축사업의 정비구역 지정

1. 【해설】 공공재개발사업 예정구역의 지정·고시(법 §101-2)

> (1) 정비구역의 지정권자는 공공재개발사업을 추진하려는 구역을 공공재개발사업 예정구역으로 지정할 수 있다(법 제 101 조의 2 제 1 항). 이른바 '공공재개발 후보지 선정'은 '예정구역 지정'의 전단계로 이루어지는 절차이다.
>
> 공공재건축사업을 추진하려는 구역에 대하여는 예정구역을 지정할 수 없다.

(2) 공공재개발사업 예정구역의 지정·고시에 관하여는 법 제 16 조[☞ 정비계획의 결정 및 정비구역의 지정·고시]를 준용한다(같은 조 제 2 항). 따라서 정비구역의 지정권자가 ① 공공재개발사업 예정구역을 지정하거나 변경지정하려면 지방도시계획위원회의 심의를 거쳐야 하며(법 제 16 조 제 1 항), ② 공공재개발사업 예정구역을 지정한 때에는 그 내용을 해당 지방자치단체의 공보에 고시하여야 하고(같은 조 제 2 항), 관계 서류를 일반인이 열람할 수 있도록 하여야 한다(같은 조 제 3 항).

(3) 정비계획 입안권자는 정비구역 지정권자에게 공공재개발사업 예정구역의 지정을 신청할 수 있고, 토지주택공사등은 정비계획 입안권자를 통하여 공공재개발사업 예정구역의 지정 신청을 할 수 있다(법 제 101 조의 2 제 2 항).

2. 【해설】 공공재개발 예정구역 지정·고시에 따른 권리산정기준일의 변경(법 §101-2④)

공공재개발사업 예정구역을 지정·고시한 경우에는 권리산정기준일이 「'정비구역 지정·고시일' 또는 '시·도지사가 따로 정하는 날'」(법 제 77 조 제 1 항)에서 「'공공재개발사업 예정구역 지정·고시일' 또는 '시·도지사가 따로 정하는 날'」로 변경된다(법 제 101 조의 2 제 4 항).

3. 【법령】 도시정비법 제 101 조의 2(공공재개발사업 예정구역의 지정·고시)

① 정비구역의 지정권자는 비경제적인 건축행위 및 투기 수요의 유입을 방지하고, 합리적인 사업계획을 수립하기 위하여 공공재개발사업을 추진하려는 구역을 공공재개발사업 예정구역으로 지정할 수 있다. 이 경우 공공재개발사업 예정구역의 지정·고시에 관한 절차는 제 16 조(정비계획의 결정 및 정비구역의 지정·고시)를 준용한다.

② 정비계획의 입안권자 또는 토지주택공사등은 정비구역의 지정권자에게 공공재개발사업 예정구역의 지정을 신청할 수 있다. 이 경우 토지주택공사등은 정비계획의 입안권자를 통하여 신청하여야 한다.

③ 공공재개발사업 예정구역에서 제 19 조제 7 항 각 호의 어느 하나에 해당하는 행위 또는 같은 조 제 8 항의 행위를 하려는 자는 시장·군수등의 허가를 받아야 한다. 허가받은 사항을 변경하려는 때에도 또한 같다.

④ 공공재개발사업 예정구역 내에 분양받을 건축물이 제 77 조 제 1 항 각 호의 어느 하나에 해당하는 경우에는 제 77 조[☞ 토지분할 등의 경우 분양에 관한 권리산정기준일]에도 불구하고 공공재개발사업 예정구역 지정·고시가 있은 날 또는 시·도지사가 투기를 억제하기 위하여 공공재개발사업 예정구역 지정·고시 전에 따로 정하는 날의 다음 날을 기준으로 건축물을 분양받을 권리를 산정한다. 이 경우 시·도지사가 건축물을 분양받을 권리일을 따로 정하는 경우에는 제 77 조 제 2 항[☞ 권리산정기준일의 고시]을 준용한다.

II. 공공재개발·공공재건축 사업의 특례

☞ 공공재개발사업 예정구역으로 지정된 경우에는 분양에 관한 권리산정기준일이 「'공공재개발사업 예정구역 지정·고시일' 또는 '시·도지사가 따로 정하는 날'」로 변경된다.

⑤ 정비구역의 지정권자는 공공재개발사업 예정구역이 지정·고시된 날부터 2년이 되는 날까지 공공재개발사업 예정구역이 공공재개발사업을 위한 정비구역으로 지정되지 아니하거나, 공공재개발사업 시행자가 지정되지 아니하면 그 2년이 되는 날의 다음 날에 공공재개발사업 예정구역 지정을 해제하여야 한다. 다만, 정비구역의 지정권자는 1회에 한하여 1년의 범위에서 공공재개발사업 예정구역의 지정을 연장할 수 있다.

⑥ 제1항에 따른 공공재개발사업 예정구역의 지정과 제2항에 따른 지정 신청에 필요한 사항 및 그 절차는 대통령령으로 정한다.

[본조신설 2021. 4. 13.]

4. 【해설】 공공재개발사업을 위한 정비구역 지정(법 §101-3)

(1) 정비구역 지정권자는 기본계획을 수립/변경하지 않고 곧바로 공공재개발사업을 위한 정비계획을 결정하여 정비구역을 지정할 수 있다(법 제101조의3 제1항).

(2) 정비계획 입안권자는 정비계획을 작성하여 정비구역 지정권자에게 공공재개발사업을 위한 정비구역의 지정을 신청할 수 있으며, 공공재개발사업을 시행하려는 공공재개발사업 시행자는 정비계획 입안권자에게 공공재개발사업을 위한 정비계획의 수립을 제안할 수 있다(같은 조 제2항).

(3) 공공재개발사업을 위한 정비구역을 지정·고시한 날부터 1년 내에 공공재개발사업의 시행자가 지정되지 않으면 그 다음 날에 공공재개발사업을 위한 정비구역의 지정을 해제하여야 한다(같은 조 제3항). 다만, 1회에 한하여 1년의 범위에서 정비구역의 지정을 연장할 수 있다(같은 항 단서).

(4) 법 제101조의3도 공공재개발사업에만 적용되는 규정이다(공공재건축사업에는 적용되지 않음).

5. 【법령】 도시정비법 제101조의3(공공재개발사업을 위한 정비구역 지정 등)

① 정비구역의 지정권자는 제8조 제1항에도 불구하고 기본계획을 수립하거나 변경하지 아니하고 공공재개발사업을 위한 정비계획을 결정하여 정비구역을 지정할 수 있다.

② 정비계획의 입안권자는 공공재개발사업의 추진을 전제로 정비계획을 작성하여 정비구역의 지정권자에게 공공재개발사업을 위한 정비구역의 지정을 신청할 수 있다. 이 경우 공공재개발사업을 시행하려는 공공재개발사업 시행자는 정비계획의 입안권자에게 공공재개발사업을 위한 정비계획의 수립을 제안할 수 있다.

③ 정비계획의 지정권자는 공공재개발사업을 위한 정비구역을 지정·고시한 날부터 1년이 되는 날까지 공공재개발사업 시행자가 지정되지 아니하면 그 1년이 되는 날의 다음 날에 공공재개발사업을 위한 정비구역의 지정을 해제하여야 한다. 다만, 정비구역의 지정권자는 1회에 한하여 1년의 범위에서 공공재개발사업을 위한 정비구역의 지정을 연장할 수 있다.

[본조신설 2021. 4. 13.]

6. 【해설】 공공재개발 예정구역 및 공공재개발·재건축 정비구역 지정을 위한 특례(법 §101-4)

(1) 지방도시계획위원회와 도시재정비위원회에는 공공재개발사업 예정구역 또는 공공재개발사업·공공재건축사업을 위한 정비구역의 지정에 필요한 사항을 심의하기 위하여 분과위원회를 둘 수 있으며, 이 경우 분과위원회의 심의는 본위원회의 심의로 본다(법 제101조의4 제1항).

(2) 공공재개발사업·공공재건축사업을 위한 정비구역의 지정·변경을 고시한 때에는 기본계획의 수립·변경, 재정비촉진지구의 지정·변경 및 재정비촉진계획의 결정·변경이 고시된 것으로 본다(법 제101조의4 제2항).

7. 【법령】 도시정비법 제101조의4(공공재개발사업 예정구역 및 공공재개발사업·공공재건축사업을 위한 정비구역 지정을 위한 특례)

① 지방도시계획위원회 또는 도시재정비위원회는 공공재개발사업 예정구역 또는 공공재개발사업·공공재건축사업을 위한 정비구역의 지정에 필요한 사항을 심의하기 위하여 분과위원회를 둘 수 있다. 이 경우 분과위원회의 심의는 지방도시계획위원회 또는 도시재정비위원회의 심의로 본다.

② 정비구역의 지정권자가 공공재개발사업 또는 공공재건축사업을 위한 정비구역의 지정·변경을 고시한 때에는 제7조에 따른 기본계획의 수립·변경, 「도시재정비 촉진을 위한 특별법」 제5조에 따른 재정비촉진지구의 지정·변경 및 같은 법 제12조에 따른 재정비촉진계획의 결정·변경이 고시된 것으로 본다.

[본조신설 2021. 4. 13.]

II. 공공재개발·공공재건축 사업의 특례

B. 공공재개발·공공재건축사업의 용적률 완화 및 주택건설비율

1. **【해설】 공공재개발사업에서의 용적률 완화 및 국민주택 건설·공급의무(법 §101-5)**

> (1) 공공재개발사업을 시행하는 경우에는 지방도시계획위원회 및 도시재정비위원회의 심의를 거쳐 법적상한용적률의 120%("법적상한초과용적률")까지 건축할 수 있다(법 제101조의5 제1항).
>
> ☞ 용적률에 관한 상세 내용은 돈.되.법 3의 「건축심의」 부분을 참조하세요.
>
> (2) 공공재개발사업 시행자는 「법적상한초과용적률에서 정비계획으로 정하여진 용적률을 뺀 용적률」의 20% 이상 50% 이하로서 시·도조례로 정하는 비율(서울시조례: 50%)에 해당하는 면적에 국민주택규모 주택을 건설하여 인수자에게 공급하여야 한다(같은 조 제2항).

2. **【법령】 도시정비법 제101조의5(공공재개발사업에서의 용적률 완화 및 주택 건설비율 등)**

> ① 공공재개발사업 시행자는 공공재개발사업(「도시재정비촉진을 위한 특별법」 제2조 제1호에 따른 재정비촉진지구에서 시행되는 공공재개발사업을 포함한다)을 시행하는 경우 「국토의 계획 및 이용에 관한 법률」 제78조 및 조례에도 불구하고 지방도시계획위원회 및 도시재정비위원회의 심의를 거쳐 법적상한용적률의 100분의 120(이하 "법적상한초과용적률"이라 한다)까지 건축할 수 있다.
>
> ② 공공재개발사업 시행자는 제54조에도 불구하고 법적상한초과용적률에서 정비계획으로 정하여진 용적률을 뺀 용적률의 100분의 20 이상 100분의 50 이하로서 시·도조례로 정하는 비율에 해당하는 면적에 국민주택규모 주택을 건설하여 인수자에게 공급하여야 한다. 다만, 제24조제4항, 제26조제1항제1호 및 제27조제1항제1호에 따른 정비사업을 시행하는 경우에는 그러하지 아니한다.
>
> ☞ 서울시 도시정비조례 제30조 제3항(국민주택규모 주택 건설비율 등)
>
> ③ 법 제101조의5 제2항에 따른 "시·도조례로 정하는 비율"은 법적상한초과용적률에서 정비계획용적률을 뺀 용적률의 100분의 50을 말한다. 다만, 지역여건 등을 고려하여 사업을 추진하기 어렵다고 인정된 경우 도시계획위원회 또는 도시재정비위원회 심의를 거쳐 100분의 40까지 완화할 수 있다. <신설 2021.9.30., 2021.12.30>
>
> ③ 제2항에 따른 국민주택규모 주택의 공급 및 인수방법에 관하여는 제55조를 준용한다.
>
> [본조신설 2021. 4. 13.]

제3장 정비사업의 시행방법·시행자 / 제3절 공공재개발과 공공재건축

3. 【해설】 공공재건축사업에서의 자동 종상향 및 국민주택 건설·공급의무(법 §101-6)

(1) 공공재건축사업을 위한 정비구역으로 지정·고시되면, 그날로 용도지역이 자동 종상향(아래)되어 용적률이 높아진다(법 제101조의6 제1항; 영 제80조의3 제1항). 정비구역지정권자는 종상향되는 용도지역을 달리 정할 수도 있다(영 제80조의3 제2항).

* 제1종전용주거지역 → 제2종전용주거지역
* 제2종전용주거지역 → 제1종일반주거지역
* 제1종일반주거지역 → 제2종일반주거지역
* 제2종일반주거지역 → 제3종일반주거지역
* 제3종일반주거지역 → 준주거지역

(2) 공공재건축사업 시행자는 위와 같이 「종상향으로 높아진 용적률에서 정비계획으로 정하여진 용적률을 뺀 용적률」의 40% 이상 70% 이하로서 시·도조례로 정하는 비율에 해당하는 면적에 국민주택규모 주택을 건설하여 인수자에게 공급하여야 한다(법 제101조의6 제2항).

4. 【법령】 도시정비법 제101조의6(공공재건축사업에서의 용적률 완화 및 주택 건설비율 등)

① 공공재건축사업을 위한 정비구역에 대해서는 해당 정비구역의 지정·고시가 있은 날부터 「국토의 계획 및 이용에 관한 법률」 제36조 제1항 제1호 가목 및 같은 조 제2항에 따라 주거지역을 세분하여 정하는 지역 중 대통령령으로 정하는 지역으로 결정·고시된 것으로 보아 해당 지역에 적용되는 용적률 상한까지 용적률을 정할 수 있다. 다만, 다음 각 호의 어느 하나에 해당하는 경우에는 그러하지 아니하다.

  1. 해당 정비구역이 「개발제한구역의 지정 및 관리에 관한 특별조치법」 제3조제1항에 따라 결정된 개발제한구역인 경우
  2. 시장·군수등이 공공재건축사업을 위하여 필요하다고 인정하여 해당 정비구역의 일부분을 종전 용도지역으로 그대로 유지하거나 동일면적의 범위에서 위치를 변경하는 내용으로 정비계획을 수립한 경우
  3. 시장·군수등이 제9조제1항제10호다목의 사항을 포함하는 정비계획을 수립한 경우

☞ 영 제80조의3

① 법 제101조의6 제1항에서 "대통령령으로 정하는 지역"이란 다음 각 호의 구분에 따른 용도지역을 말한다.

1. 현행 용도지역이 「국토의 계획 및 이용에 관한 법률 시행령」 제30조제1항제1호가목(1)의 제1종전용주거지역인 경우: 같은 목 (2)의 제2종전용주거지역

2. 현행 용도지역이 「국토의 계획 및 이용에 관한 법률 시행령」 제30조제1항제1호가목(2)의 제2종전용주거지역인 경우: 같은 호 나목(1)의 제1종일반주거지역

3. 현행 용도지역이 「국토의 계획 및 이용에 관한 법률 시행령」 제30조제1항제1호나목(1)의 제1종일반주거지역인 경우: 같은 목 (2)의 제2종일반주거지역

4. 현행 용도지역이 「국토의 계획 및 이용에 관한 법률 시행령」 제30조제1항제1호나목(2)의 제2종일반주거지역인 경우: 같은 목 (3)의 제3종일반주거지역

5. 현행 용도지역이 「국토의 계획 및 이용에 관한 법률 시행령」 제30조제1항제1호나목(3)의 제3종일반주거지역인 경우: 같은 호 다목의 준주거지역

② 정비구역지정권자는 제1항에도 불구하고 주택공급의 규모, 인근 토지의 이용현황 등을 고려할 때 용도지역을 달리 정할 필요가 있다고 인정하는 경우에는 지방도시계획위원회의 심의를 거쳐 「국토의 계획 및 이용에 관한 법률 시행령」 제30조제1항제1호에 따라 주거지역을 세분하여 정하는 지역 중 어느 하나의 지역으로 용도지역을 달리 정할 수 있다.

② 공공재건축사업 시행자는 공공재건축사업(「도시재정비 촉진을 위한 특별법」 제2조제1호에 따른 재정비촉진지구에서 시행되는 공공재건축사업을 포함한다)을 시행하는 경우 제54조 제4항에도 불구하고 제1항에 따라 완화된 용적률에서 정비계획으로 정하여진 용적률을 뺀 용적률의 100분의 40 이상 100분의 70 이하로서 주택증가 규모, 공공재건축사업을 위한 정비구역의 재정적 여건 등을 고려하여 시·도조례로 정하는 비율에 해당하는 면적에 국민주택규모 주택을 건설하여 인수자에게 공급하여야 한다.

☞ 서울시조례 제30조(국민주택규모 주택 건설비율 등)

④ 법 제101조의6 제2항에 따른 "시·도조례로 정하는 비율"은 법 제101조의6 제1항에 따라 완화된 용적률에서 정비계획용적률을 뺀 용적률의 100분의 50을 말한다. 다만, 지역여건 등을 고려하여 사업을 추진하기 어렵다고 인정된 경우 도시계획위원회 또는 도시재정비위원회 심의를 거쳐 100분의 40까지 완화할 수 있다. <신설 2021.9.30., 2021.12.30>

③ 제2항에 따른 주택의 공급가격은 「공공주택 특별법」 제50조의4에 따라 국토교통부장관이 고시하는 공공건설임대주택의 표준건축비로 하고, 제4항 단서에 따라 분양을 목적으로 인수한 주택의 공급가격은 주택법 제57조 제4항에 따라 국토교통부장관이 고시하는 기본형건축비로 한다. 이 경우 부속 토지는 인수자에게 기부채납한 것으로 본다.

> ④ 제2항에 따른 국민주택규모 주택의 공급 및 인수방법에 관하여는 제55조를 준용한다. 다만, 인수자는 공공재건축사업 시행자로부터 공급받은 주택 중 대통령령으로 정하는 비율에 해당하는 주택에 대해서는 「공공주택 특별법」 제48조에 따라 분양할 수 있다.
>
> ☞ 영 제80조의3(공공재건축사업에서의 용적률 완화 및 국민주택규모 주택 공급)
>
> ③ 법 제101조의6 제4항 단서에서 "대통령령으로 정하는 비율"이란 100분의 50을 말한다. 다만, 임대주택 및 분양주택의 수요 등을 고려하여 필요한 경우에는 100분의 50 이하에서 시·도조례로 정하는 바에 따라 그 비율을 달리 정할 수 있다.
>
> ⑤ 제3항 후단에도 불구하고 제4항 단서에 따른 분양주택의 인수자는 감정평가액의 100분의 50 이상의 범위에서 대통령령으로 정하는 가격으로 부속 토지를 인수하여야 한다.
>
> [본조신설 2021. 4. 13.]
>
> ☞ "대통령령으로 정하는 가격"은 부속 토지 감정평가액의 100분의 50을 말한다(영 제80조의3 제4항).

C. [공공재건축] 건축규제 완화 특례

1. 【해설】 법 제68조 제4항에 따른 건축규제 완화 특례

> (1) 공공재건축사업을 위한 정비구역에서는 건축위원회 또는 도시계획위원회의 심의를 거쳐 아래와 같이 건축규제 기준을 완화받을 수 있다.
>
> ① 대지의 조경기준 완화(법 제68조 제4항 제1호; 건축법 제42조).
>
> ② 건폐율 산정 시 주차장 부분의 면적을 건축면적에서 제외(법 제68조 제4항 제2호; 영 제57조 제1호; 건축법 제55조).
>
> ③ 대지 안의 공지 기준을 1/2 범위에서 완화(법 제68조 제4항 제3호; 영 제57조 제2호; 건축법 제58조).
>
> ④ 건축물의 높이 제한 기준을 2분의 1 범위에서 완화(법 제68조 제4항 제4호; 영 제57조 제3호; 건축법 제60조).
>
> ⑤ 건축물(7층 이하 건축물에 한함)의 높이 제한 기준을 1/2 범위에서 완화(법 제68조 제4항 제4호; 영 제57조 제4호; 건축법 제61조 제2항 제1호)
>
> ⑥ 부대시설 및 복리시설의 설치기준을 아래와 같이 완화(법 제68조 제4항 제5호; 영 제57조 제5호; 주택법 제35조 제1항 제3호 및 제4호).

II. 공공재개발·공공재건축 사업의 특례

     가. 어린이놀이터를 설치하는 경우 「주택건설기준 등에 관한 규정」 제 55 조의 2 제 7 항 제 2 호 다목을 적용하지 않음

     나. 복리시설(주택법 제 2 조 제 14 호)을 설치하는 경우 주택법 제 35 조 제 1 항 제 4 호에 따른 복리시설별 설치기준에도 불구하고 설치대상 복리시설(어린이놀이터는 제외한다)의 면적의 합계 범위에서 필요한 복리시설을 설치할 수 있음

  ⑦ 도시공원 또는 녹지 확보기준의 완화(법 제 68 조 제 4 항 제 5-2 호; 공원녹지법 제 14 조)

  ⑧ 그 외에 공공재건축사업의 원활한 시행을 위하여 대통령령으로 정하는 사항(법 제 68 조 제 4 항 제 6 호. 이에 관한 시행령은 아직 없다).

(2) 위 규정은 <u>원래 천재지변 그 밖의 불가피한 사유로 긴급하게 재건축사업을 시행하는 경우에 건축규제를 완화하는 규정</u>인데, 2021. 7. 14. 개정시(2021. 4. 13. 법률 제 18046 호) 공공재건축사업의 경우도 이 규정에 따른 건축규제 완화 특례를 적용받을 수 있게 한 것이다.

2. 【법령】 전부개정 도시정비법 제 68 조(건축규제의 완화 등에 관한 특례)

> ④ 사업시행자는 ⓐ 공공재건축사업을 위한 정비구역 또는 ⓑ 제 26 조 제 1 항 제 1 호 [☞ 시장·군수등의 공공시행 또는 토지주택공사 등 지정시행] 및 제 27 조 제 1 항 제 1 호 [☞ 지정개발자시행]에 따른 재건축구역(재건축사업을 시행하는 정비구역을 말한다. 이하 같다)에서 다음 각 호의 어느 하나에 해당하는 사항에 대하여 <mark>대통령령으로 정하는 범위</mark>에서 건축법 제 72 조 제 2 항에 따른 <u>지방건축위원회 또는 지방도시계획위원회의 심의를 거쳐 그 기준을 완화받을 수 있다.</u> <개정 2021.4.13>
>
>   1. 건축법 제 42 조에 따른 대지의 <u>조경기준</u>
>
>   2. 건축법 제 55 조에 따른 <u>건폐율의 산정기준</u>
>
>   3. 건축법 제 58 조에 따른 대지 안의 <u>공지 기준</u>
>
>   4. 건축법 제 60 조 및 제 61 조에 따른 건축물의 <u>높이 제한</u>
>
>   5. 주택법 제 35 조제 1 항제 3 호 및 제 4 호에 따른 <u>부대시설 및 복리시설의 설치기준</u>
>
>   5 의 2. 「도시공원 및 녹지 등에 관한 법률」 제 14 조에 따른 <u>도시공원 또는 녹지 확보기준</u>
>
>   6. 제 1 호부터 제 5 호까지 및 제 5 호의 2 에서 규정한 사항 외에 공공재건축사업 또는 제 26 조 제 1 항 제 1 호 및 제 27 조 제 1 항 제 1 호에 따른 재건축사업의 원활한 시행을 위하여 <u>대통령령으로 정하는 사항</u> [☞ 이에 관한 시행령은 아직 없다]

3. 【법령】 전부개정 도시정비법 시행령 제57조(건축규제의 완화 등에 관한 특례)

> 법 제68조 제4항에서 "대통령령으로 정하는 범위"란 다음 각 호를 말한다.
>
> 1. 건축법 제55조에 따른 건폐율 산정 시 주차장 부분의 면적은 건축면적에서 제외할 수 있다.
>
> 2. 건축법 제58조에 따른 대지 안의 공지 기준은 2분의 1 범위에서 완화할 수 있다.
>
> 3. 건축법 제60조에 따른 건축물의 높이 제한 기준은 2분의 1 범위에서 완화할 수 있다.
>
> 4. 건축법 제61조 제2항 제1호에 따른 건축물(7층 이하의 건축물에 한정한다)의 높이 제한 기준은 2분의 1 범위에서 완화할 수 있다.
>
> 5. 주택법 제35조 제1항 제3호 및 제4호에 따른 부대시설 및 복리시설의 설치기준은 다음 각 목의 범위에서 완화할 수 있다.
>
>   가. 주택법 제2조 제14호 가목에 따른 어린이놀이터를 설치하는 경우에는 「주택건설기준 등에 관한 규정」 제55조의2 제7항 제2호 다목을 적용하지 아니할 수 있다.
>
>   나. 주택법 제2조 제14호에 따른 복리시설을 설치하는 경우에는 주택법 제35조 제1항 제4호에 따른 복리시설별 설치기준에도 불구하고 설치대상 복리시설(어린이놀이터는 제외한다)의 면적의 합계 범위에서 필요한 복리시설을 설치할 수 있다.

D. [공공재개발] 투기과열지구에서 조합원지위 승계금지 예외사유 추가

1. 【해설】 투기과열지구에서 조합원지위 승계금지의 예외사유(공공재개발)

> (1) 공공임대주택, 공공분양주택의 공급(공공주택특별법) 및 상가임대사업(영 제37조 제2항)을 목적으로 건축물 또는 토지를 양수하려는 공공재개발사업 시행자에게 건축물 또는 토지를 양도하려는 경우에는 투기과열지구에서 관리처분계획인가 후에 토지 또는 건축물을 양수하는 경우에도 조합원지위를 승계받는다(법 제39조 제2항 제6호).
>
> (2) 이 경우 법 제39조 제2항 제6호에 따라 건축물 또는 토지를 양수하려는 공공재개발사업 시행자는 분양공고(법 제72조 제1, 4항) 시 양수대상이 되는 건축물 또는 토지의 조건을 함께 공고하여야 한다(법 제72조 제7항).

2. 【법령】 전부개정 도시정비법 제39조(조합원의 자격 등)

> ② 주택법 제63조제1항에 따른 투기과열지구(이하 "투기과열지구"라 한다)로 지정된 지역에서 재건축사업을 시행하는 경우에는 조합설립인가 후, 재개발사업을 시행하는 경

II. 공공재개발·공공재건축 사업의 특례

> 우에는 제 74 조에 따른 <u>관리처분계획의 인가 후 해당 정비사업의 건축물 또는 토지를 양수</u>(매매·증여, 그 밖의 권리의 변동을 수반하는 모든 행위를 포함하되, 상속·이혼으로 인한 양도·양수의 경우는 제외한다. 이하 이 조에서 같다)<u>한 자</u>는 제 1 항에도 불구하고 조합원이 될 수 없다.
>
> 다만, 양도인이 다음 각 호의 어느 하나에 해당하는 경우 그 양도인으로부터 그 건축물 또는 토지를 양수한 자는 그러하지 아니하다. <개정 2017. 10. 24., 2020. 6. 9., 2021. 4. 13.>
>
> 　<u>6.</u> 공공임대주택, 「공공주택 특별법」에 따른 공공분양주택의 공급 및 <u>대통령령으로 정하는 사업</u>을 목적으로 건축물 또는 토지를 양수하려는 공공재개발사업 시행자에게 양도하려는 경우
>
> ☞ 영 제 37 조(조합원)
> ② 법 제 39 조제 2 항제 6 호에서 "<u>대통령령으로 정하는 사업</u>"이란 <u>공공재개발사업 시행자가 상가를 임대하는 사업</u>을 말한다. <신설 2021. 7. 13.>

3. 【법령】 전부개정 도시정비법 제 72 조(분양공고 및 분양신청)

> ⑦ 공공재개발사업 시행자는 제 39 조 제 2 항 제 6 호에 따라 건축물 또는 토지를 양수하려는 경우 무분별한 분양신청을 방지하기 위하여 제 1 항 또는 제 4 항에 따른 <u>분양공고 시 양수대상이 되는 건축물 또는 토지의 조건을 함께 공고하여야</u> 한다. <신설 2021. 4. 13.>

E. 기타 특례: '통합심의', '분양가상한제 적용제외'

1. 【해설】 공공재개발사업 및 공공재건축사업의 사업시행계획 통합심의(법 제 101 조의 7)

> 정비구역의 지정권자는 공공재개발사업 또는 공공재건축사업의 사업시행계획인가와 관련된 ① 건축위원회, ② 경관위원회, ③ 교육환경보호위원회, ④ 지방도시계획위원회, ⑤ 교통영향평가심의위원회, ⑥ 도시재정비위원회, ⑦ 재해영향평가심의위원회, ⑧ 환경영향평가협의회의 심의사항 ⑨ 기타 국토교통부장관, 시·도지사 또는 시장·군수등이 필요하다고 인정하는 사항을 통합하여 검토·심의할 수 있다(법 제 101 조의 7 제 1 항).

2. 【법령】 주택법 제 57 조(주택의 분양가격 제한 등) [공공재개발사업]

> ① 사업주체가 제 54 조에 따라 일반인에게 공급하는 공동주택 중 다음 각 호의 어느 하나에 해당하는 지역에서 공급하는 주택의 경우에는 이 조에서 정하는 기준에 따라 산정

제 3 장 정비사업의 시행방법·시행자 / 제 4 절 도시재정비법 ('뉴타운사업법')

> 되는 분양가격 이하로 공급(이에 따라 공급되는 주택을 "분양가상한제 적용주택"이라 한다. 이하 같다)하여야 한다. <개정 2021. 7. 20.> (각호 생략)
>
> ② 제 1 항에도 불구하고 다음 각 호의 어느 하나에 해당하는 경우에는 제 1 항을 적용하지 아니한다. <개정 2020. 8. 18., 2021. 4. 13., 2021. 7. 20.>
>
> 4 의 2. 「도시 및 주거환경정비법」 제 2 조제 2 호나목 후단에 따른 공공재개발사업에서 건설·공급하는 주택

제 4 절 도시재정비법 ('뉴타운사업법')

I. 「도시재정비 촉진을 위한 특별법」('도시재정비법')

A. 개요

1. 【해설】 도시재정비법 개요

> (1) 도시재정비법은 도시의 낙후된 지역에 대한 주거환경의 개선, 기반시설의 확충 및 도시기능의 회복을 위한 개발사업을 광역적으로 계획하고 체계적·효율적으로 추진하기 위한 법률이다. 특별시장·광역시장 또는 도지사는 시장·군수·구청장(자치구를 말함)의 신청을 받아 관계 행정기관의 장과 협의를 거쳐 지방도시계획위원회의 심의를 거쳐 재정비촉진지구를 지정한다(도시재정비법 제 5 조 제 1 항).
>
> (2) 재정비촉진지구에서 시행되는 사업을 "재정비촉진사업"이라고 하며, 재정비촉진사업은 도시정비법에 따른 정비사업만이 아니라 가로주택정비사업 및 소규모재건축사업, 도시개발사업, 시장정비사업 및 도시·군계획시설사업도 포함한다(동법 제 2 조 제 2 호).
>
> (4) 재정비촉진계획 수립권자(시장·군수·구청장)는 사업을 효율적으로 추진하기 위하여 재정비촉진계획 수립단계에서부터 한국토지주택공사 또는 지방공기업법에 따른 지방공사를 총괄사업관리자로 지정할 수 있다(동법 제 14 조).
>
> (5) 사업시행자: 재정비촉진사업은 각 개발사업의 근거법령에 따른 사업시행자가 시행하는 것이 원칙이다(도시재정비법 제 15 조). 다만, 도시정비법에 따른 정비사업과 가로주택정비사업 및 소규모재건축사업은 토지등소유자의 과반수가 동의한 경우에는 ① 특별자치시장, 특별자치도지사, 시장·군수·구청장이 재정비촉진사업을 직접 시행하거나 ② 한국토지주택공사 또는 지방공기업법에 따른 지방공사를 사업시행자로 지정할 수 있다 (같은 조 단서).
>
> (6) 지방자치단체의 장은 민간투자사업으로 기반시설을 설치할 수 있다(동법 제 16 조).

I. 「도시재정비 촉진을 위한 특별법」('도시재정비법')

2. 【해설】 도시재정비법 시행 전의 '뉴타운사업'에서 '재정비촉진사업'으로

> '뉴타운사업'은 도시재정비법이 제정되기도 전에 이명박 서울시장이 시작한 사업이다. 서울시는 2002년 10월 3개의 뉴타운 시범사업지구를 지정하고 '시범뉴타운사업'을 시작했다.
>
> 이듬해 2003. 3. 15. 서울특별시조례 제4065호로 「서울특별시지역균형발전지원에관한조례」를 제정하여 법률의 근거 없이 조례에 의하여 '뉴타운사업'을 시행하였다. 도시재정비법은 2005. 12. 30. 제정되어 2006. 7. 1.부터 시행되었다.
>
> 도시재정비법은 조례에 의하여 시행되고 있던 뉴타운사업을 재정비촉진사업으로 전환하기 위한 특별 경과규정을 두었다(부칙 제2조. 아래 참조).

3. 【해설】 도시재정비법의 '권리산정기준일' 개념이 도시정비법에 계승됨

> (1) 재개발사업에서 분양신청 대상자 여부를 가르는 '권리산정기준일' 개념은 도시정비법이 아닌 도시재정비법에서 먼저 도입되었다. 즉, 재개발사업에서 토지분할, 단독·다가구주택의 다세대주택 전환('지분쪼개기') 등의 경우 분양신청권의 산정기준이 되는 날('기준일')을 법률에서 처음 규정한 것은 2006. 7. 1. 시행된 도시재정비법이다(2005. 12. 30. 제정).
>
> (2) 제정 당시 도시재정비법 제33조는 재정비촉진지구의 지정·고시일 이후에 i) 1필지의 토지가 수개의 필지로 분할되는 경우(1호), ii) 단독 또는 다가구주택이 다세대주택으로 전환되는 경우(2호), iii) 주택 등 건축물이 분할되거나 공유자의 수가 증가되는 경우(3호) 및 iv) 하나의 대지범위 안에 속하는 동일인 소유의 토지와 주택 등 건축물을 토지와 주택 등 건축물로 각각 분리하여 소유하는 경우(4호)에는, 재정비촉진지구의 지정·고시일을 기준으로 분양받을 권리를 산정하도록 규정하였다.
>
> 따라서 재정비촉진지구의 지정·고시일 이후에 위와 같은 사유로 토지등소유자가 된 사람은 분양신청권이 없다.
>
> (3) 그 후 2008. 12. 31. 도시재정비법(2008. 12. 31. 개정 법률 제9321호) 제33조는 제5호로 ① '신축쪼개기'("5. 나대지에 건축물을 새로 건축하거나 기존 건축물을 철거하고 다세대주택이나 그 밖의 공동주택을 건축하여 토지등소유자가 증가하는 경우)를 추가하고, ② 권리산정기준일을 '재정비촉진지구의 지정·고시일'에서 a) '재정비촉진지구 지정·고시일 또는 b) 시·도지사가 따로 정하는 날'로 변경했다.
>
> 하지만 재정비촉진사업에서 따로 기준일을 정한 사례는 없는 것으로 보인다.
>
> (4) 도시정비법에서는 2009. 2. 6. 개정법(법률 제9444호)에서 제50조의2(주택등 건축물의 분양 받을 권리산정 기준일)를 신설하여 "a) 정비구역 지정·고시일 또는 b) 시·도지

사가 기본계획수립 후 정비구역지정·고시 전에 따로 정하는 날"을 권리산정기준일로 처음 규정하였다(2009. 2. 6. 공포 즉시 시행).

이에 따라 서울에서는 2010. 7. 15. 도시정비조례를 개정하여 재개발사업(제 27 조)과 단독주택재건축사업(제 28 조)에서 '권리산정기준일'을 도입하여 2010. 7. 16.부터 시행하였다(서울시조례 제 5007 호. 이른바 '신조례').

☞ "권리산정기준일"은 서울시조례에서 사용하는 용어이며, 도시재정비법과 도시정비법에서는 "기준일"이라는 말을 쓴다.

(5) 2009. 2. 6. 신설된 구 도시정비법 제 50 조의 2 는 전부개정법 제 77 조로 그대로 규정되었다. 이상의 내용을 요약하면 아래와 같다.

➢ 2006. 7. 1.「도시재정비촉진을 위한 특별법」 시행(2005. 12. 30. 제정)

➢ 2009. 2. 6. 구 도시정비법 제 50 조의 2 를 신설해 권리산정기준일 개념 도입(전부개정법 제 77 조와 동일)

➢ 2010. 7. 15. 권리산정기준일을 도입한 서울시 개정 '신조례' 성립(시행: 2010. 7. 16.)

4. 【해설】 개별법률에 의한 시행

재정비촉진사업에는 재정비촉진법이 다른 법률보다 우선 적용되나, 그 외에 재정비촉진지구 내에서 시행되는 각 개별사업은 해당 사업에 관한 법률에 따라 시행된다(도시재정비법 제 3 조). 예를 들어, 재정비촉진지구 내에서 시행되는 재개발사업은 도시정비법에 따라 시행하고, 재정비촉진지구 내에서 시행되는 가로주택정비사업은 소규모주택정비법에 따라 시행한다.

따라서 주택재개발사업 추진 중 해당 사업구역이 재정비촉진지구로 지정 고시되었더라도 기존의 조합설립인가 처분은 여전히 유효하며 조합설립인가를 다시 신청할 필요가 없다(대법원 2014. 5. 29. 선고 2012 두 18677 판결). 다만, 재정비촉진지구 지정으로 인하여 조합설립인가사항을 변경하여야 하는 경우에는 그 변경절차를 밟아야 한다.

B. 구「서울특별시지역균형발전지원에관한조례」의 주요내용

2003. 3. 15. 서울특별시조례 제 4065 호로 최초 제정·시행된 후 2005. 1. 5. 서울특별시조례 제 4250 호로 일부개정되어 도시재정비법 제정·시행 당시(2006. 7. 1.) 시행중이던 것

1. 【조례】 제 2 조 (정의)

이 조례에서 사용하는 용어의 정의는 다음과 같다.

I. 「도시재정비 촉진을 위한 특별법」('도시재정비법')

> 2. "<u>뉴타운사업</u>"이라 함은 동일생활권의 도시기능을 종합적으로 증진시키기 위하여 시행하는 제반사업을 말하며, <u>신시가지형뉴타운사업</u>, <u>도심형뉴타운사업</u>, <u>주거중심형뉴타운사업</u>으로 구분한다.
>
> 4. "<u>사업지구</u>"라 함은 제2호 및 제3호의 사업을 시행하기 위하여 제5조 내지 제10조의 규정에 의하여 지정·고시한 지역을 말한다.

2. 【조례】 제 5 조 (사업지구지정)

> ① 시장은 지역간 균형발전을 위하여 중점적인 개발 및 지원이 필요한 지역을 <u>뉴타운지구</u> 또는 <u>균형발전촉진지구</u>(이하 "촉진지구"라 한다)로 지정할 수 있다.
>
> ② 자치구청장(이하 "구청장"이라 한다)은 시장에게 사업지구의 지정을 요청할 수 있다.

3. 【조례】 제 7 조 (사업계획의 수립)

> ① <u>시장 또는 구청장</u>은 제5조의 규정에 의하여 사업지구를 지정하거나 지정을 요청하고자 하는 때에는 당해 지역에 대한 <u>사업계획을 수립하여야</u> 한다.

4. 【조례】 제 9 조 (지정 심의)

> 시장이 사업지구를 지정하거나 변경하고자 하는 때에는 제19조에서 규정한 <u>서울특별시 지역균형발전위원회의 심의</u>를 거쳐야 한다.

5. 【조례】 제 10 조 (지정의 고시 등)

> ① 시장은 사업지구를 지정하거나 변경한 때에는 <u>시보에 고시</u>하고 당해 사업지구를 관할하는 <u>구청장에게</u> 관계서류의 <u>사본을 송부</u>하여야 한다. 이 경우 관계서류를 송부 받은 <u>구청장은</u> 이를 일반에게 공람시켜야 한다.
>
> ② 시장은 제5조의 규정에 의하여 지정하고자 하는 사업지구가 제12조 각항의 개별법에서 정한 절차에 의하여 지정되는 사업구역과 같은 경우 각 개별법에 의한 절차를 이행하면 제7조 내지 제9조의 규정에 의한 사업지구지정절차를 이행한 것으로 본다.

6. 【조례】 제 13 조 (사업시행절차)

> ① <u>사업시행자</u>는 제10조의 규정에 의한 사업지구의 지정고시가 있는 때에는 제7조 제1항에 의한 사업계획을 실효성 있게 시행하기 위한 <u>세부사업시행계획을 수립</u>하여 공청회 등 주민의 의견을 수렴한 후 시장의 승인을 받아야 한다.

> ② 각각의 사업시행절차는 이 조례에 특별한 규정이 없는 한 제12조 각항의 규정에 의한 해당 개별법에서 정하는 바에 의한다.

C. 서울시 '뉴타운사업'에 대한 경과조치

1. 【해설】기존 재정비촉진지구 등에 대한 경과조치

> '뉴타운사업'은 도시재정비법이 시행되기도 전에 이미 진행되고 있었기 때문에 도시재정비법은 기존 '뉴타운사업'을 도시재정비법에 따른 '재정비촉진사업'에 편입시키기 위한 몇 가지 경과규정을 두었다.
>
> 도시재정비법 부칙에서 기존 사업지구에 대한 특례조항을 둔 것은, 종전에 도시개발법령 등 관계 법령에 따라 주민공람 등 절차적 보장을 거친 도시개발사업 등에 관하여 도시재정비법을 적용하여 사업을 계속할 경우, 이미 진행되던 사업의 연속성을 보장하는 한편 무용한 절차의 반복을 피할 수 있도록 함으로써 보다 효율적으로 사업을 계속 진행할 수 있도록 하기 위한 것이다(대법원 2016. 5. 12. 선고 2014다72715 판결).
>
> 이 경과규정은 그 후 두 차례에 걸쳐 개정되었다. (경과규정의 내용은 아래 조문 참조.)

2. 【경과규정】도시재정비법 부칙 <법률 제07834호, 2005. 12. 30.> [개정된 것]

> 제1조 (시행일) 이 법은 공포후 6월이 경과한 날부터 시행한다. [시행일: 2006. 7. 1.]
>
> 제2조 (기존 사업지구 등에 대한 특례) a) 이 법 시행 당시 재정비촉진지구와 유사한 경우로서 시·도지사가 이미 지구 지정·고시한 지구 중 b) 이 법에 따른 주민공람·지방의회 의견청취 및 관련 위원회의 심의 등의 절차와 유사한 절차를 거친 경우 c) 시·도지사의 요청에 의해 국토해양부장관이 인정하는 지구 또는 당해 사업계획은 이 법에 의한 재정비촉진지구의 지정·고시 또는 재정비촉진계획의 결정·고시를 한 것으로 본다. <개정 2011. 5. 30.> [개정 규정 시행일: 2011. 12. 1.]
>
> ☞ 도시재정비법 제정·시행 당시의 부칙 제2조는 아래와 같았다.
>
> 「a) 이 법 시행 당시 재정비촉진지구와 유사한 경우로서 시·도지사가 이미 지구 지정·고시한 지구 중 b) 이 법에서 정한 면적 이상으로서 c) 이 법에 의한 주민공람·지방의회 의견청취 및 관련 위원회의 심의 등의 절차와 유사한 절차를 거친 경우 d) 시·도지사의 요청에 의해 건설교통부장관이 인정하는 지구 또는 당해 사업계획은 이 법에 의한 재정비촉진지구의 지정·고시 또는 재정비촉진계획의 결정·고시를 한 것으로 본다.」
>
> 즉, "시·도지사가 이미 지구 지정·고시한 지구가 이 법에서 정한 면적 이상일 것"이 요건이었다. 당시 도시재정비법이 정한 면적은 a) 주거지형의 경우 50만제곱미터 이상, b) 중심지형의 경우 20만제곱미터 이상이었다(제6조 제3항).

I. 「도시재정비 촉진을 위한 특별법」('도시재정비법')

> 그런데 2011. 5. 30. 위와 같이 개정되면서 면적에 관한 요건은 삭제되었다. 따라서 개정 조항 시행일인 2011. 12. 1.부터는 "시·도지사가 이미 지구 지정·고시한 지구가 도시재정비법이 정한 면적에 미달하더라도 재정비촉진지구의 지정·고시 또는 재정비촉진계획의 결정·고시를 한 것으로 간주될 수 있게 되었다.
>
> ☞ 도시재정비법 제정 당시의 부칙이 재판의 전제가 되는 소송사건이 아직도 있다.
>
> **제 3 조 (사업시행인가등에 대한 적용)** ① 재정비촉진지구 안에서 <u>이 법 시행 이전에</u> 제 2 조제 2 호의 규정에 의한 <u>관계법령에 따라 사업시행인가 또는 실시계획인가를 득한 사업의 경우에는 이 법을 적용하지 아니한다.</u> <개정 2008. 3. 28.>
>
> ☞ 도시재정비법 시행 전에 이미 관계법령에 따라 사업시행인가 또는 실시계획인가를 받은 사업의 경우에는 도시재정비법을 적용하지 않고 종전의 관계법령에 따라 계속 사업을 진행할 수 있다.
>
> ② <u>부칙 제 2 조에 따라 재정비촉진계획의 결정·고시를 한 것으로 보는 때에 제 2 조제 2 호에 따른 해당 지구의 사업이 관계 법령에 따라 사업계획을 수립하고 구역의 지정을 받은 경우에는</u> 제 1 항에도 불구하고 당해 사업계획의 수립 및 구역의 지정, 조합설립인가, 사업시행인가 또는 실시계획인가에 대하여는 <u>관계 법령으로 정하는 바에 따른다.</u> <신설 2008. 3. 28.>
>
> ☞ 부칙 제 3 조 제 2 항은 2008. 3. 28. 신설된 조항이다(시행일: 2008. 9. 29.). 따라서 2008. 9. 29.부터는 부칙 제 2 조에 따라 재정비촉진계획의 결정·고시를 한 것으로 보는 때에 해당지구의 사업이 관계법령에 따라 사업계획을 수립하고 구역지정을 받은 경우에는, 비록 관계법령에 따른 사업시행인가 또는 실시계획인가를 아직 받지 못했더라도, 사업계획의 수립 및 구역의 지정, 조합설립인가, 사업시행인가 또는 실시계획인가에 대하여는 도시재정비법을 적용하지 않고 해당 관계법령을 적용하여 계속 진행할 수 있다.

D. '재정비촉진지구'와 '재정비촉진구역'

1. 【해설】'재정비촉진지구'와 '재정비촉진구역'의 구별

> 도시재정비법은 "재정비촉진지구"와 "재정비촉진구역"을 분명하게 구분하여 규정하고 있다.
>
> "재정비촉진지구"는 "도시의 낙후된 지역에 대한 주거환경의 개선, 기반시설의 확충 및 도시기능의 회복을 광역적으로 계획하고 체계적·효율적으로 추진하기 위하여 제 5 조에 따라 지정하는 지구"를 말한다(도시재정비법 제 2 조 제 1 호).
>
> "재정비촉진구역"은 재정비촉진사업의 유형(도시정비법에 따른 주거환경개선사업·재개발사업·재건축사업, 소규모주택정비법에 따른 가로주택정비사업·소규모재건축사업, 도시개

발사업, 시장정비사업, 도시·군계획시설사업 등)에 따라 해당 <u>사업별로 결정된 구역</u>을 말한다(같은 조 제 4 호).

2. 【해설】 재정비촉진지구지정과 재정비촉진구역지정의 요건 (차이)

(1) 재정비촉진지구를 지정/변경하는 단계에서는 재정비촉진계획 결정에서 정하도록 되어 있는 <u>주택재개발사업 등 개별법에서 정한 재정비촉진사업의 구체적인 요건까지 충족하지 않아도 된다</u>. 따라서 지구변경지정 처분은 주택재개발사업 등 개별법에서 정한 구체적인 요건을 갖추지 못한 하자가 있더라도 그 사유만으로는 위법하지 않다(대법원 2012.11.29 선고 2011두28837 판결).

(2) 그러나 재정비촉진지구 안에서 정비사업을 시행하기 위하여 <u>재정비촉진구역을 지정할 때에는 도시정비법령이 정한 노후·불량건축물의 개념이나 범위에 따라 그 지정요건의 충족 여부를 판단하여야 한다</u>.

따라서 재정비촉진계획 결정 당시 적용되는 도시정비법령이 정한 노후·불량건축물의 개념이나 범위에 해당하는지 여부를 따져보지 않은 채 노후·불량건축물에 해당한다고 판정하여 재정비촉진구역으로 지정한 처분은 위법하다(대법원 2012. 11. 29. 선고 2012두16077 판결).

3. 【해설】 재정비촉진지구 내 존치구역(존치정비구역, 존치관리구역)

(1) 재정비촉진구역의 해제 등으로 재정비촉진구역 지정의 효력이 상실된 경우에는 재정비촉진계획 결정의 효력도 상실된 것으로 본다(따라서 재정비촉진지구에서 제외됨. 제 1, 2 항).

(2) 그러나 이 경우 시·도지사 또는 대도시 시장은 그 구역을 재정비촉진지구 내 존치지역(존치정비지역 또는 존치관리지역)으로 전환할 수 있으며(제 3 항. 실제로 그렇게 하는 것이 보통이다), 이 경우에는 그 구역이 재정비촉진지구에서 제외되지 않는다(그러나 정비사업을 시행할 수 있는 재정비촉진구역에서는 제외된 것임).

(3) 존치구역에는 '존치정비구역'과 '존치관리구역'이 있다. A) 존치정비구역은 현재는 재정비촉진구역 지정 요건에 해당하지 않지만, 여건 변화에 따라 재정비촉진사업 요건에 해당할 수 있거나 재정비촉진사업의 필요성이 높아질 수 있는 구역을 말하고, B) 존치관리구역은 재정비촉진구역 지정 요건에 해당하지 않거나 기존의 시가지로 유지·관리할 필요가 있는 구역을 말한다(법 제 9 조 제 1 항). 종교시설이 존치관리구역으로 결정되는 경우가 있다.

(4) 재정비촉진계획의 효력이 상실된 구역을 <u>재정비촉진지구에서 제외하든, 존치지역으로 전환하든</u>, 모두 재정비촉진계획의 변경절차를 밟아야 한다(제 1 항 후단. 국토교통부 2014. 12. 6. 유권해석 참조).

I.「도시재정비 촉진을 위한 특별법」('도시재정비법')

> 또한 존치지역(존치정비구역이든, 존치관리구역이든)을 다시 정비구역에 포함시켜 정비사업을 진행하기 위해서는 별도로 재정비촉진계획 변경(존치구역을 재정비촉진구역으로 통합하는) 절차를 밟아야 한다.

E. 도시재정비법의 주요내용

1. 【법령】 도시재정비법 제 2 조(정의)

> 이 법에서 사용하는 용어의 뜻은 다음과 같다. <개정 2011. 4. 14., 2012. 2. 1., 2017. 2. 8.>
>
> 1. "재정비촉진지구"란 도시의 낙후된 지역에 대한 주거환경의 개선, 기반시설의 확충 및 도시기능의 회복을 광역적으로 계획하고 체계적·효율적으로 추진하기 위하여 제 5 조에 따라 지정하는 지구(地區)를 말한다. 이 경우 지구의 특성에 따라 다음 각 목의 유형으로 구분한다. (각목 생략)
>
> 2. "재정비촉진사업"이란 재정비촉진지구에서 시행되는 다음 각 목의 사업을 말한다.
>
>   가. 「도시 및 주거환경정비법」에 따른 주거환경개선사업, 재개발사업 및 재건축사업, 「빈집 및 소규모주택 정비에 관한 특례법」에 따른 가로주택정비사업 및 소규모재건축사업
>
>   나. 「도시개발법」에 따른 도시개발사업
>
>   다. 「전통시장 및 상점가 육성을 위한 특별법」에 따른 시장정비사업
>
>   라. 「국토의 계획 및 이용에 관한 법률」에 따른 도시·군계획시설사업
>
> 3. "재정비촉진계획"이란 재정비촉진지구의 재정비촉진사업을 계획적이고 체계적으로 추진하기 위한 제 9 조에 따른 재정비촉진지구의 토지 이용, 기반시설의 설치 등에 관한 계획을 말한다.
>
> 4. "재정비촉진구역"이란 제 2 호 각 목의 해당 사업별로 결정된 구역을 말한다.
>
> 6. "존치지역"이란 재정비촉진지구에서 재정비촉진사업을 할 필요성이 적어 재정비촉진계획에 따라 존치하는 지역을 말한다.

2. 【법령】 도시재정비법 제 3 조(다른 법률과의 관계 등)

> ① 이 법은 재정비촉진지구에서는 다른 법률보다 우선하여 적용한다.
>
> ② 재정비촉진사업의 시행에 관하여 이 법에서 규정하지 아니한 사항에 대하여는 해당 사업에 관하여 정하고 있는 관계 법률에 따른다. (이하 생략)

3. 【법령】 도시재정비법 제4조(재정비촉진지구 지정의 신청 등)

① 시장…·군수·구청장(자치구의 구청장을 말한다. 이하 같다)은 특별시장·광역시장 또는 도지사에게 재정비촉진지구의 지정을 신청할 수 있다. 재정비촉진지구를 변경하려는 경우에도 또한 같다. <개정 2013. 7. 16.>

② (생략)

③ 시장·군수·구청장은 제1항에 따른 재정비촉진지구의 지정 또는 변경을 신청하려는 경우에는 a) 주민설명회를 열고, b) 그 내용을 14일 이상 주민에게 공람하며, c) 지방의회의 의견을 들은 후(이 경우 지방의회는 시장·군수·구청장이 재정비촉진지구의 지정 또는 변경 신청서를 통지한 날부터 60일 이내에 의견을 제시하여야 하며, 의견제시 없이 60일이 지난 때에는 이의가 없는 것으로 본다) 그 의견을 첨부하여 신청하여야 한다.

다만, 대통령령으로 정하는 경미한 사항의 변경을 신청하려는 경우에는 주민설명회, 주민 공람 및 지방의회의 의견 청취 절차를 거치지 아니할 수 있다. <개정 2012. 2. 1.>

4. 【법령】 도시재정비법 제6조(재정비촉진지구 지정의 요건)

③ 제5조에 따라 지정되는 재정비촉진지구의 면적은 a) 주거지형의 경우 50만제곱미터 이상, b) 중심지형의 경우 20만제곱미터 이상, c) 고밀복합형의 경우 10만제곱미터 이상으로 한다. 다만, 고밀복합형 재정비촉진지구를 지정하는 경우에는 주요 역세권 또는 간선도로 교차지 등으로부터 일정 반경 이내 등 대통령령으로 정하는 지정범위에서 지정하여야 한다.

④ 제3항에도 불구하고 주거지형 및 중심지형에 대하여는 대통령령으로 정하는 일정 규모 이하의 광역시 또는 시의 경우에는 그 면적을 2분의 1까지 완화하여 적용할 수 있다.

⑤ 제3항 및 제4항에도 불구하고 주거여건이 열악한 지역 등 대통령령으로 정하는 경우에는 주거지형 및 중심지형의 면적기준을 제3항에서 정한 면적기준의 4분의 1까지 완화하여 적용할 수 있다.

5. 【법령】 도시재정비법 제9조(재정비촉진계획의 수립)

① 시장·군수·구청장은 다음 각 호의 사항을 포함한 재정비촉진계획을 수립하여 특별시장·광역시장 또는 도지사에게 결정을 신청하여야 한다. 이 경우 재정비촉진지구가 둘 이상의 시·군·구의 관할지역에 걸쳐 있는 경우에는 관할 시장·군수·구청장이 공동으로 이를 수립한다.

1 ~ 7 생략

I.「도시재정비 촉진을 위한 특별법」('도시재정비법')

> 8. 재정비촉진구역 지정에 관한 다음 각 목의 사항
>
>   가. 재정비촉진구역의 경계
>
>   나. 개별법에 따라 시행할 수 있는 재정비촉진사업의 종류
>
>   다. 존치지역에 관한 사항. 세분하여 관리할 필요가 있는 경우 아래의 유형으로 구분할 수 있다.
>
>   1) 존치정비구역: 재정비촉진구역의 지정 요건에는 해당하지 아니하나 시간의 경과 등 여건의 변화에 따라 재정비촉진사업 요건에 해당할 수 있거나 재정비촉진사업의 필요성이 높아질 수 있는 구역
>
>   2) 존치관리구역: 재정비촉진구역의 지정 요건에 해당하지 아니하거나 기존의 시가지로 유지·관리할 필요가 있는 구역
>
>   라. 우선사업구역의 지정에 관한 사항(필요한 경우만 해당한다) 등
>
>   9~17 생략
>
> ③ 시장·군수·구청장은 제 1 항에 따라 재정비촉진계획을 수립하거나 변경하려는 경우에는 a) 그 내용을 14 일 이상 주민에게 공람하고 b) 지방의회의 의견을 들은 후(이 경우 지방의회는 시장·군수·구청장이 재정비촉진계획의 수립 또는 변경을 통지한 날부터 60 일 이내에 의견을 제시하여야 하며, 의견제시 없이 60 일이 지난 때에는 이의가 없는 것으로 본다) c) 공청회를 개최하여야 한다. 다만, 대통령령으로 정하는 경미한 사항을 변경하는 경우에는 그러하지 아니하다.
>
> ④ 제 3 항에 따른 재정비촉진계획의 수립 및 변경을 하는 경우에는 시·도 또는 대도시 조례로 정하는 바에 따라 주민의 동의를 받는 절차를 거칠 수 있다. <신설 2012. 2. 1.>

6. 【법령】 도시재정비법 제 12 조(재정비촉진계획의 결정)

> ① 특별시장·광역시장 또는 도지사가 제 9 조제 1 항에 따라 시장·군수·구청장으로부터 재정비촉진계획의 결정을 신청받은 경우나 시·도지사 또는 대도시 시장이 제 9 조제 2 항에 따라 직접 재정비촉진계획을 수립한 경우에는 a) 관계 행정기관의 장과 협의하고 b) 해당 시·도 또는 대도시에 두는 지방도시계획위원회 심의 또는 건축법 제 4 조에 따라 해당 시·도 또는 대도시에 두는 건축위원회(이하 "건축위원회"라 한다)와 지방도시계획위원회가 공동으로 하는 심의를 거쳐 결정하거나 변경하여야 한다. 다만, 대통령령으로 정하는 경미한 사항을 변경하는 경우에는 그러하지 아니하다. <개정 2012. 2. 1.>
>
> ② 제 34 조에 따른 도시재정비위원회가 설치된 시·도 또는 대도시의 경우에는 도시재정비위원회의 심의로 제 1 항에 따른 지방도시계획위원회의 심의 또는 건축위원회와 지방도시계획위원회의 공동심의를 갈음할 수 있다.

7. 【법령】 도시재정비법 제13조(재정비촉진계획 결정의 효력)

① 제12조에 따라 재정비촉진계획이 결정·고시되었을 때에는 그 고시일에 다음 각 호에 해당하는 승인·결정 등이 있은 것으로 본다. <개정 2011. 4. 14., 2017. 2. 8.>

  1. 「도시 및 주거환경정비법」 제4조에 따른 도시·주거환경정비기본계획의 수립 또는 변경, 같은 법 제8조에 따른 정비구역의 지정 또는 변경 및 같은 조에 따른 정비계획의 수립 또는 변경

☞ 재정비촉진계획이 결정·고시되면 기본계획의 수립/변경, 정비구역의 지정/변경 및 정비계획의 수립/변경이 있은 것으로 간주되므로(도시재정비법 제13조 제1항 제1호), 재정비촉진구역에서는 별도로 정비구역 지정 및 정비계획 수립 절차를 진행하지 않고 곧바로 정비사업을 시행할 수 있다.

  2. 「도시개발법」 제3조에 따른 도시개발구역의 지정 및 같은 법 제4조에 따른 개발계획의 수립 또는 변경

  3. 「국토의 계획 및 이용에 관한 법률」 제30조에 따른 도시·군관리계획(「국토의 계획 및 이용에 관한 법률」 제2조제4호가목·다목 및 마목의 경우만 해당한다)의 결정 또는 변경 및 같은 법 제86조에 따른 도시·군계획시설사업의 시행자 지정

② 재정비촉진계획을 수립할 때에는 재정비촉진사업에 대하여 「도시교통정비 촉진법」 제16조에 따른 교통영향평가서의 검토를 받고 「환경영향평가법」 제22조에 따라 환경영향평가를 받을 수 있으며, 이 경우 재정비촉진사업을 시행할 때에는 교통영향평가서의 검토와 환경영향평가를 받지 아니한다. <개정 2011. 7. 21., 2015. 7. 24.>

8. 【법령】 도시재정비법 제13조의2(재정비촉진구역 지정의 효력 상실 등)

① 재정비촉진사업 관계 법률에 따라 재정비촉진구역 지정의 효력이 상실된 경우에는 해당 재정비촉진구역에 대한 재정비촉진계획 결정의 효력도 상실된 것으로 본다. 이 경우 시·도지사 또는 대도시 시장은 재정비촉진계획을 변경하여야 한다.

② 제1항에 따라 재정비촉진계획의 효력이 상실된 구역은 재정비촉진지구에서 제외된다. 이 경우 재정비촉진계획의 효력이 상실된 구역은 재정비촉진계획에 따라 변경된 「국토의 계획 및 이용에 관한 법률」 제30조에 따른 도시·군관리계획은 재정비촉진계획 결정 이전의 상태로 환원된 것으로 본다.

③ 제2항 전단에도 불구하고 시·도지사 또는 대도시 시장은 제1항에 따라 재정비촉진계획 결정의 효력이 상실된 구역을 존치지역으로 전환할 수 있다. 이 경우 해당 존치지역에서는 기반시설과 관련된 「국토의 계획 및 이용에 관한 법률」 제30조에 따른 도시·군관리계획은 재정비촉진계획 결정 이전의 상태로 환원되지 아니할 수 있다.

9. 【법령】 도시재정비법 제 14 조(재정비촉진지구의 사업시행 총괄관리)

① 제 9 조제 1 항 및 제 2 항에 따른 재정비촉진계획 수립권자(이하 "재정비촉진계획 수립권자"라 한다)는 사업을 효율적으로 추진하기 위하여 재정비촉진계획 수립단계에서부터 제 15 조제 1 항제 1 호 또는 제 2 호의 자[☞ 한국토지주택공사 또는 지방공기업법에 따른 지방공사]를 총괄사업관리자로 지정할 수 있다. 다만, 특별시장·광역시장 또는 도지사가 총괄사업관리자를 지정하는 경우에는 관할 시장·군수·구청장과 협의하여야 한다.

10. 【법령】 도시재정비법 제 15 조(사업시행자)

① 재정비촉진사업은 제 2 조제 2 호 각 목의 관계 법령에 따른 사업시행자가 시행한다. 다만, 제 2 조 제 2 호가목에 따른 사업[☞ 도시정비법에 따른 정비사업과 가로주택정비사업 및 소규모재건축사업]은 「도시 및 주거환경정비법」에도 불구하고 토지등소유자의 과반수가 동의한 경우에는 a) 특별자치시장, 특별자치도지사, 시장·군수·구청장이 재정비촉진사업을 직접 시행하거나 b) 다음 각 호에 해당하는 자를 사업시행자로 지정할 수 있다. <개정 2013. 7. 16.>

  1. 「한국토지주택공사법」에 따라 설립된 한국토지주택공사
  2. 「지방공기업법」에 따라 주택사업을 수행하기 위하여 설립된 지방공사(이하 "지방공사"라 한다)

11. 【법령】 도시재정비법 제 17 조(사업협의회의 구성)

① 재정비촉진계획 수립권자는 다음 각 호의 사항에 관한 협의 또는 자문을 위하여 사업협의회를 구성·운영할 수 있다. 다만, 특별시장·광역시장 또는 도지사가 직접 재정비촉진계획을 수립하는 경우에는 재정비촉진계획이 결정될 때까지 특별시장·광역시장 또는 도지사가 사업협의회를 구성·운영할 수 있다. (이하 생략)

II. 판례

A. ① '재정비촉진지구'를 지정/변경하는 단계에서는 재정비촉진계획 결정에서 정하도록 되어 있는 주택재개발사업 등 개별법에서 정한 재정비촉진사업의 구체적인 요건까지 충족하지 않아도 돼(재정비촉진지구 변경지정이 재정비촉진계획결정과 함께 이루어진 경우도 마찬가지임); ② 따라서 '이 사건 지구변경지정 처분'과 함께 이루어진 '이 사건 계획결정 처분'에 개별법에서 정한 재정비촉진사업의 구체적인 요건을 갖추지 못한 하자가 있더라도, '이 사건 지구변경지정 처분'은 적법함 ―대법원 2012.11.29 선고 2011 두 28837 판결[재정비촉진지구변경지정 및재정비촉진계획결정처분취소]

제3장 정비사업의 시행방법·시행자 / 제4절 도시재정비법 ('뉴타운사업법')

【당사자】

【원고, 상고인】 강01 외 2인
【피고, 피상고인】 경기도지사
【피고보조참가인】 광명시장

1. 법리

구 도시재정비 촉진을 위한 특별법(2009. 12. 29. 법률 제9876호로 개정되기 전의 것, 이하 '구 도시재정비촉진법'이라고 한다)에서 정하는 재정비촉진지구의 지정이나 변경은 구체적인 재정비촉진계획의 수립 및 결정의 전 단계에서 광역적으로 행하는 행정계획의 일종으로서 행정주체에게 비교적 광범위한 형성의 자유가 허용된다.

따라서 ① 재정비촉진지구를 지정하거나 변경하는 단계에서 재정비촉진계획의 결정에서 정하도록 되어 있는 주택재개발사업 등 개별법에서 정한 재정비촉진사업의 구체적인 요건까지 충족하여야 한다거나 그 요건을 충족하지 않았다고 하여 곧바로 재정비촉진지구의 지정이나 변경 자체가 위법하다고 볼 수는 없다. ② 그리고 이는 재정비촉진지구의 변경지정이 재정비촉진계획의 결정과 함께 이루어지고 위 재정비촉진계획의 결정에 주택재개발사업 등 개별법에서 정한 재정비촉진사업의 구체적인 요건을 갖추지 못한 하자가 있다고 하더라도 마찬가지이다(대법원 2012. 7. 26. 선고 2010두20317 판결, 대법원 2012. 9. 13. 선고 2011두10539 판결 등 참조).

2. 기록에 의하여 알 수 있는 사실

기록에 의하면, 피고는 2007. 7. 30. 경기도 고시 제2007-225호로 광명시 광명동, 철산동 일원 2,248,282㎡를 광명재정비촉진지구로 지정하였다가 ① 2009. 12. 4. 경기도 고시 제2009-487호로 위 재정비촉진지구에서 누락된 필지 및 이면도로, 목감천변 도로 등 공공시설 일부를 편입하거나 제척하는 등으로 지구의 경계를 일부 조정하고 면적을 2,281,110㎡로 변경하는 광명시 광명재정비촉진지구 변경지정 처분(이하 '이 사건 지구변경지정 처분'이라 한다)을 함과 아울러 ② 위 광명재정비촉진지구 중 주택재개발사업을 위한 재정비촉진구역으로 광명 15R 구역 60,313.2㎡(이하 '광명 15R 구역'이라고만 한다)를 지정하는 내용 등이 포함된 재정비촉진계획 결정 처분(이하 '이 사건 계획결정 처분'이라 한다)을 한 사실을 알 수 있다.

3. 대법원의 판단 (상고기각)

위 사실관계를 앞서 본 법리에 비추어 보면, 이 사건 지구변경지정 처분은 피고가 관계 법령의 규정에 따라 계획재량의 범위 내에서 행한 것으로서, 이 사건 계획결정 처분에 상고이유

II. 판례

에서 주장하는 바와 같이 주택재개발사업 등 개별법에서 정한 재정비촉진사업의 구체적인 요건을 갖추지 못한 하자가 있다고 하더라도 그러한 사정만으로 위법하다고 볼 수 없다.

따라서 원심의 설시가 적절하지는 아니하나, 주택재개발사업 등 개별법에서 정한 재정비촉진사업의 구체적인 요건을 갖추지 못한 하자가 있다는 이유로 이 사건 지구변경지정 처분 중 광명 15R 구역에 관한 부분을 다투는 원고들의 주위적 청구 및 예비적 청구를 배척한 원심의 결론은 정당하며, 이 부분 원심판결에 위임의 한계, 노후·불량건축물의 판단 기준 등에 관한 법리를 오해하여 판결 결과에 영향을 미친 위법이 있다는 상고이유의 주장은 받아들이지 아니한다.

B. ① 재정비촉진지구 안에서 정비사업을 시행하기 위하여 재정비촉진구역을 지정할 때에는 도시정비법령이 정한 노후·불량건축물의 개념이나 범위에 따라 그 지정요건의 충족 여부를 판단해야 함; ② 재정비촉진계획을 결정하면서 철거가 불가피한 건축물인지 여부를 따져보지 않은 채 경과연수(준공 후 20년)만을 기준으로 노후·불량건축물에 해당한다고 판정하여 '창신 8 재정비촉진구역'으로 지정한 이 사건 처분은 위법해 ―대법원 2012. 11. 29. 선고 2012두16077 판결[창신·숭인재정비촉진지구재정비촉진계획결정처분취소]

【해설】

> 이 판례와 다음 판례(2011 두 28837)는 전부개정 전 구 도시정비법이 적용된 사례이다. 전부개정법에서는 "노후·불량건축물"의 개념 요건이 달라졌으므로 이 판례들을 원용할 수 없다(☞ 자세한 내용은 이 책 제2장 제3절 IV. 참조).

【당사자】

> 【원고, 상고인】 원고 1 외 1인
> 【피고, 피상고인】 서울특별시장
> 【피고보조참가인】 서울특별시 종로구청장

1. 재정비촉진지구에서 재정비촉진구역을 지정할 때에도 도시정비법령에 따라 그 지정요건 충족 여부를 판단하여야

구 '도시재정비 촉진을 위한 특별법'(2011. 5. 30. 법률 제 10761 호로 개정되기 전의 것. 이하 '구 도시재정비촉진법'이라고 한다)은 시장·군수·구청장으로 하여금 재정비촉진지구 안에서 '도시 및 주거환경정비법'(이하 '도시정비법'이라고 한다)에 의한 도시환경정비사업 등 개별법에 의하여 시행 가능한 재정비촉진사업의 종류 등 재정비촉진구역 지정에 관한 사항을 포함한 재정비촉진계획을 수립하여 시·도지사에게 결정을 신청하도록 하고(제 9 조 제 1 항), 시·도지사가 그에 따라 재정비촉진계획을 결정·고시하면 도시정비법 제 4 조에 의한 정비구역의 지정 등이 있은 것으로 정하고 있다(제12조, 제13조).

따라서 구 도시재정비촉진법에 따라 재정비촉진지구 안에서 도시정비법에 의한 도시환경정비사업을 시행하기 위하여 재정비촉진구역을 지정할 때에도 도시정비법 제2조 제3호에서 정한 노후·불량건축물의 개념이나 범위에 따라 그 지정요건의 충족 여부를 판단하여야 한다.

2. 구 도시정비법상 "노후·불량건축물"의 개념

한편 구 도시정비법(2012. 2. 1. 법률 제11293호로 개정되기 전의 것. 이하 같다) 제2조 제3호는 (다)목에서 노후·불량건축물의 하나로 '도시미관의 저해, 건축물의 기능적 결함, 부실시공 또는 노후화로 인한 구조적 결함 등으로 인하여 철거가 불가피한 건축물로서 대통령령으로 정하는 바에 따라 시·도 조례로 정하는 건축물'을 들고 있고, 그 위임에 따른 '구 도시 및 주거환경정비법 시행령'(2012. 4. 10. 대통령령 제23718호로 개정되기 전의 것. 이하 '구 도시정비법 시행령'이라고 한다) 제2조 제2항은 "법 제2조 제3호 (다)목에 따라 '시·도 조례로 정할 수 있는 건축물'은 다음 각 호의 어느 하나에 해당하는 건축물을 말한다"고 정하면서, 그 제1호에서 '준공된 후 20년 이상의 범위에서 조례로 정하는 기간이 지난 건축물'을 들고 있다…

결국 구 도시정비법 제2조 제3호 (다)목과 그 시행령 제2조 제2항 제1호가 규정한 '건축물의 노후화로 인한 구조적 결함 등으로 인하여 철거가 불가피한 건축물로서 조례로 정할 수 있는 건축물'이란 준공된 후 20년 등이 지난 건축물로서 그로 인하여 건축물이 노후화되고 구조적 결함 등이 발생하여 철거가 불가피한 건축물을 말한다고 할 것이다(대법원 2012. 6. 18. 선고 2010두16592 전원합의체 판결 참조).

3. 원심판결의 위법함

원심이 인용한 제1심판결 이유 및 기록에 의하면, 피고는 2010. 4. 22. 서울특별시 고시 제2010-43호로 창신·숭인 재정비촉진지구 2단계 구간에 대한 재정비촉진계획을 결정하면서 서울 종로구 창신동 (번지 생략) 일대 23,036㎡를 도시환경정비사업을 위한 창신8 재정비촉진구역으로 지정하는 이 사건 처분을 하였는데, 단지 건축물의 준공 후 경과연수만을 기준으로 준공된 후 20년이 지난 건축물로서 '서울특별시 도시 및 주거환경 정비 조례'(서울특별시조례 제4949호) 제3조 제1항 각 호가 정한 내구연한이 경과한 건축물은 구 도시정비법 제2조 제3호 (다)목에서 정한 '노후화로 인한 구조적 결함 등으로 인하여 철거가 불가피한 건축물'에 해당하고, 위 구역 내의 건축물 중 그에 해당하는 건축물의 수가 61.1%에 이르러 도시환경정비사업을 위한 정비계획수립대상구역의 지정요건을 충족하였다고 판단하였음을 알 수 있다.

그럼에도 원심은 철거가 불가피한 건축물인지 여부를 따져보지 아니한 채 제1심판결을 인용하여 건축물의 준공 후 경과연수만을 기준으로 노후·불량건축물 해당 여부를 판정한 이 사건 처분은 위법하다고 볼 수 없다고 하여 이에 관한 원고들의 주장을 배척하였다. 이러한 원심판결에는 도시정비법상 노후·불량건축물의 판단 기준에 관한 법리를 오해하여 판결에 영향을 미친 위법이 있다. 이 점을 지적하는 상고이유의 주장은 타당하다.

C. ① 경과연수만을 기준으로 노후·불량건축물 여부를 판정하여 광명 15R 구역을 주택재개발사업을 위한 재정비촉진구역으로 지정하는 내용이 포함된 재정비촉진계획결정 처분은 위법해 (단, 재정비촉진지구변경 처분은 위법하지 않음); ② 따라서 이 사건 재정비촉진계획결정 처분 중 광명 15R 구역 부분을 취소함 ―대법원 2012.11.29 선고 2011 두 28837 판결[재정비촉진지구변경지정및재정비촉진계획결정처분취소]

【주문】

> 원심판결 중 광명시 광명재정비촉진계획결정 처분 중 광명 15R 구역 60,313.2 ㎡에 관한 주위적 및 예비적 청구에 대한 부분을 파기하고, 이 부분 사건을 서울고등법원에 환송한다.

1. 노후·불량건축물 판단 기준을 위반한 이 사건 재정비촉진계획결정 처분은 위법해

구 도시정비법 제 2 조 제 3 호 (다)목 및 구 도시정비법 시행령 제 2 조 제 2 항 제 1 호가 규정한 '건축물의 노후화로 인한 구조적 결함 등으로 인하여 철거가 불가피한 건축물로서 대통령령으로 정하는 바에 따라 시·도 조례로 정하는 건축물'이란 준공된 후 20 년 등이 지난 건축물로서 그로 인하여 건축물이 노후화되고 구조적 결함 등이 발생하여 철거가 불가피한 건축물을 의미한다(대법원 2012. 6. 18. 선고 2010 두 16592 전원합의체 판결 참조).

기록에 의하면, 피고는 광명 15R 구역을 재정비촉진구역으로 하는 내용이 포함된 이 사건 계획결정 처분을 하면서, 경과연수만을 기준으로 노후·불량건축물 여부를 정하여 광명 15R 구역이 정비계획수립대상 정비구역의 지정요건을 충족하였다고 판단하였던 것으로 보일 뿐, 철거가 불가피한 건축물인지 여부를 기준으로 노후·불량건축물을 정하였다는 점에 대하여는 증거가 부족함을 알 수 있다.

그런데도 원심은 건축물의 노후화 정도나 구조적 결함의 유무 및 그로 인한 철거 필요성을 살펴볼 필요 없이 경과연수만을 기준으로 노후·불량건축물인지 여부를 판단하면 된다는 잘못된 전제 아래에서 이를 다투는 원고들의 주장을 받아들이지 아니하고 이 사건 계획 결정 처분 중 광명 15R 구역 부분이 적법하다고 단정하였으므로, 이러한 원심의 판단에는 구 도시정비법령에서 정한 노후·불량건축물의 판단 기준에 관한 법리를 오해하여 판결 결과에 영향을 미친 위법이 있다.

2. 파기의 범위

원심판결 중 이 사건 계획결정 처분 중 광명 15R 구역에 관한 주위적 청구 부분을 파기하는 이상, 이 사건 계획결정 처분 중 광명 15R 구역에 관한 예비적 청구 부분에 대한 상고이유는 판단할 필요 없이 위 예비적 청구 부분도 함께 파기하여야 한다.

돈.되.법

제 4 장
공공의 지원·개입·감독·벌칙

제1절 정비사업에 대한 공공의 지원
제2절 공공의 개입·조정·감독 및 벌칙
제3절 정비사업 자료의 공개와 보존

"① 조합원의 전화번호도 열람·복사의 대상이야; ② 설령 조합원 명부에 조합원들의 전화번호가 기재되어 있지 않더라도, 조합이 조합원들의 전화번호를 수집하여 관리하고 있다면 "정비사업의 시행에 관한 서류와 관련 자료"로서 공개대상이야; ③ 조합원의 전화번호를 공개함에는 조합원의 동의 절차를 거칠 필요 없어" —대법원 2021. 2. 10. 선고 2019 도 18700 판결[도시및주거환경정비법위반]

제1절 정비사업에 대한 공공의 지원

I. 정비사업의 공공지원

A. 개요 및 연혁

1. 【해설】정비사업에 대한 공공지원 제도

> 도시정비법은 시장·군수로 하여금 시·도조례로 정하는 정비사업에 대하여 사업초기부터 사업시행의 전과정을 직접 지원하거나 토지주택공사등 위탁지원자에게 위탁하여 지원하도록 하였다. 이를 '공공지원'이라 한다.
>
> 공공지원제도를 둔 이유는, 정비사업조합은 토지등소유자가 자치적으로 조직한 아마추어 단체로서 정비사업 시행능력이 부족하고 조합업무에 익숙하지도 못하므로(모든 조합은 정비사업을 처음으로 시행해 본다), 수많은 이권이 걸려 있는 정비사업의 시행을 조합에만 맡겨두면 외부의 전문 상인(시공건설사, 정비업자 등)들의 로비나 조합의 무경험을 이용해 이익을 취하려는 불온한 세력들의 계략에 취약할 수 있으므로, 정비사업의 투명성을 강화하고 효율성을 제고하기 위하여 공공의 지원이 필요하다고 보았기 때문이다.

2. 【해설】공공지원 제도의 연혁 및 시·도별 현황

> **(1) 공공지원 제도의 도입:** 정비사업의 공공지원 제도는 2010. 4. 15. 개정·시행된 구 도시정비법(법률 제10268호) 제77조의4의 신설을 통해 도입되었다.
>
> 도입 당시에는 '공공관리'라는 말을 썼으며, 2015. 9. 1. 개정법(법률 제13508호. 시행일: 2016. 3. 2.)에서 '공공지원'으로 명칭변경했다.
>
> **(2) 시·도의 광범위한 재량권:** 도시정비법은 공공지원의 실시 여부, 공공지원 대상 정비사업, 공공지원 업무의 범위 등을 시·도조례에 위임하여 각 시·도에 폭넓은 재량권을 주었다. 현재 서울특별시, 경기도, 부산광역시 및 광주광역시 등에서 공공지원을 시행하고 있으며, 인천·대구·대전광역시 등지에서는 아직 공공지원을 시행하지 않고 있다.
>
> **(3) 서울의 공공지원 현황:** 2010. 7. 15. 서울에서 도시정비조례(서울특별시조례 제5007호. 시행일: 2010. 7. 16. 이른바 '신조례')에 제6장(제43조 ~ 제54조)을 신설하여 정비사업 공공지원(당시는 '공공관리')을 제일 먼저 시작했다. <u>서울의 경우 조합이 시행하는 정비사업은 전부 공공지원 대상이다</u>. 다만, 정비구역 지정·고시일 기준으로 a) <u>토지등소유자가 100명 미만이고</u> b) <u>주거용 건축물의 건설비율이 50% 미만인</u> c) <u>도시정비형 재</u>

개발사업은 공공지원에서 제외된다(토지등소유자가 100 명 미만인 도시정비형 재개발사업도 주거용 건축물의 건설비율이 50% 이상이면 공공지원 대상임. 조례제 73 조).

(4) 지방의 공공지원 현황: ① 2011. 10. 20. 경기도 도시정비조례(경기도조례 제 4238 호)에 제 5 장(제 36 조 ~ 제 45 조)을, ② 2012. 5. 15. 광주광역시 도시정비조례(광주광역시조례 제 4088 호)에 제 6 장(제 42 조 ~ 제 52 조)을, ③ 2014. 9. 17. 부산광역시 도시정비조례(부산광역시조례 제 5061 호)에 제 6 장(제 42 조 ~ 제 49 조)을 각 신설하여 공공지원을 시작했다.

3. 【법령】 전부개정 도시정비법 제 118 조(정비사업의 공공지원)

① 시장·군수등은 정비사업의 투명성 강화 및 효율성 제고를 위하여 A) 시·도조례로 정하는 정비사업에 대하여 사업시행 과정을 지원(이하 "공공지원"이라 한다)하거나 B) 토지주택공사등, 신탁업자, 「주택도시기금법」에 따른 주택도시보증공사 또는 이 법 제 102 조제 1 항 각 호 외의 부분 단서에 따라 대통령령으로 정하는 기관에 공공지원을 위탁할 수 있다.

☞ "토지주택공사등"은 한국토지주택공사(LH 공사) 및 주택사업을 위하여 지방공기업법에 따라 설립된 지방공사(예: SH 서울주택도시공사)를 말한다(법 제 2 조 제 10 호). '대통령령으로 정하는 기관'은 한국토지주택공사와 한국부동산원을 말한다(영 제 81 조 제 3 항).

결국 '위탁지원자'는 한국토지주택공사, 주택사업을 위해 설립된 지방공사, 주택도시보증공사, 한국부동산원 및 신탁업자이다.

② 제 1 항에 따라 정비사업을 공공지원하는 시장·군수등 및 공공지원을 위탁받은 자(이하 "위탁지원자"라 한다)는 다음 각 호의 업무를 수행한다.

1. 추진위원회 또는 주민대표회의 구성

2. 정비사업전문관리업자의 선정(위탁지원자는 선정을 위한 지원으로 한정한다)

3. 설계자 및 시공자 선정 방법 등

4. 제 52 조제 1 항제 4 호에 따른 세입자의 주거 및 이주 대책(이주 거부에 따른 협의 대책을 포함한다) 수립

5. 관리처분계획 수립

6. 그 밖에 시·도조례로 정하는 사항

③ 시장·군수등은 위탁지원자의 공정한 업무수행을 위하여 관련 자료의 제출 및 조사, 현장점검 등 필요한 조치를 할 수 있다. 이 경우 위탁지원자의 행위에 대한 대외적인 책임은 시장·군수등에게 있다.

④ 공공지원에 필요한 비용은 시장·군수등이 부담 하되, 특별시장, 광역시장 또는 도지사는 관할 구역의 시장, 군수 또는 구청장에게 특별시·광역시 또는 도의 조례로 정하는 바에 따라 그 비용의 일부를 지원할 수 있다.

⑤ 추진위원회가 제 2 항 제 2 호에 따라 시장·군수등이 선정한 정비사업전문관리업자를 선정하는 경우에는 제 32 조 제 2 항[☞ 추진위원회 승인, 경쟁입찰 또는 수의계약]을 적용하지 아니한다.

⑥ 공공지원의 시행을 위한 방법과 절차, 기준 및 제 126 조에 따른 도시·주거환경정비기금의 지원, 시공자 선정 시기 등에 필요한 사항은 시·도조례 로 정한다.

⑦ 제 6 항에도 불구하고 다음 각 호의 어느 하나에 해당하는 경우에는 토지등소유자(제 35 조에 따라 조합을 설립한 경우에는 조합원을 말한다)의 과반수 동의를 받아 제 29 조 제 4 항[☞ 조합설립인가를 받은 후]에 따라 시공자를 선정할 수 있다. 다만, 제 1 호의 경우에는 해당 건설업자를 시공자로 본다. <개정 2017. 8. 9.>

  1. 조합이 제 25 조에 따라 건설업자와 공동으로 정비사업을 시행하는 경우로서 조합과 건설업자 사이에 협약을 체결하는 경우

  2. 제 28 조제 1 항 및 제 2 항에 따라 사업대행자가 정비사업을 시행하는 경우

⑧ 제 7 항제 1 호의 협약사항에 관한 구체적인 내용은 시·도조례로 정할 수 있다.

B. 서울시 정비사업공공지원의 주요 내용

아래 내용은 서울시 도시정비조례 제 8 장(정비사업의 공공지원)의 주요내용이다.

[시행 2023. 3. 27.] [서울특별시조례 제 8675 호, 2023. 3. 27., 일부개정]

1. 【조례】 서울시조례 제 72 조(정의)

이 장에서 사용하는 용어의 뜻은 다음과 같다. <개정 2019.12.31>

1. "공공지원자"란 법 제 118 조제 2 항 각 호의 업무를 수행하는 자로서의 구청장을 말한다.

2. "위탁지원자"란 법 제 118 조제 1 항에 따라 공공지원을 위탁받은 자를 말한다.

3. "설계도서"란 당해 목적물의 설계서, 물량내역서 등 공사의 입찰에 필요한 서류를 말한다.

제4장 공공의 지원·개입·감독·벌칙 / 제1절 정비사업에 대한 공공의 지원

2. 【조례】 서울시조례 제73조(공공지원의 대상사업)

법 제118조 제1항에서 "시·도조례로 정하는 정비사업"이란 법 제25조에 따른 조합이 시행하는 정비사업(조합이 건설업자 또는 등록사업자와 공동으로 시행하는 사업을 포함한다)을 말한다. 다만, 법 제16조에 따라 정비구역 지정·고시가 있은 날의 토지등소유자의 수가 100명 미만으로서 주거용 건축물의 건설비율이 50퍼센트 미만인 도시정비형 재개발사업은 제외한다.

3. 【조례】 서울시조례 제74조(공공지원을 위한 비용부담 등)

① 구청장은 공공지원 업무를 수행하는데 필요한 다음 각 호의 비용을 부담한다.

1. 추진위원회 구성 또는 조합설립(법 제31조제4항에 따라 추진위원회를 구성하지 아니하는 경우로 한정한다)을 위한 구청장의 용역 및 선거관리위원회 위탁비용

2. 위탁지원 수수료

② 법 제118조 제2항 각 호 외의 업무를 지원받고자 하는 경우에는 총회의 의결을 거쳐 구청장에게 신청할 수 있다.

③ 구청장은 제2항에 따라 조합의 신청이 있는 경우 법 제118조 제1항의 기관 중에서 지정하여 조합에 통보하여야 하며, 조합은 해당 기관과 지원 범위 및 수수료 등에 대한 계약을 체결하고 비용을 부담하여야 한다.

4. 【조례】 서울시조례 제75조(공공지원자의 업무범위) [위탁관리자의 업무]

법 제118조 제2항 제6호에 따라 "그 밖에 시·도조례로 정하는 사항"이란 다음 각 호에 해당하는 업무를 말한다. <개정 2019.9.26>

☞ 시·도조례에 위임한 공공지원자/위탁지원자의 업무

1. 추진위원회 구성을 위한 위원 선출업무의 선거관리위원회 위탁

2. 건설사업관리자 등 그 밖의 용역업체 선정 방법 등에 관한 업무의 지원

3. 조합설립 준비업무에 관한 지원

4. 추진위원회 또는 조합의 운영 및 정보공개 업무의 지원

5. 법 제52조제1항제4호에 따른 세입자의 주거 및 이주 대책 수립에 관한 지원

6. 관리처분계획 수립에 관한 지원

7. 법 제31조제4항에 따라 추진위원회 구성 단계를 생략하는 정비사업의 조합설립에 필요한 토지등소유자의 대표자 선출 등 지원

I. 정비사업의 공공지원

> 8. 법 제118조제7항제1호에 따른 건설업자의 선정방법 등에 관한 업무 지원
>
> 9. 법 제87조에 따른 권리의 확정, 법 제88조에 따른 등기 절차, 법 제89조에 따른 청산금 등의 징수 및 지급, 조합 해산 준비업무에 관한 지원 < 신설 >

5. 【조례】 서울시조례 제80조(조합설립 등의 업무지원)

> ① 추진위원장 또는 조합임원은 조합설립 동의 시부터 최초로 관리처분계획을 수립하는 때까지 사업비에 관한 주민 동의를 받고자 하는 경우에는 분담금 추정 프로그램에 정비계획 등 필요한 사항을 입력하고, 토지등소유자가 개략적인 분담금 등을 확인할 수 있도록 하여야 하며, 토지등소유자에게 개별 통보하여야 한다.

6. 【조례】 서울시조례 제82조(공공지원에 의한 조합설립 방법 및 절차 등)

> ① 시장은 법 제31조제4항 및 영 제27조제6항에 따라 추진위원회를 구성하지 아니하는 경우에 조합설립 방법 및 절차 등에 필요한 사항을 다음 각 호의 내용을 포함하여 고시하여야 한다.
>
> 1. 토지등소유자의 대표자 등 주민협의체 구성을 위한 선출방법
>
> 2. 참여주체별 역할
>
> 3. 조합설립 단계별 업무처리 기준
>
> 4. 그 밖에 조합설립 업무지원을 위하여 필요한 사항
>
> ② 구청장은 제7조 제12호에 따라 토지등소유자의 과반수가 추진위원회 구성 단계 생략을 원하는 경우 제1항에 따른 방법과 절차 등에 따라 조합을 설립하여야 한다.

7. 【조례】 서울시조례 제84조(비용지원 등)

> 법 제118조제4항에 따라 시장은 다음 각 호의 업무에 소요되는 비용의 70퍼센트 범위에서 「서울특별시 지방보조금 관리 조례」 제4조에 따라 자치구 재정력을 감안하여 구청장에게 지원할 수 있다. 다만, 법 제44조 제3항에 따라 구청장이 직접 총회를 소집하는 경우 소요비용의 일부 또는 전부를 지원할 수 있다. <개정 2022.10.17, 2022.12.30>
>
> 1. 법 제118조제2항제1호에 따른 추진위원회 구성을 위한 소요비용
>
> 2. 법 제118조제1항에 따른 공공지원의 위탁수수료
>
> 3. 제82조에 따른 조합설립 지원을 위한 소요비용

8. 【조례】 서울시조례 제85조(공공지원의 정보공개)

공공지원자 및 위탁지원자는 다음 각 호의 관련 자료를 종합정보관리시스템과 그 밖의 방법을 병행하여 토지등소유자, 조합원 및 세입자에게 공개하여야 한다. <개정 2021.9.30>

  1. 법 제118조제1항에 따른 위탁지원자의 지정 및 계약에 관한 사항

  2. 법 제118조제2항제2호에 따른 정비사업전문관리업자 선정 및 계약에 관한 사항

  3. 제75조제1호 및 제7호에 따른 추진위원회 구성을 위한 위원 선출 및 조합설립(추진위원회 구성 단계를 생략하는 경우로 한정한다)에 필요한 토지등소유자의 대표자 선출에 관한 사항

  4. 조합임원의 선거관리에 관한 사항

9. 【조례】 서울시조례 제86조(자료의 제출)

추진위원장 또는 조합장은 구청장의 효율적인 공공지원 업무 추진을 위하여 공공지원자(위탁지원자를 포함한다)에게 다음 각 호의 자료를 제출하여야 한다. <개정 2019. 9. 26.>

  1. 추진위원회·주민총회·조합총회 및 조합의 이사회·대의원회의 개최에 관한 사항

  2. 시공자·설계자 및 정비사업전문관리업자 등 업체 선정계획과 계약에 관한 사항

  3. 법 제87조에 따른 권리의 확정, 법 제88조에 따른 등기 절차, 법 제89조에 따른 청산금 등의 징수 및 지급에 관한 계획 및 추진사항

  4. 조합 해산 계획 및 추진사항

  5. 그 밖에 규칙으로 정하는 사항

10. 【해설】 서울특별시 공공지원 관련 규정집

법 제118조에 따라 제정·시행되고 있는 공공지원 관련 규정집이 서울시가 운영하는 종합정보관리시스템 "서울특별시 정비사업 정보몽땅"에 올려져 있다.

☞ https://cleanup.seoul.go.kr

총 558쪽으로 된 「서울특별시 정비사업 조합 등 공공지원 관련 규정집」에는 정비사업 시행 과정에서 필요한 각종 규정들과 시공자 기타 용역업자 선정기준 및 조합운영에 필요한 각종 서식들과 예시문이 빼곡히 수록되어 있다.

I. 정비사업의 공공지원

> < 규정집에 수록된 내용 >
>
> 1. 서울특별시 정비사업 표준선거관리규정
> 2. 공공관리 추진위원회 구성 선거관리기준
> 3. 공공지원 정비사업전문관리업자 선정기준
> 4. 공공지원 설계자 선정기준
> 5. 공공지원 시공자 선정기준
> 6. 공동사업시행 건설업자 선정기준
> 7. 정비사업의 표준공동사업시행협약서
> 8. 조합설립 지원을 위한 업무기준
> 9. 서울특별시 정비사업 조합 등 표준 예산·회계규정
> 10. 서울특별시 정비사업 조합 등 표준 행정업무규정
> 11. 클린업시스템 운영지침
> 12. 「서울시 정비사업 e-조합 시스템」 운영 지침
> 13. 서울특별시 정비사업 의사진행 표준운영규정
>
> ☞ 공공지원 관련 규정집에 포함된 표준선거관리규정, 표준예산·회계규정, 표준행정업무규정, 의사진행표준운영규정 등은 조합과 추진위원회에 모두 적용되는 규정이며, 명칭(조합/추진위원회)만 바꾸어 그대로 사용하도록 되어 있다.

C. 지방 조례

1. 【조례】 부산광역시 도시정비조례 제 61 조(공공지원의 대상사업)

법 제 118 조제 1 항에서 "시·도조례로 정하는 정비사업"이란 법 제 25 조에 따른 조합이 시행하는 정비사업(조합이 건설업자 또는 등록사업자와 공동으로 시행하는 사업을 포함한다)중 다음 각 호의 어느 하나에 해당하는 사업을 말한다.

1. 법 제 31 조 제 1 항에 의한 조합설립추진위원회 승인을 신청하기 전까지 토지등소유자의 3 분의 2 이상 동의를 얻어 공공지원이 필요하다고 요청하는 정비사업(이 경우 토지등소유자 동의방법 및 절차는 법 제 36 조를 준용한다)

2. 조합설립추진위원회 승인 또는 조합이 인가된 경우에는 주민총회 또는 조합총회의 의결을 거쳐 공공지원을 요청하는 정비사업

제 4 장 공공의 지원·개입·감독·벌칙 / 제 1 절 정비사업에 대한 공공의 지원

> 3. 구청장의 요청에 의하여 시장이 공공지원이 필요하다고 인정하는 정비사업

2. 【조례】 경기도 도시정비조례 제 46 조(공공지원의 대상사업)

> 법 제 118 조제 1 항에서 "정비사업의 투명성 강화 및 효율성 제고를 위하여 시·도조례로 정하는 정비사업"이란 법 제 25 조부터 제 27 조까지의 규정에 따라 조합이 시행하는 정비사업 중 다음 각 호의 어느 하나에 해당하는 사업을 말한다.
>
> 1. 법 제 31 조 제 1 항에 따른 추진위원회의 승인을 신청하기 전까지 토지등소유자 과반수의 동의를 얻어 공공지원이 필요하다고 요청하는 정비사업(이 경우 토지등소유자의 동의 방법에 대해서는 법 제 36 조에 따른다)
> 2. 추진위원회의 승인 또는 조합이 인가된 경우에는 주민총회 또는 조합총회의 의결을 거쳐 요청하는 정비사업
> 3. 시장·군수의 요청에 따라 도지사가 필요하다고 인정하는 정비사업

3. 【조례】 광주광역시 도시정비조례 제 63 조(공공지원의 대상사업)

> 법 제 118 조제 1 항에 따라 "시·도조례로 정하는 정비사업"이란 법 제 25 조에 따른 조합이 시행하는 정비사업(조합이 건설업자 또는 등록사업자와 공동으로 시행하는 사업을 포함한다)을 말한다.
>
> 다만, 법 제 16 조에 따라 정비구역지정·고시가 있은 날의 a) 토지등소유자의 수가 100 명 미만으로서 b) 주거용 건축물의 건설비율이 50 퍼센트 미만인 도시정비형 재개발사업은 제외한다.

II. 정비사업에 대한 그 밖의 지원

A. 정비사업비의 보조·융자 등

1. 【법령】 전부개정 도시정비법 제 92 조(비용부담의 원칙)

> ① 정비사업비는 이 법 또는 다른 법령에 특별한 규정이 있는 경우를 제외하고는 사업시행자가 부담한다.
>
> ② 시장·군수등은 시장·군수등이 아닌 사업시행자가 시행하는 정비사업의 정비계획에 따라 설치되는 다음 각 호의 시설에 대하여는 그 건설에 드는 비용의 전부 또는 일부를 부담할 수 있다.
>
> 1. 도시·군계획시설 중 대통령령으로 정하는 주요 정비기반시설 및 공동이용시설

II. 정비사업에 대한 그 밖의 지원

> 2. 임시거주시설

2. 【법령】 전부개정 도시정비법 제 95 조(보조 및 융자)

> ③ 국가 또는 지방자치단체는 시장·군수등이 아닌 사업시행자가 시행하는 정비사업에 드는 비용의 일부를 보조 또는 융자하거나 융자를 알선할 수 있다.

3. 【법령】 전부개정법 시행령 제 79 조(보조 및 융자 등)

> ④ 법 제 95 조 제 3 항에 따라 국가 또는 지방자치단체가 보조할 수 있는 금액은 기초조사비, 정비기반시설 및 임시거주시설의 사업비, 조합 운영경비의 각 50 퍼센트 이내로 한다.
>
> ⑤ 법 제 95 조 제 3 항에 따라 국가 또는 지방자치단체는 다음 각 호의 사항에 필요한 비용의 각 80 퍼센트 이내에서 융자하거나 융자를 알선할 수 있다.
>
> 1. 기초조사비
> 2. 정비기반시설 및 임시거주시설의 사업비
> 3. 세입자 보상비
> 4. 주민 이주비
> 5. 그 밖에 시·도조례로 정하는 사항(지방자치단체가 융자하거나 융자를 알선하는 경우만 해당한다)

4. 【조례】 서울시도시정비조례 제 53 조(사업비의 융자 등)

> ① 시장은 도시의 기능회복 등을 위하여 도시정비형 재개발사업을 시행하는 자에게 다음 각 호의 범위에서 정비사업에 소요되는 비용의 일부를 융자할 수 있다.
>
> 1. 구청장이 시행하는 사업은 건축공사비의 80 퍼센트 이내
> 2. 구청장 이외의 자가 시행하는 사업은 건축공사비의 40 퍼센트 이내
>
> ② 영 제 79 조제 5 항제 5 호에서 "그 밖에 시·도조례로 정하는 사항"이란 추진위원회·조합의 운영자금 및 설계비 등 용역비를 말한다.
>
> ③ 융자는 영 제 79 조제 5 항에서 정하는 범위에서 다음 각 호의 기준에 따라 할 수 있다.
>
> 1. 융자금에 대한 대출 이율은 한국은행의 기준금리를 고려하여 정책자금으로서의 기능을 유지하는 수준에서 시장이 정하되, 추진위원회 및 조합의 운영자금 및 용역비 등 융자 비목에 따라 대출이율을 차등 적용할 수 있다.

> 2. 사업시행자는 정비사업의 준공인가 신청 전에 융자금을 상환하여야 한다.
>
> ④ 추진위원회 또는 조합은 총회의 의결을 거쳐 시장에게 융자를 신청할 수 있으며, 다음 각 호의 내용이 포함된 운영규정 또는 정관을 제출하여야 한다.
>
> 1. 융자금액 상환에 관한 사항
>
> 2. 융자 신청 당시 담보 등을 제공한 추진위원장 또는 조합장 등이 변경될 경우 채무승계에 관한 사항
>
> ⑤ 시장은 관리형 주거환경개선사업구역의 주택개량 및 신축공사비를 80 퍼센트 이내에서 융자할 수 있다.
>
> ⑥ 제 2 항부터 제 4 항까지에서 정한 것 이외에 융자에 관하여 필요한 사항은 규칙으로 정한다.

5. **【법령】 전부개정 도시정비법 제 94 조(정비기반시설 관리자의 비용부담)**

> ① 시장·군수등은 자신이 시행하는 정비사업으로 현저한 이익을 받는 정비기반시설의 관리자가 있는 경우에는 대통령령으로 정하는 방법 및 절차에 따라 해당 정비사업비의 일부를 그 정비기반시설의 관리자와 협의하여 그 관리자에게 부담시킬 수 있다.
>
> ☞ 영 제 78 조(정비기반시설 관리자의 비용부담)
>
> ① 법 제 94 조 제 1 항에 따라 정비기반시설 관리자가 부담하는 비용의 총액은 해당 정비사업에 소요된 비용(제 76 조제 3 항제 1 호의 비용을 제외한다. 이하 이 항에서 같다)의 3 분의 1 을 초과해서는 아니 된다. 다만, 다른 정비기반시설의 정비가 그 정비사업의 주된 내용이 되는 경우에는 그 부담비용의 총액은 해당 정비사업에 소요된 비용의 2 분의 1 까지로 할 수 있다.
>
> ② 사업시행자는 정비사업을 시행하는 지역에 전기·가스 등의 공급시설을 설치하기 위하여 공동구를 설치하는 경우에는 다른 법령에 따라 그 공동구에 수용될 시설을 설치할 의무가 있는 자에게 공동구의 설치에 드는 비용을 부담시킬 수 있다.

6. **【법령】 전부개정 도시정비법 제 126 조(도시·주거환경정비기금의 설치 등)**

> ① 제 4 조 및 제 7 조에 따라 기본계획을 수립하거나 승인하는 특별시장·광역시장·특별자치시장·도지사·특별자치도지사 또는 시장은 정비사업의 원활한 수행을 위하여 도시·주거환경정비기금(이하 "정비기금"이라 한다)을 설치하여야 한다. 다만, 기본계획을 수립하지 아니하는 시장 및 군수도 필요한 경우에는 정비기금을 설치할 수 있다.

II. 정비사업에 대한 그 밖의 지원

☞ 서울시 도시정비조례 제 89 조 제 1 항

① 법 제 126 조제 1 항 및 제 4 항에 따른 도시·주거환경정비기금(이하 "정비기금"이라 한다)은 서울특별시 주택사업특별회계에 포함하여 운용·관리한다.

② 정비기금은 다음 각 호의 어느 하나에 해당하는 금액을 재원으로 조성한다. <개정 2018. 6. 12., 2021. 4. 13.>

 1. 제 17 조제 4 항에 따라 사업시행자가 현금으로 납부한 금액

 2. 제 55 조제 1 항, 제 101 조의 5 제 2 항 및 제 101 조의 6 제 2 항에 따라 시·도지사, 시장, 군수 또는 구청장에게 공급된 주택의 임대보증금 및 임대료

 3. 제 94 조에 따른 부담금 및 정비사업으로 발생한 「개발이익 환수에 관한 법률」에 따른 개발부담금 중 지방자치단체 귀속분의 일부

 4. 제 98 조에 따른 정비구역(재건축구역은 제외한다) 안의 국·공유지 매각대금 중 대통령령으로 정하는 일정 비율 이상의 금액

 4 의 2. 제 113 조의 2 에 따른 과징금

 5. 「재건축초과이익 환수에 관한 법률」에 따른 재건축부담금 중 같은 법 제 4 조제 3 항 및 제 4 항에 따른 지방자치단체 귀속분

 6. 「지방세법」 제 69 조에 따라 부과·징수되는 지방소비세 또는 같은 법 제 112 조(같은 조 제 1 항제 1 호는 제외한다)에 따라 부과·징수되는 재산세 중 대통령령으로 정하는 일정 비율 이상의 금액

☞ 서울시조례 제 89 조 제 2 항

② 법 제 126 조와 영 제 95 조에 따른 기금의 재원 중 정비기금으로 적립되는 비율은 다음 각 호와 같다.

   1. 정비구역 내 공유지 매각대금의 100 분의 30

   2. 개발부담금 중 지방자치단체 귀속분의 100 분의 50

   3. 「지방세법」 제 112 조(같은 조 제 1 항제 1 호는 제외한다)에 따른 재산세 징수총액의 100 분의 10

 7. 그 밖에 시·도조례로 정하는 재원

③ 정비기금은 다음 각 호의 어느 하나의 용도 이외의 목적으로 사용하여서는 아니 된다. <개정 2017. 8. 9.>

 1. 이 법에 따른 정비사업으로서 다음 각 목의 어느 하나에 해당하는 사항

  가. 기본계획의 수립

> 나. 안전진단 및 정비계획의 수립
>
> 다. 추진위원회의 운영자금 대여
>
> 라. 그 밖에 이 법과 시·도조례로 정하는 사항
>
> ☞ 서울시조례 제89조 제3항
>
> ③ 법 제126조 제3항 제1호 라목에서 "시·도조례로 정하는 사항"이란 다음 각 호와 같다.
>
>   1. 추진위원회·조합의 운영경비, 설계비 등 용역비, 세입자 대책비, 조합원 이주비
>
>   2. 관리형 주거환경개선구역의 신축비용, 주민공동체 활성화를 위한 조직 운영비 및 사업비
>
>   3. 제52조 제8항에 따라 지원하는 주택개량비용
>
>   4. 도시정비형 재개발사업의 건축비용
>
>   5. 추진위원회 및 조합 사용비용 보조금
>
>   6. 정비구역(전면철거방식이 아닌 정비사업으로 한정한다) 내 범죄예방 등 안전한 주거환경 조성비
>
>   7. 주택정비형 재개발구역 중 옛길, 옛물길 및 한옥 보전 등에 따른 사업비용
>
> (2. ~ 9. 및 이하 생략)

B. 정비사업에 관련 교육의 실시

1. 【법령】 전부개정 도시정비법 제115조(교육의 실시)

> 국토교통부장관, 시·도지사, 시장, 군수 또는 구청장은 추진위원장 및 감사, 조합임원, 전문조합관리인, 정비사업전문관리업자의 대표자 및 기술인력, 토지등소유자 등에 대하여 대통령령으로 정하는 바에 따라 교육을 실시할 수 있다.

2. 【법령】 전부개정법 시행령 제90조(교육의 실시)

> 법 제115조에 따른 교육의 내용에는 다음 각 호의 사항이 포함되어야 한다.
>
>   1. 주택건설 제도
>
>   2. 도시 및 주택 정비사업 관련 제도
>
>   3. 정비사업 관련 회계 및 세무 관련 사항

II. 정비사업에 대한 그 밖의 지원

> 4. 그 밖에 국토교통부장관이 정하는 사항

C. 정비사업지원기구의 설치·운영 등

1. 【법령】 전부개정 도시정비법 제 114 조(정비사업 지원기구)

> 국토교통부장관 또는 시·도지사는 다음 각 호의 업무를 수행하기 위하여 정비사업 지원기구를 설치할 수 있다. 이 경우 A) 국토교통부장관은 「한국부동산원법」에 따른 한국부동산원 또는 「한국토지주택공사법」에 따라 설립된 한국토지주택공사에, B) 시·도지사는 「지방공기업법」에 따라 주택사업을 수행하기 위하여 설립된 지방공사에 정비사업 지원기구의 업무를 대행하게 할 수 있다. <개정 2018. 1. 16., 2019. 4. 23., 2020. 6. 9., 2021. 4. 13.>
>
> (각호 생략)

2. 【법령】 전부개정 도시정비법 제 130 조(정비구역의 범죄 등의 예방)

> ① 시장·군수등은 제 50 조제 1 항에 따른 사업시행계획인가를 한 경우 그 사실을 관할 경찰서장 및 관할 소방서장에게 통보하여야 한다. <개정 2021. 8. 10.>
>
> ② 시장·군수등은 사업시행계획인가를 한 경우 정비구역 내 주민 안전 등을 위하여 다음 각 호의 사항을 관할 시·도경찰청장 또는 경찰서장에게 요청할 수 있다. <개정 2020. 12. 22.>
>
> 1. 순찰 강화
>
> 2. 순찰초소의 설치 등 범죄 예방을 위하여 필요한 시설의 설치 및 관리
>
> 3. 그 밖에 주민의 안전을 위하여 필요하다고 인정하는 사항
>
> ③ 시장·군수등은 사업시행계획인가를 한 경우 정비구역 내 주민 안전 등을 위하여 관할 시·도 소방본부장 또는 소방서장에게 화재예방 순찰을 강화하도록 요청할 수 있다. <신설 2021. 8. 10.>

D. 권한의 위임

1. 【법령】 전부개정 도시정비법 제 128 조(권한의 위임 등)

> ① 국토교통부장관은 이 법에 따른 권한의 일부를 대통령령으로 정하는 바에 따라 시·도지사, 시장, 군수 또는 구청장에게 위임할 수 있다.

제4장 공공의 지원·개입·감독·벌칙 / 제2절 공공의 개입·조정·감독 및 벌칙

> ② 국토교통부장관, 시·도지사, 시장, 군수 또는 구청장은 이 법의 효율적인 집행을 위하여 필요한 경우에는 대통령령으로 정하는 바에 따라 다음 각 호의 어느 하나에 해당하는 사무를 정비사업지원기구, 협회 등 대통령령으로 정하는 기관 또는 단체에 위탁할 수 있다. <개정 2021. 8. 10.>
>
> 1. 제108조에 따른 정비사업전문관리업 정보종합체계의 구축·운영
> 2. 제115조에 따른 교육의 실시
> 2의2. 제119조에 따른 정비사업관리시스템의 구축·운영
> 3. 그 밖에 대통령령으로 정하는 사무

【법령】 전부개정법 시행령 제96조(권한의 위임 등)

> ① 국토교통부장관은 법 제128조제1항에 따라 법 제107조에 따른 정비사업전문관리업자에 대한 조사 등의 권한을 시·도지사에게 위임한다.
>
> ② 국토교통부장관은 법 제128조제2항에 따라 같은 항 제1호, 제2호 및 제2호의2의 사무를 다음 각 호의 구분에 따른 기관에 위탁한다. <개정 2020.12.8, 2021.11.11>
>
> 1. 법 제108조에 따른 정비사업전문관리업 정보종합체계의 구축·운영에 관한 사무: 한국부동산원
> 2. 법 제115조에 따른 교육의 실시에 관한 사무: 협회
> ☞ "협회"는 정비사업전문관리업자단체를 말한다(영 제85조).
> 3. 법 제119조에 따른 정비사업관리시스템의 구축·운영에 관한 사무: 한국부동산원

제2절 공공의 개입·조정·감독 및 벌칙

I. 토지등소유자와 공인중개사의 설명·고지의무

A. 토지등소유자의 설명·고지의무

1. **【해설】 취지 및 연혁**

> (1) 관리처분계획의 인가가 고시되면 종전 토지/건축물의 소유자·지상권자·전세권자·임차권자 등 권리자는 종전의 토지/건축물을 사용·수익할 수 없으며, 사업시행자는 기존의 건축물을 철거하여야 한다(법 제81조 제1, 2항). 따라서 종전 토지/건축물의 매수인

I. 토지등소유자와 공인중개사의 설명·고지의무

과 임차인 등 사용·수익권자는 해당 정비사업의 진행단계, 퇴거예정시기 및 철거예정시기, 행위제한(법 제 19 조) 등에 관하여 정확한 정보를 가지고 있어야 할 필요가 있다.

(2) 그래서 도시정비법은 토지등소유자가 자신이 소유하는 정비구역 내 토지/건축물에 대하여 매매·전세·임대차 또는 지상권 설정 등 부동산 거래를 위한 계약을 체결하는 경우에는 해당 정비사업의 추진단계, 퇴거 및 철거 예정시기, 분양받을 권리의 산정기준일, 분담금 추산액 등 법 제 122 조 제 1 항 각호가 규정하는 사항들(아래 참조)을 상대방에게 설명·고지하고 계약서에 기재한 후 서명·날인하도록 하고 있다(법 제 122 조 제 1 항).

☞ 이 내용은 원래 2009. 5. 27. 구 도시정비법 개정법(법률 제 9729 호) 제 79 조 제 3, 4 항으로 신설되어 2009. 11. 28.부터 시행되었다.

2. 【해설】위반시 토지등소유자의 손해배상책임

토지등소유자가 정비구역 내 토지/건축물에 대하여 매매·전세·임대차 또는 지상권 설정 등 부동산 거래를 위한 계약을 체결하면서 위 설명·고지의무를 위반하여 상대방에게 손해를 입힌 경우에는 채무불이행 또는 불법행위로 인한 손해배상책임을 질 수 있다.

3. 【법령】전부개정 도시정비법 제 122 조(토지등소유자의 설명의무)

① 토지등소유자는 자신이 소유하는 정비구역 내 토지 또는 건축물에 대하여 매매·전세·임대차 또는 지상권 설정 등 부동산 거래를 위한 계약을 체결하는 경우 다음 각 호의 사항을 거래 상대방에게 설명·고지하고, 거래 계약서에 기재 후 서명·날인하여야 한다.

1. 해당 정비사업의 추진단계
2. 퇴거예정시기(건축물의 경우 철거예정시기를 포함한다)
3. 제 19 조에 따른 행위제한
4. 제 39 조에 따른 조합원의 자격
5. 제 70 조제 5 항에 따른 계약기간
6. 제 77 조에 따른 주택 등 건축물을 분양받을 권리의 산정 기준일
7. 그 밖에 거래 상대방의 권리·의무에 중대한 영향을 미치는 사항으로서 대통령령으로 정하는 사항

☞ 영 제 92 조(토지등소유자의 설명의무)

법 제 122 조 제 1 항 제 7 호에서 "대통령령으로 정하는 사항"이란 다음 각 호를 말한다.

1. 법 제 72 조 제 1 항 제 2 호에 따른 분양대상자별 분담금의 추산액

> 2. 법 제 74 조 제 1 항 제 6 호에 따른 정비사업비의 추산액(재건축사업의 경우에는 「재건축초과이익 환수에 관한 법률」에 따른 재건축부담금에 관한 사항을 포함한다) 및 그에 따른 조합원 분담규모 및 분담시기
>
> ☞ 영 제 92 조 제 1, 2 호는 전부개정법 시행령(대통령령 제 28628 호, 2018. 2. 9.)에서 신설된 내용이며, 2018. 2. 9. 이후 토지등소유자가 자신이 소유하는 정비구역 내 토지 또는 건축물에 대하여 매매·전세·임대차 또는 지상권 설정 등 부동산 거래를 위한 계약을 체결하는 경우부터 적용한다(전부개정법 시행령 부칙 제 7 조).
>
> ② 제 1 항 각 호의 사항은 「공인중개사법」 제 25 조 제 1 항 제 2 호의 "법령의 규정에 의한 거래 또는 이용제한사항"으로 본다.

B. 공인중개사의 설명·고지의무

1. 【해설】 공인중개사의 책임

> (1) 정비구역 내 부동산거래계약 체결시 토지등소유자가 설명·고지할 사항은 「공인중개사법」 제 25 조 제 1 항 제 2 호의 "법령의 규정에 의한 거래 또는 이용제한사항"으로 본다(법 제 122 조 제 2 항). 따라서 공인중개사가 설명·고지해야 할 사항은 토지등소유자가 설명·고지할 사항과 같다. 개업공인중개사는 중개의뢰인에 위 사항들을 성실·정확하게 설명하고 그 근거자료를 제시하여야 한다(공인중개사법 제 25 조 제 1 항).
>
> (2) 개업공인중개사가 위 사항들의 확인·설명을 성실·정확하게 하지 않거나 설명의 근거자료를 제시하지 아니한 때에는 500 만원 이하의 과태료가 부과되며(공인중개사법 제 51 조 제 2 항 제 1-5 호), 그로 인하여 중개의뢰인에게 재산상의 손해가 발생한 때에는 손해배상책임을 질 수 있다(공인중개사법 제 30 조 제 1 항).

2. 【법령】 공인중개사법 제 25 조(중개대상물의 확인·설명)

> ① 개업공인중개사는 중개를 의뢰받은 경우에는 중개가 완성되기 전에 다음 각 호의 사항을 확인하여 이를 당해 중개대상물에 관한 권리를 취득하고자 하는 중개의뢰인에게 성실·정확하게 설명하고, 토지대장 등본 또는 부동산종합증명서, 등기사항증명서 등 설명의 근거자료를 제시하여야 한다. <개정 2011. 4. 12., 2013. 7. 17., 2014. 1. 28.>
>   1. 당해 중개대상물의 상태·입지 및 권리관계
>   2. 법령의 규정에 의한 거래 또는 이용제한사항
>   3. 그 밖에 대통령령이 정하는 사항

II. 공공의 개입과 감독

3. 【법령】 공인중개사법 제 30 조(손해배상책임의 보장)

> ① 개업공인중개사는 중개행위를 하는 경우 고의 또는 과실로 인하여 거래당사자에게 재산상의 손해를 발생하게 한 때에는 그 손해를 배상할 책임이 있다. <개정 2014. 1. 28., 2020. 6. 9.>

II. 공공의 개입과 감독

A. 【법령】 전부개정 도시정비법 제 111 조(자료의 제출 등)

> ① 시·도지사는 국토교통부령으로 정하는 방법 및 절차에 따라 정비사업의 추진실적을 분기별로 국토교통부장관에게, 시장, 군수 또는 구청장은 시·도조례로 정하는 바에 따라 정비사업의 추진실적을 특별시장·광역시장 또는 도지사에게 보고하여야 한다.
>
> ② 국토교통부장관, 시·도지사, 시장, 군수 또는 구청장은 정비사업의 원활한 시행을 감독하기 위하여 필요한 경우로서 다음 각 호의 어느 하나에 해당하는 때에는 추진위원회·사업시행자·정비사업전문관리업자·설계자 및 시공자 등 이 법에 따른 업무를 하는 자에게 그 업무에 관한 사항을 보고하게 하거나 자료의 제출, 그 밖의 필요한 명령을 할 수 있으며, 소속 공무원에게 영업소 등에 출입하여 장부·서류 등을 조사 또는 검사하게 할 수 있다. <개정 2019. 8. 20., 2020. 6. 9.>
>
> 1. 이 법의 위반 여부를 확인할 필요가 있는 경우
>
> 2. 토지등소유자, 조합원, 그 밖에 정비사업과 관련한 이해관계인 사이에 분쟁이 발생된 경우
>
> 3. 그 밖에 시·도조례로 정하는 경우
>
> ③ 제 2 항에 따른 업무에 관한 사항의 보고, 자료의 제출, 조사 또는 검사에 관하여는 제 107 조[☞ 정비사업전문관리업자에 대한 조사 등] 제 2 항부터 제 5 항까지의 규정을 준용한다. <개정 2019. 8. 20.>

B. 【법령】 전부개정 도시정비법 제 112 조(회계감사)

> ① 시장·군수등 또는 토지주택공사등이 아닌 사업시행자 또는 추진위원회는 다음 각 호의 어느 하나에 해당하는 경우에는 a) 다음 각 호의 구분에 따른 기간 이내에 b) 「주식회사 등의 외부감사에 관한 법률」 제 2 조 제 7 호 및 제 9 조에 따른 감사인의 회계감사를 받기 위하여 시장·군수등에게 회계감사기관의 선정·계약을 요청하여야 하며, c) 그 감사결과를 회계감사가 종료된 날부터 15 일 이내에 시장·군수등 및 해당 조합에 보고하고 d) 조합원이 공람할 수 있도록 하여야 한다. 다만, 지정개발자가 사업시행자인

경우에는 제 1 호에 해당하는 경우는 제외한다. <개정 2017. 10. 31., 2021. 1. 5., 2021. 3. 16.>

1. 제 34 조 제 4 항에 따라 <u>추진위원회에서 사업시행자로 인계되기 전까지 납부 또는 지출된 금액과 계약 등으로 지출될 것이 확정된 금액의 합이 대통령령으로 정한 금액</u>[☞ 3 억 5 천만원. 영 §88 i] <u>이상인 경우</u>: 추진위원회에서 사업시행자로 인계되기 전 7 일 이내

2. 제 50 조 제 9 항에 따른 <u>사업시행계획인가 고시일 전까지 납부 또는 지출된 금액이 대통령령으로 정하는 금액</u>[☞ 7 억원. 영 §88 ii] <u>이상인 경우</u>: 사업시행계획인가의 고시일부터 20 일 이내

3. 제 83 조제 1 항에 따른 <u>준공인가 신청일까지 납부 또는 지출된 금액이 대통령령으로 정하는 금액</u>[☞ 14 억원. 영 §88 iii] <u>이상인 경우</u>: 준공인가의 신청일부터 7 일 이내

4. 토지등소유자 또는 조합원 5 분의 1 이상이 사업시행자에게 회계감사를 요청하는 경우: 제 4 항에 따른 절차를 고려한 상당한 기간 이내

(이하 생략)

C. 【법령】 전부개정 도시정비법 제 113 조(감독)

① 정비사업의 시행이 이 법 또는 이 법에 따른 명령·처분이나 사업시행계획서 또는 관리처분계획에 위반되었다고 인정되는 때에는 정비사업의 적정한 시행을 위하여 필요한 범위에서

　a) 국토교통부장관은 시·도지사, 시장, 군수, 구청장, <u>추진위원회, 주민대표회의, 사업시행자 또는 정비사업전문관리업자에게</u>,

　b) 특별시장, 광역시장 또는 도지사는 시장, 군수, 구청장, <u>추진위원회, 주민대표회의, 사업시행자 또는 정비사업전문관리업자에게</u>,

　c) 시장·군수등은 <u>추진위원회, 주민대표회의, 사업시행자 또는 정비사업전문관리업자에게</u>

처분의 취소·변경 또는 정지, 공사의 중지·변경, 임원의 개선 권고, 그 밖의 필요한 조치를 취할 수 있다.

② 국토교통부장관, 시·도지사, 시장, 군수 또는 구청장은 이 법에 따른 정비사업의 원활한 시행을 위하여 관계 공무원 및 전문가로 구성된 점검반을 구성하여 정비사업 현장조사를 통하여 분쟁의 조정, 위법사항의 시정요구 등 필요한 조치를 할 수 있다. 이 경우 관할 지방자치단체의 장과 조합 등은 대통령령으로 정하는 자료의 제공 등 점검반의 활동에 적극 협조하여야 한다.

③ 제2항에 따른 정비사업 현장조사에 관하여는 제107조제2항, 제3항 및 제5항을 준용한다. <개정 2019.8.20>

D. 【법령】 전부개정 도시정비법 제121조(청문)

국토교통부장관, 시·도지사, 시장, 군수 또는 구청장은 다음 각 호의 어느 하나에 해당하는 처분을 하려는 경우에는 청문을 하여야 한다. <개정 2018. 6. 12., 2022. 6. 10.>

 1. 제86조의2 제3항에 따른 조합설립인가의 취소

 2. 제106조제1항에 따른 정비사업전문관리업의 등록취소

 3. 제113조제1항부터 제3항까지의 규정에 따른 추진위원회 승인의 취소, 조합설립인가의 취소, 사업시행계획인가의 취소 또는 관리처분계획인가의 취소

 4. 제113조의2 제1항에 따른 시공자 선정 취소 또는 과징금 부과

 5. 제113조의3 제1항에 따른 입찰참가 제한

III. 도시분쟁조정위원회

A. 【법령】 전부개정 도시정비법 제116조(도시분쟁조정위원회의 구성 등)

① 정비사업의 시행으로 발생한 분쟁을 조정하기 위하여 정비구역이 지정된 특별자치시, 특별자치도, 또는 시·군·구(자치구를 말한다. 이하 이 조에서 같다)에 도시분쟁조정위원회(이하 "조정위원회"라 한다)를 둔다. 다만, 시장·군수등을 당사자로 하여 발생한 정비사업의 시행과 관련된 분쟁 등의 조정을 위하여 필요한 경우에는 시·도에 조정위원회를 둘 수 있다.

② 조정위원회는 부시장·부지사·부구청장 또는 부군수를 위원장으로 한 10명 이내의 위원으로 구성한다.

③ 조정위원회 위원은 정비사업에 대한 학식과 경험이 풍부한 사람으로서 다음 각 호의 어느 하나에 해당하는 사람 중에서 시장·군수등이 임명 또는 위촉한다. 이 경우 제1호, 제3호 및 제4호에 해당하는 사람이 각 2명 이상 포함되어야 한다.

 1. 해당 특별자치시, 특별자치도 또는 시·군·구에서 정비사업 관련 업무에 종사하는 5급 이상 공무원

 2. 대학이나 연구기관에서 부교수 이상 또는 이에 상당하는 직에 재직하고 있는 사람

 3. 판사, 검사 또는 변호사의 직에 5년 이상 재직한 사람

제4장 공공의 지원·개입·감독·벌칙 / 제2절 공공의 개입·조정·감독 및 벌칙

> 4. 건축사, 감정평가사, 공인회계사로서 5년 이상 종사한 사람
> 5. 그 밖에 정비사업에 전문적 지식을 갖춘 사람으로서 시·도조례로 정하는 자
>
> ④ 조정위원회에는 위원 3명으로 구성된 분과위원회(이하 "분과위원회"라 한다)를 두며, 분과위원회에는 제3항제1호 및 제3호에 해당하는 사람이 각 1명 이상 포함되어야 한다.

B. 【법령】 전부개정 도시정비법 제117조(조정위원회의 조정 등)

> ① 조정위원회는 정비사업의 시행과 관련하여 다음 각 호의 어느 하나에 해당하는 분쟁사항을 심사·조정한다. 다만, 주택법, 「공익사업을 위한 토지 등의 취득 및 보상에 관한 법률」, 그 밖의 관계 법률에 따라 설치된 위원회의 심사대상에 포함되는 사항은 제외할 수 있다.
>
> 1. 매도청구권 행사 시 감정가액에 대한 분쟁
> 2. 공동주택 평형 배정방법에 대한 분쟁
> 3. 그 밖에 대통령령으로 정하는 분쟁
>
> ☞ 영 제91조(분쟁조정위원회의 조정 대상)
> 법 제117조제1항제3호에서 "대통령령으로 정하는 분쟁"이란 다음 각 호의 어느 하나에 해당하는 분쟁을 말한다.
>
> 1. 건축물 또는 토지 명도에 관한 분쟁
> 2. 손실보상 협의에서 발생하는 분쟁
> 3. 총회 의결사항에 대한 분쟁
> 4. 그 밖에 시·도조례로 정하는 사항에 대한 분쟁
>
> ② 시장·군수등은 다음 각 호의 어느 하나에 해당하는 경우 조정위원회를 개최할 수 있으며, 조정위원회는 조정신청을 받은 날(제2호의 경우 조정위원회를 처음 개최한 날을 말한다)부터 60일 이내에 조정절차를 마쳐야 한다. 다만, 조정기간 내에 조정절차를 마칠 수 없는 정당한 사유가 있다고 판단되는 경우에는 조정위원회의 의결로 그 기간을 한 차례만 연장할 수 있으며 그 기간은 30일 이내로 한다. <개정 2017. 8. 9.>
>
> 1. 분쟁당사자가 정비사업의 시행으로 인하여 발생한 분쟁의 조정을 신청하는 경우
> 2. 시장·군수등이 조정위원회의 조정이 필요하다고 인정하는 경우
>
> ③ 조정위원회의 위원장은 조정위원회의 심사에 앞서 분과위원회에서 사전 심사를 담당하게 할 수 있다. 다만, 분과위원회의 위원 전원이 일치된 의견으로 조정위원회의 심사

> 가 필요없다고 인정하는 경우에는 조정위원회에 회부하지 아니하고 분과위원회의 심사로 조정절차를 마칠 수 있다.
>
> ④ 조정위원회 또는 분과위원회는 제2항 또는 제3항에 따른 조정절차를 마친 경우 조정안을 작성하여 지체 없이 각 당사자에게 제시하여야 한다. 이 경우 조정안을 제시받은 각 당사자는 제시받은 날부터 15일 이내에 수락 여부를 조정위원회 또는 분과위원회에 통보하여야 한다.
>
> ⑤ 당사자가 조정안을 수락한 경우 조정위원회는 즉시 조정서를 작성한 후, 위원장 및 각 당사자는 조정서에 서명·날인하여야 한다.
>
> ⑥ 제5항에 따라 당사자가 강제집행을 승낙하는 취지의 내용이 기재된 조정서에 서명·날인한 경우 조정서의 정본은 「민사집행법」 제56조에도 불구하고 집행력 있는 집행권원과 같은 효력을 가진다. 다만, 청구에 관한 이의의 주장에 대하여는 「민사집행법」 제44조 제2항을 적용하지 아니한다.
>
> ☞ 당사자가 서명·날인한 조정서 정본은 '집행력'만 있고 '기판력'은 없다. 따라서 조정서 정본에 의하여 강제집행을 당한 당사자가 이에 불복하는 때에는 '조정절차 종결 전에 있었던 사유'로도 청구이의 소송을 제기하여 조정서의 내용을 다툴 수 있다(법 제117조 제6항 단서에 의한 민사집행법 제44조 제2항의 적용 제외).
>
> ⑦ 그 밖에 조정위원회의 구성·운영 및 비용의 부담, 조정기간 연장 등에 필요한 사항은 시·도조례로 정한다. <개정 2017. 8. 9.>

Ⅳ. 벌칙

여기서는 벌칙 규정의 내용만 소개하며, 그에 관한 상세 설명과 판례는 각 해당 부분에서 다룬다. ☞ 특히 돈.되.법 2 제6장 제6절(조합임원에 대한 형사처벌)을 참조하세요.

1. 【법령】 전부개정 도시정비법 제134조(벌칙 적용에서 공무원 의제)

> 추진위원장·조합임원·청산인·전문조합관리인 및 정비사업전문관리업자의 대표자(법인인 경우에는 임원을 말한다)·직원 및 위탁지원자는 「형법」 제129조부터 제132조까지의 규정[☞ 뇌물죄 관련규정]을 적용할 때에는 공무원으로 본다.
>
> ☞ '위탁지원자'는 시장·군수등이 정비사업의 공공지원을 위탁한 한국토지주택공사, 주택사업을 위해 설립된 지방공사, 주택도시보증공사, 한국부동산원 및 신탁업자를 말한다(법 제118조 제1항). '위탁지원자를 공무원으로 본다'는 말은 위탁지원자의 대표자·임원 및 직원을 공무원으로 본다는 의미로 해석해야 한다.

2. 【법령】 전부개정 도시정비법 제135조(벌칙) [5년 이하 징역]

다음 각 호의 어느 하나에 해당하는 자는 5년 이하의 징역 또는 5천만원 이하의 벌금에 처한다.

1. 제36조에 따른 토지등소유자의 서면동의서를 위조한 자

2. 제132조(☞ 조합임원 등의 선임·선정 시 행위제한) 각 호의 어느 하나를 위반하여 금품, 향응 또는 그 밖의 재산상 이익을 제공하거나 제공의사를 표시하거나 제공을 약속하는 행위를 하거나 제공을 받거나 제공의사 표시를 승낙한 자

3. 【법령】 전부개정 도시정비법 제136조(벌칙) [3년 이하 징역]

다음 각 호의 어느 하나에 해당하는 자는 3년 이하의 징역 또는 3천만원 이하의 벌금에 처한다. <개정 2017. 8. 9., 2019. 4. 23.>

1. 제29조(☞ 계약의 방법 및 시공자 선정 등) 제1항에 따른 계약의 방법을 위반하여 계약을 체결한 추진위원장, 전문조합관리인 또는 조합임원(조합의 청산인 및 토지등소유자가 시행하는 재개발사업의 경우에는 그 대표자, 지정개발자가 사업시행자인 경우 그 대표자를 말한다)

2. 제29조 제4항부터 제8항까지의 규정을 위반하여 시공자를 선정한 자 및 시공자로 선정된 자

2의2. 제29조 제9항을 위반하여 시공자와 공사에 관한 계약을 체결한 자

3. 제31조 제1항에 따른 시장·군수등의 추진위원회 승인을 받지 아니하고 정비사업전문관리업자를 선정한 자

4. 제32조 제2항에 따른 계약의 방법을 위반하여 정비사업전문관리업자를 선정한 추진위원장(전문조합관리인을 포함한다)

5. 제36조에 따른 토지등소유자의 서면동의서를 매도하거나 매수한 자

6. 거짓 또는 부정한 방법으로 제39조 제2항(☞ 투기과열지구 조합원지위 승계제한)을 위반하여 조합원 자격을 취득한 자와 조합원 자격을 취득하게 하여준 토지등소유자 및 조합의 임직원(전문조합관리인을 포함한다)

7. 제39조 제2항(☞ 투기과열지구 조합원지위 승계제한)을 회피하여 제72조에 따른 분양주택을 이전 또는 공급받을 목적으로 건축물 또는 토지의 양도·양수 사실을 은폐한 자

8. 제76조(관리처분계획의 수립기준) 제1항 제7호 다목 단서를 위반하여 주택을 전매하거나 전매를 알선한 자

IV. 벌칙

4. 【법령】 전부개정 도시정비법 제137조(벌칙) [2년 이하 징역]

다음 각 호의 어느 하나에 해당하는 자는 2년 이하의 징역 또는 2천만원 이하의 벌금에 처한다. <개정 2020. 6. 9.>

1. 제12조 제5항에 따른 안전진단 결과보고서를 거짓으로 작성한 자

2. 제19조 제1항을 위반하여 허가 또는 변경허가를 받지 아니하거나 거짓, 그 밖의 부정한 방법으로 허가 또는 변경허가를 받아 행위를 한 자

3. 제31조 제1항 또는 제47조 제3항을 위반하여 추진위원회 또는 주민대표회의의 승인을 받지 아니하고 제32조제1항 각 호의 업무를 수행하거나 주민대표회의를 구성·운영한 자

4. 제31조 제1항 또는 제47조 제3항에 따라 승인받은 추진위원회 또는 주민대표회의가 구성되어 있음에도 불구하고 임의로 추진위원회 또는 주민대표회의를 구성하여 이 법에 따른 정비사업을 추진한 자

5. 제35조에 따라 조합이 설립되었는데도 불구하고 추진위원회를 계속 운영한 자

6. 제45조에 따른 총회의 의결을 거치지 아니하고 같은 조 제1항 각 호의 사업(같은 항 제13호 중 정관으로 정하는 사항은 제외한다)을 임의로 추진한 조합임원(전문조합관리인을 포함한다)

7. 제50조에 따른 사업시행계획인가를 받지 아니하고 정비사업을 시행한 자와 같은 사업시행계획서를 위반하여 건축물을 건축한 자

8. 제74조에 따른 관리처분계획인가를 받지 아니하고 제86조에 따른 이전을 한 자

9. 제102조제1항을 위반하여 등록을 하지 아니하고 이 법에 따른 정비사업을 위탁받은 자 또는 거짓, 그 밖의 부정한 방법으로 등록을 한 정비사업전문관리업자

10. 제106조 제1항 각 호 외의 부분 단서에 따라 등록이 취소되었음에도 불구하고 영업을 하는 자

11. 제113조 제1항부터 제3항까지의 규정에 따른 처분의 취소·변경 또는 정지, 그 공사의 중지 및 변경에 관한 명령을 받고도 이를 따르지 아니한 추진위원회, 사업시행자, 주민대표회의 및 정비사업전문관리업자

12. 제124조 제1항에 따른 서류 및 관련 자료를 거짓으로 공개한 추진위원장 또는 조합임원(토지등소유자가 시행하는 재개발사업의 경우 그 대표자)

13. 제124조 제4항에 따른 열람·복사 요청에 허위의 사실이 포함된 자료를 열람·복사해 준 추진위원장 또는 조합임원(토지등소유자가 시행하는 재개발사업의 경우 그 대표자)

제 4 장 공공의 지원·개입·감독·벌칙 / 제 2 절 공공의 개입·조정·감독 및 벌칙

5. 【법령】 전부개정 도시정비법 제 138 조(벌칙) [1 년 이하 징역]

① 다음 각 호의 어느 하나에 해당하는 자는 1 년 이하의 징역 또는 1 천만원 이하의 벌금에 처한다. <개정 2018. 6. 12., 2020. 6. 9., 2021. 1. 5.>

1. 제 19 조(행위제한 등) 제 8 항을 위반하여 주택법 제 2 조 제 11 호 가목에 따른 지역주택조합의 조합원을 모집한 자

2. 제 34 조 제 4 항을 위반하여 추진위원회의 회계장부 및 관계 서류를 조합에 인계하지 아니한 추진위원장(전문조합관리인을 포함한다)

3. 제 83 조 제 1 항에 따른 준공인가를 받지 아니하고 건축물 등을 사용한 자와 같은 조 제 5 항 본문에 따라 시장·군수등의 사용허가를 받지 아니하고 건축물을 사용한 자

4. 다른 사람에게 자기의 성명 또는 상호를 사용하여 이 법에서 정한 업무를 수행하게 하거나 등록증을 대여한 정비사업전문관리업자

5. 제 102 조 제 1 항 각 호에 따른 업무를 다른 용역업체 및 그 직원에게 수행하도록 한 정비사업전문관리업자

6. 제 112 조 제 1 항에 따른 회계감사를 요청하지 아니한 추진위원장, 전문조합관리인 또는 조합임원(토지등소유자가 시행하는 재개발사업 또는 제 27 조에 따라 지정개발자가 시행하는 정비사업의 경우에는 그 대표자를 말한다)

[시행일 : 2021. 7. 6.] 제 138 조 제 1 항 제 6 호

7. A) 제 124 조 제 1 항을 위반하여 정비사업시행과 관련한 서류 및 자료를 인터넷과 그 밖의 방법을 병행하여 공개하지 아니하거나 B) 같은 조 제 4 항을 위반하여 조합원 또는 토지등소유자의 열람·복사 요청을 따르지 아니하는 추진위원장, 전문조합관리인 또는 조합임원(조합의 청산인 및 토지등소유자가 시행하는 재개발사업의 경우에는 그 대표자, 제 27 조에 따른 지정개발자가 사업시행자인 경우 그 대표자를 말한다)

8. 제 125 조(관련 자료의 보관 및 인계) 제 1 항을 위반하여 속기록 등을 만들지 아니하거나 관련 자료를 청산 시까지 보관하지 아니한 추진위원장, 전문조합관리인 또는 조합임원(조합의 청산인 및 토지등소유자가 시행하는 재개발사업의 경우에는 그 대표자, 제 27 조에 따른 지정개발자가 사업시행자인 경우 그 대표자를 말한다)

☞ 제 125 조 제 1 항이 규정하는 속기록·녹음·영상자료의 작성·보관의무자에는 정비사업전문관리업자도 포함되어 있으나, 정비사업전문관리업자에 대한 처벌규정은 없다.

② 건설업자가 제 132 조의 2 에 따른 조치를 소홀히 하여 용역업체의 임직원이 제 132 조 각 호의 어느 하나를 위반한 경우 그 건설업자는 5 천만원 이하의 벌금에 처한다. <신설 2018. 6. 12.>

IV. 벌칙

6. 【법령】 전부개정 도시정비법 제 139 조(양벌규정)

법인의 대표자나 법인 또는 개인의 대리인, 사용인, 그 밖의 종업원이 그 법인 또는 개인의 업무에 관하여 제 135 조부터 제 138 조까지의 어느 하나에 해당하는 위반행위를 하면 그 행위자를 벌하는 외에 그 법인 또는 개인에게도 해당 조문의 벌금에 처한다.

다만, 법인 또는 개인이 그 위반행위를 방지하기 위하여 해당 업무에 관하여 상당한 주의와 감독을 게을리하지 아니한 경우에는 그러하지 아니하다.

7. 【법령】 전부개정 도시정비법 제 140 조(과태료)

① 제 113 조제 2 항에 따른 점검반의 현장조사를 거부·기피 또는 방해한 자에게는 1 천만원의 과태료를 부과한다.

② 다음 각 호의 어느 하나에 해당하는 자에게는 500 만원 이하의 과태료를 부과한다. <개정 2017. 8. 9., 2020. 6. 9.>

  1. 제 29 조제 2 항을 위반하여 전자조달시스템을 이용하지 아니하고 계약을 체결한 자

  2. 제 78 조제 5 항 또는 제 86 조제 1 항에 따른 통지를 게을리한 자

  3. 제 107 조제 1 항 및 제 111 조제 2 항에 따른 보고 또는 자료의 제출을 게을리한 자

  4. 제 125 조제 2 항에 따른 관계 서류의 인계를 게을리한 자

③ 제 1 항 및 제 2 항에 따른 과태료는 대통령령으로 정하는 방법[☞ 시행령 별표 6] 및 절차에 따라 국토교통부장관, 시·도지사, 시장, 군수 또는 구청장이 부과·징수한다.

8. 【법령】 전부개정 도시정비법 제 141 조(자수자에 대한 특례)

제 132 조 각 호의 어느 하나를 위반하여 금품, 향응 또는 그 밖의 재산상 이익을 제공하거나 제공의사를 표시하거나 제공을 약속하는 행위를 하거나 제공을 받거나 제공의사 표시를 승낙한 자가 자수하였을 때에는 그 형벌을 감경 또는 면제한다. [본조신설 2017. 8. 9.]

9. 【법령】 전부개정 도시정비법 제 142 조(금품·향응 수수행위 등에 대한 신고포상금)

시·도지사 또는 대도시의 시장은 제 132 조 각 호의 행위사실을 신고한 자에게 시·도조례로 정하는 바에 따라 포상금을 지급할 수 있다. [본조신설 2017. 8. 9.]

☞ 법 제132조(조합임원 등의 선임·선정 및 계약 체결 시 행위제한)

① 누구든지 추진위원, 조합임원의 선임 또는 제29조(계약의 방법 및 시공자 선정 등)에 따른 계약 체결과 관련하여 다음 각 호의 행위를 하여서는 아니 된다. <개정 2017. 8. 9., 2022. 6. 10.>

 1. 금품, 향응 또는 그 밖의 재산상 이익을 제공하거나 제공의사를 표시하거나 제공을 약속하는 행위

 2. 금품, 향응 또는 그 밖의 재산상 이익을 제공받거나 제공의사 표시를 승낙하는 행위

 3. 제3자를 통하여 제1호 또는 제2호에 해당하는 행위를 하는 행위

② 건설업자와 등록사업자는 제29조에 따른 계약의 체결과 관련하여 시공과 관련 없는 사항으로서 다음 각 호의 어느 하나에 해당하는 사항을 제안하여서는 아니 된다. <신설 2022. 6. 10.>

 1. 이사비, 이주비, 이주촉진비, 그 밖에 시공과 관련 없는 사항에 대한 금전이나 재산상 이익을 제공하는 것으로서 대통령령으로 정하는 사항

 2. 「재건축초과이익 환수에 관한 법률」에 따른 재건축부담금의 대납 등 이 법 또는 다른 법률을 위반하는 방법으로 정비사업을 수행하는 것으로서 대통령령으로 정하는 사항

10. 【법령】 전부개정 도시정비법 제43조의2(벌금형의 분리 선고)

「형법」 제38조에도 불구하고 이 법 제135조부터 제138조까지에 규정된 죄와 다른 죄의 경합범(競合犯)에 대하여 벌금형을 선고하는 경우에는 이를 분리하여 선고하여야 한다.

[본조신설 2021. 8. 10.]

☞ 부칙 <법률 제18388호, 2021. 8. 10.> 제2조(벌금형의 분리 선고에 관한 적용례)

제43조의2의 개정규정은 이 법 시행(2021. 11. 11.) 이후 발생한 범죄행위로 형벌을 받는 사람부터 적용한다.

I. 정비사업의 정보공개

제3절 정비사업 자료의 공개와 보존

I. 정비사업의 정보공개

A. 정비사업관리시스템 (서울시 종합정보관리시스템 – "서울특별시 정비사업 정보몽땅")

1. **【법령】** 전부개정 도시정비법 제 119 조(정비사업관리시스템의 구축)

> ① 국토교통부장관 또는 시·도지사는 정비사업의 효율적이고 투명한 관리를 위하여 정비사업관리시스템을 구축하여 운영할 수 있다. <개정 2021. 8. 10.>
>
> ☞ 국토교통부장관은 정비사업관리시스템의 구축·운영에 관한 사무를 한국부동산원에 위탁하여 처리한다(영 제 96 조 제 2 항 제 3 호).
>
> ② 국토교통부장관은 시·도지사에게 제 1 항에 따른 정비사업관리시스템의 구축 등에 필요한 자료의 제출 등 협조를 요청할 수 있다. 이 경우 자료의 제출 등 협조를 요청받은 시·도지사는 정당한 사유가 없으면 이에 따라야 한다. <신설 2021. 8. 10.>
>
> ③ 제 1 항에 따른 정비사업관리시스템의 운영방법 등에 필요한 사항은 국토교통부령 또는 시·도조례로 정한다. <개정 2021. 8. 10.>

2. **【조례】** 서울시 도시정비조례 제 69 조(정비사업관리시스템의 구축 및 운영 등)

> ① 시장은 법 119 조에 따라 정비사업의 효율적이고 투명한 관리를 위하여 다음 각 호의 서비스를 제공하는 종합정보관리시스템을 구축·운영한다. <개정 2021.9.30>
>
>   1. 정보공개 : 정비사업 시행과 관련한 자료 구축 및 정보 제공
>   2. 조합업무지원 : 추진위원회·조합의 예산·회계와 정보공개 등록 및 행정업무 등 처리
>   3. 분담금 추정 프로그램: 제 80 조에 따른 토지등소유자별 분담금 추산액 등 정보 제공
>
> ☞ 서울특별시가 기존에 '클린업시스템', '분담금 추정 프로그램', '정비사업 e-조합 시스템' 등 3 가지로 구분하여 운영하던 정비사업관리시스템(구조례 제 69 조)을 2021. 9.부터 "종합정보관리시스템"(https://cleanup.seoul.go.kr)으로 통합한 것이다. 사이트 명칭은 "서울특별시 정비사업 정보몽땅"이다.
>
> ④ 법 제 124 조에 따라 추진위원회 및 사업시행자(조합의 경우 청산인을 포함한 조합임원을 말한다)는 인터넷을 통하여 정보를 공개하는 경우 종합정보관리시스템을 이용하여

야 한다. 다만 토지등소유자가 단독으로 시행하는 재개발사업의 경우에는 제외할 수 있다. <개정 2021.9.30>

⑤ 추진위원장 또는 조합임원(조합의 청산인을 포함한다)은 정비사업 종합정보관리시스템을 이용하여 예산·회계와 정보공개 등의 작성된 자료를 등록하여야 한다. <개정 2021.9.30>

B. 시장·군수등의 공개의무

1. 【법령】 전부개정 도시정비법 제120조(정비사업의 정보공개)

시장·군수등은 정비사업의 투명성 강화를 위하여 조합이 시행하는 정비사업에 관한 다음 각 호의 사항을 매년 1회 이상 인터넷과 그 밖의 방법을 병행하여 공개하여야 한다. 이 경우 공개의 방법 및 시기 등 필요한 사항은 시·도조례로 정한다. <개정 2017. 8. 9.>

  1. 제74조제1항에 따라 관리처분계획의 인가(변경인가를 포함한다. 이하 이 조에서 같다)를 받은 사항 중 제29조(☞ 계약의 방법 및 시공자 선정 등)에 따른 계약금액

  2. 제74조제1항에 따라 관리처분계획의 인가를 받은 사항 중 정비사업에서 발생한 이자

  3. 그 밖에 시·도조례로 정하는 사항

2. 【조례】 서울시 도시정비조례 제70조(정보공개의 방법 및 시기 등)

① 구청장은 법 제120조에 따라 다음 각 호의 사항을 회계연도 종료일부터 90일 이내 종합정보관리시스템에 공개하여야 한다.<개정 2021.9.30>

  1. 관리처분계획의 인가(변경인가를 포함한다. 이하 이 조에서 같다)를 받은 사항 중 법 제29조에 따른 계약금액

  2. 관리처분계획의 인가를 받은 사항 중 정비사업에서 발생한 이자

② 제1항의 공개는 별지 제5호서식에 따른다.

C. 사업시행자의 공개의무

1. 【법령 및 해설】 전부개정 도시정비법 제124조(관련 자료의 공개 등)

① 추진위원장 또는 사업시행자(조합의 경우 청산인을 포함한 조합임원, 토지등소유자가 단독으로 시행하는 재개발사업의 경우에는 그 대표자를 말한다)는 정비사업의 시행에

I. 정비사업의 정보공개

관한 다음 각 호의 서류 및 관련 자료가 작성되거나 변경된 후 15일 이내에 이를 조합원, 토지등소유자 또는 세입자가 알 수 있도록 인터넷과 그 밖의 방법을 병행하여 공개하여야 한다.

1. 제34조 제1항에 따른 추진위원회 운영규정 및 정관등
2. 설계자·시공자·철거업자 및 정비사업전문관리업자 등 용역업체의 선정계약서

☞ 변호사와 체결한 사건위임계약서도 여기에 포함된다.

3. 추진위원회·주민총회·조합총회 및 조합의 이사회·대의원회의 의사록
4. 사업시행계획서
5. 관리처분계획서
6. 해당 정비사업의 시행에 관한 공문서
7. 회계감사보고서
8. 월별 자금의 입금·출금 세부내역
9. 결산보고서
10. 청산인의 업무 처리 현황
11. 그 밖에 정비사업 시행에 관하여 대통령령으로 정하는 서류 및 관련 자료

☞ 영 제94조(자료의 공개 및 통지 등) 제1항

① 법 제124조제1항제11호에서 "대통령령으로 정하는 서류 및 관련 자료"란 다음 각 호의 자료를 말한다.

1. 법 제72조제1항에 따른 분양공고 및 분양신청에 관한 사항
2. 연간 자금운용 계획에 관한 사항
3. 정비사업의 월별 공사 진행에 관한 사항
4. 설계자·시공자·정비사업전문관리업자 등 용역업체와의 세부 계약 변경에 관한 사항
5. 정비사업비 변경에 관한 사항

2. 【법령】전부개정 도시정비법 제138조(벌칙)

① 다음 각 호의 어느 하나에 해당하는 자는 1년 이하의 징역 또는 1천만원 이하의 벌금에 처한다. <개정 2018. 6. 12., 2020. 6. 9., 2021. 1. 5.>

제 4 장 공공의 지원·개입·감독·벌칙 / 제 3 절 정비사업 자료의 공개와 보존

> 7. A) 제 124 조 제 1 항을 위반하여 정비사업시행과 관련한 서류 및 자료를 인터넷과 그 밖의 방법을 병행하여 공개하지 아니하거나 B) 같은 조 제 4 항을 위반하여 조합원 또는 토지등소유자의 열람·복사 요청을 따르지 아니하는 추진위원장, 전문조합관리인 또는 조합임원(조합의 청산인 및 토지등소유자가 시행하는 재개발사업의 경우에는 그 대표자, 제 27 조에 따른 지정개발자가 사업시행자인 경우 그 대표자를 말한다)

D. ① 공개대상 서류의 '관련 자료'를 지나치게 확장해석하는 것은 죄형법정주의에 반해; ② 속기록은 의사록의 '관련 자료' 아님; ③ '자금수지보고서'는 결산보고서의 '관련 자료' 아님 —대법원 2022. 1. 27. 선고 2021 도 15334 판결[도시및주거환경정비법위반]

1. 법리

... 도시정비법은 공개대상이 되는 서류를 각호에서 구체적으로 열거하면서도 '관련 자료'의 판단 기준에 관하여는 별도로 규정하고 있지 않을 뿐만 아니라, 그 밖에 공개가 필요한 서류 및 관련 자료는 대통령령에 위임하여 이를 추가할 수 있는 근거 규정을 두고 있으므로, 도시정비법 혹은 그 위임에 따른 시행령에 명문의 근거 규정 없이 정비사업의 투명성·공공성 확보 내지 조합원의 알권리 보장 등 규제의 목적만을 앞세워 각호에 명시된 서류의 '관련 자료'의 범위를 지나치게 확장하여 인정하는 것은 죄형법정주의가 요구하는 형벌법규 해석원칙에 어긋난다.

2. 속기록은 의사록의 관련자료 아님.

1) 구 도시정비법 제 81 조 제 1 항, 현행 도시정비법 제 124 조 제 1 항은 조합임원 등이 정비사업의 시행에 관하여 작성 또는 변경 후 15 일 이내에 공개하여야 할 서류를 규정하는 한편, 구 도시정비법 제 81 조 제 2 항, 현행 도시정비법 제 125 조 제 1 항은 위와 같이 공개하여야 할 서류를 포함하여 총회 또는 중요한 회의가 있은 때에는 속기록·녹음 또는 영상자료를 만들어 청산 시까지 보관하여야 한다고 규정한다. 즉, 도시정비법은 신속하게 공개하여야 할 자료와 일정한 경우에 한하여 작성 후 청산 시까지 보관하여야 할 자료를 구분하고, 속기록·녹음 또는 영상자료는 보관대상으로 규정할 뿐 의사록과 같은 공개대상으로 명시하지 않고 있다.

2) 의사록이 진정하게 작성되었는가는 참석자명부와 서면결의서를 통해서도 확인할 수 있으므로, 반드시 참석자의 구체적인 발언 내용이 담긴 속기록이 필요하다고 보기 어렵다. 나아가 도시정비법 위반죄의 구성요건인 '관련 자료' 범위를 해석하고 그 위반을 이유로 하는 형사처벌의 범위를 정함에 있어 그에 관한 법령의 명시적인 위임 근거가 없는 정비사업에 관한 지방자치단체의 조례 및 그 하위 지침에 기속된다고 볼 수도 없다.

3) 결국 구 도시정비법 제 81 조 제 1 항 제 3 호, 현행 도시정비법 제 124 조 제 1 항 제 3 호에서 정한 의사록의 '관련 자료'에 속기록이 포함된다고 보는 것은 문언의 가능한 의미를 벗어

나 피고인에게 불리한 확장해석에 해당하여 허용될 수 없다.

3. 자금수지보고서는 결산보고서의 관련자료 아님.

1) 원심판결 이유 및 적법하게 채택된 증거에 비추어 보면, 다음과 같은 사실을 알 수 있다.

가) 「서울특별시 정비사업 조합 등 표준 예산·회계규정」 제10조는 정비사업 조합의 기본 재무제표는 자금수지계산서, 재무상태표, 운영계산서 및 이에 대한 주석으로 구성되며, 재무제표 및 부속명세서는 결산보고서로 작성한다고 규정한다.

나) 도시정비법은 자금수지보고서의 개념을 별도로 정의하고 있지는 않고, 피고인이 작성한 자금수지보고서는 「서울특별시 도시 및 주거환경정비 조례」에 근거하여 설치된 정비사업 종합정보관리시스템인 '서울특별시 클린업시스템' 운영지침에 첨부된 서식에 따른 것인데, 회계연도가 끝난 후 작성되는 결산보고서와 달리 분기별로 작성된다는 차이점이 있기는 하나 대체로 기본 재무제표에 포함되는 자금수지계산서의 항목별 내용을 요약한 것이다.

다) 한편 현행 도시정비법 제124조 제1항 제8호에 공개대상으로 명시된 '월별 자금의 입금·출금 세부내역'의 서식도 차입금, 분양수입금, 환급금 등의 수입 내역과 사업비, 운영비 등의 지출 내역을 월별로 정리하도록 구성되어 있다.

2) 위와 같은 사실을 앞서 본 법리에 비추어 살펴보면, 자금수지보고서가 결산보고서의 '관련 자료'에 해당한다고 보아 이를 형사처벌의 근거로 삼는 것은 죄형법정주의의 원칙하에서 문언의 가능한 범위를 벗어나 피고인에게 불리한 확장해석에 해당하여 허용될 수 없다. 그 이유는 다음과 같다.

가) 도시정비법이 처음부터 공개대상으로 명시한 월별 자금의 입금·출금 세부내역에도 월별 수입·지출 내역, 현금예금 보유내역, 차입금 현황 등이 포함되어 있으므로, 결산보고서가 진정하게 성립되었는지 판단하기 위하여 반드시 자금수지보고서가 필요하다고 보기 어렵다.

나) 「서울특별시 정비사업 조합 등 표준 예산·회계규정」에 의하더라도 결산보고서로 재무제표 및 부속명세서를 작성한다고 규정할 뿐, 자금수지보고서가 결산보고서와 불가분적으로 또는 직접적으로 관련된다고 볼 만한 근거를 찾을 수 없다.

다) 속기록 부분에서 본 바와 같이, 도시정비법 각호의 서류에 관한 '관련 자료'의 해석이 그 위반을 이유로 하는 형사처벌의 범위를 정함에 있어 그에 관한 법령의 명시적인 위임 근거가 없는 지방자치단체 조례나 그에 따라 설치된 정비사업 종합정보관리시스템 운영지침에 기속된다고 보기 어렵다.

제4장 공공의 지원·개입·감독·벌칙 / 제3절 정비사업 자료의 공개와 보존

4. 원심판결의 위법함 (전부 파기환송)

그럼에도 원심은 이 사건 공소사실 별지 범죄일람표 연번 1번, 6번 기재 각 속기록 및 연번 7번 기재 자금수지보고서가 도시정비법상 관련 자료에 해당한다고 보았다. 이러한 원심의 판단에는 구 도시정비법 제81조 제1항 및 현행 도시정비법 제124조 제1항의 '관련 자료'에 관한 법리를 오해하여 판결에 영향을 미친 위법이 있다. 이를 지적하는 피고인의 상고이유 주장은 이유 있다. 따라서 원심판결 중 속기록 및 자금수지보고서에 관한 부분은 파기되어야 하나, 원심은 이 부분과 나머지 유죄 부분이 형법 제37조 전단의 경합범에 해당한다고 보아 하나의 형을 선고하였으므로, 결국 원심판결 중 유죄 부분은 전부 파기될 수밖에 없다.

E. 정보공개청구가 권리남용이 되는 경우에는 정보공개를 하지 않아도 됨 —대법원 2014. 12. 24. 선고 2014두9349 판결[정보비공개결정처분취소]

【당사자】

> 【원고, 피상고인】 원고
> 【피고, 상고인】 서울중앙지방검찰청 검사장

일반적인 정보공개청구권의 의미와 성질, 정보공개법의 규정 내용과 입법 목적, 정보공개법이 정보공개청구권의 행사와 관련하여 정보의 사용 목적이나 정보에 접근하려는 이유에 관한 어떠한 제한을 두고 있지 아니한 점 등을 고려하면, 국민의 정보공개청구는 정보공개법 제9조에 정한 비공개 대상 정보에 해당하지 아니하는 한 원칙적으로 폭넓게 허용되어야 하지만,

실제로는 해당 정보를 취득 또는 활용할 의사가 전혀 없이 정보공개 제도를 이용하여 사회통념상 용인될 수 없는 부당한 이득을 얻으려 하거나, 오로지 공공기관의 담당공무원을 괴롭힐 목적으로 정보공개청구를 하는 경우처럼 권리의 남용에 해당하는 것이 명백한 경우에는 정보공개청구권의 행사를 허용하지 아니하는 것이 옳다.

II. 조합원, 토지등소유자의 열람·복사 요청권

A. 개요

1. 【법령】 전부개정 도시정비법 제124조(관련 자료의 공개 등) 제2항

> ② 제1항에 따라 공개의 대상이 되는 서류 및 관련 자료의 경우 분기별로 공개대상의 목록, 개략적인 내용, 공개장소, 열람·복사 방법 등을 대통령령으로 정하는 방법과 절차에 따라 조합원 또는 토지등소유자에게 서면으로 통지하여야 한다.

II. 조합원, 토지등소유자의 열람·복사 요청권

☞ **전부개정법 시행령 제94조(자료의 공개 및 통지 등) 제2항**

② 추진위원장 또는 사업시행자(조합의 경우 조합임원, 법 제25조제1항제2호에 따라 재개발사업을 토지등소유자가 시행하는 경우 그 대표자를 말한다)는 법 제124조 제2항에 따라 매 분기가 끝나는 달의 다음 달 15일까지 다음 각 호의 사항을 조합원 또는 토지등소유자에게 서면으로 통지하여야 한다.

1. 공개 대상의 목록
2. 공개 자료의 개략적인 내용
3. 공개 장소
4. 대상자별 정보공개의 범위
5. 열람·복사 방법
6. 등사에 필요한 비용

④ 조합원, 토지등소유자가 A) 제1항에 따른 서류 및 B) 다음 각 호를 포함하여 C) 정비사업 시행에 관한 서류와 D) 관련 자료에 대하여 열람·복사 요청을 한 경우 추진위원장이나 사업시행자는 15일 이내에 그 요청에 따라야 한다.

1. 토지등소유자 명부
2. 조합원 명부
3. 그 밖에 대통령령으로 정하는 서류 및 관련 자료

☞ 제3호에 따른 대통령령 규정은 없으므로 법 제124조 제1항 제11호의 "대통령령으로 정하는 서류 및 관련 자료"와 같은 것으로 보면 됨(= 영 제94조 제1항 각호. 위 참조).

⑤ 제4항의 복사에 필요한 비용은 실비의 범위에서 청구인이 부담한다. 이 경우 비용 납부의 방법, 시기 및 금액 등에 필요한 사항은 시·도조례로 정한다.

⑥ 제4항에 따라 열람·복사를 요청한 사람은 제공받은 서류와 자료를 사용목적 외의 용도로 이용·활용하여서는 아니 된다.

2. 【해설】 열람·복사의 대상

열람·복사의 대상이 되는 서류 및 관련자료는 아래와 같다(법 제124조 제4항).

(1) 법 제124조 제1항이 규정한 공개대상 서류 및 관련자료(영 제94조 제1항이 규정하는 서류 포함). 참석자명부와 서면결의서도 의사록의 관련 자료에 포함되므로 열람·

복사 대상이다. 따라서 참석자명부와 서면결의서의 등사요청을 거부하면 도시정비법 위반죄로 처벌된다(대법원 2012. 2. 23. 선고 2010도8981 판결).

(2) 토지등소유자 명부

(3) 조합원명부

(4) 기타 정비사업 시행에 관한 서류

(5) 위 각 항의 관련자료

3. 【해설】 열람·복사 요청권자

(1) 조합원이 아닌 토지등소유자도 열람·복사 요청권이 있다(대법원 2012. 7. 26. 선고 2011도8267 판결. 분양신청을 하지 않았거나 철회한 토지등소유자로부터 '정비사업 시행에 관한 서류와 관련 자료'에 대한 등사 요청을 받고 이에 응하지 않은 조합장을 도시정비법위반죄로 처벌한 사례).

(2) 그러나 이미 현금청산이 이루어져 토지등의 소유권을 상실하였거나, 토지등을 제3자에게 양도하여 토지등의 소유권을 상실한 경우에는 더이상 토지등소유자가 아니므로 열람·복사 요청권이 없다.

(3) 조합원 아닌 토지등소유자가 열람·복사를 요청할 수 있는 서류의 범위는 조합원의 경우와 동일하다.

4. 【해설】 열람·복사 요청의 방법

열람·복사의 요청은 "사용목적 등을 기재한 서면(전자문서 포함)"으로 하여야 한다(규칙 제22조). 따라서 구두에 의한 요청 또는 사용목적을 기재하지 않은 서면에 의한 열람·복사 요청에 대하여는 그 보완을 요구할 수 있고, 보완요구에 응하지 않으면 열람·복사를 해주지 않아도 도시정비법 위반이 아니다.

5. 【해설】 열람·복사 방법(현장교부, 우편·팩스·정보통신망) [법 제124조 제2항]

(1) 법 제124조 제2항, 영 제94조 제2항은 조합으로 하여금 분기별로 열람·복사 방법을 조합원에게 서면으로 통지하도록 규정하고 있는데, 이는 개별 조합에 열람·복사의 방법을 구체적으로 정할 수 있는 재량권을 준 것이다.

(2) A) 조합이 열람·복사의 방법을 현장교부로 한정했으면 조합원은 이에 따라야 하나, B) 조합에서 열람·복사의 방법을 특정하여 통지하지 않았다면, 조합은 현장교부 외에도 우편·팩스·정보통신망 중 어느 하나의 방법으로 열람·복사를 해주어야 한다.

II. 조합원, 토지등소유자의 열람·복사 요청권

> 따라서 조합이 열람·복사의 방법을 특정하여 통지하지 않은 경우 조합원이 현장에 오지 않았다는 이유로 열람·복사를 거부하면 도시정비법 위반죄로 처벌된다. (이상 대법원 2018. 4. 26. 선고 2016도13811 판결.)

6. 【해설】형사처벌

> 법 제124조 제4항을 위반하여 조합원 또는 토지등소유자의 열람·복사 요청을 따르지 아니하는 추진위원장, 전문조합관리인 또는 조합임원은 1년 이하의 징역 또는 1천만원 이하의 벌금에 처한다. 조합임원은 조합의 청산인을 포함하며, 토지등소유자가 시행하는 재개발사업의 경우와 법 제27조에 따른 지정개발자가 사업시행자인 경우에는 각 그 대표자를 말한다. (법 제138조 제1항 제7호.)

B. ① 현금청산대상자라도 아직 현금청산이 이루어지지 않아 토지등의 소유권을 가지고 있는 경우에는 열람등사권자인 "토지등소유자"에 해당해; ② 따라서 정비사업 시행 관련자료에 대한 열람·등사를 요청할 수 있음 —대법원 2012. 7. 26. 선고 2011도8267 판결[도시및주거환경정비법위반]

... 점 등에 비추어 보면, 도시정비법 제47조에 의하여 분양신청을 하지 아니하였거나 분양신청기간 종료 이전에 분양신청을 철회한 토지 등 소유자라도 아직 현금청산이 이루어지지 않아 토지 등의 소유권을 상실하지 아니한 경우에는 도시정비법 제81조와 제86조 제6호가 규정한 토지 등 소유자에 해당한다고 보아야 하므로 도시정비법 제81조에 의하여 정비사업 시행에 관한 서류와 관련 자료에 대한 열람·등사를 요청을 할 권한이 있다.

같은 취지에서 원심이 이 사건 주택재개발정비사업조합의 조합장인 피고인이 이 사건 정비구역 내 토지 등 소유자로서 분양신청을 하지 않거나 철회하여 조합원의 지위는 상실하였으나 토지 등의 소유권을 상실하지는 아니한 자로부터 정비사업 시행에 관한 서류와 관련 자료의 등사 요청을 받고 이에 응하지 아니한 행위에 대하여 유죄로 판단한 것은 정당하고, 거기에 상고이유의 주장과 같이 도시정비법 제81조에 따른 열람·등사를 요청할 수 있는 권한에 관하여 법리를 오해한 위법이 없다.

C. ① 참석자명부와 서면결의서는 등사 대상 자료인 의사록의 관련 자료에 포함돼; ② 따라서 참석자명부와 서면결의서의 등사요청을 거부한 행위는 유죄 —대법원 2012. 2. 23. 선고 2010도8981 판결[도시및주거환경정비법위반]

참석자명부와 서면결의서는 도시정비법 제81조 제1항 제3호 의사록의 관련 자료에 포함된다고 보는 것이 체계적이고 논리적인 해석이라 할 것이고, 그와 같은 해석이 죄형법정주의에 위배된다고 볼 수는 없다.

원심이 같은 취지에서 피고인이 참석자명부와 서면결의서에 대한 2008. 11. 25.자 및 2008. 12. 1.자 등사 요청을 거부하였다는 이 부분 각 공소사실에 대하여 유죄를 인정한 제1심판결을 유지한 조치는 정당하고, 거기에 상고이유로 주장하는 바와 같은 도시정비법 제81조 제1항의 해석 및 죄형법정주의에 관한 법리를 오해하는 등의 위법이 없다.

D. ① 조합임원이 조합원에게 열람·복사 방법을 서면으로 통지하도록 규정한 것은 개별 조합에 열람·복사의 방법을 구체적으로 정할 수 있도록 재량권을 준 것이야; ② 따라서 조합이 열람·복사의 방법을 특정하여 통지하지 않았다면, 조합은 현장교부 외에도 우편·팩스·정보통신망 중 어느 하나의 방법으로 열람·복사 요청에 응하여야 함; ③ 이 경우 조합임원이 열람·복사신청을 받은 날로부터 15일 이내에 이에 응하지 않았으면, 신청 조합원이 다시 조합사무실 등 현장에 방문하지 않았어도 위반죄가 성립함; ③ 열람·복사를 신청한 조합원이 15일 이내에 조합을 방문하였음을 인정할 증거가 없다는 이유로 무죄를 선고한 원심판결을 파기한 사례 — 대법원 2018. 4. 26. 선고 2016도13811 판결[도시및주거환경정비법위반]

1. 이 사건 공소사실

이 부분 공소사실은 조합임원인 피고인들이 2014. 11. 21. 조합원으로부터 공소사실 기재 서류들에 대한 열람·복사 요청을 받고도 15일 이내에 이에 응하지 아니하였다는 것이다.

2. 원심의 판단 (무죄를 선고함)

원심은 다음과 같은 이유로 피고인들에게 이 사건 공소사실 중 자료 열람·복사 불응으로 인한 도시및주거환경정비법위반의 점에 대하여 무죄를 선고하였다.

1) 구 도시 및 주거환경정비법(2015. 9. 1. 법률 제13508호로 개정되기 전의 것, 이하 '구 도시정비법'이라 한다)은 제81조 제1항, 제6항에서 정비사업 시행에 관한 서류와 관련 자료의 공개의무와 열람·복사 요청에 응할 의무를 분리하여 규정하면서 제81조 제2항에서 공개 대상의 목록 등을 서면으로 통지하도록 하는 한편, 제81조 제6항에서는 복사에 필요한 비용은 실비의 범위에서 청구인이 부담하도록 하고 있는 점 등에 비추어 보면, 열람·복사 요청에 응할 의무는 그 요청에 응할 수 없는 특별한 사유가 없는 한 15일 이내에 현장에서 조합원이 요청한 서류 및 관련 자료를 열람하게 하거나 복사하여 주어야 한다는 것으로 해석함이 상당하다.

2) 그런데 검사가 제출한 증거를 종합하여도 조합원이 2014. 11. 21.자 정보공개청구서로써 열람·복사 요청을 하였을 뿐이고, 달리 15일 이내에 조합을 방문하였다고 보기 어려워, 피고인들이 구 도시정비법 제81조 제6항을 위반하여 조합원의 열람·복사 요청에 응하지 아니하였다고 볼 수 없으므로, 이 부분 공소사실은 범죄사실의 증명이 없는 경우에 해당한다.

3. 대법원의 판단 (파기환송)

그러나 원심의 판단은 다음과 같은 이유로 수긍하기 어렵다.

1) 구 도시정비법 제81조 제6항은 조합임원으로 하여금 열람·복사 요청이 있는 경우 그 요청에 따라야 하고, 복사에 필요한 비용을 청구인이 부담한다고만 규정하고 있을 뿐 구체적으로 어떠한 방법으로 열람·복사 요청에 응하여야 하는지에 관하여는 규정하고 있지 않다.

구 도시정비법 제81조 제2항, 구 도시정비법 시행령(2018. 2. 9. 대통령령 제28628호로 전부 개정되기 전의 것) 제70조 제2항 제5호에서 조합임원은 조합원에게 열람·복사 방법을 서면으로 통지하도록 규정하여 개별 조합에 열람·복사의 방법을 구체적으로 정할 수 있도록 재량권을 주고 있다. 그럼에도 개별 조합에서 열람·복사의 방법을 특정하지 않았다면 현장교부 외에도 통상의 방법인 우편, 팩스 또는 정보통신망 중 어느 하나의 방법을 이용하여 열람·복사 요청에 응하여야 한다고 해석함이 타당하다.

2) 구 도시정비법 제81조 제1항의 공개의무는 조합원의 요청이 없더라도 조합임원에게 그 의무가 발생한다는 점에서 제81조 제6항의 열람·복사 요청에 응할 의무와 분리하여 규정된 것으로 보일 뿐이고, 열람·복사를 요청한 조합원이 복사에 필요한 비용을 부담한다는 규정만으로 현장에서만 열람 및 복사할 것이 요구된다고 해석할 수 없다.

3) 따라서 이 사건 조합이 조합원에게 열람·복사의 방법을 제한하였다고 볼 아무 자료가 없는 이 사건에서, 조합임원이 열람·복사신청을 받은 날로부터 15일 이내에 이에 응하지 아니하면 제81조 제6항의 의무위반이 성립한다고 할 것이지, 열람·복사를 신청한 조합원이 다시 조합사무실 등의 현장에 방문하여 열람·복사를 해야만 한다고 볼 수 없다.

원심이 판시와 같은 이유로 검사가 제출한 증거만으로 열람·복사를 신청한 조합원이 15일 이내에 조합을 방문하였음을 인정할 증거가 없다는 이유로 무죄를 선고한 것은 구 도시정비법상의 열람·복사 요청에 응할 의무에 관한 법리를 오해하여 필요한 심리를 다하지 아니한 위법이 있다. 따라서 이 점을 지적하는 검사의 상고이유는 이유 있다.

제4장 공공의 지원·개입·감독·벌칙 / 제3절 정비사업 자료의 공개와 보존

III. 열람·복사요청에 대한 정보공개의 구체적 범위

A. 개요

1. 【해설】대법원 2021. 2. 10. 선고 2019도18700 판결

> 조합의 정보공개 범위를 명쾌하게 판시한 대법원판례가 나왔다(대법원 2021. 2. 10. 선고 2019도18700 판결). 조합원의 전화번호(휴대전화)가 열람·복사의 대상인지를 두고 엇갈렸던 하급심판례가 이 판례에 의해서 모두 정리되었다.
>
> 위 대법원판례가 나오기 전에 ① 조합원의 전화번호를 공개해서는 안 된다는 하급심판례로 서울동부지방법원 2013.12.19. 선고 2013카합1863 결정[전화번호공개금지가처분], 수원지방법원 안산지원 2015.11.3. 선고 2015카합141 결정[조합원명부열람및등사가처분](조합이 '집 전화번호'가 기재된 조합원명부의 열람·복사를 허용한 사안에서, '휴대전화번호'가 기재된 조합원 명부의 열람·복사 가처분신청을 기각한 사례) 등이 있었고, ② 조합원의 전화번호도 열람·복사의 대상이라고 본 하급심판례로는 서울행정법원 2014. 8. 19. 선고 2013구합64844 판결[조합원명부공개촉구시정명령처분취소], 광주지방법원 2015. 7. 9. 선고 2014구합11076 판결[조치명령취소](구청장이 조합에 대하여 전화번호가 포함된 조합원명부의 공개를 명한 것은 정당하다고 본 사례) 등이 있었다.

2. 【법령】정보공개법 제9조(비공개 대상 정보)

> ① 공공기관이 보유·관리하는 정보는 공개 대상이 된다. 다만, 다음 각 호의 어느 하나에 해당하는 정보는 공개하지 아니할 수 있다. <개정 2020.12.22>
>
> 6. 해당 정보에 포함되어 있는 성명·주민등록번호 등 「개인정보 보호법」 제2조 제1호에 따른 개인정보로서 공개될 경우 사생활의 비밀 또는 자유를 침해할 우려가 있다고 인정되는 정보. 다만, 다음 각 목에 열거한 사항은 제외한다.
>
> 가. 법령에서 정하는 바에 따라 열람할 수 있는 정보
>
> 나. 공공기관이 공표를 목적으로 작성하거나 취득한 정보로서 사생활의 비밀 또는 자유를 부당하게 침해하지 아니하는 정보
>
> 다. 공공기관이 작성하거나 취득한 정보로서 공개하는 것이 공익이나 개인의 권리구제를 위하여 필요하다고 인정되는 정보
>
> 라. 직무를 수행한 공무원의 성명·직위
>
> 마. 공개하는 것이 공익을 위하여 필요한 경우로서 법령에 따라 국가 또는 지방자치단체가 업무의 일부를 위탁 또는 위촉한 개인의 성명·직업

III. 열람·복사요청에 대한 정보공개의 구체적 범위

B. ① 조합원의 전화번호(휴대폰)도 열람·복사의 대상이야; ② 설령 조합원 명부에 조합원들의 전화번호가 기재되어 있지 않더라도, 조합이 조합원들의 전화번호를 수집하여 관리하고 있다면 "정비사업의 시행에 관한 서류와 관련 자료"로서 공개대상이야; ③ 조합원의 전화번호를 공개함에는 조합원의 동의 절차를 거칠 필요 없어 ─대법원 2021. 2. 10. 선고 2019도18700 판결[도시및주거환경정비법위반]

1. 관련 규정의 내용과 입법 취지

「도시 및 주거환경정비법」(이하 '도시정비법'이라 한다) ... 제138조 제1항 제7호(이하 '이 사건 처벌조항'이라 한다)는 제124조 제1항을 위반하여 관련 자료를 공개하지 아니하거나 또는 이 사건 의무조항을 위반하여 조합원 또는 토지 등 소유자의 열람·복사 요청에 따르지 아니하는 조합임원 등에 대하여는 1년 이하의 징역 또는 1천만 원 이하의 벌금에 처하도록 규정하고 있다.

이러한 규정들의 입법 취지는, 조합이 정비사업을 시행하는 경우 조합임원은 조합을 대표하면서 막대한 사업자금을 운영하는 등 각종 권한을 가지고 있기 때문에 조합임원과 건설사 간 유착으로 인한 비리가 발생할 소지가 크고, 정비사업과 관련된 비리는 그 조합과 조합원의 피해로 직결되어 지역사회와 국가 전체에 미치는 병폐도 크므로, 이를 개선하기 위한 방안으로서 정비사업의 시행과 관련된 서류와 자료를 공개하도록 하여 정비사업의 투명성·공공성을 확보하고 조합원의 알권리를 충족시키기 위한 것이다(대법원 2016. 2. 18. 선고 2015도10976 판결, 헌법재판소 2011. 4. 28. 선고 2009헌바90 전원재판부 결정 등 참조).

2. '조합원의 전화번호'가 열람·복사 대상인지 여부 (상고기각)

1) 앞서 본 관련 규정들의 내용과 체계에다가 이 사건 의무조항의 연혁과 입법 취지 등을 종합하면, 조합원의 전화번호도 이 사건 의무조항에 따른 열람·복사의 대상이라고 보아야 한다. 그 구체적인 이유는 다음과 같다.

① 이 사건 의무조항은 '조합원 명부'를 열람·복사 대상으로 규정하고 있으므로 조합원 명부에 조합원들의 전화번호가 기재되어 있다면 조합원들의 전화번호가 포함된 조합원 명부가 열람·복사의 대상이 된다. 설령 조합원 명부에 조합원들의 전화번호가 기재되어 있지 않다고 하더라도, 조합이 정비사업 시행을 위해 조합원들의 전화번호를 수집하여 관리하고 있다면 이 사건 의무조항에서 열람·복사의 대상으로 규정한 '정비사업의 시행에 관한 서류와 관련 자료'에 해당한다고 보아야 한다.

② 도시정비법 제124조 제3항은 공개 및 열람·복사 대상에서 제외되는 정보를 '주민등록번호'에 한정하고 있으므로, 주민등록번호를 제외한 다른 정보들은 원칙적으로 열람·복사의 대상이다. 구 「도시 및 주거환경정비법」(2012. 2. 1. 법률 제11293호로 개정되기 전의 것,

이하 '구 도시정비법'이라 한다) 제 81 조 제 3 항, 구 「도시 및 주거환경정비법 시행규칙」 (2012. 8. 2. 국토해양부령 제 506 호로 개정되기 전의 것) 제 22 조 제 1 항은 '공개대상 서류 및 관련 자료는 개인의 신상정보를 보호하기 위하여 이름, 주민등록번호 및 주소를 제외하고 공개하여야 한다.'고 규정하였다가, <u>2012. 2. 1. 법률 제 11293 호로 개정된 구 도시정비법 제 81 조 제 3 항</u>은 '공개 및 열람·복사 등을 하는 경우에는 주민등록번호를 제외하고 공개하여야 한다.'고 규정함으로써 <u>공개대상의 범위를 확대하였다</u>.

③ 조합원의 전화번호는 정비사업의 추진과 관련한 조합 구성원의 의견수렴과 의사소통에 꼭 필요한 정보이다. <u>추진위원회·조합의 해산이나 정비구역 등의 지정해제를 희망하는 토지 등 소유자, 조합임원의 해임 등을 위한 총회 소집을 희망하는 조합원의 경우 다른 조합원들과의 정보공유를 통해 의견을 수렴할 필요가 있으며</u>, 조합원들의 이름과 주소만으로는 조합원 상호 간의 신속하고 원활한 의사소통에 한계가 있다.

④ 이 사건 의무조항에 의하면 '조합원과 토지 등 소유자'만 열람·복사를 청구할 수 있으므로 공개의 범위가 일반 공중이 아니라 '해당 정비사업의 시행에 직접적인 이해관계가 있는 한정된 범위의 사람들'로 제한된다. 또한 도시정비법 제 124 조 제 6 항은 이 사건 의무조항에 따라 열람·복사를 요청한 사람은 제공받은 서류와 자료를 사용목적 외의 용도로 이용·활용하여서는 아니 된다는 제한을 규정하고 있다.

⑤ 조합원의 전화번호는 「개인정보 보호법」 제 2 조 제 1 호에서 정한 개인정보에 해당하나, <u>이 사건 의무조항은 「개인정보 보호법」 제 18 조 제 2 항 제 2 호에서 정한 '다른 법률에 특별한 규정이 있는 경우'에 해당하므로 조합임원은 정보주체인 조합원의 별도의 동의 절차를 거칠 필요 없이 이 사건 의무조항에 따라 조합원의 전화번호를 공개하여야 한다</u>. 만약 이 사건 의무조항에 따라 조합원의 전화번호를 제공받은 사람이 이를 제공받은 목적(정비사업의 시행과 관련하여 조합원 또는 토지 등 소유자들 사이의 의견수렴·의사소통) 외의 용도로 이용하거나 제 3 자에게 제공하는 경우에는 형사처벌의 대상이 된다(「개인정보 보호법」 제 19 조, 제 71 조 제 2 호).

⑥ 조합원의 전화번호는 「공공기관의 정보공개에 관한 법률」(이하 '정보공개법'이라 한다)에 의하더라도 공개대상인 정보에 해당한다. 정보공개법 제 9 조 제 1 항 제 6 호는 '「개인정보 보호법」 제 2 조 제 1 호에 따른 개인정보로서 공개될 경우 사생활의 비밀 또는 자유를 침해할 우려가 있다고 인정되는 정보'는 공개하지 않을 수 있으나, 이 경우에도 '<u>법령에서 정하는 바에 따라 열람할 수 있는 정보</u>'[(가)목]이거나 '<u>공공기관이 작성하거나 취득한 정보로서 공개하는 것이 공익이나 개인의 권리 구제를 위하여 필요하다고 인정되는 정보</u>'[(다)목]에 대하여는 공개하도록 규정하고 있다. 전화번호는 「개인정보 보호법」 제 2 조 제 1 호에 따른 개인정보로서 공개될 경우 사생활의 비밀 또는 자유를 침해할 우려가 있다고 인정되는 정보이기는 하지만, '이 사건 의무조항에서 정하는 바에 따라 열람할 수 있는 정보'이자 '조합의 공익과 조합원의 권리를 위하여 필요하다고 인정되는 정보'에 해당하므로 비공개대상에서 제외된다.

2) 같은 취지에서 원심은, 조합원의 전화번호가 이 사건 의무조항에 따른 열람·복사의 대상이라고 판단하였다. 이러한 원심판단에 상고이유 주장과 같이 이 사건 의무조항의 해석·적용이나 개인정보 보호에 관한 법리를 오해한 잘못이 없다.

C. [위 판례의 제 1 심판결] 수원지방법원 안양지원 2019. 7. 16. 선고 2019 고정 257 판결 [도시및주거환경정비법위반]

【주문】

> 피고인을 벌금 700,000 원에 처한다.
>
> 피고인이 위 벌금을 납입하지 아니하는 경우 100,000 원을 1 일로 환산한 기간 피고인을 노역장에 유치한다.

【범죄사실】

피고인은 B 재건축정비사업조합의 조합장으로서, 2018. 10. 4.경 과천시 C 에 있는 위 조합 사무실에서, 조합원 D 로부터 조합원 신축건물 배정 동호수, 전화번호(휴대폰)에 대한 열람·복사 요청을 받고도 15 일 이내에 이에 응하지 아니하였다.

D. <u>동호수 추첨·배정 결과는</u> 관리처분계획안을 총회안건자료로 <u>조합원들에게 공개하기 전이라도 열람·복사 대상이야</u>; ─대법원 2021. 2. 10. 선고 2019 도 18700 판결[도시및주거환경정비법위반]

1) 앞서 본 관계 법령의 규정 내용과 체계에다가 정비사업조합이 수립하는 관리처분계획의 내용 등을 종합하면, 조합원별 신축건물 동호수 배정 결과는 이 사건 의무조항에 따른 열람·복사의 대상이라고 보아야 한다. 그 구체적인 이유는 다음과 같다.

① <u>조합원별 신축건물 동호수 배정 결과는 이 사건 의무조항에서 열람·복사의 대상으로 규정한 '정비사업의 시행에 관한 서류와 관련 자료'에 해당한다.</u>

② 조합원별 신축건물 동호수 배정 결과는 정비사업조합의 관리처분계획 및 이전고시를 통해 조합원들에게 공개되어야 하는 정보이다(도시정비법 제 74 조 제 1 항 제 3 호, 제 86 조 제 2 항). 도시정비법 제 76 조 제 1 항 제 1 호는 관리처분계획 수립기준으로서 '대지 또는 건축물이 균형 있게 분양신청자에게 배분'되도록 하여야 한다고 규정하고 있다. <u>정비사업에서 신축건물 동호수의 추첨·배정은 개별 조합원들의 이해관계가 첨예하게 걸린 문제로서, 동호수 추첨·배정이 투명하고 공정한 절차에 따라 이루어졌는지를 조합원이 감시하고 확인할 수 있는 기회가 보장되어야 한다.</u> 조합원들이 조합의 집행부가 마련한 관리처분계획안이 적정하게 수립되었는지 여부에 관하여 사전에 정보를 공유하고 의견을 수렴하기 위해서는, <u>조합원들이 관리처분계</u>

획안 수립의 필수 구성요소인 조합원별 신축건물 동호수 추첨·배정 결과를 조합의 집행부가 관리처분계획안을 총회안건자료로서 조합원들에게 공개하기 전이라도 미리 알아야 할 필요가 있으며, 조합의 집행부가 그 추첨·배정 결과를 미리 조합원들에게 공개하지 못할 합리적인 이유를 찾기 어렵다.

③ 신축건물 배정 동호수는 「개인정보 보호법」 제2조 제1호에서 정한 개인정보에 해당하지 않으며, 정보공개법 제9조 제1항 각호에서 정한 비공개대상 정보에도 해당하지 않는다.

2) 같은 취지에서 원심은, 조합원별 신축건물 동호수 배정 결과가 이 사건 의무조항에 따른 열람·복사의 대상이라고 판단하였다. 이러한 원심판단에 상고이유 주장과 같이 이 사건 의무조항의 해석·적용에 관한 법리를 오해한 잘못이 없다.

E. ① 감사는 열람·복사 요청권자가 아니나, 조합원인 감사가 정비사업 관련 자료의 열람·복사를 요청한 경우에도 조합임원은 열람·복사를 허용할 의무 있어; ② 조합원이자 감사인 사람이 정보공개청구의 목적으로 "소유자 재산권 보호 및 감사업무 수행"이라고 기재한 경우 '감사'로서가 아니라 '조합원'으로서 정보공개청구를 한 것이라고 본 사례(유죄) —대법원 2021. 2. 10. 선고 2019도18700 판결[도시및주거환경정비법위반]

1) 이 사건 의무조항은 '조합원'과 '토지 등 소유자'를 열람·복사 요청권자로 규정하고 있을 뿐이고, 조합임원인 '감사'는 이 사건 의무조항에서 규정한 열람·복사 요청권자에 해당하지 않는다. 그러나 '감사'가 '조합원'의 지위를 함께 가지고 있다면 '조합원'으로서 열람·복사 요청을 할 수 있고, 어떤 조합원이 조합의 감사가 되었다는 사정만으로 조합원 또는 토지 등 소유자의 지위에서 가지는 권리를 상실한다고 볼 수는 없다.

감사인 조합원이 정보공개청구의 목적에 '감사업무'를 부기하였다고 하여 조합원의 지위에서 한 것이 아니라고 단정하기도 어렵다. 감사가 아닌 조합원도 조합의 사무 및 재산상태를 확인하고 업무집행에 불공정이나 부정이 있는지를 감시할 권리가 있고, 정보공개를 통해 조합의 업무집행에 문제가 있다고 생각하면 감사에게 감사권 발동을 촉구할 수도 있다.

따라서 정비사업조합의 '조합원'이자 '감사'인 사람이 정비사업 관련 자료의 열람·복사를 요청한 경우에도 특별한 사정이 없는 한 조합임원은 이 사건 의무조항에 따라 열람·복사를 허용할 의무를 부담하고, 이를 위반하여 열람·복사를 허용하지 않는 경우에는 이 사건 처벌조항에 따라 형사처벌의 대상이 된다고 보아야 한다.

2) 이 사건 사실관계를 이러한 법리에 비추어 살펴본다.

이 사건 열람·복사 요청은 정비사업조합의 '조합원'이자 '감사'인 사람이 '소유자 재산권 보호 및 감사업무 수행'을 위하여 한 것으로서, '소유자 재산권 보호'를 위한 열람·복사 요청은 '감사'로서가 아니라 '조합원'으로서 자신의 재산권을 보호하기 위하여 한 것이라고 볼 여지가 충분하며, 추가적으로 감사업무 수행이라는 목적을 부기하였다고 하여 조합원의 열람·복사 요청이 아니라고 단정할 수 없다.

3) 같은 취지에서 원심은, 재건축조합의 조합원이자 감사인 사람이 정비사업 시행에 관한 서류 또는 그 관련 자료에 대하여 열람·복사를 요청한 경우에도 이 사건 의무조항이 적용됨을 전제로 판단하였다. 이러한 원심판단에 이 사건 의무조항의 해석·적용에 관한 법리를 오해하여 판결에 영향을 미친 잘못이 없다.

F. 피고인이 조합의 자문변호사로부터 "조합원의 전화번호와 신축건물 동호수 배정 결과를 공개하지 않는 것이 좋겠다"는 답변을 받았더라도, 이는 법률의 착오에 대한 정당한 이유가 될 수 없음 (유죄) ─대법원 2021. 2. 10. 선고 2019도18700 판결[도시및주거환경정비법위반]

가. 형법 제16조에서 자기의 행위가 법령에 의하여 죄가 되지 아니하는 것으로 오인한 행위는 그 오인에 정당한 이유가 있는 때에 한하여 벌하지 아니한다고 규정하고 있는 것은 단순한 법률의 부지의 경우를 말하는 것이 아니고, 일반적으로 범죄가 되는 경우이지만 자기의 특수한 경우에는 법령에 의하여 허용된 행위로서 죄가 되지 아니한다고 그릇 인식하고 그와 같이 그릇 인식함에 정당한 이유가 있는 경우에는 벌하지 아니한다는 취지이다(대법원 2000. 8. 18. 선고 2000도2943 판결 등 참조).

나. 원심은, 피고인이 조합의 자문변호사로부터 조합원의 전화번호와 신축건물 동호수 배정 결과를 공개하지 않는 것이 좋겠다는 취지의 답변을 받았더라도, 이는 자문변호사 개인의 독자적 견해에 불과하고 도시정비법의 전체적 규율 내용에 관한 면밀한 검토와 체계적 해석에 터 잡은 법률해석으로는 보이지 않으며, 피고인의 직업, 경력, 사회적 지위 등을 고려할 때 피고인이 변호사의 자문을 받았다는 사정만으로 자신의 행위가 죄가 되지 않는다고 오인한 것에 정당한 이유가 있다고 보기는 어렵다고 판단하였다.

원심판결 이유를 관련 법리와 기록에 비추어 살펴보면, 이러한 원심판단은 수긍할 수 있고, 거기에 법률의 착오에 관한 법리를 오해하는 등의 잘못이 없다.

G. [비교판례] 수사기록에 대한 정보공개청구 사건에서 전화번호를 비공개대상정보로 본 대법원 판례 ─대법원 2012. 6. 18. 선고 2011두2361 전원합의체 판결[정보공개청구거부처분취소]

【당사자】

【원고, 피상고인】 원고
【피고, 상고인】 서울서부지방검찰청검사장

원심이 제1심판결을 인용하여, 피고가 비공개결정한 정보 중 관련자들의 이름을 제외한 주민등록번호, 직업, 주소(주거 또는 직장주소), 본적, 전과 및 검찰 처분, 상훈·연금, 병역, 교육, 경력, 가족, 재산 및 월수입, 종교, 정당·사회단체가입, 건강상태, 연락처, <u>전화 등의 개인에 관한 정보</u>는 개인에 관한 사항으로서 그 공개로 인하여 개인의 내밀한 내용의 비밀 등이 알려지게 되고 그 결과 인격적·정신적 내면생활에 지장을 초래하거나 자유로운 사생활을 영위할 수 없게 될 위험성이 있는 정보에 해당한다고 보아 이를 <u>비공개대상정보</u>로, 위 각 정보를 제외한 나머지 개인에 관한 정보는 비공개대상정보에 해당하지 않는다고 판단한 것은 그 표현에 다소 적절하지 않은 점이 있으나, 앞서 본 법리에 따른 것으로서 정당하다고 수긍할 수 있다. 원심판결에는 이 부분 상고이유와 같은 정보공개법 제 9 조 제 1 항 제 6 호 본문 소정의 비공개대상정보에 관한 법리오해 등의 위법이 없다.

IV. 관련자료의 보관 및 인계

A. 관련자료의 보관

1. 【해설】 보관의무자

(1) 추진위원장·정비사업전문관리업자 또는 사업시행자는 A) 제 124 조 제 1 항에 따른 공개대상 서류 및 관련 자료와 B) 대통령령이 정하는 총회 또는 중요한 회의의 속기록·녹음 또는 영상자료를 만들어 청산 시까지 보관하여야 한다(법 제 125 조 제 1 항).

(2) 속기록·녹음·영상자료의 작성·보관의무자는 추진위원장, 정비사업전문관리업자, 사업시행자(조합의 경우 청산인을 포함한 조합임원, 토지등소유자가 단독으로 시행하는 재개발사업의 경우에는 그 대표자를 말함)이다.

2. 【해설】 보관대상 자료의 범위 (공개대상 자료 + 중요회의 속기록·녹음 또는 영상자료)

보관대상 자료에는 공개대상 자료(법 제 124 조 제 1 항)에 대통령령이 정하는 중요회의의 속기록·녹음 또는 영상자료가 포함된다.

대통령령이 정하는 중요한 회의는 아래와 같다(영 제 94 조 제 3 항).

  1. 용역 계약(변경계약 포함) 및 업체 선정과 관련된 대의원회·이사회

  2. 조합임원·대의원의 선임·해임·징계 및 토지등소유자(조합이 설립된 경우에는 조합원을 말함) 자격에 관한 대의원회·이사회

3. 【해설】 형사처벌 대상자

속기록·녹음·영상자료의 작성·보관의무자에는 정비사업전문관리업자도 포함되어 있으나(제 125 조 제 1 항), 그 위반행위에 관하여는 추진위원장, 전문조합관리인 및 조합임원(조

IV. 관련자료의 보관 및 인계

합장 포함)에 대하여만 처벌규정이 있으며, 정비사업전문관리업자에 대하여는 처벌규정이 없다(제 138 조 제 1 항 제 8 호).

조합임원의 의미는 앞서 본 것과 같다. 즉 조합임원은 청산인을 포함하며, 토지등소유자가 시행하는 재개발사업과 지정개발자가 사업시행자인 경우는 각 그 대표자를 말한다.

4. 【법령】 전부개정 도시정비법 제 125 조(관련 자료의 보관 및 인계)

① 추진위원장·정비사업전문관리업자 또는 사업시행자(조합의 경우 청산인을 포함한 조합임원, 토지등소유자가 단독으로 시행하는 재개발사업의 경우에는 그 대표자를 말한다)는 A) 제 124 조 제 1 항에 따른 서류 및 관련 자료와 B) 총회 또는 중요한 회의(조합원 또는 토지등소유자의 비용부담을 수반하거나 권리·의무의 변동을 발생시키는 경우로서 대통령령으로 정하는 회의를 말한다)가 있은 때에는 속기록·녹음 또는 영상자료를 만들어 청산 시까지 보관하여야 한다.

☞ "제 124 조 제 1 항에 따른 서류 및 관련 자료"는 제 4 장 제 3 절 I. 참조

☞ 영 제 94 조(자료의 공개 및 통지 등) 제 3 항

③ 법 제 125 조 제 1 항에서 "대통령령으로 정하는 회의"란 다음 각 호를 말한다.

　1. 용역 계약(변경계약을 포함한다) 및 업체 선정과 관련된 대의원회·이사회

　2. 조합임원·대의원의 선임·해임·징계 및 토지등소유자(조합이 설립된 경우에는 조합원을 말한다) 자격에 관한 대의원회·이사회

☞ 속기록·녹음·영상자료는 '보관 대상'일뿐 '공개 대상'은 아님.

5. 【법령】 전부개정 도시정비법 제 138 조(벌칙)

① 다음 각 호의 어느 하나에 해당하는 자는 1 년 이하의 징역 또는 1 천만원 이하의 벌금에 처한다. <개정 2018. 6. 12., 2020. 6. 9., 2021. 1. 5.>

　8. 제 125 조 제 1 항을 위반하여 속기록 등을 만들지 아니하거나 관련 자료를 청산 시까지 보관하지 아니한 추진위원장, 전문조합관리인 또는 조합임원(조합의 청산인 및 토지등소유자가 시행하는 재개발사업의 경우에는 그 대표자, 제 27 조에 따른 지정개발자가 사업시행자인 경우 그 대표자를 말한다)

제4장 공공의 지원·개입·감독·벌칙 / 제3절 정비사업 자료의 공개와 보존

B. 관련자료의 인계

1. 【해설】개요

> 사업시행자는 정비사업을 완료/폐지한 때에는 이전고시일부터 3개월 이내(정비사업이 중도에 폐지된 경우는 폐지일부터 2개월 이내)에 관계서류를 시장·군수등에게 인계하여야 한다. 시장·군수등은 인계받은 서류를 5년간 보관하여야 한다. (법 제125조 제2, 3항; 서울시조례 제88조.)

2. 【법령】전부개정 도시정비법 제125조(관련 자료의 보관 및 인계)

> ② 시장·군수등 또는 토지주택공사등이 아닌 사업시행자는 정비사업을 완료하거나 폐지한 때에는 시·도조례로 정하는 바에 따라 관계 서류를 시장·군수등에게 인계하여야 한다.
>
> ③ 시장·군수등 또는 토지주택공사등인 사업시행자와 제2항에 따라 관계 서류를 인계받은 시장·군수등은 해당 정비사업의 관계 서류를 5년간 보관하여야 한다.

C. **【조례】서울시 도시정비조례 제88조(관련 자료의 인계)**

> ① 법 제125조 제2항에 따라 토지주택공사등이 아닌 사업시행자는 다음 각 호의 서류를 구청장에게 인계하여야 한다.
>   1. 이전고시 관계서류
>   2. 확정측량 관계서류
>   3. 청산관계 서류
>   4. 등기신청 관계서류
>   5. 감정평가 관계서류
>   6. 손실보상 및 수용 관계서류
>   7. 공동구설치 비용부담 관계서류
>   8. 회계 및 계약 관계서류
>   9. 회계감사 관계서류
>   10. 총회, 대의원회, 이사회 및 감사의 감사 관계서류
>   11. 보류지 및 체비시설의 처분에 대한 분양 관계서류

② 제1항에 따른 서류의 인계는 법 제86조에 따른 이전고시일부터 3개월 또는 정비사업이 폐지되는 경우 폐지일부터 2개월 이내에 하여야 한다. 다만, 구청장이 부득이한 사정이 있다고 인정하는 때에는 사업시행자의 신청에 따라 연기할 수 있다.

제 5 장

조합설립 추진위원회

제1절 추진위원회의 구성·승인
제2절 추진위원회 구성승인의 하자
제3절 추진위원의 선임·해임
제4절 주민총회
제5절 추진위원회의 기능·업무·운영·의결
제6절 정비사업전문관리업자·설계자 등 용역업체 선정
제7절 창립총회
제8절 조합설립에 따른 추진위원회 해산
제9절 정비구역·정비예정구역의 해제

"추진위원회 구성을 위한 토지등소유자의 동의방법도 조합설립 동의와 동일하다. 토지등소유자의 개념과 범위, 토지등소유자의 수, 공유자 문제 처리, 동의 방법과 진정성 심사 기준이 모두 조합설립 동의와 완전히 동일하다. 따라서 추진위원회 구성동의서도 A) 행정기관이 연번을 부여한 서면동의서에 B) 토지등소유자가 성명을 적고[☞ 자필기재를 말함] C) 지장을 찍는 방법으로 하며, D) 주민등록증, 여권 등 신원을 확인할 수 있는 신분증명서의 사본을 첨부하여야 한다."

제1절 추진위원회의 구성·승인

I. 추진위원회 제도

A. 추진위원회 제도 개요

1. 【해설】 추진위원회 설립 조합시행방식 정비사업의 필수 절차

> 조합을 설립하여 재개발·재건축사업을 시행하기 위해서는 추진위원회가 조합설립인가를 신청해야 한다(법 제 35 조 제 2, 3 항). 따라서 추진위원회 구성은 조합이 시행하는 재개발·재건축사업의 필수절차이다. (다만, 뒤에서 보는 것처럼 공공지원 정비사업에서는 추진위원회 구성을 생략하는 경우가 있다.)
>
> 추진위원회의 주요 업무는 정비업자·설계자 등 용역업체의 선정(공공지원자가 선정한 정비업자를 추인 또는 재선정하거나 새로운 정비업자를 선정함), 조합설립동의서 징구, 창립총회 소집·개최, 조합설립인가신청 등이다.

2. 【법령】 전부개정 도시정비법 제 31 조(조합설립추진위원회의 구성·승인)

> ① 조합을 설립하려는 경우에는 a) 제 16 조에 따른 정비구역 지정·고시 후 b) 다음 각 호의 사항에 대하여 토지등소유자 과반수의 동의 를 받아 d) 조합설립을 위한 추진위원회를 구성하여 e) 국토교통부령으로 정하는 방법과 절차에 따라 f) 시장·군수등의 승인을 받아야 한다.
>
>   1. 추진위원회 위원장(이하 "추진위원장"이라 한다)을 포함한 5 명 이상의 추진위원회 위원(이하 "추진위원"이라 한다)
>
>   2. 제 34 조 제 1 항에 따른 운영규정
>
> ② 제 1 항에 따라 추진위원회의 구성에 동의한 토지등소유자(이하 이 조에서 "추진위원회 동의자"라 한다)는 제 35 조 제 1 항부터 제 5 항까지의 규정에 따른 조합의 설립에 동의한 것으로 본다. 다만, A) 조합설립인가를 신청하기 전 에 B) 시장·군수등 및 추진위원회에 C) 조합설립에 대한 반대의 의사표시 를 한 추진위원회 동의자의 경우에는 그러하지 아니하다.
>
> ③ 제 1 항에 따른 토지등소유자의 동의를 받으려는 자는 대통령령으로 정하는 방법 및 절차에 따라야 한다. 이 경우 동의를 받기 전에 제 2 항의 내용을 설명·고지하여야 한다.

④ 정비사업에 대하여 제118조에 따른 공공지원을 하려는 경우에는 추진위원회를 구성하지 아니할 수 있다. 이 경우 조합설립 방법 및 절차 등에 필요한 사항은 대통령령으로 정한다.

3. 【법령】 전부개정 도시정비법 제33조(추진위원회의 조직)

① 추진위원회는 추진위원회를 대표하는 추진위원장 1명과 감사를 두어야 한다.

☞ 추진위원은 추진위원장을 포함하여 5명 이상이어야 한다(법 제31조 제1항 제1호).

② 추진위원의 선출에 관한 선거관리는 제41조 제3항을 준용한다. 이 경우 "조합"은 "추진위원회"로, "조합임원"은 "추진위원"으로 본다.

☞ 전부개정 도시정비법 제41조(조합의 임원) [조합임원 선출에 관한 선거관리]

③ 조합은 총회 의결을 거쳐 조합임원의 선출에 관한 선거관리를 「선거관리위원회법」 제3조에 따라 선거관리위원회에 위탁할 수 있다.

4. 【법령】 「추진위원회 운영규정」 제2조(추진위원회의 설립)

[국토교통부고시 제2018-102호, 2018. 2. 9.]

② 제1항에 따른 추진위원회 구성은 다음 각 호의 기준에 따른다.

1. 위원장 1인과 감사를 둘 것

2. 부위원장을 둘 수 있다.

3. 추진위원의 수는 A) 토지등소유자의 10분의 1 이상으로 하되, B) 토지등소유자가 50인 이하인 경우에는 추진위원을 5인으로 하며 B) 추진위원이 100인을 초과하는 경우에는 토지등소유자의 10분의 1 범위 안에서 100인 이상으로 할 수 있다.

토지등소유자의 수	추진위원의 수
50명 이하	5명
50명 ~ 100명	토지등소유자의 10% 이상
100명 초과	100명 이상이면 100% 미만이어도 됨

③ 다음 각 호의 어느 하나에 해당하는 자는 추진위원회 위원이 될 수 없다.

1. 미성년자·피성년후견인 또는 피한정후견인

2. 파산선고를 받고 복권되지 아니한 자

3. 금고 이상의 실형을 선고받고 그 집행이 종료(종료된 것으로 보는 경우를 포함한다)되거나 집행이 면제된 날부터 2년이 경과되지 아니한 자

> 4. 금고 이상의 형의 집행유예를 받고 그 유예기간 중에 있는 자
>
> 5. 법을 위반하여 벌금 100만원 이상의 형을 선고받고 5년이 지나지 아니한 자
>
> ☞ 조합임원 결격사유(법 제43조 제1항 제1~5호)와 동일함.
>
> ④ 제1항의 토지등소유자의 동의는 별표의 ○○정비사업조합설립추진위원회운영규정안(이하 "운영규정안"이라 한다)이 첨부된 「도시 및 주거환경정비법 시행규칙」 별지 제4호서식의 정비사업 조합설립추진위원회 구성동의서에 동의를 받는 방법에 의한다.

B. 추진위원회의 구성과 승인

1. 【해설】 조합설립추진위원회의 구성·승인

> 조합을 설립하기 위해서는 ① 정비구역의 지정·고시가 있은 후 ② a) 위원장 및 감사를 포함한 5명 이상의 추진위원(감사도 추진위원임) 및 b) 운영규정(법 제34조 제1항)에 대하여 토지등소유자 과반수의 동의를 얻어 추진위원회를 구성하여 ③ 시장·군수등의 승인을 받아야 한다(법 제31조 제1항; "추진위원회 운영규정" 제2조 제1항).
>
> 위 요건 중 ①과 ②-b)는 2009. 2. 6. 개정법(법률 제9444호. 시행일: 2009. 8. 7.) 제13조 제2항의 개정규정에서 추가된 요건이다.

2. 【해설】 추진위원회 구성승인의 법적 효력

> (1) 보충행위설: 조합설립인가 처분이 행정주체(공법인)로서의 지위를 부여하는 설권적 처분인 반면, 추진위원회 구성승인은 추진위원회 구성행위를 보충하여 그 효력을 부여하는 보충행위에 불과하다는 것이 판례이다(대법원 2014. 5. 29. 선고 2012두6650 판결 등).
>
> (2) 추진위원장의 공무원 의제: 구성승인 처분이 있은 후에는 추진위원장은 형법 제129조부터 제132조까지의 규정[☞ 뇌물죄 규정]을 적용할 때 공무원으로 의제된다(법 제134조).
>
> (3) 추진위원회 구성승인이 있은 후에는 여타 (예비)추진위원회의 활동은 모두 불법이 되어 형사처벌 대상이 된다.

3. 【해설】 추진위원회 활동과 관련한 형사처벌

> (1) 시장·군수등으로부터 추진위원회의 승인을 받지 않고 추진위원회 업무를 수행한 자는 2년 이하의 징역 또는 2천만원 이하의 벌금에 처한다(법 제137조 제3호).

> (2) 시장·군수등의 승인을 받은 추진위원회가 구성되어 있음에도 불구하고 그와 별도로 또다른 추진위원회를 구성하여 정비사업을 추진한 자도 2년 이하의 징역 또는 2천만원 이하의 벌금에 처한다(같은 조 제4호). 또한 이 경우 별도의 추진위원회를 운영하는 자가 허위의 사실을 유포하거나 기타 위계 또는 위력으로써 시장·군수등의 승인을 받은 추진위원회의 업무를 방해한 때에는 업무방해죄로 처벌받을 수 있다(5년 이하의 징역 또는 1천 500만원 이하의 벌금. 형법 제314조).

4. 【해설】 정비구역 지정 전의 '예비추진위원회' 문제

> 추진위원회 구성·승인은 정비구역 지정·고시 후에 받을 수 있으므로, 그 전에는 '예비추진위원회' 또는 '가칭 추진위원회' 등의 이름으로 활동하며 토지등소유자의 동의를 받는 등 추진위원회 구성을 준비한다. 예비추진위원회는 복수로 존재할 수도 있다.
>
> 다만, 서울의 공공지원 정비사업에서는 「공공관리 추진위원회 구성 선거관리기준」에 따라 예비추진위원장이 선출되고 예비추진위원장에 의하여 예비추진위원의 추천이 완료되는 시점에 정식으로 '예비추진위원회'가 구성되므로(아래 참조), 그외의 단체는 '예비추진위원회'라는 말을 쓰면 안 된다(그래서 요즘은 '추진준비위원회'라는 말을 많이 쓴다).

5. 【해설】 추진위원회를 구성하지 않는 경우

> **(1) 지정개발자가 사업시행자가 되는 경우**
>
> 지정개발자가 사업시행자가 되는 경우에는 조합이 설립되지 않으므로 조합설립추진위원회가 필요 없다. 시장·군수등이 지정개발자를 사업시행자로 지정한 때에는 그 고시일 다음 날에 추진위원회의 구성승인 또는 조합설립인가가 취소된 것으로 본다(법 제27조 제5항).
>
> 이 경우 사업시행자로 지정된 신탁업자는 토지등소유자(재건축사업에서는 신탁업자를 사업시행자로 지정하는 것에 동의한 토지등소유자를 말함) 전원으로 구성되는 "토지등소유자 전체회의"를 구성하고, 일정한 업무에 관하여 토지등소유자 전체회의의 의결을 거쳐야 한다(법 제48조 제1항).
>
> **(2) 공공지원 정비사업에서 토지등소유자가 추진위원회 단계의 생략을 원하는 경우**
>
> 공공지원을 받아 정비사업을 시행하는 경우에는 추진위원회 구성을 생략할 수 있다(법 제31조 제4항). 서울시조례는 '토지등소유자 과반수'가 원하는 경우에 추진위원회 구성을 생략할 수 있도록 규정하고 있다(조례 제82조 제2항).
>
> 따라서 서울시 공공지원 정비사업에서 토지등소유자의 과반수가 추진위원회 구성 단계의 생략을 원하는 경우에는 구청장은 「조합설립 지원을 위한 업무기준」에 따라 조합

> 설립주민협의체를 구성하여 곧바로 조합설립 지원 절차를 개시한다(법 제 31 조 제 4 항; 영 제 27 조 제 6 항; 조례 제 82 조 제 2 항).
>
> 추진위원회 단계의 생략은 공공지원 정비사업에서만 할 수 있고, 공공지원을 받지 않는 정비사업에서는 추진위원회 구성을 생략할 수 없다.

6. 【해설】 기존 추진위원회에 대한 경과조치

> 도시정비법 제정·시행 당시 토지등소유자가 운영중이던 기존의 추진위원회는 A) 토지등소유자 2 분의 1 이상의 동의를 얻어 위원장을 포함한 5 인 이상의 구성요건을 갖추어 B) 법 시행일부터 6 월 이내에 시장·군수의 승인을 얻으면 도시정비법에 의한 추진위원회로 본다(법률 제 6852 호 부칙 제 9 조).

C. ① 기존 추진위원회가 도시정비법 시행 후 6 개월이 지난 후에 승인을 받은 경우에는 부칙 제 9 조가 적용되지 않아; ② 기존의 추진위원회가 구 도시정비법의 시행일로부터 6 월 이내에 승인신청을 하기만 하면 법 부칙 제 9 조가 적용된다고 본 원심판결을 파기한 사례 —대법원 2008. 7. 24. 선고 2007 두 12996 판결[추진위원회승인처분취소]

【당사자】

> [원고(선정당사자), 상고인] 원고
>
> [피고, 피상고인] 서울특별시 동대문구청장
>
> [피고보조참가인, 피상고인] 이경구역주택재개발정비사업조합설립추진위원회

도시 및 주거환경정비법(이하 '법'이라 한다) 부칙(2002. 12. 30. 법률 제 6852 호로 제정된 것, 이하 '부칙'이라고만 한다) 제 1 조는 "이 법은 공포 후 6 월이 경과한 날부터 시행한다.", 제 9 조는 "이 법 시행 당시 재개발사업 또는 재건축사업의 시행을 목적으로 하는 조합을 설립하기 위하여 토지등소유자가 운영중인 기존의 추진위원회는 본칙 제 13 조 제 2 항의 규정에 의한 동의의 구성요건을 갖추어 이 법 시행일부터 6 월 이내에 시장·군수의 승인을 얻은 경우 이 법에 의한 추진위원회로 본다."고 규정하고 있으므로,

기존의 추진위원회가 위 기간이 경과한 후 시장·군수로부터 설립승인을 받은 이상 위 부칙 제 9 조의 경과규정은 적용되지 않는다고 할 것이고, 이와 달리 '법 시행일로부터 6 월 이내에 승인을 받은 경우'를 '법 시행일로부터 6 월 이내에 승인신청을 한 경우'라고 해석하는 것은 문언의 의미 한계를 넘어선 것으로서 허용될 수 없다...

그럼에도 원심은 기존의 추진위원회가 구 도시정비법의 시행일로부터 6 월 이내에 승인신청을 하기만 하면 법 부칙 제 9 조가 적용됨을 전제로 참가인 추진위원회에 대하여 위 부칙 제 9

조가 적용된다고 판단하고 말았으니, 원심의 이와 같은 판단에는 위 부칙 제 9 조의 해석에 관한 법리를 오해한 잘못이 있다고 할 것이다.

D. [추진위원회 설립승인은 기속행위] 토지등소유자의 2 분의 1 이상의 동의가 있고 위원장을 포함한 5 인 이상의 위원으로 구성되어 있음이 확인되면, 시장·군수는 그 추진위원회의 설립을 승인하여야 함 —대법원 2008. 7. 24. 선고 2007 두 12996 판결[추진위원회승인처분취소]

추진위원회의 설립승인신청을 받은 시장·군수로서는 승인신청서에 첨부된 첨부서류에 의하여 당해 추진위원회의 구성에 대하여 토지등소유자의 2 분의 1 이상의 동의가 있고, 추진위원회가 위원장을 포함한 5 인 이상의 위원으로 구성되어 있음을 확인할 수 있다면 그 추진위원회의 설립을 승인하여야 한다.

E. ① 추진위원회 구성승인은 추진위원회 구성행위를 보충하여 그 효력을 부여하는 처분; ② 조합설립인가는 행정주체(공법인)로서의 지위를 부여하는 설권적 처분 —대법원 2014. 5. 29. 선고 2012 두 6650 판결[조합설립인가처분무효]

추진위원회 구성을 승인하는 처분은 조합의 설립을 위한 주체에 해당하는 비법인 사단인 추진위원회를 구성하는 행위를 보충하여 그 효력을 부여하는 처분인 데 비하여, 조합설립인가 처분은 법령상 요건을 갖출 경우 도시정비법상 주택재개발사업을 시행할 수 있는 권한을 갖는 행정주체(공법인)로서의 지위를 부여하는 일종의 설권적 처분이므로, 양자는 그 목적과 성격을 달리한다.

F. 추진위원회의 법적 성격 (토지등소유자와의 관계)

1. 【해설】 특수한 성격의 비법인사단

> (1) 추진위원회는 조합과 달리 사업시행자가 아니므로 행정청이 아니다. 추진위원들로 구성되는 비법인사단이며, 추진위원회와 토지등소유자의 관계는 순수한 사법적 관계이다. 추진위원회는 시장·군수등의 구성승인을 받아도 공법인 혹은 행정청의 지위를 취득할 수 없으며 여전히 비법인 사단에 불과하다(대법원 2012. 4. 12. 선고 2010 다 10986 판결 등).
>
> (2) 추진위원회는 비법인사단이기는 하나, 그 구성원이 아닌 토지등소유자의 의사에 의하여 설립되고, 그 구성원인 추진위원들의 결의로는 해산할 수 없는 등 다른 단체와 본질적인 차이가 있다(대법원 2009. 1. 30. 선고 2008 두 14869 판결).

I. 추진위원회 제도

2. 【자치규정】 (추진위원회) 운영규정안 제 37 조(민법의 준용 등)

> ① 추진위원회에 관하여는 법에 규정된 것을 제외하고는 민법의 규정 중 사단법인에 관한 규정을 준용한다.

3. 【해설】 토지등 소유권의 승계에 의한 권리·의무의 승계

> (1) 양도·상속·증여 및 판결 등으로 토지등소유자가 된 자는 종전의 토지등소유자가 행하였거나 추진위원회가 종전의 권리자에게 행한 처분 및 권리·의무 등을 포괄 승계한다(운영규정안 제 11 조). ☞ 「(추진위원회) 운영규정안」에 관하여는 아래 II. 항 참조.
>
> 따라서 추진위원회의 구성 또는 조합의 설립에 동의한 자로부터 토지 또는 건축물을 취득한 자는 추진위원회의 구성 또는 조합의 설립에 동의한 것으로 본다(도시정비법 시행령 제 33 조 제 1 항 제 3 호).
>
> (2) 조합설립 이후와 비교: 사업시행자와 정비사업과 관련하여 권리를 갖는 자의 변동이 있은 때에는 종전의 사업시행자/권리자의 권리·의무는 새로 사업시행자/권리자로 된 자가 승계한다(법 제 129 조).
>
> ☞ 권리자의 변동에 따른 권리·의무 승계 문제는 A) 추진위원회 단계에서는 도시정비법 시행령 제 33 조 제 1 항 제 3 호 및 (추진위원회) 운영규정안 제 11 조에 의해서 규율되고, B) 조합설립 이후에는 도시정비법 제 129 조 및 제 39 조 제 2 항에 의해 규율된다.

4. 【자치규정】 (추진위원회) 운영규정안 제 11 조(권리·의무의 승계)

> 양도·상속·증여 및 판결 등으로 토지등소유자가 된 자는 종전의 토지등소유자가 행하였거나 추진위원회가 종전의 권리자에게 행한 처분 및 권리·의무 등을 포괄 승계한다.

5. 【자치규정】 (추진위원회) 운영규정안 제 12 조(토지등소유자의 명부 등)

> ① 추진위원회는 토지등소유자의 명부와 추진위원회 구성에 동의한 토지등소유자의 명부(이하 "동의자 명부"라 한다)를 작성하여 관리하여야 한다.
>
> ② 추진위원회 구성에 동의하지 아니한 자를 동의자 명부에 기재하기 위하여는 「도시 및 주거환경정비법 시행규칙」 별지 제 4 호서식의 추진위원회동의서를 징구하여야 하며, 해당 토지등소유자는 추진위원회 구성에 동의한 토지등소유자가 납부한 운영경비의 동일한 금액과 그 금액의 지연납부에 따른 이자를 납부하여야 한다.

6. 【자치규정】 (추진위원회) 운영규정안 제 13 조(토지등소유자의 권리·의무)

① 토지등소유자는 다음 각 호의 권리와 의무를 갖는다. 다만, 제 3 호부터 제 5 호까지의 규정은 추진위원회 구성에 동의한 자에 한한다.

  1. 주민총회의 출석권·발언권 및 의결권

  2. 추진위원회 위원(제 15 조제 1 항에 따른 위원을 말한다)의 선임·선출권

  3. 추진위원회 위원(제 15 조제 1 항에 따른 위원을 말한다)의 피선임·피선출권

  4. 추진위원회 운영경비 및 그 연체료의 납부의무

  5. 그 밖에 관계법령 및 이 운영규정, 주민총회 등의 의결사항 준수의무

② 토지등소유자의 권한은 평등하며, 권한의 대리행사는 원칙적으로 인정하지 아니하되, 다음 각 호에 해당하는 경우에는 권한을 대리할 수 있다. 이 경우 토지등소유자의 자격은 변동되지 아니한다.

  1. 토지등소유자가 권한을 행사할 수 없어 배우자·직계존비속·형제자매 중에서 성년자를 대리인으로 정하여 위임장을 제출하는 경우

  2. 해외거주자가 대리인을 지정한 경우

  3. 법인인 토지등소유자가 대리인을 지정한 경우(이 경우 법인의 대리인은 추진위원회의 위원으로 선임될 수 있다.)

③ 토지등소유자가 그 권리를 양도하거나 주소 또는 인감을 변경하였을 경우에는 그 양수자 또는 변경 당사자는 그 행위의 종료일부터 14 일 이내에 추진위원회에 그 변경내용을 신고하여야 한다. 이 경우 신고하지 아니하여 발생되는 불이익 등에 대하여 해당 토지등소유자는 추진위원회에 이의를 제기할 수 없다.

④ 토지등소유자로서 추진위원회 구성에 동의한 자는 추진위원회가 사업시행에 필요한 서류를 요구하는 경우 이를 제출할 의무가 있으며 추진위원회의 승낙이 없는 한 이를 회수할 수 없다. 이 경우 추진위원회는 요구서류에 대한 용도와 수량을 명확히 하여야 하며, 추진위원회의 승낙이 없는 한 회수할 수 없다는 것을 미리 고지하여야 한다.

⑤ 소유권을 수인이 공동 소유하는 경우에는 그 수인은 대표자 1 인을 대표소유자로 지정하고 별지 서식의 대표소유자선임동의서를 작성하여 추진위원회에 신고하여야 한다. 이 경우 소유자로서의 법률행위는 그 대표소유자가 행한다.

7. 【자치규정】 (추진위원회) 운영규정안 제 14 조(토지등소유자 자격의 상실)

토지등소유자가 주택 또는 토지의 소유권을 이전하였을 때에는 그 자격을 즉시 상실한다.

I. 추진위원회 제도

G. ① 추진위원회는 추진위원들로 구성되는 단체로서 비법인사단이나; ② 토지등소유자의 과반수가 추진위원회의 해산에 동의하였음에도 추진위원회가 스스로 해산신고를 하지 않는 경우에는 해산에 동의한 토지등소유자들(또는 그들의 대표자)이 스스로 해산신고를 할 수 있어 — 대법원 2009. 1. 30. 선고 2008두14869 판결[해산신고수리처분취소등]

【당사자】

> [원고, 피상고인] 괴정동2구역 주택재건축정비사업 조합설립 추진위원회
>
> [피고, 상고인] 대전광역시 서구청장

1. 원심판결의 내용

원심은 그 채용 증거들을 종합하여, ① 대전 서구 괴정동 82-2번지 일대 89,005㎡의 토지 등 소유자(이하 '이 사건 토지 등 소유자'라 한다) 378명 중 220명은 괴정동2구역 주택재건축정비사업을 추진하기 위해 조합설립추진위원회인 원고를 구성하여, 2006. 10. 12. 도시 및 주거환경정비법(이하 '도정법'이라 한다)에 따라 피고로부터 설립승인을 받은 사실,

② 이 사건 토지 등 소유자인 소외인은 이 사건 토지 등 소유자 과반수인 193명의 동의를 얻어 2007. 7. 4. 피고에게 원고에 대한 해산신고(이하 '이 사건 해산신고'라 한다)를 하였고, 피고는 같은 달 9. 이 사건 해산신고를 수리한 사실(이하 '이 사건 처분'이라 한다) 등을 인정하고...

해산행위의 주체는 어디까지나 추진위원회 자신이라고 봄이 상당하므로, 이 사건 처분은 권한이 없는 자의 해산신고에 대한 수리처분으로서 위법하다고 판단하였다.

2. 대법원의 판단 (파기환송)

도정법 제13조 제2항에 의하여 토지 등 소유자 과반수의 동의와 시장·군수의 승인을 얻어 설립되는 주택재건축정비사업을 위한 추진위원회는 추진위원들로 구성되는 단체로서 비법인사단으로서의 실체를 가지고 있으나,

① 그 구성원이 아닌 토지 등 소유자의 의사에 기하여 설립되고, 그 구성원인 추진위원들의 결의에 의하여는 해산할 수 없는 등 다른 단체와는 본질적인 차이가 있는 점, ② 추진위원회가 조합을 설립할 경우 도정법 제15조 제4항에 의하여 추진위원회가 행한 업무와 관련된 권리와 의무는 조합이 포괄승계하는 등 추진위원회의 구성에 동의하지 아니한 정비구역 내의 토지 등 소유자도 추진위원회의 존립에 대하여 직접적이고 구체적인 이해관계를 갖고 있는 점, ③ 정비사업조합설립추진위원회 운영규정(2006. 8. 25. 개정 건설교통부 고시 제2006-330호) 제5조 제3항은, 토지 등 소유자의 동의에 의한 추진위원회 해산규정을 둠으로써 파행적으로 운

영되는 추진위원회를 해산시키고 토지 등 소유자의 대표성을 가지는 추진위원회를 구성할 수 있도록 하기 위하여 신설된 조항으로서, 그 전체적인 문맥상 그 해산신고의 주체를 추진위원회로 제한하고 있다고 보이지 않으며, ④ 토지 등 소유자의 과반수가 적법하게 설립된 추진위원회의 해산에 동의하였음에도 추진위원회 스스로 해산신고를 하지 아니하는 경우 그 해산에 동의한 토지 등 소유자들 스스로 해산신고를 할 수 있다고 해석하는 것이 위 조항의 취지에 부합한다고 보이는 점 등을 종합하여 보면,

위 운영규정 제5조 제3항은 '조합설립인가 전에 추진위원회를 해산하고자 하는 자는 추진위원회의 설립에 동의한 토지 등 소유자의 3분의 2 이상 또는 토지 등 소유자 과반수의 동의를 얻어 시장·군수에게 신고함으로써 추진위원회를 해산할 수 있다'는 취지로 해석함이 상당하고, 따라서 추진위원회의 해산에 동의한 토지 등 소유자 과반수의 대표자도 추진위원회 해산신고를 할 수 있다고 보아야 한다.

그런데도 원심은 이와 견해를 달리하여 추진위원회의 해산에 동의한 토지 등 소유자 과반수의 대표자는 위 운영규정 제5조 제3항에 의한 해산신고를 할 수 없다고 판단하였으니, 원심판결에는 정비사업조합설립추진위원회 운영규정 제5조 제3항에 의한 추진위원회 해산신고의 주체에 관한 법리를 오해하여 판결에 영향을 미친 위법이 있고, 이를 지적하는 상고이유의 주장은 이유 있다.

H. 토지등소유자의 운영경비 부담의무

1. 【자치규정】 (추진위원회) 운영규정안 제33조(운영경비의 부과 및 징수)

> ① 추진위원회는 조합설립을 추진하기 위한 비용을 충당하기 위하여 토지등소유자에게 운영경비를 부과·징수 할 수 있다.
>
> ② 제1항에 따른 운영경비는 추진위원회의 의결을 거쳐 부과할 수 있으며, 토지등소유자의 토지 및 건축물 등의 위치·면적·이용상황·환경 등 제반여건을 종합적으로 고려하여 공평하게 부과하여야 한다.
>
> ③ 추진위원회는 납부기한 내 운영경비를 납부하지 아니한 토지등소유자(추진위원회 구성에 찬성한 자에 한한다)에 대하여는 금융기관에서 적용하는 연체금리의 범위에서 연체료를 부과할 수 있다.

2. 【해설】 운영경비 납부의무 발생 시점

> (1) 추진위원회는 조합과 달리 행정청이 아니므로, 추진위원회가 운영규정에 근거하여 각 토지등소유자에게 운영경비의 부담을 고지하는 것은 '행정처분으로서 부과처분'이 아니라, 운영경비의 범위를 구체적으로 확정하여 통지하는 '사법私法적 행위'이다.

> (2) 하지만 운영경비 납부의무와 납부금액 및 납부시기가 운영규정에 구체적으로 확정되어 있지 않는 한, 토지등소유자의 운영경비 납무의무는 운영규정에 따른 '추진위원회의 의결' 및 '결정고지'에 의하여 발생한다고 보아야 한다.
>
> '추진위원회 의결' 및 '결정고지'가 있기 전에 추진위원회의 채권자가 추진위원회의 운영경비채권을 압류하거나 추진위원회를 대위하여 운영경비채권을 행사할 수 있는지가 문제되는바, 이에 관하여는 돈.되.법 2 제 3 장 제 4 절(조합원의 권리·의무)에서 자세히 보기로 한다.

II. 추진위원회 운영규정

A. 개요

1. 【해설】「추진위원회 운영규정」, '(추진위원회) 운영규정안', '(추진위원회) 운영규정'

> 도시정비법령에서 "추진위원회 운영규정"이라는 말은 다음 3 가지를 지칭하는 말로 쓰인다: ① 도시정비법 제 34 조에 따라 국토교통부장관이 고시한 「정비사업 조합설립추진위원회 운영규정」, ② 동 운영규정에 별표로 첨부된 '(추진위원회) 운영규정안', ③ 동 운영규정안을 토대로 개별 추진위원회에서 토지등소유자의 과반수의 동의를 얻어 작성한 「운영규정」.
>
> 그런데 위 3 가지는 법적 의미가 전혀 다른 것이어서 주의를 요한다.
>
> (1) 「정비사업 조합설립추진위원회 운영규정」(이하 「추진위원회 운영규정」)은 국토교통부장관이 도시정비법 제 34 조 제 1 항에 따라 정하여 고시한 국토교통부고시(제 2018-102 호, 2018. 2. 9. 시행)로서 법규명령이며 그 자체로 대한민국 내 모든 추진위원회에 대하여 법규적 효력을 가진다.
>
> (2) '(추진위원회) 운영규정안'은 위 「추진위원회 운영규정」에 별표로 첨부된 표준운영규정안으로서 그 자체로는 아무런 법적 구속력이 없다는 것이 대법원판례다(대법원 2021. 6. 30. 선고 2019 다 208281 판결).
>
> (3) '(추진위원회) 운영규정'은 각 추진위원회에서 '(추진위원회) 운영규정안'을 토대로 작성한 자치규정으로서 토지등소유자 과반수의 동의를 받은 후 추진위원회 구성승인을 받은 날부터 비로소 해당 추진위원회에 적용된다(운영규정안 부칙; 대법원 2021. 6. 30. 선고 2019 다 208281 판결).
>
> 정비사업조합을 설립하기 위해서는 추진위원회 구성승인을 신청하기 전에 '(추진위원회) 운영규정안'을 기본으로 하여 운영규정을 작성한 후 운영규정을 첨부한 '추진위원회 구

제 5 장 조합설립추진위원회 / 제 1 절 추진위원회의 구성·승인

성동의서'에 토지등소유자 과반수의 동의를 얻어야 한다(법 제 31 조 제 1 항 제 2 호; 「추진위원회 운영규정」 제 3 조).

이 3 가지는 전혀 다른 개념임에도 (법령과 판례에서조차) 모두 구분 없이 '추진위원회 운영규정' 또는 '운영규정'이라 부르고 있어 추진위원회의 운영규정을 이해하는 데 큰 혼동을 주고 있다.

2. 【해설】 용어 정리

이 책에서는 ① 국토교통부장관이 고시한 「정비사업 조합설립추진위원회 운영규정」을 「추진위원회 운영규정」이라 부르고, ② 동 운영규정에 별표로 첨부된 운영규정안을 '(추진위원회) 운영규정안'(또는 단순히 '운영규정안'. 「추진위원회 운영규정」에서도 '운영규정안'이라는 약칭을 사용한다)이라 부르고, ③ 동 운영규정안을 토대로 개별 추진위원회에서 작성한 「운영규정」을 '(추진위원회) 운영규정'이라고 구분해서 부르기로 한다.

☞ 도시정비법령에서 운영규정은 추진위원회에만 있으므로(시장·군수등, 토지주택공사 등 또는 신탁업자가 단독으로 정비사업을 시행하는 경우 작성하는 자치규정은 '시행규정'이라고 부른다. 법 제 53 조), "운영규정" 앞에 굳이 "추진위원회"라는 말을 붙이지 않아도 된다.

B. 운영규정의 작성 및 변경

1. 【해설】 추진위원회 구성동의를 받기 전에 운영규정을 작성해야 함 (2009. 8. 7. 개정법)

(1) 추진위원회를 구성하기 위해서는 토지등소유자 동의를 받기 전에 먼저 운영규정(안)을 작성한 후 그 운영규정이 첨부된 '추진위원회 구성동의서'에 토지등소유자 과반수 동의를 받아야 한다(법 제 31 조 제 1 항). 이 규정은 2009. 2. 6. 개정법(법률 제 9444 호) 제 13 조 제 2 항으로 처음 신설되어 2009. 8. 7.부터 시행되었으며, 2009. 8. 7. 이후 최초로 추진위원회 구성 승인을 신청한 분부터 적용되었다(동 부칙 제 1, 3 조). 다만, 종전의 규정에 따라(즉, 운영규정 없이) 토지등소유자의 동의를 얻어 2009. 8. 7.부터 3 개월이내에 추진위원회 구성 승인을 신청을 하는 경우에는 개정법에 따른 적법한 추진위원회 구성승인 신청으로 보았다(동법 부칙 제 1 조 단서 및 부칙 제 3 조).

(2) 위 개정 전에는 추진위원회 설립승인을 받은 후 업무를 추진하기 전에 운영규정을 작성하여 시장·군수에게 신고해도 됐었다(개정전 법률 제 13 조 제 2 항;「구 추진위원회 운영규정」 제 3 조 제 1 항). 운영규정에 대한 토지등소유자 동의도 '추진위원회 구성에 동의한 토지등소유자 2/3 이상'의 동의만 얻으면 됐었다.

☞ [구법 판례] ① 구 도시정비법(2009. 2. 6. 개정 전) 제13조 제2항에 의하여 추진위원회의 설립승인을 받는 경우에는 반드시 승인 당시까지 운영규정이 마련되어 있을 필요가 없음; ② 따라서 추진위원회 설립승인 이후에 운영규정을 작성하여 토지등소유자의 동의를 받아도 무방하고; ③ 운영규정에서 정한 동의서의 형식, 추진위원의 자격 및 선정방식은 추진위원회 설립승인의 요건이 아님 —대법원 2008. 7. 24. 선고 2007두12996 판결[추진위원회승인처분취소]. 같은 취지 판례: 대법원 2009. 6. 25. 선고 2008두13132 판결

(3) 운영규정의 변경은 토지등소유자의 1/4 이상 또는 추진위원회 의결로 발의하며, 운영규정이 변경된 경우에는 시장·군수등에게 신고하여야 한다(운영규정안 제10조).

2. 【법령】 「추진위원회 운영규정」 제3조(운영규정의 작성)

[국토교통부고시 제2018-102호, 2018. 2. 9.]

① 정비사업조합을 설립하고자 하는 경우 추진위원회를 시장·군수등에게 승인 신청하기 전에 운영규정을 작성하여 토지등소유자의 과반수의 동의를 얻어야 한다.

② 제1항의 운영규정은 별표의 운영규정안을 기본으로 하여 다음 각 호의 방법에 따라 작성한다.

 1. 제1조(명칭)·제3조(사업시행구역)·제4조(사무소)·제15조 제1항(☞ 추진위원의 수)을 확정할 것

 2. 제17조제7항·제19조제2항·제29조·제33조·제35조제2항 및 제3항의 규정은 사업특성·지역상황을 고려하여 법에 위배되지 아니하는 범위 안에서 수정 및 보완할 수 있음

☞ 별표 운영규정안 중 ① 제17조 제7항은 사무국 운영에 관한 규정, ② 제19조 제2항은 상근위원 및 유급직원의 보수규정, ③ 제29조는 용역업체의 선정을 법 제29조(계약의 방법 및 시공자 선정 등)에 따르도록 한 규정, ④ 제33조는 추진위원회의 자금조달에 관한 규정, ⑤ 제35조 제2항은 회의자료(속기록 등)의 보관 및 조합인계에 관한 규정, ⑥ 제35조 제3항은 토지등소유자의 열람·복사청구에 관한 규정이다.

☞ 제3조 제2항의 취지는, 별표 운영규정안 중 ① 제1조(명칭)·제3조(사업시행구역)·제4조(사무소)·제15조 제1항(☞ 추진위원의 수)은 각 추진위원회에 맞게 확정하고, ② 제17조제7항·제19조제2항·제29조·제33조·제35조제2항 및 제3항의 규정은 법에 위배되지 아니하는 범위 안에서 각 추진위원회가 수정·보완하되, ③ 그 외의 규정들은 각 추진위원회에서 임의로 수정할 수 없다는 의미로 보아야 한다.

 3. 사업추진상 필요한 경우 운영규정안에 조·항·호·목 등을 추가할 수 있음

③ 제2항 각 호에 따라 확정·수정·보완 또는 추가하는 사항이 법·관계법령, 이 운영규정 및 관련행정기관의 처분에 위배되는 경우에는 효력을 갖지 아니한다.

④ 운영규정안은 재건축사업을 기본으로 한 것이므로 재개발사업 등을 추진하는 경우에는 일부 표현을 수정할 수 있다.

3. 【구법령】「구 추진위원회 운영규정」 제3조(운영규정의 작성)

[시행 2006. 8. 25.] [건설교통부고시 제2006-330호, 2006. 8. 25., 일부개정]

① 추진위원회는 법 제14조제1항의 규정에 의한 업무를 추진하기 전에 운영규정을 작성하여 토지등소유자의 과반수 또는 추진위원회 구성에 동의한 토지등소유자 3분의 2 이상의 동의를 얻어야 하며 시장·군수에게 신고하여야 한다. 다만, 추진위원회 설립승인 시 토지등소유자의 과반수의 동의를 얻은 운영규정을 작성하고 시장·군수에게 신고할 수 있다.

4. 【해설】'(추진위원회) 운영규정안'과 '(추진위원회) 운영규정'이 적용되는 시점

(1) 현행법상 추진위원회를 구성할 때에는 미리 운영규정(안)을 작성한 후 그 운영규정이 첨부된 '추진위원회 구성동의서'에 토지등소유자 과반수 동의를 받아야 하므로(법 제31조 제1항), 추진위원회 구성승인과 동시에 운영규정이 적용되기 시작한다.

그러나 2009. 2. 6. 개정법이 시행되기 전에는 '추진위원회 설립승인을 받은 후'에 '추진위원회 구성에 동의한 토지등소유자 2/3 이상'의 동의를 얻어 운영규정을 작성하고 시장·군수에게 신고하면 되었으므로, '추진위원회 구성 이후 운영규정 작성 전'까지 사이에 운영규정이 적용되는지가 문제되었다.

(2) 이에 관하여 대법원은 ① 별표의 '(추진위원회) 운영규정안'은 그 자체로는 아무런 법적 구속력이 없고, ② '(추진위원회) 운영규정'은 추진위원회 구성승인을 받은 날부터 적용된다고 판시한 바 있다.

(3) 그러나 법규명령인 「추진위원회 운영규정」제3조는 별표 운영규정안 중 ① 제1조(명칭)·제3조(사업시행구역)·제4조(사무소)·제15조 제1항(☞ 추진위원의 수)은 각 추진위원회에 맞게 확정하고, ② 제17조제7항·제19조제2항·제29조·제33조·제35조제2항 및 제3항의 규정은 법에 위배되지 아니하는 범위 안에서 각 추진위원회가 수정·보완하되, ③ 그 외의 규정들은 각 추진위원회에서 임의로 수정할 수 없도록 하고 있다.

따라서 별표 운영규정안 중 「제1조·제3조·제4조·제15조제1항·제17조제7항·제19조제2항·제29조·제33조·제35조제2항 및 제3항」을 제외한 나머지 규정은 추진위원회 구성승인이 났을 때부터 (운영규정을 작성하여 시장·군수에게 신고하기 전이라도)

적용된다고 보는 것이 옳다. 이는 2009. 2. 6. 개정법 시행 전에 추진위원회가 용역업자 등과 체결한 계약의 효력을 결정짓는 중요한 문제이다.

5. 【자치규정】(추진위원회) 운영규정안 부칙

이 운영규정은 ○○시장·군수·구청장으로부터 ○○주택재건축/주택재개발/도시환경정비사업조합설립추진위원회로 승인을 받은 날부터 시행한다.

C. 운영규정에 따른 운영

1. 【해설】운영규정은 추진위원회의 1차적 자치규범

추진위원회의 운영규정은 조합의 정관에 해당하는 가장 중요한 자치규범이다. 추진위원회는 운영규정에 따라 운영하여야 하므로(법 제34조 제2항), 법령에 근거가 없고 운영규정에도 근거가 없는 업무수행은 적법한 업무수행이 아니며, 그 업무수행에 따른 법률행위는 효력이 인정될 수 없다(서울고등법원 2012. 1. 12. 선고 2011 나 44841 판결 참조).

2. 【법령】전부개정 도시정비법 제34조(추진위원회의 운영)

① 국토교통부장관은 추진위원회의 공정한 운영을 위하여 다음 각 호의 사항을 포함한 추진위원회의 운영규정을 정하여 고시하여야 한다. (각호 생략)
☞ 이 규정에 따라 「정비사업 조합설립추진위원회 운영규정」이 고시되었다.
② 추진위원회는 운영규정에 따라 운영하여야 하며, 토지등소유자는 운영에 필요한 경비를 운영규정에 따라 납부하여야 한다.
⑤ 추진위원회의 운영에 필요한 사항은 대통령령으로 정한다.

III. 운영규정에 관한 판례

A. ① '(추진위원회) 운영규정'은 도시정비법령에 따라 추진위원회 설립 승인이 있고 운영규정이 작성된 때부터 비로소 적용돼(따라서 운영규정이 작성되기 전의 업무 수행에 대해서는 적용되지 않음); ② 추진위원회가 한 '재원조달방법의 결정'과 '대여약정이 포함된 도급계약의 체결'이 추진위원회 설립승인과 운영규정 시행일 전에 이루어졌으므로(대여약정에 따른 소비대차계약 체결은 운영규정 시행일 이후에 이루어졌으나, 소비대차계약은 대여약정을 기초로 한 부속계약에 지나지 않는다고 봄), '운영규정'에서 정한 '토지등소유자 2분의 1 이상 동의' 요건은 적용되지 않는다고 봄(따라서 운영규정은 대여약정·소비대차계약·연대보증계약의 효력에 영향을 미치지 않음) ―대법원 2021. 6. 30. 선고 2019 다 208281 판결[대여금]

제 5 장 조합설립추진위원회 / 제 1 절 추진위원회의 구성·승인

【당사자】

【원고, 상고인】 현대건설 주식회사

【피고, 피상고인】 피고 1 외 9인

【피고(선정당사자), 피상고인】 피고(선정당사자)

1. 사안 개요

원심판결 이유에 따르면 다음 사실을 알 수 있다.

가. 제 1 심 공동피고 ○○○ 주택재개발 추진위원회(이하 '이 사건 추진위원회'라 한다)는 2003. 6. 4. 주민총회를 개최하여 원고를 이 사건 재개발사업의 시공사로 선정하는 결의를 하였다. 한편「도시 및 주거환경정비법」(이하 '도시정비법'이라 한다)이 2002. 12. 30. 법률 제 6852호로 제정되어 2003. 7. 1.부터 시행되었다.

나. 원고와 이 사건 추진위원회는 2003. 8. 28. 이 사건 재개발사업 신축공사에 관한 공사도급계약(이하 '이 사건 도급계약'이라 한다)을 체결하였다. ① 이 사건 도급계약 제 10 조 제 1 항 제 2 호는 '원고는 사업의 시행을 위하여 필요한 시기에 실제 소요되는 조합사무실 임차료 등 사업추진경비를 이 사건 추진위원회의 요청에 의해 총액 181 억 원 한도 내로 무이자 실비 대여한다. 다만 대여금 상환을 보증하기 위하여 이 사건 추진위원회를 채무자, 원고를 채권자로 하는 금전소비대차계약서를 작성·공증하여 원고에게 제출하여야 한다.'고 정하고, ② 제 13 조 제 1 항은 '원고는 이 사건 추진위원회에 조합운영비로 본 계약체결 월부터 조합설립인가 시까지 월 500 만 원을, 조합설립인가 후 입주 시까지 월 1,000 만 원을 무이자로 대여한다.'고 정하고 있다(이하 이 사건 도급계약 중 대여약정 부분을 '이 사건 대여약정'이라 한다).

다. 원고는 이 사건 대여약정에 따라 이 사건 추진위원회에 조합운영비와 그 밖의 사업추진경비를 대여하기로 하여, 원심판결 6 면의 표 기재와 같이 5 건의 소비대차계약(이하 '이 사건 각 소비대차계약'이라 한다)을 체결하고, 이 사건 각 소비대차계약에 따라 위 표의 '대여금액'란 기재 각 해당 금액을 이 사건 추진위원회에 지급하여 대여하였으며, 위 표의 '연대보증인'란 기재와 같이 피고 1, 피고 2, 피고 5, 피고 6, 피고 4, 피고 3 및 망 소외 1, 망 소외 2(이하 위 피고들과 망 소외 1, 망 소외 2 의 상속인들을 통칭하여 '피고들'이라 한다), 제 1 심 공동피고 소외 3, 소외 4, 소외 5, 소외 6 은 이 사건 추진위원회의 각 대여금반환채무를 연대보증하였다.

라. 이 사건 추진위원회는 2005. 8. 12. 용산구청으로부터 도시정비법에 의한 추진위원회 설립 승인을 받았으나, 그 이후 정비구역 지정이나 조합설립 등의 사업추진은 이루어지지 않았다.

마. 구「도시 및 주거환경정비법 시행령」(2008. 12. 17. 대통령령 제 21171 호로 개정되기

III. 운영규정에 관한 판례

전의 것, 이하 '구 도시정비법 시행령'이라 한다) 제 23 조 제 1 항 후문의 위임에 따라 만들어진 '이 사건 추진위원회의 운영규정'에 따르면, 추진위원회의 '재원조달방법의 결정 및 변경'에는 토지 등 소유자의 2 분의 1 이상의 동의가 필요하고[제 8 조 제 1 항 제 2 호 (마)목], 추진위원회는 금융기관 및 정비사업전문관리업자 등으로부터 운영 및 사업시행을 위한 자금을 차입할 수 있다(제 32 조 제 2 호). 이 사건 추진위원회의 운영규정은 위 운영규정이 추진위원회 설립 승인을 받은 날부터 시행된다(위 운영규정의 부칙).

2. 원심판단

원심은 다음과 같은 이유로 원심판결 6 면의 표 순번 2 부터 5 까지 소비대차계약(이하 '이 사건 2~5 소비대차계약'이라 한다)이 무효이고 이에 기초한 피고들의 연대보증채무도 보증채무의 부종성 원칙에 따라 무효라고 판단하였다.

이 사건 도급계약과 이 사건 각 소비대차계약은 구 도시정비법(2005. 3. 18. 법률 제 7392 호로 개정되기 전의 것, 이하 '구 도시정비법'이라 한다) 시행 이후에 체결되었다. 더구나 이 사건 각 소비대차계약 중 피고들이 연대보증책임을 질 부분인 이 사건 2~5 소비대차계약은 이 사건 추진위원회의 운영규정 시행 후에 체결되었다. 위 소비대차계약은 토지 등 소유자의 비용부담을 수반하는 것이거나 권리와 의무에 변동을 발생시키는 경우에 해당하여 구 도시정비법 제 14 조 제 3 항에 따른 토지 등 소유자의 동의가 필요한 사항인데도 토지 등 소유자의 동의를 받지 않은 채 체결되었으므로 모두 무효이다. 피고들의 위 각 소비대차계약에 기초한 연대보증채무도 보증채무의 부종성 원칙에 따라 무효이다.

3. 대법원 판단 (파기환송)

원심판결은 다음과 같은 이유로 받아들일 수 없다.

가. 운영규정은 추진위원회 승인이 있고 운영규정이 작성된 때부터 비로소 적용돼; 따라서 운영규정 작성 전의 업무수행에 대해서는 운영규정이 적용되지 않음

그런데 구 도시정비법 제 15 조 제 2 항의 위임에 따른 '정비사업조합설립추진위원회 운영규정'(건설교통부 고시 제 165 호)은 제 3 조 제 2 항에서 '추진위원회 운영규정은 붙임 운영규정안을 기본으로 하여 다음 각호의 방법에 따라 작성한다.'고 하면서, 그 붙임으로 첨부된 '○○정비사업조합설립추진위원회 운영규정안'의 부칙은 '이 운영규정은 ○○시장·군수·구청장으로부터 ○○주택재건축/주택재개발/도시환경정비사업조합설립추진위원회로 승인을 받은 날부터 시행한다.'고 정하고 있다. 따라서 위 붙임 운영규정안을 기본으로 하여 작성된 '추진위원회 운영규정'은 도시정비법령에 따라 추진위원회 설립 승인이 있고 운영규정이 작성된 때부터 비로소 적용되는 것이어서 운영규정이 작성되기 전의 업무 수행에 대해서는 '추진위원회 운영규정'이 적용되지 않는다.

나. 위 1.에서 본 사실에 따르면, 이 사건 추진위원회가 추진위원회의 운영 등을 위한 자금을 원고로부터의 차입금으로 조달한다는 '재원조달방법에 관한 기본적인 결정'은 이 사건 대여약정이 포함된 이 사건 도급계약 체결 무렵에 이미 이루어진 것이고, 이 사건 각 소비대차계약은 이 사건 대여약정을 기초로 한 부속계약에 지나지 않는다.

이 사건 추진위원회가 한 재원조달방법의 결정과 이 사건 도급계약의 체결은 이 사건 추진위원회의 설립 승인과 운영규정 시행일인 2005. 8. 12. 이전인 2003. 8. 28.에 이루어졌다. 여기에 구 도시정비법 제14조 제3항, 구 도시정비법 시행령 제23조 제1항 후문의 위임에 따른 이 사건 추진위원회의 운영규정 제8조 제1항 제2호 (마)목이 적용될 여지가 없다. 따라서 이들 규정은 그 효력을 어떻게 볼 것인지 여부를 떠나 이 사건 대여약정과 이를 기초로 한 이 사건 각 소비대차계약의 효력에 영향을 미치지 않는다고 보아야 한다.

나. 원심판결의 위법함

그런데도 원심은, 구 도시정비법 제14조 제3항, 구 도시정비법 시행령 제23조 제1항, 이 사건 추진위원회의 운영규정 제8조 제1항 제2호 (마)목 위반을 이유로 이 사건 2~5 소비대차계약을 무효로 판단하였다. 원심판결에는 추진위원회가 토지 등 소유자의 동의를 얻어야 하는 사항에 관한 구 도시정비법령과 추진위원회 운영규정의 적용에 관한 법리를 오해하여 판결에 영향을 미친 잘못이 있다. 이를 지적하는 상고이유 주장은 정당하다.

【해설】

> 이 판례는 이 사건 대여약정과 이에 기초한 소비대차계약 및 임원의 연대보증계약이 유효하다고 판단한 것이 아니고, 단지 추진위원회가 한 '재원조달방법의 결정'과 '대여약정이 포함된 도급계약의 체결'이 운영규정 시행일(2005. 8. 12.) 전인 2003. 8. 28. 이루어졌으므로 운영규정에서 정한 '토지등소유자 2분의 1 이상 동의' 요건이 적용되지 않는다는 점만 판단한 것이다. 이 사건은 환송 후 항소심에서 화해권고결정으로 종결되었다.

B. [고등법원판례] 제1호 안건[추진위원회 운영규정(안)]의 의결로 피고의 운영규정이 적법하게 성립하였음을 전제로 제2~10호 안건이 상정·의결되었다면, 설령 그 후 제1호 안건으로 의결된 운영규정과 거의 동일한 내용의 '다른 새로운 운영규정'을 적법하게 갖추어 제1호 안건 결의의 유·무효가 과거의 법률관계가 되었다 할지라도, 제1호 안건결의의 무효확인을 구할 법률상 이익이 있어 (1호 안건 결의의 유·무효가 2~10호 안건 결의의 효력에 영향을 미치므로) —서울고등법원 2012. 1. 12. 선고 2011 나 44841 판결[주민총회결의무효]

【당사자】

| 원고,피항소인 | A ~ AN(40 명) |

III. 운영규정에 관한 판례

| 피고,항소인 | AO아파트주택재건축정비사업조합설립추진위원회 |

1. 피고의 본안전 항변

원고들은 이 사건 주민총회에서 한 이 사건 각 안건에 대한 결의가 모두 무효라고 주장하며 그 무효 확인을 구함에 대하여, 피고는 제1호 안건으로 의결된 '추진위원회 운영규정(안)'(이하 이 사건 운영규정이라 한다)과 거의 동일한 내용으로 되어 있는 피고의 새로운 운영규정에 대하여 2011. 1. 28.경까지 도시정비법 제13조 제2항, 제17조 제1항의 요건, 즉 인감도장을 사용하고 인감증명서가 첨부된 전체 토지등소유자 과반수의 서면동의 요건이 갖추어져 2011. 2. 17. 서초구청장으로부터 승인 통보를 받는 등으로 피고가 이 사건 주민총회 후에 유효한 추진위원회 운영규정을 새로이 갖게 되었으므로, 설령 이 사건 주민총회에서 한 제1호 안건에 대한 결의가 무효라고 하더라도 그 무효 확인은 과거 법률관계에 관한 확인에 불과하여 확인의 이익이 없고, 따라서 이 사건 소 중 제1호 안건에 관한 부분은 부적법하다고 항변한다...

2. 확인의 이익 있음

그런데 뒤에서 살펴보는 바와 같이 이 사건 주민총회에서 제1호 안건에 대한 결의에 의해 이 사건 운영규정이 적법하게 피고의 운영규정으로 성립하는 것을 전제로 하여 제2호 내지 제10호 안건도 이 사건 주민총회에 상정·의결됨으로써, 제1호 안건에 대한 결의의 유·무효 여부가 제2호 내지 제10호 안건에 대한 결의의 효력에 영향을 미치게 되었다.

그뿐만 아니라 추진위원회의 운영규정은 추진위원회의 자치법규로서 추진위원회의 운영과 업무에 관한 법률관계에 대하여 1차적인 규범력을 가진 것이기 때문에 이 사건 주민총회에서 이 사건 운영규정이 적법하게 피고의 운영규정으로 성립하였음을 전제로 하여 피고와 정비구역 내의 토지등소유자나 그 밖의 제3자 사이에 여러 가지 법률관계가 형성되었을 가능성이 있는데, 이러한 법률관계에 대하여 그 후 작성되어 도시정비법상 동의요건을 갖추었다는 피고의 새로운 운영규정이 소급해서 적용된다고 할 수 없다.

그렇다면 설령 제1호 안건에 대한 결의의 유·무효 여부가 피고가 위에서 주장하는 바와 같은 이유로 과거의 법률관계에 불과하게 되었다고 할지라도, 이는 현재의 권리 또는 법률관계의 기초를 이루는 것으로서 현재의 권리 또는 법률상의 지위에 대한 위험이나 불안 내지 다툼의 근원이 된다고 할 것이어서, 제1호 안건에 대한 결의의 유·무효 여부를 확정하는 것이 이를 전제로 하여 발생한 일체의 분쟁을 직접적이고 발본적으로 해결하는 유효적절한 수단이 되는 경우라 할 것이므로, 원고들로서는 그 법률관계에 관하여 확인을 구할 법률상 이익이 있다고 할 것이다. 따라서 피고의 위 본안전 항변은 이유 없다.

C. [같은 판결] ① 종전 운영규정의 부칙에 "이 규약은 창립총회 전일까지 유효하다"고 규정되어 있었다면 창립총회를 개최함으로써 종전 운영규정은 효력을 상실하였고; ② 그 후 조합설립인가가 거부되었더라도 종전 운영규정이 다시 유효해지지 않아; ③ 따라서 주민총회에 상정된 '추진위원회 운영규정(안) 의결의 건'(= 제 1 호 안건)은 종전 운영규정을 개정하는 것이 아니라, 운영규정을 새롭게 작성하는 것에 해당함; ④ 제 1 호 안건결의가 「구 추진위원회 운영규정」제 3 조가 정한 '운영규정 작성 정족수'('토지등소유자의 과반수' 또는 '추진위원회 구성에 동의한 토지등소유자의 2/3 이상')를 갖추지 못해 무효라고 본 사례 —서울고등법원 2012. 1. 12. 선고 2011 나 44841 판결[주민총회결의무효]

1. 주민총회 결의 경위

① 서울 서초구 AO 아파트(이하 '이 사건 아파트'라고 한다)의 입주자대표회의는 1999. 6. 12.경 이 사건 아파트를 철거하고 새로운 주택 등을 건설하기 위하여 재건축추진위원회를 발족시키기로 하였다.

② 이에 따라 이 사건 아파트의 입주자대표 52 명 중 30 명이 참석한 가운데 2000. 11. 2. 재건축추진위원회의가 개최되어 '재건축추진위원회 규약'(을 2 호중, 이하 종전 운영규정이라 한다)을 제정하고 위원장과 그 밖의 임원을 선출함으로써 주택재건축사업을 위한 조합설립추진위원회(이하 '추진위원회'라고만 한다)로서 피고가 구성되었다(당시의 명칭은 'AP 재건축추진위원회'였다).

③ 피고는 2001. 12. 22. (가칭)AP 아파트재건축조합 설립을 위한 창립총회를 개최한 후 토지등소유자로부터 조합설립에 대한 동의서를 받아 2003. 6. 25. 관할관청인 서초구청장에게 조합설립인가를 신청하였으나 거부되었다.

④ 그 후 도시 및 주거환경정비법(이하 '도시정비법'이라 한다)이 2003. 7. 1.부터 시행되자, 피고는 2003. 8.경 서초구청장에게 추진위원회 승인 신청을 하였고 2003. 9. 1. 서초구청장으로부터 그 승인을 받음으로써 구 도시정비법(2002. 12. 30. 제정 법률 제 6852 호) 부칙 제 9 조에 따라 도시정비법에 의한 추진위원회로 간주되었다.

⑤ 피고는 2010. 7. 13. 19:00 경 서울 동작구 AQ 회관 5 층 대강당에서 주민총회(이하 '이 사건 주민총회'라 한다)를 개최하여 별지 목록 기재 각 안건(이하 '이 사건 각 안건'이라 하고, 그 중 일부를 칭할 때는 '제○호 안건'이라 한다)을 상정하였다.

⑥ 이 사건 주민총회 당시 정비구역 내의 전체 토지등소유자는 1,572 명, 추진위원회 구성에 동의한 토지등소유자는 1,346 명이었고, 이 사건 주민총회에 참석한 토지등소유자는 836 명(직접참석 182 명, 서면제출 654 명)이었으며, 이 사건 각 안건에 관한 찬성자수는 다음과 같다.

III. 운영규정에 관한 판례

안건		찬성자
제 1 호 안건: 추진위원회 운영규정(안) 의결의 건		714
제 2 호 안건: 추진위원회 업무규정(안) 의결의 건		716
제 3 호 안건: 추진위원회 선거관리규정(안) 의결의 건		714
제 4 호 안건: 추진위원장 및 감사 선출의 건	추진위원장 AR 선출의 건	672
	감사 AS 선출의 건	635
	감사 AT 선출의 건	701
제 5 호 안건: 추진위원 선출의 건		705
제 6 호 안건: 추진위원회 예산(안) 의결의 건		697
제 7 호 안건: 조합설립인가를 위한 예산(안) 의결의 건		681
제 8 호 안건: 정비사업전문관리업자 선정의 건		578
제 9 호 안건: 협력업체(변호사, 법무사, 세무사) 선정 추인의 건		694
제 10 호 안건: 선정된 협력업체(정비사업전문관리업자) 계약체결 위임의 건		694

⑦ 이 사건 주민총회의 의장을 맡았던 AR 는, 주민총회는 추진위원회 구성에 동의한 토지등소유자의 과반수 출석으로 개의하고 출석한 토지등소유자의 과반수 찬성으로 의결한다고 하면서 이 사건 각 안건이 모두 가결되었다고 선포하였다.

⑧ 한편 원고들은 이 사건 아파트의 구분소유자들이다.

2. 인정사실

을 2 호증의 기재에 의하면 ① 피고의 종전 운영규정의 부칙에 '이 규약은 추진위원회에서 의결한 날로부터 시행하며 재건축조합설립 창립총회 전일까지 유효하다.'고 규정되어 있는 사실이 인정되고, ② 피고가 2001. 12. 22.(가칭)AP 아파트재건축조합 설립을 위한 창립총회를 개최한 후 2003. 6. 25. 서초구청장에게 조합설립인가를 신청하였으나 거부되었음은 앞에서 살펴본 바와 같다.

한편 갑 2, 3 호증의 각 기재에 변론 전체의 취지를 종합하면, ③ 피고는 2010. 6. 28.경 토지등소유자를 상대로 이 사건 주민총회의 개최를 통보하면서 그 개최의 근거 규정으로 제 1 호 안건으로 상정된 이 사건 운영규정의 제 20 조를 든 사실, ④ 이 사건 주민총회의 회의자료에 제 1 호 안건과 관련하여 아래와 같은 내용이 기재되어 있고, 이 사건 주민총회에서 사회자가 그 내용을 그대로 낭독한 사실이 인정된다. (내용 생략)

3. 제 1 호 안건은 종전 규정의 개정이 아니라 새로운 운영규정의 작성에 해당함

추진위원회의 운영규정은 추진위원회 위원의 선임방법 및 변경에 관한 사항, 추진위원회 위원의 권리·의무에 관한 사항, 추진위원회의 업무범위 및 그 운영방법에 관한 사항 등을 정하는 것으로서(도시정비법 제 15 조 제 2 항 참조), 비법인사단인 추진위원회의 대외적인 권리능력

제 5 장 조합설립추진위원회 / 제 1 절 추진위원회의 구성·승인

의 범위를 판단하는 근간이 될 뿐만 아니라, 추진위원회의 자치법규로서 추진위원회의 운영과 업무에 관한 법률관계에 대해서는 1 차적인 규범력을 가진다. 따라서 그 운영규정의 효력범위와 존속기간은 명확하여야 하고, 이미 정해진 운영규정의 존속기간이 만료되었다면 적법한 절차를 거쳐 그 존속기간을 연장하거나 또는 새로이 작성하여야지, 함부로 해석으로 보충해서는 안 될 것이다.

따라서 피고의 종전 운영규정은 피고가 2001. 12. 22. 재건축조합 설립을 위한 창립총회를 개최함으로써 그 부칙에 명시된 바에 따라 효력을 상실하였다고 보아야 할 것이다. 설령 피고가 종전 운영규정 작성 당시, 재건축조합 설립절차가 완결될 때까지의 추진위원회 업무수행을 위해 그 운영규정을 작성하려는 의도가 있었음에도 창립총회만으로 재건축조합 설립절차가 완결되는 것이 아님을 간과하여 부칙에서 종전 운영규정의 존속기간을 창립총회 전일까지로 규정한 것이라고 하더라도, 부칙에 운영규정의 존속기간을 명시한 이상, 그 후 기간만료로 실효된 종전 운영규정을 다시 유효한 운영규정으로 삼기로 하는 등의 절차를 거치지 아니하였음에도 재건축조합 설립절차가 완결되지 않았다는 이유로 그 명시한 내용과 다르게 종전 운영규정이 계속 존속하고 있다고 인정하기 어렵고, 또한 재건축조합 설립을 위한 창립총회가 실제로 개최된 이상, 그 후 서초구청장으로부터 조합설립인가가 거부되어 조합설립이 좌절되었다고 하더라도 그러한 거부처분으로 인하여 위 창립총회 개최의 효력이 소급해서 상실되는 것도 아니다...

그러므로 이 사건 주민총회에 상정된 제 1 호 안건은 그 당시까지 여전히 유효하였던 종전 운영규정을 단순히 개정하는 것이 아니라, 피고의 추진위원회 운영규정을 새롭게 작성하는 것에 해당한다고 할 것이다.

4. 제 1 호 안건 결의는 무효

피고의 운영규정을 새롭게 작성하는 것에 해당하는 제 1 호 안건은 이 사건 주민총회 당시 시행 중이던 도시정비법(2009. 2. 6. 법률 제 9444 호로 개정된 것) 제 13 조 제 2 항, 제 17 조 제 1 항에 따라 인감도장을 사용하고 인감증명서가 첨부된 전체 토지등 소유자 과반수의 서면동의로 의결되었어야 할 것인데, 제 1 호 안건에 대한 결의가 이와 같은 요건을 갖추지 못하였음은 명백하다. 그러므로 그 결의는 무효라고 할 것이다.

한편 도시정비법(2009. 2. 6. 법률 제 9444 호로 개정된 것) 부칙 제 3 조 본문은 '제 13 조 제 2 항의 개정규정은 이 법 시행 후 최초로 추진위원회 구성 승인을 신청한 분부터 적용한다.'고 규정하고 있는바, 설령 견해를 달리하여 위 개정 법률 시행 전에 추진위원회 승인을 받은 피고가 운영규정을 작성함에 있어서는 도시정비법 제 13 조 제 2 항의 개정규정이 적용되지 않는다고 보더라도, 구 도시정비법(2008. 2. 29. 법률 제 8852 호로 개정되기 전의 것) 제 15 조 제 2 항에 근거하여 건설교통부장관이 제 2006-330 호로 고시한 정비사업조합설립추진위원회 운영규정 제 3 조는 추진위원회 운영규정의 작성에 관하여 토지등소유자의 과반수 또는 추진위원회 구성

IV. 토지등소유자의 동의

에 동의한 토지등소유자의 3분의 2 이상의 동의를 얻어야 한다고 규정하고 있으므로, 피고의 운영규정을 새롭게 작성하는 것에 해당하는 제1호 안건은 전체 토지등소유자의 과반수(1,572명 × 1/2 + 1 = 787명) 또는 추진위원회 구성에 동의한 토지등소유자의 3분의 2(1,346명 × 2/3 ≒ 898명) 이상의 찬성으로 의결되었어야 할 것인데, 그 결의가 이와 같은 요건을 갖추지 못하고 단순히 이 사건 주민총회에 참석한 토지등소유자 중 714명의 찬성으로 의결되었으므로, 제1호 안건에 대한 결의는 위와 같은 견해에 의하더라도 무효이다.

【해설】

> 위 판결은 2009. 2. 6. 개정법 시행 전에 피고가 추진위원회 승인을 받은 이 사건에 2009. 2. 6. 개정법이 적용된다고 전제한 후, 가정적 판단으로 '설령 이 사건에 개정법이 적용되지 않는다고 하더라도 제1호 안건결의가 위법하다'고 판단하였으나, 이 사건에 2009. 2. 6. 개정법이 적용된다고 전제한 것은 잘못이다.

IV. 토지등소유자의 동의

A. 토지등소유자의 추진위원회 구성 동의

1. 【해설】「정비사업 조합설립추진위원회 구성동의서」(규칙 별지 제4호 서식)

> (1) 검인동의서 사용: 서면동의서는 반드시 시장·군수등이 검인(檢印)한 서면동의서를 사용하여야 하며, 검인을 받지 않은 서면동의서는 무효이다(법 제36조 제3항).
>
> 시장·군수등이 교부하는 검인동의서에는 '전체 연번의 범위'와 '해당 동의서의 연번'이 기재되어 있다.
>
> * 「전체 연번의 범위」 기재례: "1 ~ 608".
>
> * 「연번」 기재례: "105/608".
>
> ☞ 시행규칙 [별지 제4호서식] 「정비사업 조합설립추진위원회 구성동의서」 [부록 II. 참조]
>
> (2) 동의서의 내용: 추진위원회를 구성하기 위해서는 a) 위원장을 포함한 5명 이상의 추진위원 및 b) 운영규정에 대하여 토지등소유자 과반수의 동의를 얻어야 한다(법 제31조 제1항).
>
> 따라서 동의서에 A) 추진위원회 위원장과 위원의 성명과 주소를 모두 기재하고 B) 운영규정을 첨부한 상태에서 동의를 받아야 한다(검인동의서 참조. 영 제25조 제1항; 규칙 제7조 제2항;「추진위원회 운영규정」제2조 제4항).

(3) 백지 상태에서 동의를 받은 후 추진위원 등의 성명을 써넣은 동의서는 무효이다.

2. 【해설】 토지등소유자의 동의 방법 (조합설립 동의와 동일함)

(1) 추진위원회 구성을 위한 토지등소유자의 동의방법도 조합설립 동의와 동일하다. 토지등소유자의 개념과 범위, 토지등소유자의 수, 공유자 문제 처리, 동의 방법과 진정성 심사 기준이 모두 조합설립 동의의 경우와 완전히 동일하다.

(2) 따라서 추진위원회 구성동의서도 A) 행정기관이 연번을 부여한 서면동의서에 B) 토지등소유자가 성명을 적고[☞ 자필기재를 말함] C) 지장(指章)을 찍는 방법으로 하며, D) 주민등록증, 여권 등 신원을 확인할 수 있는 신분증명서의 사본을 첨부하여야 한다(법 제36조 제1항).

소유자의 성명 외의 인적사항은 반드시 자필로 쓰지 않아도 되지만, 동의서의 진정성립과 동의의 진정성을 확실히 해두기 위해 생년월일과 주소도 자필로 받아두는 것이 좋다. 또한 지장을 찍을 때 엄지손가락을 너무 세게 눌러 지문이 뭉그러지지 않도록 주의하여야 한다.

☞ 동의서 작성방법에 관한 자세한 내용은 이 책 제6장 제4절(동의의 방법) 참조

3. 【법령】 전부개정법 시행령 제25조(추진위원회 구성을 위한 토지등소유자의 동의 등)

① 법 제31조 제1항에 따라 토지등소유자의 동의를 받으려는 자는 국토교통부령으로 정하는 동의서에 a) 추진위원회의 위원장(이하 "추진위원장"이라 한다), b) 추진위원회 위원, c) 법 제32조 제1항에 따른 추진위원회의 업무 및 d) 법 제34조 제1항에 따른 운영규정을 미리 쓴 후 토지등소유자의 동의를 받아야 한다.

② 토지등소유자의 동의를 받으려는 자는 법 제31조 제3항에 따라 다음 각 호의 사항을 설명·고지하여야 한다.

1. 동의를 받으려는 사항 및 목적
2. 동의로 인하여 의제되는 사항
3. 제33조 제2항에 따른 동의의 철회 또는 반대의사 표시의 절차 및 방법

4. 【자치규정】 (추진위원회) 운영규정안 제8조(토지등소유자의 동의)

① 추진위원회의 업무에 대한 토지등소유자의 동의는 「도시 및 주거환경정비법 시행령」(이하 "영"이라 한다) 제33조(토지등소유자의 동의자 수 산정 방법 등)에 따른다.

② 법 제36조(토지등소유자의 동의방법 등)의 규정은 제1항의 규정에 의한 동의에 관하여 이를 준용한다.

IV. 토지등소유자의 동의

5. **【법령】 전부개정법 시행규칙 제7조(추진위원회의 구성승인 신청 등)**

> ① 법 제31조 제1항에 따라 조합설립추진위원회(이하 "추진위원회"라 한다)를 구성하여 승인을 받으려는 자는 별지 제3호서식의 조합설립추진위원회 승인신청서(전자문서로 된 신청서를 포함한다)에 다음 각 호의 서류(전자문서를 포함한다)를 첨부하여 시장·군수등에게 제출하여야 한다.
>
> 1. 토지등소유자의 명부
> 2. 토지등소유자의 동의서
> 3. 추진위원회 위원장 및 위원의 주소 및 성명
> 4. 추진위원회 위원 선정을 증명하는 서류

6. **【해설】 토지등 양수인의 추진위원회 설립동의 간주**

> 조합설립추진위원회의 설립에 동의한 자로부터 토지 또는 건축물을 취득한 자는 조합설립추진위원회의 설립에 동의한 것으로 본다(시행령 제33조 제1항 제3호).
>
> 그럼에도 양수인이 동의서를 다시 제출한 경우(특히 양수인이 양도인이 동의한 추진위원회와 다른 추진위원회에 동의서를 제출한 경우) 두 동의서의 효력을 어떻게 볼 것인지가 문제된다(아래 하급심판례 참조).

B. 추진위원회 구성 동의자의 조합설립 동의 간주 및 반대의사 표시

1. **【해설】 추진위원회 동의자의 조합설립 동의 간주**

> 추진위원회 구성에 동의한 토지등소유자('추진위원회 동의자')는 조합 설립에 동의한 것으로 본다(법 제31조 제2항 본문). 따라서 추진위원회 동의자에 대하여는 별도로 조합설립동의서를 받을 필요가 없다.
>
> 추진위원회 동의자의 조합설립동의 의제조항은 2009. 2. 6. 개정법(법률 제9444호) 제13조 제3항으로 신설되어 2009. 8. 7.부터 시행되었으며, 2009. 8. 7. 이후 추진위원회 또는 주민대표회의의 구성에 동의를 얻는 분부터 적용되었다(동법 부칙 제1조 단서 및 동부칙 제4조).

2. **【해설】 추진위원회 동의자의 반대의사 표시의 시한과 방법**

> 조합설립에 대한 반대의 의사표시를 한 추진위원회 동의자는 조합설립 동의자에서 제외된다. '반대의사의 표시'가 허용되는 시기와 반대의사표시의 방법은 일반적인 조합설립동의자의 경우와 동일하다(영 제33조 제2항, 제3항). 그 내용은 아래와 같다.

제 5 장 조합설립추진위원회 / 제 1 절 추진위원회의 구성·승인

(1) **반대의사표시의 허용 시한:** 반대의 의사표시는 조합설립인가를 신청하기 전까지만 할 수 있다(법 제 31 조 제 2 항단서; 영 제 33 조 제 2 항). 따라서 조합설립인가 신청이 임박한 시점에 반대의사표시를 하는 경우에는 '당일특급 내용증명'을 이용해야 한다(당일특급우편이 가능한 지역은 제한되어 있으므로 주의를 요함)..

(2) **반대의사표시의 방법:** 반대의사의 표시는 '추진위원회 및 시장·군수등' 둘 모두에게 내용증명으로 발송하여야 한다. 구체적 방법은, ① 철회서에 토지등소유자가 성명을 적고 자필 기재, ② 지장(指章)을 날인한 후 ③ 주민등록증 및 여권 등 신원을 확인할 수 있는 신분증 사본을 첨부하여 ④ 추진위원회 및 시장·군수등에게 E) 내용증명의 방법으로 발송하여야 한다.

철회서를 받은 시장·군수등은 지체 없이 추진위원회에 철회서가 접수된 사실을 통지하여야 한다. (영 제 33 조 제 3 항.)

(3) 반대의사표시의 효력발생 시점은 ① 철회서가 추진위원회에 도달한 시점과 ② 시장·군수등이 추진위원회에 철회서가 접수된 사실을 통지한 시점 중 빠른 시점이다(영 제 33 조 제 4 항).

3. 【해설】 동의철회·반대의사 표시 절차·방법의 설명·고지 및 통지의무

(1) 추진위원회구성동의서를 받을 때에는 동의의 철회 또는 반대의사 표시의 절차 및 방법을 설명·고지하여야 한다(영 제 25 조 제 2 항 제 3 호).

(2) 그뿐 아니라 추진위원회는 ① 조합설립에 대한 동의철회와 반대의사표시의 방법 및 ② 조합설립동의서에 포함되는 사항을 추진위원회구성에 동의한 토지등소유자에게 조합설립인가 신청일 60 일 전까지 등기우편으로 통지하여야 한다(영 제 29 조 제 1 항).

4. 【법령】 전부개정법 시행령 제 29 조(추진위원회의 운영)

① 추진위원회는 법 제 34 조제 5 항에 따라 다음 각 호의 사항을 토지등소유자가 쉽게 접할 수 있는 일정한 장소에 게시하거나 인터넷 등을 통하여 공개하고, 필요한 경우에는 토지등소유자에게 서면통지를 하는 등 토지등소유자가 그 내용을 충분히 알 수 있도록 하여야 한다.

다만, 제 8 호 및 제 9 호의 사항은 법 제 35 조에 따른 조합설립인가(이하 "조합설립인가"라 한다) 신청일 60 일 전까지 추진위원회 구성에 동의한 토지등소유자에게 등기우편으로 통지하여야 한다.

8. 조합설립에 대한 동의철회(법 제 31 조 제 2 항 단서에 따른 반대의 의사표시를 포함한다) 및 방법

9. 제 30 조 제 2 항에 따른 조합설립 동의서에 포함되는 사항

IV. 토지등소유자의 동의

C. [고등법원판례] 추진위원회가 조합설립인가 신청 60일 전에 조합설립에 대한 동의철회 방법을 등기우편으로 통지하지 않았더라도, 추진위원회 설립동의서에 "본 동의서를 제출한 경우에도 조합설립인가 신청 전에 반대 의사표시를 함으로써 조합설립에 동의한 것으로 의제되지 않을 수 있음을 충분히 설명·고지 받았다"는 내용이 기재되어 있다면, 조합설립 동의가 간주될 수 있어 —서울고등법원 2019. 7. 11. 선고 2018누66847 판결[조합설립인가취소] (상고기각: 심리불속행)

이 사건 추진위원회가 CQ, CR, CT 에 대하여 조합설립인가 신청 60일 이전에 위와 같은 사항을 등기우편으로 통지하였다고 인정할 자료가 제출되어 있지는 않다.

그러나 을가 제4, 6호증, 을나 제18호증의 각 기재에 변론 전체의 취지를 종합하면, CQ, CR, CT 등 토지등소유자들이 이 사건 추진위원회에 제출한 추진위원회 설립동의서에는 '본 동의서를 제출한 경우에도 조합설립에 반대하고자 할 경우 조합설립인가 신청 전에 반대의 의사표시를 함으로써 조합설립에 동의한 것으로 의제되지 않도록 할 수 있음과 반대의 의사표시의 절차에 관한 사항을 충분히 설명·고지 받았다'는 내용이 기재되어 있는 사실…에 의하면,

위 토지등소유자들이 향후 조합설립에 반대의 의사표시를 할 수 있음과 그 절차를 알고 추진위원회의 구성에 동의하였고, 조합설립 동의서에 포함되어야 하는 사항에 관하여도 미리 안내 받았다고 인정할 수 있는 이상 위와 같은 사항을 등기우편 등 법령에 정한 방법에 따라 통지받지 않았다는 것만으로 구 도시정비법 제13조 제1항에 의하여 위 토지등소유자들의 추진위원회 구성에 대한 동의가 조합 설립의 동의로 간주되는 효력까지 부인된다고 보기는 어렵다. 원고의 이 부분 주장 역시 이유 없다.

D. [하급심판례] AQ가 '피고보조참가인'에게 동의서를 제출한 후 AQ로부터 부동산을 이전받은 AO와 AP가 다시 「원고를 위원장으로 하는 조합설립추진위원회」('원고 추진위원회')에 동의서를 제출한 경우의 처리방법: ① 중복동의자의 의사는 자신들의 중복동의를 각각 유효한 것으로 처리하여 복수의 추진위원회 중 어느 것이라도 승인을 받아도 무방하다는 것으로 보되, 어느 한쪽의 추진위원회 설립이 적법하게 승인된 경우에는 아직 승인을 받지 못한 다른 추진위원회에 대한 동의는 무효로 처리하는 것이 타당해; ② 따라서 피고는 피고보조참가인에 대한 동의요건 심사시 AQ의 동의서를 동의자 수에 포함시켜야 하고, 이를 무효로 본 것은 위법함 —서울행정법원 2009. 9. 25.선고 2009구합9192 판결[조합설립추진위원회승인처분등취소]

【당사자】

원고	A
피고	서울특별시 동작구청장
피고보조참가인	B 재정비촉진구역도시환경정비사업설립추진위원회

제5장 조합설립추진위원회 / 제1절 추진위원회의 구성·승인

【주문】

1. 피고가 2009. 3. 4. 피고보조참가인에 대하여 한 조합설립추진위원회 승인처분을 취소한다.

3. 제1항 기재 처분은 이 판결 확정시까지 그 효력을 정지한다.

1. 처분의 경위

가. 서울특별시는 2008. 9. 11. 서울특별시 고시 제2008-307호로 서울 동작구 C 일대 45,229㎡에 대해서 도시환경정비사업을 실시하기로 하고 위 지역을 B 재정비촉진지구역으로 지정하는 내용의 재정비촉진계획을 고시하였다.

나. 원고는 B 재정비촉진구역 내의 토지등소유자로서 원고를 위원장으로 한 조합설립추진위원회를 피고로부터 승인받고자 준비하고 있는 사람이고, 피고는 B 재정비촉진구역의 관할 행정청으로 조합설립추진위원회의 승인권자이다.

다. 원고를 위원장으로 하는 조합설립추진위원회(이하 '원고 추진위원회'라 한다)와 피고보조참가인(이하 '참가인'이라고만 한다)은 2008. 9. 11. 피고에게 B 재정비촉진구역에 대한 조합설립추진위원회 승인신청을 하였으나 피고는 2008. 10. 28. 원고 추진위원회와 참가인에 대하여 각 위 구역 내 토지등소유자 과반수의 동의가 없음을 이유로 승인신청을 반려하였다.

라. 원고 추진위원회는 2008. 10. 29. 참가인은 2008. 11. 28. 다시 피고에게 조합설립추진위원회 승인신청을 하였으나, 피고는 2009. 1. 8. 같은 이유로 위 각 승인신청을 반려하였다.

마. 원고 추진위원회와 참가인은 2009. 1. 20. 다시 피고에게 조합설립추진위원회 승인신청을 하였는데, 피고는 2009. 3. 4. 원고 추진위원회의 승인신청에 대해서는 동의율이 43.85%(= 132명 ÷ 301명)로서 토지등소유자 과반수의 동의가 없음을 이유로 반려하였고, 참가인의 승인신청에 대해서는 토지등소유자 동의율이 50.33%(= 151명 ÷ 300명)로서 과반수의 동의가 있고, 기타 관련 법규에 적법하다고 판단하여 승인처분을 하였다(이하 '이 사건 승인처분'이라 한다).

2. 원고의 주장

조합설립추진위원회의 정족수를 판단함에 있어 토지등소유자는 승인신청 당시를 기준으로 판단하는데, AN 건물 602호의 신청 당시 소유자인 AO, AP는 원고 추진위원회 측에 동의서를 제출함으로써 참가인에 대한 동의를 철회하였으므로 승인신청 당시 소유자가 아닌 AQ가 참가인에 대하여 제출한 동의서는 무효이다.

3. 인정사실

살피건대, ㉮ AQ 는 AN 외 1 필지 지상 CH 건물 제 602 호의 소유자인 토지등소유자로서 2008. 9. 11. 참가인에게 동의서를 제출한 사실, ㉯ AQ 는 2009. 9. 17. AO 와 AP 에게 각 위 부동산의 소유권을 이전한 사실, ㉰ AP 와 AP 는 원고 추진위원회에 동의서를 제출한 사실, ㉱ 피고는 AQ 의 동의서를 동의율 산정에서 제외시킨 사실은 당사자 사이에 다툼이 없거나 갑 제 14 호증의 1, 2, 을 제 8 호증의 각 기재에 변론 전체의 취지를 종합하여 인정할 수 있다…

4. 판단

도정법 시행령 제 28 조제 1 항 제 3 호에서는 조합설립추진위원회의 설립에 동의한 자로부터 토지 또는 건축물을 취득한 자는 조합설립추진위원회의 설립에 동의한 것으로 본다고 규정하고 있는바, 동조 제 4 항에서 토지등소유자는 승인신청 전에 동의를 철회하거나 반대의 의사표시를 할 수 있도록 규정하고 있는 점에 비추어 볼 때 조합설립추진위원회의 설립에 동의한 자로부터 부동산을 취득한 자가 승인신청 전에 동의를 철회하거나 반대의 의사표시를 하지 않은 경우에는 조합설립추진위원회의 설립에 동의한 것으로 보아야 할 것이다.

따라서 참가인에 대하여 동의서를 제출한 AQ 로부터 위 부동산의 소유권을 이전받은 AP 와 AP 가 승인신청 전에 동의를 철회하거나 반대의 의사표시를 하지 않은 이상 AO 와 AP 는 참가인에 대하여 동의한 것으로 보아야 할 것이다.

그런데 AO 와 AP 는 위 부동산의 소유권을 취득한 이후 원고 추진위원회에 대하여 동의서를 제출하였는바, 그와 같이 여러 추진위원회에 대하여 중복하여 동의한 중복동의자의 처리에 대하여 관계법령에는 아무런 규정이 없으나, 중복동의를 허용하는 경우에는 복수의 추진위원회 설립이 가능하게 되어 이로 인한 혼란이 초래될 우려가 있으므로 중복동의한 토지등소유자의 의사를 최대한 존중하되 중복동의를 허용함으로 인하여 발생할 수 있는 문제점을 최소화시키는 방향으로 중복동의자 문제를 처리하는 것이 합리적이라고 할 것이다.

중복동의자의 기본적인 의사는 자신들의 중복동의를 각각 유효한 것으로 처리하여 복수의 추진위원회 중 어느 것이라도 피고로부터 설립을 위한 승인을 받아도 무방하다는 것이라고 해석함이 상당하고, 다만, 일방의 추진위원회 설립이 적법하게 승인된 경우에는 아직 승인을 받지 못한 다른 추진위원회에 대한 동의는 무효로 처리하는 것이 타당하다 할 것이다.

따라서 피고가 참가인의 승인신청을 심사하면서, AQ 의 동의서를 무효로 산정한 것은 위법하다고 할 것이고, 참가인에 대한 동의율 산정에 이를 포함시켜야 할 것이다.

제 5 장 조합설립추진위원회 / 제 1 절 추진위원회의 구성·승인

V. 서울시 공공지원 정비사업에서의 추진위원회 구성 절차

A. 개요

1. 【해설】 공공지원자의 추진위원회 설립 지원

> 서울의 공공지원 정비사업에서 구청장의 공공지원은 추진위원회 설립 단계에서부터 시작된다. 추진위원회 설립은 공공지원자의 주도로 진행된다.
>
> **(1)** 「선거관리기준」에 따른 추진위원장 선출
>
> 정비구역지정이 고시되면 공공지원자(구청장)는 「공공관리 추진위원회 구성 선거관리기준」(이하 「선거관리기준」)[1]에 따라 예비추진위원장 및 예비감사 선거절차에 돌입한다. 먼저 주민설명회를 개최한 후 후보자등록공고 및 선거인명부 열람공고를 한다(선거관리기준 제 7 조).
>
> 구청장은 직접 선거사무를 수행하거나 정비사업전문관리업자를 선정하여 추진위원회의 구성지원 업무를 수행하게 할 수 있으며(선거관리기준 제 5 조 제 3 항], 관할 선거관리위원회에 선거관리를 위탁할 수 있다(제 8 조).
>
> **(2)** 예비추진위원회의 구성: 선거관리기준에 따라 실시된 선거에서 예비추진위원장과 예비감사가 선출되면, 예비추진위원장이 예비추진위원을 추천하여 예비추진위원회를 구성한다. 공공지원 정비사업에서는 이때 '예비추진위원회'가 정식으로 구성되므로, 그 외의 조합추진세력은 '예비추진위원회'라는 말을 사용해서는 안 된다.
>
> **(3)** 재정비촉진지구에서는 재정비촉진계획이 결정·고시되었을 때 추진위원회 구성 준비를 시작한다(도시재정비법 제 13 조 제 1 항 제 1 호 참조).

2. 【해설】 예비추진위원회에 의한 추진위원회 구성 완성

> **(1)** 위와 같이 선임된 예비추진위원장·예비감사·예비추진위원은 운영규정 작성, 조합설립추진위원회 구성 및 동의서 징구 업무를 전담·처리하며(선거관리기준 제 33 조 제 1 항), 그 외 조합설립 추진세력은 이 업무에 일절 관여할 수 없다.
>
> **(2)** 공공지원자는 연번連番이 부여된 검인동의서를 예비추진위원회에만 제공함으로써 추진세력들 간 동의서 징구 경쟁과 동의서 거래 비리를 원천적으로 차단했다(같은 조 제 3 항).

---

[1] '선거관리기준'은 "공공관리"라는 용어를 사용할 때 고시되었으므로 "공공관리자"라는 말을 쓰고 있다.

V. 서울시 공공지원 정비사업에서의 추진위원회 구성 절차

> (2) 예비추진위원장은 토지등소유자 과반수의 동의를 얻은 후 구청장에게 추진위원회 구성승인을 신청하여 승인을 받음으로써 추진위원회 구성을 완성한다(같은 조 제 5 항; 법 제 31 조 제 1 항). 이후 예비추진위원장·예비감사·예비추진위원이 각각 추진위원장·감사·추진위원이 되어 정식으로 추진위원회 업무를 시작한다.

3. 【해설】 추진위원회 구성의 생략

> 공공지원 정비사업에서는 토지등소유자의 과반수가 원하면 추진위원회 구성 단계를 생략할 수 있다(법 제 31 조 제 4 항; 영 제 27 조 제 6 항; 서울시 도시정비조례 제 82 조 제 2 항).
>
> 따라서 서울시 공공지원 정비사업에서 토지등소유자의 과반수가 추진위원회 구성 단계의 생략을 원하는 경우에는 구청장은 「조합설립 지원을 위한 업무기준」에 따라 조합설립주민협의체를 구성하여 곧바로 조합설립 지원 절차를 개시한다(법 제 31 조 제 4 항; 영 제 27 조 제 6 항; 조례 제 82 조 제 2 항).

4. 【해설】 「선거관리기준」의 주요 내용

> (1) 적용범위: 「선거관리기준」은 구청장이 공공지원 대상 정비사업의 추진위원회 구성 지원을 위하여 실시하는 추진위원장 및 감사 선거에 관한 선거관리 기준을 규정한 것이다.
>
> (2) 선거관리의 위탁: 공공지원자는 중앙선거관리위원회의 「공공단체등 위탁선거에 관한 규칙」('위탁선거 관리규칙')에 따라 관할위원회에 위탁하여 선거를 실시하되, 관할위원회가 선거를 수탁할 수 없는 경우에는 공공지원자가 직접 선거를 주관하여 실시할 수 있다(제 8 조).
>
> (3) 선거권자: 선거권은 선거인명부 확정일 기준 당해구역 토지등소유자로서 선거인명부에 등재된 자에게 있다(제 9 조 제 1 항). 토지등소유자수 산정에 관한 사항은 도시정비법령 규정에 따른다. 공유토지 등의 경우는 대표소유자 1 인에게만 선거권이 있다(공유자 등은 선거인명부 열람기간 내에 대표자 선임동의서를 제출하여야 하며, 공공지원자는 이를 선거인명부에 기재하여야 한다. 제 9 조 제 2 항).
>
> (4) 선거권의 대리행사: 배우자·직계존비속·형제자매 중에서 성년자를 대리인으로 정하여 위임장을 제출한 경우에는 그 대리인을 통하여 선거권을 행사할 수 있으나(해외거주자와 법인인 토지등소유자가 대리인을 지정하는 경우에는 대리인 자격에 제한이 없음. 제 9 조 제 3 항 제 2 호), 이 경우에도 선거인명부 열람기간 내에 미리 위임장을 제출하여 선거인명부에 기재하여야 한다(제 9 조 제 3 항).

법인인 토지등소유자가 대리인을 지정한 경우에도 법인의 대표자는 여전히 선거권이 있으므로 선거인명부에 대표자를 기재하여야 한다(제 9 조 제 3 항 제 3 호).

(5) 선거인명부 기재사항에 명의변경·누락·오기 등 잘못된 사항이 있는 경우에는 선거인명부 열람기간 내에 이의신청을 하여야 하며, 이의신청을 하지 않은 토지등소유자는 선거권이 없다(제 9 조 제 4 항).

(6) 주민설명회: 공공지원자는 후보자등록공고 및 선거인명부 열람공고를 하기 전에 주민설명회를 개최하여야 하며, 주민설명회 7 일 전까지 토지등소유자에게 통지하고 클린업시스템(서울시 종합정보관리시스템)에 게시하여야 한다(제 7 조).

(7) 당선자 공고: 공공지원자는 선거일로부터 3 일 이내에 선거결과 및 당선자를 공고한다(제 31 조 제 1 항). 당선자는 추진위원회 승인전까지 예비추진위원장, 예비감사의 지위를 가지며, 임기는 추진위원회 승인을 받은 날부터 개시한다(제 31 조 제 2, 3 항).

(8) 예비추진위원의 추천: 예비추진위원장은 예비추진위원을 정원의 110% 이상 추천하며, 추진위원장·감사 낙선자는 당연직 예비추진위원으로 추천하여야 한다(낙선자가 거부할 경우는 제외. 제 33 조 제 2 항). 예비추진위원으로 추천된 사람은 취임승낙에 의하여 바로 예비추진위원이 되며, 이로써 '예비추진위원회'가 정식으로 구성된다.

(9) 추진위원회 구성의 완결: 예비추진위원장은 운영규정(안)을 작성한 후 추진위원회 설립동의서에 예비추진위원을 기재하고 운영규정(안)을 첨부하여 토지등소유자 과반수의 동의를 얻어 추진위원회구성 승인신청을 하여 구청장의 승인을 받아 추진위원회 구성절차를 완결한다(제 33 조).

B. 「공공관리 추진위원회 구성 선거관리기준」 중요 조문 발췌

서울특별시 고시 제 2011 - 140 호(개정 2011. 6. 2)

1. 선거관리기준 제 2 조(용어의 정의)

이 기준에서 사용하는 용어의 정의는 다음과 같다.

1. "선거"라 함은 정비사업 조합설립추진위원회(이하"추진위원회"라 한다)의 구성을 위한 예비추진위원장, 예비감사의 선거를 말한다.

2. "관할위원회"라 함은 선거관리위원회법 제 3 조에 따라 정비구역 소재지를 관할하는 구 선거관리위원회를 말한다.

3. "예비추진위원장"이라 함은 구청장(이하 "공공관리자"라 한다)이 추진위원회 구성을 지원하기 위한 추진위원장 선거에서 당선된 자를 말한다.

V. 서울시 공공지원 정비사업에서의 추진위원회 구성 절차

   4. "예비감사"라 함은 공공관리자가 추진위원회 구성을 지원하기 위한 감사선거에서 당선된 자를 말한다.

   5. "예비추진위원"이라 함은 예비추진위원장이 추진위원회 구성을 위해 추진위원으로 추천한 자를 말한다.

   6. "예비추진위원회"라 함은 예비추진위원장, 예비감사 및 예비추진위원으로 구성된 추진위원회를 말한다.

2. 선거관리기준 제 3 조(적용범위)

이 기준은 공공관리자가 추진위원회 구성을 지원하기 위한 선거에 적용한다. 추진위원회와 조합은 위원 또는 임원의 선거에 이 기준을 준용할 수 있다.

3. 선거관리기준 제 7 조(주민설명회)

① 공공관리자는 추진위원회 구성을 위한 선거의 주민설명회를 후보자등록공고 및 선거인명부 열람공고전에 개최하여야 한다.

② 공공관리자가 제 1 항에 따른 주민설명회를 개최하는 경우에는 토지등소유자에게 일시, 장소, 설명내용 등을 주민설명회 7 일전까지 통지하고 클린업시스템에 게시하여야 한다.

4. 선거관리기준 제 9 조(선거권 등)

① 선거권은 선거인명부 확정일 기준 당해구역 토지등소유자로서 선거인명부에 등재된 자에게 있다.

② 제 1 항에 따른 토지등소유자의 선거권이 영 제 28 조제 1 항제 1 호 및 제 2 호에 해당할 경우에는 대표소유자 1 인에게 선거권이 있다. 이 경우 선거인명부 열람기간내 대표자 선임동의서(별지 제 2 호 서식)를 작성하여 제출하여야 하며, 공공관리자는 선거인명부에 기재하여야 한다.

③ 제 1 항의 규정에 불구하고 다음 각호에 해당하는 자는 선거인명부 열람기간내에 위임장 또는 지정서(별지 제 3 호 서식)를 제출하여야 한다. 이 경우 공공관리자는 선거인명부에 기재하여야 한다.

  1. 토지등소유자가 권한을 행사할 수 없어 배우자·직계존비속·형제자매 중에서 성년자를 대리인으로 정하여 위임장을 제출하는 경우

  2. 해외거주자가 대리인을 지정하는 경우

> 3. 법인인 토지등소유자가 대리인을 지정한 경우(법인의 대표자는 선거권이 있으므로 선거인명부에 기재하여야 한다)
>
> ④ 선거인명부 열람기간내 명의변경등 기재사항의 누락·오기등 잘못된 사항에 대하여 이의신청하지 아니한 토지등소유자는 선거권이 없다.

5. 선거관리기준 제 10 조(피선거권 등)

> 추진위원회설립에 동의한 자로 후보자등록일 기준으로 다음 각호의 기준에 적합한 토지등소유자는 피선거권이 있다.
>
> 1. 운영규정안 제 15 조 제 2 항의 규정에 적합한 자
>
> ☞ 운영규정안 제 15 조 제 2 항은 추진위원의 자격에 관한 규정이다(내용은 제 5 장 제 3 절 I. 추진위원의 선임 부분 참조).
>
> 2. 추진위원회운영규정(이하"운영규정"이라 한다) 제 2 조 제 3 항, 운영규정안 제 16 조 제 1 항(☞ 위원의 결격사유) 규정에 해당하지 않는 자

6. 선거관리기준 제 11 조(선거일)

> ① 공공관리자는 후보자확정공고일 다음날부터 10 일이상 14 일이내로 선거일을 정하여 클린업시스템에 공고한다.
>
> ② 제 1 항에 따른 선거일은 가급적 휴일을 정하여 토지등소유자의 선거참여를 유도하여야 한다.

7. 선거관리기준 제 13 조(선거인명부 열람)

> ① 공공관리자는 선거인명부를 작성하고 선거인명부 확정공고 14 일전까지 열람 공고하여야 한다. 이 경우 토지등소유자 또는 선거인명부에 기재된 자는 자신의 정보에 한하여 열람할 수 있다.
>
> ② 공공관리자는 선거인명부 열람 사실을 등기우편의 방법으로 통지하여야 하며, 등기우편이 반송된 경우에는 1 회에 한하여 일반우편에 의한 방법으로 재발송 하여야 한다.
>
> ③ 선거인명부 열람공고에는 열람 장소, 기간, 방법 등과 제 9 조의 규정에 의한 선거권에 대한 사항을 기재하여야 하며 클린업시스템에 게시하여야 한다.
>
> ④ 토지등소유자는 선거인명부의 기재사항에 누락, 오기 또는 명의이전 등 변경사항이 있을 경우에는 열람 기간내 증빙자료를 첨부하여 이의를 신청하여야 한다.

V. 서울시 공공지원 정비사업에서의 추진위원회 구성 절차

⑤ 제 4 항의 의한 이의신청이 있을 경우 공공관리자는 확인하고 선거인명부를 수정하여야 하며 모든 이의신청 사실을 관리하여야 한다.

8. 선거관리기준 제 14 조(선거인명부 확정)

① 공공관리자는 선거인명부를 선거일 10 일부터 14 일전까지 확정하여야 하며, 클린업시스템에 선거인명부 확정사실을 공고한다.
② 공공관리자가 확정공고한 선거인명부는 당해구역의 선거에 한하여 효력을 가진다.

9. 선거관리기준 제 16 조(후보자추천)

① 후보자가 되고자 하는 자는 후보자 추천서(별지 제 5 호 서식)에 의거 선거권자의 추천을 받아야 한다. 이 경우 공공관리자(선거관리담당자)가 후보자 등록공고 이후 날인하여 발급한 추천서에 의한다.
② 예비추진위원장, 예비감사 후보의 추천인수는 다음 각호에 따른다.
  1. 당해구역 토지등소유자가 1000 인 이상인 경우에는 50 인 이상의 추천
  2. 당해구역 토지등소유자가 1000 인 미만인 경우에는 30 인 이상의 추천
  3. 당해구역 토지등소유자가 300 인 미만인 경우에는 토지등소유자수의 10 분의 1 이상의 추천
③ 당해구역 모든 토지등소유자는 제 2 항의 규정에 의한 추천인이 될 수 있다

10. 선거관리기준 제 17 조(후보자등록)

① 공공관리자는 예비추진위원장 및 예비감사의 후보자를 등록받고자 하는 경우에는 클린업시스템에 후보자 등록공고를 하여야 한다.
② 공공관리자는 후보자등록 공고일 이후 7 일이 경과한 날부터 기산하여 2 일 이상의 후보자등록기간을 정하여야 한다. (이하 생략)
③ 제 10 조의 규정에 의한 피선거권이 있는 자는 다음 각호의 서류를 갖추어 후보자등록 신청서(별지 제 6 호 서식)를 공공관리자에게 제출하여야 한다.
  1. 운영규정 제 2 조제 3 항의 각호 사항에 해당 없음을 증명하는 서류(경찰서의 범죄사실 확인서 포함)
  2. 제출된 서류의 공개와 확인을 위한 동의서(별지 제 7 호 서식)
  3. 제 16 조의 후보자의 추천서

제 5 장 조합설립추진위원회 / 제 1 절 추진위원회의 구성·승인

> 4. 공명선거 및 추진위원회설립동의, 낙선시 추진위원 선임등에 관한 이행각서(별지 제 8 호 서식)
>
> 5. 공무원으로 인정되는 자는 직장대표자의 겸직동의 공문서(입후보 동의서)
>
> ☞ 예비추진위원장·예비감사의 후보자등록을 하기 위해서는 낙선시 추진위원에 선임되는 것을 동의하는 이행각서를 제출하여야 하나, 낙선 후에는 추진위원에 선임되는 것을 거부할 수 있다(제 33 조 제 2 항).
>
> ④ 후보자등록을 한 자는 선거공보 작성안(별지 제 9 호 서식)과 후보자 정견서(별지 제 10 호 서식)에 따라 후보자 선거공보 홍보문을 확정공고일까지 제출하여야 한다.
>
> ⑤ 공공관리자는 입후보자의 자격을 확인하여야 한다.
>
> ⑥ 공공관리자는 추첨에 의한 방법으로 후보자 기호를 배정하여야 한다.

11. 선거관리기준 제 19 조(후보자등록 무효).

> ② 후보자확정 공고후에 후보자가 사퇴하고자 하는 경우에는 후보자 사퇴서(별지 제 12 호 서식)를 제출하여야 한다.

12. 선거관리기준 제 21 조(합동연설회)

> ① 공공관리자는 입후보자의 홍보를 위하여 선거운동기간내에 합동연설회를 개최 할 수 있다.
>
> ② 입후보자는 특별한 사유가 없는 한 합동연설회에서 홍보를 위한 연설을 해야한다.
>
> ③ 입후보자 연설순서는 추진위원장, 감사순이며, 배정된 기호순으로 한다.

13. 선거관리기준 제 26 조(선거)

> ① 선거는 기표방법으로 투표한다. 다만, 관할위원회(공공관리자가 직접 선거를 주관하는 경우 공공관리자를 말한다. 이하 이 장에서 같다)에서 전자투표의 방법으로 결정한 경우에는 그에 따른다.
>
> ④ 예비추진위원장, 예비감사는 선거에서 다수의 유효투표를 얻은 자를 선임한다. 단, 투표결과 유효투표가 동수일 경우에는 연장자를 당선자로 한다.
>
> ⑤ 단독입후보자는 예비추진위원장, 예비감사에 당선된 것으로 본다.

V. 서울시 공공지원 정비사업에서의 추진위원회 구성 절차

14. 선거관리기준 제 29 조(개표)

> ② 개표소는 투표소와 같은 장소로 한다. 단, 장소협소 등 동일장소에서 개표하기가 어려울 경우 인접한 장소에 별도 설치할 수 있다.
>
> ④ 개표는 투표 종료후 즉시 실시하는 것을 원칙으로 한다.

15. 선거관리기준 제 30 조(무효투표)

> 다음 각 호의 투표는 무효로 한다.
>   1. 공공관리자의 날인이 없거나(투표관리관의 사인을 포함한다) 소정의 투표용지가 아닌 경우
>   2. 기표가 안 된 경우
>   3. 기표가 불확실한 경우
>   4. 소정의 기표용구 이외의 것으로 기표한 경우

16. 선거관리기준 제 31 조(당선자)

> ① 공공관리자는 선거일로부터 3일 이내에 선거결과 및 당선자를 공고한다.
> ② 당선자는 당선자공고로서 그 지위를 득한다.
> ③ 당선자는 추진위원회승인전까지 예비추진위원장 또는 예비감사의 지위을 갖는다.
> ④ 추진위원장, 감사의 임기는 추진위원회 승인을 받는 날부터 개시한다.

17. 선거관리기준 제 32 조(선거관계서류의 보관)

> 공공관리자 또는 관할위원회는 선거관리가 종료된 후 모든 선거관계서류 일체를 예비추진위원장, 예비감사의 임기동안 보관하여야 한다.

18. 선거관리기준 제 33 조(추진위원회 구성 기준)

> ① 예비추진위원장, 예비감사 및 예비추진위원은 공공관리자의 지원을 받아 운영규정 작성 등 조합설립추진위원회구성 및 동의서 징구를 위하여 적극 노력해야 한다.
> ② 예비추진위원의 추천은 예비추진위원장 당선자가 통별, 가구수, 세대수 및 시설의 종류와 운영규정 제 2 조제 3 항(결격사유)을 고려하여 110%이상 추천해야 한다. 이 경우 선거의 낙선자는 당연직 예비추진위원으로 추천하여야 한다. 단, 낙선자가 거부할 경우에는 그러하지 아니하다.

제 5 장 조합설립추진위원회 / 제 1 절 추진위원회의 구성·승인

> ③ 공공관리자는 예비추진위원을 추천받아 도시 및 주거환경정비법 시행규칙(이하'시행규칙'이라 한다) 제 6 조제 2 항의 규정에 의한 추진위원회 설립동의서(이하 "동의서"라 한다)에 연번을 부여하여 제공하여야 한다.
>
> ④ 제 2 항에 따라 예비추진위원을 추천하는 경우에는 승낙서(별지 제 14 호 서식)를 받아야 하며 제 3 항에 따른 동의서가 작성된 이후에 예비추진위원을 사퇴할 경우 그 수리는 추진위원회 승인 이후에 해야 한다.
>
> ⑤ 예비추진위원장은 토지등소유자 과반수의 동의를 얻어 추진위원회 구성승인을 신청한다.

19. 부칙(시행일)

> 이 기준은 이 고시 이후 최초로 추진위원회 구성 지원을 위한 추진위원장·감사 선거 후보자등록 공고하는 정비사업부터 적용한다.

VI. 추진위원회 구성을 생략하는 경우 공공지원자의 조합설립 지원

A. 개요

1. 【해설】「조합설립 지원을 위한 업무기준」에 따른 조합설립주민협의체 구성

> (1) 정비계획 입안 단계에서 토지등소유자의 의견을 조사한 결과 토지등소유자의 과반수가 추진위원회 구성 단계의 생략을 원하는 경우에는, 공공지원자(구청장)는 조합설립계획을 수립하여 서울시 클린업시스템에 공고한 후 「조합설립 지원을 위한 업무기준」 (이하 '업무기준')에 따라 조합설립주민협의체(이하 '주민협의체')를 구성하여 조합설립 지원 절차를 개시한다(법 제 31 조 제 4 항; 영 제 27 조 제 6 항; 조례 제 82 조 제 2 항; 업무기준 제 5 조).
>
> (2) 공공지원자는 조합설립 지원 업무를 정비사업전문관리업자에게 대행하도록 할 수 있다(업무기준 제 6 조).

2. 【법령】전부개정 도시정비법 제 31 조(조합설립추진위원회의 구성·승인)

> ④ 정비사업에 대하여 제 118 조에 따른 공공지원을 하려는 경우에는 추진위원회를 구성하지 아니할 수 있다. 이 경우 조합설립 방법 및 절차 등에 필요한 사항은 대통령령으로 정한다.

VI. 추진위원회 구성을 생략하는 경우 공공지원자의 조합설립 지원

3. 【법령】 전부개정법 시행령 제 27 조(창립총회의 방법 및 절차 등)

> ⑥ 법 제 118 조에 따라 공공지원 방식으로 시행하는 정비사업 중 법 제 31 조 제 4 항에 따라 추진위원회를 구성하지 아니하는 경우에는 제 1 항부터 제 5 항까지에서 규정한 사항 외에 제 26 조 제 2 호부터 제 4 호까지의 업무에 대한 절차 등에 필요한 사항을 시·도조례로 정할 수 있다.

4. 【조례】 서울시 도시정비조례 제 82 조(공공지원에 의한 조합설립 방법 및 절차 등)

> ① 시장은 법 제 31 조 제 4 항 및 영 제 27 조 제 6 항에 따라 추진위원회를 구성하지 아니하는 경우에 조합설립 방법 및 절차 등에 필요한 사항을 다음 각 호의 내용을 포함하여 고시하여야 한다.
> 1. 토지등소유자의 대표자 등 주민협의체 구성을 위한 선출방법
> 2. 참여주체별 역할
> 3. 조합설립 단계별 업무처리 기준
> 4. 그 밖에 조합설립 업무지원을 위하여 필요한 사항
>
> ② 구청장은 제 7 조 제 12 호에 따라 토지등소유자의 과반수가 추진위원회 구성 단계 생략을 원하는 경우 제 1 항에 따른 방법과 절차 등에 따라 조합을 설립하여야 한다.

☞ 조례 제 7 조(정비계획 입안 시 조사·확인 내용)

영 제 7 조 제 2 항[☞ 시장·군수등이 정비계획을 입안하는 경우 조사할 사항] 제 7 호에서 "그 밖에 시·도조례로 정하는 사항"이란 다음 각 호의 사항을 말한다.

12. 법 제 31 조제 4 항에 따른 조합설립추진위원회(이하 "추진위원회"라 한다) 구성 단계 생략에 대한 토지등소유자 의견

B. 「조합설립 지원을 위한 업무기준」 (서울특별시 2016. 11. 10. 고시 제 2016- 354 호)

1. 【해설】 조합설립 지원절차 요약

> 이 기준은 서울시 공공지원 정비사업에서 조합설립추진위원회 구성을 생략하고 조합을 설립하는 경우 그 방법 및 절차 등에 관한 사항을 규정한 것이며, 그 주요내용은 아래와 같다.
>
> (1) 조합설립주민협의체 구성: A) 위원장은 토지등소유자가 아닌 자로서 변호사·건축사·도시계획기술사·공무원(현직 제외) 등의 전문가(정비사업 3 년 이상 유경험자) 중에서 위촉한다. B) 부위원장은 전체 토지등소유자의 과반수가 참여한 선거를 통하여 당선된 주

제 5 장 조합설립추진위원회 / 제 1 절 추진위원회의 구성·승인

민대표자를 선임한다. C) 위원은 토지등소유자의 20 분의 1 이상으로 공공지원자가 선임한다. (이상 제 8 조.)

위원장 또는 공공지원자(구청장)는 필요하다고 인정하는 때에 장소·시간·안건 등을 7 일 전에 통보하고 주민협의체 회의를 개최한다(제 14 조). 공공지원자는 외부 전문가를 회의에 참여하도록 할 수 있으며(제 8 조 제 5 항), 위원장은 사전에 공공지원자에게 알리고 외부 전문가를 회의에 참석시켜 의견을 들을 수 있다(제 11 조 제 2 항).

(2) 조합설립절차의 진행: 주민협의체는 도시정비법령에 따라 ① 토지등소유자들로부터 조합설립동의서를 받고(제 17 조), ② 동의율에 도달하면 부위원장(주민대표)은 창립총회를 소집하여(주민대표가 의장이 됨. 제 18 조) ③ 창립총회에서 조합정관을 확정한 후 ④ 행정업무규정, 예산·회계규정·선거관리규정 등을 확정하고 ⑤ 조합임원과 대의원을 선임하고(이상 제 19 조) ⑥ 구청장에게 조합설립인가 신청서를 제출하여 조합설립 절차를 마무리한다(제 20 조).

2. 「조합설립 지원을 위한 업무기준」 주요 조항(발췌)

제 2 조(용어의 정의)

이 기준에서 사용하는 용어의 정의는 다음과 같다.

　1. "조합설립주민협의체"라 함은 정비구역 고시 후 조합설립을 위하여 토지등소유자, 공공지원자, 변호사 등으로 구성되어 주민의견 수렴 등 창립총회 개최 준비 업무를 지원하는 조직을 말한다.

　2. "위원장"이라 함은 조합설립 주민협의체 위원장으로 토지등소유자가 아닌 공공지원자, 변호사·건축사·도시계획기술사·공무원(현직제외)등의 전문가(정비사업에 3 년이상 유경험자)를 말한다.

　3. "부위원장"이라 함은 조합설립주민협의체 부위원장으로 토지등소유자가 선출한 주민대표를 말한다.

　4. "위원"이라 함은 조합설립주민협의체 구성을 위하여 공공지원자가 선임한 자를 말한다.

제 4 조(토지등소유자의 권리)

토지등소유자는 제 3 조에 의한 법령이 정하는 범위에서 주민협의체의 의사결정과 관련하여 의견을 제출할 수 있다.

제 5 조(조합설립계획 수립 및 공고 등)

① 공공지원자는 당해 구역의 조합을 설립하고자 하는 경우 조합설립계획을 수립하여 서울특별시 클린업시스템(이하 "홈페이지"라 한다)에 공고하여야 한다.

제 6 조(정비사업전문관리업자의 선정 등)

① 공공지원자는 조합설립 지원을 정비사업전문관리업자에게 대행토록 할 수 있다. 이 경우 대행업무는 용역수행 과업내용서에 따른다. (이하 생략)

제 8 조(주민협의체 구성 등)

① 조합설립추진위원회를 생략하고 조합설립 업무를 추진하고자 하는 경우 주민협의체를 둔다. 당해 주민협의체의 명칭은 "○○정비구역 조합설립주민협의체" 라 한다.

② 주민협의체 위원장은 제 2 조제 2 호에 따른 전문가 중에서 정비구역 내의 토지등소유자가 아닌 자로 공공지원자가 위촉한다.

③ 부위원장은 당해구역 토지등소유자가 선거를 통하여 당선된 주민대표자로 선임한다. 이 경우 서면 및 현장 투표의 방법을 통해 후보자 중 다득표자를 주민대표로 선출(단일후보자인 경우 찬반 투표)하며, 전체 토지등소유자의 과반수가 참여하여야 한다.

④ 위원은 당연직인 주민협의체 a) 부위원장을 포함하여 토지등소유자의 20 분의 1 이상으로 하되 b) 토지등소유자가 20 분의 1 이 50 인을 넘는 경우에는 토지등소유자의 20 분의 1 범위안에서 50 인 이상으로 구성할 수 있으며 c) 최소인원은 10 명 이상으로 하며 d) 주거유형 및 동별, 통·반별, 가구별 세대수 및 시설의 종류, 토지면적 등을 고려하여 구역내 의견을 대표할 수 있는 자로 e) 공공지원자가 선임한다.

다만, 모집인원 초과 시 공고문에 따라 연장자 순 또는 공개추첨을 통해 선정할 수 있다.

⑤ 공공지원자는 주민협의체 회의 안건에 따라 변호사·감정평가사·설계업자·정비사업전문관리업자 등의 외부 전문가를 회의에 참여하도록 할 수 있으며, 이 경우 외부 전문가에게 의결권은 부여되지 아니한다.

⑥ 위원장 부재 또는 궐위시 공공지원자는 지체없이 외부전문가를 임시위원장으로 선임하여야 한다.

⑦ 주민협의체 회의의 개최 및 운영 등에 대하여 공공지원자가 선정한 정비사업전문관리업자의 지원을 받을 수 있다. (이하 생략)

제 9 조(표준안 공고 등)

주민협의체는 조합설립을 위한 창립총회 안건으로 다음 각 호의 사항이 포함된 ○○조합 업무규정(안) 등을 서울특별시 표준(안)으로 홈페이지 등에 공고하여야 한다.

1. 행정업무규정
2. 예산·회계규정
3. 선거관리규정

4. 그 밖에 필요한 규정

제10조(결격사유 등)

① 다음 각 호의 하나에 해당하는 자는 위원 등이 될 수 없다.

1. 미성년자·금치산자·한정치산자

2. 파산자로서 복권되지 아니한 자

3. 금고 이상의 실형의 선고를 받고 그 집행이 종료(종료된 것으로 보는 경우를 포함한다)되거나 집행이 면제된 날부터 2년이 경과되지 아니한 자

4. 금고 이상의 형의 집행유예를 받고 그 유예기간 중에 있는 자

5. 이 법을 위반하여 벌금 100만원 이상의 형을 확정판결 받은 날로부터 5년이 지나지 아니한 자

② 위원 등이 제1항 각 호의 하나에 해당하게 되거나 선임 당시 그에 해당하는 자이었음이 판명된 경우 당연 퇴임한다.

③ 제2항의 규정에 의하여 퇴직한 위원 등이 퇴직 전에 관여한 행위는 그 효력을 잃지 아니한다.

제11조(위원장의 직무)

① 위원장은 주민협의체를 대표하고, 주민협의체의 업무를 총괄한다.

② 위원장은 필요할 경우 설계업자·정비사업전문관리업자·감정평가사 등 정비사업 분야별 외부 전문가를 주민협의체 회의에 참석시켜 의견을 들을 수 있으며, 이 경우, 사전에 공공지원자에게 알리어 회의시 참여하도록 하여야 한다.

③ 위원장은 주민협의체 운영과 회의개최 등 직무수행에 대하여 공공지원자가 선정한 정비사업전문관리업자의 지원을 받을 수 있다.

제12조(주민협의체 위원의 직무 등)

① 위원 등은 위원장을 보좌하고, 회의에 부의된 사항을 심의·의결한다.

② 위원 등은 동일한 목적의 정비사업을 시행하는 다른 조합·추진위원회 또는 정비사업전문관리업자 등 관련단체의 임원·위원 또는 직원을 겸할 수 없다.

제13조(주민협의체의 업무)

① 주민협의체는 다음 각 호의 업무를 수행한다.

1. 개략적 추정분담금 산정

2. 조합정관(안) 작성

3. 조합의 행정업무, 예산·회계, 선거관리규정(안) 등의 작성

　　　4. 조합설립동의서 징구

　　　5. 선거관리위원회 구성

　　　6. 그 밖에 필요한 사항

② 제1항제2호, 제3호 등은 창립총회 처리안건으로 확정하고 결의한다.

제 14 조(회의소집 및 의결)

① 위원장 또는 공공지원자는 주민협의체 활동 등에 필요하다고 인정하는 때에는 주민협의체 회의를 개최하되, 7일전에 위원 등에게 장소, 시간, 안건 등을 통보한다.

② 주민협의체는 재적위원 과반수 출석으로 개의하고, 출석위원 과반수 찬성으로 의결한다. 다만, 재적·출석위원은 토지등소유자에 한한다.

제 15 조(주민설명회 등)

① 위원장은 주민협의체 의사 결정사항에 대하여 홈페이지에 공고하고 14일 이상 주민들의 의견을 수렴해야 한다.

② 주민협의체는 제13조 제1호부터 제3호까지의 개략적인 추정부담금 산정 등이 결정되면 주민설명회 등을 통해 이를 안내하고, 조합설립에 필요한 동의를 받기 전에 법 시행령 제27조의 2 각호에서 정하는 정보를 토지등소유자에게 제공하여야 한다.

제 16 조(관련정보 공개 등)

① 위원장 또는 공공지원자는 주민협의체 관련 자료가 작성되거나 변경된 후 15일 이내에 이를 토지등소유자가 알 수 있도록 홈페이지에 공개하여야 한다.

② 주민협의체 관련자료를 토지등소유자가 열람·복사 요청을 한 경우 위원장 또는 공공지원자는 주민등록번호를 제외하고, 15일이내에 그 요청에 따라야 한다. 이 경우 복사에 필요한 비용은 실비의 범위에서 청구인에게 부담시킬 수 있다. (이하 생략)

제 17 조(조합 설립동의서 징구)

① 주민협의체는 법 제16조에 따라 토지등소유자들에게 조합 설립동의서를 받아야 한다.

② 주민협의체는 조합 설립동의서의 내용 및 징구 방법, 홍보 등에 대하여 공공지원자가 선정한 정비사업전문관리업자의 지원을 받을 수 있다.

③ 토지등소유자의 조합 설립동의 및 철회는 이 법에 따른다.

제5장 조합설립추진위원회 / 제2절 추진위원회 구성승인의 하자

> 제18조(창립총회의 소집 등)
> ① 주민대표자인 주민협의체 부위원장(이하 "주민대표"라 한다)은 공공지원 창립총회의 소집권한을 갖는다.
> ② 주민대표는 공공지원 창립총회의 의장이 된다. (이하 생략)

제2절 추진위원회 구성승인의 하자

I. 개요

A. 【해설】 원고적격

> 정비구역 내 토지등소유자는 모두 추진위원회 설립승인처분의 취소를 구할 법률상 이익이 있다. 추진위원회 구성에 동의하지 않은 토지등소유자도 원고적격이 있다(대법원 2007. 1. 25. 선고 2006두12289 판결).

B. 추진위원회 구성에 동의하지 않은 토지등소유자도 추진위원회구성승인처분에 대한 취소소송을 제기할 원고적격 있어 —대법원 2007. 1. 25. 선고 2006두12289 판결[추진위원회승인처분취소]

【당사자】

> 【원고(선정당사자), 상고인】 원고 1 외 112인
>
> 【피고, 피상고인】 서울특별시 동대문구청장
>
> 【참 가 인】 이경구역주택재개발정비사업조합설립추진위원회

　도시 및 주거환경정비법(이하 '법'이라 한다) 제13조 제1항 및 제2항에 의하면, 시장·군수 또는 주택공사 등이 아닌 자가 주택재개발사업 등을 시행하고자 하는 경우에는 토지 등 소유자로 구성된 조합을 설립하여야 하고, 위와 같은 조합을 설립하고자 하는 경우에는 토지 등 소유자 2분의 1 이상의 동의를 얻어 위원장을 포함한 5인 이상의 위원으로 조합설립추진위원회(이하 '추진위원회'라 한다)를 구성하여 건설교통부령이 정하는 방법 및 절차에 따라 시장·군수의 승인을 얻어야 하는 것인바, 위 규정의 입법 경위와 취지에 비추어 하나의 정비구역 안에서 복수의 추진위원회에 대한 승인은 허용되지 않는 점, 추진위원회가 조합을 설립할 경우 법 제15조 제4항에 의하여 추진위원회가 행한 업무와 관련된 권리와 의무는 조합이 포괄승계하며, 주택재개발사업의 경우 정비구역 내의 토지 등 소유자는 법 제19조 제1항에 의하여 당

I. 개요

연히 그 조합원으로 되는 점 등에 비추어 보면, <u>추진위원회의 구성에 동의하지 아니한 정비구역 내의 토지 등 소유자도 추진위원회설립승인처분에 대하여 법에 의하여 보호되는 직접적이고 구체적인 이익을 향유한다</u>고 할 것이다.

따라서 원고 및 선정자들이 이 사건 <u>정비구역 내 토지 등 소유자</u>라면 원고 및 선정자들은 피고가 참가인 <u>이경구역주택재개발정비사업조합설립추진위원회</u>에 대하여 한 설립승인처분(이하 '이 사건 처분'이라 한다)<u>이 승인의 요건을 갖추지 못하였음을 주장하여 그 취소소송을 제기할 원고적격이 있다</u>고 보아야 할 것이다.

그럼에도 불구하고, 원심은 원고 및 선정자들에게는 이 사건 처분으로 인하여 어떠한 법률상 이익을 침해당했다고 볼 수 없어 이 사건 처분의 취소를 구할 원고적격이 없다고 판단하였으니, <u>원심판결에는 취소소송의 원고적격에 관한 법리를 오해한 위법이 있고</u>, 이러한 위법은 판결에 영향을 미쳤음이 분명하다.

C. [고등법원판례] ① 법령을 위반하여 법률행위를 한 자가 강행법규 위반을 이유로 그 법률행위의 무효를 주장하는 것은 신의칙위반 또는 권리남용 아니야; ② 따라서 <u>원고가 추진위원회 구성·운영에 장기간 적극적으로 관여해 왔음에도 태도를 바꾸어 새삼 추진위원회구성이 무효라고 주장하는 것은 신의칙 위반 아님</u> —서울고등법원 2009. 6. 30. 선고 2008누38072 판결[학성동광명마을주택재개발정비사업조합설립추진위원회설립승인무효확인]

【당사자】

> 【원고(선정당사자), 피항소인】 원고
> 【피고, 항소인】 원주시장

<u>피고는, 원고와 선정자 2, 3 등은 소외 추진위원회의 구성 또는 운영에 장기간 적극적으로 관여하여 왔음에도, 이들이 이제 와서 새삼스럽게 태도를 바꾸어 자신들이 구성하거나 주도적으로 관여한 행위에 대하여 무효라고 주장하는 것은 허용될 수 없는 신의칙 위반이라고 주장</u>한다.

살피건대, 신의성실의 원칙은 법률관계의 당사자가 상대방의 이익을 배려하여 형평에 어긋나거나, 신뢰를 저버리는 내용 또는 방법으로 권리를 행사하거나 의무를 이행하여서는 아니된다는 추상적 규범으로서, 신의성실의 원칙에 위배된다는 이유로 그 권리의 행사를 부정하기 위해서는 상대방에게 신의를 공여하였다거나, 객관적으로 보아 상대방이 신의를 가짐이 정당한 상태에 있어야 하고, 이러한 상대방의 신의에 반하여 권리를 행사하는 것이 정의관념에 비추어 용인될 수 없는 정도의 상태에 이르러야 할 것인바, 특별한 사정이 없는 한, <u>법령에 위반되어 무효임을 알고서도 그 법률행위를 한 자가 강행법규 위반을 이유로 무효를 주장한다 하여 신의칙 또는 금반언의 원칙에 반하거나 권리남용에 해당한다고 볼 수는 없다</u>고 할 것인바(대법

원 2003. 4. 22. 선고 2003다2390, 2406 판결 참조), 달리 특별한 사정이 없는 한 피고가 주장하는 바와 같은 사정만으로는 원고 및 선정자들의 주장이 신의칙에 반하는 것이라고 할 수 없으므로, <u>피고의 위 주장은 이유 없다.</u>

D. 정비구역 지정·고시 전에 이루어진 추진위원회 설립승인 문제

1. 【해설】 정비구역지정·고시는 추진위원회 구성·승인의 선행 요건

> 정비구역지정·고시가 있을 것을 추진위원회 구성승인의 요건으로 처음 규정한 것은 2009. 2. 6. 개정법(법률 제9444호) 제13조 제2항이다. 이 개정규정은 2009. 8. 7.부터 시행되었으며, 시행일 이후 최초로 추진위원회 구성승인을 신청한 분부터 적용되었다(부칙 제1, 3조).
>
> 그러나 대법원은 <u>2009. 2. 6. 개정법 시행 전에도</u> 조합설립추진위원회가 구성되려면 당연히 <u>정비구역의 지정·고시가 선행되어야 한다</u>고 판시하였다(아래 참조).

2. 【해설】 무효사유인가, 취소사유인가?

> (1) 2009. 2. 6. 개정법 시행 전 추진위원회 설립승인 처분이 정비구역 지정·고시 이전에 이루어진 하자가 무효사유인지 취소사유인지에 관하여, 대법원은 ① <u>정비예정구역의 지정·고시도 없는 상태에서 이루어진 추진위원회 설립승인은 당연 무효</u>이고, ② <u>정비예정구역의 지정·고시 후 정비구역의 지정·고시 전에 이루어진 경우에는 취소사유에 불과</u>하다고 판시하였다.
>
> 정비예정구역의 지정은 정비기본계획에 포함되는 내용이므로(법 제5조 제1항 제9호) 정비예정구역지정은 기본계획 고시와 동시에 이루어진다.
>
> (2) 그러나 이 판례들은 모두 추진위원회 구성승인 처분이 2009. 2. 6. 법 개정 전에 이루어진 사안에 관한 것이라는 점에 유의하여야 한다. 추진위원회 설립을 정비구역 지정·고시 후에 하도록 법률에 명시한 2009. 2. 6. 개정법 시행 이후에는 정비구역 지정·고시 전에 이루어진 추진위원회 설립승인 처분은 <u>정비예정구역의 지정·고시 후에 이루어졌더라도</u> 중대하고 명백한 하자가 있어 <u>무효라고 볼 가능성이 있다.</u>

II. 정비예정구역 지정·고시 전에 한 추진위원회 설립승인 (당연무효)

A. [2009. 2. 6. 개정 전 법률이 적용된 사례] 정비구역의 지정·고시 없이 행하여진 시장·군수의 재개발조합설립추진위원회 설립승인은 중대하고 명백한 하자가 있어 당연무효임 —대법원 2009. 10. 29. 선고 2009두12297 판결[학성동광명마을주택재개발정비사업조합설립추진위원회설립승인무효확인]

II. 정비예정구역 지정 고시 전에 한 추진위원회 설립승인 (당연무효)

【당사자】

[원고(선정당사자), 피상고인] 원고
[피고, 상고인] 원주시장

1. 관련규정

구 '도시 및 주거환경 정비법'(2009. 2. 6. 법률 제 9444 호로 개정되기 전의 것. 이하 '도정법'이라 한다) 제 13 조 제 1 항, 제 2 항은 "시장·군수 또는 주택공사 등이 아닌 자가 정비사업을 시행하고자 하는 경우에는 토지 등 소유자로 구성된 조합을 설립하여야 하고, 위 조합을 설립하고자 하는 경우에는 토지 등 소유자 과반수의 동의를 얻어 조합설립추진위원회를 구성하여 시장·군수의 승인을 얻어야 한다"고 정하고, 도정법 제 2 조 제 9 호 가목은 "정비사업에 있어서 '토지 등 소유자'라 함은 정비구역 안에 소재한 토지 또는 건축물의 소유자 또는 그 지상권자를 말한다"고 정하고 있으며, 도정법 제 4 조 제 1 항, 제 2 항은 "시장·군수는 정비구역 및 그 면적 등이 포함된 정비계획을 수립하여 시·도지사에게 정비구역지정을 신청하고, 시·도지사가 정비구역을 지정하여 고시한다"고 정하고 있다.

2. 조합설립추진위원회 구성 전 정비구역 지정·고시가 선행되어야 함

이들 법규정을 종합하면, 주택재개발사업 등 도정법상의 각종 정비사업에 관하여 그 <u>조합설립추진위원회가 구성되려면</u> 그 전제로 '토지 등 소유자'의 범위가 확정될 필요가 있고, 또 '토지 등 소유자'의 범위를 확정하기 위하여는 특별시장·광역시장 또는 도지사에 의한 <u>정비구역의 지정 및 고시가 선행되어야</u> 함은 명백하다...

3. 정비구역 지정·고시 전 조합설립추진위원회 설립승인은 당연무효 (상고기각)

이렇게 보면 정비구역이 지정되지 아니한 상태에서 일부 주민이 임의로 확정한 구역을 기준으로 구성된 추진위원회가 시장·군수의 승인을 얻어 설립될 수 있다고 한다면, 정비사업에 관한 제반 법률관계가 불명확·불안정하게 되어 정비사업의 추진이 전반적으로 혼란에 빠지고 그 구역 안에 토지 등을 소유하는 사람의 법적 지위가 부당한 영향을 받을 현저한 우려가 있다.

따라서 그와 같이 <u>정비구역의 지정 및 고시 없이 행하여지는 시장·군수의 재개발조합설립추진위원회 설립승인은</u> 앞서 본 여러 법규정 및 추진위원회제도의 취지에 반하여 <u>허용될 수 없고</u>, 그와 같은 하자는 중대할 뿐만 아니라 객관적으로 명백하다고 할 것이다.

【위 판례의 사실관계】

> 위 판례의 사안은 기본계획이 수립되지 않아 정비예정구역도 지정되지 않은 상태에서 일부 주민이 임의로 추진위원회를 설립하여 승인받은 경우이다(제 1 심판결 춘천지방법원 2008. 11. 26. 선고 2008 구합 974 판결).

B. 재개발사업방식의 기본계획 수립(재개발사업에 대한 정비예정구역 지정)·고시 및 재개발조합설립추진위원회의 설립승인이 있은 후, 사업시행방식을 재개발에서 재건축으로 전환하기 위하여 재개발조합설립추진위원회를 해산하고, 재건축기본계획을 수립(재건축사업에 대한 정비예정구역 지정)하기 전에 재건축사업 시행을 위한 추진위원회의 설립을 승인한 것은 무효임 — 대법원 2014. 6. 12. 선고 2012 두 12051 판결[주택재건축정비사업조합설립추진위원회설립승인등무효확인]

【당사자】

> 【원고, 피상고인】 원고 1 외 3 인
>
> 【피고, 상고인】 서울특별시 은평구청장
>
> 【피고보조참가인】 갈현제 2 구역 주택재건축정비사업조합 설립추진위원회

1. 관련규정 및 법리

구 도시 및 주거환경정비법(2009. 2. 6. 법률 제 9444 호로 개정되기 전의 것) 제 13 조 제 1 항, 제 2 항은 '시장·군수 또는 주택공사 등이 아닌 자가 정비사업을 시행하고자 하는 경우에는 토지 등 소유자로 구성된 조합을 설립하여야 하고, 위 조합을 설립하고자 하는 경우에는 도지 등 소유자 과반수의 동의를 얻어 조합설립추진위원회를 구성하여 시장·군수의 승인을 얻어야 한다'고 정하고 있다.

위 규정에 따르면, 주택재개발사업 등 각종 정비사업에 관하여 그 조합설립추진위원회가 구성되려면 그 전제로 '토지 등 소유자'의 범위가 확정될 필요가 있고, 또 '토지 등 소유자'의 범위를 확정하기 위하여는 특별시장·광역시장 또는 도지사에 의한 정비구역의 지정 및 고시가 선행되어야 한다. 따라서 이와 달리 정비구역이 지정되지 아니한 상태에서 일부 주민이 임의로 획정한 구역을 기준으로 구성된 추진위원회가 시장·군수의 승인을 얻어 설립될 수 있다고 한다면, 정비사업에 관한 제반 법률관계가 불명확·불안정하게 되어 정비사업의 추진이 전반적으로 혼란에 빠지고 그 구역 안에 토지 등을 소유하는 사람의 법적 지위가 부당한 영향을 받을 현저한 우려가 있으므로, 그와 같이 정비구역의 지정 및 고시 없이 행하여지는 시장·군수의 재개발조합설립추진위원회 설립승인은 앞서 본 법규정 및 추진위원회제도의 취지에 반하여 허용될 수 없고, 그와 같은 하자는 중대할 뿐만 아니라 객관적으로 명백하다고 할 것이다(대법원 2009. 10. 29. 선고 2009 두 12297 판결 참조).

II. 정비예정구역 지정 고시 전에 한 추진위원회 설립승인 (당연무효)

2. 원심이 인정한 사실

원심판결 이유 및 원심이 인용한 제1심판결 이유에 의하면, 원심은

① 서울특별시장이 <u>2004. 6. 25.</u> 서울특별시 고시 제2004-204호로 서울 은평구 갈현동 326 일대 1.4 ㏊를 <u>주택재개발사업방식의 정비예정구역으로 하는</u> 내용의 서울특별시 도시·주거환경 정비 <u>기본계획</u>(주택재개발사업 및 주거환경개선사업 부문)을 수립·고시한 사실,

② 피고는 <u>2006. 1. 10.</u> 갈현동 326 일대 14,805.11 ㎡를 사업시행예정구역으로 하는 주택재개발정비사업 시행을 위한 도시 및 주거환경정비법상 추진위원회인 갈현제2구역 <u>주택재개발정비사업 조합설립추진위원회의 설립을 승인하는 처분을 한 사실,</u>

③ 위 추진위원회는 <u>사업시행방식을 재개발에서 재건축으로 전환하기 위하여</u> 2009. 6. 3. 피고에게 해산 승인을 신청하였고, 피고는 <u>2009. 6. 9. 해산을 수리한 사실,</u>

④ 피고는 <u>2009. 6. 10.</u> 갈현동 326 일대 14,500.6 ㎡를 사업시행예정구역으로 하는 <u>주택재건축정비사업 시행을 위한 추진위원회의 설립승인 신청을 받고,</u> 2009. 7. 17. 위 재건축정비사업 시행을 위한 추진위원회인 <u>피고보조참가인의 설립을 승인하는 처분</u>(이하 '이 사건 처분'이라 한다)을 한 사실을 인정한 다음,

3. 원심판결의 정당함

도시 및 주거환경정비법상 주택재개발사업과 주택재건축사업은 사업의 대상, 설립승인의 전제가 되는 토지등소유자의 개념, 사업시행방법, 사업시행자, 조합원의 구성 및 강제가입 여부, 사업시행을 위한 토지소유권 확보방법 등에서 많은 차이를 나타내는 서로 다른 정비사업인 점에 비추어 볼 때, <u>행정청이 일정한 지역을 재개발정비예정구역으로 지정하는 내용의 재개발기본계획을 수립하였다고 하여 곧바로 그 지역의 일부를 재건축정비사업의 사업시행예정구역으로 하는 재건축 추진위원회의 설립승인이 허용된다거나 마치 그 지역에 대한 재건축기본계획이 수립된 것과 같은 효과가 있다고 할 수 없으므로,</u> 피고보조참가인이 추진하고자 하는 <u>당해 주택재건축사업에 대한 정비예정구역 및 정비구역이 전혀 지정되지 않은 상태에서 피고가 일부 주민이 임의로 획정한 구역을 기준으로 한 토지등소유자의 과반수 동의가 있다는 이유로 피고보조참가인의 설립을 승인하는 내용의 이 사건 처분을 한 것에는 중대하고도 명백한 하자에 있다고</u> 판단하였다.

앞서 본 법리와 기록에 비추어 볼 때, <u>원심의 위와 같은 사실인정과 판단은 정당한 것으로 수긍할 수 있고,</u> 거기에 심리를 다하지 아니하거나 도시 및 주거환경정비법상 조합설립추진위원회 설립승인의 하자, 행정처분의 무효 및 그 증명책임에 관한 법리 등을 오해한 잘못이 없다.

III. '정비예정구역 지정·고시 후 정비구역 지정·고시 전'에 한 설립승인

A. 정비구역의 지정·고시 전에 정비예정구역에 의하여 확정된 토지등소유자의 과반수 동의를 얻어 구성된 추진위원회에 대하여 설립승인을 한 것은 그 처분을 무효로 할 만한 중대·명백한 하자 아니야 ―대법원 2010. 9. 30. 선고 2010두9358 판결[신가동주택재개발정비사업조합설립추진위원회설립승인무효확인]

【당사자】

[원고(선정당사자), 상고인] 원고

[피고, 피상고인] 광주광역시 광산구청장

[피고보조참가인] 신가동주택재개발정비사업조합설립추진위원회

1. 행정처분의 무효에 관한 법리

가. 하자의 중대·명백 여부의 판별 기준

행정처분이 당연무효라고 하기 위하여는 처분에 위법사유가 있다는 것만으로는 부족하고 하자가 법규의 중요한 부분을 위반한 중대한 것으로서 객관적으로 명백한 것이어야 하며, 하자의 중대·명백 여부를 판별함에 있어서는 법규의 목적, 의미, 기능 등을 목적론적으로 고찰함과 동시에 구체적 사안 자체의 특수성에 관하여도 합리적으로 고찰하여야 한다(대법원 2004. 11. 26. 선고 2003두2403 판결, 대법원 2007. 9. 21. 선고 2005두11937 판결 등 참조).

나. 하자가 중대·명백한 경우와 그렇지 않은 경우

그리고 ① 행정청이 어느 법률관계나 사실관계에 대하여 어느 법률의 규정을 적용하여 행정처분을 한 경우에 그 법률관계나 사실관계에 대하여는 그 법률의 규정을 적용할 수 없다는 법리가 명백히 밝혀져 그 해석에 다툼의 여지가 없음에도 불구하고 행정청이 위 규정을 적용하여 처분을 한 때에는 그 하자가 중대하고도 명백하다고 할 것이나, ② 그 법률관계나 사실관계에 대하여 그 법률의 규정을 적용할 수 없다는 법리가 명백히 밝혀지지 아니하여 그 해석에 다툼의 여지가 있는 때에는 행정관청이 이를 잘못 해석하여 행정처분을 하였더라도 이는 그 처분 요건사실을 오인한 것에 불과하여 그 하자가 명백하다고 할 수 없는 것이고, ③ 행정처분의 대상이 되지 아니하는 어떤 법률관계나 사실관계에 대하여 이를 처분의 대상이 되는 것으로 오인할 만한 객관적인 사정이 있는 경우로서 그것이 처분대상이 되는지의 여부가 그 사실관계를 정확히 조사하여야 비로소 밝혀질 수 있는 때에는 비록 이를 오인한 하자가 중대하다고 할지라도 외관상 명백하다고 할 수 없다(대법원 2004. 10. 15. 선고 2002다68485 판결, 대법원 2007. 3. 16. 선고 2006다83802 판결 등 참조).

III. '정비예정구역 지정 고시 후 정비구역 지정 고시 전'에 한 설립승인

2. 상고기각

　원심은 피고가 2006. 3. 24. 참가인에 대하여 한 주택재개발정비사업 조합설립추진위원회(이하 '추진위원회'라 한다) 설립승인처분(이하 '이 사건 승인처분'이라 한다)에 관하여,

　① 이 사건에 적용되는 구 도시 및 주거환경정비법(2008. 2. 29. 법률 제 8852 호로 개정되기 전의 것, 이하 '구 도정법'이라 한다) 제 13 조 제 2 항은 개정된 현행 도시 및 주거환경정비법 제 13 조 제 2 항과 달리 '시장·군수 또는 주택공사 등이 아닌 자가 정비사업을 시행하고자 하는 경우에는 토지 등 소유자로 구성된 조합을 설립하여야 하고, 위 조합을 설립하고자 하는 경우에는 토지 등 소유자 과반수의 동의를 얻어 조합설립추진위원회를 구성하여 시장·군수의 승인을 얻어야 한다'라고만 규정하고 있었을 뿐 추진위원회의 구성에 관한 토지 등 소유자의 동의 시기를 정비구역 지정 고시 이후로 제한하는 규정을 두고 있지 않았던 점,

　② 구 도정법 제 3 조 및 제 4 조에 의하면 특별시장·광역시장 또는 시장이 정비구역으로 지정할 예정인 구역의 개략적 범위가 포함된 도시·주거환경정비기본계획을 수립하면 시장·군수 또는 자치구의 구청장은 그 기본계획에 적합한 범위 안에서 정비사업의 명칭, 정비구역 및 그 면적 등이 포함된 정비계획을 수립하여 시·도지사에게 정비구역 지정을 신청하도록 되어 있는데, 이 사건의 경우 기본계획에서 고시된 정비예정구역과 현재 광주광역시 공동위원회 및 도시계획심의위원회의 심의과정에 있는 정비구역에는 차이가 없어 이 사건 정비예정구역 그대로 정비구역의 지정 및 고시가 이루어질 것으로 보이는 점,

　③ 광주광역시 도시 및 주거환경정비 조례 제 6 조 제 1 항도 구청장이 주민요구에 의하여 정비구역의 지정을 입안하고자 하는 때에는 토지등소유자 총수의 3 분의 2 이상의 동의를 얻어야 하고, 이 경우 구 도정법 제 13 조 제 2 항의 규정에 의하여 추진위원회 구성에 동의한 토지등소유자도 정비구역 지정 입안에 동의한 것으로 본다고 규정함으로써 정비구역 지정 전 추진위원회의 구성 및 승인을 예정하여 장차 정비사업시행자인 조합으로 발전할 추진위원회로 하여금 정비계획의 수립단계에서부터 참여할 수 있도록 하고 있는 점,

　④ 건설교통부 장관이 2003. 9. 2.자로 시행·하달한 「정비사업조합설립추진위원회 업무처리기준」에 의하면, 도시·주거환경정비기본계획이 수립되어 있던 시는 당해 지역이 기본계획에 반영되어 있는 경우에는 정비구역 지정 전이라도 추진위원회 승인이 가능하도록 하고 있었던 점,

　⑤ 구 도정법 제 17 조, 구 도정법 시행령(2009. 8. 11. 대통령령 제 21679 호로 개정되기 전의 것) 제 28 조 제 1 항 제 5 호는 추진위원회의 승인신청 전에 동의를 철회하는 자는 토지등소유자의 동의자 수에서 제외하도록 규정함으로써 토지등소유자로 하여금 승인신청 전에는 언제라도 동의를 철회하도록 보장하고 있는 점 등 그 판시와 같은 사정을 종합하면,

제 5 장 조합설립추진위원회 / 제 2 절 추진위원회 구성승인의 하자

비록 이 사건 승인처분이 정비구역의 지정·고시 이전에 정비예정구역에 의하여 확정된 토지등소유자의 과반수 동의를 얻어 구성된 추진위원회에 대하여 이루어진 것이라고 하더라도 그 하자가 중대하거나 명백하다고 할 수 없다고 판단하였다.

위 법리와 기록에 비추어 살펴보면, 원심의 사실인정과 판단은 정당하다고 수긍이 되고, 거기에 상고이유로 주장하는 바와 같은 채증법칙 위반이나 구 도정법 또는 행정처분의 무효에 관한 법리오해 등의 위법이 없다. 상고이유의 주장은 이유 없다.

B. [같은 판결] 기본계획안 공람·공고 또는 기본계획 고시 전에 받은 동의서도 조합설립추진위원회 구성에 대한 동의로서 유효해 —대법원 2010. 9. 30. 선고 2010 두 9358 판결[신가동주택재개발정비사업조합설립추진위원회설립승인무효확인]

원심은 채용 증거에 의하여 인정한 그 판시와 같은 사정을 종합하면, 참가인이 이 사건 기본계획안의 공람·공고 또는 이 사건 기본계획의 고시 이전에 받은 동의서도 이 사건 정비예정구역을 사업구역으로 하는 조합설립추진위원회 구성에 대한 동의로서의 효력을 가진다고 판단하였다. 관련 법리와 기록에 비추어 살펴보면, 원심의 판단은 정당하다고 수긍이 되고, 거기에 채증법칙 위반이나 조합설립추진위원회 구성에 대한 동의의 효력에 관한 법리오해 등의 위법이 없다.

【해설】

> 기본계획 결정·고시에 의하여 정비예정구역 지정이 이루어지므로, 결국 이 판례는 정비예정구역 지정 전에 받은 동의서도 유효하다고 판시한 판례이다.

C. 구 도시정비법하에서 정비예정구역의 지정·고시 후 정비구역의 지정·고시 전에 추진위원회 설립승인처분이 이루어진 하자가 있다는 사정만으로 그 처분이 당연 무효라고 볼 수 없어 —대법원 2013. 5. 24. 선고 2011 두 14937 판결[조합설립추진위원회승인무효확인]

(이유 생략)

☞ 같은 취지 판례: 대법원 2010. 9. 30. 선고 2010 두 9358 판결[신가동주택재개발정비사업조합설립추진위원회설립승인무효확인]

IV. 추진위원회 구성승인 후 정비예정구역이 축소 또는 확대된 경우

A. 정비예정구역을 기준으로 추진위원회 구성 승인처분이 이루어진 후 정비구역이 정비예정구역보다 축소되어 지정되었더라도, 추진위원회 구성 승인처분이 당연무효라 할 수 없어 —대법원 2013. 10. 24. 선고 2011 두 28455 판결[조합설립추진위원회승인무효확인등]

IV. 추진위원회 구성승인 후 정비예정구역이 축소 또는 확대된 경우

【당사자】

[피고, 피상고인] 부산광역시장

[피고, 상고인] 부산광역시 동구청장

[피고 부산광역시 동구청장의 보조참가인] 범일 2 구역 도시환경정비사업 조합설립추진위원회

구 도시 및 주거환경정비법(2009. 2. 6. 법률 제 9444 호로 개정되기 전의 것, 이하 '구 도시정비법'이라고 한다) 제 13 조 제 1 항, 제 2 항은 시장·군수 또는 주택공사 등이 아닌 자가 정비사업을 시행하고자 하는 경우에는 토지 등 소유자로 구성된 조합을 설립하여야 하고, 이 때 조합을 설립하려면 토지 등 소유자 과반수의 동의를 얻어 조합설립추진위원회(이하 '추진위원회'라 한다)를 구성하여 시장·군수의 승인을 얻어야 한다고만 규정하고 있었을 뿐, 추진위원회의 구성에 관한 토지 등 소유자의 동의시기를 정비구역의 지정·고시 이후로 제한하는 규정을 두고 있지 않았으므로, 이러한 점 등에 비추어 보면 구 도시정비법 제 13 조 제 1 항, 제 2 항에 의한 추진위원회 구성 승인처분이 정비구역이 지정·고시되기 전에 지정된 정비예정구역을 기준으로 한 토지 등 소유자의 과반수 동의를 얻어 구성된 추진위원회에 대하여 이루어진 것이라고 하더라도 그 하자가 중대하거나 명백하다고 할 수는 없다(대법원 2010. 9. 30. 선고 2010 두 9358 판결 등 참조). 그리고 행정소송에서 행정처분의 위법 여부는 당해 처분이 행하여졌을 때의 법령과 사실 상태를 기준으로 판단하여야 한다.

따라서 정비구역이 지정·고시되기 전의 정비예정구역을 기준으로 한 토지 등 소유자 과반수의 동의를 얻어 구성된 추진위원회에 대하여 그 구성에 관한 승인처분이 이루어졌는데, 그 후에 지정된 정비구역이 정비예정구역보다 면적이 축소되었다고 하더라도 이러한 사정만으로 그 추진위원회 구성에 관한 승인처분이 당연무효라고 할 수는 없다.

같은 취지에서 피고 보조참가인 추진위원회(이하 '참가인'이라 한다)의 구성에 관한 피고 부산광역시 동구청장의 이 사건 승인처분이 무효가 아니라고 판단한 원심판결은 정당하고, 거기에 추진위원회 구성 승인처분의 무효 사유에 관한 법리오해 등의 위법이 없다.

B. [같은 판례] ① 추진위원회 구성승인 후 정비구역이 정비예정구역보다 약 39% 가량 축소되어 지정·고시되었다는 사정만으로 승인처분이 실효되었다고 할 수 없어(따라서 추진위원회는 변경승인 절차를 밟아 계속 추진위 업무를 수행할 수 있음); ② 이 사건은 정비구역 축소가 정비예정구역 단계에서 사실상 존치구역으로 분류되어 있던 백화점 부지가 제척됨으로 인한 것이어서 면적 감소에도 불구하고 토지등소유자 수의 감소폭은 크지 않았던 사안임 ―대법원 2013. 10. 24. 선고 2011 두 28455 판결[조합설립추진위원회승인무효확인등]

제 5 장 조합설립추진위원회 / 제 2 절 추진위원회 구성승인의 하자

1. 법리

정비사업의 원활한 진행을 위하여 추진위원회 제도를 도입하는 한편 1 개의 정비구역 안에 복수의 추진위원회가 구성되는 것을 금지하고 추진위원회에 특별한 법적 지위를 부여하고 있는 구 도시정비법의 입법 취지와 추진위원회 구성에 관한 승인처분이 다수의 이해관계인에게 미치는 효과 등에 비추어 보면, 일정한 정비예정구역을 전제로 추진위원회 구성에 관한 승인처분이 이루어진 후 정비구역이 정비예정구역과 달리 지정·고시되었다는 사정만으로 그 승인처분이 당연히 실효된다고 볼 수는 없고,

정비예정구역과 정비구역의 각 위치, 면적, 토지 등 소유자 및 동의자 수의 비교, 정비사업계획이 변경되는 내용과 정도, 정비구역 지정 경위 등을 종합적으로 고려하여 볼 때 당초의 추진위원회가 새로운 정비구역에서 정비사업을 계속 추진하는 것이 사실상 불가능하여 그 승인처분의 대상이 소멸하였다고 볼 수 있는 정도에 이른 경우에 한하여 그 실효를 인정함이 타당하다고 할 것이다.

2. 원심판결에 의하여 알 수 있는 사실

원심판결 이유와 원심이 적법하게 채택하여 조사한 증거에 의하면,

① 이 사건 정비구역(47,994 ㎡)이 정비예정구역(79,000 ㎡)에 비하여 약 39% 정도 면적이 축소되었으나, 이는 정비예정구역 단계에서도 사실상 존치구역으로 분류되어 있던 백화점 부지 등이 배제됨으로 인한 것이고, 따라서 정비구역 지정으로 인한 면적 감소에도 불구하고 토지 등 소유자의 감소폭은 크지 아니한 사실, ② 피고 부산광역시 동구청장은 참가인으로부터 정비예정구역과 유사한 내용의 최초 정비구역 지정신청 제안을 받은 후 정비예정구역에 포함되었던 기존 존치구역 등을 배제하는 내용의 제안을 할 것을 참가인에게 권고하였고, 이에 따라 참가인이 그와 같은 내용으로 다시 정비구역 지정신청을 제안하자, 피고 부산광역시 동구청장이 피고 부산광역시장에게 거의 동일한 내용으로 정비구역 지정신청을 함에 따라 피고 부산광역시장이 거의 동일한 내용으로 이 사건 정비구역 지정처분을 하였던 사실 등을 알 수 있다.

3. 대법원의 판단 (파기환송)

이러한 사실을 위 법리에 비추어 보면, 이 사건 정비구역이 정비예정구역보다 약 39% 가량 면적이 축소되어 지정·고시되었다는 사정만으로 이 사건 승인처분이 실효되었다고 할 수는 없고, 참가인은 변경승인 절차를 밟아 그 업무를 수행할 수 있다고 봄이 타당하다.

그럼에도 원심은 이와 달리 그 판시와 같은 사정만으로 이 사건 승인처분의 목적달성이 불가능해짐으로 인하여 실효되었다는 취지로 판단하였으니, 이러한 원심판결에는 구 도시정비법상 추진위원회 구성 승인처분의 실효에 관한 법리 등을 오해함으로써 판결에 영향을 미친 위

IV. 추진위원회 구성승인 후 정비예정구역이 축소 또는 확대된 경우

법이 있다.

C. [고등법원판례] 추진위원회 설립승인 후 사업시행예정구역이 확대되자 <u>확대된 구역의 토지등소유자들로부터만 동의서를 추가로 받아 추진위원회 변경승인을 받은 것은 적법</u>하다고 본 사례 —서울고등법원 2010. 12. 10. 선고 2010누9572 판결[주택재개발정비사업조합설립인가처분취소]

【당사자】

원고, 피항소인	별지 원고 목록 기재와 같다.
피고, 항소인	서울특별시 서대문구청장
피고 보조참가인	A 조합

1. 처분의 경위

가. 서울특별시장은 2004. 6. 25. 서울특별시 고시 제2004-204호로 서울 서대문구 C 일대 7.5ha(㎡로 환산하면, 75,000 ㎡이다. 이하 주소는 동부터 특정하기로 한다)를 도시 및 주거환경정비법(이하 '도시정비법'이라 한다)이 정한 주택재개발정비사업을 위한 예정구역으로 지정하는 내용 등의 도시·주거환경정비기본계획(이하 이 사건 정비기본계획 이라 한다)을 수립하여 이를 고시하였다.

나. 서울특별시장은 2005. 12. 16. 서울특별시 고시 제2005-405호로 위와 같이 이 사건 정비기본계획에 기초하여 서울 서대문구 D 일대 821,000 ㎡를 E 지구로 지정·고시하였다.

다. F 등은 2006. 5. 23. <u>서울 서대문구 C 일대 75,000 ㎡를 사업시행예정구역으로 하여</u> 도시정비법이 정한 주택재개발정비사업을 추진하기 위해 토지등소유자 총 820명 중 418명의 동의(동의율 50.97%)를 받았다고 주장하면서 피고에게 'G 설립추진위원회'의 설립승인 신청을 하였고, 이에 피고는 동의율에 대한 심사를 거쳐 2006. 7. 14. 위 구역 내 토지등소유자 총 784명 중 397명의 동의(동의율 50.64%)를 받았다는 이유로 위 <u>추진위원회의 설립을 승인하였다</u> (이하 '이 사건 설립승인'이라 하고, 위 추진위원회를 최초 추진위원회 라 한다).

라. 도시재정비 촉진을 위한 특별법은 2005. 12. 30. 법률 제7834호로 제정되어 2006. 7. 1.부터 시행되었는데, 위 특별법에 따라 서울특별시는 2006. 10. 19. 서울특별시 고시 제2006-357호로 D 일대 821,000 ㎡를 H 지구로 지정하는 내용이 포함된 재정비촉진지구 지정 및 재정비촉진계획 결정을 하고 이를 고시하였다.

마. 피고는 2007. 8. 2. I 지구 지정에 관한 주민설명회를 개최한 후 2007. 8. 3. 서울특별시 서대문구 공고 제2007-502호로 J 일대 899,302 ㎡(기존 821,000 ㎡에서 추가로 78,302 ㎡의

제 5 장 조합설립추진위원회 / 제 2 절 추진위원회 구성승인의 하자

구역이 확대되었다)를 I 지구로 지정하고 K 일대 122,292 ㎡를 L 구역으로 구획하여 주택재개발사업을 진행하는 내용의 I 지구 재정비촉진계획(안)을 공람·공고하였고, 2007. 11. 11. I 지구 재정비촉진계획(안)에 관한 주민공청회를 개최하였다.

바. 이후 서울특별시장은 2008. 2. 5. 서울특별시 고시 제 2008-38 호로 M 일대 899,302 ㎡를 I 지구로 변경 지정·고시하면서 C 일대 119,881 ㎡(이하 '이 사건 정비구역'이라 한다)를 L 재정비촉진구역으로 지정함에 따라(도시재정비 촉진을 위한 특별법 제 13 조 제 1 항 제 1 호에 의하여 도시정비법 제 4 조의 정비구역의 지정이 있는 것으로 본다) 사업시행예정구역이 종전의 75,000 ㎡에서 119,881 ㎡로 확대[다만, 공람·공고된 재정비촉진계획(안)의 사업시행예정구역 122,292 ㎡과 비교하면, 약간 축소됨]되었다.

사. F 등은 2008. 2. 11. 이 사건 정비구역의 토지등소유자 중 이 사건 설립승인 당시 최초 추진위원회의 설립에 동의하였던 397 명의 동의 외에 확대된 구역 내의 토지등소유자 총 349 명 중 186 명의 동의서(동의율 53.29%)를 첨부하여 피고에게 위 119,881 ㎡를 사업시행예정구역으로 하여 'B 추진위원회'의 변경승인을 신청하였다.

아. 피고는 위 변경승인 신청에 대하여 2008. 2. 29. 위 추진위원회의 설립변경을 승인하였다(이하 '이 사건 변경승인'이라 하고, 변경승인된 이후의 추진위원회를 '이 사건 추진위원회'라 한다).

2. 확대된 정비구역의 토지등소유자에 한정하여 동의서를 징구한 것이 위법하고, 최초 추진위원회 구성에 대한 동의서를 전체 정비구역에 대한 추진위원회 구성을 위한 동의서로 볼 수 없는 것인지 여부

아래와 같은 사정에 비추어 보면 사업시행예정구역이 확대되었더라도 최초 추진위원회에 대한 이 사건 설립승인은 여전히 유효하고, 이미 동의하였던 기존구역의 토지등소유자들로부터 새로이 동의를 받지 않고 확대된 구역의 토지등소유자들만의 동의를 얻어 이 사건 추진위원회가 변경승인을 받았다 하더라도 그것 또한 유효하며, 이 사건 변경승인 이후 이 사건 추진위원회는 적법하게 이 사건 정비구역의 주택재개발정비사업을 위한 조합설립추진위원회로서의 지위를 가지게 되었다고 할 것이다.

① 이 사건 기본계획의 '기타 예외적 적용기준'에서는 '서울특별시 지역균형발전지원에 관한 조례 제 2 조에서 정한 뉴타운사업지구 및 균형발전촉진지구 중 주택재개발사업 방식 등으로 개발기본계획을 수립한 지구는 정비예정구역으로 간주하여 향후 주택재개발사업 등을 시행할 수 있도록 한다'고 규정하고 있었는데(을가 제 59 호증 및 2010. 9. 3.자 보조참가인 조합 제출의 참고자료, 도시 및 주거환경정비기본계획의 '기타 예외적 적용기준'), 이에 비추어 보면 이 사건 기본계획은 정비예정구역이 기존구역뿐만 아니라 이 사건 정비구역으로 확대될 가능성까지도 예정하고 있었다고 보인다.

IV. 추진위원회 구성승인 후 정비예정구역이 축소 또는 확대된 경우

② 2009. 2. 6. 개정된 도시정비법 제 14 조 제 3 항, 도시정비법 시행령(2005. 5. 18. 대통령령 제 18830 호로 개정된 것) 제 23 조 제 1 항 제 1 호 나.목의 규정을 종합하면, 기존구역을 사업시행예정구역으로 설립된 최초 추진위원회는 사업시행예정구역을 확대하는 업무를 수행할 권한이 있다고 볼 수 있다.

③ 기존구역의 토지등소유자들의 동의서는 사업시행예정구역의 범위에 대한 동의에 중점을 둔 것이라기보다는 주택재개발사업에 참가한다는 의사와 추진위원회의 추진위원들을 신임한다는 의사에 중점을 둔 것이라고 할 것이고, 위와 같은 주택재개발사업에 참가한다는 의사와 추진위원회의 추진위원들을 신임한다는 의사는 사업시행예정구역이 확대되었다고 하더라도 여전히 유효하다고 할 것이다.

④ 이 사건 동의서의 6. 사업계획 동의 부분의 '조합설립추진위원회에서 작성한 사업계획안(추후 사업계획에 따라 변경될 수 있음)을 충분히 숙지하고 사업계획안과 같이 주택재개발정비사업을 하기로 동의함'이라는 문구(갑 제 8 호증)에 비추어 보면 기존구역의 토지등소유자들은 사업계획의 변경에 포섭되는 사업시행예정구역의 확대에 대하여도 동의한 것으로 볼 여지가 있다.

⑤ 기존구역의 토지등소유자들의 동의를 받아 설립승인을 받은 이 사건 추진위원회가 주체가 되어 사업시행예정구역을 확대하는 것이므로 굳이 기존구역의 토지등소유자들로부터 새로 사업시행예정구역을 대상으로 하는 추진위원회의 구성에 대한 동의를 받지 않도록 하더라도 기존구역의 토지등소유자들의 이익이 침해될 여지가 많지 않고, 반대하는 토지등소유자들에게는 여전히 동의를 철회할 기회가 보장되어 있다.

⑥ 또한, 추진위원회 설립승인신청서에 첨부하도록 되어 있는 토지등소유자의 동의서는 토지등소유자가 추진위원회 설립에 대하여 동의한다는 의사를 소명하기 위한 자료에 불과한 점, 특별한 사정이 없는 한 기존 추진위원회(이 사건의 경우 최초 추진위원회)의 자격으로 토지등소유자로부터 교부받은 동의서에는 기존 추진위원회의 존재를 인정하고 조합설립에 대한 업무처리를 위임한다는 취지가 포함되어 있다고 볼 수 있는 점 등에 비추어 보면, 최초 추진위원회가 확대된 구역의 토지등소유자로부터 교부받은 동의서에는 최초 추진위원회의 설립에 대한 동의의 의사가 포함되어 있다고 보아야 한다.

제 3 절 추진위원의 선임·해임

【해설】

서울시 공공지원 정비사업에서 추진위원회의 선거관리는 추진위원회 구성을 전후로 달라진다. ① 추진위원회 구성 전의 선거관리 및 추진위원 선임은 공공지원자의 추진위원

> 회 구성 지원업무로서 행하여지며「공공관리 추진위원회 구성 선거관리기준」에 따라 이루어진다. ② 추진위원회가 구성된 후의 선거관리와 추진위원 선임·해임은 각 추진위원회의 선거관리규정과 운영규정에 따라 이루어진다.
>
> 추진위원회 구성 전의 선거관리 및 추진위원 선임 절차에 관하여는 제 1 절 V.에서 보았고, 제 3 절에서는 추진위원회 구성 이후의 선거관리와 추진위원(추진위원장 및 감사 포함) 선임·해임 절차에 대해서 알아 본다.

I. 추진위원회의 선거관리

A. 추진위원회의 선거관리규정

1. 【해설】'서울시 정비사업 표준선거관리규정'과 '선거관리규정(안)'

> (1) 추진위원회의 선거관리규정은 「서울특별시 정비사업 표준선거관리규정」(2017. 7. 6. 서울특별시 고시 제 2017-243 호로 개정된 것. 이하 '표준선거관리규정')에 별표로 첨부된 「정비사업조합(조합설립추진위원회) 선거관리규정(안)」을 기본으로 하여 주민총회 의결로 제정 또는 개정하며(선거관리규정안 제 56 조 제 1 항), 주민총회에서 의결한 날부터 시행한다(선거관리규정안 부칙).
>
> (2)「정비사업 표준선거관리규정」은 「서울특별시 정비사업 조합 등 공공지원 관련 규정집」에 포함되어 있으며, "서울특별시 정비사업 정보몽땅"(https://cleanup.seoul.go.kr)에서 볼 수 있다. '공공지원 규정집'에 포함된 표준규정들은 조합과 추진위원회에서 공통적으로 사용하는 규정이며, 명칭(조합/추진위원회)만 바꾸어 쓰도록 되어 있다(표준규정은 조합을 기준으로 작성되었으므로, 그 내용 중 "대의원회"는 "추진위원회"로 바꾸어서 보면 된다).
>
> ☞ '표준선거관리규정'과 '선거관리규정(안)'이라는 명칭도 상당히 혼동을 주고 있으나, '표준선거관리규정'에는 '선거관리규정(안)' 외에 달리 별 내용이 없고 이 둘이 하나처럼 되어 있어 '추진위원회 운영규정'처럼 크게 문제될 것은 없다.
>
> ☞ '서울시선거관리규정'의 내용은 돈.되.법 2 제 6 장 제 1 절 V. 선거관리 부분을 참조하세요.

2. 【자치법규】 서울시 표준선거관리규정 제 56 조(선거관리규정의 제·개정)

> ① 이 규정은 법령 및 조합 정관(조합설립추진위원회 운영규정)이 정하는 바에 따라 임원 등을 선출하기 위하여 시행하는 선거관리에 필요한 운영규정으로서 총회(주민총회) 의결로 제정 또는 개정한다. (단서 생략)

I. 추진위원회의 선거관리

3. 【자치법규】 서울시 표준선거관리규정 부칙 <개정 2017. 7. 6.>

> 제1조(시행일) 이 규정은 고시한 날부터 시행한다.
> 제2조(경과조치) 이 규정 전에 인가·승인된 조합 등의 선거관리규정은 제1조의 시행일(☞2017. 7. 6.)로부터 1년 이내에 추진위원회, 대의원회 또는 총회를 거쳐 개정된 규정에 적합하게 선거관리규정을 개정하여야 한다.

4. 【자치규정】 서울시 선거관리규정(안) 부칙

> 이 선거관리규정은 조합 정관 또는 조합설립추진위원회 운영규정이 정하는 방법에 따라 조합 총회 또는 주민총회(제56조 단서 규정에 의한 경우는 대의원회 또는 추진위원회)에서 의결한 날로부터 시행한다.

5. 【해설】 추진위에서 선거관리규정을 제정하기 전에 '서울시 선거관리규정(안)'이 적용되는지

> 선거관리규정이 없는 추진위원회의 선거나 창립총회 결의에 「서울특별시 정비사업 표준선거관리규정」[부록으로 첨부된 선거관리규정(안)을 포함하는 의미임]이 적용되는지가 문제된다. 이에 관한 대법원판례는 아직 없고, 서울고등법원 판결로는 적용설을 취한 것과 비적용설을 취한 것이 모두 있다.
>
> 필자의 견해로는 ① 서울시 표준선거관리규정은 공공지원에 관한 구 도시정비법 제77조의4 제7항(전부개정법 제118조 제6항)의 위임에 따른 서울시 구 도시정비조례 제47조(현행 조례 제76조)에 따라 서울특별시장이 제정·고시한 것인 점, ② 표준선거관리규정 제2조는 "이 규정은... 선거관리규정을 정함에 있어 관계법령·조례·정관 등의 규정을 종합적으로 검토하고 실정에 맞게 작성·보급한 규정으로서 다른 기준에 우선하여 적용함을 원칙으로 한다"고 규정하는데, 여기서 "이 규정"은 별표로 첨부된 '서울시 선거관리규정(안)'을 의미하는 것으로 보이는 점, ③ 표준선거관리규정 제4조는 각 조합 또는 추진위원회에서 선거관리규정(안)을 기본으로 선거관리규정을 작성하는 기준과 방법에 관하여 구체적으로 규정하고 있는 점 등에 비추어 볼 때, 적어도 서울시 공공지원 정비사업에서는 조합총회 또는 주민총회에서 선거관리규정을 의결하기 전이라도 '서울시 선거관리규정(안)'이 적용된다는 보는 것이 타당하다고 본다.

B. [적용설을 취한 고등법원판례] ① 총회 당시 피고의 선거관리규정은 없었으나, 운영규정은 "추진위원회 운영과 사업시행 등에 관하여 필요한 사항은 관계법령 및 관련 행정기관의 지침·지시 등에 따른다"고 규정하고, 주민총회 안내책자에서 피고 선거관리규정의 근거로 '서울특별시 정비사업 표준선거관리규정'을 기재한 점을 고려하여, 선거관리위원회는 '서울특별시 표준선거관리규정'[부록으로 첨부된 선거관리규정(안)을 포함하는 의미임]에 따라 선거관리규정을 정해야 한다고 본 사례; ② 조합 선거관리위원회가 총회대행업체의 홍보요원으로 구성된 공

정선거지원단으로 하여금 토지등소유자로부터 직접 서면결의서를 징구하도록 한 것은 '회송용 봉투에 우체국 소인이 없는 경우를 무효로 규정한 '서울시 표준선거관리규정'을 위반하여 투표결과에 영향을 미친 중대한 하자라고 봄 ―서울고등법원 2018. 12. 5. 선고 2017 나 2076341 판결[총회결의 무효확인 등의 청구] (상고기각: 심리불속행)

【당사자】

원고, 피항소인 　A
피고, 항소인 　　B지구주택재개발정비사업조합설립추진위원회

【제1심판결 주문】

피고가 2016. 10. 25. 개최한 주민총회에서 의결한 별지 기재 각 안건들에 대한 결의는 무효임을 확인한다.

1. 원고의 주장 (선거관리위원회 구성의 위법)

피고의 선거관리규정상 피고의 선거관리위원은 선거인 중에서 선임되어야 하고 피고의 추진위원회 위원은 선거관리위원이 될 수 없다. 그럼에도 추진위원회 위원인 F, G, H 이 선거관리위원장 또는 선거관리위원으로 선임되었다. 또한 공유자 중 대표자로 신고되지 아니하여 선거인이라고 할 수 없는 I 이 선거관리위원회 간사로 선임되었다.

2. 판단

앞서 본 사실관계 및 앞서 든 증거들에 의하여 인정할 수 있는 아래의 사실 및 사정을 종합하면, 이 사건 총회에는 피고의 운영규정 제37조 제2항 및 서울특별시 정비사업 표준선거관리규정 등을 위반함으로써 토지등소유자의 자유로운 판단에 의한 투표를 방해하여 선거의 자유와 공정을 침해하고 그로 인하여 결의 결과에 영향을 미친 중대한 하자가 있다고 인정된다.

가) 이 사건 총회 당시 피고의 기존 선거관리규정은 존재하지 않았던 것으로 보이고, 피고의 운영규정 제37조 제2항은 '법, 민법 기타 다른 법률과 이 운영규정에서 정하는 사항 외에 추진위원회 운영과 사업시행 등에 관하여 필요한 사항은 관계법령 및 관련 행정기관의 지침·지시 또는 유권해석 등에 따른다.'고 규정하며, 피고 스스로도 주민총회안내책자에서 피고의 선거관리규정의 근거로 서울특별시 정비사업 표준선거관리규정을 기재하고 있다.

이러한 사정을 감안하면, 피고의 선거관리위원회로서는 별도로 권한을 부여받지 않는 한 서울특별시 정비사업 표준선거관리규정에 의거하여 선거관리규정이나 선거관리절차를 정하여야 한다고 봄이 타당하다.

I. 추진위원회의 선거관리

나) 그런데 피고의 선거관리위원회는 피고의 선거관리규정 제 38 조 제 6 호의 무효투표 사유인 '우편 투표용지의 회송용 봉투에 우체국 소인이 없는 경우' 부분에 "선거관리위원회가 따로 정한 회송방법의 경우를 제외"하는 단서 규정을 추가함으로써 서울특별시 정비사업 표준선거관리규정과는 다르게 규정하였다. 그리고 피고의 선거관리위원회는 위 규정에 근거하여 총회대행업체의 홍보요원으로 공정선거지원단을 구성하고, 이들로 하여금 토지등소유자로부터 직접 서면결의서(우편투표)를 징구하여 접수하도록 하였다.

다) 서울특별시 정비사업 표준선거관리규정은 투표의 방법으로 현장투표 외 사전투표, 우편투표, 전자투표를 규정하고, '우편 투표용지의 회송용 봉투에 우체국 소인이 없는 경우'를 무효로 규정하고 있다. 이는 종전 집행부와 계약된 홍보대행업체 홍보요원이 특정후보자 지지를 호소하고 서면결의를 유도하는 등 서면결의제도를 악용하여 홍보대행업체 홍보요원을 통한 부정선거의 위험이 상존하기 때문에, 조합원의 직접투표 및 우편투표, 전자투표만을 인정하고 홍보대행업체 홍보요원 등 제 3 자를 통한 투표용지 제출을 금지하는 취지이다. 피고의 선거관리위원회가 총회대행업체의 홍보요원으로 구성된 공정선거지원단으로 하여금 토지등소유자로부터 직접 서면결의서를 징구하도록 한 조치는 이를 정면으로 위반한 것이다.

라) 또한 서울특별시 정비사업 표준선거관리규정 및 이에 따른 피고의 선거관리규정은, 선거인 중에서 공정선거지원단을 구성하고 이들로 하여금 선거부정 등의 행위에 대하여 감시·조사·단속할 수 있는 권한을 부여하도록 규정하고 있다. 피고의 선거관리위원회가 총회대행업체의 홍보요원으로 구성된 공정선거지원단으로 하여금 토지등소유자로부터 직접 서면결의서를 징구하도록 한 조치는 이 부분 규정도 위반한 것이다.

마) 이 사건 총회 당시 피고의 선거관리규정은 피고의 주민총회의 추인을 받기 이전의 상태이므로, 피고의 선거관리규정 제 38 조 제 6 호의 "선거관리위원회가 따로 정한 회송방법의 경우를 제외"하는 단서 규정이 피고의 선거관리위원회의 위와 같은 조치의 근거규정이 된다고 볼 수 없다. 그 후 이 사건 총회에서 피고의 선거관리규정 및 선거절차를 추인하는 안건이 상정되고 추인되었다고 하더라도, 아래에서 보는 바와 같이 총투표자 451 명 중 절반 이상이 허용되지 않는 투표방법인 공정선거지원단이 토지등소유자로부터 직접 징구한 서면결의서에 의한 투표인 이상 위 추인 결의의 효력 자체를 인정하기 어렵다. 그 밖에 피고의 선거관리위원회가 총회대행업체의 홍보요원으로 구성된 공정선거지원단으로 하여금 토지등소유자로부터 직접 서면결의서를 징구하도록 할 수 있는 정당한 권한을 적법하게 위임받았다고 볼 만한 별다른 근거를 찾을 수 없다.

바) 이 사건 총회에서의 총투표자 451 명 중 서면으로 의결권을 행사한 자는 383 명이고, 그 중 255 명(원고 주장) 내지 298 명(피고 주장)이 공정선거지원단이 토지등소유자로부터 직접 징구한 서면결의서에 의한 투표에 해당하여 약 56.5%(= 255/451) 내지 66%(= 298/451)의 투표가 하자 있는 투표이다. 그리고 451 명에서 255 명 내지 298 명을 제외할 경우 피고의 구성에 동의한 토지등소유자 621 명의 과반수(311 명)에 미달하여, 피고의 운영규정 제 22 조 제 1 항이

규정하는 주민총회의 의결방법인 '주민총회는 피고의 구성에 동의한 토지등소유자 과반수 출석으로 개의하고 출석한 토지등소유자(동의하지 않은 토지등소유자를 포함한다.)의 과반수 찬성으로 의결한다.'는 정족수도 충족하지 않는다. 따라서 이러한 하자 있는 투표에 의하여 이루어진 이 사건 결의의 효력을 인정하기 어렵다.

사) 서면결의서의 징구 과정에서 그 역할이나 활동의 공정성을 담보하기 어려운 총회대행업체의 홍보요원들이 토지등소유자들을 직접 대면함으로써 토지등소유자의 의사결정에 영향을 미쳤을 가능성도 상당하고, 별지 기재 제3호 안건의 경우 1위 득표자인 E과 2위 득표자인 원고 사이의 득표차가 55표에 불과하다.

C. [비적용설을 취한 고등법원판례] ① 추진위원회 또는 조합이 서울시 정비사업표준선거관리규정 별표의 내용에 맞추어 선거관리규정을 제정하거나 개정하지 않은 이상, '서울시 정비사업 표준선거관리규정'은 창립총회에 적용되지 않아; ② 따라서 추진위원회가 (표준선거관리규정과 다르게) 토지등소유자에게 창립총회에 관한 서면결의서를 추진위원회 임원 및 직원, 홍보직원을 통하여 제출할 수 있다고 안내했더라도, 그로 인해 조합임원 및 대임원 선출의 공정성이 훼손되었다는 자료가 제출되지 않은 이상 창립총회 결의는 적법하다고 본 사례 —서울고등법원 2019. 7. 11. 선고 2018누66847 판결[조합설립인가취소] (상고기각: 심리불속행)

【당사자】

원고,피항소인	A ~ F
피고,항소인	서울특별시 강서구청장
피고보조참가인,항소인	G 재정비촉진구역주택재건축정비사업조합

서울특별시 정비사업 표준선거관리규정(서울특별시 고시 제2015-210호) 별표 '정비사업조합(조합설립추진위원회) 선거관리규정(안)'은 제6장, 제7장에서 현장투표 외의 투표 방식으로 선거일 이전 사업시행구역 내 적절한 장소에 투표소를 설치하여 실시하는 사전투표, 우편투표, 전자투표를 규정하고 있고, 제38조 제6호에서 우편 투표용지의 회송용 봉투에 우체국 소인이 없는 경우 그 투표를 무효로 하도록 하고 있다. 한편 서울특별시 정비사업 표준선거관리규정 제4조 제1항은 '조합 또는 조합설립추진위원회는 이 규정에 따라 그 별표의 정비사업조합(조합설립추진위원회) 선거관리규정(안)을 기본으로 하여 다음 각 호에서 정하는 바에 따라 선거관리규정을 작성한다'고 규정하고, 부칙에서 '이 규정 시행일 이전에 인가·승인된 조합 또는 조합설립추진위원회는 시행일인 2015. 5. 7.부터 1년 이내에 위 규정에 적합하게 선거관리규정을 제·개정하여야 한다'고 규정하고 있다.

이와 같은 규정 내용에 비추어 볼 때, 이 사건 추진위원회 내지 참가인이 위 표준선거관리규정 별표의 내용에 맞추어 선거관리규정을 제정하거나 개정하지 않은 이상 위 표준선거관리

II. 추진위원(추진위원장·감사 포함)의 선임

규정이 2017. 3. 18.자 창립총회에 그대로 적용된다고 보기는 어렵다.

한편 구 도시정비법 제14조 제3항, 구 도시정비법 시행령 제22조의2 제5항은 조합임원 및 대의원의 선임은 창립총회에서 확정된 조합정관에서 정하는 바에 따라 선출한다고 규정하고, 참가인이 2017. 3. 18.자 창립총회에서 확정한 조합정관 제22조 제2항은 조합원이 서면을 통하여 의결권을 행사할 수 있다고 규정하면서 서면 의결권 행사 방식에 별다른 제한을 두고 있지 않다. 따라서 <u>서면결의서 중 인편 제출 비율이나 인편 제출로 인한 조합 임원 및 대의원 선출의 공정성이 훼손되었음을 알 수 있는 자료가 제출되어 있지 않은 이상</u> 이 사건 추진위원회가 토지등소유자에게 2018. 3. 18.자 창립총회에 관한 서면결의서를 추진위원회 임원 및 직원, 홍보직원을 통하여 제출할 수 있다고 안내하였다 하더라도 <u>2018. 3. 18.자 창립총회 결의에 어떠한 하자가 있다고 보기 어렵다</u>. 원고들의 위 주장은 이유 없다.

II. 추진위원(추진위원장·감사 포함)의 선임

A. 추진위원의 선임

1. 【해설】 추진위원 선임 개요

> **(1) 추진위원의 자격요건**
>
> ① 추진위원은 추진위원회 설립에 동의한 자이어야 한다(운영규정안 제15조 제2항 전단).
>
> ② 추진위원 중 위원장·부위원장·감사는 다음 두 가지 중 하나의 요건을 갖추어야 한다(운영규정안 제15조 제2항 후단).
>
>   i) 피선출일 현재 해당 정비구역 안에서 3년 이내에 1년 이상 거주하고 있을 것 ('비거주 목적 건축물'에서 하는 영업은 거주로 봄)
>
>   ii) 피선출일 현재 해당 정비구역 안에서 5년 이상 토지 또는 건축물(재건축의 경우는 토지 및 건축물)을 소유하고 있을 것
>
> **(2) 추진위원의 임기와 연임:** 추진위원의 임기는 2년으로 하되, 추진위원회 재적위원 과반수 출석과 출석위원 2/3 이상의 찬성으로 연임할 수 있다. 다만, 위원장과 감사의 연임은 주민총회의 의결이 있어야 한다. (운영규정안 제15조 제3항.)
>
> **(3) 임기만료 시 조치**
>
> A) 임기가 만료된 위원은 그 후임자가 선임될 때까지 그 직무를 수행하고, B) 추진위원회에서는 임기가 만료된 위원의 후임자를 임기만료 전 2개월 이내에 선임하여야 하며 C) 위 기한 내 추진위원회에서 후임자를 선임하지 않을 경우 토지등소유자 5분의 1 이

상이 시장·군수등의 승인을 얻어 주민총회를 소집하여 위원을 선임할 수 있다(운영규정 제15조 제4항).

(4) 추진위원의 보궐선임: ① 추진위원이 임기 중 궐위된 때에는 추진위원회에서 재적위원 과반수 출석과 출석위원 2/3 이상의 찬성으로 보궐선임할 수 있다. ② 다만, 위원장과 감사의 보궐선임은 주민총회의 의결이 있어야 한다. ③ 보궐선임된 위원의 임기는 전임자의 잔임기간으로 한다. (이상 운영규정 제15조 제5항.)

(5) 상근위원: 추진위원 중 상근위원을 두는 경우에는 추진위원회의 의결을 거쳐야 한다(운영규정안 제15조 제1항).

2. 【자치규정】 (추진위원회) 운영규정안 제15조(위원의 선임 및 변경)

① 추진위원회의 위원은 다음 각 호의 범위 이내로 둘 수 있으며, 상근하는 위원을 두는 경우 추진위원회의 의결을 거쳐야 한다.

　1. 위원장

　2. 부위원장

　3. 감사 _인

　4. 추진위원 _인

② 위원은 추진위원회 설립에 동의한 자 중에서 선출하되, 위원장·부위원장 및 감사는 다음 각 호의 어느 하나에 해당하는 자이어야 한다.

　1. 피선출일 현재 사업시행구역 안에서 3년 이내에 1년 이상 거주하고 있는 자(다만, 거주의 목적이 아닌 상가 등의 건축물에서 영업 등을 하고 있는 경우 영업 등은 거주로 본다)

　2. 피선출일 현재 사업시행구역 안에서 5년 이상 토지 또는 건축물(재건축사업의 경우 토지 및 건축물을 말한다)을 소유한 자

☞ 추진위원의 자격요건은 조합임원의 자격요건과 달리 도시정비법령이 아닌 '(추진위원회) 운영규정안'에 있는 내용이나, 운영규정안 제15조 제2항은 각 추진위원회가 수정·보완할 수 있는 조항이 아니므로(「추진위원회 운영규정」 제3조 참조) 운영규정 작성 시 임의로 삭제할 수 없다고 보아야 한다.

③ 위원의 임기는 선임된 날부터 2년까지로 하되, 추진위원회에서 재적위원(추진위원회의 위원이 임기 중 궐위되어 위원 수가 이 운영규정 본문 제2조 제2항에서 정한 최소 위원의 수에 미달되게 된 경우 재적위원의 수는 이 운영규정 본문 제2조 제2항에서 정한 최소 위원의 수로 본다. 이하 같다) 과반수의 출석과 출석위원 3분의 2 이상의 찬성으로 연임할 수 있으나, 위원장·감사의 연임은 주민총회의 의결에 의한다.

④ A) 임기가 만료된 위원은 그 후임자가 선임될 때까지 그 직무를 수행하고, B) 추진위원회에서는 임기가 만료된 위원의 후임자를 임기만료 전 2개월 이내에 선임하여야 하며 C) 위 기한 내 추진위원회에서 후임자를 선임하지 않을 경우 토지등소유자 5분의 1 이상이 시장·군수등의 승인을 얻어 주민총회를 소집하여 위원을 선임할 수 있으며, 이 경우 제20조 제5항 및 제6항, 제24조 제2항을 준용한다.

⑤ A) 위원이 임기 중 궐위된 경우에는 추진위원회에서 재적위원 과반수 출석과 출석위원 3분의 2 이상의 찬성으로 이를 보궐선임할 수 있으나, B) 위원장·감사의 보궐선임은 주민총회의 의결에 의한다. C) 이 경우 보궐선임된 위원의 임기는 전임자의 잔임기간으로 한다.

⑥ 추진위원의 선임방법은 추진위원회에서 정하되, 동별·가구별 세대수 및 시설의 종류를 고려하여야 한다.

3. 【자치규정】 (추진위원회) 운영규정안 제19조(보수 등)

① 추진위원회는 상근하지 아니하는 위원 등에 대하여는 보수를 지급하지 아니한다. 다만, 위원의 직무수행으로 발생되는 경비는 지급할 수 있다.

② 추진위원회는 상근위원 및 유급직원에 대하여 별도의 보수규정을 따로 정하여 보수를 지급하여야 한다. 이 경우 보수규정은 주민총회의 인준을 받아야 한다.

B. 추진위원의 결격사유

1. 【법령】 전부개정 도시정비법 제33조(추진위원회의 조직)

⑤ 추진위원의 결격사유는 제43조 제1항부터 제3항까지[☞ 조합임원의 결격사유, 당연퇴임, 퇴임 전 행위의 유효. 아래 조문 참조]를 준용한다. 이 경우 "조합"은 "추진위원회"로, "조합임원"은 "추진위원"으로 본다.

☞ 법 제43조(조합임원 등의 결격사유 및 해임)

① 다음 각 호의 어느 하나에 해당하는 자는 조합임원 또는 전문조합관리인이 될 수 없다. <개정 2019. 4. 23., 2020. 6. 9.>

1. 미성년자·피성년후견인 또는 피한정후견인
2. 파산선고를 받고 복권되지 아니한 자
3. 금고 이상의 실형을 선고받고 그 집행이 종료(종료된 것으로 보는 경우를 포함한다)되거나 집행이 면제된 날부터 2년이 지나지 아니한 자
4. 금고 이상의 형의 집행유예를 받고 그 유예기간 중에 있는 자

제 5 장 조합설립추진위원회 / 제 3 절 추진위원의 선임·해임

> 　　　5. 이 법을 위반하여 벌금 100 만원 이상의 형을 선고받고 10 년이 지나지 아니한 자
> 　② 조합임원이 다음 각 호의 어느 하나에 해당하는 경우에는 당연 퇴임한다. <개정 2019. 4. 23., 2020. 6. 9.>
> 　　1. 제 1 항 각 호의 어느 하나에 해당하게 되거나 선임 당시 그에 해당하는 자이었음이 밝혀진 경우
> 　　2. 조합임원이 제 41 조제 1 항에 따른 자격요건을 갖추지 못한 경우
> 　③ 제 2 항에 따라 퇴임된 임원이 퇴임 전에 관여한 행위는 그 효력을 잃지 아니한다.

2. 【자치규정】 (추진위원회) 운영규정안 제 16 조(위원의 결격사유 및 자격상실 등)

> ① ~ ③ ☞ 법 제 43 조 ① ~ ③항과 같음
>
> ④ 위원으로 선임된 후 그 직무와 관련한 형사사건으로 기소된 경우에는 기소내용에 따라 확정판결이 있을 때까지 제 18 조의 절차에 따라 그 자격을 정지할 수 있고, 위원이 그 사건으로 받은 확정판결내용이 법 제 135 조부터 제 138 조까지의 벌칙규정에 따른 벌금형에 해당하는 경우에는 추진위원회에서 신임여부를 의결하여 자격상실여부를 결정한다.
>
> ☞ "제 18 조의 절차"는 추진위원에 대하여 사임 또는 해임절차가 진행 중인 경우 추진위원회 의결에 의한 직무수행 정지 및 직무대행자 임시선임 절차를 말한다(운영규정안 제 18 조 제 6 항).

3. 【해설】 추진위원의 결격사유

> (1) 추진위원의 결격사유는 법 제 33 조 제 5 항과 「추진위원회 운영규정」 제 2 조 제 3 항 및 '(추진위원회) 운영규정안' 제 16 조 제 1 항에서 규정하는바, 그 내용은 조합임원의 결격사유(법 제 43 조 제 1 항 제 1 ~ 5 호)와 같다.
>
> (2) 그런데 「추진위원회 운영규정」 제 2 조 제 3 항 제 5 호 및 '(추진위원회) 운영규정안' 제 16 조 제 1 항 제 6 호는 추진위원 결격사유의 하나로 "법을 위반하여 벌금 100 만원 이상의 형을 선고받고 5 년이 지나지 아니한 자"라고 규정하고 있는바, 이 규정 문언 중 "법을 위반하여"는 "이 법(= 도시정비법)을 위반하여"의 오기라고 보아야 한다. '금고 이상의 형의 집행유예를 받은 자'는 그 유예기간만 지나면 추진위원이 될 수 있는데 (「추진위원회 운영규정」 제 2 조 제 3 항 제 4 호 및 '(추진위원회) 운영규정안' 제 16 조 제 1 항 제 4 호), 벌금 100 만원 이상의 형을 선고받은 자는 (도시정비법 위반으로 처벌받은 경우가 아니라도) 5 년 동안 추진위원이 될 수 없다는 것은 논리적으로도 모순이다.

II. 추진위원(추진위원장·감사 포함)의 선임

> 따라서 「추진위원회 운영규정」 제 2 조 제 3 항 제 5 호는 "<u>이 법을 위반하여 벌금 100만원 이상의 형을 선고받고 10년이 지나지 아니한 자</u>"라는 의미로 해석하는 것이 옳다. 이런 해석은 국민의 기본권제한을 축소시키는 논리적·체계적 해석이므로 정당한 해석이다. 이 규정은 즉시 개정되어야 한다.
>
> (3) 한편 '(추진위원회) 운영규정안' 제 16 조 제 1 항 제 5 호는 "법 또는 관련 법률에 의한 징계에 의하여 면직의 처분을 받은 날부터 2 년이 경과되지 아니한 자"를 추진위원 결격사유로 추가하고 있는바, 제 5 호의 "법 또는 관련 법률"도 역시 "이 법(= 도시정비법) 또는 관련 법률"의 오기라고 보아야 한다["금고 이상의 실형의 선고를 받고 그 집행이 종료되거나 집행이 면제된 날부터 2 년이 경과되지 아니한 자"(법 제 43 조 제 1 항 제 3 호)와 비교].

C. ① 행정처분의 위법 여부는 행정처분이 행해졌을 때의 법령과 사실상태를 기준으로 판단하여야; ② 토지등소유자의 일부가 <u>위원장인 소외 1의 집행유예기간 중에 추진위원회 설립에 동의하였더라도, 추진위원회 설립승인 신청 당시에 집행유예기간이 지난 이상, 소외 1은 위원장으로서의 자격을 잃지 않고 피고는 추진위원회의 설립을 승인하여야 함</u> —대법원 2009. 6. 25. 선고 2008 두 13132 판결[조합설립추진위원회승인처분취소]

【당사자】

> 【원고, 상고인】 원고
> 【피고, 피상고인】 광주광역시 서구청장
> 【피고 보조참가인】 참가인 주택재건축정비사업조합설립추진위원회

1. 법리

행정처분의 위법 여부는 행정처분이 행해졌을 때의 법령과 사실상태를 기준으로 판단하여야 한다(대법원 1993. 5. 27. 선고 92 누 19033 판결 등 참조).

… 추진위원회의 설립승인신청을 받은 시장·군수로서는 <u>승인신청서에 첨부된 첨부서류에 의하여 당해 추진위원회의 구성에 대하여 토지등소유자의 2 분의 1 이상의 동의가 있고 추진위원회가 위원장을 포함한 5 인 이상의 위원으로 구성되어 있음을 확인할 수 있다면 그 추진위원회의 설립을 승인하여야 할 것이다</u>(대법원 2008. 7. 24. 선고 2007 두 12996 판결 참조).

2. 기록에 의하여 알 수 있는 사실

원심이 인용한 제 1 심판결이 인정한 사실과 기록에 의하면, ① 피고보조참가인(이하 '참가인'이라 한다) 추진위원회는 2003 년경부터 조합설립에 관한 토지등소유자의 동의를 받기 시작

하여 2006. 1. 16. 토지등소유자 2,633명의 2분의 1이 넘는 1,423명의 동의서를 받아 피고에게 이 사건 추진위원회 설립승인신청을 한 사실, ② 그런데 그 동의서에 참가인 추진위원회의 위원장으로 기재되어 있던 소외 1은 2001. 5. 11.경 광주지방법원에서 사기미수 등의 죄로 징역 1년 6개월에 집행유예 3년을 선고받고 확정되어 2004. 5. 10. 무렵까지 그 집행유예기간 중에 있었던 사실 등을 알 수 있는바,

3. 신청 당시 이미 집행유예기간이 도과한 이상 추진위원회의 설립을 승인하여야

이를 위 법리에 비추어 보면, 토지등소유자의 일부가 위 소외 1의 집행유예기간 중에 참가인 추진위원회의 설립에 동의하였다고 하더라도, 이 사건 설립승인 신청 당시에 이미 그 집행유예기간이 도과되어 있었던 이상, 그러한 사정만으로는 토지등소유자의 동의가 효력이 없다고 단정할 수 없고, 위 소외 1이 위원장으로서의 자격을 잃는다고도 할 수 없으므로 피고로서는 참가인 추진위원회의 설립을 승인하여야 할 것이다.

D. ① 위원장/감사의 임기가 만료한 경우, 추진위원회는 주민총회에 새로운 위원장/감사의 '선임안'을 상정할지, 또는 기존 위원장/감사의 '연임안'을 상정할지를 선택할 수 있어; ② 추진위원회가 연임안건을 주민총회에 상정하는 경우에는 입후보자등록공고 절차를 거치지 않았더라도, 토지소유자들의 위원장/감사의 선출권/피선출권을 침해했다고 볼 수 없어 —대법원 2010. 11. 11. 선고 2009다89337 판결[주민총회결의무효확인]

【당사자】

[원고(선정당사자), 상고인] 원고
[피고, 피상고인] 광천동주택재개발정비사업조합설립추진위원회

피고의 운영규정에는 위원의 임기는 선임된 날부터 2년까지로 하되, 추진위원회에서 재적위원 과반수의 출석과 출석위원 3분의 2 이상의 찬성으로 연임할 수 있으나, 위원장, 감사의 연임은 주민총회의 의결에 의하며, 추진위원의 선임방법은 추진위원회에서 정하되, 동별·가구별 세대수와 시설의 종류를 고려하여야 하고, 위원장, 감사의 선임, 변경, 연임 등의 사항은 주민총회의 의결을 거쳐 결정한다고 규정되어 있다.

이에 의하면 위원장이나 감사의 임기가 만료한 경우에 선임 또는 연임의 결정은 주민총회의 의결을 거쳐야 하지만, 피고가 새로운 입후보자등록공고 등의 절차를 밟아 주민총회에 위원장, 감사의 선임 안건을 상정하든지, 그렇지 아니하고 주민총회에 위원장, 감사의 연임 안건을 상정할 것인지를 선택할 수 있다고 해석된다.

따라서 원고(선정당사자, 이하 '원고'라고 한다)를 포함한 토지 소유자들의 위원장이나 감사에 대한 선출권 내지 피선출권은 주민총회에서 임기가 만료된 위원장이나 감사를 연임하는 안

건에 관하여 이를 부결하는 내용의 반대 결의가 이루어진 다음에 새로운 추진위원으로서 위원장이나 감사를 선임하는 결의를 하는 경우에 보장하면 충분하고, 피고가 주민총회에 임기가 만료된 위원장이나 감사를 연임하는 안건을 상정하는 때에는 새로운 입후보자가 등록하는 것이 아니므로 입후보자등록공고 등의 절차를 거치지 않았다고 하더라도 그것이 원고를 포함한 토지 소유자들의 위원장이나 감사에 대한 선출권 내지 피선출권을 침해하였다고 볼 수 없다.

E. [하급심판례] 위원장과 추진위원회 사이에 별도의 보수약정이 있거나, 조합 창립총회 의결로 추진위원회 위원장의 보수를 결정하지 않는 한, 추진위원장은 무보수야 (추진위원회와 위원장의 관계는 민법상 위임관계이고 위임계약은 무상계약이므로) —부산지방법원 2008. 5. 13. 선고 2007 가단 14895 판결

　추진위원회와 위원장의 관계는 민법상 위임관계이고 민법상 위임계약은 무상계약으로서 당사자 사이에 보수의 약정이 없는 수임인은 위임인에 대하여 보수의 지급을 구할 수 없다. 따라서 조합이 결성된 후 창립총회에서 의결을 통해서 추진위원회 위원장으로 재직하던 시기의 보수를 결정하기 전에는 위원장과 추진위원회 사이에 별도의 보수약정이 없는 한 무보수라고 보아야 한다.

III. 추진위원의 해임

A. 개요

1. 【해설】 추진위원의 해임·교체 절차 (운영규정에 따름)

> 추진위원의 교체 및 해임 절차는 운영규정에 따른다(법 제 33 조 제 3, 4 항). 운영규정안이 정하는 절차는 아래와 같다(운영규정안 제 18 조 제 4 항).
>
> ① 토지등소유자의 해임요구가 있는 경우에 재적위원 3 분의 1 이상의 동의로 소집된 추진위원회에서 위원정수의 과반수 출석과 출석위원 3 분의 2 이상의 찬성으로 해임할 수 있다. 해임대상이 된 위원은 위원정수에서 제외한다(운영규정안 제 18 조 제 5 항 전단).
>
> ② 토지등소유자 10 분의 1 이상의 발의로 소집된 주민총회에서 토지등소유자의 과반수 출석과 출석 토지등소유자의 과반수 찬성으로 해임할 수 있다. 해임 발의자 대표의 임시 사회로 선출된 자가 해임총회의 의장이 되고 추진위원장의 권한을 대행한다(운영규정안 제 18 조 제 5 항 후단).
>
> ☞ 토지등소유자 10 분의 1 이상이 추진위원의 해임·교체를 위한 주민총회의 소집을 요구하였음에도 위원장이 정당한 이유 없이 2 개월 이내에 주민총회를 소집하지 않는 때에는 A) 감사가 지체 없이 주민총회를 소집하여야 하며, B) 감사도 소집하지 않는 때에

는 소집을 청구한 자의 대표가 시장·군수등의 승인을 얻어 주민총회를 소집한다(운영규정안 제 20 조 제 3 항).

③ 다만, 위원 전원을 해임할 경우에는 토지등소유자의 과반수의 찬성으로 하여야 한다.

2. 【해설】 해임사유 문제

운영규정안은 "위원이 직무유기 및 태만 또는 관계법령 및 이 운영규정에 위반하여 토지등소유자에게 부당한 손실을 초래한 경우에는 해임할 수 있다"고 규정하는바(제 18 조 제 1 항), 이와 관련하여 위와 같은 사유가 없는 추진위원을 해임할 수 있는지가 문제될 수 있다.

이 문제는 주로 조합임원의 해임과 관련하여 논의되는데, 추진위원은 사업을 시행할 조합의 설립을 준비하는 자에 불과하므로 토지등소유자는 운영규정이 정한 절차에 따라 언제든지 추진위원을 해임할 수 있다고 보는 것이 타당하다.

☞ 이에 관한 자세한 내용은 돈.되.법 2 제 7 장 제 1 절(임원의 해임)을 참조하세요.

3. 【해설】 ① '위원장·감사의 해임'은 추진위원회 의결사항; ② '위원장·감사의 선임·변경·보궐선임·연임'은 주민총회 의결사항

(추진위원회) 운영규정안 제 21 조 제 1 호는 "위원장·감사의 선임·변경·보궐선임·연임"을 주민총회 의결사항으로 규정하고 있다.

여기의 "변경"에 해임도 포함되는지를 두고 하급심에서 판결이 갈렸으나, 대법원은 2016. 8. 29. 선고 2016 다 221030 판결에서 "주민총회 의결사항인 '위원장·감사의 변경'에서 '변경'은 해임과 선임을 함께하는 경우만을 의미하며, 해임만 하는 것은 주민총회 의결사항이 아니고 추진위원회 의결사항"이라고 판시하여 이 문제를 정리하였다.

요컨대 추진위원장 해임결의는 추진위원회결의로 할 수 있다.

4. 【법령】 전부개정 도시정비법 제 33 조(추진위원회의 조직)

③ 토지등소유자는 제 34 조에 따른 추진위원회의 운영규정에 따라 추진위원회에 추진위원의 교체 및 해임을 요구할 수 있으며, 추진위원장이 사임, 해임, 임기만료, 그 밖에 불가피한 사유 등으로 직무를 수행할 수 없는 때부터 6 개월 이상 선임되지 아니한 경우 그 업무의 대행에 관하여는 제 41 조 제 5 항 단서를 준용한다. 이 경우 "조합임원"은 "추진위원장"으로 본다.

III. 추진위원의 해임

> ☞ **법 제41조(조합의 임원) [조합임원 선출에 관한 선거관리]**
>
> ⑤ 조합임원의 선출방법 등은 정관으로 정한다. 다만, 시장·군수등은 다음 각 호의 어느 하나에 해당하는 경우 시·도조례로 정하는 바에 따라 변호사·회계사·기술사 등으로서 대통령령으로 정하는 요건을 갖춘 자를 전문조합관리인으로 선정하여 조합임원의 업무를 대행하게 할 수 있다. <개정 2019.4.23>
>
>   1. 조합임원이 사임, 해임, 임기만료, 그 밖에 불가피한 사유 등으로 직무를 수행할 수 없는 때부터 6개월 이상 선임되지 아니한 경우
>
>   2. 총회에서 조합원 과반수의 출석과 출석 조합원 과반수의 동의로 전문조합관리인의 선정을 요청하는 경우
>
> ⑥ 제5항에 따른 전문조합관리인의 선정절차, 업무집행 등에 필요한 사항은 대통령령으로 정한다.
>
> ④ 제3항에 따른 추진위원의 교체·해임 절차 등에 필요한 사항은 제34조 제1항에 따른 운영규정에 따른다.

5. 【자치규정】 (추진위원회) 운영규정안 제18조(위원의 해임 등)

> ① 위원이 직무유기 및 태만 또는 관계법령 및 이 운영규정에 위반하여 토지등소유자에게 부당한 손실을 초래한 경우에는 해임할 수 있다.
>
> ② 제16조 제2항에 따라 당연 퇴임한 위원은 해임 절차 없이 선고받은 날부터 그 자격을 상실한다.
>
> ③ 위원이 자의로 사임하거나 제1항에 따라 해임되는 경우에는 지체없이 새로운 위원을 선출하여야 한다. 이 경우 새로 선임된 위원의 자격은 a) 위원장 및 감사의 경우 시장·군수등의 승인이 있은 후에, b) 그 밖의 위원의 경우 시장.군수등에게 변경신고를 한 후에 대외적으로 효력이 발생한다.
>
> ④ 위원의 해임·교체는 토지등소유자의 해임요구가 있는 경우에 A) a) 재적위원 3분의 1 이상의 동의로 소집된 추진위원회에서 b) 위원정수(운영규정 제15조에 따라 확정된 위원의 수를 말한다. 이하 같다)의 과반수 출석과 출석위원 3분의 2 이상의 찬성으로 해임하거나, B) 토지등소유자 10분의 1 이상의 발의로 소집된 주민총회에서 토지등소유자의 과반수 출석과 출석 토지등소유자의 과반수 찬성으로 해임할 수 있다. C) 다만, 위원 전원을 해임할 경우 토지등소유자의 과반수의 찬성으로 해임할 수 있다.
>
> ⑤ 제4항에 따라 A) 해임대상이 된 위원은 해당 추진위원회 또는 주민총회에 참석하여 소명할 수 있으나 위원정수에서 제외하며, B) 발의자 대표의 임시사회로 선출된 자는 해임총회의 소집 및 진행에 있어 추진위원장의 권한을 대행한다.

⑥ 사임 또는 해임절차가 진행 중인 위원이 새로운 위원이 선출되어 취임할 때까지 직무를 수행하는 것이 적합하지 아니하다고 인정될 때에는 추진위원회 의결에 따라 그의 직무수행을 정지하고 위원장이 위원의 직무를 수행할 자를 임시로 선임할 수 있다. 다만, 위원장이 사임하거나 해임되는 경우에는 제17조 제6항에 따른다.

6. 【자치규정】 (추진위원회) 운영규정안 제20조(주민총회)

② 주민총회는 위원장이 필요하다고 인정하는 경우에 개최한다. 다만, 다음 각 호의 어느 하나에 해당하는 때에는 위원장은 해당 일부터 2월 이내에 주민총회를 개최하여야 한다.

  1. 토지등소유자 5분의 1 이상이 주민총회의 목적사항을 제시하여 청구하는 때
  2. 추진위원 3분의 2 이상으로부터 개최요구가 있는 때

③ 제2항 각 호에 따른 청구 또는 요구가 있는 경우로서 위원장이 2개월 이내에 정당한 이유 없이 주민총회를 소집하지 아니하는 때에는 A) 감사가 지체 없이 주민총회를 소집하여야 하며, B) 감사가 소집하지 아니하는 때에는 제2항 각 호에 따라 소집을 청구한 자의 대표가 시장·군수등의 승인을 얻어 이를 소집한다.

7. 【자치규정】 (추진위원회) 운영규정안 제17조(위원의 직무 등)

⑥ 다음 각 호의 경우 해당 안건에 관하여는 부위원장, 추진위원 중 연장자 순으로 추진위원회를 대표한다.
  3. 위원장의 해임에 관한 사항
☞ 위원장의 해임을 의결하는 경우에는 부위원장이(부위원장이 궐위중인 때에는 추진위원 중 연장자순으로) 추진위원회를 대표한다.

8. 【자치규정】 (추진위원회) 운영규정안 제21조(주민총회의 의결사항)

다음 각 호의 사항은 주민총회의 의결을 거쳐 결정한다.
  1. 추진위원회 승인 이후 위원장·감사의 선임·변경·보궐선임·연임

III. 추진위원의 해임

B. 시장·군수등의 승인 또는 신고

1. 【해설】위원장·감사의 변경은 승인사항, 그 외 추진위원 변경은 신고사항

> 추진위원회 구성승인 후에 위원장 및 감사를 변경하고자 하는 경우에는 시장·군수등의 승인을 받아야 한다(「추진위원회 운영규정」 제 4 조 제 2 항 전단). 그 외의 추진위원을 변경하는 경우에는 시장·군수등에게 신고만 하면 된다(같은 항 후단).
>
> 새로 선임된 위원이 대외적으로 위원 자격을 취득하는 시점도, 위원장과 감사는 시장·군수등의 승인이 있은 후이고, 그 밖의 추진위원은 시장·군수등에게 변경신고를 한 후이다(운영규정안 제 18 조 제 3 항).

2. 【법령】「추진위원회 운영규정」 제 4 조(추진위원회의 운영)

> ② 추진위원회는 법 제 31 조제 1 항에 따른 <u>추진위원회 설립승인 후</u>에 <u>위원장 및 감사를 변경</u>하고자 하는 경우 <u>시장·군수등의 승인</u>을 받아야 하며, 그 밖의 경우 시장·군수등에게 신고하여야 한다.

C. ① 위원에 포함되는 위원장 및 감사의 해임은 추진위원회 의결사항이야; ② 운영규정 제 21 조 제 1 호에서 주민총회 의결사항으로 규정한 '위원장 및 감사의 변경'은 해임과 선임을 함께 하는 경우를 의미함; ③ 따라서 추진위원장 해임결의는 추진위원회결의로 할 수 있음('추진위원장 해임결의 안건'에 관한 추진위원회결의 무효확인청구를 기각한 사례) ―대법원 2016. 8. 29. 선고 2016 다 221030 판결[추진위원회결의무효확인]

원고, 상고인	1. 황○○
	2. 김○○
피고, 피상고인	○○○제 6 구역주택재개발정비사업조합설립추진위원회

1. 운영규정의 내용

원심은, 피고의 운영규정(이하 '운영규정'이라 한다)에 의하면, ① 피고의 위원은 위원장, 부위원장, 감사, 추진위원으로 구성되고(제 15 조 제 1 항), ② 위원의 해임·교체는 토지 등 소유자의 해임 요구가 있는 경우에 재적위원 1/3 이상의 동의로 소집된 추진위원회에서 위원 정수의 과반수 출석과 출석 위원 2/3 이상의 찬성으로 해임하거나 토지 등 소유자 1/10 이상의 발의로 소집된 주민총회에서 토지 등 소유자의 과반수 출석과 출석 토지 등 소유자의 과반수 찬성으로 해임할 수 있는 사실(제 18 조 제 4 항), 한편 ③ 운영규정에는 제 21 조 제 1 호에서 <u>주민총회의 의결사항으로 '위원장·감사의 선임·변경·보궐선임·연임'</u>을 규정하고 있고, ④ 제 15 조 제 3 항 및 제 5 항에서 <u>위원장 및 감사의 '연임'과 '보궐선임'</u>에 대하여 주민총회의 의결에 의한다고

제 5 장 조합설립추진위원회 / 제 3 절 추진위원의 선임·해임

규정하고 있으나, 위원장 및 감사의 '해임'에 대하여는 주민총회의 의결에 의한다는 명시적 규정을 두고 있지 않은 사실을 인정한 다음,

2. 위원에 포함되는 위원장 및 감사의 '해임'은 추진위원회 의결사항임(상고기각)

이러한 운영규정의 내용을 종합하면, <u>운영규정 제 21 조 제 1 호에서 주민총회의 의결사항으로 규정한 '위원장 및 감사의 변경'은 그 문언상 위원장 및 감사의 해임과 선임을 함께하는 경우를 지칭하는 것으로 해석함이 타당하고</u>, 관련 운영규정의 문언 범위를 벗어나 위원장 및 감사의 해임을 추진위원회의 의결사항에서 제외되는 주민총회 의결사항이라고 보기는 어렵다는 이유로, <u>위원에 포함되는 위원장 및 감사의 해임이 추진위원회의 의결사항에 해당한다고 판단하였다.</u>

나아가 원심은, 운영규정 제 17 조 제 6 항 제 3 호에 의하면 위원장의 해임에 관한 사항의 경우 당해 안건에 관하여는 부위원장, 추진위원 중 연장자순으로 추진위원회를 대표하는데, 여기서 부위원장 등이 추진위원회를 대표한다는 것은 위원장의 해임과 관련된 안건에 대하여는 추진위원회의 소집권한을 가지고 추진위원회의 의장 자격을 가진다는 의미라고 봄이 타당하다고 판단하였다.

원심판결 이유를 관련 규정과 기록에 비추어 살펴보면, <u>원심의 위와 같은 판단은 정당하고</u>, 거기에 상고이유 주장과 같이 운영규정 제 21 조, 제 24 조, 제 17 조 제 6 항 등에 관한 해석을 그르치거나 관련 법리를 오해한 잘못이 없다.

D. [위 판례의 원심판결] ① 위원장·감사의 선임·변경은 운영규정 제 21 조가 규정하는 주민총회 의결사항이나, 위원장·감사의 해임은 주민총회가 아닌 추진위원회 의결사항이야; ② <u>위원장의 해임과 관련된 안건에 대하여는 운영규정 제 17 조 제 6 항 제 3 호에 의하여 부위원장이 추진위원회의 소집권한 및 의장 자격을 가져</u> ─서울고등법원 2016. 4. 7. 선고 2015 나 204289 판결[추진위원회결의무효확인]

【당사자】

원고, 상고인	1. 황○○
	2. 김○○
피고, 피상고인	○○○제 6 구역주택재개발정비사업조합설립추진위원회

III. 추진위원의 해임

【주문】

1. 제1심판결 중 피고의 2014. 9. 27., 자 별지목록 기재 결의 중 제1호[☞ 추진위원장 A 직무정지의 건] 및 제2호 안건[☞ 추진위원장 A 해임의 건] 에 대한 부분을 취소하고, 그 취소부분에 해당하는 원고들의 청구를 각 기각한다.

1. 기초 사실

가. 피고는 서울 동대문구 ○○○동 205 일대의 주택재개발정비사업 시행을 목적으로 하는 정비사업조합을 설립하기 위하여 2004. 8. 4. 도시 및 주거환경정비법(이하 '도시정비법'이라 한다) 제13조 제2항 및 같은 법 시행규칙 제6조에 따라 관할 구청장으로부터 설립승인을 받은 추진위원회이다.

나. 2013. 12. 15. 개최된 주민총회에서 이루어진 결의에 따라, 원고 황○○은 피고의 추진위원장으로, 원고 김○○은 박○○과 함께 피고의 감사로 각 선임되었다.

다. 2014. 3. 15. 개최된 제1차 추진위원회 회의에서 김○○은 피고의 부위원장으로 선임되었다.

라. 지○○ 등 피고의 추진위원 38명은 2014. 9. 15. 피고의 부위원장인 김○○에게 원고들의 직무정지 및 해임 등 별지 기재 안건에 관한 추진위원회 소집을 요청하였고, 김○○은 2014. 9. 16. 피고의 추진위원들에게 위 안건에 관하여 2014. 9. 27. 16:00 추진위원회 사무실에서 제4차 추진위원회 회의를 개최한다는 취지의 통보 및 공고를 하였다.

마. 2014. 9. 27. 김○○이 의장으로서 진행한 피고의 제4차 추진위원회 회의에서 별지 기재 안건이 각 가결되었고(이하 '이 사건 결의'라고 한다), 그에 따라 원고들을 각 해임하는 내용의 2014. 9. 29.자 변경신고가 2014. 10. 31. 수리되었다.

바. 이 사건과 관련된 피고의 운영규정(이하 '운영규정'이라 한다)은 다음과 같다...

2. 위원장 및 감사의 해임을 추진위원회에서 의결할 수 있는지 여부

운영규정의 내용을 종합하면, 운영규정 제21조 제1호에서 주민총회의 의결사항으로 규정한 '위원장 및 감사의 변경'은 그 문언상 위원장 및 감사의 해임과 선임을 함께 하는 경우를 지칭하는 것으로 해석함이 타당하고, 위원장 및 감사의 선임의 중요성이 해임의 중요성보다 크다고 볼 수 있어 관련 운영규정의 문언 범위를 벗어나 위원장 및 감사의 해임을 추진위원회의 의결사항에서 제외되는 주민총회 의결사항이라고 보기는 어려운바, 결국 추진위원에 포함되는 <u>위원장 및 감사의 해임은 추진위원회의 의결사항에 해당한다고</u> 할 것이다.

따라서 피고의 위원장 및 감사에 대한 해임결의(이 사건 결의 중 제 2, 4 호 안건)가 권한 없는 결의로서 무효라고 할 수 없다.

3. 이 사건 결의 중 제 1 호 안건(추진위원장 직무정지의 건) 및 제 2 호 안건(추진위원장 해임의 건)에 대한 판단

운영규정 제 17 조 제 6 항 제 3 호에 의하면, 위원장의 해임에 관한 사항에 관하여는 부위원장, 추진위원 중 연장자 순으로 추진위원회를 대표하는바, 위 규정의 취지 등에 비추어 보면, 추진위원회를 대표한다는 것은 위원장의 해임과 관련된 안건에 대하여는 추진위원회의 소집권한을 가지고 추진위원회의 의장 자격을 가진다는 의미라고 봄이 타당하다.

따라서 제 2 호 안건(추진위원장 해임의 건)에 대하여는 부위원장인 D 이 추진위원회의 소집권한을 가진다고 할 것이다. 이 사건 결의 중 제 1, 2 호 안건은 부위원장인 D 이 소집한 제 4 차 추진위원회 회의에서 이루어졌는바, 이 사건 결의 중 제 1, 2 호 안건은 원고들의 주장과 같이 소집권한 없는 사람에 의해 소집되어 무효인 결의라고 볼 수 없다.

E. [하급심판례 – 추진위원회 부위원장에 대해 직무집행정지를 명한 사례] ① 참석한 추진위원 25 명 중 16 명이 A(채무자 OOO)를, 9 명이 B 를 지지했는데, "추진위원회 결의에 따름"이라고 기재한 서면결의서를 낸 34 명이 모두 A 를 지지한 것으로 간주하여 A 를 1 기 부위원장으로 보궐선임한 결의는 무효라고 본 사례; ② A 를 1 기 부위원장으로 보궐선임한 결의가 무효이면, 그 후 A 의 임기만료 후 다시 A 를 연임 방식으로 2 기 부위원장으로 선임한 결의 또한 무효이고; ③ A 를 2 기 부위원장으로 선임한 결의가 무효이면, A 가 2 기 부위원장직의 사임서를 제출했어도 2 기 부위원장이 임기 중 궐위되었다고 할 수 없어; ④ 따라서 추진위원회는 2 기 부위원장을 '보궐선임'이 아닌 '신규선임' 방식으로 선출하여야 하고; ⑤ 그러므로 A 를 2 기 부위원장으로 '보궐선임'한 결의는 무효임 —인천지방법원 2009.5.27. 선고 2009 카합 464 결정[직무집행정지가처분].

【당사자】

채권자	1 ~ 11
채무자	1. OOO
	2. 백운 1구역 주택재개발정비사업 조합설립추진위원회

【주 문】

채권자들이 채무자 1 을 위한 보증으로 55,000,000 원을 공탁하거나 위 금액을 보험금액으로 하는 지급보증위탁계약 체결문서를 제출하는 것을 조건으로,

III. 추진위원의 해임

> 채권자들의 채무자 ○○○에 대한 백운 1 구역 주택재개발정비사업 조합설립추진위원회의 부위원장 및 추진위원장 직무대행자 지위부존재확인 청구사건의 제 1 심 판결선고시까지 채무자 ○○○은 위 추진위원회의 부위원장 및 추진위원장 직무대행자로서 직무를 집행하여서는 아니된다.

1. 기초사실

이 사건 소명자료와 심문 전체의 취지에 의하면 다음 각 사실이 소명된다.

가. 당사자의 지위

채무자 백운 1 구역주택재개발정비사업조합설립추진위원회(이하 '채무자 추진위원회'라 한다)는 인천 부평구 십정동 182-304 외 930 필지 총 181,600 ㎡에서 주택재개발사업을 시행할 조합을 설립할 목적으로 구성되어 2006. 12. 22. 관할관청으로부터 설립인가를 받은 주택재개발정비사업조합설립추진위원회이고 채권자들과 채무자 ○○○은 위 사업시행구역 내 토지 등 소유자들이다.

나. 제 1 기 위원장, 부위원장의 궐위와 2008. 7. 18.자 제 11 차 추진위원회의에서의 제 1 기 부위원장 보궐선임결의

(1) 채무자 추진위원회의 설립 당시 각 제 1 기 위원장과 부위원장으로 선임된 이○○, 김○○은 협력업체로부터 금품을 수수하였다는 범죄사실로 2008. 5. 8. 이○○은 징역 1 년을, 김○○은 징역 10 월에 집행유예 2 년을 선고받았다.

(2) 이에 김○○은 2008. 7. 4. 채무자 추진위원회 부위원장직에서 사임하였고, 채무자 추진위원회는 2008. 7. 18. 제 11 차 추진위원회의를 개최하여 이○○을 제 1 기 위원장직에서 해임하는 한편, 채무자 ○○○을 제 1 기 부위원장으로 보궐선임하기로 결의하였고, 그 후 채무자 ○○○은 운영규정에 따라 위원장 직무대행자로 직무를 집행하여 왔다.

다. 2008. 12. 12.자 제 14 차 추진위원회의에서의 제 2 기 부위원장 연임결의 및 채권자 윤○○, 장○○에 대한 추진위원 해임결의

(1) 제 1 기 위원장, 부위원장을 비롯한 제 1 기 추진위원들의 임기 만료일인 2008. 12. 21.이 다가오자, 채무자 추진위원회는 2008. 12. 12. 제 14 차 추진위원회의를 개최하여 '부위원장 및 추진위원 연임의 건' 등에 대하여 심의하여 을 제 2 기 부위원장으로 연임시키기로 결의하였다.

(2) 한편, 제 14 차 추진위원회의에서는 당시 추진위원이던 채권자 윤○○, 장○○이 주민대책위원회를 구성하여 활동하면서 토지 등 소유자에게 부당한 손실을 끼쳤다는 것을 해임사유

로 하여 채권자 윤○○, 장○○을 추진위원에서 해임하기로 결의하였다.

라. 채무자 의 제 2 기 부위원장직 사임과 2009. 2. 6.자 제 15 차 추진위원회의에서의 제 2 기 부위원장 보궐선임결의

(1) 채권자들은 채무자 ○○○을 제 1 기 부위원장으로 보궐선임한 2008. 7. 18.자 추진위원회 결의와 제 2 기 부위원장으로 연임시키기로 한 2008. 12. 12.자 추진위원회 결의가 모두 무효라고 주장하면서, 2008. 12. 31. 이 법원 2008 카합 3314 호로 채무자 ○○○을 상대로 직무집행정지가처분신청을 하였고, 이에 채무자 ○○○은 2009. 1. 20. 채무자 추진위원회에 제 2 기 부위원장직에 대한 사임서를 제출하였다.

(2) 채무자 추진위원회는 2009. 2. 6. '부위원장 보궐선임의 건'을 안건으로 하여 제 15 차 추진위원회의를 개최하여 부위원장 후보로 단독 출마한 채무자 ○○○을 제 2 기 부위원장으로 보궐선임하기로 결의하였고, 그 후 채무자 ○○○은 채무자 추진위원회의 부위원장 및 위원장 직무대행자로서의 직무를 수행하고 있다.

마. 추진위원회 운영규정

채무자 추진위원회의 운영규정에는 이 사건과 관련하여 별지 기재와 같은 규정이 있다.

2. 채권자들의 채무자 허○○에 대한 신청에 관한 판단

가. 채권자들의 주장

채무자 ○○○을 채무자 추진위원회의 제 1 기 부위원장으로 보궐선임한 결의는 운영규정에 위반하여 무효이므로, 위 채무자를 연임방식에 의하여 제 2 기 부위원장으로 선임한 결의 또한 무효이다. 한편, 채무자 ○○○은 제 2 기 부위원장직에 대한 사임서를 제출한 후 추진위원회의에서 다시 제 2 기 부위원장으로 적법하게 선출된 사실이 없어 위 채무자의 사임으로 제 2 기 부위원장이 임기 중 궐위되었다고 할 수 없으므로, 채무자 ○○○을 제 2 기 부위원장으로 보궐선임한 결의는 무효이다. 그렇다면 채무자 ○○○은 채무자 추진위원회의 부위원장이라고 볼 수 없으므로, 채무자 에 대하여 채무자 추진위원회의 부위원장 및 위원장 직무대행자로서 직무집행의 정지를 구한다.

나. 판단

(1) 제 1 기 부위원장 보궐선임결의와 제 2 기 부위원장 연임결의의 효력에 관하여

가) 먼저 채무자 ○○○을 제 1 기 부위원장으로 보궐선임한 추진위원회 결의의 효력에 관하여 살피건대, 이 사건 소명자료와 심문전체의 취지에 의하면,

III. 추진위원의 해임

① 2008. 7. 18. 개최된 채무자 추진위원회의 제 11 차 추진위원회의에는 재적 추진위원 총 92 명 중에서 25 명은 직접 참석하였고 34 명은 서면결의서를 제출하였던 사실, ② 위 회의에서는 김○○의 사임으로 궐위가 생긴 제 1 기 부위원장에 대한 보궐선임의 건이 안건으로 상정되었는데 부위원장 후보로 채무자 ○○○과 김○○가 출마한 사실, ③ 참석한 25 명 중 채무자 ○○○이 16 표, 김○○가 9 표를 얻었는데 채무자 추진위원회에서는 서면결의서를 낸 34 명이 모두 채무자 ○○○을 지지한 것으로 간주하여 채무자 이 제 1 기 부위원장으로 보궐선임되었다고 결정한 사실이 각 소명된다.

그러나 이 사건 소명자료에 의하면 34 명이 낸 서면결의서에는 부위원장 보궐선임의 안건에 대하여 단순히 '추진위원회의 결의에 따름'이라고 기재되어 있을 뿐, 채무자 ○○○과 김○○ 중 어느 후보를 지지하는지에 대하여는 아무런 기재가 없었던 사실이 소명되는바, 채무자 이 경쟁후보인 김○○보다 회의에 참석한 추진위원 중에서 다수표를 얻었다는 이유만으로 채무자 에 대한 명확한지지 의사의 기재 없이 단순히 '추진위원회의 결의에 따름'이라고 기재되어 있을 뿐인 서면결의서를 채무자 허○○에 대한 찬성표로 간주할 수는 없으므로, 채무자 이 보궐선임결의의 요건인 출석위원의 3 분의 2 이상의 득표를 충족했다고 볼 수 없다.

그러므로 채무자 ○○○을 제 1 기 부위원장으로 보궐선임한 2008. 7. 18.자 추진위원회 결의는 무효이다.

나) 그렇다면 채무자 ○○○은 제 1 기 부위원장으로 적법하게 보궐선임된 사실이 없고, 따라서 제 1 기 부위원장의 임기가 만료되더라도 채무자 ○○○은 부위원장직을 연임할 수 없으므로 채무자 ○○○을 연임방식으로 제 2 기 부위원장으로 선임한 2008. 12. 12.자 연임결의 또한 무효라고 할 것이다.

뿐만 아니라, ① 연임의 경우는 다른 후보와의 경쟁 없이 기존 부위원장의 연임에 대한 찬반투표만을 거치도록 하고 있으므로, 일반적으로 다수 후보자간의 득표 경쟁의 거쳐 다수표를 얻는 후보자가 당선되는 신규 선임의 경우와는 그 선임방법을 달리하는 점, ② 따라서 연임 방식에 의한 선출을 신규 선임 방식에 의한 선출로 볼 수 있게 되면, 후보자간의 자유로운 경쟁 없이 특정인에 대한 찬반투표만을 거치더라도 위 규정에 의한 의결요건만을 갖추면 그 특정인이 부위원장으로 당선되는 것이 가능하게 되어 토지 등 소유자의 부위원장으로서의 피선거권을 부당하게 제한하는 점 등에 비추어 보면, 운영규정 제 15 조 제 3 항은 적법하게 부위원장으로 선임되어 직무를 수행한 사람에게 그동안의 경험을 존중하고 업무수행의 연속성을 도모하기 위하여 예외적으로 타 후보와의 경쟁 없이 찬반투표만으로 부위원장으로 재선임될 수 있도록 규정하고 있는 것으로 제한적으로 해석함이 상당하므로, 채무자 ○○○을 연임 방식으로 선출한 것을 신규 선임으로 보아 채무자 이 제 2 기 부위원장으로 적법하게 선임되었다고 볼 수도 없다.

제 5 장 조합설립추진위원회 / 제 3 절 추진위원의 선임·해임

(2) 제 2 기 부위원장 보궐선임결의의 효력에 관하여

한편 채무자 추진위원회는 채무자 ○○○이 제 2 기 부위원장직에 대한 사임서를 제출하자, 제 2 기 부위원장의 궐위가 있다고 보아 추진위원회에서 채무자 ○○○을 제 2 기 부위원장직으로 다시 보궐선임하였으나, 보궐선임은 전임자가 임기 중 궐위된 경우에 전임자의 잔여기간을 임기로 하여 선출하는 것이므로, 위 보궐선임이 유효하기 위해서는 채무자 ○○○이 제 2 기 부위원장으로 적법하게 선임되었다가 임기 중에 사임하여 제 2 기 부위원장의 궐위가 발생하였다는 것을 전제로 한다.

그러나 위 (1)항에서 살펴본 바와 같이 채무자 ○○○을 연임방식으로 제 2 기 부위원장으로 선임한 2008. 12. 12.자 선임결의는 무효인바, 결국 제 2 기 부위원장은 아직 선임되지 않은 상태로 남아 있었으므로, 채무자 ○○○이 제 2 기 부위원장직에 대한 사임서를 제출하였다고 하여 제 2 기 부위원장이 임기 중 궐위되었다고 할 수 없다.

따라서 채무자 추진위원회의로서는 제 2 기 부위원장을 보궐선임의 방식에 의하여 선출할 수는 없고 신규 선임의 방식에 의하여 선출해야 했으므로, 채무자 ○○○을 제 2 기 부위원장으로 보궐선임한 2009. 2. 6.자 결의는 무효이다.

(3) 피보전권리 및 보전의 필요성의 존부에 관하여

그렇다면, 채무자 ○○○은 채무자 추진위원회의 부위원장으로 적법하게 선임된 사실이 없으므로, 이 사건 사업구역 내의 토지 등 소유자인 채권자들로서는 채무자 허○○에 대하여 추진위원회의 부위원장 및 위원장 직무대행자로서의 직무집행정지를 구할 피보전권리가 인정된다.

나아가 이 사건 소명자료에 의하면 채무자 ○○○은 정당한 권한이 없음에도 불구하고 부위원장 및 위원장 직무대행자의 권한을 행사하면서 제 2 기 위원장 및 감사의 선임 등을 위한 주민총회의 소집을 거부하고 있고, 제 16 차 추진위원회의를 개최하여 용역업체 계약내용 변경 승인 등 중요안건에 대한 심의를 진행하고 있는 사실 등이 소명되는 바, 조속히 주민총회를 개최하여 제 2 기 위원장 및 감사를 선출할 필요가 있고, 권한 없는 채무자 의 직무집행이 계속되는 경우 채권자들로서는 회복할 수 없는 손해를 입을 염려가 있는 점 등에 비추어 볼 때 본안소송 이전에 직무집행정지를 구할 보전의 필요성도 인정된다.

제4절 주민총회

I. 주민총회의 법적 지위

A. 개요

1. 【해설】 주민총회의 설치근거

> 주민총회는 '(추진위원회) 운영규정'에 근거하여 설치되는 기구로서 토지등소유자 전원으로 구성되는 의결기관이다. 도시정비법령은 주민총회의 설치에 관하여 직접 규정하고 있지 않으며, 법 제 124 조에서 추진위원장의 공개 대상 관련자료의 하나로 '주민총회 의사록'을 열거한 것이 주민총회와 관련된 규정의 전부이다(제 1 항 제 3 호).
>
> 따라서 ① 주민총회는 추진위원회의 운영규정에서 '의사결정기구로서 주민총회를 둔다'는 규정 및 그 의결사항에 관한 규정을 두어야 비로소 추진위원회의 의사결정기구로서 그 조직·운영에 관한 내용에 대하여 결의할 수 있으며, ② 운영규정이 없는 상태에서 주민총회를 개최하여 추진위원회의 조직·운영에 관한 내용을 결의하였다면 그 결의는 무효라는 고등법원판례가 있다(서울고등법원 2012. 1. 12. 선고 2011 나 44841 판결 참조).

2. 【자치규정】 (추진위원회) 운영규정안 제 20 조(주민총회)

> ① 토지등소유자 전원으로 주민총회를 구성한다.
>
> ② 주민총회는 위원장이 필요하다고 인정하는 경우에 개최한다. 다만, 다음 각 호의 어느 하나에 해당하는 때에는 위원장은 해당 일부터 2 월 이내에 주민총회를 개최하여야 한다.
>
>   1. 토지등소유자 5 분의 1 이상이 주민총회의 목적사항을 제시하여 청구하는 때
>
>   2. 추진위원 3 분의 2 이상으로부터 개최요구가 있는 때
>
> ③ 제 2 항 각 호에 따른 청구 또는 요구가 있는 경우로서 A) 위원장이 2 개월 이내에 정당한 이유 없이 주민총회를 소집하지 아니하는 때에는 감사가 지체 없이 주민총회를 소집하여야 하며, B) 감사가 소집하지 아니하는 때에는 제 2 항 각 호에 따라 C) 소집을 청구한 자의 대표가 시장·군수등의 승인을 얻어 이를 소집한다.
>
> ④ 주민총회를 개최하거나 일시를 변경하는 경우에는 미리 추진위원회의 의결을 거쳐야 한다. 다만, 제 2 항 각 호에 따라 주민총회를 소집하는 경우에는 그러하지 아니하다.
>
> ⑤ 제 2 항 및 제 3 항의 규정에 의하여 주민총회를 소집하는 경우에는 회의개최 14 일 전부터 회의목적·안건·일시 및 장소 등을 게시판에 게시하여야 하며, 토지등소유자에게는

제 5 장 조합설립추진위원회 / 제 4 절 주민총회

> 회의개최 10 일 전까지 등기우편으로 이를 발송·통지하여야 한다. 이 경우 등기우편이 반송된 경우에는 지체없이 1 회에 한하여 추가 발송한다.
>
> ⑥ 주민총회는 제 5 항에 따라 통지한 안건에 대하여만 의결할 수 있다.

3. 【자치규정】(추진위원회) 운영규정안 제 21 조(주민총회의 의결사항)

> 다음 각 호의 사항은 주민총회의 의결을 거쳐 결정한다.
>   1. 추진위원회 승인 이후 위원장·감사의 선임·변경·보궐선임·연임
>   2. 운영규정의 변경
>   3. 정비사업전문관리업자 및 설계자의 선정 및 변경
>   5. 제 30 조에 따른 개략적인 사업시행계획서의 변경
>   6. 제 31 조 5 항에 따른 감사인의 선정
>   7. 조합설립추진과 관련하여 추진위원회에서 주민총회의 의결이 필요하다고 결정하는 사항

4. 【자치규정】(추진위원회) 운영규정안 제 22 조(주민총회의 의결방법)

> ① 주민총회는 법 및 이 운영규정이 특별히 정한 경우를 제외하고 A) 추진위원회 구성에 동의한 토지등소유자 과반수 출석으로 개의하고 B) 출석한 토지등소유자(동의하지 않은 토지등소유자를 포함한다)의 과반수 찬성으로 의결한다.
>
> ☞ 추진위원회 구성에 동의하지 않은 토지등소유자는 주민총회에 출석하더라도 '개의정족수'에는 포함되지 않으나, 의결정족수의 동의자 수에는 포함된다.
>
> ② 토지등소유자는 서면 또는 제 13 조 제 2 항 각 호에 해당하는 대리인을 통하여 의결권을 행사할 수 있다. 이 경우 서면에 의한 의결권 행사는 제 1 항에 따른 출석으로 본다.
>
> ③ 토지등소유자는 규정에 의하여 출석을 서면으로 하는 때에는 안건내용에 대한 의사를 표시하여 주민총회 전일까지 추진위원회에 도착되도록 하여야 한다.
>
> ④ 토지등소유자는 제 2 항에 따라 출석을 대리인으로 하고자 하는 경우에는 위임장 및 대리인 관계를 증명하는 서류를 추진위원회에 제출하여야 한다.
>
> ⑤ 주민총회 소집결과 정족수에 미달되는 때에는 재소집하여야 하며, 재소집의 경우에도 정족수에 미달되는 때에는 추진위원회 회의로 주민총회를 갈음할 수 있다.

I. 주민총회의 법적 지위

> ☞ **(추진위원회) 운영규정안 제 26 조 단서**
>
> 제 22 조 제 5 항에 따라 주민총회의 의결을 대신하는 의결사항은 재적위원 3 분의 2 이상의 출석과 출석위원 3 분의 2 이상의 찬성으로 의결한다.

5. **【자치규정】(추진위원회) 운영규정안 제 23 조(주민총회운영 등)**

> ① 주민총회의 운영은 이 운영규정 및 의사진행의 일반적인 규칙에 따른다.
>
> ② 의장은 주민총회의 안건내용 등을 고려하여 다음 각 호에 해당하는 자 중 토지등소유자가 아닌 자를 주민총회에 참석하여 발언하도록 할 수 있다.
>
>   1. 추진위원회 사무국 직원
>
>   2. 정비사업전문관리업자, 건축사 사무소 등 용역업체 관계자
>
>   3. 그 밖에 위원장이 주민총회운영을 위하여 필요하다고 인정하는 자
>
> ③ 의장은 주민총회의 질서를 유지하고 의사를 정리하며, 고의로 의사진행을 방해하는 발언·행동 등으로 주민총회질서를 문란하게 하는 자에 대하여 그 발언의 정지·제한 또는 퇴장을 명할 수 있다.
>
> ④ 추진위원회는 주민총회의 의사규칙을 정하여 운영할 수 있다

B. [고등법원판례] ① 추진위원회의 운영규정에서 의사결정기구로서 주민총회를 둔다는 규정 및 그 의결사항에 관한 규정을 두어야 비로소 주민총회가 추진위원회의 의사결정기구로서 그 조직·운영에 관한 내용에 대해 결의할 수 있어; ② 운영규정이 없는 상태에서 주민총회를 개최하여 추진위원회의 조직·운영에 관한 내용을 결의하였다면 이는 무효임; ③ 따라서 주민총회의 제 1 호 안건결의[추진위원회 운영규정(안) 의결]가 무효인 이상, 제 1 호 안건결의로 피고의 운영규정이 성립했음을 근거로 이루어진 제 2~10 호 결의는 모두 무효임 —서울고등법원 2012. 1. 12. 선고 2011 나 44841 판결[주민총회결의무효]

【당사자】

원고,피항소인	A ~ AN(40 명)
피고,항소인	AO 아파트주택재건축정비사업조합설립추진위원회

1. 제 1 호 안건결의를 근거로 성립한 제 2~10 호 안건 결의도 모두 무효

위 인정 사실에 의하면, 이 사건 주민총회에 상정된 제 2 호 내지 제 10 호 안건은 제 1 호 안건에 대한 결의에 의해 이 사건 운영규정이 적법하게 피고의 운영규정으로 성립하는 것을 전제로 이 사건 운영규정에 근거하여 피고가 추진위원회로서의 조직을 갖추고 이를 운영하기

위하여 의결되었다고 할 것이다.

그런데 위에서 본 바와 같이 제 1 호 안건에 대한 결의가 도시정비법에 정한 요건을 갖추지 못하여 무효이므로, 이를 근거로 한 제 2 호 내지 제 10 호 안건에 대한 결의 역시 무효라고 할 것이다.

2. 피고의 주장에 대한 판단

가. 주민총회 이후에 유효하게 성립한 운영규정으로 제 2~10 호 안건결의까지 추인되지 않음

이에 대하여 피고는 우선, 제 1 호 안건으로 의결된 이 사건 운영규정과 거의 동일한 내용으로 되어 있는 피고의 새로운 운영규정에 대하여 2011. 1. 28.경까지 도시정비법 제 13 조 제 2 항, 제 17 조 제 1 항의 요건인 인감도장을 사용하고 인감증명서가 첨부된 전체 토지등소유자 과반수의 서면동의 요건이 갖추어졌으므로, 이로써 제 2 호 내지 제 10 호 안건에 관한 결의도 전체 토지등소유자 과반수의 동의에 의해 추인되어 유효하게 되었다고 주장한다.

그러나 설령 피고의 위 주장과 같이 피고가 이 사건 주민총회 후에 작성한 이 사건 운영규정과 거의 동일한 내용으로 되어 있는 새로운 운영규정에 대하여 도시정비법에 의한 동의요건이 갖추어졌다고 하더라도, 이러한 동의를 주민총회 결의라고 할 수 없을 뿐만 아니라 그 동의의 대상에 제 2 호 내지 제 10 호 안건이 포함된다고 볼 수도 없으므로, 피고의 위 주장은 이유 없다.

나. 주민총회의 설치근거(운영규정)가 없으면 주민총회에서 적법한 결의를 할 수 없음

(1) 피고의 주장

또한 피고는, 비록 이 사건 주민총회에서 제 2 호 내지 제 10 호 안건에 대한 결의를 할 당시에는 제 1 호 안건에 대한 결의에 의해 이 사건 운영규정이 적법하게 피고의 운영규정으로 성립하는 것을 전제로 하기는 하였지만, 그렇다고 하여 제 1 호 안건에 대한 결의가 무효이면 제 2 호 내지 제 10 호 안건에 대한 결의도 당연히 무효로 되는 것은 아니고, 그 유·무효 여부는 단체법상의 일반 법리에 따라 별개로 판단되어야 할 것인바,

도시정비법이 추진위원회 운영규정의 작성과 달리 제 2 호 내지 제 10 호 안건과 같은 추진위원회의 조직이나 운영에 관한 내용에 대하여는 결의요건이나 결의방법에 관한 특별한 규정을 두지 않고 있는 이상 이는 추진위원회 구성에 동의한 토지등소유자 과반수 출석으로 개의하고 출석한 추진위원회 구성에 동의한 토지등소유자 과반수 찬성으로써 의결할 수 있는 것인데, 이 사건 주민총회에서 제 2 호 내지 제 10 호 안건에 대한 결의는 모두 이와 같은 요건을 충족하였으므로, 이는 유효하다고 주장한다.

II. 주민총회의 소집

(2) 피고 주장을 배척함

피고의 위 주장은 추진위원회가 그 운영규정이 없는 상태에서도 주민총회를 개최하여 추진위원회의 조직이나 운영에 관한 내용에 대하여 결의할 수 있음을 전제로 한다.

그러나 도시정비법 제 15 조는 추진위원회의 조직과 운영에 관한 내용을 추진위원회 운영규정에서 정하고(제 2 항), 그 운영규정에 따라 추진위원회를 운영하여야 한다고 규정하고 있는데(제 3 항 전단), 이는 추진위원회의 공정한 운영을 위한 강행법규라고 할 것이다.

한편 추진위원회가 향후 조합을 설립하는 경우 도시정비법 제 15 조 제 4 항에 의하여 추진위원회가 행한 업무와 관련된 권리와 의무를 조합이 포괄승계하는 등으로 추진위원회의 구성에 동의하지 아니한 정비구역 내의 토지등소유자도 추진위원회의 운영에 대하여 이해관계가 있기 때문에 추진위원회는 그 의사결정기구로 주민총회를 두는 것이기는 하지만, 주민총회는 추진위원회의 구성원인 추진위원들이나 추진위원회 구성에 동의한 토지등소유자뿐만 아니라 추진위원회의 구성에 동의하지 아니한 토지등소유자까지도 그 구성원으로 하기 때문에 비법인사단으로서의 추진위원회가 구성된다고 하여 주민총회가 당연히 추진위원회의 의사결정기구가 된다고 보기 어렵다.

따라서 추진위원회의 자치법규인 운영규정에서 그 의사결정기구로서 주민총회를 둔다는 규정 및 주민총회의 의결사항에 관한 규정을 두어야 비로소 주민총회가 추진위원회의 의사결정기구로서 그 조직이나 운영에 관한 내용에 대하여 결의할 수 있다고 할 것이다.

이러한 도시정비법의 규정, 추진위원회와 주민총회와의 관계 등을 종합하여 보면, 추진위원회는 그 공정한 운영을 위하여 조직을 구성하거나 운영을 하기에 앞서서 추진위원회 위원의 선임방법 및 변경에 관한 사항, 추진위원회 위원의 권리·의무에 관한 사항, 추진위원회의 업무범위 및 그 운영방법에 관한 사항(추진위원회의 의사결정기구로서 주민총회를 둔다는 규정과 주민총회의 의결사항에 관한 규정도 이에 포함된다) 등을 정하는 추진위원회 운영규정을 작성하여 이에 대하여 도시정비법이 요구하는 동의요건을 갖추고 그 운영규정에 근거하여 주민총회를 개최하는 등의 방법으로 조직을 구성한 다음 업무를 수행해야 하고, 운영규정이 없는 상태에서 주민총회를 개최하여 추진위원회의 조직이나 그 운영에 관한 내용에 대하여 결의하였다면 이는 무효라고 보아야 할 것이다.

II. 주민총회의 소집

A. [고등법원판례] ① 등기우편조회에 259 건의 수령인이 추진위원장으로 되어 기재되어 있으나, 집배원이 "실제로는 토지등소유자에게 개별적으로 배달하였고, 다만 편의상 수령인을 E 으로 일괄기재하였다"고 증언하여 등기우편이 정상적으로 배달되었다고 본 사례; ② 피고는 소집통지서를 등기우편으로 발송했지만, 관계법령상 등기우편의 배달로 볼 수 없는 방식으로 배달되

는 등의 문제로 등기우편 발송으로서의 효력을 인정하기 어렵게 되었다고 본 사례 —서울고 등법원 2018. 12. 5. 선고 2017 나 2076341 판결[총회결의 무효확인 등의 청구] 대법원 2019.4.11. 2018 다 303554 : 심리불속행기각

【당사자】

원고, 피항소인	A
피고, 항소인	B 지구주택재개발정비사업조합설립추진위원회

1. E 등의 대리수령 여부

가) 갑 제 4 호증의 기재에 의하면, 우정사업본부 인터넷우체국 원클릭 배송조회에 피고가 발송한 위 등기우편 중 259 건의 수령인이 E(피고의 대표자인 추진위원장이다.)으로, 33 건의 수령인이 K로 각 기재되어 있는 사실이 인정된다.

나) 그러나 을 제 3 호증의 기재, 이 법원 증인 J의 증언 및 변론 전체의 취지에 의하여 인정되는 다음의 사정들, 즉 ① 당시 위 등기우편을 배달한 광진우체국 소속 집배원 J은 이 법원에서, "위 등기우편을 300 건 정도 배달하였는데, 실제로는 토지등소유자에게 개별적으로 배달하였고, 다만 편의상 수령인을 E으로 일괄기재하였으며, E에게 배달한 등기우편은 1 통밖에 없다."고 진술한 점, ② E이 수령인으로 기재되어 있는 위 등기우편의 원래 수취인인 토지등소유자들 중 상당수가 이 사건 총회에 직접 참석하거나 서면결의서를 제출한 것으로 보이는 점, ③ 피고로서도 이 사건 총회의 개의 및 의결 정족수를 충족하기 위하여는 위 등기우편을 제대로 배달하여 토지등소유자의 참석률을 높여야 하는 입장으로 보이고, 고의로 위 등기우편의 배달을 방해할 만한 별다른 이유는 없는 것으로 보이는 점을 종합하면, 위 등기우편은 해당 토지등소유자의 각 주소지로 배달된 것으로 볼 수 있고, 위 등기우편이 실제로 E 이나 K에게 한꺼번에 배달되었다고 보기는 어렵다. 원고의 이 부분 주장은 받아들이지 않는다.

2. 등기우편 배달 방식 위배 여부

가) 한편 J은 이 법원에서, "a) 수령인이 E으로 일괄기재된 등기우편 중 20~30%는 송달받을 사람이나 가족에게 직접 전달하였고, b) 나머지는 택배 또는 일반우편물을 놓듯이 집 문 앞에 두거나 우편함에 꽂아두었다. c) 1~2 일이 지난 후 다시 방문하였을 때 등기우편을 수령한 흔적이 없으면 회수해서 반송처리하였고 그 비율은 약 10%이다."라고 진술하였다.

나) 우편법 시행령 제 42 조 제 3 항 본문은 "등기우편물은 수취인·동거인(동일 직장에서 근무하는 자를 포함한다.) 또는 제 43 조 제 1 호 및 제 5 호의 규정에 의한 수령인으로부터 그 수령사실의 확인을 받고 배달하여야 한다."고 규정한다. J의 위와 같은 이 사건 등기우편의 배달 방식은 위 우편법 시행령 규정에 위배된다.

II. 주민총회의 소집

다) 앞서 본 바와 같이 특별한 사정이 없는 한 피고로서는 등기우편의 발송으로써 운영규정 제 20 조 제 5 항에 따른 총회소집통지 절차를 이행한 것으로 볼 수 있다. 그리고 우편물이 등기취급의 방법으로 발송된 경우에는 반송되는 등의 특별한 사정이 없는 한 그 무렵 수취인에게 배달되었다고 보아야 한다(대법원 2007. 12. 27. 선고 2007 다 51758 판결 참조).

그러나 이러한 등기우편 발송으로 인한 효력은 발송된 등기우편이 관련 법령에 따른 방식으로 적법하게 배달되는 경우 실제 수취인에게 배달될 가능성이 높다는 것을 전제로 하는 것으로 보이고, 만약 발송된 등기우편이 관련 법령상 등기우편의 배달로 볼 수 없는 방식으로 배달되었다거나 또는 실제 배달되지 않은 사실이 인정되는 경우에도 위와 같은 등기우편 발송으로 인한 효력을 그대로 인정하기는 어렵다.

라) 앞서 본 사실관계에 더하여 갑 제 3, 20 호증, 을 제 3 호증의 각 기재 및 변론 전체의 취지에 의하여 인정할 수 있는 아래의 사실 및 사정을 종합하면, 이 사건 총회에는 총회소집통지 절차에 있어 피고의 운영규정 제 20 조 제 5 항을 위반하여 토지등소유자의 출석권·의결권 등 행사에 영향을 미친 중대한 절차상 하자가 있다고 인정된다.

(1) J 은 위 등기우편 약 300 건 중 70~80%(210 건 내지 240 건에 해당한다.)를 우편법 시행령상 등기우편 배달 방식이 아닌 택배(수취인과의 연락이나 만남은 없는 상태이다.) 또는 일반우편 방식으로 배달하였다. J 의 위와 같은 등기우편 배달 방식은 우편법 시행령 제 42 조 제 3 항 본문 규정에 위배된다. 비록 피고로서는 운영규정 제 20 조 제 5 항에 따라 등기우편으로 발송하였지만, 위와 같은 배달상의 문제로 인하여 등기우편 발송으로서의 효력을 인정하기 어렵게 되었다. 이러한 결론은 발송인인 피고가 위와 같은 배달상의 문제에 관여하거나 이를 인식하였는지 여부를 불문한다고 봄이 타당하다.

(2) 위와 같은 배달상의 문제가 발생한 210 건 내지 240 건의 등기우편은 토지등소유자 총원 대비 약 17.3%(= 210/1,208) 내지 19.8%(= 240/1,208)에 이르는 상당한 비중을 차지한다.

(3) 토지등소유자 총원의 이 사건 총회 출석률은 약 37.3%(= 451/1,208)이고, 피고의 주장에 의하더라도 토지등소유자 중 본인이나 가족 등이 등기우편을 수령한 경우 이 사건 총회 출석률이 약 45.6%(= 142/311)에 이르는 반면, J 이 수령인을 E 으로 기재한 등기우편 259 건의 경우 이 사건 총회 출석률이 약 25%(= 65 명/259 명)에 불과하다.

(4) J 이 수령인을 E 으로 기재한 등기우편 259 건의 원래의 수취인 중 일부는 이 사건 총회 관련 서류를 등기우편으로 송달받지 못하여 이 사건 총회의 참석 기회 및 의결권을 침해받았다는 내용의 사실확인서를 작성하여 제출하였다.

B. 추진위원회에서 주민총회를 개최하기로 결의하였음에도 위원장이 주민총회를 소집하지 않고 있더라도, 토지등소유자의 1/5 이상 또는 재적추진위원의 2/3 이상이 주민총회의 소집을 요구

한 적이 없는 한 감사는 주민총회를 소집할 수 없어 —서울중앙지방법원 2010. 7. 21. 자 2010 카합 2204 결정[주민총회개최금지가처분]

【당사자】

신 청 인 1. ○○○3 재정비촉진구역주택재개발정비사업조합설립추진위원회
　　　　　　대표자 위원장 유○○
　　　　　2. 유○○
피신청인 1. 박○○
　　　　　2. 강○○

【주문】

1. 피신청인들이 별지 목록 기재 안건의 결의를 위해 2010. 7. 22. 19:00 개최하는 것으로 소집 공고한 ○○○3 재정비촉진구역주택재개발정비사업조합설립추진위원회의 주민총회는 그 개최를 금지한다.
2. 집행관은 제 1 항의 취지를 적당한 방법으로 공시하여야 한다.

1. 사안의 개요

신청인 유○○은 신청인 ○○○3 재정비촉진구역주택재개발정비사업조합설립추진위원회(이하 '신청인 추진위원회'라 한다)의 위원장이다. 피신청인들은 가 신청인 추진위원회의 감사이다.

피신청인들은 자신들의 명의로 별지 목록 기재 안건의 결의를 위해 2010. 7. 22. 19:00 에 신청인 추진위원회의 주민총회(이하 '이 사건 총회'라 한다)를 개최하는 것으로 소집 공고하였다.

2. 피신청인들의 소집권한 유무

가. 당사자들의 주장

신청인들은 신청인 추진위원회 운영규정에 의하면 위원장만이 주민총회를 소집할 권한이 있으므로 감사인 피신청인들이 소집한 이 사건 총회는 그 소집절차에 중대한 하자가 있다고 주장한다.

이에 대하여 피신청인들은, 2010. 5. 30. 개최된 추진위원회에서 이 사건 총회를 개최하기로 하는 결의가 있었음에도 신청인 유○○이 위원장으로서의 의무를 해태하여 위 결의를 이행하지 않고 있으므로, 위원장이 정당한 이유 없이 추진위원회 또는 주민총회를 거부하는 경우 감

II. 주민총회의 소집

사가 직접 이를 개최할 수 있는 요건을 규정한 운영규정 제 20 조 제 2, 3 항...에 따라 감사인 피신청인들에게 이 사건 총회 소집 권한이 있다고 주장한다.

나. 신청인 추진위원회 운영규정

> **제 20 조(주민총회)**
>
> ② 주민총회는 위원장이 필요하다고 인정하는 경우에 개최한다. 다만, 다음 각 호의 1 에 해당하는 때에는 위원장은 해당일부터 2 월 이내에 주민총회를 개최하여야 한다.
>
> 1. 토지등소유자 5 분의 1 이상이 주민총회의 목적사항을 제기하여 청구하는 때
>
> 2. 추진위원 3 분의 2 이상으로부터 개최요구가 있는 때
>
> ③ 제 2 항 각 호의 규정에 의한 청구 또는 요구가 있는 경우로서 위원장이 2 개월 이내에 정당한 이유 없이 주민총회를 소집하지 아니하는 때에는 감사가 지체 없이 주민총회를 소집하여야 하며, 감사가 소집하지 아니하는 때에는 제 2 항 각호의 규정에 의하여 소집을 청구한 자의 대표가 시장·군수의 승민을 얻어 이를 소집한다.

다. 판단

운영규정 제 20 조 제 2, 3 항은 위원장이 그 필요에 따라 주민총회를 개최할 수 있다고 규정하면서도 다만 토지등소유자 또는 추진위원의 일정 비율 이상이 총회소집을 요구한 경우에는 위원장으로 하여금 일정 기한 내에 주민총회를 개최하도록 하고, 위원장이 이를 거부하는 경우 감사 또는 발의자 대표가 직접 총회를 소집할 수 있도록 규정하고 있다. 이는 원칙적으로 위원장에게 주민총회 소집권한을 부여하되 일정한 요건 하에서는 추진위원회의 구성원들에게도 소집권한을 인정하여 위원장의 독선을 막고 추진위원회가 민주적으로 운영될 수 있도록 하기 위한 규정으로 이해된다.

그러나 구성원들이 직접 주민총회를 소집할 수 있는 것은 어디까지나 위원장의 소집권한에 대한 예외에 해당하고, 위 조항이 이러한 예외를 인정하는 것은 일정 기준 이상의 다수의 의견이 추진위원회 운영에 반영될 수 있도록 하자는데 그 근거가 있는 것이므로, 여기서 '일정 기준 이상의 다수'의 소집요구는 위 조항이 적용되기 위한 핵심적인 요건에 해당하고 위 요건이 충족되지 않는 이상 위 조항의 적용 또는 유추적용은 허용되지 아니한다.

이 사건에서는 피신청인들의 주장 자체에 의하더라도 토지등소유자의 1/5 이상 또는 재적 추진위원의 2/3 이상이 위원장인 신청인 유○○에게 주민총회의 소집을 요구한 적은 없다는 것이므로, 더 이상 살펴볼 필요 없이 제 20 조 제 2, 3 항에 기하여 감사인 피신청인들이 직접 이 사건 총회를 소집할 수 있다는 주장은 이유 없다.

3. 결 론

피신청인들은 적법하게 이 사건 총회를 개최할 권한이 없고, 기록 및 심문 전체의 취지에 나타난 여러 사정을 고려하면 가처분으로 이 사건 총회의 개최를 금지할 보전의 필요성도 인정된다. 따라서 이 사건 신청은 이유 있으므로 이를 인용하기로 하여 주문과 같이 결정한다.

III. '토지등소유자 동의'와 '주민총회 의결'은 별개의 절차적 요건임

A. 구 시행령에서 추진위원회의 정비업자 선정을 토지등소유자 동의사항으로 규정하고, 운영규정에서는 그것을 주민총회 의결사항으로 규정한 사안에서, ① '토지등소유자 동의'와 '주민총회 결의'는 정비업자 선정을 위한 별개의 절차적 요건이므로, 각각 정해진 방법으로 요건을 충족하면 되고; ② 이 두 요건을 모두 충족하지 못하면 정비업자 선정계약을 체결할 수 없음 —대법원 2012. 9. 13. 선고 2010 다 55705 판결[주민총회결의무효확인]

【당사자】

【원고, 상고인】 원고

【피고, 피상고인】 부개 5 구역주택재개발정비사업조합설립추진위원회

1. 구 시행령에서 추진위원회의 정비업자 선정을 토지등소유자 동의사항으로 규정함

구 도시 및 주거환경정비법(2009. 1. 30. 법률 제 9401 호로 개정되기 전의 것, 이하 '구 도시정비법'이라 한다)은 제 14 조 제 1 항 제 2 호, 제 2 항에서 주택재개발정비사업조합설립추진위원회(이하 '추진위원회'라 한다)가 정비사업전문관리업자를 선정할 때에는 그 운영규정이 정하는 경쟁입찰의 방법으로 하도록 하면서, 제 14 조 제 3 항 및 제 17 조와 위 각 규정의 위임에 따른 같은 법 시행령(2008. 7. 29. 대통령령 제 20947 호로 개정되기 전의 것) 제 23 조 제 1 항 제 2 호 (가)목, 제 2 항, 제 28 조 제 4 항에서는 위 업무를 수행하기 전에 추진위원회 구성에 동의한 토지 등 소유자의 과반수로부터 인감도장이 날인되고 인감증명서가 첨부된 서면동의를 받도록 하고 있다.

2. 피고 운영규정에서는 정비업자 선정을 주민총회 의결사항으로 규정함

한편 구 도시정비법에 따른 추진위원회인 피고의 운영규정에 의하면, 정비사업전문관리업자의 선정은 주민총회의 결의사항으로 되어 있고, 주민총회는 구 도시정비법이나 운영규정에서 특별히 정한 경우를 제외하고는 추진위원회 구성에 동의한 토지소유자 과반수의 출석으로 개의하며, 출석한 토지 등 소유자(동의하지 않은 토지 등 소유자를 포함한다)의 과반수 찬성으로 의결하고, 토지 등 소유자는 서면 또는 대리인을 통하여 의결권을 행사할 수 있는데, 이러한

III. '토지등소유자 동의'와 '주민총회 의결'은 별개의 절차적 요건임

주민총회의 결의는 구 도시정비법 제 14 조 제 3 항에 따른 토지 등 소유자의 동의와는 별개의 절차라고 할 것이므로 (대법원 2010. 2. 15. 선고 2009 다 93299 판결 참조),

3. 위 둘은 추진위가 정비업자를 선정하기 위한 전혀 별개의 절차요건임

위와 같은 주민총회의 결의에는 피고의 운영규정에 따른 의결요건을 갖추는 것만으로 충분하고, 달리 구 도시정비법 제 14 조 제 3 항의 동의에 요구되는 같은 법 제 17 조 및 그 시행령 제 28 조 제 4 항 등에 따른 요건, 즉 인감도장이 날인되고 인감증명서가 첨부된 서면동의의 방법에 의한 의결이 필요하다고 볼 것은 아니며, 다만 위 규정에 따라 구 도시정비법 제 14 조 제 3 항의 동의를 적법하게 받지 않고서는 정비사업전문관리업자와의 선정계약 체결 등의 업무 수행에 나아갈 수 없을 뿐이다.

B. 정비업자 선정 및 선정계약 체결에 서면동의와 주민총회결의를 모두 받도록 정한 경우 서면 동의서를 징구하였다는 것만으로 주민총회결의를 갈음할 수 없어 —대법원 2010.02.25. 선고 2009 다 93299 판결[재건축설립추진위원회결의무효확인]

【당사자】

[원고(선정당사자), 상고인 겸 피상고인] 원고 1 외 2 인

[피고, 피상고인 겸 상고인] 잠실 5 단지 주택재건축정비사업조합설립 추진위원회

[피고보조참가인] 삼성물산 주식회사외 2 인

원심판결 이유에 의하면 원심은, 판시와 같은 도정법 및 도정법 시행령, 피고 운영규정에 비추어, 피고가 정비사업전문관리업자를 선정하여 그 선정된 정비사업전문관리업자와 사이에 선정계약을 체결하기 위하여는, ① 피고의 구성에 찬성한 토지 등 소유자 1/2 이상의 동의를 받되 그러한 동의는 인감도장을 사용한 서면동의의 방법에 의하여야 하고, ② 나아가 피고의 사업구역 내 토지 등 소유자로 구성된 주민총회의 결의까지 다시 거쳐야 하는 것이므로,

피고가 그 구성에 찬성한 토지 등 소유자의 과반수로부터 소외 회사의 정비사업전문관리업자의 선정 및 이 사건 선정계약의 체결에 동의하는 내용의 서면동의서를 징구하였다고 하더라도, 그러한 사정만으로 관련 법령 및 피고 운영규정에서 필요적 절차로 규정한 주민총회의 결의에 갈음할 수는 없어…

제5장 조합설립추진위원회 / 제5절 추진위원회의 기능·업무·운영·의결

제5절 추진위원회의 기능·업무·운영·의결

I. 추진위원회의 기능·업무·운영

A. 개요

1. 【법령】 전부개정 도시정비법 제32조(추진위원회의 기능)

> ① 추진위원회는 다음 각 호의 업무를 수행할 수 있다.
>
>   1. 제102조에 따른 정비사업전문관리업자(이하 "정비사업전문관리업자"라 한다)의 선정 및 변경
>
>   2. 설계자의 선정 및 변경
>
>   3. 개략적인 정비사업 시행계획서의 작성
>
>   4. 조합설립인가를 받기 위한 준비업무
>
>   5. 그 밖에 조합설립을 추진하기 위하여 대통령령으로 정하는 업무
>
> ☞ 영 제26조(추진위원회의 업무 등)
>
> 법 제32조제1항제5호에서 "대통령령으로 정하는 업무"란 다음 각 호의 업무를 말한다.
>
>   1. 법 제31조제1항제2호에 따른 추진위원회 운영규정의 작성
>
>   2. 토지등소유자의 동의서의 접수
>
>   3. 조합의 설립을 위한 창립총회(이하 "창립총회"라 한다)의 개최
>
>   4. 조합 정관의 초안 작성
>
>   5. 그 밖에 추진위원회 운영규정으로 정하는 업무
>
> ☞ 시공자·감정평가업자의 선정 등 조합의 업무에 속하는 부분은 추진위원회의 업무범위에 포함되지 않는다(운영규정안 제5조 제4항). 다만, 추진위원회가 조합설립 동의를 위하여 추정분담금을 산정하기 위해 필요한 경우에는 감정평가업자를 선정할 수 있다.
>
> ② 추진위원회가 정비사업전문관리업자를 선정하려는 경우에는 제31조에 따라 추진위원회 승인을 받은 후 제29조제1항에 따른 경쟁입찰 또는 수의계약(2회 이상 경쟁입찰이 유찰된 경우로 한정한다)의 방법으로 선정하여야 한다. <개정 2017. 8. 9.>

I. 추진위원회의 기능·업무·운영

> ③ 추진위원회는 제 35 조제 2 항, 제 3 항 및 제 5 항에 따른 조합설립인가를 신청하기 전에 대통령령으로 정하는 방법 및 절차에 따라 조합설립을 위한 창립총회를 개최하여야 한다.

2. 【법령】 전부개정법 시행령 제 29 조(추진위원회의 운영)

> ① 추진위원회는 법 제 34 조제 5 항에 따라 다음 각 호의 사항을 토지등소유자가 쉽게 접할 수 있는 일정한 장소에 게시하거나 인터넷 등을 통하여 공개하고, 필요한 경우에는 토지등소유자에게 서면통지를 하는 등 토지등소유자가 그 내용을 충분히 알 수 있도록 하여야 한다.
>
> 다만, 제 8 호 및 제 9 호의 사항은 법 제 35 조에 따른 조합설립인가(이하 "조합설립인가"라 한다) 신청일 60 일 전까지 추진위원회 구성에 동의한 토지등소유자에게 등기우편으로 통지하여야 한다.
>
> 1. 법 제 12 조에 따른 안전진단의 결과
> 2. 정비사업전문관리업자의 선정에 관한 사항
> 3. 토지등소유자의 부담액 범위를 포함한 개략적인 사업시행계획서
> 4. 추진위원회 위원의 선정에 관한 사항
> 5. 토지등소유자의 비용부담을 수반하거나 권리·의무에 변동을 일으킬 수 있는 사항
> 6. 법 제 32 조 제 1 항에 따른 추진위원회의 업무에 관한 사항
> 7. 창립총회 개최의 방법 및 절차
> 8. 조합설립에 대한 동의철회(법 제 31 조 제 2 항 단서에 따른 반대의 의사표시를 포함한다) 및 방법
> 9. 제 30 조 제 2 항에 따른 조합설립 동의서에 포함되는 사항
>
> ② 추진위원회는 추진위원회의 지출내역서를 매분기별로 토지등소유자가 쉽게 접할 수 있는 일정한 장소에 게시하거나 인터넷 등을 통하여 공개하고, 토지등소유자가 열람할 수 있도록 하여야 한다.

B. 자료의 공개·통지·보존

1. 【자치규정】 (추진위원회) 운영규정안 제 9 조(권리·의무에 관한 사항의 공개·통지방법)

> ② 제 1 항의 공개·통지방법은 이 운영규정에서 따로 정하는 경우를 제외하고는 다음 각 호의 방법에 따른다. [☞ 제 1 항의 공개·통지사항은 영 제 29 조 제 1 항 각호와 같다]

> 1. 토지등소유자에게 등기우편으로 개별 통지하여야 하며, 등기우편이 주소불명, 수취거절 등의 사유로 반송되는 경우에는 1회에 한하여 일반우편으로 추가 발송한다.
> 2. 토지등소유자가 쉽게 접할 수 있는 일정한 장소의 게시판(이하 "게시판"이라 한다)에 14일 이상 공고하고 게시판에 게시한 날부터 3월 이상 추진위원회 사무소에 관련서류와 도면 등을 비치하여 토지등소유자가 열람할 수 있도록 한다.
> 3. 인터넷 홈페이지가 있는 경우 홈페이지에도 공개하여야 한다. 다만, 특정인의 권리에 관계되거나 외부에 공개하는 것이 곤란한 경우에는 그 요지만을 공개할 수 있다.
> 4. 제1호의 등기우편이 발송되고 제2호의 게시판에 공고가 있는 날부터 공개·통지된 것으로 본다.

2. 【자치규정】(추진위원회) 운영규정안 제35조(관련자료의 공개와 보존)

> ① 추진위원장은 정비사업 시행에 관하여 다음 각 호(제1호부터 제9호까지를 말한다)의 서류 및 관련 자료가 작성되거나 변경된 후 15일 이내에 토지등소유자가 알 수 있도록 인터넷(인터넷에 공개하기 어려운 사항은 그 개략적인 내용만 공개할 수 있다)과 그 밖의 방법을 병행하여 토지등소유자의 주민등록번호를 제외하고 공개하여야 하며, 토지등소유자의 열람·복사 요청이 있는 경우 15일 이내에 그 요청에 따라야 한다. 이 경우 복사에 필요한 비용은 실비의 범위 안에서 청구인의 부담으로 한다.
>
> 1. 추진위원회 운영규정 등
> 2. 정비사업전문관리업자 및 설계자 등 용역업체의 선정계약서
> 3. 추진위원회·주민총회 의사록
> 4. 사업시행계획서
> 5. 해당 정비사업의 시행에 관한 공문서
> 6. 회계감사보고서
> 7. 월별 자금 입금·출금 세부내역
> 8. 연간 자금운용 계획에 관한 사항
> 9. 정비사업전문관리업자·설계자 등 용역업체와의 세부 계약 변경에 관한 사항
> 10. 토지등소유자 명부
>
> ② 추진위원회 또는 정비사업전문관리업자는 주민총회 또는 추진위원회가 있은 때에는 제1항에 따른 서류 및 관련 자료와 속기록녹음 또는 영상자료를 만들어 이를 조합설립인가일부터 30일 이내에 조합에 인계하여야 하고, 중도해산의 경우 청산업무가 종료할 때까지 이를 보관하여야 한다.

I. 추진위원회의 기능·업무·운영

③ 토지등소유자가 제 1 항 각 호의 사항을 열람·복사하고자 하는 때에는 서면으로 요청하여야 하며, 청구인은 제공받은 서류와 자료를 사용목적 외의 용도로 이용·활용하여서는 아니된다.

④ 추진위원회는 제 1 항에 따라 공개의 대상이 되는 서류 및 관련 자료의 경우 매 분기가 끝나는 달의 다음 달 15 일까지 다음 각 호의 사항을 토지등소유자에게 서면으로 통지하여야 한다.

1. 공개 대상의 목록
2. 공개 자료의 개략적인 내용
3. 공개 장소
4. 대상자별 정보공개의 범위
5. 열람·복사 방법
6. 등사에 필요한 비용

C. 추진위원의 직무

1. 【자치규정】 (추진위원회) 운영규정안 제 17 조(위원의 직무 등)

① 위원장은 추진위원회를 대표하고 추진위원회의 사무를 총괄하며 주민총회 및 추진위원회의 의장이 된다.

② ~ ④ 생략(감사에 관한 내용)

⑤ 부위원장·추진위원은 위원장을 보좌하고, 추진위원회에 부의된 사항을 심의·의결한다.

⑥ 다음 각 호의 경우 해당 안건에 관하여는 부위원장, 추진위원 중 연장자 순으로 추진위원회를 대표한다.

1. 위원장이 자기를 위한 추진위원회와의 계약이나 소송에 관련되었을 경우
2. 위원장의 유고로 인하여 그 직무를 수행할 수 없을 경우
3. 위원장의 해임에 관한 사항

⑦ 추진위원회는 그 사무를 집행하기 위하여 필요하다고 인정되는 때에는 추진위원회 사무국을 둘 수 있으며, 사무국에 상근하는 유급직원을 둘 수 있다. 이 경우 사무국의 운영규정을 따로 정하여 주민총회의 인준을 받아야 한다.

⑧ 위원은 동일한 목적의 사업을 시행하는 다른 조합·추진위원회 또는 정비사업전문관리업자 등 관련단체의 임원·위원 또는 직원을 겸할 수 없다.

2. 【자치규정】 (추진위원회) 운영규정안 제 30 조(개략적인 사업시행계획서의 작성)

추진위원회는 다음 각 호의 사항을 포함하여 개략적인 사업시행계획서를 작성하여야 한다.

1. 용적률·건폐율 등 건축계획
2. 건설예정 세대수 등 주택건설계획
3. 철거 및 신축비 등 공사비와 부대경비
4. 사업비의 분담에 관한 사항
5. 사업완료 후 소유권의 귀속에 관한 사항

D. 추진위원회의 회계

1. 【자치규정】 (추진위원회) 운영규정안 제 31 조(추진위원회의 회계)

① 추진위원회의 회계는 매년 1 월 1 일(설립승인을 받은 당해연도의 경우에는 승인일부터 12 월 31 일까지로 한다.

② 추진위원회의 예산·회계는 기업회계원칙에 따르되, 추진위원회는 필요하다고 인정하는 때에는 다음 각 호의 사항에 관하여 별도의 회계규정을 정하여 운영할 수 있다.

1. 예산의 편성과 집행기준에 관한 사항
2. 세입.세출예산서 및 결산보고서의 작성에 관한 사항
3. 수입의 관리.징수방법 및 수납기관 등에 관한 사항
4. 지출의 관리 및 지급 등에 관한 사항
5. 계약 및 채무관리에 관한 사항
6. 그 밖에 회계문서와 장부에 관한 사항

③ 추진위원회는 추진위원회의 지출내역서를 매분기별로 게시판에 게시하거나 인터넷 등을 통하여 공개하고, 토지등소유자가 열람할 수 있도록 하여야 한다.

④ 추진위원회는 매 회계연도 종료일부터 30 일 내 결산보고서를 작성한 후 감사의 의견서를 첨부하여 추진위원회에 제출하여 의결을 거쳐야 하며, 추진위원회 의결을 거친

결산보고서를 주민총회 또는 토지등소유자에게 서면으로 보고하고 추진위원회 사무소에 3월 이상 비치하여 토지등소유자들이 열람할 수 있도록 하여야 한다.

⑤ 추진위원회는 납부 또는 지출된 금액의 총액이 3억 5천만원 이상인 경우에는 「주식회사 등의 외부감사에 관한 법률」 제2조 제7호에 따른 감사인의 회계감사를 받는다. 제36조에 따라 중도 해산하는 경우에도 또한 같다.

⑥ 추진위원회는 제5항 따라 실시한 회계감사 결과를 회계감사 종료일부터 15일 이내 시장·군수등에게 보고하고, 추진위원회 사무소에 이를 비치하여 토지등소유자가 열람할 수 있도록 하여야 한다.

⑦ 추진위원회는 사업시행상 조력을 얻기 위하여 용역업자와 계약을 체결하고자 하는 경우에는 「국가를 당사자로 하는 계약에 관한 법률」을 적용할 수 있다.

2. 【자치규정】 (추진위원회) 운영규정안 제32조(재원)

추진위원회의 운영 및 사업시행을 위한 자금은 다음 각 호에 따라 조달한다.

1. 토지등소유자가 납부하는 경비
2. 금융기관 및 정비사업전문관리업자 등으로부터의 차입금
3. 지방자치단체의 장이 융자하는 융자금

II. 추진위원회의 개최와 의결

A. 추진위원회의 소집·개최

1. 【해설】 추진위원회의 소집·개최

(1) 추진위원회의 소집

다음의 하나에 해당하면 위원장은 14일 이내에 추진위원회를 소집하여야 한다(운영규정안 제24조 제1항).

  A) 토지등소유자의 1/10 이상이 회의 목적사항을 제시하여 소집을 청구하는 때

  B) 재적 추진위원 1/3 이상이 회의 목적사항을 제시하여 청구하는 때

(2) 위원장이 추진위원회를 소집하지 않는 경우

위와 같은 소집청구가 있음에도 위원장이 14일 이내에 추진위원회를 소집하지 않는 경우에는 아래와 같은 절차로 추진위원회를 소집·개최한다.

A) 감사가 지체 없이 추진위원회를 소집하여야 한다. 감사가 소집한 회의에서는 부위원장, 추진위원 중 연장자 순으로 의장이 된다(제24조 제2항 전문).

B) 감사도 추진위원회를 소집하지 않는 때에는 소집을 청구한 자의 공동명의로 추진위원회를 소집하며, 이 경우 의장은 발의자 대표의 임시사회로 선출된 자가 된다(제24조 제2항 후문).

(3) 소집통지

회의개최 7일 전까지 A) 회의목적·안건·일시 및 장소를 기재한 통지서를 추진위원에게 송부하고, B) 게시판에 게시하여야 한다(같은 조 제3항).

추진위원회는 통지한 사항에 관하여만 의결할 수 있다(운영규정안 제25조 제2항). 다만, 시급히 추진위원회의 의결을 요하는 사안이 발생한 경우에는 회의 개최 3일 전에 통지하고 회의에서 안건상정 여부를 묻고 의결할 수 있다. 이 경우에는 출석위원 3분의 2 이상의 찬성으로 의결할 수 있다. (같은 조 제3항 단서)

2. 【자치규정】(추진위원회) 운영규정안 제24조(추진위원회의 개최)

① 추진위원회는 위원장이 필요하다고 인정하는 때에 소집한다. 다만, 다음 각 호의 어느 하나에 해당하는 때에는 위원장은 해당 일부터 14일 이내에 추진위원회를 소집하여야 한다.

  1. 토지등소유자의 10분의 1 이상이 추진위원회의 목적사항을 제시하여 소집을 청구하는 때

  2. 재적 추진위원 3분의 1 이상이 회의의 목적사항을 제시하여 청구하는 때

② 제1항 각 호의 어느 하나에 따른 소집청구가 있는 경우로서 위원장이 14일 이내에 정당한 이유 없이 추진위원회를 소집하지 아니한 때에는 A) 감사가 지체 없이 이를 소집하여야 하며 이 경우 의장은 제17조 제6항에 따른다. B) 감사가 소집하지 아니하는 때에는 소집을 청구한 자의 공동명의로 소집하며 이 경우 의장은 발의자 대표의 임시사회로 선출된 자가 그 의장이 된다.

③ 추진위원회의 소집은 회의개최 7일 전까지 A) 회의목적·안건·일시 및 장소를 기재한 통지서를 추진위원회의 위원에게 송부하고, B) 게시판에 게시하여야 한다. 다만, 사업추진상 시급히 추진위원회의 의결을 요하는 사안이 발생하는 경우에는 회의 개최 3일 전에 이를 통지하고 추진위원회 회의에서 안건상정여부를 묻고 의결할 수 있다. 이 경우 출석위원 3분의 2 이상의 찬성으로 의결할 수 있다.

II. 추진위원회의 개최와 의결

3. 【정관】 [조합총회와 비교] 재건축 표준정관 제 20 조(총회의 설치)

> ④ 임시총회는 조합장이 필요하다고 인정하는 경우에 개최한다. 다만, 다음 각호의 1 에 해당하는 때에는 조합장은 해당일로부터 2 월 이내에 총회를 개최하여야 한다.
>
> 1. 조합원 5 분의 1 이상이 총회의 목적사항을 제시하여 청구하는 때
>
> 2. 대의원 3 분의 2 이상으로부터 개최요구가 있는 때
>
> ⑤ 제 4 항의 각호의 규정에 의한 청구 또는 요구가 있는 경우로서 A) 조합장이 2 월 이내에 정당한 이유없이 총회를 소집하지 아니하는 때에는 감사가 지체없이 총회를 소집하여야 하며, B) 감사가 소집하지 아니하는 때에는 제 4 항 각호의 규정에 의하여 소집을 청구한 자의 공동명의로 이를 소집한다.

B. 추진위원회의 의결

1. 【해설】

> **(1) 정족수**
>
> A) 일반정족수: 추진위원회는 재적위원 과반수 출석으로 개의하고 출석위원 과반수의 찬성으로 의결한다. 감사는 재적위원에는 포함되나 의결권은 행사할 수 없다. (운영규정안 제 26 조 제 1 항 본문 및 제 3 항.)
>
> B) 특별정족수: 주민총회 소집 결과 정족수에 미달되는 때에는 재소집하여야 하며, 재소집의 경우에도 정족수에 미달되는 때에는 추진위원회 회의로 주민총회를 갈음할 수 있는바(제 22 조 제 5 항), 이 경우에는 재적위원 3 분의 2 이상의 출석과 출석위원 3 분의 2 이상의 찬성으로 의결한다. (운영규정안 제 26 조 제 1 항 단서.)
>
> **(2)** 서면출석은 되나 대리출석은 안 됨. 서면결의서를 제출한 위원은 출석위원 수에 포함된다(제 26 조 제 2 항).
>
> **(3)** 추진위원회의 의사록에는 위원장·부위원장 및 감사가 기명날인한다(운영규정안 제 27 조 제 1 항).

2. 【자치규정】 (추진위원회) 운영규정안 제 25 조(추진위원회의 의결사항)

> ① 추진위원회는 이 운영규정에서 따로 정하는 사항과 다음 각 호의 사항을 의결한다.
>
> 1. 위원(위원장·감사를 제외한다)의 보궐선임
>
> 2. 예산 및 결산의 승인에 관한 방법
>
> 3. 주민총회 부의안건의 사전심의 및 주민총회로부터 위임받은 사항

> 4. 주민총회 의결로 정한 예산의 범위 내에서의 용역계약 등
>
> 5. 그 밖에 추진위원회 운영을 위하여 필요한 사항
>
> ② 추진위원회는 제24조 제3항에 따라 통지한 사항에 관하여만 의결할 수 있다.
>
> ③ 위원은 자신과 관련된 해임·계약 및 소송 등에 대하여 의결권을 행사할 수 없다.
>
> ☞ 운영규정안 제25조 제3항에 따라 자신과 관련된 사항에 관한 의결의 의사정족수 및 의결정족수 계산에서 해당 추진위원은 '재적 추진위원 수'에서 제외된다.

3. 【자치규정】(추진위원회) 운영규정안 제26조(추진위원회의 의결방법)

> ① 추진위원회는 이 운영규정에서 특별히 정한 경우를 제외하고는 재적위원 과반수 출석으로 개의하고 출석위원 과반수의 찬성으로 의결한다.
>
> 다만, 제22조 제5항에 따라 주민총회의 의결을 대신하는 의결사항은 재적위원 3분의 2 이상의 출석과 출석위원 3분의 2 이상의 찬성으로 의결한다.
>
> ② 위원은 대리인을 통한 출석을 할 수 없다. 다만, 위원은 서면으로 추진위원회 회의에 출석하거나 의결권을 행사할 수 있으며, 이 경우 제1항에 따른 출석으로 본다.
>
> ③ 감사는 재적위원에는 포함하되 의결권을 행사할 수 없다.
>
> ④ 제23조의 규정은 추진위원회 회의에 준용할 수 있다.

4. 【자치규정】(추진위원회) 운영규정안 제27조(의사록의 작성 및 관리)

> ① 주민총회 및 추진위원회의 의사록에는 위원장·부위원장 및 감사가 기명날인하여야 한다.
>
> ② 위원의 선임과 관련된 의사록을 관할 시장.군수등에게 송부하고자 할 때에는 위원의 명부와 그 피선자격을 증명하는 서류를 첨부하여야 한다.

C. 일정비율 이상의 토지등소유자 동의가 필요한 경우

1. 【법령】전부개정 도시정비법 제32조(추진위원회의 기능)

> ④ 추진위원회가 제1항에 따라 수행하는 업무의 내용이 토지등소유자의 비용부담을 수반하거나 권리·의무에 변동을 발생시키는 경우로서 대통령령으로 정하는 사항에 대하여는 그 업무를 수행하기 전에 대통령령으로 정하는 비율 이상의 토지등소유자의 동의를 받아야 한다.
>
> ☞ 법 제32조 제4항의 위임사항을 규정한 시행령 규정은 아직 없다.

2. 【해설】위 규정에 따른 시행령 변천사

전부개정법 제 32 조 제 4 항은 최초 도시정비법이 제정·시행(2003. 7. 1.)된 이래 계속 존속해 온 규정(구법 제 14 조 제 4 항)이나, 그에 따른 시행령에는 많은 변화가 있었다.

(1) 2003. 7. 1. 제정 당시 시행령 [대통령령 제 18044 호]

제정령 제 23 조(추진위원회의 업무에 대한 토지등소유자의 동의) 제 1 항에서 다음과 같이 규정하였다.

A) 다음 사항은 a) 토지등소유자의 과반수 또는 b) 추진위원회의 구성에 동의한 토지등소유자의 3 분의 2 이상의 토지등소유자의 동의를 받아야 한다(제 1 호).

　가. (추진위원회) 운영규정의 작성

　나. 정비사업을 시행할 범위의 확대 또는 축소

B) 다음 사항은 추진위원회의 구성에 동의한 토지등소유자의 과반수의 동의를 받아야 한다(제 2 호).

　가. 정비사업전문관리업자의 선정

　나. 개략적인 사업시행계획서의 작성

C) 위 A), B) 외의 사항에 대하여는 운영규정이 정하는 바에 의한다(제 23 조 제 1 항 단서).

(2) 2009. 8. 11. 개정 시행령 [대통령령 제 21679 호]

2009. 8. 11. 개정령 제 23 조 제 1 항은 위 (1)의 내용 중 "정비사업의 시행범위를 확대 또는 축소하려는 때에는 a) 토지등소유자의 과반수 또는 b) 추진위원회의 구성에 동의한 토지등소유자의 3 분의 2 이상의 토지등소유자의 동의를 받아야 한다"는 부분만 존치시키고, 나머지 부분은 모두 삭제하였다.

(3) 전부개정법 시행령 (규정 없음)

구법 제 14 조 제 4 항은 전부개정법 제 32 조 제 4 항으로 규정되었으나, 그에 따른 시행령 규정은 아직까지 없다. 따라서 전부개정법에서는 구 시행령 제 23 조 제 1 항과 같은 제한은 없다고 보아야 한다. 다만, 각 개별 추진위원회의 운영규정에서 일정한 사항에 대하여 일정비율 이상의 토지등소유자 동의 또는 주민총회 결의를 받도록 하는 규정이 있을 수 있다[예: 운영규정안 제 21 조(주민총회의 의결사항) 및 제 22 조(주민총회의 의결방법) 등 참조].

3. **【해설】 "정비사업의 시행범위를 확대/축소하려는 때"(2009. 8. 11. 개정령 §23①)의 의미**

> 이 규정은 추진위원회가 수행하는 업무의 내용이 토지등소유자의 비용부담을 수반하는 것이거나 권리와 의무에 변동을 발생시키는 경우로서(법 제 32 조 제 4 항; 구법 제 14 조 제 4 항 참조) 추진위원회가 정비사업의 시행범위를 확대 또는 축소하려는 때에 토지등소유자의 동의를 받아야 한다는 규정이며, 시장·군수등이 정비계획 변경결정을 하는 경우에 적용되는 규정이 아니다(서울고등법원 2022. 3. 3. 선고 2021 나 2032331 판결 참조).
>
> 따라서 정비계획 변경으로 정비사업 시행범위가 확대/축소되는 경우에는 전부개정법 시행 이전에도 일정 비율 이상의 토지등소유자의 동의를 받지 않아도 된다.

D. [2009. 8. 11. 개정령 전 판례] ① 건축사사무소 선정 등 안건과 재원조달방법 안건은 구 시행령 제 23 조 제 1 항에서 제한적으로 열거된 사항에 해당하지 않으므로, 추진위원회 구성에 찬성한 토지등소유자의 과반수의 동의가 필요 없어; ② 따라서 운영규정에 따라 토지등소유자 과반수가 출석한 주민총회에서 과반수 찬성으로 의결하면 됨 —대법원 2010. 11. 11. 선고 2009 다 89337 판결[주민총회결의무효확인]

【당사자】

> [원고(선정당사자), 상고인] 원고
>
> [피고, 피상고인] 광천동주택재개발정비사업조합설립추진위원회

1. 관련규정

구 도시 및 주거환경정비법(2006. 5. 24. 법률 제 7960 호로 개정되기 전의 것, 이하 '도시정비법'이라 한다) 제 14 조 제 1 항, 제 3 항과 도시정비법 시행령(이하 '시행령'이라 한다) 제 23 조 제 1 항에 의하면, 추진위원회는 안전진단 신청에 관한 업무, 정비사업전문관리업자의 선정, 개략적인 정비사업 시행계획서의 작성, 조합의 설립인가를 받기 위한 준비업무, 그 밖에 조합설립의 추진을 위하여 필요한 업무로서 대통령령이 정하는 업무를 수행하고, 추진위원회가 수행하는 업무의 내용이 '토지 등 소유자의 비용부담을 수반하는 것이거나 권리와 의무에 변동을 발생시키는 경우에 해당하는 때'에는 그 업무를 수행하기 전에 대통령령이 정하는 비율 이상의 토지 등 소유자의 동의를 얻어야 하며, 추진위원회가 정비사업전문관리업자를 선정하거나 개략적인 사업시행계획서를 작성함에는 추진위원회의 구성에 찬성한 토지 등 소유자의 과반수의 동의가 필요하다고 규정하고 있고 피고의 운영규정 제 8 조 제 1 항도 시행령 제 23 조 제 1 항과 같은 내용을 정하고 있다.

2. 대법원의 판단 (상고기각)

시행령 제23조 제1항과 운영규정 제8조 제1항은 토지 등 소유자의 비용부담이 수반되거나 권리의무의 변동을 발생시키는 사항에 한정하여 일정비율 이상의 토지 등 소유자의 동의가 필요한 것으로 제한적으로 규정하고 있고, 또한 일정한 사항(정비사업전문관리업자의 선정과 개략적인 사업시행계획서의 작성)에 대해서만 동의가 필요한 토지 등 소유자의 범위를 규정하고 있으며, 그 밖의 사항에 대해서는 추진위원회 운영규정이 정하도록 맡겨 두고 있는바,

<u>건축사사무소 선정 등 안건과 재원조달방법 안건은 해당 규정에서 제한적으로 열거된 사항에 해당하지 않고</u>, 또 그 안건에 대한 결의 자체만으로 바로 토지 등 소유자의 비용부담을 수반하는 것이거나 권리와 의무에 변동을 발생시키는 것이라고 단정하기도 어렵다.

따라서 <u>건축사사무소 선정 등 결의와 재원조달방법을 결의함에 있어서는 추진위원회의 구성에 찬성한 토지 등 소유자의 과반수의 동의가 필요 없고</u>, 피고 운영규정 제21조 제7호에 따라 "조합설립과 관련하여 추진위원회에서 주민총회의 의결이 필요하다고 결정하는 사항"으로 추진위원회 구성에 찬성한 토지 등 소유자 과반수가 출석한 주민총회에서 출석한 토지 등 소유자의 과반수 찬성만으로 의결할 수 있다.

E. [2009. 8. 11. 개정령 전 고등법원판례] ① 구 도시정비법이 추진위원회가 정비사업전문관리업자를 선정할 때 '추진위원회 구성에 동의한 토지등소유자의 과반수 동의'를 받도록 한 것은 강행규정이야; ② 따라서 이 규정을 위반하여 체결한 정비사업전문관리 용역계약은 무효임 — 대구고등법원 2018. 8. 31. 선고 2017나24725 판결 : 확정[용역비]

【당사자】

【원고, 피항소인】 주식회사 광장씨앤디

【피고, 항소인】 배나무골 주택재개발정비사업조합

【판시사항】

갑 주택재개발정비사업조합설립추진위원회가 토지 등 소유자로부터 추진위원회설립동의서 양식에 따라 인감증명서가 첨부된 서면동의서를 받았고, 위 동의서에는 '추진위원회가 정비사업전문관리업자의 선정 업무를 추진하는 데 동의합니다'라는 문구가 기재되어 있었는데, 추진위원회가 운영규정에 따라 주민총회를 개최하여 을 주식회사를 주택재개발정비사업의 정비사업전문관리업자로 선정하기로 의결한 후 <u>을 회사와 정비사업전문관리 용역 계약을 체결한 사안</u>에서, <u>추진위원회가 계약을 체결하기 전에 '추진위원회의 구성에 동의한 토지 등 소유자의 과반수로부터 서면동의'를 받지 않았으므로 위 계약은 강행규정인 구 도시 및 주거환경정비법 제14조 제3항을 위반하여 무효라고 한 사례</u>

F. [2009. 8. 11. 개정령 전 고등법원판례] ① 추진위원회와 시공자 간 소비대차계약 체결이 시행령에서 규정한 '토지등소유자 과반수 동의가 필요한 사항'에는 포함되지 않았으나, 법률이 정한 "토지등소유자의 비용부담을 수반하거나 권리·의무에 변동을 발생시키는 경우"에 해당하고, 운영규정에서 토지등소유자 1/2의 서면동의가 필요한 사항으로 정한 "재원조달방법의 결정 및 변경"에 해당하므로, 토지등소유자 1/2로부터 서면동의서를 받아야 한다고 본 사례; ② 따라서 본건 소비대차계약은 강행규정 위반으로 무효임; ③ 재원조달방법을 결의한 2003. 6. 4.에는 도시정비법령이 시행되지 않았으나, 도급계약 및 소비대차계약은 그 시행 이후에 체결되었으므로 토지등소유자 과반수 동의를 받아야 한다고 본 사례; ④ 소비대차계약이 무효이므로 그에 대한 피고들의 연대보증도 무효임; ⑤ 소비대차계약상 연대보증인들에 대한 대여금반환청구와 부당이득반환청구를 전부 기각함 —서울고등법원 2018. 12. 14. 선고 2018 나 2017349 판결[대여금]

【당사자】

【원고, 피항소인】	현대건설 주식회사 (시공자)
【피고, 항소인】	피고 1 외 9인
【피고, 항소인(선정당사자)】	피고 11(선정당사자)
(제1심 공동피고 ○○○ 주택재개발 추진위원회)	

1. 기초사실

[1] ... 이 사건 추진위원회는 2003. 6. 4. 주민총회를 개최하여 원고를 이 사건 재개발사업의 시공사로 선정하는 결의를 하였다. 위 주민총회를 위하여 주민들에게 회의자료가 배포되었는데, 위 회의자료에는 원고가 2003. 4. 7. 이 사건 추진위원회에 제출한 사업참여제안서가 첨부되어 있었다. 위 사업참여제안서 중 원고가 이 사건 추진위원회에 대여하는 자금에 관한 내용은 다음과 같다(을 나 제22호증 제66면).

조합대여금	무이자	조합사무실임차료, 조합운영비, 설계비, 행정용역비, 지질조사/측량비, 각종영향평가비, 광역교통분담금, 감정평가비, 신탁등기비, 감리비, 매도 및 명도소송비, 일반분양분 보존등기비, 인입비(시수, 전기, 가스), 하수처리분담금, 분양보증수수료, 예술장식품 설치비, 주거대책비(세입자 400가구 기준), 부지매입비(비점유분 국공유지 1,800평 기준)	총액 181억원 한도내
	유이자	상기 무이자대여금을 제외한 필요경비	
	금리(년)	수요자금융조달 금융기관 이자율 적용	

그 후 원고와 이 사건 추진위원회는 2003. 8. 28. 이 사건 재개발사업 신축공사에 관한 공사도급계약(이하 '이 사건 도급계약'이라 한다)을 체결하였다. 이 사건 도급계약은 원고의 이 사

건 추진위원회에 대한 자금대여 등에 관하여 아래와 같이 정하고 있다...

[2] 이 사건 도급계약 제 10 조, 제 13 조에 따라 원고는 이 사건 추진위원회에 조합운영비 및 기타 사업추진경비를 대여하기로 하여, 아래 표 기재와 같이 5 건의 소비대차계약(이하 '이 사건 각 소비대차계약'이라 한다)을 체결하고, 이 사건 각 소비대차계약에 따라 '대여금액'란 기재 각 해당 금액을 이 사건 추진위원회에 지급하여 대여하였으며, '연대보증인'란 기재와 같이 각 피고들, 제 1 심 공동피고 소외 3, 소외 4, 소외 5, 소외 6 및 소외 1, 소외 2 는 이 사건 추진위원회의 각 대여금반환채무를 연대하여 보증하였다.

원고와 이 사건 추진위원회는 이 사건 각 소비대차계약상 기한의 이익 상실사유를 '이 사건 추진위원회가 본 계약 조건을 위반한 때, 원고와 이 사건 추진위원회가 체결한 이 사건 도급계약이 해지 또는 해제된 때, 상환기한 내에 변제가 불가능함이 객관적으로 명백할 때 또는 상환기간 도래일로부터 1 개월 이내 채무를 상환하지 않았을 때' 등으로 정하였다...

2. 청구원인

가. 주위적 청구 (대여금반환청구)

이 사건 각 소비대차계약에서 상환기한은 불확정기한으로 정하였으므로, 이주개시 및 입주사실의 발생이 객관적으로 불가능하게 된 시점인 2013. 1. 31.경 이 사건 대여금반환채권의 변제기가 도래하였고, 설령 그렇지 않더라도 이 사건 도급계약의 목적달성이 불가능하게 되어 원고는 이 사건 소장부본의 송달로써 이 사건 도급계약을 해제하므로, 이 사건 추진위원회가 기한의 이익을 상실함에 따라 대여금반환채권의 변제기가 도래한다. 따라서 피고들은 이 사건 추진위원회의 연대보증인이거나 연대보증인의 상속인들로서, 이 사건 추진위원회, 제 1 심 공동피고 소외 3, 소외 4, 소외 5, 소외 6 과 연대하여 원고에게 청구취지 기재 각 금액 및 이에 대한 지연손해금을 지급할 의무가 있다.

나. 예비적 청구 (부당이득반환청구)

이 사건 각 소비대차계약이 무효라면 이 사건 추진위원회는 원고에게 이 사건 대여금 상당액을 부당이득으로 반환할 의무가 있고, 피고들은 이 사건 추진위원회와 연대하여 부당이득을 반환하여야 한다.

3. 이 사건 각 소비대차의 유효 여부

원고의 대여금 청구에 대하여, 피고들은 이 사건 각 소비대차계약에 대한 주민총회 결의나 토지등소유자의 서면동의가 없으므로 무효라고 주장한다.

이와 같은 구 도시정비법 및 시행령의 규정 목적 및 ① 도시정비법에 의하여 설립된 추진위원회는 조합의 설립인가를 받기 위한 준비업무를 수행하는 것을 목적으로 하는 점, ② 추진위원회는 추진위원회가 행한 업무를 조합 총회에 보고하여야 하고, 추진위원회가 행한 업무와 관련된 권리와 의무는 조합이 포괄승계하는 점(구 도시정비법 제 15 조 제 4 항), ③ 구 도시정비법 제 14 조와 구 도시정비법 시행령 제 23 조 제 1 항, 제 28 조 제 4 항, <u>이 사건 추진위원회의 운영규정 제 8 조 제 1 항 제 2 호 가.목</u>에서 토지등소유자의 비용부담을 수반하는 것이거나 권리와 의무에 변동을 발생시키는 경우로서 <u>토지등소유자의 2 분의 1 로부터 서면동의가 필요한 사항으로 재원조달방법의 결정 및 변경</u>을 들고 있는 점, ④ 이 사건 소비대차 부분에 따른 자금 차용으로 인하여 토지등소유자들이 그 반환의무를 지게 될 것인 점 등을 종합하면, <u>이 사건 소비대차 부분은 토지등소유자의 비용부담을 수반하는 것이거나 권리와 의무에 변동을 발생시키는 경우에 해당하여 토지등소유자의 2 분의 1 로부터 서면동의가 필요한 사항이라고 봄이 타당하다.</u>

2) 행정청으로부터 구성 승인을 받은 구 도시정비법상 추진위원회는 공법인인 재건축 조합을 설립하기 위한 전단계의 조직이지만 추진위원회가 행한 업무와 관련된 권리와 의무는 향후 설립될 조합에 포괄승계 되는데, 조합 설립을 위해서는 토지 등 소유자의 5 분의 4 이상(2007. 12. 21. 법률 제 8785 호로 4 분의 3 이상으로 개정)의 동의가 필요한 반면 추진위원회는 토지 등 소유자의 과반수의 동의만으로 구성이 가능하므로(구 도시정비법 제 13 조 제 2 항, 제 16 조 제 1 항) 그 설립 요건에 상당한 차이가 있는 점, 조합의 경우 형법 제 129 조 내지 제 132 조의 적용에 있어서 조합의 임원은 이를 공무원으로 보므로(구 도시정비법 제 84 조) 업무의 수행에 있어서의 공정성이 어느 정도 담보되지만 추진위원회의 경우 그러한 장치가 없는 점 등을 고려하면 추진위원회 단계에서의 방만한 차입 또는 비용지출은 향후 만들어질 조합의 조합원들 중 상당수로 하여금 자신의 의사의 관여 없이 비용을 부담하게 되거나 권리·의무에 영향을 받게 된다. 따라서 구 도시정비법이 위에서 본 것과 규정을 두어 토지 등 소유자의 비용부담을 수반하는 것이거나 권리와 의무에 변동을 발생시키는 추진위원회의 행위에 제한을 두고 있으며, <u>그러한 규정은 강행규정에 해당한다 할 것이어서 그에 반하여 이루어진 추진위원회의 행위는 효력이 없다고 할 것이다...</u>

따라서 원고의 주위적 및 예비적 청구는 모두 이유 없어 기각하여야 한다.

제6절 정비사업전문관리업자·설계자 등 용역업체 선정

I. 추진위원장·사업시행자의 계약체결 원칙

A. 정비사업 계약체결에 관한 일반조항으로서 법 제29조

1. 【해설】 2017. 8. 9. 자 개정으로 법 제29조를 일반조항화함

> 도시정비법은 전부개정(2017. 2. 8.) 후 시행(2018. 2. 9.) 전인 2017. 8. 9. 제29조를 다시 개정하여(법률 제14857호) ①「정비사업 계약업무처리기준」(국토교통부 고시)에 규정된 계약체결의 일반원칙(일반경쟁입찰 원칙, 예외적 지명경쟁입찰 또는 수의계약)을 법 제29조 제1항으로 직접 규정하여 추진위원장이나 사업시행자가 체결하는 모든 계약 (공사·용역·물품구매·제조 등 포함)에 적용되도록 하고(제1항 신설), ② 대통령령으로 정하는 규모 이상의 계약은 반드시 전자조달시스템을 이용하도록 의무화하고(제2항 신설), ③법 제29조의 제목을 "(시공자의 선정 등)"에서 "(계약의 방법 및 시공자 선정 등)"으로 변경하였다.
>
> 이로써 법 제29조는 시공자 선정 시만이 아니라 추진위원장이나 사업시행자가 정비사업을 추진/시행하는 과정에서 체결하는 모든 계약에 적용되는 명실상부한 '일반조항'이 되었다. 이 개정조항은 전부개정법 시행일에 맞추어 동시에 시행되었다.

2. 【법령】 전부개정 도시정비법 제29조(계약의 방법 및 시공자 선정 등)

> ① 추진위원장 또는 사업시행자(청산인을 포함한다)는 이 법 또는 다른 법령에 특별한 규정이 있는 경우를 제외하고는 계약(공사, 용역, 물품구매 및 제조 등을 포함한다. 이하 같다)을 체결하려면 일반경쟁에 부쳐야 한다. 다만, 계약규모, 재난의 발생 등 대통령령으로 정하는 경우에는 입찰 참가자를 지명(指名)하여 경쟁에 부치거나 수의계약(隨意契約)으로 할 수 있다. <신설 2017. 8. 9.>
>
> ② 제1항 본문에 따라 일반경쟁의 방법으로 계약을 체결하는 경우로서 대통령령으로 정하는 규모를 초과하는 계약은 「전자조달의 이용 및 촉진에 관한 법률」제2조제4호의 국가종합전자조달시스템(이하 "전자조달시스템"이라 한다)을 이용하여야 한다. <신설 2017. 8. 9.>
>
> ③ 제1항 및 제2항에 따라 계약을 체결하는 경우 계약의 방법 및 절차 등에 필요한 사항은 국토교통부장관이 정하여 고시한다. <신설 2017. 8. 9.>
>
> ☞ 「정비사업 계약업무처리기준」을 말함 [시행 2021. 1. 1.] [국토교통부고시 제2020-1182호, 2020. 12. 30., 일부개정]

제5장 조합설립추진위원회 / 제6절 정비사업전문관리업자·설계자 등 용역업체 선정

> ☞ 경쟁입찰의 구체적 방법을 국토교통부장관이 정하도록 위임한 구 도시정비법 제11조 제1항은 포괄위임금지 원칙에 위반되지 않는다는 것이 판례이다(대법원 2017. 5. 30. 선고 2014다61340 판결).

B. 「정비사업 계약업무처리기준」

1. 【해설】계약체결의 방법·절차에 관한 일반기준으로서 「정비사업 계약업무처리기준」

(1) 전부개정 전 구 도시정비법에서는 「정비사업의 시공자 선정기준」(이하 '시공자선정기준')과 「정비사업전문관리업자 선정기준」(이하 '정비업자선정기준')을 따로 제정·고시하였다. ① 시공자선정기준은 구법 제11조 제1항 따라 2006. 8. 25. 건설교통부고시 제2006-331호로 제정·고시되었고, ② 정비업자선정기준은 법 제14조 제2항에 따라 2010. 9. 16. 국토교통부고시 제2010-632호로 제정·고시되었다.

(2) 그러나 2018. 2. 9. 전부개정법이 시행됨에 따라 정비사업에서 체결하는 모든 계약에 적용되는 일반기준으로서 「정비사업 계약업무처리기준」(이하 '계약업무기준')이 고시·시행되었으며, 시공자선정기준과 정비업자선정기준은 폐지되었다.

(3) 계약업무기준은 '사업시행자'가 계약을 체결하는 경우뿐 아니라 '추진위원회'가 계약을 체결하는 경우에도 적용되며(계약업무기준 제1조), 최초로 계약을 체결하는 경우뿐 아니라 기존 용역업자를 '변경'하여 계약을 체결하는 경우에도 적용된다.

2. 【해설】계약업무기준의 내용 및 효력

(1) 계약업무기준은 도시정비법 제29조 제3항에 따라 국토교통부장관이 정비사업에서 체결하는 계약의 방법 및 절차 등에 관하여 필요한 사항을 정하여 고시한 규정으로서 도시정비법령과 결합하여 대외적 구속력을 가지는 법규명령이다(대법원 2004. 4. 9. 선고 2003두1592 판결 참조).

계약업무처리기준은 '일반계약 처리기준'과 '시공자 선정기준'으로 구분되어 있는데, 여기서는 '일반계약 처리기준'에 관한 내용만 보고, '시공자 선정기준' 부분은 돈.되.법 3의 「시공자 선정」 부분에서 보기로 한다.

(2) 소규모주택정비사업에 관하여는 「소규모주택정비사업의 시공자 및 정비사업전문관리업자 선정기준」(시행 2022. 6. 28. 국토교통부고시 제2022-387호)이 따로 있다.

3. 【해설】계약업무기준 경과규정(부칙 제2조)

계약업무기준은 그 시행(2018. 2. 9.) 후 최초로 계약을 체결하는 경우부터 적용한다. 다만, 시공자나 정비사업전문관리업자와의 계약체결에 관하여는 <u>시행 후 최초로 시공자나</u>

> 정비사업전문관리업자를 선정하는 경우부터 적용한다. 따라서 2018. 2. 9. 전에 선정한 정비사업전문관리업자와의 계약체결에 관하여는 2018. 2. 9. 이후에 계약을 체결하는 경우에도 계약업무기준이 적용되지 않고 구 정비업자선정기준이 적용된다.
>
> 그런데 시공자·정비사업전문관리업자의 선정이 이루어지는 시점은 그 선정을 위한 최초의 대외적 절차인 입찰공고 등의 절차를 추진하는 시점을 기준으로 판단한다는 것이 국토교통부 유권해석인바(국토교통부 2018. 4. 6. 유권해석), 이 해석에 따르면 정비업자 선정을 위한 입찰공고 등의 절차가 2018. 2. 9. 전에 이미 시작된 경우에는 계약업무기준이 적용되지 않는다.

C. 계약업무기준 제1장 총칙

1. 제1조(목적)

> 이 기준은 「도시 및 주거환경정비법」 제29조에 따라 추진위원회 또는 사업시행자 등이 계약을 체결하는 경우 계약의 방법 및 절차 등에 필요한 사항을 정함으로써 정비사업의 투명성을 개선하고자 하는데 목적이 있다.

2. 제2조(용어의 정의)

> 이 기준에서 정하는 용어의 정의는 다음과 같다.
> 1. "사업시행자등"이란 추진위원장 또는 사업시행자(청산인을 포함한다)를 말한다.
> 2. "건설업자등"이란 「건설산업기본법」 제9조에 따른 건설업자 또는 주택법 제7조 제1항에 따라 건설업자로 보는 등록사업자를 말한다.
> 3. "전자조달시스템"이란 「전자조달의 이용 및 촉진에 관한 법률」 제2조 제4호에 따른 국가종합전자조달시스템 중 "누리장터"를 말한다.

D. 계약업무기준 제2장 일반 계약 처리기준

1. 계약업무기준 제5조(적용범위)

> 이 장은 사업시행자등이 정비사업을 추진하기 위하여 체결하는 공사, 용역, 물품구매 및 제조 등 계약(이하 "계약"이라 한다)에 대하여 적용한다.

2. 계약업무기준 제 6 조(입찰의 방법) [일반계약에 관한 입찰방법]

① 사업시행자등이 정비사업 과정에서 계약을 체결하는 경우 일반경쟁입찰에 부쳐야 한다. 다만, 「도시 및 주거환경정비법 시행령」(이하 "영"이라 한다) 제 24 조 제 1 항에 해당하는 경우에는 지명경쟁이나 수의계약으로 할 수 있다.

② 제 1 항에 따라 일반경쟁입찰 또는 지명경쟁입찰(이하 "경쟁입찰"이라 한다)을 하는 경우 2 인 이상의 유효한 입찰참가 신청이 있어야 한다.

3. 계약업무기준 제 7 조(지명경쟁에 의한 입찰)

① 사업시행자등이 제 6 조 제 1 항에 따라 지명경쟁에 의한 입찰을 하고자 할 때에는 같은 조 제 2 항에도 불구하고 4 인 이상의 입찰대상자를 지명하여야 하고, 3 인 이상의 입찰참가 신청이 있어야 한다.

② 사업시행자등은 제 1 항에 따라 입찰대상자를 지명하고자 하는 경우에는 대의원회의 의결을 거쳐야 한다.

4. 계약업무기준 제 8 조(수의계약에 의한 입찰)

제 6 조 제 1 항에 따라 수의계약을 하는 경우 보증금과 기한을 제외하고는 최초 입찰에 부칠 때에 정한 가격 및 기타 조건을 변경할 수 없다.

5. 계약업무기준 제 9 조(입찰 공고 등)

① 사업시행자등이 계약을 위하여 입찰을 하고자 하는 경우에는 입찰서 제출마감일 7 일 전까지 전자조달시스템 또는 1 회 이상 일간신문(전국 또는 해당 지방을 주된 보급지역으로 하는 일간신문을 말한다. 이하 같다)에 입찰을 공고하여야 한다. 다만, 지명경쟁에 의한 입찰의 경우에는 입찰서 제출마감일 7 일 전까지 내용증명우편으로 입찰대상자에게 통지(도달을 말한다. 이하 같다)하여야 한다.

② 제 1 항에도 불구하고 입찰서 제출 전에 현장설명회를 개최하는 경우에는 현장설명회 개최일 7 일 전까지 전자조달시스템 또는 1 회 이상 일간신문에 입찰을 공고하여야 한다. 다만, 지명경쟁에 의한 입찰의 경우에는 현장설명회 개최일 7 일 전까지 내용증명우편으로 입찰대상자에게 통지하여야 한다.

☞ 정비사업전문관리업자 선정시에는 현장설명회 개최 여부가 재량이나, 시공자 선정시에는 현장설명회 개최가 필수이다(제 31 조 제 1 항).

I. 추진위원장·사업시행자의 계약체결 원칙

③ 제1항 및 제2항에도 불구하고 「건설산업기본법」에 따른 건설공사 및 전문공사 입찰의 경우로서 현장설명회를 실시하지 아니하는 경우에는 입찰서 제출마감일로부터 다음 각 호에서 정한 기간 전까지 공고하여야 한다.

  1. 추정가격이 10억원 이상 50억원 미만인 경우 : 15일

  2. 추정가격이 50억원 이상인 경우 : 40일

④ 제1항부터 제3항까지의 규정에도 불구하고 재입찰을 하거나 긴급한 재해예방·복구 등을 위하여 필요한 경우에는 입찰서 제출마감일 5일 전까지 공고할 수 있다.

6. 계약업무기준 제10조(입찰 공고 등의 내용)

제9조에 따른 공고 등에는 다음 각 호의 사항을 포함하여야 한다.

  1. 사업계획의 개요(공사규모, 면적 등)

  2. 입찰의 일시 및 장소

  3. 입찰의 방법(경쟁입찰 방법, 공동참여 여부 등)

  4. 현장설명회 일시 및 장소(현장설명회를 개최하는 경우에 한한다)

  5. 부정당업자의 입찰 참가자격 제한에 관한 사항

  6. 입찰참가에 따른 준수사항 및 위반시 자격 박탈에 관한 사항

  7. 그 밖에 사업시행자등이 정하는 사항

7. 계약업무기준 제10조의2(입찰보증금)

① 사업시행자등은 입찰에 참가하려는 자에게 입찰보증금을 내도록 할 수 있다.

② 입찰보증금은 현금(체신관서 또는 「은행법」의 적용을 받는 은행이 발행한 자기앞수표를 포함한다. 이하 같다) 또는 「국가를 당사자로 하는 계약에 관한 법률」 또는 「지방자치단체를 당사자로 하는 계약에 관한 법률」에서 정하는 보증서로 납부하게 할 수 있다.

③ 사업시행자등이 입찰에 참가하려는 자에게 입찰보증금을 납부하도록 하는 경우에는 입찰 마감일부터 5일 이전까지 입찰보증금을 납부하도록 요구하여서는 아니 된다.

8. 계약업무기준 제12조(부정당업자의 입찰 참가자격 제한)

사업시행자등은 입찰시 대의원회의 의결을 거쳐 다음 각 호의 어느 하나에 해당하는 자에 대하여 입찰참가자격을 제한할 수 있다.

> 1. 금품, 향응 또는 그 밖의 재산상 이익을 제공하거나 제공의사를 표시하거나 제공을 약속하여 처벌을 받았거나, 입찰 또는 선정이 무효 또는 취소된 자(소속 임직원을 포함한다)
> 2. 입찰신청서류가 거짓 또는 부정한 방법으로 작성되어 선정 또는 계약이 취소된 자

9. 계약업무기준 제13조(입찰서의 접수 및 개봉)

> ① 사업시행자등은 밀봉된 상태로 입찰서(사업 참여제안서를 포함한다)를 접수하여야 한다.
>
> ② 사업시행자등이 제1항에 따라 접수한 입찰서를 개봉하고자 할 때에는 입찰서를 제출한 입찰참여자의 대표(대리인을 지정한 경우에는 그 대리인을 말한다)와 사업시행자등의 임원 등 관련자, 그 밖에 이해관계자 각 1인이 참여한 공개된 장소에서 개봉하여야 한다.
>
> ③ 사업시행자등은 제2항에 따른 입찰서 개봉 시에는 일시와 장소를 입찰참여자에게 통지하여야 한다.

10. 계약업무기준 제14조(입찰참여자의 홍보 등)

> ① 사업시행자등은 입찰에 참여한 설계업자, 정비사업전문관리업자 등을 선정하고자 할 때에는 이를 토지등소유자(조합이 설립된 경우에는 조합원을 말한다. 이하 같다)가 쉽게 접할 수 있는 일정한 장소의 A) 게시판에 7일 이상 공고하고 B) 인터넷 등에 병행하여 공개하여야 한다.
>
> ② 사업시행자등은 필요한 경우 설계업자, 정비사업전문관리업자 등의 합동홍보설명회를 개최할 수 있다.
>
> ☞ 시공자 선정 절차에서는 합동홍보설명회가 필수 절차이다. 조합은 총회에 상정될 건설업자등이 결정된 때에는 합동홍보설명회를 2회 이상 개최하여야 한다(제34조 제1항).
>
> ③ 사업시행자등은 제2항에 따라 합동홍보설명회를 개최하는 경우에는 개최 7일 전까지 일시 및 장소를 정하여 토지등소유자에게 이를 통지하여야 한다.
>
> ④ 입찰에 참여한 자는 토지등소유자 등을 상대로 개별적인 홍보(홍보관·쉼터 설치, 홍보책자 배부, 세대별 방문, 개인에 대한 정보통신망을 통한 부호·문언·음향·영상 송신행위 등을 포함한다. 이하 이 항 및 제34조제3항에서 같다)를 할 수 없으며, 홍보를 목적으로 토지등소유자 등에게 사은품 등 물품·금품·재산상의 이익을 제공하거나 제공을 약속하여서는 아니 된다.

11. 계약업무기준 제 15 조(계약 체결 대상의 선정)

① 사업시행자등은 A) 법 제 45 조제 1 항제 4 호부터 제 6 호까지의 규정에 해당하는 계약은 총회(법 제 45 조에 따른 총회, 법 제 48 조에 따른 토지등소유자 전체회의, 「정비사업 조합설립추진위원회 운영규정」에 따른 주민총회 및 사업시행자인 토지등소유자가 자치적으로 정한 규약에 따른 총회 조직을 말한다. 이하 같다)의 의결을 거쳐야 하며, B) 그 외의 계약은 대의원회의 의결을 거쳐야 한다.

☞ 전부개정 도시정비법 제 45 조(총회의 의결) ① 다음 각 호의 사항은 총회의 의결을 거쳐야 한다. <개정 2019.4.23, 2020.4.7, 2021.3.16>

   4. 예산으로 정한 사항 외에 조합원에게 부담이 되는 계약

   5. 시공자·설계자 및 감정평가법인등(제 74 조제 4 항에 따라 시장·군수등이 선정·계약하는 감정평가법인등은 제외한다)의 선정 및 변경. 다만, 감정평가법인등 선정 및 변경은 총회의 의결을 거쳐 시장·군수등에게 위탁할 수 있다.

   6. 정비사업전문관리업자의 선정 및 변경

② 사업시행자등은 제 1 항에 따라 총회의 의결을 거쳐야 하는 경우 대의원회에서 총회에 상정할 4 인 이상의 입찰대상자를 선정하여야 한다. 다만, 입찰에 참가한 입찰대상자가 4인 미만인 때에는 모두 총회에 상정하여야 한다.

☞ [비교] 시공자 선정시는 대의원회는 총회에 상정할 6 인 이상의 건설업자등을 선정하여야 한다(기준 제 33 조 제 2 항).

12. 계약업무기준 제 16 조(입찰 무효 등)

① 제 14 조 제 4 항에 따라 토지등소유자 등을 상대로 하는 개별적인 홍보를 하는 행위가 적발된 건수의 합이 3 회 이상인 경우 해당 입찰은 무효로 본다.

② 제 1 항에 따라 해당 입찰이 무효로 됨에 따라 단독 응찰이 된 경우에는 제 6 조 제 2 항에도 불구하고 유효한 경쟁입찰로 본다.

13. 계약업무기준 제 17 조(계약의 체결)

사업시행자등은 제 15 조에 따라 선정된 자가 정당한 이유 없이 3 개월 이내에 계약을 체결하지 아니하는 경우에는 총회 또는 대의원회의 의결을 거쳐 해당 선정을 무효로 할 수 있다.

제 5 장 조합설립추진위원회 / 제 6 절 정비사업전문관리업자·설계자 등 용역업체 선정

E. 계약업무기준 제 3 장 전자입찰 계약 처리기준

1. 계약업무기준 제 19 조(전자입찰의 방법)

① 전자입찰은 일반경쟁의 방법으로 입찰을 부쳐야 한다. 다만, 영 제 24 조제 1 항제 1 호 가목에 해당하는 경우 지명경쟁의 방법으로 입찰을 부칠 수 있다.

② 전자입찰을 통한 계약대상자의 선정 방법은 다음 각 호와 같다.

  1. 투찰 및 개찰 후 최저가로 입찰한 자를 선정하는 최저가방식

  2. 입찰가격과 실적·재무상태·신인도 등 비가격요소 등을 종합적으로 심사하여 선정하는 적격심사방식

  3. 입찰가격과 사업참여제안서 등을 평가하여 선정하는 제안서평가방식

③ 제 1 항 및 제 2 항에서 규정한 사항 외에 전자입찰의 방법에 관하여는 제 6 조를 준용한다.

2. 계약업무기준 제 20 조(전자입찰 공고 등)

① 사업시행자등이 전자입찰을 하는 경우에는 입찰서 제출마감일 7 일 전까지 전자조달시스템에 입찰을 공고하여야 한다. 다만, 입찰서 제출 전에 현장설명회를 개최하는 경우에는 현장설명회 개최일 7 일 전까지 공고하여야 한다.

② 영 제 24 제 1 항제 1 호가목에 따른 지명경쟁입찰의 경우에는 제 9 조제 2 항을 준용한다.

3. 계약업무기준 제 21 조(전자입찰 공고 등의 내용)

① 사업시행자등이 전자입찰을 하는 경우에는 전자조달시스템에 다음 각 호의 사항을 공고하여야 한다.

  1. 사업계획의 개요(공사규모, 면적 등)

  2. 입찰의 일시 및 장소

  3. 입찰의 방법(경쟁입찰 방법, 공동참여 여부 등)

  4. 현장설명회 일시 및 장소(현장설명회를 개최하는 경우에 한한다)

  5. 부정당업자의 입찰 참가자격 제한에 관한 사항

  6. 입찰참가에 따른 준수사항 및 위반시 자격 박탈에 관한 사항

  7. 그 밖에 사업시행자등이 정하는 사항

I. 추진위원장·사업시행자의 계약체결 원칙

② 제19조 제2항 제2호 적격심사방식 및 제3호 제안서평가방식 의 방식에 따라 계약대상자를 선정하는 경우 평가항목별 배점표를 작성하여 입찰 공고 시 이를 공개하여야 한다.

4. 계약업무기준 제22조(입찰서의 접수 및 개봉)

① 사업시행자등은 전자조달시스템을 통해 입찰서를 접수하여야 한다.

② 전자조달시스템에 접수한 입찰서 이외의 입찰 부속서류는 밀봉된 상태로 접수하여야 한다.

③ 입찰 부속서류를 개봉하고자 하는 경우에는 부속서류를 제출한 입찰참여자의 대표(대리인을 지정한 경우에는 그 대리인을 말한다)와 사업시행자등의 임원 등 관련자, 그 밖에 이해관계자 각 1인이 참여한 공개된 장소에서 개봉하여야 한다.

④ 사업시행자등은 제3항에 따른 입찰 부속서류 개봉 시에는 일시와 장소를 입찰참여자에게 통지하여야 한다.

5. 계약업무기준 제23조(전자입찰 계약의 체결)

① 사업시행자등은 전자입찰을 통해 계약대상자가 선정될 경우 전자조달시스템에 따라 계약을 체결할 수 있다.

② 전자입찰을 통해 계약된 사항에 대해서는 전자조달시스템에서 그 결과를 공개하여야 한다.

6. 계약업무기준 제24조(일반 계약 처리기준의 준용)

전자입찰을 하는 경우에는 제11조 및 제12조, 제14조부터 제17조까지의 규정을 준용한다.

☞ 제14조(입찰참여자의 홍보 등)

☞ 제15조(계약 체결 대상의 선정)

☞ 제16조(입찰 무효 등)

☞ 제17조(계약의 체결)

F. 계약업무기준 부칙 <제2018-101호, 2018. 2. 9.>

제1조(시행일) 이 기준은 발령한 날부터 시행한다.

제 2 조(계약의 방법 등에 관한 적용례) 이 기준은 시행 후 최초로 계약을 체결하는 경우부터 적용한다. 다만, 시공자나 정비사업전문관리업자의 경우에는 이 법 시행 후 최초로 시공자나 정비사업전문관리업자를 선정하는 경우부터 적용한다.

제 3 조(다른 법률의 폐지) ① 국토교통부고시 제 2016-187 호 「정비사업의 시공자 선정 기준」을 폐지한다.

② 국토교통부고시 제 2016-187 호 「정비사업전문관리업자 선정 기준」을 폐지한다.

II. 정비사업전문관리업자 선정절차

A. 경쟁입찰

1. 【해설】 경쟁입찰

정비사업전문관리업자의 선정은 추진위원회 승인을 받은 후 경쟁입찰 또는 수의계약(2회 이상 경쟁입찰이 유찰된 경우에 한함)으로 하여야 하며(법 제 32 조 제 2 항), 「정비사업 계약업무처리기준」(국토교통부 고시. 이하 '계약업무기준')을 준수하여야 한다(아래 참조).

'추진위원회 승인을 받지 않고 정비사업전문관리업자를 선정한 자' 및 법 제 32 조 제 2 항(경쟁입찰 원칙)에 따른 계약방법을 위반하여 정비사업전문관리업자를 선정한 추진위원장은 3년 이하의 징역 또는 3천만원 이하의 벌금에 처한다(법 제 136 조 제 3, 4 호).

2. 【법령】 전부개정 도시정비법 제 32 조(추진위원회의 기능)

② 추진위원회가 정비사업전문관리업자를 선정하려는 경우에는 제 31 조에 따라 추진위원회 승인을 받은 후 제 29 조 제 1 항에 따른 경쟁입찰 또는 수의계약(2회 이상 경쟁입찰이 유찰된 경우로 한정한다)의 방법으로 선정하여야 한다. <개정 2017. 8. 9.>

3. 【구법령】 폐지된 「정비사업전문관리업자 선정기준」 주요내용

2010. 9. 16. 국토교통부고시 제 2010-632 호

2016. 4. 8. 국토교통부고시 제 2016-187 호

2018. 2. 9. 폐지

제 2 조(기준의 적용) 이 기준으로 정하지 않은 사항은 해당 정비사업조합설립추진위원회의 운영규정(이하 "운영규정"이라 한다)이 정하는 바에 따르며, 운영규정으로 정하지 않은 구체적인 방법 및 절차는 추진위원회의 의결에 따른다.

제 4 조(입찰의 방법) 추진위원회는 정비사업전문관리업자를 선정하고자 하는 경우에는 공개경쟁(일반경쟁 입찰, 제한경쟁 입찰 또는 지명경쟁 입찰)의 방법으로 선정하여야 한다. 다만, 미응찰(응찰자가 입찰 전에 철회를 하는 경우를 포함한다. 이하 같다) 등의 사유로 2회 이상 유찰된 경우에는 주민총회(이하 "총회"라 한다)의 의결을 거쳐 수의계약을 통해 선정할 수 있다.

제 5 조(제한경쟁에 의한 입찰) ① 추진위원회는 제 4 조에 따른 제한경쟁 입찰의 경우에는 자본금, 정비사업 실적(계약체결 하였던 건축물의 연면적, 세대수, 건수 등), 사업장 등록 소재지 등의 입찰자격을 제한할 수 있으며, 3 인 이상의 입찰참가 신청이 있어야 한다. 이 경우 공동참여의 경우에는 1 인으로 본다.

② 제 1 항에 따라 입찰자격을 제한하고자 하는 경우에는 추진위원회의 의결을 거쳐야 한다.

제 6 조(지명경쟁에 의한 입찰) ① 추진위원회는 제 4 조에 따라 지명경쟁에 의한 입찰을 하고자 할 때에는 4 인 이상의 입찰대상자를 지명하여 3 인 이상의 입찰참가 신청이 있어야 한다.

② 제 1 항에 따라 입찰대상자를 지명하고자 하는 경우에는 추진위원회의 의결을 거쳐야 한다.

제 7 조(공고 등) 추진위원회는 정비사업전문관리업자 선정을 위하여 입찰을 하고자 할 때에는 현장설명회 개최일로부터 7 일 전에 1 회 이상 전국 또는 해당 지역에서 발간되는 일간신문에 공고하고, 인터넷 등을 통하여 공개하여야 한다. 다만, 지명경쟁에 의한 입찰의 경우에는 현장설명회 개최일로부터 7 일 전에 등기우편으로 입찰대상자에게 발송하여야 하며, 반송된 경우에는 반송된 다음날에 1 회 등기우편으로 재발송하여야 한다.

제 9 조(현장설명회) ① 추진위원회는 입찰일로부터 10 일 이전에 현장설명회를 개최하여야 한다.

② 제 1 항에 따른 현장설명회에는 다음 각 호의 사항이 포함되어야 한다.

1. 정비구역 현황(사업 추진경위, 정비계획 수립현황 등)
2. 입찰서 작성방법·제출서류·접수방법 및 입찰유의사항 등
3. 사업 참여제안서 작성방법
4. 정비사업전문관리업자 결정방법
5. 계약에 관한 사항
6. 그 밖에 입찰에 관하여 필요한 사항

> 제10조(입찰서의 접수 및 개봉) ① 추진위원회는 밀봉된 상태로 입찰서(사업 참여제안서를 포함한다)를 접수하여야 한다.
>
> ② 입찰서를 개봉하고자 할 때에는 입찰서를 제출한 정비사업전문관리업자의 대표(대리인을 지정한 경우 그 대리인)와 추진위원회 위원, 그 밖에 이해관계자 각 1인이 참여한 공개된 장소에서 개봉하여야 한다.
>
> 제11조(정비사업전문관리업자의 선정 등) ① 추진위원회는 입찰에 참가한 자 중에서 총회에 상정할 2인 이상의 정비사업전문관리업자를 선정하여야 한다. 다만, 일반경쟁에 의한 입찰에 따라 참가한 정비사업전문관리업자가 2인일 경우에는 모두 총회에 상정하여야 한다.
>
> 추진위원회는 제1항에 따라 정비사업전문관리업자를 선정한 경우에 총회에 상정하여야 한다.
>
> 제12조(정비사업전문관리업자의 홍보) ① 추진위원회는 제11조 제1항에 따라 총회에 상정될 정비사업전문관리업자를 선정한 때에는 이를 토지등소유자가 쉽게 접할 수 있는 일정한 장소의 게시판에 7일 이상 공고하고 인터넷 등에 병행하여 공개하여야 한다.
>
> ② 추진위원회는 필요한 경우 총회에 상정된 정비사업전문관리업자의 합동설명회를 개최할 수 있다.
>
> ③ 추진위원회는 제2항에 따라 합동홍보설명회를 개최하는 경우에는 개최 7일 이전에 일시 및 장소를 정하여 토지등소유자에게 이를 통지하여야 한다.
>
> ④ 정비사업전문관리업자는 토지등소유자를 상대로 개별적인 홍보를 할 수 없으며, 홍보를 목적으로 토지등소유자에게 사은품 등 물품·금품·재산상의 이익을 제공하거나 제공을 약속하여서는 아니 된다.

B. 주민총회 의결

1. 【해설】 주민총회 의결사항

> (1) 정비사업전문관리업자와 설계자의 선정과 변경은 주민총회 의결사항이다(운영규정안 제21조 제3호).
>
> (2) 구 (추진위원회) 운영규정안(2010. 9. 16. 일부개정 되기 전의 것) 제21조(주민총회의 의결사항)는 '정비사업전문관리업자의 선정·변경'(제3호)뿐 아니라 '정비사업전문관리업자와의 계약체결'(제4호)도 주민총회 의결사항으로 규정하고 있었다.
>
> 그러나 2010. 9. 16. 개정에서 제4호가 삭제되었다. 따라서 2010. 9. 16. 이후부터는 ① 정비사업전문관리업자의 '선정·변경'에 대하여만 주민총회 의결을 얻으면 되고, ② 주민

총회에서 선정된 <u>정비사업전문관리업자와의 '계약체결'</u>은 추진위원회 결의만으로 할 수 있다.

(3) 주민총회에는 4개 이상의 정비업자가 상정되므로(계약업무기준 제15조 제2항), 주민총회 결의에서 과반수 득표를 얻은 업체가 없는 경우를 대비하여 운영규정에 결선투표에 관한 규정을 두는 것이 좋다.

2. 【자치규정】 (추진위원회) 운영규정안 제21조(주민총회의 의결사항)

다음 각 호의 사항은 <u>주민총회의 의결</u>을 거쳐 결정한다.
 3. 정비사업전문관리업자 및 설계자의 선정 및 변경

C. 조합의 정비업자·설계자 선정권과의 관계

1. 【법령】 전부개정 도시정비법 제45조(총회의 의결)

① 다음 각 호의 사항은 총회의 의결을 거쳐야 한다. <개정 2019. 4. 23., 2020. 4. 7., 2021. 3. 16.>

 5. 시공자·설계자 및 감정평가법인등(제74조제4항에 따라 시장·군수등이 선정·계약하는 감정평가법인등은 제외한다)의 선정 및 변경. 다만, 감정평가법인등 선정 및 변경은 총회의 의결을 거쳐 시장·군수등에게 위탁할 수 있다.

 6. 정비사업전문관리업자의 선정 및 변경

2. 【해설】 추진위원회가 '추진위 업무 외의 조합업무'에 관하여 용역계약을 체결할 수 있는지

(1) 정비사업전문관리업자('정비업자' 약칭함)와 설계자의 선정·변경은 추진위원회의 업무이자 조합의 업무이고(법 제32조 제1항 제1, 2호; 제45조 제1항 제5, 6호), 정비업자 및 설계자의 선정·변경은 조합총회의 필수적 의결사항이다(대의원회가 대행할 수 없음. 법 제46조 제4항; 영 제43조 제4, 5호). 따라서 조합설립인가가 나면 조합은 추진위원회가 선정한 정비사업전문관리업자를 총회의결로 추인하거나 변경할 수 있다.

(2) 여기서 ① 추진위원회가 선정한 정비사업전문관리업자나 설계자에 대하여 조합설립 후 총회에서 새로이 선정/추인 결의를 하지 않고 '창립총회'의 포괄승계 결의로써 승계할 수 있는지와 ② 추진위원회가 정비업자를 선정한 경우 추진위원회의 업무범위(법 제32조 제1항 제2~5호)뿐 아니라 조합의 업무범위에 속하는 사항에 관하여도 추진위원회가 용역계약을 체결할 수 있는지(즉, 추진위가 조합의 업무사항을 정비사업전문관리업자에게 위탁하거나 그에 관한 자문을 구할 수 있는지) 등이 문제된다.

이에 관하여 하급심판례와 법제처 유권해석이 엇갈린다.

3. 【법제처 유권해석】 [안건번호 19-0206 회신일자 2019-09-06]

> **1. 질의요지**
>
> 「도시 및 주거환경정비법」 제32조제1항제1호에 따라 <u>조합설립추진위원회가 정비사업전문관리업자를 선정하는 경우</u>, 조합설립추진위원회의 업무범위에 "「도시 및 주거환경정비법」 제32조제1항제2호부터 제5호까지의 규정에 따른 <u>추진위원회의 업무범위 외에 조합의 업무범위에 속하는 업무</u>(각주: 시공자의 선정(「도시 및 주거환경정비법」 제29조 제4항) 등 법령에 따라 조합의 업무로 명시된 업무를 말하며, 이하 같음.)를 정비사업전문관리업자에게 위탁하거나 그에 관하여 자문을 받기로 하는 것"이 포함되는지?
>
> **2. 회답 요지**
>
> <u>추진위원회는</u> 도시정비법 제32조제1항에 따른 <u>추진위원회의 업무범위 외에 조합의 업무범위에 속하는 업무를 정비사업전문관리업자에게 위탁하거나 자문을 구할 수 없으며</u>, 조합의 업무범위에 속하는 사항에 대해서는 조합이 총회의 의결을 거쳐 정비사업전문관리업자를 선정해야 한다고 보아야 합니다.
>
> ☞ 위 유권해석은 추진위원회가 선정한 정비업자와 조합설립 이후의 단계를 포함하여 일괄 용역계약을 체결하는 관행에 제동을 거는 것이어서 업계로부터 많은 반발을 샀다.

4. 【해설】 엇갈리는 하급심판례

> (1) 법제처 유권해석과 같은 취지의 하급심판례가 있으며(청주지방법원 2020. 9. 18. 선고 2019나13040 판결), 이 판결은 상고되어 현재 대법원에서 심리중이다(대법원 2020다272356 사건).
>
> (2) 그러나 ① 추진위원회에서 선정한 정비업자와 설계자는 그 업무범위를 따지지 않고 조합설립 후 조합에 포괄승계된다는 것을 당연히 전제한 하급심판례가 적지 않고(예: 대전지방법원 2020. 7. 17. 자 2020카합68 결정 등), ② 추진위원회를 포괄승계한 조합은 추진위원회가 체결한 정비사업전문관리용역계약에 따른 용역대금 지급의무를 당연히 부담한다는 전제 하에 조합에 대해 용역대금의 지급을 명한 대법원판례도 있다(대법원 2019. 1. 31. 선고 2014다67621 판결 참조. 다만, 이 사건에서는 정비사업전문관리용역계약의 체결 절차만 문제되었고, 계약의 내용은 다투어지지 않았다).

D. [하급심판례] ① 조합의 업무범위에 속하는 업무에 관하여는 조합이 총회의 의결을 거쳐 정비사업전문관리업자를 선정하여 계약을 체결하여야 하고, 추진위원회는 조합의 업무범위에 속하는 업무를 정비사업전문관리업자에게 위탁하는 내용의 용역계약을 체결할 수 없어; ② 따라서 추진위원회가 체결한 그런 내용의 용역계약은 효력이 없음 —청주지방법원 2020. 9. 18. 선고 2019나13040 판결[추심금](상고: 대법원 2020다272356)

II. 정비사업전문관리업자 선정절차

【당사자】

| 원고,항소인 | A |
| 피고,피항소인 | B구역주택재개발정비사업조합 |

1. 이 사건 용역계약이 무효인지 - 긍정

 가. 관련규정의 검토

 … 도시정비법 제 15 조 제 4 항, 운영규정 제 6 조는, 추진위원회는 추진위원회가 행한 업무를 조합총회에 보고하여야 하며, 추진위원회가 행한 업무와 관련된 권리와 의무는 조합이 포괄승계하되, 구 운영규정이 정하는 추진위원회의 업무범위를 초과하는 업무나 계약, 용역업체의 선정 등은 조합에 승계되지 아니한다고 규정하고 있다.

 한편 구 도시정비법 제 24 조 제 2 항 제 7 호는 '정비사업전문관리업자의 선정 및 변경'을 조합총회의 결의사항으로 규정하고 있어, 조합의 정비사업전문관리업자의 선정절차를 추진위원회의 그것과는 별개의 절차로 규정하고 있다.

 위 규정들은 추진위원회가 선정한 정비사업전문관리업자가 조합 설립 이후에도 해당 사업에 계속 관여하면서 발생할 수 있는 추진위원회 임원, 정비사업전문관리업자 및 건설업자 사이의 유착이나 비리 등을 방지하기 위하여 조합설립 후에 정비사업전문관리업자를 조합원들의 의사에 따라 다시 선정하도록 하기 위한 것으로 보인다.

 또한 조합 설립을 위해서는 토지등소유자의 5 분의 4 이상의 동의가 필요한 반면 추진위원회는 토지등소유자의 2 분의 1 이상의 동의만으로 구성이 가능하므로(구 도시정비법 제 13 조 제 2 항, 제 16 조 제 1 항) 그 정당성, 정통성에 있어서 차이가 있으므로, 추진위원회 단계에서 조합의 업무에 관한 정비사업전문관리업자를 선정하는 것은 조합의 권한을 침해하는 것이기도 하다.

 위 각 규정의 내용과 입법 취지 등을 종합하면, 구 도시정비법상 조합 설립 이후의 업무에 관한 정비사업전문관리업자 선정은 추진위원회의 업무범위에 속하는 사항이 아니라 조합의 고유업무라고 봄이 상당하므로, 조합의 업무범위에 속하는 업무에 관하여는 조합이 총회의 의결을 거쳐 정비사업전문관리업자를 선정하여 계약을 체결하여야 하고, 추진위원회는 추진위원회의 업무범위를 초과하여 조합의 업무범위에 속하는 업무에 관해 정비사업전문관리업자에게 위탁하는 내용의 용역계약을 체결할 수 없으며, 그러한 내용의 용역계약을 체결하였다고 하더라도 이는 효력이 없다고 보아야 한다.

제 5 장 조합설립추진위원회 / 제 6 절 정비사업전문관리업자·설계자 등 용역업체 선정

나. 이 사건 용역계약의 무효 여부

피고 추진위원회가 구 도시정비법령 및 구 운영규정의 요건과 절차에 따라 이 사건 용역계약을 체결하였다 하더라도, 이 사건 용역계약에서는 D 의 업무로 피고 추진위원회의 업무범위를 넘어 피고의 업무범위에 속하는 '사업시행인가, 관리처분 계획 인가, 조합원 이주비 배분 금액 계획 수립 지원, 일반 분양 승인 업무 지원, 준공 인가 지원, 이전 고시, 조합 해산' 등 조합 설립 이후의 업무까지 정하고 있고, 그 용역대금도 추진위원회의 업무와 위와 같은 조합의 업무를 전부 포함한 대가로 정하고 있어, 이 사건 용역계약은 그 전부가 효력이 없다고 할 것이다…

결국, 피고 추진위원회와 D 이 체결한 이 사건 용역계약은, 구 도시정비법령 및 구 운영규정이 정하는 요건과 절차에 위반되거나 조합의 업무범위에 속하는 업무에 관해 D 에게 위탁하는 내용의 용역계약에 해당하여, 그 일부인 대여 약정을 포함하여 모두 무효라고 할 것이다.

2. 피고에게 추심금 지급의무가 존재하는지 - 부정

위에서 본 바와 같이 이 사건 용역계약은 무효이므로, 피고는 D 에 대하여 그에 기한 용역대금(대여금 포함) 지급의무를 부담한다고 볼 수 없고, 결국 이 사건 추심명령은 존재하지 않는 채권을 그 대상으로 한 것으로서 효력이 없다. 따라서 D 의 피고에 대한 '이 사건 용역계약에 따른 용역비 등 일체의 청구채권'을 피압류채권으로 한 원고의 추심금 청구는 나머지 점에 관하여 살필 필요 없이 받아들이지 않는다.

III. 정비사업전문관리업의 등록

A. 정비업무의 내용과 정비업자의 등록

1. 【해설】 정비사업전문관리업자와 '정비업무'

> (1) 아래 각 사무(이것을 '정비업무'라고 부른다)는 자본금, 인력확보기준 및 사무실 기준 등 법이 정한 등록기준(영 제 81 조 제 1 항 별표 3)을 갖추고 시·도지사에게 등록한 정비사업전문관리업자'만이 할 수 있다(법 제 102 조).
>
> ① 조합설립의 동의 및 정비사업의 동의에 관한 업무의 대행
>
> ② 조합설립인가의 신청에 관한 업무의 대행
>
> ③ 사업성 검토 및 정비사업의 시행계획서의 작성
>
> ④ 설계자 및 시공자 선정에 관한 업무의 지원
>
> ⑤ 사업시행계획인가의 신청에 관한 업무의 대행

⑥ 관리처분계획의 수립에 관한 업무의 대행

⑦ 추진위원회 구성에 필요한 동의서 제출의 접수, 운영규정 작성 지원 기타 시·도조례로 정하는 사항 등.

(2) 위 ⑥의 "관리처분계획의 수립"에는 관리처분계획의 주요 부분을 실질적으로 변경하는 것이 포함되나, '경미한 사항'을 변경하는 업무는 여기에 포함되지 않는다. 따라서 관리처분계획의 '경미한 사항'을 변경하는 업무는 등록된 정비사업전문관리업자가 아닌 자에게 위탁해도 된다. 관리처분계획의 주요 부분을 실질적으로 변경하는 업무는 반드시 등록한 정비사업전문관리업자에게 위탁해야 한다(대법원 2019. 9. 25. 선고 2016 도 1306 판결 참조).

2. 【법령】 전부개정 도시정비법 제 102 조(정비사업전문관리업의 등록)

① 다음 각 호의 사항을 추진위원회 또는 사업시행자로부터 위탁받거나 이와 관련한 자문을 하려는 자는 대통령령으로 정하는 자본·기술인력 등의 기준을 갖춰 시·도지사에게 등록 또는 변경(대통령령으로 정하는 경미한 사항의 변경은 제외한다)등록하여야 한다.

☞ "대통령령으로 정하는 경미한 사항"이란 자본금이 증액되거나 기술인력의 수가 증가된 경우를 말한다(영 제 81 조 제 2 항).

다만, 주택의 건설 등 정비사업 관련 업무를 하는 공공기관 등으로 대통령령으로 정하는 기관의 경우에는 그러하지 아니하다.

1. 조합설립의 동의 및 정비사업의 동의에 관한 업무의 대행
2. 조합설립인가의 신청에 관한 업무의 대행
3. 사업성 검토 및 정비사업의 시행계획서의 작성
4. 설계자 및 시공자 선정에 관한 업무의 지원
5. 사업시행계획인가의 신청에 관한 업무의 대행
6. 관리처분계획의 수립에 관한 업무의 대행
7. 제 118 조(정비사업의 공공지원) 제 2 항 제 2 호에 따라 시장·군수등이 정비사업전문관리업자를 선정한 경우에는 추진위원회 설립에 필요한 다음 각 목의 업무

　　가. 동의서 제출의 접수

　　나. 운영규정 작성 지원

　　다. 그 밖에 시·도조례로 정하는 사항

☞ 시행령 제81조(정비사업전문관리업의 등록기준 등) 제3항

③ 법 제102조제1항 각 호 외의 부분 단서에서 "대통령령으로 정하는 기관"이란 다음 각 호의 기관을 말한다. <개정 2020.12.8>

  1. 「한국토지주택공사법」에 따른 한국토지주택공사

  2. 한국부동산원

☞ 따라서 한국토지주택공사와 한국부동산원은 정비사업전문관리업의 등록을 하지 않아도 위 각호의 정비업무를 취급할 수 있다.

3. 【법령】 시행령 제81조(정비사업전문관리업의 등록기준 등) 제1항

① 법 제102조제1항 각 호 외의 부분 본문에 따른 정비사업전문관리업의 등록기준은 별표 4와 같다.

4. 【별표 4】 정비사업전문관리업의 등록기준

영 제81조제1항 관련 <개정 2018. 12. 11.>

1. 자본금(자산총액에서 부채총액을 차감한 금액): 10억원(법인인 경우에는 5억원) 이상이어야 한다.

2. 인력확보기준

  가. 다음의 어느 하나에 해당하는 상근인력(다른 직무를 겸하지 않는 인력을 말한다)을 5명 이상 확보하여야 한다.

다만, 정비사업전문관리업자가 관계 법령에 따른 감정평가법인·회계법인 또는 법무법인·법무법인(유한)·법무조합(이하 "법무법인등"이라 한다)과 정비사업의 공동수행을 위한 업무협약을 체결하는 경우에는 협약을 체결한 법무법인등의 수가 1개인 경우에는 4명, 2개인 경우에는 3명으로 한다.

    1) a) 건축사 또는 b) 「국가기술자격법」에 따른 도시계획 및 건축분야 기술사와 c) 「건설기술 진흥법 시행령」 제4조에 따라 이와 동등하다고 인정되는 특급기술인으로서 특급기술인의 자격을 갖춘 후 건축 및 도시계획 관련 업무에 3년 이상 종사한 자

    2) 감정평가사·공인회계사 또는 변호사

    3) 법무사 또는 세무사

    4) 정비사업 관련 업무에 3년 이상 종사한 사람으로서 다음의 어느 하나에 해당하는 자

III. 정비사업전문관리업의 등록

> 가) 공인중개사·행정사
>
> 나) 정부기관·공공기관 또는 제 81 조 제 3 항 각 호의 기관에서 근무한 사람
>
> 다) 도시계획·건축·부동산·감정평가 등 정비사업 관련 분야의 석사 이상의 학위 소지자
>
> 라) 2003 년 7 월 1 일 당시 관계 법률에 따라 재개발사업 또는 재건축사업의 시행을 목적으로 하는 토지등소유자, 조합 또는 기존의 추진위원회와 민사계약을 하여 정비사업을 위탁받거나 자문을 한 업체에 근무한 사람으로서 법 제 102 조제 1 항제 2 호부터 제 6 호까지의 업무를 수행한 실적이 국토교통부장관이 정하는 기준에 해당하는 자
>
> 나. 가목의 인력확보기준을 적용할 때 a) 가목 1) 및 2)의 인력은 각각 1 명 이상을 확보하여야 하며, b) 같은 목 4)의 인력이 2 명을 초과하는 경우에는 2 명으로 본다.
>
> 3. 사무실 기준: 사무실은 건축법 및 그 밖의 법령에 적합하여야 한다.

5. 【해설】 PM 용역업자와 정비사업전문관리업자

> PM(Project management) 업무는 발주자(Project owner)의 사업 전과정(Project)을 대상으로 하므로 도시정비법 제 102 조 제 1 항 각호의 '정비업무'를 포함한다. 따라서 PM 업자는 정비사업전문관리업의 등록을 하여야 한다(같은 조 및 건설산업기본법 제 26 조 제 2 항).
>
> 따라서 조합이 PM 업자를 선정할 때에는 정비사업전문관리업의 등록을 하였는지 여부를 반드시 확인하여야 한다. 순수 사업관리만 하는 PM 업자를 선정하는 경우에도 '사업성 검토'를 포함하는 경우에는(사업성검토는 법 제 102 조 제 1 항 제 3 호의 정비업무에 해당) 반드시 정비사업전문관리업 등록을 한 업체를 선정하여야 한다.
>
> 다만, 정비사업의 일부 단계로 한정해서 PM 업자를 선정하는 때에는 정비사업전문관리업 등록을 하지 않아도 무방하나, 그런 경우에도 PM 업자가 실제로 정비업무를 처리하면 법 제 137 조 제 9 호 위반죄로 처벌 받을 수 있으므로 주의를 요한다.

6. 【법제처 유권해석】 서면결의서 징구, 투·개표 관리업무의 대행은 정비사업전문관리업자만이 할 수 있어 —법제처 11-0126, 2011-05-12

> "주민총회 및 조합 총회 운영과 관련하여 추진위원회 또는 조합으로부터 위탁을 받아 총회에 참석하지 않은 토지등소유자 또는 조합원으로부터 총회 의결을 위한 서면을 받는 업무나 투·개표관리 업무를 하는 자의 경우 해당 업무는 「도시 및 주거환경정비법」 제 69 조제 1 항제 1 호의 "조합 설립의 동의 및 정비사업의 동의에 관한 업무의 대행"에 해당하므로 정비사업전문관리업의 등록을 하여야 합니다."

> ☞ 이 유권해석은 위 업무를 아웃소싱 용역업체(일명 'O/S 업체')에 위임하여 처리해 온 조합관행을 무시한 것이라는 비난을 받았다.

B. 조합과 정비업자의 법률관계

1. 【법령】 전부개정 도시정비법 제 104 조(정비사업전문관리업자와 위탁자와의 관계)

> 정비사업전문관리업자에게 업무를 위탁하거나 자문을 요청한 자와 정비사업전문관리업자의 관계에 관하여 이 법에 규정된 사항을 제외하고는 「민법」 중 <u>위임에 관한 규정을 준용</u>한다.
>
> ☞ 민법 제 689 조(위임의 상호해지의 자유)
>
> ① 위임계약은 각 당사자가 언제든지 해지할 수 있다.
>
> ② 당사자 일방이 부득이한 사유없이 상대방의 불리한 시기에 계약을 해지한 때에는 그 손해를 배상하여야 한다.

2. 【법령】 전부개정 도시정비법 제 103 조(정비사업전문관리업자의 업무제한 등)

> 정비사업전문관리업자는 동일한 정비사업에 대하여 다음 각 호의 업무를 병행하여 수행할 수 없다.
>
> 1. 건축물의 철거
> 2. 정비사업의 설계
> 3. 정비사업의 시공
> 4. 정비사업의 회계감사
> 5. 그 밖에 정비사업의 공정한 질서유지에 필요하다고 인정하여 대통령령으로 정하는 업무[☞ 안전진단업무를 말함. 영 제 83 조 제 2 항]

3. 【해설】 정비업무를 조합이 직접 처리하는 것은 무방함

> 조합이나 추진위원회는 서면결의서 징구, 총회의 투·개표 관리 등의 정비업무를 정비사업전문관리업자에게 위탁하지 않고 자신이 직접 처리할 수 있다(법제처 12-0097, 2012-03-02). 이 경우 조합/추진위원회는 <u>계약직을 채용해서 할 수 있다</u>. 다만, 계약직을 채용하기 위하여는 인사규정에 근거조항을 두어 미리 총회의 의결을 받아야 하고(표준정관 제 16 조 제 7 항), 그에 관한 비용지출도 예산에 포함시켜야 한다.

III. 정비사업전문관리업의 등록

C. 정비사업전문관리업자에 대한 감독과 제재

1. 【법령】 전부개정 도시정비법 제108조(정비사업전문관리업 정보의 종합관리)

> ① 국토교통부장관은 정비사업전문관리업자의 자본금·사업실적·경영실태 등에 관한 정보를 종합적이고 체계적으로 관리하고 시·도지사, 시장, 군수, 구청장, 추진위원회 또는 사업시행자 등에게 제공하기 위하여 정비사업전문관리업 정보종합체계를 구축·운영할 수 있다. <개정 2021.8.10>
>
> ② 제1항에 따른 정비사업전문관리업 정보종합체계의 구축·운영에 필요한 사항은 국토교통부령으로 정한다.

2. 【법령】 전부개정법 시행령 제96조(권한의 위임 등)

> ① 국토교통부장관은 법 제128조제1항에 따라 법 제107조에 따른 정비사업전문관리업자에 대한 조사 등의 권한을 시·도지사에게 위임한다.
>
> ② 국토교통부장관은 법 제128조제2항에 따라 같은 항 제1호, 제2호 및 제2호의2의 사무를 다음 각 호의 구분에 따른 기관에 위탁한다. <개정 2020.12.8, 2021.11.11>
>
>   1. 법 제108조에 따른 정비사업전문관리업 정보종합체계의 구축·운영에 관한 사무: 한국부동산원
>
> ☞ 정비사업전문관리업 정보종합체계의 구축·운영은 한국부동산원(도시정비처 정비사업지원부)이 위탁받아 수행한다. 현재 이 업무는 한국부동산원 도시정비처 정비사업지원부에서 담당하고 있다.

D. ① 형벌법규 해석에서도 법률문언의 통상적 의미를 벗어나지 않는 한 그 법률의 입법취지와 목적, 입법연혁 등을 고려한 목적론적 해석이 허용돼; ② 시·도지사에게 등록을 요하는 정비사업전문관리업무인 "관리처분계획의 수립"에 경미한 사항이 아닌 「관리처분계획의 주요 부분을 실질적으로 변경하는 것」도 포함된다고 보고; ③ 재개발조합장이 관리처분계획의 실질적 변경 업무를 무등록 업자에게 대행케 한 행위를 도시정비법 위반죄로 처벌한 사례 —대법원 2019. 9. 25. 선고 2016도1306 판결[업무상배임·도시및주거환경정비법위반]

1. 이 부분 공소사실의 요지는 다음과 같다.

피고인 3은 2011. 2.경부터 2012. 12.경까지 사이에 ○○○○구역 주택재개발정비사업조합(이하 '이 사건 조합'이라고 한다)의 조합장으로 재직하였던 사람인바, 사업시행자 등으로부터 관리처분계획의 수립에 관한 업무의 대행을 위탁받기 위해서는 정비사업 전문관리업 등록을 하여야 함에도 불구하고, 위와 같은 등록을 하지 않은 피고인 2에게 이 사건 조합의 관리처분계획 변경 업무를 대행하도록 요청하고, 피고인 2는 이를 승낙하여 위 업무를 대행하였다. 이

로써 피고인 3과 피고인 2는 공모하여 등록을 하지 아니하고 정비사업을 위탁받았다.

2. 대법원의 판단 (파기환송)

가. 법리 (형벌법규의 해석 원칙)

죄형법정주의는 국가형벌권의 자의적인 행사로부터 개인의 자유와 권리를 보호하기 위하여 범죄와 형벌을 법률로 정할 것을 요구한다. 그러한 취지에 비추어 보면 형벌법규의 해석은 엄격하여야 하고, 명문의 형벌법규의 의미를 피고인에게 불리한 방향으로 지나치게 확장해석하거나 유추해석하는 것은 죄형법정주의의 원칙에 어긋나는 것으로서 허용되지 아니하나, 형벌법규의 해석에서도 법률문언의 통상적인 의미를 벗어나지 않는 한 그 법률의 입법 취지와 목적, 입법연혁 등을 고려한 목적론적 해석이 배제되는 것은 아니다(대법원 2018. 7. 24. 선고 2018도 3443 판결 등 참조).

나. "관리처분계획의 수립"에는 관리처분계획의 실질적 변경도 포함돼

다음과 같은 법령의 규정체계, 취지와 목적 등에 비추어 살펴보면, 구 도정법 제69조 제1항 제6호에서 정한 "관리처분계획의 수립"에는 경미한 사항이 아닌 관리처분계획의 주요 부분을 실질적으로 변경하는 것이 포함된다고 해석함이 타당하고, 이러한 해석이 죄형법정주의 내지 형벌법규 명확성의 원칙을 위반하였다고 보기 어렵다.

1) 구 도정법이 관리처분계획의 수립 또는 변경을 위하여 조합총회의 의결 및 행정청의 인가절차 등을 요구하는 취지는, 관리처분계획의 수립 또는 변경이 조합원, 현금청산대상자 등(이하 '조합원 등'이라고 한다)에 대한 소유권이전 등 권리귀속 및 비용부담에 관한 사항을 확정하는 행정처분에 해당하므로 그로 인하여 자신의 권리의무와 법적 지위에 커다란 영향을 받게 되는 조합원 등의 의사가 충분히 반영되어야 할 필요가 있기 때문이다. 반면에 관리처분계획의 경미한 사항을 변경하는 경우에는 이러한 필요성이 크지 아니하기 때문에 행정청에 신고하도록 규정하고 있다(대법원 2012. 5. 24. 선고 2009두22140 판결 참조).

2) 구 도정법은 조합의 비전문성을 보완하고 사업추진의 효율성을 도모하기 위하여 도시정비사업에 관한 법률·행정·설계·시공·감리 등의 분야에서 전문지식을 갖춘 인력의 도움을 받을 수 있도록 정비사업전문관리업제도를 도입하였다. 정비사업전문관리업자는 시공사를 상대로 하여 조합을 위해 업무를 수행해야 하므로 동일한 정비사업에 관하여 건축물철거·정비사업설계·시공·회계감사 등의 업무를 병행할 수 없다. 정비사업전문관리업자는 조합의 수임자로서 조합과 조합원의 이익을 위하여 사업 전반에 관하여 자문하고 위탁받은 사항을 처리하지만, 정비사업의 공공성에 비추어 위탁받은 업무를 수행하는 범위 내에서 정비사업의 시행이라는 공공업무를 수행하고 있다고 볼 수 있다(헌법재판소 2007. 10. 25. 선고 2006헌마30, 2007헌바12, 14, 38 전원재판부 결정 참조).

3) 한편 대법원은 관리처분계획의 경미한 사항을 변경하는 경우와는 달리 당초 관리처분계획의 주요 부분을 실질적으로 변경하는 경우에는 새로운 관리처분계획을 수립한 것으로 해석하여 왔다(대법원 2012. 3. 22. 선고 2011두6400 전원합의체 판결 등 참조).

4) 이 사건이 발생한 이후에 생긴 것이기는 하나, 도정법 부칙(제14567호, 2017. 2. 8.) 제4조, 제5조 역시 계획의 수립에 최초의 수립과 변경수립이 포함되는 것을 전제로 하고 있다.

5) 구 도정법은 관리처분계획의 경미한 변경에 해당하는 경우를 대통령령으로 정하도록 하고 있고, 그 시행령에서는 경미한 변경에 해당하는 경우를 상세하게 규정하고 있어 경미한 변경에 해당하는지 여부가 불분명해지거나 처벌범위가 불합리하게 확대될 우려가 있다고 하기도 어렵다.

6) 이러한 상황에서, 조합원 등의 권리의무와 법적 지위에 중대한 영향을 미치는 관리처분계획을 최초로 수립하는 경우에는 전문성과 공공성을 갖춘 정비사업전문관리업자에게만 위탁을 할 수 있지만, 그 후 경미한 사항이 아닌 관리처분계획의 주요 부분을 실질적으로 변경하는 경우에는 무자격자의 관여가 허용된다고 해석하는 것은 법령의 취지와 목적에 부합하지 아니한다.

다. 원심판결의 위법함

그런데도 원심은 구 도정법 제69조 제1항 제6호에서 정한 "관리처분계획의 수립"은 최초의 수립만을 의미한다는 잘못된 전제하에 이 부분 공소사실을 무죄로 판단하였다. 이러한 원심판결에는 구 도정법 제69조 제1항 제6호의 해석에 관한 법리를 오해하여 판결에 영향을 미친 잘못이 있다. 이를 지적하는 상고이유 주장은 이유 있다.

E. ① 정비사업전문관리업자가 수행할 수 있는 업무는 구 도시정비법 제69조 제1항 각 호에 규정된 업무로 한정되지 않아; ② 따라서 그 밖의 업무 수행을 내용으로 하는 용역계약도 유효함 —서울고등법원 2014. 8. 21. 선고 2013나34541 판결[계약유효확인의소]

도시정비법 제69조 제1항은 정비사업의 시행을 위하여 필요한 각 호의 업무를 하고자 하는 자는 정비사업전문관리업의 등록을 하여야 한다고 규정하고 있을 뿐이므로, 정비사업전문관리업자가 수행할 수 있는 업무가 위 조항 각 호에 규정된 업무로 한정된다거나 그 밖의 업무수행을 내용으로 하는 이 사건 용역계약이 위 규정을 위반하여 무효라고 볼 수는 없다.

IV. 정비업자 선정절차에 관한 판례

A. 정비사업전문관리업자의 선정을 운영규정에 의한 경쟁입찰의 방법으로 하도록 한 구 도시정비법 제14조 제2항은 강행규정이야; ② 따라서 운영규정을 위반하여 정비사업전문관리업자

를 선정한 것은 무효임; ③ 강행법규를 위반한 자가 스스로 그 무효를 주장하는 것이 신의칙 위반이 되기 위한 조건: a) 객관적으로 보아 상대방이 신의를 가짐이 정당한 상태에 있어야 하고, b) 이러한 신의에 반하여 권리를 행사하는 것이 정의관념에 비추어 용인될 수 없는 정도에 이르러야 함 —대법원 2016. 6. 23. 선고 2013 다 58613 판결[용역비]

【당사자】

【원고(탈퇴)】 서일건설 주식회사
【원고승계참가인, 상고인】 원고승계참가인
【피고, 피상고인】 백운 2 구역 주택재개발정비사업조합

1. 이 사건 계약이 유효하다는 주장에 대하여

가. 운영규정이 정한 경쟁입찰 방법으로 정비업자를 선정하도록 한 구법 규정은 강행규정

구 도시 및 주거환경정비법(2009. 2. 6. 법률 제 9444 호로 개정되기 전의 것, 이하 '도시정비법'이라고 한다) 제 14 조 제 2 항에서 "추진위원회는 제 15 조 제 2 항의 규정에 의한 운영규정이 정하는 경쟁입찰의 방법으로 정비사업전문관리업자를 선정하여야 한다."고 규정하고 있고, 구 도시 및 주거환경정비법(2008. 2. 29. 법률 제 8852 호로 개정되기 전의 것) 제 15 조 제 2 항에서 "건설교통부장관은 추진위원회의 공정한 운영을 위하여 다음 각 호의 내용을 포함한 추진위원회의 운영규정을 정하여 관보에 고시하여야 한다."고 규정하고 있으며,

구 정비사업조합설립추진위원회 운영규정(2009. 8. 13. 국토해양부고시 제 2009-549 호로 개정되기 전의 것, 이하 '운영규정'이라고 한다) 제 28 조 제 1 항에서 "정비사업전문관리업자의 선정은 일반경쟁입찰 또는 지명경쟁입찰방법으로 하되, 1 회 이상 일간신문에 입찰공고를 하고, 현장설명회를 개최한 후 참여제안서를 제출받은 다음 주민총회의 의결을 거쳐 선정한다. 다만, 미응찰 등의 이유로 3 회 이상 유찰된 경우에는 주민총회의 의결을 거쳐 수의계약할 수 있다."고 규정하고 있다...

위 각 규정의 내용과 입법 취지 등을 종합하면, 도시정비법 제 14 조 제 2 항에서 추진위원회가 운영규정에 의한 경쟁입찰의 방법으로 정비사업전문관리업자를 선정하도록 규정한 것은 강행규정이고, 위 조항에 따라 관보에 고시된 운영규정을 위반하여 정비사업전문관리업자를 선정하는 것은 허용되지 않는다.

나. 대법원의 판단 (상고기각)

원심은, 피고가 설립되기 전 추진위원회가 운영규정 제 28 조 제 1 항을 위반하여 미응찰 등의 이유로 3 회 이상 유찰된 바 없는데도 단독으로 입찰한 원고를 정비사업전문관리업자로 선

정한 다음 수의계약의 방법으로 이 사건 계약을 체결하였으므로, 위 계약은 강행법규인 도시정비법 제14조 제2항 등을 위반하여 체결된 것으로서 효력이 없다고 판단하였다.

원심의 위와 같은 판단은 앞서 본 법리에 따른 것으로서, 거기에 상고이유 주장과 같이 논리와 경험의 법칙을 위반하여 사실을 오인하거나, 도시정비법 제14조 제2항, 운영규정 제28조 제1항에 관한 법리를 오해한 잘못이 없다.

2. 강행법규를 위반한 자가 스스로 그 무효를 주장하는 것이 신의칙 위반이 되기 위한 조건

강행법규를 위반한 자가 스스로 그 약정의 무효를 주장하는 것이 신의칙에 위반되는 권리의 행사라는 이유로 그 주장을 배척한다면, 강행법규에 의하여 배제하려는 결과를 실현시키는 결과가 되므로 특별한 사정이 없는 한 위와 같은 주장은 신의칙에 반하는 것이라고 할 수 없고, 신의성실의 원칙에 위배된다는 이유로 권리의 행사를 부정하기 위해서는 상대방에게 신의를 공여하였다거나 객관적으로 보아 상대방이 신의를 가짐이 정당한 상태에 있어야 하며, 이러한 상대방의 신의에 반하여 권리를 행사하는 것이 정의관념에 비추어 용인될 수 없는 정도에 이르러야 한다(대법원 2011. 3. 10. 선고 2007다17482 판결 등 참조). (이하 생략)

B. [선정절차가 적법하다고 본 사례] ① 추진위원회가 운영규정에 따라 2010. 7. 7. 주민총회에 상정할 정비업자 후보자로 원고와 기주씨엠㈜를 선정한 후, 2010. 7. 15. 서울시 '공공관리 정비사업전문관리업자 선정기준'이 고시되자, 서울시장과 용산구청장이 위 선정기준에 따라 선정절차를 다시 진행할 것을 지시하였으나; ② 추진위원회가 2010. 7. 31. 주민총회를 강행하고 '용업업체 선정과 용역업체 계약체결 승인의 건'에 관한 주민총회를 속행하여 2010. 9. 11. 주민총회에서 원고를 정비사업전문관리업자로 선정하고 계약을 체결한 사안에서, ③ 이러한 선정절차 및 계약체결은 조례와 선정기준의 경과규정에 따른 것이므로 유효하다고 본 사례 — 대법원 2019. 1. 31. 선고 2014다67621 판결[계약유효확인의소]

【당사자】

【원고, 피상고인】 주식회사 삼우이엔씨

【피고, 상고인】 한남5재정비촉진구역주택재개발사업조합

【피고보조참가인】 피고보조참가인 1 외 2인

1. 조례 및 「서울시 공공관리 정비사업전문관리업자 선정기준」의 경과규정

구 도시 및 주거환경정비법(2010. 4. 15. 법률 제10268호로 일부 개정되어 2017. 2. 8. 법률 제14567호로 전부 개정되기 전의 것, 이하 '구 도시정비법'이라 한다) 제77조의4는 시장·군수는 정비사업의 투명성 강화 및 효율성 제고를 위하여 시·도 조례로 정하는 정비사업에 대하여 사업시행 과정을 지원하는 공공관리를 할 수 있도록 하면서 그 시행을 위한 방법과 절차 등을 시·도 조례로 정하도록 하고 있다. 그 위임에 따라 서울특별시 도시 및 주거환경정비 조례(2010. 7. 15. 서울특별시 조례 제5007호로 개정된 것, 이하 '이 사건 조례'라 한다) 제48조 제4항은 시장에게 정비사업전문관리업자의 선정방법 등에 관한 기준을 정하도록 하고 있다. 이 사건 조례 부칙 제4조 제1항은 "이 조례 시행 당시 종전 규정에 따라 행하여진 처분, 절차 그 밖의 행위는 이 조례에 따라 행하여진 것으로 본다."라고 정하고 있다.

이 사건 조례의 위임에 따라 공공관리 정비사업전문관리업자 선정기준(2010. 7. 15. 서울특별시 고시 제2010-274호로 고시되어 2010. 7. 16.부터 시행된 것, 이하 '이 사건 선정기준'이라 한다)이 고시되었는데, 그 부칙 제2조는 "이 사건 기준 시행 당시 총회에서 정비사업전문관리업자를 선정하지 않은 정비사업분부터 적용한다."라고 정하고 있다.

위 규정들의 내용과 체계, 입법 취지 등을 종합하면, 다음과 같은 결론을 도출할 수 있다. ① 2010. 7. 16. 기준으로 총회에서 정비사업전문관리업자를 선정하지 않은 정비사업에 대하여는 이 사건 선정기준이 적용된다(이 사건 선정기준 부칙 제2조). ② 이 사건 조례 시행 당시 종전 규정에 따라 적법하게 진행된 절차와 행위는 이 사건 조례에 따라 행하여진 것으로 보게 된다(이 사건 조례 부칙 제4조 제1항). 따라서 이 사건 선정기준 시행 이전에 추진위원회가 정비사업전문관리업자를 선정하기 위하여 종전 규정에 따라 했던 절차들은 이 사건 선정기준 시행 이후에도 적법·유효한 것으로 볼 수 있고, 그와 중복되는 범위에서 이 사건 선정기준에 따른 절차를 다시 진행해야 할 필요가 없다.

2. 원심판결에 따르면 다음 사실을 알 수 있다.

(1) 한남 5 재정비촉진구역 주택재개발정비사업 조합설립추진위원회(이하 '이 사건 추진위원회'라 한다)는 구 도시정비법에 따라 서울 용산구 (주소 생략) 일대의 한남 5 재정비촉진구역 내 주택재개발정비사업(이하 '이 사건 사업'이라 한다)을 시행할 조합 설립을 목적으로 구성된 추진위원회이고, 피고는 이 사건 사업의 시행을 목적으로 하여 2012. 8. 22. 구 도시정비법에 따라 설립인가를 받은 재개발조합이다. 원고는 정비사업전문관리업자이다.

(2) 이 사건 추진위원회는 구 도시정비법 제14조 제2항, 이 사건 추진위원회 운영규정 제28조 제1항에 따라 2010. 6. 27. 제1차 추진위원회의를 개최하여 추진위원회의 업무를 수행할 용역업체와 정비사업전문관리업자를 선정하기로 결의하고, 2010. 7. 2. 현장설명회를 개최한 다음, 2010. 7. 6.까지 입찰을 받아, 2010. 7. 7. 제2차 추진위원회의에서 주민총회에 상정할 정비사업전문관리업자 후보자로 원고와 기주씨엠 주식회사를 선정하였다.

(3) 구 도시정비법 제77조의4가 2010. 4. 15. 법률 제10268호로 신설되어 2010. 7. 16.부터 시행됨에 따라, 2010. 7. 15. 서울특별시장은 이 사건 조례 제48조 제4항에 따라 이 사건 선정기준을 고시하였다. 서울특별시장과 서울특별시 용산구청장은 2010. 7. 16.경부터 여러 차례 이 사건 추진위원회에 이 사건 조례와 선정기준에 따라 정비사업전문관리업체 선정절차를

IV. 정비업자 선정절차에 관한 판례

다시 진행할 것을 지시하였다.

(4) 이 사건 추진위원회는 위 지시에 불구하고 2010. 7. 31. 주민총회를 개최하고, 용역업체 선정과 용역업체 계약체결 승인의 건에 관한 총회를 속행하여 2010. 9. 11. 주민총회에서 원고를 정비사업전문관리업자로 선정하였다(이와 같은 일련의 절차를 이하 이 사건 정비사업전문관리업자 선정절차라 한다). 이후 원고는 2010. 9. 20. 이 사건 추진위원회와 정비사업전문관리용역계약(이하 이 사건 용역계약이라 한다)을 체결하였다.

3. 대법원의 판단 (상고기각)

위와 같은 사실관계를 위 법리에 비추어 살펴보면 다음과 같이 판단할 수 있다.

이 사건 추진위원회가 구 도시정비법 제 77 조의 4, 이 사건 조례와 이 사건 선정기준 시행일인 2010. 7. 16. 이전에 정비사업전문관리업자 선정을 위한 현장설명회를 개최하고 입찰을 받아 추진위원회의 심사를 거쳐 입찰 참여 업체 중 주민총회에 상정할 후보업체로 원고와 기주씨엠 주식회사를 선정한 것은 종전 규정에 따른 것으로, 이 사건 조례 부칙 제 4 조 제 1 항에 따라 위 절차들은 이 사건 조례와 선정기준 시행 후에도 유효하게 이루어진 것으로 보아야 한다. 이후 주민총회가 이 사건 조례와 선정기준 시행 후에 개최되었다고 하여 위 절차들이 효력을 상실한다고 볼 수 없으므로, 이 사건 정비사업전문관리업자 선정절차와 이에 따라 체결된 이 사건 용역계약은 유효하다.

같은 취지의 원심의 판단은 위 법리에 따른 것으로 정당하다. 원심의 판단에 상고이유 주장과 같이 구 도시정비법 제 77 조의 4, 이 사건 조례 부칙, 이 사건 선정기준 부칙의 각 해석과 적용 범위에 관한 법리를 오해한 잘못이 없다.

C. [위 판례의 원심판결을 통해 알 수 있는 보충적 사실관계] —서울고등법원 2014. 8. 21. 선고 2013 나 34541 판결[계약유효확인의소]

1) 용산구청장은 이 사건 조례 및 선정기준에 따른 정비업체 선정절차를 준수하지 않았다는 이유로 ① 2010. 11. 4. 원고에게 이 사건 추진위원회에 관한 업무 정지를 명하는 처분을 하였고, ② 2010. 12. 7. 원고와 이 사건 추진위원회에게 이 사건 용역계약의 파기 및 업무중지를 지시·명령하는 처분을 하였으며, ③ 서울특별시장은 2010. 12. 6. 원고에게 이 사건 용역계약의 파기 및 업무중지를 명하는 처분을 하였다(원고는 2010. 12. 8. 및 2011. 1. 20. 용산구청장과 서울특별시장을 상대로 위 각 처분의 취소를 구하는 행정소송을 제기하였고, 사전통지절차 결여 및 의견제출기회의 미부여를 이유로 위 각 처분을 취소하는 내용의 판결이 선고되어 확정된 상태이다).

2) 위와 같이 서울특별시장 및 용산구청장이 정비사업전문관리업자 선정과 관련하여 계속

하여 문제를 제기하자, 이 사건 추진위원회는 2011. 4. 11. 원고에게 위 각 처분 등에 따라 더 이상 원고와 이 사건 용역계약을 유지할 수 없다고 통보하였다. 이어서 2011. 5. 7.에는 주민총회를 개최하여 위 각 처분 및 용산구청과의 갈등 야기로 인한 사업답보상황 타개, 정비업체 선정결의의 효력 여부와 관련한 법적 분쟁에 따른 장기적 사업정체 우려, 원고의 업무능력 부재 등을 이유로 원고와의 이 사건 용역계약을 파기하고 주식회사 F(이하 'F'라고 한다)를 새로운 정비사업전문관리업자로 선정하기로 결의하였다.

V. '확인의 이익'에 관한 판례

A. 추진위원들이 소외회사를 정비사업전문관리업자로 선정하는 결의를 한 후 선정계약을 체결한 경우, ① 주민들은 「선정계약에 대한 주민총회결의 부존재확인」을 구하는 것으로 충분하며; ② 추진위원들의 선정결의에 대한 '주민동의 부존재확인청구'나 '주민총회결의 부존재확인청구'는 모두 확인의 이익 없어 (이미 선정계약이 체결되었으므로, 선정계약 체결을 위한 내부적 의사결정에 불과한 선정결의에 대한 확인청구는 분쟁해결을 위한 가장 유효·적절한 수단이 아님) —대법원 2010.02.25. 선고 2009 다 93299 판결[재건축설립추진위원회결의무효확인]

【당사자】

> [원고(선정당사자), 상고인 겸 피상고인] 원고 1 외 2 인
>
> [피고, 피상고인 겸 상고인] 잠실 5 단지 주택재건축정비사업조합설립 추진위원회
>
> [피고보조참가인] 삼성물산 주식회사외 2 인

1. 확인의 소의 적법요건

확인의 소에 있어서 확인의 이익은 그 대상인 법률관계에 관하여 당사자 사이에 분쟁이 있고, 그로 인하여 원고의 법적 지위가 불안·위험할 때에 그 불안·위험을 제거함에 확인판결로 판단하는 것이 가장 유효·적절한 수단인 경우에 인정된다(대법원 1994. 11. 22. 선고 93 다 40089 판결, 대법원 2005. 12. 22. 선고 2003 다 55059 판결 등 참조).

2. 원심판결의 정당함 (상고기각)

원심판결 이유에 의하면 원심은, 피고의 추진위원들이 2004. 4. 29. 소외 회사를 정비사업전문관리업자로 선정하는 결의를 하였다고 하더라도, 이는 피고의 내부적인 의사결정에 불과하여 그로 인하여 피고의 사업구역 내 토지 등 소유자인 원고들의 권리나 법률상의 지위에 현존하는 불안 또는 위험이 야기되었다고 볼 수 없고,

원고들로서는 위 선정결의 이후에 피고가 2005. 3. 28.자로 소외 회사와 체결한 선정계약(이

하 '이 사건 선정계약'이라고 한다)에 대하여 주민총회 결의 부존재확인 등을 구하는 것으로 충분하다는 이유로, 2004. 4. 29.자 선정결의에 대한 주민동의 부존재확인청구와 주민총회결의 부존재확인청구는 모두 확인의 이익이 없어 부적법하다고 보았는바, 위 법리에 비추어 보면 원심의 위와 같은 판단은 옳고, 거기에 확인의 이익에 관한 법리를 오해한 위법이 없다.

B. [같은 판례] 도시정비법 시행 전에 활동하던 '종전조합'이 시공자 선정결의를 하고 도급계약을 체결한 경우, 토지등소유자인 원고들은 이후 도시정비법에 따라 설립된 추진위원회(피고)를 상대로 위 도급계약의 무효확인 또는 도급계약에 따른 피고의 채무부존재 확인을 구할 법률상 이익 없어 —대법원 2010.02.25. 선고 2009 다 93299 판결[재건축설립추진위원회결의무효확인]

1. 원심이 인정한 사실

원심판결 이유에 의하면 원심은, 도시 및 주거환경정비법(이하 '도정법'이라고만 한다)이 제정되기 이전인 2000. 8. 27. 당시 잠실5단지아파트 재건축조합(이하 종전 조합 이라고 한다)이 창립총회를 개최하여 피고보조참가인들을 재건축사업의 시공사로 선정하는 결의를 하고, 종전 조합은 2001. 6. 22. 피고보조참가인들과 위 재건축사업에 관한 도급계약(이하 이 사건 도급계약 이라고 한다)을 체결하였음을 인정한 후,

2. 원심판결의 정당함 (상고기각)

원고들은 종전 조합이 피고보조참가인들과 체결한 이 사건 도급계약의 효력이 피고에게 미치는지 여부에 대하여 일정한 이해관계를 가지고 있다고 할 것이나, 이러한 이해관계는 단순히 일반적이고 사실적인 것에 불과할 뿐 구체적인 법률상의 이익에는 해당하지 아니하고, 원고들로서는 직접 피고를 상대로 이 사건 도급계약의 무효 및 이 사건 도급계약에 따른 피고의 채무부존재를 주장할 수 없다고 판단하였는바, 앞서 본 법리에 비추어 보면 원심의 위와 같은 판단도 옳고, 거기에 확인의 이익에 관한 법리를 오해한 위법이 없다.

VI.「서울시 공공지원 정비사업전문관리업자 선정기준」

A. 「선정기준」 개요

> 서울시 공공지원 정비사업에서 공공지원자 또는 추진위원회등(추진위원회와 조합총회를 말한다)이 정비사업전문관리업자를 선정하는 경우에는 「공공지원 정비사업전문관리업자 선정기준」(서울특별시 2018. 8. 9. 고시 제 2018-249 호. 이하 '선정기준')에 따라야 한다. 추진위원회등이 선정기준을 위반하여 정비업자를 선정한 경우 공공지원자는 인·허가 등의 취소 등 필요한 조치를 할 수 있다(선정기준 제 22 조 제 4 항).

선정기준의 주요 내용은 아래와 같다.

(1) 선정절차(주민총회 의결): ① 정비사업전문관리업자는 주민총회의 의결을 거쳐 선정한다. ② 추진위원회를 구성하지 않고 조합을 설립하는 경우에는 창립총회 또는 조합설립인가이후 최초 총회의 의결을 거쳐 선정한다.(선정기준 제 4 조 제 1 항.)

(2) 심사기준: 정비사업전문관리업자의 선정을 위한 심사기준은 '자격심사–I'(객관적 심사기준) 또는 '자격심사–II'(객관적 심사 및 주관적 심사기준) 중에서 선택한다(선정기준 제 5 조 제 1 항). 추진위원회등은 추진위원회 또는 대의원회의 의결을 거쳐 공공지원자에게 자격심사를 위탁할 수 있으며(제 2 항), '자격심사–II'를 선택한 경우에는 반드시 공공지원자에게 자격심사를 위탁하여야 한다(제 3 항).

「계약업무 처리기준」 제 19 조 제 2 항이 규정하는 선정방식(최저가방식, 적격심사방식, 제안서평가방식)은 정비사업전문관리업자 선정에는 적용되지 않는다(선정기준 제 18 조).

(3) 일반입찰: 정비사업전문관리업자의 선정은 일반경쟁입찰·지명경쟁입찰 또는 수의계약에 의한다. 다만, 지명경쟁입찰과 수의계약은 법 제 24 조 제 1 항 각호(지명경쟁은 1 호, 수의계약은 2 호)에 해당하는 경우만 할 수 있다(선정기준 제 6 조; 계약업무기준 제 6 조).

한편 지명경쟁입찰을 하는 경우에는 a) 지명대상자에 공공지원자 지원용역을 수행한 정비사업전문관리업자를 반드시 포함하여야 하고, b) 추진위원회 또는 대의원회 의결을 거쳐야 한다(선정기준 제 7 조).

☞ "지명경쟁입찰"이란 입찰의 목적·규모 등에 비추어 적합하다고 인정되는 '특정 다수'의 입찰참가자를 지명하여 그 특정다수 업자에게만 입찰 참가자격을 주는 입찰을 말한다.

(4) 전자입찰: 추정가격이 2 억원을 초과하는 경우에는 전자입찰(나라장터, 누리장터)에 의한다(선정기준 제 6 조; 계약업무기준 제 3 장; 영 제 24 조 제 2 항 제 4 호).

(5) 현장설명회: 입찰일로부터 10 일 이전에 현장설명회를 개최하여야 하며, 현장설명회에 참가한 업자만 입찰에 참여할 수 있다(선정기준 제 9 조).

(6) 총회 상정: 추진위원회등은 추진위원회 또는 대의원회 의결을 거쳐 상위 4 인 이상의 정비사업전문관리업자를 선정하여 총회에 상정하고(4 인 미만인 경우는 모두 상정), 입찰참가 업자의 평가결과 비교표를 토지등소유자에게 제시하여야 한다(선정기준 제 15 조).

(7) 계약 체결: 추진위원회등은 총회에서 선정된 정비사업전문관리업자와 「공공지원자 지원용역 협상에 의한 계약체결기준[별표 3]에 따른 협의를 한 후 계약을 체결하고 그 결과를 종합정보관리시스템("서울특별시 정비사업 정보몽땅")에 공개하여야 한다(선정기준 제 17 조).

(8) 사업관리자의 배치: 선정된 정비사업전문관리업자는 입찰서에 기재한 책임사업관리자와 보조사업관리자를 사업장에 배치하여야 한다(선정기준 제 21 조 제 1 항).

☞ '선정기준' 전문과 부속서류 일체(자격심사기준 Ⅰ, Ⅱ, 계약체결기준, 평가결과 비교표, 입찰참가신청서, 자기평가서 등)를 서울정보소통광장에서 볼 수 있다.
https://opengov.seoul.go.kr/sanction/15868257

B. 총칙

1. 정비사업전문관리업자 선정기준 제 1 조(목적)

이 기준은 「도시 및 주거환경정비법」(이하 "법"이라 한다)제 118 조 및 「서울특별시 도시 및 주거환경 정비조례」(이하 "조례"라 한다) 제 73 조에 따른 공공지원 정비사업에서 공공지원자, 추진위원회 또는 조합의 정비사업전문관리업자 선정에 관한 필요한 사항을 규정함을 목적으로 한다.

2. 정비사업전문관리업자 선정기준 제 2 조(용어의 정의)

이 기준에서 사용하는 용어의 정의는 다음과 같다.

1. "정비사업전문관리업자"라 함은 법 제 102 조제 1 항에 따른 정비사업전문관리업등록업자 및 같은법 시행령 제 81 조제 3 항에서 정하는 기관을 말한다.

2. "책임사업관리자"라 함은 법 제 102 조제 1 항에 따른 시.도지사에게 기술인력으로 등록된 자를 말한다.

3. "보조사업관리자"라 함은 공공지원 정비사업을 현장에서 보조할 자로서 정비사업전문관리업체에 근무하는 자 중 해당 사업분야 업무수행자를 말한다.

4. "자격심사–Ⅰ"이라 함은 공공지원자 또는 추진위원회등이 공공지원 정비사업의 규모 등을 고려한 객관적 심사기준을 말한다.

5. "자격심사–Ⅱ라 함은 공공지원자 또는 추진위원회등이 공공지원 정비사업의 규모 등을 고려한 객관적 심사 및 주관적 심사기준을 말한다.

6. "총회"라 함은 법 제 44 조에 따른 총회(☞ 조합총회)와 '정비사업 조합설립추진위원회 운영규정'에 의한 주민총회를 말한다.

7. "추진위원회등"이라 함은 공공지원 정비사업의 조합설립추진위원회 또는 조합을 말한다.

> 8. "전자입찰"이라 함은 「전자조달의 이용 및 촉진에 관한 법률」 제2조제4호에 따른 국가종합전자조달시스템인 "나라장터" 및 "누리장터"를 이용하여 입찰하는 계약을 말한다.

3. 정비사업전문관리업자 선정기준 제3조(다른 법률과의 관계)

> ① 이 기준에 정하지 않은 사항은 법 제29조, 같은법 시행령 제24조, 「정비사업 계약업무 처리기준」(이하 "계약업무 처리기준"이라 한다)에 정하는 바에 따른다.
>
> ② 이 기준이 법령 개정으로 변경되어야 할 경우 기준의 개정절차와 관계없이 변경되는 것으로 본다. 다만, 관계법령의 내용이 임의규정인 경우에는 그러하지 아니하다.

C. 제2장 선정의 방법

1. 정비사업전문관리업자 선정기준 제4조(공공지원자가 선정한 정비사업전문관리업자의 선정 방법)

> ① 추진위원회가 법 제118조제5항에 따라 정비사업전문관리업자를 선정하고자 하는 경우에는 주민총회(법 제31조제4항 전단에 따라 추진위원회를 구성하지 아니하고 조합을 설립하는 경우에는 창립총회 또는 조합설립인가이후 최초 총회)의 의결을 거쳐 선정하여야 한다.
>
> ② (생략)

2. 정비사업전문관리업자 선정기준 제5조(정비사업전문관리업자의 심사 등)

> 정비사업전문관리업자 심사기준은 '자격심사기준 -Ⅰ'〔별표 1〕 또는 '자격심사기준 -Ⅱ' 〔별표 2〕를 선택하여 사용한다.
>
> ① 공공지원자(위탁관리자를 포함한다. 이하 같다) 또는 추진위원회등은 공공지원 정비사업의 규모, 여건 등을 고려하여 자격심사-Ⅰ 또는 Ⅱ 중에서 선택하여 정비사업전문관리업자를 심사한다.
>
> ② 공공지원자 또는 추진위원회등은 제1항의 자격심사-Ⅰ에 따라 정비사업전문 관리업자를 심사하고자 할 경우에는 [별표 1]에 따른다. 다만, 추진위원회등은 추진위원회 또는 대의원회의 의결을 거쳐 공공지원자에게 자격심사를 위탁할 수 있다.
>
> ③ 공공지원자 또는 추진위원회등은 제1항의 자격심사-Ⅱ에 따라 정비사업전문 관리업자를 심사하고자 할 경우에는 [별표 2]에 따른다. 다만, 추진위원회등은 공공지원자에게 자격심사를 위탁하여야 한다. 이 경우 소요비용은 추진위원회등의 부담으로 하며, 추진위원장 또는 조합장 등 대표자는 심사위원으로 참여할 수 있다.

VI. 「서울시 공공지원 정비사업전문관리업자 선정기준」

④ 추진위원회등은 심사결과를 조례 제 69 조제 1 항에 따른 당해 정비사업관리시스템에 게재하여 토지등소유자 등에게 공개하여야 한다.

☞ [별표 1] 공공지원 정비사업전문관리업자 자격심사기준 - I

① 공공지원자는 입찰참여자에 대해 객관적평가(업체현황평가+가격평가)를 실시하여 평가점수가 높은 업체를 계약 적격대상자로 선정함

② 추진위원회등은 입찰참여자에 대해 객관적평가(업체현황평가+가격평가)를 실시하여 평가점수가 높은 업체를 총회 상정업체로 선정함

☞ [별표 2] 공공지원 정비사업전문관리업자 자격심사기준 - II

① 공공지원자는 객관적 평가(업체평가 20 점+가격평가 20 점)와 주관적 평가(기술제안서 평가 60 점)를 합산하여 80 점 이상인자를 협상적격자로 선정하고 고득점 순으로 협상순위를 결정함. 단, 80 점 이상인 업체가 3 개 업체 미만인 경우 상위 3 위(60 점 미만인 업체는 제외)까지로 함.

② 추진위원회등이 업체평가를 위탁할 경우 공공지원자는 객관적 평가(업체평가 20 점+가격평가 20 점)와 주관적 평가(기술제안서 평가 60 점)를 합산한 평가결과를 추진위원회에 통보하며, 추진위원회는 고득점 순으로 상위 2 인 이상을 총회에 상정함

3. 정비사업전문관리업자 선정기준 제 6 조(입찰의 방법)

공공지원자 또는 추진위원회등은 정비사업전문관리업자를 선정하고자 할 때에는 「계약업무 처리기준」 제 6 조(☞ 일반경쟁입찰, 지명경쟁, 수의계약) 및 제 3 장(☞ 전자입찰)에 의한 방법으로 선정하여야 한다.

4. 정비사업전문관리업자 선정기준 제 7 조(지명경쟁에 의한 입찰)

추진위원회등은 「계약업무 처리기준」 제 7 조(☞ 지명경쟁에 의한 입찰)에 의한 입찰대상자를 지명하고자 하는 경우에는 a) 공공지원자 지원용역을 수행한 정비사업전문관리업자를 포함하여 b) 추진위원회 또는 대의원회 의결을 거쳐야 한다

5. 정비사업전문관리업자 선정기준 제 8 조(입찰공고 등)

① 공공지원자가 정비사업전문관리업자 선정을 위하여 입찰을 하고자 할 때에는「지방자치단체를 당사자로 하는 계약에 관한 법률」의 입찰공고 규정을 준용한다.

② 추진위원회등이 정비사업전문관리업자 선정을 위하여 입찰을 하고자 할 때에는 현장설명회 개최일로부터 7 일 전까지 전자조달시스템 및 1 회 이상 전국 또는 서울특별시를

주된 보급지역으로 하는 일간신문에 공고하고 e-조합시스템 및 클린업시스템을 통하여 공개하여야 한다.

③ 지명경쟁 입찰의 경우에는 현장설명회 개최일로부터 7일 전에 등기우편으로 입찰대상자에게 발송하고 e-조합시스템 및 클린업시스템을 통하여 공개하여야 하며, 반송된 경우에는 반송된 다음날에 1회 등기우편으로 재발송하여야 한다.

6. 정비사업전문관리업자 선정기준 제9조(현장설명회)

① 공공지원자 또는 추진위원회등은 입찰일로부터 10일 이전에 현장설명회를 개최하여야 한다.

③ 공공지원자 또는 추진위원회등은 정비사업전문관리업자가 현장설명회에 참가한 경우에만 입찰에 참여할 수 있도록 하여야 한다. 다만, 공동참여의 경우에는 1개 업체가 참여할 수 있다.

7. 정비사업전문관리업자 선정기준 제10조(부정당업자의 입찰 참가자격 제한)

내용 생략

8. 정비사업전문관리업자 선정기준 제11조(입찰보증금)

① 추진위원회등은 「계약업무 처리기준」 제6조에 따른 입찰시 입찰에 참여한 정비사업전문관리업자에게 입찰보증금을 미리 납입하게 할 수 있다.

② 제1항에 따른 입찰보증금은 입찰금액의 100분의 5 이내에서 「지방자치단체를 당사자로 하는 계약에 관한 법률 시행령」 제37조제2항 각 호의 보증서로 납부하게 하여야 한다. 이 경우 보증기간은 입찰서 접수일로부터 120일 이상으로 한다.

9. 정비사업전문관리업자 선정기준 제12조(입찰보증금의 예입조치)

① 추진위원회등은 다음 각 호의 어느 하나에 해당하는 경우에는 입찰보증금을 해당 추진위원회등에 귀속시킬 수 있다. 이 경우 추진위원회등은 미리 그 뜻을 정비사업전문관리업자에게 통지하여야 한다.

  1. 입찰참여자가 정당한 사유 없이 입찰을 취소 또는 철회하는 경우

  2. 입찰신청서류가 거짓 또는 부정한 방법으로 작성되어 입찰이 무효되거나, 업체선정이 무효된 경우

  3. 정비사업전문관리업자가 홍보를 목적으로 토지등소유자에게 사은품등 물품.금품.재산상의 이익 및 향응 등을 제공하거나, 제공을 약속하여 업체선정이 무효된 경우

> 4. 총회에서 선정된 정비사업전문관리업자가 총회 개최일로부터 <u>3 개월 이내에 정당한 사유 없이 계약을 체결하지 아니하는 경우</u>
>
> ② 추진위원회등은 <u>다음 각 호에 따라</u> 입찰참여자에게 입찰보증금을 환급하여야 한다.
>
> 1. 총회상정 업체선정에서 제외된 입찰참여자: 추진위원회 또는 대의원회 개최일로부터 <u>14 일 이내</u>
>
> 2. 총회에서 선정되지 않은 입찰참여자: 총회 개최일로부터 <u>14 일 이내</u>
>
> 3. 총회에서 선정된 입찰참여자: 계약일로부터 <u>14 일 이내</u>

10. 정비사업전문관리업자 선정기준 제 13 조(입찰서의 접수 및 개봉) (내용 생략)

11. 정비사업전문관리업자 선정기준 제 14 조(정비사업전문관리업자의 홍보)

> ① 「계약업무 처리기준」 제 14 조 제 1 항에 의한 <u>인터넷은 e-조합시스템 및 클린업시스템</u>을 말한다. ☞ 종합정보관리시스템("서울특별시 정비사업 정보몽땅")을 말함.
>
> ☞ 계약업무기준 제 14 조(입찰참여자의 홍보 등)
>
> ① 사업시행자등은 입찰에 참여한 설계업자, 정비사업전문관리업자 등을 선정하고자 할 때에는 이를 토지등소유자(조합이 설립된 경우에는 조합원을 말한다. 이하 같다)가 쉽게 접할 수 있는 일정한 장소의 게시판에 7 일 이상 공고하고 <u>인터넷 등에 병행하여 공개</u>하여야 한다.
>
> ② 추진위원회등에서 <u>합동홍보 설명회를 개최하지 않을 경우</u> 총회에 상정된 정비사업전문관리업자와 협의를 거쳐 총회개최 7 일전까지 토지등소유자에게 <u>합동홍보물을 통지</u>할 수 있다.

12. 정비사업전문관리업자 선정기준 제 15 조(총회상정 정비사업전문관리업자의 선정)

> ① 추진위원회등은 추진위원회 또는 대의원회 의결을 거쳐 입찰에 참가한 자 중에서 자격심사 기준에 따라 <u>총회에 상정할 상위</u> 4 인 이상 의 정비사업전문관리업자를 <u>선정</u>하여야 한다. 다만, 입찰에 참가한 정비사업전문관리업자가 <u>4 인 미만인 때에는 모두 총회에 상정</u>하여야 한다.
>
> ② 추진위원회등은 제 1 항에 따라 정비사업전문관리업자를 선정한 경우에는 총회에 상정하여야 한다. 이 경우 정비사업전문관리업자의 평가결과 비교표 [별지 1 호 서식]를 <u>토지등소유자에게 제시</u>하여야 한다.

13. 정비사업전문관리업자 선정기준 제 16 조(입찰 무효 등)

> ① 공공지원자 또는 추진위원회등은 입찰신청서류가 거짓 또는 부정한 방법으로 작성된 것으로 판명된 때에는 정비사업전문관리업자 선정 또는 계약을 취소하여야 한다.

D. 제 3 장 계약 체결

1. 정비사업전문관리업자 선정기준 제 17 조(계약의 체결)

> ① 공공지원자는 제 5 조의 자격심사기준에 따라 선정된 정비사업전문관리업자와 계약을 체결 하고자 하는 경우에는 [별표 3](☞ 공공지원자 지원용역 협상에 의한 계약체결기준)을 따른다.
>
> ② 추진위원회등은 총회에서 선정된 정비사업전문관리업자와 그 업무범위 및 관련 사업비의 부담 등 사업시행 전반에 대한 내용을 협의한 후 계약을 체결하고 그 결과를 e-조합시스템 및 클린업시스템에 공개하여야 한다.

2. 정비사업전문관리업자 선정기준 제 18 조(전자입찰의 방법)

> 「계약업무 처리기준」 제 19 조제 2 항[☞ 최저가방식, 적격심사방식, 제안서평가방식]에도 불구하고 제 5 조에 의한 자격심사 기준으로 선정하여야 한다.

E. 제 4 장 보칙

1. 정비사업전문관리업자 선정기준 제 21 조(책임 또는 보조사업관리자의 배치)

> ① 정비사업전문관리업자는 「계약업무 처리기준」 제 13 조 및 제 22 조에 따라 제출된 입찰서의 책임 또는 보조사업관리자를 공공지원 정비사업에 배치하여야 한다. 이 경우 공동참여는 참여비율이 높은 업체에서 책임사업관리자를 배치하여야 한다.
>
> ② 제 1 항에 따른 책임사업관리자는 공공지원 정비사업에서 수행중인 용역 중 관리처분계획인가를 기준으로 3 건을 초과하여 다른 공공지원 정비사업의 책임사업관리자로 중복하여 배치할 수 없다.
>
> ③ ④ (생략)

2. 정비사업전문관리업자 선정기준 제 22 조(자료제출 등)

> ① 추진위원회 위원장 또는 조합장은 정비사업전문관리업자 선정에 관하여 다음 각 호에 따라 관련 자료를 공공지원자에게 제출하여야 한다.

> 1. 정비사업전문관리업자 선정계획은 추진위원회 또는 조합의 대의원회 소집 공고 전
>
> 2. 입찰 공고는 관련 기관에 공고 의뢰 전(지명경쟁입찰은 등기우편발송)
>
> 3. 추진위원회·주민총회·조합총회 및 조합의 이사회.대의원회개최는 소집 공고 전에, 그 결과는 개최 후 지체 없이
>
> 4. 현장설명회, 자격심사 및 계약은 그 행위가 있은 후 지체 없이
>
> ② 추진위원회위원장 또는 조합장은 제1항제1호, 제3호는 주민총회·조합총회의 소집 공고 전, 제4호의 적격심사 결과에 대하여는 공공지원자의 사전검토를 받아야 한다.
>
> ③ 공공지원자는 제2항의 검토결과를 3 근무일 이내에 회신하여야 한다. 다만, 제출한 자료가 미비한 경우 처리기한을 연장할 수 있다
>
> ④ 공공지원자는 추진위원회등이 이 기준에 따라 정비사업전문관리업자를 선정하지 않는 경우에는 법 제113조에 의거 인·허가 등 그 처분의 취소 등 필요한 조치를 할 수 있다.

F. 부칙

> **제1조(시행일)** 이 기준은 고시한 날부터 시행한다.
>
> **제2조(경과조치)** 이 기준 시행일 이전의 종전 선정기준 제9조에 따라 입찰공고 한 추진위원회등은 종전의 선정기준에 따라 정비사업전문관리업자를 선정할 수 있다.

VII. 공공지원 설계자 선정기준

> 서울특별시 고시 2018. 8. 9. 제 2018-247 호

1. 설계자 선정기준 제2조(용어의 정의)

> 이 기준에서 사용하는 용어의 정의는 다음과 같다.
>
> 3. "적격심사"라 함은 입찰자의 사업수행능력, 입찰가격 등을 종합적으로 고려하여 그 우열을 심사.결정하는 방법 및 절차 등을 말한다.
>
> 4. "설계공모"라 함은 다수의 설계자로부터 각각의 설계안을 제출받아 그 우열을 심사.결정하는 방법 및 절차 등을 말한다.
>
> 5. "총회"라 함은 법 제44조에 따른 총회와 '정비사업 조합설립추진위원회 운영규정(이하 '운영규정'이라 한다)에 의한 주민총회를 말한다.

6. "추진위원회등"이라 함은 공공지원 정비사업의 조합설립추진위원회 또는 조합을 말한다.

7. "정관등"이라 함은 운영규정 또는 조합정관을 말한다.

8. "전자입찰"이라 함은 「전자조달의 이용 및 촉진에 관한 법률」 제2조제4호에 따른 국가종합전자조달시스템인 "누리장터"를 이용하여 입찰하는 계약을 말한다.

2. 설계자 선정기준 제4조(설계자의 선정방법)

☞ 설계자 선정방법은 추진위원회 또는 조합 대의원회의 의결로 '적격심사'와 '설계공모' 중 하나를 선택할 수 있다.

① 추진위원회등은 적격심사 또는 설계공모 중 하나를 설계자 선정방법으로 추진위원회 또는 대의원회의 의결로 선택할 수 있다.

② 추진위원회등은 입찰에 참여한 업체 중에서 총회에 상정할 상위 4인 이상을 추진위원회 또는 대의원회 의결을 거쳐 결정하여야 한다. 다만, 입찰에 참가한 설계자가 4인 미만인 때에는 모두 총회에 상정하여야 한다.

③ 추진위원회등은 제2항에 따른 설계자 선정을 총회에서 의결하며, 총회에 상정할 입찰참여업체의 선정방법 및 절차 등은 [별표 1]의 「설계자 적격심사 기준」 또는 [별표 2]의 「설계공모 운영기준」에 따른다.

④ 추진위원회등은 추진위원회·대의원회 또는 총회소집 시 회의에 상정할 입찰참여업체의 평가결과비교표(별표 1의 별지 1호 서식)를 토지등소유자 또는 조합원에게 통지하여야 한다.

⑤ 추진위원회등은 제3항의 업무를 추진위원회 또는 대의원회의 의결을 거쳐 공공지원자 또는 건축사협회 등 전문기관에 위탁(이 경우 추진위원회등은 공공지원자 또는 건축사협회 등으로 본다. 이하 같다)할 수 있으며, 이 경우 소요비용은 추진위원회등이 부담한다.

⑥ 추진위원회등은 총회 의결을 거쳐 서울특별시장(이하 "시장"이라 한다)에게 설계자 선정을 요청할 수 있으며, 이 경우 시장은 국토교통부의 「건축 설계공모 운영지침」 등을 준용하여 총회에 상정할 설계자를 결정하여 추진위원회등에 통보한다.

⑦ 추진위원회등은 설계자선정에 관한 자료를 해당되는 날부터 지체 없이 클린업시스템과 그 밖의 방법을 병행하여 공개하여야 한다.

VII. 공공지원 설계자 선정기준

3. 설계자 선정기준 제 5 조(입찰방법)

추진위원회등은 설계자를 선정하고자 할 때에는 「계약업무 처리기준」 제 6 조[일반경쟁입찰, 지명경쟁, 수의계약] 및 제 3 장[전자입찰]에 의한 방법으로 선정하여야 한다.

4. 설계자 선정기준 제 6 조(지명경쟁에 의한 입찰)

추진위원회등은 「계약업무 처리기준」 제 7 조에 의한 입찰대상자를 지명하고자 하는 경우에는 추진위원회 또는 대의원회 의결을 거쳐야 한다.

5. 설계자 선정기준 제 7 조(입찰공고 등)

① 추진위원회등이 설계자 선정을 위하여 입찰을 하고자 할 때에는 현장설명회 개최일 7 일전까지 a) 전자조달시스템 및 b) 1 회 이상 전국 또는 서울특별시를 주된 보급지역으로 하는 일간신문에 공고하고 c) e-조합시스템 및 클린업시스템을 통하여 공개하여야 한다.

② 지명경쟁에 의한 입찰의 경우에는 현장설명회 개최일로부터 7 일 전에 클린업시스템에 공개하고, 입찰대상자에게 등기우편으로 발송하여야 한다. 다만, 등기우편이 반송된 경우 반송된 다음 날에 같은 방법으로 1 회 재발송하여야 한다.

6. 설계자 선정기준 제 8 조(현장설명회)

① 추진위원회등은 입찰일로부터 10 일 전에 현장설명회를 개최하여야 하며, 현장설명에는 다음 각 호의 사항이 포함되어야 한다. 다만, 정비구역지정 전에 승인된 추진위원회는 제 1 호의 정비계획도서를 정비기본 계획도서로 본다.

1. 정비계획도서
2. 입찰서 작성방법·제출서류·접수방법 및 입찰유의사항 등
3. 설계자 선정방법
4. 계약에 관한 사항
5. 기타 입찰에 관하여 필요한 사항

② 추진위원회등은 설계자가 현장설명회에 참가한 경우에만 입찰에 참여할 수 있도록 하여야 한다. 다만, 공동참여의 경우에는 1 개 업체만 참여할 수 있다.

7. 설계자 선정기준 제 10 조(입찰보증금)

① 추진위원회등은 「계약업무 처리기준」 제 6 조에 따른 입찰시 입찰에 참여하는 자에게 입찰보증금을 미리 납입하게 할 수 있다.

② 추진위원회등은 제 1 항에 따른 입찰보증금을 납입하게 할 경우에는 입찰금액의 100분의 5 이내에서 「지방자치단체를 당사자로 하는 계약에 관한 법률시행령」 제 37 조제 2 항 각 호의 보증서로 납부하게 하여야 한다. 이 경우 보증기간은 입찰서 접수일로부터 120 일 이상으로 한다.

8. 설계자 선정기준 제 11 조(입찰보증금의 예입조치)

① 추진위원회등은 다음 각 호의 어느 하나에 해당하는 경우 입찰보증금을 해당 추진위원회등에 귀속시킬 수 있다. 이 경우 추진위원회등은 미리 그 뜻을 해당 입찰참여자에게 통지하여야 한다.

 1. 총회에서 선정된 자가 총회 개최일부터 3 월 이내에 정당한 사유 없이 계약을 체결하지 아니하는 경우

 2. 입찰참여자가 정당한 사유 없이 제 14 조제 2 항에 의한 입찰서 개봉 전에 입찰을 취소 또는 철회하는 등 입찰을 방해하여 입찰이 무효화 한 경우

 3. 입찰신청서류가 거짓 또는 부정한 방법으로 작성되어 낙찰자선정 또는 계약이 취소된 경우

② 추진위원회등은 다음 각 호에 따라 해당 입찰참여자에게 입찰보증금을 환급하여야 한다.

 1. 총회 상정할 업체 결정에서 제외된 입찰참여자 : 추진위원회 또는 대의원회 개최일부터 14 일 이내

 2. 총회에서 선정된 입찰참여자 : 계약일부터 14 일 이내

 3. 제 1 호와 제 2 호 외의 입찰참여자 : 총회 개최일부터 14 일 이내

9. 설계자 선정기준 제 13 조(입찰의 무효 등)

추진위원회등은 입찰신청서류가 거짓 또는 부정한 방법으로 작성된 것으로 판명된 때에는 설계자 선정 또는 계약을 취소하여야 한다.

VII. 공공지원 설계자 선정기준

10. 설계자 선정기준 제 14 조(계약의 체결)

추진위원회등은 총회에서 선정된 설계자와 그 업무범위 및 용역비의 부담 등 사업시행 전반에 대한 내용을 협의한 후 계약을 체결하고 그 결과를 e-조합시스템 및 클린업시스템을 통해 공개하여야 한다.

11. 설계자 선정기준 제 15 조(설계자의 업무범위)

① 설계자는 국토교통부에서 고시하는 「주택의 설계도서 작성기준」을 준용하여 설계도서를 작성하여야 한다.

☞ 「주택의 설계도서 작성기준」 제 3 조(용어의 정의)

1. "설계도서"라 함은 설계도면·시방서·구조계산서·수량산출서 및 품질관리계획서를 말한다. [국토교통부고시 제 2022-329 호, 2022. 6. 20. 시행]

② 설계자는 제 1 항외에 다음 각 호의 업무를 수행하여야 한다.

1. 설계도서 작성을 위한 기초조사(지반조사, 현황측량)
2. 일조분석, 경관분석 및 예정공사비(산출내역서 포함) 산정 등 과업내용서의 업무
3. 각종 영향평가 등 업무협의

12. 설계자 선정기준 제 16 조(전자입찰의 방법)

추진위원회등은 「계약업무 처리기준」 제 19 조제 2 항에도 불구하고 제 4 조제 1 항에 의한 적격심사 또는 설계공모의 방법으로 선정하여야 한다.

13. 설계자 선정기준 제 18 조(자료제출 등)

① 추진위원회위원장 또는 조합장은 설계자선정에 관하여 다음 각 호 규정의 시기에 관련자료를 공공지원자에게 제출하여야 한다.

1. 설계자 선정계획은 추진위원회 또는 조합의 대의원회 소집 공고 전
2. 입찰공고는 관련 기관에 공고의뢰 전(지명경쟁입찰의 경우 등기우편 발송)
3. 추진위원회.주민총회.조합총회 및 조합의 이사회.대의원회개최는 소집공고 전에, 그 결과는 개최 후 지체 없이
4. 현장설명회, 적격심사, 설계경기 및 계약은 그 행위가 있은 후 지체 없이

> ② 추진위원회위원장 또는 조합장은 제1항제1호, 제3호는 주민총회·조합총회의 소집공고 전, 제4호의 적격심사·설계공모 결과에 대하여는 공공지원자의 사전 검토를 받아야 한다.
>
> ③ 공공지원자는 제2항의 검토결과를 3근무일 이내에 회신하여야 한다. 다만, 제출한 자료가 미비한 경우 처리기한을 연장할 수 있다.
>
> ④ 공공지원자는 추진위원회등이 이 기준에 따라 설계자를 선정하지 않는 경우에는 법 제113조에 의거 인·허가 등 그 처분의 취소 등 필요한 조치를 할 수 있다.

14. 설계자 선정기준 부칙

> **제1조(시행일)** 이 기준은 고시한 날부터 시행한다.
>
> **제2조(경과조치)** 기준 시행일 이전의 종전 선정기준 제10조에 따라 입찰공고 한 추진위원회등은 종전 규정에 따라 설계자를 선정할 수 있다.

제7절 창립총회

I. 창립총회의 소집 및 진행

A. 개요

1. 【해설】 정비구역 지정·고시 이후 창립총회 소집까지의 절차

> ① 정비구역 지정·고시 후 예비추진위원회 구성[공공지원자의 예비추진위원장·예비감사 선거관리 → 예비추진위원장의 예비추진위원 추천] → ② 운영규정 작성 → ③ 추진위원회구성 동의서 징구(토지등소유자 과반수 동의) → ④ 추진위원회 승인신청 → ⑤ 시장·군수등의 승인 → [⑥ 조합정관(안) 작성, 조합설립 동의서 징구, 정비업자·설계자 등 선정, 감정평가법인 선정(추정분담금 산정), 선거관리규정(안) 작성, 선거관리위원회 구성, 임원 입후보등록] → ⑦ 조합설립 동의율 충족 후 추진위원장이 창립총회 소집

2. 【해설】 창립총회의 개최시기 (동의율 충족 후 조합설립인가 신청 전)

> (1) 추진위원회(추진위원회를 구성하지 않은 경우에는 토지등소유자)는 A) 토지등소유자로부터 조합설립 동의를 받은 후 B) 조합설립인가를 신청하기 전에 창립총회를 개최하여야 한다(법 제32조 제3항; 영 제27조 제1항). 조합설립인가신청서에는 창립총회 회의록 및 창립총회참석자 연명부를 첨부하여야 한다(규칙 제8조 제2항).

I. 창립총회의 소집 및 진행

(2) 창립총회는 조합설립 동의를 받은 후에 개최하여야 하므로, 조합설립을 위한 법정 동의요건을 충족하기 전에는 창립총회를 소집할 수 없다. 조합설립동의율을 충족하기 전에 개최한 '창립총회'는 그 명칭 여하를 불문하고 도시정비법령에서 규정하는 창립총회가 아니며 재개발·재건축사업 진행을 위한 사업설명회 또는 주민설명회에 불과하다.

(3) 창립총회의 개최시기를 "동의를 받은 후 조합설립인가의 신청 전"으로 제한한 것은 2009. 8. 11. 대통령령 제 21679 호 제 22 조의 2 제 1 항으로 처음 신설된 조항이다. 이 규정은 2009. 8. 11. 후 최초로 창립총회를 소집요구하는 분부터 적용되었다(동 부칙 제 3 조).

그 전에는 창립총회 후에 조합설립동의서를 계속 받아서 동의율을 충족하여 조합설립인가신청을 할 수 있었다.

3. 【해설】 2009. 8. 6.까지는 창립총회가 조합설립을 위한 필수절차가 아니었음

(1) 조합설립인가 신청 전에 창립총회를 개최하여야 한다는 조항이 도시정비법에 처음 규정된 것은 2009. 2. 6. 개정법(법률 제 9444 호) 제 14 조 제 3 항이다(시행일: 2009. 8. 7.).

(2) 2009. 8. 6.까지는 "조합의 설립을 위한 창립총회의 개최"를 추진위원회 업무의 하나로 규정하고 있었을 뿐 창립총회 개최를 조합설립신청을 위한 필수 절차로 규정하지는 않았다. 따라서 2009. 8. 6.까지는 창립총회를 개최하지 않은 것은 조합설립행위의 하자가 아니었으며, 서면동의서만으로 동의율을 충족하여 조합설립인가를 신청할 수 있었다.

(3) 2009. 8. 7. 이후에는 추진위원회는 조합설립인가를 신청하기 전에 반드시 창립총회를 개최하여야 하며(구법 제 14 조 제 3 항; 전부개정법 제 32 조 제 3 항), 조합설립인가를 신청하기 전에 창립총회를 개최하지 않은 것은 조합설립 절차의 중대한 하자이다.

4. 【해설】 창립총회의 소집권자

(1) 창립총회는 ① 추진위원장(추진위원회를 구성하지 않은 경우에는 토지등소유자의 대표자)이 직권으로 소집하거나, 또는 ② 토지등소유자 5 분의 1 이상의 요구로 추진위원장이 소집한다. 토지등소유자 5 분의 1 이상의 소집요구가 있었음에도 불구하고 추진위원장이 2 주 이상 소집요구에 응하지 않는 경우에는 소집요구한 자의 대표가 창립총회를 소집할 수 있다(영 제 27 조 제 3 항).

(2) 위원장의 궐위 또는 유고시에는 위원장을 새로 선출한 후 창립총회를 개최하여야 한다. 직무대행자는 창립총회를 소집할 수 없다(국토교통부 유권해석).

(3) 감사는 어떤 경우에도 창립총회를 소집할 권한이 없다.

5. 【유권해석】 국토교통부 질의회신 2016. 12. 1. 주택정비과-6282

【질의】

추진위원회 위원장 <u>직무대행자가</u> 토지등소유자 5 분의 1 이상의 창립총회 개최 요구를 근거로 <u>창립총회를 개최할 수 있는지</u>

【회신】

「정비사업조합설립추진위원회 운영규정」 별표 제 18 조 제 3 항에 따르면 위원이 자의로 사임하거나 해임되는 경우에는 지체없이 새로운 위원을 선출하도록 하고 있으므로, <u>위원장을 새로 선출한 후 창립총회를 개최하여야</u> 할 것으로 판단됩니다.

6. 【해설】 창립총회의 진행 (의안 처리 순서)

창립총회의 안건은 다음과 같은 순서로 처리한다.

(1) 제 1 호 안건 추진위원회 업무보고: 추진위원회는 수행한 업무를 총회에 보고하여야 하고 그 업무와 관련된 권리·의무를 조합이 포괄승계하므로(법 제 34 조 제 3 항), 창립총회 제 1 호 안건으로는 '업무보고 및 승계의 건'을 처리한다.

(2) 제 2 호 안건 조합정관 제정(확정)의 건: '업무보고 및 승계의 건'을 처리한 후 조합업무에 관한 1 호 안건으로는 반드시 '조합정관 제정의 건'을 처리하여야 한다. 정관은 조합의 헌법으로서 조합규정의 제정, 조합임원·대의원 선임 기타 모든 단체행위의 효력과 정당성의 근거가 되는 근본규범이기 때문이다. 따라서 조합업무에 관한 다른 안건을 처리하기 전에 반드시 '조합정관 제정의 건'을 먼저 가결·선포하여야 한다. 정관제정의 건을 가결·선포하기 전에 다른 안건을 처리하면 그 후속안건에 대한 결의가 무효로 될 수 있다.

'조합정관 제정의 건'에 대한 결의가 무효로 되면 이후 모든 안건에 대한 결의가 연속적으로 무효로 될 수 있으므로, 정관제정의 건은 어떠한 하자도 발생하지 않도록 빈틈없이 처리하여야 한다.

(3) 조합 규정의 확정: 조합정관이 확정되면 업무관련규정들과 선거관리규정을 아래와 같은 순서로 확정한다.

① 행정업무규정의 확정

② 예산·회계규정의 확정

③ 선거관리규정의 확정

(4) 조합임원·대의원의 선임: 위와 같이 확정된 정관 및 규정에 따라 조합임원(조합장·이사·감사)과 대의원을 선출한다. 조합임원을 먼저 선임한 후 대의원을 선임한다.

I. 창립총회의 소집 및 진행

(이상 서울시 공공지원 관련규정 중 「조합설립 지원을 위한 업무기준」 제19조 참조.)

7. 【해설】 창립총회 결의의 하자를 다투는 소송의 관할과 피고적격

창립총회 결의의 하자를 다투는 소송은 추진위원회를 상대로 하여 민사소송으로 제기하여야 한다(대법원 2009. 9. 24.자 2009 마 168,169 결정 참조. 조합에 관한 판례).

8. 【법령】 전부개정 도시정비법 제32조(추진위원회의 기능)

③ 추진위원회는 제35조 제2항, 제3항 및 제5항에 따른 조합설립인가를 신청하기 전에 대통령령으로 정하는 방법 및 절차에 따라 조합설립을 위한 창립총회를 개최하여야 한다.

9. 【법령】 전부개정법 시행령 제27조(창립총회의 방법 및 절차 등)

① 추진위원회(법 제31조 제4항 전단에 따라 추진위원회를 구성하지 아니하는 경우에는 토지등소유자를 말한다)는 A) 법 제35조 제2항부터 제4항까지의 규정에 따른 동의를 받은 후 B) 조합설립인가를 신청하기 전에 법 제32조 제3항에 따라 창립총회를 개최하여야 한다.

② 추진위원회(법 제31조 제4항 전단에 따라 추진위원회를 구성하지 아니하는 경우에는 조합설립을 추진하는 토지등소유자의 대표자를 말한다)는 창립총회 14일 전까지 회의목적·안건·일시·장소·참석자격 및 구비사항 등을 a) 인터넷 홈페이지를 통하여 공개하고, b) 토지등소유자에게 등기우편으로 발송·통지하여야 한다.

③ 창립총회는 a) 추진위원장(법 제31조 제4항 전단에 따라 추진위원회를 구성하지 아니하는 경우에는 토지등소유자의 대표자를 말한다. 이하 이 조에서 같다)의 직권 또는 b) 토지등소유자 5분의 1 이상의 요구로 추진위원장이 소집한다. 다만, 토지등소유자 5분의 1 이상의 소집요구에도 불구하고 추진위원장이 2주 이상 소집요구에 응하지 아니하는 경우 소집요구한 자의 대표가 소집할 수 있다.

④ 창립총회에서는 다음 각 호의 업무를 처리한다.

  1. 조합 정관의 확정
  2. 법 제41조에 따른 조합의 임원(이하 "조합임원"이라 한다)의 선임
  3. 대의원의 선임
  4. 그 밖에 필요한 사항으로서 제2항에 따라 사전에 통지한 사항

⑤ 창립총회의 의사결정은 토지등소유자(재건축사업의 경우 조합설립에 동의한 토지등소유자로 한정한다)의 과반수 출석과 출석한 토지등소유자 과반수 찬성으로 결의한다.

> 다만, 조합임원 및 대의원의 선임은 제 4 항 제 1 호에 따라 확정된 정관에서 정하는 바에 따라 선출한다.
> ⑥ 법 제 118 조에 따라 공공지원 방식으로 시행하는 정비사업 중 법 제 31 조 제 4 항에 따라 추진위원회를 구성하지 아니하는 경우에는 제 1 항부터 제 5 항까지에서 규정한 사항 외에 제 26 조 제 2 호부터 제 4 호까지의 업무에 대한 절차 등에 필요한 사항을 시·도조례로 정할 수 있다.

B. [고등법원판례] 정비구역 내 토지등소유자 144 명 중 19 명을 제외한 125 명에게만 창립총회 개최를 등기우편으로 통지하고, 위 19 명 중 18 명은 추진위원회로부터 창립총회 책자를 직접 수령한 뒤 창립총회에 직접 출석하거나 서면결의를 통하여 의결권을 행사한 사안에서, 그와 같은 하자만으로는 창립총회 결의가 무효로 되지 않는다고 본 사례 —서울고등법원 2019. 7. 11. 선고 2018 누 66847 판결[조합설립인가취소] (상고기각: 심리불속행)

을가 제 1, 6 호증, 을나 제 1, 9 호증의 각 기재에 의하면, ① 이 사건 추진위원회는 2017. 2. 28. 이 사건 추진위원회의 구성 내지 조합 설립에 동의한 이 사건 정비구역 내 토지등소유자 144 명 중 CU, CV, CW, CP, CX, CY, CZ, O, BE, DA, R, DB, DC, DD, AZ, DE, DF, DG, DH(총 19 명)을 제외한 125 명에게만 2017. 3. 18.자 창립총회의 개최를 통지하는 등기우편을 발송한 사실, ② 위 19 명 중 O를 제외한 나머지 18 명은 2017. 2. 27.부터 2017. 3. 2.까지 사이에 이 사건 추진위원회로부터 창립총회책자를 직접 수령한 뒤 2017. 3. 18.자 창립총회에 직접 출석하거나 서면결의를 통하여 의결권을 행사한 사실을 인정할 수 있다.

위 인정사실에 의하면, 2017. 3. 18.자 창립총회에는 의결권자 일부에게 법령에서 정하는 방식의 통지를 누락한 절차상 하자가 있다.

그러나 ① 도시정비법령에서 토지등소유자에게 등기우편으로 회의사항을 통지하여야 한다고 규정한 취지가 법령에서 정한 기간 이전에 토지등소유자가 창립총회의 목적사항을 통지받아 이를 숙지하도록 하여 의결권의 행사를 보장하기 위한 것인 점, ② 등기우편 방식의 통지가 누락된 19 명 중 18 명은 법령에서 정한 기간인 14 일 이전에 창립총회 책자를 직접 수령하여 그 목적사항을 숙지할 충분한 시간을 가진 뒤 의결권을 행사하였으므로 위 18 명의 의결권의 적정한 행사가 방해되었다고 보기도 어려운 점 등을 고려하면, 위와 같은 하자만으로는 2018. 3. 18.자 창립총회의 결의가 무효로 된다고까지 볼 수는 없다.

C. [하급심판례] ① '조합원 10% 이상 직접 출석' 요건을 규정한 구법 제 24 조 제 5 항 단서는 창립총회에는 적용되지 않아(창립총회는 조합총회가 아니므로); ② 따라서 토지등소유자 10% 이상이 직접 출석하지 않은 창립총회에서 한 결의도 적법함 —수원지방법원 안양지원 2011. 8. 26. 자 2011 카합 127 결정[직무집행정지가처분]

I. 창립총회의 소집 및 진행

1. 신청인들의 주장

창립총회에는 도정법 제 24 조 제 5 항 단서, 정관 제 22 조 제 1 항에 따라 조합원의 100 분의 10 이상이 직접 출석하여야 하고, 결의 당시에도 위 요건은 유지되어야 함에도 불구하고, 조합원의 100 분의 10 이상이 출석하지 않은 상태에서 총회를 진행하여 개회를 선언하고 결의 방법을 결의하고 안건을 상정하여 심의절차를 마친 위법이 있고, 3, 4 차 아파트 이사 선임을 위한 결선 투표 당시에는 48 명만이 참석하여 위와 같은 요건을 충족하지 못한 위법이 있다.

2. 판단

먼저, 도정법 제 24 조 제 5 항 단서의 규정이 추진위원회의 단계에서 개최하는 창립총회에도 적용되는지 여부에 관하여 보건대, ① 창립총회는 추진위원회의 단계에서 개최하는 총회로서 도정법 제 14 조 제 3 항, 같은 법 시행령 제 22 조의 2 는 창립총회의 방법 및 절차를 상세히 하게 규정하고 있고, 특히 같은 조 제 5 항은 "조합원"이 아니라 "토지등소유자"의 수를 기준으로 창립총회의 의사·의결정족수를 구체적으로 규정하고 있는 점, ② 도정법 제 24 조 제 5 항은 조합원총회의 소집절차, 의결방법 등을 정관으로 정하도록 규정하면서 100 분의 10 이상이 직접 출석하여야 한다는 단서를 붙이고 있는데, 창립총회를 조합원총회와 같은 것으로 본다면 위와 같이 창립총회의 방법과 절차를 별도로 규정할 필요가 없음에도 도정법은 이를 별도로 규정하고 있는 점, ③ 도정법 시행령 제 22 조의 2 제 5 항은 "창립총회에서의 조합임원 및 대의원의 선임은 당해 총회에서 확정된 정관에서 정하는 바에 따라 선출한다"고 규정하면서 창립총회의 결의 중에서도 특별히 조합임원 및 대의원 선임에 관하여만 창립총회에서 확정된 정관을 적용하도록 규정하고 있는 점 등에 비추어 보면, 창립총회는 기본적으로 조합원총회와 성질을 달리한다고 할 것이므로, 특별한 사정이 없는 한 조합원총회에 적용되는 도정법 제 24 조 제 5 항을 창립총회에 바로 적용할 수는 없다고 할 것이다.

... 도정법 제 24 조 제 5 항 단서를 창립총회에 바로 적용할 수는 없다고 보는 이상, 도정법의 위 조항과 동일한 내용을 규정하고 있는 위 정관 규정도 창립총회에는 적용되지 않는다고 할 것이다. 따라서, 위 각 규정이 창립총회에 적용됨을 전제로 하는 선정인들의 주장은 더 나아가 살필 필요 없이 이유 없다.

II. 임원과 대의원의 선출

A. 개요

1. 【해설】 창립총회에서의 임원·대의원 선임 절차

> 조합임원(조합장·이사·감사)과 대의원의 선임은 창립총회 후에 할 수도 있으나 창립총회에서 하는 것이 일반적이다.
>
> 창립총회에서 임원·대의원을 선출하는 경우에는 ① 창립총회 개최 전에 미리 추진위원회 선거관리규정에 따라 선거관리위원회 구성, 후보자등록 등의 절차를 진행한 뒤 ② <u>창립총회에서 확정된 조합정관 및 조합선거관리규정에 따라 선거관리위원회 구성을 승인하고 투표를 실시</u>한다.

2. 【해설】 임원·대의원선임의 정족수

> 임원·대의원 선임을 위한 정족수는 일반정족수(토지등소유자 과반수 출석과 출석 토지등소유자 과반수 찬성)와 같으나, 확정된 정관에서 이와 다르게 정한 경우에는 그에 따라야 한다(영 제27조 제5항 단서 참조).

3. 【자치법규】 서울특별시 추진위원회 선거관리규정(안) 제51조(창립총회에서의 선거)

> ① 조합설립 추진위원회가 영 제22조의 2에서 정한 <u>창립총회에서 확정된 정관에서 정하는 바에 따라 임원·대의원을 선출</u>하고자 할 경우에는 이 규정에 의한다.
>
> ② 제1항에 의하여 창립총회에서 임원·대의원 선출을 위한 선거관리를 시행할 경우에는 <u>제2조 내지 제55조 규정을 준용</u>한다. 이 경우 "조합"을 "조합설립 추진위원회"로 "정관"을 "정관(안)"으로 "총회"를 "창립총회"로 "조합원"을 "토지등소유자"로 "대의원회"를 "추진위원회"로 한다.
>
> ☞ 「추진위원회 선거관리규정(안)」에 관한 상세 내용은 제5장 제3절 I. 참조.

B. ① 조합의 임원이나 대의원을 반드시 창립총회에서 선임할 필요는 없어; ② 따라서 <u>창립총회에서 조합장 등 임원 선임의 결의가 부결되었더라도, 그것 때문에 창립총회가 무효로 되지 않음</u> —대법원 2014. 10. 30. 선고 2012두25125 판결[조합설립인가처분취소]

【당사자】

> [원고, 상고인] 안산실업 주식회사 외 6인
>
> [피고, 피상고인] 인천광역시 남동구청장

II. 임원과 대의원의 선출

[피고보조참가인]   백운주택 1 구역주택재개발정비사업조합

1. 법리

구 도시 및 주거환경정비법 시행규칙(2012. 4. 13. 국토해양부령 제 456 호로 개정되기 전의 것) 제 7 조 제 1 항에서는 조합의 설립인가신청서에 첨부할 서류로서 조합정관, 조합원 명부, 조합설립동의서, 창립총회 회의록 등을 규정하는 한편, 제 7 호에서 '창립총회에서 임원·대의원을 선임한 때에는' 임원·대의원으로 선임된 자의 자격을 증명하는 서류를 첨부하도록 정하고 있다.

이에 비추어 보면 조합의 임원이나 대의원을 반드시 창립총회에서 선임할 필요는 없다고 할 것이므로, 창립총회에서 조합장 등 조합 임원 선임의 결의가 부결되었다고 하더라도 이 때문에 창립총회가 무효라고 볼 수는 없다.

2. 원심판결의 정당함

원심은 제 1 심판결을 인용하여, 백운주택재개발정비사업조합설립추진위원회(이하 '추진위'라고 한다)가 그 설립 이후 처음으로 개최한 2008. 11. 13.자 총회에서 조합정관(안) 및 조합예산(안)의 승인, 조합장을 비롯한 임원 및 대의원 선임 등 7 개의 안건이 상정되어 그중 조합장 선임의 건은 의결정족수 미달로 부결되었으나 나머지 안건은 모두 결의가 이루어졌던 사실을 인정한 다음, 조합장 선임의 결의가 부결되었다고 하더라도 이 때문에 창립총회가 무효라고 볼 수 없는 이상,

추진위 설립 이후 처음으로 개최된 위 2008. 11. 13.자 총회가 이 사건 조합설립을 위한 창립총회에 해당하고, 추진위가 토지 등 소유자로부터 조합설립 동의를 받은 후 조합설립을 위한 창립총회를 개최하여야 한다는 내용의 구 도시 및 주거환경정비법 시행령(2012. 7. 31. 대통령령 제 24007 호로 개정되기 전의 것, 이하 '구 도시정비법 시행령'이라 한다) 제 22 조의 2 제 1 항은 2009. 8. 11. 대통령령 제 21679 호로 신설된 규정이어서 위 2008. 11. 13.자 창립총회에 대하여는 그 적용이 없다는 이유로, 그 후 개최된 2010. 5. 18.자 총회가 창립총회에 해당함을 전제로 그 창립총회의 개최 절차가 구 도시정비법 시행령 제 22 조의 2 제 1 항에 위배되어 무효라는 원고들의 주장을 배척하였다.

위 법리에 비추어 기록을 살펴보면, 원심의 위와 같은 사실인정과 판단은 정당하여 수긍이 가고, 거기에 조합설립을 위한 창립총회의 효력에 관한 법리를 오해한 잘못이 없다.

C. [하급심판례] 주민총회에서 결의된 '운영위원 내부규정'에 따라 추진위원회 인준을 받아 구성된 운영위원회가 선거관리위원을 선임한 것은 하자가 아니라고 본 사례 —수원지방법원 안양지원 2011. 8. 26. 자 2011 카합 127 결정[직무집행정지가처분]

【당사자】

신청인 A, B, C, D, E
피신청인 1. G 추진위원회
　　　　 2. H 조합장
　　　　 3. ~ 17. 조합이사
　　　　 18. 19. 감사
　　　　 20. ~ 109. 조합 대의원

1. 기초사실

기록 및 심문 전체의 취지를 종합하면 다음 각 사실이 소명된다.

가. G(이하 '추진위원회'라 한다)는 도시 및 주거환경정비법(이하 '도정법'이라 한다)에 따라 안양시 ○○동 ○○-○번지 일대의 주택재건축사업을 목적으로 하는 주택재건축정비사업조합의 설립을 위하여 구성되었다.

나. 추진위원회는 2011. 5. 8. 창립총회를 개최하였고, 위 창립총회에서 피신청인 H(별지 1 피신청인 목록 2항 기재 피신청인)는 G(아래 다.항에서 보는 바와 같이 2011. 7. 1. 조합설립인가를 받았다. 이하 '피신청인 조합'이라 한다)의 조합장으로, 별지 1 피신청인 목록 18, 19항 기재 피신청인들은 위 조합의 감사로(이하 피신청인 H 와 별지 1 피신청인 목록 3항 내지 19항 기재 피신청인들을 '임원인 피신청인들'이라 한다), 별지 1 피신청인 목록 20 내지 109 항 기재 피신청인들은 위 조합의 대의원으로(이하 '대의원인 피신청인들'이라 하고, 임원인 피신청인들과 함께 칭할 때는 '선임된 피신청인들'이라 한다) 각 선출되었다.

다. 그 후 피신청인 조합은 위 정비구역 내 토지 등의 소유자 중 1,835 명을 조합원으로 하여 2011. 7. 1. 안양시장으로부터 조합설립인가를 받았다.

라. 피신청인 조합은 2011. 8. 18. 별지 2 '대의원회표시' 기재와 같이 대의원회(이하 '이 사건 대의원회'라 한다)를 개최한다고 공고하였다.

2. 신청인들의 주장

㈎ 설치근거도 없는 추진위원 일부로 구성된 운영위원회에서 선거관리위원을 선출함으로써 선거관리위원을 추진위원회에서 선출하는 것으로 규정하고 있는 선거관리규정 제 3 조를 위반하였는바, 이러한 하자 있는 선거관리위원회 구성과 주관에 따라 이루어진 '선임된 피신청인들' 선출 결의는 무효이다.

3. 선거관리위원을 추진위원회가 아닌 운영위원회에서 선임한 것을 적법하다고 봄

㉯ 주장에 관하여 보건대, 기록 및 심문 전체의 취지를 종합하면, ① 추진위원회는 2007. 9. 8. 주민총회를 개최하였고, 주민총회에서 '운영위원 내부규정'에 대한 승인 결의가 이루어진 사실, ② 위 운영위원 내부규정에는 추진위원회의 인준을 받아 운영위원회를 구성하고, 운영위원회는 주민총회나 추진위원회에서 위임한 사항의 집행 등의 업무를 처리하도록 규정되어 있는 사실, ③ 한편 추진위원회는 2010. 5. 28. 선거관리위원 선임을 운영위원회에 위임하기로 의결하고 이를 토지등소유자들에게 알린 사실, ④ 운영위원회는 2011. 1. 18. 선거관리위원을 선임한 사실이 각 소명되는바,

이러한 소명사실에 나타난 선거관리위원 선임의 근거, 선임절차에다 도정법, 도정법 시행령(이하 '시행령'으로 약칭한다) 및 정관에 선거관리위원의 구성 권한이 추진위원회에 전속적으로 귀속된다는 특별한 규정이 없고 위와 같은 구성의 위임이 추진위원회나 조합이 단체로서 갖는 본질에 반한다고 보이지 않는 점 등을 종합하면, 추진위원회가 아닌 그 위임을 받은 운영위원회가 선거관리위원을 선임한 것에 하자가 있다고 보기 어려우므로, ㉯주장도 이유 없다.

제8절 조합설립에 따른 추진위원회 해산

I. 조합에의 포괄승계

A. 개요

1. 【해설】 추진위원회의 해산과 권리·의무의 포괄 승계

> (1) 조합이 설립되면 추진위원회는 해산하고, 추진위원회가 수행한 업무와 관련된 권리·의무는 조합이 포괄승계한다(법 제34조 제3항).
>
> 다만, 법령이 정하는 추진위원회 업무범위를 초과하는 업무나 계약, 용역업체의 선정 등은 조합에 승계되지 않으나(「추진위원회 운영규정」 제6조), 그 경우에도 추진위원회 업무수행의 적법 여부가 다투어지는 소송의 계속 중에 조합이 설립되면 그 소송당사자의 지위는 조합이 모두 수계하여야 한다(대법원 2012. 4. 12. 선고 2009다26787 판결).
>
> (2) 추진위원회의 권리·의무 중 조합에 승계되지 않는 것은 추진위원회가 계속 책임을 져야 한다. 이것은 비법인사단인 추진위원회 자신의 책임이며, 토지등소유자는 (토지등소유자 스스로 책임을 분담할 것을 결의하지 않는 한) 그에 대한 책임을 지지 않는다.
>
> (3) 조합이 설립되었는데도 추진위원회를 계속 운영한 자는 2년 이하의 징역 또는 2천만원 이하의 벌금에 처한다(법 제137조 제5호).

2. 【해설】 조합설립의 실패

조합을 설립하지 않고 추진위원회가 해산하려는 경우에는 추진위원회 동의자 3 분의 2 이상 또는 토지등소유자의 과반수 동의를 받아 시장·군수등에게 신고하여야 한다(「추진위원회 운영규정」 제 5 조 제 3 항).

3. 【법령】 전부개정 도시정비법 제 34 조(추진위원회의 운영)

③ 추진위원회는 수행한 업무를 제 44 조에 따른 총회(이하 "총회"라 한다)에 보고하여야 하며, 그 업무와 관련된 권리·의무는 조합이 포괄승계한다.

④ 추진위원회는 사용경비를 기재한 회계장부 및 관계 서류를 조합설립인가일부터 30 일 이내에 조합에 인계하여야 한다.

4. 【법령】 「추진위원회 운영규정」 [국토교통부 고시 제 2018-102 호, 2018. 2. 9.]

제 6 조(승계 제한) 이 운영규정이 정하는 추진위원회 업무범위를 초과하는 업무나 계약, 용역업체의 선정 등은 조합에 승계되지 아니한다.

제 5 조(해산)

① 추진위원회는 조합설립인가일까지 업무를 수행할 수 있으며, 조합이 설립되면 모든 업무와 자산을 조합에 인계하고 추진위원회는 해산한다.

② 추진위원회는 자신이 행한 업무를 법 제 44 조에 따른 총회에 보고하여야 하며, 추진위원회가 행한 업무와 관련된 권리와 의무는 조합이 포괄승계한다.

☞ 운영규정안 제 36 조(승계)에도 같은 규정이 있음

③ 추진위원회는 조합설립인가 전 추진위원회를 해산하고자 하는 경우 추진위원회 동의자 3 분의 2 이상 또는 토지등소유자의 과반수 동의를 받아 시장·군수등에게 신고하여 해산할 수 있다.

5. 【자치규정】 조합행정업무규정안 제 40 조(인계·인수)

☞ 「서울특별시 정비사업 조합 등 표준 행정업무규정」(서울특별시 고시 제 2015-163 호. 개정 2015.06.18.)에 별표로 첨부된 행정업무규정(안). 이 규정도 서울특별시 공공지원 관련 규정집에 포함되어 있다.

① 추진위원회가 조합에 관련문서 및 기타기록물을 인계하거나 조합장등 임원(위원)변경이 있는 경우에는 별지 제 11 호 서식의 문서 인계·인수서를 작성하고 조합장등과 임원(위원) 중 1 명이 입회인으로 날인하여야 한다.

> ② 문서 인계·인수서는 3 부(해당조합 보관용 1 부, 인계자용 1 부, 인수자용 1 부)를 작성한다.
>
> ③ 조합장등은 제 1 항에 따라 인계·인수를 받는 경우에 서면 또는 총회에 보고하여야 한다.
>
> ④ 조합장등은 관련문서 및 기타기록물을 인계하지 않는 임원(위원) 등이 있는 경우에는 관련문서의 인계를 촉구하여야 하며, 관련문서를 인계하지 않은 사실을 총회에 보고하고 고발 등의 필요한 조치를 하여야 한다.

6. **【자치규정】(추진위원회) 운영규정안 제 7 조(추진위원회 운영기간)**

> 추진위원회의 운영기간은 <u>추진위원회 승인일부터</u> 법 제 34 조제 4 항에 따라 조합설립인가 후 <u>조합</u>에 회계장부 및 관련서류를 인계하는 날까지로 한다.

7. **【등기선례】추진위원회가 취득한 부동산의 소유권이전 방법—2005. 4. 12. 제 200504-6 호**

> 도시및주거환경정비법 제 13 조 제 2 항에 의한 조합설립추진위원회가 법인 아닌 사단으로서의 실체를 갖추었다면 부동산등기법시행규칙 제 56 조 각호의 서면을 첨부하여 그 명의로 소유권이전등기를 신청할 수 있으며, 위 <u>추진위원회가 취득하여 그 명의로 소유권이전등기를 경료한 부동산의 소유권</u>을 그 후에 같은 법에 의하여 설립된 <u>정비사업조합의 명의로 하기 위하여는</u> 위 추진위원회로부터 위 조합에게로의 <u>소유권이전등기를 신청하여야</u> 한다.

B. ① 추진위원회가 개최한 주민총회에서 한 시공자 선정결의의 무효확인을 다투는 소송 계속 중 조합이 설립되었다면, 조합은 계속 중인 소송에서 추진위원회(피고)의 법률상의 지위도 승계해; ② 원고의 소송수계신청을 받아들여 피고조합이 추진위원회의 소송수계인임을 전제로 결의무효확인 판결을 선고한 사례 —대법원 2012. 4. 12. 선고 2009 다 22419 판결[주민총회결의무효확인]

【당사자】

> 【원고, 피상고인】 원고 1 외 11 인
>
> 【피고, 상고인】 용두제 6 구역주택재개발정비사업조합설립추진위원회의 소송수계인 용두제 6 구역주택재개발정비사업조합

1. 법리

법인의 권리의무가 법률의 규정에 의하여 새로 설립된 법인에 승계되는 경우에는 특별한

사유가 없는 한 계속 중인 소송에서 그 법인의 법률상 지위도 새로 설립된 법인에 승계되는 것이고(대법원 2002. 11. 26. 선고 2001 다 44352 판결 참조), 이러한 법리는 비법인사단의 권리와 의무가 법률의 규정에 의하여 새로 설립된 법인에게 포괄승계되는 경우에도 마찬가지다...

이러한 관계 법령의 내용, 형식 및 취지에 비추어 보면, 비법인사단인 추진위원회가 행한 업무와 관련된 권리와 의무는 비록 추진위원회가 행한 업무가 사후에 관계 법령의 해석상 추진위원회의 업무범위에 속하지 아니하여 효력이 없다고 하더라도 구 도시정비법 제 16 조에 의한 조합설립인가처분을 받아 법인으로 설립된 조합에 모두 포괄승계된다고 봄이 타당하다.

따라서 추진위원회를 상대로 추진위원회가 개최한 주민총회에서 한 시공자 선정결의의 무효확인을 다투는 소의 계속 중 조합이 설립되었다면, 조합은 특별한 사유가 없는 한 계속 중인 소송에서 추진위원회의 법률상의 지위도 승계한다고 봄이 상당하다.

2. 원심기록에 의하여 알 수 있는 사실

원심판결 이유 및 기록에 의하면,

① 2006. 3. 15. 설립승인을 받은 용두제 6 구역주택재개발정비사업조합설립 추진위원회(이하 '이 사건 추진위원회'라 한다)는 같은 해 5. 29. 주민총회를 개최하여 서울 동대문구 용두동 753-9 일대를 사업구역으로 하여 장차 설립될 피고 조합이 시행할 주택재개발정비사업의 시공자로 삼성물산 주식회사를 선정하는 내용의 결의(이하 '이 사건 결의'라 한다)를 한 사실,

② 위 사업구역 내 토지 등 소유자인 원고들은 2007. 10. 11. 이 사건 추진위원회를 상대로 서울북부지방법원 2007 가합 8635 로 이 사건 결의의 무효확인을 구하는 소를 제기하여 2008. 2. 15. 승소판결을 받은 사실,

③ 이 사건 추진위원회는 위 판결에 불복하여 이 사건 원심인 서울고등법원 2008 나 29934 로 제 1 심판결의 취소 등을 구하는 취지의 항소를 제기하였는데, 원심 계속 중인 2008. 9. 4. 피고 조합은 관할관청으로부터 조합설립인가처분을 받아 법인설립등기를 마친 사실,

④ 이에 원고들은 2008. 12. 4. 피고 조합의 설립을 이유로 소송수계신청서를 제출하였고, 원심은 이를 받아들여 심리를 진행한 다음 2009. 2. 11. 피고 조합이 이 사건 추진위원회의 소송수계인임을 전제로 이 사건 원심판결을 선고한 사실을 각 알 수 있다.

3. 대법원의 판단 (상고기각)

이러한 사실을 위 법리에 비추어 보면, 이 사건 원심 계속 중에 피고 조합이 설립됨으로써 구 도시정비법 제 15 조 제 4 항에 따라 이 사건 추진위원회가 행한 업무와 관련된 권리와 의무가 피고 조합에게 포괄승계되었으므로 이 사건 소송에서의 이 사건 추진위원회의 법률상 지위

도 피고 조합에 승계되었다고 할 것이다. 따라서 이 사건 소에서 피고 조합이 이 사건 추진위원회의 소송수계인임을 전제로 한 원심판결은 정당하고, 거기에 상고이유로 주장하는 바와 같은 소송수계에 관한 법리오해의 위법이 없다.

C. ① 추진위원회가 승인을 받기 전 주민총회에서 시공자선정결의(제1결의)를 하고, 승인을 받은 후 창립총회를 개최하여 '제1결의'를 추인하는 결의(제2결의)를 하고, 조합설립인가 후 조합정기총회에서 '제1, 2결의'를 다시 추인하는 결의(제3결의)를 한 사안에서; ② 조합은 제1, 2결의의 효력 및 그 결의와 관련한 권리와 의무를 포괄승계하나; ③ 조합이 '제3결의'를 한 이상 '제2결의'는 과거의 법률관계로서 무효확인의 이익이 없다고 한 사례 —대법원 2012. 4. 12. 선고 2010다10986 판결[총회결의무효확인]

【당사자】

[원고, 상고인] 원고 1 외 3인

[피고, 피상고인] 응암제9구역주택재개발정비사업조합

상고이유를 판단하기에 앞서, 직권으로 2006. 3. 10.자 시공자 선정결의 및 2007. 5. 28.자 시공자 선정결의의 무효확인 청구 부분에 대한 소의 적법 여부에 관하여 본다.

1. 원심기록에 의하여 알 수 있는 사실

원심이 인용한 제1심판결 이유 및 기록에 의하면,

① 서울 은평구 응암동 663번지 일대에 재개발사업[구 도시재개발법(2002. 12. 30. 법률 제6852호 도시 및 주거환경정비법 부칙 제2조로 폐지)에 의한 재개발사업을 말하는 것으로 보인다]을 시행할 목적으로 설립된 재개발사업조합설립 추진위원회는 2002. 1. 26. 주민총회를 열어 현대건설 주식회사를 시공자로 선정하는 결의(이하 '이 사건 제1결의'라 한다)를 한 사실,

② 구 도시정비법 제13조에 의하여 2004. 9. 14. 설립승인을 받은 응암제9구역주택재개발정비사업조합설립 추진위원회(이하 '이 사건 추진위원회'라 한다)는 2006. 3. 10. 피고 조합의 설립을 위한 창립총회를 개최하였는데, 위 창립총회에서 사업구역이 확장되었음을 이유로 이 사건 제1결의를 인준하는 내용의 결의(이하 '이 사건 제2결의'라 한다)를 한 사실,

③ 피고 조합은 2006. 5. 12. 관할관청으로부터 조합설립인가처분을 받아 그 무렵 법인설립등기를 마친 사실,

④ 피고 조합은 2007. 5. 28. 정기총회를 개최하여 이 사건 제1결의 및 제2결의를 인준하는 내용의 결의(이하 '이 사건 제3결의'라 한다)를 한 사실을 알 수 있다.

2. 추진위원회의 '제 2 결의'를 조합이 승계하는지

... 이러한 관계 법령의 내용, 형식 및 취지에 비추어 보면, 비법인사단인 추진위원회가 행한 업무와 관련된 권리와 의무는 비록 추진위원회가 행한 업무가 사후에 관계 법령의 해석상 추진위원회의 업무 범위에 속하지 아니하여 효력이 없다고 하더라도 구 도시정비법 제 16 조에 의한 조합설립인가처분을 받아 법인으로 설립된 조합에 모두 포괄승계된다고 봄이 타당하다.

따라서 추진위원회가 개최한 주민총회 또는 토지 등 소유자 총회에서 장차 설립될 조합의 시공자를 선정하는 내용의 결의를 한 경우 그 결의의 효력 및 그 결의와 관련한 권리와 의무도 조합에 포괄승계된다고 봄이 상당하다.

> 이 판시 부분은 오해의 소지가 있다. 위 판시내용은 ① 추진위원회가 행한 업무(계약, 결의 등)가 무효라도 그 행위로 인하여 발생한 실체적 권리의무(예: 무효인 계약에 의한 용역비지급의무, 무효인 시공자선정결의에 의한 시공계약 체결의무 등)가 조합에 승계된다는 의미가 아니고, ② 무효인 행위 자체와 그것와 관련한 권리의무(예: 무효인 결의 자체와 그 결의의 유·무효를 다툴 법적 지위)가 조합에 승계된다는 의미이다.

3. '제 2 결의'의 무효확인을 구할 이익이 있는지

가. 법리

조합설립인가처분을 받아 법인으로 설립된 조합이 조합총회를 열어 추진위원회가 개최한 주민총회 또는 토지 등 소유자 총회에서 한 시공자 선정결의를 그대로 인준 또는 추인하는 내용의 결의를 한 경우에는, 설령 추진위원회가 개최한 주민총회 또는 토지 등 소유자 총회에서 한 시공자 선정결의가 무효라고 할지라도 조합총회의 그 새로운 결의가 하자로 인하여 부존재 또는 무효임이 인정되거나 그 결의가 취소되는 등의 특별한 사정이 없는 한 종전에 추진위원회가 개최한 주민총회 또는 토지 등 소유자 총회에서 한 시공자 선정결의의 무효확인을 구하는 것은 과거의 법률관계 내지 권리관계의 확인을 구하는 것에 불과하여 권리보호의 요건을 결여하였다고 봄이 상당하다(대법원 2003. 9. 26. 선고 2001 다 64479 판결 참조).

나. 원심판결의 위법함 (제 2 결의는 과거의 법률관계로서 확인의 이익 없음)

앞서 본 사실을 위 법리에 비추어 보면, 피고 조합이 정기총회를 열어 이 사건 제 2 결의를 인준하는 내용의 이 사건 제 3 결의를 한 이상, 이 사건 제 2 결의의 무효확인을 구하는 것은 과거의 법률관계 내지 권리관계의 확인을 구하는 것에 불과하여 권리보호의 요건을 결여하여 부적법하다.

그럼에도 원심은, 이 사건 제 2 결의의 무효확인 청구가 적법함을 전제로 나아가 본안에 대하여 판단하고 말았으니, 이러한 원심판결에는 구 도시정비법상 추진위원회와 조합과의 관계 및 소의 적법 여부 등에 관한 법리를 오해함으로써 판결에 영향을 미친 위법이 있다. 그러므로 원심판결 중 이 사건 제 2 결의의 무효확인 청구 부분을 파기하되, 이 부분 사건은 대법원이 직접 재판하기에 충분하므로 민사소송법 제 437 조에 따라 자판하기로 하여 이 부분에 관한 제 1심판결을 취소하고, 이 부분 소를 각하한다.

II. 조합설립인가 후에는 추진위원회 승인처분의 효력을 다툴 이익 없음

A. ① 조합설립추진위원회 구성승인처분을 다투는 소송 계속 중에 조합설립인가처분이 이루어졌다면, '추진위원회 승인처분에 위법이 존재하여 조합설립인가 신청행위가 무효라는 점' 등을 들어 직접 조합설립인가처분의 효력을 다투어야 하며; ② 이와 별도로 '추진위원회 승인처분'의 취소/무효확인을 구할 법률상의 이익은 없어 —대법원 2013. 6. 13. 선고 2010 두 10488,10495 판결[추진위원회승인처분취소·조합설립추진위원회설립승인처분무효확인]

【당사자】

> [원고, 피상고인] 원고 1 외 5 인
>
> [피고, 상고인] 서울특별시 강동구청장
>
> [피고보조참가인, 상고인] 천호동 422-3 번지 일대 도시환경정비사업조합설립추진위원회

1. 법리

... 이와 같은 관계 법령의 내용, 형식, 체제 등에 비추어 보면, 추진위원회 구성승인처분은 조합의 설립을 위한 주체인 추진위원회의 구성행위를 보충하여 그 효력을 부여하는 처분으로서 조합설립이라는 종국적 목적을 달성하기 위한 중간단계의 처분에 해당하지만 그 법률요건이나 효과가 조합설립인가처분의 그것과는 다른 독립적인 처분이기 때문에, 추진위원회 구성승인처분에 대한 취소 또는 무효확인 판결의 확정만으로는 이미 조합설립인가를 받은 조합에 의한 정비사업의 진행을 저지할 수 없다 할 것이다.

따라서 추진위원회 구성승인처분을 다투는 소송 계속 중에 조합설립인가처분이 이루어진 경우에는, 추진위원회 구성승인처분에 위법이 존재하여 조합설립인가 신청행위가 무효라는 점 등을 들어 직접 조합설립인가처분을 다툼으로써 정비사업의 진행을 저지하여야 할 것이고, 이와는 별도로 추진위원회 구성승인처분에 대하여 취소 또는 무효확인을 구할 법률상의 이익은 없다고 보아야 한다(대법원 2013. 1. 31. 선고 2011 두 11112, 11129 판결 참조).

2. 원심기록에 의하여 알 수 있는 사실

원심판결 이유 및 기록에 의하면, ① 피고는 2006. 7. 26. 피고 보조참가인(이하 '참가인'이라고 한다.)에 대하여 구 도시정비법 제 13 조 제 2 항에 따라 이 사건 구역에 관한 도시환경정비사업의 시행을 위한 조합 설립을 목적으로 하는 추진위원회 구성의 승인처분(이하 '이 사건 추진위원회 승인처분'이라고 한다.)을 한 사실, ② 이 사건 추진위원회 승인처분의 취소 또는 무효확인을 구하는 원고들의 이 사건 소송 계속 중 2012. 9. 21. 참가인 조합원들이 설립한 천호뉴타운 1 도시환경정비사업조합에 대하여 설립인가처분(이하 '이 사건 조합설립인가처분'이라고 한다.)이 이루어진 사실을 알 수 있다.

3. 확인의 이익 없음

이러한 사실을 앞서 본 법리에 비추어 보면, 이 사건 소송 계속 중 이 사건 조합설립인가처분이 이루어진 이상, 원고들로서는 이 사건 추진위원회 승인처분에 위법이 존재하여 조합설립인가 신청행위가 무효라는 점 등을 들어 직접 조합설립인가처분의 효력을 다투어야 하고, 이와는 별도로 참가인에 대한 이 사건 추진위원회 승인처분에 대하여 취소 또는 무효확인을 구할 법률상의 이익은 없다고 할 것이다.

B. 추진위원회 승인처분의 무효확인을 구하는 소송 계속 중 조합설립인가처분('선행 조합설립인가처분')이 나고 이후 '선행 조합설립인가 처분'이 소송으로 취소·확정되었더라도, 연이어 '후행 조합설립인가처분'이 다시 이루어졌다면, 추진위원회 승인처분에 대하여 무효확인을 구할 법률상 이익 없어 —대법원 2013. 1. 31. 선고 2011 두 11112, 2011 두 11129 판결[조합설립추진위원회설립승인무효확인·조합설립추진위원회설립승인무효확인]

1. 원심이 인정한 사실

원심판결 이유 및 기록에 의하면,

① 피고는 2005. 4. 27. 피고 보조참가인(이하 '참가인'이라고 한다)에 대하여 구 도시정비법 제 13 조 제 2 항에 따라 대조제 1 구역주택재개발정비사업조합의 설립을 위한 추진위원회 구성의 승인처분(이하 '이 사건 추진위원회 승인처분'이라고 한다)을 하고,

② 2007. 4. 24. 위원장 및 감사변경을 이유로 추진위원회 변경을 승인하는 내용의 처분(이하 '이 사건 변경승인처분'이라고 한다)을 한 사실,

③ 이 사건 추진위원회 승인처분 및 변경승인처분의 무효확인을 구하는 원고들의 이 사건 소가 원심에 계속 중이던 2010. 10. 4. 대조제 1 구역주택재개발정비사업조합 설립인가처분(이하 '선행 조합설립인가처분'이라고 한다)이 이루어진 사실,

④ 한편 원심판결 선고 후인 2011. 8. 19. 서울행정법원 2010 구합 45699, 46999 호로 선행 조합설립인가처분을 취소하는 판결이 선고되어 2011. 9. 8. 그대로 확정되었으나

⑤ 피고는 2011. 12. 1. 다시 대조제 1 구역주택재개발정비사업조합 설립인가처분(이하 '후행 조합설립인가처분'이라 한다)을 한 사실을 알 수 있다.

2. 법률상 이익 흠결

이러한 사실을 앞서 본 법리에 비추어 보면, 원심 소송 계속 중 선행 조합설립인가처분이 이루어지고, 원심판결 선고 후 비록 선행 조합설립인가처분이 쟁송에 의해 취소·확정되었지만 연이어 후행 조합설립인가처분이 다시 이루어진 이상, 원고들로서는 이 사건 추진위원회 승인처분 및 변경승인처분에 위법이 존재하여 조합설립인가 신청행위가 무효라는 점 등을 들어 직접 조합설립인가처분을 다투어야 하고, 이와는 별도로 참가인에 대한 이 사건 추진위원회 승인처분 및 변경승인처분에 대하여 무효확인을 구할 법률상의 이익은 없다고 할 것이다.

III. 추진위원회와 계약한 용역업자의 조합에 대한 관계

A. ① 추진위원회가 정비사업전문관리업자(원고)와 체결한 용역계약 중 '조합 업무에 관한 사항'을 위탁하는 내용은 추진위원회 업무와 관련된 사항이 아니므로 그와 관련된 권리·의무는 조합에 포괄승계되지 않아; ② 따라서 원고는 조합에 대한 관계에서 추진위원회와 체결한 용역계약에 기한 정비업자의 지위에 있다고 볼 수 없어 —서울고등법원 2022. 6. 22. 선고 2021 나 2043911 판결[용역계약해지무효확인]: 상고기각(심리불속행)

【당사자】

원고,피항소인   주식회사 A

피고,항소인   B 구역주택재개발정비사업조합설립추진위원회의 소송수계인 B 구역 주택재개발정비사업조합

【청구취지】

피고가 2019. 12. 30. 원고에 대하여 한 정비사업전문관리 용역계약 해지통보는 무효임을 확인하고, 원고는 피고에 대하여 2017. 11. 9.자 정비사업전문관리 용역계약에 따른 정비사업전문관리 용역을 수행하는 자의 지위에 있음을 확인한다.

1. 기초사실

가. 원고는 도시 및 주거환경정비법(이하 '도시정비법'이라고 한다)에 따른 등록을 마친 정비

사업전문관리업자이다. B 구역주택재개발정비사업조합설립추진위원회(이하 '피고 추진위원회'라 한다)는 서울 동대문구 C 일대를 사업시행구역으로 하여 도시정비법에 따른 주택재개발정비사업(이하 '이 사건 정비사업'이라고 한다)을 추진하기 위하여 설립된 단체인데, <u>피고는 2021. 12. 8. 서울특별시 동대문구청장으로부터 조합설립인가를 받아 2021. 12. 16. 설립등기를 마치고 피고 추진위원회의 권리·의무 일체를 포괄승계하였다.</u>

나. 원고는 2017. 11. 9. 피고 추진위원회와 사이에 이 사건 정비사업에 관하여 정비사업전문관리 용역계약(이하 '이 사건 용역계약'이라고 한다)을 체결한 후 업무를 수행하여 왔는데, 이 사건 용역계약 중 주요 내용은 다음과 같다.

제 4 조(정비사업 용역의 범위)

① 을(원고)은 본 계약과 관련하여 도시정비법 제 69 조에 의거 다음 각 호의 용역을 직접 수행하거나 갑(피고)의 용역수행을 자문 및 지원하며, 동 정비사업 용역과 관련된 문서의 작성 및 처리는 도시정비법, 동법 시행령, 동법 시행규칙 등 관련 법령과 조합 정관 및 관련 규정에 따른다.

  1. 조합설립인가를 위한 업무

      가. 인가신청 서류 작성

      나. 조합원 명부 작성

      다. 동의자 명부 작성

      바. 조합설립 준비

  2. 사업시행인가를 위한 업무

      가. 토지 등 소유자 명부 및 동의자 명부 작성

      (이하 생략)

② 제 1 항의 업무 수행을 위하여 필요한 기초자료는 갑이 구비하며, 을은 구비된 서류를 근거로 위 제반사항을 수행한다.
③ 갑은 을에게 관련 법령 및 정관을 초월한 업무 요청을 할 수 없다.
④ 도시정비법 제 70 조에 의거하여 다음 각 호는 을의 정비사업 용역의 범위에서 제외한다.

  1. 제 1 항의 용역수행을 위한 필요 경비(총회 관련 제경비, 인허가 관련 제세공과금 및 각종 수수료, 공부서류 발급비용 등)

III. 추진위원회와 계약한 용역업자의 조합에 대한 관계

> 2. 갑이 정비사업을 수행하기 위하여 필요한 관계 전문분야(세무·회계사, 법무사, 변호사, 건축설계, 도시설계, 감정평가, 정비기반시설관련, 이주관리, 범죄예방 등 기타 정비사업과 관련하여 별도로 수반되는 용역 등)의 용역 및 비용
>
> **제6조(계약기간)**
>
> 당해 정비사업 업무대행 용역계약기간은 계약일로부터 조합 해산일까지로 한다. 다만, 이전고시 후 6개월 이내 해산되지 않을 경우 이전고시일로부터 6개월 되는 날을 해산일로 본다.
>
> **제19조(계약의 효력발생 및 승계)**
>
> ② B구역 주택재개발정비사업 조합설립추진위원회가 조합설립인가 후 추진위원회가 해산될 경우 별도의 계약 없이 당연 B구역 주택재개발정비사업조합으로 승계된다.

다. 피고 추진위원회는 2021. 10. 30. 조합설립을 위한 창립총회를 개최하여 제9호 안건으로 '정비사업전문관리업자 계약 불승계 및 재입찰의 건'을 상정하고, '원고의 정비업자 지위는 향후 설립될 조합으로 승계되지 않으며 조합설립 이후 총회에서 정비업자를 다시 선정한다'는 취지로 의결하였다.

2. 판단

가. 관련 법규 및 피고 추진위원회의 운영규정에 비추어 볼 때 주택재개발정비사업조합설립추진위원회(이하 '추진위원회'라고 한다)가 정비사업전문관리업자와 체결한 용역계약이 조합의 업무와 관련한 부분을 포함하는 경우 해당 부분에 관한 추진위원회의 권리·의무는 이후 설립된 조합에 포괄승계되는 대상에 포함된다고 볼 수 없다.

1) 추진위원회가 행한 업무와 관련된 권리와 의무는 조합에 포괄승계된다(구 도시정비법 제15조 제4항). 즉, 추진위원회가 부담한 모든 권리와 의무가 아니라 그 업무범위 내에서 행한 업무와 관련된 권리와 의무만이 포괄승계의 대상이 된다[구 정비사업 조합설립추진위원회 운영규정(국토교통부고시 제2016-187호) 제6조, 피고 추진위원회 운영규정 제36조 제2항 참조]...

이와 같이 추진위원회의 업무는 주택재개발정비사업의 사업시행자인 조합을 설립하기 위한 것에 한정되고, 그 운영기간도 원칙적으로 조합 설립시까지이다. 다만, 추진위원회는 사용경비를 기재한 회계장부 및 관련 서류를 조합에 인계하는 업무만 그 업무 자체의 특성상 예외적으로 조합설립 인가일 이후까지 할 수 있다(구 도시정비법 제15조 제5항, 피고 추진위원회 운영규정 제7조).

3) 정비사업전문관리업자는 조합설립의 동의 및 정비사업의 동의에 관한 업무부터 관리처

분계획의 수립에 관한 업무에 이르기까지 추진위원회 및 조합의 업무를 전문적으로 위탁받아 대행하거나 위 업무와 관련하여 자문하는 자이다(구 도시정비법 제 69 조 제 1 항 참조). 정비사업전문관리업자와 위탁자의 관계는 도시정비법의 규정이 있는 것을 제외하고는 민법 중 위임에 관한 규정이 준용된다(구 도시정비법 제 71 조). 즉, <u>정비사업전문관리업자는 추진위원회나 조합의 업무를 위탁받아 대행하는 것이므로, 추진위원회는 자신의 업무에 관하여 정비사업전문관리업자를 선정하여 수행하도록 할 수 있을 뿐이다</u>(피고 추진위원회 운영규정 제 5 조 제 3 항)...

4) ...추진위원회나 조합이 정비사업 전문관리업자를 선정하는 것은 자신의 업무를 전제로 하여 이를 자신이 직접 수행하는 대신 정비사업전문관리업자에게 위탁하여 대행하도록 하는 것으로, 업무수행 방법을 결정하는 것이다. 따라서 <u>추진위원회나 조합이 정비사업전문관리업자에게 위탁하여 대행시킬 수 있는 업무는 자신의 업무범위에 속하는 사항이어야 한다</u>...

6) 이와 같이 추진위원회와 조합의 업무는 준별되므로, 조합이 자신의 업무를 위탁할 정비사업전문관리업자를 선정하고, 그 위탁 범위를 결정하는 것은 조합의 업무이고, 이것이 추진위원회의 업무에 속한다고 보기 어렵다. 추진위원회가 조합의 업무를 수행할 권한이 없음에도, 조합의 업무를 대행하여 수행할 정비사업전문관리업자를 선정해줄 권한은 있다고 보는 것은 모순이기도 하다. <u>따라서 추진위원회가 정비사업전문관리업자와 체결한 용역계약에 조합의 업무에 관한 부분을 위탁하는 내용이 포함되어 있다면</u> 이는 추진위원회가 전문관리업자에게 위탁할 수 있는 자신의 업무에 속하지 아니하므로, 추진위원회가 그 업무범위 내에서 행한 업무와 관련된 사항이 아니며, <u>위 사항과 관련한 권리와 의무는 조합에 포괄승계된다고 볼 수 없다.</u>

나. 위와 같은 법리에 비추어 이 사건에 관하여 본다. 원고와 피고 추진위원회 사이에 체결된 <u>이 사건 용역계약은 추진위원회의 업무범위에 속하는 조합설립인가를 위한 업무 외에도 사업시행인가를 위한 업무, 관리처분계획 인가 승인신청 업무, 해산관련 업무 등 조합의 업무범위에 속하는 업무까지 용역의 범위에 포함하고</u>(제 4 조 제 1 항), <u>계약기간을 계약일로부터 조합해산일까지로 하였으며</u>(제 6 조), <u>조합 설립 인가 후 추진위원회가 해산될 경우 별도의 계약 없이 당연히 조합으로 승계되도록 정하고 있다</u>(제 19 조 제 3 항).

그러나 앞서 본 바와 같이 조합 설립 이후 사업시행과 관련한 사항들은 조합의 업무일 뿐이므로, 추진위원회가 위와 같은 사항에 관하여 정비사업전문관리업자를 선정하여 위탁하는 것은 추진위원회의 업무범위에 속하지 않는다. 따라서 <u>이 사건 용역계약 중 조합설립 이후의 업무에 관한 부분은 피고 추진위원회의 업무범위 내에서 행한 업무가 아니므로, 이에 관련된 권리·의무는 피고에 포괄승계되는 범위에 포함되지 않는다.</u>

다. 나아가 피고의 조합 <u>창립총회에서 원고의 정비사업전문관리업자 지위를 승계하지 않고, 피고의 업무에 관하여는 별도로 정비사업전문관리업자를 선정하기로 의결하였다는 점은</u> 앞서 본 바와 같으므로, 이 사건 용역계약에 따른 원고의 정비사업전문관리업자의 지위가 피고 조합에 대한 관계에서 특별승계되었다고 볼 수도 없다.

라. 결국 조합 설립 이후 피고에 대한 관계에서 원고가 이 사건 용역계약에 기한 정비사업전문관리업자의 지위에 있다고 볼 수 없으므로, 그 지위 확인을 구하는 원고의 청구는 이유 없다.

IV. 조합설립인가의 무효·취소로 인한 추진위원회의 부활

A. 【해설】 추진위원회의 '지위 회복'과 '동의서 재사용'

> 조합설립인가 처분이 법원의 판결에 의하여 취소되거나 무효로 된 경우에는 추진위원회가 그 지위를 회복하여 조합설립추진 업무를 계속 수행할 수 있다. 이 경우 <u>법 제 37 조 및 영 제 35 조의 규정</u>에 따라 동의서를 재사용할 수 있다.
>
> ☞ 동의서 재사용에 관하여는 제 6 장 제 4 절 V. 참조

B. 조합설립인가 처분이 법원의 판결에 의하여 취소된 경우에는, 추진위원회가 그 지위를 회복하여 다시 조합설립인가신청을 하는 등 조합설립 추진 업무를 계속 수행할 수 있어 —대법원 2016. 12. 15. 선고 2013 두 17473 판결[추진위원변경신고반려처분취소]

【당사자】

> [원고, 피상고인] 신당 10 구역주택재개발정비사업조합설립추진위원회
>
> [피 고] 서울특별시 중구청장
>
> [피고 보조참가인, 상고인] 별지 피고 보조참가인 명단 기재와 같다

1. 조합설립인가처분이 법원의 판결로 취소된 경우 추진위원회의 지위 회복

… 조합설립인가처분이 법원의 판결에 의하여 취소된 경우에는 다음과 같은 이유로, 추진위원회가 그 지위를 회복하여 다시 조합설립인가신청을 하는 등 조합설립추진 업무를 계속 수행할 수 있다고 봄이 타당하다.

(1) 조합설립인가처분이 법원의 판결에 의하여 취소된 경우에는 조합설립인가처분이 소급하여 효력을 상실하고, 그 조합은 청산사무가 종료될 때까지 청산의 목적범위 내에서 권리·의무의 주체로서 잔존할 뿐이므로(대법원 2012. 3. 29. 선고 2008 다 95885 판결, 대법원 2012. 11. 9. 선고 2011 두 518 판결 등 참조), 이러한 경우까지 추진위원회가 그 존립목적을 달성했다고 보기 어렵다.

(2) 일단 조합이 설립된 이상 추진위원회는 그 목적을 달성하여 확정적으로 소멸하고 그 후에 조합설립인가처분이 취소되더라도 그 지위를 회복할 수 없다고 본다면, 조합은 이미 청산 목적의 범위 내에서만 존속할 뿐이어서 정비사업을 추진할 수 없으므로, 당해 정비구역 내에서 정비사업을 계속 추진할 아무런 주체가 없게 되어, 법원의 판결에서 들었던 조합설립인가처분의 하자가 아무리 경미한 것이라 하더라도, 당해 정비구역 내에서 정비사업을 추진하기 위하여는 <u>추진위원회 구성 및 동의서 징구 등 최초부터 모든 절차를 새롭게 진행해야 하는 사회·경제적 낭비가 따를 수밖에 없다</u>.

(3) 조합설립인가처분이 취소된 경우 추진위원회가 그 지위를 회복한다고 보더라도, 정비사<u>업의 계속 추진에 반대하는 토지 등 소유자로서는 추진위원회가 다시 조합설립인가신청을 하기 이전까지 법령이 정한 바에 따라 동의를 철회할 수 있다고 할 것이므로</u>, 토지 등 소유자의 권익 보호에 중대한 지장을 초래한다고 보기 어렵다.

(4) 2015. 9. 1. 법률 제13508호로 개정되어 2016. 3. 2. 시행된 「도시 및 주거환경정비법」 제17조의2 제1항, 제2항은, <u>법원의 판결로 조합설립인가의 무효 또는 취소가 확정된 경우 '추진위원회'가 일정한 요건하에 동의서의 유효성에 다툼이 없는 동의서를 다시 사용할 수 있도록 규정하고 있다</u>. 이는 앞서 본 사정들을 고려하여 조합설립인가처분이 취소된 경우 추진위원회가 그 지위를 회복함을 전제로, 토지 등 소유자의 권익 보호에 지장이 없는 범위에서 조합설립인가신청을 하는 등 정비사업을 계속 추진할 수 있게 한 것으로 보인다.

2. 원심판결의 정당함

원심은, 그 판시와 같은 사실을 인정한 다음 조합설립인가처분이 취소되었으므로 추진위원회가 존속함을 전제로 하여 추진위원회는 추진위원변경신고 등 조합설립추진 업무를 계속 수행할 수 있다고 보아 이 사건 처분이 위법하다고 판단하였다.

앞서 본 법리에 비추어 원심판결 이유를 살펴보면, 원심판결 이유에 일부 적절치 아니한 부분이 있으나, <u>조합설립인가처분이 취소된 경우 추진위원회가 다시 조합설립추진 업무를 계속 수행할 수 있다고 본 결론에 있어서 정당하고</u>, 거기에 상고이유에서 주장하는 바와 같이 조합설립인가 취소판결의 효력 및 비법인사단인 추진위원회 해산 등에 관한 법리를 오해하여 판결에 영향을 미치는 등의 잘못이 없다.

I. 개요

제9절 정비구역·정비예정구역의 해제

I. 개요

A. 【해설】 의무해제(정비구역 일몰제)와 재량해제(직권해제)

> (1) 정비구역 또는 정비예정구역정비구역(‘정비구역등’. 법 제19조 제8항)의 해제는 ‘정비구역 일몰제’(의무 해제)에 의한 것과 ‘직권해제’(재량 해제)가 있다.
>
> (2) ‘정비구역의 해제’와 ‘정비예정구역의 해제’는 별개이다. 따라서 정비구역이 해제되었다고 해서 정비예정구역까지 자동으로 해제되는 것은 아니다. 정비예정구역의 해제·고시는 정비기본계획의 변경고시를 통해서 이루어진다(정비예정구역의 지정은 기본계획에 포함될 사항이므로. 법 제5조 제9호).

B. 의무해제 (정비구역 일몰제. 법 제20조)

1. 【해설】 정비구역 일몰제

> (1) ‘정비구역 일몰제’(법 제20조)는 정비구역등의 지정 후 일정기간 동안 사업의 진척이 없는 경우(각 사유별 구체적 요건은 아래 조문 참조), 구청장등의 요청에 따라 정비구역 지정권자가 정비구역등을 반드시 해제하도록 한 제도이다. 구청장등의 정비구역 해제요청과 정비구역 지정권자의 정비구역 해제가 모두 의무사항이다.
>
> (2) 정비구역 일몰제는 2012. 8. 2. 개정법(2012. 2. 1. 개정 법률 제11293호)에서 처음 도입되었다. 2012. 8. 2. 개정법은 ‘정비구역 일몰제’를 도입한 외에, a) 동의자의 신청에 의한 추진위원회승인 또는 조합설립인가의 취소(구 도시정비법 제16조의2 제1항 제1, 2호. 2014. 1. 31.까지 유효) 및 b) 그에 따른 시장·군수등의 매몰비용 보조에 관한 조항(같은 조 제4항. 2014. 8. 1.까지 유효)을 한시적으로 도입하여 시행하였다.

2. 【법령】 전부개정 도시정비법 제20조(정비구역등의 해제)

> ① 정비구역의 지정권자는 다음 각 호의 어느 하나에 해당하는 경우에는 정비구역등을 해제하여야 한다. <개정 2018. 6. 12.>
>
> ☞ “정비구역등”은 정비예정구역 또는 정비구역을 말한다(법 제19조 제8항).
>
> 1. 정비예정구역에 대하여 기본계획에서 정한 정비구역 지정 예정일부터 3년이 되는 날까지 특별자치시장, 특별자치도지사, 시장 또는 군수가 정비구역을 지정하지 아니하거나 구청장등이 정비구역의 지정을 신청하지 아니하는 경우

2. 재개발사업·재건축사업[제35조에 따른 조합(이하 "조합"이라 한다)이 시행하는 경우로 한정한다]이 다음 각 목의 어느 하나에 해당하는 경우

 가. 토지등소유자가 정비구역으로 지정·고시된 날부터 2년이 되는 날까지 제31조에 따른 조합설립추진위원회(이하 "추진위원회"라 한다)의 승인을 신청하지 아니하는 경우

 나. 토지등소유자가 정비구역으로 지정·고시된 날부터 3년이 되는 날까지 제35조에 따른 조합설립인가(이하 "조합설립인가"라 한다)를 신청하지 아니하는 경우(제31조제4항에 따라 추진위원회를 구성하지 아니하는 경우로 한정한다)

 다. 추진위원회가 추진위원회 승인일부터 2년이 되는 날까지 조합설립인가를 신청하지 아니하는 경우

 라. 조합이 조합설립인가를 받은 날부터 3년이 되는 날까지 제50조에 따른 사업시행계획인가(이하 "사업시행계획인가"라 한다)를 신청하지 아니하는 경우

3. 토지등소유자가 시행하는 재개발사업으로서 토지등소유자가 정비구역으로 지정·고시된 날부터 5년이 되는 날까지 사업시행계획인가를 신청하지 아니하는 경우

② 구청장등은 제1항 각 호의 어느 하나에 해당하는 경우에는 특별시장·광역시장에게 정비구역등의 해제를 요청하여야 한다.

③ 특별자치시장, 특별자치도지사, 시장, 군수 또는 구청장등이 다음 각 호의 어느 하나에 해당하는 경우에는 30일 이상 주민에게 공람하여 의견을 들어야 한다.

 1. 제1항에 따라 정비구역등을 해제하는 경우

 2. 제2항에 따라 정비구역등의 해제를 요청하는 경우

④ 특별자치시장, 특별자치도지사, 시장, 군수 또는 구청장등은 제3항에 따른 주민공람을 하는 경우에는 지방의회의 의견을 들어야 한다. 이 경우 지방의회는 특별자치시장, 특별자치도지사, 시장, 군수 또는 구청장등이 정비구역등의 해제에 관한 계획을 통지한 날부터 60일 이내에 의견을 제시하여야 하며, 의견제시 없이 60일이 지난 경우 이의가 없는 것으로 본다.

⑤ 정비구역의 지정권자는 제1항부터 제4항까지의 규정에 따라 정비구역등의 해제를 요청받거나 정비구역등을 해제하려면 지방도시계획위원회의 심의를 거쳐야 한다. 다만, 「도시재정비 촉진을 위한 특별법」 제5조에 따른 재정비촉진지구에서는 같은 법 제34조에 따른 도시재정비위원회(이하 "도시재정비위원회"라 한다)의 심의를 거쳐 정비구역등을 해제하여야 한다. <개정 2021. 4. 13.>

☞ 정비구역등을 해제하려면 도시계획위원회의 심의를 거쳐야 하나, 재정비촉진지구에서 정비구역(= 재정비촉진구역. 도시재정비법 제2조 제4호)을 해제하려면 도시재정비위원회의 심의를 거쳐야 한다.

⑥ 제1항에도 불구하고 정비구역의 지정권자는 다음 각 호의 어느 하나에 해당하는 경우에는 제1항 제1호부터 제3호까지의 규정에 따른 해당 기간을 2년의 범위에서 연장하여 정비구역등을 해제하지 아니할 수 있다.

  1. 정비구역등의 토지등소유자(조합을 설립한 경우에는 조합원을 말한다)가 100분의 30 이상의 동의로 제1항제1호부터 제3호까지의 규정에 따른 해당 기간이 도래하기 전까지 연장을 요청하는 경우

  2. 정비사업의 추진 상황으로 보아 주거환경의 계획적 정비 등을 위하여 정비구역등의 존치가 필요하다고 인정하는 경우

☞ 정비구역 일몰 연장은 2년의 범위에서 1회에 한하여 할 수 있다는 것이 법제처 유권해석이다(법제처 2020. 5. 11. 20-0187).

⑦ 정비구역의 지정권자는 제5항에 따라 정비구역등을 해제하는 경우(제6항에 따라 해제하지 아니한 경우를 포함한다)에는 그 사실을 해당 지방자치단체의 공보에 고시하고 국토교통부장관에게 통보하여야 하며, 관계 서류를 일반인이 열람할 수 있도록 하여야 한다.

[시행일 : 2021. 7. 14.]

3. **【경과규정】부칙 제4조(도시환경정비사업의 정비구역등 해제 요청 기산일에 관한 적용례)**

전부개정 도시정비법 <법률 제14567호, 2017. 2. 8.>

이 법 시행 전의 도시환경정비사업의 정비구역 등 해제 요청을 위한 기산일의 산정에 관하여는 제20조 제1항 제2호 다목 및 라목의 개정규정에도 불구하고 법률 제13508호 도시 및 주거환경정비법 일부개정법률의 시행일인 2016년 3월 2일 이후 최초로 정비계획(변경수립은 제외한다)을 수립한 경우부터 적용한다.

4. **【경과규정】전부개정 도시정비법 부칙 제5조(정비구역등 해제 신청 기산일에 관한 적용례)**

① 법률 제11293호 도시 및 주거환경정비법 일부개정법률 시행 당시 정비구역이 지정된 경우에는 제20조 제1항 제3호의 개정규정에 따른 "정비구역으로 지정·고시된 날"을 "2012년 2월 1일"로 본다.

> ☞ 2012. 2. 1. 개정법(법률 제 11293 호) 부칙 제 12 조와 같은 규정이다(아래 참조).
>
> ② 제 20 조 제 1 항 제 2 호 다목 및 라목의 개정규정은 2012 년 2 월 1 일 이후 최초로 정비계획을 수립(변경수립은 제외한다)하는 경우부터 적용한다.
>
> ☞ 2012. 2. 1. 개정법(법률 제 11293 호) 부칙 제 3 조와 같은 규정이다(아래 참조).
>
> ③ 제 1 항[☞ 제 2 항의 오타로 보임]에도 불구하고 제 20 조 제 1 항 제 2 호 다목[☞ 추진위원회 승인일부터 2 년 이내 조합설립인가를 신청하지 않는 경우]의 개정규정은 <u>2012 년 1 월 31 일 이전에 정비계획이 수립된 정비구역에서 승인된 추진위원회에도 적용</u>한다. 이 경우 같은 목의 개정규정에 따른 "추진위원회 승인일부터 2 년"은 "법률 제 13508 호 도시 및 주거환경정비법 일부개정법률의 시행일인 <u>2016 년 3 월 2 일부터 4 년</u>"으로 본다.
>
> ☞ 법률 제 11293 호 부칙 제 3 조에는 2012 년 1 월 31 일 이전에 정비계획이 수립된 정비구역에서는 추진위원회 승인일부터 2 년이 되는 날까지 조합설립인가를 신청하지 않는 경우에도 정비구역 해제 대상이 아니었으나, 전부개정법의 시행으로 2012 년 1 월 31 일 이전에 정비계획이 수립된 정비구역에서도 "2016 년 3 월 2 일부터 4 년"이 되는 날 (2020. 3. 1.)까지 조합설립인가를 신청하지 않는 경우에는 정비구역 해제 대상에 포함되었다(전부개정법 부칙 제 5 조 제 3 항).

C. 구법 (정비구역 일몰제)

1. 【해설】 2012. 2. 1. 개정·시행된 법률 제 11293 호에서 처음 신설됨

> 정비구역 일몰제는 2012. 2. 1. 일부 개정·시행된 법률 제 11293 호에서 신설되었는데, 이에 대하여 두개의 경과규정(부칙 제 3 조, 제 12 조)이 있었다.

2. 【법령】 구 도시정비법 제 4 조의 3(정비구역등 해제)

> [시행 2012. 8. 2.] [법률 제 11293 호, 2012. 2. 1. 일부개정]
>
> ① 시장·군수는 정비예정구역 또는 정비구역(이하 이 조에서 "정비구역등"이라 한다)이 다음 각 호의 어느 하나에 해당하는 경우 시·도지사 또는 대도시의 시장에게 정비구역 등의 해제를 요청하여야 한다.
>
> 1. 정비예정구역에 대하여 기본계획에서 정한 <u>정비구역 지정 예정일부터 3 년이 되는 날까지 시장·군수가 정비구역 지정을 신청하지 아니하는 경우</u>
>
> 2. <u>주택재개발사업·주택재건축사업</u>[제 13 조에 따른 조합(이하 "조합"이라 한다)이 시행하는 경우로 한정한다]이 다음 각 목의 어느 하나에 해당하는 경우

가. 토지등소유자가 <u>정비구역으로 지정·고시된 날부터 2년이 되는 날까지</u> 제13조에 따른 조합설립추진위원회(이하 "추진위원회"라 한다)의 승인을 신청하지 아니하는 경우

나. 토지등소유자가 <u>정비구역으로 지정·고시된 날부터 3년이 되는 날까지</u> 제16조에 따른 조합 설립인가를 신청하지 아니하는 경우(제13조제6항에 따라 추진위원회를 구성하지 아니하는 경우로 한정한다)

다. 추진위원회가 <u>추진위원회 승인일부터 2년이 되는 날까지</u> 제16조에 따른 <u>조합설립인가를 신청하지 아니하는 경우</u>

라. 조합이 제16조에 따른 <u>조합 설립인가를 받은 날부터 3년이 되는 날까지</u> 제28조에 따른 <u>사업시행인가</u>(이하 "사업시행인가"라 한다)<u>를 신청하지 아니하는 경우</u>

3. 도시환경정비사업을 토지등소유자가 시행하는 경우로서 토지등소유자가 <u>정비구역으로 지정·고시된 날부터 5년이 되는 날까지 사업시행인가를 신청하지 아니하는 경우</u>
(이하 생략)

☞ 동법 부칙 제1조(시행일) **[2012. 8. 2. 시행]**
이 법은 공포 후 6개월이 경과한 날부터 시행한다. 다만...제4조의 3...의 개정규정은 <u>공포한 날부터 시행</u>...한다.

3. 【경과규정】부칙 제3조(정비구역등 해제 신청 기산일에 관한 적용례)

제4조의 3 제1항 제2호 다목 및 라목의 개정규정은 <u>이 법 시행 후 최초로</u> 제4조에 따라 정비계획을 수립(변경수립은 제외한다)하는 분부터 적용한다.

☞ 따라서 <u>이 법 시행(2012. 2. 1.) 전에</u>(= 2012. 1. 31. 이전에) 이미 정비계획이 수립되어 있는 경우에는 A) 추진위원회 승인일부터 2년이 되는 날까지 조합설립인가를 신청하지 않는 경우와 B) 조합설립인가를 받은 날부터 3년이 되는 날까지 사업시행인가를 신청하지 않는 경우는 <u>정비구역 해제 대상이 아니다.</u>

4. 【경과규정】부칙 제12조(정비구역등 해제 신청 기산일에 관한 경과조치)

이 법 시행 당시 A) 기본계획이 수립된 경우에는 제4조의 3 제1항 제1호의 개정규정에 따른 "정비구역 지정 예정일"을 "이 법 시행일"로, B) 정비구역이 지정된 경우에는 제4조의 3 제1항 제2호 가목·나목 및 같은 항 제3호의 개정규정에 따른 "정비구역으로 지정·고시된 날"을 각각 "이 법 시행일"로 본다.

제 5 장 조합설립추진위원회 / 제 9 절 정비구역·정비예정구역의 해제

> ☞ 이 법 시행 당시 기본계획이 수립되어 있는 경우에는, 이 법 시행일(2012. 2. 1.)부터 3 년이 되는 날까지 시장·군수가 정비구역 지정을 신청하지 않는 경우에 정비구역 해제 대상이 된다(제 4 조의 3 제 1 항 제 1 항 제 1 호; 부칙 제 12 조 전단).
>
> ☞ 이 법 시행 당시 정비구역이 지정되어 있는 경우에는, ① 이 법 시행일(2012. 2. 1.)부터 2 년이 되는 날까지 추진위원회의 승인을 신청하지 않는 경우(제 4 조의 3 제 1 항 제 2 호 가목; 부칙 제 12 조 후단), ② 이 법 시행일부터 3 년이 되는 날까지 조합 설립인가를 신청하지 않는 경우(추진위원회를 구성하지 않는 경우에 한함. 제 4 조의 3 제 1 항 제 2 호 나목; 부칙 제 12 조 후단), ③ 도시환경정비사업을 토지등소유자가 시행하는 경우로서 이 법 시행일부터 5 년이 되는 날까지 사업시행인가를 신청하지 않는 경우(제 4 조의 3 제 1 항 제 3 호; 부칙 제 12 조 후단), 각 정비구역 해제 대상이 된다.

D. 재량해제(직권해제, 법 제 21 조)

1. 【해설】 정비구역 지정의 직권해제

> (1) 직권해제(법 제 21 조)는 토지등소유자의 일정비율 이상의 동의로 정비구역등의 해제를 요청하는 경우 정비구역의 지정권자가 지방도시계획위원회의 심의를 거쳐 정비구역 등을 해제할 수 있도록 한 제도이다(법 제 21 조 제 1 항).
>
> (2) 직권해제사유로는 ① 추진위원회가 구성되지 않은 구역에서 토지등소유자 30% 이상이 정비구역 해제를 요청하는 경우(같은 항 제 3 호), ② 추진위원회가 구성되거나 조합이 설립된 정비구역에서 사업시행계획인가를 신청하기 전에 A) 추진위원회 구성 또는 조합 설립에 동의한 토지등소유자의 1/2 이상 2/3 이하의 범위에서 시·도조례로 정하는 비율 이상의 동의로 정비구역의 해제를 요청하거나(같은 항 제 5 호), B) 토지등소유자 과반수의 동의로 정비구역의 해제를 요청하는 경우(같은 항 제 4 호) 등이 있다. 자세한 내용은 아래 조문 참조.
>
> (3) '정비구역등의 직권해제'도 정비구역 일몰제와 함께 2012. 8. 2. 개정법에서 도입되었으나, 추진위원회가 구성되거나 조합이 설립된 정비구역에서 직권해제를 인정한 것은 2019. 4. 23. 개정법(법률 제 16383 호)에서 신설되었으며, 이 규정은 2019. 10. 24.부터 시행되었다(동법 부칙 제 1 조).

2. 【법령】 전부개정 도시정비법 제 21 조(정비구역등의 직권해제)

> ① 정비구역의 지정권자는 다음 각 호의 어느 하나에 해당하는 경우 지방도시계획위원회의 심의를 거쳐 정비구역등을 해제할 수 있다. 이 경우 제 1 호 및 제 2 호에 따른 구체적인 기준 등에 필요한 사항은 시·도조례로 정한다. <개정 2019.4.23, 2020.6.9>

> 1. 정비사업의 시행으로 토지등소유자에게 과도한 부담이 발생할 것으로 예상되는 경우
> 2. 정비구역등의 추진 상황으로 보아 지정 목적을 달성할 수 없다고 인정되는 경우
> 3. 토지등소유자의 100 분의 30 이상이 정비구역등(추진위원회가 구성되지 아니한 구역으로 한정한다)의 해제를 요청하는 경우
> 4. 제 23 조 제 1 항 제 1 호에 따른 방법으로 시행 중인 주거환경개선사업의 정비구역이 지정·고시된 날부터 10 년 이상 경과하고, 추진 상황으로 보아 지정 목적을 달성할 수 없다고 인정되는 경우로서 토지등소유자의 과반수가 정비구역의 해제에 동의하는 경우
> ☞ '3 분의 2 이상'에서 '과반수'로 변경됨(시행일: 2019. 10. 24.)
> 5. 추진위원회 구성 또는 조합 설립에 동의한 토지등소유자의 2 분의 1 이상 3 분의 2 이하의 범위에서 시·도조례로 정하는 비율 이상의 동의로 정비구역의 해제를 요청하는 경우(사업시행계획인가를 신청하지 아니한 경우로 한정한다)
> ☞ 2019. 4. 23. 개정법률 제 16383 호에서 신설됨(시행일: 2019. 10. 24.)
> ☞ 서울시 도시정비조례 에는 "시·도 조례로 정하는 비율"에 관한 규정이 없고, 부산시 조례는 '60%'로 규정하고 있다(부산시 도시정비조례 제 7 조 제 4 항).
> 6. 추진위원회가 구성되거나 조합이 설립된 정비구역에서 토지등소유자 과반수의 동의로 정비구역의 해제를 요청하는 경우(사업시행계획인가를 신청하지 아니한 경우로 한정한다)
> ☞ 2019. 4. 23. 개정법률 제 16383 호에서 신설됨(시행일: 2019. 10. 24.)
> ② 제 1 항에 따른 정비구역등의 해제의 절차에 관하여는 제 20 조 제 3 항부터 제 5 항까지 및 제 7 항을 준용한다.

3. 【조례】 서울시 도시정비조례 제 14 조(정비구역등의 직권해제 등)

> ① 시장은 법 제 21 조 제 1 항 제 1 호 및 제 2 호에 따라 정비구역 또는 정비예정구역(이하 "정비구역등"이라 한다)의 지정을 해제하려는 경우에는 사업추진에 대한 주민 의사, 사업성, 추진상황, 주민갈등 및 정체 정도, 지역의 역사·문화적 가치의 보전 필요성 등을 종합적으로 고려하여야 한다.
> ② 법 제 21 조 제 1 항 제 1 호의 "정비사업의 시행으로 토지등소유자에게 과도한 부담이 발생할 것으로 예상되는 경우"란 제 80 조에 따라 추진위원회 위원장(이하 "추진위원장"이라 한다)이나 조합임원 또는 신탁업자가 입력한 정비계획 등으로 산정된 추정비례율

(표준값을 말한다)이 80퍼센트 미만인 경우로서 제6항에 따라 의견을 조사하여 사업찬성자가 100분의 50 미만인 경우를 말한다.

③ 법 제21조 제1항 제2호에서 "정비구역등의 추진 상황으로 보아 지정 목적을 달성할 수 없다고 인정되는 경우"란 다음 각 호의 어느 하나에 해당하는 경우를 말한다.

1. 정비예정구역으로서 다음 각 목의 어느 하나에 해당하는 경우

  가. 정비구역 지정요건이 충족되지 않은 경우

  나. 관계 법령에 따른 행위제한이 해제되거나 기한이 만료되어 사실상 정비구역 지정이 어려운 경우

2. 추진위원장 또는 조합장이 장기간 부득이한 사유로 직무를 수행할 수 없거나 주민 갈등 또는 정비사업비 부족으로 추진위원회 또는 조합 운영이 사실상 중단되는 등 정비사업 추진이 어렵다고 인정되는 경우

3. 자연경관지구, 최고고도지구, 문화재 보호구역, 역사문화환경 보존지역 등이 포함된 구역으로서 다음 각 목의 어느 하나에 해당되는 경우

  가. 추진위원회가 법 제31조에 따른 추진위원회 승인일(최초 승인일을 말한다)부터 3년이 되는 날까지 법 제35조, 영 제30조, 시행규칙 제8조를 모두 준수한 조합 설립인가를 신청(첨부 서류를 모두 갖춘 신청으로 한정한다)하지 않는 경우

  나. 사업시행자가 법 제35조에 따른 조합설립인가(최초 설립인가를 말한다)를 받은 날 또는 법 제26조제2항, 제27조제2항에 따른 사업시행자 지정을 받은 날이나 법 제25조에 따라 공동으로 정비사업을 시행하기로 한 날부터 4년이 되는 날까지 법 제50조, 시행규칙 제10조를 모두 준수한 사업시행계획인가를 신청(첨부 서류를 모두 갖춘 신청으로 한정한다)하지 않는 경우

  다. 사업시행자가 법 제50조에 따른 사업시행계획인가(최초 인가를 말한다)를 받은 날부터 4년이 되는 날까지 법 제74조, 시행규칙 제12조를 모두 준수한 관리처분계획인가를 신청(첨부 서류를 모두 갖춘 신청으로 한정한다)하지 않는 경우

  라. 추진위원회 또는 조합이 총회를 2년 이상 개최(법 또는 「정비사업 조합설립추진위원회 운영규정」에 따른 의사정족수를 갖춘 경우로 한정한다)하지 않는 경우

4. 법 제20조 제2항에 따라 구청장이 정비구역등의 해제를 요청하지 않는 경우

5. 삭제 <2019. 9. 26.>

④ ~ ⑩ 생략

E. [정비구역 해제 처분에 대한 집행정지신청을 인용하는 취지의 파기환송 판결] ① 시장이 도시환경정비구역을 지정하였다가 역사·문화적 가치 보전이 필요하다는 이유로 정비구역을 해제

I. 개요

하고 개발행위를 제한하는 내용을 고시함에 따라 구청장이 조합설립인가를 취소하자, ② 조합이 해제·고시의 무효확인과 인가취소처분의 취소를 구하는 소를 제기하고 위 각 처분의 효력정지를 신청한 사안에서, ③ 위 각 처분의 효력을 정지하지 않을 경우 정비사업의 진행이 불가능해져 회복하기 어려운 손해가 발생할 우려가 있다고 보아 효력정지신청을 받아들임 ―대법원 2018. 7. 12. 자 2018 무 600 결정[집행정지]

[당사자]

> 【신청인, 재항고인】 사직제 2 구역도시환경정비사업조합
>
> 【피신청인, 상대방】 서울특별시장 외 1 인

【신청취지】 [서울고등법원 2018. 3. 19. 자 2018 아 1082 결정]

> ① 피신청인 서울특별시장이 2017. 3. 30. 서울특별시고시 제 2017-108 호로 한 사직 2 도시환경정비구역해제 및 개발행위제한 고시 및 ② 피신청인 서울특별시 종로구청장이 2017. 4. 14. 신청인에게 한 조합설립인가취소 처분은 이 법원 2018 누 34451 정비구역해제고시 무효확인 등 청구사건의 판결 선고시까지 그 효력을 정지한다.

1. 원심기록에 의하여 알 수 있는 사실

기록에 따르면 다음과 같은 사실을 알 수 있다.

가. 피신청인 서울특별시장(이하 '피신청인 시장'이라 한다)은 2009. 11. 19. 서울 종로구 사직동 311-10 일대 34,261.5 ㎡를 사직 2 도시환경정비구역(이하 '이 사건 정비구역'이라 한다)으로 지정하였다. 재항고인은 이 사건 정비구역을 사업시행예정구역으로 한 도시환경정비사업을 시행할 목적으로 설립된 조합으로 2010. 7. 19. 피신청인 서울특별시 종로구청장(이하 '피신청인 구청장'이라 한다)으로부터 설립인가를 받았고, 2012. 9. 21. 피신청인 구청장으로부터 사업시행인가를 받았다.

나. 피신청인 시장은 2016. 10. 26. 이 사건 정비구역이 서울특별시 도시 및 주거환경정비조례(2017. 1. 5. 서울특별시조례 제 6408 호로 개정되기 전의 것) 제 4 조의 3 제 3 항 제 6 호의 '도시계획위원회에서 구역지정 이후 여건변화에 따라 해당구역 및 주변지역의 역사·문화적 가치 보전이 필요하다고 인정하는 경우'에 해당한다며 직권해제 대상구역으로 공고하였다. 피신청인 시장은 2017. 3. 30. 구 도시 및 주거환경정비법(2017. 2. 8. 법률 제 14567 호로 전부 개정되기 전의 것, 이하 '구 도시정비법'이라 한다) 제 4 조의 3 을 근거로 이 사건 정비구역을 해제하고 개발행위를 제한하는 내용을 고시하였고(이하 '이 사건 해제고시'라 한다), 피신청인 구청장은 2017. 4. 13. 구 도시정비법 제 16 조의 2 제 1 항 제 3 호를 근거로 재항고인에 대한 조합설립인가를 취소하였다(이하 '이 사건 인가취소처분'이라 하고, 이 사건 해제고시와 합하여 '이 사건

각 처분'이라 한다).

다. 재항고인은 서울행정법원 2017 구합 63986 호로 피신청인들을 상대로 이 사건 해제고시의 무효확인과 이 사건 인가취소처분의 취소를 구하는 소를 제기하였다. 위 법원은 2017. 12. 15. 이 사건 각 처분을 취소하는 판결을 선고하였고, 현재 항소심에 계속 중이다(서울고등법원 2018 누 34451 호).

라. 서울특별시에서는 정비구역 지정이 해제되어 추진주체의 인가가 취소된 경우 해당 추진주체가 사용한 비용을 보조하기 위하여 2016. 11. '정비사업 추진주체 사용비용 보조 가이드라인'을 마련하였다. 이에 따르면 보조금은 검증위원회의 검증을 거쳐 결정하되 그 산정기준에 관하여는 인건비의 경우 고용노동부 임금 통계를 기준으로 작성한 '사용비용 보조 인건비 기준값'을 적용하고, 외주용역비 중 정비사업전문관리, 정비계획, 건축설계에 관한 부분은 고시 시점에서 정한 금액(외주용역비 평균값을 기준으로 정하며, 일정한 경우 외주용역업체의 선정, 용역비의 적정성은 검증위원회의 검증을 거치고, 사업 장기화 등으로 해당용역의 외주용역업체 계약을 변경하는 경우에는 최초 용역업체가 계약한 금액을 기준으로 산정하도록 하였다.

2. 원심의 판단

원심은 이 사건 각 처분으로 신청인에게 회복하기 어려운 손해가 발생할 우려가 있다거나 이를 예방하기 위하여 그 효력을 정지할 긴급한 필요가 있다고 인정하기 어렵다고 보아 재항고인의 신청을 기각하였다.

3. 대법원의 판단 (파기환송)

그러나 원심의 이러한 판단은 다음과 같은 이유로 받아들이기 어렵다.

가. 법리 ('회복하기 어려운 손해')

구 도시정비법에 따른 정비사업은 정비구역의 지정, 조합 설립인가, 사업시행인가, 관리처분계획 인가 등의 순서로 진행된다. 정비구역 지정은 정비사업을 시행하기 위한 일련의 행정절차에서 반드시 선행되어야 하는 행위이다.

행정소송법 제 23 조 제 2 항은 '취소소송이 제기된 경우에 처분 등이나 그 집행 또는 절차의 속행으로 인하여 생길 회복하기 어려운 손해를 예방하기 위하여 긴급한 필요가 있다고 인정할 때에는 처분 등의 효력 등을 정지할 수 있다.'고 정하고 있다.

여기에서 회복하기 어려운 손해는 특별한 사정이 없는 한 금전으로 보상할 수 없는 손해로서 금전보상이 불가능한 경우 또는 금전보상으로는 사회관념상 행정처분을 받은 당사자가 참고 견딜 수 없거나 참고 견디기가 현저히 곤란한 경우의 유형, 무형의 손해를 일컫는다.

I. 개요

그리고 '처분 등이나 그 집행 또는 절차의 속행으로 인하여 생길 회복하기 어려운 손해를 예방하기 위하여 긴급한 필요'가 있는지는 처분의 성질, 양태와 내용, 처분상대방이 입는 손해의 성질·내용과 정도, 원상회복·금전배상의 방법과 그 난이도 등은 물론 본안청구의 승소가능성 정도 등을 종합적으로 고려하여 구체적·개별적으로 판단하여야 한다(대법원 2011. 4. 21.자 2010무111 전원합의체 결정 등 참조).

나. 회복하기 어려운 손해가 발생할 우려가 있다고 본 사례

위에서 본 사실관계와 법리에 따르면 다음과 같은 결론을 도출할 수 있다.

① 정비구역 지정이 취소되고 이에 대하여 불가쟁력이 발생하는 경우 정비사업 시행을 전제로 하는 후속 처분들은 모두 그 의미를 상실하게 된다. 재항고인에 대한 조합설립인가 취소처분은 재항고인이 적법하게 취득한 공법인의 지위를 재항고인의 귀책사유 없이 사후적 사정변경을 이유로 박탈하는 것이어서 신중하게 판단해야 한다. 따라서 이 사건 각 처분의 위법성에 관하여 재항고인이 본안소송에서 주장·증명할 기회는 충분히 보장되어야 한다.

② 이 사건 각 처분의 효력을 정지하지 않을 경우 재항고인이 이 사건 사업과 관련한 후속 조치를 실행하는 데 사실상, 법률상 장애가 있게 될 뿐 아니라, 피신청인들이나 관계행정청이 이 사건 사업의 진행을 차단하기 위한 각종 불이익 조치를 할 염려가 있다.

서울특별시에서는 정비구역 지정이 직권해제된 경우 조합이 지출한 비용을 보조하기 위한 가이드라인을 마련해 두고 있다. 이는 조합이 지출한 비용 전부를 무조건적으로 보전하는 내용이 아니라 가이드라인에서 정한 기준에 따라 검증위원회의 검증을 거쳐 일정한 범위 내에서 보조하는 것이다. 위 가이드라인에 따른 보조금으로 재항고인이 입을 피해가 모두 회복되리라고는 기대할 수 없다.

③ 따라서 이 사건 각 처분의 효력을 정지하지 않을 경우 재항고인에게 특별한 귀책사유가 없는데도 이 사건 사업의 진행이 법적으로 불가능해져 재항고인에게 회복하기 어려운 손해가 발생할 우려가 있다. 이러한 손해를 예방하기 위하여 이 사건 각 처분의 효력을 정지할 긴급한 필요가 있다.

원심판단에는 행정처분의 효력정지 요건에 관한 법리 등을 오해하여 재판에 영향을 미친 잘못이 있다. 이를 지적하는 재항고이유 주장은 정당하다.

II. 정비구역등 해제의 효력과 비용보조

A. 정비구역등 해제의 효력

1. 【법령】 전부개정 도시정비법 제 22 조(정비구역등 해제의 효력)

> ① 제 20 조 및 제 21 조에 따라 정비구역등이 해제된 경우에는 정비계획으로 변경된 용도지역, 정비기반시설 등은 정비구역 지정 이전의 상태로 환원된 것으로 본다. 다만, 제 21 조제 1 항제 4 호의 경우 정비구역의 지정권자는 정비기반시설의 설치 등 해당 정비사업의 추진 상황에 따라 환원되는 범위를 제한할 수 있다.
>
> ② 제 20 조 및 제 21 조에 따라 정비구역등(재개발사업 및 재건축사업을 시행하려는 경우로 한정한다. 이하 이 항에서 같다)이 해제된 경우 정비구역의 지정권자는 해제된 정비구역등을 제 23 조제 1 항제 1 호의 방법으로 시행하는 주거환경개선구역(주거환경개선사업을 시행하는 정비구역을 말한다. 이하 같다)으로 지정할 수 있다. 이 경우 주거환경개선구역으로 지정된 구역은 제 7 조에 따른 기본계획에 반영된 것으로 본다.
>
> ③ 제 20 조제 7 항 및 제 21 조제 2 항에 따라 정비구역등이 해제·고시된 경우 추진위원회 구성승인 또는 조합설립인가는 취소된 것으로 보고, 시장·군수등은 해당 지방자치단체의 공보에 그 내용을 고시하여야 한다.

B. 정비구역의 직권해제에 따른 비용 보조

1. 【법령】 전부개정 도시정비법 제 21 조(정비구역등의 직권해제)

> ③ 제 1 항에 따라 정비구역등을 해제하여 추진위원회 구성승인 또는 조합설립인가가 취소되는 경우 정비구역의 지정권자는 해당 추진위원회 또는 조합이 사용한 비용의 일부를 대통령령으로 정하는 범위에서 시·도조례로 정하는 바에 따라 보조할 수 있다.

2. 【법령】 전부개정법 시행령 제 17 조(추진위원회 및 조합 비용의 보조)

> ① 법 제 21 조제 3 항에서 "대통령령으로 정하는 범위"란 다음 각 호의 비용을 말한다.
>   1. 정비사업전문관리 용역비
>   2. 설계 용역비
>   3. 감정평가비용

4. 그 밖에 해당 법 제 31 조에 따른 조합설립추진위원회(이하 "추진위원회"라 한다) 및 조합이 법 제 32 조, 제 44 조 및 제 45 조에 따른 업무를 수행하기 위하여 사용한 비용으로서 시·도조례로 정하는 비용

② 제 1 항에 따른 비용의 보조 비율 및 보조 방법 등에 필요한 사항은 시·도조례로 정한다.

3. 【조례】 서울시 도시정비조례 제 15 조(추진위원회 및 조합 비용의 보조비율 및 보조방법 등)

① (생략)

② 추진위원회 및 조합의 사용비용에 대한 보조 금액(이하 "보조금"이라 한다)은 제 16 조에 따른 검증위원회의 검증을 거쳐 결정하며, 시장은 검증위원회의 사용비용 검증에 필요한 기준을 정할 수 있다.

③ 시장 또는 구청장은 제 16 조에 따른 검증위원회 또는 제 17 조에 따른 재검증위원회의 검증을 거쳐 결정한 금액을 기준으로 다음 각 호에 정하는 비율에 따라 보조금을 지급할 수 있다. <개정 2022.12.30>

 1. 제 14 조제 2 항, 같은 조 제 3 항제 1 호부터 제 3 호까지에 해당되어 법 제 21 조제 1 항에 따라 정비구역등을 해제하여 추진위원회의 승인 또는 조합설립인가가 취소되는 경우: 70 퍼센트 이내

 2. 삭제 <2022.12.30>

 3. 법 제 21 조제 1 항제 5 호 또는 제 6 호에 따라 정비구역등을 해제하여 추진위원회의 승인 또는 조합설립인가가 취소되는 경우: 70 퍼센트 이내

④ 추진위원회의 보조금은 승인 취소된 추진위원회의 대표자가 추진위원회 승인 취소 고시가 있는 날부터 6 개월 이내에 별지 제 1 호서식의 추진위원회 사용비용 보조금 신청서에 다음 각 호의 서류를 첨부하여 구청장에게 신청하여야 한다.

 1. 추진위원회 사용비용 업무항목별 세부내역서와 증명 자료

 2. 추진위원회 사용비용 이해관계자(채권자의 성명과 연락처 등은 반드시 포함) 현황과 증명 자료

 3. 추진위원회 사용비용 보조금 지원신청 관련 의결 및 의사록(대표자, 지급통장계좌번호, 채권자 현황 등)

⑤ 조합의 보조금은 설립인가 취소된 조합의 대표자가 조합설립인가 취소 고시가 있는 날부터 6 개월 이내에 별지 제 2 호서식의 조합 사용비용 보조금 신청서에 제 4 항 각 호 및 다음 각 호의 서류를 첨부하여 구청장에게 신청하여야 한다.

> 1. 조합 사용비용 업무항목별 세부내역서와 증명 자료
>
> 2. 조합 사용비용 이해관계자(채권자의 성명과 연락처 등은 반드시 포함) 현황과 증명 자료
>
> 3. 조합 사용비용 보조금 지원신청 관련 의결 및 의사록(대표자, 지급통장계좌번호, 채권자 현황 등)
>
> (이하 생략)

III. 추진위원회승인·조합설립인가의 무효·취소와 매몰비용 부담 문제

A. 조합/추진위원회 중도 해산시 토지등소유자는 비용부담 하지 않음

1. 【참고】현금청산대상자의 조합에 대한 정비사업비 부담에 관한 법리

> 정비사업조합이 현금청산대상자에 대하여 정비사업비의 분담금을 청구하거나 기존 이익의 반환을 청구하는 것은, ① 그가 조합원 지위를 상실하기 전에 ② 조합의 정관이나 총회결의 또는 조합과 조합원 사이의 약정으로 ③ 그 내용을 구체적으로 정한 경우에 한하여 허용된다는 것이 대법원의 확립된 판례이다.
>
> ☞ 이에 관한 내용은 돈.되.법 4 의 「현금청산대상자의 사업비부담」부분을 참조하세요.

2. 【해설】조합/추진위원회 중도 해산시 토지등소유자의 비용부담 문제도 위와 같음

> (1) 현금청산대상자의 사업비 부담에 관한 위와 같은 법리는, 정비구역 지정이 해제되어 조합 또는 추진위원회가 중도에 해산되는 경우 매몰비용에 대한 조합의 채무(시공사/정비업자에 대한 대여금반환의무 등)를 조합원 또는 토지등소유자에게 분담시킬 있는지의 문제에 그대로 원용될 수 있다.
>
> 따라서, 조합이 정비사업 완료 전 인가 취소 등으로 해산한 경우, 조합은 정관이나 총회결의 또는 조합과 조합원 사이의 약정으로 미리 정했다는 등의 특별한 사정이 없는 한, 조합원들에게 잔존 채무에 대한 청산금 지급을 청구할 수 없다(아래 판례). 추진위원회가 해산한 경우도 마찬가지이다.
>
> (2) 위 법리에 따르면, 정비구역 지정이 해제되어 조합/추진위원회가 중도에 해산된 경우, 조합원 또는 토지등소유자가 조합의 채무를 분담하기로 하는 내용의 정관규정이나 총회결의가 있지 않은 한(실제로 그런 경우는 없다), 조합 또는 추진위원회나 그 채권자는 그동안 발생한 조합채무에 대하여 조합원/토지등소유자에게 그 책임을 물을 수 없다.

III. 추진위원회승인·조합설립인가의 무효·취소와 매몰비용 부담 문제

> (3) 법 제 92 조(비용부담의 원칙)와 제 93 조(비용의 조달) 및 조합정관의 부담금/분담금 납부의무 조항은 정비사업을 정상적으로 시행하는 과정에서 발생한 비용의 분담에 관한 규정이므로 조합 또는 추진위원회 해산시 조합원들에게 매몰비용을 부담시키는 근거가 될 수 없다. 또한 법 제 89 조(청산금 등)에 따라 징수하는 청산금은 신축 건축물 등을 분양받은 자가 종전자산 가격과의 차이를 정산하기 위한 것이므로, 이 규정도 조합원에게 매몰비용을 부담시키는 근거가 될 수 없다.
>
> (4) 결국 정비사업의 추진이 무산되면 그 매몰비용은 조합 또는 추진위원회에 사업비를 댄 시공사나 정비업자 등이 최종 부담하여야 하며, 조합원이나 토지등소유자에게 그 책임을 물을 수 없다.

B. 재개발조합이 정비사업 완료 전 인가취소로 해산한 경우, 조합은 정관이나 총회결의 또는 조합과 조합원 사이의 약정으로 미리 정하였다는 등의 특별한 사정이 없다면 조합원들에게 잔존 채무에 대한 청산금을 구할 수 없어 —인천지방법원 2016. 12. 22. 선고 2016 나 58782 판결[잔여채무분담청구](확정: 대법원 2019. 8. 14. 선고 2017 다 201361 판결)

【당사자】

원고,항소인　　　A 주택재개발정비사업조합
피고,피항소인　　B ~ X

1. 인가취소로 재개발조합 해산시 조합원들이 청산금을 분담하는지

1) 주택재개발조합은 사단법인으로 도시 및 주거환경정비법(이하 '법')에 규정된 것을 제외하고는 민법 중 사단법인에 관한 규정이 준용된다(법 제 18 조, 제 70 조). 그런데 민법은 사단법인의 청산에 관하여 청산 중 법인의 재산이 그 채무를 완제하기에 부족한 경우 청산인으로 하여금 파산 신청을 하도록 하고 있을 뿐(민법 제 79 조), 법인과 별개의 법적 주체인 사원들에게 채무를 부담하도록 하고 있지 않다...

3) 재개발조합이 조합원들에게 잔존 채무의 분담을 구할 수 없다고 본다면 재개발조합의 채권자들은 채권 만족 측면에서 불리하나, 채권자들은 정비사업의 경제성, 재개발조합의 존속 가능성 등을 판단하여 재개발조합과 법률행위를 할 것인지 여부를 결정할 수 있고, 정비사업이 원활하게 이루어지지 않을 경우를 대비하여 채권 보전 조치를 취할 수도 있으므로, 민법에 정한 사단법인 청산의 원칙과 달리 조합 채권자들의 이익을 우선할 필요가 있다고 보지 않는다.

4) 따라서 조합정관이나 조합원총회의 결의 또는 조합과 조합원 사이의 약정으로 미리 정하였다는 등의 특별한 사정이 없다면, 재개발조합이 정비사업 완료 전 인가 취소로 해산한 경우 조합원들에게 잔존 채무에 대한 청산금을 구할 수 없다고 본다.

2. 조합정관 제63조, 제10조가 조합원들의 청산금 분담의무를 정한 규정인지

가. 조합정관 제63조

가) 조합정관 제63조가 위치한 정관 제9장은 '완료조치'라는 제목 하에 준공인가 후의 입주통지(제55조), 이전고시, 권리의 확정 및 등기절차(제56조 내지 제58조), 조합의 조합원으로부터의 청산금의 징수 혹은 조합의 조합원에 대한 청산금의 지급(제59조, 제60조), 조합의 해산과 청산(제61조, 제62조), 채무변제 및 잔여재산의 처분(제63조), 관계서류의 이관(제64조) 등을 차례로 규정하고 있고, 조합정관 제63조는 '분양받은 토지 또는 건축물의 부담비용 등'을 종합적으로 고려하여 청산 종결 후 채무 및 잔여재산을 분배하도록 하고 있어, 문언 자체에 의하더라도 공사가 완료되어 준공인가 후 해산하는 경우를 전제하고 있다.

나) 이와 같은 체계 및 문언을 종합하여, 조합정관 제63조는 준공인가 후 조합을 해산하는 경우에 남은 채무 및 잔여재산을 어떻게 처분할지를 정한 규정일 뿐, 공사 완료 전 조합설립인가가 취소됨으로써 해산하는 경우 조합원들에게 조합의 잔존채무를 부담하도록 하는 규정으로 해석하지 않는다.

나. 조합정관 제10조

조합정관은 제10조에서 조합원에게 청산금을 납부할 의무가 있다고 규정하면서 청산금에 대한 별도의 정의 조항을 두고 있지 않다. 다만 제59조에서 청산금을 '대지 또는 건축물을 분양받은 자가 종전에 소유하고 있던 토지 또는 건축물의 가격과 분양받은 대지 또는 건축물의 가격 사이에 차이가 있는 경우 그 차액을 의미'하는 것으로 규정하고 있고, 도시정비법 제57조도 이와 같다.

따라서 조합정관 제10조의 청산금 역시 조합정관 제59조의 청산금과 동일한 의미로 보고, 달리 원고의 주장과 같이 조합정관 제10조의 청산금이 공사 완료 전 조합이 해산된 경우 조합의 적극재산과 소극재산의 차액까지 포함하는 의미로 해석할 근거가 없다.

조합정관 제10조를 조합설립인가가 취소됨으로써 해산하는 경우 조합원들에게 조합의 잔존채무를 부담하도록 하는 규정으로 보지 않는다.

다. 소결

그렇다면 조합정관 제63조, 제10조는 조합원들에게 잔존 채무에 대한 청산금을 구할 근거가 되지 않고, 달리 조합원들에게 잔존 채무에 대한 청산금을 구하도록 하는 조합원총회의 결의 또는 조합과 조합원 사이의 약정이 있었다고 볼 증거도 없으므로, 원고 조합은 조합원들에게 잔존 재산에 대한 청산금을 구할 수 없다. 원고 조합의 주위적 청구는 이유 없다.

III. 추진위원회승인·조합설립인가의 무효·취소와 매몰비용 부담 문제

C. 구 도시정비법 규정

1. 【해설】 추진위원회 동의자 신청에 의한 '추진위원회 승인취소'와 '매몰비용의 보조'(한시법)

(1) **필수적 승인취소 조항:** 추진위원회구성 또는 조합설립에 동의한 토지등소유자의 일정비율 이상의 동의 또는 토지등소유자 과반수 동의에 의한 신청에 따라 시장·군수가 추진위원회승인 또는 조합설립인가를 반드시 취소하도록 한 조항(구법 제 16 조의 2 제 1 항 제 1, 2 호)은 2012. 2. 1. 개정법(법률 제 11293 호)으로 도입되어 2016. 1. 31.까지 시행되다가 실효하였다(동 부칙 제 2 조 제 1 항).

전부개정법 제 21 조 제 1 항은 ① "토지등소유자의 30% 이상이 정비구역등(추진위원회가 구성되지 아니한 구역으로 한정함)의 해제를 요청하는 경우"(제 3 호)와 ② "추진위원회 구성 또는 조합설립에 동의한 토지등소유자의 1/2 이상 2/3 이하의 범위에서 시·도조례로 정하는 비율 이상의 동의로 정비구역의 해제를 요청하는 경우(사업시행계획인가를 신청하지 아니한 경우로 한정함)"(제 5 호)를 정비구역등(정비구역과 정비예정구역을 말함. 법 제 19 조 제 8 항)의 직권해제(재량해제) 사유의 하나로 규정하고 있다(법 제 21 조 제 1 항 제 5 호).

(2) **비용보조 조항:** 한편 ① 구법 제 16 조의 2 제 1 항 제 1 호에 따라 '추진위원회 승인'이 취소된 때에는 시·도지사, 시장·군수 또는 구청장은 해당 추진위원회가 사용한 비용의 일부를 보조할 수 있었는데(구법 제 16 조의 2 제 4 항), 이 규정은 2016 년 12 월 31 일까지 효력을 가졌다(동법 부칙 제 2 조 제 3 항). ② 구법 제 16 조의 2 제 1 항 제 2 호에 따라 조합설립에 동의한 토지등소유자의 일정비율 이상의 동의 또는 토지등소유자 과반수 동의에 의한 신청에 따라 조합설립인가가 취소된 경우에는 비용보조 규정이 없었다.

2. 【해설】 정비구역 해제로 추진위원회승인 또는 조합설립인가가 취소된 경우

구법 제 4 조의 3 제 4 항(정비구역등의 재량해제 조항)에 따라 정비구역등이 해제되어 조합설립인가등이 취소된 경우 해당 추진위원회 또는 조합이 사용한 비용의 일부를 보조할 수 있도록 한 규정(구법 제 16 조의 2 제 6 항)은 2015. 9. 1. 개정법(법률 제 13508 호. 시행일: 2016. 3. 2.)에서 신설되었으며, 2016. 3. 2. 전에 해제한 정비구역등의 추진위원회 또는 조합에 대하여도 적용되었다(동 부칙 제 4 조).

이 규정은 한시규정이 아니었으며, 전부개정법에도 같은 내용의 규정이 있다(전부개정법 제 21 조 제 3 항, 영 제 17 조, 서울시 도시정비조례 제 15 조).

3. 【구법령】 구 도시정비법 제 16 조의 2(조합 설립인가등의 취소)

< 2012. 2. 1. 개정 법률 제 11293 호 >

① 시장·군수는 다음 각 호의 어느 하나에 해당하는 경우에는 추진위원회 승인 또는 조합 설립인가(이하 이 조에서 "조합 설립인가등"이라 한다)를 취소하여야 한다.

  1. a) 추진위원회 구성에 동의한 토지등소유자의 2분의 1 이상 3분의 2 이하의 범위에서 시·도조례로 정하는 비율 이상의 동의 또는 b) 토지등소유자 과반수의 동의로 추진위원회의 해산을 신청하는 경우

☞ 조합 설립에 동의한 조합원 과반수의 해산신청이 있었다는 이유로 위 규정에 따라 조합설립인가를 취소한 처분을 적법하다고 본 사례(청주지방법원 2017. 2. 23. 선고 2016구합10942 판결[조합설립인가취소처분취소]). 이 사건에서 조합원의 원고적격은 인정되었지만, 조합의 금전채권자인 정비사업전문관리업자의 원고적격(법률상 이익)은 부정되었다.

  2. a) 조합 설립에 동의한 조합원의 2분의 1 이상 3분의 2 이하의 범위에서 시·도조례로 정하는 비율 이상의 동의 또는 b) 토지등소유자 과반수의 동의로 조합의 해산을 신청하는 경우

  3. 제4조의3(정비구역등 해제)에 따라 정비예정구역 또는 정비구역의 지정이 해제되는 경우

② 토지등소유자의 100분의 10 이상 100분의 25 이하의 범위에서 시·도조례로 정하는 비율 이상의 요청이 있는 경우, 시장·군수는 토지등소유자의 의사결정에 필요한 정보를 제공하기 위하여 개략적인 정비사업비 및 추정 분담금 등을 조사하여 토지등소유자에게 제공할 수 있다. 이 경우 특별시장·광역시장·도지사는 관할 구역의 시장, 군수 또는 구청장이 수행한 조사 비용의 전부 또는 일부를 지원할 수 있다. <개정 2013. 12. 24.>

③ 제1항 및 제2항의 시행에 필요한 절차, 방법, 조사 기간 등은 시·도조례로 정할 수 있다.

④ 제1항 제1호에 따라 추진위원회 승인이 취소된 경우 시·도지사, 시장, 군수 또는 구청장은 해당 추진위원회가 사용한 비용의 일부를 대통령으로 정하는 범위에서 시·도조례로 정하는 바에 따라 보조할 수 있다. <개정 2013. 12. 24.>

⑤ 제1항에 따라 조합 설립인가등이 취소되는 경우에는 시장·군수는 지체 없이 그 내용을 해당 지방자치단체의 공보에 고시하여야 한다.

⑥ 제4조의3 제4항에 따라 정비구역등을 해제하여 조합 설립인가등이 취소되는 경우 특별시장, 광역시장, 특별자치시장, 특별자치도지사, 시장 또는 군수는 해당 추진위원회 또는 조합이 사용한 비용의 일부를 대통령으로 정하는 범위에서 시·도조례로 정하는 바에 따라 보조할 수 있다. <개정 2016. 1. 27.>

III. 추진위원회승인·조합설립인가의 무효·취소와 매몰비용 부담 문제

> ⑦ 시공자·설계자 또는 정비사업전문관리업자 등(이하 이 항에서 "시공자등"이라 한다)은 <u>해당 추진위원회 또는 조합</u>(연대보증인을 포함하며, 이하 이 항에서 "조합등"이라 한다)에 대한 채권(조합등이 시공자등과 합의하여 이미 상환하였거나 상환할 예정인 채권은 제외한다. 이하 이 항에서 같다)의 <u>전부 또는 일부를 포기하고 이를 「조세특례제한법」 제 104 조의 26 에 따라 손금에 산입하려면 해당 조합등과 합의하여 다음 각 호의 사항을 포함한 채권확인서를 시장·군수에게 제출하여야 한다.</u> <개정 2016. 1. 27.>
>
> 1. 채권의 금액 및 그 증빙 자료
> 2. 채권의 포기에 관한 합의서 및 이후의 처리 계획
> 3. 그 밖에 채권의 포기 등에 관하여 시·도조례로 정하는 사항
>
> [본조신설 2012. 2. 1.]

4. 【경과규정】 구 도시정비법 부칙 제 2 조(유효기간) <제 11293 호, 2012. 2. 1.>

> ① 제 16 조의 2 제 1 항 제 1 호 및 제 2 호는 2016 년 1 월 31 일까지 효력을 가진다. 다만, 2014 년 1 월 31 일까지 건축법 제 36 조에 따라 건축물의 철거신고(제 48 조의 2 제 2 항에 따라 건축물을 철거하기 위한 신고를 한 경우를 제외한다)를 한 조합의 경우에는 2014 년 1 월 31 일까지 효력을 가진다. <개정 2014. 12. 31.>
>
> ② 제 16 조의 2 제 2 항은 2014 년 1 월 31 일까지 시장·군수에게 필요한 정보의 제공을 요청한 경우에 한정하여 효력을 가진다.
>
> ③ 제 16 조의 2 제 4 항은 2016 년 12 월 31 일까지 효력을 가진다. <개정 2014. 12. 31.>

제 6 장

토지등소유자의 동의

제1절 총설
제2절 토지등소유자 동의자 수 산정기준
제3절 공유자 문제
제4절 동의의 방법
제5절 동의서의 심사
제6절 동의의 철회

"① 이 사건 각 점포가 5개의 구분소유건물로 등기되어 있었더라도, 구조상·이용상 독립성이 인정되지 않는 이상 1개의 건물에 불과해; ② 따라서 토지등소유자 5인 및 이들의 동의가 있는 것으로 산정할 것은 아니고, 토지등소유자 1인 및 그 1인의 동의만이 있다고 산정하여야 함" —서울행정법원 2009. 9. 25. 선고 2009구합9192호 판결[조합설립추진위원회승인처분등취소]

제1절 총설

I. 재개발·재건축 사업의 동의요건/정족수 총정리

A. 재건축·재개발사업 동의요건/정족수 총정리

표 8 [재건축·재개발 동의요건/정족수 총정리 표]

동의를 요하는 행위	현행 도시정비법	전부개정전 도시정비법 <2017. 2. 8. 법률 제 14567 호로 전부개정 되기 전의 것>
안전진단 실시 요청	토지등소유자 10 분의 1 이상 동의(법 §12②i)	현행과 같음(구법 §12①ii)
정비계획 입안 제안	a) 토지등소유자의 60 퍼센트 이상 및 b) 토지면적의 2 분의 1 이상의 동의(서울시도시정비조례 §10①)	a) 토지등소유자의 3 분의 2(단, 주거환경관리사업의 경우 토지등소유자의 과반수) 이상 및 b) 토지면적의 2 분의 1 이상 소유자의 동의(구조례 §6①)
정비계획 변경 요청	토지등소유자 3 분의 2 이상 동의(경미한 사항 변경은 동의요건 없음. 법 §14①vi)	해당 없음(토지등소유자의 동의에 의한 정비계획 변경요청은 전부개정법에서 신설되었음)
추진위원회 구성	토지등소유자 과반수 동의(법 §31①)	현행과 같음(구법 §13②)
조합설립 (※ 가장 무거운 동의요건임)	재개발: a) 토지등소유자의 4 분의 3 이상 및 b) 토지면적의 2 분의 1 이상의 토지소유자 동의(법 §35②). 재건축: a) 각 동(복리시설은 주택단지의 복리시설 전체를 하나의 동으로 봄)별 구분소유자의 과반수 동의(구분소유자가 5 명 이하인 동은 제외)와 b) 주택단지의 전체 구분소유자의 4 분의 3 이상 및 토지면적의 4 분의 3 이상 토지소유자의 동의(법 §35③). 단, 주택단지가 아닌 지역이 정비구역에 포함된 때에는 주택단지가 아닌 지역의 a) 토지 또는 건축물 소유자의 4 분의 3 이상 및 b) 토지면적의 3 분의 2 이상의 동의를 추가로 받아야 함(법 §35④). 창립총회에는 조합원 100 분의 20 이상이 직접 출석하여야 함(법 §45⑦)	주택재개발사업·도시환경정비사업: 토지등소유자의 4 분의 3 이상 및 토지면적의 2 분의 1 이상(가로주택정비사업은 토지등소유자의 10 분의 8 이상 및 토지면적의 3 분의 2 이상)의 토지소유자 동의(구법 §16①). 주택재건축사업: a) 주택단지 안의 공동주택의 각 동(복리시설의 경우에는 주택단지 안의 복리시설 전체를 하나의 동으로 본다)별 구분소유자의 과반수 동의(구분소유자가 5 명 이하인 동은 제외)와 b) 주택단지 안의 전체 구분소유자의 4 분의 3 이상 및 토지면적의 4 분의 3 이상의 토지소유자 동의

제 6 장 토지등소유자의 동의 / 제 1 절 총설

동의를 요하는 행위	현행 도시정비법	전부개정전 도시정비법 <2017. 2. 8. 법률 제 14567 호로 전부개정 되기 전의 것>
	※ 추진위원회 구성에 동의한 사람은 조합설립에 동의한 것으로 보므로, 조합설립 동의의 요건은 ① 추진위 승인단계에서 받은 동의서와 ② 그 후 추가로 받은 동의서를 합쳐서 갖추면 된다.	(구법 §16②). 단, 주택단지가 아닌 지역이 정비구역에 포함된 때에는 주택단지가 아닌 지역안의 a) 토지 또는 건축물 소유자의 4 분의 3 이상 및 b) 토지면적의 3 분의 2 이상의 토지소유자 동의를 추가로 얻어야 함 (구법 §16③). 창립총회에는 조합원의 100 분의 20 이상이 직접 출석하여야 함(법 §24⑥)
조합설립인가 사항의 변경	총회에서 조합원 3 분의 2 이상의 찬성에 의한 의결(법 §35⑤) ☞ 종전보다 정족수는 낮춘 대신 반드시 총회결의로 하도록 함.	조합설립 동의요건과 동일(구법 §16①②) ☞ 총회결의로 하지 않아도 됨
정관변경	총회를 개최하여 조합원 과반수의 찬성으로 의결(법 §40③. 단, 조합원 3 분의 2 이상의 찬성을 요하는 사항 있음)	현행과 동일함(구법 §20③)
사업시행계획서 작성·변경	* 총회에서 조합원 과반수의 찬성으로 의결(§45④. 단 정비사업비가 100 분의 10 이상 늘어나는 경우에는 조합원 3 분의 2 이상의 찬성) 총회에는 조합원의 100 분의 20 이상이 직접 출석하여야 함(§45⑦) * 토지등소유자가 20 인 미만인 경우: a) 토지등소유자의 4 분의 3 이상 및 b) 토지면적의 2 분의 1 이상의 토지소유자의 동의(단, 변경의 경우는 규약으로 정하는 바에 따라 토지등소유자의 과반수의 동의. §50⑥) [재개발조합 설립요건과 동일함] * 지정개발자가 시행하는 경우: a) 토지등소유자의 과반수 동의 및 b) 토지면적의 2 분의 1 이상의 토지소유자의 동의(§50⑦)	* 현행과 동일함(구법 §24⑥⑦) * 도시환경정비사업: 토지등소유자 4 분의 3 이상의 동의(단, 변경의 경우는 규약이 정하는 바에 따라 토지등소유자의 과반수의 동의. 구법 §28⑦) * 지정개발자가 시행하는 경우: 현행과 같음(구법 §28⑤)
관리처분계획의 수립	사업시행계획서 작성·변경과 동일함(법 §45④⑤)	현행과 동일함(구법 §24⑥⑦)

II. 토지등소유자의 범위

B. ★ 투자 Tip – 동의율과 투자

(1) 어떤 사업이든 그 사업을 책임지고 시행할 사람이 정해져야 제대로 진행된다. 정비사업의 시행자는 조합이다. 조합설립 이후 정비사업의 진행은 급물살을 탄다. 재개발·재건축사업의 단계는 '조합설립 전'과 '조합설립 후'로 구분된다는 말이 나오는 이유이다.

따라서 토지등소유자의 동의 중 정비사업의 초기 단계에서 가장 중요한 의미를 갖는 것은 '조합설립 동의'이다.

(2) 그런데 위 표에서 보는 것처럼 정비사업에서 토지등소유자의 동의서는 정비구역이 지정되기 전부터 여러 단계에서 받으므로, 재개발·재건축에 투자를 할 때 '동의율이 몇 퍼센트다' 라는 말을 들으면 그것이 모두 '조합설립 동의율'이라고 속단해서는 안되며, ① 안전진단 실시 요청을 위한 동의인지, ② 정비계획의 입안 제안을 위한 동의인지, ③ 정비계획 변경 요청을 위한 동의인지, ④ 사전타당성조사를 위한 동의인지(신속통합기획 도입으로 폐지됨) 등을 알아보아야 한다.

(3) 다만, 추진위원회 동의율은 조합설립 동의율로 보아도 무방하다. 추진위원회 구성에 동의한 토지등소유자는 조합설립인가 신청 전에 반대 의사표시를 하지 않는 한 조합설립에 동의한 것으로 보기 때문이다(법 제31조 제2항).

(4) 법정 동의율을 넘겼어도, 훗날 하자가 발견된 일부 동의서를 빼고 동의율을 다시 계산한 결과 법정 동의율에 미달하면 조합설립인가 처분이 무효로 되거나 취소될 수 있다. 조합설립이 무효·취소까지 되지는 않더라도, 동의율을 간신히 넘긴 사업지에서는 반대자들이 계속 조합설립의 무효/취소를 주장하며 소송을 제기하여 발목을 잡을 수 있으며, 그것이 반복되면 사업지연과 사업성(수익률) 하락으로 이어질 수 있다. 따라서 법정 동의율을 빠듯이 넘긴 사업지보다는 여유 있게 넘긴 구역에 투자하는 것이 좋다.

II. 토지등소유자의 범위

A. 토지등소유자의 개념

1. 【해설】 정비사업 별 토지등소유자의 범위 (전부개정 전후 동일)

(1) 재건축사업에서 "토지등소유자"는 '정비구역에 위치한 건축물 및 그 부속토지의 소유자'를 말한다(법 제2조 제9호 나목). 즉 정비구역 안에 '건축물(주택 또는 부대·복리시설)과 그 부속토지' 둘 모두를 소유한 사람'만이 '토지등소유자'이며, 건축물과 토지 중 어느 한가지만 소유한 사람은 토지등소유자가 아니다.

제 6 장 토지등소유자의 동의 / 제 1 절 총설

(2) 재건축 외 여타 정비사업에서 "토지등소유자"는 '정비구역에 위치한 토지 또는 건축물의 소유자 또는 그 지상권자'를 말한다(같은 호 가목). 따라서 정비구역 안에 '토지만을 소유한 자' 또는 '건축물만을 소유한 자'는 물론 지상권자도 토지등소유자이다.

(3) 신탁업자가 사업시행자로 지정된 경우: 신탁업자가 법 제 27 조 제 1 항에 따라 사업시행자로 지정된 경우 토지등소유자가 정비사업을 목적으로 신탁업자에게 신탁한 토지 또는 건축물에 대하여는 위탁자를 토지등소유자로 본다(법 제 2 조 제 9 호 단서).

(4) 도시재정비법에 따라 시행되는 도시재정비촉진사업의 경우 구체적 개발사업의 시행은 각 하위 개발사업의 근거법률에 따라 이루어지므로, 토지등소유자의 개념과 범위도 각 해당 사업의 근거법률에 따라 정해진다(예: 재정비촉진구역에서 시행되는 재건축사업의 토지등소유자는 '건축물 및 그 부속토지의 소유자'를 말한다. 자세한 내용은 아래 법령 참조).

(5) "건축물"은 건축법상 건축물 개념과 동일하며 주택에 한정되지 않는다. 건축물의 용도별 종류는 건축법 시행령 별표 1 에 열거되어 있다.

2. 【해설】 토지등소유자의 범위는 정비구역 지정으로 확정됨

(1) 전부개정법에서는 '정비구역이 아닌 지역에서 시행되는 공동주택재건축사업'은 '소규모주택정비사업'으로 떨어져 나갔으므로, '정비구역이 아닌 구역에서 시행되는 재건축사업'은 없다.

따라서 전부개정법에서 토지등소유자의 범위는 모든 정비사업에서 정비구역 지정·고시에 의하여 확정된다.

(2) 구법에서는 정비구역이 아닌 구역에서도 주택재건축사업을 시행할 수 있었는바, 그런 경우에는 주택재건축사업의 시행결정(구법 제 12 조 제 5 항)이 있을 때 토지등소유자의 범위가 확정되었다. 다만, 정비구역이 아닌 구역에서 시행되는 주택재건축사업에서도 토지등소유자는 '주택과 그 부속토지' 둘 모두를 소유하고 있거나 '부대·복리시설과 그 부속토지' 둘 모두를 소유한 사람만이 될 수 있었다(구법 제 2 조 제 9 호 나목(2)).

3. 【법령】 전부개정 도시정비법 제 2 조(정의) 제 9 호

이 법에서 사용하는 용어의 뜻은 다음과 같다. <개정 2017. 8. 9., 2021. 1. 5., 2021. 1. 12., 2021. 4. 13.>

9. "토지등소유자"란 다음 각 목의 어느 하나에 해당하는 자를 말한다. 다만, 제 27 조 제 1 항에 따라 「자본시장과 금융투자업에 관한 법률」 제 8 조 제 7 항에 따른 신탁업자 (이하 "신탁업자"라 한다)가 사업시행자로 지정된 경우 토지등소유자가 정비사업을 목적

II. 토지등소유자의 범위

으로 신탁업자에게 신탁한 토지 또는 건축물에 대하여는 위탁자를 토지등소유자로 본다.

　　가. 주거환경개선사업 및 재개발사업의 경우에는 정비구역에 위치한 토지 또는 건축물의 소유자 또는 그 지상권자

　　나. 재건축사업의 경우에는 정비구역에 위치한 건축물 및 그 부속토지의 소유자

4. 【법령】 도시재정비법 제 2 조(정의)

이 법에서 사용하는 용어의 뜻은 다음과 같다. <개정 2011. 4. 14., 2012. 2. 1., 2017. 2. 8.>

8. "토지등소유자"란 다음 각 목의 구분에 따른 자를 말한다.

　　가. 「도시 및 주거환경정비법」에 따른 주거환경개선사업·재개발사업 및 「빈집 및 소규모주택 정비에 관한 특례법」에 따른 가로주택정비사업, 「전통시장 및 상점가 육성을 위한 특별법」에 따른 시장정비사업 및 「국토의 계획 및 이용에 관한 법률」에 따른 도시·군계획시설사업의 경우: 재정비촉진구역에 있는 토지 또는 건축물의 소유자와 그 지상권자

　　나. 「도시 및 주거환경정비법」에 따른 재건축사업 및 「빈집 및 소규모주택 정비에 관한 특례법」에 따른 소규모재건축사업의 경우: 재정비촉진구역에 있는 건축물 및 그 부속토지의 소유자

　　다. 「도시개발법」에 따른 도시개발사업의 경우: 재정비촉진구역에 있는 토지의 소유자와 그 지상권자

B. 【해설】 조합원 지위와의 관계

토지등소유자의 개념과 조합원 자격 요건은 일치하지 않는다. 자세한 내용은 아래와 같다.

1. 【해설】 재건축사업의 조합원 자격

(1) 재건축사업에서는 ① 건축물 및 그 부속토지를 모두 소유한 사람만이 토지등소유자가 되고(따라서 재건축사업에서 건축물만 소유하거나 토지만 소유한 사람은 '토지등소유자'가 아님), ② 그 토지등소유자 중 조합설립에 동의한 사람만이 조합원이 된다(법 제 2 조 제 9 호 나목 및 법 제39조 제 1 항).

♣ 재건축 조합원 = 건물과 그 대지를 모두 소유한 사람으로서 조합설립에 동의한 사람

(2) 건축물 및 그 부속토지를 모두 소유한 토지등소유자로서 조합설립에 동의하지 않은 사람은 사업시행계획인가 이후 조합이 정한 분양신청기간 내에 조합설립동의서를 제출하고 분양신청을 함으로써 조합원지위를 가질 수 있다(표준정관 제9조 제1항 참조).

(3) 조합원이 되지 못한 사람은 전부 매도청구 대상이다(법 제64, 73조).

2. 【해설】 재개발사업의 조합원 자격

(1) 재개발사업에서는 <u>재개발사업에 동의하지 않은 토지등소유자도 모두 재개발조합의 조합원이 되므로</u>(이른바 '강제조합원'. 법 제39조 제1항 본문) <u>사업 초기에는 토지등소유자와 조합원의 범위가 일치한다.</u> 주거환경개선사업도 같다.

(2) 가로주택정비사업에서도 조합설립에 동의했는지 여부를 묻지 않고 모든 토지등소유자가 조합원이 된다(소규모주택정비법 제24조 제1항). 다만, 전부개정법 시행(2018. 2. 8.) 전 구 도시정비법에 따라 시행되던 가로주택정비사업에서는 조합설립에 동의한 자만이 조합원이 될 수 있었다(구 도시정비법 제19조 제1항).

(3) 그러나 재개발사업과 가로주택정비사업에서도 사업시행계획인가 이후 조합이 정한 분양신청기간 내에 분양신청을 하지 않거나 분양신청기간 종료 이전에 분양신청을 철회한 경우 등에는 조합원지위를 상실하고 현금청산 대상자가 된다(법 제73조 제1항; 소규모주택정비법 제36조 제1항 참조). 따라서 분양신청 기간 종료 후에는 토지등소유자와 조합원의 범위가 달라질 수 있다.

C. [고등법원판례] '지분쪼개기' 등 편법/탈법적 방법으로 늘어난 토지등소유자는 토지등소유자라고 할 수 없어 (따라서 그 토지등소유자는 전체 토지등소유자 및 동의자의 수에서 각각 제외되어야 함) ─서울고등법원 2022. 7. 6. 선고 2020누69092 판결[주택재개발정비사업조합설립인가처분 취소]

【당사자】

원고, 항소인   A, B, C

피고, 피항소인 성북구청장

피고보조참가인 D구역주택재개발정비사업조합

재개발사업을 위한 조합설립의 인가와 같이 토지등 소유자의 엄격한 동의율 요건을 정하고 있는 경우에 오로지 그 동의율 요건을 충족하기 위한 목적으로 <u>정비구역 내의 토지 또는 건축물의 과소지분을 형식적인 증여, 매매 등을 통해 명의신탁하거나 통정하여 허위로 소유권이전등기를 하는 이른바 '지분 쪼개기' 방식을 통해 토지 또는 건축물의 공유관계를 형성함으로써 조합설립에 관한 동의 여부의 의사를 결정할 수 있는 토지등소유자 수를 늘리고, 늘어난 그 토</u>

III. 재건축사업에서 '토지등소유자'와 '토지 또는 건축물의 소유자'의 구별

지등소유자들로 하여금 조합설립에 동의하도록 하는 것은 구 도시정비법 제 35 조 제 2 항에서 정한 조합설립에 관한 동의율 요건을 잠탈하기 위하여 편법 또는 탈법적인 방법으로 토지등소유자 수 및 동의자 수를 늘린 것에 불과하다. 따라서 구 도시정비법에서 정한 동의율요건을 잠탈하기 위해 위와 같은 이른바 '지분 쪼개기' 방식으로 늘어난 토지등소유자들은 재개발사업에 대한 자유로운 의사결정권을 행사할 수 있는 토지등소유자에 해당한다고 할 수 없다고 보아야 하므로,

그 토지등소유자들은 구 도시정비법 제 35 조 제 2 항에 따른 재개발사업을 위한 조합설립에 관한 동의율 요건을 산정함에 있어서 전체토지등소유자의 수 및 동의자 수에서 각각 제외함이 타당하고, 이와 같이 해석하는 것이 구 도시정비법의 입법취지 등에도 들어맞는다.

【해설과 비평】

> 위 판례를 올바로 이해하기 위해서는 아래와 같은 사실을 알아야 한다.
>
> 첫째, 위 판례의 사안은 단순히 지분쪼개기를 해서 공유자를 통해 토지등소유자를 늘린 사안이 아니고, 건축업자인 다물건자가 재개발사업을 주도하기 위해 자신이 소유한 토지와 건축물을 공유자가 서로 다르게 지분이전등기를 해서 각각의 토지와 건축물별로 서로 다른 1 인이 토지등소유자로 산정되도록 한 사안이다. 하나의 부동산에 대해 지분쪼개기를 아무리 많이 해도 토지등소유자는 1 명이고(영 제 33 조 제 1 항 제 1 호 가목), 다물건자가 여러 개의 부동산에 대해 지분쪼개기를 해도 공유자가 모두 동일한 경우에는 역시 토지등소유자는 1 명이다(같은 호 라목).
>
> 둘째, 명의신탁 또는 통정허위표시로 지분이전등기(지분쪼개기)를 했으면 그 등기는 무효이므로, 그 지분이전등기로 늘어난 공유자들은 위 법리와 무관하게 당연히 토지등소유자가 될 수 없다. 판시 법리가 특별한 의미를 가질 수 있는 것은 지분이전등기가 무효가 아닌 경우라 할 것인데, 이전등기가 무효가 아닌 경우에도 단지 편법적 거래라는 이유로 그 공유자를 토지등소유자에서 제외할 것인지 여부는 위 판례가 판시한 내용이 아니다. 따라서 위 판례가 의미를 가지는 것은 위 '첫째'에 관한 부분뿐이다.

III. 재건축사업에서 '토지등소유자'와 '토지 또는 건축물의 소유자'의 구별

A. 주택단지가 아닌 지역에 토지나 건축물만을 소유한 자는 (비록 조합설립의 동의를 얻어야 할 자에 포함되더라도) 재건축조합의 조합원이 될 수 없어 —대법원 2013.11.14. 선고 2011 두 5759 판결[재건축결의무효등]

제 6 장 토지등소유자의 동의 / 제 1 절 총설

【참조조문】 구 도시정비법 제 16 조(조합의 설립인가 등)

> ③ 제 2 항의 규정에 불구하고 주택단지가 아닌 지역이 정비구역에 포함된 때에는 주택단지가 아닌 지역안의 토지 또는 건축물 소유자의 4 분의 3 이상 및 토지면적의 3 분의 2 이상의 토지소유자의 동의를 얻어야 한다. <개정 2007.12.21>

【당사자】

> 【원고, 상고인】 별지 원고들 명단과 같다.
> 【피고, 피상고인】 대구광역시 수성구청장
> 【피고보조참가인】 중동희망지구주택재건축정비사업조합

구 도시 및 주거환경정비법(2007. 12. 21. 법률 제 8785 호로 개정되기 전의 것, 이하 '구 도시정비법'이라 한다) 제 16 조 제 2 항, 제 3 항… 이와 같은 관련 규정들을 종합하면, 토지나 건축물만을 소유한 자는, 비록 구 도시정비법 제 16 조 제 3 항에 의하여 주택재건축사업의 조합 설립에서 동의를 얻어야 할 자에 포함되더라도 구 도시정비법에 의한 조합원이 될 수는 없다고 봄이 타당하다(대법원 2012. 10. 25. 선고 2010 두 25107 판결 참조).

B. 주택재건축사업의 주택단지 내에 토지만을 소유하고 있는 자는 정비사업의 조합원 자격이 없을 뿐 아니라, 조합 설립 동의의 상대방도 되지 않아 —대법원 2008. 2. 29. 선고 2006 다 56572 판결[소유권이전등기]

【당사자】

> 【원고, 상고인】 무거산호아파트주택재건축정비사업조합
> 【피고, 피상고인】 피고

원심이 인정한 사실에 의하면 피고는 원고가 시행하는 이 사건 주택재건축사업의 주택단지 내에 토지만을 소유하고 있어 "토지 등 소유자"에 해당하지 않아 조합원의 자격이 없을 뿐 아니라 도시정비법 제 16 조 제 2 항, 제 3 항 소정의 조합 설립 동의의 상대방이 되지도 아니한다.

C. [구법 판례] 조합설립인가 동의요건 중 '토지 또는 건축물 소유자의 4/5 이상'을 '토지소유자의 4/5 이상' 또는 '건축물소유자의 4/5 이상' 중 어느 하나만 충족하면 된다고 잘못 해석하여 "건축물소유자의 동의율은 80% 이상이나 '토지 또는 건축물 소유자' 전체의 동의율은 72.18%"인데 조합설립인가처분을 한 사안에서, 그 하자는 중대하나 명백하지는 않으므로 당연무효가 아니라고 본 사례 —대법원 2012. 10. 25. 선고 2010 두 25107 판결[조합설립인가처분무효확인]

III. 재건축사업에서 '토지등소유자'와 '토지 또는 건축물의 소유자'의 구별

【당사자】

【원고, 피상고인】 원고

【피고, 상고인】 서울특별시 강서구청장

【피고보조참가인, 상고인】 긴등마을주택재건축정비사업조합

1. 법리

가. '토지 또는 건축물 소유자'의 의미

개정 전 도시정비법은 제 2 조 제 9 호 (나)목에서, 주택재건축사업의 '토지등소유자'는 '정비구역 안에 소재한 건축물 및 그 부속토지의 소유자, 정비구역이 아닌 구역 안에 소재한 대통령령이 정하는 주택 및 부속토지의 소유자와 부대·복리시설 및 그 부속토지의 소유자'를 의미한다고 규정함으로써 토지와 건축물을 모두 소유하는 '토지등소유자'를 '토지 또는 건축물의 소유자'와 구별하고 있는데

제 16 조 제 3 항은 명시적으로 '토지 또는 건축물 소유자의 5 분의 4 이상'이라고 규정하고 있는 점, 토지만을 소유한 자 또는 건축물만을 소유한 자는 비록 주택재건축사업에 있어서 조합원이 될 수 없다고 하더라도[개정 전 도시정비법 제 2 조 제 9 호 (나)목, 제 19 조 제 1 항] 그 소유의 토지 또는 건축물은 매도청구의 대상이 될 수 있으므로(개정 전 도시정비법 제 39 조) 재건축조합의 설립에 중대한 이해관계가 있는 점 등 여러 사정을 종합하면,

개정 전 도시정비법 제 16 조 제 3 항 소정의 '토지 또는 건축물 소유자'는 정비구역 안의 a) 토지 및 건축물의 소유자뿐만 아니라 b) 토지만을 소유한 자, c) 건축물만을 소유한 자 모두를 포함하는 의미라고 해석함이 옳다.

나. 중대·명백한 하자 여부의 판단 기준

그리고 하자 있는 행정처분이 당연무효가 되기 위해서는 그 하자가 법규의 중요한 부분을 위반한 중대한 것으로서 객관적으로 명백한 것이어야 하며, 하자가 중대하고 명백한지 여부를 판별함에 있어서는 그 법규의 목적, 의미, 기능 등을 목적론적으로 고찰함과 동시에 구체적 사안 자체의 특수성에 관하여도 합리적으로 고찰함을 요한다(대법원 1995. 7. 11. 선고 94 누 4615 전원합의체 판결, 대법원 2012. 2. 16. 선고 2010 두 10907 전원합의체 판결 등 참조).

(1) 중대·명백한 경우

한편 행정청이 어느 법률관계나 사실관계에 대하여 어느 법률의 규정을 적용하여 행정처분을 한 경우에 그 법률관계나 사실관계에 대하여는 그 법률의 규정을 적용할 수 없다는 법리가

명백히 밝혀져 그 해석에 다툼의 여지가 없음에도 불구하고 행정청이 위 규정을 적용하여 처분을 한 때에는 그 하자가 중대하고 명백하다고 할 것이나,

  (2) 명백하지 않은 경우

  그 법률관계나 사실관계에 대하여 그 법률의 규정을 적용할 수 없다는 법리가 명백히 밝혀지지 아니하여 그 해석에 다툼의 여지가 있는 때에는 행정관청이 이를 잘못 해석하여 행정처분을 하였더라도 이는 그 처분 요건사실을 오인한 것에 불과하여 그 하자가 명백하다고 할 수 없는 것이고,

  행정처분의 대상이 되지 아니하는 어떤 법률관계나 사실관계에 대하여 이를 처분의 대상이 되는 것으로 오인할 만한 객관적인 사정이 있는 경우로서 그것이 처분대상이 되는지 여부가 그 사실관계를 정확히 조사하여야 비로소 밝혀질 수 있는 때에는 비록 이를 오인한 하자가 중대하다고 할지라도 외관상 명백하다고 할 수 없다(대법원 2004. 10. 15. 선고 2002 다 68485 판결, 대법원 2007. 3. 16. 선고 2006 다 83802 판결 등 참조).

2. 원심이 인정한 사실

  원심판결 이유 및 기록에 의하면,

  ① 피고가 이 사건 조합설립인가처분을 함에 있어 개정 전 도시정비법 제 16 조 제 3 항 소정의 동의요건 중 '토지 또는 건축물 소유자의 5 분의 4 이상'은 '토지 소유자의 5 분의 4 이상' 또는 '건축물 소유자의 5 분의 4 이상' 중 어느 하나의 요건만 충족하면 된다고 보아 이 사건 추진위원회의 조합설립인가신청이 토지 소유자의 동의요건은 충족하지 못하였으나 건축물 소유자의 동의요건은 충족한다고 보아 이 사건 조합설립인가처분을 한 사실,

  ② 이 사건 조합설립인가처분 당시 토지 또는 건축물의 소유자 총수는 284 명(토지 및 건축물 소유자 242 명, 토지 소유자 41 명, 건축물 소유자 1 명)이고 그 중 동의자 수는 205 명(토지 및 건축물 소유자 198 명, 토지 소유자 7 명, 건축물 소유자 0 명)으로 동의율은 72.18%(= 205 명 ÷ 284 명 × 100)에 불과한 사실을 알 수 있다.

3. 대법원의 판단: 중대한 하자이나 명백한 하자는 아님 (파기환송)

  이러한 사실을 위 법리에 비추어 살펴보면, 이 사건 조합설립인가처분은 개정 전 도시정비법 제 16 조 제 3 항 소정의 동의요건을 충족하지 못하는 것으로서 위법할 뿐만 아니라 그 하자가 중대하다고 볼 것이다.

  그러나 ① '토지 또는 건축물 소유자의 5 분의 4 이상'의 문언적 의미가 명확한 것은 아니고 다의적으로 해석될 여지가 충분히 있는 점, ② 매도청구에 관한 개정 전 도시정비법 제 39 조

가 '조합설립에 동의하지 아니한 자'와 별도로 '건축물 또는 토지만 소유한 자'도 매도청구의 상대방으로 규정하고 있어 '건축물 또는 토지만 소유한 자'는 조합설립 동의의 상대방이 아니라고 오인할 여지가 있는 점, ③ 건축물 또는 토지만 소유한 자는 주택재건축조합의 조합원이 될 수도 없는 점, ④ 피고가 사용한 동의총괄표는 구 서울특별시 도시 및 주거환경 정비조례 시행규칙(2008. 4. 17. 서울특별시규칙 제3620호로 개정되기 전의 것) [별지 제7호 서식]에 따른 것으로서 위 서식에는 토지 소유자의 동의율, 건축물 소유자의 동의율만을 구분하여 산정하도록 되어 있었던 점 등을 종합하면,

이 사건 조합설립인가처분 당시 주택단지가 전혀 포함되어 있지 아니한 이 사건 정비구역에 대한 재건축사업조합의 설립인가처분을 하기 위해서는 '토지 및 건축물 소유자, 토지 소유자, 건축물 소유자' 모두의 5분의 4 이상의 동의를 얻어야 한다는 점이 객관적으로 명백하였다고 할 수 없어, 이 사건 조합설립인가처분이 당연무효라고 볼 수는 없다.

IV. 신탁재산의 경우

A. **【해설】** 신탁재산의 토지등소유자: 원칙(수탁자)과 예외(위탁자)

> **(1) 원칙(수탁자)**
>
> 부동산신탁에서 수탁자 앞으로 소유권이전등기를 마치면 대내외적으로 소유권이 수탁자에게 완전히 이전되므로(대법원 2021. 11. 11. 선고 2020다278170 판결), 수탁자를 토지등소유자로 보는 것이 원칙이다(법 제2조 제9호 단서의 반대해석).
>
> 따라서 토지가 신탁된 경우에는 수탁자를 토지소유자로 보아 그로부터 조합설립에 필요한 동의를 받고 그를 기준으로 동의자 수를 산정한다(서울고등법원 2011. 11. 3. 선고 2011누11831, 11848 판결; 서울고등법원 2010. 12. 10. 선고 2010누9572 판결).
>
> 담보신탁의 경우 위탁자를 도시개발법상의 토지소유자로 본다는 국토교통부 유권해석이 있으나(도시경제과 2003.08.30. 질의회신) 이는 잘못된 해석이다.
>
> **(2) 위탁자를 토지등소유자로 보는 경우**
>
> ① 법 제27조 제1항에 따라 신탁업자가 사업시행자(지정개발자)로 지정된 경우 토지등소유자가 정비사업을 목적으로 신탁업자에게 신탁한 토지 또는 건축물에 대하여는 위탁자를 토지등소유자로 본다. ② 구법에 따른 도시환경정비사업의 시행을 위하여 또는 그 사업 시행과 관련하여 신탁이 이루어진 경우에도 위탁자를 토지등소유자로 본다(대법원 2015.06.11. 선고 2013두15262 판결).
>
> 위탁자를 토지등소유자로 보는 경우 위탁자가 수인인 때에는 영 제33조 제1항에 따라 토지등소유자 수를 산정한다(아래 참조).

B. ① 도시환경정비사업의 '시행을 위하여' 또는 '그 사업시행과 관련'하여 부동산에 관하여 <u>담보신탁 또는 처분신탁 등이 이루어진 경우</u> 토지등소유자는 모두 위탁자야; ② 참가인이 정비구역 내 토지를 매수하여 참가인 명의로 소유권이전등기를 마친 후 신한은행 앞으로 신탁·이전한 경우, 도시환경정비사업의 시행자 자격 및 동의권자는 신한은행(수탁자)이 아니고 참가인(위탁자)이라고 본 사례 —대법원 2015.06.11. 선고 2013 두 15262 판결[사업시행인가무효확인]

【참조조문】 구 시행령 제 28 조(토지등소유자의 동의자수 산정방법 등)

> ① 법 제 12 조·제 17 조제 1 항 및 이 영 제 13 조의 2 제 7 항에 따른 토지등소유자(토지면적에 관한 동의자수를 산정하는 경우에는 토지소유자를 말한다. 이하 이 조에서 같다)의 동의는 다음 각 호의 기준에 따라 산정한다. <개정 2005. 5. 18., 2008. 12. 17., 2009. 8. 11., 2010. 7. 15., 2012. 7. 31., 2014. 9. 24., 2016. 7. 28.>
>
> 1. 주거환경개선사업, 주택재개발사업, 도시환경정비사업, 주거환경관리사업 또는 가로주택정비사업의 경우에는 <u>다음 각 목의 기준</u>에 의할 것
>
> 　[다]. 1 인이 다수 필지의 토지 또는 다수의 건축물을 소유하고 있는 경우에는 필지나 건축물의 수에 관계없이 토지등소유자를 1 인으로 산정할 것.
>
> 　[다만], <u>도시환경정비사업의 경우 토지등소유자가 정비구역 지정 후에 정비사업을 목적으로 취득한 토지 또는 건축물에 대하여는</u> a) <u>정비구역 지정 당시의 토지 또는 건축물의 소유자를 토지등소유자의 수에 포함하여 산정하되</u>, b) 이 경우 <u>동의 여부는 이를 취득한 토지등소유자에 의한다.</u>

【당사자】

> [원고, 상고인] 원고
>
> [피고, 피상고인] 서울특별시 마포구청장
>
> [피고보조참가인] 주식회사 아이플랜파트너스

1. 법리

　가. 구 도시정비법 시행령 제 28 조 제 1 항의 취지

앞서 본 것과 같이 도시정비법 시행령 제 28 조 제 1 항이 토지 등 소유자가 정비구역 지정 후에 도시환경정비사업을 목적으로 취득한 토지 또는 건축물에 대하여 종전 소유자를 포함하여 동의자의 수를 산정하도록 정한 것은 도시환경정비사업을 시행하려는 토지 등 소유자가 사업시행인가 신청에 앞서 적극적으로 토지 또는 건축물을 매수할수록 동의 대상자 및 동의자인

토지 등 소유자의 수가 줄어들어 결과적으로 동의율이 낮아지는 불합리한 결과를 방지하려는 취지로 보이고, 결국 도시환경정비사업의 경우에 사업시행인가 신청 당시의 사법상 소유자와 동의를 얻어야 하는 토지 등 소유자가 일치하지는 아니한다.

또한 이와 같이 토지 등 소유자로 하여금 도시환경정비사업을 시행할 수 있도록 하고 토지 등 소유자의 동의를 얻도록 요구하는 것은 도시환경정비사업과 직접적인 이해관계가 있는 당사자를 주체로 하여 사업을 추진하고 또한 그러한 이해관계인의 의견을 반영하려는 취지이다.

나. 도시환경정비사업을 위한 신탁

따라서 토지 등 소유자가 도시환경정비사업 시행을 위하여 또는 그 사업 시행과 관련하여 직접적인 이해관계를 가지는 당사자로서 부동산을 신탁한 경우에 그 사업의 시행은 신탁의 목적에 부합하고, 오히려 부동산 신탁은 토지 등 소유자의 의사에 기하여 추진되는 도시환경정비사업 시행을 위한 수단으로서 기능하게 되므로, 위와 같은 신탁의 경우에 도시환경정비사업의 시행 및 토지 등 소유자의 동의 절차에서는 해당 부동산에 관한 소유권 등의 행사 및 그 사업 시행에 직접 이해관계를 가지는 종전 토지 등 소유자인 위탁자가 주체가 되어 그의 의견이 반영될 수 있도록 함이 타당하다.

다. 신탁재산과 고유재산의 준별

한편 신탁법에 의한 신탁재산은 대내외적으로 소유권이 수탁자에게 완전히 귀속되며, 위탁자와의 내부관계에서 그 소유권이 위탁자에게 유보되어 있는 것은 아니다(대법원 2013. 1. 24. 선고 2010두27998 판결 등 참조). 그렇지만 구 신탁법(2011. 7. 25. 법률 제10924호로 전부 개정되기 전의 것)은 수탁자가 신탁재산을 수탁자의 고유재산과 구별하여 관리하도록 정하고(제30조), 수탁자는 누구의 명의로 하든지 신탁재산을 고유재산으로 하거나 이에 관하여 권리를 취득하지 못한다고 정하는 등(제31조) 신탁재산을 수탁자의 고유재산과 구분하여 권리·의무관계를 규정하고 있으므로, 비록 신탁재산이 수탁자의 소유에 속한다 하더라도 그에 관한 권리관계를 수탁자의 고유재산과 마찬가지로 취급할 수는 없다.

라. 도시환경정비사업의 시행을 위해 신탁된 경우 사업시행자 및 동의권자는 위탁자임

위와 같은 도시정비법에서 정한 토지 등 소유자의 법적 성격과 그 제도의 목적, 도시정비법 시행령 제28조 제1항 제1호 (다)목 단서의 의미와 그 입법 취지, 도시환경정비사업의 시행을 위한 부동산 신탁의 특수성 및 신탁재산에 관한 법률관계 등을 종합하여 보면, 도시환경정비사업에서 사업시행인가 처분의 요건인 사업시행자로서의 토지 등 소유자의 자격 및 사업시행계획에 대한 토지 등 소유자의 동의를 일반적인 사법관계와 동일하게 볼 수 없다.

따라서 도시환경정비사업 시행을 위하여 또는 그 사업 시행과 관련하여 부동산에 관하여

담보신탁 또는 처분신탁 등이 이루어진 경우에, 도시정비법 제28조 제7항에서 정한 사업시행자로서 사업시행인가를 신청하는 토지 등 소유자 및 그 신청에 필요한 동의를 얻어야 하는 토지 등 소유자는 모두 수탁자가 아니라 도시환경정비사업에 따른 이익과 비용이 최종적으로 귀속되는 위탁자로 해석함이 타당하며, 토지 등 소유자의 자격 및 동의자 수를 산정할 때에는 위탁자를 기준으로 하여야 할 것이다.

2. 원심이 인정한 사실

원심이 인용한 제1심판결 이유와 적법하게 채택된 증거들 및 기록에 의하면, 다음과 같은 사실을 알 수 있다.

(1) 서울특별시장은 2008. 7. 24. 서울 마포구 (주소 생략) 외 71필지 10,544.9㎡(이하 '이 사건 정비사업구역'이라 한다)에 대하여 도시환경정비사업 정비계획을 결정하고 정비사업구역으로 지정하였다.

(2) 피고 보조참가인(이하 '참가인'이라 한다)은 도시정비법 제8조 제3항에 의하여 이 사건 정비사업구역 내 토지 등 소유자의 자격으로 자신을 사업시행자로 하는 사업시행계획을 작성하여 2009. 12. 29. 피고에게 인가신청(이하 '이 사건 인가신청'이라 한다)을 하였다.

(3) 피고는 2010. 4. 8. 참가인에게 도시정비법 제28조 제1항에 의한 사업시행인가(이하 '이 사건 사업시행인가'라 한다)를 하였는데, 이에 대한 토지 등 소유자의 동의율을 80.30%(동의자 수 53명 ÷ 토지 등 소유자 수 66명)로 산정하여 도시정비법 제28조 제7항에 의한 동의율을 충족하였다고 판단하였다.

(4) 참가인이 분양신청절차를 거쳐 2011. 1. 13. 피고로부터 관리처분계획을 인가받은 후 위 관리처분계획이 고시되었고, 원고는 이 사건 정비사업구역 내 토지 등 소유자였으나 분양신청을 하지 않아 원고 소유의 토지 및 건물에 대한 수용재결이 완료되었다.

(5) (가) 참가인은 도시환경정비사업의 시행을 위하여 2006. 9.경부터 2006. 12.경까지 원심판시 19개의 쟁점 부동산(이하 '쟁점 부동산'이라 한다) 및 소외 1 등 31명(이하 '쟁점 동의자들'이라 한다) 소유의 각 부동산을 매수하면서, 해당 토지 등 소유자로 하여금 주식회사 신한은행(이하 '신한은행'이라 한다)과 부동산관리 및 처분신탁계약을 체결하고, 신한은행 앞으로 신탁을 원인으로 한 소유권이전등기를 마치게 하였다.

(나) 참가인은 위 매수 부동산들 중 쟁점 부동산에 대하여는, 이 사건 인가신청일인 2009. 12. 29. 이전까지 토지 등 소유자에게 잔금을 모두 지급하고 참가인 명의로 매매를 원인으로 한 소유권이전등기를 마친 다음, 신한은행과 체결한 부동산담보신탁계약에 따라 신한은행 앞으로 신탁을 원인으로 한 소유권이전등기를 마쳤다.

IV. 신탁재산의 경우

　(다) 그리고 참가인은 쟁점 동의자들의 각 부동산에 대하여는, 이 사건 인가신청일인 2009. 12. 29.부터 2011. 4. 25.까지 사이에 쟁점 동의자들에게 잔금을 지급하고 참가인 명의로 소유권이전등기를 마친 다음, 신한은행 또는 주식회사 코리아신탁(이하 '코리아신탁'이라 한다)과 체결한 부동산담보신탁계약에 따라 신한은행 또는 코리아신탁 앞으로 신탁을 원인으로 한 소유권이전등기를 마쳤으며, 신한은행과의 부동산담보신탁계약이 종료된 일부 부동산에 대하여는 다시 코리아신탁에 부동산담보신탁을 하였다.

　(라) 그 후 참가인은 2012. 7.경 코리아신탁과 관리형 토지신탁계약을 체결하고, 2012. 9. 18. 피고로부터 사업시행자를 참가인에서 코리아신탁으로 변경하는 내용의 사업시행변경인가를 받았다.

3. 대법원의 판단 (상고기각)

　위 사실관계를 앞서 본 법리에 비추어 살펴보면, 다음과 같이 판단된다.

　(1) 이 사건 인가신청 당시 참가인은 도시환경정비사업의 시행을 위하여 매수한 쟁점 부동산에 관하여 소유권을 취득한 후 그 사업 시행을 위하거나 이와 관련하여 신한은행에 담보신탁한 상태였음을 알 수 있다. 따라서 쟁점 부동산에 관하여 도시정비법 제 28 조 제 7 항에서 정한 도시환경정비사업을 시행하고자 하는 토지 등 소유자는 수탁자인 신한은행이 아니라 위탁자인 참가인이라고 볼 수 있어, 참가인이 그 토지 등 소유자로서 사업시행자의 자격이 있다.

　(2) 도시정비법 시행령 제 28 조 제 1 항 제 1 호 (다)목 단서에 의하여, 참가인이 이 사건 정비사업구역 지정 후에 정비사업을 목적으로 취득한 토지 또는 건축물에 대하여는 종전 소유자를 토지 등 소유자의 수에 포함하여 산정하여야 한다.

　그런데 2008. 7. 24. 이 사건 정비사업구역 지정 당시 쟁점 동의자들은 모두 그들 소유의 부동산들을 참가인에게 매도한 후 참가인의 도시환경정비사업 시행을 위하거나 이와 관련하여 신한은행에 처분신탁을 마친 상태임을 알 수 있으므로, 위 부동산들에 관하여는 그 후 이 사건 인가신청일까지 참가인이 그 소유권을 취득하였는지를 가릴 필요 없이, 도시정비법 제 28 조 제 7 항에서 정한 동의권자로서의 토지 등 소유자 역시 수탁자인 신한은행이 아니라 종전 소유자로서 위탁자인 쟁점 동의자들이라고 봄이 타당하다.

　따라서 피고가 위 부동산들에 관하여 참가인 또는 신한은행이 아니라 해당 토지 등의 종전 소유자를 토지 등 소유자 및 동의자 수에 포함하여 동의율을 산정한 것은 적법하다.

C. 토지등이 신탁된 경우에는 위탁자가 아닌 수탁자가 토지등소유자임 —서울고등법원 2010. 12. 10. 선고 2010 누 9572 판결[주택재개발정비사업조합설립인가처분취소]

【당사자】

원고, 피항소인	별지 원고 목록 기재와 같다.
피고, 항소인	서울특별시 서대문구청장
피고 보조참가인	A 조합

갑 제 21 호증의 2, 8 갑 제 24 호증의 각 기재에 의하면, <u>AF 아파트 102 동 소유자 16 명</u>은 이 사건 조합설립 인가신청 당시 자신들 소유의 BT 외 20 필지의 <u>각 공유지분을 AG 조합에 신탁하고 있었던 사실</u>, 피고는 위 16 명을 토지등소유자에 포함되지 않고 수탁자인 AG 조합 1 명(조합원 번호 1178)만을 토지등소유자로 산정한 사실이 인정된다.

신탁법상의 신탁은 위탁자가 수탁자에게 특정의 재산권을 이전하거나 기타의 처분을 하여 수탁자로 하여금 신탁 목적을 위하여 그 재산권을 관리·처분하게 하는 것이므로(신탁법 제 1 조 제 2 항), 부동산의 신탁에 있어서 수탁자 앞으로 소유권이전등기를 마치게 되면 대내외적으로 소유권이 수탁자에게 완전히 이전되고, 위탁자와의 내부관계에 있어서 소유권이 위탁자에게 유보되어 있는 것은 아니라 할 것이며, 이와 같이 신탁의 효력으로서 신탁재산의 소유권이 수탁자에게 이전되는 결과 수탁자는 대내외적으로 신탁재산에 대한 관리권을 갖는 것이고, 다만, 수탁자는 신탁의 목적 범위 내에서 신탁계약에 정하여진 바에 따라 신탁재산을 관리하여야 하는 제한을 부담함에 불과하다(대법원 2002. 4. 12. 선고 2000 다 70460 판결).

법리에 나타난 바와 같이, <u>신탁의 효력으로서 신탁재산의 소유권이 수탁자에게 이전되는 결과 수탁자는 대내외적으로 신탁재산에 대한 관리권을 갖는 것이므로, 신탁자인 16 명이 아니라 수탁자인 AG 조합 1 명만을 토지등소유자로 산정해야 한다</u>

D. ① 도시개발구역 내 토지가 신탁된 경우에는 <u>수탁자를 토지소유자로 보아 그로부터 조합설립에 필요한 동의를 받고 그를 기준으로 동의자 수를 산정하여야</u>; ② 도시개발구역 내 토지에 관한 소유권이전등기가 3 자간 명의신탁등기로서 무효인 경우, 그 <u>명의수탁자(202 명)는 조합 및 허가관청에 대한 관계에서도 토지소유자가 될 수 없고 동의자 수를 산정함에도 제외되어야</u>; ② 이 경우 그들[명의수탁자]을 토지소유자 및 동의자 수에서 제외하면 동의율이 조합설립 요건을 충족하지 못하게 된 것은 중대하고 명백한 하자이므로, 조합설립인가처분은 당연무효이고, ③ 이에 터잡이 이루어진 환지예정지 지정처분도 위법함(환지예정지지정처분에 대하여는 원고가 구하는 바에 따라 취소판결을 선고함) ─서울고등법원 2011. 12. 1. 선고 2011 누 11831·11848(병합) 판결[환지계획인가처분등취소·정관일부규정무효확인등]

【당사자】

원고, 항소인	주식회사 A
피고, 피항소인	B 주식회사

IV. 신탁재산의 경우

| 원고 | B 주식회사의 승계참가인, 피항소인 |
| C 주식회사 |
| 피고, 피항소인 겸 항소인 |
| 1. 김포시장 |
| 2. D 도시개발사업조합 |

1. 이 사건 조합설립 인가처분 및 환지예정지 지정처분의 적법 여부

가. 인정되는 사실관계

1) 이 사건 도시개발구역에서 도시개발사업을 추진하던 주식회사 금파는 자금난으로 사업을 추진할 수 없게 되자, 당시 위 사업을 양도받아 추진하는 것을 희망하던 원고 A 및 주식회사 I의 2개 회사 중 기존 토지매입금 300억 원을 먼저 예치하는 회사에 기존 권리를 양도하기로 하였는바, 주식회사 I가 토지매입금을 먼저 예치하자, 원고 A는 주식회사 금파의 기존 권리를 양도받아 도시개발사업을 추진하려던 계획을 포기하고 독자적으로 도시개발사업을 추진하기 위해 2006. 4.경부터 토지를 매입하면서, 주식회사 I와 토지 매입 경쟁을 벌이기 시작하였다.

2) 주식회사 I 측은 2006. 7. 4.경 이 사건 도시개발구역 내 김포시 F 도로 36 ㎡ 및 G 전 85 ㎡를 비롯한 9필지 토지의 소유자인 J로부터 위 9필지 토지를 매수하였는데, 위 9필지 토지 중 ① 위 F 토지에 관하여는 2006. 7. 4. 주식회사 I의 임원인 K 등 101명의 명의로 각 지분을 101분의 1로 하여 공유등기가 마쳐졌고, ② 위 G 토지에 관하여는 같은 날 주식회사 I의 직원인 L 등 101명의 명의로 각 지분을 101분의 1로 하여 공유등기가 마쳐졌다(이하 위 F 토지 및 G 토지를 통틀어 '이 사건 토지'라 한다).

3) 주식회사 I는 2006. 8. 31.부터 2007. 7. 3.까지 이 사건 도시개발구역 내 토지 소유자 221명과 사이에 그 소유 토지에 대한 매매계약을 체결하면서 ① 장차 도시개발사업과 관련한 인·허가 및 토지거래허가를 받게 되면 그때 매매대금을 지급한 후 소유권을 이전받기로 하였고, ② 위 221명은 주식회사 I가 금융기관으로부터 대출받을 토지매입자금에 대한 그 소유 토지를 승계참가인에 담보신탁하였다.

4) 원고 A도 이 사건 도시개발구역 내 토지 소유자 17명과 사이에 그 소유 토지에 대한 매매계약을 체결하였고, 위 17명은 원고 A에게 안정적으로 소유권을 이전하기 위한 등기부상 소유권 관리 및 처분을 위하여 그 소유 토지를 원고 B에게 신탁하였다.

5) 피고 조합의 전신인 이 사건 추진위원회는 2007. 9. 11. 이 사건 도시개발구역 내 토지

소유자 합계 340 명(수탁자 기준) 중 203 명(이 사건 토지에 대한 지분 분할을 통해 공유자가 된 202 명 중 189 명 포함)이 출석한 창립총회에서 192 명의 찬성을 얻어 '종전 토지의 권리 면적이 35,000 ㎡ 미만인 토지는 원칙적으로 공동주택용지 환지 대상에서 제외되고, 다만, 각 권리 면적의 합이 35,000 ㎡ 이상인 토지 소유자들이 공동환지를 신청하는 경우에만 환지 대상이 될 수 있다'는 내용의 조합정관(안)을 의결한 후 같은 달 21. 위 340 명 중 199 명의 조합설립 동의서를 첨부하여 피고 김포시장에게 조합설립 인가신청을 하였다.

6) 피고 김포시장은 아래 표 기재와 같이 이 사건 추진위원회가 수탁자를 기준으로 산정한 이 사건 도시개발구역 내 토지소유자 총수 340 명 중 199 명(동의율 58.5%)의 동의 및 그 토지 면적 합계 495.976 ㎡ 중 351,557 ㎡(동의율 70.88%)에 해당하는 동의를 받은 것으로 보고 2007. 10. 5. 이 사건 추진위원회에 대하여 이 사건 조합설립 인가처분을 하였다.

구분		토지소유자 수		동의자수
		수탁자 기준	신탁자 기준	
승계참가인		1	221	1
원고 B		1	17	0
이 사건 토지	F	101	101	90
	G	101	101	90
M 빌라 부지		58	58	4
기타 토지		72	70[2]	14
국공유지		6	6	0
합계		340	574	199

나. 신탁자를 토지소유자 및 동의자로 보아야 하는지 여부

신탁법상의 신탁은 위탁자가 수탁자에게 특정의 재산권을 이전하거나 기타의 처분을 하여 수탁자로 하여금 신탁 목적을 위하여 그 재산권을 관리·처분하게 하는 것이므로(신탁법 제 1 조 제 2 항), 부동산의 신탁에 있어서 수탁자 앞으로 소유권이전등기를 마치게 되면 대내외적으로 소유권이 수탁자에게 완전히 이전되고, 위탁자와의 내부관계에 있어서 소유권이 위탁자에게 유보되어 있는 것은 아니다(대법원 2002. 4. 12. 선고 2000 다 70460 판결. 대법원 2011. 2. 10. 선고 2010 다 84246 판결 참조). 따라서 <u>도시개발구역 내 토지가 신탁된 경우 그 신탁계약에서 명시적으로 도시개발사업을 위한 조합설립에 관한 동의자를 정하고 있는 등의 특별한 사정이 없는 이상 신탁자가 아닌 등기명의자인 수탁자를 토지소유자로 보아 그로부터 조합설립에 필요한 동의를 받고 그를 기준으로 동의자 수를 산정하여야</u> 할 것이다.

---

[2] 수탁자를 기준으로 한 기타 토지 소유자 72 명 중 N, O 는 그 소유 토지 중 일부를 승계참가인에게 신탁한 토지소유자들로서 승계참가인의 신탁자 221 명에 포함되어 있으므로 기타 토지 소유자의 수에서는 제외함. 한편, N, O 는 기타 토지 소유자로서 따로 조합설립 동의서를 제출하지는 않았음.

IV. 신탁재산의 경우

이 사건의 경우, 앞서 인정한 바와 같이 이 사건 조합설립 인가처분 당시 이 사건 도시개발구역 내 전체 토지 소유자 중 221명은 승계참가인에게, 17명은 원고 B에 각 그 소유 토지를 신탁하였고, 달리 그 신탁계약에서 위와 같은 경우 동의자를 신탁자로 하기로 하는 명시적인 약정이 있음을 인정할 자료도 없으므로, 피고 김포시장이 위 238명(221명 + 17명) 소유의 토지에 대하여 수탁자인 승계참가인 및 원고 B 등 2명을 토지소유자로 보아 동의자 수를 산정한 것은 적법하다.

다. 명의신탁 여부와 동의자의 수

먼저, 갑 제22, 23, 52 내지 56호증(각 가지번호 포함)의 각 기재와 을 제18호증의 1, 2의 각 일부기재, 제1심 증인 P, J의 각 증언, 당심 증인 Q, R의 각 일부증언에 변론 전체의 취지를 종합하면, 주식회사 I가 J로부터 이 사건 토지에 관한 소유권이전등기를 자신 앞으로 마치는 대신 편의상 그 임원인 S 등 202명을 내세워 공유등기를 마침으로써 제3자 명의신탁등기를 마친 사실을 인정할 수 있다. 따라서 위 202명 명의의 공유등기는 「부동산 실권리자명의 등기에 관한 법률」 제4조 제1항, 제2항에 따라 무효이다.

한편, 명의신탁자와 명의수탁자 사이의 명의신탁약정에 기하여 명의수탁자 앞으로 부동산소유권이전등기가 마쳐진 후 명의수탁자가 이를 새로운 이해관계를 가진 제3자에게 처분한 경우에는 그 제3자에 대하여 명의신탁약정의 무효를 이유로 대항하지 못하지만(대법원 2005. 11. 10. 선고 2005다34667, 34674 판결 참조), 피고들은 단지 토지소유자 등의 동의에 터잡아 도시개발사업조합을 설립인가하였거나 그로 인하여 성립한 법적 주체에 불과할 뿐 설립인가의 효력을 따짐에 있어서 새로운 이해관계를 가진 제3자에 해당하지 아니하므로, 피고들과 관계에 있어서도 위 202명은 토지소유자가 될 수 없고 또 동의자의 수를 산정함에 있어서도 제외되어야 할 것이다.

2. 이 사건 조합설립 인가처분이 당연무효인지 여부

... 위 법리에 비추어 이 사건에 관하여 보건대, 앞서 본 바와 같이 이 사건 토지에 관한 위 202명 앞으로의 소유권이전등기가 명의신탁에 해당하여 무효이므로 그들을 토지소유자 수 및 동의자 수에서 제외할 경우 동의율이 조합설립 요건인 2분의 1 이상을 충족하지 못하게 되는 바, 그와 같은 하자는 중대하다고는 할 것이지만, 피고 김포시장이 그 사실관계를 정확히 조사하여야 비로소 밝혀질 수 있다는 점에서 외관상 명백한지 여부에 관하여 의문이 있을 수 있다.

그러나 환지방식에 의한 도시개발사업의 경우, 도시개발법상 조합설립 인가처분은 조합에 대하여 도시개발사업을 시행할 수 있는 권한을 가지는 행정주체(공법인)로서의 지위를 부여하는 설권적 처분의 성격을 갖는다고 보아야 하므로, 조합설립에 대한 토지소유자의 동의는 조합에 대하여 행정주체로서의 지위를 설정해 주기 위한 조합설립인가처분의 전제가 될 뿐만 아니라, 도시개발사업에 대한 토지소유자의 진정한 의사를 확인하는 중요한 수단인 점을 고려할 때,

주식회사 I가 구 도시개발법상 조합설립 동의요건을 잠탈하기 위한 편법 내지 탈법행위로서 이 사건 토지에 대한 지분 분할을 함으로써 조합설립의 요건인 동의율을 충족한 것은 앞서 본 법률관계 및 사실관계에 비추어 그와 같은 해석에 다툼의 여지가 있는 때라고 할 수도 없으므로 이는 외관상 명백한 하자로 할 것이어서, 이 사건 조합설립 인가처분은 무효라 할 것이다.

3. 이 사건 환지예정지 지정처분의 위법

위와 같이 이 사건 조합설립 인가처분이 당연무효인 이상 이에 터잡아 이루어진 이 사건 환지예정지 지정처분도 권한 없는 자에 의해 이루어진 것이라 할 것이므로, 원고 A와 승계참가인의 나머지 주장에 대하여 더 판단할 필요 없이 위법하다.

그렇다면 원고 A 및 승계참가인의 이 사건 청구 중 이 사건 조합설립 인가처분의 무효확인 및 이 사건 환지예정지 지정처분의 취소를 구하는 부분은 이유 있어 이를 인용할 것인바...

제2절 토지등소유자 동의자 수 산정기준

I. 산정기준 개요

A. 일반원칙

1. **【법령】** 재개발사업에서 토지등소유자의 수 (전부개정법 시행령 제33조 제1항 제1호)

> ① 법 제12조 제2항, 제28조 제1항, 제36조 제1항, 이 영 제12조, 제14조 제2항 및 제27조에 따른 토지등소유자(토지면적에 관한 동의자 수를 산정하는 경우에는 토지소유자를 말한다. 이하 이 조에서 같다)의 동의는 다음 각 호의 기준에 따라 산정한다.
>
> 1. 주거환경개선사업, 재개발사업의 경우에는 다음 각 목의 기준에 의할 것
>
> 가. 1필지의 토지 또는 하나의 건축물을 여럿이서 공유할 때에는 그 여럿을 대표하는 1인을 토지등소유자로 산정할 것. 다만, 재개발구역의 「전통시장 및 상점가 육성을 위한 특별법」 제2조에 따른 전통시장 및 상점가로서 1필지의 토지 또는 하나의 건축물을 여럿이서 공유하는 경우에는 해당 토지 또는 건축물의 토지등소유자의 4분의 3 이상의 동의를 받아 이를 대표하는 1인을 토지등소유자로 산정할 수 있다.
>
> 나. 토지에 지상권이 설정되어 있는 경우 토지의 소유자와 해당 토지의 지상권자를 대표하는 1인을 토지등소유자로 산정할 것

> 다. 1인이 다수 필지의 토지 또는 다수의 건축물을 소유하고 있는 경우에는 필지나 건축물의 수에 관계없이 토지등소유자를 1인으로 산정할 것.
>
> 다만, 재개발사업으로서 법 제25조 제1항 제2호에 따라 토지등소유자가 재개발사업을 시행하는 경우 토지등소유자가 정비구역 지정 후에 정비사업을 목적으로 취득한 토지 또는 건축물에 대해서는 a) 정비구역 지정 당시의 토지 또는 건축물의 소유자를 토지등소유자의 수에 포함하여 산정하되, b) 이 경우 동의 여부는 이를 취득한 토지등소유자에 따른다.
>
> ☞ 토지등소유자가 20인 미만으로서 토지등소유자가 재개발사업을 시행하는 경우 (법 제25조 제1항 제2호) '정비구역 지정 후 토지등소유자가 사업시행을 목적으로 취득한 토지/건축물'에 대해서는 A) 정비구역 지정 당시의 소유자를 토지등소유자의 수에 포함시키되, B) 동의 여부는 이를 취득한 토지등소유자(사업시행자)의 의사로 결정할 수 있도록 함으로써, 사업시행자가 될 토지등소유자가 정비구역 지정 후 토지등을 새로 취득하는 방법에 의해 동의요건을 충족할 수 있게 한 것이다.
>
> 라. 둘 이상의 토지 또는 건축물을 소유한 공유자가 동일한 경우에는 그 공유자 여럿을 대표하는 1인을 토지등소유자로 산정할 것

2. 【법령 및 해설】재건축사업에서 토지등소유자의 수: 전부개정법 시행령 제33조 제1항 제2호

> 2. 재건축사업의 경우에는 다음 각 목의 기준에 따를 것
>
> 가. 소유권 또는 구분소유권을 여럿이서 공유하는 경우에는 그 여럿을 대표하는 1인을 토지등소유자로 산정할 것
>
> 나. 1인이 둘 이상의 소유권 또는 구분소유권을 소유하고 있는 경우에는 소유권 또는 구분소유권의 수에 관계없이 토지등소유자를 1인으로 산정할 것
>
> 다. 둘 이상의 소유권 또는 구분소유권을 소유한 공유자가 동일한 경우에는 그 공유자 여럿을 대표하는 1인을 토지등소유자로 할 것

3. 【법령 및 해설】그 밖의 산정기준: 전부개정법 시행령 제33조 제1항 제3~5호

> 3. 추진위원회의 구성 또는 조합의 설립에 동의한 자로부터 토지 또는 건축물을 취득한 자는 추진위원회의 구성 또는 조합의 설립에 동의한 것으로 볼 것
>
> ☞ 추진위원회구성/조합설립에 동의한 자로부터 토지등을 취득한 자는 추진위원회구성/조합설립에 동의한 것으로 자동 간주된다. 그런데 이런 경우 승계자가 동의서를 새로 제출하는 경우가 있으므로, 추진위원회는 종전 토지등소유자가 제출한 동의서와 승계자가 새로 제출한 동의서를 중복 계산하지 않도록 주의하여야 한다.

제 6 장 토지등소유자의 동의 / 제 2 절 토지등소유자 동의자 수 산정기준

> 4. 토지등기부등본·건물등기부등본·토지대장 및 건축물관리대장에 소유자로 등재될 당시 주민등록번호의 기록이 없고 기록된 주소가 현재 주소와 다른 경우로서 소재가 확인되지 아니한 자는 토지등소유자의 수 또는 공유자 수에서 제외할 것
>
> ☞ 공부에 주민등록번호가 기재되어 있지 않은 소재불명자는 토지등소유자/공유자 수에서 제외한다.
>
> 5. 국·공유지에 대해서는 그 재산관리청 각각을 토지등소유자로 산정할 것

B. 적용범위

1. 【해설】토지등소유자의 동의자 수 산정기준 적용범위 (영 제 33 조 제 1 항)

> 토지등소유자 산정기준을 정한 영 제 33 조 제 1 항은 아래의 동의를 받는 경우에 적용된다.
>
> ① 법 제 12 조 제 2 항에 따른 동의: 재건축사업을 위한 안전진단의 실시를 요청하기 위해 사업예정구역 내 토지등소유자 1/10 이상의 동의를 받는 경우
>
> ② 법 제 28 조 제 1 항에 따른 동의: 시장·군수등에게 사업대행(직접대행 또는 지정대행)을 요청하기 위해 토지등소유자 과반수 동의를 받는 경우
>
> ③ 법 제 36 조 제 1 항에 따른 동의: ☞ 바로 아래 법령 참조
>
> ④ 영 제 12 조에 따른 동의: 토지등소유자가 정비계획의 입안 제안을 하기 위해 「토지등소유자 3 분의 2 이하 및 토지면적 3 분의 2 이하의 범위에서 시·도조례로 정하는 비율」 이상의 동의를 받는 경우
>
> ⑤ 영 제 14 조 제 2 항에 따른 동의: 법 제 17 조 제 4 항에 따라 현금납부를 하기 위해 토지등소유자 과반수 동의를 받는 경우
>
> ⑥ 영 제 27 조에 따른 동의: 영 제 27 조 a) 제 1 항은 창립총회 개최 전에 조합설립요건에 해당하는 토지등소유자의 동의를 받을 것을 규정하고, b) 제 5 항에서는 창립총회의 일반 의결정족수[토지등소유자(재건축사업의 경우 조합설립에 동의한 토지등소유자로 한정한다)의 과반수 출석과 출석한 토지등소유자 과반수 찬성]를 규정하고 있는바, 여기의 「영 제 27 조에 따른 동의」는 제 5 항의 의결정족수 충족 여부를 판정하기 위한 토지등소유자 산정기준을 의미하는 것으로 보아야 한다(제 1 항의 조합설립동의는 법 제 36 조 제 1 항 제 8 호에 규정되어 있다).

2. 【법령】 전부개정 도시정비법 제36조(토지등소유자의 동의방법 등)

① 다음 각 호에 대한 동의(동의한 사항의 철회 또는 제26조제1항제8호 단서, 제31조제2항 단서 및 제47조제4항 단서에 따른 반대의 의사표시를 포함한다)는 서면동의서에 토지등소유자가 성명을 적고 지장(指章)을 날인하는 방법으로 하며, 주민등록증, 여권 등 신원을 확인할 수 있는 신분증명서의 사본을 첨부하여야 한다. <개정 2021. 3. 16.> ☞ 동의방법에 관한 자세한 내용은 제6장 제4절 참조.

1. 제20조 제6항 제1호에 따라 <u>정비구역등 해제의 연장을 요청하는 경우</u>

2. 제21조 제1항 제4호에 따라 <u>정비구역의 해제에 동의하는 경우</u>

3. 제24조 제1항에 따라 주거환경개선사업의 시행자를 토지주택공사등으로 지정하는 경우

4. 제25조 제1항 제2호에 따라 토지등소유자가 재개발사업을 시행하려는 경우

☞ <u>토지등소유자가 20인 미만인 경우</u> 토지등소유자가 단독으로 정비사업을 시행하는 대신 <u>토지등소유자의 과반수의 동의를 받아</u> 시장·군수등, 토지주택공사등, 건설업자, 등록사업자 또는 대통령령으로 정하는 요건을 갖춘 자와 <u>공동으로 시행하는 경우</u>를 말한다.

5. 제26조 또는 제27조에 따라 <u>재개발사업·재건축사업의 공공시행자 또는 지정개발자를 지정하는 경우</u>

6. 제31조 제1항에 따라 조합설립을 위한 <u>추진위원회를 구성하는 경우</u>

7. 제32조 제4항에 따라 <u>추진위원회의 업무가 토지등소유자의 비용부담을 수반하거나 권리·의무에 변동을 가져오는 경우</u>

☞ "추진위원회가 제1항에 따라 수행하는 업무의 내용이 토지등소유자의 비용부담을 수반하거나 권리·의무에 변동을 발생시키는 경우에는 그 업무를 수행하기 전에 대통령령으로 정하는 비율 이상의 토지등소유자의 동의를 받아야 한다(법 제32조 제4항)".

8. 제35조 제2항부터 제5항까지의 규정에 따라 <u>조합을 설립하는 경우</u>

9. 제47조 제3항에 따라 <u>주민대표회의를 구성하는 경우</u>

10. 제50조 제6항에 따라 <u>사업시행계획인가를 신청하는 경우</u>

☞ 토지등소유자가 20인 미만인 경우 토지등소유자가 단독 또는 공동으로 정비사업을 시행하기 위해 사업시행계획인가를 신청하는 경우에는 「토지등소유자 3/4 이상 및 토지면적 1/2 이상」의 토지소유자 동의를 받아야 한다(법 제50조 제6항).

11. 제58조 제3항에 따라 사업시행자가 사업시행계획서를 작성하려는 경우

제 6 장 토지등소유자의 동의 / 제 2 절 토지등소유자 동의자 수 산정기준

☞ 존치 또는 리모델링하는 건축물 소유자의 동의를 받는 경우를 말함.

II. 구분소유권 문제

A. 【해설】

(1) "구분소유권"과 "집합건물": ① 1 동의 건물 중 ② 구조상 구분된 여러 개의 부분이 독립한 건물로서 사용될 수 있을 때(구조상·이용상 독립성)에는 ③ 그 각 부분을 각각 소유권의 목적으로 할 수 있다(구분행위. 집합건물법 제 1 조 참조). 이런 소유권을 "구분소유권"이라 하고, 구분소유권의 목적이 된 1 동의 건물을 "집합건물"이라 한다.

(2) 구분소유권은 그 자체로 독립한 소유권이므로 각 구분소유자를 각각 별개의 독립한 토지등소유자로 본다.

그런데 구분소유권의 성립 여부(즉, 1 동의 건물이 집합건물인지 일반건물인지 여부)는 등기부 기재만으로 결정되는 것이 아니어서 이 문제를 두고 분쟁이 발생한다.

B. ① 구분소유가 성립하기 위해서는 a) 객관적·물리적으로 1 동의 건물이 존재하고 b) 구분된 건물부분이 구조상·이용상 독립성을 갖추고 c) 구획된 건물부분을 각각 구분소유권의 객체로 하려는 구분행위가 있어야; ② 구분건물이 완성되기 전에도 a) 건축허가신청이나 분양계약 등을 통해 구분의사가 객관적으로 표시되면 구분행위가 존재하고, b) 이후 1 동의 건물 및 구분행위에 상응하는 구분건물이 객관적·물리적으로 완성되면 그 시점에 구분소유가 성립해; ③ 일반건물로 등기된 기존건물도 위와 같은 요건을 갖추면 구분건물로 변경등기를 하기 전이라도 구분소유권이 성립함 —대법원 2019. 11. 15. 선고 2019 두 46763 판결[조합설립인가취소]

1. 구분소유권의 성립요건

1 동의 건물에 대하여 구분소유가 성립하기 위해서는 ① 객관적·물리적인 측면에서 1 동의 건물이 존재하고 ② 구분된 건물부분이 구조상·이용상 독립성을 갖추어야 할 뿐 아니라 ③ 1 동의 건물 중 물리적으로 구획된 건물부분을 각각 구분소유권의 객체로 하려는 구분행위가 있어야 한다.

가. 구조상의 독립성

여기서 구조상의 독립성은 주로 소유권의 목적이 되는 객체에 대한 물적 지배의 범위를 명확히 할 필요성 때문에 요구되는 것이므로 구조상의 구분에 의하여 구분소유권의 객체 범위를 확정할 수 없는 경우에는 구조상의 독립성이 있다고 할 수 없으나, 다만 일정한 범위의 상가건물에 관하여는 구조상 독립성 요건을 완화한 집합건물의 소유 및 관리에 관한 법률(이하 '집합건물법'이라고 한다) 제 1 조의 2 에 따라 경계를 명확하게 식별할 수 있는 표지를 바닥에 견고

하게 설치하고 구분점포별로 부여된 건물번호표지를 견고하게 부착함으로써 구분소유권의 객체가 될 수 있다.

나. 이용상의 독립성

그리고 이용상 독립성 이란 구분소유권의 대상이 되는 해당 건물부분이 그 자체만으로 독립하여 하나의 건물로서의 기능과 효용을 갖춘 것을 말하는데, 이와 같은 의미의 이용상 독립성이 인정되는지 여부는 해당 부분의 효용가치, 외부로 직접 통행할 수 있는지 여부 등을 고려하여 판단하여야 한다.

특히 해당 건물부분이 집합건물법 제 1 조의 2 의 적용을 받는 '구분점포'인 경우에는 그러한 구분점포의 특성을 고려하여야 한다.

다. 구분행위

나아가 구분행위 는 건물의 물리적 형질에 변경을 가함이 없이 법률관념상 그 건물의 특정 부분을 구분하여 별개의 소유권의 객체로 하려는 일종의 법률행위로서, 그 시기나 방식에 특별한 제한이 있는 것은 아니고 처분권자의 구분의사가 객관적으로 외부에 표시되면 인정된다.

2. 구분행위가 있은 후 그 구분행위에 상응하는 건물이 완성되면 그 시점에 구분소유가 성립함

따라서 구분건물이 물리적으로 완성되기 전에도 건축허가신청이나 분양계약 등을 통하여 장래 신축되는 건물을 구분건물로 하겠다는 구분의사가 객관적으로 표시되면 구분행위의 존재를 인정할 수 있고, 이후 1 동의 건물 및 그 구분행위에 상응하는 구분건물이 객관적·물리적으로 완성되면 아직 그 건물이 집합건축물대장에 등록되거나 구분건물로서 등기부에 등기되지 않았더라도 그 시점에서 구분소유가 성립한다.

특히 일반건물로 등기된 기존의 건물이 구분건물로 변경등기되기 전이라도, 위와 같은 요건들을 갖추면 구분소유권이 성립한다(대법원 2013. 1. 17. 선고 2010 다 71578 전원합의체 판결, 대법원 2017. 12. 22. 선고 2017 다 225398 판결 등 참조).

C. [같은 판례] ① 구분소유의 성립요건에 관한 법리는 조합설립을 위한 정족수 산정을 위한 "구분소유자"의 개념(구법 제 16 조 제 2 항)에도 그대로 적용돼; ② 따라서 구분소유의 요건을 갖추면, 공동주택 등이 (구분건물이 아닌) 일반건물로 등기되어 있는 관계로 구분등기를 마치지 못하고 형식상 공유등기를 마쳤더라도 모든 공유자 각자를 토지등소유자로 산정하여야 함; ③ 「공유등기가 되어 있는 이상 대표자 1 명만을 구분소유자로 산정하여야 하고 따라서 구분소

유자 과반수의 동의가 불필요한 '구분소유자 수가 5명 이하인 경우'에 해당한다」는 피고 주장을 배척한 사례 ─대법원 2019. 11. 15. 선고 2019두46763 판결[조합설립인가취소]

1. 법리

가. 구분소유권의 성립에 관한 법리는 도시정비법에도 그대로 적용됨

구 도시정비법 제16조 제2항은 "주택재건축사업의 추진위원회가 조합을 설립하고자 하는 때에는 집합건물법 제47조 제1항 및 제2항에도 불구하고 주택단지 안의 공동주택의 각 동(복리시설의 경우에는 주택단지 안의 복리시설 전체를 하나의 동으로 본다)별 구분소유자의 과반수 동의(공동주택의 각 동별 구분소유자가 5 이하인 경우는 제외한다)와 주택단지 안의 전체 구분소유자의 4분의 3 이상 및 토지면적의 4분의 3 이상의 토지소유자의 동의를 얻어야 한다."라고 규정하고 있다.

그런데 구 도시정비법은 구분소유의 개념에 관하여 따로 정의규정을 두고 있지 않다. 따라서 앞서 본 구분소유의 성립요건에 관한 법리는 구 도시정비법 제16조 제2항에서 정한 구분소유의 개념에 관하여도 그대로 적용된다고 보는 것이 옳다.

그러므로 공동주택 또는 복리시설에 해당하는 1동의 건물(이하 '공동주택 등'이라고 한다) 중 구분된 건물부분이 구조상·이용상 독립성을 갖추고 있고, 물리적으로 구획된 건물부분을 각각 구분소유권의 객체로 하려는 구분행위가 있는 경우에는 공동주택 등이 등기부에 구분건물로 등기되지 않았더라도 구분소유가 성립한다고 보아야 한다.

또한 공동주택 등이 구분건물이 아닌 일반건물로 등기되어 있는 관계로 구분소유자들이 구분등기를 마치지 못하고 형식상 공유등기를 마쳤더라도 그러한 이유만으로 구분소유의 성립을 부정할 것이 아니다.

나. 구분등기를 하지 못하고 공유등기를 했더라도 구분소유권이 성립할 수 있음

한편 구 도시정비법 제16조 제2항, 제17조 제1항, 제3항의 위임에 따라 구 도시 및 주거환경정비법 시행령(2018. 2. 9. 대통령령 제28628호로 전부 개정되기 전의 것) 제28조 제1항 제2호 (가)목(이하 '이 사건 시행령 조항'이라고 한다)은 '주택재건축사업의 경우 소유권 또는 구분소유권이 여러 명의 공유에 속하는 경우에는 그 여러 명을 대표하는 1명을 토지등소유자로 산정할 것'이라고 규정하고 있다. 이 사건 시행령 조항은 여러 명이 부동산에 관하여 통상의 공유관계를 형성하고 있는 경우에는 그 공유 목적 부동산이 동일하기 때문에 조합설립절차의 편의를 도모하는 관점에서 공유자들을 대표하는 1명의 동의 의사를 확인하여도 무방하다는 데 그 취지가 있다.

이를 고려할 때, 공동주택 등에 관하여 구분소유가 성립한 경우에는, 공동주택 등이 구분건

물이 아닌 일반건물로 등기되어 있는 관계로 구분소유자들이 구분등기를 마치지 못하고 형식상 공동주택 등에 관하여 공유등기를 마쳤더라도 이 사건 시행령 조항을 적용하여 구분소유자들을 대표하는 1명만을 소유자로 산정하여 동의 요건 충족 여부를 가릴 것은 아니다. 구분소유자들은 구조상·이용상 독립성을 갖춘 별개의 부동산을 각각 소유하고 있기 때문이다.

2. 대법원의 판단

가. 구분등기는 되지 않았어도 상가분양이 시작된 1986년에 구분소유가 성립하였음

원심은 그 판시와 같은 이유를 들어, 이 사건 상가는 구조상·이용상 독립성을 갖춘 54개의 각 상가호실로 구분되고, 이 사건 상가를 신축·분양한 한신공영 주식회사가 수분양자들과 호수, 위치 및 면적을 특정하여 각 상가호실에 대한 분양계약을 체결함으로써 이를 구분소유권의 객체로 하려는 구분행위도 존재하였다고 봄이 상당하므로, <u>비록 구분건물로 등기되지 않았더라도 이 사건 상가에 대한 분양이 시작된 1986년경에는 각 상가호실을 구분소유권의 대상으로 하는 구분소유가 성립하였다</u>고 판단하였다.

원심판결 이유를 앞서 본 법리와 기록에 비추어 살펴보면, 원심의 위와 같은 판단에 상고이유 주장과 같이 필요한 심리를 다하지 아니한 채 논리와 경험의 법칙에 반하여 자유심증주의의 한계를 벗어나거나 구 도시정비법 제16조 제2항에서 정한 <u>구분소유의 성립요건에 관한 법리를 오해하거나 판단을 누락하는 등의 잘못이 없다.</u>

나. 따라서 모든 공유자 각자가 토지등소유자임

원심은 다음으로 그 판시와 같은 이유를 들어, '<u>이 사건 상가에 관하여 48명의 구분등기가 아니라 공유등기가 마쳐져 있는 이상, 이 사건 시행령 조항에 따라 대표자 1명만을 구분소유자로 산정하여야 하고, 따라서 구 도시정비법 제16조 제2항에서 구분소유자 과반수의 동의가 불필요한 경우로 정한 구분소유자 수가 5명 이하인 경우에 해당한다</u>'는 취지의 피고와 피고보조참가인의 주장을 배척하였다.

원심의 이 부분 이유 설시에 다소 부적절한 부분이 있으나, 이 사건 상가에 관하여 구분소유가 성립한 이상 이 사건 시행령 조항이 적용될 수 없다고 본 <u>원심의 결론은 앞서 본 법리에 기초한 것으로서 정당하고</u>, 거기에 상고이유 주장과 같이 구분소유자의 수 산정에 관한 법리를 오해하거나 판단을 누락하는 등의 잘못이 없다.

D. [하급심판례] ① 이 사건 각 점포가 5개의 <mark>구분소유건물로 등기되어 있었더라도</mark>, <mark>구조상·이용상 독립성이 인정되지 않는 이상 1개의 건물에 불과해</mark>; ② 따라서 토지등소유자 5인 및 이들의 동의가 있는 것으로 산정할 것은 아니고, <mark>토지등소유자 1인 및 그 1인의 동의만이 있</mark>

다고 산정하여야 함 —서울행정법원 2009. 9. 25. 선고 2009 구합 9192 판결[조합설립추진위원회승인처분등취소]

1. 구분소유가 인정되지 않는 하나의 건축물의 경우

가. 인정사실

살피건대, 갑 제 15 호증의 1, 2 의 각 기재에 변론 전체의 취지를 종합하면 ㉮ 이 사건 각 점포는 1984. 6. 19.부터 각 구분건물로서 별도로 등기되어 있는 사실, ㉯ BI, BJ, BK, BL, BM 은 각 이 사건 각 점포의 소유자 내지 공유자의 대표자인 토지등소유자로서 참가인에게 동의서를 제출하였고, 피고는 BI, BJ, BK, BL, BM 을 각 1 인의 토지등소유자 및 동의자로 인정한 사실을 각 인정할 수 있으나, 한편 갑 제 15 호증의 3, 갑 제 17 호증의 각 영상에 변론 전체의 취지를 종합하면 ㉰ 이 사건 각 점포는 이 사건 승인신청 당시 'BN'이라는 상호로 전체로서 하나의 음식점으로 이용되고 있는 사실, ㉱ 이 사건 각 점포를 구분하는 구분소유벽이 없이 전체가 트여 있는 사실을 각 인정할 수 있다.

나. 이 사건 각 점포가 구조상·이용상 독립성을 상실하여 토지등소유자 1 인으로 인정함

구분소유는 1 동의 건물 중 구조상 구분된 수 개의 부분이 독립된 건물로서 사용될 수 있을 때 성립한다고 할 것이므로(집합건물법 제 1 조) 구분소유가 성립하기 위해서는 1 동의 건물 중 구분된 각 부분이 구조상 독립성과 이용상의 독립성을 모두 갖추어야 하고(대법원 1999. 11. 9. 선고 99 다 46096 판결 등 참조), 이는 구분소유의 성립요건일 뿐만 아니라 존속요건이기도 하다.

위 인정사실에 의하면 비록 이 사건 각 점포가 참가인의 승인신청 당시 구분소유건물로 등기되어 있다고 하더라도 구조상·이용상 독립성이 인정되지 아니하는 이상 구분소유권이 인정되지 않는다고 할 것이므로 이 사건 각 점포는 전체로서 1 개의 건물에 불과하다고 할 것이고, 이는 설사 이 사건 각 점포가 당초에는 구조상·이용상 독립성이 있다가 사후에 소멸하였다고 하더라도 마찬가지이다.

한편, 이 사건 각 점포가 들기부상 기재와 달리 실제로는 S 지상에 있다고 하더라도 무허가 건물에 관하여도 토지등소유자가 인정되는 점에 비추어 이를 이유로 이 사건 각 점포가에 관하여 토지등소유자를 인정할 수 없는 것은 아니다.

따라서, 이 사건 각 점포에 관하여 피고가 당초 인정한 바와 같이 토지등소유자 5 인 및 이들의 동의가 있는 것으로 산정할 것은 아니고, 토지등소유자 1 인 및 그 동의만이 있다고 산정하여야 할 것이다.

III. [재개발사업] 토지에 지상권이 설정된 경우(영 §33①i) 나)

A. 【법령】 전부개정법 시행령 제 33 조 제 1 항 제 1 호 나목

> 1. 주거환경개선사업, 재개발사업의 경우에는 다음 각 목의 기준에 의할 것
> 나. 토지에 지상권이 설정되어 있는 경우 토지의 소유자와 해당 토지의 지상권자를 대표하는 1 인을 토지등소유자로 산정할 것

B. 토지에 지상권이 설정되어 있는 경우에는 토지의 소유자와 해당 토지의 지상권자를 대표하는 1 인을 토지등소유자로 산정해 ―대법원 2014. 5. 29. 선고 2012 두 18677 판결[조합설립인가무효]

구 도시정비법 제 2 조 제 9 호 (가)목의 규정에 의하면, '토지등소유자'라 함은 정비구역안에 소재한 토지 또는 건축물의 소유자 또는 그 지상권자이고, 위 법 제 17 조, 구 도시정비법 시행령 제 28 조 제 1 항 제 1 호의 각 규정에 의하면… 토지에 지상권이 설정되어 있는 경우에는 토지의 소유자와 해당 토지의 지상권자를 대표하는 1 인을 토지등소유자로 산정하며…

C. ① 토지와 그 지상건물이 동일인의 소유에 속하고 토지에 관하여 지상권이 설정되어 있는 경우에는, 토지와 그 지상건물 전체에 관하여 '1 인의 토지등소유자'가 있는 것으로 산정하고; ② 토지가 2 인 이상의 공유에 속하고 지상건물이 그 중 1 인의 단독소유인 경우는 a) 토지공유자의 대표자 1 명과 b) 건축물의 단독소유자 1 명를 각각 토지등소유자로 산정함 ―대법원 2015. 3. 20. 선고 2012 두 23242 판결[재개발조합설립인가처분취소]

1. 토지와 지상건축물이 동일인 소유이고 토지에 지상권이 설정된 경우 토지등소유자는 1 명

토지와 그 지상의 건축물이 동일인의 소유에 속하고 그 토지에 관하여 지상권이 설정되어 있는 경우 토지가 2 인 이상의 공유에 속하고 그 지상의 건축물이 그 중 1 인의 단독소유인 경우와 마찬가지로 토지와 건축물에 관하여 각각 1 인이 토지등소유자로 산정될 수 있는지에 관하여 살펴보면 … 지상권자를 토지의 공유자와 동일하게 취급할 수 없고, 해당 토지와 그 지상 건축물에 관하여 1 인의 토지등소유자가 있는 것으로 산정함이 타당하다.

2. 원심판결의 위법함

원심판결 이유에 의하면, 원심은 그 판시와 같은 이유로 동일인의 소유에 속하는 토지와 그 지상의 건축물 중 토지에 관하여 지상권이 설정된 12 필지에 대하여 토지와 그 지상 건축물에 관하여 토지등소유자를 각각 산정해야 한다는 전제하에 토지등소유자의 수를 12 인 추가함으로써, 최종적으로 이 사건에서 구 도시정비법 제 16 조 제 1 항에서 정한 토지등소유자 4 분의 3 이상의 동의 요건을 충족하지 못하였다고 판단하였다.

제6장 토지등소유자의 동의 / 제2절 토지등소유자 동의자 수 산정기준

그러나 앞서 본 법리에 의하면, 동일인의 소유에 속하는 토지와 건축물 중 토지에 관하여 지상권이 설정된 토지에 관하여 토지등소유자를 각각 산정해서는 아니 되므로, 이 사건 조합설립을 위한 동의율 산정에 있어 구 도시정비법 제16조 제1항에서 정한 토지등소유자 4분의 3 이상의 동의를 얻어야 한다는 요건을 충족했다고 볼 여지가 크다.

그런데도 원심은 이와 다른 전제에서 토지등소유자 4분의 3 이상의 동의를 얻지 못하였다고 판단하고 말았다. 이러한 원심판결에는 재개발조합설립인가의 요건인 토지등소유자 산정 기준 등에 관한 법리를 오해하여 판결에 영향을 미친 위법이 있다.

D. [고등법원판례] '담보지상권자'도 일반 지상권자와 마찬가지로 토지 소유자와 지상권자를 대표하는 1인을 토지등소유자로 산정해 (따라서 대표자선임서가 없는 토지소유자의 동의서만으로는 동의자 수에 포함시킬 수 없음) —부산고등법원 2007. 7. 6. 선고 2006누3841 판결[주택재개발정비사업조합설립추진위원회승인처분취소]

【당사자】

원고, 피항소인   별지 1 기재와 같다
피고, 항소인   부산광역시 동래구청장
피고 보조참가인   주택재개발사업조합설립추진위원회

참가인은 위 토지들의 경우 소위 '담보지상권자'는 진정한 지상권자가 아니므로 대표자선임서가 없더라도 토지소유자의 동의만으로 유효하다고 다투나, 앞서 (2)의 (사)항에서 살펴본 바와 같이, 민법상 저당 부동산의 담보가치를 확보하기 위한 지상권의 취득도 가능한 점, 법상 특별히 토지 등 소유자에 포함되는 지상권자를 건물 기타의 공작물이나 수목을 소유할 목적으로 하는 지상권자로 제한하고 있지 아니한 점, 담보지상권자라고 하더라도 재개발과 같은 토지의 이용가치의 변동에 이해관계가 없다고 볼 수 없는 점을 종합하여 보면, 참가인의 주장은 이유 없다.

나아가 이 사건 처분의 적법여부는 처분시점을 기준으로 판단하여야 하므로, 처분 후 위 토지들 중 일부에 대하여 지상권자의 대표자선임동의서가 제출되었다 하더라도 당초 동의서상 문제된 하자가 치유된다고 볼 수는 없다. 따라서 위 동의서의 효력을 부인한 피고의 조치는 정당하고, 이에 반하는 참가인의 주장은 이유 없다.

☞ [같은 취지 판례] 서울행정법원 2009. 9. 25.선고 2009구합9192호 판결

E. [하급심판례] ① 도시환경정비사업에서 토지소유자와 건축물소유자는 별도로 토지등소유자가 되는 것이지만, 구분건물과 '대지사용권인 공유지분'은 별도로 토지등소유자로 인정될 수 없어 (구분건물의 대지사용권은 전유부분에 종속되어 일체불가분이므로); ② 그러므로 아래의 사실

III. [재개발사업] 토지에 지상권이 설정된 경우(영 §33①i) 나)

관계에서: A) N 토지에 관하여 a) M 외 다른 공유자들은 구분건물 소유자로서 동의권을 행사하므로 동의권을 행사할 수 없고 b) 따라서 M은 N 토지를 단독으로 소유하고 있는 것처럼 단독으로 동의권을 행사할 수 있으며; B) L 토지에 관하여는 지상권이 설정되어 있으므로 L 토지의 대표자가 누구인지 관계없이(즉 L 토지의 대표자가 M인 경우에도) N 토지와 별도로 별개의 토지등소유자로 인정해야 함 ―서울행정법원 2009. 9. 25.선고 2009 구합 9192 호 판결[조합설립추진위원회승인처분등취소]

【당사자】

원고	A
피고	서울특별시 동작구청장
피고보조참가인	B 재정비촉진구역도시환경정비사업설립추진위원회

【사실관계】

① L 토지는 M 의 단독소유인데 농협 명의로 지상권이 설정되어 있음

② N 토지는 'M 등 12 명'의 공동소유임

③ N 토지 지상에 'M 을 제외한 11 명의 공유자'가 아파트를 1 채씩 소유하고 있음

④ N 토지의 'M, BE, BF 를 제외한 나머지 공유자'들은 N 토지에 대한 자신의 공유지분에 관하여 각 자기 소유 아파트에 대한 대지권을 설정하였음(☞ BE, BF 는 대지권등기는 안 했지만, 구분소유의 법리상 구분소유권 성립 시 BE, BF 의 N 토지 지분에 당연히 대지권이 설정되었음)

1. 인정사실

살피건대, ㉮ M 은 L 토지의 소유자인 사실, ㉯ L 토지에 대해서는 1995. 8. 26. BD 농업협동조합 명의의 철근콘크리트조 및 벽돌조 건물의 소유를 목적으로 하고 존속기간이 1995. 4. 27.부터 30 년인 지상권이 설정되어 있는 사실, ㉰ M 은 N 토지의 169100 분의 157874 지분의 소유자이고, 나머지 지분은 BE, BF, BG 등 11 명(이하 'N 공유자들'이라 한다)이 169100 분의 495 내지 1653 지분의 비율로 소유하고 있는 사실, ㉱ N 외 1 필지 지상에는 철근콘크리트조 슬래브지붕 5 층 건물이 있고, 1 층은 시장, 2 층은 사무실, 3 층 이상은 아파트로 사용되고 있는데, M 을 제외한 나머지 N 공유자들은 위 건물의 아파트 1 채씩의 소유자인 사실, ㉲ M, BE, BF 를 제외한 나머지 N 공유자들은 2008. 10. 27. N 토지에 대한 자신의 공유지분에 대해서 자신 소유의 아파트에 대한 대지권을 설정한 사실, ㉳ 피고는 M 을 포함한 N 공유자들을 각 1 인의 토지등소유자로 산정한 사실은 당사자 사이에 다툼이 없거나 갑 제 12 호증의 1 내지 3 의 각 기재에 변론 전체의 취지를 종합하여 인정할 수 있다.

2. 'L 토지'와 'N 토지'는 'L 토지'의 대표자가 M(= N 토지 소유자)인 경우에도 별개의 토지등소유자로 산정해야 함

도정법 제2조 제9호 가목은 도시환경정비사업에 있어서의 토지등소유자는 정비구역 안에 소재한 토지 또는 건축물의 소유자 또는 그 지상권자라고 규정하고 있으므로 <u>일반적인 경우 토지 소유자와 건축물 소유자는 각각 토지등소유자가 된다</u>고 할 것이다. 그러나 <u>구분건물의 대지사용권은</u> 전유부분 및 공유부분과 분리처분이 가능한 규약이나 공정증서가 없는 때에는 전유부분과 종속적 일체분가분성이 인정되므로 <u>구분건물과 대지사용권인 공유지분에 관하여 별도로 토지등소유자가 존재한다고 할 것은 아니다.</u>

이 사건의 경우, <u>M 을 제외한 N 공유자들은 각 소유한 그 지상 집합건물의 전유부분과 토지에 대한 대지사용권에 관하여 일체로서 1 인의 토지등소유자로 산정된다고 할 것이므로 N 토지의 공유자의 자격으로 별도로 토지등소유자에 해당한다고 볼 수 없다. 따라서 N 토지에 관해서는 M 이외에 공유자로서 토지등소유자로 인정될 수 있는 사람이 없다고 할 것이므로 M 은 N 토지를 단독으로 소유하고 있는 것과 마찬가지로 단독으로 토지등소유자로서 동의권을 행사할 수 있다</u>고 할 것이다.

그러나 이러한 점을 고려하여 N 토지 중 M 의 공유지분을 1 필지의 토지 중 일부의 공유지분이 아니라 1 필지 전부에 대한 소유권처럼 취급한다고 하더라도, <u>L 토지에는 BD 농업협동조합의 지상권이 설정되어 있어</u>, 도정법 시행령 제28조 제1항 제1호 나목에 따라 <u>M 과 BD 농업협동조합을 대표하는 1 인을 토지등소유자로 산정하여야 하므로</u> <u>N 토지와 L 토지는</u> 서로 ㉠ 1 인이 다수의 부동산을 소유하거나 ㉡ 동일한 수인이 다수의 부동산을 공유하고 있는 경우처럼 다수의 부동산의 소유형태가 동일한 경우로 볼 수 없어 <u>토지등소유자의 산정도 별개로 취급되어야</u> 할 것이다.

여기서 L 토지에 대하여 M 을 대표자로 선정하여 M 이 L 토지와 N 토지 모두에 대한 토지등소유자가 되는 경우를 상정해 볼 수는 있으나, ⓐ L 토지에 대하여 누구를 대표자로 선정하는지 여부에 따라 토지등소유자의 수가 달라진다면 토지등소유자의 수가 조작되는 결과를 야기할 수 있고, ⓑ L 토지의 대표자로서의 토지등소유자의 지위와 N 토지의 소유자로서의 토지등소유자의 지위는 그 소유형태가 다른 만큼 서로 다른 지위라고 할 것이며, ⓒ L 토지에 관하여 토지등소유자의 지위를 인정하는 것은 설사 그 대표자가 M 이 된다고 하더라도 지상권자인 BD 농업협동조합의 이익을 반영하는 것이라고 할 것이므로 <u>L 토지의 대표자가 누구인지 여부와 관계없이 L 토지와 N 토지에 관하여 각각 별개의 토지등소유자를 인정함이 상당하다</u>고 할 것이다.

F. [같은 판결] ① 저당권의 담보가치를 확보하기 위한 지상권도 '지상권'에 포함돼; ② 대표자를 정하지 않은 경우에는 공유자 각자가 동의 여부의 의사를 표시할 수 있으나(따라서 대표자를

III. [재개발사업] 토지에 지상권이 설정된 경우(영 §33①i) 나)

선정하지 않았다는 이유만으로 동의가 없다고 할 수 없음), <u>공유자 중 1인이라도 부동의하면 토지등소유자로서 부동의한 것이야</u>; ③ 그러므로 대표자를 정하지 않은 경우 지상권자의 동의가 없으면 토지등소유자의 동의는 없는 것임 —서울행정법원 2009. 9. 25.선고 2009구합9192호 판결[조합설립추진위원회승인처분등취소]

1. 수인 공유의 토지 및 지상권이 설정된 토지의 경우 대표자가 선임되지 않은 경우

가. 저당권의 담보가치를 확보하기 위한 지상권도 여기에 포함됨

도정법 시행령 제28조 제1항 제1호 가, 나목은 1필지의 토지 또는 하나의 건축물이 수인의 공유에 속하거나 토지에 지상권이 설정되어 있는 경우에는 그 수인(지상권자 포함)을 대표하는 1인을 토지등소유자로 산정하도록 규정하고 있으므로, 이 경우 토지등소유자의 수는 1인이 된다.

또한 ㉠ 위 규정은 지상권의 목적에 따라 지상권자를 달리 취급하고 있지 않은 점, ㉡ 토지에 관하여 저당권을 취득함과 아울러 그 저당권의 담보가치를 확보하기 위하여 지상권을 취득하는 것이 허용되고, 그와 같이 취득한 지상권도 다른 지상권들과 마찬가지의 효력이 인정되는 점(대법원 2004. 3. 29. 자 2003마1753 결정 참조) 등에 비추어 볼 때 위 규정에서 말하는 지상권에는 저당권 취득과 함께 설정함으로써 저당권의 담보가치를 확보하기 위한 지상권도 포함된다고 할 것이다.

나. 대표자를 정하지 않은 경우, 지상권자의 동의가 없으면 토지등소유자의 동의가 있다고 할 수 없음

나아가 <u>대표자를 정하지 아니한 경우에는</u> 공유자 각자가 동의 여부의 의사를 표시할 수 있다 할 것이고, 토지등소유자의 수는 1인이고 그것이 분할이 되지 않는 점에 비추어 <u>공유자 중 1인이라도 부동의하는 경우에는 토지등소유자로서 부동의한 것으로 처리함이 상당하다</u>고 할 것이다.

따라서 L 토지 및 O 토지의 경우 대표자를 선정하지 않았다는 이유만으로 동의의 효력이 없다고 할 것은 아니나, M과 P가 대표자로 선정되지 아니한 이상 이들뿐만 아니라 지상권자들도 참가인에 대하여 동의를 함으로써 그 의사가 일치한 경우에 한해서 위 각 토지에 관하여 토지등소유자의 동의가 있다고 할 것인데, <u>지상권자들의 동의가 있다고 볼 자료가 없으므로</u>(갑 제12호증의 1, 2의 각 기재에 비추어, <u>을 제34호증의 3, 5는 각 이 사건 승인처분 이후에 작성된 것으로 보인다</u>) 위 각 토지에 관한 토지등소유자의 동의가 있다고 할 수 없다.

IV. 국유지·공유지의 토지등소유자 수

A. 개요

1. 【해설】 국·공유지는 각 재산관리청별로 따로 계산함

> 2010. 7. 15. 개정령(대통령령 제22277호. 2010. 7. 16. 시행) 제28조 제1항 제5호가 신설된 후에는 국·공유지에 대하여 각 재산관리청별로 토지등소유자 수를 산정하게 되었다. 전부개정법 시행령에서는 "그 재산관리청 각각을 토지등소유자로 산정할 것"이라고 규정하여 이 점을 더욱 분명히 하였다.
>
> 2010. 7. 15.까지는 재산관리청이 달라도 소유자가 같으면(예: 재산관리청은 기획재정부, 국토교통부로 다르나 소유자는 똑같이 대한민국인 경우) 1명의 토지등소유자로 산정했다.

2. 【법령】 전부개정법 시행령 제33조 제1항 제5호

> 5. 국·공유지에 대해서는 그 재산관리청 각각을 토지등소유자로 산정할 것

B. [2010. 7. 16. 개정 전 구 시행령 적용 판례] ① 정비구역 안에 여러 필지의 국·공유지가 있는 경우에도 그 소유권의 수에 관계없이 토지 또는 건축물 소유자를 소유자별로 각각 1명으로 산정해; ② 따라서 여러 필지의 국유지 재산관리청이 각각 기획재정부, 국토교통부로 다르더라도, 토지/건축물 소유자는 1인(국가)임 —대법원 2014. 4. 14. 선고 2012두1419 전원합의체 판결[주택재건축정비사업조합설립인가처분취소]

【당사자】

> [원고, 상고인] 별지 원고 명단 기재와 같다.
> [피고, 피상고인] 서울특별시 마포구청장
> [피고 보조참가인] 신수1주택재건축정비사업조합

1. 법리

구 도시정비법 제17조 제1항에 따르면, 토지 또는 건축물 소유자의 동의는 인감도장을 사용한 서면 동의의 방법에 의하며, 이 경우 인감증명서를 첨부하여야 한다. 한편 구 도시정비법 제17조 제2항의 위임에 따라 마련된 구 도시 및 주거환경정비법 시행령 (2010. 7. 15. 대통령령 제22277호로 개정되기 전의 것. 이하 '시행령'이라 한다) 제28조는 주택재건축사업의 경우에 1명이 둘 이상의 소유권 또는 구분소유권을 가지고 있는 경우에는 소유권 또는 구분

소유권의 수에 관계없이 토지등소유자를 1명으로 산정할 것[제1항 제2호 (나)목]이라고 규정하고 있을 뿐, 여러 필지의 국·공유지에 대하여 소관 관리청이 다른 경우에 관한 특별한 예외 규정을 두고 있지 아니하다.

이러한 구 도시정비법 제16조 제3항, 시행령 제28조 등 관계 법령의 문언에 의하면, 정비구역 안에 여러 필지의 국·공유지가 있는 경우에도 그 소유권의 수에 관계없이 토지 또는 건축물 소유자를 소유자별로 각각 1명으로 산정하여야 한다.

2. 관리청이 서로 다른 여러 필지 국유지가 있는 경우 토지소유자는 국가 1인

가. 재산관리청별로 토지/건축물 소유자수를 산정한 것은 잘못

원심은, 이 사건 정비구역 안에 있는 재산관리청이 각각 기획재정부, 국토교통부(변경전 명칭: 국토해양부)인 국유지와 서울특별시 소유인 시유지, 서울특별시 마포구 소유인 구유지에 관하여 그 재산관리청별로 토지 또는 건축물 소유자 수를 산정하여야 한다는 전제 아래 국·공유지에 관한 토지 또는 건축물 소유자가 4인이라고 판단한 다음, 이 사건에서 참가인 조합의 설립에 국·공유지의 관리청에서 반대의 의사를 표시하였다고 볼 만한 증거가 없는 점 등 그 판시와 같은 이유를 들어, 위 각 관리청은 참가인 조합의 설립에 동의한 것으로 봄이 타당하다고 판단하였다.

그러나 토지 또는 건축물 소유자 수 산정에 관하여 앞서 본 법리에 의하면, 정비구역 안에 여러 필지의 국유지가 있는 경우에도 그 소유권의 수에 관계없이 토지 또는 건축물 소유자를 1명으로 산정하여야 하므로, 이 사건 정비구역 안에 있는 여러 필지의 국유지 재산관리청이 각각 기획재정부, 국토교통부로 다르다고 하더라도 토지 또는 건축물 소유자는 국가 1인이라고 보아야 한다. 따라서 이 사건 정비구역 안에 있는 국·공유지에 관한 토지 또는 건축물 소유자 수는 국가, 서울특별시, 서울특별시 마포구 3인이라 할 것이고, 원심이 이와 달리 판단한 부분은 잘못이다.

나. 판결결과에는 영향이 없음

이상과 같은 판단에 따라 동의율을 다시 산정하면, 토지 또는 건축물 소유자는 415인(원심이 인정한 416인 - 국유지 중복산정 1인), 동의자는 314인(원심이 인정한 315인 - 국유지 중복산정 1인)이고, 동의율은 75.66%(314인/415인)로서 법정동의율인 토지 또는 건축물 소유자의 4분의 3 이상을 충족한다. 따라서 원심판결에 토지 또는 건축물 소유자 수 산정에 관한 법리오해로 인하여 판결에 영향을 미친 위법이 있다고 할 수 없다.

제6장 토지등소유자의 동의 / 제2절 토지등소유자 동의자 수 산정기준

C. 한국철도시설공단 소유 토지는 국·공유지 아니야 —대법원 2012. 12. 13. 선고 2011 두 21218 판결[조합설립무효확인등]

원심판결의 이유에 의하면, 원심은 그 채택 증거에 의하여 서울 동대문구 (주소 2 생략) 구거 21㎡의 소유자가 한국철도시설공단이므로, 피고로서는 이 사건 처분 당시 한국철도시설공단을 토지등소유자에 포함시켜야 한다고 판단한 후, 한국철도시설공단 소유의 위 토지는 국·공유지에 해당하므로 조합설립에 동의한 것으로 간주되어야 한다는 피고 및 참가인의 주장에 대하여, 위 토지에 관한 등기부상 권리명의자가 한국철도시설공단으로 기재되어 있는 이상 위 토지를 국유지나 공유지라고 볼 수는 없고, 관계 법령 등에 비추어 보면 한국철도시설공단이 그 소유의 재산에 대한 처분에 관하여 독자적인 결정권을 가지고 있으므로 한국철도시설공단에 동의 여부를 묻지 않은 채 동의한 것으로 간주하기는 어렵다는 등의 이유로 이를 배척하였다.

원심판결의 이유를 관계 법령과 기록에 비추어 살펴보면, 원심의 판단은 정당한 것으로 수긍이 되고, 거기에 상고이유로 주장하는 바와 같은 법리오해 등의 위법이 없다.

V. 무허가건축물 소유자 (제외)

A. 【해설】 무허가건축물 소유자는 동의 대상 토지등소유자에 포함되지 않음

> (1) 무허가건축물의 소유자는 조합설립 동의가 필요한 토지등소유자에 포함되지 않는다.
>
> (2) 재개발조합이 정관으로 일정한 범위 내에서 무허가건축물 소유자에게 조합원 자격을 부여하는 경우에는 조합원 자격이 인정되나, 그런 경우에도 조합설립 이후에 정관 규정에 따라 비로소 조합원 자격이 부여될 뿐이며, 조합설립 동의가 필요한 토지등소유자에는 포함되지 않는다(대법원 2012. 12. 13. 선고 2011 두 21218 판결; 대법원 2009. 9. 24. 자 2009 마 168, 169 결정).
>
> ☞ 무허가건축물 소유자의 조합원 자격에 관하여는 돈.되.법 2 제3장 제5절 참조.

B. ① 소유자에게 조합원 자격이 부여되는 "건축물"은 적법한 건축물을 의미하고 무허가건축물은 포함되지 않아; ② 재개발조합이 일정한 범위 내에서 무허가건축물 소유자에게 조합원 자격을 부여하도록 정관으로 정하는 것은 가능하나; ③ 이 경우에도 무허가건축물 소유자는 조합설립 이후에 정관 규정에 의하여 비로소 조합원 자격이 부여될 뿐이므로, 동의가 필요한 토지등소유자에는 포함되지 않아 —대법원 2012. 12. 13. 선고 2011 두 21218 판결[조합설립무효확인등]

【당사자】

[원고(선정당사자), 피상고인] 원고 1

V. 무허가건축물 소유자 (제외)

> [원고, 피상고인] 원고 2 외 7인
> [피고, 상고인] 서울특별시 동대문구청장
> [피고보조참가인, 상고인] 휘경 3 재정비촉진구역주택재개발정비사업조합

1. 소유자에게 조합원의 자격이 부여되는 '건축물'에 무허가건축물은 포함되지 않음

구 도시정비법 제 2 조 제 9 호 (가)목 및 제 19 조 제 1 항은 정비구역 안에 위치한 토지 또는 건축물의 소유자 또는 그 지상권자는 재개발조합의 조합원이 된다는 취지로 규정하고 있는 바,

① 무허가건축물은 원칙적으로 관계 법령에 의하여 철거되어야 할 것인데도 그 소유자에게 조합원 자격을 부여하여 결과적으로 재개발사업의 시행으로 인한 이익을 향유하게 하는 것은 위법행위를 한 자가 이익을 받는 결과가 되어 허용될 수 없는 점, ② 재개발사업의 원활한 시행을 위하여는 정비구역 안의 무분별한 무허가주택의 난립을 규제할 현실적 필요성이 적지 않은 점, ③ 무허가건축물의 소유자를 당연히 구 도시정비법 제 2 조 제 9 호 (가)목에서 정하는 토지등소유자로 해석한다면, 다른 사람의 토지 위에 무단으로 무허가건축물을 축조한 다수의 소유자들이 조합설립추진위원회 및 재개발조합을 결성하여 그 토지소유자를 재개발사업에 강제로 편입시킴으로써 적법한 토지소유자의 재산권을 침해할 우려가 있는 점 등 여러 사정을 고려하여 볼 때,

구 도시정비법 제 2 조 제 9 호 (가)목 및 제 19 조 제 1 항에 의하여 <u>소유자에게 조합원의 자격이 부여되는 건축물이라 함은 원칙적으로 적법한 건축물을 의미하고 무허가건축물은 이에 포함되지 않는다</u>고 보아야 할 것이고...

2. 정관에서 무허가건축물 소유자에게 조합원 자격을 인정한 경우에도 동의 필요 없음

한편 기록에 의하면 참가인의 정관 제 9 조 제 2 항은 '제 1 항의 규정에 의한 소유권, 지상권 등의 권리는 민법에서 규정한 권리를 말한다. 다만, <u>건축물이 무허가인 경우에는 법에 의하여 제정된 시·도 조례에서 정하는 기존 무허가건축물로서 자기 소유임을 입증하는 경우에 한하여 그 무허가건축물 소유자를 조합원으로 인정한다</u>'고 규정하고 있으므로, 원심이 참가인의 정관에 무허가건축물의 소유자에게 조합원 자격을 부여하는 규정이 없다고 판단한 것은 잘못이다.

그러나 앞서 본 법리에 비추어 보면 정관 제 9 조 제 2 항 단서는 적법하게 주택재개발정비사업조합이 설립된 이후에 그 조합의 정관에 의하여 무허가건축물의 소유자에게도 조합원 자격 등을 부여할 수 있다는 것으로 해석될 뿐, <u>조합이 설립되기 전부터 무허가건축물의 소유자가 구 도시정비법 제 2 조 제 9 호 (가)목에 규정된 토지등소유자에 포함되어 당연히 조합원의 자격을 가진다는 의미로 볼 수는 없다</u>고 할 것이므로, 원심의 위와 같은 잘못이 판결의 결과에

제 6 장 토지등소유자의 동의 / 제 2 절 토지등소유자 동의자 수 산정기준

영향을 미친 것은 아니므로 피고 및 참가인의 이 부분 상고이유 주장 역시 받아들일 수 없다.

C. 무허가건축물 소유자를 제외한 동의율이 42.3%에 불과하여 조합설립인가가 취소된 사례 —대법원 2009.10.29. 선고 2009 두 12228 판결[조합설립인가처분취소]

【당사자】

원고, 피상고인　1. 주식회사 ○○
　　　　　　　　2. 재단법인 ○○
피고, 상고인　　 서울특별시 ○○구청장
피고보조참가인 최○○ 외 14 명

1. 법리

... 등 여러 사정을 고려하여 볼 때, 구 도시정비법 제 2 조 제 9 호 가목 및 제 19 조 제 1 항에 의하여 소유자에게 조합원의 자격이 부여되는 건축물이라 함은 원칙적으로 적법한 건축물을 의미하고 무허가건축물은 이에 포함되지 않는다고 보아야 할 것이고, 다만 이와 같은 법리에 의하여 토지등소유자의 적법한 동의 등을 거쳐 설립된 재개발조합이 각자의 사정 내지는 필요에 따라 일정한 범위 내에서 무허가건축물 소유자에게 조합원 자격을 부여하도록 정관으로 정하는 경우에 비로소 그 예외가 인정될 수 있을 뿐이다(대법원 1999. 7. 27. 선고 97 누 4975 판결 등 참조).

2. 원심판결의 정당함

원심은 제 1 심판결을 인용하여, ① ○○제 11 구역주택재개발정비사업조합설립추진위원회는 2007. 8. 23. 이 사건 조합의 설립을 안건으로 한 창립총회를 개최하여, ② 이 사건 정비구역 안의 토지 및 건축물 소유자 53 명 중 26 명, 토지 소유자 23 명 중 7 명, 건축물 소유자 292 명(이 중 290 명은 무허가건축물 소유자이다) 중 265 명(그 모두가 무허가건축물 소유자이다)의 각 동의로 조합설립결의를 한 사실, ③ 위와 같은 무허가건축물 소유자를 제외하면 78 명의 토지등소유자 중 33 명만이 이 사건 조합의 설립에 동의하였을 뿐이어서 동의율은 약 42.3%에 불과한 사실 등을 인정한 다음,

무허가건축물의 소유자들이 주축이 되어 조합설립에 동의한 이 사건 조합은 구 도시정비법 제 16 조 제 1 항에 규정된 토지등소유자의 5 분의 4 이상에 미치지 못하므로 적법한 재개발조합 설립인가요건을 갖추지 못하였다는 취지로 판단하였다. 기록에 비추어 살펴보면, 위와 같은 원심의 판단은 앞에서 본 법리에 따른 것으로 정당하다.

D. 추진위원회 설립승인 당시에는 '동의자 수에서 무허가건축물의 소유자 수를 제외하여야 한다'는 법리가 명백히 밝혀져 있지 않았으므로, 추진위원회 설립승인 처분에 동의요건을 충족하지 못한 하자는 무효사유가 아니라고 본 사례 —대법원 2013. 11. 28. 선고 2012 두 15777 판결 [조합설립인가처분무효확인]

【당사자】

[원고, 상고인] 원고 1 외 10 인
[피고, 피상고인] 서울특별시 서대문구청장
[피고보조참가인] 북아현 1-1 재정비촉진구역주택재개발정비사업조합

원심은 제 1 심판결을 인용하여 그 판시와 같은 사실을 인정한 다음, 이 사건 추진위원회 설립승인 당시 종전구역 내 토지등소유자 수와 추진위원회 설립에 대한 <u>동의자 수에서 무허가건축물의 소유자 수를 제외하여야 한다는 법리가 명백히 밝혀져 있지 아니하여 이 사건 추진위원회 설립승인처분에 동의율 요건을 충족하지 못한 하자가 있다 하더라도 그 하자가 명백하지 않아 무효사유에 해당한다고 볼 수 없다</u>고 판단하였다…

앞서 본 법리와 기록에 비추어 살펴보면, 원심의 위와 같은 판단은 정당한 것으로 수긍할 수 있고, 거기에 상고이유에서 주장하는 바와 같이 추진위원회의 설립 및 변경승인에 관한 토지등소유자의 동의요건이나 하자의 중대·명백성 등에 관한 법리를 오해한 위법이 없다.

VI. 소재불명자 (제외)

A. 【법령】 전부개정법 시행령 제 33 조 제 1 항 제 3 ~ 5 호

> 4. 토지등기부등본·건물등기부등본·토지대장 및 건축물관리대장에 소유자로 등재될 당시 주민등록번호의 기록이 없고 기록된 주소가 현재 주소와 다른 경우로서 소재가 확인되지 아니한 자는 토지등소유자의 수 또는 공유자 수에서 제외할 것
>
> ☞ 공부에 주민등록번호가 기재되어 있지 않은 소재불명자는 토지등소유자/공유자 수에서 제외한다.

B. "토지등기부등본·건물등기부등본·토지대장 및 건축물관리대장에 소유자로 등재될 당시 주민등록번호 기재가 없고 기재된 주소가 현재 주소와 상이한 경우로서 소재가 확인되지 아니한 자"를 동의를 요하는 토지등소유자에서 제외한 취지(구 시행령 제 28 조 제 1 항 제 4 호) —대법원 2017. 2. 3. 선고 2015 두 50283 판결[주택재건축정비사업조합설립인가처분취소]

【당사자】

【원고, 피상고인】 원고 1 외 1인

【피고, 상고인】 서울특별시 서대문구청장

【피고 보조참가인, 상고인】 홍은제1주택재건축정비사업조합

도시정비법 시행령 제28조 제1항 제4호는, 토지등기부등본·건물등기부등본·토지대장 및 건축물관리대장에 소유자로 등재될 당시 주민등록번호의 기재가 없고 기재된 주소가 현재 주소와 상이한 경우로서 소재가 확인되지 아니한 자(이하 소재불명자라 한다)는 토지 등 소유자의 수에서 제외하여야 한다고 규정하고 있는데, 이는 의사 확인이 어려운 토지 등 소유자를 조합설립 동의 등의 절차에서 동의 대상자에서 제외함으로써 사업 진행을 원활하게 하려는 것이다(대법원 2014. 5. 29. 선고 2012두11041 판결 참조).

C. [사망자를 제외하기 위한 요건] ① 조합설립인가처분 이전에 이미 사망한 토지등소유자를 소재가 확인되지 않는다는 이유로 제외하기 위해서는 그 상속인의 존재 및 소재를 확인하기 위한 가능하고도 충분한 노력을 다하였음에도 그러한 사실을 확인할 수 없음이 분명한 경우이어야 함 ─ 대법원 2014. 5. 29. 선고 2012두11041 판결[조합설립인가처분취소]

【당사자】

【원고, 상고인】 원고 1 외 3인

【피고, 피상고인】 서울특별시 동작구청장

【피고보조참가인】 사당1주택재건축정비사업조합

구 도시 및 주거환경정비법 시행령(2012. 7. 31. 대통령령 제24007호로 개정되기 전의 것, 이하 '구 도시정비법 시행령'이라 한다) 제28조 제1항 제4호는 토지등기부등본·건물등기부등본·토지대장 및 건축물관리대장에 소유자로 등재될 당시 주민등록번호의 기재가 없고 기재된 주소가 현재 주소와 상이한 경우로서 소재가 확인되지 아니한 자는 토지등소유자의 수에서 제외한다고 규정하고 있다. 이는 주택재건축사업에서 조합설립추진위원회 내지 조합설립인가 등의 동의 여부에 관한 의사 확인이 어려운 토지 또는 건축물 소유자를 배제하여 사업 진행을 원활하게 하려는 취지이다. 그러나 한편 소재가 확인되지 아니한다는 이유만으로 토지등소유자의 수에서 제외되는 토지 또는 건축물 소유자는 자신의 의사가 전혀 반영되지 아니한 채 소유물이 처분되는 결과에 이를 수 있다는 점을 고려할 때 그 적용에 신중을 기해야 한다.

위와 같은 구 도시정비법 시행령 제28조 제1항 제4호의 취지 등에 비추어 보면, 조합설립인가처분 이전에 이미 사망한 토지 또는 건축물 소유자를 소재가 확인되지 아니한다는 이유로 토지등소유자의 수에서 제외하기 위해서는 위 토지 또는 건축물 소유자의 상속인의 존재

VI. 소재불명자 (제외)

및 소재를 확인하기 위한 가능하고도 충분한 노력을 다하였음에도 그러한 사실을 확인할 수 없음이 분명한 경우이어야 하고, 위 시행령 조항에서 정한 관련 공부에 위 토지 또는 건축물 소유자의 주민등록번호가 기재되어 있더라도 달리 볼 이유가 없다.

원심이 같은 취지에서, 이 사건 조합설립인가처분 당시 소재가 확인되지 아니한 소외 1, 2, 3 및 위 조합설립인가처분 이전에 이미 사망한 소외 4, 5 등 5인을 토지등소유자 수에서 제외한 조치는 정당하고, 거기에 상고이유 주장과 같이 논리와 경험의 법칙을 위반하여 자유심증주의의 한계를 벗어나거나 필요한 심리를 다하지 아니하고 구 도시정비법 시행령 제28조 제1항 제4호에서 정한 토지등소유자의 수 산정에 관한 법리를 오해한 위법이 없다.

D. [하급심판례] ① 망 AE는 상속인의 존재나 그 소재를 확인할 수 있었다고 볼 만한 자료가 없으므로 토지등소유자 수에서 제외하고; ② 망 AG는 비록 상속등기는 안 되었으나, 피고가 이 사건 승인처분 이전에 상속인의 존재나 소재를 이미 알고 있었으므로 토지등소유자 수에 포함시키고; ③ 망 AI는 사망 여부나 상속인의 존재나 소재에 관하여 알았다고 볼 만한 자료가 없으므로 토지등소유자 수에서 제외한 사례—서울행정법원 2009. 9. 25.선고 2009구합9192호 판결[조합설립추진위원회승인처분등취소]

도정법상 사망자를 토지등소유자 수에 산정할 것인지 여부에 관하여는 규정하고 있지 아니하나, 도정법 시행령 제28조 제1항 제4호의 취지에 비추어, 부동산의 소유자가 사망하였으나 상속등기가 이루어지지 아니하는 등 사유로 인하여 상속인의 존재나 그 소재를 확인할 수 없어 조합설립추진위원회에 대한 동의 여부에 관한 의사표시를 기대할 수 없는 경우에는 토지등소유자의 수에 산입하지 아니하여야 할 것이다.

(1) 위 인정사실에 의하면 AE의 경우에는 사망 후에도 상속등기가 이루어지지 아니하였고, 피고가 이 사건 승인처분 당시까지도 상속인으로부터 재산세를 납부받는 등 사유로 상속인의 존재나 그 소재를 확인할 수 있었다고 볼 만한 자료가 발견되지 아니하여 조합설립추진위원회에 대한 동의 여부에 관한 의사표시를 기대할 수 없다고 할 것이므로 토지등소유자 수에서 제외하여야 할 것이다.

(2) 반면, AG의 경우에는 비록 상속등기는 이루어지지 아니하였으나 피고가 이 사건 승인처분 이전에 상속인의 존재나 소재를 이미 알고 있었다고 할 것이므로 AG의 사망으로 그 부동산을 상속한 상속인을 상대로 조합설립추진위원회에 대한 동의 여부에 관한 의사표시를 확인할 수 있다고 할 것이므로 이는 토지등소유자 수에 포함하여야 할 것이다.

(3) 한편, 참가인은 피고가 토지등소유자로 산정한 AI가 사망하였으므로 토지등소유자에서 제외하여야 한다고 주장하므로 살피건대, 을 제27호증의 14 내지 16의 각 기재에 변론 전체의 취지를 종합하면 ㉮ AI는 AH 및 CD 토지의 소유자였는데 2004. 2. 19. 사망한 사실, ㉯ 위 각 토지의 등기부에는 AI의 사망 이후 이 사건 승인처분이 이루어질 때까지도 상속등기가

이루어지지 아니한 사실을 인정할 수 있고, 피고가 이 사건 승인처분 당시 AI 의 사망 여부나 상속인의 존재나 소재에 관하여 알았다고 볼 만한 자료가 있다고 보이지 아니하는바, AI 에 대해서는 토지등소유자 수에서 제외하여야 할 것이다.

따라서 피고가 AE 의 상속인을 토지등소유자에서 제외한 것은 적법하다고 할 것이나 AG 의 상속인을 토지등소유자에서 제외한 것과 AI 를 토지등소유자에 포함시킨 것은 위법하다고 할 것이다.

VII. 다물건 소유자 (물건 수에 관계없이 1명으로 봄)

A. 개요

1. 【해설】다물건자는 물건 수에 관계없이 1명의 토지등소유자로 봄

> (1) 재개발사업에서 1 인이 다수 필지의 토지 또는 다수의 건축물을 소유하고 있는 경우 (이른바 '다물건자' 또는 속칭 '다물권자')에는 토지나 건축물이 아무리 많더라도 토지등소유자를 1 인으로 산정한다(전부개정법 시행령 제 33 조 제 1 항 제 1 호 다목).
>
> (2) 재건축사업에서는 1 인이 둘 이상의 소유권 또는 구분소유권을 소유하고 있는 경우에는 소유권 또는 구분소유권의 수에 관계없이 토지등소유자를 1 인으로 산정한다(같은 항 제 2 호 나목).

2. 【법령】재개발사업에서 토지등소유자의 수: 전부개정법 시행령 제 33 조 제 1 항 제 1 호

> ① 법 제 12 조 제 2 항, 제 28 조 제 1 항, 제 36 조 제 1 항, 이 영 제 12 조, 제 14 조 제 2 항 및 제 27 조에 따른 토지등소유자(토지면적에 관한 동의자 수를 산정하는 경우에는 토지소유자를 말한다. 이하 이 조에서 같다)의 동의는 다음 각 호의 기준에 따라 산정한다.
>
> 1. 주거환경개선사업, 재개발사업의 경우에는 다음 각 목의 기준에 의할 것
>
>   다. 1 인이 다수 필지의 토지 또는 다수의 건축물을 소유하고 있는 경우에는 필지나 건축물의 수에 관계없이 토지등소유자를 1 인으로 산정할 것. (단서는 다음항 참조)

3. 【법령】재건축사업에서 토지등소유자의 수: 전부개정법 시행령 제 33 조 제 1 항 제 2 호

> 2. 재건축사업의 경우에는 다음 각 목의 기준에 따를 것
>
>   나. 1 인이 둘 이상의 소유권 또는 구분소유권을 소유하고 있는 경우에는 소유권 또는 구분소유권의 수에 관계없이 토지등소유자를 1 인으로 산정할 것

VIII. 토지등소유자 시행방식의 특례(토지등소유자 20 명 미만 재개발사업)

A. 개요

토지등소유자가 20 인 미만으로서 토지등소유자가 재개발사업을 시행하는 '토지등소유자 방식'의 재개발사업에 관하여 도시정비법은 아래와 같이 두 가지 특례를 규정하여 재개발사업이 원활하게 추진될 수 있도록 하였다.

1. **【해설】특례 1 (영 제 33 조 제 1 항 제 1 호 단서)**

> 토지등소유자가 20 인 미만으로서 토지등소유자가 재개발사업을 시행하는 경우(법 제 25 조 제 1 항 제 2 호), 정비구역 지정 후 토지등소유자가 사업시행을 목적으로 취득한 토지/건축물에 대해서는, a) 정비구역 지정 당시의 소유자(= 종전 소유자)를 토지등소유자의 수에 포함시키되, b) 그 동의 여부는 이를 취득한 토지등소유자(사업시행자)의 의사에 따른다(제 33 조 제 1 항 제 1 호 다목 단서). 정비구역 지정 후 '토지등소유자 방식'으로 재개발사업을 시행하려는 자가 토지등을 새로 취득하는 방법으로 토지등소유자 동의요건을 충족할 수 있게 한 것이다.
>
> 이는 구 도시정비법상 도시환경정비사업에 관한 규정과 같은 내용이다(구법 시행령 제 28 조 제 1 항 제 1 호 다목 단서 참조).

2. **【법령】 전부개정법 시행령 제 33 조 제 1 항 제 1 호 단서**

> 다. 1 인이 다수 필지의 토지 또는 다수의 건축물을 소유하고 있는 경우에는 필지나 건축물의 수에 관계없이 토지등소유자를 1 인으로 산정할 것.
>
> 다만, 재개발사업으로서 법 제 25 조 제 1 항 제 2 호에 따라 토지등소유자가 재개발사업을 시행하는 경우 토지등소유자가 정비구역 지정 후에 정비사업을 목적으로 취득한 토지 또는 건축물에 대해서는 a) 정비구역 지정 당시의 토지 또는 건축물의 소유자를 토지등소유자의 수에 포함하여 산정하되, b) 이 경우 동의 여부는 이를 취득한 토지등소유자에 따른다.

3. **【해설】특례 2 (법 제 36 조의 2)**

> (1) '토지등소유자 방식의 재개발사업'에서 ① 정비계획 변경을 제안하거나 ② 사업시행계획인가를 신청할 때, 법이 정한 '산정기준일' 이후 1 명의 토지등소유자로부터 토지등을 양수하여 여러 명이 소유하게 된 경우에는 그 여러 명을 대표하는 1 명을 토지등소유자로 보고 토지등소유자 동의 충족 여부를 판정한다(법 제 36 조의 2 제 2 항).

'특례 2'는 「조합설립인가 후 1 명의 토지등소유자로부터 토지/건축물의 소유권/지상권을 양수하여 여러 명이 소유하게 된 때에는 그 여러 명을 대표하는 1 명을 조합원으로 본다」고 규정한 법 제 39 조 제 1 항 제 3 호를 수정하여('조합설립인가 후' → '산정기준일 이후') 토지등소유자 방식의 재개발사업에 도입한 조항이다.

(2) 구체적 내용은 아래와 같다.

① 정비계획의 변경을 제안하는 경우(토지등소유자가 3 분의 2 이상 동의) 정비구역 지정·고시일(= 산정기준일) 이후 1 명의 토지등소유자로부터 토지등을 양수하여 여러 명의 소유하게 된 때에는 그 여러 명을 대표하는 1 명을 토지등소유자로 본다(법 제 36 조의 2 제 1 항 제 1 호).

② 토지등소유자가 사업시행계획인가를 신청하는 경우(토지등소유자 3/4 이상 및 토지면적 1/2 이상의 토지소유자 동의) 사업시행계획인가를 신청하기 직전의 정비구역 변경지정·고시일(= 산정기준일) 이후 1 명의 토지등소유자로부터 토지등을 양수하여 여러 명의 소유하게 된 때에는 그 여러 명을 대표하는 1 명을 토지등소유자로 본다(법 제 36 조의 2 제 1 항 제 2 호). 다만, a) 정비구역 변경지정이 없거나 b) 정비구역 지정·고시 후에 정비사업을 목적으로 취득한 토지/건축물에 대해서는 정비구역 지정·고시일을 기준으로 한다(제 2 호 단서).

(3) 시행일 및 경과조치: 법 제 36 조의 2 는 2022. 6. 10. 법률 제 18941 호로 신설되어 2022. 12. 11.부터 시행되었으며, 시행일 이후 최초로 정비계획의 변경을 제안하거나 사업시행계획인가를 신청하는 경우부터 적용한다(부칙 제 1, 3 조).

4. 【법령】 전부개정 도시정비법 제 36 조의 2(토지등소유자가 시행하는 재개발사업에서의 토지등소유자의 동의자 수 산정에 관한 특례)

① 정비구역 지정·고시(변경지정·고시는 제외한다. 이하 이 항에서 같다) 이후 제 25 조 제 1 항 제 2 호에 따라 토지등소유자가 재개발사업을 시행하는 경우 토지등소유자의 동의자 수를 산정하는 기준일은 다음 각 호의 구분에 따른다.

1. 제 14 조 제 1 항 제 6 호에 따라 정비계획의 변경을 제안하는 경우: 정비구역 지정·고시가 있는 날

☞ 법 제 14 조 제 1 항 제 6 호

"6. 토지등소유자(조합이 설립된 경우에는 조합원을 말한다. 이하 이 호에서 같다)가 3 분의 2 이상의 동의로 정비계획의 변경을 요청하는 경우. (단서 생략)"

2. 제 50 조 제 6 항에 따라 사업시행계획인가를 신청하는 경우: 사업시행계획인가를 신청하기 직전의 정비구역 변경지정·고시가 있는 날(정비구역 변경지정이 없거나 정비

VIII. 토지등소유자 시행방식의 특례(토지등소유자 20명 미만 재개발사업)

구역 지정·고시 후에 정비사업을 목적으로 취득한 토지 또는 건축물에 대해서는 정비구역 지정·고시가 있는 날을 말한다)

☞ **법 제 50 조 제 6 항**

"⑥ 토지등소유자가 제 25 조 제 1 항 제 2 호에 따라 재개발사업을 시행하려는 경우에는 사업시행계획인가를 신청하기 전에 사업시행계획서에 대하여 토지등소유자의 4 분의 3 이상 및 토지면적의 2 분의 1 이상의 토지소유자의 동의를 받아야 한다."

② 제 1 항에 따른 토지등소유자의 동의자 수를 산정함에 있어 같은 항 각 호의 구분에 따른 산정기준일 이후 1 명의 토지등소유자로부터 토지 또는 건축물의 소유권이나 지상권을 양수하여 여러 명이 소유하게 된 때에는 그 여러 명을 대표하는 1 명을 토지등소유자로 본다.

[본조신설 2022. 6. 10.]

부칙 <법률 제 18941 호, 2022. 6. 10.>

제 1 조(시행일) 이 법은 공포 후 6 개월이 경과한 날부터 시행한다. 시행일: 2022. 12. 11.

제 3 조(토지등소유자가 시행하는 재개발사업에서의 토지등소유자의 동의자 수 산정 특례에 관한 적용례) 제 36 조의 2 의 개정규정은 이 법 시행 이후 최초로 정비계획의 변경을 제안하거나 사업시행계획인가를 신청하는 경우부터 적용한다.

B. [특례 1 에 관한 하급심판례] 정비구역 변경이 실질적으로 새로운 정비구역의 지정에 해당하지 않는 경우, 사업을 시행하는 토지등소유자가 토지등을 '정비구역 지정 후에 취득했는지 여부'는 변경지정일이 아닌 '최초 지정일'을 기준으로 판단해 —서울행정법원 2010. 10. 21. 선고 2009 구합 31656 판결[도시환경정비사업시행인가취소]

【당사자】

원고	1 ~ 3
피고 서울특별시	종로구청장
피고보조참가인	D 주식회사

구 도시정비법 시행령 제 28 조 제 1 항 다목 단서가 정비구역의 지정 후 정비사업을 목적으로 취득한 토지 또는 건축물에 대하여는 종전 소유자를 토지등소유자의 수에 포함하도록 규정하고 있는 사실은 앞서 본 바와 같고, 이에 대하여 원고들은 이 사건 정비구역의 면적이 실질적으로 변경된 2008. 11. 13.를 기준으로 하여 위 규정을 적용하면 참가인이 토지등소유자로서 가지는 의결권수는 1 개에 불과함에도 불구하고 70 여개의 의결권을 행사하였음은 위법하다는

취지로 주장한다.

그러나 앞서 본 사실관계 및 변론 전체의 취지를 종합하여 인정되는 다음과 같은 제반 사정을 고려하면 이 사건 사업구역에 대한 2008. 11. 13.자 정비구역의 변경이 실질적으로 새로운 정비구역의 지정에 해당한다고 볼 수 없다.

따라서 이 사건 사업에서 토지등소유자의 수를 산정할 때 참가인이 취득한 토지 및 건축물에 대하여는 구 도시정비법 시행령 제28조 제1항 제1호 다목 단서 규정을 적용하여 종전 소유자를 토지등소유자의 수에 포함하여 산정하는 것이 타당하다. 원고들의 주장은 이유 없다.

○ 청진구역에 대한 1979. 11. 22.자 재개발구역지정은 구 도시재개발법에 근거한 것인데, 도시정비법(2002. 12. 30. 법률 제6852호로 제정)이 2003. 7. 1.부터 시행되면서 그 부칙 제2조에 의하여 구 도시재개발법이 폐지되었고 위 도시정비법 부칙 제2조, 제3조, 제5조 제2항은 구 도시재개발법에 의하여 행하여진 처분 등은 도시정비법의 규정에 의하여 행하여진 것으로 보며 구 도시재개발법에 의하여 지정된 재개발구역은 도시정비법의 규정에 의하여 지정된 도시환경정비구역으로 본다고 규정하고 있다.

○ 나아가 서울특별시장이 2008. 11. 13. 고시한 서울특별시 고시 제2008-409호에서도 "건설부 고시 제1979-428호로 도시환경정비구역으로 지정되었고, 서울특별시 고시 제1997-339호(1997. 11. 3.)로 사업계획결정된 청진구역 및 청진구역 제12-16지구에 대하여 도시환경정비구역을 변경지정함"을 명시하고 있다.

○ 원고들은 1979. 11. 22.자 재개발구역지정 당시와 이 사건 정비구역의 면적이 상이하므로 이 사건 사업구역의 정비구역이 2008. 11. 13. 새로 지정된 것으로 보아야 한다는 취지로 주장하나, 도시정비법에 의하여 진행되는 정비사업은 애초에 정비구역의 면적 광범위하게 지정되기 때문에 하나의 사업대상으로 하기에 부적절한 경우가 많고, 따라서 당초 정비구역으로 지정된 면적을 전제로 사업시행계획을 수립하되, 하나의 정비구역을 다시 여러 개의 지구로 분할하여 시행하기도 하는데, 이러한 지구분할은 관련규정에도 제도화되어 있다{서울특별시 도시 및 주거환경 정비조례(2009. 7. 30. 조례 제4824호로 개정되기 전의 것) 제7조 제4호 참조}. 따라서 정비구역 내 지구들은 편입될 수 있는 사업범위가 가변적인 것이고, 특히 슬럼화되는 대도시의 중심부를 정비하여 업무시설을 독립적으로 건축하는 경우가 대부분인 도시환경정비사업의 경우에는 이러한 사업시행지구의 분할이 더 빈번히 활용될 수밖에 없다.

○ 사업시행지구 분할은 정비구역 내 토지등소유자의 이해관계가 매우 첨예하게 대립하는 사정 등을 감안하여 획지별로 최대한 신속하게 사업을 진행하기 위한 것이고, 어디까지나 정비구역의 지정을 기초로 지구별로 사업이 진행되는 것으로서 지구단위별 분할·통합은 사업시행의 방법상의 문제일 뿐이다. 즉, 사업시행의 신속성 취지에서 이루어지는 정비구역의 세분화 과정을 새로운 정비구역의 지정이라고 보기는 어렵다.

○ 구 도시정비법 시행령 제28조 제1항 다목 단서 규정은 사업시행인가의 신청요건을 쉽게 갖출 수 있도록 하고, 시행인가신청을 하고자 하는 자로 하여금 사업수행에 필요한 토지의 취득을 촉진하기 위하여 마련된 규정인데, 이러한 취지는 사업시행지구로 분할·통합되었다고 하여 달라지지 않는다.

○ 최초 구역지정시부터 토지등소유자로서 정비사업을 목적으로 다수의 토지 또는 건축물을 구입한 토지등소유자에 대하여 사업시행지구가 분할·통합되었다거나 사업구역의 면적이 변경되었다는 이유로 사업시행에 대한 동의 의결권을 1개만 부여하는 것은 불측의 손해를 안겨주게 되어 불합리할뿐더러 본래의 입법취지에도 맞지 아니한다(구 도시정비법은 도시환경정비사업의 경우에만 토지등소유자 사업방식을 허용하면서 종전 소유자를 토지등소유자의 수에 포함하여 산정하도록 하는 예외규정을 두고 있는바, 사업시행지구나 사업구역의 변경을 이유로 위 규정의 적용을 배제하면 사실상 토지등소유자에 의한 도시환경정비사업의 시행이 불가능하게 되어 사업의 원활한 진행을 위해 토지등소유자 시행방식을 허용한 입법취지에 부합하지 않는다).

○ 도시환경정비사업은 비교형량할 이익이 다수 존재하기 때문에 정비구역이 일단 지정된 이후에도 조정·변동될 것임이 충분히 예정되어 있고, 이 사건 사업구역의 면적도 재개발구역으로 지정된 후에 도로연장, 근린공원 조성, 도로계획에 다른 구간 편입 등으로 수차례 변경되었지만 그 변경에도 불구하고 위 구역은 재개발구역 또는 도시환경정비사업구역에 계속 포함되어 있었다.

제3절 공유자 문제

I. 대표자에 의한 동의

A. 개요

1. 【해설】 대표조합원 선임동의서

> (1) 1 필지의 토지 또는 하나의 건축물을 2명 이상이 공유하는 경우(재건축사업의 경우는 소유권 또는 구분소유권을 2명 이상이 공유하는 경우)에는 공유자들이 대표자로 선정한 1명만을 토지등소유자로 본다(영 제33조 제1항 제1호 가목, 제2호 가목).
>
> (2) 토지등소유자가 사망하여 수인의 상속인이 공동상속한 경우도 마찬가지로 공동상속인을 대표하는 1명만을 토지등소유자로 본다.

(3) 공유자의 대표는 공유자 전원의 동의로 선임하여야 한다(대법원 2017. 2. 3. 선고 2015 두 50283 판결). 다만, 재개발구역 내 '전통시장' 및 '상점가'로서 1 필지의 토지 또는 하나의 건축물을 여럿이서 공유하는 경우에는 토지등소유자의 4 분의 3 이상의 동의로 대표자를 선정할 수 있다(영 제 33 조 제 1 항 제 1 호 다목 단서).

☞ 대표조합원 선임동의서 양식은 '(추진위원회) 운영규정안' 및 국토교통부장관이 작성·배포한 표준정관에 별지로 첨부되어 있다. 그러나 이는 법정서식이 아니므로 반드시 이 서식을 사용해야 하는 것은 아니며, 공유자를 대표하는 1 인을 지정하는 의사만 분명하게 표시되면 된다. 대표조합원선임동의서에 작성일자가 기재되어 있지 않다거나 그 밖에 일부 공란이 있다는 사유만으로 대표조합원선임동의서를 무효로 볼 수 없다는 판례가 있다(서울고등법원 2022. 7. 6. 선고 2020 누 69092 판결).

2. 【법령】 전부개정법 시행령 제 33 조 제 1 항 제 1 호 [재개발사업]

① 법 제 12 조 제 2 항, 제 28 조 제 1 항, 제 36 조 제 1 항, 이 영 제 12 조, 제 14 조 제 2 항 및 제 27 조에 따른 토지등소유자(토지면적에 관한 동의자 수를 산정하는 경우에는 토지소유자를 말한다. 이하 이 조에서 같다)의 동의는 다음 각 호의 기준에 따라 산정한다.

1. 주거환경개선사업, 재개발사업의 경우에는 다음 각 목의 기준에 의할 것

    가. 1 필지의 토지 또는 하나의 건축물을 여럿이서 공유할 때에는 그 여럿을 대표하는 1 인을 토지등소유자로 산정할 것.

다만, 재개발구역의 「전통시장 및 상점가 육성을 위한 특별법」 제 2 조에 따른 전통시장 및 상점가로서 1 필지의 토지 또는 하나의 건축물을 여럿이서 공유하는 경우에는 해당 토지 또는 건축물의 토지등소유자의 4 분의 3 이상의 동의를 받아 이를 대표하는 1 인을 토지등소유자로 산정할 수 있다.

   ☞ 공유자의 대표는 공유자 전원의 동의로 선임하여야 하나(대법원 2017. 2. 3. 선고 2015 두 50283 판결), 재개발구역 내 전통시장 및 상점가로서 1 필지의 토지 또는 하나의 건축물을 여럿이서 공유하는 경우에는 토지등소유자의 4 분의 3 이상의 동의로 대표자를 선정할 수 있다.

   ☞ "전통시장"과 "상점가"의 개념·범위에 관하여는 아래 관계법령 참조.

    라. 둘 이상의 토지 또는 건축물을 소유한 공유자가 동일한 경우에는 그 공유자 여럿을 대표하는 1 인을 토지등소유자로 산정할 것

I. 대표자에 의한 동의

3. 【법령】 전통시장법 제 2 조(정의)

> 이 법에서 사용하는 용어의 뜻은 다음과 같다. <개정 2012. 12. 11., 2013. 5. 28., 2015. 11. 20., 2017. 2. 8., 2017. 7. 26., 2018. 6. 12., 2020. 2. 4., 2020. 2. 11.>
>
> 1. "전통시장"이란 자연발생적으로 또는 사회적·경제적 필요에 의하여 조성되고, 상품이나 용역의 거래가 상호신뢰에 기초하여 주로 전통적 방식으로 이루어지는 장소로서 다음 각 목의 요건을 모두 충족한다고 특별자치시장·특별자치도지사·시장·군수·구청장(구청장은 자치구의 구청장을 말한다. 이하 "시장·군수·구청장"이라 한다)이 인정하는 곳을 말한다.
>
> 　가. 해당 구역 및 건물에 대통령령으로 정하는 수 이상의 점포가 밀집한 곳일 것
>
> 　나. 「유통산업발전법 시행령」 제 2 조에 따른 용역제공장소의 범위에 해당하는 점포수가 전체 점포수의 2 분의 1 미만일 것
>
> 　다. 그 밖에 대통령령으로 정하는 기준에 맞을 것
>
> 2. "상점가"란 「유통산업발전법」 제 2 조제 7 호에 따른 상점가를 말한다

4. 【법령】 전통시장법 시행령 제 2 조(전통시장의 기준)

> ① 「전통시장 및 상점가 육성을 위한 특별법」(이하 "법"이라 한다) 제 2 조 제 1 호 가목에서 "대통령령으로 정하는 수"란 도매업·소매업 또는 용역업을 영위하는 점포 50 개를 말한다. <개정 2013. 6. 11.>
>
> ② 법 제 2 조 제 1 호 다목에서 "대통령령으로 정하는 기준"이란 다음 각 호의 어느 하나에 해당하는 곳을 말한다. <신설 2013. 6. 11.>
>
> 1. 도매업·소매업 또는 용역업을 영위하는 점포에 제공되는 건축물과 편의시설(주차장·화장실 및 물류시설 등을 포함하며, 도로를 제외한다. 이하 같다)이 점유하는 토지면적의 합계가 1 천 제곱미터 이상인 곳
>
> 2. 상가건물 또는 복합형 상가건물 형태의 시장인 경우에는 판매·영업시설과 편의시설을 합한 건축물의 연면적이 1 천 제곱미터 이상인 곳

5. 【법령】 「유통산업발전법」 제 2 조(정의)

> 7. "상점가"란 일정 범위의 가로(街路) 또는 지하도에 대통령령으로 정하는 수 이상의 도매점포·소매점포 또는 용역점포가 밀집하여 있는 지구를 말한다.

> ☞ 유통산업발전법 시행령 제5조(상점가의 범위)
>
> 법 제2조제7호에서 "일정 범위의 가로(街路) 또는 지하도에 대통령령으로 정하는 수 이상의 도매점포·소매점포 또는 용역점포가 밀집하여 있는 지구"란 다음 각 호의 어느 하나에 해당하는 지구를 말한다.<개정 2018. 1. 30.>
>
> 　1. 2천제곱미터 이내의 가로 또는 지하도에 30개 이상의 도매점포·소매점포 또는 용역점포가 밀집하여 있는 지구
>
> 　2. 상품 또는 영업활동의 특성상 전시·판매 등을 위하여 넓은 면적이 필요한 동일 업종의 도매점포 또는 소매점포(이하 이 조에서 "특성업종도소매점포"라 한다)를 포함한 점포가 밀집하여 있다고 특별자치시장·시장·군수·구청장이 인정하는 지구로서 다음 각 목의 요건을 모두 충족하는 지구
>
> 　　가. 가로 또는 지하도의 면적이 특성업종도소매점포의 평균면적에 도매점포 또는 소매점포의 수를 합한 수를 곱한 면적과 용역점포의 면적을 합한 면적 이내일 것
>
> 　　나. 도매점포·소매점포 또는 용역점포가 30개 이상 밀집하여 있을 것
>
> 　　다. 특성업종도소매점포의 수가 나목에 따른 점포 수의 100분의 50 이상일 것
>
> [전문개정 2015. 6. 30.]

6. 【법령】전부개정법 시행령 제33조 제1항 제2호 [재건축사업]

> 2. 재건축사업의 경우에는 다음 각 목의 기준에 따를 것
>
> 　가. 소유권 또는 구분소유권을 여럿이서 공유하는 경우에는 그 여럿을 대표하는 1인을 토지등소유자로 산정할 것
>
> 　다. 둘 이상의 소유권 또는 구분소유권을 소유한 공유자가 동일한 경우에는 그 공유자 여럿을 대표하는 1인을 토지등소유자로 할 것

B. ① 공유자들이 총회에서 의결권을 행사하기 위해서는 a) 공유자들 전부가 총회에 참석하여 동일한 내용의 의결권을 행사하거나, b) 동일한 내용의 서면결의서를 제출하거나, c) 대표조합원을 지정하여 조합에 대표조합원 선임동의서를 서면으로 제출하여야 해; ② 대표조합원 지정신고를 하지 않은 상황에서 소외 1이 서면결의서를 제출하고 이 사건 임시총회를 마친 후 상당한 시일이 경과한 뒤 소외 1을 대표조합원으로 지정한다고 신고한 사안에서, 소외 1이 단독으로 제출한 서면동의서를 의사정족수에 포함시킨 원심판결을 파기한 사례 —대법원 2021. 9. 30. 선고 2021다230144 판결[총회결의무효확인]

I. 대표자에 의한 동의

【당사자】

【원고, 상고인】 원고 1 외 6인

【피고, 피상고인】 남산4의4지구 주택재개발정비사업조합

1. 법리

「도시 및 주거환경정비법」(이하 '도시정비법'이라고 한다)에는 사업시행구역 내에 있는 토지 등의 소유권이 수인의 공유에 속하거나 조합설립인가 후 1인의 토지 등 소유자로부터 그 소유권을 양수하여 여러 명이 소유하게 된 경우 그 여러 명을 대표하는 1명을 조합원으로 본다고 규정하고 있고(제39조 제1항), 도시정비법의 위임을 받은 도시정비법 시행규칙에는 조합설립 시 제출하여야 하는 서류로 대표조합원 선임동의서를 명시적으로 규정하고 있다[제8조 제2항 제1호 (라)목].

한편 자치법규로서 조합원에 대하여 구속력을 갖는 피고 정관에는 사업시행구역 내에 있는 토지 등의 소유권이 수인의 공유에 속하거나 조합설립인가 후 1인의 토지 등 소유자로부터 그 소유권을 양수하여 여러 명이 소유하게 된 경우, 그 수인은 대표자 1인을 대표조합원으로 지정하고 대표조합원 선임동의서를 작성하여 조합에 신고하여야 하며, 조합원으로서의 법률행위는 그 대표조합원이 행하는 것으로 규정하고 있다(제9조 제4항).

위와 같은 규정은 조합의 효율적이고 안정적인 운영을 도모하는 데 그 목적이 있다고 할 것이다. 이와 같은 도시정비법령 및 피고 정관의 규정 내용 및 취지 등에 비추어 보면, 토지 등의 공유자들이 조합 총회에서 의결권을 행사하기 위해서는 ① 공유자들 전부가 총회에 참석하여 동일한 내용의 의결권을 행사하거나 ② 동일한 내용의 서면결의서를 제출하는 등의 특별한 사정이 없는 한 ③ 대표조합원을 지정하여 조합에 대표조합원 선임동의서를 서면으로 제출하여야 한다.

2. 사실관계 (이 부분은 원심판결의 일부임. 대구고법 2021. 4. 22. 선고 2020나25162 판결)

갑 제20, 21, 45호증의 각 기재에 의하면, ① 피고의 조합원 소외 1이 자신이 소유하고 있던 피고의 사업시행구역 내 토지인 대구 중구 (주소 2 생략) 대 74㎡ 중 1/2 지분에 관하여 2019. 2. 22. 소외 2 앞으로 소유권이전등기를 마친 사실, ② 소외 1과 소외 2가 피고에게 대표조합원 지정 신고를 하지 않은 상황에서 소외 1이 피고에게 이 사건 각 결의에 찬성한다는 취지의 서면결의서를 제출한 사실, ③ 소외 1과 소외 2가 이 사건 임시총회를 마치고 상당한 시일이 경과한 이후인 2019. 12. 13.경 피고에게 소외 1을 대표조합원으로 지정한다고 신고한 사실을 인정할 수는 있다.

3. 원심판결의 위법함 (파기환송)

그런데 <u>원심은</u> 조합원 소외 1 이 조합설립인가 이후 소외 2 에게 본인 소유 토지의 2 분의 1 지분을 양도하여 소유권이전등기까지 마친 상황에서 <u>소외 1 을 대표조합원으로 지정하는 선임동의서가 제출되지 않았음에도 불구하고 소외 1 단독으로 제출한 서면결의서를 적법하게 제출된 서면결의서로 보고</u> 이 사건 각 결의의 <u>의사정족수를 산정할 때 출석한 사람으로 계수하여 의사정족수에 포함하였다.</u>

이러한 원심의 판단에는 <u>대표조합원의 적법한 의결권 행사의 요건에 관한 법리를 오해하여 판결에 영향을 미친 잘못이 있다.</u> 이를 지적하는 이 부분 상고이유 주장은 이유 있다.

C. [같은 취지 판례] 공유자 중 일부만이 조합설립에 관하여 동의한 경우에는 조합설립 동의가 있다고 볼 수 없음 —대법원 2017. 2. 3. 선고 2015 두 50283 판결[주택재건축정비사업조합설립인가처분취소]

【당사자】

[원고, 피상고인] 원고 1 외 1 인

[피고, 상고인] 서울특별시 서대문구청장

[피고 보조참가인, 상고인] 홍은제 1 주택재건축정비사업조합

구 도시 및 주거환경정비법 <u>시행령</u>(2016. 7. 28. 대통령령 제 27409 호로 개정되기 전의 것, 이하 '도시정비법 시행령'이라 한다) <u>제 28 조 제 1 항 제 2 호 (가)목에 의하면,</u> 소유권 또는 구분소유권이 여러 명의 공유에 속하는 경우에는 그 여러 명을 대표하는 1 명을 토지 등 소유자로 산정하여야 하므로, 도시정비법 제 16 조 제 3 항에 따라 토지 또는 건축물 소유자의 동의율을 산정함에 있어서 <u>1 필지의 토지 또는 하나의 건축물을 여러 명이 공유하고 있는 경우 그 토지 또는 건축물의 소유자가 조합설립에 동의한 것으로 보기 위하여는, 그 공유자 전원의 동의로 선임된 대표자가 조합설립에 동의하거나 대표자의 선임 없이 공유자 전원이 조합설립에 동의할 것을 요하고, 그중 일부만이 조합설립에 관하여 동의한 경우에는 유효한 조합설립 동의가 있다고 볼 수 없다.</u>

☞ [같은 취지 판례] 대법원 2012. 11. 15. 선고 2010 다 95338 판결[총회결의무효확인]

II. 공유자의 분열

A. [고등법원판례] 공유자 중 일부는 대표자를 선정하여 조합설립에 동의하고 나머지 공유자들은 개별적으로 동의한 경우도 조합설립에 동의한 것이야 —서울고등법원 2019. 7. 11. 선고 2018누66847 판결[조합설립인가취소] (심리불속행 기각)

구 도시정비법 시행령 제28조 제1항 제1호 가목은 1필지의 토지 또는 하나의 건축물이 수인의 공유에 속하는 때에는 그 수인을 대표하는 1인을 토지등소유자로 산정하도록 규정하고 있는데, 위 규정은 토지 또는 건축물이 수인의 공유에 속한 경우에 반드시 대표자를 선정하여야 한다는 규정이 아니라, 수인의 공유에 속한 경우에도 토지등소유자의 수를 1인으로 하여야 한다는 동의자 수 산정방법에 관한 규정이라고 할 것이므로, 대표자의 선정은 공유자의 동의 여부에 대한 의사를 표시하는 하나의 방법을 예시한 것에 불과하다.

따라서... 공유자 중 일부는 대표자를 선정하여 조합설립에 동의하고 나머지 공유자들은 개별적으로 동의한 경우에도 위 두 경우와 마찬가지로 해당 토지등소유자가 조합설립에 동의한 것으로 봄이 상당하다.

B. [고등법원판례] 공유자 중 1인이 대표조합원으로 선임되기 전에 대표조합원으로 선임된 자의 동의서가 먼저 제출되었고 이후에 그 자가 대표조합원으로 선임되었으면 공유자들의 동의가 유효하게 이루어진 것임 —서울고등법원 2019. 7. 11. 선고 2018누66847 판결[조합설립인가취소] (심리불속행 기각)

K 토지 및 그 지상 건물의 공유자인 L이 2011. 11. 20.경 조합설립동의서를 제출하였고, 나머지 공유자인 M이 2015. 11. 10.경 위 L을 대표자로 선임하는 대표자 선임동의서에 지장날인하고 신분증명서 사본을 첨부하여 제출한 사실...이 인정된다.

... 비록 공유자 중 1인이 대표조합원으로 선임되기 전에 대표조합원으로 선임된 자의 동의서가 먼저 제출되었고, 이후에 그 자가 대표조합원으로 선임되기는 하였으나, 대표조합원 선임동의서에 인감도장을 날인하고 인감증명서를 첨부하거나 지장날인하고 신분증명서를 첨부한 대표조합원 아닌 공유자의 의사는 대표조합원으로 선임된 자의 동의 여부에 따르겠다는 것이므로, 대표조합원으로 선임된 자가 동의 의사를 번복함이 없이 기존에 제출된 동의서를 그대로 유지한 이상, 대표조합원 선임동의서와 그 대표조합원의 동의서의 작성 및 제출 순서에 따라 동의의 유효 여부가 달라진다고 볼 수는 없는 점, 적법·유효한 동의서인지 여부를 판단하는 시점은 이 사건 조합설립인가 시를 기준으로 하는 것인 점 등을 고려하면, 참가인의 설립에 관한 위 각 부동산의 공유자들의 동의는 유효하게 이루어졌다고 봄이 상당하고, 원고들의 이 부분 주장은 이유 없다.

【해설】 대법원 2021. 9. 30. 선고 2021 다 230144 판결과의 차이

> 앞서 본 대법원 2021 다 230144 판결의 사안은 임시총회결의의 유·무효가 문제된 사안에서 임시총회 종료 후에 대표조합원 지정서가 제출된 경우이고, 이 사건(서울고법 2018 누 66847 판결)은 조합설립 동의요건 충족 여부가 문제된 사안에서 조합설립인가 전에 대표조합원 선임서를 제출한 경우이다.

III. 수인이 '여러 필지 토지' 또는 '토지와 그 지상건물'을 공유하는 경우

A. 개요

1. 【해설】 재개발사업의 경우

> 수인이 '여러 필지 토지' 또는 '토지와 그 지상건물'을 공유하는 경우에는 다음과 같이 처리한다(대법원 2013. 5. 24. 선고 2011 두 14937 판결).
> (1) 토지의 필지별 또는 토지·건물의 소유자, 공유자가 서로 다를 경우에는 각 부동산별로 1명을 토지등소유자로 산정한다.
> (2) 공유자가 모두 동일한 경우에는 부동산 수와 관계없이 그 공유자들 중 1명만을 토지등소유자로 산정한다.

2. 【법령】 전부개정법 시행령 제 33 조 제 1 항 제 1 호 라목 [재개발사업]

> 1. 주거환경개선사업, 재개발사업의 경우에는 다음 각 목의 기준에 의할 것
> 라. 둘 이상의 토지 또는 건축물을 소유한 공유자가 동일한 경우에는 그 공유자 여럿을 대표하는 1인을 토지등소유자로 산정할 것

3. 【해설】 재건축사업의 경우

> 재건축사업의 경우도 기본적인 계산법은 재개발사업과 동일하나, 재건축사업에서는 건축물과 그 대지를 모두 소유한 사람만이 토지등소유자가 될 수 있으므로 그 구체적 적용 결과는 달라진다.
>
> 예를 들어 '2 필지 상 다가구주택(단독주택)'을 A 와 B 가 공유하고 그 부속토지를 A 와 B 가 각각 '개별 소유'하고 있는 경우, ① 재개발사업에서는 '공유자가 동일한 경우'에 해당하지 않으므로(따라서 각 부동산별로 1 인을 토지등소유자로 산정함) A 와 B 가 각각 토지등소유자가 되나, ② 재건축사업에서는 '둘 이상의 소유권을 소유한 공유자가 동일

III. 수인이 '여러 필지 토지' 또는 '토지와 그 지상건물'을 공유하는 경우

한 경우'에 해당하지는 않지만, 건축물과 그 대지를 모두 소유한 사람만 토지등소유자가 될 수 있으므로, A와 B의 대표자 한 사람만이 토지등소유자가 될 수 있다.

4. 【법령】전부개정법 시행령 제33조 제1항 제2호 다목 [재건축사업]

2. 재건축사업의 경우에는 다음 각 목의 기준에 따를 것

다. 둘 이상의 소유권 또는 구분소유권을 소유한 공유자가 동일한 경우에는 그 공유자 여럿을 대표하는 1인을 토지등소유자로 할 것

B. [재개발] ① 토지의 필지별 또는 토지·건물의 소유자, 공유자가 서로 다를 경우에는 각 부동산별로 1인을 토지등소유자로 산정하고; ② 동일한 공유자가 '서로 다른 필지의 토지' 또는 '토지와 그 지상건물'을 공동소유하고 있을 때에는 부동산 수와 관계없이 그 공유자들 중 1인만을 토지등소유자로 산정해 —대법원 2013. 5. 24. 선고 2011두14937 판결[조합설립추진위원회승인무효확인]

【당사자】

[원고(선정당사자), 상고인] 원고

[피고, 피상고인] 서울특별시 성북구청장

[피고보조참가인] 월곡제4구역주택재개발추진위원회

구 도시 및 주거환경 정비법(2009. 2. 6. 법률 제9444호로 개정되기 전의 것, 이하 '구 도시정비법'이라 한다) 제2조 제9호 (가)목, 제17조, 구 도시정비법 시행령 제28조 제1항 제1호 등 관계 법령의 내용과 체제 등에 비추어 볼 때, 토지의 필지별 또는 토지·건물의 소유자, 공유자가 서로 다른 경우에는 각 부동산별로 1인이 토지 등 소유자로 산정되어야 하고, 동일한 공유자가 서로 다른 필지의 토지 또는 토지·건물을 공동소유하고 있을 때에는 부동산의 수와 관계없이 그 공유자들 중 1인만이 토지 등 소유자로 산정된다고 해석된다(대법원 2010. 1. 14. 선고 2009두15852 판결 등 참조).

☞ 같은 취지 판례: ① 대법원 2013. 11. 28. 선고 20122 판결[조합설립인가처분무효확인]; ② 대법원 2010. 1. 14. 선고 2009두15852 판결[추진위원회해산신고수리처분취소]

C. [하급심판례] ① 동일한 수인이 다수의 토지 또는 건축물을 공유하는 경우는 (수인의 공유자가 하나의 토지 또는 건축물을 소유하고 있는 경우와 같이) 1인의 토지등소유자로 산정돼; ② 따라서 다수의 토지 또는 건축물을 공유하는 J, K, D, BB를 각 1인씩의 토지등소유자 및 동의자로 처리한 것은 위법함 —서울행정법원 2009. 9. 25.선고 2009구합9192 판결[조합설립추진위원회승인처분등취소](피고 항소후 원고 소취하)

제6장 토지등소유자의 동의 / 제3절 공유자 문제

1. 동일한 수인이 다수의 토지 또는 건축물을 공유하는 경우

가. 인정사실

살피건대, ㉮ J와 K는 각 F 토지 및 지상 건물, H 토지, BA 토지의 1/2 지분을 소유하고 있는 공유자인 사실, ㉯ J와 K는, J를 F 토지 및 지상건물에 관하여, K를 H 토지와 BA 토지에 관하여 각 대표소유자로 선정하였고, 자신이 대표소유자로 선정된 부동산에 관하여 참가인에게 동의서를 제출한 사실, ㉰ D, BB는 각 BC 토지, G 토지 및 지상 건물의 1/2 지분을 소유하고 있는 공유자인 사실, ㉱ D와 BB는, D를 BC 토지에 관하여, BB를 G 토지 및 지상 건물에 관하여 각 대표소유자로 선정하였고, 자신이 대표소유자로 선정된 부동산에 관하여 참가인에게 동의서를 제출한 사실, ㉲ 피고는 J, K, D, BB를 <u>각각</u> 토지등소유자 및 동의자 1인으로 인정한 사실은 당사자 사이에 다툼이 없거나 갑 제8, 9호증의 각 1, 2, 을 제33호증의 4내지 21의 각 기재에 변론 전체의 취지를 종합하여 인정된다.

나. 판단(피고가 J, K, D, BB를 각 1인씩의 토지등소유자로 처리한 것은 위법함)

도정법 시행령 제28조 제1항 제1호 다목의 규정에 의하여 1인이 다수의 부동산을 소유하고 있는 경우와 1인이 하나의 부동산을 소유하고 있는 경우에 있어서 토지등소유자의 소는 모두 1인임에 비추어, <u>위와 같이 동일한 수인이 다수의 토지 또는 건축물을 공유하는 경우는 수인의 공유자가 하나의 토지 또는 건축물을 소유하고 있는 경우와 달라서는 아니될 것이므로, 토지등소유자는 1인으로 산정된다</u>고 할 것이다.

그런데 여기서 공유자들이 다수의 부동산에 대하여 각각 다른 사람으로 대표자를 선정하는 경우를 상정해 볼 수는 있으나, 부동산별로 서로 다른 대표자를 선정하고 대표자의 수만큼 토지등소유자의 수를 인정하게 된다면 대표자의 선정결과에 따라 토지등소유자의 수가 달라지는 불합리가 발생하여 공유자에 의하여 토지등소유자의 수가 조작되는 결과를 야기할 수 있으므로, 동일한 수인이 다수의 부동산을 공유하는 경우 그와 같은 공유자들은 공유하고 있는 다수의 부동산에 대한 대표자를 같은 사람으로 선정하든지, 대표자를 선정하지 아니하고 다수의 부동산에 대한 동의 여부의 의사를 한번만 표시할 수 있다는 제한을 받게 된다고 봄이 상당하다.

이 사건의 경우, <u>J, K는 1인의 토지등소유자로 보아야 하고</u>, 이들이 모두 참가인에 대하여 동의하였으므로, 이들의 동의는 1인의 토지등소유자가 동의한 것으로 처리되어야 하고, <u>D, BB의 경우에도 마찬가지로 1인의 토지등소유자가 동의한 것으로 처리되어야 한다</u>. 따라서 <u>피고가 J, K, D, BB를 각 1인씩의 토지등소유자 및 동의자로 처리한 것은 위법하다</u>.

D. [같은 판결] <u>A가 ㉠부동산을 단독으로 소유하고, B가 ㉡부동산을 단독으로 소유하고, A와 B가 ㉢부동산을 공유하는 경우에는 2인의 토지등소유자만을 인정</u>하여야 —서울행정법원 2009. 9. 25.선고 2009구합9192호 판결[조합설립추진위원회승인처분등취소]

III. 수인이 '여러 필지 토지' 또는 '토지와 그 지상건물'을 공유하는 경우

【당사자】

원고	A
피고	서울특별시 동작구청장
피고보조참가인	B 재정비촉진구역도시환경정비사업설립추진위원회

1. 1인이 하나/다수의 부동산을 단독소유하면서 하나/다수의 부동산을 공유하는 경우

1인이 하나 또는 다수의 부동산을 단독으로 소유하면서 다른 사람과 하나 또는 다수의 부동산을 공유하는 경우 단독으로 소유하는 부동산의 소유형태와 다른 사람과 공유하는 부동산의 소유형태가 다른 점에 비추어 토지등소유자도 별도로 인정하는 것이 원칙이라고 할 것이나, ㉠부동산은 A 가 단독으로 소유하고 ㉡부동산은 B 가 단독으로 소유하고 ㉢부동산은 A 와 B 가 공유하는 경우와 같이 어느 공유부동산의 각 공유자들이 그 공유부동산 외에 각자 단독으로 소유하는 부동산이 있어 공유부동산에 관하여 토지등소유자가 인정되는지 여부와 관계없이 각자 토지등소유자의 지위가 인정되는 경우에 관하여 보건대, ⓐ 위 경우에 대해서 3인의 토지등소유자를 인정한다면, 다수의 부동산을 소유하는 1인이 2명 존재하는 경우(예를 들어 C 는 ㉣부동산과 ㉤부동산을, D 는 ㉥부동산과 ㉦부동산을 소유하는 경우)에 대해서 2인의 토지등소유자만이 존재하는 것(도정법 시행령 제28조 제1항 제1호 다목 참조)과 비교하여 균형이 맞지 않는 점, ⓑ 그와 같은 공유부동산에 관하여 토지등소유자를 별도로 인정하지 않는다고 하더라도 위 각 부동산에 관련된 소유자 내지 공유자들 중 토지등소유자의 지위가 인정되지 아니하는 불이익을 입는 사람은 없는 점 등에 비추어 그와 같은 경우에는 2인의 토지등소유자만을 인정하여야 할 것이다.

위 인정사실에 의하면 U, BO 주식회사, W, BR, Y, AJ, AA, BV, 주식회사 AC, BX 유지재단은 각 단독으로 소유하는 부동산이 있을 뿐만 아니라 이들이 공유하고 있는 부동산에 관계된 지상권자나 그 밖의 공유자 등 이해관계인이 따로 없으므로 이들에 대해서는 각 1인씩의 토지등소유자로 산정하여야 할 것이므로, 그와 같이 산정한 피고의 조처는 적법하다고 할 것이다.

E. [재개발] ① 공유자 전원이 조합설립에 각 동의하였다면, 대표자선임동의서가 제출되지 않았어도 공유토지에 대하여는 1인의 토지등소유자 및 동의자가 있는 것으로 산정해; ② 소외 8이 다른 5인과 토지를 공유함과 동시에 그 지상 주택 1채를 단독 소유하고 있다면, 주택에 관하여는 대지와 별도로 1인의 토지등소유자 및 동의자로 산정함 ―대법원 2014. 5. 29. 선고 2012두18677 판결[조합설립인가무효]

【당사자】

[원고(선정당사자), 상고인] 원고 1 외 1인

제 6 장 토지등소유자의 동의 / 제 3 절 공유자 문제

> [피고, 피상고인] 대전광역시 중구청장
>
> [피고보조참가인] 선화구역주택재개발정비사업조합

1. 법리 (공유부동산 등의 동의자수에 관한 법리 종합)

구 도시정비법 제 2 조 제 9 호 (가)목의 규정에 의하면, '토지등소유자'라 함은 정비구역안에 소재한 토지 또는 건축물의 소유자 또는 그 지상권자이고, 위 법 제 17 조, 구 도시정비법 시행령 제 28 조 제 1 항 제 1 호의 각 규정에 의하면,

<u>주택재개발사업에 있어서의 토지등소유자의 동의는</u> ① 1 필지의 토지 또는 하나의 건축물이 수인의 공유에 속하는 때에는 그 수인을 대표하는 1 인을 토지등소유자로 산정하고, ② <u>토지에 지상권이 설정되어 있는 경우에는 토지의 소유자와 해당 토지의 지상권자를 대표하는 1 인을 토지등소유자로 산정하며,</u> 토지에 지상권이 설정되어 있는 경우에는 토지의 소유자와 해당 토지의 지상권자를 대표하는 1 인을 토지등소유자로 산정하며, ③ <u>1 인이 다수 필지의 토지 또는 다수의 건축물을 소유하고 있는 경우에는 필지나 건축물의 수에 관계없이 토지등소유자를 1 인으로 산정</u>하는바,

④ 관계 법령의 내용과 체제 등에 비추어 볼 때 <u>토지의 필지별 또는 토지·건물의 소유자, 공유자가 서로 다를 경우에는 각 부동산별로 1 인이 토지등소유자로 산정되어야 하고,</u>

⑤ <u>동일한 공유자가 서로 다른 필지의 토지 또는 토지·건물을 공동소유하고 있을 때에는 부동산의 수와 관계없이 그 공유자들 중 1 인만이 토지등소유자로 산정</u>된다고 해석된다(대법원 2010. 1. 14. 선고 2009 두 15852 판결 참조).

2. 원심이 인정한 사실

원심은 제 1 심판결 이유를 인용하여,

① 이 사건 사업구역 내 대전 중구 (주소 3 생략) 대지 402 ㎡는 소외 3, 4, 5, 6, 7, 8 이 공유하고, 같은 대지 지상 연와조세멘와즙 평가건주택 건평 24 평 6 홉 3 작은 소외 3 이, 벽돌조 기와지붕 단층주택 81.45 ㎡는 소외 8 이 각 단독소유하며, (주소 4 생략) 대지 160 ㎡는 대한민국, 소외 4, 5, 6, 7 이 공유하고, (주소 5 생략) 대지 79 ㎡는 소외 4, 5, 6, 7 이 공유하고 있었던 사실,

② 소외 8, 3, 4 가 각 2007. 7.경 조합설립동의서를 제출하였는데, 소외 8 의 조합설립동의서 소유자란에는 '대전 중구 (주소 3 생략)(194.12 ㎡), 건축물 1 동'이라고, 소외 3 의 조합설립동의서 소유자란에는 '대전 중구 (주소 3 생략)(181.55 ㎡), 건축물 1 동'이라고, 소외 4 의 조합설립동의서 소유자란에는 '대전 중구 (주소 4 생략)(160 ㎡), (주소 5 생략)(79 ㎡), (주소 6 생략)(402

III. 수인이 '여러 필지 토지' 또는 '토지와 그 지상건물'을 공유하는 경우

㎡)'('(주소 3 생략)'의 오기로 보인다)라고 각 기재되어 있는 사실,

③ 소외 4는 2007. 2. 12.경 소외 5, 6, 7, 4의 각 공유 부동산에 관하여 대표동의자로 선정된 사실을 인정하였고,

④ 한편 원심이 채택한 증거 및 배척하지 아니한 증거를 종합하면, 피고가 소외 3 등 6인 공유인 위 (주소 3 생략) 대지에 관하여 1인, 위 (주소 3 생략) 지상 소외 8 단독 소유 주택 및 위 (주소 3 생략) 대지 중 소외 8 지분에 관하여 1인의 각 토지등소유자 및 동의자가 있는 것으로 하여 동의율을 산정한 사실을 알 수 있다.

3. 대법원의 판단

위 사실관계를 앞서 본 법리에 비추어 살펴보면 위 (주소 3 생략) 대지의 공유자 전원이 각 조합설립에 동의하였으므로, 위 (주소 3 생략) 대지에 관하여 대표자선임동의서가 제출되지 않았다 하더라도 위 (주소 3 생략) 대지에 관하여는 1인의 토지등소유자 및 동의자가 있는 것으로 산정하여야 할 것이고,

한편 소외 8은 위 (주소 3 생략) 대지 지상 주택 1채를 단독 소유하고 있으므로 다른 5인과 공유하는 (주소 3 생략) 대지와는 별도로 위 주택에 관하여 1인의 토지등소유자 및 동의자로 산정되어야 할 것이다.

원심이 이 부분에 관하여 설시한 이유는 다소 부적절하나, 원심의 판단은 결국 위 (주소 3 생략) 대지 및 소외 8 소유 위 (주소 3 생략) 지상 주택에 관하여 토지등소유자 및 동의자 수를 2인으로 하여 동의율을 산정한 피고의 이 사건 설립인가처분이 무효라고 다투는 원고들의 주장을 배척하는 것이므로, 이 부분 원심의 결론은 정당하다.

F. [같은 취지 판례] 재개발사업에서 토지의 공유자 중 일부가 그 지상 건축물을 단독 소유하는 경우에는 a) 토지공유자의 대표자 1명과 b) 건축물의 단독소유자 1명이 각각 토지등소유자로 산정되어야 해(합계 2명) —대법원 2015. 3. 20. 선고 2012두23242 판결[재개발조합설립인가처분취소]

【당사자】

[원고, 피상고인] 별지 원고 명단 기재와 같다.

[원고 보조참가인] 원고 보조참가인

[피고, 상고인] 서울특별시 은평구청장

[피고보조참가인] 불광제5구역주택재개발정비사업조합

구 도시 및 주거환경정비법(2012. 2. 1. 법률 제 11293 호로 개정되기 전의 것, 이하 '구 도시정비법'이라 한다) 제 2 조 제 9 호 (가)목의 규정에 따르면, 주거환경개선사업·주택재개발사업 또는 도시환경정비사업의 경우 '토지등소유자'는 정비구역 안에 소재한 토지나 건축물의 소유자 또는 그 지상권자를 말한다. 그리고 구 도시정비법 제 17 조와 구 도시 및 주거환경정비법 시행령(2012. 7. 31. 대통령령 제 24007 호로 개정되기 전의 것, 이하 '구 도시정비법 시행령'이라 한다) 제 28 조 제 1 항 제 1 호의 각 규정에 따르면, 주택재개발사업에서 1 필지의 토지 또는 하나의 건축물이 수인의 공유에 속하는 경우에는 그 수인을 대표하는 1 인을 토지등소유자로 하고[(가)목], 토지에 지상권이 설정되어 있는 경우에는 토지의 소유자와 해당 토지의 지상권자를 대표하는 1 인을 토지등소유자로 하며[(나)목], 1 인이 다수 필지의 토지나 다수의 건축물을 소유하고 있는 경우에는 필지나 건축물의 수와 관계없이 토지등소유자 수를 1 인으로 하도록[(다)목] 정하고 있다.

이러한 관계 법령의 내용과 체제 등에 비추어 보면, 주택재개발사업에서 정비구역 내 토지의 필지별 또는 토지·건축물의 소유자, 공유자가 서로 다를 경우에는 원칙적으로 각 부동산별로 1 인이 토지등소유자로 산정되어야 하므로(대법원 2010. 1. 14. 선고 2009 두 15852 판결 등 참조), 토지의 공유자 중 일부가 그 지상 건축물을 단독 소유하는 경우 토지와 건축물은 각각 1 인이 토지등소유자로 산정되어야 한다.

G. ① 합유물에 대하여는 공유물에 대한 토지등소유자 및 동의자 산정의 법리를 유추적용해(따라서 동일한 수인이 다수의 토지 또는 건축물을 합유하는 경우 토지등소유자는 1 인으로 산정함); ② 1 인이 하나 또는 다수의 부동산을 단독으로 소유하면서 다른 사람과 하나 또는 다수의 부동산을 공유하는 경우에는 대표자가 누구인지에 관계없이 각각 별개의 토지등소유자를 인정함; ③ '지상권이 설정된 토지'와 '지상권이 설정되지 않은 다른 토지 또는 건물'을 별도로 소유하고 있는 경우 지상권이 설정되지 않은 다른 토지/건축물에 관하여는 별개의 토지등소유자로 인정함 —서울행정법원 2010. 10. 21. 선고 2009 구합 31656[도시환경정비사업시행인가취소]

1. 동일한 수인이 다수의 토지 또는 건축물을 공유하는 경우

구 도시정비법 시행령 제 28 조 제 1 항 제 1 호 다목의 규정에 의하여 1 인이 다수의 부동산을 소유하고 있는 경우와 1 인이 하나의 부동산을 소유하고 있는 경우에 있어서 토지등소유자의 수는 모두 1 인임에 비추어, 위와 같이 동일한 수인이 다수의 토지 또는 건축물을 공유하는 경우는 수인의 공유자가 하나의 토지 또는 건축물을 소유하고 있는 경우와 달라서는 안 되므로, 토지등소유자는 1 인으로 산정된다고 봄이 상당하다.

여기서 공유자들이 다수의 부동산에 대하여 각각 다른 사람으로 대표자를 선정하는 경우를 상정해 볼 수는 있으나, 부동산별로 서로 다른 대표자를 선정하고 대표자의 수만큼 토지등소유자의 수를 인정하게 된다면 대표자의 선정결과에 따라 토지등소유자의 수가 달라지는 불합리

III. 수인이 '여러 필지 토지' 또는 '토지와 그 지상건물'을 공유하는 경우

가 발생하여 공유자에 의하여 토지등소유자의 수가 조작되는 결과를 야기할 수 있으므로, 동일한 수인이 다수의 부동산을 공유하는 경우 그와 같은 공유자들은 공유하고 있는 다수의 부동산에 대한 동의 여부의 의사를 한번만 표시할 수 있다는 제한을 받게 된다고 봄이 상당하다. 또한, 합유물의 처분에는 전원의 동의를 요함에 비추어(민법 제 272 조 참조) 합유물의 경우에도 공유물에 대한 토지등소유자 및 동의자 산정의 법리를 유추적용함이 타당하다.

2. 1 인이 하나 또는 다수의 부동산을 단독으로 소유하면서 다른 사람과 하나 또는 다수의 부동산을 공유하는 경우

을나 12 호증의 2, 13 호증의 29 의 각 기재에 변론 전체의 취지를 더하여 보면, ① I47, I48, I49, I50 은 서울 종로구 종로 1 가 P 대 112.4 ㎡ 및 P-1 대 6 ㎡를 공유하고 있고, ② 위 각 토지의 지상건물은 I47, I48 이 지분 2 분의 1 씩 공유하고 있으며, ③ 서울 종로구 종로 1 가 P-2 대 19.8 ㎡를 I47 이 단독소유 하고 있는 사실, ④ 참가인은 위 각 토지 및 건물에 관하여 4 인의 토지등소유자로 산정한 사실, ⑤ I51 은 서울 종로구 청진동 Q-1 대 135.5 ㎡를 단독소유하고, 그 지상건물은 I51, I52 가 공유하고 있는 사실, ⑥ 참가인은 2 인의 토지등소유자로 산정한 사실이 인정된다.

살피건대, 여기서 P 토지 및 P-1 토지, 위 각 토지의 지상건물에 관하여 I47 을 대표자로 선정하여 I47 이 위 각 부동산에 대한 토지등소유자가 되고, Q-1 토지의 지상건물에 관하여 I51 을 대표자로 선정하여 I51 이 위 각 부동산에 관한 토지등소유자가 되는 경우를 상정해볼 수는 있으나, 공유하는 부동산에 관하여 누구를 대표자로 선정하는지 여부에 따라 토지등소유자의 수가 달라진다면 토지등소유자의 수가 조작되는 결과를 야기할 수 있고, 단독 소유형태 부동산의 소유자로서의 토지등소유자의 지위는 공유 형태 부동산의 대표자로서의 토지등소유자의 지위는 그 소유형태가 다른 만큼 서로 다른 지위라고 할 것이며, 설사 그 대표자가 I47, I51 이 된다고 하더라도 이는 공유자의 이익을 반영하는 것이라고 할 것이므로 해당 부동산의 대표자가 누구인지에 관계없이 각각 별개의 토지등소유자를 인정함이 상당하다.

3. 토지에 지상권이 설정된 경우

구 도시정비법 시행령 제 28 조 제 1 항 제 1 호 나목은 토지에 지상권이 설정되어 있는 경우에는 그 지상권자를 대표하는 1 인을 토지등소유자로 산정하도록 규정하고 있으므로, 위 각 부동산 중 토지에 관하여는 그 토지등소유자가 1 인이라고 할 것이다.

여기서 지상권이 설정되지 않은 다른 토지나 지상건물에 관하여 별도의 토지등소유자를 산정할 것인지, 아니면 1 인이 다수 필지의 토지 또는 다수의 건축물을 소유하고 있는 것으로 보아 토지등소유자를 별도로 산정하지 않을 것인지 문제되나, 마)항에서 '1 인이 하나 또는 다수의 부동산을 단독으로 소유하면서 다른 사람과 하나 또는 다수의 부동산을 공유하는 경우'와 마찬가지로 다수의 부동산의 소유형태가 동일한 경우로 볼 수 없어 토지등소유자의 산정도 별

개로 취급되어야 한다. 즉, 지상권이 설정된 위 각 토지에 관하여 I53.A2.I54.I55 중의 1 인, 참가인, I57, I24.I25.I26.I27 중의 1 인, I58, I59, I60, I61, 주식회사 G5, G6 주식회사가 각 대표자로 선정된다고 하더라도, 지상권이 설정되어 있는 부동산의 대표자로서의 토지등소유자의 지위는 단독 소유형태 부동산의 소유자로서의 지위와 다르다고 할 것이고, 대표자로서의 지위는 지상권자의 이익을 반영하는 것이라고 할 것이므로, 지상권이 설정되어 있지 않은 다른 토지나 그 지상건물에 관하여는 각 별개의 토지등소유자를 인정함이 상당하다.

IV. 공유자 중 일부가 소재불명인 경우

A. 개요

1. 【해설】 공유자 중 소재불명자는 공유자 수에서만 제외됨 (전부개정법에서 달라진 것)

(1) 공유자 중 일부가 소재불명인 경우에는 비록 나머지 공유자들이 소재불명이 아니라도 그 토지는 토지등소유자 수 산정 대상에서 제외하고 동의율을 산정해야 한다는 것이 구법 판례였다(아래 판례).

(2) 그러나 전부개정법 시행령 제33조 제1항 제4호는 "소재가 확인되지 아니한 자는 토지등소유자의 수 또는 공유자 수에서 제외할 것"이라고 규정하므로, 공유자 중 일부가 소재불명인 경우에는 그 소재불명자만이 공유자 수에서 제외될 뿐, 해당 토지는 여전히 토지등소유자 수 산정 대상에 포함된다.

예를 들어 공유자 A, B, C 중 A가 소재불명인 경우, B와 C가 선정한 대표자 1명을 토지등소유자로 보아 토지등소유자 및 동의자 수를 산정한다. 이 경우 구법에서는 (B와 C가 소재불명이 아님에도) 그 토지를 아예 토지등소유자 수 산정 대상에서 제외하고 동의율을 산정하였다.

이런 경우 구법에서 B, C가 조합설립에 동의하고 분양신청을 하기 위해서는 A에 대하여 실종선고를 받아야 했다. 전부개정법에서는 이런 경우 B와 C는 A에 대해 실종선고를 받지 않고도 조합설립에 동의하고 분양신청을 할 수 있다.

한편 법은 "토지등소유자의 수 또는 공유자 수에서 제외"한다고 규정하므로, 위 사례에서 소재불명자(A)의 지분에 해당하는 토지의 면적은 전체 토지면적 및 B·C의 대표자가 동의한 동의면적에 포함된다.

2. 【법령】 전부개정법 시행령 제33조 제1항 제4호

4. 토지등기부등본·건물등기부등본·토지대장 및 건축물관리대장에 소유자로 등재될 당시 주민등록번호의 기록이 없고 기록된 주소가 현재 주소와 다른 경우로서 소재가 확인되지 아니한 자는 토지등소유자의 수 또는 공유자 수에서 제외할 것

IV. 공유자 중 일부가 소재불명인 경우

3. 【구법령】 구법 시행령 제 28 조 제 1 항 제 4 호

> 4. 토지등기부등본·건물등기부등본·토지대장 및 건축물관리대장에 소유자로 등재될 당시 주민등록번호의 기재가 없고 기재된 주소가 현재 주소와 상이한 경우로서 소재가 확인되지 아니한 자는 토지등소유자의 수에서 제외할 것

B. [구법 판례] ① 공유자 중 일부가 소재불명자인 경우도 단독소유자가 소재불명인 경우와 마찬가지로 토지등소유자의 수에서 제외돼; ② 따라서 공유자 소외 1, 2, 3 중 소외 1이 소재불명인 경우에는 비록 소외 2, 3이 소재불명이 아니라도 그 토지는 토지등소유자 수 산정 대상에서 제외하고 동의율을 산정함 —대법원 2017. 2. 3. 선고 2015 두 50283 판결 [주택재건축정비사업조합설립인가처분취소]

1. 법리 (공유자도 소재불명자는 제외)

한편 도시정비법 시행령 제 28 조 제 1 항 제 4 호는, 토지등기부등본·건물등기부등본·토지대장 및 건축물관리대장에 소유자로 등재될 당시 주민등록번호의 기재가 없고 기재된 주소가 현재 주소와 상이한 경우로서 소재가 확인되지 아니한 자(이하 소재불명자라 한다)는 토지 등 소유자의 수에서 제외하여야 한다고 규정하고 있는데, 이는 의사 확인이 어려운 토지 등 소유자를 조합설립 동의 등의 절차에서 동의 대상자에서 제외함으로써 사업 진행을 원활하게 하려는 것이다(대법원 2014. 5. 29. 선고 2012 두 11041 판결 참조).

그런데 여러 명의 공유에 속하는 토지의 공유자 중 일부가 소재불명자이면 앞서 본 바와 같이 유효한 조합설립 동의를 할 수 없다는 점에서 토지의 단독소유자가 소재불명자인 경우와 다르지 아니하므로, 공유자 중 일부가 소재불명자인 경우도 단독소유자가 소재불명인 경우와 마찬가지로 조합설립 동의 대상이 되는 토지 또는 건축물 소유자의 수에서 제외하여야 한다.

2. 원심판결의 위법함

원심판결 이유에 의하면, ① 이 사건 정비구역 안에 소재한 서울 서대문구 (주소 생략) 토지(이하 '이 사건 토지'라 한다)는 소외 1, 소외 2, 소외 3 등 3 인이 공유하고 있는 사실, ② 이 사건 토지의 등기부등본 및 임야대장에 소외 1 의 주민등록번호가 기재되어 있지 아니한 사실, ③ 피고 보조참가인이 소외 1 외 8 명을 상대로 제기한 민사소송에서 소외 1 의 소재가 확인되지 않아 공시송달로 소장 등이 송달된 사실을 알 수 있다.

이러한 사실관계를 앞서 본 법리에 비추어 살펴보면, 이 사건 토지는 공유자 중 일부가 소재불명자인 경우에 해당하여 조합설립 동의가 처음부터 불가능하므로 도시정비법 시행령 제 28 조 제 1 항 제 4 호에 따라 이 사건 토지를 토지 또는 건축물 소유자 수 산정 대상에서 제외하고 동의율을 산정하여야 한다.

제 6 장 토지등소유자의 동의 / 제 4 절 동의의 방법

그럼에도 원심은 이와 달리 이 사건 토지의 다른 공유자인 소외 2 와 소외 3 이 소재불명자가 아니기 때문에 이 사건 토지에 관하여 1 명의 토지 또는 건축물 소유자를 산정하여야 한다고 판단하였으니, 이러한 원심의 판단에는 주택재건축사업에서 조합설립에 대한 동의자 수 산정 방법에 관한 법리를 오해하여 판결에 영향을 미친 잘못이 있다.

V. [정리표] 공유의 여러 모습으로 본 토지등소유자의 수

표 9 [공유의 여러 모습에 따른 토지등소유자 수]

	공유의 태양	토지등소유자의 수	비고
1	A, B, C 가 1 필지의 토지를 공유하는 경우	1 명	A, B, C 전원의 합의로 선정한 대표자 1 명
2	A, B, C 가 1 필지의 토지 및 그 지상건물을 모두 공유하는 경우	1 명	A, B, C 전원의 합의로 선정한 대표자 1 명
3	위 1, 2 의 경우 A 가 소재불명인 경우	1 명	B, C 의 합의로 선정한 대표자 1 명
4	A, B, C 가 5 필지의 토지를 공유하는 경우	1 명	A, B, C 의 대표자 1 명
5	A, B, C 가 토지를 공유하고, B, C 가 그 지상건물을 공유하는 경우	2 명	A, B, C 의 대표자 1 명 + B, C 의 대표자 1 명 = 2 명
6	A, B, C 가 1 필지를 공유하고, B, C 가 다른 1 필지를 공유하는 경우	2 명	A, B, C 의 대표자 1 명 + B, C 의 대표자 1 명 = 2 명
7	A, B, C 가 1 필지를 공유하고, B, C 가 다른 3 필지를 공유하는 경우	2 명	A, B, C 의 대표자 1 명 + B, C 의 대표자 1 명 = 2 명
8	A 가 1 필지를 단독소유하고, B 가 다른 1 필지를 단독소유하고, A, B 가 또다른 1 필지를 공유하는 경우	2 명	A + B = 2 명

제 4 절 동의의 방법

I. 동의서 양식의 진화 (표준동의서 → 법정동의서 → 검인동의서)

A. 표준동의서 (추진위원회 구성동의서 및 조합설립동의서)

1. [해설] 표준동의서 [2003. 7. 1. ~ 2008. 12. 16.]

> (1) 2003. 7. 1.부터 시행된 도시정비법령은 토지등소유자의 동의서 양식을 특별히 제한하지 않았으며, 다만, 같은 날 건설교통부장관이 고시한 「정비사업조합설립추진위원회 운

I. 동의서 양식의 진화 (표준동의서 → 법정동의서 → 검인동의서)

영규정」 (구법 제 15 조 제 2 항에 의한 2003. 7. 1. 건설교통부 고시 제 165 호)에서 별지 서식으로 첨부된 동의서를 사용하도록 하였다.

운영규정에 첨부된 동의서는 「별지 1 조합설립추진위원회설립동의서」, 「별지 3-1 주택재건축정비사업조합설립동의서」, 「별지 3-2 주택재개발/도시환경정비사업조합설립동의서」이다. 이것을 표준동의서 라고 한다.

(2) 서울시조례(2003. 12. 30. 제정·시행) 제 14 조 제 1 항 제 5 호에서 위 표준동의서를 사용하도록 규정한 이래 각 시·도에서 같은 규정을 두기 시작했다(규정 시기는 시·도별로 다름).

2. 【구법령】 「추진위원회운영규정」 [2023. 7. 1. 건설교통부 고시 제 165 호]

제 2 조(추진위원회의 설립) ④ 제 1 항의 토지등소유자의 동의는 붙임 ○○정비사업조합설립추진위원회운영규정안(이하 "운영규정안"이라 한다)의 별지 1 서식의 추진위원회설립동의서 에 동의를 받는 방법에 의한다.

운영규정안 제 34 조(조합설립 동의서) ① 추진위원회가 법 제 16 조제 1 항 내지 제 3 항의 규정에 의하여 조합설립을 위한 토지등소유자의 동의를 받는 경우 별지 3 서식의 조합설립동의서 에 동의를 받아야 한다.

3. 【조례】 서울시 구 도시정비조례 제 14 조 (조합설립인가 신청서류 등의 작성 방법)

[시행 2003. 12. 30.] [서울특별시조례 제 4167 호, 2003. 12. 30., 제정]

① 시행규칙 제 7 조의 규정에 의한 조합설립인가 신청서 및 첨부서류의 작성방법은 다음과 같다.

　5. 토지등소유자의 동의서는 법 제 15 조 제 2 항의 규정에 의한 정비사업조합설립추진위원회운영규정의 동의서식 으로 한다.

B. 법정동의서 (조합설립동의서)

1. 【해설】 법정동의서 (조합설립동의서) [2008. 12. 17. ~ 2016. 7. 27.]

(1) 2008. 12. 17. 개정 시행령(대통령령 제 21171 호) 제 26 조 제 1 항은 "국토해양부령으로 정하는 동의서"에 토지등소유자 동의를 받도록 하였고, 개정규칙(2008. 12. 17. 국토해양부령 제 79 호) 제 7 조 제 3 항은 「주택재개발사업·도시환경정비사업조합 설립동의서」과 「주택재건축정비사업조합 설립동의서」를 별지 제 4-2 호 서식 및 별지 제 4-3 호 서식으로 첨부하였다. 이것을 법정동의서 라고 한다. 시행령·시행규칙 모두 2008. 12. 17. 시행되었다.

제 6 장 토지등소유자의 동의 / 제 4 절 동의의 방법

(2) 법정동의서는 조합설립동의서에만 사용되었고, 추진위원회구성을 위한 동의서는 종전과 같이 표준동의서를 계속 사용하였다.

2. 【구법령】 구 도시정비법 시행령 제 26 조 (조합설립인가신청의 방법 등)

[시행 2008. 12. 17.] [대통령령 제 21171 호, 2008. 12. 17., 일부개정]

① 법 제 16 조 제 1 항부터 제 3 항[☞ 조합설립 동의요건 규정]까지의 규정에 따른 토지등소유자의 동의는 국토해양부령으로 정하는 동의서에 동의를 받는 방법에 따른다. <개정 2008. 12. 17.>

3. 【구법령】 구 도시정비법 시행규칙 제 7 조 (조합의 설립인가신청 등)

[시행 2008. 12. 17.] [국토해양부령 제 79 호, 2008. 12. 17., 일부개정]

③ 영 제 26 조제 1 항에서 "국토해양부령으로 정하는 동의서"란 별지 제 4 호의 2 서식의 주택재개발사업·도시환경정비사업조합 설립동의서 또는 별지 제 4 호의 3 서식의 주택재건축정비사업조합 설립동의서를 말한다. <신설 2008. 12. 17.>

C. 검인동의서 (추진위원회 구성동의서 및 조합설립동의서)

1. 【해설】 검인동의서 [2016. 7. 28. ~ 현재]

전부개정법에서 추진위원회 구성동의서와 조합설립동의서는 시장·군수등이 검인한 서면동의서를 사용하여야 하며, 검인을 받지 않은 동의서는 효력이 없다(법 제 36 조 제 3 항). 추진위원회구성과 조합설립 동의를 받을 때 시장·군수등의 검인동의서를 사용하도록 한 규정은 2016. 1. 27. 개정 법률 제 13912 호 [시행 2016. 7. 28.]에서 처음 신설되어 지금까지 이어지고 있다.

2. 【구법령】 구 도시정비법 제 17 조(토지등소유자의 동의방법 등)

[시행 2016. 7. 28.] [법률 제 13912 호, 2016. 1. 27., 일부개정]

② 제 1 항에 따라 서면동의서를 작성하는 경우 제 13 조 제 2 항[☞ 추진위원회의 구성동의] 및 제 16 조 제 1 항부터 제 3 항까지[☞ 조합설립동의]에 해당하는 때에는 시장·군수가 대통령령으로 정하는 방법에 따라 검인(檢印)한 서면동의서를 사용하여야 하며, 검인을 받지 아니한 서면동의서는 그 효력이 발생하지 아니한다. <신설 2016.1.27.>

☞ 동의서 양식을 법률에서 직접 규정한 것은 이때가 처음이다.

3. 【법령】 전부개정 도시정비법 제 36 조(토지등소유자의 동의방법 등)

③ 제 1 항 및 제 2 항에 따라 서면동의서를 작성하는 경우 제 31 조 제 1 항[☞ 추진위원회 구성동의] 및 제 35 조 제 2 항부터 제 4 항까지[☞ 조합설립동의]의 규정에 해당하는 때에는 시장·군수등이 대통령령으로 정하는 방법에 따라 검인(檢印)한 서면동의서를 사용하여야 하며, 검인을 받지 아니한 서면동의서는 그 효력이 발생하지 아니한다.

II. 동의서의 작성

A. 검인동의서의 내용과 연번 부여

1. 【해설】

동의서에 검인을 받으려면 동의서에 기재사항(영 제 25 조 제 1 항, 제 30 조 제 2 항)을 기재한 후 시장·군수등에게 검인을 신청하여야 하고, 시장·군수등은 동의서 기재사항의 기재 여부 등 형식적인 사항을 확인하고 해당 동의서에 연번을 부여한 후 검인을 하여 교부한다(영 제 34 조).

☞ 연번 기재례: "608–105" 또는 "105/608". "105"가 일련번호(연번)이고, "608"은 '일련번호의 범위'이다.

2. 【법령】 전부개정법 시행령 제 34 조(동의서의 검인방법 등)

① 법 제 36 조제 3 항에 따라 동의서에 검인(檢印)을 받으려는 자는 제 25 조 제 1 항 또는 제 30 조 제 2 항에 따라 동의서에 기재할 사항을 기재한 후 관련 서류를 첨부하여 시장·군수등에게 검인을 신청하여야 한다.

② 제 1 항에 따른 신청을 받은 시장·군수등은 동의서 기재사항의 기재 여부 등 형식적인 사항을 확인하고 해당 동의서에 연번(連番)을 부여한 후 검인을 하여야 한다.

③ 시장·군수등은 제 1 항에 따른 신청을 받은 날부터 20 일 이내에 신청인에게 검인한 동의서를 내주어야 한다.

B. 동의를 위한 기초정보 제공

1. 【법령】 전부개정 도시정비법 제 35 조(조합설립인가 등)

⑩ 추진위원회는 조합설립에 필요한 동의를 받기 전에 추정분담금 등 대통령령으로 정하는 정보를 토지등소유자에게 제공하여야 한다.

☞ 영 제 32 조(추정분담금 등 정보의 제공)

법 제 35 조 제 8 항에서 "추정분담금 등 대통령령으로 정하는 정보"란 다음 각 호의 정보를 말한다.

1. 토지등소유자별 분담금 추산액 및 산출근거
2. 그 밖에 추정 분담금의 산출 등과 관련하여 시·도조례로 정하는 정보

2. 【추진위원회 구성동의서】 전부개정법 시행령 제 25 조

① 법 제 31 조 제 1 항에 따라 토지등소유자의 동의를 받으려는 자는 국토교통부령으로 정하는 동의서에 추진위원회의 위원장(이하 "추진위원장"이라 한다), 추진위원회 위원, 법 제 32 조 제 1 항에 따른 추진위원회의 업무 및 법 제 34 조제 1 항에 따른 운영규정을 미리 쓴 후 토지등소유자의 동의를 받아야 한다.

☞ 전부개정법 시행규칙 제 7 조(추진위원회의 구성승인 신청 등)

② 영 제 25 조 제 1 항에서 "국토교통부령으로 정하는 동의서"란 별지 제 4 호서식의 조합설립추진위원회 구성 동의서를 말한다. [☞ 부록 II. 참조]

② 토지등소유자의 동의를 받으려는 자는 법 제 31 조제 3 항에 따라 다음 각 호의 사항을 설명·고지하여야 한다.

1. 동의를 받으려는 사항 및 목적
2. 동의로 인하여 의제되는 사항
3. 제 33 조제 2 항에 따른 동의의 철회 또는 반대의사 표시의 절차 및 방법

3. 【조합설립동의서】 전부개정법 시행령 제 30 조(조합설립인가신청의 방법 등)

① 법 제 35 조 제 2 항부터 제 4 항까지의 규정에 따른 토지등소유자의 동의는 국토교통부령으로 정하는 동의서에 동의를 받는 방법에 따른다.

☞ 전부개정법 시행규칙 제 8 조(조합의 설립인가 신청 등)

③ 영 제 30 조 제 1 항에서 "국토교통부령으로 정하는 동의서"란 별지 제 6 호서식의 조합설립 동의서를 말한다. [☞ 부록 III. 참조]

② 제 1 항에 따른 동의서에는 다음 각 호의 사항이 포함되어야 한다.

1. 건설되는 건축물의 설계의 개요
2. 공사비 등 정비사업비용에 드는 비용(이하 "정비사업비"라 한다)
3. 정비사업비의 분담기준

4. 사업 완료 후 소유권의 귀속에 관한 사항

5. 조합 정관

☞ 조합설립동의서에 기재될 사항은 제5호(조합 정관)를 제외하고는 집합건물법에 따른 재건축결의에 포함될 사항과 동일한 내용이다(동법 제47조 제3항). 구 도시정비법 시행령 제26조도 같은 내용을 규정하고 있었다.

4. 【신탁업자 지정동의서】 전부개정 도시정비법 제27조

③ 신탁업자는 제1항 제3호에 따른 사업시행자 지정에 필요한 동의를 받기 전에 다음 각 호에 관한 사항을 토지등소유자에게 제공하여야 한다.

1. 토지등소유자별 분담금 추산액 및 산출근거

2. 그 밖에 추정분담금의 산출 등과 관련하여 시·도조례로 정하는 사항

④ 제1항 제3호에 따른 토지등소유자의 동의는 국토교통부령으로 정하는 동의서에 동의를 받는 방법으로 한다. 이 경우 동의서에는 다음 각 호의 사항이 모두 포함되어야 한다.

1. 건설되는 건축물의 설계의 개요

2. 건축물의 철거 및 새 건축물의 건설에 드는 공사비 등 정비사업에 드는 비용(이하 "정비사업비"라 한다)

3. 정비사업비의 분담기준(신탁업자에게 지급하는 신탁보수 등의 부담에 관한 사항을 포함한다)

4. 사업 완료 후 소유권의 귀속

5. 정비사업의 시행방법 등에 필요한 시행규정

6. 신탁계약의 내용

☞ 「신탁업자 지정 동의서」는 부록 I. 참조.

5. 【조례】 서울시 도시정비조례 제80조(조합설립 등의 업무지원)

① 추진위원장 또는 조합임원은 조합설립 동의 시부터 최초로 관리처분계획을 수립하는 때까지 사업비에 관한 주민 동의를 받고자 하는 경우에는 a) 분담금 추정 프로그램에 정비계획 등 필요한 사항을 입력하고, b) 토지등소유자가 개략적인 분담금 등을 확인할 수 있도록 하여야 하며, c) 토지등소유자에게 개별 통보하여야 한다.

제 6 장 토지등소유자의 동의 / 제 4 절 동의의 방법

> ② 추진위원장 또는 조합임원은 토지등소유자에게 동의를 받고자 하는 사업비의 내용과 부합하게 자료를 입력하여야 한다.
>
> ③ 법 제 27 조 제 3 항 제 2 호에서 "그 밖에 추정분담금의 산출 등과 관련하여 시·도조례로 정하는 사항"과 영 제 32 조 제 2 호에서 "그 밖에 추정 분담금의 산출 등과 관련하여 시·도조례로 정하는 정보"란 제 2 항에 따라 산출된 정보를 말한다.

C. "분담금"이 무엇인가?

1. 【해설】 분담금과 청산금

> (1) 사업이 완료되면 조합(사업시행자)과 조합원(수분양자) 사이에 '조합원이 출자한 종전 토지/건축물(종전자산)의 가격'과 '조합원이 분양받은 대지/건축물(종후자산)의 가격'의 차이를 정산해야 하는데, 그 정산금을 도시정비법에서는 "청산금"이라고 부른다(법 제 89 조 제 1 항).
>
> 정산 결과 ① '분양받은 대지/건축물의 가격'이 더 크면 조합이 조합원으로부터 청산금을 징수하고, ② '종전 토지/건축물의 가격'이 더 크면 조합이 조합원에게 청산금을 지급하여야 한다. 위 ①의 경우 조합이 조합원으로부터 징수하는 청산금을 '분담금'이라고 한다.
>
> ① 종후자산 가격 > 종전자산 가격 ==> 조합이 조합원으로부터 청산금(분담금) 징수
>
> ② 종후자산 가격 < 종전자산 가격 ==> 조합이 조합원에게 청산금 지급
>
> ☞ 아직도 현장에서는 "분담금"과 "부담금"을 구분하지 않고 쓰는 경우가 있는데, 전부개정법이 "~~부담금~~"에서 "분담금"으로 용어를 정리했으므로 앞으로는 "분담금"이라고 부르는 것이 좋다.

2. 【해설】 "비례율"과 "권리가액"

> 분담금 산출식의 변수인 '종전 토지/건축물의 가격'은 단순한 감정평가액이 아니라 '권리가액'을 의미한다. 그런데 권리가액은 각 조합원이 출자한 종전자산의 가격(감정평가액)에 비례율을 곱하여 산출하므로, 분담금을 산출하기 위해서는 "비례율"을 알아야 한다.
>
> (1) "비례율"은 각 조합원이 출자한 종전자산이 정비사업 완료 후 얼마의 가치를 가진 자산으로 변했는지를 보여주는 수치로서 아래와 같이 산출된다.
>
> 비례율(%) = (① 조합의 총순수입 ÷ ② 조합원 출자총액) × 100
>
> ① 총순수입 = 총수입 - 총지출

＊ 총수입 = 종후자산 가치 총액 = 사업완료 후 총 수입 = 사업완료 후 대지 및 건축물의 총 가액 = 조합원분양가 총액 + 일반분양가 총액.

　　　＊ 총지출 = 총사업비 = 공사비(철거비·신축공사비) + 기타사업비(보상비·조합운영비·금융비용 등)

　　② 출자총액 = 종전자산 가치 총액 = 종전 토지·건축물의 가격(감정평가액) 총액

비례율이 높을수록 조합원이 출자한 종전자산이 정비사업을 통해 높은 가치(권리가액)의 자산으로 변하고, 분담금은 그만큼 줄어든다. 따라서 비례율은 정비사업의 사업성을 나타내는 지표이다.

(2) 권리가액 = 종전자산의 가격(감정평가액) × 비례율 = 조합원의 종전자산이 정비사업 완료 후 가지는 가치. 「조합원은 당해 정비사업에서 최소한 그 금액어치에 해당하는 아파트를 무상으로 공급받을 권리가 있다」는 의미에서 "권리가액"이라고 부른다.

3. 【해설】 조합원 분담금 계산례

☞ 분담금 = 분양받은 종후자산 가격 − 출자한 종전자산 가격(권리가액)

A 조합원이 소유한 빌라의 가격(감정평가액)이 1 억원, 분양받은 새 아파트의 가격이 3 억원, 비례율이 110%, 인 경우,

　① A 조합원의 권리가액 = 1 억원 × 110% = 1 억 1,000 만원. A 조합원은 당해 정비사업에서 최소한 1 억 1,000 만원어치에 해당하는 아파트를 무상으로 공급받을 권리가 있다.

　② A 조합원의 분담금 = 3 억원 − 1 억 1,000 만원 = 1 억 9,000 만원

∴ A 조합원은 조합에 1 억 9,000 만원의 분담금을 청산금으로 납부하여야 한다.

4. 【해설】 법령용어로서 "비례율", "권리가액" [조합설립동의서에 기재된 분담금 산출식]

(1) "비례율"이라는 말은 2008. 12. 17. 개정·시행된 구 시행규칙(국토해양부령 제 79 호) 별지 「재개발·재건축 조합설립동의서 서식」에서 처음 사용되었다. 현행 시행규칙 별지 제 6 호 서식(조합설립 동의서)에는 분담금 추산액의 산출식이 아래와 같이 기재되어 있다(☞ 부록 III. 참조).

　＊ 분양대상자별 분담금 추산액 = 분양예정인 대지 및 건축물의 추산액 − (분양대상자별 종전의 토지 및 건축물의 가격 × 비례율)

(2) 그 후 도시개발법 시행규칙은 "비례율"을 정식 법령용어로 채택하여 비례율과 그 계산서를 환지계획에 포함시켜야 할 내용으로 명시하고, 비례율과 권리가액의 산출식을 아래와 같이 구체적으로 제시하였다(도시개발법 시행규칙 제 26 조 제 3, 4 항).

> * 비례율 = [{도시개발사업으로 조성되는 토지·건축물의 평가액 합계(공공시설 또는 무상으로 공급되는 토지·건축물의 평가액 합계를 제외한다) – 총 사업비} / 환지 전 토지·건축물의 평가액 합계(제27조 제5항 각 호에 해당하는 토지 및 같은 조 제7항에 해당하는 건축물의 평가액 합계를 제외한다)] × 100
> * 권리가액 = 비례율 × 환지 전 토지·건축물의 평가액

5. 【해설】청산금의 확정

> 비례율이 확정되기 위해서는 총수입과 총지출이 확정되어야 하므로 비례율이 확정되는 시점은 준공인가 및 이전고시 이후이다(법 제89조 제1항). 따라서 그 전까지 조합원이 알고 있던 비례율은 추정비례율에 불과하고, 분담금 또한 최종 확정된 분담금(청산금)이 아니고 '추정분담금'일 뿐이다. 조합원공급계약서(분양계약서)는 추정분담금에 기초하여 작성된다.

6. 【해설】「사업기간 – 비례율 – 사업성」의 순환적 함수관계

> 비례율은 「① 총수입과 ② 총지출 및 ③ 종전자산 가치 총액」이라는 3가지 변수에 의하여 결정된다. 위 3가지 변수 중 조합설립 동의서를 받는 단계에서 확정된 것은 한 가지도 없다. 변수 ③은 사업시행계획인가 후 감정평가 결과가 나오면 확정되고, 변수 ①은 사업 종료 후에 비로소 확정된다. 따라서 그때까지의 비례율은 '추정비례율'에 지나지 않는다.
>
> 그런데 변수 '② 총지출(총사업비)'는 사업기간이 길어질수록 증가하므로, 결국 사업일정이 지연될수록 비례율은 감소하고 사업성은 떨어진다. 그러나 그 지연기간 동안 부동산 시황이 좋아져 일반분양가가 높아지고 총수입이 높아지면 오히려 비례율과 사업성이 높아질 수 있다.

7. ★ 투자 Tip – 사업성의 아이러니: 사업성과 사업속도는 반대로 갈 가능성이 높다

> 사업성이 높은 사업지는 이해충돌의 발생빈도 및 분쟁의 규모가 사업성이 낮은 지역보다 더 크다. 그래서 사업성이 높은 정비구역에서는 법적 분쟁이 더 자주 그리고 더 크게 발생할 수 있고, 그만큼 사업진행속도가 늦어질 가능성이 높다. '큰 수익'보다 '빠른 수익'을 원하는 투자자는 이 점을 항상 기억하고 있어야 한다.

II. 동의서의 작성

D. 동의서 작성방법

1. 【해설】 동의서 작성 방법

(1) **작성방법:** ① 서면동의서에 토지등소유자가 성명을 적고 자필기재를 말함] ② 지장을 날인하는 방법으로 하며, ③ 주민등록증, 여권 등 신원을 확인할 수 있는 신분증명서의 사본을 첨부하여야 한다(같은 조 제 1 항). 동의의 철회 및 반대의 의사표시도 같은 방법으로 한다.

이 작성방법이 적용되는 범위는 법 제 36 조 제 1 항 제 1 ~ 11 호에 열거되어 있다(아래 법령 참조).

다만, 토지등소유자가 해외에 장기체류하거나 법인인 경우 등 불가피한 사유가 있다고 시장·군수등이 인정하는 경우에는 토지등소유자의 인감도장을 찍은 서면동의서에 해당 인감증명서를 첨부하는 방법으로 할 수 있다(같은 조 제 2 항).

(2) **소규모주택정비법에의 준용:** 동의서 작성방법(법 제 36 조)은 소규모주택정비법에 그대로 준용된다(동법 제 56 조 제 1 항).

2. 【해설】 동의서 작성방법의 변천

① 2003. 6. 30. 이전(도시정비법 시행 전): 특별한 제한이 없었음(따라서 동의서나 서면결의서에 반드시 인감도장이 날인되고 인감증명서가 첨부되어야 하는 것 아님). [1 기]

② 2003. 7. 1.부터 2012. 8. 1.까지: i) 인감도장 날인 + ii) 인감증명서 첨부. [2 기]

☞ 동의서와 인감증명서 모두 원본으로 하여야 한다. 동의를 철회할 때에도 철회서와 인감증명서 모두 원본으로 하여야 한다. (서울고등법원 2010. 12. 10. 선고 2010 누 9572 판결 참조.)

③ 2012. 8. 2. 이후: i) 지장날인 + ii) 성명 자필기재 + iii) 신분증 사본 첨부. [3 기]

④ 2016. 7. 28. 이후: 동의서 작성방법은 위 ③과 같으나, '추진위원회 구성'과 '조합설립'을 위한 동의서는 시장·군수가 검인한 검인동의서를 사용하여야 함. [4 기]

⑤ 전부개정법(2018. 2. 9. 이후): 위 ④와 같음.

3. 【법령】 전부개정 도시정비법 제 36 조(토지등소유자의 동의방법 등)

① 다음 각 호에 대한 동의(동의한 사항의 철회 또는 제 26 조 제 1 항 제 8 호 단서, 제 31 조 제 2 항 단서 및 제 47 조 제 4 항 단서에 따른 반대의 의사표시를 포함한다)는 i) 서면동의서에 토지등소유자가 성명을 적고[☞ 자필기재를 말함] ii) 지장(指章)을 날인하

는 방법으로 하며, iii) 주민등록증, 여권 등 신원을 확인할 수 있는 신분증명서의 사본을 첨부하여야 한다. <개정 2021.3.16>

1. 제20조 제6항 제1호에 따라 정비구역등 해제의 연장을 요청하는 경우

2. 제21조 제1항 제4호에 따라 정비구역의 해제에 동의하는 경우

3. 제24조 제1항에 따라 주거환경개선사업의 시행자를 토지주택공사등으로 지정하는 경우

4. 제25조 제1항 제2호에 따라 토지등소유자가 재개발사업을 시행하려는 경우

5. 제26조 또는 제27조에 따라 재개발사업·재건축사업의 공공시행자 또는 지정개발자를 지정하는 경우

6. 제31조 제1항에 따라 조합설립을 위한 추진위원회를 구성하는 경우

7. 제32조 제4항에 따라 추진위원회의 업무가 토지등소유자의 비용부담을 수반하거나 권리·의무에 변동을 가져오는 경우

8. 제35조 제2항부터 제5항까지의 규정에 따라 조합을 설립하는 경우

9. 제47조 제3항에 따라 주민대표회의를 구성하는 경우

10. 제50조 제6항에 따라 사업시행계획인가를 신청하는 경우

11. 제58조 제3항에 따라 사업시행자가 사업시행계획서를 작성하려는 경우

☞ 이러한 동의방법(① 지장 날인 + ② 자필기명 + ③ 신분증 사본 첨부)은 2012. 2. 1. 개정법(법률 제11293호 시행일: 2012. 8. 2.)에서 도입되어 현재까지 유지되어 오고 있다.

② 제1항에도 불구하고 토지등소유자가 해외에 장기체류하거나 법인인 경우 등 불가피한 사유가 있다고 시장·군수등이 인정하는 경우에는 토지등소유자의 인감도장을 찍은 서면동의서에 해당 인감증명서를 첨부하는 방법으로 할 수 있다.

③ 제1항 및 제2항에 따라 서면동의서를 작성하는 경우 제31조 제1항[☞ 추진위원회 구성·승인] 및 제35조 제2항부터 제4항까지의 규정[☞ 조합설립 및 인가]에 해당하는 때에는 시장·군수등이 대통령령으로 정하는 방법에 따라 검인(檢印)한 서면동의서를 사용하여야 하며, 검인을 받지 아니한 서면동의서는 그 효력이 발생하지 아니한다.

④ 제1항, 제2항 및 제12조에 따른 토지등소유자의 동의자 수 산정 방법 및 절차 등에 필요한 사항은 대통령령으로 정한다.

4. 【법령】 전부개정 도시정비법 제 135 조(벌칙)

다음 각 호의 어느 하나에 해당하는 자는 <u>5 년 이하의 징역</u> 또는 <u>5 천만원 이하의 벌금</u>에 처한다.

1. 제 36 조에 따른 토지등소유자의 서면동의서를 위조한 자

E. [도시정비법 시행 전의 동의서 작성방법] ① 도시정비법 시행일 전인 2002. 11. 29.에 재건축 사업계획승인을 받은 경우, 정관변경을 위한 동의서에 조합원의 인감도장을 찍고 인감증명서를 첨부하도록 한 규정은 적용되지 않아(그것도 '사업시행방식'에 관한 규정이므로); ② 따라서 정관변경 결의서에 인감도장 날인 및 인감증명서의 첨부가 없어도 유효함 —대법원 2009.06.25. 선고 2006 다 64559 판결[조합총회결의무효확인]

【참조조문】부칙 제 7 조(사업시행방식에 관한 경과조치) <법률 제 6852 호, 2002. 12. 30.>

① 종전법률에 의하여 사업계획의 승인이나 사업시행인가를 받아 시행중인 것은 종전의 규정에 의한다.

【당사자】

【원고, 상고인】 원고 1 외 12 인

【피고, 피상고인】 피고 재건축정비사업조합

1. 정관변경 절차에 관한 도시정비법 규정의 소급 적용 배제

구 도시정비법 시행 이후 일부 개정된 도시 및 주거환경 정비법(2005. 1. 14. 법률 제 7335 호로 개정되기 전의 것, 이하 '개정 도시정비법'이라고 한다) 제 20 조 제 4 항, 제 17 조, 같은 법 시행령(2004. 12. 3. 대통령령 제 18594 호로 개정되기 전의 것, 이하 '같은 법 시행령'이라고 한다) 제 28 조 제 4 항 본문에 의하면, <u>정관의 변경에는 조합원 3 분의 2 이상의 동의를 얻어 시장·군수의 인가를 받아야 하고, 그 동의는 인감도장을 사용한 서면동의의 방법에 의하며 이 경우 인감증명서를 첨부하도록 규정되어 있는바</u>,

이러한 서면동의의 방법은 재건축조합의 정관변경에 필요한 절차나 방식에 관한 것이어서 앞에서 본 법리에 비추어 보면 이는 구 도시정비법 <u>부칙 제 7 조 제 1 항에서 정한 '사업시행방식'에 포함된다고 봄이 상당하므로, 이러한 사항에 대하여는 구 도시정비법의 적용이 배제된다</u>고 할 것이다.

2. 원심판결의 정당함

따라서 구 도시정비법 시행일 전인 2002. 11. 29. 송파구청장으로부터 이 사건 재건축에 관한 사업계획승인을 받은 피고 조합의 조합원들이 이 사건 2004. 5. 29.자 정관개정에 관한 서면결의를 함에 있어서 개정 도시정비법 제20조 제4항, 제17조, 같은 법 시행령 제28조 제4항 본문에서 정한 인감도장의 날인 및 인감증명서의 첨부 등의 방법에 의하지 아니하였다고 하여 그 서면결의가 무효라고 볼 수는 없고, 위와 같이 개정 도시정비법의 관련 조항들이 적용되지 아니하는 이상 조합원들의 진정한 의사에 의하여 성립되었다는 점에 관하여 확인이 불가능하다는 등의 특별한 사정이 없는 한 피고 조합의 조합원들이 작성한 서면결의서에 반드시 인감도장이 날인되고 인감증명서가 첨부되어야만 유효하다고 볼 근거는 없다.

같은 취지의 원심의 판단은 정당한 것으로 수긍할 수 있고, 거기에 상고이유에서 주장하는 바와 같은 구 도시정비법 부칙 제7조 제1항의 해석·적용과 서면결의의 방식에 관한 법리오해 등의 위법이 없다.

III. 조합설립동의서 기재사항의 사후보충 문제

A. 【해설】 조합설립동의서 기재사항을 사후보충한 경우의 효력

> (1) 동의에 의한 사후보충은 유효: 조합설립동의서의 기재사항을 공란으로 둔 채 동의를 받았더라도, 그 후 조합설립인가 신청서를 제출하기 전에 토지등소유자의 동의를 얻어 공란 부분을 적법하게 보충하였다면 그 동의서는 유효하다.
>
> (2) 동의 없는 사후보충 무효: 조합설립동의서 상의 '건축물의 설계개요', '건축물 철거 및 신축비용의 개산액'에 관한 사항은 동의서의 본질적인 내용을 이루므로, 그 기재사항이 누락된 상태에서 토지등소유자의 동의 없이 이를 보충하였다면 그 동의서는 무효이다 (대법원 2012. 12. 13. 선고 2011두21218 판결).

B. 동의서 중 29장에 관하여, 건축물의 설계개요, 건축물 철거 및 신축비용의 개산액에 관한 사항이 공란인 상태에서 토지등소유자의 서명·날인을 받은 후 위 29명 중 24명의 동의를 받고 그 부분을 수기로 보충한 사안에서, ① 수기보충에 동의하지 않은 5명의 동의서는 무효이나; ② 수기보충에 동의하지 않은 5명 중 2명이 그 후 조합설립인가 전에 새로 제출한 동의서는 유효하다고 본 사례 —대법원 2012. 12. 13. 선고 2011두21218 판결[조합설립무효확인등]

【당사자】

[원고(선정당사자), 피상고인] 원고 1

[원고, 피상고인] 원고 2 외 7인

III. 조합설립동의서 기재사항의 사후보충 문제

> [피고, 상고인] 서울특별시 동대문구청장
>
> [피고보조참가인, 상고인] 휘경 3 재정비촉진구역주택재개발정비사업조합

1. 법리 (문서의 진정성립과 입증책임)

사문서는 본인 또는 대리인의 서명이나 날인 또는 무인이 있는 때에는 진정한 것으로 추정되므로, 사문서의 작성명의인이 스스로 당해 사문서에 서명·날인·무인하였음을 인정하는 경우, 즉 인영 부분 등의 성립을 인정하는 경우에는 다른 특별한 사정이 없는 한 그 문서 전체에 관한 진정성립이 추정되고, 인영 부분 등의 진정성립이 인정된다면 다른 특별한 사정이 없는 한 당해 문서는 그 전체가 완성되어 있는 상태에서 작성명의인이 그러한 서명·날인·무인을 하였다고 추정되며,

그 문서의 전부 또는 일부가 미완성된 상태에서 서명날인만 먼저 하였다는 등의 사정은 이례에 속하므로 완성문서로서의 진정성립의 추정력을 뒤집으려면 그럴만한 합리적인 이유와 이를 뒷받침할 간접반증 등의 증거가 필요하다(대법원 1994. 10. 14. 선고 94 다 11590 판결 참조).

만일 그러한 완성문서로서의 진정성립의 추정이 번복되어 백지문서 또는 미완성 부분을 작성명의자 아닌 자가 보충하였다는 등의 사정이 밝혀진 경우라면, 그 백지문서 또는 미완성 부분이 정당한 권한에 기하여 보충되었다는 점에 관하여는 그 문서의 진정성립을 주장하는 자 또는 문서제출자에게 그 입증책임이 있다(대법원 2003. 4. 11. 선고 2001 다 11406 판결 참조).

2. 원심판결의 내용

원심판결의 이유에 의하면, 원심은 조합설립 동의서상의 건축물의 설계개요, 건축물 철거 및 신축비용의 개산액에 관한 사항은 그 나머지 기재사항인 비용의 분담에 관한 사항, 사업완료 후의 소유권의 귀속에 관한 사항과 함께 토지등소유자의 동의 여부를 판단함에 있어서 기초가 되는 사항으로서 동의서의 본질적인 내용을 이룬다 할 것이므로, 그 기재사항이 누락되어 있거나 누락된 상태에서 그 기재를 보충할 권한을 위임받지 않고 보충한 때에는 그 동의서는 효력을 인정할 수 없다고 전제한 다음,

가. 수기보충에 동의하지 않은 5 명의 동의서는 무효

그 채택 증거에 의하여 ① 휘경 3 재정비촉진구역 주택재개발정비사업조합 설립추진위원회(이하 '추진위원회'라고 한다)가 이 사건 동의서 중 29 장에 관하여 건축물의 설계개요, 건축물 철거 및 신축비용의 개산액에 관한 사항이 공란인 상태에서 토지등소유자의 서명·날인을 받고, 이후 위 건축물의 설계개요 등을 수기로 보충한 사실, ② 위 토지등소유자 29 명 중 5 명(소외 5, 6, 7, 8, 9)을 제외한 24 명이 건축물의 설계개요, 건축물 철거 및 신축비용의 개산액에 관한

사항에 관하여 설명을 듣고 이를 수기로 보충함에 동의한 사실을 각 인정한 후,

수기로 보충함에 동의하지 않은 위 5명의 동의서는 그 효력을 인정할 수 없으므로 동의자 수에서 제외되어야 한다고 판단하고,

나. 위 5명 중 소외 7, 6의 새 동의서는 동의율 산정자료로 삼지 않았다고 봄

피고가 수기로 보충함에 동의하지 않았다는 위 5명 중 소외 7, 6은 이 사건 처분 전에 건축물의 설계개요 등이 인쇄된 동의서(이하 '새로운 동의서'라 한다)를 다시 제출하였으므로 위 2명을 동의자 수에 추가하여야 한다는 피고 및 피고 보조참가인(이하 '참가인'이라고 한다)의 주장에 대하여는 제출된 증거만으로는 이 사건 처분 이전에 소외 7, 6의 새로운 동의서가 피고에게 제출되어 피고가 기존의 동의서가 아닌 새로운 동의서를 동의율 산정자료로 삼았다고 보기 어렵다는 이유로 이를 배척하였다.

3. 대법원의 판단 (파기환송)

가. 수기보충에 동의하지 않은 5명의 동의서는 무효

원심판결의 이유를 앞서 본 법리와 기록에 비추어 살펴보면, 원심이 수기로 보충함에 동의하지 않은 5명의 동의서의 효력을 인정할 수 없다며 동의자 수에서 제외한 판단은 수긍이 가고 거기에 피고 및 참가인이 상고이유에서 주장하는 바와 같은 조합설립동의서의 적법 여부, 문서의 진정성립 추정 및 번복에 관한 법리오해 등의 잘못이 있다고 할 수 없다.

나. 소외 7, 6의 새로운 동의서도 부적법하다고 본 것은 잘못

그러나 원심이 소외 7, 6의 새로운 동의서를 부적법한 동의서로 보고 동의자 수에서 제외한 판단은 쉽게 수긍하기 어렵다.

원심이 인정한 사실관계 및 기록에 비추어 알 수 있는 다음과 같은 사정, 즉

① 소외 7의 새로운 동의서에 작성일자가 기재되어 있지는 않지만, 2008. 11. 19.자로 발행된 인감증명서가 첨부되어 있고, 소외 6의 동의서 역시 2008. 12. 2.자로 발행된 인감증명서가 첨부되어 있어 이 사건 처분 이전에 새로운 동의서가 피고에게 제출되었다고 추정될 뿐 아니라, 기록상 소외 7, 6이 새로운 동의서의 효력을 부인하고 있지 않는 것으로 보이는 점,

② 2008. 11.에 작성된 토지등소유자 권리내역명부에 의하면 새로운 동의서를 제출한 소외 7, 6뿐 아니라, 당시 추가로 동의서를 제출한 소외 10, 11, 12, 13, 14, 15의 동의서도 동의자 수에 반영되어 있는데, 추가동의서를 제출한 일자가 소외 10은 2008. 12. 2., 소외 11은 2008. 12. 1., 소외 14는 2008. 11. 29.인 점에 비추어 보면 참가인이 위 토지등소유자 권리내역명부

III. 조합설립동의서 기재사항의 사후보충 문제

의 작성일자를 수정하지 않은 것으로 보이는 점,

③ 휘경제3정비촉진구역 수정(보완)관련 조사서상 소외 7, 6을 포함한 동의철회자 13명을 최종적으로 미동의자로 처리하였다고 기재되어 있기는 하나, 위 수정조사서상의 계산된 동의율에 따르면 종전 동의자 수 473명에서 동의철회자 13명을 제외하고, 추가로 동의서를 제출한 8명을 포함하여 동의자 수를 468명(473명 - 13명 + 8명)으로 계산하고 있음이 수리상 분명하고, 피고 역시 동일하게 동의자 수를 계산한 점에 비추어 소외 7, 6의 새로운 동의서는 이 사건 처분 전에 피고에게 제출된 것으로 봄이 경험칙에 부합하는 점,

④ 조합설립인가의 요건으로서 관할 행정청에 제출되는 조합설립동의는 '사인의 공법상 행위'에 해당하고, 사인의 공법행위는 명문으로 금지되거나 성질상 불가능한 경우가 아닌 한 그에 의거한 행정행위가 행하여질 때까지 자유로이 보정이 가능한 점

등의 제반 사정을 종합하면 소외 7과 소외 6의 새로운 동의서는 이 사건 처분 전에 피고에게 제출되어 동의율 산정에 반영되었다고 봄이 상당하다. 따라서 원심이 소외 7, 6의 새로운 동의서를 토지등소유자 수에 포함시키지 아니한 것은 잘못이라고 할 것이므로 토지등소유자 수 산정에 있어서 동의자 수에는 2명이 추가되어야 한다.

【해설】이 판례의 의미

> 조합설립을 위한 토지등소유자의 동의율 충족 여부를 판단하는 기준시점은 설립인가시가 아니고 '설립인가 신청일'이라는 것이 대법원판례이다.
>
> 위 판례는 동의율 충족 여부를 판단하는 기준시점이 '설립인가일'이라고 판시한 것이 아니라, '인가신청 이후 인가처분 전까지' 사이에 하자 있는 동의서를 보완하여 새로 제출한 동의서를 동의율 산정에 반영한 것은 적법하다고 본 판례이다.
>
> ☞ 이에 관한 상세 내용은 돈.되.법 2 제1장 제1절(조합설립 동의요건)을 참조하세요.

C. ① 비록 조합설립 동의 당시에 '건축물철거 및 신축비용 개산액'이 공란이었다 하더라도, 조합설립인가 신청시 행정청에 제출된 조합설립동의서에 이 부분이 기재되어 있었다면, 조합설립인가처분이 당연 무효라고 할 수 없어; ② 동의서 작성 시 공란으로 되어 있었다가 사후에 보충된 것으로 의심할 수 있는 사정이 있다는 등의 사정만을 이유로 인가처분이 무효라고 판단한 원심판결을 파기한 사례 —대법원 2013. 5. 23. 선고 2010두24975 판결[재건축결의부존재확인]

【당사자】

> **【원고, 피상고인】** 별지 원고 명단 기재와 같다
>
> **【피고, 상고인】** 서울특별시 노원구청장

제 6 장 토지등소유자의 동의 / 제 4 절 동의의 방법

【피고보조참가인, 상고인】 월계동주택재건축정비사업조합

원심이 인용한 제 1 심이 인정한 사실관계에 의하면, ① 피고는 2006. 6. 12. 이 사건 조합설립인가신청에 대하여 검토한 결과 이 사건 조합설립에 대하여 이 사건 사업구역 안의 건축물 소유자의 5 분의 4 이상 및 토지면적의 3 분의 2 이상의 동의를 얻었다는 이유로 구 도시 및 주거환경정비법(2007. 12. 21. 법률 제 8785 호로 개정되기 전의 것, 이하 '법'이라 한다) 제 16 조 제 3 항에 따라 피고보조참가인의 전신인 이 사건 추진위원회에 대하여 조합설립을 인가(이하 '이 사건 인가처분'이라 한다)한 사실, ② 토지 또는 건축물 소유자가 이 사건 조합설립 동의를 할 당시의 조합설립동의서에는 '건축물철거 및 신축비용 개산액'란이 공란이었으나, 피고에게 조합설립인가를 신청하기 위하여 제출된 조합설립동의서에는 위 공란이 모두 기재되어 있었던 사실을 알 수 있다.

이를 위 법리에 비추어 살펴보면, 이 사건 인가 신청 시에 피고에게 제출된 조합설립 동의서에 '건축물철거 및 신축비용 개산액'이 모두 기재되어 있었던 이상, 비록 조합설립동의 당시에는 그 부분이 공란으로 되어 있었다고 하더라도 특별한 사정이 없는 한 이를 인가한 피고의 이 사건 인가처분을 당연무효라고 할 수는 없다(대법원 2010. 10. 28. 선고 2009 다 29380 판결 등 참조).

이와 달리 원심은, 이 사건 인가 신청 시에 피고에게 제출된 조합설립동의서 중 '건축물철거 및 신축비용 개산액' 부분이 동의서 작성 시 공란으로 되어 있었다가 사후에 보충된 것으로 의심할 수 있는 사정이 있다는 등의 그 판시와 같은 사정만을 이유로 이 사건 인가처분이 무효라고 판단하였으므로, 이러한 원심판단에는 행정처분의 무효에 관한 법리를 오해하여 판결에 영향을 미친 위법이 있다.

☞ [같은 내용 판례] 대법원 2010. 10. 28. 선고 2009 다 29380 판결 [소유권이전등기등]

IV. 동의서의 첨부서류 (정관의 미첨부/변경 문제)

A. [표준동의서] 정관 또는 정관초안을 첨부하지 않은 채 표준동의서에 의하여 조합설립 동의를 받은 것은 적법하고, 그 동의서에 비용분담기준이나 소유권귀속에 관한 사항이 더 구체적이지 않다는 이유로 무효라고 할 수 없어 —대법원 2014. 2. 13. 선고 2011 두 21652 판결 [조합설립인가처분무효확인]

【당사자】

【원고, 상고인】 원고
【제 3 자 소송참가인, 상고인】 제 3 자 소송참가인 1 외 2 인

IV. 동의서의 첨부서류 (정관의 미첨부/변경 문제)

【피고, 피상고인】 서울특별시 성동구청장
【피고 겸 서울특별시 성동구청장의 보조참가인】 왕십리뉴타운제 1 구역주택재개발정비사업조합

1. 표준동의서의 내용

구 도시정비법 제 16 조 제 1 항, 제 5 항은 주택재개발사업의 조합설립인가의 요건으로 토지등소유자의 동의를 받도록 정하고, 그 동의의 대상 등에 관하여 필요한 사항은 대통령령에 위임하고 있다. 그 위임에 따라 구 도시정비법 시행령 제 26 조 제 1 항은, 주택재개발사업의 추진위원회가 조합을 설립하고자 토지등소유자로부터 받은 동의서에는 건설되는 건축물의 설계의 개요(제 1 호), 건축물의 철거 및 신축에 소요되는 비용의 개략적인 금액(제 2 호), 그 비용의 분담기준(제 3 호), 사업 완료 후 소유권의 귀속에 관한 사항(제 4 호) 및 조합정관(제 5 호)에 관한 사항을 포함하도록 규정하고 있고, 구 「서울특별시 도시 및 주거환경 정비조례」(2009. 7. 30. 서울특별시 조례 제 4824 호로 개정되기 전의 것) 제 14 조 제 1 항 제 5 호에서는, 토지등소유자의 동의서는 구 도시정비법 제 15 조 제 2 항에 근거하여 당시 건설교통부장관이 고시한 「정비사업조합 설립추진위원회 운영규정」(건설교통부 고시 제 165 호)의 동의서식(이하 '표준동의서'라 한다)에 의하도록 하고 있다. 기록에 의하면, 이 사건에서의 조합설립 동의도 위와 같은 표준동의서에 의한 것임을 알 수 있다.

한편 표준동의서에는 ① 비용의 분담기준(위 시행령 제 26 조 제 1 항 제 3 호)에 관하여 '조합정관에 따라 경비를 부과·징수하고 관리처분 시 가청산하며 조합청산 시 청산금을 최종 확정하고, 조합원 소유 자산의 가치를 조합정관이 정하는 바에 따라 산정하여 그 비율에 따라 비용을 부담한다'는 취지 등이 기재되어 있다. ② 또한 소유권의 귀속(위 시행령 제 26 조 제 1 항 제 4 호)에 관하여 '조합정관의 관리처분기준에 따르며, 주택을 소유한 조합원의 신축 건축물에 대한 분양평형 결정은 조합원 분양신청 및 종전권리가액의 다액순에 의하고 동·호수 결정은 조합정관에 의한 전산추첨 등에 의한다'는 취지 등이 기재되어 있고, ③ 정관(위 시행령 제 26 조 제 1 항 제 5 호)에 관하여는 '3. 조합정관 승인 동의'라는 표제하에 '<u>조합정관안에 동의하고</u>, 「도시 및 주거환경정비법」 제 16 조에 따라 정비사업조합을 설립함에 있어 그 <u>조합정관을 신의성실의 원칙에 따라 준수하며, 조합정관이 정하는 바에 따라 조합정관이 변경되는 경우 이의 없이 따를 것에 동의한다.</u> 조합정관 간인은 임원 및 감사 날인으로 대체하는 것에 동의한다'라고 기재되어 있다.

2. 표준동의서로 받은 조합설립동의는 적법함

이러한 주택재개발사업의 조합설립 동의에 관한 규정의 체계, 형식 및 내용, 나아가 ① <u>표준동의서의 정관에 관한 사항 부분은 정관에 포함될 구체적 내용에 대한 동의를 얻기 위한 취지보다는 조합의 운영과 활동에 관한 자치규범으로서 정관을 마련하고 그 규율에 따르겠다는</u>

데에 대한 동의를 얻기 위한 취지로 해석되는 점, ② 표준동의서 중 비용의 분담기준, 소유권의 귀속에 관한 사항 부분에서 그 구체적인 사항은 조합정관에 의한다는 취지의 기재 역시 해당 사항의 구체적인 내용이 기재된 정관이나 정관 초안에 대한 동의를 얻기 위한 것이라기보다는 해당 사항의 구체적인 내용은 장차 창립총회의 결의 등을 거쳐 마련된 정관에 따르겠다는 데에 대한 동의를 얻기 위한 취지로 해석되는 점, ③ 아울러 조합정관에 관한 의견의 수렴은 창립총회에서 충분히 이루어질 수 있으므로 굳이 조합설립에 관한 동의를 받을 때 동의서에 정관 초안을 첨부하여 그 내용에 관한 동의까지 받도록 요구할 필요가 없을 뿐만 아니라 이를 요구하는 것은 무리인 측면도 있는 점 등을 종합적으로 고려하면,

조합설립추진위원회가 조합의 정관 또는 정관 초안을 첨부하지 아니한 채 표준동의서와 같은 서식에 따른 동의서에 의하여 조합설립에 관한 동의를 받는 것은 적법하고, 그 동의서에 비용분담의 기준이나 소유권의 귀속에 관한 사항이 더 구체적이지 아니하다는 이유로 무효라고 할 수 없다(앞서 든 대법원 2011두8291 판결 참조).

B. [법정동의서] ① 정관 또는 정관초안을 첨부하지 않은 채 법정동의서 와 같은 서식에 따른 동의서에 조합설립 동의를 받는 것은 적법하고; ② 그 동의서에 비용분담의 기준이나 소유권의 귀속에 관한 사항이 더 구체적이지 않다는 이유로 이를 무효라고 할 수 없어 ―대법원 2013. 12. 26. 선고 2011두8291 판결[조합설립인가처분취소]

【당사자】

[원고, 상고인] 별지 원고 목록 기재와 같다.

[피고, 피상고인] 서울특별시 성동구청장

[피고보조참가인] 행당제6구역주택재개발정비사업조합

1. 관련 규정

법정동의서에는 ① 비용의 분담기준(위 시행령 제26조 제1항 제3호)에 관하여 "조합정관에 따라 경비를 부과·징수하고 관리처분시 가청산하며 조합청산시 청산금을 최종 확정하고, 조합원 소유 자산의 가치를 조합정관이 정하는 바에 따라 산정하여 그 비율에 따라 비용을 부담한다"는 취지 등이 기재되어 있고, ② 소유권의 귀속(위 시행령 제26조 제1항 제4호)에 관하여 "신축 건축물의 배정은 토지소유자의 의사가 최대한 반영되도록 하되, 같은 면적의 주택 분양에 경합이 있는 경우에는 종전 토지 및 건축물의 가격 등을 고려하여 우선 순위를 정하거나 추첨에 따르는 등 구체적인 배정방법을 정하여 향후 관리처분계획을 수립할 때 분양면적별 배분의 기준이 되도록 한다"는 취지와 함께, ③ 그 구체적인 예시로 "조합정관에서 정하는 관리처분계획에 관한 기준에 따라 주택을 소유한 조합원의 신축 건축물에 대한 분양면적 결정은 조합원의 신청규모를 우선적으로 고려하되, 같은 규모에서 경합이 있는 경우에는 종전 토지 및

IV. 동의서의 첨부서류 (정관의 미첨부/변경 문제)

건축물의 가격이 높은 순서에 따르고, 동·호수는 전산추첨으로 결정한다", "조합원에게 우선분양하고 남는 잔여주택 및 상가 등 복리시설은 관계법령과 조합정관이 정하는 바에 따라 일반분양한다"는 내용 등이 기재되어 있으며, ④ 정관(위 시행령 제26조 제1항 제5호)에 관하여 '3. 조합정관의 승인'이라는 표제 아래 "'도시 및 주거환경 정비법' 제16조에 따라 정비사업조합을 설립한 때 그 조합정관을 신의성실의 원칙에 따라 준수하며, 조합정관이 정하는 바에 따라 조합정관이 변경되는 경우 이의 없이 따른다. 조합정관 간인은 임원 및 감사 날인으로 대체한다"라고 기재되어 있다.

2. 대법원의 판단

이러한 주택재개발사업의 조합설립 동의에 관한 규정의 체계, 형식 및 내용, 나아가 ① 구 도시정비법 시행규칙이 정한 법정동의서는 상위 법령의 위임에 따른 것으로서 법적 구속력이 있고, 구 도시정비법령이 이처럼 법정동의서를 규정한 취지는 종래 건설교통부 고시로 제공하던 표준동의서를 대신할 동의서 양식을 법령에서 정하여 그 사용을 강제함으로써 동의서의 양식이나 내용을 둘러싼 분쟁을 미연에 방지하려는 취지라고 할 것인 점,

② 법정동의서의 정관에 관한 사항 부분은 정관에 포함될 구체적 내용에 대한 동의를 얻기 위한 취지라기보다는 조합의 운영과 활동에 관한 자치규범으로서 정관을 마련하고 그 규율에 따르겠다는 데에 대한 동의를 얻기 위한 취지로 해석되는 점,

③ 법정동의서 중 비용의 분담기준 및 소유권의 귀속에 관한 각 사항 부분에서 그 구체적인 사항은 조합정관에 의한다는 취지의 기재 역시 해당 사항의 구체적인 내용이 기재된 정관이나 정관 초안에 대한 동의를 얻기 위한 것이라기보다는 해당 사항의 구체적인 내용은 장차 창립총회의 결의 등을 거쳐 마련된 정관에 따르겠다는 데에 대한 동의를 얻기 위한 취지로 해석되는 점,

④ 아울러 조합정관에 관한 의견의 수렴은 창립총회에서 충분히 이루어질 수 있으므로 굳이 조합설립에 관한 동의를 받을 때 동의서에 정관 초안을 첨부하여 그 내용에 관한 동의까지 받도록 요구할 필요가 없을 뿐만 아니라 이를 요구하는 것은 절차상 무리인 측면도 있는 점 등을 종합적으로 고려하면,

조합설립추진위원회가 조합의 정관 또는 정관 초안을 첨부하지 아니한 채 법정동의서와 같은 서식에 따른 동의서에 의하여 조합설립에 관한 동의를 받는 것은 적법하고, 그 동의서에 비용분담의 기준이나 소유권의 귀속에 관한 사항이 더 구체적이지 아니하다는 이유로 이를 무효라고 할 수 없다.

C. 조합설립인가 신청시 제출된 동의서에 포함된 '조합정관'이 변경되었더라도, 법이 정한 동의철회의 시기와 방법에 따라 동의를 철회하지 아니하는 한 그 동의서의 효력은 그대로 유지돼
—대법원 2014. 1. 16. 선고 2011 두 12801 판결[조합설립인가취소]

【당사자】

[원고, 피상고인] 별지 원고목록 기재와 같다.

[피고, 상고인] 서울특별시 강동구청장

[피고보조참가인, 상고인] 고덕 5 단지주택재건축정비사업조합

1. 판단의 근거

이러한 주택재건축사업의 조합설립 동의와 동의철회에 관한 규정의 체계, 형식 및 내용에 더하여,

① 행정청으로 하여금 조합설립인가신청 전에 제출된 동의철회서에 의하여서만 동의철회 여부를 심사하도록 함으로써 동의 여부의 확인에 불필요하게 행정력이 소모되는 것을 막기 위한 데 그 입법 취지가 있다고 볼 수 있는 점,

② 토지 등 소유자들은 창립총회 결의사항이 그의 의사에 반하는 경우 이 사건 추진위원회를 상대로 위와 같은 개별 동의를 철회한다는 의사표시를 하여 동의서의 효력 발생을 저지할 수 있는 점,

③ 그런데도 위와 같은 철회의 의사표시를 하지 아니한 상태에서 창립총회에서 변경 후 정관안이 조합정관으로 확정되었다면 당초 동의서를 제출하였던 토지 등 소유자들은 이 사건 조합설립인가 신청시 그것이 피고에 제출되는 것을 예견하였다고 할 것이어서 그들은 변경 후 정관안의 효력을 인정한다는 의사를 표시한 것으로 볼 수 있는 점(대법원 2013. 1. 10. 선고 2010 두 16394 판결 참조),

④ 나아가 법정동의서의 정관에 관한 사항 부분은 정관에 포함될 구체적 내용에 대한 동의를 얻기 위한 취지라기보다는 조합의 운영과 활동에 관한 자치규범으로서 정관을 마련하고 그 규율에 따르겠다는 데에 대한 동의를 얻기 위한 취지로 해석되므로 설립추진위원회가 조합의 정관 또는 정관 초안을 첨부하지 아니한 채 법정동의서와 같은 서식에 따른 동의서에 의하여 조합설립에 관한 동의를 받았다고 하더라도 적법하다고 할 것인 점(대법원 2013. 12. 26. 선고 2011 두 8291 판결 참조) 등을 종합적으로 고려하여 보면,

2. 동의서에 포함된 정관에 변경이 있더라도 동의서의 효력은 유지돼

조합설립인가 신청시 제출된 동의서에 포함된 '조합정관'의 사항에 변경이 있다고 하더라도 조합설립의 인가에 동의하였던 토지 등 소유자가 구 도시정비법 시행령 제28조 제4항 및 제5항에서 정한 동의 철회의 시기와 방법 등 절차에 따라 동의를 철회하지 아니하는 한 그 동의서의 효력은 그대로 유지된다고 할 것이고, 행정청으로서는 추진위원회가 작성한 정관 초안의 내용이 창립총회에서 변경되었다고 하더라도 조합설립인가 신청시 제출된 토지 등 소유자의 동의서만으로 조합설립인가 여부를 심사하는 것으로 충분하다.

따라서 토지 등 소유자가 조합설립의 인가에 관한 동의를 철회하였는지에 관한 자료를 기록상 찾아볼 수 없는 이 사건에서 토지 등 소유자의 동의서를 유효한 것으로 판단하여 조합설립을 인가한 피고의 이 사건 처분에 하자가 있다고 할 수 없다.

V. 동의서의 재사용

A. 【해설】

동의서 재사용에 관한 특례조항은 2015. 9. 1. 개정법률 제13508호 제17조의2로 신설되어 2016. 2. 1.부터 시행되었다.

동의서를 재사용하기 위해서는 다음과 같은 요건을 갖추어야 한다.

(1) 조합설립인가 무효·취소소송 중 일부 동의서를 추가/보완하여 조합설립 변경인가신청을 하는 경우의 재사용 요건(법 제37조 제1항 제1호; 영 제35조 제1호).

　가. 토지등소유자에게 a) 기존 동의서를 다시 사용할 수 있다는 취지와 b) 반대 의사 표시의 절차 및 방법을 서면으로 설명·고지할 것

　나. 60일 이상의 반대의사 표시기간을 가목의 서면에 명백히 적어 부여할 것

(2) 조합설립인가 무효·취소판결 확정 후 조합설립인가를 다시 신청하는 경우의 재사용 요건(법 제37조 제1항 제2호; 영 제35조 제2호).

　가. 토지등소유자에게 a) 기존 동의서를 다시 사용할 수 있다는 취지와 b) 반대 의사 표시의 절차 및 방법을 서면으로 설명·고지할 것

　나. 90일 이상의 반대의사 표시기간을 가목의 서면에 명백히 적어 부여할 것

　다. 정비구역, 조합정관, 정비사업비, 개인별 추정분담금, 신축되는 건축물의 연면적 등 정비사업의 변경내용을 가목의 서면에 포함할 것

　라. 다음의 변경의 범위가 모두 100분의 10 미만일 것

1) 정비구역 면적의 변경

2) 정비사업비의 증가(생산자물가상승률분 및 현금청산 금액은 제외)

3) 신축되는 건축물의 연면적 변경

마. 조합설립인가의 무효 또는 취소가 확정된 조합과 새롭게 설립하려는 조합이 추진하려는 정비사업의 목적과 방식이 동일할 것

바. 조합설립 무효/취소가 확정된 날부터 3년 내에 새 조합 설립을 위한 창립총회를 개최할 것

B. 【법령】전부개정 도시정비법 제37조(토지등소유자의 동의서 재사용의 특례)

① 조합설립인가(변경인가를 포함한다. 이하 이 조에서 같다)를 받은 후에 동의서 위조, 동의 철회, 동의율 미달 또는 동의자 수 산정방법에 관한 하자 등으로 다툼이 있는 경우로서 다음 각 호의 어느 하나에 해당하는 때에는 동의서의 유효성에 다툼이 없는 토지등소유자의 동의서를 다시 사용할 수 있다.

1. 조합설립인가의 무효 또는 취소소송 중에 일부 동의서를 추가 또는 보완하여 조합설립변경인가를 신청하는 때

2. 법원의 판결로 조합설립인가의 무효 또는 취소가 확정되어 조합설립인가를 다시 신청하는 때

② 조합(제1항 제2호의 경우에는 추진위원회를 말한다)이 제1항에 따른 토지등소유자의 동의서를 다시 사용하려면 다음 각 호의 요건을 충족하여야 한다.

1. 토지등소유자에게 기존 동의서를 다시 사용할 수 있다는 취지와 반대 의사표시의 절차 및 방법을 설명·고지할 것

2. 제1항 제2호의 경우에는 다음 각 목의 요건

가. 조합설립인가의 무효 또는 취소가 확정된 조합과 새롭게 설립하려는 조합이 추진하려는 정비사업의 목적과 방식이 동일할 것

나. 조합설립인가의 무효 또는 취소가 확정된 날부터 3년의 범위에서 대통령령으로 정하는 기간 내에 새로운 조합을 설립하기 위한 창립총회를 개최할 것

③ 제1항에 따른 토지등소유자의 동의서 재사용의 요건(정비사업의 내용 및 정비계획의 변경범위 등을 포함한다), 방법 및 절차 등에 필요한 사항은 대통령령으로 정한다.

C. 【법령】 전부개정법 시행령 제 35 조(토지등소유자의 동의서 재사용의 특례)

> 법 제 37 조 제 1 항에 따라 토지등소유자의 동의서를 다시 사용하기 위한 요건은 다음 각 호와 같다.
>
> 1. 법 제 37 조 제 1 항 제 1 호의 경우: 다음 각 목의 요건 [☞ 조합설립인가 무효·취소소송 중 조합설립 변경인가신청을 하는 경우]
>
>   가. 토지등소유자에게 a) 기존 동의서를 다시 사용할 수 있다는 취지와 b) 반대 의사표시의 절차 및 방법을 서면으로 설명·고지할 것
>
>   나. 60 일 이상의 반대의사 표시기간을 가목의 서면에 명백히 적어 부여할 것
>
> 2. 법 제 37 조 제 1 항 제 2 호의 경우: 다음 각 목의 요건 [☞ 조합설립인가 무효·취소판결 확정후 조합설립인가를 다시 신청하는 경우]
>
>   가. 토지등소유자에게 a) 기존 동의서를 다시 사용할 수 있다는 취지와 b) 반대 의사표시의 절차 및 방법을 서면으로 설명·고지할 것
>
>   나. 90 일 이상의 반대의사 표시기간을 가목의 서면에 명백히 적어 부여할 것
>
>   다. 정비구역, 조합정관, 정비사업비, 개인별 추정분담금, 신축되는 건축물의 연면적 등 정비사업의 변경내용을 가목의 서면에 포함할 것
>
>   라. 다음의 변경의 범위가 모두 100 분의 10 미만일 것
>
>   1) 정비구역 면적의 변경
>
>   2) 정비사업비의 증가(생산자물가상승률분 및 법 제 73 조에 따른 현금청산 금액은 제외한다)
>
>   3) 신축되는 건축물의 연면적 변경
>
>   마. 조합설립인가의 무효 또는 취소가 확정된 조합과 새롭게 설립하려는 조합이 추진하려는 정비사업의 목적과 방식이 동일할 것
>
>   바. 조합설립의 무효 또는 취소가 확정된 날부터 3 년 내에 새로운 조합을 설립하기 위한 창립총회를 개최할 것

VI. 국가/지방자치단체의 동의

A. 국가/지방자치단체의 동의는 반드시 서면에 의하여 명시적으로 표시될 필요 없어 (국가/지방자치단체가 조합설립인가 처분에 이르기까지 명시적으로 반대의사를 표시하지 않았다면 해당 정비사업조합의 설립에 동의한 것으로 볼 수 있다고 본 사례) ―대법원 2014. 4. 14. 선고 2012 두 1419 전원합의체 판결[주택재건축정비사업조합설립인가처분취소]

[다수의견]

1. 국가/지방자치단체의 동의는 반드시 서면 등에 의하여 명시적으로 표시될 필요 없어

구 도시정비법은 제17조 제1항에서 토지 또는 건축물 소유자의 동의방법에 관하여 인감도장을 사용한 서면 동의에 의하도록 하고, 나아가 인감증명서를 첨부하도록 규정하면서도, 인감도장이나 인감증명서를 갖출 수 없는 국가 또는 지방자치단체의 동의방법에 관하여는 아무런 규정을 두고 있지 않다.

이와 같이 국가 또는 지방자치단체도 조합설립에 대한 동의를 얻어야 하는 토지 또는 건축물 소유자에 해당함에도, 구 도시정비법이 국가 또는 지방자치단체의 구체적인 동의방법에 관한 규정을 두지 아니한 것은 국가 또는 지방자치단체가 앞서 본 구 도시정비법 규정 등에 의하여 정비사업과 관련한 여러 권한과 역할을 부여받고 있는 특수한 공적 지위에 있음을 고려한 것으로 보인다.

따라서 토지 또는 건축물 소유자인 국가 또는 지방자치단체의 정비사업조합 설립을 비롯한 정비사업의 추진에 관한 동의의 의사는 반드시 서면 등에 의하여 명시적으로 표시될 필요는 없다고 해석함이 타당하다.

2. 조합설립인가 처분시까지 명시적 반대의사를 표시하지 않았다면 조합설립에 동의한 것임

이와 같이 국가와 지방자치단체가 정비사업 시행과 관련하여 여러 공적 권한과 역할을 부여받고 있음과 아울러 공공복리 실현을 위하여 정비사업을 지원하고 사업의 추진에 협조할 의무를 지고 있는 점 등에 비추어 보면, 해당 정비사업조합에 대한 설립을 인가하는 관할관청이 대표하는 지방자치단체가 정비구역 내에 토지를 소유하는 경우에 그 지방자치단체는 조합설립인가처분을 통하여 해당 정비사업조합의 설립에 동의한 것으로 볼 수 있고(대법원 2005. 3. 11. 선고 2004두138 판결, 대법원 2013. 5. 24. 선고 2011두14937 판결 등 참조),

또한 국가 또는 정비구역 지정권자가 대표자로 있는 지방자치단체가 해당 정비구역 내에 국·공유지를 소유하는 경우에 정비기본계획의 수립 및 정비구역의 지정으로부터 관할관청의 구체적인 조합설립인가처분에 이르기까지의 과정에서 협의 절차 등을 통하여 정비사업 자체나 해당 정비사업조합에 의한 사업추진에 대하여 명시적으로 반대의 의사를 표시하거나 반대하였다고 볼 수 있는 행위를 하지 아니하였다면, 국가 또는 그 지방자치단체는 관할관청의 인가에 의하여 이루어지는 해당 정비사업조합의 설립에 동의한 것으로 볼 수 있을 것이다.

B. [같은 취지] 대법원 2014. 4. 14. 2012 두 1419 판결[택재건축정비사업조합설립인가처분취소]

VII. 교회·종중·사찰 등 총유재산의 동의방법

A. 【해설】

> (1) 비법인사단의 사원이 집합체로서 물건을 소유한 때에는 '총유總有'로 하고, 총유물의 관리 및 처분은 정관·규약 기타 계약에 의하거나, 그것이 없는 경우에는 사원총회의 결의에 의하여야 한다(민법 제275조, 제276조 제1항).
>
> (2) 따라서 토지등소유자가 비법인사단인 종중·교회·사찰 등인 경우에는 정관·규약에 총유물의 관리·처분 방법에 관한 규정이 있으면 그에 따르고, 그것이 없으면 <u>동의서에 총회결의서를 첨부하여야</u> 한다.
>
> (3) 다만, 교회의 대표자인 목사 ○○○가 '○○○(기독교대한성결교회 ○○교회)'라고 기재된 '재건축결의 및 사업시행계획 동의서'에 목사 개인 인감도장을 날인하고 그의 인감증명서를 첨부하여 제출한 사안에서, i) 조합설립 동의서 제출 경위, ii) 동의서 제출 전후 교인들의 재건축 추진에 대한 의견, iii) 동의서 제출 이후의 구체적인 정황 등 제반 사정에 비추어 위 동의는 유효하다고 본 판례가 있다(대법원 2014. 5. 29. 선고 2011 두 25876 판결).
>
> (4) 교회·사찰의 부지나 건물이 목사나 주지의 개인 소유인 경우에는 소유자인 목사 또는 주지 개인의 동의서만 있으면 된다.

B. ① 교회가 재개발조합의 설립에 동의하는 경우에도 정관 기타 규약이 없으면 교인들 총회의 과반수 결의에 의하여야; ② 목사가 대표자 표시 없이 그 개인 명의로 동의서를 작성하여 인감도장을 날인한 다음 인감증명서를 첨부하여 제출한 동의서는 무효로 봄—대법원 2001. 6. 15. 선고 99 두 5566 판결[주택개량재개발조합설립및사업시행인가처분취소]

【당사자】

> 【원고,피상고인】 원고 1 외 13 인
>
> 【피고,상고인】 서울특별시 용산구청장
>
> 【피고보조참가인】 용산 제2구역주택재개발조합

교회는 일반적으로 권리능력 없는 사단이라 할 것이므로, 그 재산의 귀속형태는 총유로 봄이 상당하고, 따라서 교회재산의 관리와 처분은 그 교회의 정관 기타 규약에 의하되 그것이 없는 경우에는 그 소속교회 교인들 총회의 과반수 결의에 의하여야 하므로, <u>토지나 건축물을 소유한 교회가 재개발조합의 설립 및 사업시행에 대하여 동의를 하는 경우에도 정관 기타 규약</u>

제 6 장 토지등소유자의 동의 / 제 4 절 동의의 방법

이 없으면 교인들 총회의 과반수 결의에 의하여야 할 것이다.

그런데 기록에 의하면, 용산남부교회는 재개발조합의 설립 및 사업시행에 대한 동의를 함에 있어 <u>목사 소외 1 이 대표자 표시 없이 그 개인 명의로 동의서를 작성하여 인감도장을 날인한 다음 인감증명서를 첨부하여 제출하였음을 알 수 있고</u>, 기록을 살펴보아도 <u>소외 1 이 위 동의를 함에 있어 위 교회 교인들 총회의 결의를 거쳤음을 인정할 만한 자료를 찾아볼 수 없으므로</u>, 원심 설시에 다소 적절하지 못한 점은 있으나 소외 1 의 동의서 제출이 위 교회의 재개발조합의 설립 및 사업시행에 대한 <u>동의로서의 효력이 없다</u>고 본 결론은 정당한 것으로 수긍할 수 있고, 거기에 상고이유의 주장과 같은 입증책임전도나 심리미진의 위법이 있다고 할 수 없다. 이 점에 관한 상고이유의 주장도 받아들일 수 없다.

C. ① 비법인사단은 인감증명 제도가 없으므로, 그 대표자가 a) 대표자 자격 및 대표자 본인이 작성하였음을 증명하는 개인 인감증명 서류를 첨부하거나 b) 비법인사단의 직인을 날인하고 그 직인의 진정성립을 증명하는 서류를 첨부하는 등 적절한 방법으로 권리능력 없는 사단을 대표하여 조합설립동의를 하면 돼; ② 교회의 대표자인 목사 소외인이 '소외인(기독교대한성결교회 ○○교회)'라고 기재된 '재건축결의 및 사업시행계획 동의서'에 소외인 인감도장을 날인하고 그의 인감증명서를 첨부하여 제출한 사안에서, i) 조합설립 동의서 제출 경위, ii) 동의서 제출 전후 교인들의 재건축 추진에 대한 의견, iii) 동의서 제출 이후의 구체적인 정황 등 제반 사정에 비추어 <u>위 동의는 유효하다고 본 사례</u> —대법원 2014. 5. 29. 선고 2011 두 25876 판결[조합설립변경인가처분무효확인]

> ☞ 이 판례는 조합설립동의서를 「인감도장 날인 및 인감증명서 첨부 방식」으로 작성하던 때(2003. 7. 1. ~ 2012. 8. 1.)의 것이나, 현행법에서도 그대로 원용될 수 있는 판례이다.

【당사자】

【원고, 상고인】	원고 1 외 6인
【원고보조참가인】	다인종합건설 주식회사
【피고, 피상고인】	서울특별시 강서구청장
【피고보조참가인】	화곡 3 주구주택재건축정비사업조합

1. 법리

가. 권리능력 없는 사단의 동의방법

구 도시정비법 제 17 조의 위임에 따라 마련된 구 도시정비법 시행령 제 28 조 제 4 항에 따

르면, 토지등소유자의 동의는 인감도장을 사용한 서면동의 방법에 의하며 인감증명서를 첨부하여야 한다. 그러나 권리능력 없는 사단은 인감증명을 발급받을 수 있는 제도가 마련되어 있지 아니하므로, 권리능력 없는 사단의 대표자가 A) 그 대표자 자격 및 대표자 본인이 작성하였음을 증명하는 개인 인감증명 등의 서류를 첨부하거나 B) 권리능력 없는 사단의 직인을 날인하고 그 직인의 진정 성립을 증명하는 서류를 첨부하는 등 적절한 방법으로 권리능력 없는 사단을 대표하여 조합설립동의를 하면 된다고 새기는 것이 타당하다.

나. 교회의 재건축조합설립동의의 유효 요건

그리고 구 도시정비법 시행령 제28조 제4항이 규정한 서면동의 방법의 입법 취지 등을 고려하면, 정비구역 안에 토지나 건축물을 소유한 교회가 재건축조합의 설립 및 사업시행에 대하여 동의를 하는 경우에 교회 대표자의 조합설립 동의서 제출 경위, 동의서 제출 전후 교인들의 재건축 추진에 대한 의견, 동의서 제출 이후의 구체적인 정황 등 제반 사정에 비추어 교인들의 총의가 반영되어 동의가 이루어진 것으로 인정될 수 있다면 그 동의를 유효하다고 보아야 한다.

2. 원심기록에 의하여 알 수 있는 사실

원심이 인용한 제1심판결 이유와 원심이 적법하게 채택한 증거를 비롯한 기록에 의하면,

① 기독교대한성결교회 ○○교회(이하 '○○교회'라고 한다)는 피고에게 참가인 조합의 설립 및 사업시행에 동의하면서 그 a) 대표자인 목사 소외인이 b) 소외인(기독교대한성결교회 ○○교회)이라고 기재된 '재건축결의 및 사업시행계획 동의서'에 c) 소외인의 인감도장을 날인하고 d) 그의 인감증명서를 첨부하여 제출한 사실,

② ○○교회는 화곡아파트지구 개발기본계획·정비계획이 변경됨에 따라 이 사건 제8차 변경인가처분 이후인 2008. 8. 21. 조합에 의한 정비사업의 시행에 동의하였음을 전제로 하여 참가인 a) 조합과 정비계획상 획지 3(주구중심 3-2)에 교회 건물을 건축하는 데 협조하기로 합의하는 한편, b) 획지 3(주구중심 3-2) 면적을 초과하는 ○○교회의 종전 토지 부분의 정산을 위해 참가인 조합에 서울 강서구 (주소 8 생략) 대 1,424.5 ㎡ 중 701.4 ㎡를 7,001,725,500원에 매도하기로 하는 계약을 체결하고 c) 2009. 3. 4. 참가인 조합으로부터 매매대금 전부를 지급받은 사실,

③ ○○교회는 2010. 11. 16. 참가인 조합을 상대로 하여 조합설립인가 무효확인의 소를 제기하기 전까지는 참가인 조합에 교회 신축을 위하여 협조해달라는 취지로만 요구하였을 뿐 조합설립동의가 무효라는 취지로는 주장하지 아니한 사실,

④ 그 밖에 ○○교회가 이 사건 제8차 변경인가처분에 대하여 다투고 있다는 아무런 자료

가 없는 사실 등을 알 수 있다.

3. 교인들의 총의가 반영되어 유효하다고 봄

위 사실을 앞서 본 법리에 비추어 보면, ○○교회의 적법한 대표자인 소외인이 ○○교회를 대표하여 조합설립동의서를 작성하여 제출하였고, 그 조합설립동의서 제출 이후에도 ○○교회가 정비사업의 시행에 동의하였음을 전제로 하여 제 3 주구 내에서 ○○교회 건물을 신축하는 데 서로 협조하기로 합의하고, 참가인 조합에 위 (주소 8 생략) 토지의 일부를 매도하고 정상적으로 그 매매계약이 이행되어 거액의 대금을 주고받는 등의 사정을 고려할 때, ○○교회의 조합설립동의는 교인들의 총의가 반영되어 이루어졌다고 인정할 수 있으므로 그 동의는 유효하다고 보아야 한다.

제 5 절 동의서의 심사

I. 동의서 심사의 기준과 방법

A. 개요

1. 【해설】 추진위원회구성동의서와 조합설립동의서의 심사

> **(1) 3 단계 심사:** 추진위원회구성동의서와 조합설립동의서를 심사하는 행정청은 다음과 같은 요령으로 심사한다.
>
> ① 형식심사: 시장·군수등이 연번을 부여한 검인동의서을 사용했는지(법 제 36 조 제 3 항, 영 제 34 조 제 2 항).
>
> ② 내용심사: 동의서에 영 제 25 조 제 1 항 및 제 30 조 제 2 항 각 호의 법정사항이 모두 포함되어 있는지.
>
> ③ 동의의 진정성 심사: A) 서면동의서에 i) 토지등소유자의 성명이 자필로 적혀있는지, ii) 지장이 날인되었는지, 및 iii) 주민등록증, 여권 등 신원을 확인할 수 있는 신분증(명서) 사본이 첨부되었는지(법 제 36 조 제 1 항)를 심사한다. B) 인감증명서가 첨부된 동의서(같은 조 제 2 항 및 2012. 8. 2. 전에 받은 동의서)는 동의서에 날인된 인영과 인감증명서의 인영이 동일한 것인지를 기준으로 심사한다.
>
> **(2) 하자 있는 동의서의 처리:** 위 기준 중 어느 하나라도 충족하지 못하는 동의서는 무효로 처리하여야 하며, 행정청이 임의로 유효한 동의로 처리할 수 없다(법 제 36 조 제 3 항; 대법원 2010. 1. 28. 선고 2009 두 4845 판결).

2. 【해설】 치매환자가 작성한 동의서의 효력

> 동의서의 진정성에 관한 행정청의 심사는 위 기준을 준수하는 것으로 족하며, 동의서 작성 당시 해당 토지등소유자가 의사능력을 가지고 있었는지까지 심사할 필요는 없다.
>
> 외형상 진정성 요건(성명 자필기재 + 지장 날인 + 신분증 사본 첨부)을 충족한 동의서가 작성자의 의사능력 흠결로 무효라고 주장하기 위해서는 해당 토지등소유자가 동의서 작성 당시에 의사능력이 없었다는 사실을 병원진료기록 등으로 분명하게 증명하여야 한다. 이에 대한 증명책임은 동의서가 무효라고 주장하는 자에게 있다.

B. [2 기(인감증명서 첨부 방식) 판례] ① 재건축조합 설립인가신청을 받은 행정청이 토지등소유자의 동의 여부를 심사하는 경우에는, a) '동의의 내용'에 관하여는 법정사항이 모두 포함되어 있는지를 기준으로, b) '동의의 진정성'에 관하여는 인감증명서와의 인영 대조를 통해 심사해; ② 이 둘 중 어느 하나라도 충족하지 못한 동의서는 반드시 무효로 처리해야 해; ③ '건설되는 건축물의 설계의 개요'와 '건축물의 철거·신축에 소요되는 비용의 개략적인 금액'에 관한 각 사항을 기재하는 난이 마련되어 있기는 하나, 구체적인 내용이 전부 빠져 있는 동의서를 유효한 것으로 본 것은 위법함 ―대법원 2013.11.14. 선고 2011두5759 판결[재건축결의무효 등]

【당사자】

> 【원고, 상고인】 별지 원고들 명단과 같다.
>
> 【피고, 피상고인】 대구광역시 수성구청장
>
> 【피고보조참가인】 중동희망지구주택재건축정비사업조합

1. 법리

구 도시정비법상의 재건축조합 설립에 토지등소유자의 서면에 의한 동의를 요구하고 그 동의서를 재건축조합설립인가신청 시에 행정청에 제출하도록 하는 취지는 서면에 의하여 토지등소유자의 동의 여부를 명확하게 함으로써 동의 여부에 관하여 발생할 수 있는 관련자들 사이의 분쟁을 미연에 방지하고, 나아가 행정청으로 하여금 재건축조합설립인가신청 시에 제출된 동의서에 의하여서만 동의요건의 충족 여부를 심사하도록 함으로써 동의 여부의 확인에 불필요하게 행정력이 소모되는 것을 막기 위한 데 있다.

따라서 재건축조합설립인가신청을 받은 행정청은 재건축조합설립인가의 요건인 토지등소유자의 동의 여부를 심사할 때에 무엇보다도 ① 동의의 내용에 관하여는 동의서에 구 도시정비법 시행령 제26조 제1항 각 호의 법정사항이 모두 포함되어 있는지를 기준으로, ② 동의의 진정성에 관하여는 그 동의서에 날인된 인영과 인감증명서의 인영이 동일한 것인지를 기준으로 각 심사하여야 한다.

그리고 위 기준 중 어느 하나라도 충족하지 못하는 동의서에 대하여는 이를 무효로 처리하여야 하고, 임의로 이를 유효한 동의로 처리할 수는 없다고 할 것이다(대법원 2010. 1. 28. 선고 2009두4845 판결 참조).

2. 원심판결의 위법함

그런데 원심은, 참가인조합의 조합설립추진위원회가 토지등소유자인 소외 1로부터 받아 피고에게 제출한 동의서에 구 도시정비법 시행령 제26조 제1항 제1호의 '건설되는 건축물의 설계의 개요'와 제2호의 '건축물의 철거 및 신축에 소요되는 비용의 개략적인 금액'에 관한 각 사항을 기재하도록 하는 난이 마련되어 있기는 하나 구체적인 내용의 기재가 전부 빠져 있으므로, 위 법리에 따라 그 동의서를 무효로 처리하여야 함에도 이를 유효한 것으로 판단하였다.

따라서 이러한 원심판결에는 토지등소유자의 동의서 또는 동의의 적법성에 관한 법리를 오해함으로써, 소외 1 명의의 동의서의 효력에 관한 판단을 그르친 위법이 있다. 이를 지적하는 상고이유의 주장은 이유 있다.

☞ [같은 내용 판결] 대법원 2010. 1. 28. 선고 2009두4845 판결 [재개발정비사업조합설립인가처분무효확인]

C. [같은 판례] ① 토지나 건축물만을 소유한 자는 (비록 조합설립에서 동의를 얻어야 할 자에 포함되더라도) 재건축조합의 조합원이 될 수는 없어; ② 주택재건축사업의 토지등소유자로부터 받는 동의서의 법정사항은 토지나 건축물만을 소유하여 조합원이 될 수 없는 자로부터 받는 동의서에는 적용되지 않아(따라서 그러한 법정사항의 기재가 없는 조합설립 동의서도 유효함) —대법원 2013.11.14. 선고 2011두5759 판결[재건축결의무효등]

1. 법리

이와 같은 관련 규정들을 종합하면, 토지나 건축물만을 소유한 자는, 비록 구 도시정비법 제16조 제3항에 의하여 주택재건축사업의 조합설립에서 동의를 얻어야 할 자에 포함되더라도 구 도시정비법에 의한 조합원이 될 수는 없다고 봄이 타당하다(대법원 2012. 10. 25. 선고 2010두25107 판결 참조).

그리고 구 도시정비법 시행령 제26조 제1항은 조합원이 되는 '토지등소유자'에 대하여 동의서에 의한 동의 방법을 규정하고 있으며, 위 규정에서 정하고 있는 동의서의 법정사항은 대체로 정비사업에 참여하여 그 비용을 분담하고 그 사업의 성과를 분배받는 조합원이 될 자격이 있는 '토지등소유자'의 이해관계에 관한 것들이다. 따라서 이러한 사정들에 비추어 보면, 구 도시정비법 시행령 제26조 제1항에서 정한 '토지등소유자'로부터 받아야 하는 동의서에 관한 법정사항은 주택재건축사업에서 토지나 건축물만을 소유하여 조합원이 될 수 없는 자로부터 받는 동의서에 적용될 것이 아니다.

2. 원심판결의 정당함

원심은, 참가인조합의 조합설립추진위원회가 이 사건 정비구역 내에 토지 또는 건축물 중 어느 하나만을 소유하고 있어 구 도시정비법 제 2 조 제 9 호 (나)목에서 정한 토지등소유자에 해당하지 아니하는 소외 2 외 14 명으로부터 받아 피고에게 제출한 매수협의서에 구 도시정비법 시행령 제 26 조 제 1 항에서 정한 법정사항 중 '건설되는 건축물의 설계 개요'와 '상기 본인은 중동희망지구주택재건축정비사업시행구역 안의 토지소유자로서 도시 및 주거환경정비법 제 16 조 제 2 항, 제 3 항의 규정에 의한 조합설립에 동의하며, 조합설립인가 이후 관리처분에 따른 소유권에 대한 협의매수 및 대지사용 승낙함에 동의합니다'라는 내용만 기재되어 있고, 위 법정사항 중 건축물의 철거 및 신축에 소요되는 비용의 개략적인 금액, 그 비용의 분담에 관한 사항, 사업 완료 후의 소유권의 귀속에 관한 사항, 조합정관에 관한 사항을 기재하는 난이 마련되어 있지 않고 그러한 사항이 모두 기재되어 있지 않더라도, 이러한 매수협의서를 동의서로서의 효력이 없다고 할 수는 없다고 판단하였다.

이와 같은 원심 판단은 앞서 본 법리에 부합되며, 거기에 상고이유의 주장과 같이 주택재건축사업의 조합설립에서의 조합원 자격 및 동의 방법 등에 관한 법리를 오해한 위법이 없다.

D. 하나의 동의서에서 '수필지의 토지와 건물' 모두에 관하여 동의의사를 표시하였다고 본 사례
—대법원 2014. 4. 14. 선고 2012 두 1419 전원합의체 판결[주택재건축정비사업조합설립인가처분취소]

원심판결 이유를 기록에 비추어 살펴보면, 소외 1 이 제출한 조합설립동의서의 '소유권 현황'란에 '(주소 1, 2 생략)'가 병기되어 있어 하나의 동의서에서 단독 소유하는 '(주소 1 생략) 토지' 및 공유하는 '(주소 2 생략) 토지 및 (주소 2 생략) 외 1 필지 지상 건물' 모두에 관하여 동의의사를 표시하였다고 볼 수 있는 등 원심의 판단은 정당하고, 거기에 논리와 경험의 법칙을 위반하여 자유심증주의의 한계를 벗어나거나 동의율 산정에 관한 법리를 오해한 위법 등이 없다.

E. '조합의 기망에 의하여 재건축에 동의했다'는 주장을 배척한 사례 —대법원 2005.06.24. 선고 2003 다 55455 판결[소유권이전등기]

【당사자】

[원고,피상고인] 장안시영아파트 2 단지 329-3 번지재건축주택조합

[피고(선정당사자),상고인] ○○○

원심은 상당수의 구분소유자들이 원고 조합의 기망에 의하여 재건축에 동의하였다는 주장에 대하여,

원고 조합이 유인물을 통해 통합재건축을 하여 3,000 세대 이상을 재건축할 경우에는 관계법에 따라 3,000 평 내지 3,500 평을 학교부지로 제공하여야 하는데 분리재건축을 하는 경우에는 이러한 부담이 없다는 점, 통합재건축을 하게 되면 각 조합원이 3,000 여 만 원의 손실을 보게 된다는 점, 기타 제반 여건이 원고 조합이 추진하는 분리재건축에 유리하게 돌아가고 있다는 점 등을 홍보한 사실을 인정할 수 있으나

이는 통합재건축과 분리재건축의 장·단점을 비교하여 구분소유자들의 판단의 자료로 제공하기 위한 것으로서 이를 가리켜 기망행위라고 할 수는 없고, 또 원고 조합이 창립총회 당시 제시한 예상공사비와 예상철거비가 다소 변동되기는 하였으나 그러한 사실만으로는 원고 조합이 기망에 의하여 재건축결의를 한 것으로 볼 수 없다고 판단하였는바,

기록에 비추어 살펴보면, 원심 판단은 정당한 것으로 수긍이 되고, 거기에 채증법칙을 위반하여 사실을 오인한 위법이 있다고 할 수 없다.

II. 인감증명서의 하자

A. 인감증명서의 용도가 다르거나 미기재 내지 수정되고, 발급일의 기재가 없거나 발급일이 오래되었다 하더라도 본인의 동의의사를 확인할 수 있는 이상 그와 같은 사정만으로는 동의서가 무효라고 할 수 없어 (인감증명법령은 인감증명서의 유효기간에 제한을 두지 않고, 부동산매도용 외에는 용도란을 기재할 필요가 없으므로) —대전고등법원 2009. 2. 12. 선고 2007 누 2355 판결[대흥 1 구역주택재개발사업조합설립인가처분취소등]

【당사자】

[원고, 상고인] 원고
[원고보조참가인, 상고인] 원고보조참가인
[피고, 피상고인] 대전광역시 중구청장
[피고보조참가인, 피상고인] 대흥 1 구역주택재개발정비사업조합

갑가 제 29 호증의 11, 13, 15, 17, 20, 갑가 제 36 호증, 갑가 제 71 호증의 2, 갑나 제 15 호증 내지 갑나 제 18 호증의 각 2, 을가 제 17 호증의 2, 을가 제 26 호증의 2, 을가 제 31 호증의 2, 을가 제 35 호증의 2, 을가 제 38 호증의 2, 을가 제 56 호증의 각 기재에 의하면, ① 소외 70, 71 의 인감증명서는 각 용도란의 '구역지정 동의용'이라는 기재가 두 줄로 그어진 채 '조합설립 동의용'으로 수정된 사실, ② 소외 72 의 인감증명서 용도란은 대표소유자 선임용 또는 조합설

II. 인감증명서의 하자

립추진위원회 동의용으로, 소외 73 의 인감증명서 용도란은 조합설립추진위원회 동의용으로, 소외 74 의 인감증명서 용도란은 조합설립추진위원회 동의용 또는 조합설립 조합정관 사업계획 동의용으로, 소외 3 의 인감증명서 용도란은 조합설립추진위원회 동의용으로, 소외 75 의 인감증명서 용도란은 재개발용으로, 소외 76 의 인감증명서 용도란은 사업계획동의용으로 각 기재된 사실, ③ 소외 77 의 인감증명서는 용도란의 기재 없이 2001. 12. 13. 발급된 인감증명서인 사실, ④ 소외 6, 4, 34, 46 의 인감증명서는 각 용도란의 기재가 없는 사실을 인정할 수 있다.

그러나 ① 구 도시정비법 시행령 제 28 조 제 4 항은 '조합설립인가 신청에 있어 토지등소유자의 동의(동의의 철회를 포함한다)는 인감도장을 사용한 서면동의의 방법에 의하며, 이 경우 인감증명서를 첨부하여야 한다'고 규정하고 있고, 구 도시정비법 시행규칙 제 7 조 제 1 항 제 3 호는 조합설립인가 신청시 제출하여야 하는 서류로 '토지등소유자의 조합설립동의서 및 동의사항을 증명하는 서류'를 규정하고 있는바, 이와 같이 관계법령에서 토지등소유자의 동의서를 제출할 때 동의사항을 증명하는 서류로 인감증명서를 첨부하도록 하는 것은 동의서에 날인된 인영이 인감증명서의 인영과 일치하는지를 확인하는 방법에 의하여 본인의 의사로 동의하였는지 여부를 명백히 하기 위한 것인 점, ② 현행 인감증명법과 시행령은 인감증명서의 유효기간에 관한 제한을 두지 않고 있을 뿐만 아니라 부동산매도용 이외에는 용도란을 기재할 필요가 없는 점 등에 비추어 볼 때,

인감증명서의 용도가 다르거나 미기재 내지 수정되고, 발급일의 기재가 없거나 발급일이 오래되었다고 하더라도 본인의 동의의사를 확인할 수 있는 이상 그와 같은 사정만으로는 조합설립에 관한 동의서의 효력에 어떠한 장애가 된다고 할 수 없다.

☞ 위 판결은 대법원에서 파기환송되었으나, 위 판시내용은 파기된 부분과 무관한 내용이다.

B. a) 동의서에 첨부된 인감증명서 발급일이 창립총회 이전이라거나, b) 인감증명서 용도가 '재건축결의 동의용'으로 기재되지 않았다거나, c) 전에 제출했던 인감증명서를 재사용하였다거나, d) 재동의서에 인감증명서가 첨부되지 않았다거나, e) 재동의서에 첨부된 인감증명서의 발급일이 철회일 이전이라는 것은 동의/재동의의 효력을 배제할 수 없어 (조합이 재건축결의동의서에 인감증명서를 첨부하게 한 것은 동의서가 본인의 진정한 의사를 확인하기 위한 것이므로)
—대법원 2005.06.24. 선고 2003 다 55455 판결[소유권이전등기]

【당사자】

[원고,피상고인] 장안시영아파트 2 단지 329-3 번지재건축주택조합
[피고(선정당사자),상고인] ○○○

1. 피고의 주장

원심판결 이유에 의하면, 원심은 통합재건축에 찬성한 일부 구분소유자들이 원고 조합이 추진하던 분리재건축에 동의한 것처럼 처리되었고, 일부 조합원들이 관할관청인 동대문구청장에게 재건축동의 철회서를 제출하였으므로 이들은 동의한 것으로 볼 수 없으며, 또한 동의를 철회한 구분소유자들이 다시 재건축에 동의한 것으로 취급되거나, 동의 철회 후 다시 제출된 재동의서 중에 인감증명서가 첨부되어 있지 않거나 그 첨부된 인감증명서의 발급일이 동의 철회일 이전인 것이 포함되어 있으므로 이들을 제외하고 동의율을 산정하여야 한다는 피고(선정당사자, 이하 '피고'라 하고, 피고와 선정자를 함께 지칭하는 경우에는 '피고 등'이라 한다)의 각 주장에 대하여,

2. 원심판결의 정당함

(1) 통합재건축을 추진하던 재건축추진위원회가 사용한 문서양식과 원고 조합이 사용한 문서양식이 서로 다른 점에 비추어 볼 때, 이 사건 아파트단지의 구분소유자들이 통합재건축추진위원회에 제출하였던 재건축결의동의서를 원고 조합이 자신에게 제출된 것으로 처리하였다는 피고들의 주장은 받아들이기 어렵고,

(2) 동대문구청장에게 재건축결의동의 철회서를 제출한 것만으로는 원고 조합에 대한 조합탈퇴 또는 재건축결의동의 철회의 의사표시로 볼 수 없어 원고 조합에 대하여는 효력이 없으며,

(3) 원고 조합이 재건축결의동의서에 인감증명서를 첨부하게 한 것은 단지 위 동의서가 본인의 진정한 의사에 의하여 성립된 것인지 여부를 확인하기 위한 취지라고 할 것이므로, 피고 주장과 같이 ① 동의서에 첨부된 인감증명서의 발급일이 원고 조합 창립총회일 이전이라거나 ② 인감증명서의 용도가 재건축결의동의용으로 기재되어 있지 않다거나 ③ 전에 통합재건축추진위원회에 제출하였던 인감증명서를 재사용하였다거나 ④ 재동의서에 인감증명서가 첨부되지 않았다거나 ⑤ 재동의서에 첨부된 인감증명서의 발급일이 동의 철회일 이전이라고 하더라도 재건축결의동의 또는 재동의와 관련한 구분소유자들의 의사가 진정한 것인 한 그 동의 또는 재동의의 효력을 배제할 수는 없다고 판단하였는바, 기록에 비추어 보면 원심의 위 판단은 정당하고, 원심판단에 재건축동의의 의사표시에 관한 법리오해의 위법은 없다.

C. 인감증명서의 사용용도가 다른 용도로 되어 있다거나, 발급시기가 오래되었다는 이유만으로 그 유효성을 부정할 수 없어 —서울고등법원 2013. 8. 16. 선고 2012 누 31856 판결[조합설립변경인가처분취소] (대법원 2014. 5. 29. 선고 2013 두 18773 판결로 확정)

III. 유효한 동의서로 본 사례

【당사자】

【원고(선정당사자), 항소인】 원고(선정당사자)
【피고, 피항소인】 서울특별시 마포구청장
【피고보조참가인】 아현제4구역주택재개발정비사업조합

일부 조합원들이 제출한 동의서에 첨부된 <u>인감증명서의 사용용도가 조합설립동의용이 아니거나 인감증명서의 발급일이 오래 전의 것이어서</u> 이 사건 변경인가신청을 위하여 발급된 인감증명서로 볼 수 없는 경우에도 인감증명서로서 요건이 충족된 것인지 여부가 문제된다.

살피건대, ① 도시정비법 제17조 제1항이 동의서에 인감증명서를 첨부하도록 요구하고 있는 것은 동의의 진정성에 관하여 동의서에 날인된 인영과 인감증명서의 인영이 동일한 것인지를 심사하기 위한 것으로서(대법원 2010. 1. 28. 선고 2009두4845 판결 참조), <u>인감증명서의 발급 용도와 발급 시기는 동의서의 진정성을 판단하는 기준이 될 수 없는 점</u>, ② 도시정비법 제17조 제1항이 인감증명서를 종전에 제출한 경우에는 새로운 동의서 작성시 첨부하지 않아도 되는 것으로 규정하고 있어 인감증명서의 발급시기를 문제 삼고 있지 않은 점, ③ 인감증명법 시행령은 1993. 12. 28. 대통령령 제14032호로 개정되면서 [별지 제13호] 서식에서 부동산매도용 이외의 경우에는 사용용도를 기재하지 않는 것을 원칙으로 하고 있으므로 인감증명서의 사용용도란의 증명적 기능은 거의 존재하지 아니하는 점 등을 종합하여 보면, <u>인감증명서의 사용용도가 다른 용도로 되어 있다거나, 발급 시기가 오래되었다는 이유만으로 그 유효성을 부정할 수는 없다.</u> 따라서 인감증명서에 관한 원고의 주장은 이유 없다.

III. 유효한 동의서로 본 사례

A. 동의서에 날인된 각 인영이 일부 다소 흐릿한 부분이 있기는 하나 각 첨부된 인감증명서의 인영과 동일한 것으로 판단한 사례 —대법원 2013. 11. 28. 선고 2012두15777 판결[조합설립인가처분무효확인]

원심은 제1심판결을 인용하여 이 사건 추진위원회의 설립 및 변경에 대한 동의서 중 소외 2 등 21명의 동의서와 이 사건 조합설립에 대한 동의서 중 소외 3 등 38명의 <u>동의서에 날인된 각 인영이 일부 다소 흐릿한 부분이 있기는 하나 각 첨부된 인감증명서의 인영과 동일한 것으로 보이고</u>, 달리 위 동의서상의 인영이 인감증명서상의 인영과 상이하다고 인정할 만한 증거가 없다고 판단하여, 소외 2 등 21명 및 소외 3 등 38명을 동의자 수에서 제외하여야 한다는 원고들의 주장을 배척하였다.

기록에 비추어 살펴보면, 원심의 위와 같은 판단은 정당한 것으로 수긍할 수 있고, 거기에 상고이유에서 주장하는 바와 같이 논리와 경험의 법칙을 위반하여 자유심증주의의 한계를 벗어난 위법이 없다.

B. 외국인이 국내 체류기간 중에 발급받은 인감증명서를 첨부한 동의서는 비록 외국인등록증명서를 첨부하지 않았더라도 유효하다고 봄 —대법원 2014. 4. 24. 선고 2012두21437 판결[조합설립인가처분무효확인등]

원심은 그 판시와 같은 사실을 인정한 다음, ① 소외 1은 도시 및 주거환경정비법 시행령 제28조 제1항 제4호에 따른 소재불명자에 해당하여 토지등소유자에 포함시킬 수 없고, ② 소외 2는 소외 3으로부터 대표소유자 선임동의를 받은 후 동의서를 제출하였으므로 동의자에 포함되며, ③ 외국인인 소외 4, 5는 인감증명서 발급일에 국내에 체류하였고, 본인이 발급한 인감증명서를 제출한 이상 비록 외국인등록 사실증명을 첨부하지 않았더라도 당사자의 진정한 의사가 담보되었다고 보아 각 동의서의 효력이 인정된다고 판단하였다.

관련 법리와 기록에 비추어 살펴보면, 원심의 위와 같은 판단은 정당하고, 거기에 상고이유로 주장하는 바와 같은 구 도시정비법 제16조 제1항 등에 따른 토지등소유자나 동의자 수 산정에 관한 법리오해 등의 위법이 없다.

C. 동의서를 받기 전에 개략적인 사업시행계획서를 작성하여 배부하거나 첨부하였는지 여부까지 심사할 근거는 없어 —대법원 2014. 5. 29. 선고 2012두18677 판결[조합설립인가무효]

【당사자】

[원고(선정당사자), 상고인] 원고 1 외 1인

[피고, 피상고인] 대전광역시 중구청장

[피고보조참가인] 선화구역주택재개발정비사업조합

구 도시정비법 시행령 제26조 제1항에 의하면 토지등소유자의 동의서에 기재할 사항 중에 '개략적인 사업시행계획서'는 포함되어 있지 않으므로, 동의서를 받기 전에 개략적인 사업시행계획서를 배부하거나 첨부하지 아니하였다고 하여 그 동의서가 무효라고 할 수 없다.

원심은 제1심판결 이유를 인용하여, 이 사건 추진위원회가 이 사건 각 조합설립동의서를 징구할 무렵 조합정관 초안 및 개략적인 사업시행계획서를 작성·배포한 일이 없고 조합설립동의서에 이를 첨부하지도 않았으므로 위 각 조합설립동의서는 무효라는 원고들의 주장에 대하여,

이 사건 추진위원회가 창립총회 전에 토지등소유자 전원에게 조합정관 초안을 배포하였을 뿐만 아니라, 조합설립동의서에 조합정관이 첨부되지 않았다고 하여 조합설립동의서가 무효로 된다고 할 수도 없고, 구 도시정비법 시행령 제28조의 규정에 의하면 피고가 조합설립동의서

를 심사하면 족하고 이에 더하여 개략적인 사업시행계획서를 작성하여 게시하였는지 여부까지 심사하여야 할 법적 근거가 없다고 보아, 조합설립동의서가 무효라는 원고들의 주장을 배척하였다.

앞서 본 법리와 기록에 비추어 살펴보면 위와 같은 원심의 판단은 정당하고, 거기에 조합설립동의서의 심사 범위 및 효력에 관한 법리를 오해하는 등의 위법이 없다.

D. [고등법원판례] ① 작성일자는 동의서의 필수요건 아님; ② 동의서 인적사항에 성명이 기재되었으면 말미에 성명이 기재되지 않았어도 유효한 동의서임; ③ '소유권 현황'란도 동의서의 필수요건 아님; ④ 동의서가 제출되었다면 그 외의 자료는 창립총회 이후에도 보완할 수 있음 (따라서 인감증명서가 창립총회 이후에 발급되었더라도 동의서/대표조합원선임동의서는 유효함); ⑤ 대표조합원선임동의서에 작성일자가 기재되지 않았거나 그 밖에 일부 공란이 있어도 유효한 동의서임; ⑥ 일부 필적 사이에 차이가 있어도 동의서/대표조합원선임동의서의 효력을 부인할 수 없음; ⑦ 인적사항 중 생년월일란이 공란이라는 사유만으로 동의서의 효력을 부인할 수 없음 ─서울고등법원 2022. 7. 6. 선고 2020 누 69092 판결[주택재개발정비사업조합설립인가처분 취소] (상고)

【당사자】

> 원고, 항소인   A, B, C
>
> 피고, 피항소인   성북구청장
>
> 피고보조참가인   D 구역주택재개발정비사업조합

【해설】

> 아래 판시내용은 항소심판결이 제 1 심 판결을 그대로 인용하여 판시한 내용이다. 이 판결에 피고만이 상고하여 현재 대법원 2022 두 51901 로 심리중이나, 아래 판시내용은 피고 주장을 모두 받아들이는 내용이므로 상고가 인용되든 기각되든 아래 판시내용은 달라지지 않을 것을 보인다. 그러나 아래 판시내용들이 모두 정당하다고 단정할 수는 없다.

1. 처분의 경위

가. 피고의 전신인 K 구역 주택재개발정비사업조합설립추진위원회(이하 '이 사건 추진위원회'라 하다)는 2018. 11. 23. 창립총회(이하 '이 사건 창립총회'라 한다)를 개최한 다음, 2019. 1. 29. 피고에게 조합설립인가 신청을 하였다. 피고는 2019. 5. 9. 「K 구역」이라는 명칭의 사업시행예정구역(서울 성북구 L 일대 66,011 ㎡, 이하 '이 사건 사업시행예정구역'이라 한다) 내 토지등소유자 512 인 중 391 인의 동의(동의율 76.37%)가 있었다고 보아 피고보조참가인(이하 '참

가인'이라 한다)의 설립을 인가하였다(이하 '이 사건 처분'이라 한다).

나. 참가인은 이 사건 처분에 따라 이 사건 사업시행예정구역 내에서 재개발사업을 시행하기 위하여 설립된 조합이다. 원고들은 이 사건 사업시행예정구역 내에서 거주하고 있는 주민들이다.

2. 이 사건 처분의 적법 여부

가. 작성일자는 동의서의 필수요건 아님

비록 작성일자가 앞서 본 법정 조합설립동의서 중 하나의 항목에 해당하기는 하나, ① 구 도시정비법 제 36 조가 작성일자를 필수적인 기재사항으로 규정하고 있지 않은 점, ② 실제로 작성일자 유무가 재개발조합 설립인가 신청을 받은 행정청의 심사항목에도 포함되지 않는 점, ③ 동의서 자체도 그것이 작성된 때가 아니라 추진위원회에 제출된 때에 효력을 갖게 되는 점(다만, 작성일자를 전후로 하여 제출되었을 개연성은 높을 것이다) 등을 고려하면, 작성일자는 동의서의 필수요건에는 해당하지 않는다고 봄이 타당하다. 따라서 동의서에 작성일자가 기재되어 있지 않다는 사정만으로는 그 동의서가 무효라고 볼 수 없으며, 원고들의 주장과 같이 곧바로 이 사건 창립총회 이후에 제출된 동의서라고 단정할 수도 없다.

나. '인적사항'란에 성명이 있으면 동의서 말미에 성명이 없어도 유효한 동의서임

P(383) 명의의 동의서 중 'I. 동의자현황'의 인적 사항 란에 P(383)의 성명, 생년월일, 주민등록상 주소, 전화번호가 기재된 사실이 인정된다. 위 인정사실에 의하면, 위 동의서가 어느 사람에 의하여 작성되었는지를 그 문면상 충분히 확인할 수 있다 할 것이고, 단지 말미에 P(383)의 성명이 기재되지 않았다는 이유만으로 위 동의서가 무효라고 단정하기 어렵다.

다. '소유권 현황'도 동의서의 필수요건 아님

소유권 현황은 도시정비법 시행규칙 제 8 조 제 3 항, [별지 제 6 호서식] 중 하나의 항목('II. 동의자 현황' 중 '소유권 현황' 란)에 해당한다. 하지만 구 도시정비법 및 그 시행령에 소유권 현황이 동의서에 반드시 기재되어야 한다는 규정이 없으며, 동의서를 작성한 사람이 이 사건 사업시행예정구역 내에 소유권이나 지상권을 보유하고 있는지 여부는 부동산 등기부 등을 통하여 객관적으로 확인되어야 하는 정보임을 고려하면, 소유권 현황 역시 동의서의 필수요건에는 해당하지 않는다 할 것이다. 그러므로 단지 동의서에 소유권 현황이 기재되어 있지 않다는 사정만으로 그 동의서가 무효라고 볼 수 없다[아울러 원고들이 특정한 토지등소유자들의 경우, 동의서 중 일부('I. 동의자 현황' 중 '주민등록상 주소' 란) 또는 대표조합원선임동의서 중 일부('소유권 현황' 중 '권리 내역' 란)를 통해 명의인의 소유권 현황을 간접적으로나마 확인할 수 있으며(을가 제 14 내지 19, 21, 23 내지 27, 29 내지 35, 37, 39 호증), 도시정비법 시행령 제 33

III. 유효한 동의서로 본 사례

조 제 1 항 제 3 호에 따라 참가인의 설립에 동의한 것으로 간주되는 자도 존재한다(을가 제 20, 22, 28, 36, 38 호증)]. 이와 전제를 달리하는 제 1-3 주장도 받아들일 수 없다.

라. 동의서 외의 자료는 창립총회 이후에도 보완할 수 있음

문면상 위와 같은 의사가 표현된 법정의 동의서 내지 대표조합원 선임의 의사가 표시된 동의서가 제출되었다면, 그 외의 자료는 창립총회 이후에도 보완할 수 있다 할 것이고, AV(81) 외 61 인 및 AW(548) 외 2 인 명의의 동의서 내지 대표조합원선임동의서에 첨부된 인감증명서가 이 사건 창립총회 이후에 발급되었다 하더라도 그러한 사유만으로 위 동의서 내지 대표조합원선임동의서가 무효라고 볼 수는 없다. 아울러 그와 같은 사정만으로 곧바로 해당 동의서 내지 대표조합원선임동의서가 이 사건 창립총회 이후에 작성·제출되었다고 단정할 수도 없다.

마. 대표조합원선임동의서에 작성일자 등 일부 공란이 있어도 유효함

앞서 본 바와 같이 대표조합원선임동의서의 경우에는 법정의 서식이 없으므로, 이 사건 추진위원회가 정한 방식에 맞게 여럿을 대표하는 1 인을 지정하는 의사만 표시되면 족하다. 그런데 을가 제 5, 68 내지 75 호증의 기재 및 변론 전체의 취지에 의하면, AX(391) 외 8 인 명의의 대표조합원선임동의서가 이 사건 추진위원회에게 제출된 사실20)이 인정된다.

위 인정사실에 따르면, AX(391) 외 8 인이 각 해당 부동산의 공유자들을 대표하는 1 인의 토지등소유자로 지정되었다 할 것이고, 작성일자가 기재되어 있지 않다거나 그 밖에 일부 공란이 존재한다 하더라도 그러한 사유만으로 위 대표조합원선임동의서가 무효라고 볼 수 없다. 따라서 제 1-6 주장도 받아들일 수 없다.

바. 일부 필적 사이에 차이가 있어도 유효한 동의서임

동의서 및 대표조합원선임동의서가 제 3 자에 의하여 위조되었다거나 명의인의 의사에 반하여 작성되었다고 볼 정황이 없는 이상, 일부 필적 사이에 차이가 있음을 들어 해당 동의서 및 대표조합원선임동의서가 명의인의 의사에 반하여 작성된 것으로는 볼 수 없는 것이다.

사. 인적사항 중 생년월일란이 공란인 동의서도 유효함

을가 제 83 호증의 기재 및 변론 전체의 취지에 의하면, DX(520)가 2015. 1. 4. 이 사건 추진위원회에게 동의서를 제출한 사실, 위 동의서 중 'I. 동의자 현황' 의 '1. 인적사항 - 생년월일' 란이 공란인 사실이 인정된다. 그러나 위 동의서를 통해 DX 의 동의 의사가 확인되는 이상, 단지 '1. 인적사항 - 생년월일' 란이 공란이라는 사유만으로 위 동의서의 효력을 부인할 수 없다. 이와 전제를 달리하는 제 1-9 주장도 받아들일 수 없다.

제 6 장 토지등소유자의 동의 / 제 5 절 동의서의 심사

E. [하급심판례] 조합설립동의서에 '일련번호(연번)의 범위'만 기재되고 '일련번호'가 누락되었으나, 조합설립동의서에 '일련번호의 범위'가 명확히 기재되어 있고, 조합설립 동의서의 발행매수도 제한된 이 사건에서 연번이 부여되지 않은 하자는 조합설립동의서를 무효로 할 만큼의 하자는 아니라고 본 사례 —서울행정법원 2020. 10. 30. 선고 2020 구합 51631 판결[가로주택정비사업조합설립인가처분취소청구의소][항소취하 간주(쌍불)로 확정]

【당사자】

원고(선정당사자)	A
원고보조참가인	B ~ H
피고	서울특별시 마포구청장
피고보조참가인	I 일원가로주택정비사업조합

소규모주택정비법 시행규칙 제 9 조 제 3 항 [별지 제 12 호] 조합설립동의서 서식을 보면, '행정기관에서 부여한 일련번호 범위'와 '일련번호'를 기재하도록 하는 란이 마련되어 있다.

피고가 2019. 5. 16.과 같은 해 7. 24. 이 사건 추진위원회에게 교부한 이 사건 조합설립동의서는 '행정기관에서 부여한 일련번호의 범위'란에 'K(1~103) 또는 K(1~123)'이라고 기재되어 있고, '일련번호'란에는 '(공백)/103 또는 (공백)/123'이라고만 기재되어 있는 사실은 앞서 본 바와 같다. 그렇다면 이 사건 조합설립동의서에는 일련번호의 범위만이 기재되어 있을 뿐, 도시정비법 시행령 제 34 조 제 2 항에 따른 '연번(連番)'이 부여되지 않은 하자가 있다…

그런데 아래와 같은 사정들을 종합하여 보면, 연번(連番)의 범위가 명확히 기재되어 있고, 조합설립 동의서의 발행매수도 제한된 이 사건에 있어서 비록 이 사건 조합설립동의서에 연번(連番)이 부여되지 않은 하자가 있다고 하더라도 그것이 조합설립동의서에 날인된 검인이나 조합설립동의서 자체를 무효라고 할 만큼의 하자라고는 할 수 없다. 따라서 원고의 이 부분 주장도 이유 없다.

IV. 동의서를 무효로 본 사례

A. ① 동의서를 받을 당시 '신축건물의 설계개요', '건축물 철거 및 신축비용 개산액'에 관한 사항이 모두 공란으로 되어 있었고, ② 조합설립인가 신청시 제출된 동의서 중 a) 100 장은 작성연월일이 변개되었거나 서명날인란의 기재와 다른 필기구가 사용되었고, b) 그 중 97 장의 동의서에 첨부된 인감증명서는 정비구역 지정 이전에 발급된 것이어서 그 진정성에 강한 의심이 들고, ③ 이를 제외한 나머지 동의서만으로 조합설립을 위한 토지등소유자 3/4 이상 동의요건을 충족하지 못하므로, 조합설립인가처분이 위법하다고 본 사례 —대법원 2010. 8. 26. 선고 2010 두 2579 판결[재개발정비사업조합설립인가취소]

IV. 동의서를 무효로 본 사례

[당사자]

【원고, 피상고인】 원고 1 외 7인

【피고, 상고인】 서울특별시 동대문구청장

【피고보조참가인】 ○○제5구역주택재개발정비사업조합

1. 원심이 인정한 사실

원심은 제1심판결을 인용하여,

① ○○제5구역 주택재개발정비사업조합 설립추진위원회(이하 '추진위원회'라고 한다)가 정비구역 지정 이전인 2006. 4. 14. 토지 등 소유자에게 등기우편으로 조합설립동의서 양식을 보내면서 동의서의 날인란에 인감도장을 날인한 다음 인감증명서 1통을 첨부하여 송부하여 줄 것을 요청하였는데,

② 당시 동의서 2쪽의 '신축건물의 설계개요', '건축물 철거 및 신축비용 개산액'에 관한 사항이 모두 공란으로 되어 있었던 사실,

③ 조합설립인가신청시 피고에게 제출된 동의서 중 a) 100장은 작성연월일이 변개되었거나 서명날인란의 기재와 다른 필기구가 사용되어 있고, b) 그 중 97장의 동의서에 첨부된 인감증명서는 정비구역 지정 이전에 발급된 것이며, 동의서 2쪽의 교체 흔적이 있는 사실을 각 인정한 다음,

2. 원심판결의 정당함

이 점에 비추어 적어도 97장의 동의서는 그 진정성에 대한 강한 의심이 들고 이를 제외한 나머지 동의서만으로 구 도시 및 주거환경정비법(2008. 2. 29. 법률 제8852호로 개정되기 전의 것, 이하 '구 도시정비법'이라고 한다) 제16조 제1항에서 정한 토지 등 소유자 4분의 3 이상의 동의를 얻어야 한다는 요건을 충족하지 못하므로, 이 사건 주택재개발정비사업조합 설립인가처분(이하 '이 사건 처분'이라고 한다)은 위법하다고 판단하고,

토지 등 소유자들로부터 위와 같이 동의서 2쪽을 교체하고 작성연월일을 변경하는 것에 대한 사전 동의를 받았다는 피고 및 피고 보조참가인(이하 '참가인'이라고 한다)의 주장에 대하여는 제출된 증거만으로는 이를 인정할 수 없다는 이유로 배척하였다.

그리고 원심은, 토지 등 소유자가 '신축건축물의 설계 개요와 건축물 철거 및 신축비용 개산액' 부분이 공란으로 된 조합설립동의서에 미리 서명날인함으로써 향후 이 부분이 결정되면 그러한 내용에 동의하고 추진위원회로 하여금 이를 보충하도록 하는 의사표시를 하였다는 피

제6장 토지등소유자의 동의 / 제5절 동의서의 심사

고 및 참가인의 주장에 대하여 그 제출된 증거만으로는 이를 인정하기에 부족하고, 위 동의서 제3쪽 제7항의 기재내용과 조합창립총회에서의 '사업시행안 결의의 건' 통과, 2009. 2. 6. 법률 제9444호로 개정된 도시 및 주거환경정비법 제13조 제3항의 취지에 비추어 위와 같은 동의서가 적법하다는 피고 및 참가인의 주장에 대하여도, 처음부터 적법하게 작성되지 아니한 동의서에는 적용될 여지가 없다는 이유로 이를 배척하였다.

기록에 비추어 살펴보면 원심의 위와 같은 판단은 정당하고, 거기에 상고이유의 주장과 같은 조합설립동의서의 적법 여부에 관한 채증법칙 위배나 법리오해의 잘못이 없다.

B. [고등법원판례] ① 창립총회 이후에 제출한 동의서는 적법한 동의서 아님; ② 신분증명서는 창립총회 이후에도 보완할 수 있음(따라서 주민등록등본 발급일자가 창립총회 개최 이후라는 사정만으로 동의서를 무효로 볼 수 없음) —서울고등법원 2022. 7. 6. 선고 2020누69092 판결[주택재개발정비사업조합설립인가처분 취소] (상고)

【당사자】

원고, 항소인   A, B, C
피고, 피항소인 성북구청장
피고보조참가인 D구역주택재개발정비사업조합

1. 창립총회 이후에 제출한 동의서는 적법한 동의서 아님

도시정비법 시행령 제27조 제1항은 추진위원회는 토지등소유자로부터 동의를 받은 후 조합설립인가를 신청하기 전에 창립총회를 개최하여야 한다고 규정하고 있다. 위 규정에 따르면, 조합설립에 관한 동의서는 적어도 창립총회 개최 전에 제출되어야 하는데, 을가 제31호증의 기재에 따르면, G(조합원 명부 연번 580)은 이 사건 창립총회 개최 이후인 2018. 11. 27.에 이르러 조합설립에 관한 동의서를 작성하여 제출한 사실을 인정할 수 있으므로, 위 동의서는 조합설립에 관한 적법한 동의로 보기 어렵다. 따라서 원고의 이 부분 주장은 이유 있다.

2. 신분증명서는 창립총회 이후에도 보완할 수 있음

한편 을가 제18, 22호증의 각 기재에 따르면, Q(조합원 명부 연번 274), BQ(조합원 명부 연번 365)의 각 동의서에는 작성일자 기재가 공란인 사실, Q의 동의서에 첨부된 주민등록표 등본의 발급일자가 2018. 12. 19.이고, BQ의 동의서에 첨부된 주민등록표 등본의 발급일자가 2018. 11. 29.인 사실을 인정할 수 있으나,

앞서 본 것과 같이 ① 동의서에 첨부되는 신분증명서는 그 작성자와 실제 토지등소유자의 동일성을 파악하기 위한 자료에 불과하고, 실제로 행정청은 신분증 사본의 첨부 유무만을 심사

IV. 동의서를 무효로 본 사례

할 뿐이어서, 위와 같은 신분증명서는 창립총회 이후에도 보완이 가능한 점, ② 위 각 동의서 작성일자가 공란으로 되어 있으나, 그러한 사정만으로 위 각 주민등록표 등본 발급일자 이후에 각 동의서가 작성되었다고 단정할 수 없는 점, ③ 오히려 주민등록번호가 기재되어 있는 주민등록표 등본 등은 함부로 교부되지 아니하는 서류로서, 이 사건 창립총회 이후에 위 각 서류를 교부하였다는 것은 그 이전에 이미 동의서를 제출하였을 개연성이 높은 것으로 보이는 점(만일 이 사건 추진위원회가 이 사건 창립총회 이후에 동의서나 주민등록표 등본을 요구한다면, 이미 결의가 이루어진 이후이므로, 토지등소유자들이 동의서나 주민등록표의 제출 요구에 불응하거나 이에 대하여 이의를 제기하는 토지등소유자가 상당수가 있었을 것으로 보이는데, 이를 인정할 어떠한 증거나 자료도 없다) 등을 고려하면, 위 각 주민등록표 등본의 발급일자가 이 사건 창립총회 개최 이후라는 사정만으로 Q, BQ 의 위 각 동의서가 효력이 없다고 볼 수는 없다.

C. [하급심판례] '건축물의 철거 및 신축에 소요되는 비용의 개략적인 금액'이 전혀 기재되지 않은 동의서를 유효한 것으로 보고 한 조합설립인가 처분 및 그에 기초한 사업시행인가 처분은 모두 무효임 —서울행정법원 2010. 11. 11. 선고 2010 구합 6533 판결[정비사업조합설립인가무효확인등](확정)

이 사건의 경우, 앞서 본 바와 같이 이 사건 인가처분을 받기 위하여 제출된 이 사건 1 차 동의서에는 '건축물의 철거 및 신축에 소요되는 비용의 개략적인 금액'이 전혀 기재되지 않은 채 공란으로 비워져 있었고, 그럼에도 불구하고 피고는 이 사건 1 차 동의서에 의한 조합설립 동의가 유효하다고 보아 이 사건 인가처분을 하였다.

그렇다면, 피고의 이 사건 인가처분에는 토지 등 소유자의 동의 내용에 관한 심사기준을 위반하여 효력이 없는 동의를 유효한 것으로 처리한 위법이 있다고 할 것이고, 위와 같은 인가처분의 하자는 시장정비사업조합의 시장정비사업조합의 설립과정에서 그 직접의 이해당사자인 토지 등 소유자의 동의가 가지는 현저한 의미 등에 비추어 중대하다고 할 것이며, 나아가 동의서의 괴관상 그 하자를 쉽사리 알 수 있음에도 불구하고 이를 유효로 처리한 점 등에 비추어 그 하자의 명백성도 인정되므로, 이 사건 인가처분은 무효라고 할 것이고, 이러한 이 사건 인가처분에 기초한 이 사건 사업시행인가처분 역시 무효이다.

제6절 동의의 철회

I. 개요

A. '동의의 철회' 또는 '반대의사의 표시'의 시기

1. 【해설】 시기에 관한 '3중의 제한'

> 토지등소유자의 동의는 철회할 수 있으나, '동의의 철회' 또는 '반대의사의 표시'의 시한은 아래와 같이 '3중의 제한'을 받는다. 추진위원회 구성에 동의한 토지등소유자가 조합설립에 대한 반대 의사표시를 하는 경우도 마찬가지이다(영 제33조 제2항, 제3항).
>
> 첫째, 동의의 철회 또는 반대의사의 표시는 인·허가 등을 신청하기 전까지만 할 수 있다(영 제33조 제2항 제1호). 예를 들어 조합설립동의의 철회는 조합설립인가 신청서가 접수되기 전까지만 할 수 있다. 따라서 인·허가 신청이 임박한 시점에 철회 또는 반대의사표시를 하는 경우에는 '당일특급 내용증명'을 이용해야 한다(당일특급 내용증명은 우체국마다 마감시간이 정해져 있으므로 반드시 사전에 확인할 것).
>
> 둘째, '정비구역의 해제에 대한 동의'와 '조합설립에 대한 동의'는 최초동의일부터 30일 이내에만 철회할 수 있다(영 제33조 제2항 제2호).
>
> ☞ [비교] 전부개정전 법령에서는 '정비구역 해제에 대한 동의'와 '조합설립에 대한 동의'만이 아니라, '추진위원회 또는 조합의 해산에 대한 동의'도 최초 동의일부터 30일 이내에만 철회할 수 있었다(구법 시행령 제28조 제5항 제2호 다목).
>
> 셋째, 조합설립에 대한 동의는 30일 이내라도 창립총회 후에는 철회할 수 없다(영 제33조 제2항 제2호 단서).

2. 【해설】 조합설립동의사항이 변경된 경우에는 '조합설립인가신청 전까지' 할 수 있음

> 조합설립 동의 후 조합설립동의사항이 변경된 경우에는 동의한 날부터 30일이 지났거나 창립총회가 끝난 뒤에도 조합설립인가 신청 전에는 조합설립동의를 철회할 수 있다(같은 호 나목 괄호부분).
>
> '조합설립동의사항'은 ① 설계 개요, ② 정비사업비, ③ 정비사업비의 분담기준, ④ 사업 완료 후 소유권귀속에 관한 사항, ⑤ 정관 등이다(영 제30조 제2항 제1∼5호).
>
> 조합설립동의사항에 변경이 있었는지 여부는 토지등소유자가 동의철회서를 제출한 시점을 기준으로 판단한다(대법원 2012. 12. 13. 선고 2011두21218 판결).

3. 2012. 8. 2. 개정 전 구법에서는 인·허가 등의 신청 전에만 하면 되었다

2012. 8. 2. 전에는 '인·허가 등의 신청 전'에만 하면 되었으며, 철회의 시기에 관하여 다른 제한은 받지 않았다. 다만, 그때는 '조합설립동의사항이 변경되었을 것'이 조합설립동의 철회의 요건이었다. (2012. 7. 31. 대통령령 제24007호로 개정되어 2012. 8. 2. 시행되기 전의 구 시행령 제28조 제4항.)

한편 동의의 철회에 관하여 아무 규정도 두지 않았던 구 도시재개발법에서도 대법원은 처분시까지 동의를 철회할 수 있었다고 보았으므로(대법원 2001. 6. 15. 선고 99두5566 판결), 도시정비법에서 동의의 철회에 관한 규정을 둔 것은 철회의 시기를 제한하기 위한 것이라고 볼 수 있다.

B. '동의의 철회' 또는 '반대의사표시'의 방법

1. 【해설】 작성법은 동의서와 같으나, 동의상대방 및 시장·군수등에게 내용증명으로 발송해야

(1) '동의의 철회 또는 반대 의사표시의 방법'도 동의의 방법과 동일하나, 내용증명으로 발송하여야 한다는 점이 다르다.

즉, ① 철회서에 토지등소유자가 성명을 적고 자필기재, ② 지장을 날인한 후 ③ 주민등록증 및 여권 등 신원을 확인할 수 있는 신분증 사본을 첨부하여 ④ 동의의 상대방 및 시장·군수등에게 ⑤ 내용증명으로 발송하여야 한다. (이상 법 제36조 제1항; 영 제33조 제3항.)

추진위원회 구성에 동의한 토지등소유자가 조합설립에 대한 반대 의사표시를 하는 경우에도 같은 방법으로 한다(영 제33조 제3항, 제2항 참조).

(2) '동의의 상대방' 및 '시장·군수등' 둘 모두에게 내용증명으로 발송하여야 한다. 철회서를 받은 시장·군수등은 지체 없이 동의의 상대방(추진위원회 등)에게 철회서가 접수된 사실을 통지하여야 한다. (이상 영 제33조 제3항.)

(3) 철회 또는 반대 의사표시의 효력발생 시점은 a) 철회서가 동의의 상대방에게 도달한 시점과 b) 시장·군수등이 동의의 상대방에게 철회서가 접수된 사실을 통지한 시점 중 빠른 시점이다(영 제33조 제4항).

2. 【해설】 '동의의 상대방' 또는 '시장·군수등' 중 어느 한쪽에만 철회서가 제출된 경우의 효력

(1) '동의의 상대방' 또는 '시장·군수등' 중 어느 한쪽에만 철회서가 제출된 경우에 철회의 효력을 인정할 것인가에 관하여 찬반 양론이 있다.

> (2) 구 주촉법 판례: 구청장에게 철회서를 제출한 것만으로는 조합에 대한 조합탈퇴 또는 재건축결의동의 철회의 의사표시로 볼 수 없다고 한 대법원판례가 있다(대법원 2005.06.24. 선고 2003다55455 판결).
>
> 그러나 이 판례는 동의 철회에 관하여 아무 규정이 없던(따라서 일반 법원리에 의해 동의의 철회가 인정되던) 구 주촉법이 적용된 사안에서, 동의의 상대방(조합) 아닌 제3자(구청장)에게 철회서를 제출한 것은 조합에 대한 동의철회의 의사표시로 볼 수 없다고 판시한 판례이므로, 영 제33조 제3항 후단(동의철회서를 받은 시장·군수등의 동의 상대방에 대한 통지의무) 및 제4항(동의철회의 효력발생시기)의 규정을 둔 현행법에서 이 판례를 그대로 원용하기는 어렵다.
>
> (3 생각컨대, 영 제33조 제3항 후단 및 제4항의 규정을 둔 취지에 비추어 볼 때, 현행 도시정비법에서는 '동의의 상대방' 또는 '시장·군수등' 중 어느 한쪽에만 철회서가 제출된 경우에도 철회의 효력을 인정하는 것이 타당하다고 본다. 즉, a) 철회서가 동의의 상대방에게 제출된 때에는 상대방에게 도달한 시점에, b) 시장·군수등에게 제출된 때에는 시장·군수등이 동의의 상대방에게 철회서가 접수된 사실을 통지한 시점에 각 철회의 효력이 발생한다고 보는 것이 타당하다(영 제33조 제4항).

C. 철회의 이유는 필요 없음

1. 【해설】 2012. 8. 2.(2012. 7. 31. 개정령 시행일) 전과 이후

> (1) 2012. 8. 2. 전에는 '조합설립동의사항의 변경'이 조합설립동의 철회의 요건이었다(2012. 7. 31. 대통령령 제24007호로 개정되어 2012. 8. 2. 시행되기 전의 구 시행령 제28조 제4항 단서). 따라서 조합설립동의사항이 변경되지 않은 경우에는 조합설립 인가신청 전이라도 동의를 철회할 수 없었다(동 개정전 시행령 제28조 제4항 단서).
>
> (2) 그러나 2012. 8. 2. 이후에는 a) 조합설립동의사항이 변경되지 않은 경우에도 동의를 철회할 수 있도록 하고, b) 조합설립동의사항이 변경된 경우에는 동의한 날부터 30일이 지났거나 창립총회 후에도 조합설립인가 신청 전에는 동의를 철회할 수 있도록 하였다(동 개정시행령 제28조 제4항). 전부개정법에서도 이와 같다.

D. 관련규정

1. 【법령】 전부개정법 시행령 제33조(토지등소유자의 동의자 수 산정 방법 등) 제2~4항

> ② 법 제12조 제2항 및 제36조 제1항 각 호 외의 부분에 따른 동의(법 제26조제1항제8호, 제31조제2항 및 제47조제4항에 따라 의제된 동의를 포함한다)의 철회 또는 반대의사 표시의 시기는 다음 각 호의 기준에 따른다.

I. 개요

1. 동의의 철회 또는 반대의사의 표시는 해당 동의에 따른 인·허가 등을 신청하기 전까지 할 수 있다.

2. 제1호에도 불구하고 다음 각 목의 동의는 최초로 동의한 날부터 30일까지만 철회할 수 있다. 다만, 나목의 동의는 최초로 동의한 날부터 30일이 지나지 아니한 경우에도 법 제32조제3항에 따른 조합설립을 위한 창립총회 후에는 철회할 수 없다.

 가. 법 제21조 제1항 제4호에 따른 정비구역의 해제에 대한 동의

 나. 법 제35조에 따른 조합설립에 대한 동의(동의 후 제30조 제2항 각 호의 사항이 변경되지 아니한 경우로 한정)한다)

☞ 조합설립동의사항(영 제30조 제2항 각 호: ① 설계개요, ② 정비사업비, ③ 정비사업비의 분담기준, ④ 사업완료 후 소유권귀속에 관한 사항, ⑤ 정관)이 변경된 경우에는 동의한 날부터 30일이 지났거나 창립총회 후에도 조합설립인가 신청 전에는 조합설립 동의를 철회할 수 있다(나목 괄호 부분 참조).

③ 제2항에 따라 동의를 철회하거나 반대의 의사표시를 하려는 토지등소유자는 A) 철회서에 토지등소유자가 성명을 적고 지장(指章)을 날인한 후 B) 주민등록증 및 여권 등 신원을 확인할 수 있는 신분증명서 사본을 첨부하여 C) 동의의 상대방 및 시장·군수등에게 D) 내용증명의 방법으로 발송하여야 한다.

이 경우 시장·군수등이 철회서를 받은 때에는 지체 없이 동의의 상대방에게 철회서가 접수된 사실을 통지하여야 한다.

④ 제2항에 따른 동의의 철회나 반대의 의사표시는 a) 제3항 전단에 따라 철회서가 동의의 상대방에게 도달한 때 또는 b) 같은 항 후단에 따라 시장·군수등이 동의의 상대방에게 철회서가 접수된 사실을 통지한 때 중 빠른 때에 효력이 발생한다.

2. 【구법령】 2012. 8. 2. 개정 전 시행령 제28조(토지등소유자의 동의자수 산정방법 등)

[2009. 8. 11. 개정 대통령령 제21679호]

④ 토지등소유자는 법 제17조 제1항 전단 및 제12조의 동의(법 제8조제4항제7호·제13조 제3항 및 제26조 제3항에 따라 동의가 의제되는 경우를 포함한다)에 따른 인·허가 등의 신청 전에 동의를 철회하거나 반대의 의사표시를 할 수 있다.

다만, 법 제16조에 따른 조합설립의 인가에 대한 동의 후 제26조 제2항 각 호의 사항이 변경되지 않은 경우에는 조합설립의 인가신청 전이라 하더라도 철회할 수 없다. <개정 2009.8.11>

제 6 장 토지등소유자의 동의 / 제 6 절 동의의 철회

II. 판례

A. 조합설립인가신청 후에 한 조합설립 동의의 철회는 효력이 없으며, 정관 등에서 정한 조합탈퇴의 요건을 갖추었는지 여부만 문제될 뿐이다 —대법원 2012. 11. 29. 선고 2011 두 518 판결 [조합원지위부존재확인청구]

구 도시 및 주거환경정비법 시행령(2009. 8. 11. 대통령령 제 21679 호로 개정되기 전의 것, 이하 '구 도시정비법 시행령'이라고 한다) 제 28 조 제 1 항 제 5 호는 조합설립 인가를 받기 위한 토지등소유자의 동의자 수를 산정함에 있어 구 도시정비법 시행령 제 26 조 제 2 항 각 호에 규정된 사항의 변경이 없는 경우를 제외하고는[☞ 이 부분 판시의 의미는 구 시행령 제 26 조 제 2 항 각 호에 규정된 사항의 변경이 없는 경우에는 조합설립인가 신청 전에 동의를 철회하더라도 동의자 수에서 제외되지 않는다는 의미임], 추진위원회의 승인신청 전 또는 조합설립의 인가신청 전에 동의를 철회하는 자만을 제외하도록 규정하고 있으므로, <u>인가신청 후에 한 조합설립 동의의 철회는 효력이 없고, 정관 등에 의하여 조합탈퇴의 요건을 갖추었는지 여부가 문제될 뿐이다</u>.

B. [구 도시개발법판례] 동의의 철회에 관하여 아무 규정을 두지 않았던 구 도시재개발법이 적용된 사안에서, ① 재개발조합의 설립 및 사업시행인가 처분시까지 동의를 하거나 동의를 철회할 수 있다고 보고, ② 처분시를 기준으로 동의율 충족 여부를 판단한 사례 —대법원 2001. 6. 15. 선고 99 두 5566 판결[주택개량재개발조합설립및사업시행인가처분취소]

> ☞ 도시정비법 시행 후 조합설립인가의 동의율 충족 여부를 판단하는 기준시점은 '인가처분시'가 아닌 '인가신청시'이며(대법원 2014. 4. 24. 선고 2012 두 21437 판결), 도시정비법은 조합설립동의 철회의 시한을 '조합설립인가 신청 전'까지로 못박고 있으므로, <u>도시정비법에 따른 정비사업에서는 이 판례를 그대로 원용할 수 없다</u>.

【당사자】

【원고,피상고인】 원고 1 외 13 인

【피고,상고인】 서울특별시 용산구청장

【피고보조참가인】 용산 제 2 구역주택재개발조합

<u>구 도시재개발법</u>(1995. 12. 29. 법률 제 5116 호로 전문 개정되기 전의 법률, 다음부터는 개정되기 전의 법률을 '구법', 개정된 법률을 '신법'이라 한다)에 의하면 제 14 조 제 1 항, 제 17 조 제 1 항, 제 2 항에서 재개발조합의 설립 및 사업시행인가를 신청하는 자는 재개발구역 안의 토지면적의 3 분의 2 이상의 토지 소유자의 동의와 토지 소유자 총 수 및 건축물 소유자 총 수의 각 3 분의 2 이상에 해당하는 자의 동의를 얻어야 한다고 규정하고 있을 뿐 그 동의나 <u>철</u>

회를 할 수 있는 기한에 대하여는 아무런 규정을 두고 있지 아니하나,

① 사인의 공법상 행위는 명문으로 금지되거나 성질상 불가능한 경우가 아닌 한 그에 의거한 행정행위가 행하여질 때까지는 자유로이 철회나 보정이 가능하다고 보아야 할 것인 점,

② 인가신청 이후 인가처분이 행하여 질 때까지 상당한 기간이 소요될 수 있고 그 사이 권리변동이나 사정변경이 생길 수도 있는데 이에 따른 일체의 철회나 보정을 할 수 없다고 해석하는 것은 권리자의 의사를 가능한 한 존중하여 재개발조합의 설립 및 사업시행인가에 필요한 법정 동의요건으로 높은 동의율을 요구하는 반면 일단 재개발조합설립인가가 행하여지면 재개발구역 안의 모든 토지나 건축물 소유자가 조합원이 되도록 하는 강제가입제를 채택하고 있는 법의 취지에 반하는 점,

③ 재개발조합의 설립 및 사업시행인가를 신청할 때에 필요한 동의자의 수를 산정함에 있어서 재개발구역 안의 토지 또는 건축물의 소유자가 조합설립인가 전에 동의를 철회하는 경우에는 이를 동의자의 수에서 제외하여야 한다고 규정한 신법시행령(1996. 6. 29. 대통령령 제15096호로 전문 개정된 것) 제22조 제1항과 제29조 제1항은 이와 같은 법리를 확인하기 위하여 도입된 규정으로 볼 수 있는 점 등에 비추어 보면,

구법이 적용되는 경우에 있어서 토지 또는 건축물의 소유자는 재개발조합의 설립 및 사업시행인가 처분시까지 동의를 하거나 이미 한 동의를 철회할 수 있다고 해석함이 상당하다 할 것이다. 따라서 같은 취지에서 원심이 재개발조합의 설립 및 사업시행인가 처분시를 기준으로 동의율 충족 여부를 판단한 조치는 정당하고, 거기에 상고이유의 주장과 같은 채증법칙 위배나 법리오해 등의 위법이 없다. 이 점에 관한 상고이유의 주장도 받아들일 수 없다.

C. ['2 기'(인감증명서 첨부방식) 고등법원판례] ① 동의의 철회는 동의철회서 및 인감증명서의 원본에 의하여 이루어져야; ② 따라서 동의철회서·인감증명서 사본을 제출한 것은 적법한 동의의 철회가 아님; ③ 동의철회자 중 일부가 추진위원회 설립신청 이후에 원본을 제출했더라도 적법한 동의철회 아님(철회는 승인신청 전에만 할 수 있으므로); ④ 이 경우 피고가 추진위원회 설립신청 이후에 동의철회자들의 진정한 의사를 확인하여 그 중 40명의 동의철회를 인정한 것도 잘못임 —서울고등법원 2010. 12. 10. 선고 2010누9572 판결[주택재개발정비사업조합설립인가처분취소]

【당사자】

| 원고, 피항소인 별지 원고 목록 기재와 같다. |
| 피고, 항소인 　서울특별시 서대문구청장 |
| 피고 보조참가인 　　　A 조합 |

2009. 2. 6. 개정된 도시정비법 제17조 제1항, 2009. 8. 11. 개정되기 전의 도시정비법 시행령 제28조 제4항은 조합설립추진위원회 및 조합의 설립에 관한 토지등소유자의 동의방법에 관하여, 인감도장을 사용한 서면동의 방법에 의하고, 인감증명서를 첨부하도록 규정하고 있으며, 동의한 사항의 철회에 관하여도 같은 방법에 의하도록 규정하고 있다. 주택재개발사업의 절차적 안정을 위하여 토지등소유자의 동의 및 동의철회의 의사가 명확하게 표시되어야 한다는 점과 위 규정의 취지를 종합하면, 토지등소유자의 동의의 철회는 동의철회서 및 인감증명서 원본에 의하여 이루어져야 한다.

앞서 본 바와 같이, 동의철회자들은 대부분 동의철회서 및 인감증명서 원본이 아닌 그 사본을 제출하였으므로, 이를 적법한 동의의 철회라고 할 수 없다[2009. 8. 11. 개정되기 전의 도시정비법 시행령 제28조 제1항 제5호 본문은 '추진위원회의 승인신청 전에 동의를 철회하는 자는 토지등소유자의 동의자수에서 제외할 것'이라고 규정하고 있으므로, 동의철회자 중 일부가 추진위원회 설립신청 이후에 피고에게 그 원본을 제출하였다고 하더라도 적법한 동의철회로 볼 수 없다. 따라서, 피고가 추진위원회 설립신청 이후에 동의철회자들의 진정한 의사를 확인하여 그 중 40명(감사결과 42명)의 동의철회를 인정한 것은 잘못이다. 다만, 그러한 사정이 있다고 하더라도, 이 사건 설립승인의 효력에는 영향이 없다].

따라서, 최초 추진위원회에 설립에 동의하였다가 그 동의를 철회한 자들을 동의자 수에서 제외하지 않고 동의자 수에 포함하여 산정한 것이 위법하지 않으므로, 이에 관한 원고들의 위 주장은 이유 없다.

D. [구 주촉법 판례] 구청장에게 철회서를 제출한 것만으로는 조합에 대한 조합탈퇴 또는 재건축결의동의 철회의 의사표시로 볼 수 없어 —대법원 2005.06.24. 선고 2003다55455 판결[소유권이전등기]

【당사자】

[원고, 피상고인] 장안시영아파트 2단지 329-3번지재건축주택조합
[피고(선정당사자), 상고인] ○○○

동대문구청장에게 재건축결의동의 철회서를 제출한 것만으로는 원고 조합에 대한 조합탈퇴 또는 재건축결의동의 철회의 의사표시로 볼 수 없어 원고 조합에 대하여는 효력이 없으며...

III. 2012. 8. 2. 전 시행령을 적용한 판례

A. 【해설】 이 판례들은 현재도 유용한 판례임

> 여기 소개할 판례들은 모두 '조합설립동의사항(동의서 포함사항) 변경'이 조합설립동의 철회의 요건이었던 2012. 7. 31. 개정(시행일 2012. 8. 2.) 전 시행령이 적용된 사례이다.
>
> 그러나 현행 도시정비법에서도 조합설립 동의 후 조합설립동의사항이 변경된 경우에는 동의한 날부터 30 일이 지났거나 창립총회가 끝난 뒤에도 조합설립인가 신청 전에는 조합설립동의를 철회할 수 있는 예외가 인정되므로(같은 호 나목 괄호부분 참조), 이 판례들은 '조합설립동의사항이 변경된 경우'에 해당하는지 여부를 판단하는 기준으로서 여전히 유용하게 원용될 수 있다.

B. [구법 판례] ① 조합설립동의서 포함 사항이 일부 변경되었으나 사회통념상 종전 동의서와 동일성이 인정되는 경우에는 동의를 철회할 수 없어; ② 변경 전후의 '설계 개요' 사이에 동일성이 인정되어 동의를 철회할 수 없다고 본 사례 —대법원 2014.03.13. 선고 2012두14095 판결[조합설립인가무효확인]

【당사자】

> [원고(선정당사자), 피상고인] 원고(선정당사자)
>
> [원고보조참가인] (선정당사자) 원고보조참가인 1 외 2인
>
> [피 고] 서울특별시 서대문구청장
>
> [피고보조참가인, 상고인] 홍은동제5주택재건축정비사업조합

1. 법리 (정비사업비용 등 동의서 포함 사항의 변경 가능성)

그리고 재건축에의 동의 여부를 판단하는 기본이 되는 동의서 포함 사항은 토지등소유자의 권리·의무에 중대한 영향을 미치는 사항으로서 조합설립에 대한 동의 여부의 판단에 직접 영향을 주는 것이기는 하지만, 동의서 포함 사항에 반영되어야 하는 재건축사업의 개요는 처음부터 확정짓기가 곤란하여 재건축 추진위원회의 활동, 의견수렴, 재건축조합의 설립준비, 사업관계자와의 절충과 협의 등의 과정에서 단계적, 발전적으로 형성되어 사업계획의 승인단계에 이르러 건축설계나 사업계획 등이 완성되면서 비로소 구체적인 모습을 드러내는 것이 통례로서, 재건축에서의 비용 등의 변경 역시 어느 정도는 피할 수 없다. 구 도시정비법 시행령에서 동의서 포함 사항을 '건설되는 건축물의 설계의 개요, 비용의 개략적인 금액과 그 비용의 분담기준'으로 정한 것도 이러한 사정을 반영한 것으로 보인다.

제 6 장 토지등소유자의 동의 / 제 6 절 동의의 철회

따라서 비록 동의서 포함 사항의 내용이 일부 변경되었다고 하더라도 사회통념상 종전의 동의서 포함 사항과의 동일성이 인정되는 경우에는, 여전히 종전의 동의서에 의한 동의는 변경된 내용에 따른 조합설립인가에 대한 동의로서 유효하다고 할 것이고(대법원 2005. 6. 24. 선고 2003 다 56441 판결 참조), 토지등소유자는 그 동의서에 의한 동의를 철회할 수 없다고 해석함이 상당하다.

2. 변경 전후의 설계개요 사이에 동일성이 인정되어 동의를 철회할 수 없다고 본 사례

원심판결 이유 및 적법하게 채택된 증거들에 의하면,

(1) 토지등소유자들이 제출한 이 사건 동의서에는 신축건축물의 설계개요로서 '대지면적 34,817 ㎡, 건축연면적 110,174.48 ㎡, 아파트(지하 3 층, 지상 7 층~20 층) 10 개동 540 세대 외 근린생활시설 등'으로 기재되어 있었고, 2009. 6. 21. 주민총회 시 배포된 자료에는 이에 더하여 주민공동시설이 600 ㎡로, 주민운동시설 중 지하분이 700 ㎡로 각 기재되어 있었던 사실,

(2) 그 후 1차, 2차 창립총회를 거쳐 2010. 5. 30. 3차 창립총회에서 추인한 사업시행계획안에는 건축연면적이 110,124.46 ㎡로, 주민공동시설이 550 ㎡로, 주민운동시설 중 지하분이 650 ㎡로 각 기재되어 있었으며, 위와 같은 건축연면적의 변화와 함께 건축면적이 6,175.31 ㎡에서 6,361.85 ㎡로, 건폐율이 22.81%에서 23.57%로 각 변경된 사실을 알 수 있다.

그렇지만 위 창립총회에서 추인한 사업시행계획에 기재된 신축건축물의 설계개요를 이 사건 동의서와 비교하여 보면, ① 아파트 동수, 층수, 세대수 및 대지면적에는 변화가 없고, ② 건축연면적은 50.02 ㎡만이 감소하여 그 비율은 0.045%에 불과하며, ③ 주민공동시설이 50 ㎡, 주민운동시설 중 지하분이 50 ㎡ 각 감소하였을 뿐이고, ④ 증가된 건축면적은 186.54 ㎡로서 그 증가비율은 3%에 불과하며, 증가된 건폐율은 0.76%로서 그 증가비율 역시 3.3%에 불과하다.

이러한 사정을 앞서 본 법리에 비추어 살펴보면, 이 사건 동의서 작성 후 신축건축물의 설계개요가 일부 변경되었지만, 그 변경의 정도가 매우 적어 사회통념상 변경 전후의 신축건축물에 관한 설계개요 사이에 동일성이 인정된다고 할 수 있으므로, 이 사건 동의서에 의한 동의는 위 변경 사항이 반영된 이 사건 조합설립인가에 대한 동의로서 유효하고, 토지등소유자는 이 사건 조합설립인가 신청 전이라고 하더라도 그 동의를 철회할 수 없다고 할 것이다.

C. [구법 판례] ① 조합설립동의사항에 변경이 있었는지 여부는 토지등소유자가 동의철회서를 제출한 시점을 기준으로 판단하여야; ② 동의철회서를 제출한 시점에 필수적 기재사항의 변경이 없었으므로 동의철회가 무효이고, 따라서 동의자수에 포함되어야 한다고 본 사례 —대법원 2012. 12. 13. 선고 2011 두 21218 판결[조합설립무효확인등]

III. 2012. 8. 2. 전 시행령을 적용한 판례

【당사자】

[원고(선정당사자), 피상고인] 원고 1

[원고, 피상고인] 원고 2 외 7인

[피고, 상고인] 서울특별시 동대문구청장

[피고보조참가인, 상고인] 휘경 3 재정비촉진구역주택재개발정비사업조합

1. 법리

가. 관련규정

그런데 구 도시 및 주거환경정비법 시행령(2008. 12. 17. 대통령령 제 21171 호로 개정되기 전의 것, 이하 '구 도시정비법 시행령'이라 한다) 제 28 조 제 1 항 제 5 호는 동의자 산정기준과 관련하여 "추진위원회의 승인신청 전 또는 조합설립의 인가신청 전에 동의를 철회하는 자는 토지등소유자의 동의자 수에서 제외하되, 다만 제 26 조 제 1 항 각 호의 사항의 변경이 없는 경우에는 조합설립의 인가를 위한 동의자 수에서 이를 제외하지 아니한다"고 규정하고 있고,

구 도시정비법 시행령 제 26 조 제 1 항은 '토지등소유자의 동의는 건설되는 건축물의 설계의 개요(제 1 호), 건축물의 철거 및 신축에 소요되는 비용의 개략적인 금액(제 2 호), 제 2 호의 비용의 분담에 관한 사항(제 1 호의 설계개요가 변경되는 경우 비용의 분담기준을 포함한다. 제 3 호), 사업완료 후의 소유권의 귀속에 관한 사항(제 4 호), 조합정관(제 5 호)이 기재된 동의서에 동의를 받는 방법에 의한다'고 규정하고 있다.

나. 조합설립동의사항에 변경이 있었는지 여부를 판단하는 기준시점

그리고 ① 구 도시정비법 시행령 제 28 조 제 1 항 제 5 호 단서 조항을 둔 입법 취지가 조합설립 인가신청 당시의 정비사업의 중요내용에 변경이 없는데도 일방적인 동의 철회에 의하여 정비사업의 시행이 무산되어 그로 인한 경제적 손실이 크게 발생하는 것을 방지하고, 사업시행의 안정성을 확보하고자 하는 데 그 목적이 있는 것으로 보이는 점, ② 2009. 8. 11. 개정된 도시정비법 시행령 제 28 조 제 4 항은 '토지등소유자는 법 제 17 조 제 1 항 전단 및 제 12 조의 동의에 따른 인허가 등의 신청 전에 동의를 철회하거나 반대의 의사표시를 할 수 있다. 다만 법 제 16 조에 따른 조합설립의 인가에 대한 동의 후 제 26 조 제 2 항 각 호의 사항이 변경되지 않은 경우에는 조합설립의 인가신청 전이라 하더라도 철회할 수 없다'고 개정하여 동의철회의 시기와 제 26 조 제 2 항 각 호의 변경시기를 명확히 하고 있는 점 등에 비추어 보면,

구 도시정비법 시행령 제 26 조 제 1 항 각 호의 변경이 있었는지 여부는 토지등소유자가 동의철회서를 제출한 시점을 기준으로 판단을 하여야 한다.

2. 대법원의 판단 (파기환송)

가. 조합설립동의사항에 변경이 있었는지 여부를 심리·판단하지 않은 것은 잘못

원심판결의 이유를 앞서 본 법리 및 관계 법령에 비추어 살펴보면, 토지등소유자가 '동의서'를 제출한 이후에 '동의철회서'를 다시 제출한 경우에도 구 도시정비법 시행령 제26조 제1항 각 호의 사항에 변경이 없다고 인정된다면 이들은 여전히 '동의자 수'에 포함되어야 할 것이므로 원심으로서는 위 10명의 동의 철회 당시 구 도시정비법 시행령 제26조 제1항 각 호의 사항에 변경이 있었는지 여부에 관하여 심리를 하여 본 후 위 10명의 동의철회자가 동의자 수에 포함되는지 여부를 판단하였어야 할 것이므로, 원심이 구 도시정비법 시행령 제26조 제1항 각 호의 사항에 변경이 있었는지 여부를 심리·판단을 하지 아니한 것은 잘못이다.

나. 동의철회시 조합설립동의사항에 변경이 없었으므로 동의를 철회할 수 없음

한편 기록에 의하면

① 추진위원회가 2008. 6. 17. 조합창립총회에서 결의한 조합정관 제12조 제1항 단서는 "단, 법 시행 전에 주민총회 공개경쟁 입찰의 방법으로 선정된 시공자에 대해서는 조합설립인가 후 총회의 결의를 얻음으로써 본 정관에 의하여 선정된 시공자로 본다"고 규정하고, 제35조 제3항은 "사업 시행으로 철거되는 주택의 세입자는 해당 시·도 조례에서 정하는 바에 따라 임대주택을 공급하거나, 공익사업을 위한 토지의 취득 및 손실보상에 관한 법률 제54조 제2항 및 제55조 제2항 규정의 기준에 해당하는 세입자에 대하여는 동 규칙이 정한 바에 따라 주거이전비를 지급한다"고 규정하고 있었던 사실,

② 추진위원회가 피고에게 이 사건 인가신청을 하면서 위 조합정관을 제출하였는데, 원고를 포함한 조합원 일부가 피고에게 위 정관 제12조 제1항 단서 규정이 도시 및 주거환경정비법 규정에 위배된다는 내용의 청원서를 제출하였고, 피고가 위 청원 내용을 검토한 후 정관 제12조 제1항 단서와 제35조 규정이 도시정비법 규정에 위반된다는 이유로 추진위원회에 보완을 요구한 사실,

③ 이에 추진위원회가 조합정관 제12조 제1항의 '단서규정을 삭제하고, 제35조 제3항의 '…임대주택을 공급하거나' 부분을 '…임대주택을 공급하고'로 변경한 후 피고에게 제출한 사실은 인정되나,

이는 모두 동의철회 이후에 발생한 사정들로서 동의철회자들을 동의자 수에서 제외할 사유가 되지 못할 뿐 아니라 추진위원회가 구 도시정비법(2009. 2. 6. 법률 제9444호로 개정되기 전의 것, 이하 같다)상에 규정된 조합원들의 동의나 총회의 의결을 받지 아니한 이상 위와 같은 사정들만으로 조합정관이 변경되었다고 볼 수도 없다.

III. 2012. 8. 2. 전 시행령을 적용한 판례

따라서 원심으로서는 동의철회자 10명을 적법한 동의자로 처리하여야 하는데도 동의자 수에서 이를 제외한 잘못이 있다고 할 것이므로, 토지등소유자의 동의율 산정에서 있어서 10명은 동의자 수에 추가되어야 한다.

다. 소결론

… 원심이 새로운 동의서를 제출한 동의자 2명과 동의철회자로 인정되지 않는 10명을 동의자 수에서 제외한 것은 조합설립동의자의 자격에 대한 법리를 오해하거나 심리를 다하지 아니한 위법이 있고, 이러한 원심의 잘못은 판결의 결과에 영향을 미쳤다고 할 것이므로 이 점을 지적하는 피고 및 참가인의 상고이유 주장은 이유 있다.

D. [구법 고등법원판례] ① 조합설립동의 후 재정비촉진계획이 변경되었어도(사업구역 164㎡ 증가, 세대수 2세대 감소) 창립총회에서 조합설립동의서와 동일한 사업계획안이 승인되었다면 동의서 포함 사항(건축물의 설계의 개요, 건축물의 철거 및 신축에 소요되는 비용의 개략적인 금액 및 그 분담기준 등)이 변경되었다고 볼 수 없음; ② 따라서 이 경우 조합설립동의 철회는 효력이 없음; ③ 창립총회에서 정관승인 결의가 있기 전에 정관변경을 이유로 한 동의철회는 효력이 없음 ―서울고등법원 2019. 7. 11. 선고 2018누66847 판결[조합설립인가취소] (심리불속행 기각)

1. 관련규정

구 도시정비법 시행령(2012. 7. 31. 대통령령 제24007호로 개정되기 전의 것) 제28조 제4항 단서에 따르면 토지등소유자는 조합설립의 인가에 대한 동의 후 제26조 제2항 각 호의 사항이 변경되지 않은 경우에는 조합설립의 인가신청 전이라 하더라도 동의를 철회할 수 없고, 같은 시행령 제26조 제2항 각 호는 조합설립 동의서에 포함되어야 할 사항으로 건설되는 건축물의 설계의 개요(제1호), 건축물의 철거 및 신축에 소요되는 비용의 개략적인 금액(제2호), 제2호에 따른 비용의 분담기준(제3호), 사업 완료 후 소유권의 귀속에 관한 사항(제4호), 조합정관(제5호)을 규정하고 있다.

2. 사실관계

① 당초 조합설립에 동의하였던 토지등소유자인 AR, AF, AS, AT, AU, AV, AW, AX, AG 이 재정비촉진계획이 변경된 2016. 7. 7. 이후 이 사건 조합설립인가 신청일 이전에 조합설립동의 의사를 철회한다는 뜻을 내용증명우편으로 피고 및 이 사건 추진위원회에 통지하여 동의를 철회한 사실,

② 위 토지등소유자들이 당초 제출한 조합설립동의서상 신축건축물의 설계개요 란에는 대지면적 31,450㎡, 건축 연면적 96,184.09㎡ 용적률 237.09%, 규모 지하 3층, 지상 16층(527

세대, 임대 16 세대 포함)으로, 공사비 등 정비사업에 드는 비용은 총 176,777,482,000 원으로 각 기재되어 있는 사실,

③ 2016. 7. 7. 서울특별시고시 AP 로 변경된 재정비촉진변경계획에는 이 사건 사업구역의 면적이 위 동의서 기재보다 164 ㎡ 증가된 31,614 ㎡로, 건축연면적은 96,184.09 ㎡로, 세대수 541 세대(임대 16 세대 포함)로 기재되어 있는 사실,

④ 2017. 1. 7.자 창립총회에서 위 조합설립동의서와 동일한 내용의 신축건축물의 설계개요, 건축물의 철거 및 신축에 소요되는 개략적인 비용(총 176,772,482,000 원)이 포함된 개략적인 사업계획(안)을 승인하는 내용의 결의를 하고, 2017. 3. 18.자 창립총회에서 위 2017. 1. 7.자 창립총회에서 결의한 내용을 추인하는 내용의 결의를 한 사실이 각 인정된다.

3. 조합설립동의 철회는 무효

도시재정비 촉진을 위한 특별법에 따르면 재정비촉진계획이란 '재정비촉진지구의 재정비촉진사업을 계획적이고 체계적으로 추진하기 위한 위 법률 제 9 조에 따른 재정비촉진지구의 토지 이용, 기반시설의 설치 등에 관한 계획'을 말하고(제 2 조 제 3 호), 재정비촉진지구에서의 재정비촉진사업은 재정비촉진계획의 내용에 적합하게 시행하여야 하므로(제 13 조 제 3 항), 조합이 변경된 재정비촉진계획에 적합하게 사업시행계획을 정할 필요성은 인정된다.

그러나 재정비촉진사업을 '재정비촉진계획의 내용에 적합하게' 시행하여야 한다는 것이 재정비촉진사업을 재정비촉진계획과 동일하게 시행하여야 한다는 것은 아니라 할 것이므로, 창립총회에서 조합설립동의서의 기재와 동일한 사업계획안이 승인된 이 사건에서 재정비촉진계획이 변경된 것만으로 곧바로 건설되는 건축물의 설계의 개요, 건축물의 철거 및 신축에 소요되는 비용의 개략적인 금액 및 그 분담기준 등 동의서 포함 사항이 변경되었다고 볼 수는 없다.

나아가 정관 변경을 이유로 하여 조합설립에 대한 동의를 철회할 수 있는지에 관하여 보면, 구 도시정비법 시행령(2012. 7. 31. 대통령령 제 24007 호로 개정되기 전의 것) 제 26 조 제 2 항 각 호의 변경이 있었는지 여부는 토지등소유자가 동의철회서를 제출한 시점을 기준으로 판단하여야 하는데(대법원 2012. 12. 13. 선고 2011 두 21218 판결 참조), 이 사건에서 원고들이 주장하는 토지등소유자들의 동의철회 시점은 모두 조합정관 승인 결의가 이루어진 2017. 3. 18.자 창립총회 결의 이전이므로, 정관변경을 이유로 한 동의 철회는 그 효력이 없다. 이와 다른 전제에 서 있는 원고의 위 주장은 이유 없다.

☞ 같은 취지 판결: 서울고등법원 2022. 3. 3. 선고 2021 나 2032321 판결[소유권이전등기](심리불속행 기각)

III. 2012. 8. 2. 전 시행령을 적용한 판례

E. [같은 판례] 조합설립동의서 제출 당시 추정비례율이 114.08%였다가 95.96%로 하락되었어도, 사업비가 조합설립 동의시보다 오히려 감소하였다면(176,777,482,000 원→170,070,051,000 원) 조합설립동의 철회를 허용할 수 없다고 본 사례 ―서울고등법원 2019. 7. 11. 선고 2018 누 66847 판결[조합설립인가취소] (심리불속행 기각)

갑 제 36 호증의 기재에 의하면 BA 이 2015. 1. 28. 피고와 이 사건 추진위원회에 '조합설립 동의서 제출 당시 추정비례율이 114.08%였으나 이후 서울특별시장과 피고의 실태조사에서 적 정 비례율이 95.96%로 산정되었는바, 발신인으로서는 상당한 추가분담금을 부담하게 되므로 조합설립 동의를 철회한다'는 내용의 조합설립동의 철회서를 제출한 사실을 인정할 수 있으나,

한편 을가 제 3 호증의 3, 갑 제 33 호증의 기재에 변론 전체의 취지를 더하면 ① BA 이 2011. 11. 20. 이 사건 추진위원회에 제출한 조합설립동의서상 건축물철거 및 신축비용 개산액 의 총 합계가 176,777,482,000 원으로 기재되어 있는 사실, ② 서울특별시장 및 피고는 실태조 사를 걸쳐 추정비례율 산정 당시 사업비를 170,070,051,000 원으로 산정한 사실이 인정되므로

건축물의 철거 및 신축에 소요되는 비용의 개략적인 금액은 BA 의 조합설립 동의시보다 오 히려 감소하여 BA 에게 유리하게 변경되었다고 보인다. 또한 조합설립동의 및 그 철회의 요건 을 엄격하게 규정한 도시정비법령의 취지에 비추어 구 도시정비법 시행령 제 26 조 제 2 항 각 호가 정한 조합설립 동의사항이 변경되지 아니한 이상 법령이 정하지 아니한 위와 같은 사정 을 이유로 조합설립동의 철회를 허용할 수는 없다.

제 7 장

집합건물법에 따른 재건축

제1절 집합건물법과 구 주촉법에 따른 재건축
제2절 재건축결의의 주요논점
제3절 구 주촉법에 따른 재건축주택조합

"2021. 8. 10. 개정법에서는 건축법 제11조 제11항 제6호를 신설하여 대지소유권을 확보하지 않고 건축허가를 받을 수 있는 예외사유의 하나로「집합건물법 제47조에 따른 재건축결의가 있는 경우」를 추가하였다(시행일: 2021. 11. 11.). 따라서 2021. 11. 11.부터는 적법한 재건축결의만 있으면 대지의 소유권을 확보하지 않아도 건축허가를 받을 수 있게 되었다."

I. 집합건물법에 따른 재건축 개요

< Reading Tip >

> 제 7 장의 판례는 대부분 '구 주택건설촉진법에 따른 재건축'에 관한 판례들이다. 그런데 구 주촉법에 따른 주택재건축사업은 집합건물법에 따른 재건축결의를 통해서 이루어졌고, 주택재건축과 무관한 순수 집합건물재건축에 관한 판례는 많지 않으므로, <u>제 7 장의 판례들은 지금도 「집합건물 재건축」에 관한 중요한 해석기준으로 원용될 수 있는 중요한 판례들</u>이다.

제1절 집합건물법과 구 주촉법에 따른 재건축

I. 집합건물법에 따른 재건축 개요

A. 개요

1. 【해설】 집합건물 재건축은 관리단의 재건축결의로 시작된다

> 도시정비법에 따른 재건축사업이 정비구역지정 및 조합설립인가로 시작되는 것과 달리, 집합건물법에 따른 재건축은 관리단의 재건축결의로써 시작된다. 집합건물의 재건축결의 요건은 도시정비법에 따른 재건축사업이 정비구역지정 및 조합설립인가 요건과 많은 차이가 있고, 재건축결의 후 사업시행과정에서도 많은 차이가 있다. 여기서는 먼저 건축허가 또는 사업계획승인 문제에 대해 알아본다.
>
> ☞ 집합건물법에 따른 재건축과 도시정비법에 따른 재건축사업의 '일반적 차이점'에 대하여는 제 1 장(재개발·재건축 입문) 참조.

2. 【법령】 집합건물법 제 47 조(재건축 결의)

> ① A 건물 건축 후 상당한 기간이 지나 건물이 훼손되거나 일부 멸실되거나 그 밖의 사정으로 건물 가격에 비하여 지나치게 많은 수리비·복구비나 관리비용이 드는 경우 또는 B 부근 토지의 이용 상황의 변화나 그 밖의 사정으로 건물을 재건축하면 재건축에 드는 비용에 비하여 현저하게 효용이 증가하게 되는 경우에, 관리단집회는 그 건물을 철거하여 그 대지를 구분소유권의 목적이 될 새 건물의 대지로 이용할 것을 결의할 수 있다.
>
> 다만, 재건축의 내용이 단지 내 다른 건물의 구분소유자에게 특별한 영향을 미칠 때에는 그 구분소유자의 승낙을 받아야 한다.

> ② 제 1 항의 결의는 구분소유자의 5 분의 4 이상 및 의결권의 5 분의 4 이상의 결의에 따른다.
> ③ 재건축을 결의할 때에는 다음 각 호의 사항을 정하여야 한다.
>   1. 새 건물의 설계 개요
>   2. 건물의 철거 및 새 건물의 건축에 드는 비용을 개략적으로 산정한 금액
>   3. 제 2 호에 규정된 비용의 분담에 관한 사항
>   4. 새 건물의 구분소유권 귀속에 관한 사항
> ④ 제 3 항 제 3 호 및 제 4 호의 사항은 각 구분소유자 사이에 형평이 유지되도록 정하여야 한다.
> ⑤ 제 1 항의 결의를 위한 관리단집회의 의사록에는 결의에 대한 각 구분소유자의 찬반 의사를 적어야 한다.
> [전문개정 2010.3.31] ☞ 자구수정에 의한 전문개정이며, 내용은 1985. 4. 11. 최초 시행 시와 동일하다.

B. 건축허가 또는 사업계획승인 문제

1. 【해설】 '주택법에 따른 사업계획승인' 또는 '건축법에 따른 건축허가'

> **(1) 건축허가 또는 사업계획승인**: 도시정비법에 따른 재건축사업은 사업시행계획인가를 받는 때에 주택법에 따른 사업계획승인과 건축법에 따른 건축허가를 받은 것으로 의제되므로(도시정비법 제 57 조 제 1 항 제 1, 3 호), 재건축사업을 시행함에는 별도로 사업계획승인이나 건축허가를 받을 필요가 없다.
>
> 그러나 집합건물법에 따른 재건축은 사업시행인가를 받지 않기 때문에 사업계획승인 또는 건축허가를 받아야 한다. (집합건물법에 따른 재건축은 사업계획승인/건축허가와 공사 완료 후 사용검사/사용승인을 받는 것 외에 달리 공법적 규제를 받지 않는다.)
>
> **(2) 30 세대 이상은 사업계획승인**: 공동주택 30 세대 이상의 주택을 건설하는 경우에는 주택법에 따른 사업계획승인을 받아야 하며(주택법 제 15 조 제 1 항 본문, 동 시행령 제 27 조 제 1 항), 사업계획승인을 받으면 건축허가를 받은 것으로 의제된다(주택법 제 19 조 제 1 항 제 1 호).
>
> **(3) 주상복합건축물은 299 세대까지 건축허가**: ① 준주거지역 또는 상업지역(유통상업지역 제외)에서 ② 300 세대 미만의 주택과 주택 외의 시설을 동일 건축물로 건축하는 경우로서 ② 주택 연면적 비율이 90% 미만인 경우에는 건축법에 따른 건축허가를 받아 진행할 수 있다(주택법 제 15 조 제 1 항 단서; 동 시행령 제 27 조 제 4 항 제 1 호 가목).

I. 집합건물법에 따른 재건축 개요

2. 【해설】 허가권자

(1) 건축허가권자(건축법 제 11 조 제 1 항; 동 시행령 제 8 조 제 1 항)

① 층수가 21 층 이상이거나 연면적의 합계가 10 만㎡ 이상인 건축물: 특별시장 또는 광역시장

② 그 외의 건축물: 시장·군수·구청장.

☞ 주상복합건축물의 허가권자도 위와 같음.

(2) 사업계획승인권자(주택법 제 15 조 제 1 항 1, 2 호)

① 대지면적이 10 만㎡ 이상인 경우: 시·도지사(특별시장·광역시장·특별자치시장·도지사 또는 특별자치도지사) 또는 대도시 시장(「지방자치법」 제 198 조에 따라 서울특별시·광역시 및 특별자치시를 제외한 인구 50 만 이상의 대도시를 말함).

② 대지면적이 10 만㎡ 미만인 경우: 특별시장·광역시장·특별자치시장·특별자치도지사 또는 시장·군수 [☞ 여기의 승인권자는 '시장·군수등'이 아니고 '시장·군수'이므로 구청장은 승인권자가 아니다. 따라서 특별시·광역시에서는 대지면적이 10 ㎡ 미만인 경우에도 특별시장·광역시장이 승인권자이다]

3. 【법령】 건축법 제 11 조(건축허가)

① A) 건축물을 건축하거나 대수선하려는 자는 특별자치시장·특별자치도지사 또는 시장·군수·구청장의 허가를 받아야 한다. B) 다만, 21 층 이상의 건축물 등 대통령령으로 정하는 용도 및 규모의 건축물을 특별시나 광역시에 건축하려면 특별시장이나 광역시장의 허가를 받아야 한다. <개정 2014. 1. 14.>

☞ 건축법 시행령 제 8 조(건축허가)

① 법 제 11 조제 1 항 단서에 따라 특별시장 또는 광역시장의 허가를 받아야 하는 건축물의 건축은 층수가 21 층 이상이거나 연면적의 합계가 10 만 제곱미터 이상인 건축물의 건축(연면적의 10 분의 3 이상을 증축하여 층수가 21 층 이상으로 되거나 연면적의 합계가 10 만 제곱미터 이상으로 되는 경우를 포함한다)을 말한다. (단서 생략) <개정 2014. 11. 28.>

4. 【법령】 주택법 제 15 조(사업계획의 승인)

① a) 대통령령으로 정하는 호수 이상[☞ 단독주택 30 호 이상, 공동주택 30 세대 이상을 말함. 주택법 시행령 제 27 조 제 1 항]의 주택건설사업을 시행하려는 자 또는 b) 대통령령으로 정하는 면적 이상의 대지조성사업을 시행하려는 자는 다음 각 호의 사업계획승인권자(이하 "사업계획승인권자"라 한다. 국가 및 한국토지주택공사가 시행하는 경우

제 7 장 집합건물법에 따른 재건축 / 제 1 절 집합건물법과 구 주촉법에 따른 재건축

> 와 대통령령으로 정하는 경우에는 국토교통부장관을 말하며, 이하 이 조, 제 16 조부터 제 19 조까지 및 제 21 조에서 같다)에게 사업계획승인을 받아야 한다. 다만, 주택 외의 시설과 주택을 동일 건축물로 건축하는 경우 등 대통령령으로 정하는 경우에는 그러하지 아니하다. <개정 2021. 1. 12.>
>
> 1. 주택건설사업 또는 대지조성사업으로서 해당 대지면적이 10 만제곱미터 이상인 경우: 특별시장·광역시장·특별자치시장·도지사 또는 특별자치도지사(이하 "시·도지사"라 한다) 또는 「지방자치법」 제 198 조에 따라 서울특별시·광역시 및 특별자치시를 제외한 인구 50 만 이상의 대도시(이하 "대도시"라 한다)의 시장
>
> 2. 주택건설사업 또는 대지조성사업으로서 해당 대지면적이 10 만제곱미터 미만인 경우: 특별시장·광역시장·특별자치시장·특별자치도지사 또는 시장·군수
>
> ☞ 주택법 시행령 제 27 조(사업계획의 승인)
>
> ④ 법 제 15 조 제 1 항 각 호 외의 부분 단서에서 "주택 외의 시설과 주택을 동일 건축물로 건축하는 경우 등 대통령령으로 정하는 경우"란 다음 각 호의 어느 하나에 해당하는 경우를 말한다.
>
>   1. 다음 각 목의 요건을 모두 갖춘 사업의 경우
>
>   가. 「국토의 계획 및 이용에 관한 법률 시행령」 제 30 조제 1 호다목에 따른 준주거지역 또는 같은 조 제 2 호에 따른 상업지역(유통상업지역은 제외한다)에서 300 세대 미만의 주택과 주택 외의 시설을 동일 건축물로 건축하는 경우일 것
>
>   나. 해당 건축물의 연면적에서 주택의 연면적이 차지하는 비율이 90 퍼센트 미만일 것
>
>   2. (생략)

C. 건축허가와 대지소유권 확보 문제 (건축법 제 11 조 제 11 항 제 6 호의 신설)

1. 【해설】건축법 개정 전 집합건물 재건축의 어려움

> 건축허가를 받기 위해서는 해당 대지의 소유권을 확보하여야 하는 것이 원칙이다(건축법 제 11 조 제 11 항 본문). 「공유주택」의 경우에는 '건축물의 노후화 또는 구조안전 등의 문제'로 80%의 동의를 얻어 건축허가를 받을 수 있는 예외가 있지만(건축법 제 11 조 제 11 항 제 2 호), 집합건물에는 그런 예외가 허용되지 않았다(법제처-18-0644 질의회신 참조). 그래서 매도청구를 통해 재건축 반대자들의 구분소유권을 모두 확보하기 전에는 건축허가를 받기가 어려워 사업진행에 어려움이 많았다.

I. 집합건물법에 따른 재건축 개요

> 도시정비법에 따른 재건축사업은 사업시행계획인가를 받은 때에 주택법에 따른 사업계획승인과 건축법에 따른 건축허가를 받은 것으로 의제되므로 이런 문제가 발생하지 않는다. 사업시행계획의 작성은 총회에서 조합원 과반수의 찬성에 의한 의결로써 할 수 있다(법 제 45 조 제 4 항).

2. 【해설】 2017. 7. 18. 및 2021. 11. 11. 건축법 개정(건축법 §11⑪iii, iv 신설)

> 2017. 7. 18. 및 2021. 11. 11. 두 차례에 걸쳐 해당 대지의 100% 소유권을 확보하지 않고 건축허가를 받을 수 있는 예외사유를 아래와 같이 두 가지 추가하는 건축법 개정이 이루어졌다.
>
> ① 2017. 1. 17. 개정법(법률 제 14535 호)에서 제 11 조 제 11 항 제 3 호를 신설하여 주상복합건물을 건축하는 경우에는 주택법 제 21 조를 준용하여 해당 대지면적 80% 이상의 사용권원을 확보하면 건축허가를 받을 수 있도록 하여 주상복합건물의 건축을 쉽게 하였다(시행일: 2017. 7. 18. 상세 요건은 아래 법령 참조).
>
> ② 2021. 8. 10. 개정법(법률 제 18383 호)에서는 대지소유권을 확보하지 않고 건축허가를 받을 수 있는 예외사유의 하나로 "집합건물법 제 47 조에 따른 재건축결의가 있는 경우"를 추가함으로써 집합건물 재건축에서 건축허가 문제를 깨끗이 해결하였다(건축법 제 11 조 제 11 항 제 6 호 신설. 시행일: 2021. 11. 11.).
>
> 즉 2021. 11. 11.부터는 적법한 재건축결의만 있으면 대지의 소유권을 확보하지 않더라도 건축허가를 받을 수 있게 된 것이다. 이 개정규정은 2021. 11. 11. 이후 건축허가를 신청하는 경우부터 적용된다(부칙 제 1, 2 조).

3. 【법령】 건축법 제 11 조(건축허가)

> ⑪ 제 1 항에 따라 건축허가를 받으려는 자는 해당 대지의 소유권을 확보하여야 한다. 다만, 다음 각 호의 어느 하나에 해당하는 경우에는 그러하지 아니하다. <신설 2016. 1. 19., 2017. 1. 17., 2021. 8. 10.>
>
> 1. 토지사용승낙 건축주가 대지의 소유권을 확보하지 못하였으나 그 대지를 사용할 수 있는 권원을 확보한 경우. 다만, 분양을 목적으로 하는 공동주택은 제외한다.
>
> 2. 공유주택 건축주가 건축물의 노후화 또는 구조안전 문제 등 대통령령으로 정하는 사유로 건축물을 신축·개축·재축 및 리모델링을 하기 위하여 건축물 및 해당 대지의 공유자 수의 100 분의 80 이상의 동의를 얻고 동의한 공유자의 지분 합계가 전체 지분의 100 분의 80 이상인 경우
>
> 3. 주상복합건물 건축주가 제 1 항에 따른 건축허가를 받아 주택과 주택 외의 시설을 동일 건축물[☞ 이것이 주상복합건물임]로 건축하기 위하여 주택법 제 21 조를 준용한 대

지 소유 등의 권리 관계를 증명한 경우. 다만, 주택법 제 15 조 제 1 항 각 호 외의 부분 본문에 따른 대통령령으로 정하는 호수 이상[☞ 단독주택 30 호 이상, 공동주택 30 세대 이상을 말함. 주택법 시행령 제 27 조 제 1 항]으로 건설·공급하는 경우에 한정한다.

☞ 제 3 호에 의하여 <u>주상복합건물을 신축하는 경우에는</u> 대지 소유권을 확보하지 않아도 A) 지구단위계획결정이 필요한 주택건설사업의 해당 대지면적의 80% 이상을 사용할 수 있는 권원(등록사업자와 공동으로 사업을 시행하는 주택조합은 95% 이상의 소유권을 말함)을 확보하고, B) 확보하지 못한 대지가 주택법에 따른 매도청구 대상이 되는 때에는 <u>건축허가를 받을 수 있게 되었다</u>(주택법 제 21 조 제 1 항 제 1 호). 다만, 매도청구 대상 대지에 대하여는 소유자와 합의를 하거나 법원의 승소판결(판결이 확정되지 않아도 됨)을 받은 후에만 공사에 착수할 수 있다(같은 조 제 2 항).

☞ 주택법에 따른 매도청구 대상이 되는 토지의 범위는 사업자의 주택건설대지 사용권원 확보율이 95%이상인지 여부에 따라 달라지는데, A) 95% 이상 사용권원을 확보한 경우에는 사용권원을 확보하지 못한 모든 대지가 매도청구의 대상이 되고, B) 그 외의 경우(= 사용권원 확보율이 95% 미만인 경우)에는 사용권원을 확보하지 못한 대지의 소유자 중 지구단위계획구역 결정고시일부터 소급하여 10 년이 되는 시점 이후에 해당 대지의 소유권을 취득한 자에 대하여만 매도청구를 할 수 있다(즉, 10 년이 되는 시점 전부터 해당 대지의 소유권을 계속 보유하고 있는 원주민에 대하여는 매도청구권을 행사할 수 없음. 주택법 제 22 조 제 1 항).

4. [국유지·공유지] 건축하려는 대지에 포함된 국유지 또는 공유지에 대하여 허가권자가 해당 토지의 관리청이 해당 토지를 건축주에게 매각하거나 양여할 것을 확인한 경우

5. [집합건물의 공용부분 변경] 건축주가 집합건물의 공용부분을 변경하기 위하여 「집합건물의 소유 및 관리에 관한 법률」 제 15 조 제 1 항에 따른 결의가 있었음을 증명한 경우

6. [집합건물 재건축] 건축주가 집합건물을 재건축하기 위하여 「집합건물의 소유 및 관리에 관한 법률」 제 47 조에 따른 결의가 있었음을 증명한 경우

☞ 부칙 <법률 제 18383 호, 2021. 8. 10.>

제 1 조(시행일) 이 법은 공포 후 3 개월이 경과한 날부터 시행한다. [시행일: 2021. 11. 11.]

제 2 조(건축허가에 관한 적용례) 제 11 조 제 11 항 제 6 호의 개정규정은 <u>이 법 시행 이후 건축허가를 신청하는 경우부터 적용한다.</u>

4. 【법령】 주택법 제 22 조(매도청구 등)

> ① 제 21 조제 1 항제 1 호에 따라 사업계획승인을 받은 사업주체는 다음 각 호에 따라 해당 주택건설대지 중 사용할 수 있는 권원을 확보하지 못한 대지(건축물을 포함한다. 이하 이 조 및 제 23 조에서 같다)의 소유자에게 그 대지를 시가(市價)로 매도할 것을 청구할 수 있다. 이 경우 매도청구 대상이 되는 대지의 소유자와 매도청구를 하기 전에 3 개월 이상 협의를 하여야 한다.
>
> 1. 주택건설대지면적의 95 퍼센트 이상의 사용권원을 확보한 경우: 사용권원을 확보하지 못한 대지의 모든 소유자에게 매도청구 가능
>
> 2. 제 1 호 외의 경우: 사용권원을 확보하지 못한 대지의 소유자 중 지구단위계획구역 결정고시일 10 년 이전에 해당 대지의 소유권을 취득하여 계속 보유하고 있는 자(대지의 소유기간을 산정할 때 대지소유자가 직계존속·직계비속 및 배우자로부터 상속받아 소유권을 취득한 경우에는 피상속인의 소유기간을 합산한다)를 제외한 소유자에게 매도청구 가능

D. ① 도시정비법상 주택재건축사업은 공동주택 건설을 요건으로 하므로, 상가건물로 재건축하는 경우에는 도시정비법이 적용되지 않아; ② 따라서 도시정비법이 정한 조합설립 절차를 거치지 않아도 재건축결의가 유효함 —대법원 2008.02.01. 선고 2006 다 32217 판결[소유권이전등기]

【당사자】

> 【원고, 피상고인】 인터씨티개발투자 주식회사
>
> 【피고, 상고인】 피고

1. 원심이 인정한 사실(이 부분은 원심판결의 일부임. 대구지방법원 2005 나 16469 판결)

(1) 대구 중구 B 에 있는 C 건물(이하 C 건물이라고 한다)은 1974. 6 월경 1 동의 집합건물로 건축되었는데, 이 사건 아파트도 C 건물에 포함되어 있다.

(2) C 건물은 모두 21 세대로 구성되어 있는데, 그 중 11 세대를 원고가, 나머지 10 세대를 피고를 비롯한 10 명이 각각 1 세대씩 소유하고 있다.

(3) C 건물의 구분소유자 중 피고와 지하 1 호의 소유자인 D 를 제외한 나머지 19 세대의 소유자 9 명(이하 재건축참가자라고 한다)으로 구성된 'C 건물 재건축을 위한 모임'은 2005. 2. 15. 총회를 개최하여 참석자 및 서면동의자 전원의 만장일치로 집합건물법 제 47 조에 따라 C 건물을 철거하고 새로운 상가건물을 신축하는 방법으로 C 건물을 재건축하기로 결의(이하 이 사건

제 7 장 집합건물법에 따른 재건축 / 제 1 절 집합건물법과 구 주촉법에 따른 재건축

재건축결의라고 한다)하였고, 이때 원고를 C 건물의 구분소유권 및 대지사용권의 매수지정자로 정하였다.

(4) 원고 및 재건축참여자들은 2005. 2. 16. 이 사건 재건축결의에 참가하지 아니한 피고에게 재건축결의 동의서, 정관, 재건축사업계획서 등 관련 서류들을 첨부하여 이 사건 재건축결의에 참가할 것인지 여부를 묻는 최고장을 발송하였다.

(5) 그후 피고로부터 위 최고에 대한 회답을 받지 못하자 매수지정자인 원고는 2005. 4. 1. 이 사건 소를 제기함으로써 이 사건 아파트에 대한 매도청구권을 행사하였고, 이 사건 소장부본은 2005. 4. 12. 피고에게 송달되었다.

2. 대법원의 판단 (상고기각)

원심은, 도시 및 주거환경정비법(이하 '도시정비법'이라 한다) 제 6 조 제 3 항에서 "주거재건축사업은 정비구역안 또는 정비구역이 아닌 구역에서 제 48 조의 규정에 의하여 인가받은 관리처분계획에 따라 공동주택 및 부대·복리시설을 건설하여 공급하는 방법에 의한다"라고 규정함으로써 도시정비법상 주택재건축사업이 공동주택의 건설을 요건으로 하고 있음을 명백히 하고 있어 이 사건과 같이 기존의 집합건물을 철거한 뒤 공동주택이 아닌 상가건물로 재건축하는 경우에는 도시정비법이 적용되지 않는다는 등의 이유로, 집합건물의 소유 및 관리에 관한 법률(이하 '집합건물법'이라 한다) 제 47 조의 규정에 기한 이 사건 재건축결의가 도시정비법이 정한 조합설립 및 이에 대한 인가 등의 절차를 거치지 않았다고 하여 이를 무효로 볼 수 없다고 판단하였다.

관련 법규와 기록에 비추어 보면, 원심의 이러한 판단은 정당한 것으로 수긍이 가고, 거기에 상고이유에서 주장하는 바와 같은 도시정비법의 주택재건축사업에 관한 법리오해 등의 위법이 없다.

E. [같은 판례] 집합건물법에 따른 재건축은, ① 주거용 집합건물을 철거하고 상가용 집합건물을 신축하는 것과 같이 건물의 용도를 변경하는 재건축결의도 할 수 있고; ② 인접토지를 합하여 신건물의 대지로 이용할 것을 내용으로 하는 재건축결의도 할 수 있고; ③ 공동주택을 철거하고, 그 대지와 인접 단독주택 등의 대지를 묶어 상가를 건축하기로 하는 재건축결의도 할 수 있음(집합건물법 제 47 조 제 1 항은 신건물의 대지가 구건물의 대지로 국한되어야 할 것을 요하지 않으므로) ―대법원 2008.02.01. 선고 2006 다 32217 판결[소유권이전등기]

【당사자】

【원고, 피상고인】 인터씨티개발투자 주식회사

【피고, 상고인】 피고

I. 집합건물법에 따른 재건축 개요

집합건물의 재건축결의에 관한 집합건물법 제 47 조 제 1 항은 부근 토지의 이용상황에 변화가 있는 경우를 재건축 요건의 하나로 삼고 있는 한편 재건축에 있어 구건물과 신건물의 용도가 동일·유사할 것을 요구하고 있지 않으므로, 집합건물법상 주거용 집합건물을 철거하고 상가용 집합건물을 신축하는 것과 같이 건물의 용도를 변경하는 형태의 재건축결의는 다른 법령에 특별한 제한이 없는 한 허용된다고 보아야 한다.

또한, 집합건물법 제 47 조 제 1 항은 재건축결의의 내용에 관하여 구건물의 대지를 신건물의 대지로 이용할 것을 결의하면 족한 것으로 규정하고 있을 뿐 신건물의 대지가 구건물의 대지로 국한되어야 할 것을 요하고 있지 않으므로, 집합건물법상 구건물을 철거한 다음 그 대지와 인접한 주위 토지를 합하여 이를 신건물의 대지로 이용할 것을 내용으로 하는 재건축결의도 허용된다.

이러한 법리와 기록에 비추어 보면, 원심이 그 판시와 같이 공동주택인 삼덕맨션(이하 '이 사건 공동주택'이라 한다)을 철거하고 그 대지와 인접한 단독주택 등의 대지를 묶어 그 위에 새로이 상가인 집합건물을 건축하기로 한 이 사건 재건축결의가 집합건물법상 허용되는 것이어서 유효하다고 판단한 것은 정당하고, 거기에 상고이유에서 주장하는 바와 같이 집합건물법의 재건축결의에 관한 법리를 오해한 위법 등이 없다.

F. [같은 판례] 이 사건 공동주택의 상당수 세대와 그 인접 토지를 매수한 원고가 재건축 추진을 주도하고 있다는 사정만으로 이 사건 재건축이 집합건물법의 입법 취지에 부합하지 않아 허용되지 않는다고 볼 수 없어 ―대법원 2008.02.01. 선고 2006 다 32217 판결[소유권이전등기]

원심은, 그 채용 증거에 의하여 이 사건 재건축결의 당시 원고가 이 사건 공동주택을 구성하는 21 세대 중 11 세대를 매입하여 소유하고 있었던 사실 등을 인정한 다음, 원고가 이 사건 공동주택의 상당수 세대와 그 인접 토지를 매수하여 이 사건 재건축 추진을 주도하고 있다 하더라도 그러한 사정만으로 이 사건 재건축을 집합건물법의 입법 취지에 부합하지 않아 허용되지 않는 것으로 보기는 어렵다고 판단하였다. 기록과 집합건물법의 관련 규정에 비추어 살펴보면, 원심의 이러한 인정과 판단은 수긍할 수 있고,

이 사건 공동주택 중 피고 소유의 제 101 호(이하 '이 사건 부동산'이라 한다)를 제외한 나머지 세대 전부가 실질적으로 원고의 소유라고 하면서 이를 전제로 이 사건 재건축은 집합건물법이 예정한 본래의 재건축이라고 할 수 없다는 취지의 상고논지는 사실심의 전권사항인 원심의 사실인정을 탓하는 것이거나 원심과는 다른 견해에서 그 판단을 나무라는 것이어서 받아들일 수 없다.

II. 구 주촉법에 따른 재건축

A. 개요

1. 【해설】 1999. 3. 1. 전 재건축결의 요건 (집합건물법과 동일함)

당초 주택건설촉진법에 따른 재건축결의는 집합건물법 제 47 조에 의해서 이루어졌다(동법 제 44 조 제 1 항; 동 시행령 제 42 조 제 1 항 제 5 호). 집합건물법에 따른 재건축결의 정족수는 「구분소유자의 5 분의 4 이상 및 의결권의 5 분의 4 이상」이다.

그런데 집합건물법에는 재건축 대상 건물이 여러 동인 경우 각 동별로 충족해야 할 정족수에 관하여 도시정비법 제 35 조 제 3 항과 같은 특례규정이 없으므로, 단지 내 여러 동의 건물 전부를 일괄하여 재건축하는 경우에는 각 동마다 모두 위 정족수(구분소유자의 5 분의 4 이상 및 의결권의 5 분의 4 이상)를 갖추어야 했다. 그래서 주택단지 내 다른 모든 동에서 적법한 재건축결의가 있었더라도, 재건축결의의 정족수를 충족하지 못한 동이 하나라도 있으면 그 동에서는 재건축사업을 진행할 수 없었다(대법원 1998.03.13. 선고 97 다 41868 판결).

반면, 주택단지 내 일부 건물에 대하여 재건축결의 정족수가 충족되면, 나머지 건물에서 아직 재건축 결의가 이루어지지 않았더라도, 재건축결의의 정족수를 충족한 동에서만 먼저 재건축을 진행할 수 있다(대법원 2002. 9. 24. 선고 2000 다 22812 판결).

2. 【법령】 집합건물법 제 47 조(재건축 결의)

② 제 1 항의 결의는 구분소유자의 5 분의 4 이상 및 의결권의 5 분의 4 이상의 결의에 따른다.

3. 【해설】 1999. 3. 1. 이후 「각 동별 의결정족수 완화」

1999. 3. 1. 개정 주택건설촉진법(1999. 2. 8. 개정 법률 제 5908 호)은 제 44 조의 3 제 7 항을 신설하여 각 동별 의결정족수를 "구분소유자 및 의결권의 2/3 이상 결의"로 완화하였다. 전체 주택단지의 결의정족수는 종전과 같다(전체 구분소유자 및 의결권의 4/5 이상 결의). 이 개정규정은 1999. 3. 1.부터 시행되었다.

4. 【구법령】 1999. 3. 1. 구 주택건설촉진법 제 44 조의 3 (재건축조합의 주택건설)

[법률 제 5908 호, 1999. 2. 8, 일부개정] [시행일: 1999. 3. 1.]

⑦ 하나의 주택단지안에 여러 동의 건물이 있는 노후·불량주택의 소유자들이 재건축하고자 하는 경우에는 집합건물의소유및관리에관한법률 제 47 조제 1 항·제 2 항의 규정에

II. 구 주촉법에 따른 재건축

불구하고 A) 주택단지안의 각 동별 구분소유자 및 의결권의 각 3 분의 2 이상의 결의와 B) 주택단지안의 전체 구분소유자 및 의결권의 5 분의 4 이상의 결의로 재건축할 수 있다.<신설 1999.2.8>

5. 【해설】 2000. 3. 1. 이후 「복지시설은 그 전체를 하나의 동으로 봄」

(1) 복지시설에 '단독소유'인 상가건물이 있는 경우에는 그 단독소유자의 동의를 받지 못하면 「그 상가건물을 포함한 재건축」을 할 수 없었다(재건축사업을 시작할 수 없으므로 당연히 매도청구권도 행사할 수 없음. 아래 판례 참조).

(2) 이 문제를 해결하기 위하여 2000. 3. 1. 개정법에서 각 동별 결의정족수에 "복지시설은 하나의 동으로 본다"는 문구를 추가하였다.

이 개정규정에 따라 복지시설은 여러 개의 동이 있더라도 그 전체를 하나의 동으로 보아 「복지시설 전체 구분소유자 및 의결권의 각 2/3 이상의 결의」를 얻으면 되므로, 그 중 단독소유자의 동의를 받지 못하더라도 (주택단지 전체의 결의정족수를 충족하면) 「그 단독소유 상가를 포함한 재건축」을 진행할 수 있게 되었다.

전체 주택단지의 결의정족수는 종전과 같다(전체 구분소유자 및 의결권의 4/5 이상 결의).

6. 【구법령】 2000. 3. 1. 개정·시행 주택건설촉진법 제 44 조의 3 (재건축조합의 주택건설)

[시행 2000. 3. 1.] [법률 제 6250 호, 2000. 1. 28., 일부개정] [시행일: 2000. 3. 1.]

⑦ 하나의 주택단지안에 여러 동의 건물이 있는 노후·불량주택의 소유자들이 재건축하고자 하는 경우에는 집합건물의소유및관리에관한법률 제 47 조제 1 항·제 2 항의 규정에 불구하고 A) 주택단지안의 각 동별(복지시설은 하나의 동으로 본다) 구분소유자 및 의결권의 각 3 분의 2 이상의 결의와 B) 주택단지안의 전체 구분소유자 및 의결권의 5 분의 4 이상의 결의로 재건축할 수 있다. <신설 1999. 2. 8., 2000. 1. 28.>

B. [1999. 3. 1. 주촉법 §44-3⑦ 신설 전 판례] ① 한 단지 내에 여러 동이 있고, 그 대지가 건물소유자 전원의 공유에 속하여 단지 내 여러 동의 건물 전부를 일괄하여 재건축하고자 하는 경우, 각각의 건물마다 4/5 이상의 다수에 의한 재건축 결의가 있어야 해; ② 따라서 한 단지 내 아파트 4 개 동에서 적법한 재건축결의가 있었으나 상가 1 동을 단독소유하는 피고가 반대한 경우, 피고에 대하여 매도청구권을 행사할 수 없음 —대법원 1998.03.13. 선고 97 다 41868 판결[소유권이전등기]

【당사자】

[원고,상고인] 삼진아파트 재건축조합

제 7 장 집합건물법에 따른 재건축 / 제 1 절 집합건물법과 구 주촉법에 따른 재건축

[피고,피상고인] 백기

☞ 판결이유는 돈.되.법 4 의 「집합건물법에 따른 매도청구」 부분 참조

C. [2000. 3. 1. 개정 주촉법 이후 판례] 구 주촉법에서 상가는 복리시설로서 전체를 하나의 동으로 보았으므로, 상가 중 일부 동의 동의율이 50%에 불과하더라도, 상가 전체를 기준으로 주촉법 제 44 조의 3 제 7 항의 재건축결의 정족수 요건을 갖추면 재건축을 할 수 있음—대법원 2005.06.24. 선고 2003 다 55455 판결[소유권이전등기]

【당사자】

【원고,피상고인】 장안시영아파트 2 단지 329-3 번지재건축주택조합

【피고(선정당사자),상고인】 피고(선정당사자)

이 사건 상가 중 일부동(별동)의 경우 구분소유자 및 의결권의 재건축 동의율이 각 50%에 불과하지만, 주촉법 제 3 조 제 7 호에 의하면 "복리시설이라 함은 어린이놀이터, 구매시설, 의료시설, 주민운동시설, 일반목욕장, 입주자집회소 기타 거주자의 생활복리를 위하여 필요한 공동시설로서 대통령령이 정하는 것"을 말하므로 이 사건 상가는 위 법에서 말하는 복리시설에 해당하고, 2000. 1. 28. 법률 제 6250 호로 개정된 주촉법 제 44 조의 3 제 7 항에 의하여 복리시설은 하나의 동으로 보아야 하므로, 이 사건 상가 전체를 하나의 동으로 보면 전체 구분소유자 기준으로 86.2%, 의결권 기준으로 84.8%가 동의한 셈이 되어 결국 주촉법 제 44 조의 3 제 7 항의 재건축결의정족수 요건을 갖추었다...

D. ① 재건축결의의 정족수를 완화한 구 주택건설촉진법 제 44 조의 3 제 7 항은 소급효 없어; ② 따라서 종전 규정의 정족수(구분소유자 및 의결권의 4/5 이상 동의)를 갖추지 못해 무효이던 종전의 재건축 결의나 그 재건축 결의에 기한 매도청구권의 행사가 법률개정으로 소급하여 유효하게 되지 않음 —대법원 2000.11.10. 선고 2000 다 24061 판결[소유권이전등기등]

【당사자】

[원고,피상고인] 전농연합재건축주택조합

[피고,상고인] 강영수 외 10 인

1. 단지 내 연립주택의 각 동 모두 정족수 미달

법 제48조 소정의 구분소유자 등의 매도청구권은 재건축의 결의가 유효하게 성립하여야 비로소 발생하는 것이므로 재건축의 결의가 법이 정한 정족수를 충족하지 못하였다는 등의 사유로 무효인 경우에는 매도청구권을 행사할 수 없다고 할 것이다.

II. 구 주촉법에 따른 재건축

그런데 이 사건 매도청구권 행사 무렵에 요구되던 재건축 결의의 정족수는 '구분소유자 및 의결권의 각 5분의 4 이상의 다수에 의한 결의'였고(법 제47조 제2항), 이러한 정족수에 의한 결의는 하나의 단지 내에 있는 여러 동의 건물 전부를 일괄하여 재건축하고자 하는 경우에도 개개의 각 건물마다 있어야 하는데(대법원 1998. 3. 13. 선고 97다41868 판결 참조),

원심이 인정한 사실관계에 의하더라도 위 연립주택 중 ① 전농동 676의 1 지상의 럭키마동 연립주택에 대하여는 총 14세대 중 피고 한형철, 김영자, 이호, 강영수 등 4세대(28%)가, ② 전농동 676의 3 지상의 삼익2동 연립주택에 대하여는 총 9세대 중 피고 김종택, 김희수, 강우기 등 3세대(1/3)가, ③ 전농동 676의 6 지상의 삼익연립주택 10동에 대하여는 총 6세대 중 피고 남희우, 김상민 등 2세대(1/3)가, ④ 전농동 676의 5 지상의 삼익연립주택 11동에 대하여는 총 9세대 중 피고 김춘자, 강성순 등 2세대(23%)가 각 재건축에 찬성하지 아니하여 위 각 동의 연립주택 모두가 법이 정한 재건축 결의의 정족수(4/5)를 충족하지 못하였음을 알아 볼 수 있으므로,

결국 위 각 동의 연립주택에 대하여는 유효한 재건축의 결의가 있다고 할 수 없고, 따라서 그 구분소유자들인 피고들에 대하여는 매도청구권을 행사할 수 없다고 할 것이다.

2. 재건축결의 정족수를 완화한 규정은 소급효 없음

위 재건축 결의의 정족수는 그 후 '주택단지 안의 각 동별 구분소유자 및 의결권의 각 3분의 2 이상의 결의와 주택단지 안의 전체 구분소유자 및 의결권의 5분의 4 이상의 결의'를 요하는 것으로 완화되기는 하였으나(1999. 2. 8. 법률 제5908호로 신설된 주택건설촉진법 제44조의3 제7항), 위 조항의 신설로 무효이던 종전의 재건축 결의나 그 재건축 결의에 기한 매도청구권의 행사가 소급하여 유효하게 되는 것은 아니라고 할 것이다.

제2절 재건축결의의 주요논점

< Reading Tip >

(1) 집합건물법에 따른 재건축과 구 주촉법에 따른 재건축에서 가장 많이 문제가 되는 것은 재건축결의가 집합건물법 제 47 조에 따라 적법하게 이루어졌는지 여부이다. 이 문제는 재건축결의에 동의하지 않아 매수지정자인 조합(원고)으로부터 매도청구소송을 당한 구분소유자가 조합의 매도청구를 기각시키기 위한 항변으로 주장된다.

주촉법에 따른 주택재건축사업의 재건축결의와 매도청구는 모두 집합건물법에 따라 이루어졌으므로, 제 2 절의 판례들은 지금도 집합건물법에 따른 재건축에 거의 그대로 원용될 수 있다.

> (2) 도시정비법에 따른 재건축사업의 조합설립동의서에 기재되는 사항은 집합건물법에 따른 재건축결의에 포함될 사항과 사실상 동일한 내용이므로(도시정비법 시행령 제30조 제3항), 제2절의 판례들이 도시정비법에 따른 재건축사업에도 원용될 수 있는 여지가 있다.
>
> 그러나 표준동의서·법정동의서 또는 검인동의서가 사용된 이후 대법원은 '표준동의서·법정동의서·검인동의서에 의한 조합설립동의는 그 자체로 적법·유효하다'고 판시하여 조합설립동의사항(재건축결의사항)을 둘러싼 논란에 종지부를 찍었으므로(☞ 이에 관하여는 제6장 제4절 참조), 현재는 여기 소개하는 판례들이 도시정비법에 따른 재건축사업에 실제로 원용되는 경우는 거의 없다.

I. 재건축결의의 방법과 정족수

A. 단지 내 일부 건물에 대하여 재건축 결의의 정족수가 충족되었다면, 나머지 건물에서 아직 적법한 재건축 결의가 이루어지지 않았더라도, 재건축결의 정족수를 충족한 동에서 먼저 재건축을 진행할 수 있어 —대법원 2002. 9. 24. 선고 2000 다 22812 판결[소유권이전등기등]

【당사자】

> 【원고,상고인】 월계시영아파트 재건축조합
> 【피고,피상고인】 피고 1 외 2 인

☞ 판결이유는 돈.되.법 4 의 「집합건물법에 따른 매도청구」 부분 참조

B. 재건축결의도 집합건물법 제41조 제1항에 의한 서면결의로 할 수 있어 —대법원 2006.11.23. 선고 2005 다 68769 판결[매도청구·재건축결의무효확인]

【당사자】

> [원고, 피상고인] 원고 아파트재건축조합
> [피고, 상고인] 피고 1 외 1 인

집합건물법 제41조 제1항, 제47조의 규정에 의하면, 제47조 소정의 재건축결의 역시 제41조 제1항에 의한 서면결의가 가능하고, 이에 따라 구분소유자 및 의결권의 각 5분의 4 이상의 서면에 의한 합의가 있는 때에는 관리단집회의 결의가 있는 것으로 보아야 할 것이고, 위와 같은 서면결의는 관리단집회가 열리지 않고도 관리단집회가 있는 것과 동일하게 취급하고자 하는 것이어서 그와 같은 서면결의를 함에 있어서는 관리단집회가 소집·개최될 필요가 없음은 당연하다고 할 것이고 (대법원 1999. 8. 20. 선고 98 다 17572 판결, 2003. 5. 13. 선고

2003 다 2628 판결 등 참조)...

이러한 법리와 기록에 비추어 살펴보면, 원심이 ① <u>이 사건 재건축결의가 비록 집회의 개최 없이 서면으로 이루어졌다고 하여도 그 의결 정족수를 충족하고 있고</u>, ② 분양단가의 산출 근거와 구분소유자들이 신청할 수 있는 아파트의 평형 및 분양가액, 기존 아파트에 대한 평가액, 구분소유자들의 무상지분율, 추가부담하거나 환급받을 금액 또는 그 산정 기준 등 재건축비용의 분담에 관한 사항을 나중에 다시 합의를 하지 않아도 될 정도로 정하고 있다고 볼 수 있으며, ③ 피고들은 상가동의 소유자가 아니라 집합건물법상의 적법한 재건축결의가 있는 아파트의 구분소유자들이므로 피고들에 대한 매도청구권 행사는 적법하다고 판단한 것은 정당하고, 거기에 상고이유에 주장하는 바와 같은 위법이 있다고 할 수 없다.

C. ① <u>재건축결의는 집합건물법 제 41 조 제 1 항에 의한 서면결의로 할 수 있고</u>; ② <u>재건축결의의 내용을 변경하는 것도 서면합의로 할 수 있어</u>; ② <u>동·호수 추첨을 위한 총회 참석의 기회에 총회장 입구에서 동의서를 배부하는 방법으로 이루어진 서면결의가 비록 총회장 입구에서 급히 행해졌다 하더라도 적법하다고 본 사례</u> —대법원 2005.04.21. 선고 2003 다 4969 전원합의체 판결[총회결의무효확인]

【당사자】

[원고,상고인] 김순화 외 8 인

[피고,피상고인] 화곡주공시범 재건축주택조합

1. 법리 (재건축결의와 서면결의)

집합건물법 제 41 조 제 1 항은 "이 법 또는 규약에 의하여 관리단집회에서 결의할 것으로 정한 사항에 관하여 구분소유자 및 의결권의 각 5 분의 4 이상의 서면에 의한 합의가 있는 때에는 관리단집회의 결의가 있는 것으로 본다."고 규정하고 있고, 재건축의 결의는 집합건물법 제 47 조 제 1 항에 의하여 관리단집회에서 결의할 수 있는 사항이므로, 이러한 <u>재건축의 결의는 집합건물법 제 41 조 제 1 항에 의한 서면결의가 가능하다</u>고 할 것이고 (대법원 1999. 8. 20. 선고 98 다 17572 판결 참조),

나아가 재건축조합은 대체로 그 조합원의 수가 많고, 재건축에 대한 관심과 참여 정도가 조합원에 따라 현격한 차이가 있으며, 재건축의 과정이 장기간에 걸쳐 복잡하게 진행될 뿐만 아니라 재건축 대상인 건물이 일단 철거된 후에는 조합원의 주거지가 여러 곳으로 분산되는 등의 사정이 있음에 비추어, <u>재건축 결의의 내용을 변경하는 것도 집합건물법 제 41 조 제 1 항을 유추적용하여 서면합의에 의할 수 있다</u>고 할 것이다.

그리고 재건축 결의 내용의 변경에 집합건물법 제 41 조 제 1 항을 유추적용할 필요성에 관한 앞의 사정들과 집합건물법이 서면합의에 의한 관리단집회의 결의를 인정하면서 서면합의의 요건이나 그 절차 및 방법 등에 관하여 아무런 제한을 하고 있지 않은 점에 비추어 볼 때, <u>의결정족수에 영향을 미칠 우려가 있을 정도의 조합원들의 참여기회가 원천적으로 배제된 채 서면합의가 이루어지거나 조합원 5 분의 4 이상의 자의에 의한 <u>합의가 성립되었다고 인정할 수 없을 정도의 중대한 하자가 있는 등</u> 특별한 사정이 없는 한 서면합의에 의한 재건축 결의 내용의 변경은 유효하다고</u> 보아야 할 것이다.

2. 원심판결의 정당함

기록에 의하면, <u>이 사건 2001. 6. 3.자 서면결의는 조합원들이 가장 큰 관심을 갖는 동·호수 추첨을 위한 소집통지를 받고 총회에 참석한 기회에 동의서에 서명날인하는 방식으로 이루어졌고</u>, 당시 조합원 총원 781 명 중 764 명이 참석하여 참석하지 못한 조합원은 17 명에 불과하며, <u>그것이 비록 총회장 입구에서 급히 행해졌다 하더라도</u> 동의서에 기재된 내용은 이미 설명회나 그 이전의 찬반투표를 통하여 거의 모든 조합원이 잘 알고 있는 사항이고, 동의서에 서명날인을 거부함으로써 반대의사를 표시할 수 있는 상황이었음에 비추어(참석조합원 764 명 중 78 명은 동의서를 제출하지 않았다.) 조합원의 의사에 반하여 서명날인이 이루어진 것으로 볼 수 없으며, 나아가 <u>서면합의의 효력을 부정하여야 할 위와 같은 특별한 사정이 있는 것으로 보기도 어렵다.</u>

그렇다면 원심이 2001. 6. 3.에 개최된 총회장 입구에서 동의서를 배부하는 방법으로 이루어진 이 사건 서면결의가 부적법하다고 볼 수 없다고 판단하였음은 정당하고, 거기에 상고이유의 주장과 같은 서면결의에 관한 법리오해의 위법이 없다.

II. 하자있는 재건축결의 후 서면에 의한 '새로운 재건축결의'의 성립

A. 최초 관리단집회에서 정족수를 충족하지 못했더라도, 그 후 구분소유자들이 재건축에 동의하는 취지의 서면을 별도로 제출함으로써 재건축결의 정족수를 갖추게 되었다면, <u>그 시점에서 별도로 서면에 의한 재건축결의가 유효하게 성립해</u> (하자의 치유/보완이 아님) ─대법원 2006.02.23. 선고 2005 다 19552, 19569 판결[구분소유권등매도청구등]

【당사자】

> 【원고, 피상고인】 도곡동제 1 차아파트재건축조합
>
> 【피고, 상고인】 피고 1 외 4 인

II. 하자있는 재건축결의 후 서면에 의한 '새로운 재건축결의'의 성립

1. 법리

당초 무효인 재건축결의가 그 후의 일부 구분소유자의 재건축에 대한 추가동의로 유효하게 될 수 없음은 상고이유로 주장하는 바와 같으나, 재건축에 동의할 것인가는 구분소유자들로서는 쉽게 결정할 수 없는 사안이라는 점과 반드시 서면에 의한 동의가 강제되는 것은 아니더라도 실무상 비법인사단으로서의 재건축조합 설립을 통한 재건축의 경우 서면에 의하여 재건축 동의의 의사표시가 이루어지고 있다는 점에 비추어, 유효한 재건축결의가 있었는지의 여부는 반드시 최초의 관리단집회에서의 결의에만 한정하여 볼 것은 아니고 비록 최초의 관리단집회에서의 재건축동의자가 재건축에 필요한 정족수를 충족하지 못하였다고 하더라도 그 후 이를 기초로 하여 재건축 추진과정에서 구분소유자들이 재건축에 동의하는 취지의 서면을 별도로 제출함으로써 재건축결의 정족수를 갖추게 된다면 그로써 관리단집회에서의 결의와는 별도의 재건축결의가 유효하게 성립한다고 보아야 할 경우가 있고, 그와 같은 서면결의를 함에 있어서는 따로 관리단집회를 소집·개최할 필요가 없다 할 것이다(대법원 1999. 8. 20. 선고 98 다 17572 판결, 2005. 6. 24. 선고 2003 다 55455 판결 등 참조).

2. 원심판결의 정당함

원심판결 이유에 의하면 원심은, 2001. 2. 18. 원고 조합의 창립총회 당시에 집합건물법 제 47 조 제 2 항이나 주촉법 제 44 조의 3 제 7 항이 요구하는 각 동별 또는 주택단지 안의 전체 구분소유자 및 의결권 절대 다수의 동의가 있었음을 인정할 만한 증거가 없으므로 그 당시에는 재건축결의 정족수에 미달하여 유효한 재건축결의가 있었다고 할 수 없으나, 원고 조합은 창립총회에서의 재건축결의 이후에도 총회에 불참한 구분소유자들을 개별적으로 설득하여 재건축결의 동의서를 받은 결과 원고 조합에 대한 주택조합설립인가를 받은 2001. 3. 23.까지는 법령에 정한 재건축결의 정족수 요건을 갖추었으므로, 위 시점에서 적법한 재건축결의가 성립된 것으로 보아야 한다고 판단하였는바,

원심의 위와 같은 사실인정 및 판단은 2001. 3. 23.까지 계속된 동의서의 집적에 의해 재건축결의 정족수를 채우지 못한 위 창립총회의 하자가 치유되었다는 뜻이 아니라 그와 같은 동의서의 집적에 의해 재건축결의 정족수 요건이 충족된 때에 새로이 서면에 의한 재건축결의가 있은 것으로 보는 취지임이 명백하므로 위 법리에 따른 것으로 정당하고, 거기에 재건축결의의 하자의 치유나 서면결의에 관한 법리를 오해한 위법이 없다.

B. [같은 취지 판례] 대법원 2008. 8. 21. 선고 2007 다 83533,83540 판결[소유권이전등기·재건축결의무효확인및정관부존재확인]

【당사자】

[원고(반소피고), 상고인 겸 피상고인] 잠실시영아파트재건축정비사업조합

[피고(반소원고), 피상고인 겸 상고인] 피고

관리단집회에서 재건축결의가 의결정족수 미달로 일단 무효가 된 후 서면에 의한 동의로 재건축결의의 의결정족수를 충족하게 된 경우, 이는 무효인 재건축결의의 하자의 치유나 보완이 아니라 관리단집회에서의 결의와는 별도의 서면에 의한 새로운 결의인 것이다(대법원 2005. 6. 24. 선고 2003 다 55455 판결 등 참조).

C. ① 재건축결의가 반드시 재건축조합의 창립총회일에 함께 이루어져 할 필요는 없어; ② 최초 관리단집회에서 재건축에 필요한 정족수를 충족하지 못했더라도, 그 후 재건축결의동의서의 집적을 통해 정족수를 갖추게 되면, 그 시점에 별도의 재건축결의가 유효하게 성립해; ③ 1999. 5. 29. 창립총회 이후 2000. 12. 16. 주택조합설립인가를 받을 때까지 재건축결의동의서의 집적을 통하여 83.7%의 동의를 받음으로써 그 무렵 서면에 의한 재건축결의가 성립했다고 본 사례 —대법원 2009.06.25. 선고 2006 다 64559 판결[조합총회결의무효확인]

【당사자】

【원고, 상고인】 원고 1 외 12 인
【피고, 피상고인】 피고 재건축정비사업조합

1. 법리

유효한 재건축결의가 있었는지의 여부는 반드시 최초의 관리단집회에서의 결의에만 한정하여 볼 것이 아니고 비록 최초의 관리단집회에서의 재건축동의자가 재건축에 필요한 정족수를 충족하지 못하였다고 하더라도 그 후 이를 기초로 하여 재건죽 주진과정에서 구분소유자들이 재건축에 동의하는 취지의 서면을 별도로 제출함으로써 재건축결의 정족수를 갖추게 된다면 그로써 관리단집회에서의 결의와는 별도의 재건축결의가 유효하게 성립한다고 보아야 할 것이고(대법원 2005. 6. 24. 선고 2003 다 55455 판결, 대법원 2006. 2. 23. 선고 2005 다 19552, 19569 판결 등 참조),

집합건물의 소유 및 관리에 관한 법률에는 재건축결의의 시기에 관하여 아무런 제한을 두지 않고 있으므로, 재건축결의가 반드시 재건축조합의 창립총회일에 함께 이루어져야 한다고 볼 근거는 없다고 할 것이다(대법원 2005. 6. 24. 선고 2003 다 55455 판결, 대법원 2007. 9. 20. 선고 2006 다 9842 판결 등 참조).

2. 원심판결의 결론은 정당함

원심은 창립총회 이후 2000. 12. 16. 송파구청장으로부터 주택조합설립인가를 받을 당시까지 계속된 재건축결의동의서의 집적을 통하여 83.7%의 구분소유자들의 동의를 받은 이상 1999. 5.

II. 하자있는 재건축결의 후 서면에 의한 '새로운 재건축결의'의 성립

29.자 재건축결의는 유효하다는 취지로 판단하였는바, 위 법리에 비추어 살펴보면, <u>원심판결의 이유에 다소 부적절한 점이 있으나 원심의 위와 같은 판단은 결국 2000. 12. 16.까지 계속된 재건축동의서의 집적에 의해 그 무렵 서면에 의한 재건축결의가 성립된 것</u>으로 보는 취지라고 할 것이므로 그 <u>결론은 정당한 것</u>으로 수긍할 수 있고...

D. <u>1997. 11. 30. 창립총회 및 1998. 5. 2. 총회에서 유효한 재건축결의가 이루어지지 않았으나, 그 후 시공자선정, 안전진단 의뢰, 설계계약·공사계약의 체결, 조합설립인가 등을 거치면서 2000. 5.경까지 단지 전체 총 구분소유자 및 의결권의 4/5 이상에 해당하는 절대 다수가 재건축에 동의함으로써 그 무렵 서면에 의한 재건축결의가 이루어졌다고 본 사례</u> ―대법원 2005.06.24. 선고 2003 다 55455 판결[소유권이전등기]

【당사자】

【원고,피상고인】 장안시영아파트 2 단지 329-3 번지재건축주택조합

【피고(선정당사자),상고인】 피고(선정당사자)

원심판결 이유에 의하면, 원심은

① 1997. 11. 30. 개최된 원고 조합의 창립총회 및 1998. 5. 2. 개최된 원고 조합의 조합원 총회는 집합건물법에서 요구하는 각 동별 구분소유자 및 의결권의 각 4/5 이상의 찬성이 있었음을 인정할 만한 증거가 없으므로 그 당시에는 재건축결의 정족수에 미달하여 유효한 재건축결의가 있었다고 할 수 없으나,

② 원고 조합은 창립총회에서의 재건축결의 이후 임시총회에서의 <u>시공자 선정, 안전진단의 의뢰, 설계계약 및 공사계약의 체결, 조합설립인가 등의 여러 단계와 과정을 거쳐 2000. 5.경까지는 단지 전체 총 구분소유자 및 의결권의 4/5 이상에 해당하는 절대 다수가 재건축에 동의하였으므로 그 무렵 서면에 의한 재건축결의가 이루어졌다고 할 것이고,</u>

③ 이 사건 상가 중 일부동(별동)의 경우 구분소유자 및 의결권의 재건축 동의율이 각 <u>50%에 불과하지만, 주촉법 제 3 조 제 7 호에 의하면 복리시설이라 함은 어린이놀이터, 구매시설, 의료시설, 주민운동시설, 일반목욕장, 입주자집회소 기타 거주자의 생활복리를 위하여 필요한 공동시설로서 대통령령이 정하는 것"을 말하므로 이 사건 상가는 위 법에서 말하는 복리시설에 해당하고, 2000. 1. 28. 법률 제 6250 호로 개정된 주촉법 제 44 조의 3 제 7 항에 의하여 복리시설은 하나의 동으로 보아야 하므로, 이 사건 상가 전체를 하나의 동으로 보면 전체 구분소유자 기준으로 86.2%, 의결권 기준으로 84.8%</u>가 동의한 셈이 되어 결국 <u>주촉법 제 44 조의 3 제 7 항의 재건축결의정족수 요건을 갖추었다고 할 것이어서,</u>

이로써 원고 조합의 재건축결의는 창립총회에서의 요건의 불비라는 하자에도 불구하고 그

후의 재건축결의동의서의 보완과 그 이후 2000. 5.경까지 계속된 재건축결의동의서의 접수를 통해 최종 완결되었거나 당초의 하자가 보완되어 유효한 결의로 전환되었다고 판단하였는바,

기록에 비추어 살펴보면, 원심 판시의 표현에 다소 부적절한 점이 있으나 원심의 위와 같은 사실인정 및 판단은 결국 2000. 5.경까지 계속된 동의서의 집적에 의해 새로이 서면에 의한 재건축결의가 있은 것으로 보는 취지이므로 위 법리에 따른 것으로서 정당하고, 거기에 서면결의에 관한 사실오인이나 법리오해의 위법은 없다. 상고이유의 주장은 이유 없다.

E. [같은 판례] 서면결의 대상인 재건축내용의 동일성 여부를 판단하는 기준: 예상공사비와 예상철거비가 다소 변동되었으나, 공사비가 당초 예상금액의 10%도 안 되는 금액이 증액되는 것으로 결정된 사안에서 그 동일성을 인정하여 추후 서면 재건축결의가 성립하였다고 본 사례 —대법원 2005.06.24. 선고 2003 다 55455 판결[소유권이전등기]

【당사자】

【원고,피상고인】 장안시영아파트 2 단지 329-3 번지재건축주택조합

【피고(선정당사자),상고인】 피고(선정당사자)

1. 법리 (결의대상 재건축의 동일성 여부 판단)

재건축에의 동의 여부를 판단하는 기본이 되는 사항인 재건축사업의 개요는 처음부터 확정짓기가 곤란하여 재건축추진위원회의 활동, 의견수렴, 재건축조합의 설립준비, 사업관계자와의 절충과 협의 등의 과정에서 단계적, 발전적으로 형성되어 사업계획의 승인단계에 이르러 건축설계나 사업계획 등이 완성되면서 비로소 구체적인 모습을 드러내는 것이 통례로서, 특히 재건축에 있어서 비용 등의 변경은 어느 정도는 피할 수 없는 것이므로, 이 경우에는 변경된 내용이 사회통념상 동일성이 인정되는가의 여부로 결의의 대상이 동일한가를 따져야 할 것이다.

2. 동의대상 재건축내용의 동일성을 인정한 사례

원고 조합이 추진한 이 사건 분리재건축의 경우 구분소유자들이 동의서를 제출할 당시에는 구분소유자들 사이에 "장안동 329-3 지상에 24 평형 368 세대, 32 평형 1,104 세대, 42 평형 364 세대의 23~25 층 아파트 연면적 268,554.13 ㎡를 재건축하고, 구건물의 철거 및 신건물의 건축에 소요되는 총비용 2,322 억 5,100 만 원을 기존세대 대지지분에 비례하여 조합원이 분담하여 부담하며, 조합원 1 세대당 1 채의 주택소유권을 귀속시킨다."는 등의 공통의 인식이 형성되었고, 그것이 근간이 되어 그 이후에도 큰 변화 없이 재건축이 추진되었으며,

예상공사비와 예상철거비가 다소 변동이 있었으나, 공사비는 당초 예상했던 공사비 240 만 원을 기준으로 15%의 범위까지 증액되었다가 결국 10%도 안 되는 금액이 증액되는 것으로

II. 하자있는 재건축결의 후 서면에 의한 '새로운 재건축결의'의 성립

결정되었고, 예상철거비는 3만 원에서 12만 원까지 증액된 바 있으나, 이로 인하여 추가지출되는 금액은 11평형의 경우 99만 원, 17평형의 경우 153만 원에 불과하고, 결국에는 이도 지출하지 않게 되었으므로, 원고 조합이 추진한 이 사건 분리재건축에 동의한 구분소유자들 사이에 동의의 대상이나 재건축내용의 동일성에 차이가 있는 경우라고 볼 수 없다. 따라서 서면결의의 대상인 재건축의 내용에 동일성이 없음을 전제로 하는 이 부분 상고이유의 주장도 이유 없다.

F. ① 하자 있는 재건축결의가 있은 후 추가동의를 받아 정족수를 충족하게 되었다면, 그 시점에 비로소 종전 결의가 유효하게 되거나 새로운 결의가 있는 것으로 볼 수 있을 뿐, 종전 재건축결의가 소급하여 유효하게 되는 것 아니야; ② 따라서 매도청구소송 중 재건축불참자 일부가 재건축에 찬성함으로써 정족수를 충족한 경우, 조합은 새로운 재건축결의에 따른 매도청구 절차를 새로 진행하여야 함 —대법원 2002.09.27. 선고 2000다10048 판결[소유권이전등기등]

【당사자】

【원고,피상고인】 석수1동 주공아파트재건축주택조합

【피고,상고인】 피고

☞ 판결이유는 돈.되.법 4의 「집합건물법에 따른 매도청구」 부분 참조

G. [고등법원판례] 창립총회 당시 받은 재건축 동의서에 재건축결의사항의 각 란이 공란으로 되어 있었으나, 창립총회 무렵부터 조합설립 인가 이후까지 재건축결의사항이 구체적으로 기재된 재건축동의서를 다시 제출받음으로써 그 무렵 서면에 의한 재건축결의가 성립되었다고 본 사례 —부산고등법원 2010. 6. 9. 선고 2008누6349 판결[관리처분계획취소]

【당사자】

【원고, 항소인】 원고 1 외 98인

【피고, 피항소인】 화명주공아파트재건축조합

1. 법리 (재건축결의의 성립시기)

살피건대, 집합건물법 제47조 제3항에 의하여 요구되는 재건축 비용의 분담에 관한 사항은 구분소유자들로 하여금 상당한 비용을 부담하면서 재건축에 참가할 것인지, 아니면 시가에 의하여 구분소유권 등을 매도하고 재건축에 참가하지 않을 것인지를 선택하는 기준이 되는 것이므로 이를 누락하여서는 아니되는 것이기는 하나, 이를 정하는 방법은 재건축의 실행 단계에서 다시 비용 분담에 관한 합의를 하지 않아도 될 정도로 그 분담액 또는 산출기준을 정하면 족하고, 유효한 재건축결의가 있었는지 여부는 반드시 최초의 관리단집회에서의 결의에만 한정

하여 볼 것은 아니고 비록 최초의 관리단집회에서의 재건축동의자가 재건축에 필요한 정족수를 충족하지 못하였다고 하더라도 그 후 이를 기초로 하여 재건축 추진 과정에서 구분소유자들이 재건축에 동의하는 취지의 서면을 별도로 제출함으로써 재건축결의 정족수를 갖추게 된다면 그로써 관리단집회에서의 결의와는 별도의 재건축결의가 유효하게 성립한다. 그리고 집합건물법에는 재건축결의의 시기에 관하여 아무런 제한을 두지 않고 있으므로, 재건축결의가 반드시 재건축조합의 창립총회일에 함께 이루어져야 한다고 볼 근거는 없다(대법원 2005. 6. 24. 선고 2003 다 55455 판결, 2009. 6. 25. 선고 2006 다 64559 판결 등 참조).

2. 창립총회 후 재건축동의서의 집적으로 재건축결의가 성립되었다고 본 사례

위와 같은 법리와 위 제 1 의 가. 내지 라.항의 인정사실을 종합하면, 피고 조합이 창립총회나 재창립총회 당시 조합원들 중 일부로부터 제출받은 재건축 동의서상 신축건물의 설계개요, 건물의 철거 및 신축건물의 건축에 소요되는 비용의 개산액, 비용분담에 관한 사항의 각 란이 공란으로 되어 있는 것은 맞으나, 피고 조합은 창립총회 내지 재창립총회 무렵부터 조합설립인가 이후인 2003. 12. 19.까지 전체 조합원 4,153 명(세대) 중 약 96%인 3,986 명(세대)으로부터 롯데건설이 제시하는 재건축사업 참여 제안서 등을 근거로 하여 위와 같은 사항이 구체적으로 기재된 재건축동의서(을 6 호증, 을 11 호증의 1 내지 99)를 제출받은 사실을 인정할 수 있다.

위 인정사실에 의하면 2003. 12. 19.까지 계속된 재건축 동의서의 집적에 의하여 그 무렵 서면에 의한 재건축결의가 성립되었다고 판단할 수 있으므로, 원고들의 이 부분 주장은 이유 없다.

III. 재건축비용 분담에 관한 결의

A. 【법령 및 해설】 집합건물법 제 47 조(재건축 결의)

> ③ 재건축을 결의할 때에는 다음 각 호의 사항을 정하여야 한다.
> 1. 새 건물의 설계 개요
> 2. 건물의 철거 및 새 건물의 건축에 드는 비용을 개략적으로 산정한 금액
> 3. 제 2 호에 규정된 비용의 분담에 관한 사항
> 4. 새 건물의 구분소유권 귀속에 관한 사항
>
> ④ 제 3 항 제 3 호 및 제 4 호의 사항은 각 구분소유자 사이에 형평이 유지되도록 정하여야 한다.

III. 재건축비용 분담에 관한 결의

> ☞ 집합건물법 제 47 조 제 3 항 각호는 모두 재건축결의의 유효요건이다. 따라서 재건축 결의에서 위 각호의 사항 중 하나라도 적법하게 정하지 않은 경우 구분소유자는 재건축 결의가 무효라고 주장할 수 있다.

B. 재건축 결의를 할 당시 재건축의 실행단계에서 다시 비용 분담에 관한 합의를 하지 않아도 될 정도로 그 분담액 또는 산출기준을 정하지 않은 재건축결의는 무효야 —대법원 2005. 4. 29. 선고 2004 다 7002 판결[재건축조합설립무효확인등]

[당사자]

【원고, 피상고인】 원고
【피고, 상고인】 ○○주공 2 단지아파트 재건축조합

집합건물의소유및관리에관한법률 제 47 조 제 2 항에 의하면 재건축의 결의는 구분소유자 및 의결권의 각 4/5 이상의 다수에 의한 결의에 의하도록 규정되어 있고, 같은 조 제 3 항, 제 4 항에 의하면 재건축의 결의를 할 때에는 건물의 철거 및 신건물의 건축에 소요되는 비용의 분담에 관한 사항과 신건물의 구분소유권의 귀속에 관한 사항을 정하여야 하며, 위와 같은 사항은 각 구분소유자 간의 형평이 유지되도록 정하지 아니하면 아니 된다고 규정하고 있는바, 위 ① 재건축 비용의 분담에 관한 사항은 구분소유자들로 하여금 상당한 비용을 부담하면서 재건축에 참가할 것인지, 아니면 시가에 의하여 구분소유권 등을 매도하고 재건축에 참가하지 않을 것인지를 선택하는 기준이 되는 것이고, ② 재건축 결의의 내용 중 가장 중요하고 본질적인 부분으로서, ③ 재건축의 실행단계에서 다시 비용 분담에 관한 합의를 하지 않아도 될 정도로 그 분담액 또는 산출기준을 정하여야 하고 ④ 이를 정하지 아니한 재건축 결의는 특별한 사정이 없는 한 무효이다 (대법원 1998. 6. 26. 선고 98 다 15996 판결, 2002. 3. 15. 선고 2001 다 77819 판결 등).

그런데 기록에 의하면, 피고 조합이 1996. 6. 15. 재건축 결의를 할 당시 재건축의 실행단계에서 다시 비용 분담에 관한 합의를 하지 않아도 될 정도로 그 분담액 또는 산출기준을 정하였다는 점을 인정할 만한 자료가 없으므로, 특별한 사정이 없는 한 위 재건축 결의는 효력이 없다고 보아야 할 것이다.

C. ① '재건축비용의 분담 및 신건물의 구분소유권의 귀속에 관한 사항'은 조합의 임원회나 운영위원회의 결정에 위임할 수 없어; ② 그런 위임을 규정한 조합의 규약/정관 및 그 위임에 따른 임원회의 결정은 모두 무효야; ③ 「조합규약이나 법에서 인정된 공유자들에 대한 법적 지위나 권리분배의 범위를 넘어서 조합원 지위를 부여하거나 아파트를 분양하는 내용」을 조합원 4/5 이상 다수에 의한 결의로 정하지 않고 임원회의에서 결정하도록 한 결의 및 그에 따른 임원회의 결의는 모두 무효임(그것은 '신건물의 구분소유권의 귀속에 관한 사항'이자 '비용분담에 관한 사항'이므로) —대법원 2009.02.12. 선고 2006 다 53245 판결[소유권이전등기등]

【당사자】

[원고, 상고인] 원고 1 외 6인

[피고, 피상고인] 피고 조합

1. 법리

민법상의 비법인사단인 재건축조합이 재건축결의를 할 때에는 조합원 5분의 4 이상의 다수에 의한 결의에 의하여야 하고, <u>재건축결의에는 건물의 철거 및 신건물의 건축에 소요되는 비용의 분담에 관한 사항과 신건물의 구분소유권의 귀속에 관한 사항 등이 포함되어야 하는데</u>, 이와 같은 사항은 상당한 비용을 부담하면서 재건축에 참가할 것인지 아닌지를 선택하는 기준이 되는 것이어서 <u>재건축의 실행단계에서 다시 그에 관한 합의를 하지 않아도 될 정도로 구체적으로 정하여야 한다.</u>

따라서 <u>이러한 사항들을 재건축결의 당시에 정하지 아니한 채 조합의 임원회의나 운영위원회에 그 결정을 위임할 수는 없으며</u>, 임원회의나 운영위원회가 조합원총회로부터 위임받은 사항을 결의할 수 있도록 규정한 조합규약이나 정관이 있다고 하더라도 그 적용이 배제된다(대법원 2005. 4. 29. 선고 2004다7002 판결, 대법원 2006. 7. 13. 선고 2004다7408 판결 등 참조).

2. 원심이 인정한 사실

원심판결 이유에 의하면 아래 사실을 알 수 있다.

(1) 피고는, 이 사건 사업부지상의 연립주택과 다가구주택 및 단독주택의 소유자들이 노후건물을 철거하고 그 지상에 지상 12층, 지하 2층 규모의 아파트를 신축하기 위하여 설립한 재건축조합으로서, 2003. 4. 18. 창립총회를 거쳐 2003. 4. 25. 관할 관청으로부터 설립인가를 받은 후 2003. 6. 30. 이 사건 재건축사업에 관한 사업승인을 받았다.

(2) 원고들과 소외 1, 2(아래에서는 이들을 통틀어 '원고 등'이라고 한다)는 이 사건 사업부지에 포함되어 있는 다가구주택의 공유자들로서, 피고의 재건축사업에 참여하기로 하여 위 다가구주택을 피고에게 신탁한 후 2003. 9. 30. 피고 앞으로 그 소유권이전등기를 마쳐 주었다.

(3) 한편, 피고의 조합규약은 제8조 제3항에서 "하나의 주택 등을 2인 이상이 공유지분으로 공동소유하는 경우에는 취득시기에 관계없이 그 중 1인을 조합원으로 보며, 공유지분 소유자는 소유자 중의 1인을 조합원으로 등록하여야 한다."고 규정하고, 제22조 제4호에서 이사회(임원회의)의 결의사항 중 하나로서 "총회로부터 위임받은 사항"을 규정하고 있다.

(4) 피고는 2003. 4. 18. 창립총회에서 전체 조합원 66인 중 53인이 참석하여 만장일치로 재건축결의를 하면서, 위 다가구주택에 대한 보상에 관하여 그 공유자 중 2인에게 조합원자격을 주어 신축아파트 2세대를 부여하기로 하되 추가적인 보상 문제는 임원회의에서 추후 논의하기로 하였다.

(5) 그 후 피고의 임원회의는 2003. 4. 25.부터 2003. 10. 6.까지 수차례에 걸쳐 위 다가구주택에 대한 보상에 관하여 논의한 결과, 공유자 중 조합원으로 인정하기로 한 소외 1, 2에게 신축아파트 2세대를 부여하는 외에 추가로 나머지 공유자인 원고들에게 조합원 분양가로 1인당 신축아파트 1세대씩 합계 7세대를 분양해 주기로 결의하였다.

3. 대법원의 판단 (상고기각)

위와 같은 사실을 앞서 본 법리에 비추어 살펴보면, 피고가 원고 등에게 조합규약 제8조 제3항이나 구 주택건설촉진법 제44조의3 제6항에서 인정된 공유자들에 대한 법적 지위나 권리분배의 범위를 넘어서 수인의 조합원 지위를 부여하거나 각 공유자별로 아파트 1세대를 조합원 분양가로 분양하도록 결의하는 것은, 신건물의 구분소유권의 귀속에 관하여 정하는 것일뿐더러, 조합원들의 비용부담에 상당한 영향을 미치는 사항으로서 그 비용분담에 관하여 정하는 것에도 해당하므로, 재건축결의 당시에 전체 조합원 5분의 4 이상의 다수에 의한 결의로 정하였어야 하고, 이를 정하지 않은 채 임원회의에 그 결정을 위임할 수는 없다.

따라서 설령 피고의 창립총회 당시 '임원회의에서 추후 논의'한다고 결의한 것이 원고들에 대한 추가적인 분양 여부에 관한 결정권한을 임원회의에 위임한 취지라고 하더라도, 그러한 결의는 무효이고, 그 후 개최된 임원회의에서 원고들에게 신축아파트 7세대를 분양해 주기로 한 결의 역시 무효라 할 것이므로, 창립총회의 위임결의 및 임원회의의 결의에 의하여 원고들이 신축아파트 7세대에 대한 수분양권을 취득하게 된다고 볼 수 없다.

IV. '비용분담에 관한 결의'의 하자로 재건축결의가 무효로 된 사례

A. ① 조합규약에 "사업시행구역 안에 건립하는 상가 등 부대·복리시설은 종전건축물의 용도가 동일하거나 유사한 소유자에게 우선 분양한다"고만 규정하고 있어 건축되는 상가동의 규모나 기존 상가동 소유자에게 분양될 복리시설의 규모에 관하여 따로 정한 바 없고, ② 상가동 소유자들이 제출한 동의서에는 아파트 소유자들의 동의서에 기재된 것과 같은 내용만 기재되어 있고, ③ 그 후에도 상가에 관하여는 재건축의 내용을 정하지 않은 채 재건축사업에 착수하였고, ④ 2000. 5.경 재건축결의가 완결되고 2001. 2. 24. 개최된 관리처분총회에서 비로소 상가에 관한 재건축의 내용이 정해졌다면, 재건축결의가 성립한 시점에는 상가에 관하여는 비용분담에 관한 사항을 정하지 않았다고 본 사례 ―대법원 2005.06.24. 선고 2003다55455 판결 [소유권이전등기]

【당사자】

【원고,피상고인】 장안시영아파트 2 단지 329-3 번지재건축주택조합

【피고(선정당사자),상고인】 피고(선정당사자)

☞ 판결이유는 돈.되.법 4 의 「집합건물법에 따른 매도청구」 부분 참조

B. ① 구분소유자간 형평에 현저히 반하는 재건축결의는 무효; ② 1 주택을 수인이 공유하는 경우, 대표조합원에게 그 공유지분에 해당하는 개발이익을 초과하여 다른 공유자에게 분배되어야 할 개발이익까지 임의로 분배하는 결의는 무효; ③ 다만, 그러한 결의가 공유자들의 요구에 따른 것일 때에는 조합을 상대로 위 결의의 무효를 주장할 수 없고, 대표조합원을 상대로 재분배 내지 정산을 구할 수 있을 뿐임 ―대법원 2009.02.12. 선고 2006 다 53245 판결[소유권이전등기등]

【당사자】

[원고, 상고인] 원고 1 외 6 인

[피고, 피상고인] 피고 조합

1. 현저히 형평에 반하는 재건축결의는 무효

집합건물의 소유 및 관리에 관한 법률은 제 47 조 제 3 항에서 재건축의 결의를 할 때에 정하여야 하는 사항으로서 "건물의 철거 및 신건물의 건축에 소용되는 비용의 분담에 관한 사항"과 "신건물의 구분소유권의 귀속에 관한 사항"을 규정한 다음, 제 47 조 제 4 항에서 "위 사항은 각 구분소유자간의 형평이 유지되도록 정하지 아니하면 아니 된다."고 규정하고 있으므로, <u>위와 같은 사항에 관하여 각 구분소유자간의 형평에 현저히 반하는 재건축결의는 특별한 사정이 없는 한 무효이다.</u>

2. 1 주택을 2 인 이상이 공유하는 경우 대표조합원 외의 공유자의 권리

그리고 앞에서 살펴본 바와 같이 <u>1 주택을 2 인 이상이 공유지분으로 소유함으로써 공유자 전원이 1 인의 조합원으로 취급되는 경우에도,</u> 공유자 전원의 합의에 의하여 재건축사업에 따른 개발이익 등을 공유자 중 대표조합원 1 인이 모두 분배받기로 하여 그러한 의사를 재건축조합에 표시하였다거나 조합규약 등에서 그 분배에 관하여 달리 정하고 있다는 등의 특별한 사정이 없는 한, <u>대표조합원을 비롯한 공유자들은 다른 일반조합원에 대한 관계에서뿐 아니라 공유자들 상호간의 관계에서도 형평이 유지되도록 개발이익 등을 분배받을 권리가 있으므로,</u>

재건축조합은 공유자들에게 개발이익 등을 분배함에 있어 다른 일반조합원에 대한 관계에

IV. '비용분담에 관한 결의'의 하자로 재건축결의가 무효로 된 사례

서나 공유자들 상호간의 관계에서 형평이 유지되도록 하여야 하고, 대표조합원 1인에게 그 공유지분에 관한 개발이익을 초과하여 다른 공유자에게 분배되어야 할 개발이익까지 임의로 분배하는 등 형평에 현저히 반하는 권리분배를 내용으로 하는 재건축조합의 결의는 무효이다.

3. 그러한 재건축결의가 공유자들의 요구에 따른 경우

다만, 재건축조합이 대표조합원에게 다른 공유자들에게 분배되어야 할 개발이익까지 분배하도록 결의한 것이 공유자들의 요구에 따른 것일 때에는, 공유자들이 재건축조합을 상대로 위와 같은 결의의 무효를 주장하면서 개발이익의 분배를 요구하는 것은 허용될 수 없고, 재건축조합으로부터 개발이익을 분배받은 대표조합원을 상대로 하여 공유자들의 합의 등을 근거로 재분배 내지 정산을 구할 수 있을 따름이다.

C. ① 재건축 결의시 재건축비용 분담에 관한 사항을 정하지 않고 재건축 실행단계에서 개최한 총회에서 이를 정하는 경우, 그 결의가 유효하기 위한 요건(재건축결의 요건과 같음): a) 총회 개최 전에 비용분담안의 내용이 조합원들에게 고지된 상태에서(안건 통지) b) 조합원 4/5 이상의 다수에 의한 결의가 있어야 하고, c) 그 내용 또한 각 구분소유자 간 형평이 유지되어야 해; ② 이 3가지를 모두 흠결하여 무효로 본 사례 —대법원 2006.07.13. 선고 2004다7408 판결[부당이득금]

【당사자】

[원고, 피상고인 겸 상고인] 임병순외 1인

[피고, 상고인 겸 피상고인] 홍제3동 27통재건축주택조합

[피고, 피상고인] 주식회사 태영

1. 법리

재건축 결의시 재건축 비용의 분담에 관한 사항을 정하지 아니하고 재건축의 실행단계에서 조합원총회에서 그 비용의 분담에 관한 사항을 결의하는 경우에는 이해관계가 대립하는 조합원들 간의 형평을 보장하기 위하여 재건축 결의시의 특별다수의 정족수를 준용하여 조합원 5분의 4 이상의 다수에 의한 결의가 필요하다 할 것이고, 그 결의내용에 있어서도 조합원들 간의 형평이 유지되도록 정하지 아니하면 안 된다고 해석하여야 할 것이다(대법원 1998. 6. 26. 선고 98다15996 판결 참조).

한편, 재건축조합은 비법인사단으로서 법인격을 전제로 하는 조항을 제외하고는 민법의 법인에 관한 규정의 준용을 받는다 할 것인데 민법 제71, 72조에 비추어, 정관에 다른 규정이 없는 한 총회에서는 소집 1주간 전에 통지된 그 회의의 목적사항에 관하여서만 결의할 수 있다 할 것이다 (대법원 1996. 10. 25. 선고 95다56866 판결 참조).

2. 원심이 인정한 사실

기록에 의하면,

① 피고 조합은 최초의 재건축 결의시에 조합원의 출자, 시공회사의 비용부담과 관련하여 조합원의 부담금(현물출자를 제외한 부분)에 관하여는 조합이 징수할 수 있고, 그 금액은 이사회가 정하며, 부담금의 금액 또는 징수방법에 대하여 이사회가 총회의 권한을 대행한다고 정관에 규정하여 비용의 분담에 관한 개괄적인 사항과 그 원칙만을 추상적으로 정한 사실,

② 피고 조합 이사회에서는 1996. 2. 8. 조합원별 부담금 산출내역을 정한 자금운영계획을 수립하면서 조합원들이 분양받은 평수와는 무관하게 부가가치세를 총공사비에 포함시켜 전체 조합원의 비례율을 정하는 내용의 분담금 산정안을 마련하였는데, 그 분담금 산정방식에 의하면, 원고들과 같이 관련 법령에 의하여 부가가치세를 납부할 의무가 없는 조합원들도 부가가치세를 납부할 의무가 있는 조합원들과 완전히 동일한 기준에 의하여 부가가치세를 부담하게 되어 있는 사실,

③ 그럼에도 불구하고, 피고 조합의 이사회는 사전에 조합원들에게 그러한 내용을 고지하지도 아니한 채 위 분담금 산정안을 수립한 사실,

④ 그 후 피고 조합은 1996. 3. 21. 위 분담금 산정내역을 승인받기 위한 조합원총회를 개최하였는데, 위 총회를 개최함에 있어 총회 개최 7일 전에 회의 목적사항을 명시하여 조합원에게 통지하도록 한 피고 조합 정관 제14조의 절차를 거치지 않았을 뿐만 아니라, 위 분담금 산정방식에 의할 경우 관련 법령에 의하여 부가가치세 납부의무가 없는 조합원들이 입게 되는 불이익에 관하여 아무런 고지도 없었던 사실,

⑤ 위 총회에서는 조합원들 사이에 공사비 인상안에 관하여 다툼이 생겨 총공사비에 관하여는 결말을 보지 못한 채 층·호수 추첨을 한 후 종료되었고, 그 이후 위 분담금 산정안을 결의하기 위한 총회는 개최되지 않았는데 원고들은 위 분담금 산정방식에 따라 분담금을 각 납입한 사실을 알 수 있다.

3. 대법원의 판단 (무효)

그렇다면 피고 조합으로서는 위 1996. 2. 8. 조합원별 분담금 산출내역을 정한 때에 비로소 비용분담에 관한 사항을 정한 것으로 보아야 할 것인데,

이와 같은 비용분담 사항이 조합원들에게 효력을 가지기 위하여는 특별한 사정이 없는 한, 앞서 본 법리에 따라 ① 총회 개최 전에 위 비용분담안의 내용이 조합원들에게 고지된 상태에서 ② 조합원 5분의 4 이상의 다수에 의한 결의가 있어야 할 뿐만 아니라, ③ 그 비용분담의 내용 또한 각 구분소유자 간에 형평이 유지되는 내용이어야 할 것이다.

그러나 피고 조합의 이사회가 정한 위 비용분담 사항은 ① 사전에 조합원들에게 그 내용을 고지하지 아니한 채 일방적으로 수립한 것으로서, ② 그 승인을 위한 조합원총회에서도 특별다수의 정족수에 의한 결의를 취득하지 못하였고, ③ 나아가 그 내용 또한 법령상 부가가치세 납부의무가 면제된 국민주택 규모의 조합원들에게도 동일하게 부가가치세를 분담하게 하는 등 형평에 반하는 것이어서 <u>그 효력이 인정될 수 없다</u> 할 것이다.

V. 재건축비용 분담에 관한 결의내용이 적법하다고 본 사례

A. ① 재건축비용의 개산액과 분담에 관한 사항은 재건축결의에 반드시 포함되어야 하나; ② 이를 정하는 방법은 재건축의 실행단계에서 다시 비용 분담에 관한 합의를 하지 않아도 될 정도로 그 분담액 또는 기준을 정하면 족해 (그 정도의 구체성을 갖추어 유효하다고 본 사례)
―대법원 2006. 2. 23. 선고 2005다19552, 19569 판결[구분소유권등매도청구등]

【당사자】

【원고, 피상고인】 도곡동제1차아파트재건축조합

【피고, 상고인】 피고 1 외 4인

1. 원심판결의 내용

원심판결 이유에 의하면 원심은, 그 채용 증거들을 종합하여 창립총회 이전에 구분소유자들에게 배포한 창립총회 안내 책자에 첨부된 사업계획안과 각 구분소유자들로부터 원고 조합이 제출받은 재건축결의서 양식 및 원고 조합의 규약에 나타난, 재건축비용의 개산액과 그 분담기준 등과 관련된 내용을 자세히 인정한 다음,

여기에 재건축은 다양한 이해관계가 교차되어 의견통일이 쉽지 않고, 그 추진과정에서 추진계획이 변경되거나 좀 더 구체화 될 수밖에 없다는 점 등을 종합하여 보면, 판시와 같은 <u>원고 조합의 재건축결의는 구분소유자들로 하여금 재건축결의에 참가할지 여부를 결정하는 기준이 되기에 충분할 정도의 구체성을 갖추어 유효하다고 판단하였다.</u>

2. 원심판결의 정당함

기록에 비추어 검토하여 보면, 원심이 적법하게 인정한 사실들, 특히

① 원고 조합의 재건축결의에 건물의 철거 및 신건물의 건축에 소요되는 비용의 개산액에 관하여 건축비, 감리비, 안전진단비, 인입공사, 조합운영비, 회계, 서무, 등기비용, 감정평가, 소송비용, 인허가 비용, 부가가치세, 예비비 등을 항목별로 산출내역과 개산금액까지 정하여 둔 점,

② 각 조합원별 분담금 산출계산의 기준식을 명시하여 각 평형별로 조합원의 예상비용 분담액을 10,000원 단위까지 표시하여 둔 점,

③ 상가에 대하여도 별도로 그 비용분담의 원칙을 구체적으로 규정하여 둔 점 등에 비추어 볼 때, 원심의 위와 같은 판단은 앞서 본 법리에 비추어 정당한 것으로 수긍할 수 있고, 거기에 피고들이 상고이유로 주장하는 바와 같이 적법한 재건축결의에 필요한 비용의 개산액이나 비용 분담 기준의 특정 정도에 관한 법리를 오해한 위법이 있다고 할 수 없다.

B. [같은 취지 판례] 재건축비용의 개산액과 분담에 관한 사항은 재건축결의 단계에서 용적률을 제시하여 평당 분담액의 추산치 및 분담기준을 제시한 것으로 충분하며, 더 나아가 <u>분담액/분담기준을 각 평형별로 세분하여 다시 제시할 필요까지는 없어</u> —대법원 2009.06.25. 선고 2006 다 64559 판결[조합총회결의무효확인]

【당사자】

[원고, 상고인] 원고 1 외 12 인

[피고, 피상고인] 피고 재건축정비사업조합

1. 법리

<u>재건축비용의 개산액과 분담에 관한 사항은</u> 구분소유자들로 하여금 상당한 비용을 부담하면서 재건축에 참가할 것인지, 아니면 시가에 의하여 구분소유권 등을 매도하고 재건축에 참가하지 않을 것인지를 선택하는 기준이 되는 것이므로 <u>재건축결의에서 누락하여서는 아니 되는 것이기는 하나, 이를 정하는 방법은 재건축의 실행단계에서 다시 비용분담에 관한 합의를 하지 않아도 될 정도로 그 분담액 또는 기준을 정하면 충분하다고</u> 할 것이다(대법원 1998. 6. 26. 선고 98 다 15996 판결, 대법원 2006. 2. 23. 선고 2005 다 19552, 19569 판결 등 참조).

2. 원심판결의 내용

원심은,

① 피고 조합이 1999. 5. 29.자 창립총회에서 재건축결의를 한 이후 2000. 12. 16. 송파구청장으로부터 주택조합설립인가를 받을 당시까지 83.7%의 구분소유자들의 동의를 받았고, 2003. 10. 31.까지 미동의자 4 인을 제외한 모든 구분소유자들로부터 재건축결의 서면동의서를 교부받아 서면에 의한 결의를 한 사실,

② 피고 조합이 1999. 5. 29.자 재건축결의 전후로 구분소유자들로부터 제출받은 '재건축결의 및 사업계획 동의서'에는 <u>신축건물의 대지면적, 규모, 건물연면적 등 신축건물의 설계 개요</u>

V. 재건축비용 분담에 관한 결의내용이 적법하다고 본 사례

와 이 사건 재건축에 소요되는 총비용 537,884,000,000 원이 제시되어 있고, 비용분담에 관하여는 '신축건물의 건축비는 잉여 건축물의 매각(분양)대금으로 충당하고, 부족분은 조합원 입주평형에 따라 공정하게 부담한다'고 기재되어 있는 사실,

③ 1999. 5. 29.자 총회 당시 조합원들에게 배포된 '창립총회 회의자료'에는, '사업성 검토'라는 항목으로 이 사건 재건축 사업에 적용될 용적률과 일반분양가, 평당 건축비에 따른 조합원들의 추가부담금이 예시되어 있고, '사업계획안'의 항목으로 신축 아파트의 건축 규모와 내역이 각 예시되어 있으며, 이 사건 재건축에 참여를 희망한 2 개 사업단으로부터 각 제시받은 건축비용의 명세 또한 그 내용에 포함되어 있는 사실,

④ 1999. 5. 29.자 총회에서 결의된 피고 조합의 정관은, 비용분담에 관하여 조합은 사업시행에 필요한 비용에 충당하기 위하여 조합원에게 경비를 부과, 징수하되, 그 경비는 면적, 이용상황을 고려하여 공평하게 부과하며, 조합원이 출자한 종전의 주택 면적을 기본으로 산정한 주택의 분양대상면적과 사업시행 후 조합원이 분양받을 주택의 규모에 차이가 있을 때에는 일반분양을 위하여 산정하는 단위면적당 가격을 기준으로 환산한 금액으로 비용을 부담하는 것으로 정하고 있는 사실 등을 인정한 다음,

피고 조합은 집합건물의 소유 및 관리에 관한 법률 제 47 조 제 3 항에서 정하고 있는 재건축비용의 개산액과 분담에 관한 사항에 관하여 전체 조합원의 5 분의 4 이상의 동의를 얻어 재건축결의를 한 것으로 봄이 상당하다는 취지로 판단하였다.

3. 원심판결의 정당함

앞에서 본 법리와 기록에 비추어 살펴보면, 원심의 위와 같은 판단은 정당한 것으로 수긍할 수 있고, 거기에 상고이유에서 주장하는 바와 같은 재건축비용의 개산액과 분담에 관한 사항에 관한 재건축결의의 성립에 관한 법리오해 등의 위법이 없다.

그리고 원심이 적법하게 확정한 사실관계에 의하면, 피고 조합은 ① 재건축결의 단계에서 용적률을 제시하며 각 평당 분담액의 추산치 및 분담기준을 제시하였으므로 이로써 충분하다고 할 것이고, ② 더 나아가 각 조합원들이 보유하는 구분건물의 평형별로 세분하여 신축되는 구분건물의 분담액 또는 분담기준을 다시 제시할 필요까지는 없다고 할 것이므로, 이 점을 들어 이 사건 재건축결의가 분담액 또는 분담기준의 정함이 없어 무효라는 상고이유의 주장은 받아들일 수 없다.

C. 창립총회 이후 "장안 2 동 329-3 지상에 24 평형 368 세대, 32 평형 1,104 세대, 42 평형 364 세대의 23 층 내지 25 층 아파트 연면적 268,554.13 ㎡를 재건축하고, 구건물의 철거 및 신건물의 건축에 소요되는 총비용 232,251,000,000 원을 기존세대 대지지분에 비례하여 조합원이 분담하여 부담하며, 조합원 1 세대당 1 채의 주택소유권을 귀속시킨다"는 내용의 재건축 계획을

수립하고 이를 토대로 구분소유자들로부터 재건축동의서를 받은 사안에서, 재건축비용분담에 관한 사항을 적법하게 정했다고 본 사례 —대법원 2005.06.24. 선고 2003 다 55455 판결[소유권이전등기]

【당사자】

[원고,피상고인] 장안시영아파트 2 단지 329-3 번지재건축주택조합

[피고(선정당사자),상고인] 양혜숙

1. 법리

집합건물법 제 47 조 제 3 항에 의하면 재건축의 결의를 할 때에는 건물의 철거 및 신건물의 건축에 소요되는 비용의 분담에 관한 사항 등을 정하여야 한다고 규정하고 있는바, 위 재건축비용의 분담에 관한 사항은 구분소유자들로 하여금 상당한 비용을 부담하면서 재건축에 참가할 것인지, 아니면 시가에 의하여 구분소유권 등을 매도하고 재건축에 참가하지 않을 것인지를 선택하는 기준이 되는 것이므로 재건축결의에서 이를 누락하여서는 아니 되는 것이기는 하나, 이를 정하는 방법은 재건축의 실행단계에서 다시 비용 분담에 관한 합의를 하지 않아도 될 정도로 그 분담액 또는 산출기준을 정하면 족하다 할 것이다 (대법원 1998. 6. 26. 선고 98 다 15996 판결, 2004. 3. 11. 선고 2003 다 62781 판결 등 참조).

2. 원심판결의 정당함

원심은 적법한 증거조사를 거쳐,

① 원고 조합 창립총회에서 당시 재건축추진위원회가 이 사건 아파트단지 내의 아파트 및 상가를 철거하고 그 지상에 새로 아파트 및 부대시설을 건립하되, 층수는 지하 2 층, 지상 25 층 내외, 구조는 철근콘크리트벽식 구조, 용적률은 300% 정도로 하는 사업계획안과 재건축추진일정에 관한 문건을 참석한 구분소유자들에게 배포한 사실,

② 이와 아울러 재건축추진위원회는 총회에 참석한 구분소유자들에게 "재건축건설비용은 시공사로 선정된 업체가 조달하고, 비용분담은 사업구역 안의 제반 여건을 종합적으로 고려하여 공평하게 부담하며, 이주비는 시공사 지원금으로 하고, 토지는 사업완료시 지분등기하며, 건물은 입주조합원 각자가 보존등기를 하도록 하고, 입주소유권 구분은 골조공사 완료시 결정한다."는 개략적인 재건축 내용을 설명하고 재건축결의를 한 사실,

③ 원고 조합의 창립총회에서 채택한 원고 조합의 규약안에는 조합의 설립목적(제 2 조), 사업시행방법(제 5 조), 관리처분계획(제 40 조) 등과 같이 건축비용의 분담이나 구분소유권의 귀속 등에 관한 내용이 포함되어 있는 사실,

V. 재건축비용 분담에 관한 결의내용이 적법하다고 본 사례

④ 위 창립총회 이후 원고 조합은 재건축에 관한 설계를 공모하고 국내 건설업체를 상대로 사업계획서를 제출받는 등의 과정을 거치면서 "장안 2 동 329-3 지상에 24 평형 368 세대, 32 평형 1,104 세대, 42 평형 364 세대의 23 층 내지 25 층 아파트 연면적 268,554.13 ㎡를 재건축하고, 구건물의 철거 및 신건물의 건축에 소요되는 총비용 232,251,000,000 원을 기존세대 대지지분에 비례하여 조합원이 분담하여 부담하며, 조합원 1 세대당 1 채의 주택소유권을 귀속시킨다."는 등의 재건축에 관한 구체적인 계획을 수립하고 이를 토대로 이 사건 아파트 및 상가의 구분소유자들로부터 재건축결의동의서를 받아온 사실,

⑤ 원고 조합은 1998. 5. 2. 조합원 총회를 개최하여 그동안의 서면결의를 재확인하는 등 여러 단계에 걸쳐 재건축에 관한 계획을 구체화시킨 사실 등을 인정한 후, 이 사건 재건축결의에 동의한 구분소유자들 사이에서는 집합건물법 제 47 조 제 3 항 소정의 결의사항에 관한 결의가 있었다고 봄이 상당하다고 판단하였다.

앞서 본 법리와 기록에 비추어 살펴보면, 이 사건 아파트단지 내의 각 동 중 아파트로 건축된 동에 관한 원심의 판단은 정당한 것으로 수긍이 가고, 거기에 상고이유에서 주장하는 바와 같이 재건축비용의 분담에 관한 법리오해 등의 위법이 있다고 할 수 없다.

D. ① 상가 부분의 비용 개산액을 아파트부분의 평당 건축비를 준용한 것만으로 위법하다고 할 수 없어; ② 무상 분양면적과 평당 분양가를 구체적으로 확정하지 않았더라도, 정관에서 그 부담금 산정의 기준을 명시함과 아울러 당시 산정 가능한 방법으로 평당 분양단가와 예상 용적률에 따른 분담액을 제시한 이상 재건축결의가 적법하다고 본 사례 —대법원 2007. 10. 11. 선고 2005 다 58786 판결[소유권신탁등기절차이행등]

【당사자】

[원고, 피상고인] 잠실주공 3 단지아파트재건축정비사업조합

[피고(선정당사자), 상고인] 피고

1. 법리

비용 분담에 관한 사항은 재건축 참가자가 확정될 경우에 자동적으로 그 부담비율이 결정될 정도로 재건축 결의 단계에서 이를 정하여 놓음으로써 적어도 장차 재건축에 참가할 경우에 재건축 비용을 어떻게 분담할 것인지를 예측할 수 있을 만큼 비용 분담의 기준을 제시하면 충분하다(대법원 2005. 7. 8. 선고 2005 다 21036 판결 참조).

2. 원심판결의 정당함

기록에 의하면, ① 1999. 5. 29. 원고 조합 창립총회에서의 재건축 결의 이후 시공자 선정

및 공사계약의 체결, 종합상가 구분소유자들인 피고(선정당사자) 및 선정자들(이하 '피고들'이라 한다)의 재건축 참여 등의 단계를 거쳐 2000. 12. 16. 조합 설립인가를 받을 무렵 총 구분소유자 및 의결권의 4/5 이상에 해당하는 다수가 재건축에 동의함으로써 유효한 재건축 결의가 성립된 사실,

② 피고들이 재건축에 참여하면서 원고 조합에 제출한 이 사건 동의서에는 '대지면적 : 2,313 ㎡(701 평)', '규모 : 1 개동 지상 5 층, 지하 2 층', '건물연면적 : 2,870 평(지상 1,750 평, 지하 1,120 평)', '산출근거 : 총대지 701 평 × 용적율 250% = 총건평 2,870 평, 철거 및 건설공사비 : 2,232,493 원/평 × 2,870 평 = 6,407,000,000 원, 기타 비용 : 366,325 원/평 × 2,870 평 = 1,051,000,000 원, 총비용 : 2,598,818 원/평 × 2,870 평 = 7,458,000,000 원', '신축건물의 건축비는 잉여건축물의 매각(분양)대금으로 충당하고, 부족분이 생길 경우 조합원의 입주평형에 따라 공정하게 분담한다.', '신축건물의 구분소유권 귀속은 현행 소유 대지 지분비율에 따라 형평이 유지되도록 배분하고, 토지는 사업완료 후 배분 평형에 따라 공유지분으로 등기하며, 건물은 조합원 각자의 명의로 소유권보존등기를 마친다. 상가조합원에게 우선 분양하고 남은 잔여 상가, 부대시설은 관계 법령에 따라 일반 분양한다.'고 기재되어 있었던 사실,

③ 당시 피고들이 제공받은 자료에는 여러 가지 평당 분양단가와 예상 용적율에 따른 조합원들의 분담액이 가정적으로 예시되어 있었던 사실,

④ 한편 원고 조합의 정관에는 사업시행에 필요한 자금은 조합원이 출자한 토지, 조합원들의 분담금 및 신축 건축물의 분양수입금 등으로 충당하기로 되어 있고, 그 분담금은 무상 분양면적과 실제 분양받은 면적에 차이가 있을 경우 그 면적에 대하여 일반분양에 적용되는 단위면적당 가격을 기준으로 환산한 금액으로 정하도록 되어 있는 사실을 알 수 있는바,

그렇다면 원고 조합은 재건축 결의와 관련하여 구 상가건물의 철거 및 신 상가건물의 건축에 소요되는 비용의 개산액을 정하는 한편 그 비용의 분담에 관한 사항을 정하였다고 할 것이고, 설령 피고들의 주장과 같이 상가 부분의 비용 개산액을 정함에 있어 아파트 부분의 평당 건축비를 준용하였다고 하더라도 그것만으로 위법하다고 할 수 없으며,

비용 분담에 관한 사항을 정함에 있어 무상 분양면적과 평당 분양가를 구체적으로 확정하지 않았다고 하더라도, 정관에서 그 부담금 산정의 기준을 명시함과 아울러 당시 산정 가능한 방법으로 평당 분양단가와 예상 용적율에 따른 분담액을 제시한 이상, 재건축의 실행단계에서 다시 합의를 하지 않아도 될 정도로 구체적인 사항을 정한 것으로서, 상가 구분소유자들로 하여금 상당한 비용을 부담하면서 재건축에 참가할 것인지, 아니면 시가에 의하여 구분소유권 등을 매도하고 재건축에 참가하지 않을 것인지를 선택하게 하는 기준이 될 수 있다고 할 것이다.

원심이 같은 취지에서 원고 조합의 재건축 결의에서 집합건물법 제 47 조 제 3 항 소정의 비용 분담 사항을 정하지 않았다는 피고들의 주장을 배척한 조치는 옳고, 거기에 상고이유에서

주장하는 바와 같은 채증법칙 위반, 재건축 결의의 효력에 관한 법리오해 등의 위법이 없다.

VI. 새 건물의 구분소유권 귀속에 관한 결의

A. [무효가 아니라고 본 사례] ① 재건축결의에서 정한 '재건축비용의 분담에 관한 사항'과 '신건물의 구분소유권 귀속에 관한 사항'이 각 구분소유자 간의 형평에 현저히 반하는 경우 그 재건축결의는 무효야; ② 평당 권리가액을 평가함에 있어 17평형을 15평형보다 높게 평가하고, 평형 배정에서도 17평형 조합원에게 우선적 권리를 부여한 것은 현저히 형평에 반하지 않아; ③ 인근/유사 재건축단지와의 단순한 산술적 비교만으로 형평성 여부를 판단할 수 없어 —대법원 2009.06.25. 선고 2006 다 64559 판결[조합총회결의무효확인]

【당사자】

【원고, 상고인】 원고 1 외 12 인
【피고, 피상고인】 피고 재건축정비사업조합

1. 법리

가. 비용분담 및 신건물의 귀속에 관한 사항의 형평성과 재건축결의의 효력

집합건물의 소유 및 관리에 관한 법률 제 47 조 제 3 항, 제 4 항에 의하면 재건축의 결의를 할 때에는 건물의 철거 및 신건물의 건축에 소요되는 비용의 분담에 관한 사항과 신건물의 구분소유권의 귀속에 관한 사항을 정하여야 하고, 위와 같은 사항은 각 구분소유자 간의 형평이 유지되도록 정하지 아니하면 아니 되므로, 재건축의 결의가 위와 같은 사항에 관하여 각 구분소유자 간의 형평에 현저히 반하는 경우에는 이러한 재건축결의는 특별한 사정이 없는 한 무효라고 할 것이다 (대법원 2005. 6. 9. 선고 2005 다 11404 판결 참조).

2. 신건물의 귀속이 구분소유자간 형평에 반하는지 여부의 판단기준

그런데 대규모의 재건축 사업에 있어서는 신건물의 건축과 관련한 관계법령상의 규제, 사업부지의 위치 및 형상, 주변 편의시설로의 접근성, 조합원들이 종전에 소유하고 있는 건물의 평형과 대지권 지분의 분포 및 용적률 등을 고려하여 최적의 효율성과 사업성을 발휘하도록 신건물의 배치 및 설계를 하게 되므로, 그 과정에서 각 구분소유자에게 귀속되는 신건물의 구분소유권은 그 위치, 면적, 층수에 차이가 발생하는 것이 불가피한 측면이 있고,

따라서 신건물의 구분소유권의 귀속이 각 구분소유자 간의 형평에 반하는지 여부를 판단함에 있어서는 단순히 각 구분소유권의 위치, 면적, 층수에 차이가 있다는 점만을 고려할 것이 아니라,

제7장 집합건물법에 따른 재건축 / 제2절 재건축결의의 주요논점

그와 같은 차이가 발생하게 된 경위, 신건물의 배치 및 설계상의 합리성 및 경제적 타당성, 조합원들이 종전에 소유하고 있는 구분건물의 평형과 대지권 지분의 분포와 그 권리가격의 크기, 구분소유권 배분방식의 형평성, 각 구분소유권의 재산적 가치에 대한 불균형의 정도, 그 불균형을 줄일 수 있는 다른 방법의 존재 가능성, 불이익을 입은 구분소유자에 대한 적절한 보상 여부, 재건축의 결의나 관리처분계획안 결의시 구분소유권의 귀속 등에 관하여 다수 조합원들이 소수 조합원들에게 부당하게 불이익을 강요하였는지 여부 등 <u>제반 사정을 종합하여 판단하여야</u> 할 것이다(대법원 2007. 9. 20. 선고 2006다9842 판결 참조).

3. 원심판결의 내용

원심은,

① 조합원들이 보유하고 있던 이 사건 아파트 15평형과 17평형의 권리가액을 산정함에 있어서 <u>반드시 각 평당 권리가액을 동일하게 정하고 그 면적에 비례하여 평가하여야 형평에 부합한다고 할 수는 없고,</u>

② <u>17평형 조합원에 대하여 권리가액을 더 높게 평가한 것과 별도로 평형 배정에 우선적인 권리를 부여한 것은</u> 15평형 조합원보다 더 많은 재산을 이 사건 재건축 사업에 투입한 것을 고려한 조치로서 <u>현저히 형평에 반한다고 보기에는 부족하며,</u>

③ 15평형 조합원이 국민주택규모 이상의 주택에 배정된 경우 17평형 조합원과 달리 20,000,000원을 추가로 부담한다는 내용 또한 재건축 사업에 17평형 조합원보다 적은 재산을 투입하였음에도 큰 평형의 아파트를 분양받은 점을 감안한 것으로 근거 없는 차별이라고 볼 수 없으며,

④ 이 사건 관리처분계획안 결의는 조합원이 분양받는 평형에 따라 그에 상응하는 부담금을 납부하거나 25평형 조합원의 경우는 오히려 조합으로부터 환급금을 수령하는 것으로 규정하고 있고, 상대적으로 큰 평형의 아파트에 대하여는 그 평당 분양대금을 작은 평형의 아파트에 비하여 높게 책정하고 있어 조합원 사이의 분양받을 신건물의 면적 또는 가액의 차이를 합리적으로 조정하고 있는 점을 감안할 때, <u>조합원 사이에 분양받을 신건물의 면적 또는 가액의 차이가 있다고 하여 형평에 반한다고 인정하기는 어렵고,</u>

⑤ 17평형 조합원의 수는 전체 조합원 수의 10%에도 미치지 못하고 있어 17평형 조합원에 대하여 유리하게 이 사건 각 관리처분계획안 결의가 이루어졌다고 하더라도 이를 다수의 횡포라고 볼 수는 없으며,

⑥ 각 재건축 조합별 사업 여건의 차이, 재건축 단지의 지역적 특수성, 조합원들의 의사의 차이 및 재건축 사업의 종합적 성격 등을 고려할 때 <u>유사한 재건축단지 내지 인근의 재건축단</u>

VI. 새 건물의 구분소유권 귀속에 관한 결의

지와의 단순한 산술적 비교만으로 피고 조합의 이 사건 관리처분계획결의가 형평의 원칙에 어긋난다고 보기는 어렵고,

⑦ 한정된 면적의 대지에 재건축 사업을 시행함에 있어 사업 수익을 최대화하여 조합원들의 비용부담을 최소로 줄이면서 분양될 아파트에 대한 조합원들의 다양한 욕구를 충족시킬 필요가 있는 점 등 여러 사정을 고려할 때,

결국 이 사건 관리처분계획안 결의 중 비용분담 및 신건물의 구분소유권 귀속에 관한 내용이 실질적인 형평에 반하여 현저하게 불공정하게 된다고 볼 수 없다는 취지로 판단하였다.

4. 대법원의 판단 (상고기각)

앞에서 본 법리와 기록에 비추어 살펴보면, 위와 같은 원심의 판단은 정당한 것으로 수긍할 수 있고, 거기에 상고이유에서 주장하는 바와 같이 관리처분계획안 결의에 있어서 형평의 원칙에 관한 법리오해 등의 위법이 있다고 할 수 없다.

또한 위와 같이 이 사건 관리처분계획안의 평형 배정 등이 구분소유권의 귀속에 관하여 형평이 유지되도록 정한 재건축결의의 내용을 변경한 것이라고 볼 수 없는 이상, 이 사건 관리처분계획안 결의가 재건축결의를 변경하는 것임을 전제로 특별다수의 의결정족수가 필요하다는 상고이유의 주장도 받아들이지 아니한다.

B. [무효로 본 사례] ① 건물의 철거 및 신축에 소요되는 비용의 분담, 신건물의 구분소유권 귀속에 관한 사항이 각 구분소유자 간의 형평에 현저히 반하는 재건축 결의는 무효야; ② 기존 상가의 위치 이전으로 피고가 분양받을 3개 점포 중 2개 점포는 기존 다른 건물에 가려져 외부도로에서 보이지 않게 된 사안에서, 단순히 기존상가의 위치 이전이 불가피하고 재건축사업의 경우 구분소유자별로 일조·조망·출입편의 등에서 차이가 생기기 마련이라는 점 등을 이유로 아무런 보상방법도 정하지 않은 재건축 결의는 위법함 —대법원 2005.06.09. 선고 2005다 11404 판결[부동산소유권이전등기절차이행등]

【당사자】

[원고,피상고인] 신곡주공아파트 재건축조합
[피고,상고인] 김○○

1. 원심판결의 내용

원심은... 2003. 7. 13.자 관리처분총회의 결의로 이 사건 아파트 및 아파트 상가 전체에 관하여 새로운 재건축 결의가 성립되었다고 전제한 다음,

가. 피고의 주장

기존 아파트 상가의 위치 이전으로 피고 소유의 3개 점포(102호·104호·105호) 중 2개 점포(104호·105호)는 기존 다른 건물에 가려져 아파트 단지 앞 외부도로에서 보이지 않게 됨으로써 그 재산적 가치가 현저하게 하락함에도 이에 대한 적정한 보상방법을 정하지 않은 새로운 재건축 결의는 각 구분소유자 간의 형평에 반하여 무효라는 피고의 주장에 대하여,

나. 원심의 판단

재건축 사업의 교통영향평가 문제로 아파트의 입구 및 진입로가 확장되는 결과 아파트의 입구 옆에 위치하던 아파트 상가가 확장된 입구 및 진입로의 폭만큼 밀리게 되어 피고가 분양받을 2개 점포(104호·105호)를 포함한 신축 상가 일부가 기존 다른 건물에 가려져 아파트 단지 앞 외부도로에서 보이지 않게 되는 사실은 인정되나,

기존 아파트 상가의 위치가 이전되는 것은 상가 구분소유자에게 기존 13평 점포에 대하여 18평 점포를 배정하고 교통영향평가 문제 때문에 아파트의 입구 및 진입로가 확장되는 것에 기인하는 것으로 불가피하다고 보여지고, 재건축 사업을 추진하면서 기존 건물과 완전히 동일한 위치·구조·면적의 건물을 신축하지 않는 한 구분소유자별로 기존 건물과 비교하여 일조·조망·출입편의 등에서 차이가 생기게 되는 점 등에 비추어, 피고가 주장하는 입지조건의 차이 정도만으로는 이 사건 재건축 결의를 무효로 할 정도로 각 구분소유자 간의 형평이 유지되지 않았다고 보기는 어렵다는 이유로, 피고의 위 주장을 배척하였다.

2. 대법원의 판단 (파기환송)

가. 법리

집합건물의소유및관리에관한법률 제47조 제3항, 제4항에 의하면 재건축의 결의를 할 때에는 건물의 철거 및 신건물의 건축에 소요되는 비용의 분담에 관한 사항과 신건물의 구분소유권의 귀속에 관한 사항을 정하여야 하고, 위와 같은 사항은 각 구분소유자 간의 형평이 유지되도록 정하지 아니하면 아니 된다고 규정하고 있으므로, 재건축의 결의가 위와 같은 사항에 관하여 각 구분소유자 간의 형평에 현저히 반하는 경우에는 이러한 재건축 결의는 특별한 사정이 없는 한 무효라고 할 것이다.

나. 현저히 형평에 반하는 결과

원심이 적법하게 인정한 사실에 의하더라도, 기존 아파트 상가의 위치 이전으로 피고가 분양받을 3개 점포 중 2개 점포(104호·105호)는 기존 다른 건물에 가려져 아파트 단지 앞 외부도로에서 보이지 않게 된다는 것이므로, 그 재산적 가치의 하락 및 영업손실을 족히 예상할

VI. 새 건물의 구분소유권 귀속에 관한 결의

수 있다고 할 것이고, 이는 재건축으로 인한 이익은 피고를 제외한 구분소유자 모두가 향유하는 반면 그것을 가능하게 한 기존 상가의 위치 이전으로 인한 손실은 피고가 부담하게 되는 결과가 되므로 구분소유자들과의 형평에 현저히 어긋날 여지가 있다고 할 것이다.

다. 원심판결의 위법함

그렇다면 기존 아파트 상가를 종전 입지조건과 유사한 다른 곳으로 배치하는 것이 불가능하거나 부적당하다고 보여지는 이 사건에서, 원심으로서는 기존 아파트 상가를 현 배치도대로 이전함으로 인하여 피고가 입게 될 손해의 내용과 정도 등을 더 나아가 심리하여 이를 분명히 한 다음, 그 손해가 사회통념상 수인한도를 넘어 현저히 형평에 반한다고 할 정도인지를 판단하였어야 할 것이다.

그럼에도 불구하고, 원심은 이 부분 심리를 다하지 아니한 채 단순히 기존 상가의 위치 이전이 불가피하고 재건축 사업의 경우 구분소유자별로 기존 건물과 비교하여 일조·조망·출입편의 등에서 차이가 생기기 마련이라는 점 등을 이유로 피고가 입게 될 손해에 대하여 아무런 보상방법도 정하지 않은 새로운 재건축 결의를 각 구분소유자 간의 형평이 유지되지 않았다고 보기는 어렵다고 판단하였으니, 이러한 원심판결에는 필요한 심리를 다하지 아니하였거나 각 구분소유자 간의 형평성

C. [고등법원판례]「재건축조합결의 및 사업시행동의서」에 '신건물의 건축에 소요되는 비용의 분담'에 관한 사항과 '구분소유권 귀속'에 관한 사항 등에 관하여 아무런 기준을 제시하지 않고 있다고 본 사례 —서울고등법원 2012. 1. 26. 선고 2011 누 31620 판결[관리처분계획무효확인]

【당사자】

원고	A, B, C, D
원고보조참가인 별지 소송참가인 목록 기재와 같다	
피고	남서울한양아파트재건축주택조합

당시 제출된 위 재건축조합결의 및 사업시행동의서에는 '건물철거 및 신축비용 개산액'으로 "철거비: 약 49 억원, 신축비: 106,083.28 평 × 2,317,000 원 = 245,869,218,000 원, 기타비용: 41,659,586,000 원(설계 및 감리, 조합운영비, 감정평가비, 기타 제비용 등), 총비용: 292,428,804,000 원", 위 '비용분담사항'으로 "아파트 및 상가를 조합원에게 우선 분양하고 잔여 아파트 및 상가를 일반분양하여 그 분양수입으로 공사비 등 사업추진비용을 충당하고 조합원의 개발이익 배분 및 비용부담 토지 및 건물 등의 위치·면적·이용상황 등 형평성을 고려하여 분담한다"라고만 기재되어 있어 건물의 철거 및 신건물의 건축에 소요되는 비용의 개산액 및

그 분담에 관한 사항과 구분소유권 귀속에 관한 사항 등에 관하여 아무런 기준을 제시하지 않고 있었다.

VII. 재건축결의 내용의 변경 (재건축결의의 유추적용)

A. 재건축결의 내용을 변경함에는 재건축결의 의결정족수(조합원 4/5 이상)가 유추적용돼 (조합원 전원의 합의가 필요하다는 이전 판례를 변경함) ―대법원 2005.04.21. 선고 2003 다 4969 전원합의체 판결[총회결의무효확인]

재건축 결의에 따라 설립된 재건축조합은 민법상의 비법인 사단에 해당하므로(대법원 2001. 5. 29. 선고 2000 다 10246 판결 등 참조) 그 구성원의 의사의 합의는 총회의 결의에 의할 수 밖에 없다고 할 것이나, 다만 위 의제된 합의 내용인 재건축 결의의 내용을 변경함에 있어서는 그것이 구성원인 조합원의 이해관계에 미치는 영향에 비추어 재건축 결의시의 의결정족수를 규정한 집합건물법 제 47 조 제 2 항을 유추적용하여 조합원 5 분의 4 이상의 결의가 필요하다고 할 것이다.

이와 달리 집합건물법 제 49 조에 의하여 재건축에 관한 합의가 이루어진 경우, 그 의제된 합의의 내용인 재건축 결의의 내용을 변경함에 있어서는 조합원 전원의 합의가 필요하다고 한 대법원 1998. 6. 26. 선고 98 다 15996 판결은 이 판결의 견해와 저촉되는 한도에서 변경하기로 한다.

B. ① 재건축결의 내용의 변경에는 조합원 4/5 이상의 결의가 필요하고, 이를 대의원회가 일방적으로 결정하도록 위임할 수 없지만; ② 조합규약이나 총회의결로 「'신축 상가건물의 권리귀속' 등에 관한 사항을 아파트조합원들에게 불이익한 영향을 미치지 않는 한도 내에서 '재건축조합과 상가조합원들 간 협의/약정'을 거쳐 대의원회에서 일반 의결정족수로 인준하는 방식으로 결정/변경하도록 하는 것」은 허용돼; ③ 다만 이와 같은 협의/약정을 하는 경우에는 상가조합원 4/5 이상의 동의가 필요함 ―대법원 2010.05.27. 선고 2008 다 53430 판결[상가관리처분총회결의무효확인]

【당사자】

[원고, 상고인] 원고 1 외 5 인
[피고, 피상고인] 사직주공아파트 재건축조합외 1 인

1. 재건축결의 내용의 변경을 위한 정족수

민법상의 비법인사단인 재건축조합이 재건축결의의 내용을 변경함에 있어서는 그것이 구성원인 조합원의 이해관계에 미치는 영향에 비추어 재건축결의시의 의결정족수를 규정한 집합건

VII. 재건축결의 내용의 변경 (재건축결의의 유추적용)

물의 소유 및 관리에 관한 법률 제 47 조 제 2 항을 유추적용하여 <u>조합원 5 분의 4 이상의 결의가 필요하고</u> (대법원 2006. 10. 26. 선고 2004 다 17924 판결 등 참조), 조합규약이나 총회에서 이러한 <u>재건축결의 사항의 변경을 조합의 대의원회가 일방적으로 결정할 수 있도록 그 권한을 위임할 수는 없다</u>(대법원 2009. 2. 12. 선고 2006 다 53245 판결 등 참조).

2. 대의원회에서 인준하는 방식이 예외적으로 허용되는 경우

그러나 a) <u>재건축조합이 서로 이해관계를 달리하는 아파트조합원과 상가조합원들로 구성되어 있어</u> b) <u>신축 상가건물의 권리 귀속 등에 관한 사항이 아파트 조합원들의 신축 아파트의 권리 귀속 등에 불이익한 영향을 미치지 않고</u>, c) <u>아파트조합원의 의결권 행사에 의하여 그들의 이해와 무관한 신축 상가건물의 권리 귀속 등에 관한 사항이 결정되어 불합리한 결과가 발생할 수 있는 경우</u>에는,

<u>조합규약이나 총회에서 신축 상가건물의 권리 귀속 등에 관한 사항을 아파트조합원들에게 불이익한 영향을 미치지 않는 한도 내에서</u> 재건축조합과 상가조합원들 간의 협의 내지 약정을 거쳐 대의원회에서 이를 인준하는 방식으로 결정하도록 하는 것도 허용된다고 할 것이고, 이는 상가조합원들과의 협의 내지 약정의 내용을 변경하는 경우에도 마찬가지라고 할 것이다.

그리고 <u>위와 같은 협의 내지 약정을 함에 있어서</u> 상가조합원들 간에 상호 대립·교착하는 이해관계를 합리적으로 조정하고 형평을 보장하기 위하여는 특별한 사정이 없는 한 <u>재건축결의 변경시의 특별다수의 정족수를 유추적용하여</u> 상가조합원 5 분의 4 이상의 동의 를 요한다고 봄이 상당하고,

대의원회는 이와 같이 상가조합원들의 특별다수의 동의를 거쳐 성립한 신축 상가건물의 권리 귀속 등에 관한 협의 내지 약정의 내용을 확정하고 그것이 아파트조합원들에 대하여 불이익한 영향을 미치는지 여부를 심사한 후, 전체 조합원에 대한 관계에서 구속력이 미치도록 조합규약에 정해진 대의원회의 통상의 의결정족수로 인준할 수 있다고 봄이 상당하다.

3. 원심판결의 정당함

원심판결 이유에 의하면, 원심은 2 차 약정은 2003. 11. 9.자 관리처분총회에서 가결된 관리처분계획과 이를 구체화한 1 차 약정에서 정한 분양층과 분양면적, 즉 신축 상가건물의 구분소유권의 귀속에 관한 사항을 변경하는 것이기는 하지만, 이는 전적으로 상가조합원에게 분양되는 상가의 면적과 층, 상가조합원들 사이의 분양순위를 정하는 것이므로,

<u>피고 조합의 대의원회는 조합규약 제 30 조 제 3 호와 피고 조합의 2003. 11. 9.자 관리처분계획 총회결의에 따라 상가조합원들 중 5 분의 4 이상으로부터 동의를 받은 다음, 조합규약 제 18 조 제 5 호에 따라 대의원회의 일반 의결정족수로 이를 인준하는 결의를 할 수 있다는 취지</u>

제 7 장 집합건물법에 따른 재건축 / 제 2 절 재건축결의의 주요논점

로 판단하였는바, 앞에서 본 법리와 기록에 비추어 이러한 원심의 판단은 정당한 것으로 수긍할 수 있고, 거기에 상고이유에서 주장하는 바와 같은 재건축조합 대의원회의 권한과 그 의결정족수에 관한 법리오해 등의 위법이 없다.

C. 집합건물법 제 49 조에 의하여 의제된 합의 내용을 변경함에도 5 분의 4 이상의 결의가 필요해 —대법원 2006.11.23. 선고 2005 다 68769 판결[매도청구·재건축결의무효확인]

【참조조문】 집합건물법 제 49 조(재건축에 관한 합의)

> 재건축 결의에 찬성한 각 구분소유자, 재건축 결의 내용에 따른 재건축에 참가할 뜻을 회답한 각 구분소유자 및 구분소유권 또는 대지사용권을 매수한 각 매수지정자(이들의 승계인을 포함한다)는 재건축 결의 내용에 따른 재건축에 합의한 것으로 본다. [전문개정 2010.3.31]

집합건물법 제 49 조에 의하여 의제된 합의 내용인 재건축결의의 내용을 변경함에 있어서는 그것이 구성원인 조합원의 이해관계에 미치는 영향에 비추어 재건축 결의시의 의결정족수를 규정한 같은 법 제 47 조 제 2 항을 유추적용하여 <u>조합원 5 분의 4 이상의 결의가 필요하다고</u> 할 것이므로 (대법원 2005. 4. 21. 선고 2003 다 4969 전원합의체 판결 등 참조),

보완결의나 새로운 결의의 경우에 있어서 그 의결정족수가 다르지 않을 뿐만 아니라, 원고는 이 사건 재건축결의가 유효한 결의라고 주장하고 있을 뿐 보완결의로서 유효한 결의라고 주장한 것은 아니므로, 원심이 이 사건 재건축결의가 새로운 결의로서 유효한 결의라고 판단한 것은 정당하고, 거기에 상고이유에서 주장하는 바와 같은 위법이 있다고 할 수 없다.

D. ① 물가변동 등 통상 예상할 수 있는 범위를 초과하는 주택공급가격의 변동은 재건축결의의 내용변경에 해당해; ② 재건축조합과 주택조합으로 구성된 연합주택조합의 분담금결의가 재건축조합에 대하여는 재건축결의 내용의 변경에 해당하여 조합원 4/5 이상의 결의가 필요하다고 본 사례 —대법원 2006.10.26. 선고 2004 다 17924 판결[전부금등]

【당사자】

> [원고, 피상고인] 남광토건 주식회사
>
> [원고 승계참가인, 피상고인] 장은신용카드 주식회사의 소송수계인 국민신용카드 주식회사의 소송수계인 주식회사 국민은행
>
> [피고, 상고인] 강○○외 272 인

VII. 재건축결의 내용의 변경 (재건축결의의 유추적용)

1. 원심의 판단

원심은, 분담금 결의는 연합주택조합 내지 각 단위주택조합 총회의 결의에 의하거나 그렇지 않다 하더라도 연합주택조합 운영위원회의 결의 외에 각 단위주택조합의 운영위원회의 결의가 있어야 한다는 피고들의 주장에 대하여, 분담금 징수권한이 연합주택조합에 있는 사실, 연합주택조합의 규약상 분담금의 수액 등은 연합주택조합 운영위원회의 결의에 따르도록 되어 있는 사실을 인정한 다음 위 주장을 배척하였다.

2. 대법원의 판단 (파기환송)

기록에 비추어 살펴보면, 원심의 위 판단은 재건축조합원을 제외한 나머지 피고들에 대하여는 옳은 것으로 여겨지나, 재건축조합원인 피고들에 대하여는 다음과 같은 이유로 수긍할 수 없다.

가. 법리

재건축조합은 민법상의 비법인사단에 해당하고 재건축결의의 내용을 변경함에 있어서는 그것이 구성원인 조합원의 이해관계에 미치는 영향에 비추어 재건축결의시의 의결정족수를 규정한 집합건물의 소유 및 관리에 관한 법률 제47조 제2항을 유추적용하여 조합원 5분의 4 이상의 결의가 필요하고,

또 구 주택건설촉진법(2003. 5. 29. 법률 제6916호 주택법으로 전문 개정되기 전의 것) 제33조 제1항과 그 시행규칙 제20조에 의하면 공급된 주택의 공급가격을 변경하는 사업비의 증액에 관하여는 사업계획의 변경승인을 받도록 하면서도 그 시행규칙 제21조에서 사업주체가 국가·지방자치단체·대한주택공사 또는 지방공사인 경우에는 총사업비의 100분의 20의 범위 안에서의 사업비의 증감에 관하여 변경승인을 받을 필요가 없도록 하고 있는 점 등을 고려하면, 물가의 변동 등 건축 경기의 상황변화에 따른 통상 예상할 수 있는 범위를 초과하지 않는 범위 내에서는 재건축결의에 해당하지 않는다고 봄이 상당하나, 위 범위를 넘는 주택의 공급가격의 변동은 철거 및 건축비용의 개산액과 비용분담에 관한 사항을 정한 재건축결의의 내용을 변경하는 것에 해당한다 (대법원 2005. 4. 21. 선고 2003다4969 전원합의체 판결 등 참조).

나. 원심기록에 의하여 알 수 있는 사실

원심판결의 이유 및 기록에 의하면,

① 연합주택조합 운영위원회는 총사업비를 96,926,445,937원(토지대금 35,756,871,000원 + 총공사비 46,149,318,993원 + 기타 부대비용 15,020,255,944원)으로 산정하고, 일반분양분,

상가분양분을 제외한 연합주택조합의 조합원 분양분에 대한 토지대금(재건축조합원이 제공한 토지는 제외) 및 건축비에 기타 부대비용 전액을 합한 금 68,914,721,761 원을 전체 기초분양가로 하고 이를 조합원 수와 평형에 따라 안분한 금액을 개별 조합원의 기초분양가(25 평형의 경우 113,880,633 원, 33 평형의 경우 156,879,042 원)로 정한 사실,

② 이에 따라 연합주택조합은 재건축조합원의 경우 위 기초분양가를 기준으로 하여 여기에 추첨된 아파트의 위치에 따라 동·호수 감정평가 적수비를 차등적용하고 다시 모집차수별로 차등액을 가감하여 조합원분담금을 산정한 다음 대여금, 대행비, 무인경비 및 홈 오토메이션비용(무인경비 시스템의 일반 분양 수입금에서 지출금을 공제한 후 조합원의 세대수로 나눈 금액으로서 세대당 1,115,030 원), 1997. 5. 30.을 기준으로 하여 그때까지 발생한 지연손해금을 가산하고 이미 납부한 금액과 토지 평가금액을 공제하여 피고들별로 입주시 납부할 분담금을 산정한 사실,

③ 재건축조합원들의 재건축결의 당시 추정분담금은 25 평형은 7,250 만 원, 33 평형은 1 억 745 만 원이었는데, 연합주택조합은 자금부족으로 인하여 원고에 대한 공사대금과 차용금, 원고 승계참가인에 대한 팩토링채무의 지급을 지체함으로 말미암아 공사대금채무에 대한 지연손해금 2,520,198,522 원, 차용금에 대한 지연손해금 1,933,997,911 원, 팩토링채무의 수수료 등 4,734,708,904 원을 추가로 부담하게 되었고 공사의 착공지연과 물가상승 등으로 인하여 39 억 원의 공사대금을 추가로 부담함으로써 <u>합계 약 130 억 원 상당의 예상하지 못한 지출이 발생하고 기타 공사지연 등으로 인한 부대비용이 증가함에 따라 재건축조합원들의 부담이 증가된 사실</u>을 알아 볼 수 있으므로,

다. 재건축결의 변경에 해당하여 재건축조합원 4/5 이상의 결의가 필요함

<u>이 사건 분담금은 당초의 추정분담금과 비교하여 물가 변동 등 통상 합리적으로 예상할 수 있는 범위를 초과하여</u> 재건축조합원들에게 경제적인 부담을 가중시키는 것으로 <u>재건축결의의 변경에 해당하여 재건축조합원 5 분의 4 이상의 결의가 필요하다.</u>

그렇다면 <u>원심으로서는 재건축조합원 5 분의 4 이상의 결의를 거쳤는지 등을 심리하여 본 다음 피고들 중 재건축조합원인 일부 피고들이 이 사건 분담금채무를 지급할 의무가 있는지를 판단하였어야 할 것임에도</u> 이에 이르지 아니한 채 위 일부 피고들에 대하여 분담금의 지급을 명하였으니, 이러한 원심의 판단에는 재건축조합의 결의에 대한 심리를 다하지 아니하고 법리를 오해하여 판결에 영향을 미친 위법이 있고, 이 점을 지적하는 각 상고이유의 주장은 이유 있다.

E. [고등법원판례] '제 2 차 결의'의 명칭은 '공사본계약체결 동의 및 관리처분계획안 인준' 이나 그 내용은 재건축결의의 변경에 해당하여 조합원 4/5 이상의 결의가 필요하다고 본 사례 —서울고등법원 2007. 6. 7. 선고 2006 나 38842 판결[총회결의무효확인]

VII. 재건축결의 내용의 변경 (재건축결의의 유추적용)

1. 재건축결의의 내용을 변경하는 결의

재건축 결의에 따라 설립된 재건축 조합은 민법상의 비법인 사단에 해당하므로, 그 구성원의 의사의 합의는 총회의 결의에 의할 수밖에 없다고 할 것이나, 다만 집합건물법 제 49 조에 의하여 의제된 합의 내용인 재건축 결의의 내용을 변경함에 있어서는 그것이 구성원인 조합원의 이해관계에 미치는 영향에 비추어 재건축 결의 시의 의결정족수를 규정한 같은 법 제 47 조 제 2 항을 유추적용하여 조합원 4/5 이상의 결의가 필요하다고 할 것이다(대법원 2005. 4. 21. 선고 2003 다 4969 전원합의체 판결 참조).

2. 제 2 차 결의의 내용

가. 공사대금의 증액

그런데 위 인정사실에 의하면, 제 2 차 결의 중 시공사와의 공사본계약체결 동의 부분은 아파트 신축세대를 총 3,143 세대로 하여 시공사에 대한 부가가치세를 제외한 총 공사대금을 약 5,305 억 원(= 59,118.26 평 × 평당 2,696,000 원)으로 확정하는 것으로서 이는 제 1 차 결의 당시 논의된 바와 같은 아파트 신축세대를 총 3,620 세대로 하여 공사대금을 약 5,806 억 원으로 산정한 기존안(①안)이나 아파트 신축세대를 총 3,168 세대로 하여 공사대금을 약 4,713 억 원으로 산정한 계획안(②안)에 비하여 총 공사대금을 증액하는 것이어서 제 1 차 결의에서 정한 것보다 조합원의 부담금을 증가시키는 내용을 담고 있다고 할 것이고,

나. 평형배정 기준 변경

또한 관리처분계획안 중 아파트 평형배정 부분은 신청 평형을 우선 배정하되, 경합이 있는 경우에는 권리가액의 다액 순으로 순위를 정하고 권리가액이 동액일 경우 공개추첨에 의하기로 하는 것으로서 이는 신청 평형을 우선 배정하고 경합이 있을 경우 권리가액의 다액은 고려하지 아니한 채 공개추첨에 의하기로 하는 제 1 차 결의에서의 내용을 변경하는 것이라고 할 것인바,

다. 명칭과 관계없이 재건축결의에 해당함

위와 같은 제 2 차 결의의 내용에 비추어 볼 때 제 2 차 결의는 공사본계약체결 동의 및 관리처분계획안 인준이라는 그 명칭에 관계없이 집합건물법 제 47 조에 의한 재건축 결의인 제 1 차 결의에서 정한 건물의 철거 및 신건물의 건축에 소요되는 비용의 분담 및 신건물의 구분소유권의 귀속에 관한 사항 등을 변경하는 것으로서 역시 재건축 결의에 해당하고,

3. 의결정족수에 미달한 중대한 하자

그러한 경우 이해관계가 대립하는 조합원들 간의 형평을 보장하기 위하여 재건축 결의 시의 의결정족수를 규정한 같은 법 제 47 조 제 2 항을 유추적용하여 조합원 4/5 이상의 결의가 필요하다고 할 것인바, 제 2 차 결의는 아파트 및 상가 구분소유자를 포함한 전체 조합원 3,273 명 중 위 의결정족수 2,619 명에 미달하는 각 1,609 명(공사본계약체결 동의 건) 및 1,602 명(관리처분계획안 인준의 건)의 조합원들의 찬성만 얻은 것으로서 그 의결정족수를 충족하지 못하였다고 할 것이고, 이는 총회의 결의를 무효로 할 중대한 하자라고 할 것이다.

VIII. 집합건물법 §47① 단서 (단지 내 다른 건물 구분소유자의 승낙)

A. 【법령】집합건물법 제 47 조(재건축 결의)

> ① ... 다만, 재건축의 내용이 단지 내 다른 건물의 구분소유자에게 특별한 영향을 미칠 때에는 그 구분소유자의 승낙을 받아야 한다.

B. ① 집합건물법 제 47 조 제 1 항 단서에서 '재건축 내용이 단지 내의 다른 건물의 구분소유자에게 특별한 영향을 미칠 때'는 '단지 내 일부 집합건물의 재건축 내용이 단지 내 다른 집합건물의 구분소유자에게 특별한 영향을 미칠 때'라는 의미야; ② 따라서 이 규정은 단지 내 일부 동만을 대상으로 하는 재건축을 허용하고 있다는 취지임 —대법원 2006. 11. 23. 선고 2006 다 31863 판결[총회결의무효확인]

집합건물의소유및관리에관한법률(이하 '집합건물법'이라고 한다) 제 47 조 제 1, 2 항은 구분소유자 및 의결권의 각 5 분의 4 이상의 다수에 의한 결의로써 재건축을 할 수 있다고 하면서, 제 1 항 단서에서 "다만 재건축 내용이 단지 내의 다른 건물의 구분소유자에게 특별한 영향을 미칠 때에는 그 구분소유자의 승낙을 얻어야 한다."고 규정하고 있다.

그런데 위 '재건축 내용이 단지 내의 다른 건물의 구분소유자에게 특별한 영향을 미칠 때에는'이라는 것은 그 문언상 '단지 내의 일부 집합건물의 재건축 내용이 단지 내의 다른 집합건물의 구분소유자에게 특별한 영향을 미칠 때에는'의 의미로 해석하여야 한다.

따라서 위 법조항은 단지 내의 일부 집합건물의 재건축 여부는 원칙적으로 단지 내의 다른 집합건물의 구분소유자에게 특별한 영향을 미치지는 않을 것이지만, 그 재건축의 내용에 따라 특별히 영향을 미치는 경우에는 그 다른 집합건물의 구분소유자(그 영향의 내용에 따라 다른 집합건물의 구분소유자 전부 또는 일부)의 동의를 요한다는 취지로 해석하여야 할 것이다. 위와 같이 집합건물법의 법조문상으로도 본래부터 단지 내 일부 동만을 대상으로 하는 재건축을 원칙적으로 허용하고 있었다고 보아야 한다.

VIII. 집합건물법 §47① 단서 (단지 내 다른 건물 구분소유자의 승낙)

C. ① 집합건물법 제 47 조 제 1 항 단서의 "단지 내 다른 건물의 구분소유자"는 <u>같은 주택단지 안에서 재건축에 참여하지 않은 구분소유자를 의미해</u>; ② '이 사건 아파트단지'와 '장안 2 동 329-2 지상 아파트단지'가 <u>하나의 주택단지가 아니므로</u>, '이 사건 아파트단지'의 재건축결의에 '장안 2 동 329-2 지상 아파트단지' 내의 아파트 및 상가의 구분소유자들로부터 <u>승낙을 받을 필요가 없다고 한 사례</u> —대법원 2005.06.24. 선고 2003 다 55455 판결[소유권이전등기]

집합건물의소유및관리에관한법률(이하 '집합건물법'이라 한다) 제 47 조 제 1 항 단서는 "재건축의 내용이 단지 내의 다른 건물의 구분소유자에게 특별한 영향을 미칠 때에는 그 구분소유자의 승낙을 얻어야 한다." 고 규정하고 있는바,

<u>여기에서 '단지 내의 다른 건물의 구분소유자'란 같은 주택단지 안에서 재건축에 참여하지 아니한 다른 건물의 구분소유자를 의미하는 것으로서 다른 주택단지에 속한 건물의 구분소유자를 의미하는 것은 아니라고 할 것이고,</u>

<u>이 사건 아파트단지</u>와 <u>장안 2 동 329-2 지상 아파트단지</u>가 하나의 주택단지가 아님은 위에서 본 바와 같으므로, <u>이 사건 아파트단지 내의 아파트 및 상가에 관한 재건축결의를 함에 있어 장안 2 동 329-2 지상 아파트단지 내의 아파트 및 상가의 구분소유자들로부터 승낙을 받을 필요는 없다고 할 것이니</u>, 같은 취지의 원심 판단은 정당하고, 거기에 상고이유로 주장하는 바와 같은 주촉법상 주택단지의 개념과 집합건물법 제 47 조 제 1 항 단서의 구분소유자의 승낙 등에 대한 법리오해, 채증법칙 위반, 심리미진의 위법이 없으므로 이에 대한 상고이유는 받아들이지 아니한다.

제 3 절 구 주촉법에 따른 재건축주택조합

< Reading Tip >

제 3 절은 구 주택건설촉진법에 따른 '재건축주택조합'에 관한 판례 모음이다. 구 주촉법에 따른 '재건축주택조합'은 토지등소유자가 자율적으로 설립한 '민법상의 비법인사단'에 불과하여 이 판례들은 도시정비법에 따른 재건축정비사업조합에 그대로 원용될 수 없다. 하지만 이 판례들은 지금도 참고될 내용이 많고, 아직도 구 주촉법에 따른 재건축주택조합의 설립·운영에 관한 사항이 문제되는 사건들이 있으므로 이 판례들의 효용은 여전히 남아 있다.

☞ <u>제 3 절은 법률전문가들을 위한 내용</u>이므로, 법률전문가가 아니신 분은 제 3 절을 생략하고 「돈.되.법 2」로 바로 넘어가십시오.

I. 도시정비법 전 재개발·재건축사업의 시행자

A. 개요 (공동시행, 복수조합, 보충행위설, 비법인사단, 민법 준용 등)

1. **【해설】** 주택건설촉진법에 따른 재건축주택조합의 설립요건

> 구 주촉법에 따른 재건축사업은 재건축결의에 의하여 시작되며 조합의 설립은 필수절차가 아니었다. 구 주촉법에 따른 재건축결의 요건은 아래와 같았다.
>
> (1) 1999. 2. 28.까지: 주택건설촉진법에서 재건축주택조합이 처음 규정된 1988. 1. 1. 개정법부터 1999. 3. 1. 개정 전까지는 집합건물법의 재건축결의 요건과 동일하였다(개정일은 시행일 기준임).
>
> (2) 1999. 3. 1. 이후: 1999. 3. 1. 개정법에서 제44조의3 제7항을 신설하여 각 동별 결의정족수를 완화하였다(주택단지 전체의 동의요건 4/5 이상은 그대로 두고, 각 동별 결의요건만 '2/3 이상'으로 낮춤).
>
> 이후 2000. 3. 1. 개정법에서 "복지시설은 하나의 동으로 본다"는 문구를 추가하였다.

2. **【해설】** 도시정비법 시행 전 재개발·재건축 사업의 시행자 (공동시행 문제)

> '도시재개발법에 따른 재개발사업'과 '주택건설촉진법에 따른 재건축사업' 모두 토지등소유자 또는 조합이 시행할 수 있었다. 즉 도시정비법 시행 전의 구 재개발·재건축사업에서 조합설립은 필수가 아닌 선택이었다.
>
> 또한 ① 재개발사업은 토지등소유자 또는 조합이 건설업지 또는 주택건설사업자와 공동으로 시행할 수 있었고(임의적 공동시행. 도시재개발법 제8조), ② 조합을 구성하여 재건축사업을 시행하는 경우에는 반드시 등록업자와 공동으로 시행하여야 했으며, 이 경우 조합과 등록업자를 공동사업주체로 보았다(의무적 공동시행. 주택건설촉진법 제44조 제3항).

3. **【구법령】** 도시재개발법(폐지) 제8조(토지등의 소유자의 시행)

> ① 재개발사업은 재개발사업구역안의 토지 또는 건축물의 소유자(이하 "토지등의 소유자"라 한다) 또는 그들이 설립하는 재개발조합(이하 "조합"이라 한다)이 이를 시행한다.
>
> ② 토지등의 소유자 또는 조합은 건설업법에 의하여 면허를 받은 건설업자 또는 주택건설촉진법에 의하여 등록한 주택건설사업자와 규약 또는 정관이 정하는 바에 의하여 공동으로 재개발사업을 시행할 수 있다.

4. 【구법령】 구 주택건설촉진법 제 44 조(주택조합의 설립등)

① 조합을 구성하여 그 구성원의 주택을 건설하고자 할 때에는 <u>관할시장등의 인가</u>를 받아야 한다. 인가받은 내용을 변경하거나 주택조합을 해산하고자 할 때에도 또한 같다.<개정 1992 · 12 · 8>

☞ 재건축주택조합을 설립하는 경우에는 관할시장등의 인가를 받아야 했으며, 인가시까지는 복수조합이 존재할 수 있다.

③ 제 1 항의 주택조합 또는 근로자를 고용하는 자(국가 또는 지방자치단체의 장을 포함하며, 이하 "고용자"라 한다)가 그 구성원 또는 근로자의 주택을 건설하는 경우에는 대통령령이 정하는 바에 따라 등록업자(재건축의 경우에는 지방자치단체 · 대한주택공사 · 지방공사를 포함한다. 이하 이 항에서 같다)와 공동으로 사업을 시행하여야 한다. 이 경우 주택조합 또는 고용자와 등록업자를 공동사업주체로 본다.<개정 1987 · 12 · 4, 1997 · 12 · 13>

5. 【해설】 보충행위설

주택건설촉진법에 따른 재건축주택조합 설립인가 처분은 그 대상이 되는 기본행위를 보충하여 법률상 효력을 완성시키는 보충행위(강학상 인가)라는 것이 대법원판례이다. 보충설의 주요 내용은 아래와 같다.

(1) 조합설립행위(기본행위)에 하자가 있으면, 그에 대한 인가(보충행위)가 있더라도 조합설립이 유효한 것으로 될 수 없다.

(2) 따라서 조합설립행위가 무효이면 인가처분도 당연히 무효이며, 조합설립결의에 하자가 있으면 그 하자가 중대하고 명백한 하자가 아니라도 언제든지 제소기간의 제한을 받지 않고 민사소송으로 조합설립결의의 무효확인을 구할 수 있다.

(3) 반면 기본행위인 '조합설립행위(예: 재건축결의)의 하자'를 이유로 (민사소송으로 그 기본행위의 취소/무효확인을 구함은 별론으로 하고) 곧바로 인가처분의 취소/무효확인을 구할 수는 없다.

(4) 인가처분 자체에 하자가 있는 경우에는 그 '인가처분'의 취소/무효확인을 구할 수 있다.

도시정비법에 따른 정비사업조합 설립인가 처분은 보충행위가 아니라 '설권처분'이라는 것이 대법원판례다.

☞ 설권처분설에 관하여는 돈.되.법 2 제 2 장 제 1 절(조합설립 하자 소송)을 참조하세요.

6. 【해설】 비법인 사단 (민법의 준용)

> 주택건설촉진법에 의하여 설립된 재건축조합은 민법상의 비법인사단에 해당하므로(대법원 1995. 2. 3. 선고 93다23862 판결), 민법의 법인에 관한 규정 중 법인격을 전제로 하는 조항을 제외한 나머지 조항들이 모두 준용된다(대법원 1996. 10. 25. 선고 95다56866 판결).

B. 주택건설촉진법 제44조 제3항이 주택조합과 등록업자를 공동사업주체로 규정하고 있다고 하여 곧바로 위 조항에 의하여 조합이 등록업자가 체결한 하도급공사계약상의 책임까지 공동으로 부담한다고 볼 수 없어 —대법원 2002. 6. 14. 선고 2001다75356 판결[용역비]

【당사자】

> 【원고,상고인】 주식회사 종합건축사사무소 삼부
>
> 【피고,피상고인】 상봉동국민은행직장주택조합

주택건설촉진법 제44조 제3항은 "제1항의 주택조합 또는 근로자를 고용하는 자(국가 또는 지방자치단체의 장을 포함하며, 이하 '고용자'라 한다)가 그 구성원 또는 근로자의 주택을 건설하는 경우에는 대통령령이 정하는 바에 따라 등록업자(재건축의 경우에는 지방자치단체·대한주택공사·지방공사를 포함한다. 이하 이 항에서 같다.)와 공동으로 사업을 시행하여야 한다. 이 경우 주택조합 또는 고용자와 등록업자를 공동사업주체로 본다."고 규정하고 있는바,

이는 주택조합 또는 고용자가 같은 법 제6조 및 같은법시행령 제9조 소정의 자격요건을 갖춘 등록업자와 공동으로 주택건설사업을 시행하도록 함으로써 주택건설사업의 내실을 기하고 그 적정성과 실효성을 유지하기 위한 것이라고 보아야 할 것이지, 위 법조에서 주택조합 및 등록업자를 공동사업주체로 규정하고 있다고 하여 곧바로 위 조항에 의하여 당해 주택건설에 관하여 주택조합과 공사도급계약을 체결한 등록업자가 그 공사수급인의 지위에서 독립적으로 제3자와 체결한 하도급공사계약 등에 대하여까지 주택조합이 그 계약상 책임을 당연히 공동으로 부담하게 된다고 볼 수는 없다 고 할 것이다.

C. [신조합 설립이 무효라고 본 사례] 재건축결의가 무효이고 그날 설립된 피고조합(조합장: 원고)이 설립인가도 받지 못한 채 사업추진이 지지부진하자, 일부 조합원들이 피고조합의 조합원자격을 유지한 채 별도의 재건축추진위원회를 구성한 후 조합총회를 개최하여 조합원 4/5 이상의 동의를 얻어 신조합(신부재건축조합)을 결성하여 설립인가까지 받은 사안에서: ① 이와 같은 사유만으로 피고조합이 자연소멸 하지 않으므로(보충행위설); ② 결국 피고조합과 신부재건축조합은 동일한 조합이고, 신조합결성 결의의 실질은 조합장의 개임 등을 내용으로 하는 피고 조합의 총회 결의이며; ③ 따라서 신조합결성행위는 피고조합 규약의 소집절차를 위

반하여 소집한 총회에서 이루어진 것으로서 무효라고 본 사례 —대법원 2005.04.29. 선고 2004다7002 판결[재건축조합설립무효확인등]

【당사자】

[원고,피상고인] 이○○

[피고,상고인] 신부주공 2 단지아파트 재건축조합

1. 재건축결의가 무효이고 조합설립인가를 받지 못했으나 조합설립행위 자체는 유효함

기록에 의하면, 피고 조합이 1996. 6. 15. 재건축 결의를 할 당시 재건축의 실행단계에서 다시 비용 분담에 관한 합의를 하지 않아도 될 정도로 그 분담액 또는 산출기준을 정하였다는 점을 인정할 만한 자료가 없으므로, 특별한 사정이 없는 한 위 재건축 결의는 효력이 없다고 보아야 할 것이다.

그러나 원심이 적법하게 확정한 사실관계에 의하면, 천안시 (주소 생략) 외 20 필지 대지 약 15,359 평에 건립되어 있는 신부주공 2 단지아파트(이하 '이 사건 사업구역'이라 한다)에 거주하는 주민들이 1995. 9. 14. 아파트 동대표들로 구성된 재건축추진위원회를 구성한 후, 1996. 6. 15. 주민총회를 개최하여 원고를 조합장으로 선출하고, 조합규약을 인준함으로써 재건축조합을 담당할 피고 조합을 결성하였고, 그 후 피고 조합은 규약에 따라 대의원회를 구성하고 부조합장 등 임원진을 선출한 사실이 인정된다.

한편, 피고 조합은 그 후 천안시로부터 조합설립인가를 받지는 못하였으나, 인가행위는 그 대상이 되는 기본행위를 보충하여 법률상 효력을 완성시키는 보충행위로서, 이러한 인가의 유무에 따라 기본행위의 효력이 문제되는 것은 구 주택건설촉진법(2003. 5. 29. 법률 제 6916 호 주택법으로 전문 개정되기 전의 것)과 관련한 공법상의 관계에서이지 주택조합과 조합원 사이의 내부적인 관계에까지 영향을 미치는 것은 아니다(대법원 2002. 3. 11.자 2002 그 12 결정).

따라서 피고 조합의 1996. 6. 15.자 재건축 결의가 집합건물의소유및관리에관한법률이 정한 요건을 갖추지 못하여 무효라고 하더라도 피고 조합의 결성 및 그 규약의 효력 자체에는 영향을 미치지 않는다고 보아야 할 것이므로, 상고이유 제 1 점의 주장은 이유 없다.

2. 일부 조합원이 신조합을 결성했더라도 구조합은 자연소멸하지 않음

가. 원심이 인정한 사실

원심판결 이유에 의하면, 원심은 그 채택 증거를 종합하여, ① 원고가 정기총회를 개최하지 아니할 뿐 아니라 임시총회의 소집도 거부하는 등 재건축사업의 추진에 열의를 보이지 아니함으로써 조합설립인가가 지연되자, ② 이 사건 사업구역 내의 아파트 자치관리위원회 및 부녀회를 중심으로 2000. 7.경부터 재건축사업의 속행 문제가 논의되던 중 김○○를 위원장으로 하는 재건축추진위원회가 다시 구성되었고, ③ 위 재건축추진위원회가 조합원 4/5 이상으로부터 재건축사업의 동의서를 제출받게 되자, 김○○는 2001. 8. 27. 재건축추진위원회 위원장으로서 조합원들에게 1996. 6. 15.자 조합원총회의 효력 상실 선언, 새로운 재건축 결의 등을 안건으로 하여 조합창립총회를 개최하는 것을 통지함과 아울러 그 사실을 아파트 게시판에 공고한 다음, 2001. 9. 11. 조합원 550명 중 336명(위임장을 제출한 106명 포함)이 참석한 가운데 조합총회를 개최하여, ④ 김○○를 조합장으로 선출하고 새로운 규약을 인준하는 등 원심판결 별지 결의안 내역 기재의 결의(이하 이 사건 결의라 한다)를 거쳐 '신부주공 2 단지아파트재건축조합(이하 '신부재건축조합'이라 한다)'을 결성하였고, 2002. 3. 15. 천안시장으로부터 조합설립인가를 받은 사실을 인정한 다음,

나. 원심판결의 정당함

피고 조합의 조합원들이 그대로 조합원 자격을 유지한 채 원고의 총회 소집 거부 및 재건축사업 중단을 이유로 새로운 조합을 결성하기 위한 재건축추진위원회를 구성하여 활동하였다는 사유만으로 비법인사단에 해당하는 피고 조합이 자연적으로 소멸하였다고 보기 어렵고, 1996. 6. 15.자 결의를 무효화하기로 하는 내용의 이 사건 결의가 무효인 이상 피고 조합의 유효한 해산결의가 있었다고 볼 수도 없다고 판단하였는바, 기록에 비추어 살펴보면 원심의 위와 같은 사실인정과 판단은 정당한 것으로 수긍이 가고,

설령 이 사건 결의를 조합원들의 피고 조합 임의탈퇴의 의사표시를 한 것으로 볼 수 있다고 하더라도, 이 사건 결의가 뒤에서 보는 바와 같이 무효인 이상 조합원들이 피고 조합을 임의탈퇴함으로써 피고 조합이 소멸되었다고 볼 수도 없으므로, 상고이유의 주장은 받아들일 수 없다.

3. '피고조합'과 '신부재건축조합'은 동일한 조합임

원심판결 이유에 의하면, 원심은 적법하게 인정한 판시 사실에 터잡아 피고 조합과 신부재건축조합은 재건축사업의 목적인 집합건물이 동일하고, 형식적으로도 그 연속성이 유지되어 온 것으로 볼 수 있으며, 그 설립 목적과 구성원에 있어서 동일하다고 보아야 한다고 판단하였는바, 기록에 비추어 살펴보면 원심의 위와 같은 사실인정과 판단은 정당한 것으로 수긍이 가고, 거기에 주장과 같은 법리오해 등의 위법이 없다.

4. 신·구 조합이 동일한 조합인 이상 기존 조합규약의 소집절차를 위반한 신조합결의는 무효임

원심판결 이유에 의하면, 원심은

피고 조합과 신부재건축조합이 동일한 조합인 이상 이 사건 결의가 비록 새로운 조합을 설립하는 형식을 취하였다 하더라도 그 실질은 조합장의 개임 등을 내용으로 하는 피고 조합의 총회 결의라고 할 것이고, 피고 조합의 규약상 조합총회는 조합원 또는 재적 대의원 1/3 이상의 소집요구에 따라 조합장이 소집하는 것으로 규정되어 있음에도 불구하고, 이러한 소집절차를 거치지 아니하고 피고 조합의 조합장이 아닌 김○○가 재건축추진위원회 위원장으로서 조합원들에게 소집통지를 하여 2001. 9. 11. 개최된 조합총회에서 이 사건 결의를 하였으므로, 김○○의 주재하에 개최된 위 조합총회는 적법한 임시총회로 볼 수 없고,

따라서 이 사건 결의는 그 소집절차의 하자로 인하여 무효라고 봄이 상당하다고 판단하였는바, 기록에 비추어 살펴보면 원심의 위와 같은 사실인정과 판단은 정당한 것으로 수긍이 가고, 설령 피고 조합이 재건축 결의 이후 조합설립인가조차 받지 못한 상태에서 재건축사업 추진이 지지부진하였다고 하더라도 그 점만으로 피고 조합의 규약에서 정한 절차에 따르지 아니한 채 임의로 소집된 총회에서 한 이 사건 결의를 정당화할 사유로 삼을 수 없다 할 것이므로, 상고이유의 주장은 모두 받아들일 수 없다.

D. [신조합 설립이 적법하다고 본 사례] 원고조합은 '구 조합' 조합원들이 '구 조합'을 탈퇴하여 새로 조직한 별개의 조합이므로, 원고조합의 창립총회가 구 조합 규약이 정한 절차를 따르지 않은 것은 하자가 아니라고 본 사례 —대법원 2006. 2. 23. 선고 2005 다 19552, 19569 판결 [구분소유권등매도청구등]

【당사자】

【원고, 피상고인】 도곡동제 1 차아파트재건축조합
【피고, 상고인】 피고 1 외 4 인

나아가 원고 조합 설립 이전에 이 사건 아파트의 재건축을 위하여 도곡아파트재건축조합(이하 '구 조합'이라 한다)이 결성된 후 설립인가는 받지 못하였지만 실체를 갖춘 비법인사단으로서 존속하고 있었다고 하더라도, 기록에 의하여 검토하여 보면 원고 조합은 구 조합과 연속성을 유지하면서 그 명칭과 대표자를 변경한 동일한 조합이 아니라 구 조합의 조합원들이 구 조합을 탈퇴하여 새로이 조직한 별개의 조합이라고 봄이 상당하므로,

원고 조합의 창립총회가 구 조합의 규약에 정한 총회 소집절차를 따르지 아니하였다고 하더라도 그 절차에 어떤 하자가 있다고 할 수도 없다.

E. [보충행위설] ① 조합설립행위(기본행위)에 하자가 있으면, 그에 대한 인가가 있더라도 조합설립이 유효한 것으로 될 수 없어; ② 조합설립에 하자가 있으면 민사소송으로 그 기본행위의 취소/무효확인을 구함은 별론으로 하고, 기본행위의 하자를 이유로 곧바로 인가처분의 취소/무효확인을 청구할 수는 없어; ③ 인가처분에만 하자가 있는 경우에는 그 인가처분의 취소/무효

확인을 구할 수 있음 —대법원 2000. 9. 5. 선고 99 두 1854 판결[재건축조합설립인가처분무효확인등]

주택건설촉진법에서 규정한 바에 따른 관할시장 등의 재건축조합설립인가는 불량·노후한 주택의 소유자들이 재건축을 위하여 한 재건축조합설립행위를 보충하여 그 법률상 효력을 완성시키는 보충행위일 뿐이므로 그 기본되는 조합설립행위에 하자가 있을 때에는 그에 대한 인가가 있다 하더라도 기본행위인 조합설립이 유효한 것으로 될 수 없고...

주택건설촉진법에서 규정한 바에 따른 관할시장 등의 재건축조합설립인가는 불량·노후한 주택의 소유자들이 재건축을 위하여 한 재건축조합설립행위를 보충하여 그 법률상 효력을 완성시키는 보충행위일 뿐이므로 그 기본되는 조합설립행위에 하자가 있을 때에는 그에 대한 인가가 있다 하더라도 기본행위인 조합설립이 유효한 것으로 될 수 없고,

따라서 그 기본행위는 적법유효하나 ① 보충행위인 인가처분에만 하자가 있는 경우에는 그 인가처분의 취소나 무효확인을 구할 수 있을 것이지만, ② 기본행위인 조합설립에 하자가 있는 경우에는 민사쟁송으로써 따로 그 기본행위의 취소 또는 무효확인 등을 구하는 것은 별론으로 하고 기본행위의 불성립 또는 무효를 내세워 바로 그에 대한 감독청의 인가처분의 취소 또는 무효확인을 소구할 법률상 이익이 있다고 할 수 없고(대법원 1994. 10. 14. 선고 93 누 22753 판결 등 참조),

원고가 이 사건 소로서 구하는 주택조합설립인가처분무효확인청구의 내용은 그 기본행위인 재건축조합의 설립행위가 그 설립을 위한 결의에 상가동 구분소유자들의 동의가 전혀 없고 일부 동의 경우 재건축에 동의한 구분소유자의 수가 동 전체 구분소유자의 5 분의 4 에 미달하여 무효라는 것이므로, 결국 원고의 이 사건 소는 인가처분자체의 하자가 아닌 기본행위의 효력에 관하여 다투면서 그에 대한 인가처분의 무효확인을 구하는 것이어서 소구할 법률상 이익이 없어 부적법하다...

II. '재건축결의'와 '재건축조합 설립행위'는 별개 행위

A. ① 재건축결의를 위한 집회(집합건물법 제 47 조)와 재건축조합 설립을 위한 창립총회(구 주택건설촉진법 제 44 조)가 외형상 1 개의 집회로 개최되더라도, '재건축결의'와 '재건축조합 설립행위'는 별개야; ② 따라서 재건축결의가 무효라도 재건축조합 설립결의가 당연히 무효로 되지 않음 —대법원 2006.02.23. 선고 2005 다 19552 판결[구분소유권등매도청구등]

【당사자】

【원고, 피상고인】 도곡동제 1 차아파트재건축조합

【피고, 상고인】 피고 1 외 4 인

II. '재건축결의'와 '재건축조합 설립행위'는 별개 행위

1. 법리 (외형상 1개의 집회로 이루어진 재건축결의와 재건축조합 설립행위는 별개)

집합건물의 구분소유자들이 재건축사업을 추진하는 과정에서 집합건물의 소유 및 관리에 관한 법률(이하 '집합건물법'이라 한다) 제 47 조의 재건축결의를 위한 집회와 구 주택건설촉진법(2002. 12. 30. 법률 제 6852 호로 개정되기 전의 것, 이하 '주촉법'이라 한다) 제 44 조의 재건축조합 설립을 위한 창립총회를 함께 개최하는 경우에는 외형상 1개의 집회로 보이더라도,

거기서 이루어지는 결의는 법률적으로 ① 각 건물별로 구성된 관리단집회가 개별로 한 재건축결의와 ② 구분소유자들을 조합원으로 한 1 개 재건축조합의 설립행위로 구분되는 것이고,

재건축결의가 재건축조합 설립행위의 일부를 이루는 것은 아니므로, 재건축결의를 위한 관리단집회로서는 요건을 갖추지 못하여 재건축결의가 무효라고 하더라도 이로써 곧 재건축조합 설립을 위한 창립총회의 결의까지 당연히 무효로 된다고 할 수는 없다 (대법원 2005. 7. 8. 선고 2005 다 21036 판결 참조).

2. 원심판결의 정당함

원고 조합의 2001. 2. 18. 창립총회 당시 집합건물법에 정한 관리단집회의 소집절차 요건을 갖추지 못하였음이 명백한 이 사건에서, 원심이 관리단집회로서의 하자 유무와는 별개로 원고 조합의 설립을 위한 창립총회의 하자 유무를 심리하여 그에 따라 창립총회의 결의가 유효한지 여부를 판단한 조치는 위 법리에 따른 것으로 정당하고, 거기에 재건축결의 또는 창립총회의 주체에 관한 법리를 오해한 위법이 없다.

B. ① a) 각 건물별 관리단집회가 개별로 하는 재건축결의와 b) 구분소유자들을 조합원으로 하는 1 개 재건축조합을 설립하는 행위는 외형상 1개의 집회에서 이루어지더라도 별개야; ② 재건축결의는 무효라도 창립총회 결의는 유효하므로, 재건축에 동의하여 조합원이 된 자는 조합규약에 따라 신탁을 원인으로 한 소유권이전등기의무 및 인도의무를 부담한다고 본 사례 —대법원 2010.07.22. 선고 2009 다 37183 판결[소유권이전등기]

【당사자】

[원고, 상고인] 미성연립주택재건축정비사업조합
[피고, 피상고인] 피고 1 외 12 인

1. 법리

집합건물의 구분소유자들이 재건축사업을 추진하는 과정에서 집합건물의 소유 및 관리에 관한 법률 제 47 조의 재건축결의를 위한 집회와 구 주택건설촉진법(2002. 12. 30. 법률 제 6852

제 7 장 집합건물법에 따른 재건축 / 제 3 절 구 주촉법에 따른 재건축주택조합

호로 개정되기 전의 것, 이하 '주촉법'이라 한다) 제 44 조의 재건축조합 설립을 위한 창립총회를 함께 개최하는 경우에는,

외형상 1 개의 집회로 보이더라도 거기서 이루어지는 결의는 법률적으로 ① <u>각 건물별로 구성된 관리단집회가 개별로 한 재건축결의</u>와 ② <u>구분소유자들을 조합원으로 한 1 개 재건축조합의 설립행위</u>로 구분되는 것이고, 재건축결의가 재건축조합 설립행위의 일부를 이루는 것은 아니므로, <u>재건축결의가 무효라고 하더라도 이로써 곧 재건축조합 설립을 위한 창립총회의 결의까지 당연히 무효로 된다고 할 수는 없다.</u>

그리고 <u>재건축에 동의함으로써 조합원이 된 자는 당해 조합규약 등이 정하는 바에 따라 조합의 재건축사업 목적 달성을 위하여 사업구역 내에 소유한 기존의 주택과 토지를 신탁 목적으로 조합에 이전할 의무 등을 부담하고, 이에 대응하여 새로운 주택을 분양받을 권리를 가진다</u> (대법원 2010. 1. 28. 선고 2008 다 90347 판결 등 참조).

2. 대법원의 판단 (파기환송)

가. 원심기록에 의하여 알 수 있는 사실

원심판결 이유 및 기록에 의하면, ① 2003. 4. 8. 개최된 원고 조합의 창립총회에서 <u>조합원 총수 40 명 중 참석 조합원 39 명 전원이 재건축결의, 조합규약 승인, 대표자 선정, 시공사 선정 등의 안건에 동의한 사실</u>, ② 원고 조합의 <u>조합규약 제 37 조 제 1 항</u>은 "재건축사업의 원활한 추진을 위하여 <u>조합원은 사업계획승인신청일 이전에</u> 조합원의 소유로 되어 있는 사업시행지구 안의 토지 또는 주택 등에 대하여 <u>조합에 신탁등기를 완료하여야 하며</u>, 등기기간 내에 신탁등기를 이행치 않을 경우 조합은 신탁등기 이행의 소를 제기할 수 있다."라고 규정하고 있는 사실, ③ 원고 조합은 2003. 6. 19. 주촉법에 의하여 성동구청장으로부터 조합설립을 인가받은 사실을 알 수 있다.

나. 재건축결의가 무효라도 재건축조합 설립을 위한 창립총회 결의는 유효해

이러한 사실관계를 위 법리에 비추어 보면, <u>설령 이 사건 재건축결의가 무효라고 하더라도 이로써 곧 재건축조합 설립을 위한 창립총회의 결의까지 당연히 무효로 된다고 할 수 없고, 조합원 40 명 중 39 명이 조합규약에 동의하고 조합장 선출, 시공사 선정의 안건에 동의함으로써 원고 조합이 설립되었다고 할 것이므로,</u>

다. 조합원이 된 피고들은 조합규약에 따라 신탁을 원인으로 한 소유권이전등기의무 있어

원고 조합의 조합원인 피고들은 재건축사업의 원활한 수행을 위하여 <u>그 소유 부동산에 관하여 신탁을 원인으로 한 소유권이전등기절차를 이행하고, 해당 부동산을 인도할 의무가 있다</u>

II. '재건축결의'와 '재건축조합 설립행위'는 별개 행위

할 것이다. 그럼에도 불구하고, 원심은 이 사건 재건축결의가 무효라는 이유로 피고들에게 해당 부동산에 관한 소유권이전등기의무 및 인도의무가 없다고 보고 원고의 청구를 기각하였으니, 원심판결에는 재건축조합원의 조합규약상 의무에 관한 법리를 오해한 위법이 있고, 이는 판결 결과에 영향을 미쳤음이 분명하다. 따라서 이를 지적하는 상고이유의 주장은 이유 있다.

C. [같은 취지 판례] ① 재건축결의는 재건축조합 설립행위의 일부가 아니야; ② 따라서 재건축결의가 관리단집회로서 요건을 갖추지 못해 무효라도, 재건축조합 설립을 위한 창립총회 결의까지 당연히 무효로 되지 않아(따라서 재건축결의가 무효라도, 재건축결의에 의해서 재건축조합이 비법인사단으로서 성립하였음); ③ 창립총회에서 한 재건축결의는 무효이나, 재건축조합이 적법하게 결정되었다고 보고, 비법인사단의 일반정족수('사원 과반수 출석과 출석사원 과반수 찬성'.민법 §75①)로써 한 시공자 선정결의는 유효하다고 본 사례 —대법원 2010.02.25. 선고 2009 다 93299 판결[재건축설립추진위원회결의무효확인]

【당사자】

> [원고(선정당사자), 상고인 겸 피상고인] 원고 1 외 2 인
>
> [피고, 피상고인 겸 상고인] 잠실 5 단지 주택재건축정비사업조합설립 추진위원회
>
> [피고보조참가인] 삼성물산 주식회사외 2 인

1. 법리

집합건물의 구분소유자들이 재건축사업을 추진하는 과정에서 집합건물의 소유 및 관리에 관한 법률(이하 '집합건물법'이라 한다) 제 47 조의 재건축결의를 위한 집회와 구 주택건설촉진법(2002. 2. 4. 법률 제 6655 호로 개정되기 전의 것, 이하 '주촉법'이라 한다) 제 44 조의 재건축조합 설립을 위한 창립총회를 함께 개최하는 경우에는 외형상 1 개의 집회로 보이더라도 거기서 이루어지는 결의는 법률적으로 각 건물별로 구성된 관리단집회가 개별로 한 재건축결의와 구분소유자들을 조합원으로 한 1 개 재건축조합의 설립행위로 구분되는 것이고,

재건축결의가 재건축조합 설립행위의 일부를 이루는 것은 아니므로, 재건축결의를 위한 관리단집회로서는 요건을 갖추지 못하여 재건축결의가 무효라고 하더라도 이로써 곧 재건축조합 설립을 위한 창립총회의 결의까지 당연히 무효로 된다고 할 수는 없다.

또한 주촉법에 의하여 설립된 재건축조합은 민법상 비법인사단으로서 민법의 법인에 관한 규정 중 법인격을 전제로 하는 조항을 제외한 나머지 조항이 원칙적으로 준용되므로, 그 창립총회에서는 민법 제 75 조 제 1 항에 따라 사원 과반수의 출석과 출석사원 결의권의 과반수로써 유효한 결의를 할 수 있다고 할 것이다 (대법원 1996. 10. 25. 선고 95 다 56866 판결, 대법원 2006. 2. 23. 선고 2005 다 19552, 19569 판결 등 참조).

2. 원심판결의 정당함

원고들이 다투지 아니하는 원심판결 이유에 의하더라도, 종전 조합은 2000. 8. 27.자 창립총회에서 그 사업구역 내의 토지 등 소유자 총수 4,139 명 중 1/2 이상인 2,623 명의 찬성으로 피고보조참가인들을 시공사로 선정하는 결의를 하였다는 것인바, 그렇다면 위와 같은 시공사 선정결의는 특별한 사정이 없는 한 유효한 것이고, 원고들 주장과 같이 위 창립총회에서 집합건물법 소정의 재건축결의를 위한 정족수를 갖추지 못하였다 하더라도 위 시공사 선정결의의 효력을 부정할 수는 없는 것이므로, 위 상고이유 주장도 받아들이지 아니한다.

D. 재건축결의가 무효이고 조합설립인가도 받지 못하였으나; 재건축조합 결성 및 그 규약은 유효하다고 본 사례 —대법원 2005.04.29. 선고 2004 다 7002 판결[재건축조합설립무효확인등]

【당사자】

[원고,피상고인] 이○○

[피고,상고인] 신부주공 2 단지아파트 재건축조합

1. 이 사건 재건축결의는 무효

... 기록에 의하면, 피고 조합이 1996. 6. 15. 재건축 결의를 할 당시 재건축의 실행단계에서 다시 비용 분담에 관한 합의를 하지 않아도 될 정도로 그 분담액 또는 산출기준을 정하였다는 점을 인정할 만한 자료가 없으므로, 특별한 사정이 없는 한 위 재건축 결의는 효력이 없다고 보아야 할 것이다.

2. 원심이 인정한 사실 (조합결성 절차를 완료함)

그러나 원심이 적법하게 확정한 사실관계에 의하면, 천안시 신부동 485 외 20 필지 대지 약 15,359 평에 건립되어 있는 신부주공 2 단지아파트(이하 '이 사건 사업구역'이라 한다)에 거주하는 주민들이 1995. 9. 14. 아파트 동대표들로 구성된 재건축추진위원회를 구성한 후, 1996. 6. 15. 주민총회를 개최하여 원고를 조합장으로 선출하고, 조합규약을 인준함으로써 재건축조합을 담당할 피고 조합을 결성하였고, 그 후 피고 조합은 규약에 따라 대의원회를 구성하고 부조합장 등 임원진을 선출한 사실이 인정된다.

3. 인가를 받지 못한 재건축조합 설립행위의 사법상 효력

한편, 피고 조합은 그 후 천안시로부터 조합설립인가를 받지는 못하였으나, 인가행위는 그 대상이 되는 기본행위를 보충하여 법률상 효력을 완성시키는 보충행위로서, 이러한 인가의 유무에 따라 기본행위의 효력이 문제되는 것은 구 주택건설촉진법(2003. 5. 29. 법률 제 6916 호

III. 재건축조합 창립총회에는 관리단집회에 관한 규정이 적용되지 않음

주택법으로 전문 개정되기 전의 것)과 관련한 공법상의 관계에서이지 주택조합과 조합원 사이의 내부적인 관계에까지 영향을 미치는 것은 아닙니다(대법원 2002. 3. 11.자 2002 그 12 결정).

4. 결론: 재건축결의가 무효라도 재건축조합의 결성 및 규약의 효력에는 영향 없어

따라서 피고 조합의 1996. 6. 15.자 재건축 결의가 집합건물의소유및관리에관한법률이 정한 요건을 갖추지 못하여 무효라고 하더라도 피고 조합의 결성 및 그 규약의 효력 자체에는 영향을 미치지 않는다고 보아야 할 것이므로, 상고이유 제 1 점의 주장은 이유 없다.

III. 재건축조합 창립총회에는 관리단집회에 관한 규정이 적용되지 않음

A. 【법령】 집합건물법 제 33 조(임시 관리단집회)

> ① 관리인은 필요하다고 인정할 때에는 관리단집회를 소집할 수 있다.
>
> ② 구분소유자의 5 분의 1 이상이 회의의 목적 사항을 구체적으로 밝혀 관리단집회의 소집을 청구하면 관리인은 관리단집회를 소집하여야 한다. 이 정수(定數)는 규약으로 감경할 수 있다. <개정 2012. 12. 18.>
>
> ③ 제 2 항의 청구가 있은 후 1 주일 내에 관리인이 청구일부터 2 주일 이내의 날을 관리단집회일로 하는 소집통지 절차를 밟지 아니하면 소집을 청구한 구분소유자는 법원의 허가를 받아 관리단집회를 소집할 수 있다. <개정 2012. 12. 18.>
>
> ④ 관리인이 없는 경우에는 구분소유자의 5 분의 1 이상은 관리단집회를 소집할 수 있다. 이 정수는 규약으로 감경할 수 있다. <개정 2012. 12. 18.>

B. '재건축결의를 위한 관리단집회'와 '재건축조합 설립을 위한 창립총회'가 외형상 1 개의 집회로 개최되더라도, 재건축조합의 설립을 위한 창립총회의 소집절차에는 재건축결의를 위한 임시관리단집회의 소집에 관한 규정(집합건물법 제 33 조)이 적용되지 않아 ─대법원 2007. 3. 30. 선고 2005 다 45698 판결[창립총회결의무효확인]

【당사자】

> [원고, 상고인] 원고
>
> [피고, 피상고인] 가락시영아파트 주택재건축 정비사업조합

집합건물의 구분소유자들이 재건축사업을 추진하는 과정에서 집합건물의 소유 및 관리에 관한 법률 제 47 조의 재건축결의를 위한 집회와 구 주택건설촉진법(2002. 12. 30. 법률 제 6852 호로 개정되기 전의 것) 제 44 조의 재건축조합 설립을 위한 창립총회를 함께 개최하는 경우에

는 외형상 1개의 집회로 보이더라도, 거기서 이루어지는 결의는 법률적으로 각 건물별로 구성된 관리단집회가 개별로 한 재건축결의와 구분소유자들을 조합원으로 한 1개 재건축조합의 설립행위로 구분되는 것이고, 재건축결의가 재건축조합 설립행위의 일부를 이루는 것은 아니므로, <u>재건축조합의 설립을 위한 창립총회의 소집절차에 관하여 재건축결의를 위한 관리단집회에 관한 규정이 적용될 수 없다고 할 것인바</u>(대법원 2006. 2. 23. 선고 2005 다 19552, 19569 판결 참조)...

C. 구분소유자 중 1명이 '재건축조합설립 창립총회 준비위원회'를 조직하여 준비위원회 명의로 아파트 게시판과 일간신문에 창립총회 공고를 하고 각 구분소유자에게 통지하여 소집·개최한 창립총회는 적법하다고 본 사례 —대법원 2006. 2. 23. 선고 2005 다 19552, 19569 판결[구분소유권등매도청구등]

【당사자】

【원고, 피상고인】 도곡동제 1 차아파트재건축조합
【피고, 상고인】 피고 1 외 4 인

원심판결 이유에 의하면 원심은, 재건축의 대상이 된 이 사건 아파트의 <u>구분소유자 김주태가</u> 재건축조합 설립을 위한 <u>창립총회 준비위원회를 조직</u>한 후 <u>준비위원회 명의로 창립총회의 개최일시, 장소 및 결의 안건 등에 관하여 이 사건 아파트 게시판과 일간신문에 공고하고 각 구분소유자들에게 통지한 사실</u>을 인정한 다음,

<u>이러한 원고 조합의 창립총회의 소집권자나 소집절차 등에 어떠한 하자가 있다고 보기 어렵다</u>고 판단하였는바, 위에서 본 바와 같은 이유로 재건축조합 설립을 위한 창립총회의 소집절차에 관하여 재건축결의를 하기 위한 관리단집회에 관한 규정이 적용될 수 없고 달리 관련법에 그 소집절차를 규율하고 있는 별다른 규정이 없는 점 등에 비추어 보면, 위와 같은 원심의 조치도 정당한 것으로 수긍할 수 있고, 거기에 재건축조합 창립총회의 소집절차에 대한 법리를 오해한 위법이 있다고 할 수 없다.

D. [같은 판례] ① 주촉법에 의해 설립된 재건축조합의 창립총회 결의는 <u>조합원 과반수 출석과 출석조합원 과반수 찬성</u>으로 해(민법 제 75 조 제 1 항); ② 창립총회의 개의정족수 산정을 위한 조합원 수는 재건축에 동의하여 조합가입 의사를 밝힌 구분소유자만 포함돼; ③ 따라서 재건축조합이 총 구분소유자 과반수 이상을 조합원으로 삼아야만 설립될 수 있는 것이 아님 — 대법원 2006.02.23. 선고 2005 다 19552 판결[구분소유권등매도청구등]

【당사자】

[원고, 피상고인] 도곡동제 1 차아파트재건축조합

III. 재건축조합 창립총회에는 관리단집회에 관한 규정이 적용되지 않음

[피고, 상고인] 김평환외 4인

1. 법리

　주촉법에 의하여 설립된 재건축조합은 민법상 비법인사단으로서 민법의 법인에 관한 규정 중 법인격을 전제로 하는 조항을 제외한 나머지 조항이 원칙적으로 준용되므로(대법원 1996. 10. 25. 선고 95다56866 판결 참조), 원고 조합의 창립총회에서는 민법 제75조 제1항에 따라 사원 과반수의 출석과 출석사원 결의권의 과반수로써 유효한 결의를 할 수 있다고 할 것이고,

　이때 개의정족수 산정을 위한 조합원 수를 산정함에 있어서 재건축조합의 조합원이 될 자격이 있는 재건축사업 대상구역 내의 모든 구분소유자를 당연히 조합원으로 볼 것은 아니고 재건축에 동의하여 그 조합에 가입의사를 밝힌 구분소유자들만을 재건축조합의 조합원으로 계산하여야 할 것이다.

2. 원심판결의 정당함

　원심이 같은 취지에서, 이 사건 아파트의 구분소유자 총 2,499명 중 원고 조합이 집계한 창립총회 출석자는 1,373명인데, 그 중 대리참석자의 자격이나 서면결의서의 제출 등에 관하여 피고들이 의문을 제기하는 813명이 출석하지 아니한 것으로 본다면, 위 813명은 창립총회의 개의정족수에서도 당연히 제외되는 것이므로 그들의 참석 여부가 이 사건 창립총회에서의 결의의 효력에 어떠한 영향을 미친다고 할 수 없으며,

　재건축조합이 최초 설립 당시부터 총 구분소유자의 과반수 이상을 조합원으로 삼아야만 설립될 수 있는 것은 아니고, 재건축조합 설립 당시에는 조합원 수가 총 구분소유자의 과반수에 미달하였다고 하더라도 그들이 우선 비법인사단의 실체를 갖춘 재건축조합을 설립한 다음에 다른 구분소유자들이 조합규약 등에 동의하여 재건축조합에 가입하는 것도 얼마든지 가능하다는 이유로, 재건축조합 창립총회의 개의정족수가 총 구분소유자의 과반수에 이르러야 함을 전제로 한 피고들의 창립총회 결의무효 주장을 배척한 조치도 정당하고, 거기에 상고이유의 주장과 같이 집합건물법이나 민법상의 사원총회의 개의정족수나 서면결의 등에 관한 법리를 오해한 위법이 있다고 할 수 없다.

제 7 장 집합건물법에 따른 재건축 / 제 3 절 구 주촉법에 따른 재건축주택조합

IV. 조합총회

A. 개요

1. 【해설】

> 주택건설촉진법에 따른 재건축조합은 민법상 '권리능력 없는(비법인) 사단'에 불과하고, 조합과 조합원의 관계는 완전히 사법관계이다. 따라서 주택건설촉진법에 따른 재건축조합의 대내외적 법률관계에 대하여는 민법이 준용된다.

2. 【법령】 민법 제 71 조(총회의 소집)

> 총회의 소집은 1 주간 전에 그 회의의 목적사항을 기재한 통지를 발하고 기타 정관에 정한 방법에 의하여야 한다.

3. 【법령】 민법 제 75 조(총회의 결의방법)

> ① 총회의 결의는 본법 또는 정관에 다른 규정이 없으면 사원 과반수의 출석과 출석사원의 결의권의 과반수로써 한다.
>
> ② 제 73 조 제 2 항의 경우에는 당해사원은 출석한 것으로 한다.

B. 주촉법에 따라 설립된 재건축조합은 비법인사단으로서 '사원 과반수 출석과 출석사원 결의권의 과반수'로 결의할 수 있어 —대법원 2010.02.25. 선고 2009 다 93299 판결[재건축설립추진위원회결의무효확인]

【당사자】

> [원고(선정당사자), 상고인 겸 피상고인] 원고 1 외 2 인
>
> [피고, 피상고인 겸 상고인] 잠실 5 단지 주택재건축정비사업조합설립 추진위원회
>
> [피고보조참가인] 삼성물산 주식회사외 2 인

1. 법리

주촉법에 의하여 설립된 재건축조합은 민법상 비법인사단으로서 민법의 법인에 관한 규정 중 법인격을 전제로 하는 조항을 제외한 나머지 조항이 원칙적으로 준용되므로, 그 창립총회에서는 민법 제 75 조 제 1 항에 따라 <u>사원 과반수의 출석과 출석사원 결의권의 과반수로써 유효한 결의를 할 수 있다</u>고 할 것이다 (대법원 1996. 10. 25. 선고 95 다 56866 판결, 대법원 2006. 2. 23. 선고 2005 다 19552, 19569 판결 등 참조).

IV. 조합총회

2. 원심판결의 정당함

원고들이 다투지 아니하는 원심판결 이유에 의하더라도, 종전 조합은 2000. 8. 27.자 창립총회에서 그 사업구역 내의 토지 등 소유자 총수 4,139 명 중 1/2 이상인 2,623 명의 찬성으로 피고보조참가인들을 시공사로 선정하는 결의를 하였다는 것인바, 그렇다면 위와 같은 시공사 선정결의는 특별한 사정이 없는 한 유효한 것이고, 원고들 주장과 같이 위 창립총회에서 집합건물법 소정의 재건축결의를 위한 정족수를 갖추지 못하였다 하더라도 위 시공사 선정결의의 효력을 부정할 수는 없는 것이므로, 위 상고이유 주장도 받아들이지 아니한다.

C. ① 재건축결의의 효력에 대한 확인판결은 재건축조합을 상대로 받아야 해; ② 따라서 시공사 겸 공동사업주체인 피고 쌍용건설을 상대로 대의원결의에 대한 무효확인을 구하는 것은 부적법함; ② '신축상가 분할안에 대한 상가조합원들의 동의의 의사표시'에 대한 무효확인을 구하는 것도 부적법함(동의의 의사표시는 권리의무관계 형성에 필요한 법률요건의 하나에 불과하므로); ③ 만일 원고들과 피고 쌍용건설 사이에 상가분할안에 관한 협의/약정대로 권리의무관계가 형성되었는지에 관하여 다툼이 있다면 그 권리의무관계의 존부 확인을 구하는 것은 별개 문제임 ─대법원 2010.05.27. 선고 2008 다 53430 판결[상가관리처분총회결의무효확인]

【당사자】

[원고, 상고인]	원고 1 외 5 인
[피고, 피상고인]	1. 사직주공아파트 재건축조합
	2. 주식회사 쌍용건설

민법상 비법인사단인 재건축조합의 재건축결의는 재건축조합 내부의 의사결정으로서 그 법률관계의 주체는 재건축조합이므로 재건축조합을 상대로 하여 재건축결의의 효력에 관한 확인판결을 받아야만 그 결과로 인한 재건축조합 조합원의 권리 또는 법률상 지위에 대한 위험 또는 불안을 유효적절하게 제거할 수 있다(대법원 1991. 6. 25. 선고, 90 다 14058 판결, 대법원 1996. 4. 12. 선고 96 다 6295 판결 등 참조).

원고들은 앞에서 본 피고 조합의 이 사건 대의원회 결의와 피고 조합 상가조합원들의 2006. 8. 24.자 신축상가 분할안에 대한 동의의 의사표시가 피고 조합의 기존 재건축결의를 위법하게 변경하는 것이라고 주장하면서, 이 사건 대의원회 결의 및 위 동의의 의사표시에 대한 무효확인을 시공사 겸 공동사업주체인 피고 쌍용건설에 대하여도 소구하고 있다.

그러나 앞에서 본 법리에 비추어 살펴보면, 피고 조합 총회의 권한대행기관이자 조합원 전체의 대의기관인 대의원회가 한 결의에 대한 무효확인을 피고 쌍용건설을 상대로 소구하는 것은 분쟁 해결을 위하여 유효적절한 수단이라고 할 수 없으므로, 부적법하다.

또한, 만일 원고들과 피고 쌍용건설 사이에 위 상가분할안에 관한 협의 내지 약정대로 구체적인 권리의무관계가 형성되었는지에 관하여 다툼이 있다면 그 권리의무관계의 존부 등의 확인을 소구하는 것은 별론으로 하고, 그와 같은 권리의무관계를 형성하는 데 필요한 법률요건을 구성하는 요소 중의 하나인 상가조합원들의 동의의 의사표시에 대하여 무효확인을 소구하는 것은 분쟁 해결을 위하여 유효적절한 수단이라고 할 수 없으므로, 이 역시 부적법하다.

V. 비법인사단의 총유물 관리·처분·보존행위는 총회결의를 요함

A. ① 재건축결의가 성립한 후에는 집합건물법상의 규약·규정은 적용되지 않고, 재건축조합의 법리가 적용돼; ② 재건축조합은 비법인사단에 해당하므로, 구성원의 의사는 총회결의로 결정해 —대법원 2005.04.21. 선고 2003 다 4969 전원합의체 판결[총회결의무효확인]

【당사자】

[원고,상고인] 김순화 외 8 인

[피고,피상고인] 화곡주공시범 재건축주택조합

재건축의 결의가 유효하게 성립한 후에는 재건축 결의에 찬성한 구분소유자 등으로 구성되는 단체에 의하여 재건축 사업이 실행되는 것이므로 집합건물법상의 규약, 집회 및 관리단에 대한 규정은 원칙적으로 적용되지 아니하고, 단체의 성격에 따라 민법상의 조합 또는 사단법인에 관한 규정이 적용된다 할 것이다.

그런데 재건축 결의에 따라 설립된 재건축조합은 민법상의 비법인 사단에 해당하므로(대법원 2001. 5. 29. 선고 2000 다 10246 판결 등 참조) 그 구성원의 의사의 합의는 총회의 결의에 의할 수밖에 없다고 할 것이나...

B. ① 재건축조합과 피고회사 사이에 체결된 공사도급계약의 무효확인을 구하는 것은 준총유관계에 속하는 비법인사단의 채권·채무관계에 관한 소송으로서 사원총회 결의를 거쳐야 해; ② 따라서 조합원인 원고들이 총회결의 없이 피고조합과 피고회사 사이에 체결된 공사도급계약의 무효확인을 청구한 것은 부적법함(각하) —대법원 1996.10.25. 선고 95 다 56866 판결[임시총회결의부존재확인]

【당사자】

【원고,상고인】 원고 1 외 4 인

【피고,피상고인】 이촌지구시민아파트 재건축주택조합 외 1 인

V. 비법인사단의 총유물 관리·처분·보존행위는 총회결의를 요함

1. 공사도급계약 무효확인의 청구원인

이 사건 청구 중 공사도급계약 등의 무효확인청구 부분의 청구원인은, 피고 조합이 재건축사업의 시공을 위한 참여조합원으로서 피고 회사를 선정한 위 1993. 7. 11. 자 임시총회의 결의에 따라 1993. 8. 19. 피고 회사와 사이에 공사도급계약을 체결하고, 1994. 3. 18. 및 같은 해 7. 4. 각 추가약정을 체결하였는데, 위 임시총회결의가 소집권한이 없는 소외 김주회에 의하여 소집된 것으로서 무효이므로 그 결의에 터잡아 피고들 사이에 체결된 위 공사도급계약 및 각 추가약정 역시 무효라고 주장하면서, 피고들 사이의 위 도급계약 등의 무효확인을 구한다는 것이다.

2. 피고조합의 구성원인 원고들이 총회결의 없이 제기한 공사도급계약 무효확인 청구는 부적법함

그러나, 비법인사단인 피고 조합의 구성원인 원고들이 피고 조합과 피고 회사 사이에 체결된 위 공사도급계약 등의 무효확인을 구하는 것은 결국 준총유관계에 속하는 비법인사단의 채권·채무관계에 관한 소송으로 달리 특별한 사정이 없는 한 민법 제 276 조 제 1 항 소정의 사원총회의 결의를 거쳐야 한다고 할 것인바(대법원 1992. 2. 28. 선고 91 다 41507 판결 참조), 기록상 조합원총회의 결의가 있었다고 볼 자료가 없는 이 사건에서 원고들이 피고 조합의 조합원인 지위에서 조합원총회의 결의 없이 곧바로 피고 조합과 피고 회사 사이에 체결된 위 공사도급계약 등의 무효확인을 구할 수는 없다 할 것이므로 이 사건 공사도급계약 등의 무효확인 청구 부분은 부적법하다 할 것이다. 따라서 이를 각하한 제 1 심의 판단이 정당하다 하여 원고들의 항소를 기각한 원심의 조치는 결국 정당하고...

C. 총유물의 보존행위로서 구하는 소유권보존등기 말소소송의 제기도 규약의 정함에 따르거나 총회결의를 얻어야 함 ─대법원 2005.07.22. 선고 2003 다 3072 판결[소유권보존등기말소]

【당사자】

[원고,상고인] 융화아파트재건축주택조합

[피고,피상고인] 김명자 외 5인

직권으로 살피건대, 이 사건 소는 법인 아닌 사단에 있어 총유물의 보존·관리행위로서 제기되는 것이고 총유물의 관리행위는 그 단체의 규약에 정한 절차에 의하고 규약의 정함이 없으면 사원총회의 결의에 의하여야 할 것인바,

원심으로서는 총유물의 보존행위로서 구하는 이 사건 소제기에 관하여 원고 조합의 규약상 어떤 절차를 필요로 하는지(원고 조합규약에는 조합원으로 구성되는 총회 외에도 조합장, 이사, 감사로 구성되는 이사회를 두고 총회의 결의로 정해진 사항 외에 재건축사업에 관련된 사항은

이사회의 결의사항으로 정하고 있는 사실이 엿보인다.), 그리고 원고가 필요한 절차를 이행하였는지 여부에 관하여 심리하였어야 할 것이라는 점 역시 덧붙여 둔다.

D. ① 총유재산에 관한 소송은 비법인사단이 그 명의로 사원총회 결의를 거쳐 하거나 또는 그 구성원 전원이 당사자가 되어 필수적 공동소송의 형태로 할 수 있을 뿐이야; ② 이러한 법리는 총유재산의 보존행위로서 소(말소등기청구소송)를 제기하는 경우에도 마찬가지임 —대법원 2005. 9. 15. 선고 2004 다 44971 전원합의체 판결[소유권말소등기]

민법 제 276 조 제 1 항은 "총유물의 관리 및 처분은 사원총회의 결의에 의한다.", 같은 조 제 2 항은 "각 사원은 정관 기타의 규약에 좇아 총유물을 사용·수익할 수 있다." 라고 규정하고 있을 뿐 공유나 합유의 경우처럼 보존행위는 그 구성원 각자가 할 수 있다는 민법 제 265 조 단서 또는 민법 제 272 조 단서와 같은 규정을 두고 있지 아니한바, 이는 법인 아닌 사단의 소유형태인 총유가 공유나 합유에 비하여 단체성이 강하고 구성원 개인들의 총유재산에 대한 지분권이 인정되지 아니하는 데에서 나온 당연한 귀결이라고 할 것이다 .

따라서 <u>총유재산에 관한 소송은 법인 아닌 사단이 그 명의로 사원총회의 결의를 거쳐 하거나 또는 그 구성원 전원이 당사자가 되어 필수적 공동소송의 형태로 할 수 있을 뿐 그 사단의 구성원은 설령 그가 사단의 대표자라거나 사원총회의 결의를 거쳤다 하더라도 그 소송의 당사자가 될 수 없고, 이러한 법리는 총유재산의 보존행위로서 소를 제기하는 경우에도 마찬가지라 할 것</u>이다. 이와 달리 법인 아닌 사단의 대표자 개인 또는 구성원 일부가 총유재산의 보존을 위한 소를 제기할 수 있다고 판시한 대법원 ... 판결 등은 이 판결의 견해와 저촉되는 범위에서 이를 변경하기로 한다.

따라서 원고 보조참가인 종중의 구성원에 불과한 원고 개인이 총유재산의 보존행위로서 제기한 이 사건 소가 적법함을 전제로 한 원심의 판단은 총유재산에 관한 소송에 있어서 당사자 적격에 관한 법리를 오해함으로써 판결 결과에 영향을 미친 위법이 있다고 할 것이다.

VI. 정관에 의한 채무부담행위의 제한은 '대표권 제한'에 해당함

A. 개요

1. 【해설】 '법인'의 대표권 제한 (정관기재는 효력요건, 등기는 대항요건)

> (1) 법인의 대표권 제한은 반드시 정관에 기재하여야 하며, 정관에 기재하지 않은 대표권의 제한은 효력이 없다(법 제 49 조에 의한 민법 제 41 조의 준용).

VI. 정관에 의한 채무부담행위의 제한은 '대표권 제한'에 해당함

(2) 또한 대표권의 제한은 등기사항이며, 이를 등기하지 않으면 제3자에게 대항할 수 없다(민법 제60조). 제3자가 악의라도 법인은 대항할 수 없다(대법원 1992. 2. 14. 선고 91다24564 판결).

대표권 제한에 관하여 등기하기 위해서는 정관에 대표권 제한에 관한 규정이 있어야 하며, 정관에 규정이 없으면 등기를 할 수 없다.

2. 【해설】 '비법인사단'의 대표권 제한

(1) 대표권 제한의 효력요건은 법인과 동일함

비법인사단에는 민법이 준용되므로(대법원 1996. 10. 25. 선고 95다56866 판결), 대표권의 제한은 반드시 정관에 기재하여야 하며 정관에 기재하지 않은 대표권의 제한은 효력이 없다(민법 제41조의 준용). 법인의 대표자가 일정한 대외적 거래행위를 함에 있어 사원총회 또는 임원회의 결의를 거치도록 한 정관/규약의 규정은 대표권 제한 규정에 해당한다.

(2) 대표권 제한의 대항요건은 등기가 아니라 '고의 또는 과실' 여부가 기준임

비법인사단은 대표자의 대표권 제한에 관하여 등기할 방법이 없으므로 민법 제60조를 준용할 수 없다. 여기서 비법인사단의 경우 대표권을 제한한 정관규정의 제3자에 대한 효력을 어떻게 볼 것인지가 문제된다.

이에 관하여 대법원은, 비법인사단인 재건축조합의 대표자가 일정한 대외적 거래행위를 함에 있어 사원총회 또는 임원회의 결의를 거치도록 한 정관규정은 조합장의 대표권을 제한하는 규정이라고 전제한 뒤, 사원총회/임원회 결의는 비법인사단의 내부적 의사결정에 불과하므로, 그 거래 상대방이 그와 같은 대표권 제한이 있다는 사실 및 그 위반 사실을 알았거나 과실로 인하여 이를 알지 못한 때에 한하여 그 거래행위가 무효로 되고, 그렇지 않은 경우에 그 거래행위는 유효하다는 판단기준을 확립하였다.

이 경우 그 거래 상대방이 대표권 제한 및 그 위반 사실을 알았거나 알지 못한 데에 과실이 있다는 사정은 그 거래의 무효를 주장하는 측이 이를 주장·입증하여야 한다. (이상 대법원 2003.07.22. 선고 2002다64780 판결; 대법원 2007.04.19. 선고 2004다60072 전원합의체 판결.)

(3) 총회결의를 거치지 않은 '총유물 관리·처분행위'는 항상 무효: 총유물의 관리·처분행위에 사원총회의 결의(또는 정관에서 정한 절차)를 거치도록 한 것은 단순히 정관에 의한 대표권 제한이 아니고 「강행규정(민법 제275조)에 의한 대표권 제한」이다. 따라서 이를 위반한 총유물관리·처분행위는 항상 무효이다(정관에 규정이 있든 없든, 상대방의 선의/악의 또는 과실 유무와 관계없이).

위 (1), (2)는 '총유물 관리·처분 외'의 대표권 제한에 관한 법리이다.

B. [정관/규약에 없는 대표권 제한은 무효] 교회가 당회 결의를 거치지 않고 금융기관과 대출계약을 체결하고 교회재산에 근저당권을 설정해 준 사안에서, ① 근저당권설정등기는 총유물의 관리·처분행위이므로 무효이나, ② 대출계약은 총유물의 관리·처분이 아니므로 <u>유효하다고 봄</u> (<u>원고교회 규약은 채무부담행위를 당회 의결사항으로 규정하지 않았음</u>) —대법원 2014.02.13. 선고 2012 다 112299 판결[근저당권말소·손해배상(기)]

[당사자]

| 【원고(반소피고), 상고인 겸 피상고인】 대한예수교장로회 영신교회 |
| 【피고(반소원고), 피상고인 겸 상고인】 동서울농업협동조합 |
| 【피고, 피상고인】 주식회사 미래저축은행 |

1. 법리

　민법 제 275 조, 제 276 조 제 1 항은 총유물의 관리 및 처분에 관하여는 정관이나 규약에 정한 바가 있으면 그에 의하되 정관이나 규약에서 정한 바가 없으면 사원총회의 결의에 의하도록 규정하고 있으므로, 이러한 절차를 거치지 아니한 총유물의 관리·처분행위는 무효라 할 것이고, 이 법리는 민법 제 278 조에 의하여 소유권 이외의 재산권에 대하여 준용되고 있다. 그런데 위 법조에서 말하는 <u>총유물의 관리 및 처분이라 함은 총유물 그 자체에 관한 이용·개량행위나 법률적·사실적 처분행위를 의미하므로 총유물 그 자체의 관리·처분이 따르지 아니하는 채무부담행위는 이를 총유물의 관리·처분행위라고 볼 수 없다</u>(대법원 2012. 5. 10. 선고 2011 다 19522 판결, 대법원 2007. 4. 19. 선고 2004 다 60072, 60089 전원합의체 판결 등 참조).

2. 원심판결의 정당함

　원심판결 이유를 위 법리 및 기록에 비추어 살펴보면, 이 사건 대출계약이 이 사건 제 1 근저당권설정계약과 같은 기회에 체결되기는 하였지만 이 사건 제 1 근저당권설정계약과는 별개의 법률행위로서 그 효력 유무는 별도로 검토되어야 하고, 이 사건 <u>대출계약은 총유물 자체의 관리·처분이 따르지 아니하는 단순한 채무부담행위에 불과하여 이를 원고 교회의 총회 결의가 필요한 민법 제 276 조 제 1 항에서 정하는 총유물의 관리·처분이라고 할 수 없으며</u>,

　<u>원고 교회의 규약이 정한 당회의 의결사항에도 해당되지 아니하므로</u>, 소외인이 이 사건 대출계약을 체결하면서 총유물의 관리 및 처분에 관한 원고 교회 규칙을 지키지 않았다고 하여 그 법률행위를 무효라고 할 수 없다고 본 원심의 판단은 정당하고, 거기에 상고이유로 주장하는 바와 같이 총유물의 관리·처분에 관한 법리를 오해하거나, 필요한 심리를 다하지 않은 위법이 없다.

VI. 정관에 의한 채무부담행위의 제한은 '대표권 제한'에 해당함

C. ① 공사대금 보증행위는 단순한 채무부담행위로서 총유물 관리·처분행위 아니야; ② 조합규약에 채무부담 행위시 조합 임원회 결의를 거치도록 한 것은 조합장의 대표권 제한규정이므로 거래 상대방이 대표권 제한 및 그 위반 사실을 알았거나 과실로 알지 못한 경우에 한하여 그 거래는 무효가 되며; ③ 이 경우 상대방의 고의·과실에 대한 주장·입증책임은 그 거래의 무효를 주장하는 측에 있어 ─대법원 2007.04.19. 선고 2004 다 60072 전원합의체 판결[공사대금·손해배상(기)]

【당사자】

【원고(반소피고)】 원고 주식회사

【원고 승계참가인, 상고인】 참가인

【피고(반소원고), 피상고인】 피고 재건축주택조합

1. 단순 채무부담행위는 총유물의 관리·처분 아니야 (판례 변경)

총유물의 관리 및 처분이라 함은 총유물 그 자체에 관한 이용·개량행위나 법률적·사실적 처분행위를 의미하는 것이므로, 총유물의 관리 및 처분이라 함은 총유물 그 자체에 관한 이용·개량행위나 법률적·사실적 처분행위를 의미하는 것이므로, 타인 간의 금전채무를 보증하는 행위는 총유물 그 자체의 관리·처분이 따르지 아니하는 단순한 채무부담행위에 불과하여 이를 총유물의 관리·처분행위라고 볼 수는 없다 할 것이다. 따라서 종전에 이와 견해를 달리하여 단순히 채무를 보증하는 경우에도 총유물 관리·처분의 법리가 적용된다고 판시한 대법원 2001. 12. 14. 선고 2001 다 56256 판결은 이를 변경하기로 한다.

2. 대법원의 판단 (파기환송)

가. 보증행위는 총유물의 관리·처분이 아니므로 총회결의를 거치지 않았어도 유효함

원심이 적법하게 확정한 사실에 의하면 피고 조합장이 이 사건 보증을 함에 있어서 이 사건 규약에 따른 조합 임원회의 결의를 거치지 아니한 사실을 알 수 있으나, 이 사건 보증계약은 수급인인 소외 회사와 하수급인인 원고 사이의 금전채무를 보증하는 것에 불과하여 총유물의 관리·처분행위에 해당하지 아니하므로 총유물 관리·처분에 관한 법리가 적용될 수 없고, 따라서 이 사건 규약에서 정한 조합 임원회의 결의를 거치지 아니하였다거나 조합원총회 결의를 거치지 않았다고 하더라도 그것만으로 바로 이 사건 보증계약이 무효라고 할 수는 없다 할 것이다.

나. 채무부담행위에 임원회 결의를 거치게 한 것은 대표권 제한에 해당함

다만, 이와 같은 경우에 조합 임원회의 결의를 거치도록 한 이 사건 규약은 그 조합장의 대

표권을 제한하는 규정에 해당하는 것이므로, 거래 상대방이 그와 같은 대표권 제한 및 그 위반 사실을 알았거나 과실로 인하여 이를 알지 못한 때에는 그 거래행위가 무효로 된다고 봄이 상당하며, 이 경우 그 거래 상대방이 대표권 제한 및 그 위반 사실을 알았거나 알지 못한 데에 과실이 있다는 사정은 그 거래의 무효를 주장하는 측이 이를 주장·입증하여야 할 것이다(대법원 2003. 7. 22. 선고 2002 다 64780 판결 참조).

그런데 원심은 거래상대방인 원고가 이 사건 보증계약에 관한 피고 조합장의 대표권 제한 및 그 위반 사실을 알았거나 이를 알지 못한 데에 과실이 있는지 여부에 관하여 심리하지도 아니한 채, 이 사건 보증이 총유물 관리·처분에 해당된다는 전제 아래 피고 조합장이 임원회의 결의 없이 보증을 하였다는 이유만으로 바로 이 사건 보증계약을 무효라고 판단하고 말았으니, 이러한 원심의 조치에는 총유물의 관리·처분 및 비법인사단의 대표권 제한에 관한 법리를 오해하여 판결에 영향을 미친 위법이 있다 할 것이다.

D. ① 재건축조합이 설계용역계약을 체결하는 것은 단순한 채무부담행위로서 총유물 자체의 관리·처분행위가 아님; ② 비법인사단의 대표자가 정관의 제한(총회의결)을 위반하여 대외거래를 했더라도, 상대방이 그 제한사실을 알았거나 알 수 있었음을 증명하지 않는 한 그 효력을 부인할 수 없음; ③ 조합규약에서 총회결의사항으로 정한 설계용약계약의 체결을 총회결의 없이 한 사안에서, 상대방이 그러한 제한을 알았거나 알 수 있었는지 여부를 심리하지 않고 곧바로 그 계약이 무효라고 판단한 원심판결을 파기함 —대법원 2003.07.22. 선고 2002 다 64780 판결[용역비]

【당사자】

[원고,상고인] 주식회사 건축사사무소 동도기술단

[피고,피상고인] 국동아파트제 1 단지재건축조합

1. 법리

가. 재건축조합이 설계용역계약을 체결한 것은 총유물관리행위 아니야

주택건설촉진법에 의하여 설립된 재건축조합은 민법상의 비법인사단에 해당하고, 총유물의 관리 및 처분에 관하여는 정관이나 규약에 정한 바가 있으면 이에 따라야 하고, 그에 관한 정관이나 규약이 없으면 사원 총회의 결의에 의하여 하는 것이므로 정관이나 규약에 정함이 없는 이상 사원총회의 결의를 거치지 않은 총유물의 관리 및 처분행위는 무효라고 할 것이나(대법원 1996. 8. 20. 선고 96 다 18656 판결, 2001. 5. 29. 선고 2000 다 10246 판결 참조),

총유물의 관리 및 처분행위라 함은 총유물 그 자체에 관한 법률적, 사실적 처분행위와 이용, 개량행위를 말하는 것으로서 피고 조합이 재건축사업의 시행을 위하여 설계용역계약을 체결하

VI. 정관에 의한 채무부담행위의 제한은 '대표권 제한'에 해당함

는 것은 단순한 채무부담행위에 불과하여 총유물 그 자체에 대한 관리 및 처분행위라고 볼 수 없다.

따라서 이 사건 계약의 체결이 총유물의 관리 및 처분행위에 해당됨을 전제로 피고 조합이 사원총회의 결의 없이 원고와 사이에 이 사건 계약을 체결하였다는 사유만으로 이 사건 계약이 무효라고 판단한 원심의 조치는 총유물의 관리 및 처분에 관한 법리를 오해한 잘못을 범하였다고 할 것이다.

나. 비법인사단의 내부규정(총회결의)을 위반한 거래행위를 무효로 보기 위한 요건

그러나 비법인사단의 경우에는 대표자의 대표권 제한에 관하여 등기할 방법이 없어 민법 제60조의 규정을 준용할 수 없고, ① 비법인사단의 대표자가 정관에서 사원총회의 결의를 거쳐야 하도록 규정한 대외적 거래행위에 관하여 이를 거치지 아니한 경우라도, 이와 같은 사원총회 결의사항은 비법인사단의 내부적 의사결정에 불과하다 할 것이므로, ② 그 거래 상대방이 그와 같은 대표권 제한 사실을 알았거나 알 수 있었을 경우가 아니라면 그 거래행위는 유효하다고 봄이 상당하고, 이 경우 거래의 상대방이 대표권 제한 사실을 알았거나 알 수 있었음은 이를 주장하는 비법인사단측이 주장·입증하여야 한다.

2. 원심판결의 위법함

원심이 적법하게 확정한 사실관계에 의하면, 피고 조합의 정관 제17조는 "사업시행자 및 시공회사의 선정 및 약정에 관한 사항, 기타 규약 또는 조합설립인가 조건에서 총회결의를 요하는 사항" 등을 총회결의 사항으로 규정하고 있고, 피고 조합의 설립인가조건에서는 피고 조합이 공동 사업시행자, 시공자 또는 설계자를 선정 또는 변경하거나 약정을 체결 또는 변경하는 경우에는 조합규약에 따라 총회 결의에 따라야 하도록 규정되어 있었다고 할 것이므로 이 사건 계약과 같은 설계용역계약의 체결도 정관의 규정에 의하여 사원총회의 결의를 요하는 사항이라고 할 것이다.

사정이 그러하다면 원심으로서는 원고가 이 사건 계약의 체결 당시에 피고 조합의 대표자인 백인선이 이 사건 계약을 체결하기 위하여는 피고 조합의 정관에 의하여 조합원총회의 결의를 요한다는 사실을 알았거나 알 수 있었는지 여부에 관하여 나아가 심리한 후 이 사건 계약이 피고 조합에 대하여 효력이 있는지 여부를 판단하였어야 할 것이다.

그럼에도 불구하고, 원심이 이 사건 계약이 총유물의 관리 및 처분행위에 해당됨을 전제로 조합원총회의 결의가 없었다는 이유만으로 원고의 청구를 배척한 것은 심리를 다하지 아니하였거나 총유물의 관리 및 처분행위, 비법인사단에 있어서 대표권 제한의 법리를 오해한 위법을 범하였다고 할 것이다. 이 점을 지적하는 상고이유의 주장은 이유 있다.

VII. 조합원의 권리와 의무

A. ① 재건축 조합원의 현물출자의무는 조합원 소유 토지를 신탁 목적으로 조합에 이전할 의무를 포함해; ② 집합건물은 대지사용권과 전유부분을 분리 처분할 수 없으므로, 대지사용권만이 아니라 전유부분에 대한 소유 명의도 조합 앞으로 신탁하여 줄 의무가 있음 —대법원 1997.05.30. 선고 96 다 23887 판결[손해배상(기)]

【당사자】

[원고,피상고인] 대방아파트 재건축조합

[피고,상고인] 이○○ 외 5 인

사실관계가 원심 인정과 같다면, 원고 조합의 조합원인 피고들은 조합의 재건축사업 목적 달성에 협력할 의무가 있고, 조합 규약상 그 의무의 하나로 규정된 현물출자의무는 조합의 재건축사업의 원활한 수행을 위하여 신탁 목적으로 조합원 소유의 토지를 조합에 이전할 의무를 포함하고 있는 것이라 할 것이며,

피고들과 같은 집합건물에관한법률 소정의 구분소유자의 경우 그들이 가지는 대지사용권은 전유부분의 처분에 따르게 되어 있고 그 전유부분과 분리하여 대지사용권을 처분할 수 없게 되어 있는 데다가 재건축사업은 재건축지역 내에 있는 주택의 철거를 전제로 하는 것이어서, 조합원은 주택 부분의 철거를 포함한 일체의 처분권을 조합에 일임하였다고 보아야 하므로 대지사용권 외에 전유부분에 대한 소유 명의도 원고 조합 앞으로 신탁하여 줄 의무가 있다 할 것이니,

피고들은 원고 조합에게 이 사건 각 연립주택에 관하여 조합설립인가로써 조합 규약의 효력이 발생한 1993. 5. 8.자 신탁을 원인으로 한 소유권이전등기절차를 이행할 의무가 있다 할 것이다.

B. 주택건설촉진법에 따라 설립된 조합이 부담하게 된 채무를 조합의 재산으로 변제할 수 없게 된 경우, 정관 기타 규약에 따라 조합총회 등에서 조합의 자산과 부채를 정산하여 그 채무초과분을 조합원들에게 분담시키는 결의를 하지 않는 한, 조합원은 조합에 대하여 그 지분 비율에 따른 분담금 채무를 부담하지 않아 —대법원 2021. 12. 30. 선고 2017 다 203299 판결[정산금청구의소]

【당사자】

【원고, 상고인】 별지 1 원고들 명단 기재와 같다

【피고, 피상고인】 별지 2 피고들 명단 기재와 같다

1. 법리

구 주택건설촉진법(2003. 5. 29. 법률 제 6916 호 주택법으로 전부 개정되기 전의 것, 이하 같다)에 의하여 설립된 주택조합은 민법상 조합이 아니라 비법인 사단에 해당하므로, 민법의 법인에 관한 규정 중 법인격을 전제로 하는 조항을 제외한 나머지 조항들이 원칙적으로 준용된다(대법원 1996. 10. 25. 선고 95 다 56866 판결 참조).

따라서 그 조합이 사업을 수행하면서 부담하게 된 채무를 조합의 재산으로 변제할 수 없게 되었다고 하더라도 그 채무는 조합에 귀속되고, 정관 기타 규약에 따라 조합원총회 등에서 조합의 자산과 부채를 정산하여 그 채무초과분을 조합원들에게 분담시키는 결의를 하지 않는 한, 조합원이 곧바로 조합에 대하여 그 지분 비율에 따른 분담금 채무를 부담하지 않는다(대법원 1998. 5. 8. 선고 95 다 30390 판결, 대법원 1998. 10. 27. 선고 98 다 18414 판결 등 참조).

2. 원심판결의 정당함 (상고기각)

구 주택건설촉진법에 의하여 설립된 (조합명 생략)(이하 '이 사건 조합'이라 한다)의 채권자들인 원고들은 이 사건 조합이 그 조합원들인 피고들에 대하여 조합채무에 관한 정산금 채권을 가지고 있다고 주장하면서, 주위적으로 이 사건 조합을 대위하여 그 정산금의 지급을 청구하였다. 이에 대하여 원심은 이 사건 조합의 채무를 그 조합원들에게 분담시키는 내용의 총회 결의가 없다는 등의 이유로 원고들의 주위적 청구를 기각하였다.

원심판결 이유를 앞서 본 법리와 기록에 비추어 살펴보면, 원심의 이러한 판단에 상고이유 주장과 같이 조합원들의 조합채무 분담 요건 및 민법 제 405 조 제 2 항, 제 150 조 제 1 항 등에 관한 법리를 오해하거나 필요한 심리를 다하지 아니하는 등으로 판결에 영향을 미친 잘못이 없다.

VIII. 조합원 임의탈퇴 문제

A. 【해설】 조합설립인가 이후에는 탈퇴가 제한됨

> 주택건설촉진법에 따라서 설립된 재건축조합의 탈퇴 허용 여부는 설립인가(또는 변경인가)를 전후로 달라진다. ① 재건축조합이 아직 설립인가(구 주택건설촉진법 제 44 조 제 1 항)를 받지 않았거나 재건축에 동의한 자가 아직 조합원으로 포함되어 변경인가를 받지 않은 때에는 자유로이 조합을 탈퇴할 수 있으나, ② 설립인가 후에는 부득이한 사유가 없는 한 임의탈퇴 할 수 없다.

B. a) 재건축조합이 아직 설립인가를 받지 않았거나, b) 재건축에 동의한 자가 아직 조합원으로 포함되어 변경인가를 받지 않은 때에는 조합규약 등에 탈퇴를 불허하는 규정이 없는 한 <u>자유로이 탈퇴할 수 있어</u> ―대법원 2000. 10. 27. 선고 2000다20052 판결[소유권이전등기등]

원심판결 이유에 의하면, 원심은 <u>재건축조합이 아직 설립인가를 받지 아니하였거나 재건축에 동의한 자가 아직 조합원으로 포함되어 변경인가를 받지 아니한 때에는 달리 조합의 규약 등에 조합원의 탈퇴를 불허하는 규정이 있다는 등의 특별한 사정이 없는 한 조합원은 자유로이 조합을 탈퇴할 수 있다</u>고 한 다음, 피고들은 <u>원고 조합이 피고들을 조합원에 포함시켜 변경인가를 받기 전에 먼저 원고 조합에 대하여 탈퇴의 의사를 표시하였으므로 피고들은 원고 조합의 조합원이라고 볼 수 없다</u>고 판단하고 있는바, 기록에 비추어 살펴보면 원심의 위와 같은 판단은 수긍이 가고, 거기에 재건축조합의 탈퇴에 관한 법리를 오해한 위법이 없다.

☞ 같은 취지 판례: 대법원 2006.02.23. 선고 2005다19552 판결[구분소유권등매도청구등]

C. [설립인가 이후] 재건축조합은 조합의 본질상 부득이한 사유가 없는 한 <u>조합원의 임의 탈퇴가 허용되지 않아</u> (탈퇴의 효력을 부인한 사례) ―대법원 1997.05.30. 선고 96다23887 판결[손해배상(기)]

【당사자】

[원고,피상고인] 대방아파트 재건축조합

[피고,상고인] 이○○ 외 5인

주택건설촉진법에 의하여 설립된 재건축조합인 원고 조합은 민법상의 비법인사단에 해당한다 할 것이고(당원 1995. 2. 3. 선고 93다23862 판결, 1996. 10. 25. 선고 95다56866 판결 등 참조) 사단은 원칙적으로 가입, 탈퇴의 자유가 인정되는 것이라 할 것이나,

① 원고 조합과 같은 <u>재건축조합의 조합원은 부득이한 사유가 없는 한 조합의 사업 목적이 달성되어 조합이 해산될 때까지 조합 목적 달성에 협력할 의무가 있다</u> 할 것이고, ② 원고 조합과 같은 재건축조합은 일정한 지역 내에 있는 주택용 대지 전부를 확보할 수 있어야만 재건축사업을 시행할 수 있는 조합 자체의 성격상 원칙적으로 재건축지역 내에 존재하는 주택의 소유자 전원의 참여를 전제로 하는 것인바, ③ 재건축조합에 가입하여 기존의 주택을 철거하고 그 대지 위에 주택을 건설하기로 한 조합원이 임의 탈퇴하는 경우 재건축사업의 시행이 불가능하거나 현저히 곤란하게 되고,

④ 구 주택건설촉진법시행령(1994. 7. 30. 대통령령 제14349호로 개정되기 전의 것) 제34조의3 제2호는 주택조합이 사업계획승인신청을 함에 있어서는 주택용 대지의 소유권을 확보하도록 규정하고 있고, ⑤ 제42조 제5항 본문은 재건축조합은 주택건설사업계획승인을 얻은

후에는 조합원을 교체하거나 신규로 가입하게 할 수 없다고 규정하고 있으며, ⑥ 원고 조합의 조합 규약 제 9 조 제 1 항, 제 3 항은 조합원이 사업시행구역 안에 소유하고 있는 건물 및 토지 등을 양도하였을 때에는 양수인이 그 조합원의 권리와 의무를 승계한다고 규정하고 있고, ⑦ 한편 위 구 주택건설촉진법시행령 제 42 조 제 7 항은 주택조합의 조합 규약에는 무자격 조합원의 제명에 관한 사항이나 사업이 종결된 때의 조합의 청산절차 및 방법 등을 규정하도록 하고 있을 뿐 자격 있는 조합원의 제명이나 조합원의 탈퇴에 관한 사항을 규정하도록 하고 있지 않으니,

<u>위 규정들은 모두 조합원의 임의 탈퇴가 허용되지 않음을 당연한 전제로 한 것</u>이라 할 것이므로, 위와 같은 점들에 비추어 보면 원고 조합과 같은 <u>재건축조합은 조합의 본질상 부득이한 사유가 없는 한 조합원의 임의 탈퇴를 허용하지 않는 것이라고 봄이 상당하다</u> 할 것이고, 이와 같이 본다 하여 사단의 본질에 반하는 것은 아니라 할 것이다.

원심은 그 이유 설시에 부적절한 점이 없지 않으나 <u>재건축조합의 조합원들인 피고들이 원고 조합에서 임의로 탈퇴할 수 없고 그 탈퇴에 부득이한 사유도 없었다 하여 그 탈퇴의 효력을 부인한 결론</u>에 있어 당원의 위 견해에 부합하여 정당하고, 거기에 소론과 같은 주택건설촉진법상의 재건축조합이나 재건축사업에 관한 법리오해의 위법이 있다 할 수 없다. 논지는 이유 없다.

부록

1. 「신탁업자 지정 동의서」
2. 「정비사업 조합설립추진위원회 구성동의서」
3. 「조합설립동의서」

■ 도시 및 주거환경정비법 시행규칙[별지 제2호서식]

신탁업자 지정 동의서

I. 동의자 현황

(앞 쪽)

인적 사항	성 명		생년월일	
	주민등록상 주 소		전화번호	

소유권 현황	토 지 (총 필지)	소 재 지 (공유 여부)	면적(㎡)
		( )	
		( )	
		( )	
	건 축 물	소 재 지 (허가 유무)	동 수
		( )	
		( )	
		( )	
	지 상 권 (건축물 외의 수목 또는 공작물의 소유 목적으로 설정한 권리를 말합니다)	설 정 토 지	지상권의 내용

II. 동의 내용

1. 신탁업자 현황

명 칭		법인등록번호	
대표자		주된 사무소 전화번호	
주된 사무소 소재지			

2. 정비사업 내용

가. 신축건축물의 설계개요	대지 면적 (공부상 면적)	건축 연면적	규 모	비 고
	㎡	㎡		

나. 공사비 등 정비 사업에 드는 비용	철거비	신축비	신탁보수	그 밖의 비용	합 계

210㎜×297㎜[백상지(80g/㎡) 또는 중질지(80g/㎡)]

(뒷 쪽)

다. 나목에 따른 비용의 분담

1) 시행규정 및 신탁계약에 따라 경비를 부과·징수하고, 관리처분 시 임시정산하며, 신탁종료 시 정산금을 최종 확정합니다.
2) 신탁업자의 시행에 동의한 토지등소유자 소유 자산의 가치를 시행규정 및 신탁계약서에서 정하는 바에 따라 산정하여 그 비율에 따라 비용을 부담합니다.
3) 분양대상자별 분담금 추산방법(예시)

   분양대상자별 분담금 추산액 = 분양예정인 대지 및 건축물의 추산액 - (분양대상자별 종전의 토지 및 건축물의 가격 × 비례율*)

   * 비례율 = (사업완료 후의 대지 및 건축물의 총 수입 - 총사업비) / 종전의 토지 및 건축물의 총 가액

라. 신축건축물 구분소유권의 귀속

※ 개별 정비사업의 특성에 맞게 정합니다. 다만, 신축 건축물의 배정은 토지소유자의 의사가 최대한 반영되도록 하되, 같은 면적의 주택 분양에 경합이 있는 경우에는 종전 토지 및 건축물의 가격 등을 고려하여 우선순위를 정하거나 추첨에 따르는 등 구체적인 배정방법을 정하여 향후 관리처분계획을 수립할 때 분양면적별 배분의 기준이 되도록 합니다.

3. 추진위원회 구성승인 또는 조합설립인가의 취소

「도시 및 주거환경정비법」 제27조제5항에 따라 시장·군수등이 신탁업자를 사업시행자로 지정·고시한 때에는 그 고시일 다음 날에 **추진위원회의 구성승인 또는 조합설립인가가 취소**된 것으로 봅니다.

4. 시행규정

「도시 및 주거환경정비법」 제27조제4항에 따라 이 동의서에 포함된 시행규정에 대해 동의하고, 같은 법 제48조에 따라 시행규정이 변경되는 경우 이의 없이 따릅니다.

5. 신탁계약

(   )재개발사업·재건축사업의 사업시행자를 위의 신탁업자로 지정하는 것에 필요한 신탁계약에 관한 사항(「도시 및 주거환경정비법」 제27조제4항에 따라 이 동의서에 포함된 것을 말합니다)과 **사업이 취소·해지 등의 사유로 중단되는 경우 사업에 든 비용의 부담 내역과 부담 방법** 등에 대해 사전에 충분히 설명·고지 받았으며, 신탁계약에 동의합니다.

※ 본 동의서를 제출한 경우에도 해당 신탁업자를 사업시행자로 지정하는 것에 반대하고자 할 경우 「도시 및 주거환경정비법 시행령」 제33조제2항에 따라 동의를 철회할 수 있습니다.

위와 같이 본인은 (   )재개발사업·재건축사업 시행구역의 토지등소유자로서 위의 동의 내용을 숙지하고 동의하며, 「도시 및 주거환경정비법」 제27조제1항제3호에 따라 위의 신탁업자를 사업시행자로 지정하는 것에 동의합니다.

년   월   일

위 동의자 :   (자필로 이름을 써넣음) 지장날인

(   ) 추진위원회·조합·신탁회사 귀중

| 신청인 제출서류 | 1. 토지등소유자 신분증명서 사본 1부. | 수수료 없음 |

210㎜×297㎜[백상지(80g/㎡) 또는 중질지(80g/㎡)]

■ 도시 및 주거환경정비법 시행규칙[별지 제4호서식] <개정 2021. 8. 27.>

정비사업 조합설립추진위원회 구성동의서

※ 색상이 어두운 란은 동의자가 적지 않습니다. (앞 쪽)

행정기관에서 부여한 연번범위		연 번	/

Ⅰ. 소유자 인적사항

인적 사항	성 명		생년월일	
	주민등록상 주 소		전화번호	

소유권 현 황	※ 재건축사업의 경우				
	소유권 위치(주소)				
	등기상 건축물지분(면적)		m²	등기상 대지지분(면적)	m²
	※ 재개발사업의 경우				
	권리 내역	토지	소재지 (공유여부)		면적(m²)
			(계 필지)		
			( )		
			( )		
		건축물	소재지 (허가유무)		동 수
			( )		
			( )		
		지상권 (건축물 외 수목 또는 공작물의 소유목적)	설정 토지		지상권의 내용

Ⅱ. 동의사항

1. 추진위원회 명칭				
2. 추진위원회 구성 ※ 빈칸으로 두고 동의를 얻을 수 없습니다.	직책	성 명	생년월일	주 소
	위원장			
	감 사			
	부위원장			
	추진위원			

210㎜×297㎜[백상지(80g/㎡) 또는 중질지(80g/㎡)]

(뒤 쪽)

3. 추진위원회 업무	(1) 정비사업전문관리업자, 설계자 선정(필요시) (2) 개략적인 사업시행계획서의 작성 (3) 조합설립 인가를 받기 위한 준비업무 (4) 조합정관 초안 작성 (5) 조합설립을 위한 토지등소유자의 동의서 받기 (6) 조합설립을 위한 창립총회의 개최	
4. 운영규정	※ 별첨	

Ⅲ. 동의내용

가. 본인은 동의서에 자필서명 및 지장날인하기 전에 동의서를 얻으려는 자로부터 다음 각 호의 사항을 사전에 충분히 설명·고지받았습니다.

　(1) 본 동의서의 제출 시 「도시 및 주거환경정비법」 제31조제2항에 따라 조합설립에 동의한 것으로 의제된다는 사항

　(2) 본 동의서를 제출한 경우에도 조합설립에 반대하고자 할 경우 「도시 및 주거환경정비법 시행령」 제33조제2항에 따라 조합설립인가 신청 전에 반대의 의사표시를 함으로써 조합설립에 동의한 것으로 의제되지 않도록 할 수 있음과 반대의 의사표시의 절차에 관한 사항

나. 본인은 Ⅱ. 동의 사항(추진위원회 명칭, 구성, 업무, 운영규정)이 빠짐없이 기재되어 있음을 확인하고 충분히 숙지하였으며, 기재된 바와 같이 추진위원장, (부위원장), 감사 및 추진위원으로 하여 000 재건축/재개발사업 조합설립추진위원회를 구성하고 같은 추진위원회가 Ⅱ. 동의 사항 중 3. 추진위원회 업무를 추진하는데 동의합니다.

년　월　일

위 동의자 : (자필로 이름을 써넣음) 지장날인

(　　　　　　　)사업 조합설립추진위원회 귀중

신청인 제출서류	1. 토지등소유자 신분증명서 사본 1부.	수수료 없음

■ 도시 및 주거환경정비법 시행규칙[별지 제6호서식]

조합설립 동의서
[□재개발사업, □재건축사업]

※ 색상이 어두운 란은 동의자가 적지 않습니다. (3쪽 중 제1쪽)

행정기관에서 부여한 연번범위		연 번	/

1. 동의자 현황

인적사항	성 명		생년월일	
	주민등록상 주소		전화번호	

소유권 현황 ※ 재개발사업인 경우	토 지 (총 필지)	소 재 지 (공유 여부)		면적(㎡)
		(	)	
		(	)	
		(	)	
	건 축 물	소 재 지 (허가 유무)		동 수
		(	)	
		(	)	
		(	)	
	지 상 권 (건축물 외의 수목 또는 공작물의 소유 목적으로 설정한 권리를 말합니다)	설 정 토 지		지상권의 내용

소유권 현황 ※ 재건축사업인 경우	소유권 위치 (주소)	(단독주택)		
		(아파트·연립주택)		
		(상가)		
	등기상 건축물지분 (면적, ㎡)		등기상 대지지분 (면적, ㎡)	

210㎜×297㎜[백상지(80g/㎡) 또는 중질지(80g/㎡)]

Ⅱ. 동의 내용

1. 조합설립 및 정비사업 내용

가. 신축건축물의 설계개요	대지 면적 (공부상 면적)	건축 연면적	규 모	비 고
	㎡	㎡		

나. 공사비 등 정비사업에 드는 비용	철거비	신축비	그 밖의 비용	합 계

다. 나목에 따른 비용의 분담	1) 조합정관에 따라 경비를 부과·징수하고, 관리처분 시 임시청산 하며, 조합청산 시 청산금을 최종 확정합니다. 2) 조합원 소유 자산의 가치를 조합정관이 정하는 바에 따라 산정하여 그 비율에 따라 비용을 부담합니다. 3) 분양대상자별 분담금 추산방법(예시) 　분양대상자별 분담금 추산액 = 분양예정인 대지 및 건축물의 추산액 - (분양대상자별 종전의 토지 및 건축물의 가격 × 비례율*) 　* 비례율 = (사업완료 후의 대지 및 건축물의 총 수입 - 총사업비) / 종전의 토지 및 건축물의 총 가액

라. 신축건축물 구분소유권의 귀속에 관한 사항	※ 개별 정비사업의 특성에 맞게 정합니다. 다만, 신축 건축물의 배정은 토지소유자의 의사가 최대한 반영되도록 하되, 같은 면적의 주택 분양에 경합이 있는 경우에는 종전 토지 및 건축물의 가격 등을 고려하여 우선 순위를 정하거나 추첨에 따르는 등 구체적인 배정방법을 정하여 향후 관리처분계획을 수립할 때 분양면적별 배분의 기준이 되도록 합니다. (예시) 1) 사업시행 후 분양받을 주택 등의 면적은 분양면적(전용면적+공용면적)을 기준으로 하고, 대지는 분양받은 주택 등의 면적 비례에 따라 공유지분으로 분양합니다. 2) 조합정관에서 정하는 관리처분계획에 관한 기준에 따라 주택을 소유한 조합원의 신축 건축물에 대한 분양면적 결정은 조합원의 신청규모를 우선적으로 고려하되, 같은 규모에서 경합이 있는 경우에는 종전 토지 및 건축물의 가격이 높은 순서에 따르고, 동·호수는 전산추첨으로 결정합니다. 3) 조합원에게 우선분양하고 남는 잔여주택 및 상가 등 복리시설은 관계법령과 조합정관이 정하는 바에 따라 일반분양합니다. 4) 토지는 사업완료 후 지분등기하며 건축물은 입주조합원 각자 보존등기합니다.

2. 조합장 선정동의

　　조합의 대표자(조합장)는 조합원총회에서 조합정관에 따라 선출된 자로 합니다.

3. 조합정관 승인

「도시 및 주거환경정비법」 제35조에 따라 정비사업 조합을 설립할 때 그 조합정관을 신의성실의 원칙에 따라 준수하며, 조합정관이 정하는 바에 따라 조합정관이 변경되는 경우 이의 없이 따릅니다.

＊ 조합정관 간인은 임원 및 감사 날인으로 대체합니다.

4. 정비사업 시행계획서

(　　　　　)재개발사업·재건축사업 조합설립추진위원회에서 작성한 정비사업 시행계획서와 같이 재개발사업·재건축사업을 합니다.

※ 본 동의서를 제출한 경우에도 조합설립에 반대하고자 할 경우 「도시 및 주거환경정비법 시행령」 제33조제2항에 따라 조합설립인가를 신청하기 전까지 동의를 철회할 수 있습니다. 다만, 동의 후 「도시 및 주거환경정비법 시행령」 제30조제2항 각 호의 사항이 변경되지 아니한 경우에는 최초로 동의한 날부터 30일까지만 철회할 수 있으며, 30일이 지나지 아니한 경우에도 조합설립을 위한 창립총회 후에는 철회할 수 없습니다.

위와 같이 본인은 (　　　　　)재개발사업·재건축사업 시행구역의 토지등소유자로서 위의 동의 내용을 숙지하고 동의하며, 「도시 및 주거환경정비법」 제35조에 따른 조합의 설립에 동의합니다. 또한, 위의 조합 설립 및 정비사업 내용은 사업시행계획인가내용, 시공자 등과의 계약내용 및 제반 사업비의 지출내용에 따라 변경될 수 있으며, 그 내용이 변경됨에 따라 조합원 청산금 등의 조정이 필요할 경우 「도시 및 주거환경정비법」 및 같은 법 시행령에서 정하는 변경절차를 거쳐 사업을 계속 추진하는 것에 동의합니다.

년　　월　　일

위 동의자 :　[자필로 이름을 써넣음] 지장날인

(　　　　　) 재개발사업
(　　　　　) 재건축사업　　조합설립추진위원회 귀중

| 신청인 제출서류 | 1. 토지등소유자 신분증명서 사본 1부. | 수수료 없음 |